本教材第8版曾获首届全国教材建设奖全国优秀教材二等奖
本教材第8版为"十四五"职业教育国家规划教材
国家卫生健康委员会"十四五"规划教材
全国高等职业教育专科教材

U0658875

内科学

第9版

主　编　韩清华　韩扣兰　潘　敏
副主编　单伟超　赵文星　缪继东　易　敏

编　者　(按姓氏笔画排序)

王　彦（山西医科大学第一医院）　　　易　敏（萍乡卫生职业学院）
王　蔚（自贡市第三人民医院）　　　郑秀花（河南护理职业学院）
王玉莲（扎兰屯职业学院）　　　　单伟超（承德医学院附属医院）
王献红（郑州健康学院）　　　　　赵文星（菏泽医学专科学校）
史桂霞（长沙卫生职业学院）　　　钟雪梅（重庆医药高等专科学校）
刘　琴（湖北中医药高等专科学校）　钱　倩（江苏卫生健康职业学院）
刘　斌（大庆医学高等专科学校）　徐云璐（山东医学高等专科学校）
孙　彦（齐鲁医药学院）　　　　　黄文森（泉州医学高等专科学校）
李跃平（昆明卫生职业学院）　　　韩扣兰（江苏医药职业学院）
杨　震（山东第一医科大学附属省立医院）韩清华（山西医科大学第一医院）
杨淑丽（苏州卫生职业技术学院）　缪继东（四川卫生康复职业学院附
肖彩芳（赣南卫生健康职业学院）　　　　　属自贡市第四人民医院）
张　丽（新疆医科大学第一附属医院）潘　敏（安徽医学高等专科学校）

新形态教材

人民卫生出版社
·北京·

图书在版编目（CIP）数据

内科学 / 韩清华，韩扣兰，潘敏主编 . -- 9 版 .
北京 ：人民卫生出版社，2025. 5. --（高等职业教育专科
临床医学专业教材）. -- ISBN 978-7-117-37959-5

I. R5

中国国家版本馆 CIP 数据核字第 2025L19D85 号

人卫智网	www.ipmph.com	医学教育、学术、考试、健康，购书智慧智能综合服务平台
人卫官网	www.pmph.com	人卫官方资讯发布平台

内科学
Neikexue
第 9 版

主　　编：韩清华　韩扣兰　潘　敏
出版发行：人民卫生出版社（中继线 010-59780011）
地　　址：北京市朝阳区潘家园南里 19 号
邮　　编：100021
E - mail：pmph @ pmph.com
购书热线：010-59787592　010-59787584　010-65264830
印　　刷：人卫印务（北京）有限公司
经　　销：新华书店
开　　本：850×1168　1/16　　印张：48
字　　数：1355 千字
版　　次：1981 年 10 月第 1 版　　2025 年 5 月第 9 版
印　　次：2025 年 7 月第 1 次印刷
标准书号：ISBN 978-7-117-37959-5
定　　价：109.00 元
打击盗版举报电话：010-59787491　E-mail：WQ @ pmph.com
质量问题联系电话：010-59787234　E-mail：zhiliang @ pmph.com
数字融合服务电话：4001118166　E-mail：zengzhi @ pmph.com

以习近平新时代中国特色社会主义思想为指导,全面贯彻党的二十大精神,落实《国务院办公厅关于加快医学教育创新发展的指导意见》等文件要求,更好地发挥教材对临床医学专业高素质实用型专门人才培养的支撑作用,进一步提升助理全科医师的培养水平,人民卫生出版社在教育部、国家卫生健康委员会领导和支持下,由全国卫生健康职业教育教学指导委员会指导,依据最新版《高等职业学校临床医学专业教学标准》,经过充分的调研论证,启动了全国高等职业教育专科临床医学专业第九轮规划教材修订工作。经第七届全国高等职业教育专科临床医学专业规划教材建设评审委员会深入论证,确定了教材修订的整体规划,明确了修订基本原则:

1. 落实立德树人根本任务 坚持将马克思主义立场、观点、方法贯穿教材编写始终。坚持"为党育人、为国育才",全面落实立德树人根本任务,深入挖掘课程教学内容中的思想政治教育元素,加工凝练后有机融入教材编写,发挥教材"培根铸魂、启智增慧"作用,培养具有"敬佑生命、救死扶伤、甘于奉献、大爱无疆"医学职业精神的时代新人。

2. 对接岗位工作需要、符合专业教学标准 教材建设突出职教类型特点,紧紧围绕"三教"改革,以专业教学标准为依据,以助理全科医师岗位胜任力培养为主线,体现临床新技术、新工艺、新规范、新标准,反映卫生健康人才培养模式改革方向,将知识、能力、素质培养有机结合。适应教学模式改革与教学方法创新需要,满足项目、案例、模块化教学等不同学习方式要求,在教材的内容、形式、媒介等多方面创新改进,有效激发学生学习兴趣和创造潜能。按照教学标准,将《中医学》改名为《中医学基础与适宜技术》,新增《基本公共卫生服务实务》。

3. 全面强化质量管理 履行"尺寸教材、国之大者"职责,成立第七届全国高等职业教育专科临床医学专业规划教材建设评审委员会,严格编委选用审核把关,主编人会、编写会、定稿会强化编委培训、突出责任,全流程落实"凡编必审"要求,打造精品教材。

4. 推动新形态教材建设 突出精品意识,聚焦形态创新,进一步切实提升教材适用性,打造兼具经典性、立体化、数字化、融合化的新形态教材。根据课程特点和专业技能教学需要,《临床医学实践技能》本轮采用活页式教材出版。

第九轮教材共29种,均为国家卫生健康委员会"十四五"规划教材。

韩清华

主任医师、教授

山西医科大学第一医院副院长,国务院政府特殊津贴专家,国家卫生健康突出贡献中青年专家,全国政协委员。博士(后)研究生导师,近年来培养研究生 100 余名。积极推动学科发展,注重梯队建设,国家级一流课程(国家"金课")内科学负责人,在国内外有影响的学术期刊上发表有价值的学术论文 100 余篇,参编论著 8 部;主持国家自然科学基金及多项省级课题,曾获山西省科技进步奖二等奖 5 项,山西省教育成果奖 2 项,第四届"互联网 +"大学生创新创业大赛银奖,主编教材获首届全国教材建设奖全国优秀教材二等奖。

作为健康中国的奋斗者与践行者,我们肩负着党和人民的殷殷嘱托和期盼,"健康所系,性命相托"是刻进生命的承诺,是牢记于心的誓言。医生是一个崇高的职业,治病救人是我们的神圣职责,我们要注重理论与实践相结合,不忘初心,追求卓越,守护人民健康。

韩扣兰

教授

江苏医药职业学院图书馆馆长，原医学院院长，中国医药教育协会基层医药工作委员会常务委员。一直从事专科临床医学教育，主要负责临床医学专业建设，获江苏省示范性高等职业院校临床医学重点专业建设项目、江苏省高等职业教育高水平骨干专业称号，开展了江苏省临床医学专业"3+2"高职-本科分段培养项目，参与的"医教协同的江苏试验：东部欠发达地区基层卫生人才10年探索与实践"教学改革获得全国卫生职业教育教学指导委员会教育成果奖一等奖。主编以及参编教材10本，其中主编的《急诊医学》获得"十四五"职业教育江苏省规划教材，副主编《内科学》获得首届全国教材建设奖全国优秀教材二等奖。主持以及参与省厅级课题10项，其中主持项目获得淮海科技进步奖二等奖一项、盐城市科技进步奖二等奖一项。以第一作者发表论文13篇。科研方向主要为急性呼吸窘迫综合征的治疗、基层医疗卫生人才培养模式等。

愿每一位立志献身基层卫生事业的"健康守门人"弘扬敬佑生命、救死扶伤、甘于奉献、大爱无疆的精神，用真心、爱心、同情心呵护每一位患者。

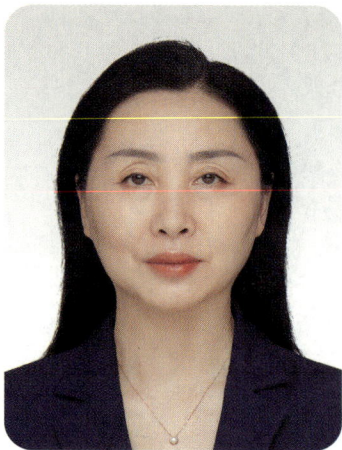

潘 敏

教授

　　安徽省医学会医学教育学分会第六届副主任委员,安徽省高职高专临床医学专业带头人、省级教学名师,曾担任安徽医学高等专科学校临床医学院院长、内科学教研室主任和附属医院神经内科副主任等职务。长期从事临床医学教学、科研和临床工作,主编及参编省部级教材 10 余部,发表科研论文 10 余篇;主持省级以上教科研项目 10 余项;获省级教学成果奖一等奖 1 项、二等奖 1 项、三等奖 1 项,参与项目获国家级教学成果奖二等奖 1 项、省级教学成果奖特等奖 1 项;获安徽省科学技术奖三等奖 1 项。

　　古人云:博学而后成医,厚德而后为医,谨慎而后行医。作为医学生,首先要努力学习医学知识和技能,同时要有爱心,医者仁心,要知道医生不仅是治疗疾病本身,更是要重视对于患者的人文关注和关怀、心理健康的重塑。因此,同学们要注重自身的职业道德、职业精神和人文素质的培养,毕业后做好居民健康的"守门人",为我国的医疗卫生事业作出贡献。

　　医学科学理论和临床诊疗水平的迅猛发展促使医学教育改革势在必行,教材作为教学改革的重要组成部分、教育教学的基本载体、人才培养的重要支撑,必须与时俱进,适时更新和修订。高等职业教育专科《内科学》教材从1981年第1版到2018年第8版,其内容的变更体现了内科学这一学科的发展历程。在第8版教材的基础上,编委们精心修改、编撰,完成了本教材第9版的修订工作。本次修订定位为:继承与创新,增强实践,打造国内精品高职专科临床医学专业教材。

　　本教材贯彻落实党的二十大精神,继承前几版教材编写的特有理念,坚持以基本理论、基本知识、基本技能为重点的"三基"原则,注重思想性、科学性、先进性、启发性和适用性,结合高职高专院校教学的特点,使之更适合于对基层、社区和乡村全科执业(助理)医师的培养。本版在第8版的基础上,做了如下修订:①对各章节的内容特别是涉及常见疾病的诊疗指南、学科共识等,根据国际、国内最新循证医学证据作了相应的更新。②本书删减了目前已不常见的疾病,适当增加部分临床常见病及多发病。③每章创新性地增加数字资源,通过扫描随文二维码,可获得本章教学PPT、思维导图及相关图片、视频等学习资源,扫描章后二维码获得拓展习题资源、进行病例讨论,使数字资源与纸质教材有机结合起来,构建网络化、数字化、个性化的教育体系,培养学生的临床思维能力及实际问题解决能力。④章后"扫一扫,测一测"以及病例讨论内容围绕执业(助理)医师资格考试要求进行编写,更加突出适用性。内容上突出"注重技能"和"宜教宜学"的特点,推动数字技术与职业教育深度融合。为了更加体现教材的特点,适应教学改革的需要,本书同步出版了与教材配套的学习指导便于学生课后复习和自学。

　　本教材参编人员均是工作在临床和教学一线的专家学者。编委们秉承了严谨求实的精神和对教学高度负责的态度,认真完成了编写任务。山西医科大学第一医院在协调、组织编写过程中做了大量工作,在此一并表示诚挚的谢意。

　　在修订过程中,尽管我们做了大量的工作,但仍可能存在疏漏谬误之处,恳请读者提供宝贵意见,帮助本教材在今后的修订中不断完善、日臻完美。

韩清华　韩扣兰　潘　敏

2025年6月

目 录

第一篇 | 绪论

第二篇 | 呼吸系统疾病

第一章

总论 8

第一节 呼吸系统的结构和功能特点 9

第二节 呼吸系统疾病的常见病因 10

第三节 呼吸系统疾病的常见症状 11

第四节 呼吸系统疾病的诊断方法 12

第五节 呼吸系统疾病的防治与康复 13

第六节 呼吸系统疾病的诊疗进展 15

第二章

慢性支气管炎、慢性阻塞性肺疾病和慢性
肺源性心脏病 18

第一节 慢性支气管炎 18

第二节 慢性阻塞性肺疾病 21

第三节 慢性肺源性心脏病 27

第三章

支气管哮喘 32

第四章

支气管扩张 42

第五章

肺炎和肺脓肿 48

第一节 肺炎概述 48

第二节 肺炎链球菌肺炎 52

第三节 葡萄球菌肺炎 54

第四节 革兰氏阴性杆菌肺炎 55

第五节 军团菌肺炎 56

第六节 肺炎支原体肺炎 58

第七节 病毒性肺炎 59

第八节 肺脓肿 61

第六章

肺结核 66

第七章

胸膜疾病 76

第一节 胸腔积液 76

第二节 气胸 80

第八章

间质性肺疾病 85

第一节 概述 85

第二节 特发性肺纤维化 88

第九章

肺动脉高压和肺血栓栓塞症 92

第一节 肺动脉高压 92

第二节 肺血栓栓塞症 95

第十章

睡眠呼吸暂停低通气综合征 102

第十一章

呼吸衰竭 107

第一节 慢性呼吸衰竭 108

第二节 急性呼吸衰竭 113

第三节 急性呼吸窘迫综合征 114

第三篇 | 循环系统疾病

第一章

总论 120

第一节 循环系统结构和功能特点 120

第二节 循环系统疾病的诊断 122

第三节 循环系统疾病的防治 128

第二章

心力衰竭 130

第一节 慢性心力衰竭 130
第二节 急性心力衰竭 142

第三章

心律失常 146

第一节 概述 146
第二节 常见心律失常 149
第三节 抗心律失常药物的合理应用 167
第四节 心律失常非药物治疗 169

第四章

原发性高血压 174

第五章

冠状动脉粥样硬化性心脏病 187

第一节 概述 187
第二节 稳定型心绞痛 193
第三节 不稳定型心绞痛和非 ST 段抬高型心肌梗死 198
第四节 急性 ST 段抬高型心肌梗死 201
第五节 其他类型的冠状动脉粥样硬化性心脏病 212
第六节 冠状动脉疾病的其他表现形式 213

第七节 冠状动脉粥样硬化性心脏病的介入治疗 214

第六章

心脏瓣膜病 218

第一节 二尖瓣狭窄 219
第二节 二尖瓣关闭不全 223
第三节 主动脉瓣狭窄 225
第四节 主动脉瓣关闭不全 228
第五节 多瓣膜病 231

第七章

感染性心内膜炎 233

第八章

心肌疾病 241

第一节 扩张型心肌病 242
第二节 肥厚型心肌病 244
第三节 酒精性心肌病 246
第四节 围生期心肌病 247
第五节 病毒性心肌炎 247

第九章

心包炎 252

第一节 急性心包炎 253
第二节 缩窄性心包炎 256

第四篇 | 消化系统疾病

第一章

总论 260

第一节 消化系统的解剖和功能特点 260
第二节 消化系统疾病的病因和分类 261
第三节 消化系统疾病的主要症状 262
第四节 消化系统疾病的诊断 262
第五节 消化系统疾病的防治原则 265

第二章

胃-食管反流病 267

第三章

胃炎 273

第一节 急性胃炎 273
第二节 慢性胃炎 275

第三节 特殊类型胃炎 278

第四章

消化性溃疡 280

第五章

炎症性肠病 288

第一节 溃疡性结肠炎 289
第二节 克罗恩病 293

第六章

功能性胃肠病 298

第一节 功能性消化不良 298
第二节 肠易激综合征 301

第七章

肠结核和结核性腹膜炎 305

第一节 肠结核 305
第二节 结核性腹膜炎 308

第八章
肝硬化 312

第九章
肝性脑病 322

第十章
原发性肝癌 330

第十一章
上消化道出血 336

第十二章
急性胰腺炎 342

第五篇 | 泌尿系统疾病

第一章
总论 350
第一节 肾的基本结构与功能 350
第二节 泌尿系统疾病常见的临床表现 352
第三节 泌尿系统疾病的诊断和防治 356

第二章
尿路感染 359

第三章
肾小球疾病 368
第一节 概述 368
第二节 急性肾小球肾炎 370
第三节 急进性肾小球肾炎 373
第四节 慢性肾小球肾炎 375
第五节 肾病综合征 377
第六节 IgA 肾病 384
第七节 无症状性血尿和 / 或蛋白尿 387

第四章
肾小管间质疾病 390
第一节 肾小管性酸中毒 390
第二节 急性间质性肾炎 394
第三节 慢性间质性肾炎 396

第五章
慢性肾衰竭 399

第六章
急性肾损伤 408

第六篇 | 血液系统疾病

第一章
总论 418
第一节 血细胞的生成和造血 418
第二节 血液系统疾病的分类 419
第三节 血液系统疾病的诊断 419
第四节 血液系统疾病的治疗 420

第二章
贫血 422
第一节 概述 422
第二节 缺铁性贫血 424
第三节 营养性巨幼细胞贫血 428
第四节 再生障碍性贫血 431
第五节 溶血性贫血 435

第三章
白细胞减少症和粒细胞缺乏症 440

第四章
白血病 444
第一节 概述 444
第二节 急性白血病 446
第三节 慢性粒细胞白血病 453

第五章
骨髓增生异常综合征 457

第六章
淋巴瘤 462
第一节 霍奇金淋巴瘤 463
第二节 非霍奇金淋巴瘤 465

第七章

多发性骨髓瘤 468

第八章

出血性疾病 473

第一节 概述 473
第二节 过敏性紫癜 479
第三节 原发免疫性血小板减少症 482
第四节 弥散性血管内凝血 484

第七篇 | 内分泌和代谢性疾病

第一章

总论 492

第一节 内分泌系统的组成和功能调节 492
第二节 内分泌疾病的分类和诊断 495
第三节 内分泌疾病的治疗原则 497

第二章

腺垂体功能减退症 499

第三章

单纯性甲状腺肿 505

第四章

甲状腺功能亢进症 509

第五章

甲状腺功能减退症 523

第六章

甲状腺炎 529

第一节 亚急性甲状腺炎 529
第二节 自身免疫性甲状腺炎 531

第七章

慢性肾上腺皮质功能减退症 535

第八章

糖尿病 541

第一节 糖尿病 541
第二节 糖尿病酮症酸中毒 556
第三节 高渗性高血糖状态 558

第九章

高尿酸血症与痛风 560

第十章

骨质疏松症 567

第八篇 | 风湿性疾病

第一章

总论 576

第一节 风湿性疾病的分类 577
第二节 常见风湿性疾病的临床特点 577
第三节 风湿性疾病的诊断 579

第四节 风湿性疾病的防治 582

第二章

类风湿关节炎 584

第三章

系统性红斑狼疮 592

第九篇 | 神经系统疾病

第一章

总论 602

第一节 神经系统疾病的病因学分类与特性 602
第二节 常见神经系统功能障碍 604
第三节 神经系统疾病的诊断 608

第二章

周围神经疾病 618

第一节 概述 618
第二节 三叉神经痛 620
第三节 特发性面神经麻痹 622

第四节　多发性神经病　624
第五节　急性炎症性脱髓鞘性多发性神经病　626

第三章
脊髓疾病　631
第一节　概述　631
第二节　急性脊髓炎　635
第三节　脊髓压迫症　637

第四章
脑疾病　641
第一节　概述　641

第二节　急性脑血管疾病　643
第三节　癫痫　658
第四节　帕金森病　666
第五节　偏头痛　669

第五章
神经肌肉接头与肌肉疾病　673
第一节　概述　673
第二节　重症肌无力　674
第三节　周期性瘫痪　677
第四节　多发性肌炎　679

第十篇 | 精神障碍

第一章
总论　684
第一节　精神障碍的病因　684
第二节　精神障碍的分类　685
第三节　精神障碍的常见症状　686
第四节　精神障碍的检查与诊断　692

第二章
神经认知障碍　695
第一节　谵妄　695
第二节　遗忘障碍　696
第三节　痴呆　696

第三章
物质使用所致障碍　699
第一节　概述　699
第二节　酒精使用所致障碍　700
第三节　阿片类物质使用所致障碍　701

第四章
精神分裂症　704

第五章
心境障碍　710

第六章
焦虑及恐惧相关障碍　716
第一节　广泛性焦虑障碍　716
第二节　惊恐障碍　717

第三节　场所恐惧症　719

第七章
强迫症　721

第八章
应激相关障碍　724
第一节　病因和发病机制　724
第二节　急性应激反应　725
第三节　创伤后应激障碍　725
第四节　适应障碍　726

第九章
分离性障碍　728
第一节　分离性神经症状障碍　728
第二节　分离性遗忘症　730
第三节　分离性身份障碍　730

第十章
躯体痛苦障碍　732

第十一章
智力发育障碍　735

第十二章
失眠障碍　739

第十三章
精神障碍的治疗　743
第一节　药物治疗　743
第二节　非药物治疗　745

中英文名词对照索引　748
参考文献　754

绪 论

教学课件　　　思维导图

一、内科学是临床医学的基础

临床医学是研究各系统疾病发病机制、临床表现、诊断、治疗和预防的科学。内科学是临床医学的基础学科,涉及面广,整体性强,与临床各学科之间联系非常密切,是学好临床医学的关键学科之一。内科学教学的核心之一就是让学生学会以患者主诉为中心,通过问诊、体格检查获取与患者病情密切相关的基本资料,并根据实际需要进行相应的实验室和影像学等辅助检查,然后综合分析各种资料,作出诊断和制定治疗方案。本课程强调实践性教学,重点培养学生临床逻辑思维能力、临床实践技能、临床独立处理问题的能力,从而为从事临床工作奠定基础,对学生职业能力和职业素质的提高起着重要支撑及明显的促进作用。

本教材的内容包括呼吸、循环、消化、泌尿、血液、内分泌和代谢、风湿性疾病、神经系统疾病及精神障碍,重点论述人体各系统常见疾病的病因、发病机制、临床表现、诊断、治疗和预防。通过内科学的学习,学生在基础医学和诊断学知识与技能的基础上,掌握疾病诊治的实际本领,达到基础理论与临床知识相得益彰、融会贯通的目的,培养正确的临床思维和临床分析能力,同时增强学生的民族自豪感和爱国情怀,激励学生崇尚科学、敬佑生命,启迪学生爱岗敬业、团结协作,不断提升为国为民谋福利、谋健康的家国情怀。

二、内科学的进展

1. 医学模式的转换 从整体医学、分科医学到生物-心理-社会医学模式:自有人类以来,医学就伴随着人与自然的共存与发展。医学作为探索疾病发生、发展、治疗及预防的学科,与社会的发展及科技的进步显著相关。古希腊时代的医学是"整体医学",中国古代也是"整体辨证医学",即根据机体的整体症状及体征进行辨证治疗。从 19 世纪发展起来的现代医学,从纯生物学的角度去研究人的健康和疾病,注重人的生物属性及生物功能,着重躯体疾病的防治,维持人体-环境-病因之间的生态平衡,形成了生物医学模式(biomedical model)。随着科技的发展,人们对疾病病因的探究从整体较为笼统的认识,逐步精确到细菌、病毒、营养、遗传、内分泌、免疫缺陷、辐射等复杂因素;对病变部位的认识,从一般的脏器水平,深入到组织、细胞、亚细胞、大分子甚至基因的水平;对疾病的诊断手段,从单纯地依靠医师视、触、叩、听,发展到依靠先进的技术及设备,如早期的温度计、血压计、X 射线透视、心电图、超声、内镜,直至现代计算机断层扫描(CT)、磁共振成像(MRI)、正电子发射型计算机断层显像(PET)等,促进了现代医学的发展主流向着"分科医学"和"生物医学模式"不断深入。但这一医学模式忽略了心理、社会及环境等因素对人体的影响及作用,使得诸多疾病仅仅依靠生物学手段难以获得理想的治疗效果。生物-心理-社会医学模式(bio-psycho-social medical model)认为:生物机体、心理和社会是一个整体,导致人类疾病发生发展的除了生物因素,还包括社会因素及心理因素,因此,需要从人体与环境的整体以及相互作用来研究疾病的发生、治疗与预防。例如,冠状动脉性心脏病是危害人类健康的重大疾病之一,从生物医学模式来看,该疾病的发生是冠状动脉粥样硬化斑块形成及继发斑块破裂、血栓形成等导致冠状动脉狭窄或闭塞,从而出现临床上的心绞痛和/或心肌梗死。目前,随着各种治疗心肌缺血药物的问世,以及冠状动脉介入技术及冠状动脉旁路移植手术等治疗手段的进展,挽救了许多冠状动脉性心脏病患者的生命。但从总体上来说,由于缺乏对发病因素的有效控制,冠状动脉性心脏病的发病率呈现上升趋势,给社会和家庭带来了沉重的负担。因此,必须改变过分依赖生物学治疗的医学模式,从冠状动脉性心脏病的发病因素入手,了解患者的生活方式、心理状态、遗传因素等,通过改变社会人群的不良生活方式,早期干预高脂血症、高血压、高血糖等冠状动脉性心脏病发病的危险因素,才能变被动为主动地使冠状动脉性心脏病的总体发病率下降。生物-心理-社会医学模式在注重人的生物生存状态的同时,更加注重人的心理状态及社会生存状态,这就需要医生有更高的职业素养去关心、理解患者。随着社会与科技的进步,内科学的主流仍将在高度专业化、个性化、科技化、信息化方向进一步发展;环境、社会、心理等因素在疾病发生发展中的作用将受到越来越多的关注。目前临床上的一些疾病,如心脑血管疾病、糖尿病、肺部疾病等通过有效防治其发病率逐渐下降,绿色环境、预防保健、全民健康水平的提升等正逐步成为医学关注的主题。

2. 循证医学的发展 19 世纪发展起来的现代医学已经有了解剖、病理、生化、药理等基础学科的支撑,为临床诊断和疾病的治疗提供了科学的基础。临床医师面对诊断和治疗问题,通常是根据现有的基础医学知识,参照前辈和/或本人的实践经验,借鉴查阅相关的文献资料进行处理。对于某一种疾病、某种治疗方法,其结果的好坏没有客观的统一的评价标准。因而,总体来看仍然属于经验医学的范畴。

随着医学科学、临床流行病学的发展,仅仅依据临床医生的个人经验,或未经严格评价的证据进行临床诊治决策的模式已不能满足新的临床实践的需要。例如,高血压患者可能发生脑出血,所以临床上需要重视降压治疗。然而,血压应该降到多少最恰当?对这一问题,仅靠几名专家或几家医院难以提出一个标准。在这样的背景下,20 世纪 80 年代,循证医学的概念应运而生。循证医学(evidence-based medicine,EBM)是指充分应用当前所能获得的高质量临床研究证据,结合医生和专家的临床经验与技能、患者的实际状况及意愿,制定出适宜的医疗方案、临床指南和卫生政策,是现代临床医学的重要发展趋势。循证医学的理念是对患者进行诊治时,应用客观证据,结合医师的临床经验,并结合患者的个人情况,给予患者最合适的诊断和治疗。循证医学的重点是在临床研究中采用前瞻性随机双盲对照及多中心研究的方法,系统地收集、整理大样本研究所获得的客观证据作为医疗决策的基础。目前国内外对许多常见病制定了诊疗指南,其中对各种诊疗措施的推荐均标明其级别和证据水平。某一诊疗措施,如由多个大规模、前瞻性、双盲、对照研究得出一致性的结论,则证据水平最高,常列为强烈推荐;如尚无循证医学证据,仅为逻辑推理,已被临床实践接受的则证据级别最低,常列为专家共识或临床诊治参考。同时,应该注意的是,基于循证医学研究结论制定的指南只是为临床医师提供的重要参考依据,不能作为临床决策的唯一证据,更不能因此忽视对具体患者的个体化分析。

ER 1-1-3

临床流行病与循证医学的发展历程

3. 检查和诊断技术方面的进展 内科的诊疗技术亦有很大进展:如酶联免疫吸附测定、酶学检测技术、高效液相色谱、蛋白质芯片技术、细胞和血中病毒及细菌的 DNA 和 RNA 测定、放射受体检测、分子遗传学分析、单克隆抗体的制备和聚合酶链反应、基因检测等,均已在临床实验室中应用,大大地提高了临床检验的水平。临床生化分析已向自动化、高速、高效和超微量发展。心脏、血管、肺、脑等的电子监护系统的临床应用,提高了危重症患者的抢救质量。内镜技术的改进,不仅减轻了患者的痛苦,还可通过采集脱落细胞、活体组织或致病微生物进行实验室的检测。此外,还可通过高频电刀、激光、微波及药物等对病变进行治疗,这对提高消化、呼吸、心血管和泌尿系统疾病的诊断和治疗具有较大的帮助。影像学技术在不断提高灵敏度及特异性的同时,融入测定及评价功能,对于疾病的诊断有很大的帮助,如高精密度螺旋电子计算机 X 线体层显像检查、数码 X 线显像、

磁共振体层显像、数字减影法心血管造影、放射性核素检查等各种新技术（包括正电子发射计算机体层显像），以及超声诊断技术的发展（如三维立体成像、多普勒彩色血流显像），均有助于提高内科疾病的诊断水平。近年来，人工智能影像技术实现全方位数字扫描，提高了病变的检出率，对早期癌变的筛查、推动癌症的防治关口前移起到重要作用。

4. 防治方面的进展 内科学疾病在防治方面也有许多进展。21世纪以来，随着科技的发展，内科学各分支学科在临床防治研究方面有很多新的发展。例如，在近年来治疗和预防严重急性呼吸综合征、人禽流感、新型冠状病毒感染的实践中，已经有了初步的防治方案；微创、介入手术及内镜技术为药物难以解决的临床问题提供了新的治疗手段；冠状动脉性心脏病患者的支架置入、心律失常患者的射频消融治疗、高血压患者的经皮肾动脉交感神经消融术、先天性心脏病患者的封堵术等均取得了较好的效果；通过干细胞的植入和诱导，能够修复人体器官因疾病而丧失的功能，例如，胰岛细胞（幼年型糖尿病）、心肌细胞（心肌梗死）、免疫细胞（免疫缺陷）、骨髓造血细胞（贫血）等；针对某些先天性代谢缺陷性疾病，采用基因纠正疗法，将外源性基因导入患者的DNA中，以代替修复突变的基因，取得较好效果；临床上新的治疗药物，如第五代头孢菌素、新一代喹诺酮等的不断出现，使抗生素的疗效不断提高；人工合成人胰岛素类似物、人生长激素等药物的临床应用使激素替代治疗日趋符合生理需要；针对PML/RARα基因的全反式维A酸治疗早幼粒细胞白血病，抗CD20的利妥昔单抗治疗B淋巴细胞疾病，特异性抑制BCR-ABL阳性细胞增殖的伊马替尼治疗慢性粒细胞白血病等已应用于临床治疗；生物制剂如TNF-α和IL-1拮抗剂，具有特异性"靶"拮抗作用，在风湿性疾病的治疗中已取得明显疗效；CAR-T细胞疗法利用患者自身的免疫细胞来清除癌细胞，具有良好的抗肿瘤效应；PCSK-9抑制剂如依洛尤单抗和阿利西尤单抗用于治疗高胆固醇血症和混合型血脂异常；近年来CRISPR-Cas9基因编辑技术为研究基因的功能、机制提供了便利，之后该技术可能逐渐应用到人类疾病的诊治中。

目前，社会发展正在逐步进入"大数据"时代，互联网技术必将深刻地影响现代医学的发展。例如，数字化医疗、电子健康记录及互联网的广泛使用，已经全方位改变了医学信息的存储、分析、统计和交换的方式，直接影响医师的临床实践和整个医疗体系的运转方式；智能可穿戴电子设备、人工智能技术、移动医疗、远程会诊、智能诊断信息服务平台、电子档案服务系统、新材料的应用、3D打印、机器人、远程网络协作、个性化服务等全新应用场景，必将导致医疗模式的重大变革。超强生物传感器、基因组测序等技术对于疾病的诊断及个性化治疗具有重要作用。目前，在医学领域最成熟、最突出的实例是人工智能辅助诊疗和人工智能辅助影像技术。通过"深度学习"的计算机系统，将专家医生的医疗知识和经验积累结合起来，模拟医生的思维和诊断推理，从而提供可靠性较高的诊断和治疗方案。

三、内科学的学习方法

1. 掌握好"三基" 掌握好基本理论、基本知识、基本技能是十分重要的。在学习内科学的过程中，要经常复习和深入了解病因、发病机制、病理解剖和病理生理等方面的知识。密切联系有关基础学科的知识特点，重点掌握各系统疾病的临床表现、诊断方法和防治措施。在实践中，要注意基本技能的训练，熟练掌握病史的采集，体格检查中视、触、叩、听的正确应用及内科学基本操作技术，将理论知识与实践技能紧密结合，熟练掌握"三基"，才能更好地进行临床实践。

2. 树立正确的临床诊断思维 临床诊断是一个复杂的认识过程，是临床医师对患者所患疾病作出的综合性、判断性结论。一般来说，临床诊断要经过以下步骤：首先，获得能够反映疾病本质的临床病史、体征、实验室检查及影像学检查等辅助检查资料，要求这些资料全面系统、客观真实；其次，对所获得的资料进行综合分析，得出判断性结论，即诊断；然后，根据诊断进行相应的治疗，通过动态观察来检验、修正和补充已有的诊断。经过实践、认识、再实践、再认识的多次反复，逐渐接近疾病的客观实际。诊断疾病的过程是一个富于探索性、能动性的思维过程,不仅要求临床医师有必要的医学知识储备、丰富的临床实践经验,还要有较强的临床思维能力。从思维方法来看,要遵循以下 3 个基本原则:

(1) **认识疾病的个性**:书本上关于疾病的描述多为某一疾病的共性,而每一个患者有其各自的个性,临床实际工作中很难遇到两个表现完全相同的患者。因此,临床医师在诊断疾病时既要以疾病的一般规律作指导,又要结合患者的自身表现,做到具体情况具体分析。这点非常困难,但这又是临床思维的本质所在。

(2) **在整体联系和动态观察中认识疾病**:人体是一个非常复杂的有机整体,一种症状的出现将会引起人体的一系列改变。临床医师在诊断及治疗疾病时,既要看到局部病变,又要看到其引起的全身反应;既要了解现在的病情,还要预测及观察病情的演变。只有通过这种综合分析和深入思考,才能把握疾病的本质。

(3) **坚持实践性的原则**:诊断来源于医疗实践,并在医疗实践中得到验证和发展。诊断思维作为一种认识活动,一刻也离不开医疗实践。因此,把实践性原则作为思维方法提出来,对临床诊断具有重要意义。

3. 适当应用辅助检查 随着科学技术的发展,生命科学领域的重大发现与创新不断涌现。利用体液进行疾病诊断的各种先进仪器层出不穷,并不断被更加快捷和智能化的检测方法所取代。此外,以 X 射线为基础,辅之以现代计算机应用技术而产生的 CT,在县级以上医院得到普遍推广。二维超声、三维超声、多普勒显像技术、生物电监测技术以及各种腔镜技术在各级各类医院普遍开展,为各种疾病的诊疗提供了非常重要的线索和依据。

因此,需要我们正确认识和把握的是:①翔实的病史询问、体格检查和严谨的临床逻辑思维判断在任何时候都是临床医师诊断各种疾病不可缺少的基本要素;②各项辅助检查是现代科学技术发展在医疗领域的充分体现,有其严格的科学性和适应证,是医师从事临床诊疗活动不可或缺的部分,应了解、熟悉并加以科学合理地应用,如过分依赖辅助检查,无的放矢,不仅会造成医疗资源的浪费,更可能延误了对疾病正确及时地诊断,增加患者及社会的经济负担。

4. 提高医学素养 医学是一种特殊职业,肩负的是患者的生命。在学习及实践的过程中,一方面要树立良好的医德医风,另一方面要不断学习新的医疗技术,树立正确的人生观及价值观,爱岗敬业,无私奉献,把尊重、理解、关怀患者切实体现在服务患者的每一个环节和细节中。做到敬业,首先要喜爱自己的岗位,爱岗才能敬业。其次,要有责任心,遵守职业纪律和劳动纪律,按时上岗,坚守岗位,工作中不论大事小事,都要认真负责地对待,"责任"二字重于泰山。此外,我们要坚持和弘扬人道主义精神,时刻为患者着想,千方百计为患者解除病痛,全心全意为患者服务。

(韩清华)

第二篇

呼吸系统疾病

第一章 | 总 论

教学课件　　　　思维导图

学习目标

1. 掌握:呼吸系统常见症状的临床表现。
2. 熟悉:呼吸系统疾病的诊断要点,对相关疾病作出鉴别诊断。
3. 了解:呼吸系统常见疾病的病因、结构和功能特点。
4. 学会应用各种辅助检查,对呼吸系统疾病作出科学正确诊断,能够对呼吸系统常见病制订出合理的防治计划和具体方法。
5. 具备对患者的人文关怀精神,对患者进行耐心的健康宣教。

案例导入

　　患者,女,72 岁。咳嗽、咳痰、喘息 30 年,心悸、气短 10 年加重伴下肢水肿 1 周。30 年来,患者于每年冬季出现咳嗽、咳痰、喘息,持续 3~4 个月,经抗感染及平喘治疗后症状可缓解。近 10 年,上述症状加重,并出现活动后心悸、气促。6 天前因感冒,症状再次加重,并出现少尿、下肢水肿,予以抗感染治疗后效果不佳。发病以来食欲差,时有夜间呼吸困难症状,被迫坐起后症状可减轻,体重无明显变化。既往否认高血压病、心脏病、结核病、糖尿病、肝病等病史,有吸烟史 30 余年,约 20 支/d。查体:T 37.5℃,P 110 次/min,R 25 次/min,BP 135/70mmHg。神志清,浅表淋巴结不大,巩膜无黄染,口唇略发绀,颈静脉怒张,桶状胸,可见剑突下搏动,叩诊双肺呈过清音,心界缩小,双肺呼吸音弱,呼气延长,双肺散在哮鸣音,双肺底可闻及少许湿啰音。肝肋下 2cm,有触痛,肝颈静脉回流征阳性,脾肋下未及,移动性浊音可疑阳性。双下肢水肿。辅助检查:白细胞 $5×10^9/L$,中性粒细胞 92%。

请思考:

1. 最可能的初步诊断是什么?
2. 诊断依据有哪些?
3. 进一步检查的项目有哪些?

　　呼吸系统疾病严重危害我国人民健康的常见疾病,多次的流行病学调查显示,呼吸系统疾病病死率较高。在大气污染、吸烟、工业经济发展导致的理化因子、生物因子吸入以及人口老龄化等因素的影响下,主要死因是支气管肺癌、各种肺炎、肺结核及急性呼吸窘迫综合征(acute respiratory distress syndrome,ARDS)等疾病,其中支气管肺癌的病死率已位居国内恶性肿瘤城市病死率的首位。儿童及老年人易罹患呼吸系统疾病,以炎症性疾病为主,治疗比较困难;中年人是免疫紊乱性肺疾病和支气管肺癌的高发人群。

第一节　呼吸系统的结构和功能特点

一、呼吸系统的结构特点

（一）呼吸系统组成

呼吸系统是一个与外界环境相通的开放系统，以环状软骨为界分为上、下呼吸道。上呼吸道由鼻、咽、喉构成，主要生理功能是对吸入气体的加温、湿化和机械阻挡作用；下呼吸道起自气管，止于呼吸性细支气管末端。气管从喉开始至气管分叉处，长 11~13cm，在第四胸椎水平分为左右主支气管。右主支气管与气管的夹角比左侧大，管径也略大，因此误吸物易进入右侧支气管。正常成人共有 3 亿~7.5 亿个肺泡，其总的呼吸面积可达 100m^2。成人在静息状态下，每天约有 10 000L 气体进出于呼吸道，通过肺泡进行气体交换。肺具有巨大的呼吸储备力。肺泡与上皮细胞的细胞成分包括Ⅰ型细胞、Ⅱ型细胞和巨噬细胞。其中Ⅱ型细胞产生表面活性物质，维持肺泡的表面张力，防止其萎陷。

（二）肺血供

（1）**肺循环的动静脉**：与体循环比较，肺循环具有低压、低阻及高容的特点。肺动脉分支沿支气管伴行，在肺泡间隔成为无平滑肌的肺泡毛细血管网进行气体交换。肺静脉系统从肺泡毛细血管网开始，逐渐形成静脉，回到左心房。肺血管口径大、管壁薄、处于负压状态的胸腔中，肺血管可扩张性高，因此肺循环阻力低。右心室较薄、收缩力较弱、肺循环阻力低，肺循环血压仅为体循环血压的 1/10 左右。由于肺循环中血管总横截面积大，故属高容量的系统。肺循环的主要功能是实现血液和肺泡之间的气体交换，即肺换气。肺循环毛细血管平均血压为 7mmHg，而血浆胶体渗透压平均为 25mmHg，该压力阶差使肺泡内及肺间质内的组织液被吸入毛细血管，从而有利于肺泡和血液之间的气体交换。

（2）**体循环的支气管动静脉**：支气管动脉营养肺、支气管和胸膜，多起自胸主动脉，也可起自肋间动脉、锁骨上动脉或乳内动脉，与支气管伴行至呼吸性细支气管水平，形成毛细血管网，营养各级支气管。支气管静脉与动脉伴行，收纳各级支气管的静脉血，最后经上腔静脉回右心房。

二、呼吸系统的主要功能

（一）防御功能

呼吸系统的防御功能通过物理防御功能（包括鼻部加温过滤、咳嗽、喷嚏、支气管收缩、纤毛运动等）、化学防御功能（如溶菌酶、乳铁蛋白、蛋白酶抑制剂、抗氧化的谷胱甘肽和超氧化物歧化酶等）、细胞吞噬（如肺泡巨噬细胞及多形核粒细胞等）和免疫防御功能（B 细胞分泌 IgA、IgM 等抗体，T 细胞介导的迟发型变态反应和细胞毒作用）等而得以实现。当各种原因引起防御功能下降或外界刺激过强均引起呼吸系统的损伤或病变。

（二）呼吸功能

呼吸功能包括肺通气和肺换气。肺通气是肺与外界环境之间的气体交换过程，肺换气是肺泡与肺毛细血管血液之间的气体交换过程，即人体组织细胞不断新陈代谢，代谢所消耗的氧随时从外环境中吸收，氧化代谢所产生的二氧化碳则排出体外。吸入氧气、排出二氧化碳，称为气体交换，是肺脏最重要的功能。

（三）代谢功能

对于肺内生理活性物质、脂质及蛋白、结缔组织及活性氧等物质，肺具有代谢作用。某些病理情况能导致肺循环的代谢异常，可能因此导致肺部疾病的恶化，或导致全身性疾病的发生。同时某种代谢异常也可能导致肺部病变的发生，如 α1-抗胰蛋白酶的缺乏导致肺气肿的发生和发展，表面活性物质的缺乏引起婴儿呼吸窘迫综合征,胶原的代谢异常是发生肺纤维化的重要病理生理基础。

(四)神经内分泌功能

肺组织内存在着一种特殊的具有神经-内分泌功能的细胞,起源于胚胎期的外胚层部分,与肠道的嗜银细胞相类似。因此,起源于该细胞的良性或恶性肿瘤临床上常表现出异常的神经内分泌功能,如皮质醇增多症、肥大性骨病、抗利尿激素(ADH)分泌过多症和成年男性乳腺增生等。

第二节 呼吸系统疾病的常见病因

呼吸系统疾病的病因复杂,病种繁多,其病因可归纳为六大类:感染、理化因素、变态反应和免疫因素、肿瘤、肺血管因素、全身疾病及其他因素。

一、感染

包括细菌、病毒、支原体、真菌等多种病原体。其中以细菌感染为多见。医院内和医院外感染的病原体有很大差异,在医院获得性肺部感染中,革兰氏阴性菌占优势,产 β-内酰胺酶(可分解 β-内酰胺类抗生素)细菌明显增多,医院外感染中社区获得性肺炎以肺炎链球菌和流感嗜血杆菌为主要病原体。

ER 2-1-3

正常胸片与支气管肺炎胸片

二、理化因素

冷空气、长期吸烟、吸入职业性粉尘、刺激性气体及烟雾等,是引起慢性阻塞性肺疾病(chronic obstructive pulmonary diseases,COPD)、肺尘埃沉着病(尘肺)、肺癌和肺感染疾病的重要原因和诱因。放射治疗可引起放射性肺炎。

三、变态反应和免疫因素

随着城市化和工业化的迅猛发展,过敏因素(如花粉、有机粉尘、真菌孢子、动物毛皮及排泄物)有增加趋势,典型疾病如支气管哮喘、过敏性肺炎等;此外,还有与自身免疫异常有关的疾病,如肺出血-肾炎综合征、肺血管炎、特发性肺间质纤维化、某些肉芽肿疾病(如肺结节病)等。

四、肿瘤

肺部肿瘤病因尚未完全阐明,但通常认为与吸烟、职业致癌因子(如石棉、砷、煤焦油)、空气污染和电离辐射等因素有关,以原发性支气管肺癌多见;肺转移癌可源自乳腺、胃肠、肝、泌尿、生殖器官等部位的肿瘤。

五、肺血管因素

肺血管因素包括特发性肺动脉扩张、原发性肺动脉高压和肺动脉栓塞等。

六、全身疾病及其他因素

二尖瓣狭窄,左心衰竭常引起肺水肿。同时肺水肿又是某些急性有害气体中毒等多种病因引起的主要临床表现。由肝硬化、肾病综合征和营养不良引起的低蛋白血症,可形成胸腔漏出液。肺毛细血管通透性增高所引起的肺间质水肿,也可见于多种情况,如严重的挤压外伤、脓毒症休克等。

第三节　呼吸系统疾病的常见症状

一、咳嗽

咳嗽是呼吸系统疾病最常见的症状,是机体的防御性神经反射,有利于清除呼吸道分泌物和有害因子,但频繁剧烈的咳嗽会对工作、生活和社会活动造成严重影响。在不同的肺部疾病中咳嗽可有不同的表现。急性发作的刺激性干咳伴有发热、声嘶常为急性喉炎、气管炎;常年咳嗽咳痰,伴有活动后气喘,多于秋冬季加重常为慢性阻塞性肺疾病(慢阻肺);咳声高亢伴有呼吸困难可能为支气管肺癌;持续而逐渐加重的刺激性干咳伴气促可能为特发性肺纤维化或支气管肺泡癌;伴随反酸、嗳气、胸骨后灼烧感等症状或者餐后咳嗽加重可能为胃食管反流性咳嗽;伴有脓鼻涕、鼻塞和咽痒的咳嗽可能为鼻窦炎;有过敏性疾病史和家族史者应注意排除过敏性鼻炎和支气管哮喘相关的咳嗽。

二、咳痰

由于某种原因使气管、支气管产生过多的分泌物可引起咳痰增多,痰量、气味及性状有助于诊断。如痰由白色泡沫或黏液状转为脓性常为细菌性感染;大量黄脓痰可见于支气管扩张或肺脓肿;肺炎链球菌性肺炎可见铁锈色痰;克雷伯菌肺炎可见红棕色胶冻状痰;厌氧菌感染时脓痰易有腥臭味;肺阿米巴病呈咖啡样痰;肺吸虫病为果酱样痰;粉红色稀薄泡沫痰是肺水肿的特征等。

克雷伯菌肺炎胸片

三、咯血

咯血是内科急症的一种常见症状,大量咯血可导致窒息死亡。咯血程度与疾病轻重有时无相关性,可表现为痰中带血、血痰。按咯血量多少分为三种:小量咯血(<100ml/d)、中量咯血(100~500ml/d)和大量咯血(>500ml/d)。咯血需与呕血相鉴别。常见的咯血原因为支气管扩张、肺结核、肺癌、急性支气管炎和肺炎,其他原因还包括二尖瓣狭窄、肺血栓栓塞症及先天性毛细血管扩张等。

四、胸痛

在呼吸系统疾病中,胸膜炎、肺炎、肿瘤和肺梗死为胸痛最常见的病因,主要以胸膜性胸痛为主,与呼吸有明显关系,吸气时加重。肺栓塞时也可出现剧烈针刺样胸膜痛。非呼吸系统疾病引起的胸痛中,最重要的是心绞痛和心肌梗死。此外,还应注意心包炎、主动脉夹层、胆石症、急性胰腺炎等疾病引起的不同部位的胸痛,临床应注意鉴别。

五、呼吸困难

呼吸困难患者主观上感觉吸气不足、呼吸费力,客观上可表现呼吸频率、节律和深度的改变。慢性进行性呼吸困难多见于慢阻肺和弥漫性肺纤维化;反复发作的呼吸困难且伴有哮鸣音主要见于支气管哮喘;突发胸痛后出现气急应考虑气胸;夜间发作性端坐呼吸提示左心衰或支气管哮喘发作;心功能不全所致呼吸困难常于活动后开始,并渐进性加重。呼吸时相也有助于分析,吸气性呼吸困难多见于肿瘤或异物引起的大气道狭窄、喉头水肿、喉-气管炎症等;呼气性呼吸困难则主要见于慢阻肺、支气管哮喘、慢性支气管炎等疾病;混合性呼吸困难则多见于大量气胸、胸腔积液及胸廓限制性疾病。另外,呼吸肌功能受损或神经肌肉接头相关疾病如脊髓灰质炎、重症肌无力、感染性神经炎、肌肉营养障碍等也可能引起呼吸困难。

第四节　呼吸系统疾病的诊断方法

一、病史采集

通过询问患者的病史,了解吸烟史,有无过敏史,是否从事对肺部有毒物质的特殊职业,是否使用过引起肺部病变的药物。问诊时要问明咳嗽时间的长短、咳嗽的性质及其伴随症状,痰量的多少、颜色、有无异味,咯血量的多少、颜色,呼吸困难属于吸气性还是呼气性,与活动及体位是否有关,胸痛与呼吸的关系,疼痛是锐痛还是钝痛等。有些疾病通过病史采集可作出初步诊断,必须要重视问诊。

二、体格检查

在对患者进行系统全面的体格检查基础上,用视、触、叩、听的查体方法加强胸肺部检查,可以了解病变所在部位、性质及范围。常见肺部体征有肺气肿、肺不张、肺实变、胸腔积液和气胸。如触及语音震颤增强、叩及浊音、闻及病理性支气管呼吸音,可能是大叶性肺炎。如触及语音震颤减弱或消失、叩及浊音或实音、闻及肺泡呼吸音减弱或消失,可考虑是肿瘤、炎性不张、胸膜炎。

此外,还应注意肺外的异常表现,如支气管肺癌易出现副肿瘤综合征,支气管扩张、肺脓肿、脓胸等病变可见杵状指(趾)。

ER 2-1-5

正常胸片与
肺脓肿胸片

三、影像学检查

胸部 X 线片可了解病变部位、范围及病变的基本性质,能满足临床大多数疾病的诊断要求。CT 检查分辨率较高,对于肺内微小病变、纵隔或胸膜等部位的病变、肺间质的病变能早期发现,CT 检查优于常规 X 线检查。MRI 具有良好的组织特性,不同组织显示不同的信号强度,并能多方位成像,对纵隔、心脏和胸膜病变的诊断具有优势。肺血管造影对肺血栓栓塞症和各种先天性或获得性血管病变的诊断有价值;支气管动脉造影对咯血有较好的诊治价值。核素肺通气/灌注扫描(V/Q)对肺栓塞的诊断有重要价值。

四、痰液检查

痰液检查主要有痰液病原学检查、痰细胞学分类和脱落细胞检查等。

五、胸腔积液检查和胸膜活检

常规胸腔积液检查可明确渗出性还是漏出性胸腔积液。检查胸腔积液的溶菌酶、腺苷脱氨酶、癌胚抗原及进行染色体分析,有助于结核性与恶性胸腔积液的鉴别。脱落细胞和胸膜病理活检对明确肿瘤或结核有诊断价值。

六、肺功能检查

肺功能检查主要用于检测呼吸道的通畅程度、肺容量的大小,对于早期检出肺、气道病变,评估疾病的病情严重程度及预后,评定药物或其他治疗方法的疗效,鉴别呼吸困难的原因,诊断病变部位,评估肺功能对手术的耐受力或劳动强度耐受力及对危重患者的监护等方面有重要的临床价值。通过对潮气容积(TV)、肺活量(VC)、功能残气量(FRC)及肺总量(TLC)等指标的测定,了解肺容积大小、最大自主通气量(MVV)、用力肺活量(FVC);通过第 1 秒用力呼气量(FEV_1)的检测以了解肺通气功能。肺换气功能检测主要是测定弥散量(DL)。临床上常用最大呼气流量-容积曲线

（MEFV）中 $VC_{50\%}$ 和 $VC_{25\%}$ 时的瞬时流量,作为检测小气道阻塞的指标。

七、支气管镜检查

支气管镜常用于做肺叶、段及亚段支气管病变的观察、活检采样、细菌学和细胞学检查,可以协助发现早期病变,开展息肉摘除等体内外科手术。支气管镜下可进行局部注射、微波治疗、氩气治疗等,还可以行经支气管镜肺活检、肺泡灌洗。

八、经皮肺穿刺

经皮肺穿刺适用于:常规方法不能确诊的肺部球形病灶及弥漫性病变;病变深,不宜外科活检者;晚期肿瘤放疗、化疗患者治疗效应的病理动态观察。对于靠近胸膜的肺部肿物可以在 CT 或 B 超引导下进行经皮肺穿刺术,诊断率高达 90% 以上,并发症较少。

九、其他

血常规检查中白细胞计数或中性粒细胞比例增高可见于感染性疾病。呼吸衰竭诊断及治疗中必不可少的检测项目首选血气分析。核素肺通气/灌注扫描(V/Q)对肺栓塞的诊断有重要价值。呼出气一氧化氮(FeNO)检测是一种理想有效的无创评估气道炎症疾病的检查方法。

第五节 呼吸系统疾病的防治与康复

一、抗感染

（一）常用抗菌药物

呼吸道抗生素有很多,常见的有青霉素类抗生素、头孢类抗生素、大环内酯类抗生素、喹诺酮类抗生素、磺胺类抗生素等。

1. 青霉素类抗生素 青霉素类抗生素是目前临床上治疗呼吸道感染常用的抗生素之一,主要包括阿莫西林、氨苄西林、青霉素、氟氯西林等。此类药物主要是通过抑制细菌细胞壁生物合成,使细菌的细胞壁缺损,从而使细菌失去细胞壁的保护,导致菌体膨胀裂解,起到杀菌作用。

2. 头孢类抗生素 头孢类抗生素也是广泛使用的一类抗生素,主要包括头孢拉定、头孢呋辛、头孢替安、头孢克肟等。此类药物可通过抑制转肽酶和干扰细菌细胞壁的合成来抑制细菌的生长和繁殖。

3. 大环内酯类抗生素 大环内酯类抗生素主要包括红霉素、克拉霉素、阿奇霉素、罗红霉素等。此类药物可通过抑制细菌蛋白质的合成而达到抗菌的作用。

4. 喹诺酮类抗生素 喹诺酮类抗生素主要包括诺氟沙星、环丙沙星、氧氟沙星、左氧氟沙星等。此类药物可通过抑制细菌 DNA 旋转酶的活性,阻止细菌 DNA 的复制而达到抗菌的作用。

5. 磺胺类抗生素 磺胺类抗生素主要包括复方磺胺甲噁唑、磺胺嘧啶、磺胺米隆等。此类药物可通过抑制细菌叶酸的合成,从而阻止细菌的生长和繁殖。

6. 氨基糖苷类抗生素 氨基糖苷类抗生素包括链霉素、庆大霉素、卡那霉素、妥布霉素等。此类药物可通过与细菌核糖体结合,干扰细菌蛋白质的合成过程,妨碍初始复合物的合成,诱导细菌合成错误蛋白,以及阻抑合成蛋白的释放,达到杀菌作用。

（二）抗菌药物的应用原则

1. 用药原则

（1）尽早查明感染病原,根据病原种类及细菌药物敏感试验结果选用抗菌药物,经验性用药与针对性用药结合。

（2）合理使用，严格掌握用药指征，防止抗生素的泛滥使用。

（3）按照药物的抗菌作用特点选择用药。

（4）个体化药物治疗，依据药物在患者体内的药动学、药效学状态，制定适合个体的给药方案，并根据患者的生理病理状态、合并用药等因素的动态变化适时监测调整。

（5）联合用药，应综合病情、病原体种类及抗菌药物特点制定，如药物品种、给药剂量、给药途径、给药次数和疗程等。

2. 给药途径与疗程的选择　轻、中度感染可选用口服或肌内注射，疗程不必过长，一般症状、体征消失或病情明显缓解即可停药。重症感染或病原耐药程度较高时，尽量选用可供静脉途径给药和相对敏感的药物，疗程要足，可以先大剂量静脉用药，待病情得到控制后改为肌内注射或口服。

3. 用药的特殊问题　老年人由于生理功能减退等原因，用药剂量要偏小。目前肺炎球菌对大环内酯类抗菌药物耐药性不断增加，单用此类药物治疗社区获得性肺炎的风险性较大，喹诺酮类药物可能效果好一些。此外，当患者肝肾功能减退时，应注意某些药物的不良反应，对于免疫功能缺陷的患者应尽早使用广谱、杀菌、高效、低毒的抗菌药物。

ER 2-1-6
金黄色葡萄球菌肺炎胸片

ER 2-1-7
流感嗜血杆菌肺炎胸片

ER 2-1-8
正常胸片与大叶性肺炎胸片

二、氧气治疗

氧气治疗是呼吸系统疾病治疗的重要方法之一。从流量来分，低流量：1~2L/min；高流量：6~8L/min；从浓度来分为，低浓度氧：吸入氧气浓度<35%；中浓度氧：吸入氧气浓度为35%~50%；高浓度氧：吸入氧气浓度>50%。给氧方式临床主要有四种，分别是鼻导管/鼻塞给氧、面罩给氧、呼吸机供氧和高压给氧，最常用的是鼻导管给氧。

三、湿化治疗

张口呼吸、吸氧、气管切开等因素导致呼吸系统疾病的患者呼吸道水分丢失及黏膜干燥，气道分泌物容易形成痰痂，因此呼吸道湿化非常重要。吸氧时利用湿化瓶湿化气体，张口呼吸的患者用湿纱布覆盖口唇，气管插管或气管切开者由于缺乏上气道的加温加湿功能，吸入气体需要加温加湿；由于容易导致一过性低氧血症、咳嗽等气道刺激症状和院内感染，不推荐定时向气道内滴蒸馏水。因α-糜蛋白酶会导致气道黏膜糜烂，不推荐用于雾化吸入。

四、解除支气管痉挛

解除支气管痉挛的根本方法是去除病因，在此基础上再选用合适的药物。根据解除痉挛的机制不同，选用的药物分为两类：

1. 抗炎性平喘药　首选糖皮质激素，尽量局部用药以减少不良反应，对于严重病例可全身用药，常用的局部用药有二丙酸倍氯米松、丙酸氟替卡松和布地奈德等，全身用药有氢化可的松、甲泼尼龙和地塞米松等。此外，还有抗过敏的色甘酸钠和酮替芬。炎性介质拮抗剂有特非那定、阿司咪唑和维A酸，还包括白三烯拮抗剂如扎鲁斯特和孟鲁斯特。

2. 气道舒张剂　扩张支气管最常用的药物：①β_2肾上腺受体激动剂，如肾上腺素、异丙肾上腺素、沙丁胺醇和特布他林等；②M受体阻断剂，即抗胆碱能药物，有异丙托溴铵和异丙东莨菪碱等；③茶碱类药物，不仅扩张气道，还有解除呼吸肌疲劳和轻度兴奋呼吸肌的作用，常用制剂包括茶碱缓释片、氨茶碱、羟丙茶碱、胆茶碱和乙羟茶碱等。

五、糖皮质激素的应用

主要用于支气管哮喘、外源性过敏性肺泡炎、结节病和间质性肺病等疾病的治疗。在急性呼吸窘迫综合征的治疗中选择合适的时机、剂量和疗程可能获得良好的疗效。对中毒症状明显、胸腔积液量大且其中蛋白含量高的结核性胸膜炎患者，在抗结核的基础上可适时、短期使用糖皮质激素。

六、机械通气治疗

在呼吸机的帮助下，维持气道通畅、改善通气和氧合、防止机体缺氧和二氧化碳蓄积，使机体有可能渡过基础疾病所致的呼吸功能衰竭，为治疗基础疾病创造条件。机械通气分为无创呼吸机辅助通气和有创呼吸机辅助通气。通过呼吸机的治疗，主要达到以下目的：①改善患者的通气状态；②改善气体交换功能；③减少呼吸肌做功，防止呼吸肌疲劳；④对危重患者预防性使用呼吸机，以免发生呼吸衰竭；⑤改善急性重症肺水肿患者的症状和预后。

七、呼吸康复治疗

呼吸康复治疗主要通过物理疗法、运动疗法、心理疗法等多种手段，对呼吸系统疾病患者进行综合性康复干预措施，提高患者的呼吸功能、心理状况和生活质量。其目标是通过全面的评估和治疗，使患者能够最大限度地恢复呼吸功能，减轻疾病症状，重返社会生活。

呼吸康复的适应证包括各种可能导致呼吸系统症状的病理状态，如：呼吸衰竭、心功能不全、神经脊髓疾病、运动受限、误吸、慢性气道疾病、心理障碍和围手术期等。

呼吸康复治疗的技术和方法包括有氧运动、呼吸肌训练、教育和管理、心理干预等。其中，有氧运动主要是通过提高患者的心肺功能，增加机体对氧气的利用能力；呼吸肌训练则通过加强呼吸肌的力量和耐力，改善患者的呼吸功能；教育和管理则对患者进行疾病知识的普及和教育，提高患者的治疗依从性和自我管理能力；心理干预则针对患者的焦虑、抑郁等心理问题，进行心理疏导和干预，帮助患者建立积极的治疗态度和生活信心。

第六节　呼吸系统疾病的诊疗进展

一、影像学诊治方法

特别是随着高分辨率螺旋 CT 的广泛使用，对肺部小病灶的发现及诊断更准确。CT 肺动脉造影（CTPA）已经成为诊断肺血栓栓塞症的一线方法。PET 为肺部阴影小病灶及纵隔淋巴结的定性提供了更精确的方法。

二、呼吸细胞和分子生物学研究

随着病理学、临床微生物学、免疫学和分子生物学等基础研究不断深入，疾病防治网的覆盖率不断扩大。

三、呼吸重症监护医学建设

由于呼吸生理和重症监护医学以及重症监护病房（ICU）组织及管理系统的建立，特别是呼吸支持技术的发展与完善，极大地丰富了重症患者呼吸衰竭抢救的理论与实践，降低了病死率。对睡眠状态的全套临床生理学监测和无创正压通气为睡眠呼吸障碍的诊断和治疗提供了全面的技术手段。

四、呼吸系统感染药物治疗

院内获得性肺炎已经引起极大重视,新一代的各种抗生素(如四代头孢菌素、新一代喹诺酮类、碳青霉烯类等)对产超广谱 β-内酰胺酶(ESBL)的阴性杆菌具有更强的治疗作用。新型唑烷酮类(如利奈唑胺)及糖肽类(如替考拉宁)抗生素对耐甲氧西林葡萄球菌的疗效与万古霉素相似,副作用更少。新一代的抗真菌药物(如两性霉素 β 脂质体、伏立康唑、卡泊芬净等),对各类真菌感染疗效更佳,副作用更少。

B 组链球菌肺炎胸片

正常胸片与间质性肺炎胸片

五、新的技术治疗方法

微创技术的使用可对一些肺功能差的患者施行肺部手术,各种通气模式的改进可对不同病因引起的呼吸衰竭进行针对性治疗,而肺移植的开展,将成为失代偿呼吸功能不全的重要治疗手段。

六、其他

随着相关研究的不断深入,各种新研制的抗生素将从根本上改变肺部炎症的治疗和预后;支气管肺癌的早期诊断、分子靶向治疗和个体化治疗已成为研究热点;慢性阻塞性肺疾病将有更好的治疗方法,减缓自然进程;结核病能得到进一步控制;间质性肺疾病能找到比较有效的治疗方法;重症监护机制更加合理,注重质量管理,对患者进行实时评估;非药物的呼吸康复治疗普遍应用于医院、社区医疗机构和家庭。同时,随着医学事业的迅猛发展,在加强呼吸疾病治疗的同时,积极地转向呼吸疾病的预防,维护和恢复呼吸功能,提高生活质量。

医务工作者要重视对呼吸系统患者的指导和关心,经常开展宣教、义诊活动,普及肺部相关疾病常识,宣传戒烟的重要性,增强人们对肺的管理和对肺部疾病的预防意识,守护广大人民群众的肺部健康,倡导健康科学的生活方式。

本章小结

呼吸系统是一个与外界相通的开放系统,具有通气和换气、防御、代谢及神经内分泌功能;常见病因为感染、理化因素、变态反应和免疫因素及肿瘤等。

呼吸系统的常见症状表现为咳嗽咳痰、呼吸困难、咯血及胸痛。

呼吸系统最常用的辅助检查方法:X 线、痰液和胸腔积液检查、肺功能和支气管镜检查。呼吸系统疾病治疗的常用药物,包括抗菌药物的种类和使用原则、氧气治疗、支气管扩张剂等。

呼吸康复的内容:包括上下肢体和躯干的全身运动、提高呼吸功能和咳嗽能力的呼吸肌肉的锻炼、各种清除气道分泌物的方法、营养康复、心理康复和预防各种疾病加重的病因或诱因。

病例讨论

患者,男,60 岁,工人,发热、咳嗽 3 天。

患者 3 天前受凉后,出现寒战,体温升高达 40℃,伴咳嗽、咳痰,为白色黏痰。无胸痛,痰中不带血,无咽痛及关节痛。门诊给退热止咳药服后,体温仍高,在 38℃到 40℃之间波动。患者食欲缺乏,睡眠差,大小便正常。既往体健,个人史、家族史无特殊。

体检:T 38.5℃,P 100 次/min,R 22 次/min,BP 140/86mmHg,营养中等,神清,无皮疹,浅表淋巴结不大,头部器官大致正常,咽无充血,扁桃体不大,颈静脉无怒张,气管居中,胸廓无畸形,呼吸平稳,左上肺叩诊浊音,语颤增强,可闻及湿性啰音,心界不大,心率100次/min,律齐,无杂音,腹软,肝脾未及。

辅助检查:Hb 130g/L,WBC 11.7×10^9/L,中性粒细胞百分比79%,嗜酸性粒细胞百分比1%,淋巴细胞百分比20%,尿常规(-),大便常规(-)。

(韩扣兰)

思考题

1. 呼吸系统的主要功能是什么?
2. 呼吸系统的常见症状有哪些?
3. 呼吸系统疾病抗感染治疗时,抗菌药物如何选用?

ER 2-1-11

练习题

第二章 | 慢性支气管炎、慢性阻塞性肺疾病和慢性肺源性心脏病

教学课件

思维导图

ER 2-2-1　ER 2-2-2

学习目标

1. 掌握：慢性支气管炎、慢性阻塞性肺疾病和慢性肺源性心脏病的临床表现、诊断与鉴别诊断；慢性阻塞性肺疾病分期与稳定期病情严重程度评估。

2. 熟悉：慢性支气管炎、慢性阻塞性肺疾病和慢性肺源性心脏病的实验室及其他检查和治疗。

3. 了解：慢性支气管炎的概念、慢性支气管炎、慢性阻塞性肺疾病和慢性肺源性心脏病的常见病因与发病机制、预防和预后。

4. 学会应用临床思维能力对慢性支气管炎、慢性阻塞性肺疾病和慢性肺源性心脏病患者作出正确诊断，并能够进行合理的治疗。

5. 具备大健康观，倡导健康的生活方式，做吸烟有害健康的教育践行者。

案例导入

患者，男，72岁。因"反复咳嗽、咳痰30年，加重半个月"就诊。患者10年前体力活动时即感气促，且呈进行性加重趋势。半个月前因感冒后上述症状加重，咳黄脓痰，气促明显，伴乏力、腹胀。查体：T 38.9℃，球结膜轻度充血水肿，唇发绀，双侧颈静脉怒张，桶状胸，双肺语音震颤减弱，叩诊呈过清音，呼吸音减弱，双下肺野可闻及湿啰音。心界未叩出，剑突下搏动明显，心率78次/min，$P_2 > A_2$，各瓣膜区未闻及杂音。双下肢轻度可凹陷性水肿。吸烟40年，每年400支。

请思考：

1. 该患者最可能的诊断是什么？其诊断依据是什么？
2. 应完善哪些检查？
3. 应如何治疗？

第一节　慢性支气管炎

慢性支气管炎（chronic bronchitis）简称慢支，是指由于感染或非感染因素引起的具有慢性咳嗽、咳痰为特征的气管、支气管黏膜及其周围组织的非特异性炎症。慢性支气管炎的病理特点是支气管腺体增生、黏液分泌增多。临床出现有连续两年或两年以上，每年持续三个月及以上的咳嗽、咳痰或气喘等症状。早期症状轻微，多在冬季发作，春暖后缓解；晚期炎症加重，症状长年存在，不分季节。疾病进展又可并发慢性阻塞性肺疾病（COPD）、慢性肺源性心脏病，严重影响人民健康和生存质量。

【病因和发病机制】

慢支的病因尚不十分清楚,一般认为与以下几方面因素相互作用有关。

（一）理化因素

大气污染、居住条件不良、工作环境潮湿、气温剧烈变化及粉尘吸入等均为诱发因素。吸烟是公认的最重要的致病原因之一。据调查,吸烟者的患病率比不吸烟者高 2~8 倍,与吸烟量及时间关系密切,量愈大、时间愈长患病率愈高。由于上述理化因素长期刺激,可直接损伤呼吸道黏膜,特别是黏膜上皮纤毛运动受抑制,黏液腺增殖,杯状细胞增生、黏液分泌增多,破坏了黏液纤毛作用,减弱了气道清除功能,使上呼吸道细菌容易侵入而诱发感染,是慢支发生发展的基础。

吸烟有害健康,应加强普及烟草危害知识教育,科学引导学生树牢健康第一意识,培养学生文明健康的好习惯,进一步树立学生科学的人生观、健康观,全面营造健康向上的无烟校园环境,筑牢学生"拒吸第一支烟"的社会意识。

（二）感染因素

感染是慢支发生发展的重要因素,可造成气管、支气管黏膜的损伤和慢性炎症。大部分患者首次发病是由于受凉和感冒引起,分离出的病毒以流感病毒、鼻病毒、腺病毒及呼吸道合胞病毒为常见。目前认为病毒感染为原发病,在机体免疫功能削弱基础上易继发细菌感染,痰培养以甲型链球菌、奈瑟球菌、肺炎球菌及流感嗜血杆菌为多见。

（三）机体因素

过敏因素与部分慢支的发病有一定关系。部分患者经皮肤试验表明对尘埃、花粉、动物皮毛、某些食物或细菌均有过敏反应。在患者痰液中嗜酸性粒细胞数量与组胺含量都有增高倾向,说明部分患者发病与过敏因素有一定关系。机体防御能力因年龄而异,老年人咽喉反射降低、肾上腺皮质及性腺激素减少、细胞免疫减弱、免疫球蛋白减少、组织退行性变、呼吸道防御功能减退、吞噬细胞功能衰退等,使患病率增高。

综上所述,慢支的病因是多因素的,一般认为多在机体抵抗力减弱(内因)的基础上,再加上一种或多种外因长期反复相互作用而发展成慢支。

【病理】

慢性支气管炎主要病变是气管与支气管的黏液腺与杯状细胞增生肥大、分泌亢进、黏液腺导管扩张。黏膜上皮修复力强,可有不同程度的损伤与修复过程,可有局灶性鳞状上皮化生,或黏膜萎缩变薄、支气管软骨可有退行性改变和纤维化,失去支撑力。细支气管壁有炎症细胞浸润、充血、水肿及不同程度纤维增生,这些改变可导致管壁增厚、管腔狭窄。加之呼吸道清除功能差而使分泌物蓄积,造成通气功能障碍,致使肺泡膨胀、破裂,形成肺气肿,或闭塞管腔形成肺不张及肺间质纤维化。

【临床表现】

（一）症状

慢性支气管炎多缓慢发病,病程长,反复急性发作而使病情加重。

1.咳嗽 咳嗽的严重程度视病情而定,一般冬春季加重,夏季减轻,早晚时有阵咳或排痰,白天减少。

2.咳痰 一般为白色泡沫黏痰,偶可带血。清晨排痰较多。当发生感染时,可咳黏液脓痰或脓性痰,咳嗽和痰量也随之增加。

3.喘息或气急 部分患者可伴有喘息,可能合并支气管哮喘。若伴发肺气肿时可表现为活动后气促。

（二）体征

早期可无明显体征。急性发作期肺底部可闻及干、湿啰音,咳嗽后可减少或消失。如伴发哮喘可闻及哮鸣音;并发肺气肿时有肺气肿体征。

（三）临床分期

1. 急性发作期 1周内咳、痰、喘症状明显加重,出现大量脓痰或黏液脓性痰,或伴有发热等炎症表现。

2. 慢性迁延期 不同程度的咳、痰、喘,其中一项症状迁延1个月以上者。

3. 临床缓解期 症状基本消失,或仅有轻微咳嗽、咳少许白痰,持续2个月以上者。

【实验室和其他检查】

（一）血液检查

继发感染时可有血白细胞和/或中性粒细胞比例增多。喘息型者嗜酸性粒细胞增多。

（二）痰液检查

稳定期痰涂片可有少量细菌,或大量被破坏的白细胞和杯状细胞。急性期痰培养加药物敏感试验,以指导临床针对性选用抗菌药物。

ER 2-2-3

慢支X线胸片

（三）胸部X线检查

早期可无异常。反复急性发作后可见肺纹理增粗、增多、紊乱,呈网状或条索状、斑点状阴影,以两下肺野最明显。

（四）肺功能检查

早期可无异常,典型肺功能改变是通气功能障碍,表现为第1秒用力呼气容积（FEV_1）及用力肺活量（FVC）的比值（FEV_1/FVC）减小;最大呼气流速-容量曲线在75%和50%肺容量时流量明显降低。当吸入支气管舒张剂后$FEV_1/FVC\%<70\%$,提示已发展为慢性阻塞性肺疾病。

【诊断和鉴别诊断】

（一）诊断

依据慢性咳嗽、咳痰或伴有喘息,反复发作,每年发病持续至少3个月及以上,连续2年或以上,并排除可引起上述症状的其他心肺疾病（如肺结核、肺脓肿、支气管扩张、支气管哮喘、心脏病等）可诊断慢性支气管炎。

（二）鉴别诊断

1. 肺结核 有活动性病灶者常伴有结核中毒症状,如午后低热、盗汗、乏力、食欲缺乏及消瘦等。肺部X线检查及痰菌检查有助诊断。

2. 支气管哮喘 幼年或青年多发病,以反复发作性哮喘、双肺广泛哮鸣音为主要表现,而无慢性咳嗽、咳痰史。部分患者以刺激性咳嗽为特征,灰尘、油烟、冷空气等容易诱发咳嗽,常有家庭或个人过敏疾病史。抗生素治疗无效,支气管激发试验阳性可鉴别。

3. 支气管扩张 典型患者常有慢性咳嗽、咳大量脓痰、反复咯血史,易合并感染而咳脓臭痰。肺部可闻及湿啰音和干啰音。胸部X线片及高分辨率CT检查有助于鉴别。

4. 支气管肺癌 多发于40岁以上成年男性,多有长期大量吸烟史,常咳嗽、咳痰、咯血史。有时表现为反复同一部位的阻塞性肺炎,经抗生素治疗未能完全消退。胸部CT及纤维支气管镜等检查可明确诊断。

5. 其他引起慢性咳嗽的疾病 慢性咽炎、胃食管反流病、某些心血管疾病（如二尖瓣狭窄）等均有其各自的特点。

【治疗】

（一）急性发作期治疗

1. 控制感染 感染是慢支急性加重的最主要诱因,因此积极有效控制感染至关重要。可先经验性选用头孢菌素类、喹诺酮类、大环内酯类、β-内酰胺类或氨基糖苷类等抗菌药物,或根据痰培养与药敏试验结果选用有效抗菌药物。

2. 镇咳祛痰　以干咳为主者可用右美沙芬、那可丁或其合剂等镇咳。痰液黏稠不易咳出,需使用祛痰剂使痰液稀释易于咳出,常用药物有溴己新、盐酸氨溴索及桃金娘油等。

3. 解痉平喘　伴有喘息者可加用解痉平喘药,首选 β_2 受体激动剂吸入,如沙丁胺醇或特布他林气雾剂;长效 β_2 受体激动剂加糖皮质激素吸入剂等;也可选用氨茶碱或茶碱控释剂。

(二)缓解期的治疗

患者急性发作期症状经治疗后缓解,但肺的呼吸功能仍处于低下状态,必须设法提高机体抵抗力,减少急性发作机会。可行免疫治疗。慢性支气管炎患者以细胞免疫功能低下为主,在春秋季节变化较大时,容易招致病毒感染,可注射转移因子预防感冒,减少慢支急性发作。中医药扶正固本治疗,可以纠正慢支及肺气肿的肺、脾气虚证候。

【预防】

主要是排除诱发慢性支气管炎的理化因素和感染因素。首先不要吸烟,有吸烟嗜好者应坚决戒烟。消除及避免烟雾、粉尘及刺激性气体对呼吸道的影响,同时加强耐寒锻炼,积极参加体育活动,增强体质以提高抗病能力。

【预后】

部分患者病情可受控制,不影响工作、学习;部分患者可发展成慢性阻塞性肺疾病甚至慢性肺源性心脏病,预后不良。

第二节　慢性阻塞性肺疾病

慢性阻塞性肺疾病(chronic obstructive pulmonary disease,COPD)简称慢阻肺,是一种以持续性呼吸道症状和气流受限为特征的疾病,气流受限不完全可逆,呈进行性发展。慢阻肺是呼吸系统疾病中的常见病和多发病。因肺功能进行性减退,严重影响患者活动耐力和生活质量。慢阻肺与慢支和肺气肿密切相关,多数患者由慢支和肺气肿发展而来。肺气肿是指肺部终末细支气管远端气腔出现异常持久的扩张,并伴有肺泡壁和细支气管壁的破坏,而无明显的肺纤维化。当慢支、肺气肿患者肺功能检查出现气流受限且不能完全可逆时,则诊断为慢阻肺。

【病因和发病机制】

(一)病因

本病确切病因尚不完全清楚,但与慢性支气管炎病因相似,可能是多种环境因素与宿主因素长期相互作用的结果。除引起慢支的病因(具体详见本章第一节)以外,目前认为肺气肿的发生还与遗传因素有关,α_1-抗胰蛋白酶(α_1-AT)缺乏的人易患肺气肿,而 α_1-AT 是常染色体隐性基因遗传的。

(二)发病机制

慢阻肺的发病机制尚不完全清楚。吸入有害颗粒或气体可引起肺内氧化应激增强、蛋白酶和 α_1-AT 失衡及肺部炎症反应。其中气道、肺实质及肺血管的慢性炎症是慢阻肺的特征。激活的炎症细胞(如肺泡巨噬细胞、中性粒细胞)释放多种炎性介质,包括白三烯、白介素、肿瘤坏死因子等会破坏肺的结构和/或促进中性粒细胞炎症反应。自主神经系统功能紊乱也在慢阻肺的发病中起重要作用。此外,营养不良、气温变化等都有可能参与慢阻肺的发生发展。

【病理】

慢阻肺的主要病理表现为慢支及肺气肿的病理改变。慢支的病理改变详见本章第一节。肺气肿的病理改变可见终末细支气管伴有肺泡壁不可逆的破坏,使呼吸气腔扩张,弹性减退。外观灰白或苍白,表面可见多个大小不一的大疱。镜检见肺泡壁变薄,肺泡腔扩大、破裂或形成大疱,血液供应减少,弹力纤维网破坏。由于早期侵犯部位不同,阻塞性肺气肿分为小叶中央型(图2-2-1)、全小叶型（图 2-2-2）及介于两者之间的混合型 3 类。其中以小叶中央型最为多见。小叶中央型主要侵犯二级呼吸性细支气管呈囊状扩张，其特点是囊状扩张的呼吸性细支气管位于二级小叶的中央区。全小叶型多侵犯全部气腔，引起所属终末肺组织，即肺泡管、肺泡囊及肺泡的扩张，其特点是气肿囊腔较小，遍布于肺小叶内。有时两型同时存在一个肺内称混合型肺气肿。多在小叶中央型基础上，并发小叶周边区肺组织膨胀。

图 2-2-1　小叶中央型肺气肿

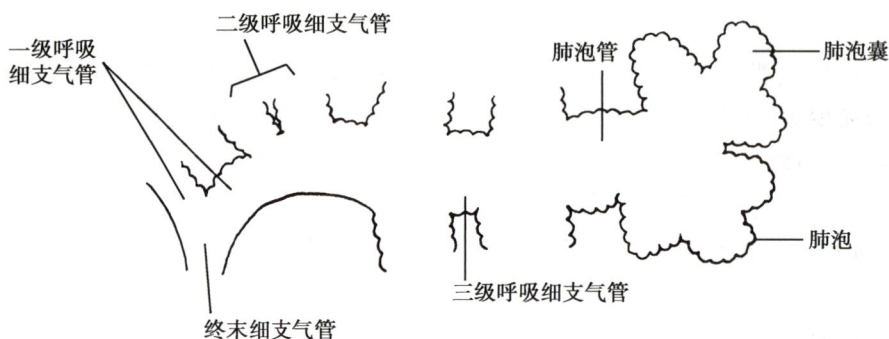

图 2-2-2　全小叶型肺气肿

【临床表现】

（一）症状

本病起病缓慢，病程长，早期可无自觉症状。主要症状为：

1.慢性咳嗽　是慢阻肺常见的症状。咳嗽症状出现缓慢，迁延多年，以晨起和夜间阵咳为显著。

2.咳痰　多为咳嗽伴随症状，痰液常为白色黏液或浆液性，常于早晨起床时剧烈阵咳，咳出较多黏液浆液样痰后症状缓解；急性加重时痰液可变为黏液脓性而不易咳出。

3.气短或呼吸困难　早期仅在较剧烈活动时出现，之后逐渐加重，以致日常活动甚至休息时也感到呼吸困难；活动后呼吸困难是慢阻肺的"标志性症状"。

4.喘息和胸闷　不是特异性症状，部分患者特别是重症患者或急性加重时出现喘息，伴劳力后胸部紧闷感。

5.全身性症状　晚期患者出现体重下降、食欲缺乏、精神不振、抑郁、焦虑等全身表现。

（二）体征

早期体征可不明显，随疾病进展出现肺气肿体征：桶状胸；双肺扩张度及语音震颤减弱；双肺叩诊呈过清音，肺下界下移，心浊音界缩小或消失，肝浊音界下降；肺泡呼吸音减弱，呼气相延长，双肺底可闻及湿啰音和/或干啰音，心音遥远。

（三）并发症的表现

1.右心功能不全　当慢阻肺并发慢性肺源性心脏病失代偿时，可出现食欲缺乏、腹胀、下肢（或全身）水肿等体循环淤血相关的症状。

2.呼吸衰竭　多见于重症慢阻肺或急性加重的患者，由于通气功能严重受损而出现显著的低氧血症和二氧化碳潴留（Ⅱ型呼吸衰竭），此时患者可有明显发绀和严重呼吸困难；当二氧化碳严重潴留，呼吸性酸中毒失代偿时，患者可出现行为怪异、谵妄、嗜睡甚至昏迷等肺性脑病的症状。

3.自发性气胸　多表现为突然加重的呼吸困难、胸闷和/或胸痛，可伴有发绀等症状。

4.其他　还常伴发代谢综合征和糖尿病、骨质疏松症、原发性肺癌、胃食管反流、支气管扩张、阻塞性睡眠呼吸暂停低通气综合征等。这些合并症可发生在不同气流受限程度的患者中,对慢阻肺的进展和病死率有显著影响。

【实验室及其他检查】

1. **肺功能检查** 通气功能检查是判断持续气流受限的客观指标,对慢阻肺诊断、严重程度评价、疾病进展、预后及治疗反应等均有重要意义。FEV_1/FVC 是评价气流受限的敏感指标;FEV_1 占预计值百分比(FEV_1% 预计值)是评估慢阻肺严重程度的良好指标,可作为慢阻肺肺功能检查的基本项目。吸入支气管舒张剂后 FEV_1/FVC%<70%,可确定为持续气流受限。肺总量(TLC)、功能残气量(FRC)和残气量(RV)增高,肺活量(VC)减低,表明肺过度充气。

2. **胸部影像学检查** 早期 X 线胸片可无明显变化,以后可出现肺纹理增粗、紊乱等非特异性改变,也可出现肺气肿改变,即肺过度充气、肺容积增大、胸腔前后径增长、肋骨走向变平、肺野透亮度增高、横膈位置低平、心影狭长、肺门血管纹理呈残根状及肺野外周血管纹理纤细稀少等,有时可见肺大疱形成。X 线胸片对慢阻肺诊断特异性不高,主要对确定肺部并发症及与其他肺疾病鉴别有重要意义。高分辨率 CT(HRCT)对辨别小叶中央型或全小叶型肺气肿及确定肺大疱的大小和数量有很高的敏感性和特异性,对评估肺大疱切除或外科减容手术等的效果有一定价值。

ER 2-2-4

肺气肿胸片

3. **动脉血气分析** 动脉血气分析对确定发生低氧血症、高碳酸血症、酸碱平衡失调以及判断呼吸衰竭的类型有重要价值。

4. **其他** 慢阻肺患者可见血红蛋白及红细胞计数增高,血细胞比容>55% 可诊断为红细胞增多症;合并细菌感染时,外周血白细胞及中性粒细胞比例增高,核左移;痰涂片可见大量中性粒细胞,痰培养可查出病原体。

【诊断和鉴别诊断】

(一)诊断

根据吸烟等高危因素暴露史、临床症状、体征及肺功能检查等综合分析确定。肺功能检查确定持续气流受限是慢阻肺诊断的必备条件,吸入支气管舒张剂后 FEV_1/FVC<70% 可确定为持续气流受限。胸部 X 线检查有助于确定肺过度充气的程度及与其他肺部疾病相鉴别。

(二)鉴别诊断

1. **支气管哮喘** 多为儿童或青少年期起病,症状起伏大,常伴有过敏史、鼻炎和/或湿疹等,部分患者有哮喘家族史。大部分哮喘患者的气流受限有显著的可逆性,其支气管舒张试验阳性。

2. **支气管扩张** 本病多见于青少年,反复发生呼吸道感染,表现为慢性咳嗽、咳痰、反复咯血。合并感染时咳大量脓性痰。查体常有下胸部背部固定持久的局限性湿啰音。胸部 X 线片显示肺纹理粗乱或呈卷发状,高分辨率 CT 检查可见支气管柱状及囊状扩张改变。

3. **肺结核** 有活动性病灶者常伴有结核中毒症状,如午后低热、盗汗、乏力、食欲缺乏及消瘦等。肺部 X 线检查及痰菌检查有助诊断。

4. **支气管肺癌** 多发于 40 岁以上成年男性,多有长期大量吸烟史,常伴咳嗽、咳痰、咯血。胸部 X 线及 CT 可发现占位病变、阻塞性肺不张或阻塞性肺炎等。痰细胞学、纤维支气管镜检查及肺活检有助于明确诊断。

5. **其他** 还需与充血性心力衰竭和弥漫性泛细支气管炎等疾病进行鉴别。

【分期与稳定期病情严重程度评估】

(一)分期

1. **急性加重期** 是指患者出现呼吸系统症状的急性恶化,并需改变药物治疗方案,在疾病过程中,患者常有短期内咳嗽、咳痰、气短和/或喘息加重,痰量增多,呈脓性或黏液脓性,可伴发热等炎症明显加重的表现。

2. 稳定期　是指患者咳嗽、咳痰和气短等症状稳定或症状较轻,病情恢复到急性加重前的状态。

(二)稳定期病情严重程度评估

目前多主张对稳定期慢阻肺采用综合指标体系进行病情严重程度评估。其评估的目标是确定气流受限的程度、疾病对患者健康状况的影响程度及未来事件的发生风险(如急性加重、住院或死亡),以此来选择稳定期的治疗方案。

1. 症状评估　采用改良版英国医学研究委员会呼吸困难问卷(mMRC 问卷)对呼吸困难严重程度进行评估(表 2-2-1)。

表 2-2-1　mMRC 问卷

mMRC 分级	呼吸困难症状
0 级	剧烈活动时感到呼吸困难
1 级	平地快步行走或爬小坡时出现气短
2 级	由于气短,平地行走时比同龄人慢或需停下来休息
3 级	平地行走 100m 左右或数分钟后需要停下来喘气
4 级	因严重呼吸困难不能离开家,或在穿脱衣服时出现呼吸困难

2. 肺功能评估　对气流受限的严重程度进行肺功能评估,可使用 GOLD 分级,慢阻肺患者吸入支气管扩张剂后 $FEV_1/FVC\% < 70\%$,再根据 FEV_1 占预计值百分比($FEV_1\%pred$)下降程度进行慢阻肺的严重程度分级(表 2-2-2)。

表 2-2-2　慢阻肺患者气流受限严重程度肺功能分级

肺功能分级	严重程度	肺功能(基于使用支气管舒张剂后 FEV_1)
GOLD1 级	轻度	$FEV_1\%pred \geq 80\%$
GOLD2 级	中度	$50\% \leq FEV_1\%pred < 80\%$
GOLD3 级	重度	$30\% \leq FEV_1\%pred < 50\%$
GOLD4 级	极重度	$FEV_1\%pred < 30\%$

3. 急性加重风险评估　上一年发生 2 次或 2 次以上急性加重,或者 1 次及 1 次以上需要住院治疗的急性加重,均提示今后频繁发生急性加重的风险增加。

要了解慢阻肺病情对患者的影响,应综合症状评估和急性加重的风险评估对稳定期慢阻肺患者的病情严重程度作出综合性评估,并依据该评估结果选择稳定期的主要治疗药物(表 2-2-3)。

表 2-2-3　稳定期慢阻肺患者病情严重程度的综合评估及其主要治疗药物

分组	特征	急性加重史	mMRC 分级或 CAT 评分	首选治疗药物
A 组	低风险,症状少	≤1 或 未导致住院	0~1 级或<10	SAMA 或 SABA,必要时
B 组	低风险,症状多	≤1 或 未导致住院	≥2 级或≥10	LABA 或 LAMA 或 LAMA+LABA
C 组	高风险,症状少	≥2 或 ≥1 次导致住院	0~1 级或<10	LAMA 或 ICS+LABA 或 LAMA+LABA
D 组	高风险,症状多	≥2 或 ≥1 次导致住院	≥2 级或≥10	LAMA+LABA 或 ICS+LABA 或 LAMA+LABA+ICS

注:SABA:短效 β_2 受体激动剂;SAMA:短效抗胆碱能药物;LABA:长效 β_2 受体激动剂;LAMA:长效抗胆碱能药物;ICS:吸入糖皮质激素。

【治疗】

（一）稳定期治疗

1. 治疗目的 减少呼吸系统症状和未来急性加重风险；防止病情进展；改善呼吸功能和健康状况；提高生活质量；降低病死率。

2. 教育与自我管理 其中最重要的是劝导吸烟的患者戒烟，这是减慢肺功能损害最有效的措施，也是最难落实的措施。医务人员自己首先应该不吸烟。对吸烟的患者采用多种宣教措施，有条件者可以考虑使用辅助药物。因职业或环境粉尘刺激性气体所致者，应脱离污染环境。

3. 药物治疗 可以缓解 COPD 症状，减少急性加重的频率和严重程度，改善患者健康状况和运动耐力。治疗方案应个体化，要根据患者症状的严重程度、加重风险、副作用、合并症、药物可用性和成本等，以及患者对治疗的反应、意愿和支付能力来确定。

（1）**支气管扩张剂**：是控制慢阻肺症状的主要药物，可松弛支气管平滑肌、扩张支气管、缓解气流受限。根据药物的作用及用药后患者的反应等因素选用。联合应用不同药理机制的支气管扩张剂可增加支气管扩张效果。与口服药物相比，吸入剂的不良反应小，多首选吸入治疗。

1）β_2 受体激动剂：可选用短效制剂如沙丁胺醇及特布他林等气雾剂，每次 100~200μg（1~2 喷），数分钟内开始起效，15~30 分钟达到峰值，疗效持续 4~5 小时，每 24 小时不超过 8~12 喷，主要用于缓解症状，按需给药；长效制剂如沙美特罗、福莫特罗等，作用持续 12 小时以上，每天 2 次，总量每天不超过 72μg，较短效制剂更有效且使用方便。近年来新型长效 β_2 受体激动剂起效更快、作用时间更长，包括茚达特罗、奥达特罗和维兰特罗等。

2）抗胆碱能药：主要有短效制剂如异丙托溴铵气雾剂，可阻断 M 胆碱受体，定量吸入，起效较沙丁胺醇慢，但持续时间长，30~90 分钟达最大效果，持续 6~8 小时，每次 40~80μg（每喷 20μg），每天 3~4 次。该药副作用小，作用温和，长期吸入可改善慢阻肺患者健康状况，尤其适合老年患者使用。新型长效制剂如噻托溴铵粉吸入剂，能够持久地结合 M_3 受体，快速与 M_2 受体分离，从而延长支气管扩张时间，作用时间超过 24 小时，每次吸入 18μg，每天 1 次。长期使用可增加深吸气量，减低呼气末肺容积，进而提高呼吸功能，提高运动耐力和生活质量，也可减少急性加重的发生频率。

3）茶碱类药物：可解除气道平滑肌痉挛，在治疗慢阻肺中应用广泛。缓释型或控释型茶碱每天 1 次或 2 次口服可达稳定的血浆浓度，对治疗慢阻肺有一定疗效。茶碱的有效治疗浓度和中毒浓度十分接近，故需进行血药浓度监测。当茶碱的血药浓度为 10~15μg/ml 时，可改善哮喘发作而不致产生毒性反应。患冠心病、心律失常、低血压及甲状腺功能亢进者应慎用。

（2）**糖皮质激素**：糖皮质激素有抗过敏、抗炎、稳定溶酶体膜等作用。对于有急性加重史的中度至极重度慢阻肺患者，吸入糖皮质激素与长效 β_2 受体激动剂联合制剂，比两者单药治疗更有效，能持续控制慢阻肺的自然病程进展，增加运动耐量、减少急性加重的发生频率、提高生活质量，甚至有些患者的肺功能得到提高。目前常用剂型有沙美特罗加氟替卡松、福莫特罗加布地奈德。

（3）**其他药物**：①祛痰药如盐酸氨溴索或羧甲司坦等；②抗氧化剂如 N-乙酰半胱氨酸等；③磷酸二酯酶-4 抑制剂罗氟司特；④流感疫苗和肺炎球菌疫苗接种可降低呼吸道感染的发生率；⑤中医治疗。

4. 长期家庭氧疗（LTOT） 对于慢阻肺静息状态下严重低氧血症的患者，可以提高生活质量和生存率。对血流动力学、运动能力、肺生理和精神状态均会产生有益的影响。LTOT 指征：①$PaO_2 \leq 55mmHg$ 或 $SaO_2 \leq 88\%$，有或没有高碳酸血症；②PaO_2 55~60mmHg，或 $SaO_2 < 89\%$，并有肺动脉高压、心力衰竭或红细胞增多症（血细胞比容>55%）。一般用鼻导管吸氧，氧流量为 1.0~2.0L/min，吸氧时间>15 小时/d。目的是使患者在海平面、静息状态下，达到 $PaO_2 \geq 60mmHg$ 和/或使 SaO_2 升至 90% 以上。

5. 通气支持　无创通气已广泛用于极重慢阻肺稳定期患者。无创通气联合长期氧疗对某些患者,尤其是严重高碳酸血症和有急性呼吸衰竭入院史的患者更为重要,长期无创通气可能会降低病死率并预防再入院。

6. 肺康复治疗　是慢阻肺患者稳定期一项重要的治疗措施,可以改善患者呼吸困难、健康状况和运动耐力,提高生活质量。

7. 其他　对于药物治疗效果仍不佳的部分晚期肺气肿患者,外科或支气管镜介入治疗可能有益,包括肺大疱切除术、肺减容术和肺移植术等。

(二) 急性加重期治疗

治疗目标是采取积极治疗措施使本次急性加重的影响最小化,同时避免再次急性加重的发生。

1. 确定急性加重的原因　急性加重可由多种原因所致,最常见原因是呼吸道感染,多由细菌、病毒感染引起。

2. 评估病情严重程度　根据其严重程度决定门诊或住院治疗。

急性加重期住院治疗的指征:①症状显著加剧,如静息状态下呼吸困难突然加重,呼吸频率增快,动脉血氧饱和度降低,意识模糊,嗜睡等;②出现新的体征或原有体征加重(如发绀、水肿);③急性呼吸衰竭;④有严重的伴随疾病(如心力衰竭或新近发生的心律失常等);⑤初始治疗失败;⑥院外治疗条件欠佳或治疗不力。

3. 持续低流量吸氧　氧疗是慢阻肺急性加重期患者的基础治疗,可采用鼻导管吸氧,或通过文丘里(Venturi)面罩吸氧。鼻导管给氧时,吸入的氧浓度与给氧流量有关,估算公式为吸入氧浓度(%)=21+4×氧流量(L/min)。一般吸入氧浓度为28%~30%,应避免吸入氧浓度过高引起或加重二氧化碳潴留。

4. 药物治疗　常用的药物有支气管扩张剂、抗生素、糖皮质激素等。

(1) **支气管扩张剂**:药物同稳定期。慢阻肺急性加重期初始治疗首选吸入短效 β_2 受体激动剂,可联合使用短效抗胆碱能药物。维持治疗首选长效支气管扩张剂,应在出院前尽早开始使用。有严重喘息症状者可给予较大剂量雾化吸入治疗以缓解症状。

(2) **抗生素**:感染是诱发慢阻肺急性加重的主要因素,当患者呼吸困难加重、咳嗽伴痰量增多和脓性痰时,应根据患者所在地常见病原体及药物敏感情况积极选用抗生素治疗。抗生素应用疗程一般为5~7天。门诊可使用青霉素类、大环内酯类、氟喹诺酮类、第一代或第二代头孢菌素类抗生素。病情较重者可用β-内酰胺类/β-内酰胺酶抑制剂、第二代头孢菌素、氟喹诺酮类和第三代头孢菌素类。住院患者应当根据疾病严重程度和预计的病原体及细菌耐药情况选用抗生素,一般多静脉滴注给药。如果找到确切的病原体,根据药敏结果选用抗生素。

(3) **糖皮质激素**:全身激素治疗可改善肺功能、缩短康复时间和住院时间,降低早期病情反复和治疗失败的风险。推荐应用泼尼松每天40mg治疗5天,对于部分慢阻肺急性加重的患者单独雾化吸入布地奈德可以作为替代口服激素治疗的方法或全身静脉给予甲泼尼龙。全身激素使用不应长于5天。

5. 机械通气　包括无创机械通气和有创机械通气,是生命支持的一种手段。对于并发较严重呼吸衰竭的患者可使用机械通气治疗,具体见本篇第十一章。

6. 其他治疗　维持液体和电解质平衡;注意补充营养;对卧床、红细胞增多症或脱水的患者,无论是否有血栓栓塞性疾病史,均需考虑使用肝素;积极排痰治疗,防治并发症。

【预防】

慢阻肺的预防非常重要,应作为临床工作的重点,可分为一级、二级、三级预防。戒烟是最重要的措施,在疾病任何阶段都有助于防止慢阻肺的发生和发展;避免或防止有害气体或有害颗粒的吸入;定期接种流感疫苗、肺炎链球菌疫苗等。在寒冷季节或气候骤变时,注意保暖,预防感冒。生活规律,适当运动,增强抵抗力。注意膳食营养合理。此外,慢阻肺的早期发现和早期干预十分重要,对于有高危因素的人群,应定期进行肺功能监测以尽早发现慢阻肺并及时予以干预。

第三节　慢性肺源性心脏病

慢性肺源性心脏病(chronic pulmonary heart disease)简称肺心病,是由于支气管-肺组织、胸廓或肺血管慢性病变引起的肺血管阻力增加,肺动脉压力增高,继而出现右心室肥厚扩大,伴或不伴右心衰竭的心脏病。

慢性肺心病是我国呼吸系统的一种常见病,根据国内多次普查或抽查,>14岁人群平均患病率为0.48%。患病存在地区差异,北方寒冷地区、高原地区、潮湿地区和农村患病率较高,并随年龄增长而增加。男女无显著差异。冬、春季节及气温骤降时易出现急性发作,常由上呼吸道感染所诱发。

【病因】

(一)支气管-肺疾病

以COPD最常见,占80%~90%,其次为支气管哮喘、支气管扩张、重症肺结核、硅沉着病、先天性肺囊肿等。

(二)胸廓运动障碍性疾病

较少见,严重的胸廓或脊柱畸形以及神经肌肉疾病(脊髓灰质炎等)均可致胸廓运动障碍、肺受压、支气管扭曲或变形、气道引流不畅、反复感染发展为肺心病。

(三)肺血管疾病

更少见。特发性肺动脉高压、原发性肺血栓栓塞症、结节性多动脉炎均可使肺小动脉阻塞引起肺血管阻力增加、肺动脉高压和右心室负荷加重,发展为慢性肺心病。

(四)其他

睡眠呼吸暂停低通气综合征、原发性肺泡通气不足及先天性口咽畸形等均可引起机体缺氧,导致肺动脉高压,发展成慢性肺心病。

【发病机制】

(一)肺动脉高压的形成

1.肺血管阻力增加的功能性因素　许多学者认为动脉血缺氧引起肺小动脉痉挛,是造成肺动脉高压的主要原因。在肺气肿、肺心病患者由于通气与换气功能障碍,常常引起缺氧,在后期发生高碳酸血症及酸中毒。缺氧引起肺小动脉平滑肌收缩的原因,可以是间接的,也可以是直接的。间接的原因可能是肺泡内缺氧促使肺实质中的肥大细胞释放血管活性物质。直接的原因可能是缺氧干扰了血管平滑肌细胞膜钾、钠离子的交换,使去极化和电活动性加强,使肺小动脉痉挛、肺动脉压上升。

缺氧所致的肺小动脉痉挛,往往随着酸中毒的发生而加重,酸中毒时H^+浓度不但对肺循环有直接加压作用,而且增加肺动脉对缺氧的敏感性。经控制感染随着病情好转而肺心功能有所恢复,这说明肺心病患者的肺循环改变在一定程度上是可逆的。

2.肺血管阻力增加的解剖学因素　肺血管解剖结构的变化,形成肺血流动力学障碍,压力增高。主要机制是:①支气管、肺组织的慢性炎症可累及邻近肺小动脉导致管壁增厚、管腔狭窄甚至闭塞,使肺血管阻力增加,肺动脉高压形成;②肺气肿时肺泡内压力增高,使肺泡壁上的毛细血管受压导致管腔狭窄、闭塞;③肺泡壁上的毛细血管随着肺泡壁的破裂而毁损,当肺泡毛细血管床减损达70%以上时肺循环阻力增高,出现难以逆转的肺动脉高压。

3. 血容量增多和血液黏稠度增加 慢性缺氧产生继发性红细胞增多,血液黏稠度增加。主要机制是:①缺氧和二氧化碳潴留时,肾素-血管紧张素-醛固酮系统活性增强,导致水、钠潴留,血容量增多;②缺氧还可使肾小动脉收缩,肾血流量减少,使水、钠潴留更严重,血容量进一步增多;③长期慢性缺氧可使骨髓造血功能亢进,引起继发性红细胞增多症,使血液黏稠度增加。血容量增多和血液黏稠度增加,均可使肺循环阻力增加,肺动脉压增高。

(二) 心脏病变和心力衰竭

肺动脉压增高,右心负荷加重,右室肥厚;当肺动脉压升高超过右心负荷能力时,导致右心扩张或衰竭。除有右心受累外,有少数患者由于心肌缺氧、乳酸堆积、高能磷酸合成降低、心排血量增加,支气管循环量增加,以及心肌变性等因素加重了左心负荷,可导致左室肥厚。因此,慢性肺心病是以右心室受累多见,但也是左右心室均可受累的全心病。

(三) 多脏器损害

严重的缺氧和高碳酸血症除引起心脏病变外,还可导致全身其他重要脏器如脑、肾、肝、胃肠道及内分泌系统、血液系统等的功能损害。

【临床表现】

慢性肺心病多由慢性胸肺疾病逐渐发展而来,病程缓慢,一般多在十年以上。开始多表现为原有胸肺疾病的症状与体征,晚期则出现循环与呼吸衰竭的征象。依据病情将其分为肺、心功能代偿期和肺、心功能失代偿期。

(一) 肺、心功能代偿期(包括缓解期)

本期仅有肺动脉高压及右心室肥大,而无右心功能不全。因此主要表现为:

1. 原发病的症状和体征 多有慢性咳嗽、咳痰、呼吸困难、乏力和活动耐力下降等症状;不同程度的发绀,肺气肿的体征及肺部干、湿啰音。

2. 肺动脉高压和右心室肥大的体征 ①肺动脉瓣听诊区第二心音亢进($P_2 > A_2$);②剑突下心脏搏动增强和/或三尖瓣区出现收缩期杂音。

(二) 肺、心功能失代偿期(临床加重期)

除以上肺、心功能代偿期的表现外,最主要是呼吸衰竭和右心衰竭的表现,以呼吸衰竭为主。

1. 呼吸衰竭 以Ⅱ型呼吸衰竭最为多见,主要是缺氧和二氧化碳潴留引起的症状和体征。详见本篇第十一章呼吸衰竭。

2. 右心衰竭

(1)症状:心悸、气短、食欲缺乏、恶心、呕吐、腹胀等。

(2)体征:明显发绀、颈静脉怒张、心率增快,可出现心律失常(多表现为房性期前收缩及阵发性室上性心动过速,以紊乱性房性心动过速最具特征性)。肝大且有压痛,肝颈静脉回流征阳性,双下肢水肿,重者可出现胸腔积液、腹水等。

(三) 并发症

病情严重时可出现肺性脑病、酸碱失衡及电解质紊乱、上消化道出血、休克、心律失常、弥散性血管内凝血(DIC)等并发症。其中肺性脑病是肺心病患者死亡的首要原因。

【实验室和其他检查】

(一) X 线检查

X 线检查为首选,除肺、胸基础疾病及急性肺部感染的特征外,还有肺动脉高压征象(图 2-2-3),诊断标准如下:①右下肺动脉干扩张,其横径≥15mm 或其横径与气管横径比值≥1.07,或经

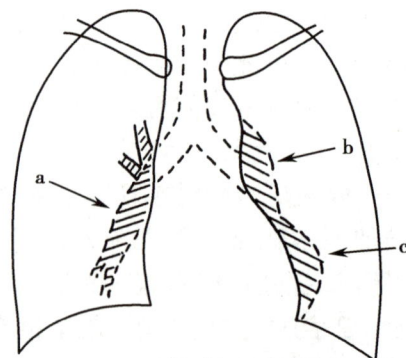

图 2-2-3 慢性肺源性心脏病 X 线胸片正位

右下肺动脉干增宽(a),肺动脉段突出(b),心尖上凸(c)。

动态观察右下肺动脉干增宽>2mm；②肺动脉段明显突出或其高度≥3mm；③中心肺动脉扩张和外围分支纤细，形成"残根征"；④圆锥部显著凸出（右前斜位45°）或其"锥高"≥7mm；⑤右心室增大。

（二）心电图检查

具有以下主要条件一项以上即可诊断肺心病：①QRS额面平均电轴≥+90°；②V_1 R/S≥1；③重度顺钟向转位（V_5 R/S≤1）；④$R_{V1}+S_{V5}$≥1.05mV；⑤aVR导联R/S或R/q≥1；⑥V_1~V_3呈QS、Qr、qr型（需除外心肌梗死）；⑦肺型P波（P波电压≥0.20mV，呈尖峰型）。

（三）超声心动图检查

对肺心病诊断较为敏感，但因肺气肿存在探查困难，阳性率不高。诊断标准如下：①右肺动脉内径≥18mm，或肺动脉干≥20mm；②右心室流出道内径≥30mm及右心室流出道/左房内径>1.4；③右心室内径≥20mm；④右心室前壁厚度≥5mm以及左、右心室内径比值<2；⑤肺动脉瓣曲线出现肺动脉高压征象者（a波低平或<2mm，或有收缩期关闭征等）。

（四）动脉血气分析

可根据动脉血气分析结果判断有无低氧血症、呼吸衰竭及其类型或高碳酸血症、有无酸碱失衡及其类型。当动脉血氧分压（PaO_2）<60mmHg，伴或不伴动脉血二氧化碳分压（$PaCO_2$）>50mmHg时，表明已存在呼吸衰竭。

（五）血液检查

红细胞计数及血红蛋白含量可升高，血液黏滞度增高。合并感染时，白细胞计数及中性粒细胞比例增高。部分患者可有肝、肾功能异常，以及电解质紊乱。

（六）其他

痰病原学检查、肺功能检查等有助于诊断和指导治疗。

【诊断与鉴别诊断】

（一）诊断

主要根据病史、临床表现，结合X线胸片、心电图、超声心动图等检查，具有肺动脉高压和右心室肥厚且除外其他心脏疾病时即可作出诊断，如有右心衰征象更易确诊。

（二）鉴别诊断

1. 风湿性心脏病（简称风心病） 风心病最常累及二尖瓣，出现二尖瓣狭窄，产生特征性心尖部舒张期隆隆样杂音。肺心病患者右心室扩大导致相对三尖瓣关闭不全，三尖瓣区可闻及收缩期吹风样杂音，与风心病三尖瓣关闭不全杂音相似。此外，根据病史、体征、超声心动图、X线胸片、心电图均可鉴别。

2. 冠状动脉粥样硬化性心脏病（简称冠心病） 冠心病与肺心病均多发于中、老年人，均可出现心脏增大、心律失常和心力衰竭，且常有两病共存，应详细询问病史，结合体格检查和相关辅助检查进行鉴别。冠心病患者多有典型的心绞痛或心肌梗死病史，往往存在高血压、高血脂、糖尿病等易患因素，以左心室增大、左心衰竭为主。X线胸片、超声心动图检查显示左心室肥厚增大的征象，心电图检查出现心肌缺血或心肌梗死的表现。

3. 原发性扩张型心肌病 是一类较为常见的心肌病，多数患者病因不清，部分患者有家族遗传性，常表现为全心扩大、心力衰竭、心律失常等。无慢性支气管、肺疾病病史，亦无肺动脉高压的征象。X线胸片及超声心动图有助于鉴别。

【治疗】

（一）肺、心功能失代偿期

治疗目标：控制呼吸衰竭和心力衰竭，积极控制感染，通畅呼吸道，改善呼吸功能，纠正缺氧和

二氧化碳潴留,防治并发症。

1. 控制呼吸衰竭

(1)**控制感染**:感染是诱发肺心病急性加重导致肺、心功能失代偿的主要原因,积极控制感染是治疗的关键。根据患者具体情况、病情严重程度及患者所在地常见病原体等经验性选用抗生素。常用抗生素有青霉素类、氨基糖苷类、喹诺酮类、头孢菌素类、β-内酰胺类/β-内酰胺酶抑制剂等。疗效不佳者可根据痰培养及药物敏感试验结果针对性选用抗生素。

(2)**采用综合治疗措施**:包括通畅呼吸道、增加通气量、合理氧疗,必要时给予无创或有创机械通气治疗,纠正缺氧和二氧化碳潴留;纠正水、电解质紊乱和酸碱失衡,防治并发症等(详见本篇第十一章呼吸衰竭治疗)。

2. 控制心力衰竭 慢性肺心病患者一般在呼吸衰竭得以控制后,心力衰竭便能随之改善,常常不需使用正性肌力药物和利尿剂。但对上述治疗无效或心力衰竭严重的患者,可考虑适当选用下列药物:

(1)**利尿剂**:宜选用作用温和的利尿剂,排钾与保钾利尿剂联合使用,小剂量、短疗程、间歇交替用药。如氢氯噻嗪 25mg,每天 1~3 次;联合螺内酯 20~40mg,每天 1~2 次,口服。如果利尿剂使用不当可导致严重水、电解质紊乱和酸碱失衡,如低钾、低钠、低氯血症及低钾低氯性碱中毒。还可引起痰液黏稠不易咳出和血液浓缩。

(2)**正性肌力药物**:慢性肺心病患者由于存在慢性缺氧、感染、电解质紊乱等,对洋地黄类药物耐受性差,易导致中毒,出现心律失常。因此需严格掌握使用指征及应用原则。

1)使用指征:①感染已控制,呼吸衰竭明显改善,经利尿治疗后,右心衰竭依然存在者;②合并室上性心动过速或快速房颤者;③合并急性左心衰竭患者;④以右心衰竭为主要表现而无明显感染的患者。

2)应用原则:①一般用常规剂量的 1/2 或 2/3;②选用起效快、排泄快的洋地黄类药物,如毛花苷 C(西地兰)0.2~0.4mg,或毒毛花苷 K 0.125~0.25mg 加入 10% 的葡萄糖注射液内缓慢静脉注射。

3)注意事项:①预防或纠正电解质紊乱,特别注意防治低钾血症,以免发生洋地黄药物毒性反应;②用药前应纠正缺氧及控制感染,防止洋地黄中毒;③不宜以心率减慢作为洋地黄类药物应用及疗效判断指征,因为缺氧、感染均可使心率加快。

(3)**血管扩张药**:如硝酸异山梨酯、酚妥拉明和硝普钠等血管扩张剂,具有扩张肺小动脉减轻心脏前后负荷的作用,对一些顽固心衰患者可起到良好作用。

3. 控制心律失常 经积极控制感染、纠正缺氧等治疗后,心律失常可自行消失。如果持续存在,可根据心律失常的类型选用相应抗心律失常药物(详见第三篇第三章)。

(二)缓解期治疗

积极控制急性发作的诱发因素,减少或避免急性加重的发生。采用中西医结合的综合治疗措施,扶正固本、加强营养、提高机体抵抗力,对预防急性呼吸道感染、增强体质、延缓病情发展有一定作用。同时,进行适宜的肺康复训练,改善呼吸肌功能。坚持家庭氧疗可以降低肺动脉高压,减轻右心室负荷。

【预防和预后】

由于慢性肺心病是各种原发肺、胸疾病发展到晚期的并发症,病变已很难逆转,积极有效地防治原发病,是预防肺心病的关键。慢性肺心病常反复急性加重,肺、心功能呈进行性损害,多数预后不良,病死率 10%~15%。积极治疗虽然不能从根本上逆转其自然病程,但可在一定程度上延缓病情进展,从而提高患者的生活质量,延长患者寿命。

慢支、慢阻肺及慢性肺心病三者密切相关。慢支是指在机体全身或呼吸道局部的免疫防御功能减退的情况下,环境因素长期反复作用引起气管、支气管黏膜及其周围组织的慢性非特异性炎症。最终导致气道的不完全阻塞,出现通气功能障碍,引发阻塞性肺气肿。当慢支、肺气肿患者肺功能检查出现持续气流受限时,则能诊断慢阻肺。慢阻肺是一种具有持续气流受限特征的可以预防和治疗的肺部疾病,气流受限呈进行性加重,严重影响患者的劳动能力和生活质量。慢性肺心病多继发于慢性支气管、肺疾病,以慢阻肺最为多见,主要由于缺氧和二氧化碳潴留,引起肺血管阻力增加,肺动脉压力增高,继而出现右心室肥厚扩大甚至右心衰竭。治疗以控制呼吸衰竭、纠正缺氧和二氧化碳潴留为主,必要时联合利尿、强心等治疗。

病例讨论

患者,男,78岁。主因"反复咳嗽、咳痰30年,伴心悸、气促10年,再发加重10天"入院。患者近30年来反复发作阵发性咳嗽,咳痰,多为白色黏液痰,有时痰中带血丝,曾诊断为"慢性支气管炎",经"青霉素"及止咳药物治疗后可缓解,但每遇天气变凉或冬春季节常反复发作。近10年来在咳嗽、咳痰反复发作的基础上出现活动后(如爬楼梯、快步走等)心悸、气促,休息后可缓解。本次入院前10天淋雨后加重,咳黄色脓痰,伴低热、明显气促、心悸和双下肢水肿。查体:T 38.0℃,P 120次/min,R 32次/min,Bp 135/80mmHg。神志清楚,端坐位,口唇发绀;颈静脉怒张;桶状胸,触觉语颤减弱,叩诊过清音,两肺呼吸音减弱、肺底可闻及细湿啰音和少许哮鸣音;心界未叩出,心音遥远,心率120次/min,律齐,P$_2$亢进;肝肋缘下3cm、剑突下5cm、轻触痛、肝颈静脉回流征阳性,移动性浊音阳性。双下肢明显凹陷性水肿。实验室检查:血常规:Hb 114g/L,RBC 3.4×10^{12}/L,WBC 15.8×10^9/L,N 0.88;血气分析:pH 7.3,PaO$_2$ 50.4mmHg,PaCO$_2$ 61.8mmHg,SaO$_2$ 87%(吸氧)。胸部X线:两肺纹理增多、增粗、紊乱,呈条索状或蜂窝状,双肺门血管增粗,以右下肺动脉干为甚,其横径大于1.5cm,肺动脉段明显突出。心电图检查:Ⅱ、Ⅲ、aVF导联P波高尖,aVR呈qR型;V$_1$R/S>1;心电轴右偏,肺型P波。超声心动图检查:右心室内径24mm,右心室前壁的厚度6mm,左/右心室内径的比值为1.8,右心室流出道/左心房内径比值为1.5。

(李跃平)

思考题

1. 简述慢支、慢阻肺及慢性肺心病三者之间的关系。
2. 慢阻肺及慢性肺心病有哪些临床表现?
3. 简述慢阻肺及慢性肺心病的诊断依据和治疗原则。

ER 2-2-7

练习题

第三章 ｜ 支气管哮喘

ER 2-3-1  教学课件

ER 2-3-2  思维导图

学习目标

1. 掌握：支气管哮喘的临床表现、诊断与鉴别诊断及并发症。
2. 熟悉：支气管哮喘的辅助检查、病情评估、治疗和预防。
3. 了解：支气管哮喘的常见病因及发病机制。
4. 学会支气管哮喘患者的诊断，并进行分级诊疗。
5. 具备医学生的责任感和使命感，做哮喘患者的健康教育与管理者。

案例导入

患者，女，56 岁。因"反复发作性咳嗽、胸闷、气喘 20 余年，加重 3 天"入院。查体：双肺呼吸音粗，满布哮鸣音。给予激素、平喘药物后症状稍有改善，仍有反复咳嗽、咳痰。入院前我院急诊血常规提示嗜酸性粒细胞 $0.64×10^9/L$；胸部 X 线片未见明显异常。入院初步诊断为"支气管哮喘"。

请思考：

1. 患者的病情特点是什么？
2. 确诊还需完善哪些检查？
3. 治疗方案是什么？

支气管哮喘（bronchial asthma）简称哮喘，是由多种细胞包括气道的炎症细胞（如嗜酸性粒细胞、肥大细胞、T 淋巴细胞、中性粒细胞）和结构细胞（如平滑肌细胞、气道上皮细胞等）以及细胞组分参与的气道慢性炎症性疾病。这种慢性炎症与气道高反应性相关，通常以出现广泛多变的可逆性气流受限为特征。临床主要表现为反复发作性的喘息、气急、胸闷或咳嗽等症状，常在夜间及凌晨发作和加剧，多数患者可自行缓解或经治疗缓解。我国患病率为 0.5%~5%，儿童及青少年多见，一般认为儿童患病率高于青壮年，老年人群的患病率有增高趋势，城市高于农村，约 40% 的患者有家族史。

【病因和发病机制】

（一）病因

1. **遗传因素** 哮喘是一种复杂的、具有多基因遗传倾向的疾病，流行病学调查显示，哮喘患者亲属患病率高于群体患病率，并且亲缘关系越近，患病率越高；患者病情越严重，其亲属患病率也越高。目前，哮喘的相关基因尚未完全明确，但有研究表明存在与气道高反应性、IgE 调节和特应性反应相关的基因，这些基因在哮喘的发病中起着重要作用。

2. **环境因素** 具有哮喘易感基因的人群发病与否与受环境因素影响较大。环境中的变应原主要分为吸入性变应原、摄入性变应原和接触性变应原。常见的有粉尘、花粉、真菌、昆虫、纤维、皮毛、食物、化妆品、药物（普萘洛尔、阿司匹林）等。另外，气候变化、运动、妊娠等都可能是哮喘的激

发因素。

（二）发病机制

哮喘的发病机制尚不完全清楚，主要认为包括免疫-炎症反应、神经调节机制和气道高反应性及其相互作用。

1. 免疫-炎症机制

（1）**气道炎症形成机制**：气道慢性炎症反应是多种炎症细胞、炎症介质和细胞因子共同参与、相互作用的结果。现已公认与支气管哮喘发病有关的变态反应为Ⅰ型变态反应。患者多为特异体质，常伴有其他过敏性疾病。当变应原进入机体，在 T 淋巴细胞的作用下，使 B 淋巴细胞转化为浆细胞，促使其产生高滴度的特异性抗体 IgE，并主要与肥大细胞和嗜碱性粒细胞表面的相应受体结合。当相同变应原再次进入机体后，可与细胞表面的 IgE 交联，合成并释放多种活性介质，使支气管平滑肌收缩、黏液分泌增多、血管通透性增加和炎症细胞浸润，产生哮喘临床症状，这是典型变态反应过程；另一方面，活化的辅助性 Th2 细胞分泌的 IL 等细胞因子可直接激活肥大细胞、嗜酸性粒细胞及巨噬细胞等，并使之聚集在气道，这些细胞进一步分泌多种炎症因子如组胺、白三烯、前列腺素、活性神经肽、嗜酸性粒细胞趋化因子、转化生长因子（TGF）等，构成了一个与炎症细胞相互作用的复杂网络，导致气道慢性炎症。据哮喘发生的时间分为速发型、迟发型及双相型。

（2）**气道高反应性**（airway hyperresponsiveness, AHR）：目前普遍认为气道炎症是导致气道高反应性的重要机制之一，表现为气道对各种刺激因子出现过强或过早的收缩反应。当气道受到变应原或其他刺激后，由于多种炎症细胞、炎症介质和细胞因子的参与，气道上皮的损害和上皮下神经末梢的裸露等而导致气道高反应性。AHR 是哮喘的基本特征，可通过支气管激发试验来量化和评估，有症状的哮喘患者几乎都存在 AHR。

2. 神经调节机制　神经因素是哮喘发病的重要环节之一。支气管受胆碱能神经、肾上腺素能神经、非肾上腺素能非胆碱能（NANC）神经系统的自主神经支配。支气管哮喘与 β 肾上腺素受体功能低下和迷走神经张力亢进有关，并可能存在肾上腺素能神经的反应性增加。NANC 能释放舒张支气管平滑肌的神经递质如血管活性肠肽（VIP）、一氧化氮（NO），及收缩支气管平滑肌的介质如 P 物质、神经激肽，两者平衡失调，则可引起支气管平滑肌收缩。

【病理】

气道慢性炎症作为哮喘的基本特征。在疾病早期，显微镜下可见支气管黏膜上皮及腔内有大量嗜酸性粒细胞、淋巴细胞、巨噬细胞、肥大细胞、浆细胞和中性粒细胞。支气管上皮细胞坏死脱落，黏膜下腺体增生、分泌亢进。黏膜下血管充血扩张，通透性增加，大量血浆及炎症细胞渗出。随着病情的进展，支气管和细支气管内含黏液及黏液栓，支气管管壁增厚、黏膜肿胀。若哮喘长期存在，纤维组织增生、黏膜肥厚，造成气道不可逆阻塞或半阻塞，进一步发展为慢性阻塞性肺气肿和慢性肺源性心脏病。

【临床表现】

（一）症状

典型症状为反复发作性咳嗽、喘息、呼气性呼吸困难，缓解后咳出白色泡沫痰。大多有季节性，日轻夜重，常与吸入外源性过敏原有关。夜间及凌晨发作或加剧是哮喘的重要临床特征。发作时，先有鼻部刺激症状，如鼻痒、打喷嚏、流鼻涕等先兆，随后出现呼吸困难，严重时出现端坐呼吸。症状可在数分钟内发作，并持续数小时至数天，可自行缓解或应用支气管扩张剂后缓解，缓解期患者可无明显症状。

此外，临床上还存在咳嗽变异性哮喘（cough variant asthma, CVA）和胸闷变异性哮喘（chest tightness variant, CTVA）等非典型哮喘。

(二)体征

哮喘发作时典型体征为胸廓饱满、叩诊呈过清音,双肺可闻及广泛性哮鸣音,呼气音延长,心率增快。非常严重的哮喘发作,喘鸣音反而减弱,甚至完全消失,表现为"沉默肺",是病情危重的表现。故未闻及哮鸣音的呼吸困难需注意重症哮喘。

(三)哮喘重度和危重发作

当患者喘息频发,症状加重,休息时有气促,心率增快,大汗淋漓、极度焦虑时,提示哮喘重度发作,持续24小时以上者,称为哮喘持续状态;当患者气促不能讲话、嗜睡或意识模糊、胸腹矛盾运动、呼吸音减弱乃至消失、脉率变慢或不规则、低氧血症、高碳酸血症时,提示危重发作,必须紧急抢救。其主要原因是:诱因未祛除、感染未控制、支气管有阻塞、严重脱水和极度衰竭。

知识拓展

特殊类型的哮喘

1. 咳嗽变异性哮喘和胸闷变异性哮喘　患者以发作性咳嗽或胸闷为唯一症状,常于夜间和凌晨发作,气道反应性增高,祛痰药和抗生素治疗无效,心脏未见异常,而支气管扩张剂和糖皮质激素治疗有效。

2. 运动性哮喘　指达到一定运动量后诱发支气管痉挛所导致的哮喘。其特点为:①均在运动后发病;②有明显的自限性;③特异性变应原皮试阴性;④血清IgE一般不高。

3. 药物性哮喘　哮喘的发作是由使用某些药物引起(诱发)的,常见的药物有阿司匹林、β受体拮抗剂、局部麻醉剂等。

【实验室及其他检查】

(一)血液检查

白细胞总数和分类一般正常,可有嗜酸性粒细胞增多。红细胞和血小板无异常变化。

(二)痰液检查

大多数哮喘患者诱导痰液中嗜酸性粒细胞计数增高(>2.5%),且与哮喘症状相关。诱导嗜酸性粒细胞计数可作为评价哮喘气道炎症指标之一,也是评估糖皮质激素治疗反应性的敏感指标。

(三)胸部X线检查

发作期可见明显肺气肿征。缓解期可无明显异常表现。呼吸困难不能用支气管扩张剂缓解的患者,需要尽快检查胸部X线检查,排除有无气胸、肺不张、肺炎等影响呼吸困难缓解的因素。

(四)肺功能检查

1. **通气功能检测**　哮喘发作时呈阻塞性通气功能障碍表现,第1秒用力呼气容积(FEV_1)、1秒率($FEV_1/FVC\%$)和峰值呼气流速(PEF)均下降,可用于支气管哮喘的诊断和疗效观察。其中$FEV_1/FVC\% < 70\%$或$FEV_1 < 80\%$为判断气流受限的最重要指标;下降的幅度越大,表明气道阻塞、呼气受限程度越严重。FEV_1用于评价支气管哮喘患者气道阻塞的严重程度:轻度≥80%预计值、中度60%~79%预计值、重度<60%预计值、极重度无法完成肺功能。

2. **支气管舒张试验**(bronchodilation test,BDT)　当患者存在气道阻塞时,需要行支气管舒张试验,通过FEV_1的改善率来确定诊断。FEV_1改善率(%)=(用药后FEV_1-用药前FEV_1)/用药前$FEV_1 \times 100\%$,吸入支气管舒张剂(沙丁胺醇/特布他林)20分钟后,重复测定肺功能,FEV_1增加≥12%,且FEV_1绝对值增加≥200ml提示支气管舒张试验阳性,存在可逆性气道阻塞。

ER 2-3-3

支气管舒张试验阳性报告单

3. **支气管激发试验**(bronchial provocative test,BPT)　当患者的通气功能正

常时,不能用 FEV_1 改善率来诊断哮喘,需要用支气管激发试验来诊断哮喘。在支气管激发试验中,吸入组胺、醋甲胆碱或高渗盐水,通过组胺或醋甲胆碱激发浓度和累积剂量来评估气道反应性。通常以 FEV_1 较吸药前基础值降低 20% 所需吸入乙酰胆碱或组胺累积剂量(PD_{20}-FEV_1)或浓度(PC_{20}-FEV_1)来表示,乙酰胆碱的 PC_{20}-FEV_1<8mg/ml 或 PD_{20}-FEV_1<128μmol,提示气道高反应性(bronchial hyper responsiveness,BHR),结合临床可诊断为支气管哮喘。

ER 2-3-4

支气管激发试验阳性报告单

4. 呼吸流量峰值(peak expiratory flow,PEF)及其变异率测定 哮喘发作时 PEF 下降。由于哮喘有通气功能时间节律变化的特点,监测 PEF 日间、周变异率有助于评价气道阻塞的严重程度、哮喘的诊断和疗效观察。

PEF 日间变异率(日间 PEF 最大值−日间 PEF 最小值)×2/(日间 PEF 最大值+日间 PEF 最小值)×100%>10%;PEF 周变异率 {(2 周内最高 PEF 值−最低 PEF 值)/[(2 周内最高 PEF 值+最低 PEF)×1/2]×100%}>20%,提示存在气道可逆性的改变。

(五)动脉血气分析

发病初期由于过度通气,可出现一过性低碳酸血症和低氧血症,表现为 $PaCO_2$<35mmHg,PaO_2 降低,呼吸性碱中毒。随着病情的加重,气道阻塞严重,可出现 $PaCO_2$ 增高和 PaO_2 进一步降低,可发展为呼吸性酸中毒和呼吸衰竭。

(六)变应原检测

目前临床采用酶联免疫法快速、准确、无痛检测变应原。该方法可对患者血清或血浆中的变应原(总 IgE、总 IgG、特异性 IgE 等)进行定性和定量检测。变应原皮肤试验采用各种抗原稀释液,皮内注射或点刺,阳性结果结合发作季节、环境及与相关变应原接触史,有助于确定特异性变应原。

(七)呼出气一氧化氮(FeNO)检测

可作为评估气道炎症和哮喘控制水平的指标,也可用于判断吸入激素治疗的反应。一氧化氮是一种气体分子,可由气道表面多种固有细胞和炎症细胞在一氧化氮合成酶氧化作用下产生。哮喘未控制时一氧化氮升高,糖皮质激素治疗后降低。FeNO 测定结果受多种因素的影响,诊断的敏感度和特异度差别较大,连续测定、动态观察 FeNO 变化的临床价值更大。

【诊断】

(一)诊断标准

1. 典型哮喘的临床症状和体征 ①反复发作喘息、气急,伴或不伴胸闷或咳嗽,夜间及晨间多发,常与接触变应原、冷空气、物理、化学性刺激以及上呼吸道感染、运动等有关;②发作时双肺呼气相延长、可闻及散在或弥漫性哮鸣音;③上述症状和体征可经治疗缓解或自行缓解。

2. 可变气流受限的客观检查 ①BDT 阳性;②BPT 阳性;③PEF 平均每天昼夜变异率(连续 7 天,每天 PEF 昼夜变异率之和/7)>10%,或 PEF 周变异率>20%。

符合上述症状和体征,同时具备气流受限客观检查中的任一条,并除外其他疾病所引起的喘息、气急、胸闷及咳嗽,可以诊断为哮喘。

3. 不典型哮喘的诊断 咳嗽变异性哮喘和胸闷变异性哮喘:咳嗽或胸闷为唯一或主要症状,同时具备可变气流受限客观检查中的任一条,除外其他疾病所引起的胸闷。

(二)分期

1. 急性发作期 指喘息、气促、咳嗽、胸闷等症状突然发生,或原有症状急剧加重,常有呼吸困难,并以呼气流量降低为其特征。多因接触变应原、刺激物或呼吸道感染诱发。

2. 慢性持续期 指每周均不同频度和/或不同程度地出现症状(喘息、气急、胸闷等)。

3. 临床缓解期 指经过治疗或未经治疗症状、体征消失,肺功能恢复到急性发作前水平,并维持 3 个月以上。

（三）分级

1. 病情严重程度的分级　　主要用于治疗前或初始治疗时严重程度的判断（表 2-3-1）。

表 2-3-1　哮喘病情严重程度的分级表

分级	临床特点
间歇状态（第 1 级）	症状<每周 1 次 短暂出现 夜间哮喘症状≤每月 2 次 FEV_1 占预计值 %≥80% 或 PEF≥80% 个人最佳值，PEF 或 FEV_1 变异率<20%
轻度持续（第 2 级）	症状≥每周 1 次，但<每天 1 次 可能影响活动和睡眠 夜间哮喘症状>每月 2 次，但<每周 1 次 FEV_1 占预计值 %≥80% 或 PEF≥80% 个人最佳值，PEF 或 FEV_1 变异率 20%~30%
中度持续（第 3 级）	每天有症状 影响活动和睡眠 夜间哮喘症状≥每周 1 次 FEV_1 占预计值 % 60%~79% 或 PEF 60%~79% 个人最佳值，PEF 或 FEV_1 变异率>30%
重度持续（第 4 级）	每天有症状 频繁出现 经常出现夜间哮喘症状 体力活动受限 FEV_1 占预计值 %<60% 或 PEF<60% 个人最佳值，PEF 或 FEV_1 变异率>30%

2. 控制水平的分级　　这种分级方法更容易被临床医师掌握，有助于指导临床治疗，以取得更好的哮喘控制（表 2-3-2）。

表 2-3-2　哮喘控制水平的分级表

	完全控制 （满足以下所有条件）	部分控制 （在任何 1 周内出现以下 1~2 项特征）	未控制 （在任何 1 周内出现≥3 项部分控制特征）
白天症状	无（或≤2 次/周）	>2 次/周	
活动受限	无	有	
夜间症状/憋醒	无	有	
需要使用缓解药的次数	无（或≤2 次/周）	>2 次/周	
肺功能（PEF 或 FEV_1）	正常或≥正常预计值/本人最佳值的 80%	<正常预计值（或本人最佳值）的 80%	
急性发作	无	≥每年 1 次	在任何 1 周内出现 1 次

3. 哮喘急性发作时严重程度的分级　　哮喘急性发作是指喘息、气促、咳嗽、胸闷等症状突然发生，或原有症状急剧加重，常有呼吸困难，以呼气流量降低为其特征，常因接触变应原、刺激物或呼吸道感染诱发。其程度轻重不一，病情加重，可在数小时或数天内出现，偶尔可在数分钟内即危及生命，故应对病情作出正确评估，以便给予及时有效的紧急治疗（表 2-3-3）。

表 2-3-3　哮喘紧急发作时严重程度的分级表

临床特点	轻度	中度	重度	危重
气短	步行、上楼时	稍事活动	休息时	
体位	可平卧	喜坐位	端坐呼吸	
讲话方式	连续成句	单词	单字	不能讲话
精神状态	可有焦虑,尚安静	时有焦虑或烦躁	常有焦虑、烦躁	嗜睡或意识模糊
出汗	无	有	大汗淋漓	
呼吸频率	轻度增加	增加	常>30 次/min	
辅助呼吸肌活动及三凹征	常无	可有	常有	胸腹矛盾运动
哮鸣音	散在,呼吸末期	响亮、弥漫	响亮、弥漫	减弱乃至无
脉率/(次·min^{-1})	<100	100~120	>120	脉率变慢或不规则
奇脉	无,<10mmHg	可有,10~25mmHg	常有,>25mmHg(成人)	无,提示呼吸肌疲劳
最初支气管扩张剂治疗后 PEF 占预计值或个人最佳值 %	>80%	60%~80%	<60% 或作用持续时间<2h	
PaO_2(吸空气)/mmHg	正常	≥60	<60	<60
$PaCO_2$/mmHg	<45	≤45	>45	>45
SaO_2(吸空气)	>95%	91%~95%	≤90%	≤90%
pH	—	—	—	降低

【鉴别诊断】

1. 左心衰竭引起的呼吸困难　患者多有冠心病、高血压、风湿性心脏瓣膜病等心血管系统疾病史和体征,发生肺水肿时常咳出粉红色泡沫痰,听诊闻及双肺广泛的湿啰音和哮鸣音,心尖部可闻及奔马律。X 线检查可见心脏增大,肺淤血征。如一时难以鉴别,可雾化吸入 $β_2$ 受体激动剂或静脉注射氨茶碱治疗,缓解症状后再做进一步检查,忌用肾上腺素和吗啡。

2. 慢性阻塞性肺疾病　多见于中老年人,多有长期吸烟或接触有害气体和慢性咳嗽、咳痰、气促病史,呼吸困难症状持续存在,常在冬春换季时急性加重,有缓解期和急性加重期。体格检查可见桶状胸、双肺闻及散在哮鸣音和湿啰音。X 线胸片表现为肺纹理增多、增强、紊乱和肺气肿征。

3. 支气管肺癌　中央型肺癌导致支气管狭窄,出现哮鸣音或哮喘样呼吸困难。常无诱因,但根据病史,特别是吸气性呼吸困难进行性加重,可有咯血,痰中找到癌细胞可确诊。胸部影像检查、纤维支气管镜检查常可明确诊断。

【并发症】

哮喘严重发作时可发生气胸、纵隔气肿、肺不张等,长期反复发作和感染容易并发 COPD、支气管扩张、肺纤维化和慢性肺源性心脏病。

【评估】

(一)评估的内容

1. 评估患者是否有合并症　如变应性鼻炎、鼻窦炎、胃食管反流病、肥胖、阻塞性睡眠呼吸暂停低通气综合征、抑郁和焦虑等。

2. 评估哮喘的触发因素　如职业、环境、气候变化、药物和运动等。

3. 评估患者的药物使用情况

(1)使用应急支气管舒张剂的次数和剂量,评估哮喘严重程度。

（2）使用治疗药物的依从性。

（3）吸入药物、吸入方法的正确性。

（4）治疗药物的不良反应。

4. 评估患者的临床控制水平，帮助制订和调整治疗方案。

（二）评估的主要方法

1. 症状 昼夜出现喘息、气急、胸闷或咳嗽等症状提示哮喘尚未控制。

2. 肺功能 FEV_1 和 PEF 可用于哮喘诊断和疗效评估。呼气峰流速仪价廉、随身携带、操作简单，每天早晚监测有利于及时调整治疗方案、提高哮喘的临床控制率，是目前最理想的哮喘控制长期管理工具。

3. 哮喘控制测试（asthma control test，ACT）问卷 ACT 是一种评估哮喘患者控制水平的问卷。ACT 得分与专家评估的患者哮喘控制水平具有较好的相关性，ACT 简便、易操作，适合基层医院，但对于症状不敏感或迟钝者，会导致过度治疗或治疗不足，不及 PEF 客观。

4. 呼出气 FeNO FeNO 测定可以作为评估气道炎症和哮喘控制水平的指标，也可以用于判断吸入激素治疗的反应。

5. 嗜酸性粒细胞计数 诱导痰嗜酸性粒细胞计数可作为评价哮喘气道炎症指标之一，也是评估糖皮质激素治疗反应性的敏感指标。

【治疗】

虽然目前哮喘不能根治，但长期规范化治疗可获得良好或完全的临床控制。治疗目标是长期控制症状，减少未来急性发作、气流受限持续存在和治疗不良反应的风险。治疗原则为：用最小有效剂量药物达到完全控制；急性发作期联合支气管扩张剂和抗炎达到快速缓解症状，缓解期通过避免触发因素和长期、规范、持续、个体化的治疗达到完全控制，预防急性发作。

（一）确定并减少危险因素接触

部分患者可以找到引起哮喘发作的变应原或其他非特异刺激因素，脱离并长期避免接触这些危险因素是防治哮喘最有效的方法。

（二）药物治疗

治疗哮喘的药物分为控制性药物和缓解性药物。

1. 控制性药物 是指需要长期每天使用的药物。这些药物主要通过抗炎作用使哮喘维持临床控制，其中包括吸入型糖皮质激素（ICS）、全身用激素、白三烯调节剂、长效 β_2 受体激动剂（LABA，须与吸入型激素联合应用）、缓释茶碱、色甘酸钠、抗 IgE 抗体及其他有助于减少全身激素剂量的药物等。

哮喘药物常用吸入装置的使用及注意事项

2. 缓解性药物 是指按需使用的药物。这些药物通过迅速解除支气管痉挛从而缓解哮喘症状，其中包括速效吸入型 β_2 受体激动剂（SABA）、短效吸入型抗胆碱能药物（SAMA）、短效茶碱、全身用糖皮质激素等。

（三）症状控制和降低风险的药物疗法与方案

一旦开始哮喘治疗，治疗方案要根据周期评估、治疗方案调整和患者反应回顾来确定。控制药物要按照阶梯式方法对剂量增加或减少进行调整，以达到良好的症状控制，减少急性发作的未来风险、气流限制固定和药物副作用。如果哮喘可以良好控制并维持 2~3 个月，PEF 监测日间变异率<10%，即可降级治疗，以便找到针对患者的最低有效治疗。使用 2~3 个月的控制治疗后如患者症状持续存在和/或加重，在考虑任何升级治疗前，评估和纠正以下常见错误：

1. 吸入器使用错误。

2. 依从性差。

3. 持续接触家庭或工作场合中的变应原、烟草烟雾、室内外污染空气，或者使用了 β 受体拮抗剂,或者某些患者使用了非甾体抗炎药(NSAID)。

4.可能激发呼吸道症状的合并症和较差的生活质量。

5.诊断错误。若患者仅每天使用一次低剂量控制药物,达到哮喘完全控制1年,即哮喘症状不再发作、长期PEF监测日间变异率<10%,可考虑停用药物治疗。但停药后,仍需要在有胸闷、咳嗽期间监测PEF的日间变异率,一旦变异率增高,必须及时恢复治疗。

(四)哮喘急性发作的治疗

哮喘急性发作的治疗取决于发作的严重程度以及对治疗的反应。治疗目标是尽快缓解症状、解除气流受限和低氧血症,恢复肺功能,同时还需预防进一步恶化或再次发作。

1.轻度和部分中度急性发作 反复使用吸入性SABA是治疗急性发作最有效的方法,在第1小时每20分钟吸入4~10喷。随后根据治疗反应,轻度急性发作可调整为2~4喷/3~4h,中度急性发作6~10喷/1~2h。对初始吸入SABA反应良好,呼吸困难显著缓解,PEF占预计值%>60%~80%,且疗效维持3~4h,通常不需要使用其他药物。也可以采用雾化吸入SABA和SAMA雾化溶液,每4~6小时1次。对SABA初始治疗反应不佳或在控制药物治疗基础上发生急性发作的患者,推荐使用泼尼松0.5~1.0mg/kg或等效剂量的其他全身激素口服5~7天,症状减轻后迅速减量或完全停药。

2.部分中度和所有重度急性发作 重复使用吸入性SABA,随后根据需要间断给药。联合使用SABA和SAMA(如异丙托溴铵)。

3.中重度哮喘急性发作 首选吸入型SABA治疗,吸入型SABA(如沙丁胺醇或特布他林)较口服和静脉给药起效更快、不良反应更少。对中重度哮喘急性发作或经SABA治疗效果不佳的患者可采用SABA联合SAMA雾化溶液吸入治疗。尽早使用激素,如泼尼松0.5~1.0mg/kg或等效的其他激素,每天单次口服给药。严重的急性发作或口服激素不能耐受时,可采用静脉注射或滴注,如甲泼尼龙每天80~160mg,或氢化可的松每天400~1 000mg,分次给药。地塞米松因半衰期较长,对肾上腺皮质功能抑制作用较强,一般不推荐使用。

4.重度和危重哮喘急性发作 经过上述药物治疗,临床症状和肺功能无改善甚至继续恶化,应及时给予机械通气治疗,其指征主要包括:意识改变、呼吸肌疲劳、$PaCO_2 \geq 45mmHg$ 等。

大多数哮喘急性发作并非由细菌感染引起,应严格控制抗菌药物的使用指征,除非有细菌感染的证据,或属于重度或危重哮喘急性发作。对所有哮喘急性发作的患者都要制定个体化的长期治疗方案。

(五)慢性持续期的治疗

慢性持续期的治疗应在评估和监测患者哮喘控制水平基础上,定期根据长期治疗分级方案作出调整,以维持患者的控制水平。

(六)免疫疗法

免疫疗法分为特异性和非特异性两种。特异性免疫治疗是指将诱发哮喘发作的特异性变应原(如螨、花粉、猫毛等)配制成各种不同浓度的提取液,通过皮下注射、舌下含服或其他途径给予对该变应原过敏的患者,使其对此种变应原的耐受性增高,当再次接触此变应原时,不再诱发哮喘发作,或发作程度减轻,此法又称脱敏疗法或减敏疗法。适用于变应原明确,且在严格的环境控制和药物治疗后仍控制不良的哮喘患者。一般需治疗1~2年,若治疗反应良好,可坚持3~5年。非特异性免疫治疗,如注射卡介苗及其衍生物、转移因子、疫苗等,有一定辅助的疗效。

咳嗽变异性哮喘和胸闷变异性哮喘的治疗原则与典型哮喘治疗相同。大多数患者可选择吸入低剂量ICS联合长效β_2受体激动剂或白三烯调节剂、缓释茶碱,必要时可短期口服小剂量激素治疗。疗程则可以短于典型哮喘。

重症哮喘是指在过去1年中超过50%时间需要给予高剂量ICS联合LABA和/或LTRA/缓释茶碱,或全身激素治疗,才能维持哮喘控制,或即使在上述治疗下仍不能控制的哮喘。治疗包括:①首先排除患者治疗依从性不佳,并排除诱发加重或使哮喘难以控制的因素;②给予高剂量 ICS 联合/不联合口服激素,加用白三烯调节剂、抗 IgE 抗体联合治疗;③其他可选择的治疗包括免疫抑制剂、支气管热成形术等。

【哮喘的教育与管理】

哮喘患者的教育与管理是提高疗效、减少复发、提高患者生活质量的重要措施。为每位初诊患者制订长期防治计划,使患者在医生和专科护士指导下学会自我管理,包括了解哮喘的激发因素及避免诱因的方法、熟悉哮喘发作先兆表现及相应处理办法、学会在家中自行监测病情变化及评估、重点掌握峰流速仪的使用方法、坚持记哮喘日记、学会哮喘发作时进行简单的紧急自我处理方法、掌握正确的吸入技术、知道什么情况下应去医院就诊,以及和医生共同制订防止复发、保持长期稳定的方案。

【预防和预后】

哮喘被认为是一种异质性疾病,基因-环境相互作用驱动了它的起始和维持,针对研究证据以制订预防和干预策略。通过长期规范化治疗,儿童哮喘临床控制率可达 95%,成人可达 80%。轻症患者容易控制;病情重,气道反应性增高明显,出现气道重构,或伴有其他过敏性疾病者则不易控制。若长期反复发作,可并发肺源性心脏病。

本章小结

支气管哮喘是由多种细胞(包括气道的炎症细胞和结构细胞如嗜酸性粒细胞、肥大细胞、T 淋巴细胞、中性粒细胞、平滑肌细胞、气道上皮细胞等)和细胞组分参与的气道慢性炎症性疾病。常见病因包括:遗传因素和环境因素,哮喘的发病机制不完全清楚,主要认为免疫-炎症反应、神经调节机制和气道高反应性及其相互作用,在支气管高反应状态下,由于各种激发因素作用,如吸入尘螨、花粉,典型的支气管哮喘表现为反复发作性咳嗽、喘息、呼气性呼吸困难。主要治疗原则:避免接触各种激发因素,用最少药物达到完全控制;哮喘急性发作需要联合支气管扩张剂和抗炎达到快速缓解症状,缓解期通过避免触发因素和长期、规范、持续、个体化的治疗达到完全控制,预防急性发作。治疗宜选用小剂量、起效快、副作用小的吸入药物。

病例讨论

患者,男,37 岁。以"发作性喘息、咳嗽 10 余年,再发加重 7 天"入院。患者于 10 余年前淋雨后出现喘憋,喉中发出喘鸣音,有呼吸困难和窒息感,伴流涕、咳嗽,咳白色黏痰,在当地医院予"青霉素""氨茶碱"等药物治疗后上述症状缓解。此后每年均反复发作喘息、咳嗽,常于3~5月份多发,自服"氨茶碱"治疗有效。半年前诊断为"支气管哮喘",遵医嘱开始规律使用"丙酸倍氯米松"吸入和口服"缓释茶碱片"治疗,仍有间歇咳嗽、气促和夜间轻度喘息。7天前感冒后,上述症状再发,白天及夜间均发作气促、咳嗽,活动后明显,吸入"喘乐宁"可缓解,无发热、脓痰、盗汗等症状。既往有过敏性鼻炎史,家族中其母亲有支气管哮喘病史。查体:T 36.5℃,P 98 次/min,R 22 次/min,BP 115/75mmHg。发育正常,营养中等,急性病容,自动体位,神志清楚,查体合作;巩膜及皮肤无黄染;浅表淋巴结无肿大;两侧呼吸运动对称,双肺呼吸音增粗、闻及散在的哮鸣音、呼气时明显,无湿啰音;心前区无隆起,未触及震颤,心界不大,心率98 次/min,律齐,无杂音;腹软,全腹无压痛,肝脾未触及;双下肢无水肿。辅助检查:血常规:Hb 130g/L,RBC $4.2×10^{12}$/L,WBC $6.4×10^{9}$/L、N 0.58、L 0.28、E 0.14;肝肾功能正常,电解质正常。肺功能检查示 FEV_1 改善率(%):60%,FEV_1/FVC%:52%,最大呼气流速占预计值%(PEF%)58%,提示中度阻塞性通气功能障碍;支气管扩张试验阳性。胸部 X 线示(发作时拍片)双肺透亮度增加,膈肌下降。

(李跃平)

思考题

1. 支气管哮喘的典型临床表现有哪些?
2. 支气管哮喘需与哪些疾病相鉴别?
3. 支气管哮喘急性发作该如何处理?
4. 支气管哮喘如何预防急性发作?

ER 2-3-6

练习题

第四章 | 支气管扩张

教学课件　　思维导图

学习目标

1. 掌握：支气管扩张的临床表现和诊断与鉴别诊断。
2. 熟悉：支气管扩张的实验室和其他检查及治疗。
3. 了解：支气管扩张的病因、发病过程及预防措施。
4. 学会支气管扩张正确诊断方法和进行合理治疗。
5. 具备提高支气管扩张认识的能力，加强免疫接种，体现国家在保障民生方面所做的努力。

案例导入

患者，男，40 岁，因"反复咳嗽、咳痰 10 余年，加重伴发热、咯血 1 周"入院。患者幼年时经常患支气管肺炎，且迁延不愈，之后伴有反复发作的呼吸道感染，继而出现慢性咳嗽，大量脓痰，每天痰量可达数百毫升，静置后可分层，痰和呼吸时有腥臭味。门诊血常规示 WBC 15×10⁹/L、N 0.83、Hb 85g/L，胸部 X 线片示双肺纹理增多、紊乱，双肺可见多个不规则环状透亮阴影。查体：贫血貌，口唇发绀，杵状指，无颈静脉怒张，双肺呼吸音粗，双下肺可闻及吸气相湿啰音，未闻及干啰音及哮鸣音，心浊音界无扩大，心率 85 次/min，律齐，未闻及病理性杂音，双下肢无水肿。患者吸烟 20 年，每年 400 支。

请思考：

1. 请分析该患者的初步诊断及诊断依据？
2. 还需做哪些检查，各有什么临床意义？

支气管扩张（bronchiectasis）是指中等大小的支气管及其周围组织因反复慢性化脓性感染，导致管壁平滑肌和弹性组织破坏，管壁增厚，引起支气管异常和持久性扩张。主要症状为慢性咳嗽、大量脓痰和/或反复咯血。儿童及青少年较多见，我国报道 40 岁以上人群中患病率可达到 1.2%，常继发于反复急、慢性呼吸道感染性疾病、麻疹等。近年来，发病率呈减少趋势，但随着高分辨率 CT 的应用，在某些晚期 COPD 患者中也发现了一定比例的支气管扩张。

【病因和发病机制】

（一）支气管肺组织反复感染

婴幼儿时期支气管肺组织反复感染是支气管扩张最常见的病因。由于婴幼儿支气管较细，管壁发育尚未完善，易遭受破坏和阻塞。反复感染破坏支气管壁，尤其是平滑肌层及弹性组织，减弱了对管壁的支撑作用，加重阻塞。支气管炎使支气管黏膜充血、水肿、分泌物堵塞而引流不畅，加重感染。左下叶支气管细长且位置低，感染后引流不畅，故发病率较高。左下叶支气管开口与左下叶背段支气管开口相邻，此两叶支气管同时扩张亦常见。支气管结核常引起管腔狭窄、阻塞、引流不畅，导致支气管扩张。肺结核纤维组织增生、牵拉收缩，导致支气管变形扩张，因肺结核多发于上叶后段和下叶背段,位置较高、引流较好,分泌物不易积聚,故痰量不多,此时以咯血为主要症状,称为"干性"支气管扩张。其他如吸入腐蚀性气体、支气管曲霉菌感染、胸膜粘连等亦可损伤或牵拉支气管壁,引起支气管扩张。

因此在幼年时期积极防治麻疹、百日咳、支气管肺炎等疾病,并做好传染病的预防接种,以防止支气管腔受损而发展成为支气管扩张。国家实行了免疫规划制度,居住在中国境内的居民,依法享有接种免疫规划疫苗的权利,履行接种免疫规划疫苗的义务。政府免费向居民提供免疫规划疫苗,体现了国家在保障民生方面所做的努力。

(二)支气管阻塞

肿瘤、支气管异物和感染均可引起支气管腔内阻塞,支气管周围肿大淋巴结或肿瘤的压迫可引起支气管腔外压迫性阻塞。支气管阻塞常致肺不张,失去肺泡弹性组织缓冲,胸腔负压直接牵拉支气管壁而引起支气管扩张。右肺中叶支气管细长,有3组淋巴结围绕,常因非特异性或结核性淋巴结炎而肿大,进而压迫支气管,引起右肺中叶肺不张和反复感染,称为"中叶综合征"。

(三)支气管先天性发育障碍和遗传因素

支气管先天发育障碍,如巨大气管-支气管症(trachobronchomegaly),可能是先天性结缔组织异常、管壁薄弱所导致的扩张。由于软骨发育不全或弹性纤维不足,使局部管壁薄弱或弹性较差所致的支气管扩张,常伴有鼻窦炎和内脏转位(右位心),称为 Kartagener 综合征。与遗传因素有关的肺囊性纤维化,因支气管黏液腺分泌大量黏稠黏液,分泌物潴留在支气管内,引起阻塞、肺不张和反复继发感染,引发支气管扩张。遗传性 α_1 抗胰蛋白酶缺乏症亦伴有支气管扩张。

(四)其他气道疾病和全身性疾病

慢性阻塞性肺疾病、过敏性支气管肺曲霉菌病、支气管哮喘、泛细支气管炎、溃疡性结肠炎、克罗恩(Crohn)病、类风湿关节炎、系统性红斑狼疮等疾病可同时伴有支气管扩张。一些不明原因的支气管扩张,其免疫功能有不同程度的异常,提示支气管扩张可能和机体免疫功能失调有关。

【病理和病理生理】

支气管扩张常发生在1个肺段或双侧多个肺段,受累支气管大多与引流不畅有关,左下叶支气管扩张多见。典型病理改变为支气管壁组织的破坏所致的管腔变形、扩大,并可凹陷,腔内含有大量分泌物,有三种不同类型。①柱状扩张:支气管呈均一管形扩张且突然在一处变细,远处的小气道往往被分泌物阻塞。②囊状扩张:扩张支气管腔呈囊状改变,支气管末端的盲端也呈无法辨认的囊状结构。③不规则扩张:支气管腔呈不规则改变或串珠样改变。显微镜下可见支气管炎症和纤维化、支气管壁溃疡、鳞状上皮化生和黏液腺增生。炎症可致支气管壁血管增多,并伴相应支气管动脉扩张及支气管动脉和肺动脉吻合。支气管扩张是呼吸科化脓性疾病之一,各种致病因素导致慢性气道炎症,气道内分泌物增多,气道廓清障碍,出现痰液积聚,气道梗阻,进而出现病原微生物定植、增生,增加感染的概率,而反复的细菌感染会加重气道炎症反应及气道壁的破坏和增厚,反过来降低痰液廓清的能力。

【临床表现】

支气管扩张的患者,童年期曾有麻疹、百日咳或支气管肺炎的病史,此后常有反复发作的呼吸道感染史。

(一)症状

1. 持续或反复的咳嗽、大量脓痰　每天痰量可达 100~400ml,痰量与体位改变有关,体位变动时分泌物刺激支气管黏膜,引起咳嗽和排痰。痰液为黏液性、黏液脓性或脓性,可呈黄绿色,收集后可分层:上层为泡沫,中层为浑浊黏液,底层为坏死组织沉淀物(做痰培养或涂片检查时,可提高阳性率),急性加重时,可培养到多种致病菌,呈混合菌感染。合并厌氧菌感染时,痰可有恶臭味。

2. 反复咯血 50%~70% 的患者有不同程度的咯血，从痰中带血至大量咯血，咯血量与病情严重程度、病变范围不一定成正比，若小动脉被侵蚀或增生的血管被破坏会导致大出血。部分患者以反复咯血为唯一的症状，称为干性支气管扩张，病变多位于引流良好的上叶支气管。

3. 反复同一部位肺部感染 特点是同一肺段反复发生肺炎并且迁延不愈，主要是由于扩张的支气管清除分泌物功能丧失，引流差所致。

4. 慢性感染中毒症状 反复感染常可引起发热、乏力、头痛、食欲缺乏等，儿童可影响生长发育，病程较长者还可有消瘦、贫血。

5. 呼吸困难和喘息 常提示有广泛的支气管扩张或有潜在的慢阻肺。

（二）体征

早期或干性支气管扩张者可无异常肺部体征。典型者可在下胸部、背部闻及固定、持久局限性的湿啰音，气道明显狭窄时可闻及哮鸣音。病变严重尤其是伴有慢性缺氧、肺脓肿、肺心病和右心衰竭的患者可出现杵状指（趾）和相应体征，病程较长者可有营养不良和贫血。

【实验室和其他检查】

（一）实验室检查

急性感染时白细胞总数、中性粒细胞计数及 C 反应蛋白可增高。贫血者血红蛋白减少，血沉可增快；合并免疫功能缺陷者可出现血清免疫球蛋白缺乏；血气分析可判断是否合并低氧血症和/或高碳酸血症；痰培养和药敏试验结果可指导抗菌药物的选择。

（二）影像学检查

1. X 线检查 胸部 X 线检查可见肺纹理增粗紊乱，出现多个不规则环形透光阴影或蜂窝状、卷发状阴影。合并急性感染时阴影内可见小的气液平面，常提示支气管囊状扩张（图 2-4-1）。

2. 胸部高分辨率 CT 扫描（HRCT） 可在横断面上清楚地显示扩张的支气管，且兼具无创、易重复、易接受的特点，现已成为确诊支气管扩张的主要诊断方法。支气管扩张症在 HRCT 上的主要表现为支气管呈柱状及囊状

图 2-4-1 支气管扩张胸片表现（箭头所指）

改变，气道壁增厚（支气管内径<80% 外径）、黏液阻塞、树芽征及马赛克征。当 CT扫描层面与支气管平行时，扩张的支气管呈"双轨征"或"串珠"状改变；当扫描层面与支气管垂直时，扩张的支气管与伴行的肺动脉形成"印戒征"；当多个囊状扩张的支气管彼此相邻时，则表现为"蜂窝"状改变。

ER 2-4-3

支气管扩张
CT 表现

（三）纤维支气管镜检查

支气管扩张患者不需要常规行支气管镜检查，支气管镜下表现多无特异性，较难看到解剖结构的异常和黏膜炎症表现。行支气管镜检查可发现出血部位及原因、观察支气管病变、清除分泌物、清除积血和局部止血。也可经支气管镜获取局部标本做病原学、细胞学检查等，对诊断、鉴别诊断及治疗有重要的价值。

【诊断和鉴别诊断】

（一）诊断

根据慢性咳嗽、大量脓痰、反复咯血；结合儿童时期呼吸系统感染病史以及肺部固定性局限性湿啰音；X 线检查肺纹理粗乱或呈蜂窝状、卷发状，HRCT 或支气管造影可见柱状及囊状扩张的支气管可作出诊断。

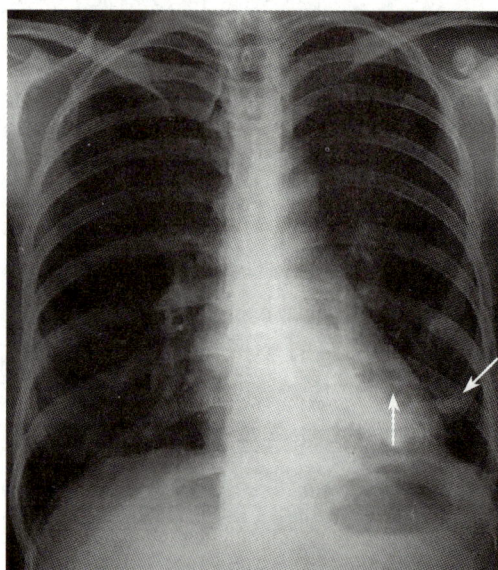

(二) 鉴别诊断

1. 慢性支气管炎 慢性支气管炎是中、老年常见病,亦有慢性咳嗽、咳痰等症状,但反复咯血不多见,尤其是大咯血更为少见;双肺可闻及散在干、湿啰音,咳后可消失且不固定。X 线检查可见肺纹理粗乱或肺气肿。

2. 肺结核 常有低热、盗汗、乏力、消瘦等结核中毒症状,X 线检查病灶多在两肺上野及下叶背段,痰菌检查有抗酸杆菌可作出诊断。

3. 肺脓肿 起病较急,全身中毒症状重,如畏寒、高热等,常因合并厌氧菌感染而有大量脓臭痰,X 线检查可见密度较高的炎症性阴影,或见伴有液平面的空洞,抗菌药物治疗有效。

4. 先天性肺囊肿 先天性肺囊肿是先天性疾病,若未合并感染可无明显症状。肺部 X 线检查可见多个边界纤细、壁较薄的圆形或椭圆形阴影,周围无浸润病变,薄层肺部 CT 或支气管造影有助于诊断先天性肺囊肿。

5. 弥漫性泛细支气管炎 慢性咳嗽、咳痰,活动时有呼吸困难,常合并慢性鼻窦炎。X 线胸片与胸部 CT 有弥漫分布的边界不太清楚的小结节影。抗核抗体、类风湿因子、冷凝集试验可呈阳性,需病理学确诊。用大环内酯类抗生素治疗 2 个月以上有效。

6. 支气管肺癌 多见于 40 岁以上患者,可伴有咳嗽、咳痰、胸痛、痰中带血,大咯血少见。影像学、痰细胞学、支气管镜检查等有助于确诊。

【治疗】

支气管扩张的治疗原则是:控制感染,促进痰液引流,预防反复急性加重,必要时手术治疗。

(一) 控制感染

控制感染是急性感染期主要的治疗措施。应根据病情,若出现痰量增多及其脓性成分增加等急性感染征象时应抗感染治疗。在开始抗菌药物治疗前即应常规送痰培养,根据痰培养和药敏结果指导抗生素应用,但在等待培养结果时即应开始经验性抗菌药物治疗。由于支气管扩张稳定期常培养出铜绿假单胞菌,这是定植菌,不是使用抗生素的指征;急性加重期常培养出多种细菌,属混合感染,故尽量选用广谱抗菌药物。轻者选用氨苄西林/舒巴坦,阿莫西林/克拉维酸,第二代头孢菌素,第三代头孢菌素(头孢曲松钠、头孢噻肟);也可选用氟喹诺酮类(莫西沙星、左氧氟沙星)药物。重症患者需联合用药,如第三代头孢菌素加氨基糖苷类药物。铜绿假单胞菌感染者可选择具有抗假单胞菌活性的 β-内酰胺类抗生素(如头孢他啶、头孢吡肟、哌拉西林/他唑巴坦、头孢哌酮/舒巴坦),碳青霉烯类(如亚胺培南、美罗培南),氨基糖苷类,喹诺酮类(环丙沙星或左氧氟沙星),可单独应用或联合应用。如有厌氧菌感染,可加用甲硝唑或替硝唑静脉滴注;合并曲霉菌感染可用伏立康唑治疗;其他抗菌药物如大环内酯类可酌情应用。经治疗后如体温正常,脓痰明显减少,则 7~14 天可考虑停药。缓解期不必常规使用抗菌药物,应适当锻炼,增强体质。

(二) 清除气道分泌物

清除气道分泌物是控制感染和减轻全身中毒症状的关键,包括物理排痰和化痰药物。

1. 物理排痰

(1) **体位引流**:体位引流主要利用重力作用,根据病变部位采取不同体位,原则上使患处位于高位,引流支气管的开口朝下,以利于痰液排入大气道而咳出。这种简单的体位引流可帮助呼吸道保持通畅,可用于痰液较稀且有自主咳嗽能力的患者,每天 2~4 次,每次 15~30 分钟。但痰液黏稠时效果欠佳,痰量较多时,患者依从性差。体质衰弱及大咯血者禁忌。

(2) **物理振荡排痰**:采用胸部体表叩击或经气道的呼吸气流振荡排痰,可促进附着在气管、支气管、肺内的分泌物松动以利其排出,以防肺泡萎缩和肺不张。但物理振荡排痰不能改变痰液的黏稠度。

(3) **痰液稀释**:对于痰液黏稠难以排出的患者,需加强痰液稀释,常用方法有:加强补液、气道直接滴注及雾化吸入生理盐水;雾化吸入的气体满足吸入湿度 100% 和温度 37℃时,单位容积气体的含水量最大,痰液稀释效果最佳。

2. 祛痰药　包括黏液溶解剂、痰液促排剂和抗氧化剂等。N-乙酰半胱氨酸具有较强的化痰和抗氧化作用。

3. 支气管舒张剂　由于支气管痉挛,部分患者痰液排出困难,在无咯血的情况下,可口服氨茶碱或其他扩张气道的药物,也可加用 β_2 受体激动剂或异丙托溴铵吸入以改善气流受限。

4. 吸痰　患者咳嗽无力时,可行体位引流;痰液难以排出,可行人工及支气管镜吸痰,有效清除痰液阻塞。

5. 特殊情况　患者呼吸肌无力及呼吸衰竭时,可在无创呼吸机辅助下通气咳嗽排痰。

(三) 咯血治疗

对反复咯血的患者,如果咯血量少,可以对症治疗或口服止血药;中到大咯血时必须积极抢救,最重要的环节是防治窒息。应患侧卧位、积极咳嗽排出血液,迅速清除口腔和呼吸道积血,保护健侧气道,或头低足高位引流,必要时采取紧急气管插管抽排积血。

1. 药物治疗　药物治疗首选垂体后叶素,通过收缩内脏小动脉和毛细血管,减少肺循环压力,有利于血管破裂处血栓形成而止血,使用方法是:12~20U 加入糖盐水或葡萄糖液中缓慢静脉滴注。由于该药含有抗利尿激素和缩宫素,使用时需严格掌握适应证并注意不良反应,支气管扩张伴有冠状动脉粥样硬化性心脏病、高血压、肺源性心脏病、心力衰竭以及孕妇均忌用,同时要注意低钠血症的产生。适当使用促凝血药物:抗纤维蛋白溶解药物,如氨甲苯酸 100~200mg 加入 5% 葡萄糖注射液或生理盐水 40ml 内静脉注射,每天 2 次;或增加收缩毛细血管和促进血小板聚集的酚磺乙胺 250~500mg,肌内注射或静脉滴注,每天 2~3 次,还可给予血凝酶 1~2U 静脉注射。扩张血管药酚妥拉明可用于因高血压不适合使用垂体后叶素的患者,通过扩血管和降压,降低肺循环阻力,使肺血流量减少,达到治疗咯血的目的。使用方法:5~10mg 以生理盐水 20~40ml 稀释静脉注射,然后以 10~20mg 加于生理盐水 500ml 内静脉滴注,不良反应有直立性低血压、恶心、呕吐、心绞痛及心律失常等。

2. 介入治疗　若内科止血治疗无效,可行超选择性支气管动脉造影,找出出血的小动脉,注入明胶海绵或导入钢圈进行栓塞止血。

(四) 外科手术

适用于反复呼吸道感染、大量咯血经内科规范治疗无效;病变范围不超过两叶、心肺功能良好者。对于那些尽管采取了所有治疗措施仍致残的病例,合适者可考虑肺移植。

(五) 肺康复治疗

肺康复治疗也是近年来支气管扩张研究的重要进展,可显著提高支气管扩张患者的运动耐力及提高患者的生活质量。

1. 呼吸肌肉训练　可改善患者咳嗽能力,常见的呼吸肌训练方式主要包括:锻炼吸气肌的膈肌和呼气肌的腹肌。

2. 提高有效咳嗽的方法　患者自我训练的方法:将双手交叉置于脐部前方,深吸气及鼓腹后,做咳嗽动作同时双手往背部挤压。治疗者操作的方法:治疗者站在患者的后方,双手通过患者两侧腋下向前交叉置于患者胸腹部,嘱患者深吸气及鼓腹后,让患者做咳嗽动作,治疗者的双手同一时间向胸背部挤压。这两种方法均能帮助患者增加胸部压力,提高咳嗽效果。

【预防和预后】

积极防治婴幼儿麻疹、百日咳、支气管肺炎及肺结核等急慢性呼吸道疾病。支气管扩张的患者应积极预防呼吸道感染,增强体质,提高机体免疫及抗病能力,坚持体位引流及戒烟,避免尘埃

联合加温加氧超声雾化、呼吸康复排痰阀、鼻罩和无创通气的排痰治疗

吸入等。

病灶局限,经内科治疗无效者,手术切除者预后较好;病灶广泛,后期并发肺心病者预后较差。

本章小结

支气管扩张是因幼时反复支气管肺感染、阻塞导致的不可逆的慢性化脓性疾病,临床以咳嗽、咳大量脓痰及反复咯血为特征。治疗重点是抗感染、积极引流清除痰液及对症治疗;大咯血时,首先让患者患侧卧位,并鼓励咳嗽,保持气道通畅,防止窒息,同时进行急救。咯血内科治疗效果不满意时,可行介入治疗;病灶局限、症状反复者可以外科手术治疗。预防要点是防治呼吸道感染。

病例讨论

患者,男,67岁。因"反复咳嗽、咳痰、痰中带血20年,加重伴发热5天"入院。患者20年前"感冒"后出现发热、咳黄黏痰,量为30~50ml/d,伴痰中带血。无胸闷、胸痛。胸部X线片提示肺部感染,按"肺炎"治疗后好转。此后,多次出现上述症状,经抗感染、止血等治疗后可缓解。5天前受凉后咳嗽、咳痰再次加重,痰量增多,量为80~100ml/d,黄脓痰,有臭味。伴发热、气喘,体温38.4℃。无痰中带血。自行口服"青霉素V、复方甘草片",疗效欠佳。精神状态差,食欲、睡眠尚可,大小便正常,体重无明显变化。否认肺结核、心脏病史。无药物过敏史。吸烟40年,每年400支,已戒烟10年,饮少量白酒。无遗传病家族史。查体:T 38.1℃,P 87次/min,R 23次/min,BP 128/84mmHg。消瘦,精神差。口唇无发绀。皮肤湿润。双肺叩诊呈清音,双下肺可闻及散在湿啰音及干啰音,未闻及胸膜摩擦音。心界不大,心率87次/min,心律整齐,未闻及心脏杂音。双手可见杵状指。实验室检查:血常规Hb 153g/L,RBC $4.71×10^{12}$/L,WBC $12.3×10^9$/L,N 0.85,PLT $225×10^9$/L。胸部CT:右肺中叶及双肺下叶多发囊状阴影,可见"双轨征",双下肺散在斑片状模糊影。

(李跃平)

思考题

1. 支气管扩张患者的主要症状和体征是什么?
2. 支气管扩张患者有哪些治疗措施?
3. 支气管扩张患者大咯血如何处置?

ER 2-4-5

练习题

第五章 | 肺炎和肺脓肿

ER 2-5-1

教学课件

学习目标

1. 掌握:肺炎链球菌肺炎及肺脓肿的临床表现、并发症、诊断依据及治疗原则。
2. 熟悉:肺炎的分类、诊疗程序以及金黄色葡萄球菌肺炎的病因及临床表现。
3. 了解:不同病原体肺炎的临床特点、诊疗原则。
4. 学会对临床常见肺炎进行诊断,能够选择合理的治疗药物。针对患者及高危人群进行健康教育,使其养成良好的生活习惯,降低肺炎的发病率。
5. 具备正确的专业价值观和职业道德,把以服务好患者为己任,尽心尽责,护佑生命。

案例导入

患者,男,25 岁。2 周前因受凉后出现畏寒、发热、咳嗽,1 周后咳出大量黄色脓性痰,痰中带血丝。经"青霉素、头孢噻肟钠"等药物治疗后症状无减轻。查体:T 40.1℃,急性热病容,呼吸急促,双肺可闻及湿啰音。血常规:白细胞计数 $20.0×10^9$/L,中性粒细胞比例 90%。X 线胸片显示:双肺中下野可见斑片状阴影,并有多个脓肿和肺气囊肿。

请思考:

1. 该患者最可能的诊断是什么? 其诊断依据是什么?
2. 应进一步完善哪些检查?

第一节 肺炎概述

肺炎(pneumonia)是指发生在终末气道、肺泡和肺间质的炎症,可由病原微生物、理化因素、免疫损伤、过敏及药物所致。

ER 2-5-2

思维导图

【流行病学】

社区获得性肺炎(community acquired pneumonia,CAP)和医院获得性肺炎(hospital acquired pneumonia,HAP)年发病率分别为(5~11)/1 000 人口和(5~10)/1 000 住院患者。CAP 患者门诊治疗者病死率<1%,住院治疗者平均为 12%,入住重症监护病房者约为 40%。由 HAP 引起的相关病死率为 15.5%~38.2%。发病率和病死率高的原因与社会人口老龄化、吸烟、伴有基础疾病和免疫功能低下有关,如慢性阻塞性肺疾病、心力衰竭、肿瘤、糖尿病、尿毒症、神经系统疾病、药瘾、嗜酒、艾滋病、久病体衰、大型手术、应用免疫抑制剂和器官移植等。此外,亦与病原体变迁、新病原体出现、医院获得性肺炎发病率增加、病原学诊断困难、不合理使用抗菌药物导致细菌耐药性增加,尤其是多耐药(multidrug-resistant,MDR)病原体增加等有关。使肺炎的发病率和病死率有所升高。

【病因、发病机制和病理】

肺炎的病因很多，以病原微生物引起者较多见，包括细菌、病毒、真菌、衣原体、支原体、寄生虫等。其中细菌性肺炎仍是最常见的。

在正常情况下，呼吸道具有完善的免疫防御功能（黏液-纤毛运输系统、咳嗽反射、细胞吞噬等），使气管隆凸以下的呼吸道处于无菌状态。因此，是否发生肺炎取决于两方面的因素：病原体和机体自身因素。当病原体数量多、毒力强和/或机体呼吸道局部及全身免疫防御功能减弱时，即可发生肺炎。病原体可通过以下途径入侵：①空气吸入；②邻近感染部位蔓延；③血行播散；④上呼吸道定植菌误吸；⑤胃肠道定植菌（胃食管反流）的误吸和通过人工气道吸入环境中的致病菌。

【分类】

肺炎可按解剖、病因或患病环境加以分类。

（一）按解剖部位分类

1. 大叶性（肺泡性）肺炎 炎症起始于肺泡，肺泡腔内的渗出物经肺泡间孔（Cohn 孔）扩散至邻近肺泡，可累及几个肺段甚至整个肺大叶，通常不累及支气管。肺炎链球菌是最常见的致病菌。X 线胸片显示肺段或肺叶的实变阴影。

2. 小叶性（支气管性）肺炎 病原体经支气管入侵，引起细支气管、终末细支气管及肺泡的炎症。常继发于支气管炎、支气管扩张以及长期卧床的危重患者。X 线胸片示：沿肺纹理分布的不规则斑片状阴影，密度不均，边缘模糊，无实变征象，以双下肺叶多见。

3. 间质性肺炎 以肺间质为主的炎症，病变累及支气管壁、肺泡壁及其周围组织，有肺泡壁增生和间质水肿。病变广泛时出现严重的呼吸困难。可由细菌、病毒、支原体、衣原体、肺孢子菌等引起。X 线胸片示：弥漫性、不规则条索状及网状阴影，其间可有小点状密度增高阴影。

（二）按病因分类

1. 细菌性肺炎 常见细菌有肺炎链球菌、金黄色葡萄球菌、甲型溶血性链球菌、肺炎克雷伯菌、大肠埃希菌、流感嗜血杆菌、铜绿假单胞菌和鲍曼不动杆菌等。

2. 病毒性肺炎 常见病毒有冠状病毒、腺病毒、呼吸道合胞病毒、流感病毒、巨细胞病毒、单纯疱疹病毒等。

3. 非典型病原体所致肺炎 如支原体、衣原体、军团菌等。

4. 肺真菌病 有念珠菌、隐球菌、曲霉菌、肺孢子菌、毛霉菌等。

5. 其他病原体所致肺炎 有立克次体、弓形体、寄生虫（如肺吸虫、肺包虫、肺血吸虫）等。

6. 理化因素所致的肺炎 放射性治疗可引起放射性肺炎，吸入刺激性气体或液体所致的化学性肺炎，接触变应原所致的过敏性肺炎等。

（三）按患病环境分类

由于细菌学检查阳性率低，培养结果滞后，病因分类在临床上应用较为困难，目前多按肺炎的获得环境分成两类，这是因为不同场所发生的肺炎病原学有相应的特点，因此有利于指导经验性治疗。

1. 社区获得性肺炎（community acquired pneumonia，CAP） 是指在医院外罹患的感染性肺实质炎症，包括具有明确潜伏期的病原体感染而在入院后于潜伏期内发生的肺炎。其临床诊断依据是：①社区发病。②肺炎相关临床表现：a. 新近出现的咳嗽、咳痰或原有呼吸道疾病症状加重并出现脓性痰，伴或不伴胸痛/呼吸困难/咯血；b. 发热；c. 肺实变体征和/或闻及湿性啰音；d.WBC>$10×10^9$/L 或<$4×10^9$/L，伴或不伴中性粒细胞核左移。③胸部影像学检查显示片状、斑片状浸润性阴影或间质性改变，伴或不伴胸腔积液。符合①、③及②中任何 1 项，并除外肺结核、肺部肿瘤、非感染性肺间质性疾病、肺水肿、肺不张、肺栓塞、肺嗜酸性粒细胞浸润症及肺血管炎等后，可建立临床诊断。常见病原体包括肺炎链球菌、肺炎支原体、流感嗜血杆菌、肺炎衣原体、金黄色葡萄球菌、肺炎克雷伯菌、呼吸道病毒等。

2. 医院获得性肺炎(hospital acquired pneumonia,HAP) 是指患者入院时不存在,也不处于潜伏期,而于入院 48 小时后在医院(包括老年护理院、康复院)内发生的肺炎。胸部 X 线或 CT 显示新出现或进展性的浸润影、实变影、磨玻璃影,加上下列三个临床症状中的两个或以上,可建立临床诊断:①发热,体温>38℃;②脓性气道分泌物;③外周血白细胞计数>$10×10^9$/L 或<$4×10^9$/L。肺炎相关的临床表现,满足的条件越多,临床诊断的准确性越高。HAP 的临床表现、实验室和影像学检查特异性低,应注意与肺不张、心力衰竭和肺水肿、基础疾病肺侵犯、药物性肺损伤、肺栓塞和急性呼吸窘迫综合征等相鉴别。无感染高危因素患者的常见病原体依次为肺炎链球菌、流感嗜血杆菌、金黄色葡萄球菌、大肠埃希菌、肺炎克雷伯菌等。有感染高危因素患者的常见病原体为金黄色葡萄球菌、铜绿假单胞菌、肠杆菌属、肺炎克雷伯菌等。目前 MDR 所致的 HAP 有升高的趋势,如耐甲氧西林金黄色葡萄球菌(methicillin resistant Staphylococcus aureus,MRSA)、铜绿假单胞菌和鲍曼不动杆菌等。

【临床表现】

常见症状为发热、咳嗽、咳痰,或原有呼吸道症状加重,并出现脓性痰或血痰,伴或不伴胸痛。病变范围大者可有呼吸困难,呼吸窘迫。病变早期肺部可无明显阳性体征,病情严重时可出现呼吸频率增快、鼻翼扇动、发绀以及典型的肺实变体征。

【诊断和鉴别诊断】

(一)确定肺炎的诊断

首先必须把肺炎与呼吸道感染区别开,呼吸道感染虽然也有咳嗽、咳痰和发热等症状,但无肺实质炎性病变,胸部 X 线检查可鉴别。其次,应把肺炎与其他类似肺炎的疾病(如肺结核、急性肺脓肿、肺癌等)区别开。

1. 肺结核 多有午后低热、盗汗、疲乏无力、消瘦、食欲缺乏等全身结核中毒症状。X 线胸片特征是病灶多位于肺尖或锁骨上下,呈多态性,密度不均匀,易形成空洞和播散病灶,病变变化较慢,一般抗生素治疗无效。痰中找到结核分枝杆菌可确诊。

2. 急性肺脓肿 早期临床表现与肺炎链球菌肺炎相似,若感染不能及时控制,于发病 10~14 天可咳出大量脓臭痰及坏死组织。X 线胸片可见带有气液平面的空洞伴周围浓密的炎性阴影,易与肺炎鉴别。

3. 肺癌 肺癌患者年龄较大,大多有长期吸烟史,常表现为刺激性咳嗽,痰中带血,胸痛和消瘦等症状。而无急性感染中毒症状。肺癌伴发阻塞性肺炎时,经抗生素治疗后炎症可消退,肿瘤阴影渐趋明显,可见肺门淋巴结肿大或出现肺不张。若经抗生素治疗后肺部炎症不消散,或暂时消散后于同一部位再次出现,应密切随访,必要时进一步做 CT、纤维支气管镜和痰脱落细胞等检查确诊。

4. 肺血栓栓塞症 通常有静脉血栓的危险因素,如血栓性静脉炎、心肺疾病、手术、肿瘤等病史,可出现咯血、晕厥及严重的呼吸困难。X 线胸片示区域性肺血管纹理减少,可见尖端指向肺门的楔形阴影。血气分析提示低氧血症及低碳酸血症。CT 肺动脉造影、放射性核素肺通气/灌注扫描和 MRI 等检查可确诊。

5. 非感染性肺部疾病 还需除外肺水肿、肺不张、肺间质纤维化、肺嗜酸性粒细胞增多症及肺血管炎等非感染性肺部疾病。

(二)病情严重程度评估

肺炎诊断确立后,应对病情严重程度进行评估,这对于选择适当的治疗场所、经验性抗感染治疗和辅助支持治疗至关重要。肺炎的严重性取决于 3 个主要因素:局部炎症程度,肺部炎症的播散和全身炎症反应程度。同时还需动态观察病情变化。2016 年中华医学会呼吸病学分会颁布的 CAP 诊断和治疗指南中,明确提出 CAP 住院标准及重症 CAP 的诊断标准。其中重症肺炎的诊断标准可分主要标准与次要标准,符合 1 项主要标准或≥3 项次要标准者可诊断为重症肺炎,考虑收住 ICU

治疗。主要标准：①需要气管插管行机械通气治疗；②脓毒症休克经积极液体复苏后仍需血管活性药物治疗。次要标准：①呼吸频率≥30次/min；②氧合指数（PaO_2/FiO_2）≤250mmHg；③多肺叶浸润；④意识障碍和/或定向障碍；⑤血尿素氮≥7.14mmol/L；⑥收缩压<90mmHg，需要积极的液体复苏。

（三）病原学诊断

病原学诊断对肺炎的治疗具有指导意义，呼吸道标本采集的常用方法有：

1. 痰 痰是最常用的下呼吸道病原学标本，采集方便，但易受上呼吸道寄生菌的污染，影响检测结果。留痰要求：清晨充分漱口，咳出深部痰液，室温下2小时内送检，尽量在使用抗生素前留取。

2. 经人工气道吸引 对于行气管插管或气管切开的患者，可经人工气道插入无菌导管吸引下呼吸道分泌物，采集的标本受口咽部细菌污染的机会较少。

3. 纤维支气管镜技术 可直接吸引感染部位的分泌物，也可使用防污染毛刷或支气管肺泡灌洗获取标本。

4. 经皮细针吸检和开胸肺活检 敏感性和特异性均很好，但属于创伤性检查，容易引起气胸、出血等并发症，临床一般用于对抗菌药物经验性治疗无效或其他检查不能确诊者。

5. 其他 包括血和胸腔积液培养、尿抗原试验、血清学检查等。

【治疗】

肺炎治疗的关键环节是抗感染治疗，包括经验性治疗和针对病原体治疗。前者要根据患者年龄、基础疾病、临床特点、实验室及影像学检查、疾病严重程度、肝肾功能、本地区、本单位的肺炎病原体流行病学资料，分析最有可能的病原体并评估耐药风险，选择恰当的抗菌药物和给药方案。后者则根据病原体培养和药物敏感试验结果，选择敏感的抗菌药物。

（一）对于门诊轻症 CAP 患者

可口服阿莫西林或阿莫西林克拉维酸钾治疗；我国肺炎链球菌及肺炎支原体对大环内酯类药物耐药率高，可使用氟喹诺酮类药物（莫西沙星、吉米沙星和左氧氟沙星）。

（二）老年人、有基础疾病者和需要住院的 CAP 患者

常用氟喹诺酮类，第二、三代头孢菌素，β-内酰胺类/β-内酰胺酶抑制剂，或厄他培南，可联合大环内酯类。HAP 常用第二、三代头孢菌素、β-内酰胺类/β-内酰胺酶抑制剂、氟喹诺酮类或碳青霉烯类药物。

（三）重症肺炎

首选广谱的强力抗生素，并应足量、联合用药。需要入住 ICU 而无基础疾病的青壮年重症 CAP 患者，常用青霉素类/酶抑制剂复合物、第三代头孢菌素、β-内酰胺类联合大环内酯类或氟喹诺酮类；青霉素过敏者用氟喹诺酮类和氨曲南。而老年人或有基础疾病患者首选广谱的强力抗生素。重症 HAP 可用 β-内酰胺类、广谱青霉素/β-内酰胺酶抑制剂、碳青霉烯类的任何一种联合氟喹诺酮类或氨基糖苷类。

首剂抗感染药物争取在诊断后尽早使用。抗生素疗程 7~10 天或更长时间，一般可于热退48~72 小时且主要呼吸道症状明显改善后停药，但疗程应视病情严重程度、缓解速度、并发症以及不同病原体而异。肺炎临床稳定标准为：①T≤37.8℃；②P≤100 次/min；③R≤24 次/min；④BP:收缩压≥90mmHg；⑤呼吸室内空气条件下 SaO_2≥90% 或 PaO_2≥60mmHg；⑥能够口服进食；⑦精神状态正常。任何一项未达到则继续用药。

抗菌药物治疗后 48~72 小时应判断治疗是否有效。治疗有效表现有：体温下降、症状减轻、临床状态稳定、白细胞逐渐降低或恢复正常。若 72 小时后症状无改善，其原因可能是：①药物未能覆盖致病菌或细菌耐药；②特殊病原体感染（真菌、病毒等）；③出现并发症或存在影响疗效的宿主因素（如免疫抑制）；④非感染性疾病误诊为肺炎；⑤药物热。需仔细分析，进行相应处理。一旦获得 CAP 病原学结果，就可以参考体外药物敏感试验结果进行目标性治疗。

CAP 住院标准

CRB-65 评分和 CURB-65 评分常用于判断 CAP 患者是否需要住院治疗的标准。

CURB-65 评分共 5 项指标,满足 1 项得 1 分:①意识障碍;②血尿素氮>7mmol/L;③呼吸频率≥30 次/min;④收缩压<90mmHg 或者舒张压≤60mmHg;⑤患者的年龄≥65 岁。评估死亡风险:①总分 0~1 分,为低危,仅需院外治疗;②总分 2 分,为中危,需短期住院或密切观察下院外治疗;③总分 3~5 分,为高危,需住院或 ICU 治疗。

CRB-65 评分共 4 项指标,满足 1 项得 1 分:①意识障碍;②呼吸频率≥30 次/min;③收缩压<90mmHg 或者舒张压≤60mmHg;④患者的年龄≥65 岁。评估死亡风险:①总分 0 分,为低危,门诊治疗;②总分 1~2 分,为中危,建议住院或密切观察下院外治疗;③总分≥3 分,为高危,需住院或 ICU 治疗,CRB-65 评分优点就在于适合不方便进行生化检测的医疗场所。

备注:评分系统应结合患者年龄、基础疾病、社会经济状况、胃肠功能及治疗依从性等综合判断。

【预防】

加强体育锻炼,增强体质。减少危险因素如吸烟、酗酒。年龄大于 65 岁者可接种流感疫苗。对年龄大于 65 岁或不足 65 岁,但有心血管疾病、肺疾病、糖尿病、酗酒、肝硬化和免疫抑制者可接种肺炎球菌疫苗。

第二节　肺炎链球菌肺炎

肺炎链球菌肺炎是由肺炎链球菌(*Streptococcus pneumoniae*,SP)或称肺炎球菌所引起的肺炎,占 CAP 的 50% 以上。起病急骤,以寒战、高热、咳嗽、血痰及胸痛为特征。X 线胸片显示肺段或肺叶的实变阴影。因抗菌药物的广泛使用,使本病的起病方式、症状及 X 线影像改变均不典型。

ER 2-5-3

思维导图

【病因和发病机制】

SP 为革兰氏染色阳性球菌,多成对或短链排列,有荚膜,其毒力大小与荚膜中的多糖结构及含量有关。机体免疫功能正常时,SP 是寄居在口腔及鼻咽部的正常菌群。机体免疫功能受损时,有毒力的 SP 侵入人体而致病。SP 不产生毒素,不引起肺组织坏死或形成空洞。其致病的基础是高分子多糖体的荚膜对组织的侵袭作用,首先引起肺泡壁充血水肿,出现红细胞与白细胞渗出,之后含菌的渗出液经 Cohn 孔向肺的中央部分扩散,可累及几个肺段甚至整个肺大叶。因病变开始于肺的外周,故肺叶间分界清楚,易累及胸膜,引起渗出性胸膜炎。

【病理】

典型的病理改变有充血期、红色肝样变期、灰色肝样变期及消散期。①充血期:肺泡壁毛细血管扩张充血,肺泡腔内有较多浆液渗出,病变肺叶轻度肿胀,颜色淡红。②红色肝样变期:肺泡腔内大量纤维素渗出及红细胞漏出。病变肺组织质实如肝,颜色暗红。③灰色肝样变期:肺泡腔内充满大量中性粒细胞及纤维素。肺泡壁毛细血管受压甚至闭塞。病变肺叶逐渐变为灰白色,肿胀更明显,质实如肝。④消散期:肺泡腔内的中性粒细胞释放大量蛋白溶解酶,将纤维素溶解,溶解物经呼吸道咳出或经淋巴管、血管吸收。肺泡壁解除受压,毛细血管恢复血流,肺泡重新充气,肺组织的结构和功能可完全恢复正常。极个别患者肺泡内纤维蛋白吸收不完全,甚至有成纤维细胞形成,导致机化性肺炎。若治疗不及时,5%~10% 的患者可并发脓胸,10%~20% 的患者因细菌进入血液循环

引起脑膜炎、心包炎、心内膜炎等肺外感染。

【临床表现】

冬季与初春多见,常与呼吸道病毒感染相伴行。患者多为原来健康的青壮年或老年与婴幼儿,男性较多见。吸烟者、痴呆者、慢性支气管炎、支气管扩张、充血性心力衰竭、慢性病患者以及免疫抑制者均易受 SP 感染。

ER 2-5-4 大体病理标本

ER 2-5-5 肺炎链球菌肺炎 X 线胸片

(一)症状

发病前常有受凉、淋雨、疲劳、酗酒、病毒感染等诱因存在,多有上呼吸道感染的前驱症状。起病急骤,高热、寒战、全身肌肉酸痛,体温可在数小时内升至 39~40℃,或呈稽留热。偶有恶心、呕吐、腹痛等,易被误诊为急腹症。呼吸道症状有咳嗽、咳痰、胸痛、呼吸急促。咳嗽始为干咳,痰少,可带血或呈铁锈色。胸痛相当常见,在深呼吸或咳嗽时加重。

(二)体征

患者多呈急性热病容,面颊绯红,鼻翼扇动,皮肤灼热、干燥,口角及鼻周常有单纯疱疹,病变广泛时可出现发绀。有脓毒血症者,可有皮肤、黏膜出血点及巩膜黄染。早期肺部体征不明显,可有呼吸音减低及胸膜摩擦音。肺实变时叩诊浊音、语颤增强、可闻及支气管呼吸音。消散期可闻及湿啰音。心率增快,有时心律不齐。炎症累及膈胸膜可出现上腹部压痛,重者可以出现肠胀气。重度感染时可伴休克、急性呼吸窘迫综合征及神经精神症状。

本病自然病程通常 1~2 周。发病 5~10 天,体温可自行骤降或逐渐消退;使用有效的抗菌药物后可使体温在 1~3 天内恢复正常,其他症状亦随之消失。

【并发症】

并发症近年来已很少见。严重脓毒症或毒血症患者易发生感染性休克,尤其是老年人,表现为血压降低、四肢厥冷、多汗、发绀、心动过速、心律失常等。其他并发症还有胸膜炎、脓胸、脑膜炎和心包炎等。

知识拓展

感染性休克的治疗

①扩容:尽快积极液体复苏,补液原则为先快后慢、见尿补钾;②血管活性药物:扩容基础上加用血管活性药物以恢复血压,保证重要器官的血液供应;③纠正水、电解质和酸碱平衡紊乱,若发现紊乱及时纠正并监测血气分析;④糖皮质激素:利于缓解感染中毒症状,改善病情及回升血压;⑤保护重要脏器的功能:应严密监测心功能,必要时给予快速强心剂、能量合剂等;⑥要积极控制血糖,防治 ARDS、肾功能不全及 DIC 等并发症。

【实验室和其他检查】

(一)血常规

白细胞计数升高,中性粒细胞多在 80% 以上,核左移。年老体弱、酗酒、免疫功能低下者白细胞计数可不增高,但中性粒细胞比例仍增高。

(二)痰液检查

痰直接涂片作革兰氏染色及荚膜染色镜检,如发现典型的革兰氏染色阳性、带荚膜的双球菌或链球菌,即可作出初步的病原学诊断。痰培养 24~48 小时可确定病原体。

(三)血及胸腔积液培养

10%~20% 患者合并菌血症,故重症肺炎应做血培养。若合并胸腔积液,应抽取积液进行细菌培养。

（四）X 线检查

早期仅有肺纹理增粗或受累的肺段、肺叶稍模糊。随着病情进展，表现为大片炎症浸润影或实变影，实变阴影中可见支气管充气征，少数患者可有肋膈角变钝（少量胸腔积液）。消散期，炎性浸润逐渐吸收，可有片状区域因吸收较快呈现"假空洞"征，多数病例在起病 3~4 周后完全吸收。老年患者肺炎病灶消散较慢，吸收不完全可导致机化性肺炎。

【诊断和鉴别诊断】

根据病史、典型症状与体征，结合胸部 X 线检查，不难作出初步诊断。年老体衰、继发于其他疾病者临床表现常不典型，需认真加以鉴别。病原体检测是确诊本病的主要依据。

鉴别诊断参阅本章第一节。

【治疗】

（一）抗生素治疗

首选青霉素，用药途径及剂量视病情轻重及有无并发症而定。轻症患者，可用 240 万 U/d，分 3 次肌内注射，或用普鲁卡因青霉素每 12 小时肌内注射 60 万 U。病情稍重者，宜用青霉素 240 万~480 万 U/d，分次静脉滴注，每 6~8 小时 1 次；重症及并发脑膜炎者，可增至 1 000 万~3 000 万 U/d，分 4 次静脉滴注。对青霉素过敏者，或感染耐青霉素菌株者，可用氟喹诺酮类、头孢噻肟或头孢曲松等药物，感染 MDR 菌株者可用万古霉素、替考拉宁或利奈唑胺等。

（二）支持对症治疗

患者卧床休息，注意补充足够蛋白质、热量及维生素，密切监测病情变化。剧烈胸痛者，酌情给予少量镇痛药。尽量不用阿司匹林或其他解热药，以免过度出汗、脱水及干扰真实热型，导致临床判断错误。鼓励患者多饮水，每天 1~2L，脱水者可输液。中等或重症患者（$PaO_2<60mmHg$ 或有发绀者）给予氧疗。若有明显麻痹性肠梗阻或胃扩张，应暂时禁食、禁饮和胃肠减压，直至肠蠕动恢复。烦躁不安、谵妄、失眠者酌情使用镇静剂，但禁用抑制呼吸的镇静药。

（三）并发症的处理

经抗生素治疗后，高热常在 24 小时内消退，或数日内逐渐下降。若体温降而复升或 3 天后仍不降者，应考虑 SP 肺外感染，如脓胸、心包炎等。持续发热的其他原因还包括耐青霉素的肺炎链球菌或混合细菌感染、药物热或并存其他疾病。10%~20% 的患者可伴发胸腔积液，应酌情抽取胸腔积液检查及培养以确定其性质。若治疗不当，约 5% 并发脓胸，应积极排脓引流。

第三节　葡萄球菌肺炎

葡萄球菌肺炎（staphylococcal pneumonia）是由葡萄球菌引起的急性肺化脓性炎症。常发生于有基础疾病如糖尿病、血液病、肝病、艾滋病、营养不良、静脉吸毒或原有支气管肺疾病者。流感后、病毒性肺炎后或儿童麻疹时也易罹患。多起病急骤，高热、畏寒、胸痛、脓性痰，可早期出现循环衰竭。X 线影像表现为坏死性肺炎，如肺脓肿、肺气囊肿和脓胸。若治疗不当或不及时，病死率甚高。

ER 2-5-6
思维导图

【病因和发病机制】

葡萄球菌为革兰氏染色阳性球菌，可分为凝固酶阳性的葡萄球菌（主要是金黄色葡萄球菌，简称金葡菌）及凝固酶阴性的葡萄球菌（如表皮葡萄球菌和腐生葡萄球菌等）。其致病物质主要是毒素和酶，如溶血毒素、杀白细胞素、肠毒素等，具有溶血、坏死、杀白细胞及血管痉挛等作用。致病力可用血浆凝固酶来测定，阳性者致病力较强，如金葡菌，是化脓性感染的主要原因。随着医院内感染的增多，由凝固酶阴性葡萄球菌引起的肺炎也不断增多。HAP 中葡萄球菌感染占 11%~25%。近年有耐甲氧西林金黄色葡萄球菌（MRSA）在医院内暴发流行的报道。另外，社区获得性肺炎

（CAP）的出现也应引起高度重视。

【病理】

经呼吸道吸入的肺炎常呈大叶性分布或呈广泛的融合性支气管肺炎。当坏死组织或脓液阻塞细支气管，形成单向活瓣作用，产生张力性肺气囊肿。浅表的肺气囊肿若张力过高，可溃破形成气胸或脓气胸，并可形成支气管胸膜瘘。偶可伴发化脓性心包炎、脑膜炎等。

皮肤感染灶（疖、痈、蜂窝织炎、伤口感染）中的葡萄球菌可经血液循环抵达肺部，引起多处肺实变、化脓及组织破坏，形成单个或多发性肺脓肿。

【临床表现】

（一）症状

起病多急骤，寒战、高热，胸痛，脓性痰，量多，带血丝或呈脓血状。毒血症状明显，全身肌肉、关节酸痛，精神萎靡，病情严重者可早期出现周围循环衰竭。院内感染者起病较隐匿，体温逐渐上升。老年人症状可不典型。血源性葡萄球菌肺炎常有皮肤伤口、疖、痈或中心静脉导管置入等，或静脉吸毒史，咳脓性痰较少见。

（二）体征

早期可无明显体征，常与严重的中毒症状和呼吸道症状不平行，其后可出现两肺散在性湿啰音。病变较大或融合时可有肺实变体征，气胸或脓气胸则有相应体征。血源性葡萄球菌肺炎应注意肺外病灶，静脉吸毒者多有皮肤针口和三尖瓣赘生物，可闻及心脏杂音。

【实验室和其他检查】

（一）血常规

血白细胞计数明显升高，中性粒细胞比例增加，核左移。

（二）病原学检查

痰和血培养检出葡萄球菌。

（三）胸部 X 线检查

胸部 X 线显示肺段或肺叶实变，可形成空洞，或呈小叶状浸润，其中有单个或多发的液气囊腔。X 线阴影的易变性是金葡菌肺炎的另一特征，其表现为一处炎性浸润消失而在另一处出现新的病灶，或很小的单一病灶发展为大片阴影。治疗有效时，病变消散，阴影密度逐渐减低，2~4 周后病变完全消失，偶可遗留有少许条索状阴影或肺纹理增多等。

ER 2-5-7

金葡菌肺炎
X 线胸片

【诊断】

根据全身毒血症状，咳嗽、脓血痰，白细胞计数增高、中性粒细胞比例增加、核左移并有中毒颗粒和胸部 X 线表现，可作出初步诊断。痰和血的细菌学检查是确诊的依据。

【治疗】

早期清除、引流原发病灶，选用敏感的抗菌药物是治疗的关键。近年来，金葡菌对青霉素的耐药率已高达 90% 左右，因此应选用耐青霉素酶的半合成青霉素或头孢菌素，如苯唑西林钠、头孢呋辛钠等，联合氨基糖苷类如阿米卡星等，可有较好疗效。阿莫西林、氨苄西林与酶抑制剂组成的复方制剂对产酶金葡菌有效。对于 MRSA，则应选用万古霉素、替考拉宁和利奈唑胺等。临床选择抗菌药物时可参考细菌培养的药物敏感试验。

第四节　革兰氏阴性杆菌肺炎

ER 2-5-8

思维导图

革兰氏阴性杆菌肺炎是指由肺炎克雷伯菌、大肠埃希菌、变形杆菌、流感嗜血杆菌、铜绿假单胞菌及不动杆菌等革兰氏阴性杆菌感染所引起的肺炎，是 HAP 的主要

原因,多见于年老体弱或原有慢性支气管肺疾病的患者。亦可通过机械呼吸器、雾化器或各种导管而感染。近年来由于产超广谱β-内酰胺酶(ESBLs)等耐药菌株的不断增加,已成为HAP防治中的难点。

【病因和发病机制】

革兰氏阴性杆菌多为条件致病菌,多发于免疫功能低下的患者。在一些慢性疾病、酗酒及昏迷的患者,带菌率可达50%以上。因此,口咽部定植菌的吸入是其主要感染来源和感染途径,当患者免疫功能低下时可引起发病。另外部分患者还可通过使用器械(呼吸机、雾化器等)引起感染。

【病理】

主要病理改变为肺叶实变或支气管肺炎的融合性实变,引起组织坏死甚至多发性空洞,多见于肺下叶,50%以上为双侧性。肺炎常累及胸膜,引起胸腔积液甚至脓胸。

【临床表现】

革兰氏阴性杆菌肺炎多见于老年人及原有慢性疾病者,病情较重。一般起病急骤,寒战、高热,重者可出现周围循环衰竭和呼吸衰竭。呼吸道症状常有胸痛,咳嗽、咳痰,痰量多、黏稠,不易咳出。痰的性状因致病菌不同而有不同特点:克雷伯菌肺炎可咳出典型的砖红色胶冻样痰;铜绿假单胞菌肺炎多数咳黄绿色脓痰,少数患者咳典型的翠绿色脓痰。

患者多呈急性病容,肺部可有实变体征、呼吸音减低或双下肺闻及湿啰音。部分患者可出现血压下降。

【实验室和其他检查】

(一)血常规

血白细胞计数可增高、正常或减低,但中性粒细胞比例一般增高。

(二)病原学检查

痰涂片可见革兰氏染色阴性的杆菌,痰和血培养可有革兰氏阴性杆菌生长。

(三)胸部 X 线检查

胸部 X 线检查表现各异,可为小叶浸润影、肺段或肺叶实变影。小叶性肺炎病变多累及双肺中下野,呈浓密斑片状影,易融合。肺炎克雷伯菌所致的大叶性肺炎可发生于一个或多个肺叶,实变区密度较高,其中可见不规则的透亮区或空洞,叶间隙下坠。病变波及胸膜可出现胸腔积液或液气胸。

ER 2-5-9

克雷伯菌肺炎
X 线胸片

【诊断】

诊断要点:①高危人群:如年老体弱者;有基础疾病者;长期应用糖皮质激素、广谱抗生素或免疫抑制剂者;曾使用人工气道机械通气、雾化器及各种导管治疗者。②出现发热,咳嗽、咳脓痰,肺部可闻及湿啰音。③X 线胸片有炎性浸润影。④痰涂片、痰或血培养找到致病菌可确诊。

【治疗】

选择有效的抗菌药物是治疗的关键,用药前应做痰细菌培养和药物敏感试验。一般革兰氏阴性杆菌肺炎应给予半合成青霉素(如哌拉西林);或用第二、三代头孢菌素(如头孢噻肟等)。氨基糖苷类抗生素常与 β-内酰胺类联合应用。喹诺酮类亦可选用。如果找到明确的病原体,可根据药物敏感试验结果针对性选药。耐药菌株选用广谱的 β-内酰胺类/β-内酰胺酶抑制剂、第四代头孢菌素(头孢吡肟、头孢匹罗)或亚胺培南西司他丁钠。疗程至少 2~3 周。此外,尚需注意营养支持、补充水分及充分引流痰液等。

第五节 军团菌肺炎

ER 2-5-10

思维导图

军团菌肺炎(legionnaires pneumonia)是由嗜肺军团杆菌引起的一种以肺炎表现为主的全身性疾病,是军团菌病的一种临床类型。军团菌肺炎是非典型病原体

所致肺炎中病情最重的一种，未经有效治疗的患者病死率高。夏末秋初是本病多发季节，男性多于女性，孕妇、老年、免疫功能低下者为高发人群。

【病因和发病机制】

军团菌为革兰氏染色阴性杆菌，广泛分布于自然界。在目前已知的军团菌中，至少有19种是人类肺炎的病原。其中嗜肺军团菌是引起军团菌肺炎最主要的一种。通过产生的多种酶类、毒素和溶血素而致病。主要经飞沫传播，带菌飞沫、气溶胶被直接吸入下呼吸道，引起以肺为主的全身性感染。中老年人以及有慢性心、肺、肾病、糖尿病、血液病、恶性肿瘤、艾滋病或接受免疫抑制剂者等免疫功能低下者易患本病。

【病理】

肺部病变可表现为单侧或双侧化脓性支气管肺炎、大叶性炎症，伴有小脓肿、空洞形成，亦可伴浆液、纤维素性胸膜炎。

【临床表现】

本病可呈暴发流行，也可散发，常呈亚急性起病，表现为疲乏、无力、肌肉酸痛、畏寒、发热等；亦可经2~10天潜伏期后急骤起病，寒战、高热，体温可高达40℃以上，呈稽留热，头痛、胸痛、全身肌痛，进而咳嗽加剧，咳黏痰带少量血丝或血痰。痰量少，但一般不呈脓性。本病早期消化道症状明显，半数有腹痛、腹泻，多为水样便。神经症状亦较常见，如焦虑、神经迟钝、谵妄。不及时治疗可发生末梢循环衰竭及呼吸衰竭，甚至导致死亡。

患者多呈急性病容，呼吸急促，发绀，肺部可闻及湿啰音，20%患者可有相对缓脉，少数患者可有胸膜摩擦音。

【实验室和其他检查】

（一）生化检查

末梢血白细胞计数及中性粒细胞比例增高，血沉增快，常有低钠血症，部分有肝、肾功能异常，血清肌酸激酶增高。严重者有凝血酶原时间延长。

（二）胸部X线检查

X线显示斑片状肺泡浸润，继而有肺实变，多见于下叶，单侧或双侧。病变进展迅速，可于3~4天内迅速发展至多肺段甚至多肺叶，还可伴有胸腔积液。免疫功能低下的严重患者可出现空洞或肺脓肿。肺部病变的吸收常较一般肺炎慢。

ER 2-5-11

军团菌肺炎
X线胸片

（三）病原学检测

采集下呼吸道分泌物、肺活检组织或胸腔积液等标本进行细菌学检查。因其培养生长条件严格，需特殊培养基，常规培养阳性率低，不作为临床常用的诊断方法。故可将标本用已知荧光标记抗体进行直接荧光试验，既特异又可作快速诊断。也可用酶联免疫吸附试验（ELISA）及乳胶凝集等试验检测标本中该菌特异性抗原或用聚合酶链反应（PCR）技术检查该菌核酸进行快速诊断。还可取患者双份血清，采用间接荧光抗体法检测特异性IgG，抗体效价4倍或4倍以上升高有诊断意义。

【诊断】

根据流行病学资料、临床特点、实验室及影像学检查，结合对大环内酯类或氟喹诺酮类药物治疗有效，而氨基糖苷类及青霉素、头孢菌素类抗生素治疗无效，可初步考虑本病。确诊需要有以上病原学检测结果。临床上更多采用的是直接荧光试验、间接荧光抗体法、ELISA、乳胶凝集试验等方法及PCR技术进行诊断。

【治疗】

首选大环内酯类或氟喹诺酮类药物。红霉素疗效最为可靠，也有报道阿奇霉素、克拉霉素、罗红霉素较红霉素有更好的抗菌活性。氟喹诺酮类药物如左氧氟沙星、莫西沙星等也有很好的抗菌

活性。四环素类、利福平等也有效。氨基糖苷类及青霉素、头孢菌素类抗生素对本病无效。初始治疗应通过静脉给药。通常 3~5 天出现临床治疗的反应，而后给予口服序贯治疗。对免疫力正常的患者整个治疗疗程为 10~14 天，对于免疫缺陷者和晚期病例应延长至 3 周。

此外，维持水和电解质的平衡、呼吸衰竭时人工呼吸器的应用、休克时血管活性药物和其他抗休克措施、急性肾衰竭时的透析疗法均为重要的治疗措施。

【预防】

医院、旅馆、建筑工地的获得性军团菌肺炎是防治工作中的一个重要环节。环境及水源的监控是控制本病发生流行的关键。预防军团菌感染的主要策略是控制军团菌在水体中的增殖、减少气溶胶的产生。定期对一些环境水体进行军团菌监测和消毒非常重要。

第六节　肺炎支原体肺炎

肺炎支原体肺炎（Mycoplasmal pneumoniae pneumonia）是由肺炎支原体（*Mycoplasma pneumoniae*，MP）引起的呼吸道和肺部的急性炎症改变，常同时有咽炎、支气管炎和肺炎。支原体肺炎占非细菌性肺炎的 30% 以上，占各种原因引起的肺炎的 10%。严重的支原体肺炎也可导致死亡。肺炎支原体感染呈世界性分布。大多发生于夏末秋初。通常为散发性，偶可流行。

ER 2-5-12

思维导图

【病因和发病机制】

肺炎支原体是介于细菌和病毒之间、兼性厌氧、能独立生活的一种最小的原核细胞型微生物。常存在于患者或带菌者的鼻咽部，主要经飞沫传播，潜伏期 2~3 周，患者以儿童和青少年居多。发病前 2~3 天直至病愈数周，均可在呼吸道分泌物中发现 MP。其致病性可能与患者对病原体或其代谢产物的过敏反应有关，大多成年人血清中都已存在抗体，所以不易发病。

【病理】

肺部病变呈片状或融合性支气管肺炎、间质性肺炎和细支气管炎，肺泡内可有少量渗出液，并可发生局灶性肺不张和肺气肿。肺泡壁与间隔有中性粒细胞、单核细胞、淋巴细胞及浆细胞浸润。支气管黏膜充血，上皮细胞肿胀，胞质空泡形成，有坏死和脱落。胸腔可有少量纤维蛋白渗出及少量渗出液。

【临床表现】

肺炎支原体感染人体后，潜伏期为 2~3 周，继而出现临床表现，约 1/3 的病例也可无症状。起病较缓慢，发病初期表现为咽痛、头痛、发热、乏力、肌肉酸痛、耳痛、食欲缺乏、腹泻、恶心、呕吐等症状。2~3 天后出现明显的呼吸道症状，突出表现为持久的阵发性剧咳，以夜间为重，偶咳少量黏痰或黏液脓性痰，有时痰中带血，也可有呼吸困难、胸痛。一般为中度发热，可持续 2~3 周，体温正常后仍可有咳嗽。也可导致肺外组织、器官病变。胸部体检一般无明显体征。与肺部病变程度常不相称，可见咽部充血，斑丘疹或多形红斑，耳鼓膜充血，颈淋巴结可肿大等。

【实验室和其他检查】

（一）血常规

血白细胞高低不一，大多正常，有时偏高。

（二）病原学检查

培养分离出肺炎支原体虽对诊断有决定性意义，但其检出率较低，技术条件要求高，所需时间长，难以广泛应用。目前，国内支原体肺炎的诊断主要依靠血清学检测。起病 2 周后，约 2/3 的患者冷凝集试验阳性（滴度 ≥1∶32），若滴度逐步升高，更有诊断价值。如血清支原体 IgM 抗体 ≥1∶64，或恢复期抗体滴度有 4 倍增高，可进一步确诊。直接检测标本中肺炎支原体抗原，可用于临床早期快速诊断。单克隆抗体免疫印迹法、核酸杂交技术及 PCR 技术等具有高效、特异而敏感等优点,对诊断肺炎支原体感染有重要价值。

（三）影像学检查

X 线显示肺部多种形态的浸润影,可呈节段性分布,以肺下野多见,有的从肺门附近向外伸展。病变常经 3~4 周后自行消散。部分患者出现少量胸腔积液。

ER 2-5-13

支原体肺炎
X 线胸片

【诊断】

根据临床症状、影像学检查及病原学检查结果可作出诊断。要注意与病毒性肺炎、军团菌肺炎等鉴别。

【治疗】

本病有自限性,多数病例可自愈。早期使用适当的抗菌药物可减轻症状、缩短病程。治疗首选大环内酯类抗菌药物,如红霉素、阿奇霉素等。对大环内酯类不敏感者可选用氟喹诺酮类如左氧氟沙星、莫西沙星等。四环素类也可用于支原体肺炎的治疗。疗程一般 2~3 周。对剧烈呛咳者,应适当给予镇咳药。如合并细菌感染,可根据病原学检查,选用针对性的抗生素治疗。

知识拓展

重症和危重症肺炎的预警指标

①治疗后 72 小时持续高热不退;②存在感染中毒症状;③病情和影像学进展迅速,多肺叶浸润;④C 反应蛋白（CRP）、乳酸脱氢酶（LDH）、D-二聚体、谷丙转氨酶（ALT）明显升高,出现的时间越早,病情越重;⑤治疗后低氧血症和呼吸困难难以缓解或进展;⑥存在基础疾病,包括哮喘和原发性免疫缺陷病等疾病;⑦大环内酯类抗菌药物治疗延迟。

第七节 病毒性肺炎

病毒性肺炎（viral pneumonia）是由病毒侵入呼吸道上皮及肺泡上皮细胞引起的肺间质及实质性炎症。免疫功能正常或抑制的个体均可罹患。大多发生于冬春季节,暴发或散发流行。病毒是成人社区获得性肺炎除细菌外第二大常见病原体,大多可自愈。近年来,新的变异病毒(如 SARS 冠状病毒、H5N1、H1N1、H7N9 病毒等)不断出现,产生暴发流行,病死率较高,成为公共卫生防御的重要疾病之一。

ER 2-5-14

思维导图

【病因和发病机制】

常见病毒为甲、乙型流感病毒,腺病毒,副流感病毒,呼吸道合胞病毒和冠状病毒等。免疫抑制宿主为疱疹病毒和麻疹病毒的易感者;骨髓移植和器官移植受者易患疱疹病毒和巨细胞病毒性肺炎。患者可同时受一种以上病毒感染,并常继发细菌感染如金黄色葡萄球菌感染,免疫抑制宿主还常继发真菌感染。病毒性肺炎主要为吸入性感染,通过人与人的飞沫传染,主要是由上呼吸道病毒感染向下蔓延所致,常伴气管-支气管炎。偶见黏膜接触传染,呼吸道合胞病毒通过尘埃传染。器官移植的病例可通过多次输血,甚至供者的器官引起病毒血行播散感染,通常不伴气管-支气管炎。

冠状病毒的分类

根据遗传差异和血清学特性,冠状病毒可分为 α、β、γ、δ 四群,其中 α 和 β 群主要感染人类及其他哺乳动物,γ 和 δ 主要感染禽类。在能感染人类的 α 和 β 群中,目前已知有七种冠状病毒会对人类致病,其中的四种主要引起相对温和的上呼吸道感染症状,而另外三种引起的病症较为严重,甚至危及生命。

SARS-CoV:感染人体后会导致严重急性呼吸综合征(SARS)。

MERS-CoV:感染人体后会导致中东呼吸综合征(MERS)。

SARS-CoV-2:感染人体后会导致新型冠状病毒感染(COVID-2019)。

HCoV-OC43、HCoV-229E、HCoV-NL63 和 HCoV-HKU1:这四种病毒主要引起相对温和的上呼吸道感染。

【病理】

病毒侵入细支气管上皮引起细支气管炎。感染可波及肺间质与肺泡而致肺炎。气道上皮广泛受损,黏膜发生溃疡,其上覆盖纤维蛋白被膜。单纯病毒性肺炎多为间质性肺炎,肺泡间隔有大量单核细胞浸润。肺泡水肿,被覆含蛋白及纤维蛋白的透明膜,使肺泡弥散距离增加。肺炎可为局灶性或弥漫性,也可呈实变。部分肺泡细胞及巨噬细胞内可见病毒包涵体。炎症介质释出,直接作用于支气管平滑肌,致使支气管痉挛。病变吸收后可留有肺纤维化。

【临床表现】

多发于病毒性疾病流行季节,症状通常较轻,与支原体肺炎的症状相似。但起病较急,发热、头痛、全身酸痛、倦怠等全身症状较突出,常在急性流感症状尚未消退时即出现咳嗽、少痰或白色黏液痰、咽痛等呼吸道症状。小儿或老年人易发生重症肺炎,表现为呼吸困难、发绀、嗜睡、精神萎靡,甚至发生休克、心力衰竭和呼吸衰竭或 ARDS 等并发症。本病常无显著的胸部体征,病情严重者有呼吸浅速、心率增快、发绀、肺部干湿性啰音。

【实验室和其他检查】

(一)血常规

白细胞计数正常、稍高或偏低,血沉通常在正常范围内。

(二)病原学检查

病毒培养较困难,不易常规开展,肺炎患者的痰涂片仅发现散在细菌及大量有核细胞,或找不到致病菌,应怀疑病毒性肺炎的可能。用血清监测病毒的特异性 IgM 抗体,有助于早期诊断。急性期和恢复期的双份血清抗体滴度增高 4 倍或以上有确诊意义。PCR 检测病毒核酸对新发变异病毒或少见病毒有确诊价值。

(三)影像学检查

胸部 X 线检查可见肺纹理增多,磨玻璃状阴影,小片状浸润或广泛浸润、实变,病情严重者显示双肺弥漫性结节性浸润,但大叶实变及胸腔积液者均不多见。病毒性肺炎的致病原不同,其 X 线征象亦有不同的特征。病毒性肺炎胸部 CT 表现多样,常见小叶分布的磨玻璃影、小结节病灶,也可表现为网织索条影,支气管、血管束增粗,叶、段实变影,可伴有纵隔淋巴结肿大,单侧或双侧少量胸腔积液。病毒性肺炎吸收慢,病程长。

ER 2-5-15

病毒性肺炎 X 线胸片、CT 片

【诊断】

诊断依据为临床症状及 X 线或 CT 影像改变,并排除由其他病原体引起的肺炎。确诊则有赖

于病原学检查,包括病毒分离、血清学检查以及病毒抗原的检测。

【治疗】

以对症为主,必要时氧疗。注意隔离消毒,预防交叉感染。

目前已经证实较为有效的病毒抑制药物有:①利巴韦林,具有广谱抗病毒活性,包括呼吸道合胞病毒、腺病毒、副流感病毒和流感病毒。每天 0.8~1.0g,分 3~4 次服用;静脉滴注或肌内注射,每天 10~15mg/kg,分 2 次。亦可用雾化吸入,每次 10~30mg,加蒸馏水 30ml,每天 2 次,连续 5~7 天。②阿昔洛韦,具有广谱、强效和起效快的特点,用于疱疹病毒、水痘病毒感染,尤其对免疫缺陷或应用免疫抑制者应尽早应用。每次 5mg/kg,静脉滴注,每天 3 次,连续给药 7 天。③更昔洛韦,可抑制 DNA 合成,用于巨细胞病毒感染,7.5~15mg/(kg·d),连用 10~15 天。④奥司他韦,为神经氨酸酶抑制剂,对甲、乙型流感病毒均有很好作用,耐药发生率低,每天 150mg,分 2 次,连用 5 天。⑤阿糖腺苷,具有广泛的抗病毒作用,多用于治疗免疫缺陷患者的疱疹病毒与水痘病毒感染,5~15mg/(kg·d),静脉滴注,每 10~14 天为 1 个疗程。⑥金刚烷胺,有阻止某些病毒进入人体细胞及退热作用,用于流感病毒等感染。成人每次 100mg,早晚各 1 次,连用 3~5 天。原则上不宜应用抗生素预防继发性细菌感染,一旦明确已合并细菌感染,应及时选用敏感的抗生素。

第八节　肺脓肿

肺脓肿(lung abscess)是由多种病原体引起的肺部化脓性病变,早期为肺组织的感染性炎症,继而发生坏死、液化,由肉芽组织包绕形成脓腔。临床主要表现为高热、咳嗽和咳大量脓臭痰。胸部 X 线或 CT 显示肺实质内厚壁空洞或伴液平,若出现多个直径<2cm 的空洞则称为坏死性肺炎。原发性肺脓肿多见于易于误吸的无基础疾病者,继发性肺脓肿多继发于肺部新生物引起的气道堵塞或免疫抑制(如AIDS、器官移植)患者。肺脓肿多发生于壮年,男性多于女性。病原体主要是厌氧菌和兼性厌氧菌,近年来需氧菌感染比率增高。

ER 2-5-16
思维导图

【病因和发病机制】

发生肺脓肿的两个基本因素:机体呼吸道及全身防御功能减退和病原体侵入。病原体常为上呼吸道、口腔的定植菌,多为混合性感染,包括厌氧菌、需氧菌和兼性厌氧菌,90% 的肺脓肿患者合并有厌氧菌感染。常见的其他病原体包括金黄色葡萄球菌、溶血性链球菌、肺炎克雷伯菌、铜绿假单胞菌、大肠埃希菌等。

根据感染途径不同,肺脓肿可分为以下 3 种:

(一)吸入性肺脓肿

吸入性肺脓肿是最常见的类型,病原体经口腔、鼻、咽腔吸入而致病,误吸是常见的原因。正常情况下,吸入物经气道黏液纤毛运载系统、咳嗽反射和肺巨噬细胞可迅速清除。但当患者在全身麻醉、醉酒、癫痫、脑血管意外、使用镇静剂过量等导致意识障碍时,或由于受寒、极度疲劳等情况下,机体全身抵抗力下降,气道防御清除功能减弱,可吸入病原体致病。此外,还可因鼻窦炎、牙槽脓肿等脓性分泌物吸入致病。吸入性脓肿常为单发,其部位与支气管解剖和体位有关,病原体多为厌氧菌。

(二)继发性肺脓肿

继发性肺脓肿是继发于其他疾病的肺脓肿:①某些细菌性肺炎(如金黄色葡萄球菌、铜绿假单胞菌和肺炎克雷伯菌肺炎等)、支气管扩张、支气管囊肿、支气管肺癌、肺结核空洞等继发化脓性感染;②支气管异物阻塞也可形成肺脓肿,这也是小儿肺脓肿的重要因素;③肺部邻近器官的化脓性病变(如膈下脓肿、肾周围脓肿、脊柱脓肿或食管穿孔等)也可形成肺脓肿。阿米巴肝脓肿多发于右肝顶部,易穿破膈肌至右肺下叶,形成阿米巴脓肿。

(三)血源性肺脓肿

血源性肺脓肿常因皮肤外伤感染、疖、痈、中耳炎或骨髓炎等原发病灶所致的脓毒症,菌栓经血行播散到肺,引起小血管栓塞、炎症和坏死而形成肺脓肿。静脉吸毒者若有右心细菌性心内膜炎,三尖瓣赘生物脱落阻塞肺小血管,可形成两肺外野的多发性脓肿。血源性肺脓肿多发生于两肺外野,致病菌以金黄色葡萄球菌、表皮葡萄球菌及链球菌为常见。

【病理】

感染物阻塞细支气管,或小血管炎性栓塞,致病菌繁殖可引起肺组织化脓性炎症、坏死,形成肺脓肿;坏死组织液化破溃到支气管,脓液部分排出,形成脓腔;空洞壁表面常见残留坏死组织,空气进入脓腔而出现气液平面。病变可向周围扩展,若脓肿靠近胸膜,可发生局限性纤维蛋白性胸膜炎,引起胸膜粘连;若为张力性脓肿,可破溃入胸膜腔形成脓胸、脓气胸或支气管胸膜瘘。急性肺脓肿经有效治疗,病变愈合或仅留少量纤维瘢痕。

急性肺脓肿若治疗不彻底,或支气管引流不畅,导致大量坏死组织残留脓腔,炎症迁延3个月以上则称为慢性肺脓肿。脓腔壁成纤维细胞增生,脓腔壁增厚,并可累及周围细支气管,使其变形或扩张。

【临床表现】

(一)症状

1. 吸入性肺脓肿 患者多有牙齿、口、咽喉的感染灶,或有手术、醉酒、劳累、受凉和脑血管病等病史。多急性起病,畏寒、高热,体温达39~40℃,呈弛张热,伴有咳嗽、咳黏液痰或黏液脓性痰。炎症累及壁层胸膜可引起与呼吸相关的胸痛。病变范围大可出现气促。还可出现精神不振、乏力、食欲缺乏等全身中毒症状及头痛、谵妄、意识障碍等神经系统症状。如感染未及时控制,常于发病的10~14天突然咳出大量脓臭痰及坏死组织,每天可达300~500ml;典型痰液为黄绿色脓性,静置后可分3层:上层为泡沫,中层为混浊黏液,下层为化脓坏死物。约1/3患者有不同程度的咯血。一般在咳出大量脓痰后,体温明显下降,全身毒性症状随之减轻。数周内一般情况逐渐恢复正常。肺脓肿若破溃到胸膜腔,可出现突发性胸痛、气急,出现脓气胸。

2. 血源性肺脓肿 患者先有原发病灶引起的畏寒、高热等全身脓毒症表现,经数日或数周后才出现肺部症状,如咳嗽、咳痰等,通常痰量不多,极少咯血。

3. 慢性肺脓肿 患者常有慢性咳嗽、咳脓痰、反复发热和咯血,持续数周至3个月以上。可伴贫血、消瘦等慢性中毒症状。

(二)体征

体征与肺脓肿的大小和部位有关,初期肺部可无阳性体征,或仅有患侧湿啰音;随着病变发展,可出现肺实变体征,可闻及支气管呼吸音;脓腔增大时,可有空瓮音;病变累及胸膜时可闻及胸膜摩擦音或呈胸腔积液体征。血源性肺脓肿大多无阳性体征。慢性肺脓肿常有杵状指(趾)。

【实验室和其他检查】

(一)血常规

急性期血白细胞计数达(20~30)×10⁹/L,中性粒细胞在90%以上,核左移明显,常有中毒颗粒。慢性患者的血白细胞可稍升高或正常,可有红细胞和血红蛋白减少。

(二)病原学检查

痰涂片革兰氏染色,痰、胸腔积液和血培养(包括需氧和厌氧培养),以及药物敏感试验有助于确定病原体和选择有效的抗菌药物。尤其是胸腔积液和血培养阳性时对病原体的诊断价值更大。

(三)影像学检查

早期的X线检查表现为大片浓密模糊浸润阴影,边界不清,或呈团片状浓密阴影,分布在一个或多个肺段。在肺组织坏死、肺脓肿形成后，脓液经支气管排出，脓腔出现圆形透亮区及气液平面，其四周被浓密炎症浸润所环绕。脓腔内壁可以光整或略有不规则。经脓液引流和抗菌药物治疗后，肺脓肿周围炎症先吸收，脓腔逐渐缩小至消失，最后仅残留少许纤维条索阴影。

慢性肺脓肿脓腔壁增厚，内壁不规则，可呈多房性，周围有纤维组织增生、邻近胸膜增厚，肺叶收缩，纵隔可向患侧移位。合并脓胸时，患侧胸部呈大片浓密阴影。若伴气胸可见气液平面。结合侧位 X 线检查可明确肺脓肿的部位及范围大小。

血源性肺脓肿，病灶分布在一侧或两侧，呈散在局限炎症，或边缘整齐的球形病灶，中央有小脓腔和气液平面。短期内阴影变化大，发展迅速，炎症吸收后，也可能有局灶性纤维化或小气囊后遗阴影。

CT 能更准确地定位及发现体积较小的脓肿和有气液平面的局限性脓胸，并有助于作体位引流和外科手术治疗。

（四）纤维支气管镜检查

纤维支气管镜检查有助于明确病因和病原学诊断，也可用于治疗。如疑为肿瘤阻塞，可取病理标本。还可取痰液标本行需氧和厌氧菌培养。可经纤维支气管镜插入导管，尽量接近或进入脓腔，吸引脓液、冲洗支气管及注入抗菌药物，以提高疗效与缩短病程。

ER 2-5-17

吸入性肺脓肿
X 线胸片

【诊断和鉴别诊断】

（一）诊断

1. 急性肺脓肿　对有口腔手术、昏迷、呕吐或异物吸入后，起病急骤、畏寒、高热、咳嗽和咳大量脓臭痰的患者，血白细胞总数及中性粒细胞显著增高，胸部 X 线示浓密的炎性阴影中有空腔、气液平面，可作出诊断。

2. 血源性肺脓肿　有皮肤创伤感染，疖、痈等化脓性病灶，发热不退并有咳嗽、咳痰等症状，胸部 X 线检查示两肺多发性小脓肿，即可诊断。

3. 慢性肺脓肿　在急性肺脓肿时期未及时控制感染，使肺部的炎症和坏死空洞迁延发展超过 3 个月者，即可诊断。

（二）鉴别诊断

肺脓肿应与下列疾病相鉴别：

1. 细菌性肺炎　早期肺脓肿和细菌性肺炎在症状和胸部 X 线表现上很相似，细菌性肺炎中肺炎球菌肺炎最常见，常伴有口唇疱疹、咳铁锈色痰而无大量脓臭痰，X 线胸片示肺叶或肺段炎性病变或呈片状淡薄性阴影，边缘模糊不清，没有空洞形成。而肺脓肿，胸部 X 线显示空洞和液平面，经治疗短期不会吸收。

2. 空洞性肺结核继发感染　起病缓慢，病程长，常有午后低热、乏力、盗汗、食欲缺乏、长期咳嗽或有反复咯血等症状。X 线胸片显示空洞壁较厚，一般无气液平面，空洞周围炎性病变较少，常有不规则条索、斑点及结节状病灶，或有肺内其他部位的结核播散灶，痰中可找到结核分枝杆菌。若合并肺部感染时，可出现急性感染症状和咳大量脓痰，反复查痰找到抗酸杆菌可确诊。

3. 肺囊肿继发感染　肺囊肿继发感染时，其周围组织可有炎症浸润，囊肿内可见气液平面，但炎症反应较轻，肺囊肿呈圆形、囊壁较薄而光滑，常无明显中毒症状，咳嗽较轻、咳脓痰较少。感染控制、炎症吸收后，可呈光滑整洁的囊肿壁。与以往的 X 线胸片作对比，更容易鉴别。

4. 支气管肺癌　支气管肺癌阻塞支气管常导致远端阻塞性肺炎及肺化脓性感染，但毒性症状多不明显，脓痰量也较少，且抗菌药物效果不佳。因此对 40 岁以上反复出现肺同一部位感染且抗生素治疗效果差的患者，要考虑支气管肺癌引起阻塞性肺炎的可能，可行纤维支气管镜检查明确诊断。

【治疗】

（一）一般治疗

急性期中毒症状明显者应卧床休息，供给足够热量和维生素、必需氨基酸等，注意补充水分，维持电解质平衡，必要时吸氧。对症治疗包括解热、祛痰等。

（二）抗生素治疗

在应用抗生素治疗之前，应送痰、血和胸腔积液等标本做需氧和厌氧菌培养及药物敏感试验，便于选用和调整抗生素。

吸入性肺脓肿是以厌氧菌感染为主的混合性感染，通常对青霉素敏感，因此经验性治疗应首选青霉素。仅脆弱拟杆菌对青霉素不敏感，对林可霉素、克林霉素和甲硝唑敏感。应根据病情严重程度决定青霉素剂量。若青霉素疗效不佳或青霉素过敏者，可采用克林霉素、第三代头孢菌素、β-内酰胺类/β-内酰胺酶抑制剂、氟喹诺酮类。

血源性肺脓肿多为金黄色葡萄球菌感染，可选用耐 β-内酰胺酶的青霉素，亦可联合氨基糖苷类或头孢菌素类药物，分次静脉滴注。MRSA 感染者，选用万古霉素、替考拉宁或利奈唑胺。如为阿米巴原虫感染，则用甲硝唑治疗。

抗生素疗程 6~8 周，或直至 X 线胸片显示脓腔和炎症病变消失，仅有少量的残留纤维化。

（三）脓液引流

脓液引流可有效提高疗效、缩短病程。痰黏稠不易咳出者可用祛痰药或支气管舒张剂以利于痰液引流。身体状况较好者可采取体位引流，引流的体位应使脓肿部位处于最高位，轻拍患部，每天 2~3 次，每次 10~15 分钟。有明显痰液阻塞征象，可经纤维支气管镜冲洗及吸引，同时也可将抗生素直接滴注到病变部位，每周 1~2 次，可提高疗效。血源性肺脓肿要及时处理原发病灶。

（四）外科治疗

急性肺脓肿患者经有效的抗生素治疗后，大多数患者可治愈，少数患者疗效不佳，在全身状况和肺功能允许情况下，可考虑外科手术治疗。其手术治疗适应证：①病程超过 3 个月，经内科治疗脓腔不缩小，或脓腔过大（>5cm）估计不易闭合者；②大咯血经内科治疗无效或危及生命者；③伴有支气管胸膜瘘或脓胸经抽吸、引流和冲洗疗效不佳者；④支气管阻塞限制气道引流，如肺癌。对病情严重不能耐受手术者，可经胸壁插入导管到脓腔进行引流。

【预防】

要重视口腔、上呼吸道慢性感染病灶的治疗。口腔和胸腹手术前应注意保持口腔清洁，手术中注意清除口腔和上呼吸道血块及分泌物，鼓励患者咳嗽，及时取出呼吸道异物，保持呼吸道引流通畅。昏迷患者更要注意口腔清洁。

通过对各型肺炎的了解和认识，激发学生的学习热情和责任感。同时，结合学生在课外实践和志愿服务活动中体验、感悟，锤炼尊重生命、无私奉献的专业精神、职业精神和人文精神。让学生更加深刻地认识到医者的责任与担当，进一步增强他们的职业认同感和使命感。

本章小结

肺炎是指终末气道、肺泡和肺间质的炎症，可由病原微生物、理化因素、免疫损伤、过敏及药物所致。以细菌性肺炎最为常见。不同病原体所致的肺炎临床表现各不相同。肺炎诊断程序是根据病史、临床表现，结合 X 线胸片、血常规等检查先确定肺炎的诊断，然后根据病原学检查结果确定病原学诊断，此外还要对患者的病情严重程度作出评估，以便选择合适的抗菌药物及给药途径。肺炎治疗的最主要环节是抗感染治疗。肺脓肿是由多种病原体所致的肺组织化脓性感染，肺脓肿根据感染途径不同分 3 种，要注意这 3 种肺脓肿在影像学、临床表现上的共性和区别。结合患者病史、临床表现和 X 线影像不难作出肺脓肿诊断,肺脓肿的治疗原则是抗菌药物治疗和脓液引流,此外还应该注意支持对症治疗。

　　患者,男,30 岁。主因"发热伴咳嗽、咳痰 5 天,呼吸困难 1 天"入院。患者 5 天前受凉后出现发热,最高体温 38.8℃,伴寒战、咳嗽、咳少量黄色黏痰,无臭味,无咯血、胸痛。1 天来活动后出现呼吸困难。自诉服用"感冒药"后无好转。发病以来精神、饮食正常,大小便正常。

　　查体:T 38.6℃,P 95 次/min,R 22 次/min,BP 120/75mmHg。皮肤未见出血点和皮疹,浅表淋巴结未触及肿大,巩膜无黄染,右下肺叩诊呈浊音,可闻及支气管呼吸音,双肺未闻及干湿性啰音,心界不大,心率 95 次/min,律齐,各瓣膜听诊区未闻及杂音。腹平坦,质软,无压痛、反跳痛,肝脾肋下未触及,双下肢无水肿。血常规:Hb 125g/L,WBC 14.5×10^9/L,杆状核 8%,N 85%,PLT 225×10^9/L。动脉血气分析:pH 7.47,$PaCO_2$ 32mmHg,PaO_2 58mmHg,HCO_3^- 22.5mmol/L。胸部 X 线片:右下肺野大片致密影,未见空洞及胸腔积液征象。

（王献红）

　　1. 如何区别社区获得性肺炎与医院获得性肺炎?
　　2. 肺炎链球菌肺炎的临床表现有哪些? X 线胸片特征是什么?
　　3. 简述革兰氏阴性杆菌的诊断要点。
　　4. 肺脓肿有哪些临床表现? 其诊断要点是什么?

ER 2-5-18

练习题

第六章 │ 肺 结 核

教学课件

思维导图

ER 2-6-1　　ER 2-6-2

学习目标

1. 掌握:肺结核的临床表现、辅助检查及诊断依据。
2. 熟悉:肺结核的发病机制、治疗原则和常用药物的副作用。
3. 了解:肺结核的分类、预防。
4. 学会对肺结核患者进行初步诊断。
5. 具备对患者及高危人群进行健康教育;对患者进行定期随访,及时调整治疗方案,提高患者生活质量;协助患者树立信心,坚持治疗;同时动员全民行动,终结结核,共同守护健康呼吸的能力。

案例导入

　　患者,女,31 岁。发热伴干咳 2 个月。2 个月前无明确诱因出现发热和干咳,体温37.0~38.5℃,发热多于午后出现,体温可自行下降,但不能降至正常,伴乏力、食欲缺乏、盗汗。无畏寒、寒战,无呼吸困难、胸痛、咯血。先后多次口服感冒药(具体不详),疗效甚微,当地医院疑诊"肺炎",给予"头孢类"抗生素治疗(具体不详),病情仍无明显好转。发病以来,精神、睡眠及大小便无明显异常,体重下降 2kg。无传染病和禽类接触史。无烟酒嗜好。未婚,未育,月经史无特殊。父母健在。无遗传病家族史。查体:T 37.9℃,P 88 次/min,R 18 次/min,BP 126/68mmHg。慢性病容,瘦长体型,皮肤无皮疹、黄染。甲状腺不大。颈静脉无怒张、气管居中。右上肺呼吸音较低,双肺未闻及干湿性啰音,心脏、腹部及其他查体未见明显异常。实验室检查:血常规:Hb 102g/L,RBC $3.8×10^{12}$/L,WBC $7.4×10^9$/L,L 42%,N 55%,PLT $272×10^9$/L,ESR 54mm/h。胸部 X 线片:右上肺大片高密度不均匀影,有小空洞形成。

请思考:

1. 此病例的诊断考虑是什么?
2. 还需至少完善哪些实验室检查以助诊断?

　　肺结核(pulmonary tuberculosis)是由结核分枝杆菌感染的,主要引起肺实质病变的慢性感染性疾病。结核分枝杆菌可累及全身各系统器官,但以肺部受累最为常见,其中痰中带菌者为主要传染源。人体感染结核菌后早期不一定发病,当机体抵抗力降低或细胞介导的变态反应升高时,才会引起临床发病。若能早期诊断,早期治疗,大多可获临床痊愈。

【流行病学】

　　目前在全球范围内,由于耐药结核菌的产生和扩展、结核菌与人类免疫缺陷病毒(HIV)的双重感染及许多国家结核病控制规则的不完善,使得全球结核病疫情呈明显上升的趋势。在全球传染性疾病中,结核病已成为成年人中死亡的首要原因。我国在结核病防治工作取得了显著的成绩,但结核病仍然严重威胁我国人民的健康,形势也十分严峻。

【病因和发病机制】

（一）结核分枝杆菌

结核分枝杆菌（*Mycobacterium tuberculosis*）属分枝杆菌属，分为人型、牛型、非洲型和田鼠型。而主要感染人类的致病菌是人型结核菌，牛型感染很少。结核菌为需氧菌，不易染色，经品红加热染色后成红色，不能被酸性乙醇脱色，镜下呈细长、稍弯的杆菌，故称抗酸杆菌。对外界抵抗力较强，在阴湿处能生存 5 个月以上，但在阳光下暴晒 2 小时、5%~12% 甲酚皂溶液接触 2~12 小时、70% 乙醇浸泡 2 分钟或煮沸 1 分钟，即可被杀灭，最简易的灭菌方法是直接焚毁带有结核分枝杆菌的痰纸。

结核菌菌壁含有类脂质、蛋白质及多糖类成分，这些成分与其致病力、免疫反应有关。在人体内，类脂质可引起单核细胞、上皮样细胞及淋巴细胞浸润形成结核结节；蛋白质能引起超敏反应，引起中性粒细胞及单核细胞浸润，发生干酪样坏死，同时也是结核菌素的主要成分；多糖类则参与免疫反应（如凝集反应）。

结核分枝杆菌既可在细胞外生长繁殖，也可在细胞内生长繁殖。按其生长繁殖速度的不同分为 A 群（生长繁殖旺盛，存在于细胞外，致病力强）、B 群（生长繁殖缓慢，存在于巨噬细胞内，酸性抑制）、C 群（偶尔繁殖，存在于干酪样坏死灶内）、D 群（休眠菌，完全处于休眠状态）。

结核菌在繁殖的过程中由于染色体基因突变而产生耐药性，根据耐药性的产生方式分为天然耐药和获得性耐药；从流行病学角度可分为原发耐药（指从未经过药物治疗的患者，出现的结核菌对某药不敏感）和获得性耐药（指接受过药物治疗的结核病患者出现的结核菌耐药，一般为不合理用药，复治患者多见）。而近年来对两个或两个以上药物同时耐药的结核菌日渐增多。任何药物联合错误、剂量不足、过早停药、用药不规则等均可导致获得性耐药，其结果导致近期治疗失败或远期复发。因此，合理用药以避免耐药菌的产生是结核病治疗成功的关键。

ER 2-6-3

结核分枝杆菌

（二）发病机制和免疫

1. 传染源与传播途径 传染源主要是排菌的肺结核患者（尤其是痰涂片阳性、未经治疗者）的痰液。飞沫传播是肺结核最重要的传播途径，经患者咳嗽、打喷嚏等喷出的带菌飞沫被健康人吸入肺泡内可引起感染，其次是消化道；此外，还可经皮肤、泌尿生殖系统等途径传播，均少见。

2. 人体的反应性

(1) 免疫反应：人体对结核菌的自然免疫力即先天免疫力，是非特异性的。接种卡介苗或经过结核菌感染后所获得的免疫力即后天免疫力具有特异性，能将入侵的结核菌杀死或包围，制止其扩散，促使病灶愈合。人体感染结核菌后具有免疫力而不发生结核病。

结核病的免疫主要是细胞免疫，表现为淋巴细胞的致敏和吞噬细胞功能的增强。侵入人体的结核菌被吞噬细胞吞噬后，使 T 淋巴细胞致敏，当致敏的 T 淋巴细胞再次接触结核菌时，则释放出多种淋巴因子，如趋化因子、巨噬细胞激活因子、巨噬细胞移动抑制因子等，使巨噬细胞聚集在细菌周围，吞噬并杀灭细菌，然后成为类上皮细胞和朗汉斯巨细胞（Langhans giant cell），最后形成结核结节，使病变局限化。

(2) 迟发型变态反应：结核菌侵入人体 4~8 周后，机体对细菌及其代谢产物的超敏反应称为变态反应，可由 T 淋巴细胞介导，以巨噬细胞为效应细胞，释放出多种炎性因子、皮肤反应因子及淋巴细胞毒素等，表现为局部炎性渗出、干酪样坏死，发热、乏力及食欲缺乏等。皮肤呈结节性红斑、多发性关节炎、疱疹性结膜炎等均为结核病变态反应的表现。当机体初次感染结核分枝杆菌后 4~8 周，即逐渐形成对结核分枝杆菌的敏感性，此时如用结核菌素做皮肤试验，则在 48~72 小时后注射局部发生充血和水肿，称为结核菌素试验阳性。此种变态反应属于Ⅳ型（迟发型）变态反应。对于未受过结核菌感染者，注射局部则无反应，称为结核菌素试验阴性。

免疫对人体起保护作用，而变态反应则常伴有局部组织破坏，但对细菌亦不利。严重疾病、营养不良或使用免疫抑制剂等均可削弱机体的免疫力,变态反应也同时受到抑制,故表现为结核菌素试验阴性。但当全身情况好转或停用免疫抑制剂后,随着免疫与变态反应的恢复,结核菌素反应亦可转变为阳性。总之,入侵的结核菌数量、致病力、人体免疫与变态反应的高低,均可决定感染后结核病的发生、发展及转归。当人体抵抗力下降时,结核病常易于发展;反之,感染后不易发病。

肺部首次感染结核菌后,细菌被携带至肺门淋巴结,致使淋巴结肿大,此时若机体免疫力低下时可发展为原发性结核病,称为原发性肺结核,但若在儿童时期已受过轻度结核菌感染或接种过卡介苗的成年人,机体有一定的免疫力,此时再感染多不引起局部淋巴结肿大,亦不易发生全身播散,但会在再感染时出现局部剧烈变态反应,可发生渗出、干酪样坏死、液化及空洞形成,这种机体初感染和再感染所表现的不同反应现象称为科赫(Koch)现象。

【病理】

(一)基本病理变化

结核病的基本病理变化是炎性渗出、增生和干酪样坏死,其特征性病理改变是结核结节和干酪样坏死。

1. 渗出性病变 早期表现为局部中性粒细胞浸润,继之由巨噬细胞及淋巴细胞取代,肺组织充血、水肿及白细胞浸润。

2. 增生性病变 表现为典型的结核结节。机体在病灶内菌量较小、免疫力较强时,单核细胞吞噬并分解结核菌后转变成大而扁平的"类上皮细胞",类上皮细胞聚集成团,中央可出现朗汉斯巨细胞,外周包围着的淋巴细胞形成典型的结核结节,是结核病的特征性病理改变。

3. 坏死性病变 特征为干酪样坏死。当机体抵抗力降低或菌量过多、变态反应强烈时,出现病灶部位同原有的组织结构发生组织凝固性坏死。大体标本的坏死区呈灰白略带黄色,质松而脆,似干酪,称为干酪样坏死。坏死区周围逐渐有肉芽组织增生,最后由纤维组织包裹形成纤维干酪性病灶。

(二)结核病变的转归

1. 吸收、消散 渗出性病变主要通过淋巴管、微静脉吸收而愈合。X线检查时渗出性病变表现为边缘模糊的絮状阴影,随着渗出物吸收,阴影逐步缩小直至消失。

2. 纤维化、钙化 X线检查为边缘清楚、密度增大的阴影;钙化灶为密度极大、境界清晰的阴影。

3. 浸润进展 当病变恶化时,在原有病灶周围发生渗出性病变,出现干酪样坏死,在此基础上周围又出现新的渗出和坏死,如此反复进行,使病灶进一步扩大。X线检查为原有病灶周围出现模糊的絮状阴影,如有干酪样坏死出现,则该处密度增高。

4. 液化播散 干酪样坏死可发生液化,通过自然管道排出,局部留下空洞,并可进一步播散。X线检查空洞部位出现透亮区,空洞周围有深浅不一的阴影,即是播散病灶。

【临床表现】

典型肺结核起病缓慢,病程较长。多数患者病变轻微,常无明显症状,健康检查时经X线检查偶被发现;少数患者有严重的毒性症状和明显的呼吸道症状,表现为重症肺结核。

(一)症状

1. 全身症状 低热是最常见的症状,多为长期午后潮热,次晨降至正常,部分患者伴有倦怠、乏力、盗汗、食欲缺乏及体重减轻等。但当肺部病灶急剧进展播散或合并感染时,可有高热。育龄期妇女可有月经失调和自主神经功能紊乱症状。

2. 呼吸系统症状

(1)咳嗽、咳痰:咳嗽、咳痰2周以上伴有咯血是肺结核的常见可疑症状。一般为干咳或只有少量黏液痰,如继发感染时,痰液呈黏性或脓性;支气管结核时则有刺激性干咳,可伴局限性哮鸣音。

(2)咯血:约1/3患者有不同程度的咯血,多数患者表现为小量咯血。结核病灶炎症引起毛细血管扩张、通透性增加引起痰中带血或小量咯血(<100ml/d);当小血管损伤或空洞的血管瘤破裂均可

引起中量咯血（100~500ml/d）；纤维化、硬结钙化病灶机械损伤血管可引起大量咯血（>500ml/d，或一次咯血100~500ml）。大量咯血时可发生失血性休克；当血块阻塞大气道可引起窒息，此时患者表现为烦躁、神色紧张、挣扎坐起、发绀、胸闷和呼吸困难，应立即进行抢救。

（3）胸痛：结核病灶累及胸膜时，出现固定性针刺样痛，随呼吸和咳嗽加重；膈胸膜受刺激时，疼痛可放射至肩部或上腹部。

（4）呼吸困难：重度毒血症和高热可引起呼吸频率加快，多见于干酪样坏死和大量胸腔积液的患者。

（二）体征

体征与病变性质、部位、范围及程度有关。肺结核多发于上叶的尖后段和下叶背段，故锁骨上下、肩胛间区叩诊略浊，咳嗽后闻及湿啰音，对诊断有参考意义。渗出性病变时表现为肺实变体征，叩诊呈浊音，闻及支气管呼吸音和细湿啰音。空洞性肺结核有支气管呼吸音或伴湿啰音。当发生广泛纤维化或胸膜粘连增厚时，则气管向患侧移位、患侧胸廓下陷、肋间隙变窄，叩诊呈浊音，而对侧可有代偿性肺过度充气体征。结核性胸膜炎时可有胸腔积液体征，支气管结核可闻及局限性哮鸣音。

少数患者临床上可有类似风湿热样表现，称为结核性风湿症。青少年女性多见，多发性关节痛或关节炎，以四肢大关节较常受累；皮肤损害表现为结节性红斑和环形红斑，常伴有长期低热，水杨酸制剂治疗无效。

【实验室和其他检查】

（一）痰结核菌检查

痰中查到结核菌是确诊肺结核的特异性方法和最重要依据。痰涂片抗酸染色检查是简单、快速、易行和可靠的方法。痰菌阳性表明具有传染性。痰培养虽较费时，但精确可靠，特异性高，并可作药物敏感试验和菌型鉴定。其他如聚合酶链反应（PCR）方法、核酸探针检测特异性DNA片段等方法，尚待进一步改进和完善。

（二）影像学检查

胸部X线检查是诊断肺结核的常规首选方法。X线检查不仅可发现早期轻微的结核病变，而且还可确定病灶部位、范围、性质、病变演变及对治疗效果作出判断。病灶一般在肺上叶的尖后段，下叶的背段和后基段，常有多种性质不同的病灶混合存在，包括浸润、增殖、干酪、空洞形成和肺内播散迹象。凡X线胸片上显示渗出性或增生性病灶，干酪性肺炎和空洞形成，且病灶不稳定，均属于活动性病变；条索状、结节状病灶在一定时间内稳定不变，属于非活动性病灶。

CT有助于发现胸部微小病灶，在显示纵隔/肺淋巴结、肺内空洞、钙化、支气管充气征和支气管扩张等方面较X线敏感，尤其对早期粟粒型阴影的显示优于普通平片，可早期进行CT检查。

ER 2-6-4

肺门结核X线胸片

（三）结核菌素试验

结核菌素试验是应用结核菌素进行皮肤试验来测定人体对结核分枝杆菌是否有变态反应的一种试验。用于试验的结核菌素为结核分枝杆菌的蛋白成分，共有两种：一种是将结核分枝杆菌培养液浓缩后的粗制品，称为旧结核菌素（即OT），以此制品作皮试，又称OT试验；另一种是结核分枝杆菌培养物的纯化制品，称为纯蛋白衍化物（即PPD）。现在常用的是后一种。

试验方法：将PPD-C 5U（0.1ml）注入左前臂屈侧中下1/3交界处皮内，使局部形成皮丘。48~96小时（一般为72小时）观察反应，其结果判断以局部硬结直径为依据：<5mm为阴性（-）；5~9mm为一般阳性（+）；10~19mm为中度阳性（++）；≥20mm或不足20mm但有水疱或坏死为强阳性（+++）。结核菌素试验除引起局部皮肤反应外，还可引起全身反应。

结核菌素试验阳性仅表示结核感染，并不一定患病。我国城市居民的结核感染率在60%以上，故用5U结核菌素进行检查，其一般阳性结果意义不大。但如用高稀释度（1U）作皮试呈强阳性者，常提示体内有活动性结核灶。结核菌素试验对婴幼儿的诊断价值比成年人大，因为年龄越小，自然

感染率越低;3岁以下强阳性者,应视为有新近感染的活动性结核病,须给予治疗。

结核菌素试验阴性除提示没有结核菌感染外,还见于以下情况:结核菌感染后4~8周才有变态反应建立,在此之前结核菌素反应阴性;应用糖皮质激素等免疫抑制剂,或营养不良及麻疹、百日咳等患者;严重结核病及各种危重患者。

(四)支气管镜检查

支气管镜检查常应用于支气管结核和淋巴结支气管瘘。经支气管镜对支气管或肺内病灶活检,可进行病理学诊断,也可收集分泌物做涂片,做抗酸染色或结核菌培养,获得病原以提高确诊率。

(五)其他检查

结核患者早期血常规无异常。严重患者可有继发性贫血,急性血行播散性肺结核(粟粒型肺结核)可有白细胞总数减低或类白血病反应等。活动性肺结核可有红细胞沉降率增快,可作为肺结核者的疗效评定依据。

【诊断和鉴别诊断】

(一)诊断

1. 诊断方法 X线检查是诊断肺结核的重要方法,痰结核菌检查是确诊肺结核的主要依据,也是考核疗效、随访病情的重要指标。

ER 2-6-5

肺结核的诊断
流程

2. 诊断流程

3. 分类和诊断要点 我国实施的《结核病分类》(WS196-2017)标准如下:

(1)原发性肺结核(Ⅰ型):主要指原发综合征及胸内淋巴结核,多见于儿童。典型病变包括原发灶、引流淋巴管炎和局部淋巴结炎,称为原发综合征。吸入结核菌在肺部形成渗出性炎性病灶即原发病灶,多发生在胸膜下通气良好的部位如上叶后段、下叶背段,并引起淋巴管炎和淋巴结炎;症状多轻微而短暂,可类似感冒,有低热、咳嗽、食欲缺乏、体重减轻,90%可自愈,肺部原发病灶常较快吸收,不留痕迹或仅成为细小钙化灶,X线可见肺部原发灶、淋巴管炎和肺门淋巴结肿大,三者构成哑铃形阴影。肺门淋巴结炎可较长时间不愈,甚至蔓延至附近的纵隔淋巴结,称为肺门或纵隔淋巴结结核。

(2)血行播散性肺结核(Ⅱ型):包含急性、亚急性和慢性血行播散性肺结核3种。多由原发性肺结核或体内潜伏的结核病灶发展而来,儿童较为多见。急性血行播散性肺结核多见于婴幼儿和青少年,常发生于免疫力极度低下者,百日咳、麻疹、糖尿病、分娩及免疫抑制状态患儿,干酪病灶液化溃破到血管,一次性或短期内大量结核菌入侵引起的血行播散性肺结核,起病急,有全身毒血症状,可伴有结核性脑膜炎。X线显示肺内细小病灶如粟粒状、等大、均匀地播散于两肺上中下野。早期病灶在透视下不明显,常不能及时诊断,而易误诊为其他发热性疾病,如伤寒、败血症等。当人体免疫力较高、少量结核菌分批经血行进入肺部时,则血行播散灶常大小不均匀、新旧不等,较为对称地分布在两肺上中部,称为亚急性或慢性血行播散性肺结核。临床可无明显毒血症状,患者常不自觉而于X线检查时才被发现。

ER 2-6-6

肺结核(X线、
CT)胸片

(3)继发性肺结核(Ⅲ型):多发生在成人,病程长,易反复。肺内病变多为含有大量结核分枝杆菌的早期渗出性病变,易进展,多发生干酪样坏死、液化、空洞形成和支气管播散;同时又多出现病变周围纤维组织增生,使病变局限化和瘢痕形成。常有活动性渗出病变、干酪样病变和愈合性病变共存。因此,继发性肺结核X线表现特点为多样性,多发在上叶尖后段和下叶背段。痰结核分枝杆菌检查常为阳性。继发性肺结核包括:①浸润性肺结核,主要特点是渗出性病变易吸收,而纤维干酪增殖病变吸收很慢,可长期无改变。②空洞性肺结核,主要特点是临床症状较多,发热、咳嗽、咳痰和咯血等。空洞性肺结核患者常痰中排菌,在应用有效的化学治疗后,可出现空洞不闭合,但又长期多次查痰菌阴性,空洞壁由纤维组织或上皮细胞覆盖,称为"净化空洞"。另一些患者空洞内残留一些干酪组织,长期多次查痰阴性,临床上称为"开放菌阴综合征",对此类患者必须随访。③结核

球,多由干酪样病变吸收和周边纤维膜包裹或干酪空洞阻塞性愈合而形成。结核球内有钙化灶或液化坏死形成空洞,同时80%以上结核球有卫星灶。④干酪性肺炎,多发生在机体免疫力低下和体质衰弱,又受到大量结核分枝杆菌感染的患者,或有淋巴结支气管瘘,淋巴结中的大量干酪样物质经支气管进入肺内而发生。痰中能查出结核分枝杆菌。⑤纤维空洞性肺结核,纤维空洞性肺结核的特点是病程长,反复进展恶化,肺组织破坏重,肺功能严重受损,结核分枝杆菌长期检查阳性且常耐药。

(4)**结核性胸膜炎(Ⅳ型)**:为临床上已排除其他原因引起的胸膜炎,在其发展的不同阶段,有结核性干性胸膜炎、结核性渗出性胸膜炎、结核性脓胸3种类型。

(5)**其他肺外结核(Ⅴ型)**:按部位和脏器命名,如骨关节结核、肾结核、肠结核等。此型不属于肺结核范畴。

4.**痰菌检查**　以涂(+)、涂(-)、培(+)、培(-)表明痰菌检查结果和方法。当患者无痰或未查痰时,则注明(无痰)或(未查)。

5.**治疗状况记录**　有下列情况之一者为初治:①既往未用过抗结核药物治疗;②正在进行标准化疗方案用药但疗程未满的患者;③不规则化疗未满1个月的患者。有下列情况之一者为复治:①初治治疗失败的患者;②不规则化疗已满1个月的患者;③规则用药满疗程后痰菌又转为阳性者;④慢性排菌患者。

分期:①进展期,新发现的活动性肺结核,随访中病灶增多增大,出现空洞或空洞扩大,痰菌检查转阳性,发热等临床症状加重。②好转期,随访中病灶吸收好转,空洞缩小或消失,痰菌转阴,临床症状改善。③稳定期,空洞消失,病灶稳定,痰菌持续转阴性(1个月1次)达6个月以上;或空洞仍然存在,痰菌连续转阴1年以上。

6.**病变范围及部位**　肺结核病变范围按左、右侧,每侧以第2和第4前肋下缘内端水平将两肺分为上、中、下肺野。

结核病的记录应按病变范围及部位、类型、痰菌情况和化疗史程序书写。如右中原发性肺结核,涂(+),初治;双上继发性肺结核,涂(+),复治。

(二)鉴别诊断

1.**肺癌**　多发生在40岁以上男性,常无毒性症状,有刺激性咳嗽、胸痛和进行性消瘦。中央型肺癌常有痰中带血,肺门附近有阴影。周围型肺癌呈球形、分叶块状影,X线等影像学检查,癌肿病灶边缘常有切迹、毛刺。痰结核菌、脱落细胞、支气管镜和病灶活体组织检查有助于鉴别诊断。

2.**肺炎**　支原体肺炎、病毒性肺炎和过敏性肺炎等均有轻度咳嗽、低热、X线有肺部炎症征象,与早期浸润型肺结核相似。支原体肺炎在短时间(2~3周)内可自行消散;过敏性肺炎血中嗜酸性粒细胞增多,且肺内浸润常呈游走性。

干酪性肺炎与肺炎链球菌肺炎相似,均可表现为急性起病、发热、咳嗽、胸痛以及肺内大片炎症,但肺炎链球菌肺炎为铁锈色痰,痰结核菌阴性,抗生素治疗有效,一般可在3周左右完全消失。

3.**肺脓肿**　肺脓肿的空洞多见于肺下叶,且空洞周围有明显的炎症浸润,空洞内可见液平面。肺结核空洞多发生于肺上叶,洞内少有液平面。慢性纤维空洞型肺结核伴继发感染时易与慢性肺脓肿混淆,后者痰结核菌阴性。

4.**伤寒**　与急性血行播散性肺结核出现重度毒血症状而早期X线征象不明显时易混淆。伤寒常呈稽留热,有玫瑰疹、相对缓脉,血清伤寒凝集试验阳性,血、尿和粪伤寒杆菌培养阳性。

5.**白血病**　急性血行播散性肺结核有时血象呈类白血病反应或单核细胞异常增多,尚需与白血病鉴别。后者有出血倾向,周围血象,骨髓涂片可明确诊断。

【治疗】

(一)化学药物治疗

1.**化疗原则**　结核病化疗的目标是早期杀菌、最终灭菌和防止耐药菌产生。为达到这一目标,必须遵循以下原则:早期、联合、适量、规律、全程,其中以联合和规律用药最为重要。

(1)**早期**:指早期治疗,一旦发现和确诊结核病后立即给药治疗。因活动性病灶内的结核菌生长代谢旺盛,抗结核药物常可发挥最大的杀菌或抑菌作用。

(2)**联合**:联合应用两种或两种以上抗结核药物,增强和确保疗效;使耐药菌明显减少;减少药物的不良反应。

(3)**适量**:指根据不同病情及不同个体确定不同给药剂量。剂量不足,组织内达不到有效药物浓度,易产生耐药;剂量过大,易产生副作用。

(4)**规律**:即患者必须严格按照化疗规定的用药方法,有规律地坚持治疗,不可随意更改方案或无故随意停药,也不可随意间断用药。

(5)**全程**:指整个疗程中按照方案要求持续用药。

2. 常用抗结核药物 具有杀菌、灭菌或较强的抑菌作用。第一线杀菌剂有异烟肼、利福平、链霉素、吡嗪酰胺,第二线抑菌剂如乙胺丁醇、对氨基水杨酸、氨硫脲、卷曲霉素、卡那霉素、紫霉素、环丝氨酸等。以下介绍主要的几种抗结核药物。

(1)**异烟肼(INH 或 H)**:抑制结核菌 DNA 合成,对细胞内、外结核菌均有杀灭作用。偶有周围神经炎、中毒性肝炎,可诱发癫痫及引起精神症状。剂量:成人 300~400mg 口服,每天 1 次,治疗结核性脑膜炎和急性血行播散性肺结核剂量可以加倍,急性毒血症状缓解后可改为常规剂量。维生素 B_6 可预防和治疗周围神经炎。

(2)**利福平(RFP 或 R)**:与菌体 RNA 聚合酶结合,干扰 DNA 和蛋白质合成,对细胞内、外代谢旺盛和偶尔繁殖的结核菌均有杀菌作用。可有消化道不适、流感综合征、短暂性肝功能损害、转氨酶升高、黄疸等,要定期复查肝功能。成人 450~600mg 空腹口服,每天 1 次。

(3)**链霉素(SM 或 S)**:主要干扰细菌蛋白质合成,对于偏碱性环境细胞外结核菌有杀菌作用。可有第Ⅷ对脑神经毒性及肾毒性。成人 0.75~1.0g 肌内注射,每天 1 次。

(4)**吡嗪酰胺(PZA 或 Z)**:作用机制不明,对酸性环境下和细胞内静止菌有较好杀灭作用。偶有肝脏损害、高尿酸血症和痛风。成人 0.25~0.5g 口服,每天 3 次。

(5)**乙胺丁醇(EMB 或 E)**:抑制 RNA 合成,与其他抗结核药无交叉耐药性,能防止耐药菌产生。剂量过大可引起球后视神经炎。成人 0.75~1.0g 口服,每天 1 次。

(6)**对氨基水杨酸(PAS 或 P)**:为抑菌药,可延缓其他药物产生耐药性。成人 2~4g 口服,每天 3 次。不良反应有食欲缺乏、恶心、呕吐、腹泻等。饭后服用可减轻胃肠道反应;也可 12g 加于 5%~10% 葡萄糖溶液 500ml 中避光静脉滴注,每天 1 次,1 个月后改为口服。常用抗结核药物的用法及不良反应见表 2-6-1。

表 2-6-1 常用抗结核药物成人剂量和主要不良反应

药名	缩写	剂量/(g·d^{-1})	间歇疗法/(g·d^{-1})	抗结核菌机制	主要不良反应
异烟肼	H,INH	0.30	0.3~0.6	杀菌剂,抑制其 DNA 合成	周围神经炎、偶有肝功能损害
利福平	R,RFP	0.45~0.6*	0.6~0.9	杀菌剂,抑制 mRNA 合成	肝功能损害、过敏反应
链霉素	S,SM	0.75~1.0△	0.75~1.0	杀菌剂,干扰其蛋白质合成	听力障碍、眩晕、肾功能损害
吡嗪酰胺	Z,PZA	1.5~2.0	2~3	半杀菌剂,机制不清	胃肠道不适、肝功能损害、高尿酸血症、关节痛
乙胺丁醇	E,EMB	0.75~1.0**	1.5~2.0	抑菌剂,抑制其 RNA 合成	视神经炎
对氨基水杨酸	P,PAS	8~12***	10~12	抑菌剂,影响中间代谢	胃肠道不适、过敏反应、肝功能损害
乙硫异烟胺	1314Th	0.5~1.0	—	杀菌剂,抑制其 DNA 合成	肝、肾毒性、光敏反应
丙硫异烟胺	1321Th	0.5~1.0	0.5~1.0	杀菌剂,抑制其 DNA 合成	胃肠道不适、肝功能损害

药名	缩写	剂量/(g·d⁻¹)	间歇疗法/(g·d⁻¹)	抗结核菌机制	主要不良反应
卡那霉素	K,KM	0.75~1.0 △	0.75~1.0	杀菌剂,抑制其 DNA 合成	听力障碍、眩晕、肾功能损害
卷曲霉素	Cp,CPM	0.75~1.0 △	0.75~1.0	杀菌剂,抑制其 DNA 合成	听力障碍、眩晕、肾功能损害
阿米卡星	Am	0.4~0.6	—	—	听力障碍、眩晕、肾功能损害
氧氟沙星	Ofx	0.6~0.8	—	—	肝、肾毒性、光敏反应
左氧氟沙星	Lfx	0.6~0.75	—	—	肝、肾毒性、光敏反应
莫西沙星	Mfx	0.4	—	—	—
环丝氨酸	Cs	0.5~1.0	—	—	惊厥、焦虑

注:* 体重<50kg 用 0.45g,体重≥50kg 用 0.6g;S、Z、Th 用量亦按体重调节。△老年人每次 0.75g;** 前 2 个月 25mg/kg;其后减至 15mg/kg。*** 每天分 2 次服用(其他药均为每天 1 次)。

3. 标准化治疗方案

(1)初治活动性肺结核(含痰涂片阳性及阴性)治疗方案:含初治涂阴有空洞形成或血行播散性肺结核。分为每天和间歇用药方案两种。

1)每天用药方案:①强化期:异烟肼、利福平、吡嗪酰胺和乙胺丁醇,顿服,2 个月;②巩固期:异烟肼、利福平,顿服,4 个月。简写为:2HRZE/4HR。

2)间歇用药方案:①强化期:异烟肼、利福平、吡嗪酰胺和乙胺丁醇,隔日 1 次或每周 3 次,2 个月;②巩固期:异烟肼、利福平,隔日 1 次或每周 3 次,4 个月。简写为:2H₃R₃Z₃E₃/4H₃R₃(下角阿拉伯数字代表每周服药次数)。

(2)复治活动性肺结核(含痰涂片阳性及阴性)治疗方案:包括每天用药和间歇用药两种方案。

1)每天用药方案:①强化期:异烟肼、利福平、吡嗪酰胺、链霉素和乙胺丁醇,顿服,2 个月;②巩固期:异烟肼、利福平和乙胺丁醇,顿服,4~6 个月。巩固期治疗 4 个月时,痰菌未阴转,可继续延长治疗期 2 个月。简写为:2HRZSE/4~6HRE。

2)间歇用药方案:①强化期:异烟肼、利福平、吡嗪酰胺、链霉素和乙胺丁醇,隔日 1 次或每周 3 次,2 个月;②巩固期:异烟肼、利福平和乙胺丁醇,隔日 1 次或每周 3 次,6 个月。简写为:2H₃R₃Z₃S₃E₃/6H₃R₃E₃。

上述间歇方案必须采用全程督导化疗管理,以保证患者不间断地规律用药。

(3)耐药肺结核:耐药结核病,特别是 MDR-TB(至少耐异烟肼和利福平)和广泛耐多药结核病(XDR-TB),主要治疗是依据药物敏感性检测结果,详细询问既往用药史及该地区常用抗结核药物的耐药流行情况,选择至少含 4 种二线的敏感药物,至少包括吡嗪酰胺、氟喹诺酮类、注射用卡那霉素(KM)或阿米卡星(AK)、乙硫异烟胺(1314Th)或丙硫异烟胺(1321Th)、对氨基水杨酸(PAS)或环丝氨酸;药物剂量依体重决定;强化期为 9~12 个月,总疗程为 20 个月或更长,并实施全程督导化疗管理完成治疗。监测治疗效果最好以痰培养为准。以治疗效果决定最后疗程。MDR-TB 治疗药物选择见表 2-6-2。

表 2-6-2 治疗 MDR-TB 结核药物分组

药物分组	主要药物
第 1 组:一线口服抗结核药	异烟肼、利福平、乙胺丁醇、吡嗪酰胺
第 2 组:注射用抗结核药	卡那霉素、阿米卡星、卷曲霉素、链霉素
第 3 组:氟喹诺酮类药物	莫西沙星、左氧氟沙星、氧氟沙星
第 4 组:口服抑菌二线抗结核药	乙硫异烟胺、丙硫异烟胺、环丝氨酸、对氨基水杨酸
第 5 组:疗效不确切的抗结核药(未被 WHO 推荐为 MDR-TB 治疗常规药物)	氯法齐明、利奈唑胺、贝达喹啉、阿莫西林/克拉维酸、氨硫脲、克拉霉素、高剂量异烟肼(16~20mg/kg)

（二）对症治疗

1. 毒性症状和胸腔积液 如毒性症状过于严重，或胸腔积液不能很快吸收，在使用有效抗结核药物的同时，可加用糖皮质激素，以减轻炎症和过敏反应，促使渗液吸收，减少纤维组织形成和胸膜粘连的发生。常用泼尼松 20mg 口服，每天 1 次；毒性症状减退或胸腔积液消失或明显减少后，激素剂量递减，每周递减 5mg，6~8 周后停药。

2. 咯血 对小量咯血患者，消除紧张情绪，安静休息，往往能使咯血自行停止。慎用强镇咳和镇静药，以免抑制咳嗽反射和呼吸中枢，使血块不能咯出而发生窒息。咯血较多，应采取患侧卧位，轻轻将气管内存留的积血咯出，保持呼吸道通畅。必要时作气管插管或气管切开，以解除呼吸道阻塞。

垂体后叶素有收缩小动脉、减少肺血流量的作用，从而减少咯血。10U 垂体后叶素稀释后缓慢静脉推注，继以 10~40U 缓慢静脉滴注维持。此药能收缩冠状动脉及子宫、肠平滑肌，故对患有高血压、冠状动脉粥样硬化性心脏病患者及妊娠妇女禁用。

大咯血不止者，可经支气管镜找到出血部位，用去甲肾上腺素 2~4mg 加入冷盐水 10ml 中局部滴入；对上述治疗无效的大咯血，若对侧肺无活动性病灶，肺功能储备尚可，又无明显禁忌证者，在明确出血部位的情况下，可考虑肺叶、段切除。

> **知识拓展**
>
> ## 结核病控制最佳策略
>
> 近年来世界卫生组织根据许多国家控制结核病的经验，提出了一个完善的现代结核病控制策略。世界卫生组织提出的 DOTS（directly observed treatment short-course）策略是由五个要素所组成，称为 DOTS 策略五要素：
>
> 1. 政府的承诺：首先应该明确控制结核病是各级政府的责任，政府应该加强对结核病控制工作的领导和支持，要提供足够的经费，以保证开展现代结核病控制工作的需要。
> 2. 利用痰涂片显微镜检查以发现更多的传染性肺结核患者。
> 3. 对所有发现的传染性肺结核患者，每次服药都要在医护人员的直视下服用，并进行记录，以保证患者的正规治愈。
> 4. 建立持续不间断的免费抗结核药物供应系统。国家对抗结核药物的生产、供应实行有效的管理，以保证药品质量并满足患者治疗的需要。
> 5. 建立结核病的登记、报告和评价的监控系统，及时地掌握全国的结核病信息，以不断指导和改进工作。

【预防和预后】

1. 预防 建立健全稳定的各级防治结核机构，组织和实施治、管、防、查的系统和全面管理，开展防结核宣传。对学校、托幼机构及儿童玩具厂工作人员等定期进行健康检查，对门诊就诊者及时诊断、及时治疗，防止耐药慢性病例形成。

首先我们要及时发现病情，积极治疗。肺结核患者，特别是排菌者要尽早彻底治愈，阻断排菌，从源头上着手控制传播。

其次要切断传播途径。日常要注意个人卫生，做好隔离，避免细菌扩散。肺结核患者不要面对别人咳嗽或打喷嚏，用手帕捂住口鼻。不可随地吐痰。婴幼儿尽量不要和患者接触。对患者进行隔离，开窗透风，保持空气新鲜。用具要用消毒液擦洗。被褥要常晒。分餐制，避免消化道传播。患者食具要专用，分开洗放。

再者新生儿出生时即接种 BCG（卡介苗），每隔 5 年左右对结核菌素试验阴性者补种，直至 15 岁。

但对已患肺结核、急性传染病愈后未满1个月或患有慢性疾病的患儿禁忌接种。

2.预后 若能及时诊断并给予正规治疗,一般预后良好,绝大多数可获得痊愈。

综上所述,有效预防和控制结核病,需要提高全民的公众意识,加强监测和检测,增强免疫力,坚持科学研究和创新,倡导健康生活方式,才能有效地终结结核病,共同守护健康呼吸。

本章小结

结核菌属于放线菌目,分枝杆菌科的分枝杆菌属,为有致病力的耐酸菌。主要分为人、牛、非洲、田鼠等型。对人有致病性者主要是人型菌。主要临床表现为有较密切的结核病接触史,低热(午后为著)、盗汗、消瘦、咳嗽、咳痰、咯血;体征:肺部体征依病情轻重、病变范围不同而有差异,早期、小范围的结核不易查到阳性体征,叩诊呈浊音,语颤增强,肺泡呼吸音低和湿啰音。晚期结核形成纤维化,局部收缩使胸膜塌陷和纵隔移位。

肺结核分型:①原发性肺结核(Ⅰ型);②血行播散性肺结核(Ⅱ型);③继发性肺结核(Ⅲ型):本型中包括病变以浸润病变为主、增殖为主、干酪病变为主或空洞为主的多种改变;④结核性胸膜炎(Ⅳ型);⑤其他肺外结核(Ⅴ型)。

肺结核分期:①进展期;②好转期;③稳定期。

主要检查为采用涂片、培养方法,抗酸染色检出阳性有诊断意义,结核菌素试验;因此根据病因、临床表现、实验室检查、影像学检查即可作出诊断。

药物治疗的主要作用在于缩短传染期、降低病死率、感染率及患病率。合理化治疗是指对活动性结核病坚持早期、联用、适量、规律和全程使用敏感药物的原则。

主要预防:控制传染源,及时发现并治疗;切断传播途径;注意开窗通风,注意消毒;保护易感人群;接种卡介苗,注意锻炼身体,提高自身抵抗力。

病例讨论

患者,男,35岁。咳嗽、发热1个月。患者1个月来无明显诱因出现咳嗽,咳少量白黏痰,偶有痰中带血,伴发热,体温37.6~38℃,午后明显,无畏寒、寒战,无胸痛、呼吸困难,自诉曾服"阿莫西林"治疗1周,无明显好转。发病以来食欲差,大小便正常,体重下降约5kg,睡眠尚可。吸烟10余年,20支/d,无遗传病家族史。

查体:T 37.6℃,P 80次/min,R 18次/min,BP 118/70mmHg。皮肤未见出血点和皮疹,浅表淋巴结未触及肿大,巩膜无黄染。双肺未闻及干湿性啰音。心界不大,心率80次/min,律齐,各瓣膜听诊区未闻及杂音。腹平软,无压痛及反跳痛,肝脾肋下未触及,移动性浊音(−)。双下肢无水肿。

实验室检查:血常规 Hb 130g/L,WBC $7.5×10^9$/L,N 65%,L 34%,PLT $220×10^9$/L,血沉 69mm/h。

胸部X线片:左上肺斑片状阴影,有空洞形成,无气液平面。

(王献红)

思考题

1. 简述肺结核主要的临床表现。
2. 简述肺结核的诊断和分型。
3. 简述肺结核的化疗原则与常用化疗药物的种类及其作用机制和代表药物。
4. 简述肺结核的预防措施。

ER 2-6-7

练习题

第七章 ｜ 胸膜疾病

教学课件　　　思维导图

学习目标

1. 掌握：胸腔积液的临床表现、诊断及鉴别诊断；气胸的临床表现、辅助检查、诊断、鉴别诊断及治疗。

2. 熟悉：胸腔积液的实验室检查和其他检查、治疗、预防和预后；气胸的病因、发病机制、临床类型、预防和预后。

3. 了解：胸腔积液的病因和发病机制。

4. 学会对胸腔积液及气胸患者进行诊断；能通过分析胸腔积液常规及生化判定胸腔积液为渗出液还是漏出液。

5. 具备临床思维与判断能力、沟通与共情能力以及人文关怀精神。

第一节　胸腔积液

案例导入

患者，女，28 岁。因"右侧胸痛半个月，气短 5 天"入院。患者半个月前无明显诱因出现右下胸痛，呈牵拉样，与呼吸明显相关，未予诊治，胸痛渐缓解。5 天前出现气短、呼吸困难，且呈渐进性加重，同时自觉发热，伴食欲下降、周身无力，故就诊。查体：心率 88 次/min，右侧胸廓饱满，右肺触觉语颤减弱，叩诊浊音，呼吸音明显减低。辅助检查：X 线胸片：右肋膈角消失，右下肺可见大片状均匀一致密度增高影，呈外高内低的反抛物线状。

请思考：

1. 患者目前诊断可能是什么？

2. 应进一步进行哪些检查？

胸膜腔为脏层和壁层胸膜之间的一个潜在间隙。正常情况下胸膜腔内含有微量液体，在呼吸运动时起润滑作用。胸膜腔和其中的液体并非处于静止状态，在每一次呼吸周期中胸膜腔形状和压力均有很大变化，使胸腔内液体持续滤出和吸收并处于动态平衡（图 2-7-1）。任何因素使胸膜腔内液体形成过快或吸收过缓，即产生胸腔积液（pleural effusion），简称胸水。

【病因和发病机制】

1. **胸膜毛细血管内静水压增高**　充血性心力衰竭、缩窄性心包炎、血容量增加、上腔静脉或奇静脉受阻等，产生胸腔漏出液。

2. **胸膜通透性增加**　如胸膜炎症（结核病、肺炎）、风湿性疾病（系统性红斑狼疮、类风湿关节炎）、胸膜肿瘤（恶性肿瘤转移、间皮瘤）、肺梗死、膈下炎症（膈下脓肿、肝脓肿、急性胰腺炎）等，产生胸腔渗出液。

胸腔积液循环机制

3. 胸膜毛细血管内胶体渗透压降低 低蛋白血症、肝硬化、肾病综合征、急性肾小球肾炎和黏液性水肿等,产生漏出液。

4. 壁层胸膜淋巴引流障碍 癌性淋巴管阻塞、发育性淋巴管引流异常等,产生胸腔渗出液。

5. 损伤 主动脉瘤破裂、食管破裂、胸导管破裂等,产生血胸、脓胸和乳糜胸。

6. 医源性药物(如甲氨蝶呤、胺碘酮、苯妥英钠、呋喃妥因、β 受体拮抗剂)、放射治疗、消化内镜检查和治疗、支气管动脉栓塞术,卵巢过度刺激综合征、液体负荷过大、冠脉旁路移植手术或冠脉内支架置入、骨髓移植、中心静脉置管穿破和腹膜透析等,都可以引起渗出性或漏出性积液。

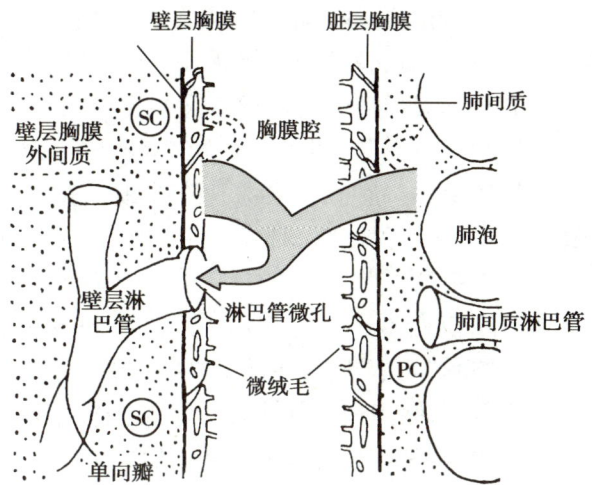

图 2-7-1 胸膜腔结构模拟图
SC:体循环毛细血管;PC:肺毛细血管。

【临床表现】

(一)症状

症状和积液量有关。积液量少于 0.3~0.5L 时症状不明显,大量积液时心悸及呼吸困难明显,甚至可致呼吸衰竭。呼吸困难是最常见的症状,多伴有胸痛和咳嗽。呼吸困难与胸廓顺应性下降,患侧膈肌受压,纵隔移位,肺容量下降刺激神经反射有关。病因不同其症状有所差别。结核性胸膜炎多见于青年人,常有发热、干咳、胸痛,随着胸腔积液量的增加胸痛可缓解,但可出现胸闷、气促。恶性胸腔积液多见于中年以上患者,一般无发热,多胸部隐痛,伴有消瘦和呼吸道或原发部位肿瘤的症状。炎症性积液常伴有咳嗽、咳痰、胸痛及发热。心力衰竭所致胸腔积液为漏出液,有心功能不全的其他表现。肝脓肿所伴右侧胸腔积液可为反应性胸膜炎,亦可为脓胸,多有发热和肝区疼痛。

(二)体征

体征与积液量有关。少量积液可无明显体征,或可触及胸膜摩擦感及闻及胸膜摩擦音。中至大量积液时,患侧胸廓饱满,触觉语颤减弱,局部叩诊浊音,呼吸音减低或消失。可伴有气管、纵隔向健侧移位。肺外疾病如胰腺炎和类风湿关节炎等,胸腔积液时多有原发病的体征。

【实验室及其他检查】

(一)胸腔穿刺术和胸腔积液检查

胸腔积液检查对明确积液性质及病因诊断均至关重要,大多数积液的原因通过胸腔积液分析可确定。疑为渗出液必须作胸腔穿刺,如有漏出液病因则避免胸腔穿刺。不能确定时也应做胸腔穿刺抽液检查。

1. 外观和气味 漏出液透明清亮,静置不凝固,比重<1.016~1.018。渗出液多呈草黄色稍浑浊,易有凝块,比重>1.018。血性胸腔积液呈洗肉水样或静脉血样,多见于肿瘤、结核和肺栓塞。乳状胸腔积液多为乳糜胸。巧克力色胸腔积液考虑阿米巴肝脓肿破溃入胸腔的可能。黑色胸腔积液可能为曲霉感染。黄绿色胸腔积液见于类风湿关节炎。厌氧菌感染胸腔积液常有恶臭味。

2. 细胞 胸膜炎症时,胸腔积液中可见各种炎症细胞及增生与退化的间皮细胞。漏出液细胞数常<100×10^6/L,以淋巴细胞与间皮细胞为主。渗出液的白细胞数常超过 500×10^6/L。脓胸时白细胞数多达 10×10^9/L 以上。中性粒细胞增多时提示为急性炎症;淋巴细胞为主则多为结核性或肿瘤性;寄生虫感染或结缔组织病时嗜酸性粒细胞常增多。恶性胸腔积液中有 40%~90% 可查到恶性肿瘤细胞,反复多次检查可提高检出率。胸腔积液标本有凝块应固定及切片行组织学检查。胸腔积液中恶性肿瘤细胞常有核增大且大小不一、核畸变、核深染、核质比例失常及异常有丝核分裂等特点,应注意鉴别。

3. pH 和葡萄糖 正常胸腔积液 pH 接近 7.6。pH 降低者见于脓胸、食管破裂、类风湿关节炎积液等；如 pH<7.00 者仅见于脓胸以及食管破裂所致胸腔积液。结核性和恶性积液也可降低。

正常胸腔积液中葡萄糖含量与血中含量相近。漏出液与大多数渗出液葡萄糖含量正常；脓胸、类风湿关节炎明显降低，系统性红斑狼疮、结核和恶性胸腔积液中含量可<3.3mmol/L。

4. 病原体 胸腔积液涂片查找细菌及培养，有助于病原诊断。结核性胸腔积液沉淀后作结核菌培养，阳性率仅 20%，巧克力色胸腔积液应镜检阿米巴滋养体。

5. 蛋白质 渗出液的蛋白含量较高（>30g/L，胸腔积液/血清比值>0.5。漏出液蛋白含量较低（<30g/L），以白蛋白为主，黏蛋白试验（Rivalta 试验）阴性。

6. 类脂 乳糜胸腔积液呈乳状浑浊，离心后不沉淀，苏丹Ⅲ染成红色，甘油三酯含量>1.24mmol/L，胆固醇不高，脂蛋白电泳可显示乳糜微粒，多见于胸导管破裂。

7. 酶 渗出液乳酸脱氢酶（LDH）含量增高，大于 200U/L，且胸腔积液/血清 LDH 比值>0.6。LDH 是反映胸膜炎症程度的指标，其值越高，表明炎症越明显。LDH>500U/L 常提示为恶性肿瘤或并发细菌感染。

淀粉酶升高可见于急性胰腺炎、恶性肿瘤等。急性胰腺炎伴胸腔积液时，淀粉酶溢漏致使该酶在胸腔积液中含量高于血清中含量。部分患者胸痛剧烈、呼吸困难，可能掩盖其腹部症状，此时胸腔积液淀粉酶已升高，临床诊断应予注意。

腺苷脱氨酶（ADA）在淋巴细胞内含量较高。结核性胸膜炎时，因细胞免疫受刺激，淋巴细胞明显增多，故胸腔积液中 ADA 多高于 45U/L。其诊断结核性胸膜炎的敏感度较高。HIV 合并结核患者 ADA 不升高。

8. 免疫学检查 结核性胸膜炎胸腔积液中 γ-干扰素增高，其敏感性和特异性高。系统性红斑狼疮及类风湿关节炎引起的胸腔积液中补体 C3、C4 成分降低，且免疫复合物的含量增高。系统性红斑狼疮胸腔积液中抗核抗体（ANA）滴度可达 1∶160 以上。类风湿关节炎胸腔积液中类风湿因子可达 1∶320 以上。

9. 肿瘤标志物 癌胚抗原（CEA）在恶性胸腔积液中早期即可升高，且比血清更显著。若胸腔积液 CEA 升高或胸腔积液/血清 CEA>1，常提示为恶性胸腔积液。近年来还开展许多其他肿瘤标志物检测，如糖链肿瘤相关抗原、细胞角蛋白 19 片段、神经元特异烯醇酶、间皮素等，可作为诊断的参考。联合检测多种标志物，可提高阳性检出率。

（二）胸部 X 线检查

其改变与积液量多少和是否有包裹或粘连有关。极少量的游离性胸腔积液，胸部 X 线仅见肋膈角变钝。中等量积液时可见典型的外高内低，凹面向上的弧形均匀高密度阴影；胸部 CT 显示后胸壁下弧形水样密度影。大量胸腔积液时，患侧肺野大部呈均匀浓密阴影，可仅见肺尖透亮，气管和纵隔均向健侧移位。液气胸时有气液平面，积液时常遮盖肺内原发病灶，故复查胸片应在抽液后，可发现肺部肿瘤或其他病变。包裹性胸腔积液随包裹部位不同而形成不同形状密度增高的阴影，阴影的边缘与胸壁呈钝角。胸部 CT 检查可显示少量胸腔积液、肺内病变、胸膜间皮瘤、胸内转移性肿瘤、纵隔和气管旁淋巴结等病变，有助于病因诊断。

ER 2-7-4

左侧胸腔积液

（三）超声检查

可用于探测胸腔积液，灵敏度高，定位准确。能够估计积液的量和深度，特别是对于少量积液或包裹性积液，可提供较准确的穿刺部位。

（四）胸膜针刺活检

经皮闭式胸膜针刺活检对胸腔积液病因诊断有重要意义，可发现肿瘤、结核和其他胸膜肉芽肿性病变。拟诊结核病时，活检标本除做病理检查外，必要时还可作结核分枝杆菌培养。胸膜针刺活

检具有简单、易行、损伤性较小的优点,阳性诊断率为 40%~75%。CT 或 B 超引导下活检可提高成功率。脓胸或有出血倾向者不宜作胸膜活检。如活检证实为恶性胸膜间皮瘤,1 个月内应对活检部位行放射治疗。

(五) 胸腔镜或开胸活检

对上述检查不能确诊者,必要时可经胸腔镜或剖胸直视下活检。胸腔镜检查对恶性胸腔积液的病因诊断率最高,可达 70%~100%,为拟订治疗方案提供依据。通过胸腔镜能全面检查胸膜腔,观察病变形态特征、分布范围及邻近器官受累情况,且可在直视下多处活检,故诊断率较高,肿瘤临床分期亦较准确。临床上有少数胸腔积液的病因虽经上述诸种检查仍难以确定,如无特殊禁忌,可考虑剖胸活检。

(六) 支气管镜

对咯血或疑有气道阻塞者可行此项检查。

【诊断与鉴别诊断】

(一) 确定有无胸腔积液

可通过症状、体征、胸部 X 线检查、超声检查及 CT 检查等,明确有无胸腔积液。

(二) 寻找病因

漏出液的常见病因是心力衰竭、肝硬化、肾病综合征和低蛋白血症等,可通过上述疾病的特征性临床表现和辅助检查结果进行准确诊断。渗出液最常见的病因是结核性胸膜炎和恶性肿瘤,后者最多见的是支气管肺癌,其次是乳腺癌,此外还有恶性胸膜间皮瘤、由其他部位转移至胸膜的肿瘤。两者的鉴别见表 2-7-1。

表 2-7-1　结核性胸腔积液与肿瘤性胸腔积液的鉴别

鉴别要点	结核性胸腔积液	肿瘤性胸腔积液
年龄	青、少年多见	中、老年
中毒症状	有	无
胸腔积液量	多为少、中量	多为大量、生长快
胸腔积液外观	草黄色	多为血性胸腔积液
细胞类型	淋巴细胞为主,间皮细胞<5%	肿瘤细胞或大量间皮细胞
胸腔积液 ADA	>45U/L	<45U/L
胸腔积液 CEA	正常	升高或胸腔积液/血清 CEA>1
脱落细胞检查	阴性	可找到肿瘤细胞
沉渣找结核或结核培养	可阳性	阴性
胸膜活检	结核性肉芽肿	肿瘤组织

【治疗】

胸腔积液由胸部疾病或全身疾病引起,病因治疗尤为重要。漏出液在纠正病因如低蛋白血症时,多自行吸收。在我国,最常见的渗出性胸腔积液是结核性胸膜炎,故本节主要介绍结核性胸膜炎的治疗。

(一) 一般治疗

一般治疗包括休息、营养支持和对症治疗。

(二) 穿刺抽液治疗

由于结核性胸腔积液的蛋白含量高,容易引起胸膜粘连,应尽快尽早抽尽胸腔内积液。对于大量胸腔积液患者,抽液后既可缓解患者呼吸困难,又可以减轻结核中毒症状。抽液时应注意,每周胸腔抽液 2~3 次,首次抽液不超过 700ml,以后每次不宜超过 1 000ml,且要缓慢抽吸,若过快、过多抽液可使胸腔压力骤降,易发生复张性肺水肿或循环衰竭。在抽液过程中应密切观察血压、脉搏等情况。如有头晕、冷汗、心悸、面色苍白、脉细等表现应考虑"胸膜反应",应立即停止抽液,使患者平卧,必要时皮下注射 0.1% 肾上腺素 0.5ml,密切观察病情,注意血压变化,防止休克。一般情况下,抽胸腔积液后,没必要在胸腔内注入抗结核药物,但可注入尿激酶等防止胸膜粘连。

(三)抗结核药物治疗

其治疗原则与方法和活动性肺结核相同,强化期一般予以异烟肼、利福平、吡嗪酰胺、乙胺丁醇联合治疗 2 个月。巩固期予以异烟肼、利福平治疗 4~7 个月。

(四)糖皮质激素

糖皮质激素疗效不肯定。如全身结核中毒症状严重、大量胸腔积液者,在有效抗结核药物的同时,可尝试加用泼尼松口服,每次 30mg,每天 1 次。待体温正常、全身毒性症状减轻、胸腔积液量明显减少时,即应逐渐减量以至停用。一般疗程 4~6 周,停药速度不宜过快,避免"反跳"现象发生。注意不良反应或结核播散,应慎重掌握适应证。

> **知识拓展**
>
> ## 胸腔积液患者日常生活指导
>
> 由于反复胸腔抽液,大量蛋白质丢失,应加强营养,给予高蛋白、高维生素、高热量、营养丰富的食物,同时因抗结核药物所致肝功能损害或化疗药物的毒副反应,饮食宜清淡、易消化。若有胸痛,可适当服用止痛药,症状不缓解及时就医;结核性胸膜炎患者应坚持规律抗结核治疗,每个月复查肝功能、胸部彩超 1 次。

【预后】

结核性胸膜炎患者需合理应用抗结核药物及糖皮质激素,及时穿刺抽液可使胸腔积液很快消失,预后良好。如治疗不当则可发生胸膜粘连、增厚,造成胸廓塌陷,严重者影响肺功能。恶性肿瘤引起的胸腔积液预后较差。胸腔积液患者多病程较长,以"呼吸困难、明显胸痛、气短"为主要症状,尤其恶性胸腔积液患者,身心都将承受一定的痛苦和压力,因此情绪上常有焦躁、忧虑,要多与患者沟通、交谈,鼓励患者树立战胜疾病的信心,消除不良心理,积极配合治疗。

第二节 气 胸

> **案例导入**
>
> 患者,男,22 岁。因"右侧胸痛伴气短 3 小时"入院。患者 3 小时前激烈运动后出现右侧胸痛,呈针刺样,与呼吸相关,继而出现气短、呼吸困难,同时伴阵发性干咳,因症状持续不缓解,故就诊。查体:口唇无发绀,颈静脉无怒张,右侧胸廓饱满,右肺触觉语颤减弱,叩诊呈鼓音,听诊呼吸音消失。
>
> **请思考:**
> 1. 患者最可能的诊断是什么?
> 2. 应进一步完善哪些检查?

气胸(pneumothorax)是指因各种原因使气体进入胸膜腔造成积气状态。胸膜腔为脏、壁层胸膜之间密闭的潜在性腔隙,正常无气体存在。发生气胸后,胸膜腔内压力升高,使肺受压萎缩,静脉回心血流受阻,产生不同程度的心、肺功能障碍。主要临床表现为胸闷、突发胸痛、呼吸困难,严重者可出现休克。根据气胸发生的原因不同将气胸分为自发性气胸、外伤性气胸和医源性气胸,本章重点叙述自发性气胸。

【病因和发病机制】

(一)原发性自发性气胸(primary spontaneous pneumothorax,PSP)

本病多见于瘦高体型的男性青壮年,常规 X 线检查肺部无显著病变,但可有胸膜下肺大疱(pleural bleb),多在肺尖部,此种胸膜下肺大疱的原因尚不清楚,与吸烟、身高和小气道炎症可能有关,也可能与非特异性炎症瘢痕或弹性纤维先天性发育不良有关。

(二)继发性气胸

本病多见于基础肺部病变,如肺结核、COPD、肺癌、肺脓肿或间质性肺疾病等,其中以继发于COPD 和肺结核最常见。由于其引流的小气道炎性狭窄,肺泡内压急骤升高而导致肺大疱破裂所致,亦可由病变累及胸膜破溃至胸腔形成。此外,胸膜上有异位的子宫内膜,在月经期可以破裂而发生气胸(月经性气胸)。潜水作业、航空而无适当防护措施时,从高压环境突然进入低压环境以及呼吸机使用不当、压力过高时,均可发生气胸。常见的诱因有抬举重物、屏气、用力排便,甚至大笑等,但部分患者找不到明确的诱因。

ER 2-7-5

气胸的病因和
发病机制

【临床类型】

(一)闭合性气胸

闭合性气胸也称单纯性气胸,胸膜裂口较小,随肺萎陷而闭合,胸膜腔内压接近或略超过大气压,胸腔测压视气量多少可为正压也可为负压。

(二)交通性气胸

胸膜裂口较大,或因胸膜粘连带妨碍肺回缩使裂口持续开放,气体经裂口自由进出,胸膜腔测压为零,或随呼吸在零位上下波动。

(三)张力性气胸

破裂口呈单向活瓣或活塞作用,呼吸时气体单向进入胸膜腔,胸膜腔内压力不断提高,使肺受压、纵隔向健侧偏移,甚至影响心脏血液回流,必须紧急抢救处理。

ER 2-7-6

气胸的临床
类型

【临床表现】

(一)症状

气胸的症状与起病缓急、气量多少、临床类型、肺压缩程度和肺原发疾病等情况有关。起病前有的患者可能有持重物、屏气、剧烈体力活动等诱因,但大多数患者在正常活动或安静休息时发生,偶有在睡眠中发病者。典型症状为突发胸痛,针刺样或刀割样,持续时间短暂,疼痛部位常与气胸同侧,伴胸闷或呼吸困难,并可有刺激性咳嗽。小量闭合性气胸先有气急,但数小时后逐渐平稳;若积气量较大或原来已有广泛肺部疾患,患者常不能平卧。张力性气胸由于胸腔内压骤然升高,肺被压缩,纵隔移位,出现严重呼吸循环障碍,患者有气促、窒息感、烦躁不安、发绀、出汗、脉速而弱,可有休克表现,甚至出现意识不清、昏迷,应立即进行抢救。

(二)体征

少量气胸体征不明显。若肺压缩在30%以上时,则患侧胸廓饱满、肋间隙增宽、气管向健侧偏移、呼吸运动减弱或消失、语颤减弱、叩诊呈鼓音、听诊呼吸音减弱或消失。右侧气胸时肝浊音界下降,左侧气胸时心界叩不清,气量少时则可在左心缘处听到与心脏跳动一致的气泡破裂音(Hamman 征)。

(三)严重程度评估

根据临床表现将自发性气胸分为稳定型和不稳定型。符合以下条件者为稳定型:呼吸频率<24

次/min, 心率 60~120 次/min, 血压正常, 未吸氧时 $SaO_2>90\%$, 呼吸间隔说话能成句, 否则为不稳定型。

【辅助检查】

X 线胸片是确诊气胸的重要方法, 可了解肺受压的程度、肺内病变情况以及有无胸膜粘连、胸腔积液及纵隔移位等, 气胸的典型表现为外凸弧形的细线条形阴影, 称为气胸线, 线外透亮度增高, 无肺纹理, 线内为压缩的肺组织。大量胸腔积气可见全肺向肺门方向萎陷; 少量积气可仅局限于肺尖, 气胸线显示不清晰, 可嘱患者呼气, 使肺体积缩小而密度增高, 与外带积气透光带形成对比利于诊断。胸膜多处粘连而发生气胸时, 多呈局限性包裹。纵隔旁出现透光带提示有纵隔气肿。气胸合并胸腔积液时, 可见典型的气液平面。

肺部 CT 检查比 X 线检查更为准确和敏感, 表现为胸腔内出现极低密度的气体影, 伴有肺组织不同程度的萎缩改变。

ER 2-7-7

气胸(右)的
X 线胸片

【诊断】

根据症状、体征和影像学检查, 气胸的诊断不难。如病情危重而无法搬动患者进行 X 线检查, 则应当机立断在胸部体征最明显处进行试穿刺, 如抽出气体则可证实气胸的诊断。

【鉴别诊断】

(一) 支气管哮喘与 COPD

两者均有不同程度的呼吸困难, 体征亦与气胸相似。支气管哮喘患者常有反复发作史, 多可闻及哮鸣音, COPD 患者的呼吸困难为缓慢加重, 肺部体征双侧对称。当哮喘及 COPD 患者突发严重呼吸困难、胸痛、冷汗、烦躁, 一般支气管舒张剂、抗感染药物等治疗效果不好, 且症状加剧, 应考虑并发气胸的可能, 可行 X 线检查相鉴别。

(二) 急性心肌梗死

患者突发胸痛、胸闷, 甚至呼吸困难、休克等临床表现与气胸相似, 但常有高血压、冠心病史。体征、心电图、X 线检查、血清酶学检查有助于鉴别。

(三) 肺血栓栓塞症

患者有突发胸痛、呼吸困难及发绀等, 酷似自发性气胸, 但常有下肢或盆腔血栓性静脉炎、严重心脏病、心房颤动、骨折、长期卧床等病史, 往往有咯血及低热, 无气胸体征。X 线、CT、放射性核素通气/灌注扫描及 D-二聚体可助诊断。

(四) 肺大疱

位于肺周边的肺大疱, 尤其巨型肺大疱易被误认为局限性气胸。通常起病缓慢, 呼吸困难不严重, X 线检查肺大疱气腔呈圆形或卵圆形, 腔内透光度增高, 可见稀疏的肺纹理, 其周边可见菲薄的线状气腔壁。以往做过胸片与当前胸部影像比较可助鉴别。如将肺大疱误诊为气胸进行抽气, 易导致气胸。

(五) 其他

消化性溃疡穿孔、胸膜炎、肺癌、膈疝等, 偶可有急起的胸痛、上腹痛及气促等, 亦应与自发性气胸鉴别。

【治疗】

治疗原则是尽快消除胸腔气体、降低胸腔内压、促进肺复张、祛除病因、减少复发、治疗原发病、及时处理并发症。

(一) 保守治疗

应限制患者活动, 卧床休息, 保持排便通畅, 剧烈咳嗽可用镇咳药物, 如喷托维林(咳必清)、可待因等。高浓度吸氧可加快胸腔内气体的吸收。

(二) 胸腔减压

1. 闭合性气胸 如临床症状轻, 无明显呼吸困难、发绀, 肺压缩<20% 者, 可保守治疗, 不需抽

气,气体在 2~3 周内可自行吸收,但应住院观察,因气胸发生后 24~48 小时内有可能出现症状加重。临床症状明显或肺压缩>20% 者,应于锁骨中线第 2 肋间抽气,一般每天或隔日抽气一次,每次抽气不超过 1 000ml,直至肺大部分复张,残余积气自行吸收。

2. 交通性气胸 因胸膜破口较大,原则上均应作胸腔闭式引流,必要时负压吸引,胸膜破口关闭后肺即可复张。若证实因胸膜粘连带牵扯而破口持续不闭,可经胸腔镜或开胸手术治疗。

3. 张力性气胸 病情危重,必须尽快排气。情况紧急可用消毒针头插入患侧胸腔,使胸内高压积气自行排出,或用大注射器连接三通开关抽气缓解症状;亦可将粗注射针头尾部扎上橡皮指套,指套末端剪一小裂缝,插入气胸侧胸膜腔做临时简易排气。当高压气体从小裂缝排出,胸腔内压减至负压时套囊可自行塌陷,小裂缝关闭,外界空气不能进入。经以上处理病情缓解后,尽快行胸腔闭式引流排气或其他措施。

胸腔闭式引流用于交通性或张力性气胸的治疗,插管部位多取锁骨中线外侧第 2 肋间,或腋前线第 4~5 肋间,如为局限性气胸或尚需引流胸腔积液,则应在 X 线透视下选择适当部位进行插管。

若经闭式引流后未能使胸膜破口愈合,肺持久不能复张,则可用负压吸引装置。采用负压为 10~20cmH$_2$O,调压管一般置入水面下 8~12cmH$_2$O,使用负压吸引连续 12 小时后肺仍未复张,应查找原因。应注意严格消毒,防止发生感染。

水封瓶闭式引流装置

（三）化学性胸膜固定术

反复发生的气胸患者,为了预防复发,可于胸腔内注入硬化剂,产生无菌性胸膜炎症,使脏层和壁层胸膜粘连,从而消灭胸膜腔间隙。主要适用于不宜手术或拒绝手术的下列患者:持续性或复发性气胸、双侧气胸、合并肺大疱、肺功能不全及不能耐受手术者。

（四）支气管内封堵术

采用微球囊或栓子堵塞支气管,导致远端肺不张,以达到肺大疱气漏处裂口闭合的目的。无论球囊或栓子封堵,患者一般应在肋间插管引流下进行。支气管内栓塞可用支气管内硅酮栓子、纤维蛋白胶,自体血等。

（五）手术治疗

经内科治疗无效的气胸可为手术适应证,手术方法可采用胸腔镜或开胸手术,主要适用于长期气胸、血气胸、双侧气胸、复发性气胸、张力性气胸引流失败者、胸膜增厚致肺膨胀不全或影像学有多发性肺大疱者。手术治疗成功率高,复发率低。

（六）并发症的治疗

1. 纵隔气肿和皮下气肿 大量气胸时,胸膜腔内高压气体经破裂肺泡进入肺间质,沿血管鞘进入纵隔形成纵隔气肿。气体还可能沿筋膜进入颈部及胸壁皮下组织形成皮下气肿。高压气胸抽气后气体可沿针孔而至颈部、胸壁皮下形成皮下气肿。此时患者可有颈部变粗,触诊有握雪感。严重的纵隔气肿因压迫大血管而有胸骨后疼痛、气短、发绀、低血压等。皮下气肿与纵隔气肿可随胸腔抽气减压而自行吸收,较严重者可吸入高浓度氧有利于气肿消散,病情严重影响呼吸、循环者,可做胸骨上窝穿刺或切开排气。

2. 血气胸和脓气胸 血气胸多由胸膜粘连带中血管破裂所致,肺复张后常可自行止血,如出现量大则需手术结扎止血。脓气胸应彻底引流,并根据感染致病菌选用抗菌药物,长期不愈形成慢性脓胸者应考虑手术。

【预防和预后】

避免提重物、屏气、剧咳、用力过度等诱因;积极治疗基础疾病。如无特殊并发症,经休息、抽气或闭式引流等措施,大多可以治愈,5%~30% 患者容易复发。

胸膜疾病是临床呼吸科常见病、多发病，主要表现为胸腔积液和气胸，多以胸痛、呼吸困难为主要症状，既可以是原发病，也可以继发其他疾病或作为全身疾病的一部分。胸部 X 线检查是诊断的重要依据。治疗包括对因治疗和对症治疗，胸腔穿刺术是最常采用的治疗手段。

病例讨论一

患者，男，30 岁，工人。因"低热伴右侧胸痛 1 周"就诊。患者 1 周前无明显诱因出现低热，每天下午明显，面部潮红，体温 37.5℃，夜间出汗，衣服可湿，晨起自觉较舒服，伴右侧胸痛，深呼吸时明显，不放射，与活动无关，未到医院检查，自服止痛药，于 3 天前胸痛减轻，但胸闷加重伴气短，故来医院检查。既往体健，否认有结核病密切接触史，有吸烟史 10 年。查体：T 37.4℃，P 84 次/min，R 20 次/min，BP 120/80mmHg，神志清楚，皮肤、巩膜无黄染及皮疹，全身浅表淋巴结未触及，右侧胸廓稍膨隆，右下肺语颤减弱，右下肺叩浊，右侧呼吸音减弱，心界向左移位，心右界叩不清，心率 84 次/min，律齐，各瓣膜区未及病理性杂音。腹平软，无压痛及反跳痛，肝脾肋下未及，移动性浊音阴性。神经系统无异常。实验室及其他检查：血常规 Hb 112g/L，WBC $4.5×10^9$/L，N 53%，L 47%。ESR 60mm/h。胸腔积液常规：黄色混浊，WBC $1.02×10^9$/L，N 20%，L 80%，李凡他（Rivalta）试验阳性。胸腔积液生化：蛋白 42g/L，LDH 328U/L，葡萄糖 3.5mmol/L。尿常规：无异常。X 线胸片：右侧肺野均匀实变影，上缘呈外高内低弧形边缘。

病例讨论二

患者，男，57 岁，工人。因"右侧突发性胸痛伴呼吸困难 3 小时"就诊。患者 3 小时前突感右侧胸痛，呼吸时胸痛加重，持续隐痛伴有气喘、胸闷。患者近 1 周因受凉后有咳嗽、咳痰，痰量较多，黄脓痰为主。患者 10 多年来反复咳嗽、咳痰、咳白黏痰，以晨起明显，受凉感冒后咳嗽、咳痰加重，曾多次就诊给予消炎、止咳化痰药，药名不详。此次发病无发热，无咯血，无腹痛、腹泻；近 1 周睡眠差，食欲缺乏，大小便正常。有"慢性支气管炎"史 10 余年，吸烟史 30 余年。查体：T 37℃，R 26 次/min，P 100 次/min，BP 135/70mmHg，神志清楚，急性面容，口唇轻度发绀，皮肤、巩膜无黄染，浅表淋巴结不肿大。心律齐，$P_2>A_2$，三尖瓣区闻及收缩期杂音；呼吸浅促，桶状胸，右肺叩诊呈鼓音，呼吸音消失；腹部平软，无压痛及反跳痛，肝脾肋下未及。四肢及神经系统无异常。实验室及其他检查：血常规：血 WBC $11.5×10^9$/L，N 80%。X 线胸片：右肺中外带肺纹理消失。

（钱 倩）

思考题

1. 胸腔积液患者的临床表现有哪些？
2. 简述自发性气胸的临床分型。
3. 简述自发性气胸的 X 线检查及治疗原则。

ER 2-7-9

练习题

第八章 | 间质性肺疾病

教学课件

思维导图

学习目标

1. 掌握：特发性肺纤维化的临床表现。
2. 熟悉：特发性肺纤维化的辅助检查、诊断、鉴别诊断及治疗。
3. 了解：特发性肺纤维化的病因、发病机制和病理。
4. 学会对间质性肺炎及特发性肺纤维化患者进行初步诊断；针对患者及高危人群进行健康教育、定期随访，做好良好沟通，及时调整治疗方案，提高患者生活质量。
5. 具备综合分析与循证决策能力和多学科协作意识。

第一节　概　述

案例导入

患者，男，65 岁。因 "气短半年，加重伴咳嗽 2 个月" 入院。半年前患者无明显诱因出现气短，活动后明显，近 2 个月来活动后气短较前加重，伴咳嗽，咳嗽为刺激性干咳，无咳痰，自行口服抗菌药物及止咳药物效果不理想。患者 25 年前出现双膝关节红肿、疼痛、活动障碍。于当地医院诊断为 "关节炎"，长期口服止痛药对症治疗。有吸烟史 30 年。查体：慢性病容，消瘦，呼吸浅快，两肺底可闻及吸气末细小的干性爆裂音。动脉血气分析提示：低氧血症。X 线胸片示：两肺弥漫性的磨玻璃状影。

请思考：
1. 患者诊断为什么疾病？
2. 应进一步完善哪些检查？

　　间质性肺疾病（interstitial lung disease，ILD）亦称作弥漫性实质性肺疾病（diffuse parenchymal lung disease，DPLD），是一组主要累及肺间质和肺泡腔，导致肺泡-毛细血管功能单位丧失的弥漫性肺疾病。临床主要表现为进行性加重的呼吸困难、限制性通气功能障碍伴弥散功能降低、低氧血症以及影像学上的双肺弥漫性病变。病程大多缓慢进展，最终发展为弥漫性肺纤维化和蜂窝肺，导致呼吸功能衰竭而死亡。

【发病机制】

　　ILD 包括 200 多种急性和慢性肺部疾病，大部分病因还不明确，但所有的 ILD 都有共同的特点：即肺间质、肺泡、肺小血管或末梢气管都存在不同程度的炎症，反复的炎症损伤和修复导致肺纤维化的形成。其中炎症细胞、免疫细胞、肺泡上皮细胞和成纤维细胞及其分泌的介质和细胞因子，在引起肺间质纤维化上起重要作用。

【分类】

根据病因、临床和病理特点,2002 年美国胸科学会和欧洲呼吸学会将 ILD 分为 4 类:①已知原因的 ILD;②特发性间质性肺炎(idiopathic interstitial pneumonia,IIP);③肉芽肿性 ILD;④其他罕见的 ILD。详细分类如下:

(一)已知原因的 ILD

1. 职业或家居环境因素相关　吸入有机粉尘引起的过敏性肺炎、吸入无机粉尘引起的石棉沉着病、尘埃沉着病等。

2. 药物或治疗相关　如药物(胺碘酮、博来霉素、甲氨蝶呤等)、放射线治疗、高浓度氧疗等可导致 ILD。

3. 结缔组织疾病或血管炎相关　包括由系统性硬皮病、类风湿关节炎、干燥综合征、系统性红斑狼疮等疾病所致的 ILD。ANCA 相关性血管炎:坏死性肉芽肿血管炎、变应性肉芽肿血管炎、显微镜下多血管炎。

(二)特发性间质性肺炎

特发性间质性肺炎是一组病因不明的间质性肺炎(interstitial pneumonia,IP)。2013 年美国胸科学会和欧洲呼吸学会将其分为三大类:①主要的特发性间质性肺炎;②罕见的特发性间质性肺炎;③未能分类的特发性间质性肺炎(表 2-8-1)。

表 2-8-1　特发性间质性肺炎的分类

分类		临床-影像-病理诊断	相应影像和/或组织病理形态学类型
主要的 IIP	慢性纤维化性 IP	特发性肺纤维化(IPF)	普通型间质性肺炎(UIP)
		特发性非特异性间质性肺炎(iNSIP)	非特异性间质性肺炎(NSIP)
	吸烟相关性 IP	呼吸性细支气管炎伴间质性肺疾病(RB-ILD)	呼吸性细支气管炎(RB)
		脱屑性间质性肺炎(DIP)	DIP
	急性/亚急性 IP	隐源性机化性肺炎(COP)	机化性肺炎(OP)
		急性间质性肺炎(AIP)	弥漫性肺泡损伤(DAD)
罕见的 IIP		特发性淋巴细胞性间质性肺炎(iLIP)	LIP
		特发性胸膜肺实质弹力纤维增生症(iPPFE)	PPFE
未分类的 IIP			

注:IPF:idiopathic pulmonary fibrosis;NSIP:nonspecific interstitial pneumonia;COP:cryptogenic organizing pneumonia;AIP:acute interstitial pneumonia;RB-ILD:respiratory bronchiolitis-interstitial lung disease;DIP:desquamative interstitial pneumonia;LIP:lymphoid interstitial pneumonia;PPFE:pleuroparenchymal fibroelastosis;UIP:usual interstitial pneumonia;DAD:diffuse alveolar damage。

(三)肉芽肿性 ILD

包括结节病、Wegener 肉芽肿等。

(四)其他罕见的 ILD

1. 肺淋巴管平滑肌瘤病(pulmonary lymphangioleiomyomatosis,PLAM)

2. 肺朗格汉斯细胞组织细胞增生症(pulmonary Langerhans cell histiocytosis,PLCH)

3. 慢性嗜酸性粒细胞性肺炎(chronic eosinophilic pneumonia,CEP)

4. 肺泡蛋白沉积症(pulmonary alveolar proteinosis,PAP)

5. 特发性肺含铁血黄素沉着症(idiopathic pulmonary hemosiderosis)

6. 肺泡微石症(alveolar microlithiasis)

7. 肺淀粉样变(pulmonary amyloidosis)

【诊断】

临床诊断某一种 ILD 是一个动态的过程,需要临床、放射和病理科医生的密切合作,根据所获得的完整资料对先前的诊断进行验证或修订。

(一) 病史及临床表现

1. 病史 主要的既往病史包括心脏病、结缔组织疾病、肿瘤等;药物应用史,特别是可以诱发肺纤维化的药物如胺碘酮等;家族史;吸烟史;职业或家居环境暴露史;宠物嗜好或接触史。

2. 症状 不同 ILD 的临床表现不完全一样,大多数隐匿起病,进行性加重的呼吸困难是最常见的症状;其次是咳嗽,多为持续性干咳,少有出现咯血、胸痛和喘鸣等。若患者出现全身症状如发热、皮疹、肌肉关节疼痛等,通常提示可能存在结缔组织疾病。

3. 体征

(1) 爆裂音或 Velcro 啰音:两肺底可闻及吸气末细小的干性爆裂音或 Velcro 啰音是 ILD 的常见体征,尤其是 IPF。但爆裂音也可见于胸部影像正常者,故对 ILD 的诊断缺乏特异性。

(2) 杵状指(趾):是 ILD 患者晚期常见的征象,多见于 IPF。

(3) 肺动脉高压和肺心病体征:ILD 进展到晚期时可出现,表现为发绀、呼吸急促,P2 亢进,下肢水肿等。

(4) 系统疾病体征:皮疹、关节肿胀和变形等提示可能有结缔组织疾病。

ER 2-8-3

Velcro 啰音

(二) 胸部影像学检查

大多数 ILD 患者的 X 线胸片显示弥漫性浸润性阴影(但胸片正常不能除外 ILD),主要表现为两肺弥漫性的磨玻璃状、细网状、结节状,也可呈多发片状或大片状阴影。随着炎症及纤维化的进展,后期可见区域性的囊性病变(蜂窝肺)。高分辨率 CT(HRCT)能更细致地显示肺实质异常的程度和性质,是 ILD 诊断的重要检查。ILD 的 HRCT 主要表现为:弥漫性结节影、磨玻璃样变、肺泡实变、小叶间隔增厚、胸膜下线、网格影伴囊腔形成或蜂窝状改变,常伴牵拉性支气管扩张或肺结构改变。

(三) 肺功能

ILD 患者以限制性通气功能障碍和气体交换障碍为主要特征。限制性通气功能障碍表现为肺容量包括肺总量、肺活量和残气量均减少,肺顺应性降低。气体交换障碍表现为一氧化碳弥散量减少,肺泡-动脉氧分压差增加和低氧血症。

(四) 实验室检查

常规进行全血细胞学、尿液分析、生物化学、肝肾功能、红细胞沉降率检查、结缔组织疾病相关的自身抗体如抗核抗体、类风湿因子等检查。酌情行巨细胞病毒或肺孢子菌、肿瘤细胞等检查,均对 ILD 的病因或伴随疾病有提示作用。

(五) 支气管镜检查

支气管镜检查并进行支气管肺泡灌洗或经支气管肺活检,对于了解弥漫性肺部渗出性病变的性质,鉴别 ILD 具有一定的帮助。通过支气管肺泡灌洗液的细胞学检测将 ILD 分为:淋巴细胞增多型和中性粒细胞增多型。胸部 HRCT 对于表现为普通型间质性肺炎的患者已经能够进行临床诊断,是否进行支气管镜检查需要权衡此检查是否有利于诊断 ILD 可能的类型、患者的心肺情况、出血倾向及患者的意愿等,否则无须检查。

(六) 外科肺活检

外科肺活检包括电视辅助胸腔镜肺活检或开胸肺活检。对于基于临床、胸部 HRCT 特征,甚至支气管肺泡灌洗和经支气管肺活检等不能明确诊断的 ILD,通常需要外科肺活检明确病理改变和确诊。

第二节 特发性肺纤维化

特发性肺纤维化（idiopathic pulmonary fibrosis,IPF）是一种慢性、进行性、纤维化性间质性肺疾病,组织学和/或胸部 HRCT 特征性表现为普通型间质性肺炎（UIP）,原因不明,多发于老年人。IPF是临床最常见的一种特发性间质性肺炎,其发病率呈现上升趋势。美国 IPF 的患病率和年发病率分别是（14~42.7）/10 万人口和（6.8~16.3）/10 万人口。我国缺乏相应的流行病学资料,但是临床实践中发现近年来 IPF 病例呈明显增多的趋势。

【病因和发病机制】

迄今有关 IPF 的病因还不清楚。危险因素包括吸烟和环境暴露（如金属粉尘、木粉尘等）,吸烟指数超过每年 20 包,患 IPF 的危险性明显增加。还有研究提示了 IPF 与病毒感染（如 EB 病毒）的关系,但是病毒感染在 IPF 的确切作用不明确。IPF 常合并胃-食管反流,提示胃食管反流致微小吸入可能与 IPF 发病有关,但是两者之间的因果关系还不十分清楚。家族性 IPF 病例的报道提示 IPF存在一定的遗传易感性,但是还没有特定的遗传异常被证实。

目前认为 IPF 起源于肺泡上皮反复发生微小损伤后的异常修复。在已知或未知的遗传/环境因素的多重持续损伤下,受损的肺上皮细胞启动"重编程",导致细胞自噬降低,凋亡增加,上皮再生修复不足,残存细胞发生间充质样转化,呈现促纤维化表型,大量分泌促纤维化因子,形成促纤维化微环境,使成纤维细胞活化转变为肌成纤维细胞,产生过量的细胞外基质沉积,导致纤维瘢痕与蜂窝囊形成、肺结构破坏和功能丧失。

【病理改变】

普通型间质性肺炎（UIP）是 IPF 的特征性病理改变类型,UIP 的组织学特征表现为病变呈斑片状分布,主要累及胸膜下外周的肺腺泡或小叶。病变呈现时相不一,表现纤维化、蜂窝状改变、间质性炎症和正常肺组织并存,致密的纤维瘢痕区伴散在的成纤维细胞灶。

【临床表现】

多见于 50 岁以后发病,呈隐匿起病,主要症状为活动性呼吸困难,进行性加重,其次是干咳,若继发感染时痰液增多可呈脓性。全身症状不明显,可伴有乏力、消瘦,部分患者有关节疼痛,但很少发热。75% 的患者有吸烟史。

约半数患者可见杵状指（趾）,90% 可闻及双肺底部吸气末细小 Velcro 啰音,晚期出现明显发绀、肺动脉高压和右心功能不全征象。

【辅助检查】

（一）胸部 X 线

通常显示双肺外带、胸膜下和基底部呈现明显的网状或网结节模糊影,伴有蜂窝样变和下叶肺容积减低（图 2-8-1）。

（二）胸部 HRCT

可以显示 UIP 的特征性改变（图 2-8-2）,诊断 UIP 的准确性大于 90%,因此 HRCT 已成为诊断 IPF 的重要方法,可以替代外科肺活检。UIP 的典型 HRCT 表现为:①病变呈网格改变、蜂窝改变伴或不伴牵拉支气管扩张;②病变以胸膜下、基底部分布为主。

（三）肺功能检测

主要表现为限制性通气功能障碍、弥散量降低伴低氧血症或 I 型呼吸衰竭。早期静息肺功能可正常或接近正常,但运动肺功能表现 $P_{(A-a)}O_2$ 增加和氧分压降低。

（四）血液检查

血液涎液化糖链抗原（KL-6）增高,血沉、抗核抗体和类风湿因子可以轻度增高,但没有特异性。结缔组织疾病相关自身抗体检查有助于 IPF 的鉴别。

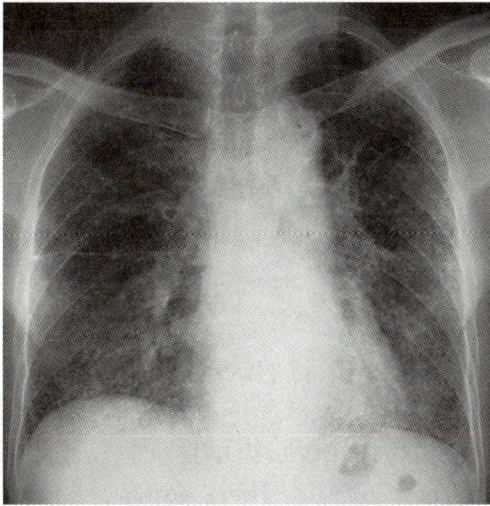

图 2-8-1 特发性肺纤维化的胸部 X 线改变
胸片显示双肺弥漫网状影,胸膜下和基底部尤为明显。

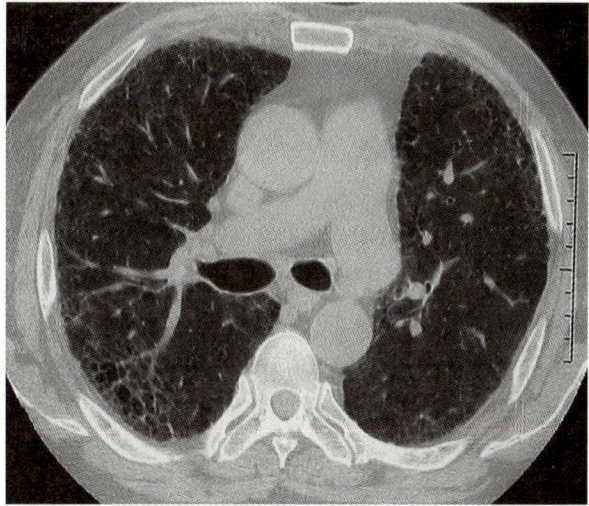

图 2-8-2 特发性肺纤维化的胸部 HRCT 改变
胸部 HRCT 显示斑片性网状模糊影主要分布于两肺外带胸膜下,伴有蜂窝状改变。

(五)支气管肺泡灌洗或经支气管肺活检

支气管肺泡灌洗液细胞分析多表现为中性粒细胞和/或嗜酸性粒细胞增加。支气管肺泡灌洗液细胞或经支气管肺活检对 IPF 诊断无意义。

(六)外科肺活检

对于 HRCT 呈不典型 UIP 改变、诊断不清,且没有手术禁忌证的患者应考虑外科肺活检。IPF 的组织病理类型是 UIP,UIP 的病理诊断标准为:①明显纤维化/结构变形伴或不伴蜂窝肺,胸膜下、间质分布;②斑片肺实质纤维化;③成纤维细胞灶。

【诊断】

1.IPF 的诊断标准为①ILD,但除外了其他原因(如环境、药物、结缔组织病等);②HRCT 表现为 UIP 型;或③结合 HRCT 和外科肺活检病理表现诊断 UIP。

2.IPF 急性加重(是指 IPF 患者出现无已知原因可以解释的病情加重或急性呼吸衰竭)的诊断标准为①过去或现在诊断 IPF;②1 个月内发生显著的呼吸困难加重;③CT 表现为 UIP 背景下出现新的双侧磨玻璃影伴或不伴实变影;④不能完全由心衰或液体过载解释。

【鉴别诊断】

IPF 的诊断需要排除其他原因的 ILD。UIP 是诊断 IPF 的金标准,但 UIP 也可见于慢性过敏性肺炎、石棉沉着病、结缔组织疾病等。过敏性肺炎多有环境抗原暴露史(如饲养鸽子、鹦鹉等),支气管肺泡灌洗液细胞分析显示淋巴细胞比例增加。石棉沉着病、硅沉着病或其他职业肺尘埃沉着病多有石棉、二氧化硅或其他粉尘接触史。结缔组织疾病多有皮疹、关节炎、全身多系统累及和自身抗体阳性。

【治疗】

目前除肺移植外,尚无有效治疗 IPF 的药物。因此,患者在治疗过程中极易出现焦虑、抑郁等负面情绪,医务人员应从患者角度出发,了解他们,体恤他们,多和患者交流,聆听患者的需求,建立良好的合作和信任关系,这有利于对疾病进行监测和评估,并根据病情变化和患者的意愿调整治疗方案,帮助患者减轻痛苦,提高生活质量。

1.抗纤维化药物治疗 循证医学证据证明吡非尼酮(pirfenidone)和尼达尼布(nintedanib)治疗可以减慢 IPF 肺功能下降,为 IPF 患者带来希望。吡非尼酮是一种多效性的吡啶化合物,具有抗炎、抗纤维化和抗氧化特性。尼达尼布是一种多靶点酪氨酸激酶抑制剂,能够抑制血小板衍生生长因子受体(PDGFR)、血管内皮生长因子受体(VEGFR)以及成纤维细胞生长因子受体(FGFR)。两种药物作为抗纤维化药物,已开始在临床用于 IPF 的治疗。N-乙酰半胱氨酸作为一种祛痰药,高剂量(每天 1 800mg)时具有抗氧化,进而抗纤维化作用,部分 IPF 患者可能有用。

2. 非药物治疗　患者应尽量进行肺康复训练,静息状态下存在明显低氧血症的患者($PaO_2<$55mmHg)还应进行长程氧疗,但一般不推荐使用机械通气治疗 IPF 所致的呼吸衰竭。

3. 肺移植　是目前 IPF 最有效的治疗方法,合适的患者应该积极推荐肺移植。

4. 合并症治疗　积极治疗合并存在的胃-食管反流及其他合并症,但是对 IPF 合并的肺动脉高压多不推荐给予波生坦等进行针对性治疗。

5. IPF 急性加重的治疗　由于 IPF 急性加重病情严重,病死率高,虽然缺乏随机对照研究,临床上仍然推荐高剂量激素治疗。氧疗、防控感染、对症支持治疗是 IPF 急性加重患者的主要治疗手段。一般不推荐使用机械通气治疗 IPF 所致的呼吸衰竭,但酌情可以使用无创机械通气。

6. 对症治疗　减轻患者因咳嗽、呼吸困难、焦虑带来的痛苦,提高生活质量。

7. 加强患者教育与自我管理　建议吸烟者戒烟,预防流感和肺炎。

知识拓展

间质性肺炎患者的日常注意事项

间质性肺炎患者日常应注意以下几点:①保持室内空气新鲜,温度宜 20~24℃,湿度宜 50%~65%,室内每天通风 2 次,每次 15~30 分钟,避免异味刺激,不要放置花草,被褥、枕头等不用易引起过敏的物品填充,且要经常晾晒、换洗;②重度患者要长期卧床休息,定时翻身、拍背、按摩,促进痰液排出,预防压疮、坠积性肺炎的形成;③尽量减少活动,注意休息,保证充足的睡眠;④注意保暖,避免受寒,预防感染;⑤避免外源性变应原,诸如鸟类、动物、蘑菇养殖等;⑥定期门诊复查,监测病情变化,及时调整治疗方案。

【预后】

IPF 诊断后中位生存期为 2~3 年,但 IPF 自然病程及结局个体差异较大。大多数患者表现为缓慢逐步可预见的肺功能下降;少数患者在病程中反复出现急性加重;极少数患者呈快速进行性发展。影响 IPF 患者预后的因素包括:呼吸困难、肺功能下降和 HRCT 纤维化及蜂窝样改变的程度,6 分钟步行试验的结果,尤其是这些参数的动态变化。基线状态下一氧化碳弥散量<40% 预计值和6 分钟步行试验时经皮血氧饱和度(SpO_2)<88%,6~12 个月内 FVC 绝对值降低 10% 以上或一氧化碳弥散量绝对值降低 15% 以上都是预测死亡风险的可靠指标。

本章小结

间质性肺疾病是一组主要累及肺间质、肺泡腔,导致肺泡-毛细血管功能单位丧失的弥漫性肺疾病。目前病因尚未明确。ILD 的主要特征表现为:进行性加重的呼吸困难、限制性通气功能障碍伴弥散功能降低和低氧血症以及影像学上的双肺弥漫性病变。病程大多缓慢进展,逐渐丧失肺泡-毛细血管功能单位,最终呼吸功能衰竭而死亡。

病例讨论

患者,男,30 岁。因"咳嗽、咳痰伴气短 6 个月,加重 1 个月"入院。6 个月前出现咳嗽、痰少色白、活动后感觉气短等症状,1个月后症状继续加重,至本市医院进行检查治疗,经诊断确定为特发性肺纤维化。治疗一段时间后效果不佳,为进一步诊治,收入院。查体:T 38.1℃,P 84 次/min,R 26 次/min,BP 120/70mmHg,SaO$_2$ 84%;神志清楚,精神差,面色晦暗,口唇发绀,双肺呼吸音粗,两肺可闻及散在湿啰音及 Velcro 啰音,无干啰音,心律齐,无杂音、双下肢无水肿,双下肢肌力 3 级,肌张力减低。辅助检查:血气分析示 pH 7.52,PaCO$_2$ 35mmHg,PaO$_2$ 34mmHg,BE 5.1mmol/L。血常规:WBC 16.3×10^9/L,N 0.79,CRP 127mg/L。胸部 CT:纤维性间质性肺病继发肺炎。

(钱 倩)

思考题

1. 间质性肺疾病的胸部 X 线表现是什么?
2. 特发性肺纤维化的典型临床表现有哪些?

ER 2-8-4

练习题

第九章　│　肺动脉高压和肺血栓栓塞症

学习目标

1. 掌握：肺动脉高压的诊断标准；肺栓塞的临床表现、分型。
2. 熟悉：肺动脉高压分类、临床表现、治疗原则；肺栓塞诊断和治疗原则。
3. 了解：肺动脉高压常见病因；肺栓塞危险因素、病理生理、预后及预防。
4. 学会对肺动脉高压和肺血栓栓塞症患者进行诊断。能对肺栓塞患者病情严重性作出初步评估。
5. 具备良好的仁心仁术，关爱患者的职业素养，帮助患者树立战胜疾病的信心。

案例导入

　　患者，男，60 岁。因 "右侧胸痛、咳嗽、痰中带血 1 周，呼吸困难 2 天" 入院。40 天前因右下肢骨折手术治疗。患者 1 周前无明显诱因出现右侧胸痛，伴阵发性咳嗽，时有咳痰混血，自行口服抗炎止咳药物，上述症状无缓解，且 2 天前出现气短、呼吸困难，活动后明显，故入院。查体：口唇发绀，颈静脉充盈，右肺呼吸音减弱，右肺底少量水泡音，心率 108 次/min，节律齐，肺动脉区第二心音亢进。右下肢及足背水肿。

请思考：
1. 患者目前诊断可能是什么？
2. 诊断依据有哪些？
3. 该病的治疗原则是什么？

第一节　肺动脉高压

　　肺动脉高压（pulmonary hypertension，PH）是由多种已知或未知病因和发病机制引起的以肺动脉压异常升高为主要特征，导致右心负荷增大，右心功能不全，肺血流减少，从而引起呼吸困难、胸痛、晕厥等一系列的临床病理生理综合征。PH 病因广泛，患病率高，既可以是肺血管本身的病变，也可以继发于其他心肺疾患，常呈进行性发展，预后不良。

【分类】

　　中国肺动脉高压诊断与治疗指南（2021 版）根据病因、病理生理、治疗方法及预后特点修订了肺动脉高压分类，共分为五大类，最新修订的分类更有利于认识 PH，指导临床诊治（表 2-9-1）。

表 2-9-1　肺动脉高压的分型

分类	亚类
1. 动脉性肺动脉高压（PAH）	1.1　特发性肺动脉高压（IPAH） 1.2　遗传性肺动脉高压（HPAH） 1.3　药物和毒物相关肺动脉高压 1.4　疾病相关的肺动脉高压 1.4.1　结缔组织病 1.4.2　HIV 感染 1.4.3　门脉高压 1.4.4　先天性心脏病 1.4.5　血吸虫病 1.5　对钙通道阻滞剂长期有效的肺动脉高压 1.6　具有明显肺静脉/肺毛细血管受累（肺静脉闭塞病/肺毛细血管瘤病）的肺动脉高压 1.7　新生儿持续性肺动脉高压（PPHN）
2. 左心疾病所致肺动脉高压	2.1　射血分数保留的心力衰竭 2.2　射血分数降低的心力衰竭 2.3　瓣膜性心脏病 2.4　导致毛细血管后肺动脉高压的先天性/获得性心血管病
3. 肺部疾病和/或低氧相关性肺动脉高压	3.1　阻塞性肺疾病 3.2　限制性肺疾病 3.3　其他阻塞性和限制性并存的肺疾病 3.4　非肺部疾病导致的低氧血症 3.5　肺发育障碍性疾病
4. 慢性血栓栓塞性肺动脉高压和/或其他肺动脉阻塞性病变所致肺动脉高压	4.1　慢性血栓栓塞性肺动脉高压（CTEPH） 4.2　其他肺动脉阻塞性疾病：肺动脉肉瘤或血管肉瘤等恶性肿瘤、肺血管炎、先天性肺动脉狭窄、寄生虫（棘球蚴病）
5. 未明知/或多因素相关肺动脉高压	5.1　血液系统疾病（如慢性溶血性贫血、骨髓增殖性疾病） 5.2　系统性和代谢性疾病（如结节病、戈谢氏病、糖原贮积症） 5.3　复杂性先天性心脏病 5.4　其他（如纤维性纵隔炎）

　　动脉性肺动脉高压、肺部疾病或低氧所致肺动脉高压、慢性血栓栓塞性肺动脉高压和/或未明多因素机制所致肺动脉高压都属于毛细血管前性肺动脉高压，血流动力学特征为 mPAP≥25mmHg，肺毛细血管楔压（pulmonary capillary wedge pressure，PCWP）或左心室舒张末压<15mmHg。左心疾病所致肺动脉高压属于毛细血管后性肺动脉高压，血流动力学特征为 mPAP≥25mmHg，PCWP 或左心室舒张末压>15mmHg。

　　肺动脉高压尤其是 PAH 具有潜在致命性，若不及时诊断、积极干预，大多数患者预后差。

【病理表现】

　　肺动脉高压的病理改变主要累及远端肺小动脉，其特征性表现为：肺动脉内膜增殖伴炎症反应、内皮间质化，甚至形成向心性或偏心性改变，中膜肥厚及持续的收缩、外膜纤维化、基质重塑以及肺小血管周围炎症浸润而导致其增厚、滋养血管屈曲增生形成丛状病变；还可见病变远端扩张和原位血栓形成，从而导致肺动脉管腔进行性狭窄、闭塞。近年来研究还发现肺静脉也会出现血管重塑，出现"动脉化"表现，参与动脉性肺动脉高压的发生；支气管动脉因为"血管分流"会出现管壁增厚和管腔扩大等表现。

【临床表现】

（一）症状

PH 的临床症状缺乏特异性,主要表现为进行性右心功能不全的相关症状,常为劳累后诱发,表现为疲劳、呼吸困难、胸闷、胸痛和晕厥,部分患者还可表现为干咳和运动诱发的恶心、呕吐。晚期患者静息状态下可有症状发作。随着右心功能不全的加重可出现踝部、下肢甚至腹部、全身水肿。导致肺动脉高压的基础疾病或伴随疾病也会有相应的临床表现。部分患者的临床表现与 PH 的并发症和肺血流的异常分布有关,包括咯血、声音嘶哑、胸痛等。严重肺动脉扩张可引起肺动脉破裂或夹层。

（二）体征

疾病早期无明显体征,随着疾病进展可出现心前区膨隆,心脏听诊可闻及 P2>A2,三尖瓣反流造成的全收缩期杂音,肺动脉瓣关闭不全造成舒张期杂音和右室第三心音。发展至右心功能不全时可出现颈静脉怒张、肝肿大、双下肢水肿、腹水等。

【辅助检查】

（一）胸部 X 线

肺动脉高压患者胸部 X 线可见肺动脉段凸出,中心肺动脉扩张,与周围肺动脉纤细或截断形成鲜明对比,表现为"残根"征,以及右心房和右心室扩大的征象。X 线胸片有助于筛查肺动脉高压的病因,如左心疾病、肺部疾病、先天性心脏病和栓塞性疾病等在 X 线胸片上具有相应的影像学特征。肺动脉高压的严重程度与胸片异常程度并无相关,正常的 X 线胸片不能排除 PH。

ER 2-9-3 肺动脉高压 X 线胸片

ER 2-9-4 肺动脉高压 CT 片

（二）超声心动图

超声心动图是筛查肺动脉高压患者重要的无创检查手段。超声心动图能够反映右心的血流动力学变化,每个疑似肺动脉高压患者均应行超声心动图检查。根据三尖瓣反流峰速估测肺动脉收缩压(pulmonary artery systolic pressure,PASP)>50mmHg 可拟诊为肺动脉高压。

（三）右心导管检查

右心导管检查(right heart catheterization,RHC)是确诊 PAH、评估血流动力学受损严重程度及测试肺血管反应性的标准方法。在右心导管检查过程中行急性血管扩张试验,可鉴别出能长期应用钙离子通道阻滞剂的患者,国内常见采用的试验药物是吸入伊洛前列素。平均肺动脉压下降至少 10mmHg,平均肺动脉压降至 40mmHg 以下和心输出量不变或增加为血管扩张试验阳性。

ER 2-9-5 右心导管检查

【诊断标准】

肺动脉高压的"四步"诊断流程:疑诊(临床及超声心动图筛查)、确诊(血流动力学诊断)、求因(病因诊断)及功能评价(严重程度评估),目前 PAH 采用的血流动力学诊断标准:在海平面、静息状态下,右心导管测量所得平均肺动脉压(mPAP)≥25mmHg。超声心动图是筛查肺动脉高压最重要的无创检查方法,其拟诊 PH 的推荐标准为 PASP>50mmHg。

【治疗】

治疗主要针对血管收缩、内膜损伤、血栓形成及心功能不全等方面进行。药物治疗包括血管舒张药、抗凝和强心、利尿等对症治疗。

（一）一般治疗

1. 给氧治疗　患者发病肺动脉高压后,肺循环功能受阻,心肺功能不佳容易导致患者血氧饱和度下降,引起诸多不良反应。因此,在一般治疗方式中,给氧治疗是最为常见的治疗方式,其目的是保持患者血氧饱和度维持在正常水平。

2. 感染预防 感染预防治疗,在季节交替时期,流感盛行,肺部感染会导致患者病情加重,因此需要预防流感,降低感染风险。患者在疾病稳定期,可以适当进行有氧运动,适度活动身体有利于提高自身免疫力,改善心肺功能,提高耐力。

3. 避免低氧环境 肺动脉高压患者应该尽量避免进入高海拔地区旅游或航空旅行,有以上计划需要在医生指导下进行给氧支持,保证血氧饱和度。

(二)血管扩张剂

1. 钙通道阻滞剂 仅可用于急性血管扩张试验阳性者。推荐使用短效药物,并从小剂量开始应用,在体循环无明显变化的情况下,逐渐递增剂量。基础心率较慢者选择二氢吡啶类,基础心率较快者选择地尔硫䓬。

2. 前列环素类 如:依前列醇、伊洛前列素、曲前列尼尔和贝前列素等。

3. 内皮素受体拮抗剂 如:波生坦、安立生坦。

4. 磷酸二酯酶-5 抑制剂 如:西地那非、他达那非和伐地那非等。

(三)抗凝治疗

可用华法林、利伐沙班治疗。

(四)肺移植或心肺联合移植

疾病晚期可行肺移植或心肺联合移植。

第二节　肺血栓栓塞症

肺栓塞(pulmonary embolism,PE)是以体循环中各种栓子阻塞肺动脉及其分支为其发病原因引起肺循环障碍的一组疾病或临床综合征的总称,包括肺血栓栓塞、脂肪栓塞综合征、羊水栓塞、空气栓塞、肿瘤栓塞等。它是一种常见的、有潜在致命性的肺疾病,但近年来,随着国内临床诊断技术的发展,以及临床医疗工作者对该疾病警惕意识的加强和认识程度的加深,诊断治疗 PE 的病例数量越来越多,同时病死率明显下降。

肺血栓栓塞症(pulmonary thromboembolism,PTE)是最常见的急性肺栓塞类型,为来自静脉系统或右心的血栓阻塞肺动脉或其分支所致,以肺循环和呼吸功能障碍为其主要临床表现和病理生理特征,肺血栓栓塞症为 PE 最常见的类型,通常所称 PE 即指肺血栓栓塞症。肺动脉发生栓塞后,若其支配区域的肺组织因血流受阻或中断而发生坏死,称为肺梗死(pulmonary infarction,PI)。

【病因和危险因素】

引起肺血栓栓塞症的血栓主要来源于深静脉血栓形成(deep venous thrombosis,DVT)。深静脉血栓形成与肺血栓栓塞症实质上为一种疾病过程在不同部位、不同阶段的表现。两者合称为静脉血栓栓塞症(venous thromboembolism,VTE),其中下肢深静脉和盆腔静脉血栓形成占绝大多数。此外还有各种原因如充血性心力衰竭、房颤或感染等导致的右房、右室附壁血栓,及颈静脉导管、锁骨下静脉导管及 PICC 等静脉导管相关的上肢来源的静脉血栓。肺血栓栓塞症的危险因素包括任何可以导致静脉血流淤滞、静脉系统内皮损伤和血液高凝状态的因素。

静脉血栓栓塞症的危险因素包括原发性和继发性。原发性危险因素是由遗传变异引起。继发性危险因素包括重大创伤、外科手术下肢骨折、关节置换、脊髓损伤、恶性肿瘤、慢性心脏或呼吸衰竭、自身免疫性疾病、口服避孕药或激素替代治疗、严重感染、各种原因的制动(如长途旅行)或长期卧床、妊娠、肥胖、高血压、高龄等。上述危险因素可以单独存在,也可同时存在,协同作用。年龄可作为独立的危险因素,随着年龄的增长,肺血栓栓塞症的发病率逐渐增高。

【病理和病理生理】

肺血栓栓塞症栓子的大小有很大差异,可单发或多发,一般多部位或双侧性的血栓栓塞更为常见。栓子阻塞肺动脉及其分支达一定程度后,通过机械阻塞、神经体液因素和低氧引起肺动脉收缩,使肺循环阻力增加,导致肺动脉高压,继而引起右心扩大与右心衰竭。右心室扩大使室间隔左移,左心室功能受损,导致心排血量下降,进而可引起体循环低血压或休克;主动脉内低血压和右房压升高,使冠状动脉灌注压下降,心肌血流减少,特别是右心室内膜下心肌处于低灌注状态。肺动脉栓塞后不仅可引起血流动力学的改变,还可因栓塞部位肺血流减少,肺泡无效腔量增大;肺内血流重新分布,通气/血流比例失调;神经体液因素引起支气管痉挛;肺泡表面活性物质分泌减少,肺泡萎陷,呼吸面积减小,肺顺应性下降等因素导致呼吸功能不全,出现低氧血症和低碳酸血症。

由于肺组织同时接受肺动脉、支气管动脉和肺泡内气体三重氧供,故肺动脉阻塞时较少出现肺梗死。如栓子小,常可因血栓自溶和侧支循环形成而无任何表现,也不留任何痕迹。如存在基础心肺疾病或病情严重,影响到肺组织的多重供氧,则可能导致肺梗死。

ER 2-9-6

右心血栓超声
心动图

【临床表现】

(一)症状

肺血栓栓塞症临床表现多种多样但缺乏特异性,症状的严重程度也有很大的差别。其严重程度取决于栓子的大小、数量,栓塞的范围,发作的急缓程度以及栓塞前的基础心肺状况、个体反应的差异等。当肺血栓栓塞症引起肺梗死时,临床可表现出"肺梗死三联征",即胸痛、咯血、呼吸困难,但临床有典型"肺栓塞三联征"者约占 20% 的患者。

1. **呼吸困难** 不明原因的呼吸困难及气促,是肺血栓栓塞症最常见的症状,尤以活动后明显。

2. **咯血** 常为小量咯血,大咯血少见。

3. **胸闷、胸痛** 若栓塞部位波及胸膜,可致胸膜炎性胸痛,常与呼吸有关。肺动脉高压和冠状动脉供血不足可致胸闷、胸骨后疼痛。

4. **晕厥** 可为肺血栓栓塞症的唯一或首发症状。

5. **其他** 烦躁不安、濒死感、咳嗽、心悸、低血压、休克等,甚至猝死。

(二)体征

1. **呼吸系统** 呼吸急促最为常见,低氧时可有发绀,有时肺部可闻及哮鸣音、湿啰音、胸膜摩擦音。肺野可闻及血管杂音,合并胸腔积液时可有相应的体征。

2. **循环系统** 心动过速,可伴有血压变化,严重时出现血压下降甚至休克。颈静脉充盈、异常搏动,肺动脉瓣区第二心音(P2)亢进或分裂,三尖瓣区收缩期杂音。

3. **其他** 发热,多为低热。

(三)深静脉血栓形成的临床表现

深静脉血栓形成对该病的诊断具有重要的提示作用,应予高度重视。主要表现有患肢疼痛或压痛、行走后肿胀、周径增粗、皮肤色素沉着等。半数深静脉血栓形成患者无自觉症状和明显体征,当双侧下肢周径相差 1cm 以上即应警惕,并进行有关检查。

【诊断】

长期以来由于缺乏对肺血栓栓塞症的认识,此病的误诊、漏诊率很高。肺血栓栓塞症的诊断需要依靠影像学和实验室检查,若肺血栓栓塞症及时治疗可明显降低病死率,因此早期诊断十分重要。诊断肺血栓栓塞症的关键是增强意识,一般遵循疑诊、确诊和求因三步进行。

(一)疑诊

如果患者出现不明原因的呼吸困难、休克;术后、创伤后出现呼吸困难、胸痛、咯血、晕厥;或原有呼吸系统疾病突然加重,呼吸困难,伴下肢不对称肿胀等,特别是具有发病危险因素的患者,应予高度重视,进行以下疑诊检查。

1. **动脉血气分析** 常表现为低碳酸血症、低氧血症、肺泡-动脉血氧分压差增大,部分患者血气

结果正常。

2. 血浆 D-二聚体（D-dimer）　敏感性高而特异性差，是交联纤维蛋白在纤溶系统作用下产生的可溶性降解产物，在急性肺血栓栓塞症时升高。若 ELISA 法测定其含量低于 $500\mu g/L$，可基本排除肺血栓栓塞症。

3. 心电图　大多数患者的心电图表现非特异性心电图异常，如 V_1~V_4 T 波倒置和 ST 段异常，完全或不完全右束支传导阻滞，肺性 P 波，心动过速、电轴右偏及顺钟向转位等。少数患者可出现典型的 $S_1Q_{III}T_{III}$ 征（即 I 导联 S 波加深，III 导联出现 Q/q 波及 T 波倒置）。

4. 胸部 X 线　可显示为：①肺动脉阻塞征：区域性肺纹理变细、稀疏或消失，肺野透亮度增加；②肺动脉高压征及右心室扩大征：右下肺动脉干增宽或伴截断征，肺动脉段膨隆以及右心室扩大；③肺组织继发性改变：局部浸润性阴影，尖端指向肺门的楔形阴影，肺不张或膨胀不全；患侧横膈抬高，少至中量胸腔积液征等。胸片虽缺乏特异性，但可提供疑似肺血栓栓塞症线索及排除其他原因导致的呼吸困难和胸痛。

5. 超声心动图　在提示肺血栓栓塞症诊断、预后评估和除外其他心血管疾病方面具有重要价值，是基层及急诊常用的诊断技术，可提供急性肺栓塞的直接和间接征象。直接征象为发现肺动脉主干或右心血栓，若同时临床表现疑似肺栓塞，可明确诊断，但阳性率低。间接征象多是右心负荷过重表现，如右心室和/或右心房扩大，右心室壁局部运动幅度降低，室间隔左移，肺动脉干增宽、肺动脉高压等。慢性血栓栓塞性肺动脉高压（CTEPH）者，伴有右室壁肥厚。

6. 深静脉血栓形成相关检查　由于发现深静脉血栓形成对肺血栓栓塞症有重要的提示价值，故应重视该项检查。血管加压超声是诊断深静脉血栓形成的首选方法，尤其对有症状的下肢近端血栓敏感性在 95% 以上。其他方法有 CT 静脉造影、放射性核素下肢静脉显像等。静脉造影是诊断深静脉血栓形成的"金指标"，其诊断的敏感性和特异性均接近 100%。

（二）确诊

根据临床表现，结合上述检查结果提示疑诊，此时应进行以下确诊检查，有其中一项即可确诊。

1. CT 肺动脉造影（CTPA）　能够发现段以上肺动脉内的栓子，还可显示胸部的其他疾患。直接征象为肺动脉内低密度充盈缺损；间接征象包括肺动脉干增粗，远端血管分支减少或消失，楔形或条带状高密度影，少量胸腔积液等。

2. 核素肺通气/灌注扫描（V/Q）　典型征象为节段性分布的肺灌注缺损，而通气显像正常，即通气/灌注不匹配。

3. 磁共振肺动脉造影（MRPA）　对段以上肺动脉内的栓子敏感度和特异度均较高，可用于碘过敏的患者。

4. 肺动脉造影（PA）　是诊断肺血栓栓塞症的经典方法，因该项为有创检查，发生致命性或严重并发症的可能性分别为 0.1% 和 1.5%，应严格掌握适应证。

（三）寻找肺血栓栓塞症的成因和危险因素（求因）

1. 明确有无深静脉血栓形成　对某一病例只要疑诊肺血栓栓塞症，无论其是否有深静脉血栓形成症状，均应进行下肢深静脉加压超声等检查，以明确是否存在深静脉血栓形成及栓子的来源。

2. 寻找发生深静脉血栓形成和肺血栓栓塞症的诱发因素，如制动、创伤、肿瘤、长期口服避孕药等。同时要注意患者有无易栓倾向，尤其是对于年龄<40 岁，复发性肺血栓栓塞症或有静脉血栓栓塞症家族史的患者，应考虑易栓症的可能性，应进行相关原发性危险因素的检查。对不明原因的肺血栓栓塞症患者，应对隐源性肿瘤进行筛查。

【风险评估及诊疗策略】

1. 初始危险度评估 疑似急性肺栓塞根据患者有无休克或低血压(排除新发心律失常、血容量下降、脓毒血症后,体循环动脉收缩压<90mmHg,或较基础值下降幅度≥40mmHg,持续15分钟以上),分为高危及非高危可疑急性肺栓塞,高危患者早期死亡风险高,应予以高度重视,紧急救治。此分层意义重大,需根据此分层界定下一步的诊疗策略。

2. 诊疗策略 对高危及非高危患者分别采用相应的诊断策略以确诊肺栓塞。

伴休克或低血压的可疑急性肺栓塞:此类患者随时有生命危险。一旦怀疑,首选CT肺动脉造影确诊,应与心包填塞、主动脉夹层、急性心肌梗死等鉴别。如因患者或医院条件所限无法行CT肺动脉造影,则首选床旁超声心动图检查,以发现急性肺动脉高压和右心室功能障碍的证据。对于病情不稳定不能行CT肺动脉造影,超声心动图证实右心室功能障碍即可启动再灌注治疗,无须进一步检查,如发现右心血栓则更支持急性肺栓塞的诊断。如果经胸超声心动图检查时声窗不理想,可选择经食管超声心动图,以查找肺动脉血栓进一步支持急性肺栓塞的诊断。

不伴休克或低血压的可疑急性肺栓塞:此类患者短时间内死亡风险相对较低,可以根据患者病情及当地条件选择CT肺动脉造影、V/Q扫描、肺动脉造影或MRPA等确诊。

ER 2-9-8
可疑高危急性肺栓塞的诊断流程图

ER 2-9-9
预防血栓保健操

知识拓展

慢性血栓栓塞性肺动脉高压

慢性血栓栓塞性肺动脉高压(chronic thromboembolic pulmonary hypertension,CTEPH)是急性肺血栓栓塞症后肺动脉内血栓未完全溶解,或肺血栓栓塞症反复发生,出现血栓机化、肺血管腔狭窄甚至闭塞,导致肺血管阻力增加、肺动脉压力进行性增高、右心室肥厚、右心衰竭。以呼吸困难、乏力、活动耐力减低为主要表现的一组综合征,是急性肺栓塞的远期并发症。对于急性肺栓塞抗凝治疗3个月后仍有呼吸困难、体力减退或右心衰竭的患者,均应评估是否存在CTEPH。

其诊断主要根据CT肺动脉造影检查或肺通气/灌注检查,及右心导管检查明确,具体参见肺动脉高压章节。

其治疗包括:肺动脉血栓内膜剥脱术、肺动脉球囊扩张术及药物治疗。所有患者均需要抗凝治疗,抗凝药物参考急性肺栓塞的抗凝。

【治疗】

治疗原则:先进行危重度分级评估,再根据危重度评估结果选择治疗方案。

(一)危重度分级

首先根据有无低血压或休克区分初始危重度,识别早期死亡高危患者。高危患者一旦确诊,应迅速启动再灌注治疗。

对非高危患者,需进行肺栓塞严重指数评分(表2-9-2),以区分中危(评分≥1)和低危患者(评分=0)。中危患者,需进一步检查,区分中高危和中低危患者。评分大于等于1分,超声心动图或CT证实右心室功能障碍,同时伴有心肌损伤生物标志物肌钙蛋白升高者为中高危;而右心室功能和/或血肌钙蛋白单项阳性或双项均阴性者为中低危。中高危患者,随时可能进展为高危患者,需要密切监护,积极抗凝治疗,随时准备溶栓等治疗;中低危患者和低危患者一般不需要溶栓治疗。

表 2-9-2　肺栓塞严重程度指数的评分标准

项目	分值	项目	分值
年龄/岁	若>80 计 1 分	脉搏≥110 次/min	1 分
肿瘤	1 分	收缩压<100mmHg	1 分
慢性心力衰竭	1 分	动脉血氧饱和度<90%	1 分

注:0 分为低危,≥1 分为中危。

(二)急性期治疗

1. 一般治疗　对高度疑诊或确诊肺血栓栓塞症的患者,应密切监测呼吸、心率、血压、静脉压、心电图及动脉血气的变化;保持大便通畅,避免用力,以免促进深静脉血栓的脱落,有血栓脱落高风险的患者应绝对卧床休息;积极纠正低氧血症,采用经鼻导管或面罩吸氧;有咳嗽、发热、烦躁、胸痛等症状者可给予相应的对症治疗。对焦虑和紧张患者可适当使用镇静药物;若出现右心功能不全但血压正常者,可应用多巴酚丁胺和多巴胺;如出现血压下降,可增大剂量或使用其他血管加压药物,如去甲肾上腺素等。因过大的液体负荷可能会加重右室扩张并进而影响心排血量,一般所予负荷量限于 500ml 之内。

ER 2-9-10
基于危险度分层的急性肺栓塞的治疗策略

2. 溶栓治疗　可迅速溶解血栓,恢复肺组织再灌注,改善右心功能,降低病死率。溶栓的时间窗一般为 2 周,主要适用于高危肺血栓栓塞症病例(有明显呼吸困难、胸痛、低氧血症等)。

溶栓的绝对禁忌证:活动性内出血和近期自发性颅内出血。相对禁忌证:2 周内的大手术、分娩、器官活检或不能以压迫止血部位的血管穿刺;2 个月内的缺血性脑卒中;10 天内的胃肠道出血;15 天内的严重创伤;1 个月内的神经外科或眼科手术;难于控制的重度高血压(收缩压>180mmHg,舒张压>110mmHg);近期曾行心肺复苏;血小板计数低于 100×10⁹/L;妊娠;细菌性心内膜炎;严重肝、肾功能不全;糖尿病出血性视网膜病变及出血性疾病等。

常用溶栓方案:①尿激酶 20 000IU/kg 加生理盐水 100ml,持续静脉滴注 2 小时;②重组组织型纤溶酶原激活剂(rt-PA)50mg 持续静脉滴注 2 小时。溶栓治疗结束后,应每 2~4 小时测定一次活化部分凝血活酶时间(APTT),当其恢复至正常值的 2 倍(≤60 秒)以内,即应开始规范的低分子肝素抗凝治疗。溶栓治疗的主要并发症为出血。

3. 抗凝治疗　可有效地防止血栓再形成和复发,是肺血栓栓塞症和深静脉血栓形成的基本治疗方法。常用抗凝药物有普通肝素、低分子肝素、华法林,及新型口服抗凝药;不推荐抗血小板药物。

普通肝素的推荐用法为 80IU/kg 静脉注射,然后以 18IU/(kg·h)持续静脉滴注。在开始治疗后的最初 24 小时内每 4~6 小时测定 APTT,根据 APTT 调整剂量,尽快使 APTT 达到并维持于正常值的 1.5~2.5 倍。

亦可应用低分子肝素,不同药物剂量不同,每天 1~2 次,皮下注射给药,如:达肝素钠 100U/kg 皮下注射,每 12 小时 1 次,单日总量不超过 18 000U。不需监测 APTT 和调整剂量。肝素一般用至临床情况平稳,通常 7~10 天。

在肝素开始应用后 1~3 天加用口服抗凝剂华法林,初始剂量为 3.0~5.0mg。由于华法林数天才能发挥作用,故须与肝素至少重叠 5 天。当连续两天测得的国际标准化比率(INR)在 2.0~3.0 之间,或凝血酶原时间(PT)延长至正常值的 1.5~2.5 倍时,可停用肝素,单独服用华法林。此后调整华法林剂量,使 PT 维持于正常值的 1.5~2.5 倍,INR 在 2.0~3.0 之间,疗程 3~6 个月。

新型口服抗凝药,推荐利伐沙班、阿哌沙班、达比加群或依度沙班,不需监测 APTT。如利伐沙班推荐 15mg 口服,每天 2 次,连续 3 周;3 周后改为 20mg 每天 1 次,疗程 3 个月或以上。

对于静脉血栓栓塞症的易患因素不易去除者、复发静脉血栓栓塞症、并发肺动脉高压和肺心病者,疗程延长至 12 个月或更长。抗凝治疗时应注意有无活动性出血、凝血功能障碍、血小板减少、未予控制的严重高血压等情况。华法林所致出血可以用维生素 K 拮抗。肝素所致出血可以用鱼精蛋白拮抗。

4. 手术治疗

（1）**肺动脉血栓摘除术**:适用于大面积肺血栓栓塞症,肺动脉主干或主要分支阻塞,经溶栓或其他积极治疗无效;或有溶栓禁忌证的高危急性肺栓塞患者。

（2）**经静脉导管碎解和抽吸血栓**:适用于大面积肺血栓栓塞症,并存在有溶栓和抗凝治疗禁忌者、经溶栓或积极的内科治疗无效者。

5. 放置腔静脉滤器　不推荐常规置入下腔静脉滤器。在有抗凝绝对禁忌以及足量抗凝治疗后仍复发的急性肺栓塞患者,可放置下腔静脉滤器。目前多主张放置可回收滤器,一旦患者可安全使用抗凝剂,应尽早取出滤器;若滤器不能取出,则需要长期抗凝治疗,定期复查有无滤器上血栓形成。

急性肺栓塞患者一旦诊断,有条件的医院可通过急诊绿色通道进行救治。急诊绿色通道是指医院为急危重症患者提供快捷有效的紧急救治服务系统,实行"三先三后"原则,即先抢救后分科、挂号;先就诊后缴费办手续;先治疗后检查;"优先畅通"原则,即优先救治、优先检验检查、优先配药发药、优先使用电梯等各种医院资源;"全程监护"原则,即绿色通道服务患者全过程中,包括接诊、救治、检验、检查、手术、转送等均有医务人员对患者进行持续的治疗、护理、监测及照料。真正地体现了"时间第一,生命至上"。急诊快速绿色通道的设立,展现了国家和政府对人民生命健康的重视和投入支持。

【预防和预后】

消除深静脉血栓形成的条件,是预防本病发生的关键。对长期卧床、老年、术后、肥胖、肿瘤、静脉疾病、心力衰竭、过去曾有静脉血栓形成史、处于产褥期的妇女等易形成血栓的患者,应早期预防下肢深静脉血栓形成,以减少肺血栓栓塞症的发生。主要方法有:①机械预防措施:如梯度弹力加压袜、间歇充气压缩泵和静脉足泵等;②药物预防措施:包括皮下注射低分子肝素或磺达肝癸钠,或新型口服抗凝药、华法林等。

ER 2-9-11

弹力袜的介绍
及选择

知识拓展

肺栓塞患者需注意哪些问题

1. 绝对卧床休息 2~3 周,保证大便通畅,不要过度屈曲下肢。

2. 饮食清淡,进食富含蛋白质、维生素、纤维素的食物,多饮水可以降低血液黏稠度、增加血流速度。

3. 服用抗凝剂期间观察有无出血,定期监测凝血指标,避免创伤。

4. 病情稳定后可适当活动,但不能动作过快、过猛。不要过久保持固定的坐卧姿势。坐长途飞机或其他交通工具长途旅行时,应定时起来活动下肢。

5. 下肢固定者,规律活动跖趾,促进血液循环。

肺动脉高压的诊断标准:静息状态下右心导管测得的肺动脉平均压≥25mmHg。早期可无症状或仅有原发疾病表现,逐渐出现劳力性呼吸困难、胸痛、乏力等症状,治疗主要针对血管收缩、内膜损伤、血栓形成及心功能不全等方面进行。

肺血栓栓塞症:临床表现缺乏特异性,与其他心血管疾病难以区别,常易漏诊及误诊。典型症状表现为胸痛、咯血及呼吸困难,对肺段以上病变采用 CT 肺动脉造影检查,可进一步明确诊断。治疗包括及时吸氧、缓解肺血管痉挛、抗休克、抗心律失常、溶栓、抗凝及手术介入等。

病例讨论

患者,男,70 岁,1 个月前体检发现右下肺肿块。诊断:1. 右下肺癌;2. 高血压病(Ⅱ级,高危组)。全麻下行"VATS(单孔)右下肺癌根治术"术后第三天下床活动后突然出现气促、血氧饱和度下降、心前区疼痛 1 小时。查体:全身大汗、呼吸急促,BP:90/56mmHg,血氧饱和度 60%。请心内科会诊,床边心电图怀疑心肌梗死可能。急行介入,冠状动脉造影示:左右冠状动脉未见明显狭窄;主动脉造影示:主动脉未见夹层征象;肺动脉造影示:左右肺动脉主干未见明显栓塞。

经抗休克、升压、抗凝及高流量面罩吸氧等治疗后,患者仍呼吸急促,面罩给氧,氧流量为 6L/min,SpO_2 94%,心率 145 次/min,血压 79/65mmHg,需大剂量去甲肾上腺素维持血压,并出现少尿(10ml/h)。急查 CT 肺动脉造影:考虑右上肺前、尖段肺动脉近段和左上肺尖后段动脉近段、右下肺动脉术后结扎盲端不完全性肺动脉栓塞形成。

(韩扣兰)

思考题

1. 肺动脉高压的诊断标准是什么?
2. 试述肺血栓栓塞症的常见症状。
3. 肺血栓栓塞症的治疗措施是什么?

ER 2-9-12

练习题

第十章 | 睡眠呼吸暂停低通气综合征

教学课件

思维导图

学习目标

1. 掌握：睡眠呼吸暂停低通气综合征的临床表现、诊断标准及鉴别诊断。
2. 熟悉：睡眠呼吸暂停低通气综合征病理、辅助检查及治疗。
3. 了解：睡眠呼吸暂停低通气综合征的病因及发病机制。
4. 学会对发生睡眠呼吸暂停低通气综合征的患者进行诊断，并进行合理的治疗。
5. 具备爱岗敬业的职业素养和严谨求实的科学精神。

案例导入

患者，男，25 岁，公司职员，睡眠中打鼾，睡醒后胸中憋闷，睡觉不能恢复精力，日间极度嗜睡，经常清晨头痛，注意力和记忆力差，工作压力大，自觉身体变差，又怕生病增加家庭负担，心情特别焦虑，血压升高至 160/100mmHg。体格检查，腺样体肥大，下颌骨发育不全。体重指数为 28.7kg/m²。

请思考：
1. 该患者诊断为什么疾病？
2. 应进一步完善哪些检查？
3. 如何对患者进行心理疏导？

睡眠呼吸暂停低通气综合征（sleep apnea hypopnea syndrome，SAHS）是指在夜间 7 小时睡眠过程中呼吸暂停或低通气反复发作在 30 次以上，或呼吸暂停低通气指数（apnea hypopnea index，AHI）即平均每小时睡眠中的呼吸暂停加上低通气次数≥5 次/h。

睡眠呼吸暂停是指睡眠时口和鼻通气均停止达 10 秒以上，分型：①中枢性睡眠呼吸暂停（CSA）：指无上呼吸道阻塞，呼吸气流及胸腹式呼吸运动均消失；②阻塞性睡眠呼吸暂停（OSA）：指上呼吸道完全阻塞，呼吸气流消失但胸腹式呼吸运动仍然存在，临床上以阻塞性最为常见。而低通气是指睡眠过程中口鼻气流较基础水平降低 30% 以上并伴有血氧饱和度（SaO₂）较基础水平下降≥4%，或口鼻气流较基础水平降低 50% 以上并伴有血氧饱和度（SaO₂）较基础水平下降≥3%。微觉醒是指非快速眼球运动（NRE）睡眠过程中持续 3 秒以上的脑电波频率改变。

SAHS 的分型

【病因和发病机制】

1. **阻塞性睡眠呼吸暂停低通气综合征**（obstructive sleep apnea hypopnea syndrome，OSAHS）是最常见的睡眠性呼吸疾病。疾病的发生有家族聚集性和遗传倾向性，多数患者肥胖或超重，上呼吸道任何解剖部位的狭窄或堵塞，均可阻碍空气的正常通过，引起睡眠时出现鼾声和呼吸暂停。

2. **中枢性睡眠呼吸暂停综合征**（central sleep apnea syndrome，CSAS） 原发性少见。常常继发于各种中枢神经系统疾病、脑外伤、充血性心力衰竭、麻醉和药物中毒等。主要与呼吸中枢呼吸调控功能的不稳定性有关。

3. 复杂性睡眠呼吸暂停综合征（complex sleep apnea syndrome，CompSAS） 主要在无创通气治疗后出现，它是指 OSAHS 患者在持续气道正压通气治疗过程中，当达到最佳治疗水平时，阻塞性呼吸暂停事件消失，但 CSA 增多，使得残余的中枢性睡眠呼吸暂停指数≥5 次/h。

【病理生理】

吸气时气道产生负压，气道扩张肌及咽肌收缩，维持气道开放。任何原因引起保持咽腔开放的肌肉张力减弱或咽腔负压增加，机体不能克服吸气时所出现的咽腔压力低于大气压的状态，则会使咽壁软组织被动性塌陷，出现上呼吸道阻塞症状或呼吸暂停，每分通气量减少。长时间反复发生呼吸暂停可导致低氧血症，严重低氧血症可引起儿茶酚胺、肾素-血管紧张素和内皮素分泌增加，微血管收缩，血管内皮受损，神经调节功能失调，内分泌功能紊乱，血流动力学和流变学改变，微循环异常，使组织器官缺血、缺氧，加重多系统器官损害。

（一）呼吸系统

反复发生重度呼吸暂停引起动脉血氧分压下降、二氧化碳分压上升及 pH 下降，引起呼吸性酸中毒。

（二）心血管系统

呼吸暂停可使交感神经兴奋，血液回流增加，心排血量增多，引起肺循环及体循环压力上升，产生肺动脉甚至全身动脉压力周期性升高，从而导致原发性高血压或肺源性心脏病。同时，低氧血症和高碳酸血症均可使肾上腺素儿茶酚胺释放增加，引起血压升高，心率加快，甚至各种心律失常。严重时在睡眠期间发生心搏停止，甚至可导致突然死亡。

（三）血液系统

低氧血症可刺激肾脏分泌促红细胞生成素，使血中红细胞增加，引起继发性红细胞增多症，导致血液黏稠度增加，影响血流速度与循环功能。

（四）神经系统

由于缺氧和循环障碍，可使中枢神经系统受到损害，出现头胀、头晕、耳鸣、智力减退、记忆力下降等症状。

（五）内分泌系统

夜间反复觉醒可导致非快动眼睡眠期和快动眼睡眠期明显减少，睡眠结构紊乱，有效睡眠下降，腺垂体分泌的生长激素主要是在快速动眼睡眠期释放。阻塞性睡眠呼吸暂停低通气综合征患者，在睡眠期间生长激素的释放不同程度地减少，从而可影响其生长发育。

（六）生殖系统

快速动眼睡眠期缩短可导致患者性器官末梢神经损害，引起性功能障碍。

【临床表现】

（一）白天临床表现

1. 嗜睡 是最常见的症状，轻者表现为日间工作或学习时困倦、打瞌睡，重者看电视、开会、开车、坐车、听课时不可抑制地入睡。

2. 疲倦乏力 由于夜间反复呼吸暂停及低氧血症，使睡眠连续性中断，觉醒次数增多，睡眠质量下降，常有轻重不同的疲倦乏力、头晕等。

3. 认知障碍 精细操作的能力下降，注意力不集中，记忆力及判断力下降，老年人可表现为痴呆。

4. 头痛 常在清晨或夜间出现，不剧烈，隐痛多见，可持续 1~2 小时，有时需服止痛药才能缓解。与血压升高、高 CO_2 致脑血管扩张有关。

5. 性格变化 表现易激动、烦躁及焦虑等，可出现抑郁症，影响家庭和社会生活。

6. 性功能减退 约有 10% 的患者可出现性欲减低，甚至阳痿。

(二) 夜间临床表现

1. 打鼾　几乎所有的阻塞性睡眠呼吸暂停低通气综合征患者均有打鼾,这是由于气流通过狭窄的气道后振动软腭、咽喉部周围的软组织产生。声音不规则,高低不等,往往是鼾声-气流停止-喘气-鼾声交替出现。此时患者可出现明显的发绀。

2. 呼吸暂停　是主要症状。一般气流中断的时间为数十秒,个别长达2分钟以上,多随着喘气、憋醒或响亮的鼾声而终止。阻塞性睡眠呼吸暂停低通气综合征患者呼吸暂停时有明显的胸腹矛盾运动。

3. 憋醒　呼吸暂停后患者突然憋醒,感觉心慌、胸闷或心前区不适等,常伴有翻身、四肢不自主运动甚至抽搐,或突然坐起。

4. 多动不安　因低氧血症,患者夜间翻身、转动较为频繁。

5. 夜尿增多　少数患者可出现遗尿,以老年人和重症者最为明显。

6. 睡眠行为异常　表现为恐惧、惊叫、呓语、夜游及幻听等。

(三) 其他表现

阻塞性睡眠呼吸暂停低通气综合征患者由于反复发作的夜间间歇性缺氧和睡眠结构破坏,可引起一系列靶器官功能受损。如鼻咽炎、鼻中隔偏曲、咽扁桃体肥大、软腭松弛,也可出现高血压、冠心病、脑血栓、糖尿病、继发性红细胞增多症和呼吸衰竭等病症。

(四) 体征

可有肥胖、短颈、下颌畸形、鼻息肉、鼻甲肥大、咽腔狭窄、舌体肥大、扁桃体肥大、软腭低垂、悬雍垂肥大等。

【实验室检查】

(一) 血常规

有低氧血症、病程长者,血红细胞、血红蛋白可有不同程度的增加。

(二) 血气分析

低氧血症、高碳酸血症和呼吸性酸中毒。多见于肺心病、呼吸衰竭者。

(三) 多导睡眠图

多导睡眠图(polysomnography,PSG)通过多导生理记录仪进行睡眠呼吸监测,是确诊睡眠呼吸暂停低通气综合征的"金标准",并能确定其类型和程度。其病情轻重的分级标准为:①轻度:AHI(呼吸紊乱指数)5~15(次/h),夜间最低$SaO_2$85%~90%;②中度:AHI>15~30(次/h),夜间最低$SaO_2$80%~<85%;③重度:AHI>30(次/h),夜间最低SaO_2<80%。

(四) 肺功能检查

患者可表现为限制性肺通气功能障碍,流速容量曲线的吸收部分平坦或凹陷。

【诊断与鉴别诊断】

(一) 诊断

根据患者睡眠时打鼾伴呼吸暂停、白天嗜睡、身体肥胖、颈粗等,可作出初步临床诊断。进一步需行PSG,若PSG显示在夜间7小时睡眠过程中呼吸暂停和/或低通气反复发作在30次以上,或AHI≥5次/h,且以阻塞性睡眠呼吸暂停为主,可以确诊阻塞性睡眠呼吸暂停低通气综合征。

(二) 鉴别诊断

1. 原发性鼾症　有明显鼾声,PSG检查不符合上气道阻力综合征诊断,无呼吸暂停和低通气,无气道阻力增加和低氧血症。

2. 发作性睡病　白天过度嗜睡,发作性猝倒,PSG检查睡眠潜伏期<10分钟,入睡后20分钟内有快速动眼时相(rapid eye movement,REM)出现,无呼吸暂停和低氧血症,多次小睡潜伏时间试验(MLST)检测示平均睡眠潜伏期<8分钟伴≥2次的异常快速动眼睡眠,少数有家族史。

3. 夜间发作性癫痫 没有阵挛的轻度癫痫也可存在呼吸暂停,如发生在睡眠时可与睡眠呼吸暂停低通气综合征相混淆,脑电图可鉴别。

【治疗】

（一）一般治疗

1. 减肥 包括运动、饮食控制、药物或手术。

2. 戒烟酒和避免应用镇静催眠药或肌肉松弛药物 上述药物可减弱上呼吸道周围肌肉甚至颏舌肌运动而诱发睡眠呼吸暂停。

3. 合适的睡眠姿势 仰卧可使呼吸暂停明显加重。可采用侧位睡眠,抬高床头。

4. 氧疗 有低氧血症患者,可低浓度吸氧,提高动脉血氧分压和血氧饱和度,预防肺动脉高压和肺心病。

（二）药物治疗

目前治疗尚无有效的药物。

（三）无创气道正压通气治疗

中至重度 OSAHS 患者的一线治疗,包括经鼻持续气道内正压通气（continuous positive airway pressure,CPAP）和双水平气道正压通气（bi-level positive airway pressure,BiPAP）治疗。

1. 经鼻持续气道内正压通气 治疗机制是当通气气流流经气道时,可反射性使下坠的咽肌分开,阻止咽肌塌陷,保持气道通畅。消除低氧血症和高碳酸血症,降低血压及肺动脉压,改善白天嗜睡、头痛和记忆力减退等症状,该方法具有无创、高效、可携机回家长期治疗等优点。

（1）适应证:①AHI>15 次/h 的患者;②AHI<15 次/h,但白天嗜睡等症状明显者;③手术失败、复发或不能耐受其他治疗方法者。

（2）禁忌证:昏迷、血压不稳定、咯血、气胸及有肺大疱者。

2. 双水平气道正压通气 使用鼻（面）罩呼吸机时,在吸气和呼气项分别给予不同的送气压力,在患者自然吸气时,送气压力较高,而自然呼气时,送气压力较低。既保证上呼吸道开放,又符合呼吸生理过程,利于 CO_2 排出,增加治疗依从性,适用于:①CO_2 潴留明显及经鼻持续气道内正压通气压力需求较高的患者;②不耐受经鼻持续气道内正压通气者;③阻塞性睡眠呼吸暂停低通气综合征合并慢性阻塞性肺疾病且 CO_2 潴留者。

知识拓展

体外膜肺氧合

体外膜肺氧合（extracorporeal membrane oxygenation,ECMO）简称膜肺,是体外循环（CPB）技术范围的扩大和延伸,ECMO 可对需要外来辅助的呼吸和/或循环功能不全的重危患者进行有效的呼吸循环支持。该技术源于心外科的体外循环,1975 年成功用于治疗新生儿严重呼吸衰竭。ECMO 的本质是一种改良的人工心肺机,最核心的部分是膜肺和血泵,分别起人工肺和人工心的作用。近 10 年来,随着新的医疗方法的出现,ECMO 技术有了很大的改进,应用范围较前扩大。

（四）口腔矫治器或舌托

睡眠时佩戴,可使下颌前移和/或舌前移,使上气道扩大或增加其稳定性,优点是简单、温和、费用低。

（五）手术治疗

气管切开对严重致命性低氧血症及心律失常是救命性措施,效果明显,气管套管内径应为

6mm,以保证通气。腭垂软腭咽成形术可使口咽面积扩大,打鼾消失。舌骨肌肉切断悬吊术、下颌前移术对后气道狭窄、舌根后坠、下颌骨发育畸形治疗有效。

【预防】

对阻塞性睡眠呼吸暂停低通气综合征患者要进行宣传教育,了解该病的主要表现及其对全身各脏器系统的影响,特别是如何识别该病,针对病因进行治疗,加强运动,戒烟酒,健康生活。

本章小结

睡眠呼吸暂停低通气综合征的表现为睡眠时打鼾伴呼吸暂停、白天嗜睡、身体肥胖、颈围粗等。该病诊断的"金标准"是多导睡眠图(PSG)。无创气道正压通气是中至重度阻塞性睡眠呼吸暂停低通气综合征患者的一线治疗,包括经鼻持续气道内正压通气(CPAP)和双水平气道正压通气(BiPAP)。

病例讨论

患者,男,58 岁。因"夜间发作性心悸、胸痛 3 年"入院。患"高血压"20 年,"脑梗死"11 年。查体:BMI 31.5kg/m²,颈粗短,向心性肥胖。经检查诊断为病态窦房结综合征、高血压、脑梗死,窦性停搏时间最长 68 秒,建议尽快置入心脏起搏器,患者拒绝。详询病史,上述症状均为睡眠中发病且有打鼾及呼吸暂停,考虑为阻塞性睡眠呼吸暂停低通气综合征。动脉血气示:$PaCO_2$ 54.5mmHg,PaO_2 58.1mmHg。PSG 示:AHI 41.18 次/h,最长呼吸暂停 106 秒,最低 SaO_2 30%。

(郑秀花)

思考题

1. 睡眠呼吸暂停低通气综合征的临床表现有哪些?
2. 确诊睡眠呼吸暂停低通气综合征的金标准有哪些?
3. 经鼻持续气道内正压通气的适应证和禁忌证有哪些?

第十一章 | 呼吸衰竭

教学课件

思维导图

ER 2-11-1
ER 2-11-2

学习目标

1. 掌握：呼吸衰竭的分型和定义；慢性呼吸衰竭的临床表现、诊断和鉴别诊断；急性呼吸衰竭的治疗原则；急性呼吸窘迫综合征的临床表现、诊断和鉴别诊断。

2. 熟悉：呼吸衰竭的病因；慢性呼吸衰竭的辅助检查和治疗原则；急性呼吸窘迫综合征的辅助检查和治疗原则。

3. 了解：慢性呼吸衰竭的病因、发病机制和病理生理；急性呼吸衰竭的病因；急性呼吸窘迫综合征的病因、发病机制和病理生理。

4. 学会对呼吸衰竭患者进行诊断；针对呼吸疾病积极做好预防。

5. 具备医患沟通与伦理决策素养和跨学科协作精神，以精准、高效、生命至上的原则全面管理呼吸衰竭。

案例导入

患者，男，72岁。因"反复咳嗽、咳痰13年，气喘5年，加重1周"入院。患者13年前出现反复咳嗽、咳痰症状，秋冬季节和受凉后加重，每予抗炎、止咳治疗后好转。5年前出现气喘，活动后加重，逐年加重。一周前受凉后出现咳、痰、喘症状加重，伴胸闷、心悸症状。为进一步诊治收入院。既往有吸烟史，每年30包。查体：T 37.2℃，P 108次/min，R 25次/min，BP 122/75mmHg，神清，全身浅表淋巴结无肿大。胸部呈桶状胸，叩诊为过清音，听诊呼吸音减弱，双肺底可闻及散在的湿啰音，肺动脉瓣区第二心音亢进。腹部无明显异常，双下肢水肿。辅助检查：WBC $10.5×10^9$/L，血气检查示 pH 7.29，$PaCO_2$ 78mmHg，PaO_2 58mmHg。

请思考：

1. 患者目前诊断可能是什么？

2. 应进一步完善哪些检查？

呼吸衰竭（respiratory failure）是指各种原因引起的肺通气和/或换气功能严重障碍，使静息状态下亦不能维持足够的气体交换，导致机体缺氧伴或不伴二氧化碳潴留，从而引起一系列病理生理改变和相应临床表现的临床综合征。该疾病的主要临床特点为呼吸困难、发绀、神经精神症状等。常用动脉血气分析作为呼吸衰竭的诊断标准：在海平面、静息状态、呼吸空气条件下，动脉血氧分压（PaO_2）<60mmHg，伴或不伴二氧化碳分压（$PaCO_2$）>50mmHg，并排除心内解剖分流和原发于心排血量降低等因素，则可诊断为呼吸衰竭。

【病因】

临床上常见病因有：①气道阻塞性病变；②各种累及肺泡和/或肺间质的病变；③肺血管疾病；④心脏疾病；⑤胸廓与胸膜疾病；⑥神经肌肉疾病。

【分类】

(一) 按起病急缓分类

1. 急性呼吸衰竭 指因某些突发因素而使肺通气和/或换气功能发生严重障碍,引起呼吸功能突然衰竭。如严重肺疾病、创伤、休克、电击、急性气道阻塞等。

2. 慢性呼吸衰竭 一些慢性疾病如呼吸系统或神经肌肉疾病,使呼吸功能的损害逐渐加重而发生的呼吸衰竭。其中 COPD 是最常见的原因。

(二) 按动脉血气分类

1. Ⅰ型呼吸衰竭 即低氧性呼吸衰竭,血气分析特点是 $PaO_2 < 60mmHg$,$PaCO_2$ 降低或正常。该类型主要见于肺换气功能障碍(通气/血流比例失调、弥散功能损害、肺动-静脉分流等),如严重肺部感染性疾病、间质性肺疾病、急性肺栓塞等。

2. Ⅱ型呼吸衰竭 即高碳酸血症性呼吸衰竭,血气分析特点是 $PaO_2 < 60mmHg$,同时伴有 $PaCO_2 > 50mmHg$。该类型系肺泡通气不足所致。单纯通气不足,低氧血症和高碳酸血症的程度是平行的,若伴有换气功能障碍,则低氧血症更为严重,如 COPD。

(三) 按发病机制分类

1. 泵衰竭 是指驱动或调控呼吸运动的中枢神经系统、外周神经系统、神经肌肉组织以及胸廓功能障碍所致的呼吸衰竭,主要引起通气功能障碍,表现为Ⅱ型呼吸衰竭。

2. 肺衰竭 是指气道阻塞、肺组织和肺血管病变所引起的呼吸衰竭。肺组织和肺血管病变常引起换气功能障碍,表现为Ⅰ型呼吸衰竭。当严重的气道阻塞性病变影响通气功能,则造成Ⅱ型呼吸衰竭。

第一节　慢性呼吸衰竭

【病因和发病机制】

(一) 病因

常见的病因为支气管-肺疾病,如 COPD、严重肺结核、肺间质纤维化、肺尘埃沉着症等。胸廓和神经肌肉病变,如胸部手术、外伤、广泛胸膜增厚、胸廓畸形、脊髓侧索硬化症等,亦可导致慢性呼吸衰竭。

(二) 发病机制

1. 通气不足 在 COPD 时,细支气管慢性炎症所致管腔狭窄的基础上,感染使气道炎性分泌物增多,阻塞呼吸道造成阻塞性通气不足,肺泡通气量减少,氧分压下降,二氧化碳排出障碍,最终导致 PaO_2 下降,$PaCO_2$ 增高。

2. 通气/血流比例失调 正常情况下肺泡通气量为 4L/min,肺血流量 5L/min,通气/血流比例为 0.8。在病理情况下,如 COPD,由于肺内病变分布不均,吸入的气体不能与血流进行有效交换,形成无效腔效应,使通气/血流比例>0.8,而另一部分区域虽有血流灌注,由于气道阻塞,肺泡通气不足,使通气/血流比例<0.8,静脉血不能充分氧合,形成动-静脉样分流。其结果主要导致机体的缺氧,而无二氧化碳潴留。

3. 弥散障碍 由于肺泡膜面积减少或肺泡膜异常增厚和弥散时间缩短所引起的气体交换障碍而产生,以缺氧为主的呼吸衰竭。

4. 氧耗量增加 COPD 患者因发热、寒战、呼吸困难及抽搐等原因使氧耗增加,加重机体缺氧。

【病理生理】

(一)缺氧对机体的影响

1. 对中枢神经系统的影响

(1)**轻度缺氧**:早期注意力不集中、智力减退、定向障碍等。随着缺氧的加重可出现烦躁不安、神志恍惚、谵妄、昏迷。脑组织对缺氧的敏感性强,其中以皮质神经元最为敏感,因此临床上缺氧的最早期表现是精神症状。

(2)**严重缺氧**:导致血管通透性增加,引起脑间质和脑细胞水肿,颅内压急骤升高,加重脑组织缺氧,形成恶性循环。

2. 对呼吸的影响 轻度缺氧可通过颈动脉体和主动脉体化学感受器的反射作用刺激通气,但缺氧程度缓慢加重时,这种反射则迟钝。

3. 对心脏、循环的影响 缺氧可使患者心率增加,血压升高,冠状动脉血流量增加以维持心肌活动所必需的氧,心肌对缺氧是十分敏感的。

(1)**早期轻度缺氧**:心电图即可有变化,急性严重缺氧可导致心室颤动或心搏骤停。

(2)**长期慢性缺氧**:可致心肌纤维化、硬化。肺小动脉可因缺氧收缩而增加肺循环阻力,导致肺动脉高压、右心肥厚甚至衰竭,最终引起肺源性心脏病。

4. 对细胞代谢、酸碱平衡和电解质的影响 严重缺氧会使细胞能量代谢的中间过程受到抑制,产生大量乳酸和无机磷,引起代谢性酸中毒。由于能量不足,体内离子转运钠泵受到损害,使钾离子由细胞内转移到血液和组织间液,钠和氢离子进入细胞内,造成细胞内酸中毒及高钾血症。

5. 缺氧对肝、肾功能和造血系统的影响 缺氧会直接或间接损害肝细胞,使谷丙转氨酶升高,但缺氧纠正后肝功能可恢复正常。缺氧可使肾血流量减少,肾功能受到抑制。慢性缺氧可引起继发性红细胞增多,在增加血液携氧量的同时,亦增加了血液黏稠度,严重时可加重肺循环阻力和右心负荷。

(二)二氧化碳潴留对人体的影响

1. 对中枢神经的影响 轻度 CO_2 潴留,可间接兴奋皮质,引起失眠、精神兴奋、烦躁不安等兴奋症状;随着 CO_2 潴留的加重,皮质下层受到抑制,使中枢神经处于麻醉状态,又称 CO_2 麻醉,表现为嗜睡、昏睡至昏迷。另外 CO_2 潴留还可扩张脑血管,严重时引起脑水肿。通常把由缺氧、二氧化碳潴留导致的神经、精神障碍综合征称为肺性脑病。

2. 对心脏和循环的影响 CO_2 潴留可使心率加快,心排血量增加。脑血管、冠状动脉、皮下浅表毛细血管及静脉扩张,而部分内脏血管收缩。早期可引起血压升高,严重时可致血压下降。

3. 对呼吸的影响 CO_2 是强有力的呼吸中枢兴奋剂,随着吸入 CO_2 浓度的增加,通气量逐渐增加。但当其浓度持续升高至 12% 时则通气量不再增加,呼吸中枢处于抑制状态。临床上Ⅱ型呼吸衰竭的患者并无通气量增加,主要是由于存在气道阻力增高、肺组织严重损害及胸廓运动受限等多种因素。

4. 对酸碱平衡的影响 CO_2 潴留可直接导致呼吸性酸中毒。由于血 pH 取决于碳酸氢盐与碳酸的比值,慢性呼吸衰竭时二氧化碳潴留发展较慢,肾脏代偿性调节使 HCO_3^- 排出减少,血 pH 维持正常,称为代偿性呼吸性酸中毒。急性呼吸衰竭或慢性呼吸衰竭的失代偿期,肾脏尚未发生代偿或代偿不完全,使 pH 下降,称为失代偿性呼吸性酸中毒。如同时有缺氧、摄入不足、感染性休克和肾功能不全等因素,使酸性代谢产物增加,血 pH 下降,则与代谢性酸中毒并存,即呼吸性酸中毒合并代谢性酸中毒。在呼吸性酸中毒的基础上,如大量应用利尿剂、糖皮质激素等药物而又未能及时补钾、补氯,则导致低钾低氯性碱中毒,即呼吸性酸中毒合并代谢性碱中毒。

5. 对肾脏的影响 轻度 CO_2 潴留可使肾血管扩张,肾血流量增加而使尿量增加。严重 CO_2 潴留时,由于 pH 下降,使肾血管痉挛,血流量减少,尿量也随之减少。

【临床表现】

除引起慢性呼吸衰竭原发病的症状、体征外,主要是缺氧和 CO_2 潴留引起的呼吸衰竭和多脏器功能紊乱的表现。

(一)呼吸困难

呼吸困难是临床最早出现的症状,表现为呼吸节律、频率和幅度的改变。由 COPD 所致的呼吸衰竭,表现为呼吸费力伴呼气延长,严重时则为浅快呼吸,因辅助呼吸肌的参与,可表现为点头或提肩样呼吸。并发肺性脑病、CO_2 麻醉时,则出现呼吸浅表、缓慢甚至呼吸停止。

(二)发绀

发绀是缺氧典型的症状。由于缺氧使血红蛋白不能充分氧合,当 $SaO_2<90\%$ 时,在口唇、指(趾)端、耳垂、口腔黏膜等血流量较大的部位出现发绀。但因发绀主要取决于血液中还原血红蛋白的含量,故贫血患者即使 SaO_2 明显降低,也可能没有发绀;而 COPD 患者由于继发性红细胞增多,即使 SaO_2 轻度减低也会出现发绀。此外,发绀还受皮肤色素及心功能的影响。

(三)神经、精神症状

缺氧及 CO_2 潴留均可引起神经、精神症状,但因缺氧及 CO_2 潴留的程度、发生急缓及机体代偿能力的不同而表现不同。慢性缺氧多表现为记忆力减退,智力或定向力障碍;急性严重缺氧可出现精神错乱、躁狂、昏迷、抽搐等症状。轻度 CO_2 潴留可表现为兴奋症状,如失眠、烦躁、夜间失眠而白天嗜睡,即昼夜颠倒,此时切忌使用镇静、催眠药,以免加重 CO_2 潴留,诱发肺性脑病;严重 CO_2 潴留还可导致昏睡甚至昏迷。

(四)循环系统

严重缺氧、酸中毒可引起心律失常、心肌损害、周围循环衰竭、血压下降。CO_2 潴留还可使外周浅表静脉充盈、皮肤红润、潮湿、多汗,血压升高,因脑血管扩张可产生搏动性头痛。COPD 长期缺氧、CO_2 潴留,可导致肺动脉高压,右心衰竭。

(五)消化和泌尿系统

缺氧使胃肠道黏膜充血水肿、糜烂渗血,严重者可发生应激性溃疡,引起消化道出血。严重的呼吸衰竭可引起肝、肾功能异常,出现谷丙转氨酶、血尿素氮、肌酐升高。

【动脉血气分析的临床应用】

血气分析不仅可以明确诊断,还有助于了解呼吸衰竭的性质、程度,判断疗效,对指导氧疗、机械通气参数的调节、纠正酸碱失衡和电解质紊乱具有重要价值。

(一)血气分析的常用指标

1. **动脉血氧分压(PaO₂)** PaO_2 为物理溶解于血液中的氧气所产生的分压力,是反映机体氧合状态的指标,也是决定 SaO_2 的重要因素。正常值 95~100mmHg。随着年龄增长 PaO_2 逐渐降低。

2. **动脉血氧饱和度(SaO₂)** SaO_2 是动脉血中血红蛋白实际结合的氧量与所能结合的最大氧量之比,即血红蛋白含氧的百分数,正常值为 96%±3%。SaO_2 作为缺氧指标不如 PaO_2 灵敏。

3. **pH** pH 是反映体液氢离子浓度的指标。动脉血 pH 是酸碱平衡中最重要的指标,它可反映血液的酸碱度,正常值 7.35~7.45。pH<7.35 为失代偿性酸中毒,>7.45 为失代偿性碱中毒。但 pH 的异常并不能说明酸碱失衡的性质,即是代谢性还是呼吸性;pH 在正常范围,不能说明没有酸碱失衡。

4. **动脉血二氧化碳分压(PaCO₂)** $PaCO_2$ 为物理溶解于血液中的 CO_2 气体的分压力,是衡量肺泡通气的可靠指标,也是判断呼吸性酸碱失衡的重要指标。正常值为 35~45mmHg,平均 40mmHg。如 $PaCO_2>45$mmHg,提示通气不足,既可是原发性呼吸性酸中毒,也可是对代谢性碱中毒的代偿。如 $PaCO_2<35$mmHg,提示通气过度,既可是原发性呼吸性碱中毒,也可是对代谢性酸中毒的代偿。

5. 碳酸氢根离子（HCO$_3^-$） HCO$_3^-$是反映代谢的指标，但也受呼吸因素的影响。PaCO$_2$增加时HCO$_3^-$也略有增加。正常值 22~27mmol/L，平均值 24mmol/L。

6. 剩余碱（BE） BE 只反映代谢的改变，不受呼吸因素影响。正常值为−3~+3mmol/L。血液偏碱时为正值，偏酸时为负值，BE>+3mmol/L 为代谢性碱中毒，BE<−3mmol/L 为代谢性酸中毒。

（二）血气分析的结果判断（表 2-11-1）

表 2-11-1　不同酸碱失衡类型的血气改变

酸碱失衡类型	pH	PaCO$_2$	HCO$_3^-$	BE
呼吸性酸中毒	↓	↑	（稍↑）	=
呼吸性酸中毒代偿	=	↑	↑	↑
呼吸性碱中毒	↑	↓	（稍↓）	=
呼吸性碱中毒代偿	=	↓	↓	↓
代谢性酸中毒	↓	=	↓	↓
代谢性酸中毒代偿	=	↓	↑	↑
代谢性碱中毒	↑	=	↑	↑
代谢性碱中毒代偿	=	↑	↑	↑
呼酸合并代酸	↓	↑	↓	↓
呼碱合并代碱	↑	↓	↑	↑
呼酸合并代碱	↑ = ↓	↑	↑	↑
呼碱合并代酸	↑ = ↓	↓	↓	↓

注：↑表示高于正常；↓表示低于正常；=代表正常范围。

【诊断】

1. 患者有慢性肺部疾病或其他导致呼吸功能障碍的疾病病史，如 COPD、严重肺结核等。

2. 有缺氧、CO$_2$潴留的临床表现。

3. 动脉血气分析达到呼吸衰竭的诊断标准。

【治疗】

（一）保持气道通畅是纠正呼吸衰竭的重要措施

1. 清除气道分泌物 鼓励患者咳嗽，对无力咳痰或意识障碍者应加强呼吸道的护理，如吸痰、翻身拍背等。

2. 稀释痰液 对于痰液黏稠不易咳出者，给予口服或雾化吸入祛痰药。

3. 解痉平喘 有气道痉挛者，可雾化吸入或口服 β$_2$ 受体激动剂沙丁胺醇、特布他林等；或吸入异丙托溴铵、噻托溴铵；也可口服或静脉滴注氨茶碱。

4. 建立人工气道 经上述处理无效或病情危重者，应采用气管插管或气管切开，必要时可给予机械通气辅助呼吸。

（二）氧疗

吸氧是治疗呼吸衰竭必需的措施。对于Ⅰ型呼吸衰竭，可吸入较高浓度的氧（>35%），使 PaO$_2$提高到 60mmHg 或 SaO$_2$ 在 90% 以上。对于Ⅱ型呼吸衰竭，则应持续低浓度吸氧（<35%），慢性呼吸衰竭时，由于 CO$_2$潴留，其呼吸中枢化学感受器对 CO$_2$ 的反应性差，呼吸的维持主要靠低氧血症对颈动脉体、主动脉体化学感受器的驱动作用。此时若吸入高浓度的氧，导致 PaO$_2$迅速上升，使外周化学感受器丧失低氧血症的刺激，解除了低氧性呼吸驱动，从而抑制呼吸中枢，致使患者的呼吸变

浅变慢,$PaCO_2$ 随之上升,严重时可陷入 CO_2 麻醉状态。

因此,Ⅱ型呼吸衰竭的吸氧治疗原则是低流量低浓度持续吸氧。不能"矫枉过正",也提醒我们医务人员做事情要把握好度,做到恰到好处。

氧疗可使用鼻导管或鼻塞吸氧,吸氧浓度(FiO_2)=21+4×吸入氧流量(L/min)。对于慢性Ⅱ型呼吸衰竭患者,长期家庭氧疗(1~2L/min,每天 15 小时以上)有利于降低肺动脉压,改善呼吸困难和睡眠,增强活动能力及耐力,提高生活质量,从而延长患者的寿命。

(三)增加通气量

除积极治疗原发病外,增加肺泡通气量是有效排出 CO_2 的关键措施。呼吸兴奋剂可通过刺激呼吸中枢和外周化学感受器,增加呼吸频率和潮气量以改善通气,主要适用于中枢抑制为主、通气不足的呼吸衰竭。可根据患者的具体情况,给予呼吸兴奋剂。呼吸兴奋剂需在气道通畅的基础上应用,否则治疗无效而且增加氧耗量和呼吸功。应用过程中应密切观察病情变化,如无效宜行机械通气治疗。

知识拓展

机械通气

机械通气是指以人工辅助通气装置(呼吸机)来改善通气和/或换气功能,是救治呼吸衰竭的有效手段。根据人体与呼吸机的连接方式不同,分为有创和无创机械通气。前者需建立有创人工气道即气管插管或气管切开,后者可经鼻/面罩行无创正压通气。可根据呼吸衰竭的严重程度及患者的实际情况选择不同的方式。符合下述条件应实施机械通气:经积极治疗后病情仍继续恶化;意识障碍;呼吸形式严重异常,如呼吸频率>40 次/min 或<6 次/min,节律异常,自主呼吸微弱或消失;血气分析提示严重通气和氧合障碍:PaO_2<50mmHg,尤其是充分氧疗后仍<50mmHg;$PaCO_2$ 进行性升高,pH 动态下降。机械通气过程中应密切观察病情,监测血压、心率,加强护理,随时吸痰,根据血气分析结果随时调整呼吸机治疗参数,防止并发症的发生。

(四)水电解质紊乱和酸碱失衡的处理

多种因素可导致慢性呼吸衰竭患者发生水、电解质紊乱和酸碱失衡。应根据患者心功能状态酌情补液。单纯呼吸性酸中毒治疗的关键是改善通气,促进 CO_2 排出。合并代谢性酸中毒者,应积极祛除代谢性酸中毒的病因;如 pH 过低,可适量补碱,先给予 5% 碳酸氢钠 100~150ml 静脉滴注,使 pH 升至 7.25 以上,补碱不需太积极。呼吸性酸中毒合并代谢性碱中毒时,除积极改善通气外,应注意补钾补氯,可根据血气分析结果决定是否重复应用。

(五)病因治疗

呼吸道感染是慢性呼吸衰竭急性加重的常见原因,故针对致病菌选用有效的抗菌药物至关重要。

【预后及预防】

预后取决于慢性呼吸衰竭患者原发病的严重程度及肺功能状态。应加强慢性胸肺疾病的防治,阻止肺功能逐渐恶化和呼吸衰竭的发生。已有慢性呼吸衰竭的患者应注意预防呼吸道感染。慢性呼吸衰竭患者多病程较长,病情每况愈下,身心都承受较大的痛苦和压力,因此要做好健康教育,告知患者及家属该疾病日常生活和护理的注意事项,尽可能延缓肺功能恶化,保持较长时间生活自理,增加患者及家属的治疗信心,减轻患者的身心负担。

第二节　急性呼吸衰竭

急性呼吸衰竭是指原呼吸功能正常,由于某种突发原因,肺通气和/或换气功能急剧下降,产生缺氧和/或 CO_2 潴留。

【病因】

病因主要有:①呼吸道阻塞性病变:异物吸入、喉头水肿等;②胸肺疾病:严重感染、急性大面积肺栓塞、胸部外伤、张力性气胸等;③中枢神经及神经肌肉疾患:脑卒中、颅内感染、颅脑外伤、药物中毒等抑制呼吸中枢;吉兰-巴雷综合征、重症肌无力、多发性肌炎、周期性瘫痪累及呼吸肌;④各种肺内或肺外的严重疾病引起的急性呼吸窘迫综合征,是一种特殊类型的急性呼吸衰竭。

【临床表现】

急性呼吸衰竭的临床表现主要是低氧血症所致的呼吸困难和多脏器功能障碍。

1. 呼吸困难　呼吸困难是呼吸衰竭最早出现的症状。多数患者有明显的呼吸困难,可表现为频率、节律和幅度的改变。早期表现为呼吸频率增快,病情加重时出现呼吸困难,辅助呼吸肌活动加强,如"三凹征"。中枢性疾病或中枢神经抑制性药物所致的呼吸衰竭,表现为呼吸节律改变,如潮式呼吸、间停呼吸等。

2. 发绀　发绀是缺氧的典型表现,当动脉血氧饱和度低于 90% 时,可在口唇、指甲等处出现发绀。因严重休克等引起末梢循环障碍的患者,即使动脉血氧分压尚正常,也可出现发绀,称作外周性发绀;而真正由于动脉血氧饱和度降低引起的发绀,称作中央性发绀。发绀还受皮肤色素及心功能的影响。

3. 精神神经症状　急性缺氧可出现精神错乱、躁狂、昏迷、抽搐等症状。如合并急性 CO_2 潴留,可出现嗜睡、淡漠、扑翼样震颤,甚至呼吸骤停。

4. 循环系统表现　多数患者有心动过速;严重低氧血症和酸中毒可导致心肌损害,亦可引起周围循环衰竭、血压下降、心律失常、心搏停止。

5. 消化和泌尿系统表现　严重呼吸衰竭对肝、肾功能都有影响,部分病例可出现谷丙转氨酶与血浆尿素氮升高,个别病例尿中可出现蛋白、红细胞和管型。因胃肠道黏膜屏障功能受损,导致胃肠道黏膜充血水肿、糜烂渗血或发生应激性溃疡,引起上消化道出血。

【诊断】

除原发疾病、低氧血症及 CO_2 潴留所致的临床表现外,呼吸衰竭的诊断主要依靠血气分析。而结合肺功能、胸部影像学和纤维支气管镜等检查对于明确呼吸衰竭的病因至关重要。

1. 动脉血气分析　对判断呼吸衰竭和酸碱失衡的严重程度及指导治疗均具有重要意义。pH可反映机体的代偿状况,有助于鉴别急性或慢性呼吸衰竭。当 $PaCO_2$ 升高、pH 正常时,称为代偿性呼吸性酸中毒;若 $PaCO_2$ 升高、pH<7.35,则称为失代偿性呼吸性酸中毒。需要指出,由于血气受年龄、海拔、氧疗等多种因素影响,具体分析时一定要结合临床情况。

2. 肺功能检测　尽管在某些重症患者,肺功能检测受到限制,但能通过肺功能判断通气功能障碍的性质(阻塞性、限制性或混合性)及是否合并换气功能障碍,并对通气和换气功能障碍的严重程度进行判断。呼吸肌功能测试能够提示呼吸肌无力的原因和严重程度。

3. 胸部影像学检查　包括普通 X 线胸片、胸部 CT 和放射性核素肺通气/灌注扫描、肺血管造影及超声检查等。

4. 纤维支气管镜检查　对明确气道疾病和获取病理学证据具有重要意义。

【治疗】

急性呼吸衰竭时,总体治疗原则是:呼吸支持,包括保持呼吸道通畅、纠正缺氧和改善通气等;呼吸衰竭病因和诱因的治疗;一般支持治疗以及对其他重要脏器功能的监测与支持。

(一)保持呼吸道通畅

出现呼吸停止时,应立即进行现场抢救,通畅呼吸道是救治急性呼吸衰竭的必要条件。使患者仰卧,头后仰,托起下颌将口打开,迅速清除呼吸道分泌物,并开始人工呼吸。口对口人工呼吸是一种简便而有效的临时急救措施,必要时尽快建立人工气道(口咽通气道、气管插管或气管切开)。如发生心脏停搏,应进行心肺脑复苏术。

(二)氧疗

即氧气疗法,指通过不同吸氧装置增加肺泡内氧分压以纠正机体低氧血症的治疗方法。

1.吸氧浓度 确定吸氧浓度的原则是在保证 PaO_2 迅速提高到 60mmHg 或 SpO_2 达 90% 以上的前提下,尽量降低吸氧浓度。I 型呼吸衰竭的主要问题为氧合功能障碍而通气功能基本正常,较高浓度(>35%)给氧可以迅速缓解低氧血症而不会引起 CO_2 潴留。对于伴有高碳酸血症的急性呼吸衰竭,往往需要将给氧浓度设定为达到上述氧合目标的最低值。

2.吸氧装置

(1)鼻导管或鼻塞:主要优点为简单、方便,不影响患者咳痰、进食;缺点为氧浓度不恒定,易受患者呼吸的影响。高流量时对局部鼻黏膜有刺激,氧流量不能大于 7L/min。

(2)面罩:主要包括简单面罩、带储气囊无重复呼吸面罩和文丘里(Venturi)面罩。主要优点为吸氧浓度相对稳定,可按需调节,且对鼻黏膜刺激小;缺点为在一定程度上影响患者咳痰、进食。

(3)经鼻高流量氧疗(high flow nasal cannula,HFNC):近年来出现的一种新型的呼吸支持技术。该系统主要由 3 部分组成:高流量产生装置、加温湿化装置和高流量鼻塞。HFNC 可以实现气体流量和氧气浓度单独调节,一般要求输送的最大流量至少达到 60L/min,FiO_2 调节范围 0.21~1.0。

(三)正压机械通气与体外膜式氧合

当机体出现严重的通气和/或换气功能障碍时,以人工辅助通气装置(有创或无创正压呼吸机)来改善通气和/或换气功能,即为正压机械通气。机械通气能维持必要的肺泡通气量,降低 $PaCO_2$ 改善肺的气体交换效能;使呼吸肌得以休息,有利于恢复呼吸肌功能。正压机械通气可分为经气管插管进行的有创正压通气及经鼻/面罩进行的无创正压通气。

体外膜式氧合(ECMO)是体外生命支持技术中的一种,通过将患者静脉血引出体外后经氧合器进行充分的气体交换,然后再输入患者体内。按照治疗方式和目的,ECMO 可分为静脉-静脉方式 ECMO(VV-ECMO)和静脉-动脉方式 ECMO(VA-ECMO)两种。VV-ECMO 是指将经过体外氧合后的静脉血重新输回静脉,因此仅用于呼吸功能支持;而 VA-ECMO 是指将经过体外氧合后的静脉血输至动脉,因减少了回心血量,VA-ECMO 可以同时起到呼吸和心脏功能支持的目的。因此,ECMO 是严重呼吸衰竭的终极呼吸支持方式,主要目的是部分或全部替代心肺功能,让其充分休息,减少呼吸机相关性肺损伤的发生,为原发病的治疗争取更多的时间。

(四)病因治疗及其他脏器支持

急性呼吸衰竭的病因多样,应针对不同病因采取相应的治疗措施。同时由于呼吸衰竭容易累及其他脏器,如出现消化道出血、肾功能不全、肺动脉高压等,故加强其他重要脏器功能的监测和支持也很重要。

第三节　急性呼吸窘迫综合征

急性呼吸窘迫综合征(acute respiratory distress syndrome,ARDS)是指由各种肺内和肺外致病因素所导致的急性弥漫性肺损伤和进而发展的急性呼吸衰竭。ARDS 不是一个独立的疾病,作为连续的病理过程,其早期阶段为急性肺损伤(acute lung injury,ALI),重度的 ALI 即 ARDS(ARDS 是 ALI 的晚期阶段)。临床表现为呼吸窘迫及难治性低氧血症,后期常并发多脏器功能衰竭。

【病因和发病机制】

（一）病因

引起 ALI/ARDS 的原因或高危因素很多,可以分为肺内因素(直接因素)和肺外因素(间接因素)。

1. 肺内因素 是指对肺的直接损伤,包括:①化学性因素,如吸入毒气、烟尘、胃内容物及氧中毒等;②物理性因素,如肺挫伤、放射性损伤等;③生物性因素,如重症肺炎。在导致直接肺损伤的原因中,国外报道胃内容物吸入占首位,而国内以重症肺炎为主要原因。若同时存在一种以上的危险因素,对 ALI/ARDS 的发生具有叠加作用。

2. 肺外因素 包括严重休克、感染中毒症、严重非胸部创伤、大面积烧伤、大量输血、急性胰腺炎、药物或麻醉品中毒等。

（二）发病机制

发病机制尚未完全阐明。除有些致病因素对肺泡膜的直接损伤外,更重要的是多种炎症细胞(巨噬细胞、中性粒细胞、血管内皮细胞、血小板)及其释放的炎性介质和细胞因子间接介导的肺炎症反应,最终引起肺泡膜损伤、毛细血管通透性增加和微血栓形成;并可造成肺泡上皮损伤,表面活性物质减少或消失,加重肺水肿和肺不张,从而引起肺的氧合功能障碍,导致顽固性低氧血症。

目前认为中性粒细胞在肺内聚集、激活,并通过"呼吸爆发"释放氧自由基、蛋白酶和炎症介质,以及巨噬细胞、肺毛细血管上皮细胞的参与是 ARDS 的重要细胞学机制。

【病理生理改变】

由于广泛肺组织损伤,肺微循环障碍,使肺毛细血管通透性增加,表面活性物质减少,从而发生肺水肿、肺不张,最终导致进行性顽固性低氧血症。

【临床表现】

1. 症状 ALI/ARDS 多于原发病起病后 5 天内发生,约半数发生于 24 小时内。除原发病的相应症状和体征外,最早出现的症状是呼吸加快,并呈进行性加重的呼吸困难、发绀,常伴有烦躁、焦虑、出汗等。其呼吸困难的特点是呼吸深快、费力,患者常感到胸廓紧束、严重憋气,即呼吸窘迫,不能用通常的吸氧疗法改善,亦不能用其他原发心肺疾病(如气胸、肺气肿、肺不张、肺炎、心力衰竭)解释。

2. 体征 早期体征可无异常,或仅在双肺闻及少量细湿啰音;后期多可闻及水泡音,可有管状呼吸音。

【实验室和辅助检查】

1. X 线检查 早期无异常,继而出现斑片状或以至融合成大片状的浸润阴影,大片阴影中可见支气管充气征。其演变似肺气肿,快速多变;后期可出现肺间质纤维化的改变。

2. 动脉血气分析 典型的改变为 PaO_2 降低、$PaCO_2$ 降低,pH 升高。目前,临床上常用的肺氧合功能指标是 PaO_2/FiO_2,正常值为 400~500mmHg,在 ALI 时≤300mmHg,ARDS 时≤200mmHg。

3. 床旁呼吸功能检测 ARDS 时肺顺应性降低,无效腔通气量比例增加,但无呼气流速受限。

4. 心脏超声和 Swan-Ganz 导管检查 Swan-Ganz 导管可测 PAWP,PAWP 是反映左心房压较可靠的指标:PAWP 通常<12mmHg,若>18mmHg 则支持左心衰。

【诊断和鉴别诊断】

（一）诊断

满足如下 4 项条件方可诊断 ARDS。

1. 明确诱因下 1 周内出现的急性或进展性呼吸困难。

2. 胸部 X 线平片/胸部 CT 显示双肺浸润影,不能完全用胸腔积液、肺叶/全肺不张和结节影解释。

ER 2-11-3
急性呼吸窘迫综合征的 X 线胸片

ER 2-11-4
急性呼吸窘迫综合征的胸部 CT

3. 呼吸衰竭不能完全用心力衰竭和液体负荷过重解释。如果临床没有危险因素,需要用客观检查(如超声心动图)来评价心源性肺水肿。

4. 低氧血症　根据 PaO_2/FiO_2 确立 ARDS 诊断,并将其按严重程度分为轻度、中度和重度 3 种。需要注意的是上述氧合指数中 PaO_2 的监测都是在机械通气参数 PEEP/CPAP 不低于 $5cmH_2O$ 的条件下测得;所在地海拔超过 1 000m 时,须对 PaO_2/FiO_2 进行校正,校正后的 $PaO_2/FiO_2=(PaO_2/FiO_2)\times$(所在地大气压值/760)。

轻度:$200mmHg<PaO_2/FiO_2\leqslant300mmHg$
中度:$100mmHg<PaO_2/FiO_2\leqslant200mmHg$
重度:$PaO_2/FiO_2\leqslant100mmHg$

(二)鉴别诊断

上述 ARDS 的诊断标准是非特异的,建立诊断时必须排除心源性肺水肿、大面积肺不张、大量胸腔积液、弥漫性肺泡出血等,通常能通过详细询问病史、体检和 X 线胸片、心脏超声及血液化验等作出鉴别。心源性肺水肿患者卧位时呼吸困难加重,咳粉红色泡沫样痰,肺湿啰音多在肺底部,对强心、利尿等治疗效果较好。鉴别困难时,可通过超声心动图检测心室功能等作出判断并指导治疗。

【治疗】

ARDS 是一种危重症,需积极处理。目前治疗 ARDS 的主要方法有:

(一)原发病治疗

原发病治疗是治疗 ARDS 的首要原则和基础,应积极寻找原发病并予以彻底治疗。感染是 ARDS 的常见原因,也是 ARDS 的首位高危因素,而 ARDS 又易并发感染,所以对所有患者都应怀疑感染的可能,除非有明确的其他导致 ARDS 的原因存在。治疗上宜选择广谱抗生素。

(二)纠正缺氧

采取有效措施尽快提高 PaO_2。一般需高浓度给氧,使 $PaO_2\geqslant60mmHg$ 或 $SaO_2\geqslant90\%$。轻症者可使用面罩给氧,但多数患者需使用机械通气。

(三)机械通气

尽管 ARDS 机械通气的指征尚无统一标准,多数学者认为一旦诊断为 ARDS,应尽早进行机械通气。轻度 ARDS 患者可试用无创正压通气,无效或病情加重时尽快气管插管行有创机械通气。机械通气的目的是维持充分的通气和氧合,以支持脏器功能。由于 ARDS 肺病变具有"不均一性"和"小肺"的特点,当采用较大潮气量通气时,气体容易进入顺应性较好、位于非重力依赖区的肺泡,使这些肺泡过度扩张,造成肺泡上皮和血管内皮损伤,加重肺损伤;而萎陷的肺泡在通气过程中仍处于萎陷状态,在局部扩张肺泡和萎陷肺泡之间产生剪切力,也可引起严重肺损伤。因此 ARDS 机械通气的关键在于:复张萎陷的肺泡并使其维持开放状态,以增加肺容积和改善氧合,同时避免肺泡过度扩张和反复开闭所造成的损伤。目前,ARDS 的机械通气推荐采用肺保护性通气策略,主要措施包括合适水平的 PEEP 和小潮气量。

1. PEEP 的调节　适当水平的 PEEP 可使萎陷的小气道和肺泡再开放,防止肺泡随呼吸周期反复开闭,使呼气末肺容量增加,并可减轻肺损伤和肺泡水肿,从而改善肺泡弥散功能和通气/血流比例,减少肺内分流,达到改善氧合和肺顺应性的目的。但 PEEP 可增加胸内正压,减少回心血量,并有加重肺损伤的潜在危险。因此在应用 PEEP 时应注意:①对血容量不足的患者,应补充足够的血容量以代偿回心血量的不足;同时不能过量,以免加重肺水肿。②从低水平开始,先用 $5cmH_2O$,逐渐增加至合适的水平,争取维持 $PaO_2>60mmHg$ 而 $FiO_2<0.6$。一般 PEEP 水平为 $8\sim18cmH_2O$。

2. 小潮气量　ARDS 机械通气采用小潮气量,即 $6\sim8ml/kg$,旨在将吸气平台压控制在 $30\sim35cmH_2O$ 以下,防止肺泡过度扩张。为保证小潮气量,可允许一定程度的 CO_2 潴留和呼吸性酸中毒（pH 7.25~7.30），即允许性高碳酸血症。合并代谢性酸中毒时需适当补碱。

迄今为止，对 ARDS 患者机械通气时如何选择通气模式尚无统一标准。压力控制通气可以保证气道吸气压不超过预设水平，避免呼吸机相关性肺损伤，因而较容量控制通气更常用。其他可选的通气模式包括双相气道正压通气、压力释放通气等。高频振荡通气可改善 ARDS 患者的肺功能，但不能提高存活率。对于中重度 ARDS，可使用俯卧位通气、肺复张法等进一步改善氧合。对于经过严格选择的重度 ARDS，以体外膜式氧合（ECMO）进行肺替代治疗有望提高存活率。

（四）液体管理

液体管理是 ARDS 治疗的重要环节。在保证组织器官灌注的前提下，实施限制性液体管理，使液体出入轻度负平衡，有助于改善 ALI/ARDS 患者的氧合和减轻肺损伤。可酌情使用利尿剂以减轻肺水肿。此期不宜使用胶体溶液，但对于存在低蛋白血症者，在补充白蛋白等胶体溶液的基础上加用利尿剂，有助于达到液体负平衡。

（五）营养支持与监护

ARDS 时机体处于高代谢状态，应补充足够的营养。静脉营养可引起感染和血栓形成等并发症，应提倡全胃肠营养，不仅可避免静脉营养的不足，而且能够保护胃肠黏膜，防止肠道菌群移位。ARDS 患者应入住 ICU，动态监测呼吸、循环、水电解质、酸碱平衡及其他重要脏器的功能，以便及时调整治疗方案。

（六）其他治疗

重症 ARDS 患者采用肺保护性机械通气时，单纯使用镇静剂不足以保证人机同步。48 小时内早期使用神经肌肉阻滞剂（顺阿曲库铵）可提高患者生存率，减少呼吸机使用天数，且不会增加 ICU 获得性肌肉麻痹风险，但在其广泛应用于临床之前还需更多研究加以验证。

在 ARDS 早期和晚期，均有许多研究试图用糖皮质激素减轻肺内肺炎反应，但很少能证明糖皮质激素的益处。故目前证据不支持用大剂量糖皮质激素治疗 ARDS 患者。

肺表面活性物质替代疗法治疗 ARDS 等临床试验结果都令人失望。吸入一氧化氮和依前列醇可短期改善氧合，但都不能提高 ARDS 患者存活率，也不能缩短机械通气时间。

【预后及预防】

文献系统综述提示 ARDS 的病死率为 26%~44%。预后与原发病和疾病严重程度明显相关。继发于感染中毒症或免疫功能低下患者并发条件致病菌引起的肺炎患者预后极差。ARDS 单纯死于呼吸衰竭者仅占 16%，49% 的患者死于多器官功能障碍综合征。另外，老年患者（年龄超过 60 岁）预后不佳。有效的治疗策略和措施是降低病死率、改善预后的关键因素。ARDS 协作网在 1997 年至 2009 年期间开展的临床试验显示，ARDS 的病死率呈现明显的下降，这可能与采取的允许性高碳酸血症和保护性肺通气策略、早期应用抗生素、预防溃疡和血栓形成、良好的液体管理、营养支持和其他脏器支持等措施有关。ARDS 存活者大部分肺脏能完全恢复，部分遗留肺纤维化。

本章小结

呼吸衰竭定义：在海平面大气压下，于静息呼吸空气条件下，若 $PaO_2 < 60mmHg$，或伴有 $PaCO_2 > 50mmHg$，并排除心内解剖分流和原发心排血量降低等因素，即为呼衰。按动脉血气分析的结果将呼衰分为 I 型呼衰和 II 型呼衰。I 型呼衰为缺氧无 CO_2 潴留，氧疗是其指征。II 型呼衰为缺氧伴 CO_2 潴留，只有增加肺泡通气量，必要时加氧疗来解决。

呼衰的诊断主要依靠血气分析，对呼吸性酸碱失衡的判断，最有价值的检查是 $PaCO_2$，对代谢性酸碱失衡的判断，最有价值的指标是 HCO_3^-。

呼吸衰竭治疗原则：加强呼吸支持，包括保持呼吸道通畅、纠正缺氧、改善通气；治疗原发病；加强一般支持治疗和对其他重要脏器功能的监测与支持。

ARDS 指由各种原因引起的肺通气和/或换气功能严重障碍，使静息状态下亦也不能维持足够的气体交换，导致机体缺氧伴或不伴二氧化碳潴留，从而引起一系列病理生理改变和相应临床表现的临床综合征。ARDS 的诊断要满足 4 条诊断标，同时需排除心源性肺水肿、大面积肺不张、大量胸腔积液、弥漫性肺泡出血等疾病。治疗原则包括积极治疗原发病、氧疗、机械通气以及调节液体平衡等。

病例讨论

患者，男，68 岁。因"发热、咳嗽加重 3 天，意识不清 1 天"入院。既往有慢性咳嗽、咳痰病史 30 余年，活动后气短 8 年，有高血压病史 5 年。入院查体：T 38.8℃，P 120 次/min，R 32 次/min，BP 158/84mmHg，嗜睡，球结膜充血，轻度水肿，唇发绀，气管居中，桶状胸，双肺可闻及干湿啰音，心率 120 次/min，律齐，无杂音。肝右肋下 3cm，肝颈静脉回流征阳性，双下肢水肿，病理征阴性。动脉血气分析：pH 7.28，$PaCO_2$ 80mmHg，PaO_2 30mmHg，BE 4.0mmol/L，HCO_3^- 34mmol/L。心电图示：窦性心动过速。

（钱 倩）

思考题

1. 简述呼吸衰竭的概念。
2. 简述呼吸衰竭的临床表现。
3. 简述呼吸衰竭的治疗原则。

ER 2-11-5

练习题

第三篇

循环系统疾病

学习目标

1. 掌握：循环系统疾病的诊断。
2. 熟悉：循环系统疾病的治疗和预防。
3. 了解：循环系统结构和功能特点。
4. 学会对循环系统疾病进行诊断。
5. 具备以患者为中心，不忘初心、牢记健康使命的责任感和使命感。

　　循环系统是由心脏、血管构成的腔道系统，在神经体液的调节下，血液在这一系统内循环流动，将氧气、营养物质、酶和激素等运送到全身器官、组织及细胞，又将代谢废物运走，以保证人体正常新陈代谢的需要，维持正常的生命活动。循环系统疾病包括心脏疾病和血管疾病，合称心血管疾病，是现代社会严重威胁人类健康的主要疾病。统计资料显示，自 20 世纪 90 年代以来，无论城乡，心血管疾病（包括脑血管意外）的病死率占首位，已成为我国人民身体健康的"第一杀手"。因此，掌握循环系统疾病的相关知识具有重要的现实意义，同时让学生能够从思想上认识医学知识的重要性以及医学生所肩负的使命，从而充分激发和调动学生的主观能动性。

第一节　循环系统结构和功能特点

一、心脏

　　1. 心脏的收缩和舒张功能　心脏处于循环系统的中心，由左、右心房和左、右心室 4 个心腔以及二尖瓣、三尖瓣、主动脉瓣和肺动脉瓣 4 组瓣膜组成（图 3-1-1）。推动血液流动的主要动力是循环系统各部分间的压力梯度，而心室肌的收缩和舒张是造成室内压、房内压、血管压力变化及形成压力梯度的根本原因。心室肌收缩造成的室内压上升推动射血，而心室肌的舒张造成室内压急剧下降形成的抽吸力是心室快速充盈的主要动力。房室瓣和半月瓣的开启与关闭，取决于瓣膜两侧的压力梯度。瓣膜的正常活动保证了血液的单方向顺畅流动，使循环系统各部分间的压力梯度得以实现。各种原因导致心脏收缩和/或舒张功能损害，最终将导致心力衰竭，而瓣膜及瓣环的损害则使血液不能单方向顺畅流动，从而导致心脏瓣膜病。

　　2. 心脏的传导系统　心肌细胞可分为两类，一类是构

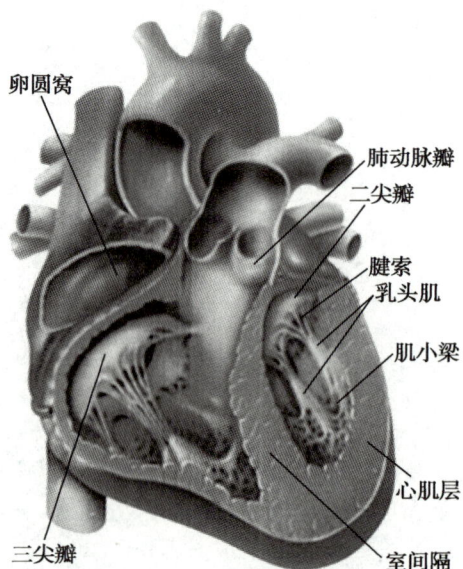

卵圆窝

肺动脉瓣

二尖瓣

腱索

乳头肌

肌小梁

心肌层

室间隔

三尖瓣

图 3-1-1　心脏结构示意图

成心房和心室壁的普通心肌细胞,具有兴奋性、传导性和收缩性,执行泵血功能;另一类心肌细胞收缩性较弱,在没有外来刺激的情况下能自动发生节律性兴奋,包括窦房结、房室交界区(含房室结)、房室束(又名希氏束)、左右束支和浦肯野纤维,合称心脏的传导系统(图3-1-2)。正常心脏节律由窦房结发出,称为窦性心律。由窦房结发出的冲动,传至心房肌,使心房肌收缩;同时兴奋可经结间束下传至房室结,房室结位于房间隔下部,由房室结发出房室束进入心室。当心脏激动的起源、频率、节律、传导速度和传导顺序出现异常时,导致心律失常。

3. 心脏的血液循环-冠脉循环 心脏本身的血供主要来自起源于主动脉根部的左、右冠状动脉(图3-1-3)。左冠状动脉主干起源于主动脉根部的左冠状动脉窦,分支为前降支、回旋支,有时发出第三支血管即中间支。左前降支沿前室间沟下行至心尖或绕过心尖,左回旋支绕向后于左心耳下到达左房室沟。右冠状动脉多起源于主动脉根部右冠窦,下行至右房室间沟,绝大多数延续至后室间沟。左前降支、左回旋支与右冠状动脉构成冠状动脉的3支主干。冠状动脉主干及其大分支走行于心脏的表面,其小分支常以垂直方向穿入心肌至心内膜下,沿途发出分支,并在心内膜下分支成网。与左、右冠状动脉分支伴行的多数静脉血经冠状窦口回流到右心房。冠脉循环的特点是:①心肌毛细血管数量多,血供非常丰富;②细小的冠脉吻合支扩张后可建立有效的侧支循环;③冠脉血流受心肌收缩的影响而发生周期性变化:在收缩期冠脉受心肌挤压而血流急剧减少,在舒张期冠脉扩张充盈,因而冠状动脉主要在舒张期给心脏供血。

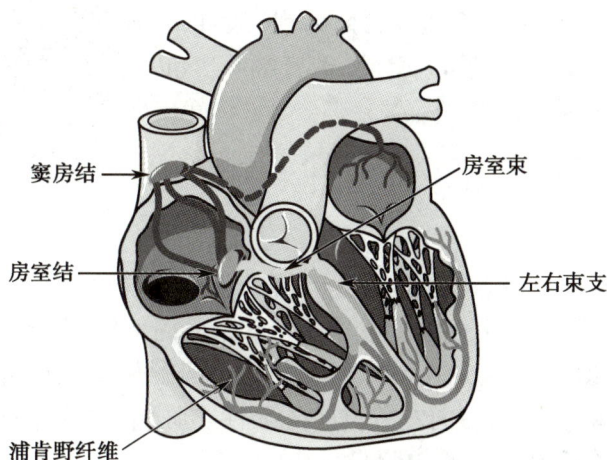

图 3-1-2 正常心脏传导系统示意图

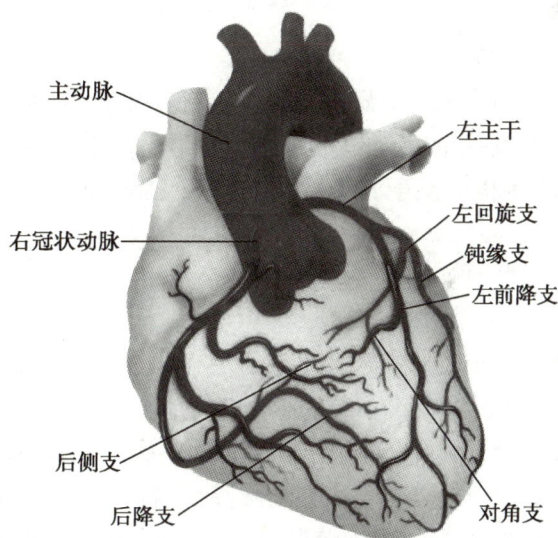

图 3-1-3 冠脉示意图

二、血管

循环系统的周围结构包括动脉、毛细血管和静脉,为运输血液的管道。心室泵出的血液经由动脉系统被输送到各器官,在毛细血管处进行物质交换,提供氧、激素、酶、维生素和其他营养物质;同时运走代谢产物和二氧化碳,再经由静脉系统回流到心房。动脉和静脉管壁在组织学上从内向外依次为内膜、中膜和外膜,其中,内膜由内皮细胞和内皮下层构成。内皮细胞作为血管的内表面,为血液流动提供光滑表面,同时为物质交换提供通透性屏障。内皮细胞内有复杂的酶系统,可以合成和分泌多种生物活性物质,参与血管的收缩和舒张、凝血、免疫和细胞增殖的调节,这对于调节血液循环、维持内环境的稳定和保证生命活动的正常进行具有十分重要的意义。

三、循环系统的调节

1. 冠状动脉血流量的调节 心脏做功量大,所以耗氧量大。成年人安静状态下,每100g心肌耗氧量达 7~9ml/min,流经心脏冠脉循环的血液中,65%~75% 的氧被心肌摄取。因此,心肌耗氧量增加时,主要通过扩张冠脉和增加冠脉血流量来适应心肌对氧需求的增加。冠状动脉血流量主要受心肌代谢水平的影响,也受神经和体液因素的调节。

2. 调节血液循环的神经体液因素 心脏本身具有自律性,同时整个循环系统的功能也受神经体液因素的调节:①交感神经通过兴奋心脏肾上腺素能 β_1 受体,使心率加速、传导加快、心脏收缩力增强;兴奋血管上的 α 受体使周围血管收缩。②副交感神经通过兴奋乙酰胆碱能受体,使心率减慢、传导抑制、心脏收缩力减弱、周围血管扩张。③体液调节包括全身性调节和局部调节。全身调节有多种系统参与,如肾素-血管紧张素-醛固酮系统、交感-肾上腺素能系统、激肽释放酶-激肽系统。其特点是作用持久稳定,调节物质经血液循环被携带到全身各处,作用于相应的靶组织或靶细胞而发挥调节作用。局部调节则是由一些细胞分泌的活性物质作用于其邻近的细胞,以旁分泌和/或自分泌的方式产生调节作用。

第二节　循环系统疾病的诊断

诊断循环系统疾病应根据病史、临床症状、体征、实验室检查和器械检查等资料进行综合分析,作出诊断。

一、症状

循环系统疾病常见的症状有:呼吸困难、胸痛或胸部不适、心悸、水肿、发绀、晕厥,其他症状还包括咳嗽、头痛、头晕或眩晕、上腹胀痛、恶心、呕吐、声音嘶哑等。多数症状也见于其他系统的疾病,因此分析诊断时要仔细鉴别。

ER 3-1-3

心脏体格检查

二、体征

(一)心脏体征

1. 视诊 视诊时主要观察一般情况、体位、心前区隆起与凹陷、心尖搏动、心前区异常搏动、呼吸状况(是否存在端坐呼吸等)、是否存在发绀、颈静脉怒张、水肿等。左心室肥厚时心尖呈抬举性搏动;大量心包积液时心尖搏动消失。自幼患心脏病者,心前区常隆起。此外,两颧呈紫红色有助于诊断二尖瓣狭窄和肺动脉高压,杵状指(趾)有助于诊断右向左分流的先天性心脏病,皮肤黏膜的瘀点、Roth 斑、Osler 结节、Janeway 损害等有助于诊断感染性心内膜炎。

2. 触诊 触诊时应用右手全手掌,手掌尺侧或者示指、中指并拢的指腹进行触诊,包括心尖搏动、心前区搏动、震颤、心包摩擦感、静脉充盈或异常搏动及下肢水肿等。部分患者可触及震颤,震颤是器质性心脏病的表现,如二尖瓣狭窄时在心尖区可触及舒张期震颤,动脉导管未闭在胸骨左缘第 2 肋间可触及连续性震颤。

3. 叩诊 叩诊可了解心界的大小和形状,主要观察是否存在心界增大。

4. 听诊 听诊具有重要诊断价值,心脏听诊时常采取卧位或坐位,依次在二尖瓣区、肺动脉瓣区、主动脉瓣区(第一和第二)和三尖瓣区以及心脏外相应位置听诊,听诊内容包括心率、心律、心音、杂音、心包摩擦音、肺部啰音等方面的内容。关于心脏杂音,收缩期杂音可为病理性,亦可为生理性,舒张期杂音都具病理意义。先天性心脏病和心瓣膜病多具有特征性的心脏杂音,是诊断的重要依据,如:二尖瓣或三尖瓣狭窄时在心尖区或三尖瓣区可闻及舒张期隆隆样杂音。

(二)周围血管体征

1. 动脉 重度主动脉瓣关闭不全及动脉导管未闭时出现水冲脉,左心室衰竭出现强弱不等的交替脉,心脏压塞时出现奇脉。

2. 静脉　主要观察颈静脉充盈的水平。在右心衰竭患者中,如在肝区加压 30~60 秒,可见颈静脉充盈水平升高,为肝-颈静脉反流征阳性。

三、辅助检查

(一)实验室检查

实验室检查包括血常规、尿常规、血清天冬氨酸氨基转移酶、乳酸脱氢酶、肌酸激酶、肌酸激酶同工酶、肌红蛋白、肌钙蛋白、B 型脑钠肽(前体)的测定等;此外,还应包括血糖、血脂、肝功能、肾功能、电解质测定等以及风湿性心脏病相关的链球菌抗体和炎症反应指标(如抗"O"抗体、血沉、C 反应蛋白)。

(二)心脏电学检查

心脏电学检查是心血管疾病重要的诊断方法。

1. 常规心电图　常规心电图是反映心脏激动时心肌去极化、复极化及传导等电活动的图形。心电图所反映的心率、节律、传导时间、波形振幅、波形形态等信息对诊断心律失常、心肌梗死等疾病具有重要价值;心电图还能反映某些内分泌疾病(如甲状腺功能减退)、电解质失调(如钾或钙过高或过低)和药物(如洋地黄或胺碘酮等)对心肌电活动的影响。但是部分疾病其心电图并无特异性,需结合患者病史及体征来进行诊断。

2. 动态心电图　动态心电图又称 Holter 监测或连续心电监测,是长时间连续不断地记录并分析心脏电活动的方法。该方法能获得比常规心电图更多的信息,可记录一定时间内(24~72 小时)的全部心电图波形、总心搏数、异常心律的类型和次数、最快与最慢心率及 ST 段的改变。因此,该检查能提高一过性心律失常和心肌缺血的诊断率,并能对其治疗效果进行客观评估;在判断心悸、呼吸困难、头晕及晕厥等症状是否为心源性及评估有无植入心脏起搏器的指征等方面,该检查更是不可或缺;其次,通过心率变异性及 Q-T 间期的测定,还可对高危患者出现恶性心律失常的风险进行预测。在结果分析中需要注意的是,部分在常规心电图中认为是异常的心电图表现,在动态心电图中可能被认为是正常的,如:①睡眠时出现一度或二度Ⅰ型房室传导阻滞、窦性心动过缓(正常时夜间心率最低可达 38~66 次/min,平均 40 次/min);②室性或室上性期前收缩<100 次/24h;③部分青年人出现游走心律或交界性逸搏。

3. 运动心电图　运动心电图是一种给予受检者适量的运动负荷后记录心电图变化的方法,目前常用的运动方法有分级活动平板和踏车。该检查有一定比例的假阳性率和假阴性率,女性假阳性率较高。因为该检查运动量较大,可能出现血压下降、恶性心律失常甚至猝死等紧急情况,故应密切进行心电及血压监护,并做好急救准备。该检查主要适用于以下情况:①鉴别不明原因的胸痛,协助冠心病的诊断;②评估已确诊的冠心病患者的严重程度;③评价冠心病患者的疗效,包括药物治疗、介入治疗或外科手术治疗;④评估心肌梗死的预后及其他心脏病患者的心功能状况。

以下患者不宜进行该项检查:①不稳定型心绞痛患者及急性心肌梗死 4 周内的患者;②严重心律失常患者;③严重主动脉瓣狭窄、肥厚型心肌病及心力衰竭患者;④严重高血压(收缩压≥200mmHg,或舒张压≥110mmHg)、急性心包炎、急性心肌炎、急性风湿热、感染性心内膜炎和电解质紊乱等患者;⑤严重的心外疾病或肢体活动障碍者。另外,当静息心电图出现束支阻滞、预激综合征、左心室肥厚等伴继发性 ST-T 改变者,运动心电图的诊断价值明显下降。

4. 植入型心电记录器(insertable loop recorder)　植入型心电记录器可以连续记录更长时间(最长 3 年)的心电活动,对评估晕厥风险等有重要的参考价值。

5. 心内电生理检查　心内电生理检查是将 4~6 根电极导管分别置于右心房、冠状窦、三尖瓣环和右心室处,测定心脏不同部位的电生理功能。结合程序刺激可测定窦房结功能和心房、房室结及心室内的传导功能,还可测定房室旁道前传和逆传的不应期。另外,对于预激综合征患者及曾经发作过快速性心律失常的患者,可通过诱发心动过速的发作,从而研究其发生机制并予以相应治疗。目前,该检查已被公认为大多数快速性心律失常诊断的"金标准",可用于体表心电图不能明确诊断而又具有临床意义的任何类型心律失常。同时,该检查对于即将接受导管射频消融术治疗心律失常者更是必需。

(三)影像学检查

1. 胸部 X 线　胸部 X 线检查有助于了解整个心脏的大小、形态、位置和轮廓,能观察心脏与毗邻器官的关系和肺内血管的变化。还可以了解是否有肺部淤血、胸腔积液等情况。左侧位片对于主动脉瘤与纵隔肿物的鉴别及定位尤为重要。但心脏大小和形态正常,并不能完全排除心脏病,如冠心病心绞痛患者在心脏功能正常时,心脏形态和大小多正常。

2. X 线计算机断层扫描(CT)　X 线计算机断层扫描包括常规 CT、超高速 CT 和多层螺旋 CT。常规 CT 能显示心脏和大血管的钙化,能较准确地对心脏及其周围组织的肿瘤进行诊断和鉴别诊断,并能及时发现心包疾病(如心包囊肿、心包肿瘤、心包积液以及慢性缩窄性心包炎时的心包增厚)。后两种 CT 在扫描速度和分辨率上均优于前者,可对心脏及大血管等结构进行三维重建,主要用于冠状动脉狭窄或畸形、肺动脉栓塞、主动脉夹层等疾病的诊断和鉴别诊断。近年来,冠状动脉CT 造影(CTA)逐渐成为评估冠状动脉粥样硬化有效的无创成像方法,是筛查和诊断冠心病的重要手段之一。对患冠心病可能性小的人群,CTA 检查阴性者可除外冠心病。然而,CTA 较大剂量的放射性暴露和使用对比剂相关的不良反应需要引起临床医师的重视。

3. 心脏 MRI　近年来,随着技术的进步,心脏 MRI 除了可以观察心脏结构、功能、心肌、心包病变外,还可用于识别急性心肌梗死后冠状动脉再灌注后的微血管阻塞;采用延迟增强技术可定量测定心肌瘢痕大小,识别存活的心肌。

4. 超声检查　超声检查采用超声波技术显示心脏和血管的结构与运动,测量血流速度,是诊断心血管疾病不可缺少的检查方法。目前应用于临床的包括 M 型超声心动图、二维超声心动图、彩色多普勒超声心动图、经食管超声心动图和血管内超声成像(图 3-1-4)。

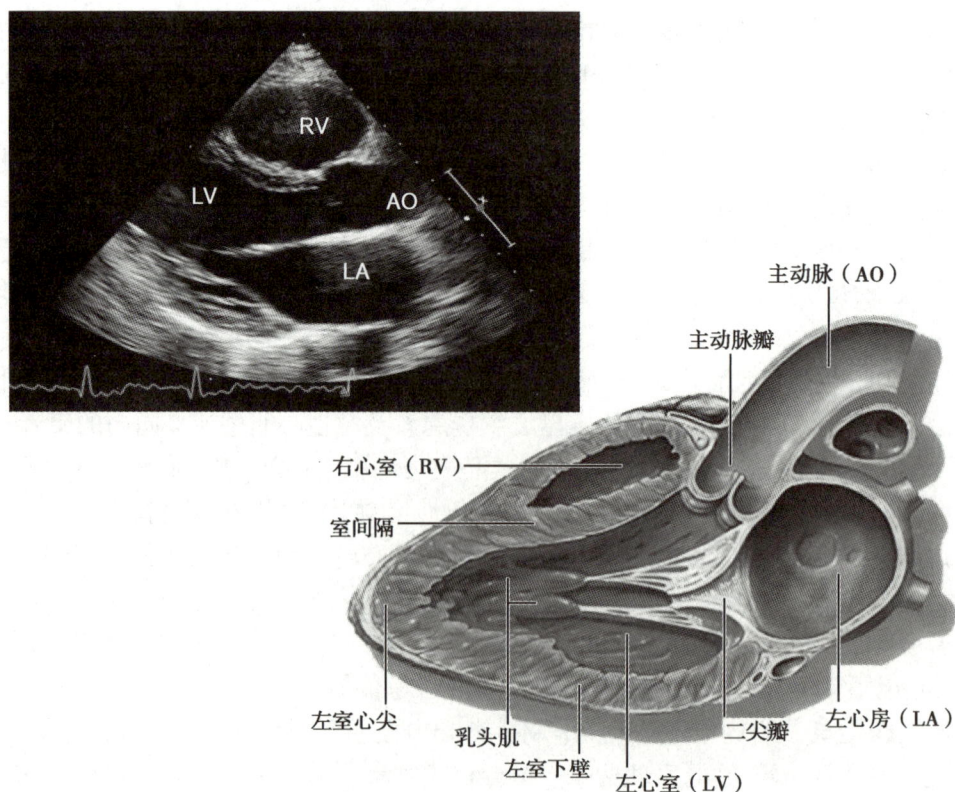

图 3-1-4　心脏超声示意图

（1）M 型超声心动图：M 型超声心动图能清晰显示各界面的距离和某些结构的快速超微运动，把心脏各层的解剖结构回声以运动曲线的形式予以显示，但不能反映心脏各结构的空间位置，目前主要用于测定心脏结构（各腔室及大血管）内径及搏动幅度、室壁厚度和瓣膜活动度。

（2）二维超声心动图：二维超声心动图又称心脏超声断层显像法，能实时显示心脏切面及心脏各结构的空间关系，是各种心脏超声检查技术中最重要和最基本的方法，也是临床上应用最广泛的检查。但该检查难以发现较小的间隔缺损和赘生物，对于瓣膜关闭不全的定性和定量诊断也有一定的局限性。常用的切面包括胸骨旁左室长轴切面、胸骨旁主动脉短轴切面、心尖四腔切面等。

（3）彩色多普勒超声心动图：彩色多普勒超声心动图可分析血流发生的时间、方向、流速以及血流性质。对于瓣膜狭窄和反流、心内异常分流的定性和定量诊断具有重要意义。

（4）经食管超声心动图：由于食管位置接近心脏，不受胸壁和肺组织的影响，提高了后方心内结构如房间隔、左侧心瓣膜及左侧心腔病变（如左房血栓等）的可视性，图像清晰度更高，尤其对瓣膜赘生物、左心房血栓及主动脉夹层的诊断具有重要作用。

（5）血管内超声成像：将小型超声换能器安装于心导管顶端，进入血管腔内，可实时显示血管的横截面图像，定量测定最小管径、面积、斑块大小及血管狭窄百分比等，能区分纤维斑块和脂质斑块，从而鉴别出易损斑块。但该技术需要与冠状动脉造影技术相结合。

（四）放射性核素检查

放射性核素检查主要包括心肌灌注显像和心血池显像，常用的显像仪器包括单光子发射型计算机断层显像仪（single photon emission computed tomography，SPECT）及正电子发射计算机断层显像仪（positron emission tomography，PET）。

1. 心肌灌注显像的原理 心肌细胞对某些放射性阳离子有选择性摄取能力，从而使心肌显像，心肌各部位聚集放射性物质的多少与该部位的冠状动脉血流量相关（图 3-1-5）。由于冠状动脉的储备能力和侧支循环的建立，在静息状态下心肌缺血往往被掩盖，可采用运动（活动平板、踏车）或

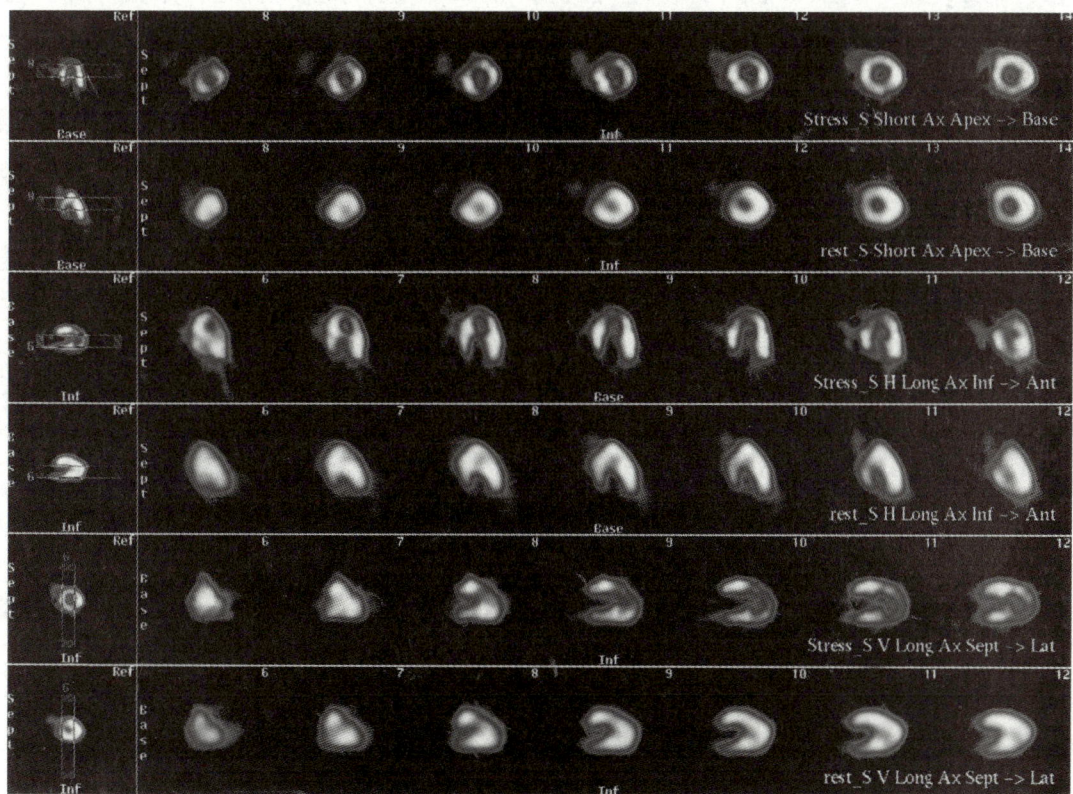

图 3-1-5　静息心肌灌注显像图

药物负荷(腺苷、多巴酚丁胺等)使心肌缺血充分显现出来。

2. 心肌灌注显像的分类　局部心肌缺血、坏死或瘢痕形成时表现为放射性减低或缺损,称为"冷区"显像法,常用的显像剂包括：^{201}铊(^{201}Tl)和^{99m}锝-甲氧基异丁基异腈(^{99m}Tc-MIBI)。而^{99m}锝-焦磷酸盐(^{99m}Tc-PYP)或^{111}铟-抗肌凝蛋白抗体(^{111}In-antimyosin)使新鲜坏死心肌显影,正常心肌反而不显影,称为"热区"显像法。

3. 心肌活力的检测　心肌灌注影像呈可逆性缺损变化者多为缺血性病灶；而影像呈固定性缺损者多为瘢痕或坏死病灶,少部分为严重缺血导致的心肌细胞处于冬眠或顿抑状态,在缺血改善后心肌细胞功能可能完全恢复。鉴别心肌细胞是否有活力,目前最常用的方法是以^{18}氟-脱氧葡萄糖(^{18}FDG)为显像剂,探测病灶区的糖代谢活动。如糖代谢活动存在甚至增强,则说明该区心肌有活力；如糖代谢活动不存在,则说明该区为坏死心肌或瘢痕组织。

4. 心血池显像　静脉注射不渗出血管壁外而在血液循环内暂时停留的放射性核素显像剂,使之与血液混合平衡,SPECT机以R波为起点,自动、连续和等时地采集多个心动周期的信息,通过信息叠加,显示出一个清晰的心动周期心血池系列影像,将其快速而连续地显示,即成为心脏舒缩电影,从而观察心室形态、显示室壁运动情况,并能计算出心室功能的各项参数,包括心室容积、射血分数及心室充盈率等。常用显像剂为^{99m}Tc标记的红细胞。

ER 3-1-4

冠状动脉造影

(五)心导管术和心血管造影术

心导管术(cardiac catheterization)和心血管造影术(angiography)能对心脏和血管阻塞的解剖情况进行详尽评估。1956年,Andre Cournand等将心导管术发展为临床诊断工具。1963年,Mason Sone首次进行了选择性冠状动脉造影术。

1. 适应证　疑为心脏问题引起症状的患者,预计将做手术或干预性治疗,常用心导管术来确定心脏病性质和程度。其他检查方法如应激试验、超声心动图等结果可疑,或患者症状很重,明确诊断对患者的处理非常重要时,亦需心导管检查以排除或确定有意义病变的存在。由于冠脉造影是唯一能精准观察冠脉病变程度和范围的检查技术,因此拟行冠脉重建术的患者,该项检查必不可少。

2. 相关风险及禁忌证　一般来说,心导管检查和冠脉造影的风险都很低。但在某些情况下其风险会很大程度增加,如进行急诊操作、血流动力学不稳定、已发生急性心肌梗死等情况。相对禁忌证包括急性肾衰竭、肺水肿、菌血症、急性卒中、活动性消化道出血及对造影剂过敏。

3. 分类

(1)**右心导管术**：右心导管术是将心导管经周围静脉送入上、下腔静脉、右心房、右心室、肺动脉及其分支,在腔静脉及右侧心腔进行血流动力学、血氧和心排血量测定。经导管注射对比剂进行腔静脉、右心房、右心室或肺动脉造影,以了解血流动力学改变,用于诊断先天性心脏病、判断手术适应证和评估心功能状态。临床上可应用气囊漂浮导管术,由股静脉、肱静脉、锁骨下静脉或颈内静脉插入,在X线指导下进入右心房、右心室和肺动脉,测定肺毛细血管楔压,从而较准确地反映左心房压力,主要用于急性心肌梗死、心力衰竭、休克等有明显血流动力学改变的危重患者的监测。

(2)**左心导管术**：左心导管术是在主动脉、左心室等处进行压力测定和心血管造影。由股动脉、肱动脉、桡动脉、腋动脉等进入,导管在X线指导下逆行进入升主动脉,术中常用肝素预防栓塞。

4. 冠状动脉造影术　冠状动脉造影术是诊断冠状动脉粥样硬化性病变最有价值的方法。将造影剂选择性注入左或右冠状动脉,从不同角度可分别显示左、右冠状动脉至直径小于100μm的分支。通过该检查,能够观察冠状动脉阻塞性病变的性质、部位、范围、程度,以及冠状动脉有无畸形、钙化、侧支循环形成情况等,还可观察冠脉旁路移植术的移植情况。阻塞程度以狭窄百分数表示,即狭窄最重节段与其正常的近端或远端节段之比。狭窄达到50%以上可认为有意义。

(六)光学相干断层扫描

心脏光学相干断层扫描(optical coherence tomography,OCT)检查是一种利用近红外线及光学干涉原理进行成像来评估心脏结构和功能的检查方法。将头端带光学透镜的成像导管直接置于冠脉血管中,可显示冠状动脉的横截面图像,能够更直观、精准、清晰地呈现出血管内膜病变,是识别易损斑块及高危患者、评价和优化支架置入效果、分析介入治疗失败、支架内血栓及再狭窄原因的重要辅助手段。

(七)心内膜和心肌活检

对于心肌炎、心肌病、心脏淀粉样变性、心肌纤维化等疾病具有确诊意义。

(八)心包穿刺

明确心包积液的性质,辅以诊断及治疗,减轻心包腔内压力。

四、诊断

循环系统疾病的诊断应包括病因、病理解剖和病理生理等方面的内容。

(一)病因诊断

病因诊断说明疾病的基本性质,与疾病的发展、转归、预防和治疗有密切关系。

(二)病理解剖诊断

病理解剖诊断可明确各种病因所引起的病理解剖改变,与疾病的临床表现、诊断过程中所用的辅助检查手段、治疗方式和预后密切相关。

(三)病理生理诊断

病理生理诊断包括心功能状况和心律等方面内容,反映疾病的程度和对整个机体的影响。

（四）心脏病的诊断举例

1. 风湿性心脏病（病因）。

2. 二尖瓣狭窄（病理解剖）。

3. 心脏增大（病理解剖）。

4. 全心衰竭（病理生理-心功能状况）。

5. 心功能Ⅳ级（病理生理-心功能状况）。

6. 心房颤动（病理生理-心律）。

第三节　循环系统疾病的防治

（一）病因的预防和治疗

目前，许多循环系统疾病的病因和发病机制已被阐明，针对其病因，该疾病可以被提前预防或治愈，如梅毒性心血管病、感染性心内膜炎、内分泌和代谢性心脏病等。但有些循环系统疾病的病因和发病机制尚未完全明了，对这些疾病的防治主要针对其危险因素和可能的发病因素，如冠状动脉粥样硬化性心脏的治疗目前集中于对血压、血脂、血糖、吸烟等危险因素的控制。

（二）药物治疗

目前，用于治疗心血管疾病的方法较多，但是药物治疗仍然是基础，是最为重要和首选的方法之一。治疗心血管疾病的常用药物常按作用机制进行分类，如血管紧张素转换酶抑制剂、血管紧张素Ⅱ受体拮抗剂、β受体拮抗剂、扩血管药、利尿剂、α受体拮抗剂、正性肌力药物、调脂类药物、抗心律失常药、钙通道阻滞剂、抗栓药物等。近年来，出现多种新型的心血管治疗药物，包括新型口服抗凝药、降低低密度脂蛋白胆固醇的胆固醇吸收抑制剂（依折麦布）和PCSK9抑制剂及治疗心衰的血管紧张素Ⅱ受体脑啡肽酶抑制剂、钠-葡萄糖协同转运蛋白2抑制剂等。也有按不同疾病的治疗药物选择进行分类，如降血压药、治疗冠心病药物、治疗心功能不全药物等。药物的药理作用、适应证、禁忌证、毒副作用及应用注意事项对临床实践都非常重要，同时个体化治疗也是药物治疗成功的关键。

（三）介入治疗

介入治疗已经成为心脏疾病非常重要的治疗手段，其技术不断发展，适应证不断扩大，极大地改善了患者的预后和生活质量。如经皮冠状动脉介入治疗（percutaneous coronary intervention，PCI），尤其是药物支架、药物球囊的出现大大改善了冠心病患者的预后和生活质量。射频消融术（catheter radiofrequency ablation）已成为快速性心律失常的首选方法。埋藏式心脏起搏器（pacemaker）植入术近年来也取得了迅速的发展，适应证不断扩大。先天性心脏病经皮封堵术处于世界领先地位。经导管闭合房间隔缺损、未闭的动脉导管及部分室间隔缺损，经皮瓣膜球囊成形术治疗二尖瓣和肺动脉瓣狭窄（治疗主动脉瓣狭窄的效果较差）。经导管主动脉瓣植入术治疗主动脉瓣狭窄和经导管二尖瓣修复术治疗二尖瓣关闭不全，是近年来应用介入手段治疗心脏瓣膜疾病的新方法。

（四）外科治疗

外科治疗包括冠状动脉旁路移植手术、心脏瓣膜修补及置换手术、先天性心脏病矫治手术、心包剥离术、心脏移植等。

（五）其他治疗

筛选致病基因对于遗传性或家族倾向性心脏病的防治具有重要意义，干细胞移植和血管新生治疗在动物实验中取得较大进展，具有良好的应用前景。分子心脏病学也终将为临床实践带来更多、更新的诊疗方案。

此外，基因治疗是治疗心血管疾病的又一新途径，其主要步骤包括目的基因的制备，用适当的载体将目的基因导入靶细胞以及目的基因在靶细胞内的表达与调控等。随着分子克隆技术的日益完善，这一新的方法可能使心血管疾病的治疗产生重大变革。

本章小结

　　循环系统是由心脏及血管构成的腔道系统，担负着运输营养物质及代谢废物的功能。循环系统疾病包括心脏疾病和血管疾病。循环系统疾病的诊断应包括病因、病理解剖及病理生理诊断，需要根据病史、临床症状、体征、实验室检查及影像学检查进行综合分析。循环系统疾病可针对其病因、危险因素和可能的发病因素进行预防。循环系统疾病的治疗中，药物治疗仍是基础，目前介入治疗已成为重要的治疗手段，某些循环系统疾病还需借助外科治疗，基因治疗是治疗心血管疾病的又一新途径。

（韩清华）

思考题

1. 简述心脏的传导系统。
2. 简述调节血液循环的神经体液机制。
3. 简述循环系统疾病主要的治疗手段。

ER 3-1-5

练习题

第二章 | 心力衰竭

教学课件

思维导图

学习目标

1. 掌握：心力衰竭的临床表现和诊断依据。
2. 熟悉：心力衰竭的治疗。
3. 了解：心力衰竭的发病机制。
4. 学会心力衰竭的病因及诱因并对其进行正确诊断及合理治疗。
5. 具备关爱患者的意识，帮助患者树立积极的心态。

心力衰竭（heart failure，HF）简称心衰，是各种心脏结构和/或功能性疾病导致心室收缩和/或充盈障碍继而引起的复杂临床综合征，表现为全身器官和组织血流灌注不足，并出现肺循环和/或体循环淤血。

临床分为收缩性心衰和舒张性心衰，前者指心脏收缩功能障碍，心排血量不能满足机体代谢需要；后者心肌收缩力尚能维持正常的心排血量，但心脏舒张功能障碍，引起左心室充盈压异常升高，肺静脉回流受阻，导致肺循环淤血。

根据心衰发生的时间、速度、严重程度可分为急性心衰和慢性心衰，慢性心衰是指在原有慢性心脏病基础上逐渐出现心衰的症状和体征，是缓慢进展的过程，一般均有代偿性心脏扩大或肥厚及其他代偿机制的参与。急性心衰是因急性的严重心肌损害或突然加重的心脏负荷使心功能正常或处于代偿期的心脏在短时间内发生衰竭或使慢性心衰急剧恶化，威胁生命，通常需要紧急入院进行医疗干预，以急性左心衰竭最常见。

根据发生部位可分为左心衰竭、右心衰竭或全心衰竭，左心衰竭由左心室代偿功能不全所致，以肺循环淤血为特征，临床上较为常见。单纯的右心衰竭主要见于肺源性心脏病及某些先天性心脏病，以体循环淤血为主要表现。左、右心衰可同时出现而表现为全心衰竭。

根据左心室射血分数（left ventricular ejection fraction，LVEF），心衰分为射血分数降低的心衰（heart failure with reduced ejection fraction，HFrEF）、射血分数保留的心衰（heart failure with preserved ejection fraction，HFpEF）及射血分数轻度降低的心衰（heart failure with mildly reduced ejection fraction，HFmrEF）。

第一节　慢性心力衰竭

案例导入

患者，男，64岁，工人。主因"活动后气促5年，夜间不能平卧3天"入院。患者5年前劳累后出现气促，休息后自行缓解，未到医院诊治，后症状逐渐加重。3天前因感冒后夜间不能平卧来院就诊。既往有高血压病史20年，未正规治疗。查体：T 36.8℃，P 126次/min，R 24次/min，

BP 180/100mmHg。颈静脉无充盈,双肺可闻及湿啰音,心界向左下扩大,心率 126 次/min,$P_2>A_2$,可闻及第四心音奔马律,下肢无水肿。

请思考:
1. 该患者的诊断是什么?
2. 该患者原发病是什么?
3. 还需做哪些检查?

慢性心力衰竭(chronic heart failure,CHF)是心血管疾病的终末期表现,其发病率高、病死率高,已成为 21 世纪最重要的心血管疾病之一。目前,尽管心力衰竭的治疗已经取得了很大进展,但心衰患者的死亡人数仍在不断增加。

【病因和发病机制】

(一)基本病因

1. 心肌损害

(1)心肌病变:缺血性心肌损害如冠心病心肌缺血、心肌梗死是引起心衰最常见的原因。各种类型的心肌炎,遗传性心肌病如扩张型心肌病、肥厚型心肌病、心肌致密化不全、线粒体心肌病等均可导致心力衰竭。

(2)心肌代谢障碍:心肌代谢障碍所导致的心肌损害中以糖尿病心肌病最为常见。其他还有严重的维生素 B_1 缺乏、心肌淀粉样变性、继发于甲状腺功能异常的心肌损害等。

2. 心脏负荷过重

(1)压力负荷(后负荷)过重:左心室压力负荷过重的常见原因有高血压、主动脉瓣狭窄等;右心室压力负荷过重的常见原因有肺动脉高压、肺动脉瓣狭窄、肺栓塞等。心肌代偿性肥厚以克服增高的阻力,最终导致心肌结构及功能发生改变而失代偿。

(2)容量负荷(前负荷)过重:容量负荷(前负荷)过重常见于心脏瓣膜的关闭不全如主(肺)动脉瓣关闭不全,二(三)尖瓣关闭不全等;或是先天性心脏或血管异常导致的左、右心或动静脉分流性疾病如房间隔缺损、室间隔缺损和动脉导管未闭等;以及伴发全身循环血量增多的疾病,如慢性贫血、甲状腺功能亢进症等。早期心脏容量负荷增加导致心室腔扩大,超过一定限度后出现失代偿表现。

(二)诱因

大多数心衰的发生都有明确的诱因。这些诱因使心脏负荷加重,导致心衰的发生或加重。常见的诱因如下:

1. 感染 呼吸道感染是最常见、最重要的诱因,其他感染包括感染性心内膜炎等。

2. 心律失常 伴有快速心室率的心房颤动、心房扑动等快速性心律失常及严重的缓慢性心律失常均可诱发心衰。

3. 过度劳累或情绪激动等

4. 血容量增加 摄入钠盐过多、静脉输血、输液速度过快、过量等均可导致血容量增加。

5. 妊娠和分娩 妊娠晚期机体代谢率和血容量显著增加,分娩过程子宫收缩、精神紧张、腹内压增高等,均可加重心脏负荷。

6. 治疗不当 不恰当停用利尿剂、洋地黄制剂或抗高血压药等。

(三)代偿机制

当各种心脏损伤及心脏舒缩功能障碍时,机体通过多种代偿机制,可使心功能在一定时间内维持在相对正常水平,此时心功能处于代偿期,随着病情的进展,代偿失效,则心功能处于失代偿期。在某些急性情况下,代偿机制不能及时有效地发挥,即引起急性心衰。代偿机制包括以下 4 方面:

1. Frank-Starling 机制　心脏前负荷增加,回心血量增多,心室舒张末期容积增加,可使心室肌纤维适当延长。心室肌纤维在 2.2μm 内,伸展越长,心肌收缩时肌纤维缩短也越明显,从而提高心排血量,起到代偿作用,但同时也导致心室舒张末压力增高,达到一定程度时可导致肺循环和/或体循环淤血。

2. 心肌肥厚　心肌肥厚是心脏后负荷增高时的主要代偿机制。此时心肌细胞表型发生变化,以心肌纤维增粗和体积增大为主,心肌收缩力增强,心排血量增加。

3. 神经体液机制　心排出量降低时,交感-肾上腺素能系统(sympathetico-adrenal system,SAS)活性增高,增强心肌收缩力并提高心率,增加心排血量。同时,由于心衰时心排血量降低,肾血流量随之减少,肾素-血管紧张素-醛固酮系统(rein-angiotensin-aldosterone system,RAAS)被激活。该系统激活后,一方面增强心肌收缩力,收缩周围血管,维持血压,调节血液的再分配,保证心、脑等重要脏器的血液供应;另一方面促进醛固酮分泌,使水、钠潴留,增加总体液量及心脏前负荷,对心衰起到代偿作用。

4. 其他体液因子的改变　心力衰竭时除了上述两个主要神经内分泌系统的代偿机制外,另有众多体液调节因子参与心血管系统的调节,并在心肌和血管重塑中起重要作用,如:利钠肽类、精氨酸加压素、内皮素、一氧化氮、缓激肽、炎性细胞因子等。

(四)心脏重构

各种原因导致的心肌损害和心脏负荷过重使得心肌细胞、细胞外基质、胶原纤维等均发生相应变化,致使心室扩大或心室肥厚等代偿性过程的出现,即心脏重构。这一代偿过程使心功能在一定时间内维持相对正常,但同时也会出现一定的负面效应,这是心力衰竭发生发展的基本机制。心脏重构是复杂的分子和细胞机制导致心肌结构、功能和表型的变化,这些变化包括:心肌细胞凋亡或肥大,胚胎基因和蛋白质的再表达,心肌细胞外基质的表达发生变化等,从而导致心肌质量增加、心室容积增加及心室形状改变(横径增加呈球状)。

近年的研究表明,初始的心肌损伤,可导致多种内源性神经内分泌因子和细胞因子长期激活,包括去甲肾上腺素、血管紧张素Ⅱ、醛固酮、内皮素、精氨酸加压素和肿瘤坏死因子等。这些因子可通过水钠潴留和周围血管收缩改善血流动力学状态,同时对心肌细胞有直接毒性作用并刺激心肌纤维化,促进心室重塑,加重心肌损伤和心功能恶化。而后者又进一步激活上述神经内分泌及细胞因子,形成恶性循环。因此,目前认为,心衰的治疗除了要改善其血流动力学状态外,更重要的是要阻断神经内分泌系统的激活,从而阻断心脏重构过程,改善心衰患者的预后。

【临床表现】

(一)左心衰竭

左心衰竭主要表现为肺循环淤血和心排血量降低。

1. 症状

(1)呼吸困难:呼吸困难发生的主要机制是肺循环淤血,是左心衰最基本的临床表现。可表现为下述程度不同的呼吸困难:

1)劳力性呼吸困难:劳力性呼吸困难是左心衰最早出现的症状,是体力活动时静脉回流增加,肺淤血加重所致。最初呼吸困难仅发生在重体力劳动时,休息后可缓解。随着病情的进展,较轻的体力负荷亦可引起呼吸困难,劳动能力逐渐下降乃至丧失。

2)端坐呼吸:呼吸困难在卧位时发生,患者被迫采取端坐位,两腿下垂,以减轻症状,称为端坐呼吸,是肺淤血达到一定程度的表现。坐位时由于重力作用,15% 的血容量转移到身体下垂部位,减轻了肺淤血;加之膈肌下降使肺活量增加,故端坐位可使呼吸困难减轻。

3)夜间阵发性呼吸困难:夜间阵发性呼吸困难典型发病多表现为睡眠时突然因憋气而惊醒,可伴咳嗽、泡沫样痰,被迫坐起,呼吸深快。可视为端坐呼吸的急性发作。夜间阵发性呼吸困难的发

ER 3-2-3

左心室功能曲线

生机制主要是由于卧位入睡后血液重新分配,下肢、腹腔等部位的血液逐渐回流到胸腔,使肺血量增加,肺静脉压和肺毛细血管压力增加。当肺毛细血管压达到临界点时,液体开始向肺间质渗透,影响肺换气从而出现呼吸困难。此外,夜间迷走神经张力增高使支气管收缩、膈肌高位使肺活量减少等亦是夜间阵发性呼吸困难的促发因素。

4)急性肺水肿:急性肺水肿是左心衰呼吸困难最严重的形式,重者可有哮鸣音,称为"心源性哮喘"。

(2)咳嗽、咳痰、咯血:多系支气管和肺泡黏膜淤血所致。开始时常于夜间或体力活动时发生,痰呈浆液性,白色泡沫状,有时痰中带血,合并肺部感染时表现更明显。长期慢性肺淤血,导致肺静脉压力增高,从而可使肺循环和支气管血液循环之间在支气管黏膜下形成侧支,侧支循环一旦破裂可引起大咯血。

(3)其他症状:乏力、疲倦、头晕、嗜睡、夜尿增多及少尿等,为心排血量降低导致器官、组织灌注不足所致。

2. 体征

(1)肺部体征:由于肺毛细血管压增高,液体可渗出到肺泡,出现肺部湿啰音,是左心衰重要体征之一。肺部湿啰音一般呈双侧对称性,若患者长时间采取侧卧位,则下垂的一侧湿啰音较多。随着左心衰竭的加重,肺部湿啰音可逐渐增加。发生肺水肿时,则满肺遍布湿啰音与哮鸣音。

(2)心脏体征:除原有心脏疾病的固有体征外,心衰患者常有心率增快、肺动脉瓣区第二心音亢进。心尖区舒张期奔马律反映左心室顺应性下降,是心力衰竭的重要体征。左室扩大可出现相对性二尖瓣关闭不全,从而产生心尖区收缩期杂音。

(二)右心衰竭

右心衰竭主要表现为体循环淤血。

1. 症状 长期胃肠道淤血导致食欲缺乏、恶心、呕吐。肾脏淤血可引起尿少、夜尿增多、蛋白尿和肾功能减退。肝淤血引起上腹饱胀甚至剧烈疼痛,长期肝淤血可引起黄疸或心源性肝硬化。

2. 体征

(1)心脏体征:除原有心脏病的体征外,三尖瓣听诊区可闻及收缩期吹风样杂音,系右心室扩大导致三尖瓣相对性关闭不全所致。可在剑突下或三尖瓣听诊区闻及右心室奔马律。

(2)颈静脉充盈:颈静脉充盈是右心衰最早出现的体征。半卧位或坐位时,在锁骨上方可见颈外静脉充盈。压迫肝脏,可见颈静脉充盈加重,即肝颈静脉反流征阳性。

(3)肝大:肝脏增大出现也较早,多发生在皮下水肿之前。早期质地较软,有压痛。此期可伴上腹疼痛及转氨酶增高等肝功能损伤表现,肝大程度可随着心脏功能的变化而在短时间内加重或减轻。长期慢性右心衰可引起心源性肝硬化,此期疼痛常不明显,可伴明显腹水和黄疸等肝功能损伤表现。

(4)水肿:水肿为右心衰的重要体征,早期常不明显,多在颈静脉充盈和肝大后出现。先有体重增加,到一定程度才出现凹陷性水肿。最早出现在身体低垂部位,多为对称性及凹陷性水肿。起床活动者以足、踝内侧和胫前较为明显;仰卧者骶部比较明显;侧卧位者卧侧肢体水肿明显。病情严重者可发展至全身水肿乃至出现胸腔积液、腹腔积液。胸腔积液更多见于全心衰时,以双侧多见,如出现于单侧,则以右侧多见。

(5)其他:长期右心衰患者可出现发绀、营养不良、消瘦甚至恶病质。

(三)全心衰竭

左心衰竭继发右心衰竭而形成全心衰竭。右心衰时,右心排血量减少,因而左心衰导致的肺淤血症状反而有所减轻。扩张型心肌病等同时存在左、右心室衰竭者,肺淤血症状往往不严重,主要表现为左心衰竭心排血量减少的相关症状和体征。

【辅助检查】

（一）实验室检查

1. 血浆 B 型钠尿肽（brain natriuretic peptide，BNP）**或 N 末端 B 型利钠肽前体**（N-terminal pro-brain natriuretic peptide，NT-proBNP） 与左室心功能不全的程度呈正相关，可用于诊断或排除心衰、判断心衰严重程度并进行预后及风险评估，是近年来心衰诊断中的新进展。可用于心源性呼吸困难和肺源性呼吸困难的鉴别诊断，不足之处在于该指标不能鉴别收缩性或舒张性心功能不全。

2. 肌钙蛋白 可用于分析心衰患者有无急性冠脉综合征。严重的心衰患者肌钙蛋白可能会升高，与 BNP/NT-proBNP 联合有助于评估心衰患者的预后情况。

3. 常规实验室检查 可帮助发现引起或加重心力衰竭的疾病或诱因，如血常规、血清电解质（包括钾、钠、氯、钙和镁）、血糖、糖化血红蛋白、血脂、肝肾功能。甲状腺功能异常可引起或参与心力衰竭的发生，因此需做甲状腺功能检查（尤其是促甲状腺素）。

4. 尿常规 右心衰时由于肾淤血，尿中可有少量蛋白、红细胞或透明管型。随着肾淤血的好转上述情况可减轻。

（二）心电图

心力衰竭并无特异性心电图表现，但心电图可提示心肌缺血、心肌梗死、心室肥厚及心律失常等。

（三）静脉压升高

肘静脉压>14cmH$_2$O 提示右心衰竭。

（四）X 线检查

X 线检查除可提供心界的形态大小外，也可反映肺淤血、肺水肿的程度，从而了解心衰的严重程度。早期肺静脉压增高时，可见肺门血管影增强，上肺血管影增多与下肺纹理密度相仿；肺静脉压进行性增高，由于肺血管的重新分配，上肺血管影较下肺更浓，肺野模糊；当肺静脉压明显增加而导致间质性肺水肿时，可导致肺小叶间隔内积液，显示 Kerley-B 线（在肺外野见水平线状影）。

（五）超声心动图

超声心动图是心衰诊断中最有价值的检查，能提供比 X 线更准确的心腔大小、心脏瓣膜和心包等结构的信息，还可对心功能进行评估，鉴别收缩性或舒张性心功能不全。判断收缩功能最有价值的指标是左室舒张末容积和左室射血分数（LVEF），LVEF 正常大于 50%。舒张功能减退时，反映二尖瓣前叶舒张中期关闭速度的 EF 斜率降低，反映舒张早期心室充盈速度的 E 峰降低，反映舒张晚期心室充盈速度的 A 峰增高。E/A 比值正常不应小于 1.2，当舒张功能不全时，该值降低。

（六）其他检查

心肺运动试验、心脏磁共振、核素心肌灌注和/或代谢显像、经食管超声心动图、冠状动脉造影、基因检测等。

【诊断和鉴别诊断】

（一）诊断

典型的心衰诊断并不困难。原有心脏病的体征，合并肺循环淤血和/或体循环淤血的症状和体征，超声心动图发现心脏结构或功能的异常，BNP 或 NT-proBNP 升高，多可明确心衰的诊断。注意应同时对心衰的程度和类型进行判断。

（二）心功能的分级

目前通用的是美国纽约心脏病协会（New York Heart Association，NYHA）分级方案，根据患者的活动能力，划分为 4 级：

1. I 级 体力活动不受限制，日常体力活动不引起明显的乏力、心悸或呼吸困难。

2.Ⅱ级　体力活动受到轻度限制,休息时无自觉症状,但平时一般活动下可出现疲乏、心悸、呼吸困难或心绞痛。

3.Ⅲ级　体力活动明显受限,小于平时一般活动即引起上述的症状。

4.Ⅳ级　休息状态下也出现心衰的症状,体力活动后加重。

知识拓展

心力衰竭分期

心衰是慢性、自发进展性疾病,很难根治,但可以预防。根据心衰发生、发展过程,分成 A、B、C、D 四期,这种分期法与 NYHA 分级不同。它对心衰患者进行可靠的客观系统性评估,并根据阶段的不同采取相应处理,也提供了心衰从"防"到"治"的全面概念。

1. A 期:心衰风险期　有高血压、冠心病、糖尿病等心血管病高危因素、为易患人群,但无心脏结构或功能异常,无心衰症状和/或体征,左室功能正常。

2. B 期:心衰前期　无心衰的症状和/或体征,但已发展成器质性、结构性心脏病,左室功能不正常。

3. C 期:症状性心衰期　以前或目前有气促、液体潴留等心衰症状和/或体征,有基础的结构性心脏病。

4. D 期:心衰晚期　经治疗后仍有影响日常生活的心衰症状,可能需用心脏移植等治疗或临终关怀。

(三) 鉴别诊断

1.**支气管哮喘**　心源性哮喘应与支气管哮喘相鉴别。前者有心脏病基础,坐位时症状可减轻,症状较为严重者咳粉红色泡沫痰,BNP 或 NT-proBNP 升高,对强心、利尿及扩血管等治疗有效。后者多有慢性支气管炎或支气管哮喘病史,咳白色黏痰,对支气管扩张剂有效。鉴别困难时,可先予以吸氧及静脉使用氨茶碱等缓解症状。如病因难以明确,病情稳定后行肺功能测定对鉴别诊断有所帮助。

2.**心包积液、缩窄性心包炎、肝硬化、肾源性水肿**　上述几种疾病亦可引起水肿、腹水或呼吸困难,右心衰应与之鉴别。应仔细询问病史,结合超声心动图、肝肾功能及腹部超声等检查,有助于鉴别。此外,肝硬化及肾源性水肿者无颈静脉充盈,且肝颈静脉回流征阴性,是鉴别诊断的重要体征。

【治疗】

近年来,有关心衰的治疗取得了重大进展。在治疗上强调针对神经体液因素长期激活所致的心室重构,评价疗效的指标不仅包括血流动力学和临床症状的改善,还增加了对预后的影响,从而使心衰的治疗观念发生了根本性改变。

(一) 病因治疗

1.**祛除基本病因**　通过药物、介入或外科手术改善心肌缺血,控制高血压,治疗甲状腺功能亢进,矫正先天性心脏病,可使心衰缓解或根治。

2.**祛除诱因**　最常见的诱因为呼吸道感染、心律失常、电解质紊乱、情绪激动或过度劳累等,消除上述诱因可减少心衰的发作,延缓心衰的发展和恶化。

(二) 一般治疗

1.**休息**　适当控制体力活动,严重者绝对卧床休息,多做被动运动以预防深静脉血栓、坠积性肺炎及压疮的形成。随着心功能改善,应逐步下床活动。避免精神刺激,必要时予以小剂量镇静剂。

2. **饮食管理** 适当控制钠盐摄入量。应用利尿剂大量利尿时,钠盐限制不宜过严,以免发生低钠血症。在严格控制钠盐的情况下,一般不必严格控制水分,液体摄入量以每天 1.5~2.0L 为宜。在重症心衰、水钠潴留严重、血清白蛋白降低或伴有稀释性低钠血症时,应在控制钠盐摄入的同时限制水分的摄入。

3. **监测体重** 每天测量体重能早期发现体液潴留情况,必要时需调整利尿剂的用法及用量。同时注意监测电解质等相关指标。

4. **其他** 改善不良的生活方式,如戒烟,保持良好的情绪等。

知识拓展

心衰患者的健康教育

通常情况下,心衰患者由于缺乏相关的专业知识,容易导致病情恶化。那么如何对心衰患者进行健康教育呢? 可从以下几方面进行:①心衰患者需要预防感冒,在感冒流行季节或气候骤变情况下,患者要减少外出,出门应戴口罩并适当增添衣服,若发生呼吸道感染,则非常容易使病情急剧恶化。②心衰患者应适当活动,做一些力所能及的体力活动,切忌活动过多、过猛和剧烈活动,以免心力衰竭突然加重。③心衰患者宜清淡饮食,多吃蔬菜水果。通常食物应选择富含必需氨基酸的优质蛋白,如牛奶、瘦肉、淡水鱼等,热量勿过高。一定要控制盐的摄入量,每天的摄入量不超过 2g。注意避免隐性高盐食品,如皮蛋、酱菜、腌肉等。宜少食多餐,尤其是晚餐勿吃得过饱,以免增加心脏负担。

(三) 药物治疗

1. 常规药物

(1)利尿剂:利尿剂是治疗心衰药物中唯一可以控制水钠潴留的药物。合理使用利尿剂是治疗心衰的基础,常可迅速、有效地缓解症状。有水钠潴留的患者应当使用利尿剂直至达到干体重,继续使用利尿剂可防止再次出现水钠潴留,恰当使用利尿剂对于心衰患者的治疗至关重要。

1)作用机制:通过抑制肾小管或集合管特定部位 Na^+ 和 Cl^- 的重吸收,促进尿钠排泄,减轻水钠潴留,静脉回流减少,从而降低前负荷,有效缓解心衰患者呼吸困难及水肿症状,减轻肺淤血,改善心脏功能。

2)适应证:存在或曾出现过水钠潴留表现的心衰患者,均应给予利尿剂治疗。该类药物缓解症状较其他药物迅速,可在数小时或数天内缓解肺淤血和周围水肿,但单独使用利尿剂不能保持心衰患者的长期稳定。对 NYHA 心功能Ⅳ级的患者,可考虑加用小剂量螺内酯,但本药在轻至中度心衰(NYHA 心功能Ⅱ~Ⅲ级)和舒张性心衰患者中的有效性和安全性尚有待确定。

3)常用利尿剂:①袢利尿剂:作用于髓袢升支粗段,抑制该处 Na^+ 和 Cl^- 的吸收,为强效利尿剂。可应用于大多数心衰患者,特别适用于急性心衰、重度心衰、心衰伴肾衰竭或中度水钠潴留患者。以呋塞米(速尿)最为常用,其利尿效应与单剂剂量密切相关,在未达到最大极限前,剂量越大,利尿作用越强,静脉注射效果优于口服。起始剂量为 20~40mg 口服,每天 1 次,必要时逐渐加量,每天最大剂量为 120~160mg,重症者可增至 100mg,每天 2 次,静脉注射效果优于口服。常见不良反应为低钾血症,应监测血钾,注意补钾。如与 ACEI 或保钾利尿剂(如螺内酯)合用,可不需长期口服补钾。②噻嗪类利尿剂:作用于远曲小管近端和髓袢升支远端,抑制该处 Na^+ 的重吸收,为中效利尿剂。由于 Na^+-K^+ 的交换,使钾的重吸收降低,也可引起低钾血症。以氢氯噻嗪(双氢克尿噻)为代表,服药后 4 小时达高峰,作用持续长达 6~12 小时。起始剂量为 12.5~25mg 口服,每天 1 次,逐渐加量,每天最大剂量为 100mg,分 2~3 次服用。当肾小球滤过率<30ml/min 时,利尿作用明显受限,因此该类

药物不适用于严重心衰和同时伴肾衰的患者。③保钾利尿剂:作用于肾远曲小管远端,对抗醛固酮促进 Na^+-K^+ 交换的作用,或直接抑制 Na^+-K^+ 交换。利尿作用不强,多与噻嗪类或袢利尿剂合用,以加强利尿剂作用,并起到保钾作用。不宜与钾盐或 ACEI 类药物合用,肾功能不全时慎用,以防高钾血症的发生。另外,螺内酯在受体水平拮抗醛固酮,研究证实它能有效抑制醛固酮对心脏、肾的不良效应,减轻心肌间质增生,改善心脏重构和长期预后,降低心脏负荷,减轻心衰症状。保钾利尿剂常用制剂有:螺内酯(安体舒通)起始剂量为 10~20mg 口服,每天 1 次,至少观察 2 周后再加量,目标剂量 20~40mg,每天 1 次;氨苯蝶啶起始剂量为 25~50mg 口服,每天 1 次;阿米洛利起始剂量为 2.5~5mg 口服,每天 1 次,利尿作用较强而保钾作用较弱。④血管升压素 V_2 受体拮抗剂:作用于肾脏集合管,减少水的重吸收,托伐普坦是目前常用的药物,排水的同时不增加排钠,用于治疗伴顽固性水肿或低钠血症的心衰患者,起始剂量为 7.5~15mg 口服,每天 1 次,疗效欠佳者逐渐加量至30mg,每天 1 次,短期可使用 7~14 天,注意监测血钠浓度变化。

4)注意事项:应合理使用利尿剂,利尿剂用量不足导致水钠潴留,并削弱 ACEI 的疗效和增加使用 β 受体拮抗剂的风险;利尿剂过量使用,将导致体液过少,增加使用 ACEI 等发生低血压和肾功能不全的危险。应从小剂量开始,建议长期、间断使用。顽固性水肿时可联合使用多种利尿剂。

对利尿剂的治疗反应取决于药物浓度及其到达肾小管的速度。轻度心衰由于利尿剂从肠道吸收快,到达肾小管速度也快,故即使使用小剂量利尿剂反应也良好。随着心衰的加重,药物运转受到阻碍,即使是对大剂量利尿剂的反应也较差,即出现利尿剂抵抗。此时克服的办法有:①静脉应用利尿剂,如呋塞米 1~5mg/h 持续静脉滴注;②2 种或 2 种以上利尿剂合用;③应用增加肾血流的药物,如短期应用小剂量的多巴胺或多巴酚丁胺。

5)不良反应:①电解质紊乱:应监测血中钾、钠、氯水平。对血钠过低者应谨慎区别是缺钠性低钠血症,还是稀释性低钠血症,两者治疗原则不同。前者发生于大量利尿后,属容量减少性低钠血症,患者可有直立性低血压,尿少而比重高,治疗时应补充钠盐;后者又称难治性水肿,见于心衰进行性恶化患者,此时钠、水均有潴留而水潴留多于钠潴留,故属高容量性低钠血症,患者尿少且比重偏低,治疗时应严格限制入液量,并按利尿剂抵抗处理。②神经内分泌激活:利尿剂的使用可激活内源性神经内分泌系统,尤其是 RAAS,短期激活会增加电解质丢失的发生率和严重程度;长期激活会促进疾病的发展。因此,利尿剂应与 ACEI 及 β 受体拮抗剂合用,而不能将利尿剂作为心衰的单一治疗。③低血压和氮质血症:如患者已无液体潴留,考虑血容量减少,此时应减少利尿剂用量;如患者有持续液体潴留,则可能由于心衰恶化,终末器官灌注不足,应继续利尿并短期使用能增加肾灌注的药物如多巴胺或多巴酚丁胺。④其他:长期服用噻嗪类利尿剂可能并发高尿酸血症、高脂血症和糖耐量异常;大剂量袢利尿剂可能引起耳聋,大多数是可逆的,少数不能恢复;螺内酯长期服用可致男性乳房发育、阳痿、性欲减退和女性月经失调等。

(2)血管紧张素转换酶抑制剂(angiotensin converting enzyme inhibitor,ACEI):ACEI 在心衰治疗中的作用已得到广泛研究。临床试验显示,ACEI 可以缓解心衰患者的症状、抑制心室重塑、改善患者的长期预后及降低心衰患者的病死率。

1)作用机制:ACEI 除了发挥扩血管作用而改善心衰时的血流动力学、减轻淤血症状外,更重要的是可以降低神经体液因素的不利影响,包括:①通过抑制血管紧张素转换酶的活性减少血管紧张素 Ⅱ(angiotensin Ⅱ,Ang Ⅱ)生成从而抑制 RAAS;②抑制缓激肽的降解以及增加激肽介导的前列腺素生成,具有扩血管和抗增生作用;③改善心脏及血管的重塑,延缓心衰的进展,改善远期预后,降低病死率。

2)适应证:ACEI 适用于 NYHA 心功能 Ⅰ~Ⅳ 级的患者,并应无限期、终身应用。不论是对于轻度、中度或重度心衰患者,还是早期或无症状心衰患者,ACEI 均是心衰治疗的基石,是标准治疗中必不可少的药物,除非有禁忌证或患者不能耐受。部分血钾异常或血压偏低患者,待病情稳定后尚可重新评估是否使用 ACEI。

3）禁忌证：以下情况应慎用 ACEI：①血肌酐水平升高（>221μmol/L）；②高钾血症（>5.0mmol/L）；③低血压（收缩压<90mmHg）；④左心室流出道梗阻。对本药曾有致命性不良反应的患者，如血管神经性水肿（发生率<1%）、双侧肾动脉狭窄、无尿性肾衰竭或妊娠妇女，绝对禁用 ACEI。

4）常用制剂：临床可选用的 ACEI 种类很多，可根据半衰期的不同确定用药剂量及每天用药次数。应从小剂量开始，如能耐受则每隔 3~7 天剂量加倍，直至目标剂量（表 3-2-1），再长期维持。ACEI 的良好治疗反应通常要 1~2 个月或更长时间才能显示。即使症状改善并不明显，长期应用 ACEI 仍有利于改善疾病进程，降低病死率或再住院率。

表 3-2-1　常用 ACEI 及参考剂量

药物	起始剂量	目标剂量	药物	起始剂量	目标剂量
卡托普利	6.25mg，每天 3 次	50mg，每天 3 次	培哚普利	2mg，每天 1 次	4~8mg，每天 1 次
依那普利	2.5mg，每天 2 次	10mg，每天 2 次	雷米普利	1.25mg，每天 1 次	10mg，每天 1 次
福辛普利	5mg，每天 1 次	20~30mg，每天 1 次	贝那普利	2.5mg，每天 1 次	10~20mg，每天 1 次
赖诺普利	5mg，每天 1 次	20~30mg，每天 1 次			

5）不良反应：①刺激性咳嗽：常为干咳，是患者不能耐受治疗的一个常见原因。停药后咳嗽即可消失，再服药后咳嗽又再出现，咳嗽可耐受者鼓励继续使用 ACEI，不能耐受者停用 ACEI，改用血管紧张素Ⅱ受体拮抗剂（ARB）。②低血压：低血压较为常见，通常出现在递增剂量的最初几天，尤其是伴低血容量、近期大量利尿或严重低钠血症的患者。③肾功能恶化：心衰时肾脏灌注减少，肾小球滤过率的维持主要依赖于血管紧张素介导的出球小动脉收缩，使用 ACEI 使出球小动脉扩张导致肾小球滤过率降低，肾功能恶化。若肌酐水平升高>30%，应减量；若肌酐水平升高>50% 或>310μmol/L（3.5mg/dl）[或 eGFR<20ml/（min·1.73m²）]，应停用 ACEI。④高钾血症：由于 ACEI 阻止醛固酮合成而减少钾的丢失，故可发生高钾血症，尤其见于肾功能恶化、补钾或口服保钾利尿剂时。口服本药 1 周后查血清钾，如血钾>5.5mmol/L 时应停用 ACEI。⑤血管神经性水肿：血管神经性水肿较为罕见（发生率<1%），一旦发生应终身禁用 ACEI。

（3）血管紧张素Ⅱ受体拮抗剂（angiotensin Ⅱ receptor blocker，ARB）：ARB 可阻断 AngⅡ 与 AngⅡ 受体 1 结合，抑制 RAAS 而不抑制缓激肽的降解，可以产生与 ACEI 相似的益处，且减少某些不良反应的发生。尽管 ARB 类药物对心力衰竭的血流动力学、神经体液紊乱和临床症状缓解均有效，但目前尚不能证实 ARB 是否相当于或优于 ACEI，故对于未使用 ACEI 或能耐受 ACEI 治疗的心衰患者，目前不宜以 ARB 取代治疗。其主要用于不能耐受 ACEI 者，如出现干咳等。本药亦能引起低血压、高钾血症及肾功能恶化等不良反应。常用的药物包括坎地沙坦、缬沙坦、氯沙坦等。

（4）血管紧张素Ⅱ受体脑啡肽酶抑制剂（angiotensin receptor-neprilysin inhibitor，ARNI）：ARNI 的代表药物是沙库巴曲缬沙坦钠片，由缬沙坦和脑啡肽酶抑制剂两种成分构成，发挥扩张血管、抑制心肌重构等作用，降低心衰的发病率及病死率，改善心衰患者的临床症状及远期预后。如果患者从 ACEI 切换到 ARNI，需停用 ACEI 类药物 36 小时后再使用 ARNI。主要不良反应：低血压、肾功能恶化、高钾血症、血管神经性水肿。禁忌证：①血管神经性水肿病史；②双侧肾动脉严重狭窄；③妊娠期和哺乳期女性；④重度肝损害、胆汁性肝硬化及胆汁淤积；⑤已知对 ARB 或 ARNI 过敏者。

（5）醛固酮受体拮抗剂：螺内酯等抗醛固酮制剂作为保钾利尿剂，能阻断醛固酮效应，抑制心脏重构，改善心衰患者的预后。但必须注意血钾的监测，近期有肾功能不全、血肌酐升高或高钾血症者不宜使用。依普利酮（eplerenone）是一种选择性醛固酮受体拮抗剂，可显著降低轻度心衰患者心血管事件的发生风险，减少患者住院率、降低心血管病病死率，且尤其适用于老龄、糖尿病和肾功能不全患者。

（6）β**受体拮抗剂**

1）作用机制：心力衰竭早期，交感神经兴奋性增强，有利于维持衰竭心脏的功能，但是交感神经系统长期激活，对心室重塑及心衰的发生发展均有不利作用。β受体拮抗剂可抑制交感神经激活的不利作用。因此，使用β受体拮抗剂可延缓或逆转心室重构，改善慢性心衰患者的预后，降低病死率和再住院率。

2）适应证：所有慢性收缩性心衰 NYHA 心功能Ⅱ、Ⅲ级，病情稳定者，均须应用β受体拮抗剂，除非有禁忌证或不能耐受。NYHA 心功能Ⅳ级的患者，如病情已稳定，无液体潴留，且不需要静脉用药者，在严密监护下由专科医师指导应用。应用β受体拮抗剂治疗心衰症状改善常在治疗后 2~3 个月才出现，即使症状未能改善，β受体拮抗剂仍能减少疾病的进展。

3）禁忌证：①支气管痉挛性疾病；②严重的心动过缓（心率<50 次/min）；③二度及以上房室传导阻滞（除非已安装心脏起搏器）；④病态窦房结综合征；⑤低血压（收缩压<90mmHg）；⑥有明显液体潴留，需大量利尿者，暂时不能应用；⑦急性心衰；⑧难治性心衰需静脉给药者。

4）常用制剂：目前有循证医学证据表明能有效降低慢性心衰患者死亡风险的β受体拮抗剂主要有 3 种：比索洛尔、美托洛尔（选择性抑制 β_1 受体）和卡维地洛（抑制 α_1、β_1 和 β_2 受体）。同时需要指出的是，这 3 种药物治疗心衰的阳性结果并不能类推为所有β受体拮抗剂的有效性。由于β受体拮抗剂具有负性肌力作用，故临床应用应十分慎重。待心衰症状稳定后在使用利尿剂、ACEI 的基础上应用。需从小剂量开始，如琥珀酸美托洛尔 11.875~23.75mg 口服，每天 1 次；比索洛尔 1.25mg 口服，每天 1 次。如患者能耐受上述剂量，可每隔 2~4 周将剂量加倍，逐渐达到目标剂量或最大可耐受剂量，并长期使用；如前一较低剂量出现不良反应，可延迟加量直至不良反应消失。

5）不良反应：①液体潴留及心衰恶化：开始使用β受体拮抗剂 1~2 个月时可导致液体潴留与心衰恶化，此时可先调整利尿剂和 ACEI 的用量，以达到临床稳定。如病情恶化需静脉用药时，可将β受体拮抗剂减量或停用，病情稳定后再加量或继续应用。②心动过缓和传导阻滞：如清醒时静息心率低于 50 次/min 或出现二、三度房室传导阻滞，可减少用量或停用β受体拮抗剂。③低血压：尤其是同时具有 α 受体拮抗作用的制剂，多出现于首剂或加量的最初 24~48 小时，可将利尿剂减量，或调整 ACEI 用量及与β受体拮抗剂在一天中的不同时段使用。

（7）**洋地黄制剂**：洋地黄制剂是传统的正性肌力药，通过抑制心肌细胞膜上的 Na^+-K^+-ATP 酶，使细胞内 Ca^{2+} 浓度升高，从而发挥正性肌力作用。此外，该药可使迷走神经兴奋性增加，从而使心率减慢。该类药物的使用可以减少症状并提高运动耐量。

1）适应证：①NYHA 心功能Ⅱ~Ⅳ级的收缩性心衰患者，在利尿剂、ACEI/ARB/ARNI、β受体拮抗剂和醛固酮受体拮抗剂治疗后仍有持续性心衰的症状，同时合并快速心室率的心房颤动患者是其最佳的适应证；②室上性快速性心律失常，如室上性心动过速、心房扑动和心房颤动。

2）禁忌证：①洋地黄过量或中毒；②肥厚型心肌病；③二度或高度、三度房室传导阻滞而无永久性心脏起搏器保护者；④预激综合征伴心房颤动或心房扑动；⑤重度二尖瓣狭窄伴窦性心律并发肺水肿者。

3）制剂的选择：最常用的洋地黄制剂为地高辛、毛花苷 C（西地兰），而洋地黄毒苷、毒毛花苷 K 等较少应用。①地高辛：地高辛是一种有效、安全、使用方便的治疗心衰药物，是目前临床应用最为广泛的洋地黄制剂。多采用维持量疗法，0.125~0.25mg 口服，每天 1 次。高龄、低体重或肾功能受损患者，剂量酌减。②毛花苷 C：毛花苷 C 为静脉注射制剂。注射后 10 分钟起效，1~2 小时达高峰，半衰期 3 小时，90% 经肾排出。每次用量为 0.2~0.4mg，稀释后静脉注射，24 小时总量 0.8~1.2mg。适用于急性心衰或慢性心衰加重时，特别适用于伴快速心室率房颤的心衰患者。

4）洋地黄中毒的表现和处理

影响洋地黄中毒的因素：洋地黄中毒剂量约为有效剂量的 2 倍，提示洋地黄用药安全窗很窄。下列情况易发生洋地黄毒性反应：①电解质紊乱特别是低钾血症、低镁血症；②心肌缺血、缺氧；③肾功能不全；④联合应用奎尼丁、普罗帕酮（心律平）、维拉帕米（异搏定）、胺碘酮（乙胺碘呋酮）及阿司匹林等药物时使地高辛的血药浓度升高，增加药物中毒风险。洋地黄中毒的表现：①心律失常：心律失常是洋地黄中毒最重要的表现。最常见者为室性期前收缩，多表现为二联律，非阵发性交界性心动过速等。快速房性心律失常伴传导阻滞是洋地黄中毒的特征性表现。②胃肠道症状：厌食、恶心、呕吐等，厌食是洋地黄中毒最早的表现。③神经系统症状：视物模糊、黄视、绿视、倦怠、抑郁、眩晕、定向障碍和意识错乱等。洋地黄可引起心电图特征性鱼钩样 ST-T 变化，称为洋地黄效应，而非中毒表现。

洋地黄中毒的处理：①立即停用洋地黄制剂：单发性室性期前收缩、一度房室传导阻滞以及轻度的胃肠道、神经系统表现等，停药后常可自行消失。②快速心律失常如血钾低可予静脉补钾，并停用排钾利尿剂；如血钾不低可应用苯妥英钠 100mg 溶于注射用水 20ml 中静脉注射，每 5~10 分钟 1 次，直至室性心律失常控制，总量不超过 250~300mg，以后改为 0.1~0.2g 口服，每天 3 次维持；亦可用利多卡因 50~100mg，溶于葡萄糖溶液 20ml 中静脉注射，每 5~10 分钟 1 次，总量不超过 300mg，然后以 1~4mg/min 的速度静脉滴注维持，适用于室性心律失常。③对缓慢性心律失常，可应用阿托品 0.5~1mg，皮下或静脉注射；完全性房室传导阻滞，出现心源性晕厥、低血压时，可安置临时心脏起搏器。④严重地高辛中毒时可应用地高辛抗体治疗，使心肌地高辛迅速转移到地高辛抗体上。解毒效果迅速可靠，但应密切观察以防止心衰恶化。

（8）钠-葡萄糖协同转运蛋白 2 抑制剂（sodium-glucose cotransporter-2 inhibitor, SGLT-2i）：SGLT-2i 抑制肾脏对葡萄糖的重吸收，促进葡萄糖从尿液中排出，降低血糖，并改善胰岛素抵抗，通过促进排钠、降低体重、减轻氧化应激等机制减轻心脏负荷，抑制心脏重构。目前常用的制剂有：达格列净、恩格列净等。

2. 其他药物

（1）血管扩张剂：近年的研究表明，血管扩张剂虽然在短期内可产生即刻的血流动力学效应，降低心脏前、后负荷，减轻肺淤血和增加心排血量，改善临床症状，发挥良好的短期效应，但长期治疗却增加病死率。因此，血管扩张剂目前仅用于急性心衰或慢性心衰急性加重时的短期应用，不作为慢性心衰一线药物常规使用。

1）硝酸酯类：临床常用制剂：①硝酸甘油：0.3~0.6mg 舌下含服，2 分钟起效，持续 10~30 分钟。急性期可静脉滴注硝酸甘油，起始量 5~10μg/min，根据血压调整剂量，最大剂量可达 200μg/min；②硝酸异山梨酯（消心痛）：2.5~5mg 舌下含化，每 2 小时 1 次，或 10~20mg 口服，每 4 小时 1 次；③单硝酸异山梨酯：是硝酸异山梨酯的活性代谢产物，与母药相比，生物利用度达 100%，作用维持时间长，常用量是 10~20mg 口服，每天 3 次。硝酸酯类药物不良反应有头胀、头痛、心跳加快、低血压等。

2）钙通道阻滞剂：钙通道阻滞剂的效果不佳，特别是短效制剂，甚至增加并发症和病死率，可能与其负性肌力作用、RAAS 激活有关。故即便对于合并心绞痛或高血压的患者，大多数钙通道阻滞剂仍应避免使用。

3）硝普钠：硝普钠具有小静脉、小动脉双重扩张作用，常用于急性心衰或慢性心衰加重时（见本章第二节"急性心力衰竭"）。值得注意的是，对于那些依赖升高的左室充盈压来维持心排血量的阻塞性心瓣膜病，如二尖瓣狭窄、主动脉瓣狭窄患者，不宜应用强效血管扩张剂。

（2）非洋地黄类正性肌力药物：非洋地黄类正性肌力药物通过提高细胞内环腺苷酸（cAMP）水平而增加心肌收缩力，同时兼有外周血管扩张作用。短期静脉滴注可获得良好的血流动力学效应。主要适用于：心脏移植前的终末期心衰、心脏手术后心肌抑制所致的急性心衰、难治性心衰，可短期

支持应用 3~5 天。由于缺乏有效证据及考虑到药物的毒性,不主张对慢性心衰患者长期、间歇静脉应用。常用以下两类制剂:

1)β 肾上腺素能激动剂:多巴胺、多巴酚丁胺是常用的 β 肾上腺素能激动剂。多巴胺是去甲肾上腺素的前体,较小剂量,即<3μg/(kg·min)静脉滴注使心肌收缩力增强,血管扩张,特别是肾小动脉扩张,心率加快不明显。此外,患者对多巴胺的反应个体差异较大,应从小剂量开始,逐渐增量,以不引起心率加快及血压增高为度。多巴酚丁胺是多巴胺的衍生物,具有较强的选择性兴奋 β₁ 受体、增强心肌收缩力的作用。扩血管作用不如多巴胺明显,加快心率的反应也小于多巴胺。起始用药剂量为 2.5μg/(kg·min)静脉滴注。

2)磷酸二酯酶抑制剂:米力农(milrinone)有较强增加心肌收缩力的作用。使用方法为:负荷剂量 25~75μg/kg 稀释后静脉缓慢注射(>10 分钟),继以 0.375~0.75μg/(kg·min)静脉滴注维持。

(3)**伊伐布雷定(ivabradine)**:伊伐布雷定可特异性抑制窦房结起搏电流,减慢心率,对心脏内传导、心肌收缩无影响。适应证:心功能Ⅱ~Ⅲ级,LVEF≤35% 的窦性心律患者,使用 ACEI/ARB/ARNI、β 受体拮抗剂、醛固酮受体拮抗剂达到推荐剂量或最大耐受剂量后心率仍然≥70 次/min;或心率≥70 次/min,对 β 受体拮抗剂不能耐受或禁忌者。

(4)**维立西呱(vericiguat)**:维立西呱是一种口服的可溶性鸟苷酸环化酶刺激剂,通过 sGC-cGMP 信号通路发挥作用,为心衰的治疗领域开辟了新的治疗靶点,适用于心功能分级Ⅱ~Ⅳ级,LVEF<45% 患者。

(5)**抗凝和抗血小板药物**:目前对心力衰竭本身的适应证尚未确立。心衰时抗凝治疗可参照下述原则:

1)心衰伴房颤或心衰伴既往血栓栓塞史的患者必须长期抗凝治疗。可以口服华法林或新型口服抗凝药,口服华法林者国际标准化比值(INR)需保持在 2.0~3.0。

2)对低 EF 值、左室室壁瘤、显著心腔扩大、心腔内有血栓存在的患者,应给予抗凝治疗以预防可能发生的血栓栓塞事件,但长期效果有待进一步明确。

3)伴有可能增加血栓栓塞危险的基础疾病(如淀粉样变性病、左室致密化不全、家族性扩张型心肌病)以及一级亲属有血栓栓塞史的患者也应考虑抗凝治疗。

4)抗血小板治疗常用于心衰以预防冠状动脉事件。

(四)器械治疗

1. 心脏再同步化治疗(cardiac resynchronization therapy,CRT) 30% 进展性心衰患者存在左、右心室或房室之间的收缩不协调,导致心室充盈欠佳、二尖瓣反流,左室射血分数下降。通过 CRT 可改善房室、左右心室间以及心室内的收缩同步性,减少继发性二尖瓣反流,改善心脏功能。Ⅰ类适应证包括经过最佳药物治疗后仍持续存在心力衰竭症状的心衰患者,窦性心律,LVEF≤35%,左束支传导阻滞,QRS 时限≥150ms。Ⅱa 类适应证包括对于经过最佳药物治疗后仍持续存在心力衰竭症状的心衰患者,窦性心律,LVEF≤35%,QRS 时限≥150ms,非左束支传导阻滞;高度或完全性心脏传导阻滞和 LVEF 为 36%~50% 的患者。

2. 植入型心律转复除颤器(implantable cardioverter defibrillator,ICD) 一级预防:用于 LVEF≤35%,心肌梗死后至少 40 天,经药物治疗后心功能Ⅱ级或Ⅲ级的心衰患者;用于 LVEF≤30%,心肌梗死后至少 40 天,经药物治疗后心功能Ⅰ级的心衰患者。二级预防:具有猝死高危风险的遗传性心律失常心肌病患者,LVEF≤45%。

3. 左室辅助装置(left ventricular assist device,LVAD) LVAD 适用于严重心脏事件后或准备行心脏移植术患者的短期过渡治疗和部分严重心衰患者的辅助性治疗。

(五)心脏移植

对于不可逆性的心衰,病因无法纠正,如扩张型心肌病、晚期缺血性心肌病患者,药物治疗效果差,心肌状况已处于终末期无法逆转,最终需要心脏移植。在等待手术期间,作为过渡,应用体外机械辅助泵可帮助维持心脏功能。从技术上看,心脏移植后 5 年存活率已达 75% 以上,但限于我国实际条件,目前尚无法普遍开展。

(六) 舒张性心力衰竭的治疗

1. 治疗基本病因　有效地降压,改善心肌缺血等;药物如硝酸酯药物、β 受体拮抗剂、钙通道阻滞剂、ACEI 等。

2. 缓解肺淤血　限制钠盐摄入、使用利尿剂减少循环血量、使用硝酸酯类药物减少静脉回流,从而缓解肺淤血,但上述用药均需从小剂量开始,避免前负荷过度降低,对于单纯舒张性心衰,心室充盈压需高于正常才能维持心搏量。

3. 控制心室率、维持窦性心律　心率增快可缩短心室充盈和冠状动脉灌注时间,对舒张性心衰不利,应尽可能使静息状态下心率维持在 60 次/min 左右。β 受体拮抗剂和钙通道阻滞剂最常用,以降低心室率,延长舒张期。窦性心律有利于维持房室同步,增加心室充盈。如舒张性心衰并发心房颤动,应尽可能转复并维持窦性心律;如果安装永久性心脏起搏器应考虑房室顺序起搏。

4. 改善左室舒张早期充盈　钙通道阻滞剂可以降低心肌细胞内的钙离子浓度,改善心肌舒张功能,可作为舒张性心衰治疗的主要药物,但维拉帕米不宜与 β 受体拮抗剂合用。

5. 禁用正性肌力药物　单纯舒张性心衰不宜应用正性肌力药物,如同时合并收缩性心衰则以治疗后者为主。

ER 3-2-5
慢性心力衰竭
药物治疗
流程图

第二节　急性心力衰竭

急性心力衰竭(acute heart failure,AHF)是指急性心脏病变导致短时间内心肌收缩力明显减低,心脏负荷加重,心排血量显著、急骤降低引起组织、器官灌注不足和急性淤血的综合征。可分为急性左心衰竭和急性右心衰竭,临床以急性左心衰竭较为常见,表现为急性肺水肿,严重者可发生心源性休克或心搏骤停。

急性右心衰竭主要见于急性右室心肌梗死、右心瓣膜病、急性大面积肺栓塞引起的急性肺源性心脏病。

【病因和发病机制】

(一) 病因

急性心力衰竭常见的病因有:

1. 急性弥漫性心肌损害　急性广泛性心肌梗死、急性心肌炎、围生期心肌病等疾病可引起急性心肌收缩力减退。

2. 急性机械性阻塞或心脏压力负荷过重　高血压危象、严重的二尖瓣或主动脉瓣狭窄、左室流出道梗阻、二尖瓣口黏液瘤或血栓的嵌顿等,使心排血受阻。

3. 急性容量负荷过重　急性心肌梗死或急性感染性心内膜炎所致乳头肌或腱索断裂、瓣膜穿孔,输血或输液过多、过快等。

4. 急性心室舒张受限　急性大量心包积液或积血所致的急性心脏压塞。

5. 严重心律失常　在原有心脏病的基础上出现快速异位心律失常,如室性心动过速(室速)、心室颤动(室颤)、心房颤动(房颤)或房性心动过速(房速)、室上性心动过速。

6. 其他非心源性促发因素　药物治疗依从性不佳、严重感染或大手术后、吸毒、酗酒等,以及存在高输出综合征如甲亢危象、重度贫血、分流综合征等。

(二) 发病机制

心脏解剖或功能的突发异常,使心脏收缩力突然严重减弱,心排血量急剧降低,左室舒张末期压力急剧升高,肺静脉压及肺毛细血管压升高,肺毛细血管内液体渗出到肺间质和肺泡内形成急性肺水肿。

【临床表现】

急性心力衰竭发病急骤,患者突然出现严重呼吸困难,端坐呼吸、烦躁不安,面色灰白、发绀、大汗,有恐慌、窒息感。频繁咳嗽,常咳出粉红色泡沫样血痰。肺水肿早期因交感神经激活,血压可一度升高,但随病情持续,血管反应减弱而血压下降。肺水肿如不能及时纠正,则导致心源性休克。

听诊两肺布满湿啰音和哮鸣音,心尖部第一心音减弱,频率快,可闻及舒张早期奔马律,肺动脉瓣区第二心音亢进。

知识拓展

Killip 分级

Killip 分级适用于评价急性心肌梗死引起的心力衰竭的严重程度。

Ⅰ级:无心力衰竭的临床症状与体征。

Ⅱ级:有心力衰竭的临床症状与体征。肺部 50% 以下肺野湿性啰音,心脏第三心音奔马律,肺静脉高压,胸片见肺淤血。

Ⅲ级:严重的心力衰竭临床症状与体征。严重肺水肿,肺部 50% 以上肺野湿性啰音。

Ⅳ级:心源性休克。

【诊断和鉴别诊断】

根据典型症状和体征,有引起急性心力衰竭的病因,诊断不难。有心脏病病史、咳粉红色泡沫样血痰及心尖区舒张期奔马律,结合血 BNP/NT-proBNP 水平,不难与支气管哮喘相鉴别,阴性者几乎可排除急性心力衰竭诊断。

【治疗】

急性心力衰竭为内科急危重症,缺氧和高度呼吸困难是致命的威胁,必须尽快使之缓解,具体如下:

(一)体位

患者取半卧位或端坐位,两腿下垂,以减少静脉回流。

(二)吸氧

立即给予鼻导管吸氧(1~2L/min),监测患者血氧,根据监测结果调整氧流量,病情严重者给予持续气道正压通气或无创性正压机械通气给氧,使肺泡内压力在吸气时增加,加强气体交换,且可对抗组织液向肺泡内渗透。

(三)救治准备

开放静脉通道,行心电监护及血压监测等。

(四)出入量管理

肺循环淤血、体循环淤血及水肿明显者应严格限制饮水量和静脉输液速度。

(五)药物治疗

1. **吗啡** 多用在急性心衰的早期,尤其是烦躁不安又除外持续低血压时,给予吗啡 3~5mg 稀释后静脉注射,必要时每隔 15 分钟重复 1 次,共 2~3 次。可减少患者躁动所带来的额外的心脏负担,并通过减弱中枢交感冲动而扩张外周静脉和小动脉,减轻心脏负荷。老年人可酌情减少剂量或改为肌内注射。

2. **利尿剂** 呋塞米 20~40mg 稀释后静脉注射,于 2 分钟内注完,必要时 4 小时后可重复 1 次。

可快速大量利尿,减少血容量,降低左心室充盈压。本药尚有扩张静脉作用,有利于肺水肿的缓解。大量利尿应注意低血容量和低钾血症的发生。

3. 血管扩张剂常用药物 血管扩张剂可用于急性心衰早期阶段,收缩压水平是评估此类药物是否适宜的重要指标。收缩压>110mmHg通常可安全使用;收缩压在90~110mmHg,应慎用;收缩压<90mmHg,禁忌使用。常用药物主要包括:①硝酸甘油:在不减少每搏量和增加心肌氧耗的情况下,硝酸甘油能减轻肺淤血,尤其适用于急性冠脉综合征患者。可先从5~10μg/min开始静脉滴注,然后每10分钟调整1次,每次增加5~10μg/min,最大剂量为200μg/min。如有低血压可与多巴胺合用。②硝普钠:本药系强力血管平滑肌松弛剂,可同时扩张小动脉和静脉,有效地降低心室前、后负荷,作用迅速、短暂。初始剂量为0.2~0.3μg/(kg·min),最大剂量为5μg/(kg·min),保持收缩压不低于100mmHg,静脉滴注时需避光并应临时配制液体,4~8小时滴完,通常疗程不超过72小时,停药时应逐渐减量。③乌拉地尔:乌拉地尔通过阻断突触后α_1受体,激活5-羟色胺1A受体,降低心脏负荷,改善心功能,严重高血压者可缓慢静脉注射12.5~25mg,需根据血压调整用量。④重组人脑利钠肽:具有扩张静脉和动脉(包括冠状动脉)的作用,降低心脏前、后负荷;同时具有抑制肾素-血管紧张素系统和交感神经系统的作用。

4. 洋地黄制剂 洋地黄制剂适用于心房颤动伴快速心室率或原有心脏增大伴左心室收缩功能不全者,但重度二尖瓣狭窄伴窦性心律者禁用。如发病2周内未用过洋地黄制剂,可给予毛花苷C 0.2~0.4mg缓慢静脉注射,必要时2~4小时后可再用0.2mg。

5. 其他正性肌力药 ①多巴胺<3μg/(kg·min)静脉滴注使心肌收缩力增强,血管扩张,特别是肾小动脉扩张,心率加快不明显,>10μg/(kg·min)外周血管收缩明显,增加脏器缺血风险。②多巴酚丁胺常用剂量一般为2.5~10μg/(kg·min)静脉滴注,最高可用至20μg/(kg·min),一般持续用药不超过3~7天。用时要注意心律失常的副作用。③磷酸二酯酶抑制剂:磷酸二酯酶抑制剂可抑制磷酸二酯酶,增强心肌收缩力。④左西孟旦:左西孟旦通过与心肌细胞上的肌钙蛋白C结合,增强心肌收缩力,同时激活血管平滑肌钾通道,扩张血管。6~12μg/kg静脉推注(>10分钟),此后继以0.1μg/(kg·min)静脉滴注,根据病情酌情增减。

(六)急性心力衰竭的基础疾病治疗

1. 冠状动脉疾病 急性冠脉综合征并发急性心衰,如有适应证应尽早考虑急诊经皮冠状动脉介入治疗(percutaneous coronary intervention,PCI)或必要时手术治疗进行血运重建。如无条件,则推荐有适应证的患者及早行溶栓治疗。

2. 瓣膜病 急性严重的主动脉瓣或二尖瓣反流时,应尽早外科干预。心内膜炎伴严重急性主动脉瓣反流是急诊手术的适应证。人工瓣膜血栓形成引起的急性心力衰竭病死率极高,溶栓通常针对右心人工瓣和手术风险高的患者,对左心人工瓣血栓形成则建议手术。

3. 心肌梗死后室间隔穿孔 一旦明确心肌梗死后室间隔穿孔,应尽早外科手术,因为破裂可能突然扩大而导致心源性休克。

(七)机械辅助装置

对常规治疗无反应但有心肌功能恢复可能的急性心衰患者,或作为心脏移植前的一种过渡措施,可考虑使用临时机械辅助装置。

1. 主动脉内球囊反搏(intra-aortic balloon pump,IABP) IABP能显著改善血流动力学,目前已成为心源性休克或严重左心衰标准治疗的一部分。IABP适用于:①强心、扩血管等治疗短期反应不佳;②并发严重二尖瓣反流或室间隔破裂,为获得血流动力学稳定以便进一步诊治;③严重心肌缺血,准备行冠状动脉造影术和血运重建术。严重的周围血管疾病、难以纠正的心力衰竭和多脏器衰竭者不宜使用。

ER 3-2-6

急性心衰的处理流程图

2. 心室辅助装置　近年来心室辅助装置多用作急性失代偿性心力衰竭的短期循环支持,以协助治疗急性心力衰竭或作为心脏移植前的一种过渡措施。

心力衰竭在心血管疾病的基础上发生,其分类有多种,按发生部位可分为左心衰、右心衰或全心衰。左心衰主要表现为肺循环淤血,如呼吸困难,咳嗽、咳痰、咯血等。右心衰表现为体循环淤血,如水肿,食欲缺乏、恶心、呕吐,颈静脉充盈,肝大等。BNP/NT-proBNP、X线检查和超声心动图是心衰诊断中的重要检查手段。心衰的治疗不仅包括血流动力学和临床症状的改善,更要注重对预后的改善。

病例讨论

患者,男,56岁。主因"间断胸憋、气紧16年,加重伴双下肢水肿1周"入院。患者16年前于活动后出现胸憋,伴心悸,不伴大汗,无胸痛及肩背部放射痛,就诊当地医院,发现"心脏杂音",行心电图检查未见明显异常。16年来患者间断于受凉、劳累后感胸憋、气紧,并逐渐出现乏力、易疲劳,并多次住院治疗。近1周受凉后,患者自觉胸憋、气紧症状加重,休息时亦不能缓解,夜间不能平卧,伴双下肢水肿。为求进一步诊治,现收住入院。患者自发病以来精神稍差,食欲尚可,睡眠欠佳,大小便正常。既往类风湿关节炎,否认高血压、糖尿病病史。吸烟、饮酒35年,已戒烟2年。否认家族遗传病史。

查体:T 36℃,P 75次/min,R 19次/min,BP 119/82mmHg。二尖瓣面容,皮肤未见出血点及皮疹,浅表淋巴结未触及肿大,巩膜无黄染,甲状腺不大。双肺底可闻及湿性啰音。心界明显扩大,心率103次/min,心律绝对不齐,第一心音强弱不等,心尖部可闻及4/6级收缩期吹风样杂音和舒张期隆隆样杂音。腹软,肝脾肋下未触及。双下肢可凹性水肿。

(韩清华)

思考题

1. 慢性心力衰竭的临床表现有哪些?
2. 如何处理急性心力衰竭?
3. 心力衰竭需与哪些疾病鉴别?

练习题

第三章 | 心律失常

学习目标

1. 掌握:常见心律失常的心电图图形诊断标准、治疗原则。
2. 熟悉:心律失常的产生机制。
3. 了解:心律失常的诊断。
4. 能够对常见心律失常进行诊断;能够选择合理的治疗药物。
5. 具备时代担当,服务广大人民群众;提高患者对心律失常的正确认识、知晓率和治疗率。

第一节　概　述

病例导入

舒某,女,83 岁。1 年前无明确诱因出现头晕、乏力、黑矇、心悸,活动后加重,自测脉率 40 次/min,慢而整齐。5 个月前患者活动后晕厥 1 次,持续 1 分钟后自行苏醒,无口吐白沫,四肢抽搐,发绀等症状,醒后言语清楚,四肢活动正常。查脑电图正常。3 个月前患者心悸阵发性加重,发作时,自觉心率快,律不齐,脉率亦快而不齐,持续 10 余分钟可缓解。查体:患者慢性病容,双肺未闻及湿啰音,心率 40 次/min,律齐,双下肢轻度水肿。

请思考:
1. 患者目前诊断可能是什么?
2. 应进一步完善哪些检查?

　　心律失常(cardiac arrhythmia)是指心脏冲动的频率、节律、起源部位、传导速度或激动顺序的异常。

　　心脏传导系统由负责正常心电冲动形成与传导的特殊心肌组成,它包括窦房结、结间束、房室结、希氏束和左、右束支以及浦肯野纤维网。窦房结是心脏正常窦性心律的起搏点,结间束连接窦房结与房室结,冲动在房室结短暂生理阻滞后继续下传至希氏束,然后经左、右束支传至浦肯野纤维,最后到达心室肌,完成一次心动周期。

　　心脏传导系统受到交感和迷走神经支配。迷走神经兴奋性增强则抑制窦房结的自律性与传导性,并延长其不应期,减慢房室结的传导并延长不应期。交感神经的作用则相反。

【病因和发病机制】

　　心律失常的常见原因如:各种器质性心脏病、全身性疾病、药物的毒性作用、先天因素、心脏手术、饮酒、吸烟、大量饮用兴奋性饮料等。

　　心律失常的发病机制包括冲动形成异常和冲动传导异常。

(一) 冲动形成异常

1. 自律性异常 心肌细胞自动发生节律性兴奋的特性,即自律性。自律性异常是导致心律失常的原因之一。

窦房结及其以外的心脏传导系统及普通心肌细胞都具有自律性,窦房结下位的起搏点称为异位起搏点。神经体液系统、各种理化因素通过影响自律细胞的去极化速度、最大舒张电位和阈电位影响自律性高低,交感神经兴奋性增高时自律性增高;迷走神经兴奋性增高时自律性降低。

2. 触发活动 目前认为触发活动是引起心律失常的重要机制。指在正常动作电位去极化活动后发生的膜电位震荡,称后去极化,可看作由该动作电位驱动的异常电活动,故称为触发活动(图 3-3-1)。

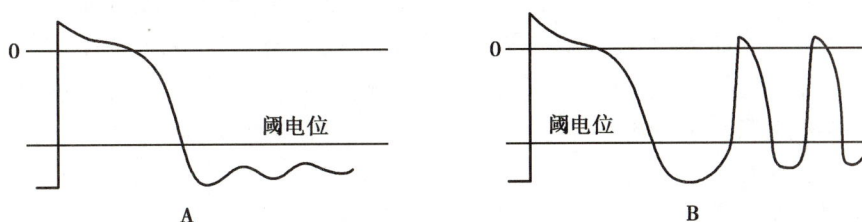

图 3-3-1 后去极化与触发活动

A.后去极化未达阈值电位;B.后去极化达阈值电位引起触发活动。

触发活动可分为早期后去极化和延迟后去极化。低氧血症、儿茶酚胺浓度增高、心肌缺血、低血钾、高血钙、洋地黄中毒等可诱发早期后去极化。洋地黄中毒、儿茶酚胺浓度增高、低血钾、超速起搏等可以产生延迟后去极化。

(二) 冲动传导异常

1. 传导功能障碍 指心肌细胞的传导功能部分或完全丧失,使心脏冲动传导中断或延迟的现象,称为传导阻滞,可分为生理性和病理性传导阻滞。

2. 折返激动 指激动在向下传导时,通过另一径路返回到原处,再次引起心脏激动的现象,可导致异位搏动发生。常见的折返激动有窦房结折返、心房内折返、房室交界区双径路折返、预激综合征旁路折返、心室内折返等。室上性心动过速、室性心动过速和期前收缩绝大多数是折返引起的(图 3-3-2)。

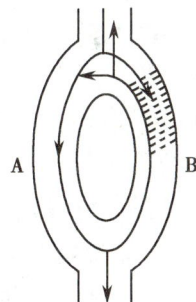

图 3-3-2 折返激动

激动由 A 通道下传,B 通道折返。

【心律失常的分类】

根据心律失常的发生机制、频率及部位不同,有不同的分类方法。以下根据心律失常的发生机制分为:

(一) 冲动形成异常

1. 窦性心律失常 包括窦性心动过速、窦性心动过缓、窦性心律不齐、窦性停搏、病态窦房结综合征。

2. 异位心律失常 包括:①主动性异位心律失常:期前收缩、阵发性心动过速、心房扑动、心房颤动、心室扑动、心室颤动;②被动性异位心律失常:逸搏、逸搏心律。

(二) 冲动传导异常

1. 生理性 干扰与脱节。

2. 病理性 心脏传导阻滞:包括窦房传导阻滞、房内传导阻滞、房室传导阻滞、室内传导阻滞;折返性心律:包括房室结折返、房室折返、心室内折返。

3. 房室间传导途径异常 预激综合征。

(三) 冲动形成异常伴传导异常

1. 并行心律。

2. 异位心律伴传导阻滞。

【心律失常的诊断】

(一) 病史

患者心律失常发作的诱因、症状、起止方式、发作频次、既往诊治经过。心律失常可以表现出多种症状,比如心悸,也可以没有症状,仅在体格检查中意外发现。同时,心悸症状也可能不是心律失常所引起。心律失常患者是否出现症状受多种因素影响,甚至包括了耐受性、年龄、心理社会因素等。心律失常是一种常见疾病,但仅少部分类型的心律失常有较高的危害性。中国农村地区、欠发达地区对心律失常知晓度较低,医务人员首先应加强健康生活方式的宣教,并对心律失常的防治方法进行准确的科普和宣传,消除顾虑的同时规范诊疗。

心律失常的类型和来源是决定是否出现症状的一个重要方面,在快速心律失常中,舒张期充盈时间明显缩短可能会造成血压降低,出现症状,尤其见于射血分数降低的患者。在缓慢性心律失常中,通常认为窦房结或者房室结病变导致的停搏至少6秒才会引起症状,如晕厥。另一方面,交感神经系统的传入神经与机械刺激感受器相连接,被诸如室性期前收缩引起的机械拉伸所激活,也可能造成不适症状。

(二) 体格检查

体格检查可以判断心率、心律、心音强度、脉搏的变化而有助于心律失常的诊断,如心房颤动以心律绝对不规则、第一心音强弱不等、脉搏短绌为特点。另外,还可以通过颈动脉窦按摩提高迷走神经张力,减慢窦房结发放冲动频率和延长房室结传导时间与不应期,心率突然终止或不发生变化提示室上性心动过速;心率逐渐减慢提示窦性心动过速。

(三) 心电图

心电图是诊断心律失常最重要的一项无创性检查技术,临床上多采用12或18导联心电图,系统分析应包括:心房与心室节律是否规则,各自频率情况;P-R间期是否恒定;P波与QRS波群形态是否正常;P波与QRS波群的相互关系等。

(四) 动态心电图

动态心电图是患者佩戴小型心电图记录仪,连续记录24小时或更长时间的心电图,将所记录的心电图通过计算机分析处理,可提高心律失常检出率,并可对心律失常作出准确的定性和定量分析,便于了解心悸与晕厥的发生是否和心律失常相关。

(五) 负荷心电图

负荷心电图是通过运动或药物增加心肌耗氧量,诱发患者的心肌缺血,一般用于诊断冠心病,亦可用于评估运动诱发的心律失常,如室性期前收缩和室性心动过速、缺血性心肌病、窦房结和房室结功能异常及评估预激综合征患者的旁路不应期。二阶梯试验、踏车试验及运动平板试验为常用的方法。

(六) 食管导联心电图及经食管心房调搏

当体表心电图上心房波不易辨认时,可记录食管导联心电图对心律失常进行鉴别,因食管导联电极距左心房近,记录到的心电图心房波(P波)较大。食管心房调搏术是指将导管电极置于食管,对心脏进行体外起搏的技术,主要用于窦房结功能测定和阵发性室上性心动过速的诊断及鉴别诊断。

(七) 心内电生理检查

心内电生理检查是利用心脏导管技术,在心脏不同部位放置多根电极导管记录心脏电活动,测量分析电冲动起源的部位、传导途径、顺序、速度以及异常心电现象,确定异常通道的部位、房室传导阻滞的程度、室上性和室性快速性心律失常的机制。

【心律失常的治疗】

治疗目的是缓解或消除心律失常所引起的症状,纠正血流动力学障碍,降低猝死率和病死率,延长患者寿命。包括病因及诱因治疗、药物治疗、心脏电复律、介入治疗、外科手术治疗等。

第二节　常见心律失常

窦性心律失常

正常窦性心律的冲动起源于窦房结，频率为 60~100 次/min。心电图显示窦性心律的 P 波在Ⅰ、Ⅱ、aVF 导联直立，aVR 导联倒置。P-R 间期 0.12~0.20 秒。窦性心律失常指窦性心律的频率、节律的异常。

一、窦性心动过速

成人窦性心律频率超过 100 次/min，称为窦性心动过速。

【病因和发病机制】

窦性心动过速可见于生理性原因如运动、情绪激动、疼痛、吸烟、饮茶、饮酒、妊娠等生理状态，也可见于某些病理状态，如发热、贫血、休克、感染、脱水、心力衰竭、心肌梗死、肺栓塞、甲状腺功能亢进症、嗜铬细胞瘤、低氧血症、焦虑、恐惧等，或由于使用阿托品、肾上腺素、甲状腺素等药物引起。近年来有报道，由自主神经功能异常、神经激素失调和固有窦房结功能亢进等因素导致的不适当窦性心动过速，部分有家族遗传倾向，此类情况预后通常较好，与心动过速诱发的心肌病无关。

【临床表现】

患者多无临床症状，心率过快可有心悸、乏力，重者可诱发心绞痛、心功能不全。

【心电图表现】

窦性 P 波，频率>100 次/min；P-R 间期 0.12~0.20 秒（图 3-3-3）。

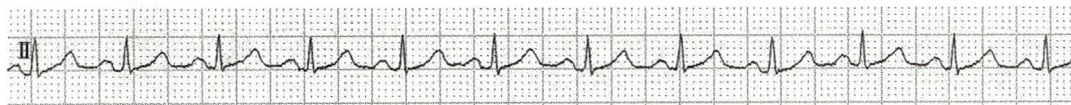

图 3-3-3　窦性心动过速

【治疗】

窦性心动过速一般不需治疗，有症状者要针对原发病及诱因进行治疗，如治疗心力衰竭、发热性疾病、甲亢等，必要时可选用 β 受体拮抗剂、维拉帕米、地尔硫䓬、镇静剂治疗，如美托洛尔 12.5~50mg，每天 2 次，口服；地西泮 2.5mg，每天 3 次，口服。

二、窦性心动过缓

窦性心律的频率低于 60 次/min，称窦性心动过缓。

【病因和发病机制】

生理状态下见于睡眠状态、运动员、老年人。病理情况下可见于低体温、高钾血症、病态窦房结综合征、阻塞性黄疸、甲状腺功能减退症（简称"甲减"）、缺氧、颅内高压、急性下壁心肌梗死等。另外使用 β 受体拮抗剂、拟胆碱药、洋地黄、非二氢吡啶类的钙通道阻滞剂、胺碘酮等也可引起窦性心动过缓。

【临床表现】

心率在 50 次/min 以上时一般无症状。心率低于 50 次/min 时，因心排血量降低引起心悸、头晕、乏力、胸闷，重者可诱发晕厥、低血压甚至休克。

【心电图表现】

窦性P波，频率<60次/min；P-R间期0.12~0.20秒；常伴有窦性心律不齐（图3-3-4）。

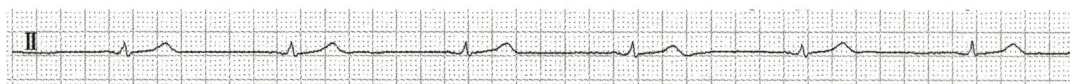

图3-3-4　窦性心动过缓

【治疗】

无症状的窦性心动过缓无须治疗；有症状者针对病因及诱因治疗，必要时可临时使用阿托品（0.5~1mg静脉注射）、多巴胺[5~20μg/（kg·min）静脉注射]或异丙肾上腺素（1~20μg/min静脉注射）等治疗。药物无效者，且有症状相关的心动过缓时，应安装人工心脏起搏器治疗。需注意，夜间心动过缓本身并非永久起搏器的适应证，且要注意筛查是否合并睡眠呼吸暂停。

三、窦性停搏

窦性停搏指窦房结在某个时期（一般指距离末次心房去极化>3秒后）内或永久不产生冲动，无P波和/或QRS波群产生。

【病因和发病机制】

迷走神经张力突然增高后，窦房结暂时受到抑制或由于窦房结器质性病变所致。见于颈动脉窦过敏、气管插管、窦房结病变、冠心病、颅内高压等病理情况。洋地黄、奎尼丁中毒等药物使用可能致使窦性停搏。

【临床表现】

轻者无症状或仅感心悸、乏力，重者可出现眩晕、黑矇、晕厥、昏迷、阿-斯综合征。

【心电图表现】

在一段长间歇内无窦性P波；长P-P间期与正常的P-P间期不成倍数关系；长间歇内可出现逸搏或逸搏心律（图3-3-5）。

图3-3-5　窦性停搏

【治疗】

偶发、无症状者无须治疗，重者应针对病因及诱因、临时应用阿托品、异丙肾上腺素等药物治疗，有症状相关的停搏时，可行人工心脏起搏治疗。

四、窦房传导阻滞

窦房传导阻滞指窦房结激动传入心房时延缓或完全阻滞，不能激动心房，按其阻滞程度分为一、二、三度窦房传导阻滞。

【病因和发病机制】

迷走神经张力增高或窦房结周围组织病变，导致窦性冲动不能传入心房。

【临床表现】

同窦性停搏。

【心电图表现】

1. 一度窦房传导阻滞 窦房传导时间延长,所有的窦性激动都能传入心房,产生窦性 P 波,P-P 间期无改变,体表心电图无法诊断。

2. 二度窦房传导阻滞 冲动的传导延迟并冲动传导脱落,可分为莫氏 I 型和莫氏 II 型。①二度 I 型窦房传导阻滞(莫氏 I 型,图 3-3-6),P-P 间距进行性缩短,直至一次 P 波"脱落",出现一较长的 P-P 间期,然后 P-P 间期再次逐渐缩短,再至下次 P 波"脱落",周而复始;最长 P-P 间期<最短 P-P 间期的 2 倍。常见窦房传导比例为 3:2、4:3、5:4。②二度 II 型窦房传导阻滞(莫氏 II 型,图 3-3-7),规律 P-P 间期中突然出现长 P-P 间期;长 P-P 间期为原窦性 P-P 间期的整倍数。常见窦房传导比例为 3:2、4:3、5:4。

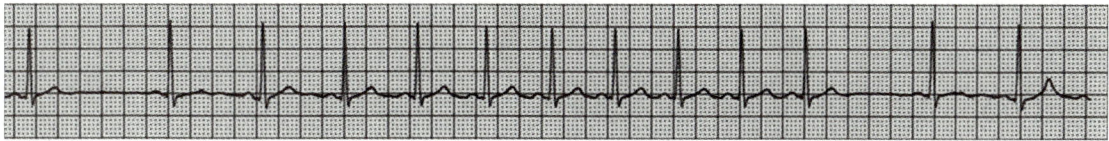

图 3-3-6 二度 I 型窦房传导阻滞

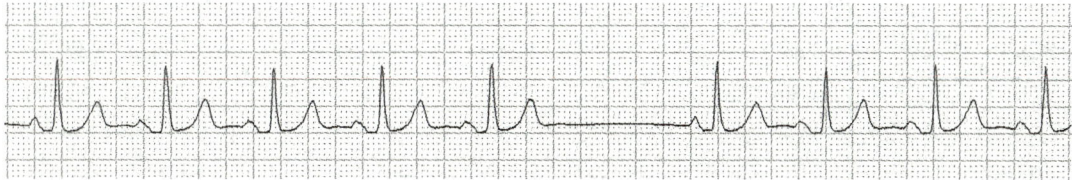

图 3-3-7 二度 II 型窦房传导阻滞

3. 三度窦房传导阻滞 所有的窦性冲动不能传入心房,窦性 P 波消失,心室由房室交界区异位起搏点激动。三度窦房传导阻滞与窦性停搏在体表心电图表现相似。

【治疗】

偶见的、无症状的窦房传导阻滞可观察。症状重者,可给予 β 肾上腺素受体激动药、M 胆碱能受体拮抗剂及人工心脏起搏治疗。

五、病态窦房结综合征

病态窦房结综合征指窦房结及其邻近组织的病变(通常为心肌进行性纤维化),使窦房结的冲动形成和/或传导障碍而导致的一系列心律失常和临床表现的综合征,简称病窦综合征(sick sinus syndrome,SSS)。

【病因和发病机制】

病因见于心肌病、老年退行性变、冠心病、心肌炎、风湿性心脏病、结缔组织病、颈动脉窦过敏、某些药物作用等导致窦房结结内和窦房结结外病变,使窦房结冲动形成和/或传导障碍。病变局限在窦房结者,称为单纯病态窦房结综合征;合并房室交界区自律性或传导功能障碍时,称"双结病变";同时累及左、右束支时,称全传导系统病变。

注意排查是否为可逆或可治疗病因,如低体温、急性冠脉综合征、高钾血症、药物(β 受体拮抗剂、非二氢吡啶类钙拮抗药、地高辛、甲基多巴、顺铂、干扰素等)。

【临床表现】

除了原发疾病表现,则以器官供血不足,尤其是脑供血不足为主要表现。轻者头晕、乏力、心悸等,重者出现黑矇、晕厥、抽搐甚至猝死。

【心电图表现】

心电图表现为以下几种情况：持续性窦性心动过缓，频率<50 次/min，常伴交界性及室性逸搏；窦性停搏或窦房传导阻滞；窦房传导阻滞与房室传导阻滞并存；心动过缓为基础常合并室上性快速性心律失常，即慢-快综合征。

【治疗】

若患者无心动过缓的相关症状，不必治疗，定期随访。若有相关症状，应植入永久性起搏器。对于慢-快综合征的患者，应用起搏器治疗后，若患者仍有心动过速发作，可应用抗心律失常药物。

房性心律失常

一、房性期前收缩

房性期前收缩起源于心房异位节律点的提前冲动，称为房性期前收缩。

【病因和发病机制】

房性期前收缩是临床很常见的心律失常。动态心电图提示房性期前收缩>500 次/24h，表示频发房性期前收缩。主要见于健康人情绪激动、焦虑、疲劳、失眠等情况。病理性情况见于器质性心脏病、甲状腺功能亢进症、心脏手术、洋地黄中毒、使用肾上腺素等药物。近年来发现频发的房性期前收缩是房性心动过速和房颤的独立预测因子。房性期前收缩的发病机制主要为自律性增高、触发活动、房性并行心律及折返机制。

【临床表现】

轻者无症状或心悸。重者出现胸闷、恶心、头晕。心脏听诊 S_1 增强，S_2 减弱或消失，伴一长代偿间歇。

【心电图表现】

房性异位 P′ 波与窦性 P 波形态不同；P′-R 间期 ≥0.12 秒；P′ 波后 QRS 波群形态正常或伴室内差异传导；代偿间歇多不完全（图 3-3-8）。

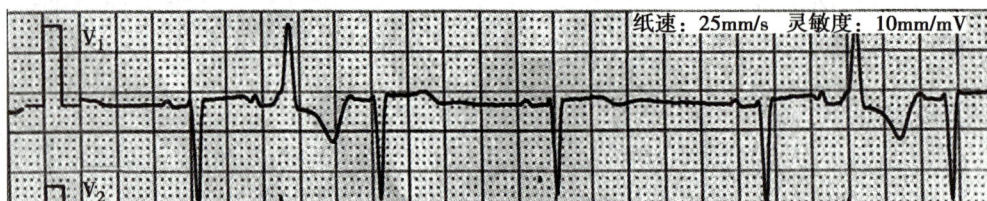

图 3-3-8　房性期前收缩伴室内差异性传导

【治疗】

无症状者一般不需特殊治疗；有器质性心脏病者需积极病因治疗，保持生活规律及情绪稳定。症状显著可用药物，如：美托洛尔 12.5~25mg，每天 2 次，口服；普罗帕酮 100~150mg，每天 3~4 次，口服；维拉帕米 40~80mg，每天 3~4 次，口服。

二、房性心动过速

房性期前收缩连续出现 ≥3 次，即为房性心动过速。按发生机制不同，分为自律性房性心动过速、折返性房性心动过速及紊乱性房性心动过速。

【病因和发病机制】

生理性见于大量饮酒、情绪激动、喝浓茶等。病理性见于肺心病、风湿性心脏病、急性心肌梗死、心肌病等器质性心脏病,甲状腺功能亢进症、电解质紊乱等全身性疾病,洋地黄中毒、使用氨茶碱、异丙肾上腺素、麻黄碱等药物。

自律性房性心动过速是因心房内异位起搏点舒张期自动去极化加快或后电位触发活动所致;折返性房性心动过速由于心房内形成折返环所致;紊乱性房性心动过速可能与心房内多个异常起搏点放电相关。

【临床表现】

患者表现为心悸、乏力、胸闷、气促等。除原有心脏病体征外,可闻及短暂性或持续性心率增快,多为 160~200 次/min,当伴房室传导阻滞时,心律可不规则。

【心电图表现】

自律性房性心动过速:房性 P 波,频率 100~180 次/min,P 波形态不变,可能隐藏在 QRS 波群或 T 波中,取决于房室传导比例和房速的心房频率;P-P 间期常不规则,发作开始时可见速率逐渐加快至稳定,称为温醒现象;QRS 波群与窦性冲动下传者相似或变形(伴有室内差异传导);继发性 ST-T 改变;房性期前收缩不能诱发或终止心动过速。

折返性房性心动过速:房性 P 波,频率 130~150 次/min,P 波整齐规律,P 波可重叠于前一心动周期的 T 波内,不易辨认;P-P 间期规则;QRS 波群与窦性冲动下传者相似或变形(伴有室内差异传导);继发性 ST-T 改变;常由房性期前收缩诱发,心脏程序刺激可诱发和终止。相较于折返性房性心动过速,自律性房性心动过速 P 波之间有等电位线,但因为结构性心脏病或者心脏手术瘢痕等因素影响,折返性房性心动过速也可能在 P 波之间出现等电位线。

紊乱性房性心动过速:又称多源性房性心动过速,房性 P 波,频率 100~130 次/min,同一导联可见≥3 种形态不一的 P 波;P-P 间期不规则,存在等电位线;P-P 间期、P-R 间期、R-R 间期不固定,部分 P 波不能下传心室;房性期前收缩不能诱发和终止。

【治疗】

针对原发基础心肺疾病的治疗,对于紊乱性房性心动过速尤为重要,同时纠正药物及异常代谢的影响。射频消融术具有较高的成功率。折返性房性心动过速可经食管快速起搏心房终止心动过速发作。使用 β 受体拮抗剂或非二氢吡啶类钙通道阻滞剂可以终止房速或减慢心室率,药物不能终止时(除洋地黄中毒所致者外),可行同步直流电复律。

三、心房扑动

心房扑动简称房扑,为一种快速、规则的房性异位节律,多为阵发性。房扑和房颤交替出现,称为不纯性房扑。

【病因和发病机制】

典型心房扑动为右房内围绕三尖瓣环经过峡部的大折返,折返不经过峡部称为非经典心房扑动。心房扑动多见于风湿性心脏病、肺心病、冠心病、心肌病、心包炎等器质性心脏病。部分患者无明确病因,称为特发性心房扑动。

【临床表现】

患者常有原发性心脏病的症状,心室率增快时,可出现心排血量不足的症状,如胸闷、心悸、气短、心绞痛、心力衰竭、头晕、晕厥等。

【心电图表现】

P 波消失,代之以快速匀齐的形态、方向、大小一致的 F 波,呈锯齿状或波浪状,无等电位线,频率多为 250~350 次/min;F 波不能完全下传,QRS 波群之间多呈 2∶1 或 4∶1 传导,传导以固定或不固定比例下传;QRS 波群多呈室上型(图 3-3-9)。

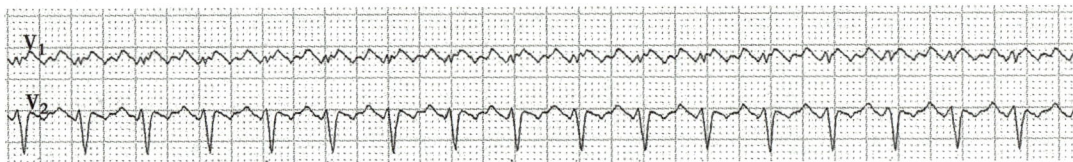

图 3-3-9 心房扑动

【治疗】

1. 病因治疗

2. 转复窦性心律 心房扑动常为阵发性、短暂性发作,无症状者不需要处理。若发作时心室率过快,出现血流动力学紊乱,则应立即终止发作。①同步直流电复律:最有效、安全,为首选复律方法;②食管心房调搏术:以略快于房扑的频率超速起搏心房,可转复为窦性心律或房颤,然后再用药物控制心室率或转复;③射频消融术可消融折返环;④奎尼丁、普罗帕酮、胺碘酮、伊布利特、多非利特等抗心律失常药物都具有不同程度复律的作用。

3. 室率控制 钙离子通道阻滞剂、β 受体拮抗剂可控制快速心室率,合并心功能不全患者可用洋地黄。

4. 抗凝治疗 同心房颤动抗凝方案。

四、心房颤动

心房颤动简称房颤,是心房不规则、紊乱的电活动,心房肌纤维以 350~600 次/min 的频率不协调、不规则地颤动。按房颤发作时间和特点分为初发房颤、阵发性房颤、持续性房颤、永久性房颤、长期持续性房颤;根据房颤 f 波大小可分为粗颤和细颤。

ER 3-3-3

房颤的临床分类

【病因和发病机制】

心房颤动常见于有器质性心脏病患者,多与心房扩大和心房肌受损有关。常见于风湿性心脏瓣膜病、二尖瓣狭窄、高血压心脏病、房间隔缺损、心肌病、心包炎、冠心病等;另外还可见于预激综合征、甲状腺功能异常、肺动脉栓塞、局部和全身感染等。

心房颤动的发生机制较为复杂,一直存在异位兴奋灶和折返冲动两种假说,异位兴奋灶与房颤的触发相关,而心房内多发微折返环与房颤的持续相关。消融肺静脉口附近的兴奋灶可转为窦性心律,称为肌袖性心房颤动。心房组织病变及心房内压力增高导致心房结构重构和电重构,心房肌纤维发生多处微折返可出现心房颤动。

【临床表现】

心房颤动的症状受心室率的快慢及基础心脏或非心脏疾病的影响。部分患者无症状,尤其见于老年男性患者,此类患者可能提示预后较差。患者可出现心悸、乏力、胸闷、气促、头晕、心绞痛、心力衰竭、休克、晕厥等症状,合并附壁血栓并血栓脱落时,可引起体循环、肺循环栓塞,以脑栓塞、肾动脉栓塞及肠系膜动脉栓塞多见。可闻及心律绝对不齐,S_1 强弱不等;脉搏不规则,强弱不一,脉搏短绌。

心房颤动可能出现:转复为窦性心律;转变为按固定比例下传的房扑;转变为房性心动过速;发生房室交界区性心动过速;发生室性心动过速。若心室率变慢而规则,考虑完全性房室传导阻滞。

【心电图表现】

P 波消失,等电位线消失,代之以大小不等、形态各异、间隔不匀的 f 波,频率为 350~600 次/min;R-R 间期绝对不规则,合并完全性房室传导阻滞时 R-R 间期相等;QRS 波群多呈室上性,伴室内差异传导时 QRS 波群可变形(图 3-3-10)。

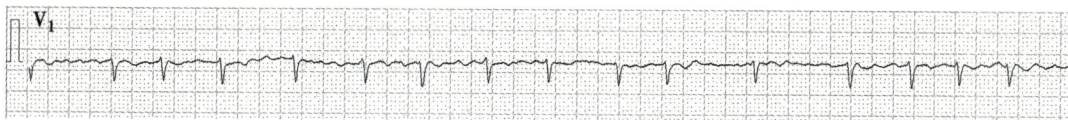

图 3-3-10　心房颤动

【诊断】

根据病因、心律绝对不齐、S₁ 强弱不等、脉搏短绌、心电图等可作出诊断。

知识拓展

心房颤动的鉴别诊断

心房颤动伴室内差异传导与心房颤动伴室性期前收缩不同：两者均表现为畸形的 QRS 波群。前者往往在心室率较快时出现，联律间期不固定，多呈右束支阻滞图形，QRS 波群起始向量不固定，多同室上性，需用洋地黄类药物治疗，控制心室率后好转；后者常出现在心率过慢时，联律间期很少变化，多呈左束支传导阻滞图形，常与室上性 QRS 波群起始向量相反，是洋地黄中毒的表现之一，须及时停用洋地黄。

【治疗】

1. 治疗基础病　纠正病因或诱因，将心房颤动转复为窦性心律。二尖瓣狭窄为房颤常见病因，应通过手术或介入积极治疗二尖瓣狭窄；如为甲状腺功能亢进引起的房颤，可以通过手术、放射性核素、药物控制甲亢，预防房颤复发等。ACEI/ARB、他汀类药物，适当时使用 β 受体拮抗剂等可以改善心肌重构，延缓新发房颤的发生，减少房颤复发或进展。

2. 复律治疗　将心房颤动转复为窦性心律，可改善心脏功能和血流动力学，预防血栓形成和栓塞。适应证：预激综合征并发房颤；房颤持续时间小于 1 年，左房内径<45mm，无严重心脏病损者；二尖瓣病变术后，甲状腺功能亢进症控制后房颤持续存在；预期转复为窦性心律后心力衰竭或心绞痛可得以改善。①药物复律：目的是缓解患者症状、提高生活质量，要体现药物治疗个体化原则，注意药物使用安全。胺碘酮：起效慢。用法：口服，每次 200mg，每天 3 次，连用 1 周后改为每次 200mg，每天 2 次，再连用 1 周后给予维持量 200mg，每天 1 次或每周 5 次；普罗帕酮：顿服450~600mg；伊布利特：静脉输注时 1mg，需在 10 分钟以上，用药 10 分钟后心律仍未转复者，可重复使用，用药前需查电解质，禁用有低血钾、低血镁、Q-T 间期延长患者；决奈达隆：口服，400mg，每天 2 次，适用于无器质性心脏病的房颤及房颤伴左室肥厚的高血压、冠心病、稳定型心功能不全患者。②同步直流电复律：持续性房颤自动转复为窦性心律的机遇很小，复律治疗成功与否与房颤持续时间、心房大小等因素有关。适用于血流动力学不稳定及药物复律失败者。药物或电复律后常需抗心律失常药物（如胺碘酮、索他洛尔）维持窦性心律。③射频消融及外科手术治疗：可以根治房颤。随着治疗技术的成熟，射频消融术治疗房颤成功率逐年增高，复发率下降。相比抗心律失常药物治疗，导管消融可显著降低房颤复发风险。因此，有症状的房颤患者如抗心律失常药物治疗无效或不能耐受，应行导管消融改善症状。对于阵发性房颤，导管消融明显优于抗心律失常药物治疗，可显著降低房颤复发率、改善心律失常相关症状、降低再住院率和就诊率，且不增加严重不良事件风险，且作为抗心律失常药物治疗前的一线节律控制策略。快室率房颤，药物治疗效果不佳，可予房室结阻断消融术，同时安装心脏起搏器。部分合并心脏结构异常者，可行外科迷宫手术，合并血栓形成者可行左心耳封堵术。

3. 控制心室率　目前研究认为严格的心率控制标准（静息状态下心率<80 次/min，中等运动强度下心率<110 次/min）与宽松的心率控制标准（静息状态下心率<110 次/min）相比较，在症状不严重的患者中降低病死率、预防血栓形成、缓解症状等方面并没有表现出明显的优势。因此症

状不严重的房颤患者采用宽松的心室率控制目标,将静息心率控制<110 次/min,症状重者或发生心动过速性心肌病则应采取严格的心室率控制,控制静息心率<80 次/min,中等程度的运动下心率<110 次/min。所有患者应定期行 24 小时动态心电图检查。常用药物:①洋地黄:适用于器质性心脏病伴心功能不全者,静脉常用毛花苷 C、口服可选用地高辛。②钙通道阻滞剂:用于控制运动时的心室率,可提高患者的运动耐量,适用于高血压、冠心病患者,心衰者慎用或禁用,常用药物为维拉帕米、地尔硫草。③β 受体拮抗剂:可降低静息和运动时的心室率,但不能提高患者的运动耐量,常用药物为阿替洛尔、美托洛尔、比索洛尔等。

4. 预防栓塞并发症 慢性房颤栓塞发生率较高,尤其是心房内发现附壁血栓、过去有栓塞病史、瓣膜病、高血压、糖尿病、老年患者、心房扩大、冠心病等发生栓塞的危险性更大。临床上常用 $CHADS_2$ 评分和 CHA_2DS_2-VASc 评分来对非瓣膜性心房颤动血栓栓塞的风险进行评估。由于 CHA_2DS_2-VASc 评分系统更为全面,并能筛选出不需要抗凝治疗的"真正的低危患者",因此现多应用此评分系统。CHA_2DS_2-VASc 评分标准包括:充血性心衰,1 分;高血压,1 分;年龄≥75 岁,2 分;糖尿病,1 分;卒中,2 分;血管疾病,1 分;年龄≥65 岁,1 分;女性,1 分。

ER 3-3-4

CHADS₂ 与 CHA₂DS₂VASC

依据 CHA_2DS_2-VASc 评分≥2 分,口服抗凝剂治疗,评分为 1 分,服用阿司匹林或口服抗凝剂,评分为 0 分,可不抗栓治疗。

口服抗凝药包括华法林和 NOAC(新型口服抗凝药)。房颤患者应用口服抗凝药需权衡其获益与出血风险,是否需要抗凝应在医患讨论后共同决策。鉴于卒中具有高致残率和致死率,而大多数出血患者并无长期后遗症,因此,即便是高出血风险的患者,抗凝治疗仍可取得临床净获益,不应以出血风险高低作为是否进行抗凝治疗的依据。口服抗凝药的绝对禁忌证包括:严重活动性出血、与出血相关的合并疾病,或近期发生的高危出血,如颅内出血等。

常用药物:①华法林:华法林可使房颤患者的卒中风险降低 64%。服用华法林的患者应定期监测 INR 并调整剂量,以维持国际标准化比值 INR 在治疗目标(2.0~3.0)之内。INR 在治疗目标范围内的时间百分比(time within therapeutic range,TTR)>70% 的情况下,卒中与出血的总体风险较低。华法林抗凝治疗除有效治疗窗窄外,还存在起效较慢、半衰期长的特点,且易受其他多种因素的影响(包括遗传、药物和食物等)。应加强患者教育和随访以及 INR 的监测,尤其是在饮食结构、合并用药有较大变化时应增加监测频率,根据 INR 及时调整华法林剂量从而提高 TTR,改善华法林的治疗效果。②NOAC:目前国际上已上市的 NOAC 共有 4 种,包括直接抑制凝血酶的达比加群,以及抑制 Xa 因子的利伐沙班、阿哌沙班和艾多沙班。目前仍处于研究阶段的 XI 因子抑制剂理论上可降低抗凝治疗相关的出血风险,有望显著提高抗凝治疗的安全性。在与华法林对照的 3 期临床试验中,NOAC 预防缺血性卒中及体循环栓塞的疗效均不劣于或优于华法林,且颅内出血风险显著降低。

ER 3-3-5

HAS-BLED 出血风险积分

房室交界区性心律失常

一、房室交界性期前收缩

房室交界性期前收缩简称交界区期前收缩,指房室交界区过早发放冲动产生的搏动。

【病因和发病机制】

正常人较少见。常见于有器质性心脏病和洋地黄中毒患者。房室交界区的房结区、结区、结希区、希氏束的心肌细胞自律性增高或折返产生提前的异位冲动,形成房室交界性期前收缩。

【临床表现】

患者一般无症状或可有心悸、胸闷、头晕等不适。在心脏听诊的正常节律中提前出现一次搏动,随后有一较长间歇,期前收缩的 S_1 增强,可有脉搏脱漏。

【心电图表现】

心电图可见提前出现的 QRS 波群和/或逆行 P′波,P′波可在 QRS 波群之前(P′-R 间期<0.12 秒)之中或之后(R-P′间期<0.20 秒);QRS 波群形态多与窦性激动者相同,也可因室内差异性传导而变形;完全代偿间歇(图 3-3-11)。

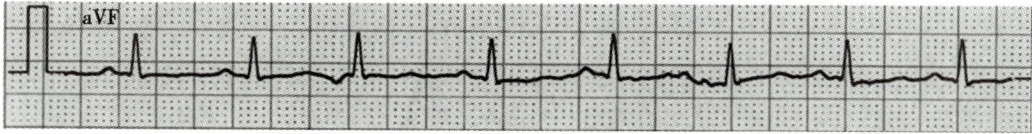

图 3-3-11 交界性期前收缩

【治疗】

同房性期前收缩的治疗。

二、交界性逸搏与交界性逸搏心律

窦房结病变或受到抑制或其他病因造成长间歇的情况下,交界区异位起搏点以其固有的频率发出 1~2 个冲动,激动心房或心室称为交界性逸搏,连续≥3 次,称为交界性逸搏心律。

【病因和发病机制】

病因常见于洋地黄中毒及器质性心脏病。窦房结自律性下降、窦房阻滞、房室传导阻滞、期前收缩的长间歇等可以导致心率减慢,可诱发交界性逸搏或逸搏心律。逸搏或逸搏心律是心脏避免过长停搏的一种自我保护机制。

【心电图表现】

心电图表现为心动周期长间歇后延迟出现的 QRS 波群,其形态与窦性基本相同;出现逆行 P′波,可位于 QRS 波群之前、之中或之后,P′-R 间期<0.12 秒或 R-P′间期<0.16 秒;交界性逸搏的 QRS 波群节律慢而规则,频率 40~60 次/min。

【治疗】

交界性逸搏与逸搏心律是一种继发性的心律失常,常发生于窦性停搏、窦房传导阻滞、严重的窦性心动过缓、高度或完全性房室传导阻滞等基础上。治疗主要是提高窦性心律的频率和改善传导,必要时行永久或临时人工心脏起搏器植入术。

三、非阵发性房室交界性心动过速

非阵发性房室交界性心动过速即加速的房室交界性心律,发作开始与终止时心率呈逐渐变化,而非突发突止,故称为非阵发性房室交界性心动过速。

【病因与发病机制】

病因常见于洋地黄中毒,其次见于急性下壁心肌梗死、急性风湿热、心肌炎、心脏瓣膜手术术后等,偶见于正常人。非阵发性房室交界性心动过速是由于房室交界区的异位节律点自律性增高或触发活动所致,多为病理性。

【临床表现】

患者有原发病症状。因心动过速逐渐起始,并逐渐终止,可有心悸、乏力的症状。运动可加快心率,按压颈动脉窦可减慢心率。

【心电图表现】

心电图表现为 QRS 波群频率常为 70~150 次/min;QRS 波群时间、形态正常;逆行 P′波可出现于

QRS 波群之前、之中或之后;发作与终止时心率呈逐渐变化;可见房室分离、窦性心律心室夺获或融合波。

【治疗】

积极治疗原发病,非阵发性房室交界性心动过速常无须特殊治疗,但需密切观察。

四、阵发性室上性心动过速

阵发性室上性心动过速简称阵发性室上速,泛指起源在心室以上或途径不局限于心室的一切快速心律,包括窦房结折返性心动过速、房室结折返性心动过速(AVNRT)、房室折返性心动过速(AVRT)、房速、房扑、房颤、加速性交界性心动过速等,临床上室上速多指前 3 类,心电图大多表现为 QRS 波群形态正常,R-R 间期规则,心率快。

【病因和发病机制】

病因多见于无器质性心脏病患者。阵发性室上性心动过速的发生主要是折返机制,折返可以发生在窦房结、心房、房室交界区,分为窦房结折返性心动过速、心房折返性心动过速、房室结折返性心动过速和房室折返性心动过速,其中,后两者约占阵发性室上性心动过速的 90%。自律性增高是阵发性室上速的另一机制。

【临床表现】

临床特点为阵发性发作,突发突止,发作持续时间不等,可发生于任何年龄段。患者可有心悸、焦虑、紧张、胸闷、头晕、晕厥等,长时间发作可诱发低血压状态、心绞痛、心力衰竭,伴心肌酶、肌钙蛋白升高,心脏听诊可闻及心率多在 160~250 次/min,律齐,S_1 强度不变。

【心电图表现】

1. 房室结折返性心动过速 心律绝对规则,频率 150~250 次/min;QRS 波群形态呈室上性或因室内差异传导而变形;P' 波位于 QRS 波群之前、之中或之后,出现假 q 波、r 波或 s 波;可有继发性 ST-T 改变(图 3-3-12)。

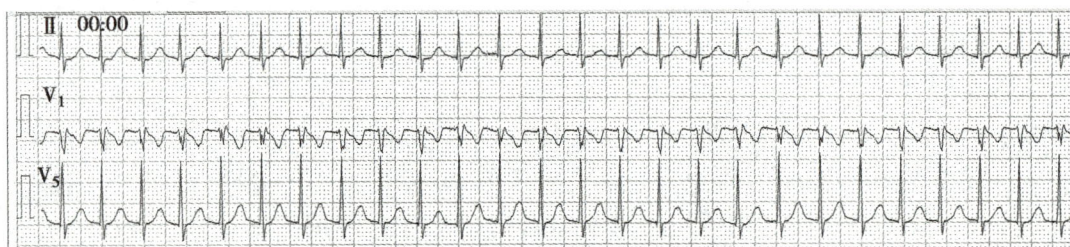

图 3-3-12 阵发性室上性心动过速

2. 房室折返性心动过速 心律绝对规则,频率 150~250 次/min;QRS 波群形态与时限正常者,为正向房室折返性心动过速;QRS 畸形伴 delta 波者,为逆向房室折返性心动过速,P' 波在 QRS 波群之后,R-P'>70ms,R-P' 明显小于 P'-R;可伴继发性 ST-T 改变。

【治疗】

急性发作期可选择刺激迷走神经终止发作;若无效可在血流动力学稳定的前提下选择静脉用药治疗;药物治疗无效或血流动力学不稳定者可以电复律或超速起搏治疗。缓解期可考虑射频消融治疗,部分患者由于某些原因不能进行射频消融治疗,且心动过速发作频繁时,常选用普罗帕酮、美托洛尔、胺碘酮、维拉帕米、地尔硫䓬、地高辛等口服抗心律失常药物预防发作。

1. 刺激迷走神经 适用于无血流动力学障碍者。常用方法:①Valsalva 动作:深吸气后屏住气,用力做呼气动作,使胸膜腔内压增高,维持 10~20 秒;②刺激咽部:引起恶心反射;③按压眼球:拇指指腹加压一侧眼球上部,每次 10 秒,禁用于青光眼、高度近视、老年人;④将面部浸入冰水内;⑤颈动脉窦按摩:患者平卧位后先按摩右侧 10~30 秒,无效时按摩左侧,心动过速终止后立即停止按压,避免同时按摩双侧颈动脉窦。禁用于高龄患者、颈动脉窦过敏及脑血管病者。

2. 药物治疗 ①维拉帕米：5mg 加入葡萄糖液 20ml 中静脉注射，3~5 分钟注射完毕，无效时，15 分钟后可重复注射，总量不超过 15mg；②普罗帕酮：1.0~2.0mg/kg 溶于葡萄糖液 20ml 中，缓慢静脉推注 5~7 分钟，无效时，20~30 分钟后重复注射，总量不超过 350mg；③腺苷：5~20mg 不稀释，快速静脉注射，无效可重复，优点是半衰期短，不影响择期电生理检查；④毛花苷 C：0.4~0.8mg，稀释后缓慢静脉注射，无效时，2~4 小时后重复 0.2~0.4mg，总量不超过 1.2mg，多用于合并心力衰竭者；⑤其他可选用 β 受体拮抗剂、胺碘酮、索他洛尔等。

3. 食管心房起搏法 药物无效时或使用药物有禁忌时，可经食管心房超速或亚速起搏终止发作。

4. 同步直流电复律 当患者出现严重心绞痛、低血压与心力衰竭表现时，应立即行同步直流电复律，常用电量为 100~150J。需注意已接受洋地黄者不应接受电复律治疗，否则易引起室颤。

5. 射频消融治疗 经皮射频消融术为阵发性室上速的首选治疗，目前技术非常成熟，且安全性高，可根治阵发性室上速。

五、预激综合征

预激综合征指心房冲动经旁路预先激动心室肌的一部分或全部，其时相比该冲动从正常的房室结-希氏束-浦肯野纤维下传心室更早。

【病因和发生机制】

预激综合征是指房室间除正常房室传导系统外，还存在传导旁路，其传导速度较快。常见的旁路有：①Kent 束：心房至心室之间的肌束；②James 束：心房至希氏束之间的肌束；③Mahaim 束：房室结下部或希氏束至室间隔肌部的肌束。

预激综合征诱发的室上性心动过速分 2 大类，通过房室结前向传导，经旁路逆向传导，称为正向房室折返性心动过速；经旁路前向传导、房室结逆向传导的，称为逆向房室折返性心动过速。预激综合征合并房颤或房扑时，会产生极快的心室率，甚至可能诱发室颤。

预激综合征患者一般可分为典型预激综合征（W-P-W 综合征）、短 P-R 间期综合征（LGL 综合征）和变异型预激综合征。

【临床表现】

预激综合征本身不引起临床症状、体征，心动过速发作时可引起相应的临床表现，心房颤动或扑动时，心室率或可达到 220~360 次/min，导致休克、心力衰竭甚至猝死。

【心电图表现】

1. 典型预激综合征（W-P-W 综合征） P-R 间期<0.12 秒；QRS 波群时限>0.12 秒；QRS 波群起始部可见粗钝的预激波（delta 波），其后部分为正常传导的 QRS 波群，两者融合使 QRS 波群加宽变形；P-J 间期正常；继发性 ST-T 改变。

按胸导联 QRS 波群主波方向，可分为 A、B 两型。A 型：QRS 波群主波在 V_1~V_6 导联均向上，提示预激发生在左室或右室后底部；B 型：QRS 波群主波方向在 V_1~V_2 导联向下，V_4~V_6 导联向上，提示心室右侧壁预激（图 3-3-13）。

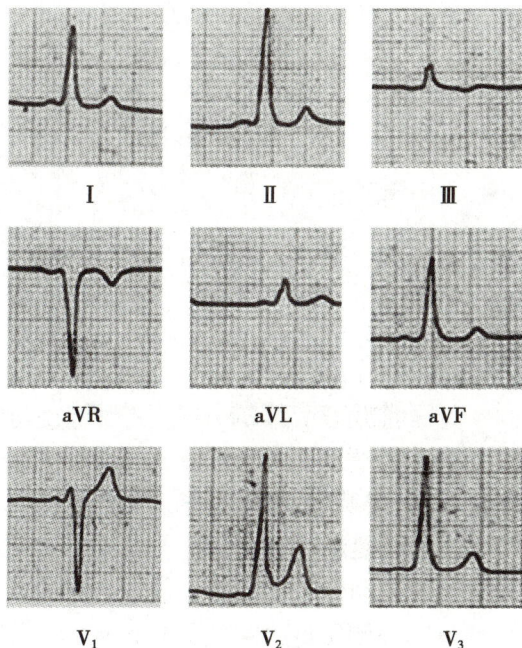

图 3-3-13 典型的预激综合征（B 型）

2. 短 P-R 间期综合征（LGL 综合征） P-R 间期<0.12 秒；QRS 波群形态正常，无预激波。

3. 变异型预激综合征 P-R 间期>0.12 秒；QRS 波群增宽，起始部有预激波。

【治疗】

1. 一般治疗 ①无症状的预激综合征发生心脏性猝死的风险低，一般不需要治疗，但职业运动员、飞行员、重型机械操作员可以考虑采用电生理检查进行风险评估分层，对可能发生高危心律失常的患者进行旁道消融。②预激综合征患者发作正向房室折返性心动过速者，治疗同室上性心动过速；逆向房室折返性心动过速，应避免兴奋迷走神经药物维拉帕米、洋地黄等延长房室结不应期和缩短旁路不应期，而诱发致命性室性心律失常。③预激综合征合并心房扑动、心房颤动时首选电复律治疗，亦可选用普罗帕酮、普鲁卡因胺等药物延长旁道不应期，减慢心室率。

2. 介入治疗 通过电极导管进行射频消融，阻断旁道，可根治预激综合征。外科开胸切割旁路手术目前较少采用。

室性心律失常

一、室性期前收缩

室性期前收缩指起源于心室异位节律点的提前发生的异位冲动，并使整个心室提前去极化。

【病因和发病机制】

健康人在焦虑、失眠、激动、运动、嗜烟酒、饮浓茶等情况下出现室性期前收缩。各种器质性心脏病、缺氧、缺血、手术及洋地黄、奎尼丁等药物过量或中毒也是室性期前收缩的重要病因。心室异位节律点自律性增高、触发活动、心室内折返激动是室性期前收缩的发生机制。

【临床表现】

临床表现个体差异大，症状轻重取决于期前收缩发生频率及患者的敏感性，患者可出现心悸、胸闷、眩晕等症状。心脏听诊可闻及正常心脏节律中提前出现的搏动，S_1 增强，S_2 减弱或消失，可有心音分裂，之后有一较长的代偿间歇。可伴桡动脉搏动减弱或消失。

【心电图表现】

1. 心电图特征 提前出现的宽大畸形 QRS 波群，时限≥0.12 秒，其前无相关的 P 波；继发性 ST-T 改变，T 波方向与主波方向相反；多有完全性代偿间歇（图 3-3-14）。

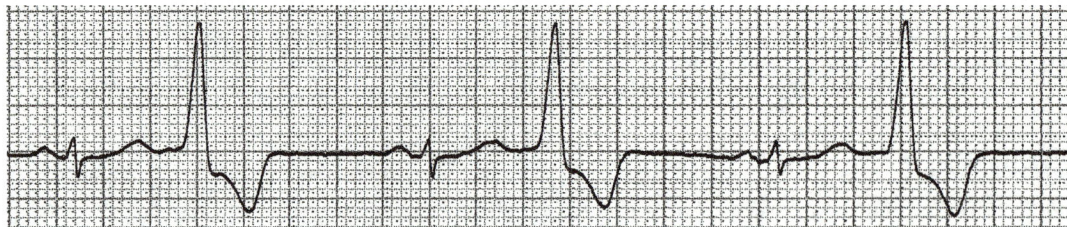

图 3-3-14 室性期前收缩

2. 室性期前收缩的分类 按照来源分类：①单源性室性期前收缩：指同一导联上与前一个窦性 QRS 波群的联律间期相同的室性期前收缩。室性期前收缩联律间期与形态都相同者，称为单形性室性期前收缩；室性期前收缩联律间期相等而波形不同者，称多形性室性期前收缩。②多源性室性期前收缩：指同一导联中多个室性期前收缩联律间期不等，且 QRS 波群形态不同。见于心肌梗死、洋地黄中毒、严重低血钾、严重心肌损伤等。按照发作频率分类：①偶发室性期前收缩：指期前收缩<5 个/min 或动态心电图<500 个/24h；②频发室性期前收缩：指期前收缩在静息心电图≥5 个/min 或动态心电图检测≥500 个/24h。有研究表明期前收缩>2 000 个/24h 可能影响患者预后，每天期前收缩占总搏动超过 10%~15% 可损害左室功能。其他类型：①一个正常搏动后发生一个期前收缩，形成二联律；②两个正常搏动后发生一个期前收缩，形成三联律。③间位性室性期前收缩：在两个窦性激动之间插入一个室性期前收缩，且不产生代偿间歇。④室性并行心律：心室期前收缩规律出现，并能防止窦房结冲动入侵，室性期前收缩与窦性搏动的配对间期不恒定，但异位 R-R 间期相等或呈整倍数关系，可产生室性融合波。

【治疗】

室性期前收缩的治疗目的是改善症状和预后、预防心脏猝死。

1. 无器质性心脏病的室性期前收缩　多属于功能性期前收缩，一般不需要使用抗心律失常药；如有症状，应当避免劳累，戒烟酒，忌浓茶、咖啡，并可选择 β 受体拮抗剂、美西律、普罗帕酮等药物以消除症状。

2. 器质性心脏病伴发室性期前收缩　积极治疗原发疾病，如冠心病、心肌炎、心肌病、心力衰竭合并水电解质紊乱等。心肌梗死后室性期前收缩，应选择口服美托洛尔、比索洛尔等 β_1 受体拮抗剂，作为心脏性猝死的一级预防药物；如频发性、多源性、连发的室性期前收缩及 R-on-T（室性期前收缩的 R 波落在前一个 T 波上），可能导致室性心动过速和心室颤动，可选择静脉使用胺碘酮、利多卡因等，病情稳定后可改用口服药物治疗。

3. 射频消融治疗　导管射频消融技术和心脏三维标测技术的发展使得射频治疗室性期前收缩的安全性和有效性大幅提高。适用于不能耐受药物治疗或药物治疗无效的频繁发作的室性期前收缩。

二、室性心动过速

室性心动过速简称室速，可分为加速性心室自主节律、反复单形性室性心动过速、复发性持续性单形性室性心动过速、束支折返性室性心动过速、特发性室性心动过速、尖端扭转型室性心动过速等。室速发作时间超过 30 秒，为持续性室速，需药物或电复律终止；发作时间小于 30 秒，为非持续性室速，常自行终止。

【病因和发病机制】

病因常见于器质性心脏病，如冠心病，尤其是急性心肌梗死，还可见于心肌炎、心肌病等；心肌细胞离子通道基因突变相关性疾病亦不少见，如先天性长 Q-T 间期综合征、短 Q-T 间期综合征、Brugada 综合征、儿茶酚胺介导性室速等。在药物中毒、电解质紊乱、酸碱平衡失调、严重缺氧、心理应激等情况下，常可诱发多形性室性心动过速、心室扑动、心室颤动，甚至猝死。少见于无器质性心脏病者，称为特发性阵发性室性心动过速。

阵发性室性心动过速的主要发病机制是折返激动，包括束支折返和心肌内折返。心肌细胞自律性增高，触发活动也可产生阵发性室性心动过速。

【临床表现】

患者症状取决于基础心脏病情况、室速发作时心室率及持续时间。非持续性室速或无器质性心脏病者，可无症状或心悸；持续性室速、心室率过快或基础心脏病严重者，表现为头晕、乏力、呼吸困难、心绞痛、心力衰竭、休克、猝死等。体检可见颈静脉搏动强弱不等或较强的颈静脉波；心脏听诊心律略不规则，S_1 强度不等，偶可闻及大炮音。

【心电图表现】

连续≥3 个室性异位激动；心室率 100~250 次/min，节律略不规则；窦性 P 波匀齐，与 QRS 波群无固定关系，形成房室分离；QRS 波群宽大畸形，时限>0.12 秒；ST-T 与 QRS 波群主波方向相反；可有心室夺获或室性融合波；室性心动过速常由室性期前收缩诱发，自行终止（图 3-3-15）。

【治疗】

积极治疗病因，祛除诱因，尽快终止持续性室性心动过速发作，预防复发，避免发展为室性扑动

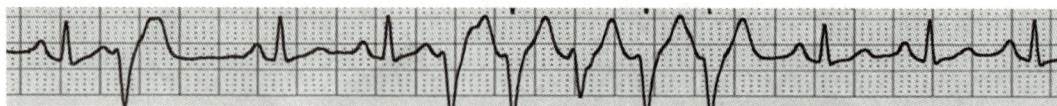

图 3-3-15　阵发性室性心动过速

和颤动。β 受体拮抗剂是为数不多的在随机对照试验中被证明对致命性室性心律失常的治疗或心脏性猝死的预防中有效的药物。

1. 终止发作　①同步直流电复律：是治疗室性心动过速最有效的方法之一。对急性心肌梗死、心力衰竭伴严重血流动力学不稳定者，首选同步电复律，常用能量为 100~200J；对血流动力学稳定，但药物治疗无效者或不耐受者也可电复律治疗。②药物治疗：对血流动力学稳定的室性心动过速，可以静脉给药，如利多卡因、胺碘酮、普罗帕酮等。③人工心脏起搏：电复律和药物治疗无效者，可通过心导管技术，右心室超速起搏终止室速发作。④埋藏式心脏复律除颤器（ICD）：适用于遗传性心律失常、心肌梗死、心搏骤停等室速反复发作患者，可迅速、高效地终止室性心动过速。

2. 预防复发　对发作频繁、持续时间长、血流动力学不稳定的室性心动过速者可口服药物维持治疗，必要时行介入或外科手术予以治疗。①药物预防：β 受体拮抗剂抑制室速作用弱，但能降低心脏性猝死发生率；胺碘酮既能有效预防室速发作，又能降低心脏性猝死的发生率；钙通道阻滞剂对预防维拉帕米敏感性室速有效。②射频消融术：适用于特发性室速、束支折返性室速等；对器质性心脏病引起的室速，射频消融成功率不高。③外科手术治疗：手术切除致心律失常的心肌组织，如心肌梗死后导致的室壁瘤切除术。

【特殊类型的室性心动过速】

1. 加速性心室自主节律　亦称缓慢型室速，发生机制与心室肌细胞自律性增加有关。心电图特点：≥3 个连续的宽大畸形的 QRS 波群；心室率通常 60~110 次/min；房室分离或有心室夺获、室性融合波；常与窦性心律交替出现；心动过速的开始及终止呈渐进性。常见于急性心肌梗死再灌注期间、心肌病、风湿热、心脏手术、洋地黄中毒等。一般无须治疗，必要时应用阿托品提高窦性心律或用心房超速起搏。

2. 特发性室性心动过速　多见于中青年患者，通常患者无明显器质性心脏病。特发性右心室室性心动过速，占 70% 左右，常因活动诱发，对儿茶酚胺、腺苷敏感，多起源于右室流出道，主要机制为触发活动和自律性增高，心电图表现为左束支传导阻滞图形；特发性左心室室性心动过速，心电图表现为右束支传导阻滞图形，电轴左偏，相对少见，机制主要为折返和触发活动，起源于左后分支靠近左室中后间隔区域者对维拉帕米敏感。室速发作时可静脉使用敏感药物或电复律治疗，反复发作者可行射频消融术根治。

3. 尖端扭转型室性心动过速（Tdp）　为多形性室性心动过速的一种，发作时 QRS 波群的振幅与波峰围绕等电位线呈周期性、连续性扭转。Tdp 由早期后去极化触发活动诱发，心电图表现：频率 200~250 次/min，宽大畸形的 QRS 波群的主波方向围绕着等电位线连续变换正负方向，Q-T 间期通常>0.5 秒，U 波显著，室性期前收缩可诱发发作。Tdp 发作多有自限性，十秒或数十秒可自行终止，但反复发作，如持续发作，可导致晕厥和抽搐，甚至发展为心室颤动。Tdp 可分为 2 类：①长间歇依赖型 Tdp：多由继发性 Q-T 间期延长引起，如心动过缓、低钾血症、药物（胺碘酮等）、严重的心肌损害等，心电图表现为室速在一长间歇后由一室性期前收缩诱发或长间歇后心搏显示 Q-T 间期进一步延长，T 波和 U 波增宽、增大，随后引起室速发作。②儿茶酚胺型 Tdp：多见于特发性 Q-T 间期延长综合征，常与情绪激动、运动或交感神经兴奋药物引起儿茶酚胺升高有关。

Tdp 治疗：避免使用引起 Q-T 间期延长的药物；纠正电解质紊乱，尤其是低血钾、低血镁；提升心率，避免严重心动过缓，使用异丙肾上腺素、阿托品或以较高频率（90~110 次/min）临时起搏心房或心室，提高基础心率；药物治疗，首选硫酸镁 2g，稀释至 40ml，8mg/min 缓慢静脉注射；先天性长

Q-T 间期综合征可选择 β 受体拮抗剂,如心率缓慢,可在起搏基础上使用 β 受体拮抗剂;药物治疗无效者,可行左侧颈胸交感神经切断术或埋藏式心脏复律除颤器治疗。

三、心室扑动和心室颤动

心室扑动简称为室扑,心室颤动简称为室颤,常见于缺血性心脏病、使用某些药物导致 Q-T 间期延长、严重缺氧、电击伤等情况,是最严重的、致命性的室性心律失常。室性心动过速如不及时纠正,可能会转为心室扑动。心室扑动为心室快速而规则的无效搏动,往往迅速转为心室颤动。心室颤动为心室肌快速而不规则的乱颤。室扑和室颤使得心脏无有效射血,相当于心脏停搏,患者会在短时间内出现意识丧失甚至死亡,必须立即施行心肺复苏。

【病因和发病机制】

主要病因是严重器质性心脏病,常见于冠心病尤其是急性心肌梗死、心肌炎、心肌病等,亦见于严重电解质紊乱、低温麻醉、电击、雷击、溺水、洋地黄及奎尼丁等药物中毒等。

【临床表现】

患者突然出现意识丧失、抽搐、阿-斯综合征表现,继之脉搏和心音消失、血压测不到,呼吸停止,瞳孔散大,若不及时抢救患者迅速死亡,即为心脏性猝死。

【心电图表现】

1. **心室扑动** 快速而规则的大幅度的正弦曲线状波,频率为 150~250 次/min;QRS 波群与 T 波融合无法辨认,等电位线消失(图 3-3-16)。

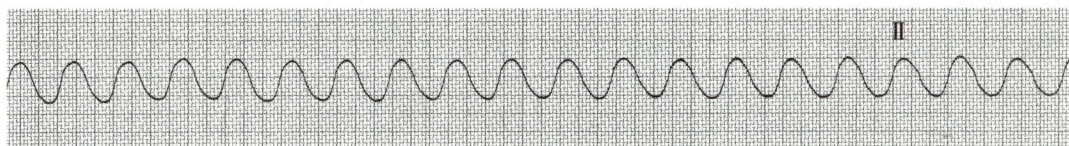

图 3-3-16 心室扑动

2. **心室颤动** QRS 波群和 T 波消失,代之以频率、形态、振幅极不规则的颤动波(图 3-3-17)。

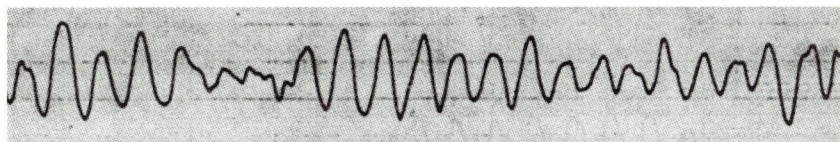

图 3-3-17 心室颤动

【治疗】

1. **急救措施** 初级生命支持,立即胸外按压,通畅呼吸,尽快以 120~200J(双相波形除颤器)/360J(单相波形除颤器)行非同步直流电复律,静脉注射肾上腺素、胺碘酮、利多卡因,利于提高电复律成功率及转复后维持窦性心律,开放静脉通道;尽早建立心电监护。

2. **后续处理** 进一步辅助呼吸、辅助循环等高级生命支持,恢复原有心律、呼吸,防止室颤再发和并发症的发生。

心脏传导阻滞

一、房室传导阻滞

房室传导阻滞是指房室连接组织不应期延长,冲动从心房到心室之间出现传导延迟或不能传导至心室。按阻滞程度可分为一、二、三度房室传导阻滞。一、二度为不完全性房室传导阻滞,三度为完全性房室传导阻滞。

【病因和发病机制】

正常人、运动员、睡眠呼吸暂停低通气综合征因迷走神经张力增高,可于夜间发生一度和二度Ⅰ型房室传导阻滞,多数发生于房室结的上部;成人孤立性慢性房室传导阻滞见于 Lev 病(心脏纤维支架的钙化与硬化)与 Lenegre 病(传导系统的原发性硬化性疾病);其余多见于急性心肌梗死、心肌炎、先天性心脏病等器质性心脏病、甲状腺疾病、电解质紊乱、酸碱失衡、医源性因素(药物过量、心脏瓣膜手术、射频消融手术、室间隔心肌化学消融术)等。

房室传导系统不应期延长导致房室传导阻滞:①一度房室传导阻滞:房室传导系统相对不应期延长使激动传导时间延长;②二度房室传导阻滞:房室传导系统相对和绝对不应期延长,使部分激动传导终止,出现 QRS 波群脱漏;③三度或称完全性房室传导阻滞:房室传导系统的有效不应期占据了整个心动周期,使激动完全不能下传心室。

【临床表现】

1. **一度房室传导阻滞** 多无症状,心脏听诊可发现 S_1 减弱。

2. **二度房室传导阻滞** 无症状或感心脏有漏搏。当心脏漏搏较多时,患者产生胸闷、心悸、乏力、头晕,严重时出现阿-斯综合征。心脏听诊心律不规则,心搏脱漏,伴长间歇。

3. **三度房室传导阻滞** 心率极为缓慢,导致心排血量降低、供血不足,患者发生乏力、头晕、黑矇、晕厥、胸闷、心悸、阿-斯综合征,甚至死亡。查体发现脉搏充实、缓慢,收缩压增高,脉压增大,心脏听诊发现缓慢而规则的心律,心率 30~40 次/min,S_1 强弱不等,可产生响亮的大炮音。

【心电图表现】

1. **一度房室传导阻滞** 成人 P-R 间期>0.20 秒;每个 P 波后均有下传的 QRS 波群(图 3-3-18)。

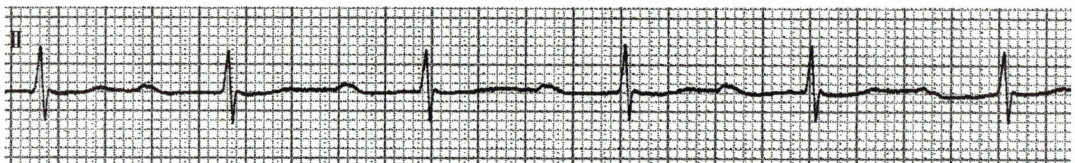

图 3-3-18　一度房室传导阻滞

2. **二度房室传导阻滞** 一部分 P 波后无 QRS 波群,出现心搏脱落。常用房室传导比例来表示阻滞程度,指一个阻滞周期内 P 波数与 QRS 波群数之比,如 3:2、4:3,当下传比例低于 P 波数的一半时,称为高度房室传导阻滞。二度房室传导阻滞分为Ⅰ型和Ⅱ型,以 2:1 传导的不能分型。①二度Ⅰ型房室传导阻滞:又称文氏型或莫氏Ⅰ型房室传导阻滞,表现为 P-R 间期进行性延长,直至 P 波不能下传,出现 QRS 波群脱落。在 QRS 波群脱落后,P-R 间期缩短,之后再逐次延长,至下次 QRS 波群脱落,周而复始,称为文氏现象;QRS 波群脱落之前的 P-R 间期增量逐渐缩短;QRS 波群脱落之前的 R-R 间期进行性缩短,QRS 波群脱落之前的 R-R 间期最短,最长 R-R 间期小于最短 R-R 间期的 2 倍;包含受阻 P 波在内的 R-R 间期小于正常窦性 P-P 间期的两倍(图 3-3-19)。②二度Ⅱ型房室传导阻滞:P-R 间期固定,或在正常范围或延长;P 波后 QRS 波群出现周期性脱落,之后形成的长间歇多为正常 R-R 间期的 2 倍(图 3-3-20)。

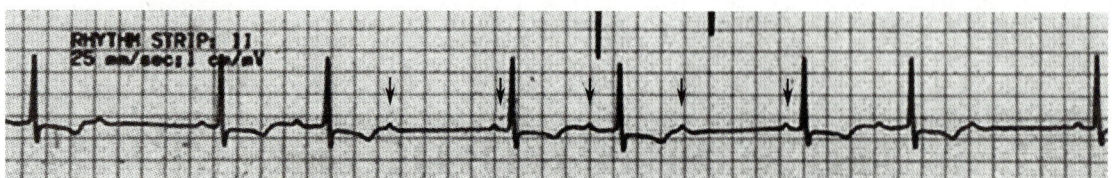

图 3-3-19　二度Ⅰ型房室传导阻滞

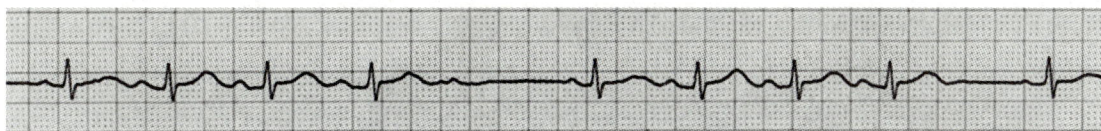

图 3-3-20 二度 Ⅱ 型房室传导阻滞

3. 三度房室传导阻滞 所有的 P 波与 QRS 波群无固定关系,房室分离;P-P 间期<R-R 间期;QRS 波群可呈房室交界区性或室性,心室率慢而匀齐,常为 30~40 次/min(图 3-3-21)。

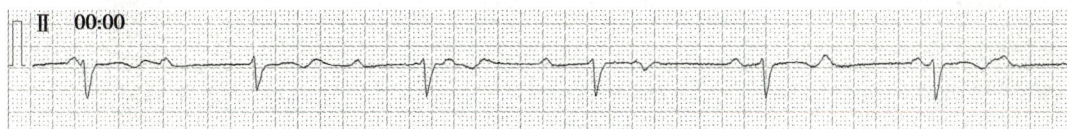

图 3-3-21 三度房室传导阻滞

【治疗】

1. 病因治疗 积极纠正电解质紊乱等诱发因素,避免使用抑制房室传导的药物。

2. 对症治疗 急性期药物治疗的建议:一度及二度 Ⅰ 型房室传导阻滞,多属于功能性,无须抗心律失常药物治疗;有症状的或伴有血流动力学障碍的二度或三度房室传导阻滞,可应用阿托品、异丙肾上腺素。治疗目的是改善房室传导、增加心室率以及改善症状。

3. 安装人工起搏器 二度 Ⅱ 型、三度房室传导阻滞者,如为不可逆者,无论症状如何,建议进行永久起搏器治疗。对急性心肌梗死、心肌炎等疾病引起者,由于心律失常常为可逆性的,可安置临时起搏器过渡,而不应进行永久起搏器治疗。

二、室内传导阻滞

室内传导阻滞指传导阻滞发生在希氏束分叉以下部位,分为右束支传导阻滞、左束支传导阻滞、左前分支传导阻滞、左后分支传导阻滞等。左、右束支传导阻滞按阻滞的程度分为完全性阻滞、不完全性阻滞。按阻滞的支数不同可分单支阻滞、双束支阻滞、三分支阻滞。

【病因和发病机制】

由于心脏血管或心肌器质性病变直接或间接累及室内传导系统,使其发生断裂、损伤或坏死,致心室内冲动传导障碍,引起室内传导阻滞。

1. 右束支阻滞 右束支细长而易于受损。右束支阻滞少见于部分健康人。多见于右心室负荷过重的心脏器质性病变,如慢性肺源性心脏病、风湿性二尖瓣狭窄右心受累、房间隔缺损等疾病。

2. 左束支阻滞 左束支粗大,一般不易受损,健康人很少发生。左束支阻滞出现常提示心肌弥漫性病变,多见于冠心病、重症心肌炎、心肌病、高血压心脏病、主动脉瓣狭窄。

3. 左前分支、左后分支阻滞 左前分支阻滞较多见,常见于冠心病。

4. 双束支、三分支阻滞 多见于原因不明的传导系统退行性变,也见于心肌炎、心肌病、急性心肌梗死。三分支阻滞常为右束支、左前分支和左后分支均发生不同程度阻滞。

【临床表现】

束支、分支阻滞早期常多无临床症状。随着病程的延长,患者可因心脏收缩和舒张不同步而出现心功能不全。严重的三分支阻滞和左、右双束支阻滞与完全性房室传导阻滞有相同的临床表现。左、右束支阻滞时心脏可闻及心音分裂。

【心电图表现】

1. 右束支传导阻滞 QRS 波群时间≥0.12 秒为完全性右束支传导阻滞;QRS 波群在 V_1、V_2 导联呈 rSR′ 或 M 型,V_5、V_6 导联呈 qRS 或 RS 型,S 波宽钝;继发性 ST-T 改变,与 QRS 波群终末向量相反,以 R 波为主的导联 ST 段压低,T 波倒置(图 3-3-22)。

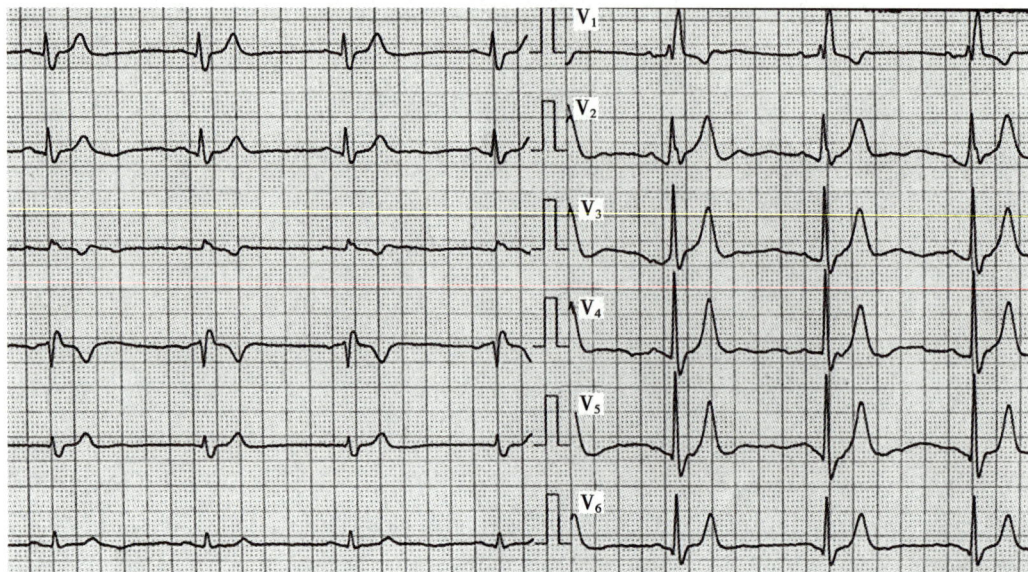

图 3-3-22　完全性右束支传导阻滞

2. 左束支传导阻滞　QRS 波群时间≥0.12 秒为完全性左束支传导阻滞;V₁,V₂ 呈 rS 或 QS 波形,V₅、V₆ 导联 QRS 波群呈粗钝、切迹的 R 波,其前无 q 波;继发性 ST-T 改变,与 QRS 波群主波方向相反,以 R 波为主的导联 ST 段压低,T 波倒置(图 3-3-23)。

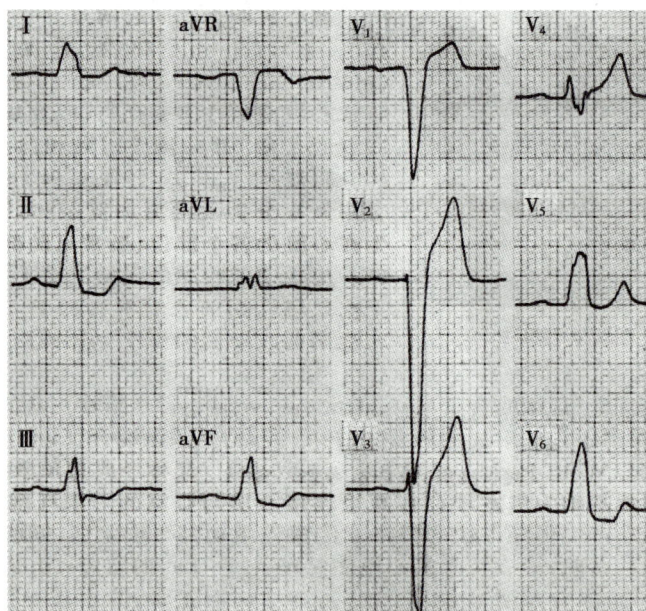

图 3-3-23　完全性左束支传导阻滞

3. 左前分支传导阻滞　心电轴左偏,-45°~-90°;Ⅰ、aVL 导联呈 qR 波形,Ⅱ、Ⅲ、aVF 导联呈 rS 波形,S_Ⅲ>S_Ⅱ;QRS 波群时间<0.12 秒。

4. 左后分支传导阻滞　心电轴右偏,>+110°;Ⅰ、aVL 导联呈 rS 波形,Ⅱ、Ⅲ、aVF 导联呈 qR 形;QRS 波群时间<0.12 秒。

【治疗】

单支心室内阻滞常无须特殊治疗,主要针对病因治疗,但新发的左束支传导阻滞尤其要排查有无新发的急性心肌梗死;双束支、三分支阻滞者易发展为完全性房室传导阻滞,需积极祛除诱因、治疗病因,如为不可逆性病变,应行人工心脏起搏治疗。

第三节　抗心律失常药物的合理应用

心律失常可以是一种独立疾病,亦可与其他疾病伴随发生。给予抗心律失常药物之前,应先识别和纠正血流动力学障碍,同时注意基础疾病和诱因的纠正和处理,如心肌缺血、电解质紊乱、甲亢等的致心律失常作用。目前应用的抗心律失常药物中,有些通过减少心律失常而改善患者的预后,有些显著减少心动过速的复发,有些迅速终止心律失常发作,要熟悉各种药物的临床药理、严格掌握药物的适应证、禁忌证、不良反应和最佳剂量等。并非心律失常均需要使用抗心律失常药物,如期前收缩,非持续性心动过速,心室率不快的房颤等一般不需要抗心律失常治疗。对于危及生命的心律失常需要紧急处理,应用一种静脉抗心律失常药物后疗效不满意,应先审查用药是否规范。一般不建议短期内换用或合用另外一种静脉抗心律失常药物。序贯或联合应用静脉抗心律失常药物易导致药物不良反应及促心律失常作用,仅在室速、室颤风暴状态或其他顽固性心律失常处理时才考虑。

一、抗心律失常药物分类

抗心律失常药物分为Ⅰ类、Ⅱ类、Ⅲ类、Ⅳ类和其他类。

1. **Ⅰ类抗心律失常药物**　钠通道阻滞剂,抑制细胞膜快通道钠内流,降低0相去极化速度及动作电位上升幅度。可分为3个亚类。①Ⅰa类:如奎尼丁、普鲁卡因胺、丙吡胺,降低0相上升速度,延长动作电位时程;②Ⅰb类:如利多卡因、苯妥英钠、美西律、莫雷西嗪,不影响0相上升速度,缩短动作电位时程;③Ⅰc类:如普罗帕酮、氟卡尼,降低0相去极化速度,减慢传导与轻微延长动作电位时程。

2. **Ⅱ类抗心律失常药物**　β受体拮抗剂,经抗交感神经和影响动作电位时程起作用。常用药物有普萘洛尔、阿替洛尔、美托洛尔、比索洛尔等。

3. **Ⅲ类抗心律失常药物**　钾通道阻滞剂,阻滞钾通道和延长复极化,如胺碘酮、索他洛尔、多非利特、伊布利特等。

4. **Ⅳ类抗心律失常药**　慢钙通道阻滞剂,抑制窦房结和房室交界区的自律性,延长房室结的不应期,如维拉帕米、地尔硫草等。

5. **其他类药物**　如洋地黄类、腺苷、硫酸镁等。

ER 3-3-6

各类抗心律失常药物电生理效应及心电图改变

二、常用抗心律失常药物的临床应用

Ⅰ类:钠通道阻滞剂。

奎尼丁(Ⅰa):口服30分钟起效,1~3小时达高峰,$t_{1/2}$ 5~7小时,70%经肝代谢,适用于心房扑动、心房颤动的复律及复律后药物维持,以及转复和预防室上性心动过速、顽固的室性和室上性期前收缩的治疗。也是目前临床唯一能治疗 Brugada 综合征的药物。禁用于对本药过敏、心动过缓、严重心力衰竭、孕妇等。因其严重的不良反应奎尼丁晕厥(尖端扭转型室速所致),目前仅有极少数国家或地区有售。

利多卡因(Ⅰb):静脉注射15~30秒见效,持续15~20分钟,70%经肝脏代谢,静脉注射50~100mg,如无效5分钟后重复,总量不超过300mg,后以1~4mg/min静脉滴注维持,适用于各种快速性室性心律失常的治疗。禁用于高度或完全性房室传导阻滞、严重病态窦房结综合征及对本药过敏者。不良反应较小,可产生精神症状、低血压、肌肉抽搐、传导阻滞及窦性停搏、呼吸抑制等。

美西律（Ⅰb）：化学结构和药理作用同利多卡因，口服每次150~200mg，6~8小时1次，2~4小时达高峰，$t_{1/2}$ 10~25小时，吸收完全，主要经肝代谢。禁用于高度或完全性房室传导阻滞、严重病态窦房结综合征。口服时可出现头晕、恶心、窦性心动过缓等。

普罗帕酮（Ⅰc）：口服30分钟起作用，1~3小时达高峰，100~150mg，每天3~4次；静脉注射3~5分钟起作用，1~1.5mg/kg，5分钟内注入，10分钟后可重复，维持量0.5~1mg/min静脉滴注，24小时总量不超过350mg。作用持续8小时，主要在肝脏代谢。广谱抗心律失常药，适用于室性、室上性期前收缩、心动过速的治疗，亦用于心房扑动和颤动的复律、逆向房室折返性心动过速。禁用于病窦综合征、心力衰竭、低血压、休克等。不良反应为头晕、头痛、口干、QRS波群增宽、心动过缓、心脏传导阻滞。

Ⅱ类：β受体拮抗剂。

普萘洛尔：为非选择性β受体拮抗剂。适用于各种类型的室上性快速性心律失常、室性心律失常；禁用于尚未接受起搏治疗的缓慢性心律失常、失代偿的心力衰竭、低血压、支气管哮喘、变异型心绞痛。用法：口服10~30mg，每天3~4次。

阿替洛尔：为选择性$β_1$受体拮抗剂，作用及禁忌证与普萘洛尔相似。口服25~50mg，每天1~2次。

美托洛尔：作用及禁忌证与普萘洛尔相似。口服25~50mg，每天1~3次；静脉注射5mg，5分钟内注入，间隔5分钟可重复，总量不超过15mg。

Ⅲ类：动作电位延长剂。

胺碘酮：广谱抗心律失常药，因其致心律失常发生率低、抗心律失常率高，不增加患者病死率，适用于器质性心脏病患者。胺碘酮口服吸收慢，4~6天起作用，静脉注射5~10分钟后起作用，$t_{1/2}$ 30~55天，停药后作用可持续20~45天，适用于各种室性、室上性心律失常，尤其是预激综合征伴室上性快速性心律失常者，尤其对于心力衰竭患者不会增加病死率。禁用于严重房室传导阻滞、心动过缓、Q-T间期延长有关疾病及甲状腺功能异常者。口服200mg，每天3次，1周后改为200mg，每天2次，再用1周后，改为每天200mg维持或每周服药5~6天，每天200mg；静脉用药，先予负荷量3~5mg/kg，稀释后5~10分钟缓慢注入，0.5~1小时后可重复，达疗效后0.5~2mg/min维持，可连用3~5天。不良反应有消化道症状、头晕、头痛、静脉炎、碘过敏、心动过缓、传导阻滞。少数患者长期服用可致甲状腺功能紊乱、肺间质纤维化，且随着使用时间延长和剂量加大，不良反应的发生概率增大。

索他洛尔：兼有Ⅱ类、Ⅲ类抗心律失常药物的药理特性。适用于房颤转复后窦性心律的维持、室性快速性心律失常及预激综合征伴室上性快速性心律失常。每天160~240mg，分2次口服。不良反应为心动过缓、低血压、偶有尖端扭转型室速。

Ⅳ类：钙通道阻滞剂。

维拉帕米：口服40~80mg，每天3次，口服0.5小时出现作用，2小时达高峰，$t_{1/2}$ 7~10小时；静脉注射1~12分钟达高峰，20~30分钟内迅速下降，5mg加于葡萄糖注射液20ml，5~10分钟内注射，无效时，30分钟后可重复注射，总量不超过20mg。适用于室上性期前收缩、室上性心动过速。不良反应有头晕、头痛、消化道症状，静脉注射可引起血压下降、加重心力衰竭、心动过缓等。禁用于预激综合征伴室上性心动过速、心房颤动、心房扑动的患者，因本药使房室不应期延长，使更多心房冲动经旁道传入心室，加快心室率或诱发心室颤动。

地尔硫䓬：作用机制、禁忌证与维拉帕米相似。口服30~60mg，每天3次；静脉缓慢注射，每次75~150mg/kg。

其他抗快速性心律失常药物：

洋地黄类：提高迷走神经张力，延长心房和房室结细胞的有效不应期，从而减慢心率及房室传导,适用于阵发性室上性心动过速、心房颤动、心房扑动伴快心室率,尤其伴心力衰竭者。常用药物:口服地高辛 0.25mg,每天 1~2 次,维持量每天 0.125~0.25mg;毛花苷 C 0.2~0.8mg,葡萄糖 20ml 稀释后缓慢静脉注射,不宜与钙剂同时使用,血钾异常时不宜使用。

腺苷:腺苷是三磷酸腺苷(ATP)的前体和降解产物,抑制窦房结自律性和减慢房室结传导,对房室旁道无明显影响。适用于折返性室上性心动过速。常用剂量 6mg,静脉快速弹丸式注射,无效可增加至 12mg。

硫酸镁:适用于尖端扭转型室性心动过速,以 10%~25% 硫酸镁液 20ml,稀释 1 倍后缓慢静脉注射。

目前尚缺乏抗心律失常联合药物治疗的可靠依据,除非在单一抗心律失常药物治疗及导管消融后,仍不能满意控制心律失常发作的患者酌情使用,如植入 ICD 但室速仍频发的患者,β 受体拮抗剂联合胺碘酮可减少放电次数。应用时需监测 ECG 和心功能以便发现左心功能恶化和致心律失常作用的迹象。

某些药物可改善不利的心肌重塑并减少室性心律失常的发生和降低心脏性猝死发生率,例如醛固酮拮抗剂(螺内酯)、血管紧张素转化酶抑制药(依那普利、贝那普利)、血管紧张素 Ⅱ 受体拮抗剂(缬沙坦、厄贝沙坦)。此外,研究表明他汀类药物可以减少高危患者致命性室性心律失常的发生。

三、抗心律失常药物的致心律失常作用

指在使用抗心律失常药物治疗过程中,会加重原有心律失常或诱发新的心律失常,发生率为 5%~10%。

不同的抗心律失常药物诱发的心律失常不同,几乎所有的抗心律失常药物都有促心律失常作用,尤其常见于心力衰竭、低钾血症、使用洋地黄及利尿剂、Q-T 间期延长患者。Ⅰa 类奎尼丁可诱发尖端扭转型室速,Ⅰc 类药物可以诱发室性心动过速或心室颤动。Ⅲ类药物易诱发尖端扭转型室速。洋地黄中毒表现为房颤合并三度房室传导阻滞、期前收缩二联律等。应尽量避免短时间内使用两种及以上静脉抗心律失常药物,除非前次药物半衰期极短,如腺苷、利多卡因等。若使用致心律失常作用危险性大的药物,必须住院使用,并严密监测心电图及血压、心功能,以确保用药安全。

第四节　心律失常非药物治疗

随着科学技术的发展,心律失常的非药物治疗亦进展迅速,主要包括心脏电复律、射频消融术、人工心脏起搏和外科手术治疗等。

一、心脏电复律

心脏电除颤和电复律是将一定强度的外源性高能脉冲电流经胸壁或直接作用于心脏,使心肌瞬间同时去极化,使得心脏自律性最高的起搏点窦房结重新主导心脏节律的方法。

(一)作用机制

在异位性快速性心律失常中,异位起搏点的自律性增强、存在触发或折返机制,使部分心肌电活动的位相与其他心肌发生不一致。电复律或电除颤时,瞬间经胸壁或直接向心脏通过高压强电流,使所有心肌细胞瞬间同时去极化,从而抑制异常兴奋灶、消除折返。此时,由心脏自律性最高的窦房结重新主导心脏节律,发放冲动,恢复心脏生理起搏点的作用,即转复为窦性心律。

(二)适应证

适用于各类异位快速性心律失常:心室扑动和颤动时,首选本法;室性和室上性心动过速,药物治疗无效和/或伴有显著血流动力学障碍者;性质未明者或预激综合征合并异位快速性心律失

常者。

（三）禁忌证

紧急电复律或电除颤，适用于恶性心律失常，如心室扑动、心室颤动时，以挽救生命。择期电复律者有以下情况时应禁用或慎用：①病史多年，心房、心室明显增大，血栓形成风险大，或合并心腔附壁血栓；②近期血栓性事件者；③病态窦房结综合征伴异位快速性心律失常；④心房颤动、心房扑动伴高度或完全性房室传导阻滞；⑤洋地黄中毒伴低血钾时；⑥原发病未治疗，如甲亢性心脏病甲亢未控制，风湿性心脏病仍有风湿活动等。

（四）术前准备

1. 向家属及患者交代电复律的注意事项，并签署知情同意书。

2. 对患者进行全面的体格检查及有关实验室检查，注意纠正电解质紊乱，尤其是低血钾，抗凝者应检测凝血酶原时间和活动度。使用洋地黄者，在病情允许的情况下，复律前 1~2 天停用洋地黄。

3. 复律前应禁食 6 小时，避免复律过程中发生恶心和呕吐。

4. 检查设备，备好抢救物品。

（五）操作步骤

患者平卧于木板床上，常规描记心电图，行心电监护。建立静脉输液通道，面罩或鼻导管吸氧，做好各种抢救准备。地西泮 10~20mg 或硫喷妥钠 40~50mg 缓慢静脉注射，亦可选择丙泊酚或咪达唑仑直接静脉注射，当患者进入蒙眬或麻醉状态，以保证电复律和电除颤时患者没有不适感和疼痛感，即可进行电击。电极板均匀涂一层导电糊或盐水纱布，分别置于胸骨右缘第 2、3 肋间（心底部）及左腋前线第 5~6 肋间（心尖部），工作人员勿接触患者、病床以及同患者相连接的仪器，避免触电。给电极板充电，通常 120~200J（双相波形除颤器）。电极板紧贴胸壁，按放电按钮放电，移开电极板。观察患者心电图变化，如未转复窦性心律，可增加电量，间隔数分钟后再次电复律；如复律成功，监测患者血压、心律、心率、呼吸等，至患者完全苏醒。现普遍使用直流电复律，分同步与非同步电复律。同步电复律：利用心电图 QRS 波群触发同步放电，使电刺激落入 R 波降支，相当于心室的绝对不应期，避免诱发心室颤动，常用于房扑和房颤、室上性心动过速和室性心动过速的复律；非同步电复律：不需与 R 波同步，可在任何时间放电，适用于室扑、室颤的复律。

经胸电复律常用能量选择

（六）复律后并发症及处理

1. **皮肤灼伤** 见于电极板与皮肤接触不良，可不予处理。

2. **心律失常** 复律后心律失常各有不同，通常短暂性发作。如频发期前收缩，可给予 β 受体拮抗剂等抗心律失常药物；如室速复律后频发多源性室性期前收缩，提示可能再发室速或室颤，应给予静脉抗心律失常药物；如严重窦性心动过缓、窦性停搏、三度房室传导阻滞可用阿托品、氨茶碱提升心率，必要时心脏起搏治疗。

3. **肺水肿** 器质性心脏病患者有时在复律后 1~3 小时内可发生心力衰竭、肺水肿，应及早给予强心、利尿等治疗。

4. **栓塞** 有血栓形成高危因素者，如二尖瓣狭窄时左心房合并附壁血栓，复律可致体循环栓塞，应在复律前先作抗凝治疗。

5. **心肌损害** 高能量、多次反复电击者可导致心肌酶谱的升高，可逐渐恢复。

6. **低血压** 如患者情况好，可不予处理，一般 4 小时可恢复。

二、植入式心脏复律除颤器（ICD）

ICD 是一种多功能、多参数程控的电子设备，电极置于心腔内，目前已成为致命性快速性室性心律失常的治疗首选。基本功能包括：对快速性室性心律失常的感知、识别功能；对快速性室性心律失常的分层治疗功能（抗心动过速起搏、低能量电复律和高能量电除颤）；抗心动过缓起搏功能。

ICD适用于心脏性猝死的一级预防：①非急性心肌梗死患者发生过一次室性快速心律失常而致心搏骤停的存活者；②反复发生血流动力学不稳定的室性心动过速，药物治疗无效或不能耐受者。

ICD的植入技术及并发症等基本与心脏起搏器相同。2001年将心脏再同步化治疗（CRT）和ICD功能整合在一起，生产出埋藏式三腔起搏除颤器（CRT-D），即带有除颤功能的心脏再同步化治疗，大大降低了心力衰竭患者因心律失常导致的猝死。

三、射频消融术

射频消融术是经皮穿刺将电极导管插入心腔，输入射频能量后转换为热能，通过干燥和热损伤使心肌局部发生凝固性坏死，从而根治心律失常。通过采用激动标测、起搏标测、拖带标测、电压标测、三维标测等技术发现心动过速的异常激动点和起源点，确定治疗靶点。适用于局灶性房性心动过速、心房扑动、心房颤动、房室折返性心动过速、房室结折返性心动过速、室性心动过速、顽固性室性期前收缩等快速性心律失常。

ER 3-3-8

射频消融术中
X线影像

四、心脏起搏治疗

人工心脏起搏是通过脉冲发生器发出脉冲电流，经电极刺激心脏，兴奋心肌组织。主要用于缓慢性心律失常的治疗，也可用于治疗快速性心律失常。

（一）人工心脏起搏系统的工作原理

人工心脏起搏器由脉冲发生器（常称为起搏器）和电极导线两大部分组成，合称为起搏系统。有起搏或传导系统功能障碍的心脏，心率缓慢甚至停搏。此时，脉冲发生器发出脉冲电流，通过电极导管的传导至接触的心肌而使之兴奋。如心脏有收缩及心肌纤维间的传导功能正常，即可使心房或心室收缩；如心肌的兴奋和收缩功能丧失，如大面积心肌梗死后心肌坏死引起的心脏停搏，人工心脏起搏器则无效或者需要调试起搏参数方能起效。

（二）起搏器的性能分类

临床应用的起搏器结构精密，功能复杂，种类繁多，目前可将起搏器分为单腔起搏、双腔起搏和多部位起搏。①单腔起搏：指只有一根起搏电极置于一个心腔；②双腔起搏：指有两根起搏电极分别置于心房和心室，可以心房和心室按顺序起搏，更符合生理状态；③多部位起搏：指心房和/或心室多于一个部位起搏和/或感知，可以维持双心房或双心室的电-机械同步，常用三腔起搏器，四腔起搏器目前较少用。多部位起搏可用于抗心律失常治疗及治疗因心脏收缩不同步引起的心力衰竭。

（三）起搏器编码

由于起搏器的功能不断增多，英国和北美心脏起搏和电生理学会共同编制了NBG编码（表3-3-1）。

表 3-3-1　NBG 起搏器编码

位置	1	2	3	4	5
类目	起搏心腔	感知心腔	感知后反应	程控功能/频率应答	抗快速心律失常功能
代码字符	O=无	O=无	O=无	O=无	O=无
	A=心房	A=心房	T=触发	P=程控频率及（或）输出	P=抗心动过速起搏
	V=心室	V=心室	I=抑制	M=多项参数程控	S=电击
	D=双腔	D=双腔	D=T+I	R=频率调节	D=P+S
				C=通信	

（四）适应证

1. 临时起搏器　临时起搏目的：心动过缓患者临时紧急的心率支持；预防心动过速患者在抗心动过速治疗中发生心动过缓事件，或经起搏终止心动过速发作。适用于以下情况：紧急需要心脏起搏，但病情可能在短期内恢复的患者；病情严重，在紧急情况下作为过渡起搏；应用于术中或术后可能出现严重缓慢性心律失常患者的保护措施。

2. 永久起搏器　是相对临时起搏而言可工作更长年限，通常可达数年。适用于缓慢性心律失常伴有由于心动过缓而造成的发作性眩晕、黑矇、晕厥、乏力、运动耐量下降、胸闷及心力衰竭，如永久性或间歇性三度、高度房室传导阻滞、三分支阻滞、病态窦房结综合征、颈动脉窦过敏综合征等。随着起搏技术的发展，起搏器亦可用于梗阻性肥厚型心肌病、长 Q-T 间期综合征及双心室同步起搏治疗因心脏收缩不同步引起的顽固性心力衰竭。

（五）抗心动过缓起搏方式选择

1. 单腔起搏　起搏器连接一根电极导线，电极放置在心房或者心室，形成心房或心室起搏。

VVI 模式（见表 3-3-1）是最基本的心脏起搏模式，工作方式：心室起搏、心室感知，起搏器感知心室自身活动后抑制心室脉冲的发放，属于心室按需起搏。永久性房颤及房扑合并心室率过缓或心房静止患者才使用 VVI 起搏器。另外还有 AAI、AOO、VOO、AAT 和 VVT 模式。

2. 双腔起搏　脉冲发射器连接 2 根电极导线，电极分别放置于右心房及右心室，起搏右心房及右心室。

DDD 模式是指心房心室双重感知、触发和抑制双重反应的起搏模式，具有房室双腔顺序起搏特点，更符合正常的生理模式。根据自身心律的不同，可以调节为 AAI、VAT、VDD、DVI 等多种不同模式，适用于病态窦房结综合征和房室传导阻滞等多种不同心律失常患者。

3. 频率适应性起搏　此类起搏模式使起搏频率可以随人体的代谢活动而自动改变，纠正了心脏变时功能不全带来的弊端。如 DDD 模式加频率适应性起搏，即为 DDD-R 模式。对于符合起搏器治疗适应证的患者，应尽量安装频率适应性起搏器。

（六）经静脉永久性起搏器埋植术

首先穿刺锁骨下静脉（或者头静脉及腋静脉），将电极导线顺着静脉送至右心耳（右心房起搏），送至右室间隔或心尖部（右心室起搏），在 X 线下适当调整电极位置至可获得满意的起搏阈值和感知灵敏度；其次固定电极导线后；最后将脉冲发生器与电极导线相连，埋藏在胸大肌前与皮下组织的囊袋中。术中操作要注意无菌操作。

ER 3-3-9

植入 DDD 起搏器后 X 线影像

（七）并发症

1. 起搏器手术并发症　气胸、静脉血栓形成、电极断裂、心肌穿孔、臂丛神经损伤、起搏器囊袋感染、血肿、电极移位脱位、起搏器综合征、起搏器相关心动过速等。

2. 起搏器综合征　指起搏器植入后起搏系统功能正常，但因房室收缩不同步，室房逆传及左右心室不同步，导致血流动力学及心脏电生理学异常。多见于 VVI 起搏器患者，术后出现乏力、气短、低血压、胸闷、头晕、晕厥、心功能不全等症状。预防和治疗起搏器综合征的最有效方法是选择正确的起搏方式及设置最佳的起搏参数。

（八）随访检查

目前的起搏器可进行诊室随访及远程随访。起搏器随访内容包括：确定起搏器工作是否正常；调整参数尽可能延长起搏器的使用寿命；优化程控各种参数的设置，了解起搏器的预期寿命；处理各种已知或未知的问题；建立随访记录。

起搏器随访时间：随访一般从术后 2~4 周开始，首次随访应进行一次全面检查，要检查起搏器囊袋有无出血、感染等并发症；术后 3 个月内一般 1 个月 1 次，起搏器植入 3 个月后情况稳定者半年到 1 年随访 1 次；更换起搏器前 1 年，应加强随访，每个月 1 次避免电池寿命耗竭，危及患者生命。

心律失常是由于心脏冲动形成和/或冲动传导异常导致的心脏节律紊乱,心律失常的症状严重程度主要取决于心脏节律和频率对血流动力学影响,有时跟患者年龄、对疾病的耐受性差异也有关系。心电图是诊断心律失常的主要依据,复杂心电图需进一步行动态心电图、食管调搏、负荷心电图检查及心脏电生理检查等。心律失常的治疗应在消除病因和诱因的基础上恢复窦性节律或者控制心室率,抗心律失常药物、射频消融、电复律或电除颤、起搏技术是主要治疗手段,应在评估心律失常的性质及治疗风险后选择合适手段。其中房颤、阵发性室上性心动过速、阵发性室性心动过速、期前收缩、房室及室内传导阻滞是重点掌握内容。

病例讨论

患者,女,38 岁。5 年前无明确诱因出现心悸,自觉心率快,律齐,脉率 170 次/min,突发突止,持续半小时至 3 小时不等,伴胸闷、头晕、乏力,有时可自行缓解,有时需要到医院给予静脉药物治疗后好转。5 小时前患者再次心悸发作,持续不缓解,伴胸闷、胸痛来就诊。心电图示:心律绝对规则,频率 170 次/min;QRS 波群形态呈室上性,P 波位于 QRS 波群之后,倒置,继发性 ST-T 改变。心肌酶:肌钙蛋白升高。查体:患者急性病容,心率 170 次/min,律齐,S_1 强度不变。双肺未闻及湿啰音,双下肢无水肿。

(王 蔚)

思考题

1. 心律失常分为哪几类?
2. 试述抗心律失常药物的分类及各类代表药物。
3. 简述阵发性室上性心动过速与室性心动过速的鉴别诊断。

ER 3-3-10

练习题

第四章 | 原发性高血压

教学课件

思维导图

学习目标

1. 掌握：高血压的分类、定义、临床表现、并发症、辅助检查、诊断、鉴别诊断、危险评估及预后和基本防治方法。

2. 熟悉：特殊人群高血压处理；高血压转诊建议。

3. 了解：高血压的流行病学特点、发病机制、病理改变。

4. 学会对原发性高血压患者进行诊断并选择合理的抗高血压药物，对原发性高血压患者进行健康宣教。

5. 具备高度社会责任感，具有敬佑生命、救死扶伤的医者精神。

案例导入

患者，男，56 岁，某企业员工。因"间断头晕、头痛 2 年，加重 2 天"入院。患者 2 年前劳累后出现头晕、头痛，多次测血压 140~160/90~110mmHg，间断口服"硝苯地平"治疗，血压控制在 130~140/80~90mmHg。近 2 天因加班劳累，头痛加剧来院急诊。起病以来，无心悸、气短，无恶心、呕吐。既往体健，无糖尿病等病史。吸烟 20 年，无饮酒。查体：T 36℃，P 82 次/min，R 18 次/min，BP 210/120mmHg，神清，心肺查体未见异常，双下肢无水肿，神经系统检查无异常。

请思考：

1. 该患者可能的诊断是什么？

2. 需要完善的辅助检查有哪些？

3. 该患者的治疗方案有哪些？

原发性高血压（essential hypertension，EH），又称高血压病，是一种以体循环动脉压持续性升高为主要临床表现的心血管综合征。高血压是重要的心脑血管疾病危险因素，可造成心、脑、肾等重要脏器的结构和功能的损伤，并最终导致这些器官的功能衰竭。

【血压的分类和定义】

高血压定义为在未使用抗高血压药物的情况下，非同日 3 次测量血压，诊室收缩压≥140mmHg 和/或舒张压≥90mmHg。收缩压≥140mmHg 和舒张压<90mmHg 为单纯性收缩期高血压。患者既往有高血压史，目前正在使用抗高血压药物，血压虽然低于 140/90mmHg，也诊断为高血压。根据血压升高水平，又进一步将高血压分为 1~3 级（表 3-4-1）。

表 3-4-1　血压水平分类和定义

分类	收缩压/mmHg		舒张压/mmHg
正常血压	<120	和	<80
正常高值血压	120~139	和/或	80~89

分类	收缩压/mmHg		舒张压/mmHg
高血压	≥140	和/或	≥90
1 级高血压(轻度)	140~159	和/或	90~99
2 级高血压(中度)	160~179	和/或	100~109
3 级高血压(重度)	≥180	和/或	≥110
单纯收缩期高血压	≥140	和	<90

注:当收缩压和舒张压分属于不同级别时,以较高的分级为准。

【流行病学】

我国高血压患病率和流行存在地区、性别、民族和城乡差别,随年龄增长而升高。北方高于南方,沿海高于内地,男性高于女性,高原少数民族地区患病率较高。农村地区居民的高血压患病率增长速度较城市快,2020—2022 年全国调查结果显示农村地区的高血压患病率为 33.7%,城市高血压患病率为 29.1%。基层已经成为高血压防治的主战场。医卫类高职高专学生,要勇担社会责任,为"健康中国"贡献自己的一份力量。

2020—2022 年全国调查数据显示,我国 18 岁及以上居民高血压患病率为 31.6%,18 岁以上人群中已有 2.45 亿的高血压患者。18 岁以上人群高血压的知晓率、治疗率和控制率分别为 43.3%、38.7% 和 12.9%。高血压的知晓率、治疗率和控制率虽有所提高,但仍处于较低水平。

知识拓展

高血压日

高血压是一种世界性的常见病、多发病,严重威胁着人类健康。世界高血压联盟于 2005 年 5 月 14 日发起了第一次"世界高血压日"主题活动,并决定自 2006 年起将每年 5 月 17 日定为"世界高血压日",旨在引起人们对高血压防治的重视,引起各个国家对高血压防治的关心和支持。

中国在 1989 年 5 月 12 日正式成为世界高血压联盟的盟员国。中国从 1998 年开始,将每年的 10 月 8 日定为中国的"全国高血压日",显示了中国对防治高血压的重视。

【病因及发病机制】

(一)病因

1. **遗传因素** 高血压发病具有明显的家族聚集性。父母均为高血压、一方为高血压和双方均无高血压,其子女高血压的发病概率分别为 46%、28% 和 3%。约 60% 高血压病患者有高血压家族史。

2. **饮食** 高钠、低钾膳食是我国人群高血压发病的重要危险因素。不同地区人群钠盐(氯化钠)摄入量与血压水平和高血压患病率呈正相关,而钾盐摄入量与血压水平呈负相关。高蛋白质摄入、饱和脂肪酸过多、过量饮酒、叶酸缺乏也可增加高血压发病机会。

3. **精神紧张** 长期精神紧张也是高血压发病的危险因素,精神紧张可激活交感神经从而使血压升高。长期从事精神紧张工作的人群高血压患病率增加。此类高血压病患者经休息后症状和血压可获得一定改善。

4. **超重和肥胖** 体重增加是高血压发病的重要危险因素。肥胖的类型与高血压发生关系密切,腹型肥胖者容易发生高血压。

5. 其他危险因素 高血压发病的其他危险因素包括年龄、缺乏体力活动、吸烟、血脂异常以及糖尿病等。

(二)发病机制

1. 交感神经活性亢进 各种原因使大脑皮质下神经中枢功能发生变化,各种神经递质浓度与活性异常,导致交感神经系统活性亢进,血浆儿茶酚胺浓度升高,阻力小动脉收缩增强,从而导致血压增高。

2. 肾性水钠潴留 各种原因引起肾性水、钠潴留,增加心排血量,通过全身血流自身调节使外周血管阻力和血压升高。现代高盐饮食的生活方式加上遗传性或获得性肾脏排钠能力下降是许多高血压患者的基本病理生理异常改变。

3. 肾素-血管紧张素-醛固酮系统(RAAS)激活 肾小球入球动脉的球旁细胞分泌肾素,激活从肝脏产生的血管紧张素原(AGT),生成血管紧张素 I(Ang I),然后在肺血管内皮细胞中被血管紧张素转换酶(ACE)转换成血管紧张素 II(Ang II)。Ang II 是 RAAS 的主要效应物质,作用于 Ang II 受体 1(AT$_1$),使小动脉平滑肌收缩;或通过刺激肾上腺皮质球状带分泌醛固酮;或通过交感神经末梢突触前膜的正反馈使去甲肾上腺素分泌增加,这些作用均可使血压升高。

4. 血管结构及功能改变 大动脉和小动脉结构和功能的变化在高血压发病中发挥着重要作用。年龄增长、血脂异常、吸烟、高同型半胱氨酸血症等心血管危险因素,导致血管内皮功能异常,使氧自由基产生增加,一氧化氮灭活增强,血管炎症、氧化应激反应等影响动脉弹性和结构。大动脉弹性减退,脉搏波传导速度增快,反射波抵达中心大动脉的时相从舒张期提前到收缩期,出现收缩期延迟压力波峰,可以导致收缩压升高,舒张压降低,脉压增大。

5. 胰岛素抵抗 胰岛素抵抗(insulin resistance,IR)是指必须以高于正常的血胰岛素释放水平来维持正常的糖耐量,机体组织对胰岛素处理葡萄糖的能力减退。约 50% 原发性高血压患者存在不同程度的 IR。IR 是如何导致血压升高的,目前尚未获得肯定解释。多数认为 IR 导致代偿性胰岛分泌增加,发生继发性高胰岛素血症,使肾脏水钠重吸收增强,交感神经系统活性亢进,动脉弹性减退,从而使血压升高。

【病理】

心脏和血管是高血压损害的主要靶器官,早期可无明显病理改变。长期高血压引起左心室肥厚和扩大,全身小动脉病变,导致重要靶器官如心、脑、肾组织缺血。

(一)心脏

长期压力负荷增高,引起左心室肥厚或扩大时,称为高血压心脏病。高血压心脏病常合并冠状动脉粥样硬化和微血管病变,最终可导致冠状动脉粥样硬化性心脏病、心力衰竭或严重心律失常,甚至猝死。

ER 3-4-3
高血压心脏病病理改变

(二)脑

长期高血压使脑血管发生缺血与变性,形成微动脉瘤,这是导致脑出血的重要原因。高血压促使脑动脉粥样硬化,粥样硬化斑块破裂可并发脑血栓形成。

(三)肾脏

高血压病导致肾小动脉粥样硬化,肾实质缺血和肾单位不断减少,肾功能减退使血压进一步升高,形成恶性循环,最终发展至慢性肾衰竭。

ER 3-4-4
高血压视网膜病变(动脉硬化)

ER 3-4-5
高血压视网膜病变(出血)

(四)视网膜

视网膜小动脉早期发生痉挛,随着病程进展出现硬化,严重时可引起视网膜渗出和出血。眼底检查有助于了解高血压严重程度,目前采用 Keith-Wagener 眼底分级法。I级:视网膜动脉变细、

反光增强;Ⅱ级:视网膜动脉狭窄、动静脉交叉压迫;Ⅲ级:在上述病变基础上有眼底出血及棉絮状渗出;Ⅳ级:上述基础上又出现视盘水肿。

【临床表现及并发症】

(一)症状

大多数患者起病缓慢,症状缺如或不明显,仅在体检或发生心、脑、肾等并发症时才被发现。常见的症状有头晕、头痛、心悸、疲劳、颈项板紧或颞部搏动感,也可出现视物模糊、鼻出血等较重症状,典型的高血压头痛在血压下降后即可消失。病程后期有心、脑、肾等靶器官受损或并发症时,可出现相应的症状。

(二)体征

高血压体征一般较少。周围血管搏动、血管杂音、心脏杂音等是重点检查的项目。应重视颈动脉、肾动脉、腹部动脉和股动脉区域的血管杂音。心脏听诊可有主动脉瓣区第二心音亢进、收缩期杂音。

(三)并发症

1. 脑血管病 包括脑出血、脑血栓形成、腔隙性脑梗死、短暂性脑缺血发作。参阅神经科教材。

2. 心力衰竭和冠心病 参阅本篇第二章和第五章。

3. 慢性肾衰竭 参阅第五篇第五章。

4. 主动脉夹层 主动脉夹层是高血压的一种严重并发症,如不及时诊治,48 小时内病死率高达50%。高血压是发生主动脉夹层最重要的危险因素,65%~75% 的主动脉夹层患者合并高血压。

【实验室检查】

(一)基本项目

血生化(钠、钾、空腹血糖、血脂和尿酸、肌酐);全血细胞计数、血红蛋白和血细胞比容;尿液分析(尿蛋白、尿糖和尿沉渣镜检);心电图等。

ER 3-4-6
高血压心电图

(二)推荐项目

24 小时动态血压监测(ABPM)、超声心动图、颈动脉超声、口服葡萄糖耐量试验、糖化血红蛋白、血超敏 C 反应蛋白、血同型半胱氨酸、尿白蛋白定量、尿白蛋白/肌酐比值、眼底检查、胸部 X 线检查、脉搏波传导速度(PWV)以及踝臂血压指数(ABI)等。

(三)选择项目

对怀疑继发性高血压患者,根据需要可以分别选择以下检查项目:血浆肾素活性、血和尿醛固酮、血和尿皮质醇、血肾上腺素及去甲肾上腺素、血和尿儿茶酚胺、动脉造影、肾和肾上腺超声、CT或 MRI、睡眠呼吸监测等。对有并发症的高血压患者,进行相应的心、脑和肾检查。

ER 3-4-7
高血压胸部 X 线

ER 3-4-8
动态血压结果

【诊断和鉴别诊断】

(一)诊断

高血压的诊断主要根据诊室测量的血压值,采用经核准的水银柱或电子血压计,测量安静休息坐位时上臂肱动脉部位血压,一般需非同日测量三次血压值收缩压均≥140mmHg 和/或舒张压均≥90mmHg 可诊断高血压。患者既往有高血压史,正在使用抗高血压药物,血压虽然正常,也诊断为高血压。

由于诊室血压测量的次数较少,血压又具有明显波动性,在不能进行 24 小时动态血压监测时,需要数周内多次测量来判断血压升高情况。如有条件,应进行 24 小时动态血压监测或家庭血压监测。

诊室外测量血压的高血压诊断标准

家庭自测血压（HBPM）：收缩压≥135mmHg 和/或舒张压≥85mmHg。

24 小时动态血压（ABPM）：收缩压平均值≥130mmHg 和/或舒张压平均值≥80mmHg；白天收缩压平均值≥135mmHg 和/或舒张压平均值≥85mmHg；夜间收缩压平均值≥120mmHg 和/或舒张压平均值≥70mmHg。

（二）鉴别诊断

1. 肾实质性高血压 本症是最常见的继发性高血压，包括急、慢性肾小球肾炎，糖尿病肾病，慢性肾盂肾炎，多囊肾和肾移植后等多种肾脏病变引起的高血压。其发生主要是肾单位大量丢失，导致水钠潴留和细胞外容量增加，以及肾脏 RAAS 激活与排钠激素减少。高血压又进一步升高肾小球内囊压力，加重肾脏病变，形成恶性循环。肾实质性高血压必须严格限制钠盐摄入，每天<3g；通常需要联合使用抗高血压药物治疗，将血压控制在 130/80mmHg 以下；如果不存在使用禁忌证，联合治疗方案中一般应包括血管紧张素转换酶抑制剂（ACEI）/血管紧张素Ⅱ受体拮抗剂（ARB），有利于减少尿蛋白，延缓肾功能恶化。

2. 肾血管性高血压 肾血管性高血压的发生是肾血管狭窄导致肾脏缺血，激活 RAAS。早期解除狭窄，可使血压恢复正常。动脉粥样硬化是引起我国肾动脉狭窄的最常见病因，约为 82%，其次为大动脉炎。凡进展迅速或突然加重的高血压，均应怀疑本病。体检时在上腹部或背部肋脊角处可闻及血管杂音，肾动脉彩超、放射性核素肾图、肾动脉 CT 及 MRI 检查有助于诊断，肾动脉造影可明确诊断和狭窄部位。治疗方法可根据病情和条件选择介入手术、外科手术或药物治疗。

ER 3-4-9

肾动脉狭窄

3. 原发性醛固酮增多症 本症是肾上腺皮质增生或肿瘤分泌过多醛固酮所致，以长期高血压伴低钾血症为特征，亦有部分患者血钾正常。由于电解质代谢障碍，可有肌无力、周期性瘫痪、烦渴、多尿等症状。血压大多为轻、中度升高。实验室检查有低血钾、高血钠、代谢性碱中毒、血浆肾素活性降低、血浆和尿醛固酮增多。血浆醛固酮/血浆肾素活性比值增大有较高的诊断敏感性和特异性。CT/MRI 检查有助于确定是腺瘤或增生。如果本症是肾上腺皮质腺瘤或癌肿所致，手术切除是首选的治疗方法。如果是肾上腺皮质增生，也可作肾上腺大部切除术，但效果相对较差，一般仍需使用抗高血压药物治疗，选择醛固酮拮抗剂螺内酯和长效钙通道拮抗剂。

4. 嗜铬细胞瘤 嗜铬细胞瘤起源于肾上腺髓质、交感神经节和体内其他部位嗜铬组织，肿瘤间歇或持续释放过多肾上腺素、去甲肾上腺素与多巴胺。典型的发作表现为阵发性血压升高伴心动过速、头痛、出汗、面色苍白。尿与血儿茶酚胺或其代谢产物 3-甲氧基-4-羟基苦杏仁酸（VMA）如有显著升高，提示嗜铬细胞瘤。超声、CT 或 MRI 检查可作出定位诊断。手术切除肿瘤是重要的治疗方法。

5. 皮质醇增多症 又称库欣综合征（Cushing syndrome, CS）。过高的皮质醇血症可伴发多种合并症，引起以向心性肥胖、高血压、糖代谢异常、低钾血症和骨质疏松为典型表现的综合征。典型的临床表现为向心性肥胖、满月脸、多血质、皮肤紫纹等。24 小时尿中 17-羟和 17-酮类固醇增多、地塞米松抑制试验和肾上腺皮质激素兴奋试验有助于诊断；颅内蝶鞍 X 线检查、肾上腺 CT 和放射性核素肾上腺扫描可确定病变部位。降压起始治疗首选 ACEI 或 ARB 类抗高血压药物。

6. 主动脉缩窄 主动脉缩窄包括先天性及获得性主动脉缩窄。主动脉缩窄主要表现为上肢高血压，而下肢脉弱或无脉，双下肢血压明显低于上肢，听诊狭窄血管周围有明显血管杂音。主动脉造影可确定诊断，根据具体病情选择介入扩张支架置入或外科手术治疗。

【危险评估及预后】

高血压患者的预后不仅与血压水平有关,而且与是否合并其他心血管危险因素以及靶器官损害程度有关。因此从指导治疗和判断预后的角度,应对高血压患者进行心血管危险分层(表3-4-2)。用于分层的其他心血管危险因素、靶器官损害和并发症见表3-4-3。

表3-4-2　血压升高患者心血管风险水平分层

其他心血管危险因素和疾病史	收缩压 130~139mmHg 和/或舒张压 85~89mmHg	高血压		
		1 级	2 级	3 级
无		低危	中危	高危
1~2 个其他危险因素	低危	中危	中/高危	很高危
≥3 个其他危险因素,靶器官损害,或 CKD 3 期,无并发症的糖尿病	中/高危	高危	高危	很高危
临床并发症,或 CKD≥4 期,有并发症的糖尿病	高/很高危	很高危	很高危	很高危

注:CKD:慢性肾脏疾病。

表3-4-3　影响高血压患者心血管预后的重要因素

心血管危险因素	靶器官损害	伴随临床疾病
• 高血压(1~3 级) • 男性>55 岁;女性>65 岁 • 吸烟或被动吸烟 • 糖耐量受损(餐后 2 小时血糖 7.8~11.0mmol/L)和/或空腹血糖异常(6.1~6.9mmol/L) • 血脂异常 TC≥5.2mmol/L(200mg/dl)或 LDL-C≥3.4mmol/L(130mg/dl)或 HDL-C<1.0mmol/L(40mg/dl) • 早发心血管病家族史(一级亲属发病年龄<50 岁) • 腹型肥胖(腰围:男性≥90cm,女性≥85cm)或肥胖(BMI≥28kg/m²) • 高同型半胱氨酸血症(≥10μmol/L)	• 左心室肥厚 心电图:Sokolow-Lyons 电压>3.8mV 或 Cornell 乘积>244mV·ms 超声心动图 LVMI:男性≥115g/m²,女性≥95g/m² • 颈动脉超声 IMT≥0.9mm 或动脉粥样斑块 • 颈-股动脉脉搏波速度≥12m/s(选择使用) • 踝/臂血压指数<0.9(选择使用) • 估算的肾小球滤过率降低(eGFR:30~59ml·min⁻¹·1.73m⁻²)或血肌酐轻度升高: 男性 115~133μmol/L(1.3~1.5mg/dl) 女性 107~124μmol/L(1.2~1.4mg/dl) • 微量白蛋白尿 30~300mg/24h 或白蛋白/肌酐≥30mg/g(3.5mg/mmol)	• 脑血管病 脑出血,缺血性脑卒中,短暂性脑缺血发作 • 心脏疾病 心肌梗死史,心绞痛,冠状动脉血运重建,慢性心力衰竭,心房颤动 • 肾脏疾病 糖尿病肾病,肾功能受损包括 eGFR<30ml·min⁻¹·1.73m⁻² • 血肌酐升高: 男性≥133μmol/L(1.5mg/dl) 女性≥124μmol/L(1.4mg/dl) • 蛋白尿(≥300mg/24h) • 外周血管疾病 • 视网膜病变 出血或渗出,视盘水肿 • 糖尿病 新诊断糖尿病 已治疗但未控制:糖化血红蛋白(HbA1c)≥6.5%

注:TC:总胆固醇;LDL-C:低密度脂蛋白胆固醇;HDL-C:高密度脂蛋白胆固醇;LVMI:左心室质量指数;IMT:颈动脉内膜中层厚度;HbA1c:糖化血红蛋白。

【治疗】

(一)治疗的目的、对象和目标

原发性高血压目前尚无根治方法。临床证据表明收缩压每下降 10mmHg,可使脑卒中和缺血性心脏病的风险分别降低 30% 和 23%;舒张压每降低 5mmHg,可使脑卒中和缺血性心脏病的风险分别降低 40% 和 14%。

1.**目的**　高血压患者降压治疗的目的是通过降低血压,有效预防或延迟脑卒中、心肌梗死、心力衰竭、肾功能不全等并发症发生;有效控制高血压的疾病进程,预防高血压急症、亚急症等重症高血压发生。

2. 抗高血压药物治疗对象　①高血压2级或2级以上患者;②高血压1级心血管风险为中危及以上患者;③高血压1级低危患者经改善生活方式4~12周,血压仍未达标者;④正常高值血压,心血管风险为高危和很高危患者。高危和很高危患者必须使用抗高血压药物强化治疗。

ER 3-4-10

高血压诊治
流程图

3. 治疗目标　一般高血压患者血压目标需控制到140/90mmHg以下,如能耐受应降至130/80mmHg以下。在可耐受和可持续的条件下,其中部分慢性肾脏疾病、糖尿病,或病情稳定的冠心病或脑血管病的高血压患者可控制在130/80mmHg以下。65~79岁老年人血压可控制在140/90mmHg以下,如能耐受可降至130/80mmHg以下。80岁及以上老年人血压可控制在150/90mmHg以下,如能耐受还可进一步降至140/90mmHg以下。

(二) 非药物治疗

健康的生活方式对任何高血压患者都是有效的治疗方法。①减少钠盐摄入:每人每天食盐以不超过5g为宜;②补充钾盐:增加蔬菜和水果的摄入量,补充钾盐;③控制体重:使BMI<24kg/m²;腰围:男性<90cm;女性<85cm;④不吸烟,彻底戒烟,避免被动吸烟;⑤不饮或限制饮酒;⑥增加运动:中等强度,每周4~7次,每次持续30~60分钟;⑦减轻精神压力,保持心理平衡;⑧合理膳食:饮食以水果、蔬菜、低脂奶制品、富含食用纤维的全谷物、植物来源的蛋白质为主,减少饱和脂肪和胆固醇摄入。⑨管理睡眠:良好的睡眠可以显著提高抗高血压药的药效,降低高血压的发病率和病死率。管理睡眠主要措施包括睡眠评估、睡眠认知行为疗法和必要时进行药物治疗。

(三) 药物治疗

1. 抗高血压药物应用基本原则　降压治疗药物应用应遵循以下5项原则。

(1)**起始剂量**:一般患者采用常规剂量;老年人及高龄老年人初始治疗时通常应采用较小的有效治疗剂量。根据需要,可考虑逐渐增加至足剂量。

(2)**优先选择长效制剂**:尽可能使用一天一次给药而有持续24小时降压作用的长效药物,从而有效控制夜间血压与晨峰血压,更有效地预防心脑血管并发症发生。

(3)**联合用药**:可增加降压效果又不增加不良反应,在低剂量单药治疗疗效不满意时,可以采用两种或多种抗高血压药物联合治疗。对血压≥160/100mmHg、起始血压高于目标血压20/10mmHg的高危患者,起始即可采用小剂量两种药联合治疗,或用小剂量固定复方制剂。

(4)**个体化**:根据患者血压及临床伴随疾患、药物有效性和耐受性以及长期经济承受能力,选择适合患者的抗高血压药物。

(5)**药物经济学**:高血压是终身治疗,需要考虑成本/效益。

2. 常用抗高血压药物的种类及作用特点　目前常用抗高血压药物可归纳为六大类,即血管紧张素转换酶抑制剂(ACEI)、血管紧张素Ⅱ受体拮抗剂(ARB)、β受体拮抗剂、钙通道拮抗剂(CCB)、利尿剂和血管紧张素Ⅱ受体脑啡肽酶抑制剂(ARNI)(表3-4-4)。

表3-4-4　常用抗高血压药物名称、剂量及用法

药物分类	药物名称	单次剂量/mg	用法/d
血管紧张素转换酶抑制剂	卡托普利	12.5~50mg	2~3次
	依那普利	10~20mg	2次
	贝那普利	10~20mg	1次
	赖诺普利	10~20mg	1次
	雷米普利	2.5~10mg	1次
	福辛普利	10~20mg	1次
	西拉普利	2.5~5mg	1次
	培哚普利	4~8mg	1次

药物分类	药物名称	单次剂量/mg	用法/d
血管紧张素Ⅱ受体拮抗剂	氯沙坦	50~100mg	1 次
	缬沙坦	80~160mg	1 次
	厄贝沙坦	150~300mg	1 次
	替米沙坦	40~80mg	1 次
	奥美沙坦	20~40mg	1 次
	坎地沙坦	8~16mg	1 次
β受体拮抗剂	普萘洛尔	10~20mg	2~3 次
	美托洛尔	25~50mg	2 次
	阿替洛尔	50~100mg	1 次
	倍他洛尔	10~20mg	1 次
	比索洛尔	5~10mg	1 次
	卡维地洛	12.5~25mg	1~2 次
	拉贝洛尔	100mg	2~3 次
钙通道拮抗剂	硝苯地平	5~10mg	3 次
	硝苯地平控释剂	30~60mg	1 次
	尼卡地平	40mg	2 次
	尼群地平	10mg	2 次
	非洛地平缓释剂	5~10mg	1 次
	氨氯地平	5~10mg	1 次
	左旋氨氯地平	1.25~5mg	1 次
	拉西地平	4~6mg	1 次
	乐卡地平	10~20mg	1 次
	维拉帕米缓释剂	240mg	1 次
	地尔硫䓬缓释剂	90~180mg	1 次
利尿剂	氢氯噻嗪	12.5mg	1~2 次
	氨苯蝶啶	50mg	1~2 次
	阿米洛利	5~10mg	1 次
	呋塞米	20~40mg	1~2 次
	吲达帕胺	1.25~2.5mg	1 次
血管紧张素Ⅱ受体脑啡肽酶抑制剂	沙库巴曲缬沙坦钠	50~200mg	1~2 次

(1)**血管紧张素转换酶抑制剂**(ACEI):降压作用主要是通过抑制循环和组织 ACE,使 AngⅡ 生成减少,同时抑制激肽酶使激肽降解减少。降压起效缓慢,3~4 周时达最大作用。对糖、脂代谢无不良影响。限盐或加用利尿剂可增加 ACEI 的降压效应。另外,ACEI 具有改善胰岛素抵抗和减少尿蛋白作用,尤其适用于伴慢性心力衰竭、心肌梗死后伴心功能不全、糖尿病肾病、非糖尿病肾病、代谢综合征、蛋白尿或微量白蛋白尿患者。最常见不良反应为刺激性干咳,发生率为 10%~20%,多见于用药初期,症状较轻者可坚持服药,不能耐受者可改用 ARB。其他不良反应有低血压、皮疹,偶见血管神经性水肿及味觉障碍。血肌酐超过 265μmol/L(3mg/dl)的患者使用时需谨慎,应定期监测血钾和血肌酐水平。双侧肾动脉狭窄、高钾血症及妊娠妇女禁用。

(2)**血管紧张素Ⅱ受体拮抗剂**(ARB):降压作用主要通过阻滞组织 AngⅡ 受体亚型 AT_1,更充分、有效地阻断 AngⅡ 的血管收缩、水钠潴留与重构作用。降压作用起效缓慢,但持久且平稳。可降低糖尿病或肾病患者的蛋白尿及微量白蛋白尿,尤其适用于伴左心室肥厚、冠状动脉粥样硬化性心脏病、心力衰竭、糖尿病肾病、代谢综合征、微量白蛋白尿或蛋白尿患者,以及不能耐受 ACEI 的患者,并可预防心房颤动。不良反应少见，一般不引起刺激性干咳，偶有腹泻，长期应用可升高血钾，应注意监测血钾及肌酐水平变化。禁忌证与 ACEI 相同。

（3）**β 受体拮抗剂**：有选择性（β_1）、非选择性（β_1 与 β_2）和兼有 α 受体拮抗 3 类。主要通过抑制中枢和周围 RAAS，抑制心肌收缩力和减慢心率发挥降压作用。β 受体拮抗剂降压起效较强且迅速，尤其适用于伴快速性心律失常、心绞痛、慢性心力衰竭、交感神经活性增高以及高动力状态的高血压患者。常见的不良反应有疲乏、肢体冷感、心动过缓等，还可能影响糖、脂代谢。二/三度房室传导阻滞、病态窦房结综合征、急性心力衰竭、哮喘患者为禁忌证。慢性阻塞性肺疾病、运动员、周围血管病或糖耐量异常者慎用；必要时也可慎重选用高选择性 β 受体拮抗剂。长期应用者突然停药可发生反跳现象，即原有的症状加重或出现新的表现，较常见有血压反跳性升高，伴头痛、焦虑等，称为撤药综合征。

（4）**钙通道拮抗剂（CCB）**：包括二氢吡啶类钙通道阻滞药和非二氢吡啶类钙通道阻滞药。前者如硝苯地平、非洛地平等，后者有维拉帕米和地尔硫䓬。降压作用主要是通过阻滞电压依赖 L 型钙通道减少细胞外钙离子进入血管平滑肌细胞内，减弱兴奋-收缩偶联，降低阻力血管的收缩反应。钙通道拮抗剂还能减轻 AngⅡ 和 α_1 肾上腺素受体的缩血管效应，减少肾小管钠重吸收。钙通道拮抗剂降压起效迅速，降压疗效和幅度相对较强，疗效的个体差异小。此类药物可与其他 5 类药联合应用，尤其适用于老年高血压、单纯收缩期高血压、伴稳定型心绞痛、冠状动脉或颈动脉粥样硬化及周围血管病患者，对血脂、血糖等无明显影响，服药依从性较好。常见副作用包括反射性交感神经激活导致心率加快、面部潮红、脚踝部水肿、牙龈增生等。二氢吡啶类 CCB 没有绝对禁忌证，但心动过速与心力衰竭患者应慎用，如必须使用，则应慎重选择特定制剂，如氨氯地平等长效药物。急性冠脉综合征患者一般不推荐使用短效硝苯地平。非二氢吡啶类钙通道阻滞药也可用于降压治疗，但窦房结功能低下、二度或三度房室传导阻滞、心力衰竭患者禁止使用。

（5）**利尿剂**：通过利钠排水、减少细胞外容量、降低外周血管阻力发挥降压作用。降压起效较平稳、缓慢，作用持久。主要包括噻嗪类利尿剂、袢利尿剂、保钾利尿剂三类。用于控制血压的利尿剂主要是噻嗪类利尿剂。在我国，常用的噻嗪类利尿剂主要是氢氯噻嗪和吲达帕胺。小剂量噻嗪类利尿剂对代谢影响很小，与其他抗高血压药，尤其 ACEI 或 ARB 合用可显著增加后者的降压作用。此类药物尤其适用于老年高血压、盐敏感性高血压、单纯收缩期高血压或伴心力衰竭患者，也是难治性高血压的基础药物之一。噻嗪类利尿剂可引起低血钾，长期应用者应定期监测血钾，并适量补钾，痛风者禁用；保钾利尿剂可引起高钾血症，不宜与 ACEI、ARB 合用，肾功能不全者慎用；对高尿酸血症，以及明显肾功能不全者如需使用利尿剂，应使用袢利尿剂，如呋塞米等。

（6）**血管紧张素Ⅱ受体脑啡肽酶抑制剂（ARNI）**：ARNI 的代表药物是沙库巴曲缬沙坦钠片，由缬沙坦和脑啡肽酶抑制剂两种成分构成，脑啡肽酶抑制剂沙库巴曲可抑制脑啡肽酶（neprilysin，NEP）对利钠肽的降解，发挥利尿、利钠和扩血管、抗交感神经的效应。缬沙坦可避免 NEP 被抑制后对肾素-血管紧张素系统的代偿激活，起到协同降压作用。两者结合构成共晶结构，保障了药效发挥的同步性。尤其适用于伴慢性心力衰竭、心肌梗死后伴心功能不全、糖尿病肾病、非糖尿病肾病、代谢综合征、蛋白尿或微量白蛋白尿患者。ARNI 不能与 ACEI、ARB、肾素抑制剂阿利吉仑联用。如果患者从 ACEI 切换到 ARNI，需停用 ACEI 类药物 36 小时后再使用 ARNI。主要不良反应：低血压、肾功能恶化、高钾血症、血管神经性水肿。禁忌证：①血管神经性水肿病史；②双侧肾动脉严重狭窄；③妊娠期和哺乳期女性；④重度肝损害、胆汁性肝硬化及胆汁淤积；⑤已知对 ARB 或 ARNI 过敏者。

以上六类抗高血压药物和由上述药物组成的单片复方制剂（SPC）均可作为初始和维持治疗的常用药物。一般高血压患者通常应在早晨服用抗高血压药物。除上述六大类主要的抗高血压药物外，还有一些药物，包括交感神经抑制剂，如利血平、可乐定；直接血管扩张药，如肼屈嗪；α 受体拮抗剂，如多沙唑嗪、哌唑嗪、特拉唑嗪。这些药物曾多年用于临床并有一定的降压疗效，但因副作用较多,目前不主张单独使用,但可用于复方制剂或联合治疗。

3. 抗高血压药的联合应用　目前,联合应用抗高血压药物已成为降压治疗的基本方法。许多高血压患者为了达到目标血压水平,需要应用 2 种以上抗高血压药物。

(1)**联合用药的适应证**:血压≥160/100mmHg 或高于目标血压 20/10mmHg 的高危人群,往往初始治疗即需要应用 2 种抗高血压药物。

(2)**联合用药的方法**:两药联合时,降压作用机制应具有互补性,同时具有相加的降压作用,并可互相抵消或减轻不良反应。例如,在应用 ACEI 或 ARB 基础上加用小剂量噻嗪类利尿剂,降压效果可以达到甚至超过原有的 ACEI 或 ARB 剂量倍增的降压幅度。同样加用二氢吡啶类 CCB 也有相似效果。

(3)**联合用药的方案**:我国临床主要推荐应用的优化联合治疗方案是:二氢吡啶类 CCB+ACEI/ARB/ARNI;ACEI/ARB/ARNI+噻嗪类利尿剂;二氢吡啶类 CCB+噻嗪类利尿剂;二氢吡啶类 CCB+β 受体拮抗剂。可以考虑使用的联合治疗方案是:利尿剂+β 受体拮抗剂;β 受体拮抗剂+α 受体拮抗剂;二氢吡啶类 CCB+保钾利尿剂;噻嗪类利尿剂+保钾利尿剂;ACEI/ARB/ARNI+β 受体拮抗剂。在上述各种两药联合方式中加上另一种抗高血压药物即构成三药联合方案,其中二氢吡啶类 CCB+ACEI/ARB/ARNI+噻嗪类利尿剂组成的联合方案最为常用。三种抗高血压药联合治疗一般必须包含利尿剂。

(四)高血压的器械治疗

对于临床上棘手的难治性高血压患者,有研究结果证明了经肾动脉去肾交感神经(renal denervation,RDN)治疗高血压的有效性与安全性。可在继发性高血压鉴别诊断与治疗的基础上,考虑开展 RDN 治疗。对于排除继发病因,药物难以控制血压的心血管高风险患者以及药物依从性差的高血压患者,可考虑开展 RDN 治疗。RDN 治疗作为临床治疗高血压的新手段,需要在有丰富高血压诊治经验,有能力进行继发性高血压病因鉴别的中心有序开展。

【特殊人群高血压的处理】

(一)老年高血压

2012 年我国≥60 岁人群高血压患病率城市为 60.6%,农村为 57.0%。年龄≥65 岁的高血压,可定义为老年高血压。老年高血压的临床特点包括:收缩压增高、舒张压下降,脉压增大;血压波动性大,容易出现直立性低血压及餐后低血压;血压昼夜节律异常发生率高;白大衣高血压和假性高血压相对多见;常与多种疾病如冠心病、心力衰竭、脑血管疾病、肾功能不全、糖尿病等并存,使治疗难度增加。患者血压应降至 150/90mmHg 以下,如能耐受可降至 140/90mmHg 以下。对于 80 岁以上高龄老年人的降压目标值为<150/90mmHg。老年患者降压治疗应强调收缩压达标,同时应避免过度降低血压;在能耐受降压治疗的前提下,逐步降压达标,应避免过快降压;对于降压耐受性良好的患者应积极进行降压治疗。老年高血压治疗药物选择,推荐利尿剂、CCB、ACEI 或 ARB,均可作为初始或联合药物治疗。应从小剂量开始,逐渐增加至最大剂量。无并存疾病的老年高血压不宜首选 β 受体拮抗剂。

(二)儿童青少年高血压(参见儿科学教材)
(三)妊娠高血压(参见妇产科学教材)
(四)难治性高血压

在改善生活方式的基础上,应用了可耐受的足够剂量且合理的 3 种抗高血压药物(包括一种噻嗪类利尿剂)至少治疗 4 周后,诊室和诊室外(包括家庭自测血压或动态血压监测)血压仍在目标水平之上,或至少需要 4 种药物才能使血压达标时,称为难治性高血压。

1. 原因筛查

(1)**判断是否为假性难治性高血压**:常见为测压方法不当(如测量时姿势不正确、上臂较粗者未使用较大的袖带);单纯性诊室(白大衣)高血压。确定患者是否属于难治性高血压常需配合采用诊室外血压测量(家庭自测血压及动态血压监测),以排除白大衣血压效应以及假性高血压。

(2)**寻找影响血压的原因和并存的疾病因素**:较常见的原因是患者依从性差(未坚持服药)、抗高血压药物选择使用不当(剂量不足、联合用药不够合理),以及仍在应用拮抗降压的药物(如口服避孕药、环孢素、肾上腺类固醇类、抗抑郁药、非甾体抗炎药、促红细胞生成素、可卡因、甘草、麻黄等);未改变不良生活方式或改变失败(体重增加或肥胖、吸烟、重度饮酒);容量负荷过重(利尿剂治疗不充分、高盐摄入、进展性肾功能不全);以及伴慢性疼痛、糖尿病、血脂异常、失眠和长期焦虑等。患者可能存在 1 种以上可纠正或难以纠正的原因。

(3)排除上述因素后,应启动继发性高血压的筛查。

2. **处理原则**

(1)推荐患者转至高血压专业医生处就诊。

(2)提倡进行诊室外血压测量(家庭血压及动态血压),与患者有效沟通。关注患者长期用药的依从性。

(3)尽量消除影响因素。主要有肥胖、代谢紊乱、钠盐摄入过多等不良生活习惯。

(4)调整降压联合方案。首先检查多药联合方案的组成是否合理。推荐选择常规剂量的 RAS 抑制剂+CCB+噻嗪类利尿剂,也可根据患者特点和耐受性考虑增加各药物的剂量,应达到全剂量。

(5)效果仍不理想者可依据患者特点加用第四种抗高血压药。可在醛固酮受体拮抗剂、β 受体拮抗剂、α 受体拮抗剂或交感神经抑制剂(可乐定)中做选择,但仍需要采用个体化治疗的原则。

(五)高血压急症和亚急症

1. **定义** 高血压急症(hypertensive emergencies)是指原发性或继发性高血压患者,在某些诱因作用下,血压突然和显著升高(一般超过 180/120mmHg),同时伴有进行性心、脑、肾等重要靶器官功能不全的表现。包括高血压脑病、颅内出血(脑出血和蛛网膜下腔出血)、脑梗死、急性心力衰竭、急性冠脉综合征(不稳定型心绞痛、急性非 ST 段抬高和 ST 段抬高心肌梗死)、主动脉夹层、子痫、嗜铬细胞瘤危象、围术期高血压等,应注意血压水平的高低与急性靶器官损害的程度并非成正比。高血压亚急症(hypertensive urgencies)是指血压显著升高但不伴急性靶器官损害。患者可以有血压明显升高造成的症状,如头痛、胸闷、鼻出血、烦躁不安等。区别高血压急症与高血压亚急症的唯一标准,并非血压升高的程度,而是有无新近发生的急性进行性的靶器官损害。

2. **治疗原则** 高血压急症和亚急症降压治疗的紧迫程度不同,前者需要迅速降低血压,采用静脉途径给药;后者需要在 24~48 小时内降低血压,可使用快速起效的口服抗高血压药。

(1)**高血压急症的治疗**:初始阶段(1 小时内)血压控制的目标为平均动脉压的降低幅度不超过治疗前水平的 25%。在随后的 2~6 小时内将血压降至较安全水平,一般为 160/100mmHg 左右。如果可耐受这样的血压水平,在以后 24~48 小时逐步降压达到正常水平。

(2)**高血压亚急症的治疗**:在 24~48 小时将血压缓慢降至 160/100mmHg。没有证据表明紧急降压治疗可以改善预后。

3. **静脉抗高血压药物的选择和应用**

(1)**硝普钠**:同时直接扩张静脉和动脉,降低前、后负荷。开始以 10μg/min 静脉滴注,逐渐增加剂量以达到降压作用,一般临床常用最大剂量为 200μg/min。使用硝普钠必须密切监测血压,根据血压水平仔细调节滴注速率。停止滴注后,作用仅维持 3~5 分钟。硝普钠可用于各种高血压急症。在通常剂量下不良反应轻微,有恶心、呕吐、肌肉颤动。硝普钠在体内红细胞中代谢产生氰化物,长期或大剂量使用应注意可能发生硫氰酸中毒,尤其肾功能损害者更容易发生。

(2)**硝酸甘油**:扩张静脉和选择性扩张冠状动脉与大动脉,降低动脉压作用不及硝普钠。开始时以 5~10μg/min 速率静脉滴注。降压起效迅速,停药后数分钟作用消失,可用至 100~200μg/min。

硝酸甘油主要用于高血压急症合并心肌缺血。不良反应有心动过速、面部潮红,头痛和呕吐等。

（3）**尼卡地平**:二氢吡啶类钙通道拮抗剂,作用迅速,持续时间较短,降压同时改善脑血流量。开始时从 0.5μg/(kg·min) 静脉滴注,可逐步增加剂量到 10μg/(kg·min)。主要用于高血压急症合并急性脑血管病或其他高血压急症。不良反应有心动过速、面部潮红等。

（4）**拉贝洛尔**:兼有 α 受体拮抗作用的 β 受体拮抗剂,起效较迅速(5~10 分钟),持续时间较长(3~6 小时)。开始时缓慢静脉注射 25~50mg,以 0.5~2mg/min 速率静脉滴注,总剂量可达 200mg。拉贝洛尔主要用于高血压急症合并妊娠或肾功能不全患者。不良反应有头晕、直立性低血压、心脏传导阻滞等。

【**转诊建议**】

随着分级医疗改革的推进,应逐步明确各级医疗机构高血压诊治的功能定位,全科医生是高血压防治的主力军,要将高血压的管理融入全科医生的日常医疗工作中,进一步提高高血压的控制率。

1. 社区初诊高血压转出条件

（1）合并严重的临床情况或靶器官损害,需要进一步评估治疗。

（2）多次测量血压水平达 3 级,需要进一步评估治疗。

（3）怀疑继发性高血压患者。

（4）妊娠和哺乳期妇女。

（5）高血压急症及亚急症。

（6）发病年龄<30 岁。

（7）因诊断需要到上级医院进一步检查。

2. 社区随诊高血压转出条件

（1）至少 3 种抗高血压药物(包括 1 种利尿剂)足量使用,血压仍未达标。

（2）血压控制平稳的患者,再度出现血压升高并难以控制者。

（3）血压波动较大,临床处理有困难者。

（4）随访过程中出现新的严重临床疾患或原有疾病加重。

（5）患者服抗高血压药后出现不能解释或难以处理的不良反应。

（6）高血压伴发多重危险因素或靶器官损害而处理困难者。

3. 下列严重情况建议急救车转诊

（1）意识丧失或模糊。

（2）血压≥180/110mmHg,伴剧烈头痛、呕吐,或突发言语障碍和/或肢体瘫痪。

（3）血压显著升高伴持续性胸背部剧烈疼痛。

（4）血压升高伴下肢水肿、呼吸困难,或不能平卧。

（5）胸闷、胸痛持续至少 10 分钟,伴大汗,心电图示至少两个导联 ST 段抬高,应以最快速度转诊,确诊为急性 ST 段抬高型心肌梗死后,考虑溶栓或行急诊冠状动脉介入治疗。

（6）其他影响生命体征的严重情况,如意识淡漠伴血压过低或测不出,心率过慢或过快,突发全身严重过敏反应等。

本章小结

高血压定义为在未使用抗高血压药物的情况下,非同日 3 次测量血压,诊室收缩压≥140mmHg和/或舒张压≥90mmHg。高血压可导致心、脑、肾及视网膜损害。绝大多数为原发性高血压,少部分为继发性高血压,常见的继发性高血压有肾实质性高血压、肾血管性高血压、原发性醛固酮增多症、嗜铬细胞瘤、库欣综合征、主动脉缩窄等。根据血压水平，进一步将高血压分为1~3级。根据心血管危险因素、靶器官损害、伴随临床疾病进行心血管危险分层，分为低危、中危、高危和很高危。所有高血压患者均需非药物治疗，大部分患者同时需要药物治疗。血压控制目标以及常用的6大类降血压药物适应证、禁忌证需重点掌握。

病例讨论

　　患者，男，62岁，因"间断头晕、头痛5年，加重3天"入院。患者5年前劳累后出现头晕、头痛，多次测血压150~160/90~110mmHg，无视物旋转、耳鸣、恶心、呕吐，间断口服"抗高血压药"治疗，血压控制在130~140/80~90mmHg。近3天因加班劳累，头痛加剧来院急诊。起病以来，无心悸、气短、心前区疼痛，夜间睡眠差，二便正常，体重无明显变化。既往体健，无糖尿病和心脑血管疾病史，无药物过敏史。吸烟20年，无饮酒，母亲49岁时死于高血压。查体：T 36℃，P 82次/min，R 18次/min，BP 210/120mmHg。一般状况可，浅表淋巴结未触及肿大。心肺(-)，腹平软，无压痛，肝脾肋下未触及，双下肢无水肿。

（史桂霞）

思考题

　　1. 原发性高血压应与哪些继发性高血压相鉴别？
　　2. 按血压水平高血压怎样分级？高血压并发症有哪些？
　　3. 如何对高血压患者进行心血管风险水平分层？
　　4. 高血压非药物治疗包括哪些内容？
　　5. 治疗高血压的药物分哪几类？应如何进行选择？

ER 3-4-11

练习题

第五章 | 冠状动脉粥样硬化性心脏病

学习目标

1. 掌握：心绞痛和心肌梗死的临床表现、诊断和鉴别诊断、防治措施。
2. 熟悉：动脉硬化和冠心病的病因、发病机制和病理。
3. 了解：隐匿型冠心病、缺血性心肌病及猝死，了解冠状动脉疾病的其他表现形式。
4. 学会对冠心病患者进行诊断，对不同类型的冠心病选择合理的治疗方案。
5. 具备甘于奉献、勇于创新、自主研发的科学精神；具有实施慢性病综合防控能力。

案例导入

患者，男，65岁。因"发作性胸痛3年，加重5小时"就诊。患者3年前开始，常活动时出现胸痛，位于胸骨后，本人手掌大小，放射至背部、左肩部，持续3~5分钟，休息后缓解。5小时前上坡时突然感到胸骨后压榨性疼痛，伴濒死感、大汗、气短，持续不缓解。既往高血压病史，间断口服药物治疗，血压波动于140~150/85~90mmHg。吸烟40余年，20支/d。查体：T 36.9℃，P 100次/min，R 22次/min，BP 170/96mmHg，急性病容，平卧位，颈静脉无怒张。双肺未闻及啰音，心界不大，心率100次/min，律齐，心音低钝，各瓣膜听诊区未闻及杂音。心电图：窦性心律，V_1~V_5导联ST段弓背向上抬高0.2~0.5mV。

请思考：

1. 患者目前诊断可能是什么？
2. 应进一步完善哪些检查？
3. 下一步治疗方案是什么？

第一节　概　述

冠状动脉粥样硬化性心脏病（coronary atherosclerotic heart disease, CHD）指冠状动脉粥样硬化使血管腔狭窄或闭塞，导致心肌缺血缺氧或坏死而引起的心脏病，简称冠心病（coronary heart disease, CHD），也称为缺血性心脏病（ischemic heart disease, IHD）。冠心病是动脉粥样硬化导致器官病变的最常见类型，也是严重危害人民健康的常见病。本病多发生于40岁以上成人，男性多于女性。在欧美发达国家本病常见，经济发达国家发病率较高；中国CHD发病率处于持续上升阶段，推断CHD患病人数1 139万人。在我国2020年城市居民冠心病病死率为126.91/10万，农村为135.88/10万，2020年冠心病病死率继续保持2012年以来的上升趋势，农村地区上升明显，到2016年已超过城市水平。近年来发病呈年轻化趋势，冠心病已成为威胁人类健康的主要疾病之一。

【病因】

本病病因尚未完全确定。研究表明本病是多因素作用于不同环节所致，这些因素称为危险因素（risk factor）。主要的危险因素如下：

（一）年龄、性别

本病临床上多见于 40 岁以上的患者，49 岁以后进展较快，近年来临床发病年龄有年轻化趋势。男性与女性相比，女性发病率较低，因为雌激素有抗动脉粥样硬化作用，故女性在更年期后发病率增加。年龄和性别属于不可改变的危险因素。

（二）血脂异常

脂质代谢异常是动脉粥样硬化最重要的危险因素。临床资料表明，动脉粥样硬化常见于高胆固醇血症。总胆固醇（total cholesterol，TC）、甘油三酯（triglyceride，TG）、低密度脂蛋白胆固醇（low density lipoprotein cholesterol，LDL-C）、极低密度脂蛋白胆固醇（very low density lipoprotein cholesterol，VLDL-C）、载脂蛋白 B（apoprotein B，ApoB）增高，高密度脂蛋白胆固醇（high density lipoprotein cholesterol，HDL-C）和载脂蛋白 A（apoprotein A，ApoA）降低，都被认为是危险因素。此外，脂蛋白（a）[lipoprotein（a），Lp（a）]增高也可能是独立的危险因素。在临床实践中，以 TC 及 LDL-C 增高最受关注，LDL-C 水平是治疗的靶目标。

（三）高血压

高血压是动脉粥样硬化最重要的危险因素之一。60%~70% 的冠状动脉粥样硬化患者有高血压，高血压患者患冠心病较血压正常者高 3~4 倍。高血压参与冠心病发生发展病理生理机制包括：

(1)遗传因素：研究发现多个基因多态性与高血压患者发生冠心病密切相关，目前已知肾素-血管紧张素-醛固酮系统（renin-angiotensin-aldosterone system，RAAS）、过氧化物酶增殖体激活系统、内皮素-1 等基因多态性都与冠心病风险增加有关。

(2)血流动力学因素：长期高血压使血管壁结构发生变化，可引起内皮功能障碍，导致血管对脂类物质通透性增加，炎性因子大量分泌，促使动脉粥样硬化形成。同时血管壁张力增加，诱导平滑肌细胞增殖，使血管重塑，导致管壁增厚，顺应性下降，促进动脉硬化的发生发展，增加冠心病的发生风险。

(3)神经体液机制：高血压患者血浆 RAAS 活性升高，血管紧张素 II 激活细胞因子和黏附分子的表达，引起炎性细胞聚集，内皮细胞损伤，继而促进动脉粥样硬化的形成。此外，内皮素、转化生长因子等体液因子同样分泌增多，参与动脉粥样硬化的发生发展。

(4)氧化应激：氧化应激是高血压和动脉粥样硬化形成的关键因素。其中，NAD（P）H 氧化酶作为活性氧的主要来源，受到机械因素（如高血压）或体液因素（特别是 Ang II）影响而激活，从而导致动脉粥样硬化。

（四）吸烟

与不吸烟者比较，吸烟者本病的发病率和病死率增高 2~6 倍，且与每天吸烟的支数成正比。被动吸烟也是危险因素。吸烟者前列环素释放减少，血小板容易在动脉壁黏附聚集，吸烟还能导致血液中 HDL-C 降低、TC 增高，容易造成动脉粥样硬化。另外，烟草中含有尼古丁可直接作用于冠状动脉和心肌，引起冠状动脉痉挛和心肌损伤。

（五）糖尿病和糖耐量异常

与非糖尿病患者相比，糖尿病患者不仅本病发病率高出数倍，且病变进展迅速。本病患者糖耐量减低者也十分常见。糖尿病患者多伴有高甘油三酯血症和/或高胆固醇血症，如再伴有高血压，则动脉粥样硬化的发病率明显增高。糖尿病易患动脉硬化的机制尚未完全阐明，但从糖尿病和动脉硬化的病因和发病机制方面探讨，可能与以下因素有关：包括遗传、代谢紊乱（高血脂、高血糖、高糖蛋白等）、内分泌失调（高或低胰岛素血症）、高血压及血管病变（内皮细胞损伤、脂肪沉积、纤维化及钙盐沉着）、血液成分异常（血小板聚集、血黏度增高、血流淤滞、血栓形成）和其他因素等。

（六）肥胖

标准体重（kg）=身高（cm）-105；体重指数（BMI）=体重（kg）/[身高（m）]^2。超过标准体重20%或BMI>28kg/m^{2}者称肥胖症。肥胖者常有胰岛素抵抗，可导致血浆葡萄糖、甘油三酯及胆固醇水平的增高，并常伴发高血压，同时存在时称为"代谢综合征"，是本病重要的危险因素。

（七）家族史

一级亲属男性<55岁，女性<65岁发生本病，考虑存在早发冠心病家族史。常染色体显性遗传所致的家族性血脂异常是这些家族成员易患本病的因素。

其他的危险因素尚有：①从事体力活动少，经常从事紧张脑力劳动者；②饮食习惯：常进食高热量及高胆固醇、高碳水化合物和高盐食物者；③A型性格者：性情急躁、好胜心和竞争性强、不善于劳逸结合。

新近发现的危险因素还包括：①血中同型半胱氨酸增高；②慢性肾脏病；③血中纤维蛋白原及一些凝血因子增高；④空气污染；⑤病毒、衣原体感染等。

【发病机制】

对本病发病机制，曾有多种学说从不同角度来阐述，包括脂质浸润学说、血栓形成学说、平滑肌细胞克隆学说等。近年多数学者支持"内皮损伤反应学说"，认为本病各种主要危险因素最终都损伤动脉内膜，而粥样硬化病变的形成是动脉对内膜损伤作出的炎症-纤维增生性反应的结果。

各种主要危险因素作用下引起内皮损伤后，LDL-C通过受损的内皮进入管壁内膜，被氧化修饰成低密度脂蛋白胆固醇（ox LDL-C），加重内皮损伤；单核细胞和淋巴细胞表面特性发生变化，黏附因子表达增加，黏附在内皮细胞上的数量增多，并从内皮细胞之间移入内膜下成为巨噬细胞，通过清道夫受体吞噬ox LDL-C后转变为泡沫细胞，形成最早的粥样硬化病变脂质条纹。巨噬细胞能氧化LDL-C形成过氧化物和超氧化离子，充满氧化修饰脂蛋白的巨噬细胞合成分泌很多生长因子和促炎介质，包括血小板源生长因子（platelet derived growth factor，PDGF）、成纤维细胞生长因子（fibroblast growth factor，FGF）、肿瘤坏死因子-a（tumor necrosis factor，TNF-a）和白介素-1（interleukin，IL-1），促进斑块的生长和炎症反应。进入内膜的T细胞识别巨噬细胞和树突状细胞提呈的抗原（如修饰的脂蛋白）同时被激活，产生具有强烈致动脉粥样硬化的细胞因子，如干扰素-γ、TNF和淋巴毒素等。在PDGF和FGF的作用下，平滑肌细胞从中膜迁移至内膜并增殖，亦可吞噬脂质成为泡沫细胞的另一重要来源。在某些情况下，平滑肌细胞在凝血酶等强力作用下发生显著增殖，并合成和分泌胶原、蛋白多糖和弹性蛋白等细胞外基质，在上述各种机制的作用下，脂质条纹演变为纤维脂肪病变及纤维斑块。

【病理解剖】

正常动脉壁由内膜、中膜和外膜3层构成，动脉粥样硬化主要累及大中型弹力型动脉内膜。主要表现为动脉内膜散在的斑块形成，随着病变进展，斑块可以融合。每个斑块的组成成分不同，但脂质是斑块的主要成分。根据其病理特点，将动脉粥样硬化斑块的发展进程分为6期：

1. **第 I 期（初始病变）** 单核细胞黏附在内皮细胞表面并迁移到动脉内膜。
2. **第 II 期（脂质条纹期）** 由泡沫细胞（富含脂质的单核细胞）在内皮细胞下聚集形成。
3. **第 III 期（粥样斑块前期）** 出现细胞外脂质池。
4. **第 IV 期（粥样斑块期）** 平滑肌细胞及细胞外脂质池融合形成脂核。
5. **第 V 期（纤维斑块期）** 在脂核表面结缔组织沉着形成斑块的纤维帽。
6. **第 VI 期（复合病变期）** 包括斑块破裂、溃疡形成、壁内血肿和血栓形成。

ER 3-5-3

动脉壁结构
示意图

【临床分型】

1979年WHO将冠心病分为以下5型：

（一）隐匿型或无症状性冠心病

患者无症状,但有心肌缺血的心电图或放射性核素心肌显像等客观证据,心肌组织无明显形态改变。

（二）心绞痛

由于暂时性心肌缺血引起的以发作性胸骨后疼痛为主要特征的临床综合征,心肌组织多无形态改变。

（三）心肌梗死

胸痛症状严重,由冠状动脉狭窄或闭塞致心肌急性缺血性坏死所致。

（四）缺血性心肌病

由长期心肌缺血或坏死导致心肌纤维化而引起。表现为心脏增大、心力衰竭和/或心律失常,与扩张型心肌病类似。

（五）猝死

多为缺血心肌发生电生理紊乱,引起严重的室性心律失常所致。

近年趋向于根据发病特点和治疗原则不同分为两大类:①慢性冠脉疾病(chronic coronary artery disease,CAD),也称慢性心肌缺血综合征,包括稳定型心绞痛、缺血性心肌病、隐匿型冠心病等。②急性冠脉综合征(acute coronary syndrome,ACS),包括不稳定型心绞痛(unstable angina,UA)、非ST段抬高型心肌梗死(non-ST-segment elevation myocardial infarction,NSTEMI)、ST段抬高型心肌梗死(ST egment elevation myocardial infarction,STEMI)及猝死。

【防治】

应积极预防动脉粥样硬化的发生;已发生动脉粥样硬化者,应积极治疗,防止病变发展并争取逆转;已发生器官功能障碍者,应及时治疗,防止恶化,延长患者的寿命。

（一）一般防治措施

1. **合理膳食**　控制总热量,维持正常体重。一般以BMI $20\sim24kg/m^2$ 为正常体重。饮食宜清淡、低盐,食盐摄入量每天控制在3~6g以下;限制脂肪,脂肪摄入应控制在总热量的25%以下,以植物脂肪为主,控制胆固醇的摄入;适量蛋白质,多吃海鱼,牛奶、酸奶、鱼类、豆制品对防治冠心病有利;供给足够的维生素、矿物质、蔬菜及水果。

2. **适当的体力活动**　一定的体力活动对预防肥胖、调节血脂代谢和锻炼循环系统的功能均有益,是预防本病的积极措施。活动量根据身体状况来决定,不宜做剧烈活动。

3. **保持健康的生活方式**　生活要有规律,保持乐观愉快的情绪,避免过度劳累和情绪激动,保证充分睡眠,不吸烟、不饮烈性酒。

4. **积极治疗相关疾病**　包括高血压、高脂血症、肥胖症、糖尿病、痛风、肝病、肾病和有关的内分泌疾病。

（二）药物治疗

1. **调脂药物**　血脂增高的患者,经过上述饮食调节和体育锻炼后仍高于正常,可根据具体情况选用下列调脂药物。

(1)**他汀类**:他汀类为三羟基三甲基戊二酸单酰辅酶A(HMG-CoA)还原酶抑制剂类,具有竞争性抑制细胞内胆固醇合成早期的限速酶活性的作用,继而上调细胞表面LDL受体,加速血浆中LDL的分解代谢,还可抑制VLDL的合成。因此,他汀类药物能显著降低TC和LDC-C,也降低TG水平和轻度升高HDL-C。此外,他汀类药物可能具有抗炎、保护血管内皮和稳定斑块的作用,所有明确诊断冠心病患者,无论血脂水平如何均应给予他汀类药物治疗。

国内已上市的他汀类药物有洛伐他汀(lovastatin)、辛伐他汀(simvastatin)、普

ER 3-5-4

他汀类药物作用机制示意图

伐他汀（pravastatin）、氟伐他汀（fluvastatin）、阿托伐他汀（atorvastatin）、瑞舒伐他汀（rosuvastatin）和匹伐他汀（pitavastatin）。他汀类药物使 LDL-C 降低 18%~55%，TG 降低 7%~30%，HDL-C 升高 5%~15%。其作用与剂量相关，但不呈直线相关。如他汀类剂量增加 1 倍，其降低 LDL-C 的幅度只增加 6%。

大多数人对他汀类药物耐受性好，副作用较轻且短暂。0.5%~3.0% 的患者出现剂量依赖性转氨酶升高，但进展为肝衰竭的情况罕见。对于转氨酶轻度升高（<3 倍正常值）者，不是使用他汀类药物的禁忌，失代偿性肝硬化及急性肝功能衰竭是他汀类药物应用禁忌证。除此之外，他汀类药物还可引起肌病，包括肌痛［肌肉疼痛或无力，不伴肌酸激酶即（CK）增加］、肌炎（肌肉症状伴 CK 增加）及横纹肌溶解（肌肉症状伴 CK 显著升高，超过正常值的 10 倍），而后者可能导致急性肾衰竭甚至死亡，是他汀类药物最危险的不良反应。使用标准剂量的他汀类药物时很少发生肌炎，当大剂量使用或与某些药物（如环孢素、贝特类、大环内酯类、烟酸等）合用时，肌炎的发生率增加。因此，在使用他汀类药物时，特别是与上述药物合用时，要注意监测转氨酶及 CK。

（2）**胆固醇吸收抑制剂**：胆固醇吸收抑制剂在肠道刷状缘水平通过与尼曼匹克 C1 相互作用从而抑制饮食和胆汁胆固醇在肠道的吸收，而不影响脂溶性营养素的吸收，包括依折麦布和海博麦布。依折麦布的推荐剂量为每天 10mg，可晨服或晚上服用，其安全性和耐受性良好。轻度肝功能不全或轻至重度肾功能不全患者均无须调整剂量，危及生命的肝功能衰竭极为罕见。不良反应轻微，且多为一过性，主要表现为头痛和消化道症状。与他汀类药物联用也可发生转氨酶增高和肌痛等不良反应，禁用于妊娠期和哺乳期。依折麦布与他汀类药物联合时，相对于安慰剂，LDL-C 可进一步降低 18%~20%。

（3）**前蛋白转化酶枯草溶菌素 9（PCSK9）抑制剂**：PCSK9 是肝脏合成的分泌型丝氨酸蛋白酶，可与低密度脂蛋白受体结合并使其降解，从而减少低密度脂蛋白受体对血清 LDL-C 的清除。通过抑制 PCSK9，可阻止低密度脂蛋白受体降解，促进 LDL-C 的清除。目前获批上市的有 2 种，分别是依洛尤单抗（evolocumab）和阿利西尤单抗（alirocumab）。依洛尤单抗 140mg 或阿利西尤单抗 75mg，每两周 1 次皮下注射，安全性和耐受性好，最常见的副作用包括注射部位发痒和流感样症状。

（4）**贝特类**：贝特类亦称为苯氧芳酸类药物。通过增加脂蛋白酯酶（LPL）的脂解活性，清除血液循环中富含 TG 的脂蛋白，降低血浆 TG 和提高 HDL 水平，促进胆固醇的逆向转运，并促使 LDL 亚型由小而密的颗粒向大而疏松的颗粒转变。主要降低 TG，也降低 TC，并使 HDL 增高。少数患者有胃肠道反应、皮肤发痒和荨麻疹以及一过性血清转氨酶增高和肾功能改变，宜定期检查肝、肾功能。长期应用可使胆石症发病率增高。绝对禁忌证为严重肝病和严重肾病。常用制剂：非诺贝特（fenofibrate）100mg，每天 3 次，其微粒型制剂 200mg，每天 1 次；吉非贝齐（gemfibrozil）600mg，每天 2 次，其缓释型 900mg，每天 1 次；苯扎贝特（bezafibrate）200mg，每天 2~3 次，其缓释型 400mg，每天 1 次；环丙贝特（ciprofibrate）50~100mg，每天 1 次等。

（5）**烟酸（nicotinic acid）类**：烟酸类药物属于 B 族维生素，当用量超过作为维生素的剂量时，可有明显的降脂作用，其具体机制不十分清楚。能降低血 TG 和 TC，并具有增高 HDL 以及扩张周围血管的作用。可引起皮肤潮红和发痒、胃部不适等副作用，故不易耐受。长期应用还要注意检查肝功能。绝对禁忌为慢性肝病和严重痛风。常用制剂：烟酸，口服，每天 3 次，每次剂量由 0.1g 逐渐增加到最大 1.0g；阿昔莫司（acipimox），口服 250mg，每天 1~3 次。

（6）**胆酸螯合树脂（bile acid sequestering resin）**：为阴离子交换树脂，服后与肠内胆酸呈不可逆结合，阻断胆酸的肠肝循环，促使胆酸从大便中排出，阻断胆汁酸中胆固醇的吸收。通过反馈机制刺激肝细胞膜表面 LDL 受体，加速血液中 LDL 的清除，从而使血液中 LDL 降低。常用制剂：考来烯胺（cholestyramine，消胆胺）4~5g，每天 3 次；考来替泊（colestipol）4~5g，每天 3~4 次等。可引起便秘等肠道反应，近年采用微粒型制剂，副作用减少，患者较易耐受。

（7）**其他调整血脂药物**：不饱和脂肪酸（unsaturated fatty acid）类，包括从植物油提取的亚油酸、亚油酸乙酯等和从鱼油中提取的多价不饱和脂肪酸。

2. 抗血小板药物　抗血小板药物能有效预防和治疗冠状动脉血栓形成。

（1）**环氧合酶（cyclooxygenase，COX）抑制剂**：通过抑制 COX 活性而阻断血栓素 A_2 的合成，达到抗血小板聚集的作用，包括不可逆 COX 抑制剂（阿司匹林）和可逆 COX 抑制剂（吲哚布芬），阿司匹林是抗血小板治疗的基石，所有患者只要无禁忌证都应该使用，最佳剂量范围为 75~150mg，每天 1 次。主要不良反应是胃肠道出血或对阿司匹林过敏。吲哚布芬胃肠反应小，出血风险小，可用于有消化道出血或消化道溃疡病史等阿司匹林不耐受患者，维持剂量为 100mg，每天 2 次。

（2）**P_2Y_{12} 受体抑制剂**：通过阻断血小板的 P_2Y_{12} 受体抑制 ADP 诱导的血小板活化。目前临床上常用的有氯吡格雷和替格瑞洛。通过与血小板膜上的 ADP 受体结合，抑制 ADP 介导的血小板糖蛋白 IIb/IIIa 受体的活化，从而抑制血小板的聚集。氯吡格雷为前体药物，需要在肝脏中通过细胞色素 P450（CYP450）酶代谢成为活性代谢物后不可逆地抑制 P_2Y_{12} 受体，从而抑制血小板的聚集。常用维持剂量为每天 75mg。替格瑞洛为非前体药，无须经肝脏代谢激活即可直接起效，能与 P_2Y_{12} 受体可逆性结合。与氯吡格雷相比，替格瑞洛不仅起效迅速，而且能更完全地抑制血小板聚集。起始剂量为单次负荷量 180mg，维持剂量 90mg，每天 2 次。

（3）**血小板糖蛋白 IIb/IIIa 受体拮抗剂（GP IIb/IIIa 受体拮抗剂）**：GP IIb/IIIa 受体是血小板聚集的最后共同通路，阻断 GP IIb/IIIa 受体能消除任何激动剂引起的血小板聚集。GP IIb/IIIa 受体拮抗剂是近几年广泛研究并应用于临床的抗血小板药物，它可使 ACS 患者的临床事件下降 30%~50%。出血风险较高，因而应谨慎使用，主要获益人群是进行冠状动脉介入治疗的高危患者。阿昔单抗是直接抑制 GP IIb/IIIa 受体的单克隆抗体，能有效地与血小板表面的 GP IIb/IIIa 受体结合，从而抑制血小板聚集。替罗非班和依替巴肽是合成药，替罗非班是目前国内 GP IIb/IIIa 受体拮抗剂的唯一选择。

3. 抗凝药物　常用的抗凝药物包括普通肝素、低分子量肝素、磺达肝癸钠、比伐芦定。

（1）**普通肝素**：肝素对富含血小板的白色血栓作用较小，并且作用可由于肝素与血浆蛋白结合而受影响。由于存在肝素诱导的血小板减少症的可能，在肝素使用过程中需监测血小板。

（2）**低分子量肝素**：与普通肝素相比，低分子量肝素在降低心脏事件发生方面有更优或相等的疗效。低分子肝素具有强烈的抗 Xa 因子及 IIa 因子活性的作用，皮下应用不需要实验室监测，故具有疗效更肯定、使用更方便的优点，并且肝素诱导血小板减少症的发生率更低。常用药物包括依诺肝素钠、达肝素钠和那曲肝素钙等。

（3）**磺达肝癸钠**：磺达肝癸钠是选择性 Xa 因子间接抑制剂，其用于冠心病的抗凝治疗不仅能有效减少心血管事件，而且大大降低出血风险。皮下注射 2.5mg，每天 1 次，采用保守策略的患者尤其在出血风险增加时作为抗凝药物的首选。对需行 PCI 的患者，术中需要追加普通肝素抗凝。

（4）**比伐芦定**：比伐芦定是直接抗凝血酶制剂，其有效成分为水蛭素衍生物片段，通过直接并特异性抑制 II 因子活性，能使活化凝血时间明显延长而发挥抗凝作用，可预防接触性血栓形成，作用可逆而短暂，出血事件的发生率降低。主要用于 PCI 术中的抗凝，与普通肝素加血小板 GP IIb/IIIa 受体拮抗剂相比，出血发生率明显降低。先静脉推注 0.75mg/kg，再静脉滴注 1.75mg/（kg·h），维持至术后 3~4 小时。

4. 其他　还包括缓解心绞痛症状的药物（如硝酸酯类）、改善心脏重构的药物（如 ACEI 或 ARB、β 受体拮抗剂等）和溶栓药物，将分别在"心绞痛"和"心肌梗死"等章节中予以详细介绍。

（三）冠心病的介入治疗和外科手术治疗

1. 经皮冠状动脉介入治疗（PCI）　PCI 是指一组经皮介入技术，包括经皮球囊冠状动脉成形术、冠状动脉内旋磨术、冠状动脉激光血管成形术、冠状动脉支架置入术等。最早应用于临床的是经皮冠状动脉腔内成形术,1987年又发展了冠状动脉支架置入术。目前PCI术成为冠心病治疗的重要手段。

2. 冠状动脉旁路移植手术(CABG) CABG是外科手术治疗。取患者自身的大隐静脉或内乳动脉等作为旁路移植材料。前者一端吻合在主动脉,另一端吻合在有病变的冠状动脉远端;后者游离其远端吻合于狭窄的冠状动脉远端。通过上述旁路,引主动脉血流以改善因冠状动脉狭窄所导致的心肌缺血。

ER 3-5-5

经皮冠状动脉
介入治疗
示意图

【预防】

预防动脉粥样硬化和冠心病,属一级预防;已有冠心病及心肌梗死病史者还应预防再次梗死及其他心血管事件,属二级预防。积极治疗冠心病并发症,延长患者寿命,提高生活质量,属三级预防。二级预防应全面综合考虑,为便于记忆可简称为A、B、C、D、E。

 A. aspirin,抗血小板   anti-angina,抗心绞痛
 B. beta blocker,β受体拮抗剂   blood pressure control,控制血压
 C. cholesterol lowing,调节血脂 cigarettes quitting,戒烟
 D. diet control,控制饮食   diabetes treatment,治疗糖尿病
 E. education,进行健康教育   exercise,鼓励适当的体育运动

第二节　稳定型心绞痛

稳定型心绞痛也称劳力性心绞痛,是在冠状动脉固定性狭窄的基础上,由于心肌负荷的增加引起心肌急剧的、暂时性缺血缺氧而引起的以胸痛为主要特征的临床综合征,是冠心病的常见临床表现。其疼痛发作的程度、频度、性质和诱发因素在数周至数月内无显著变化。

【病因和发病机制】

(一)病因

当冠脉狭窄或部分闭塞时,其血流减少,对心肌的供血量比较固定。在休息时尚能维持供需平衡可无症状,但是在劳力、情绪激动、饱食、受寒等情况下,心脏负荷突然增加,使心率增快、心肌张力和心肌收缩力增加而致心肌氧耗量增加,存在狭窄冠状动脉的供血却不能相应地增加以满足心肌对血液的需求时,即可引起心绞痛。

(二)发病机制

冠状动脉的供血与心肌的需血之间发生矛盾,冠状动脉血流量不能满足机体心肌代谢的需要,引起心肌急剧的、暂时的缺血缺氧即可发生心绞痛。

1. 心肌细胞摄取血液氧含量的65%~75%,而身体其他组织则仅摄取10%~25%。因此,心肌平时对血液中氧的吸取已接近于最大量,氧供再需增加时已难从血液中更多地摄取氧,只能依靠增加冠状动脉的血流量来提供。

2. 在正常情况下,冠脉循环有很大的储备力量,其血流量可随身体的生理情况而有显著的变化;在剧烈体力活动时,冠状动脉适当地扩张,血流量可增加到休息时的6~7倍。缺氧时,冠状动脉也扩张,能使血流量增加4~5倍。

3. 动脉粥样硬化而致冠状动脉狭窄或部分分支闭塞时,其扩张性减弱,血流量减少,且对心肌的供血量相对地比较固定。心肌的血液供应如减低到尚能应付心脏平时的需要,则休息时可无症状。

4. 心肌氧耗的多少主要由心肌张力、心肌收缩强度和心率所决定,故常用"心率×收缩压"作为估计心肌氧耗的指标。一旦心脏负荷突然增加,如劳累、激动、左心衰竭等,使心肌张力增加、心肌收缩力增加和心率增快等而致心肌氧耗量增加时,心肌对血液的需求增加,而冠脉的供血已不能相应增加,即可引起心绞痛。

【临床表现】

（一）症状

心绞痛以发作性胸痛为主要临床表现,疼痛的特点为:

1.诱因 发作常由体力劳动或情绪激动所诱发,饱食、寒冷、吸烟、心动过速、休克等亦可诱发。疼痛多发生于劳力或激动的当时,而不是在一天劳累之后。典型的心绞痛常在相似的条件下发生。

2.性质 胸痛常为压迫、发闷或紧缩性,也可有灼烧感,但不尖锐,不像针刺或刀扎样痛,偶伴濒死的恐惧感觉。发作时患者往往不自觉地停止原来的活动,直至症状缓解。

3.部位 主要在胸骨体后,可波及心前区,有手掌大小范围,甚至横贯前胸,界限不清。常放射至左肩、左臂内侧达左手的无名指和小指,或至颈部、咽部或下颌部。

4.持续时间 心绞痛一般持续数分钟至十余分钟,多为 3~5 分钟,一般不超过半小时。

5.缓解方式 一般在停止原来诱发症状的活动后即可缓解;舌下含化硝酸甘油等硝酸酯类药物也能在几分钟内缓解。

（二）体征

平时一般无异常体征。心绞痛发作时常见心率增快、血压升高、表情焦虑、皮肤冷或出汗,有时出现第四或第三心音奔马律。可有暂时性心尖部收缩期杂音,是乳头肌缺血以致功能失调引起二尖瓣关闭不全所致。

【实验室和其他检查】

（一）心电图检查

心电图检查是发现心肌缺血、诊断心绞痛最常用的检查方法。

1.静息时心电图 最常见的心电图异常是 ST-T 改变,包括 ST 段水平型或下斜型压低、T 波低平或倒置,其中 ST 段改变往往比 T 波改变更具有特异性。部分患者心电图正常,而部分正常人也可能出现 ST-T 改变,需要注意鉴别。

2.心绞痛发作时心电图 绝大多数患者可出现暂时性心肌缺血引起的 ST 段移位。因心内膜下心肌更容易缺血,故常见反映心内膜下心肌缺血的 ST 段压低（≥0.1mV）,发作缓解后恢复（图 3-5-1）。

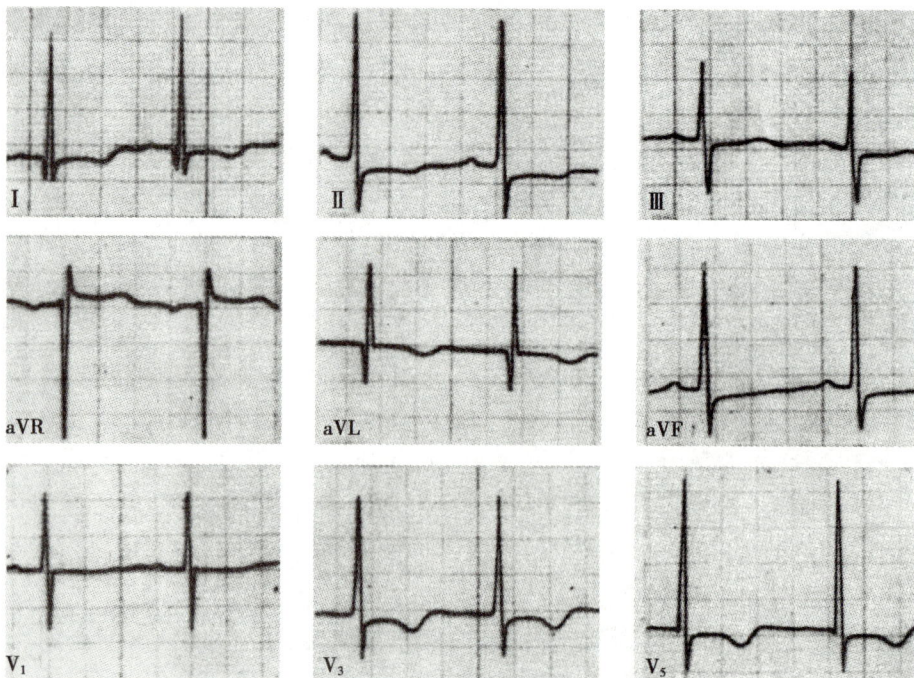

图 3-5-1　心绞痛发作时的心电图

3. 运动心电图 运动可增加心脏负荷以激发心肌缺血。运动方式主要为分级活动平板或踏车,其运动强度可逐步分期升级。目前国内常用的负荷目标为按年龄预计的最大心率或该最大心率的 85%~90%,前者称为极量运动试验,后者更常用,称为次极量运动试验(目标心率相当于 195 减去受检者年龄)。运动中应持续监测心电和血压变化。

终止指征:①出现明显症状(胸痛、乏力、气短或步态不稳),伴有有意义的 ST 段改变;②ST 段明显压低(压低>0.2mV 为相对指征,≥0.4mV 为绝对指征);③ST 段抬高≥0.1mV;④出现有意义的心律失常(如室性心动过速等),收缩压持续降低>10mmHg 或血压明显升高(收缩压≥250mmHg,或舒张压≥115mmHg);⑤已达到目标心率者。

阳性标准:①运动中出现典型心绞痛;②ST 段水平型或下斜型压低≥0.1mV,持续 2 分钟为试验阳性。

4. 动态心电图 动态心电图连续记录 24 小时以上的心电图,将其与患者的症状和活动情况进行对照分析。如出现以下情况则考虑诊断心肌缺血:①ST 段水平型或下斜型下移≥0.1mV,持续 1 分钟,发作的间隔时间≥1 分钟;②疼痛发作时心电图显示缺血性 ST-T 改变。

(二)多层螺旋 CT 冠状动脉成像(CTA)

进行冠状动脉三维重建,用于判断冠脉管腔狭窄程度和管壁钙化情况,对判断管壁内斑块分布范围和性质也有一定意义。冠状动脉 CTA 有较好的阴性预测价值,若未见狭窄病变,一般可不进行有创检查;但其对狭窄程度的判断仍有一定限度,特别当钙化存在时显著影响判断。

(三)超声心动图

多数稳定型心绞痛患者静息时超声心动图检查无异常。有陈旧性心肌梗死者或严重心肌缺血者,二维超声心动图可探测到坏死区或缺血区心室壁的运动异常。运动或药物负荷超声心动图检查可以评价负荷状态下的心肌灌注情况。超声心动图还有助于发现其他需与冠脉狭窄导致的心绞痛相鉴别的疾病,如梗阻性肥厚型心肌病、主动脉瓣狭窄等。

(四)放射性核素检查

1. 核素心肌显像及负荷试验 ^{201}Tl(铊)随冠脉血流很快被正常心肌细胞所摄取。缺血心肌常在心脏负荷后(运动或腺苷、多巴酚丁胺、双嘧达莫等药物)显示灌注缺损,休息后缺损区出现再灌注现象。

2. 放射性核素心腔造影 应用 ^{99m}Tc 进行体内红细胞标记,可得到心腔内血池显影。通过对心动周期中不同时相的显影图像分析,可测定左心室射血分数及显示心肌缺血区室壁局部运动障碍。近年来用 ^{99m}Tc-MIBI 取代 ^{201}Tl 作心肌灌注显像取得良好效果。

3. 正电子发射断层心肌显像(PET) 利用发射正电子的核素示踪剂如 ^{18}F、^{11}c、^{13}N 等进行心肌显像除可判断心肌的血流灌注情况外,尚可了解心肌的代谢情况。通过对心肌血流灌注和代谢显像匹配分析可准确评估心肌的活力。

(五)有创检查

1. 冠状动脉造影(CAG) 为有创性检查手段,目前仍然是诊断冠心病的"金标准"。冠脉造影可明确诊断和全面了解血管情况,并决定治疗策略和判断预后。冠脉造影是用特殊形状的心导管经桡动脉、股动脉或肱动脉送到主动脉根部,分别插入左、右冠状动脉口,注入少量含碘对比剂,在不同的投射方位下摄影可使左、右冠状动脉及其主要分支得到清楚的显影,可发现狭窄性病变的部位并估计其程度。一般认为管腔直径减少 70%~75% 或以上会严重影响血供。

2. 冠脉内超声显像(IVUS)、冠脉内光学相干断层显像(OCT)、冠脉血流储备分

数测定（FFR）以及最新的定量冠脉血流分数（QFR）等也可用于冠心病的诊断并有助于指导介入治疗。

ER 3-5-9
冠脉内超声
显像

【诊断和鉴别诊断】

（一）心绞痛的诊断

根据典型的症状特点和心电图表现，结合存在的冠心病危险因素，除外其他原因所致的心绞痛，一般可确定诊断。心绞痛发作时结合心电图检查可见动态 ST-T 改变。如未能描记到发作时心电图可行心电图负荷试验。冠状动脉 CTA 有助于无创性评估冠状动脉管腔狭窄程度及管壁病变性质和分布。冠状动脉造影可明确冠状动脉病变严重程度，有助于明确诊断和决定进一步治疗。

根据加拿大心血管病学会（CCS）分类分为 4 级：

1. **Ⅰ级**　一般体力活动（如行走和上楼）不引起心绞痛，但强、快或持续用力可引起心绞痛的发作。

2. **Ⅱ级**　一般体力活动稍受限制，快步行走、上楼、登高、饭后行走或上楼、寒冷或风中行走、情绪激动可发作心绞痛，在正常情况下以一般速度平地行走 200m 以上或登一层以上的楼梯受限。

3. **Ⅲ级**　日常体力活动明显受限，在正常情况下以一般速度平地步行 200m 以内或登一层楼梯时可发作心绞痛。

4. **Ⅳ级**　轻微活动或休息时即可出现心绞痛症状。

（二）鉴别诊断

1. **急性心肌梗死**　疼痛性质更剧烈，持续时间可长达数小时，常伴有心律失常、心力衰竭和/或休克，含用硝酸甘油多不能使之缓解。心电图中面向梗死部位的导联 ST 段抬高，并有异常 Q 波。实验室检查示白细胞计数、红细胞沉降率增高，心肌坏死标志物（肌红蛋白、肌钙蛋白 I 或 T、CK-MB 等）增高。

2. **其他心血管疾病**　包括严重的主动脉瓣病变、肥厚型心肌病、主动脉夹层、主动脉窦瘤破裂、X 综合征等。其中 X 综合征多见于女性，心电图负荷试验常阳性，但冠脉造影无狭窄病变且无冠脉痉挛证据，预后良好，被认为是冠脉系统微循环功能不良。

3. **颈胸疾病**　如颈椎病、胸椎病、肋软骨炎、肩周炎、肋间神经痛、骨质疏松和带状疱疹等。

4. **心脏神经症**　本病胸痛常为几秒钟或持续几小时甚至更长时间的隐痛或刺痛，部位经常变动。症状多在疲劳之后出现，而不在疲劳的当时。做轻度体力活动反觉舒适，有时可耐受较重的体力活动而不发生胸痛或胸闷。含用硝酸甘油无明显效果，常伴有心悸、疲乏及其他神经衰弱的症状。

5. **不典型疼痛**　需要和反流性食管炎、食管裂孔疝、膈疝、消化性溃疡、肠道疾病等相鉴别。

【治疗】

治疗原则是预防心肌梗死和猝死，减轻症状和缺血发作。治疗主要着重于改善冠状动脉的血供和减轻心肌的耗氧，同时治疗动脉粥样硬化。

（一）药物治疗

1. **缓解症状的药物**

（1）硝酸酯类药物：为非内皮依赖性血管扩张剂，无论内皮细胞功能和结构是否正常，均可发挥明确的血管平滑肌舒张作用。可扩张冠状动脉、降低阻力、增加冠状循环的血流量，还可通过对周围血管的扩张作用，减少静脉回流心脏的血量，降低心室容量、心腔内压、心排血量和血压，减低心脏前后负荷和心肌的需氧，从而缓解心绞痛。副作用有头晕、头胀痛、头部跳动感、面红、心悸等，偶有血压下降。注意对于由严重主动脉瓣狭窄或梗阻性肥厚型心肌病引起的心绞痛，不宜使用硝酸酯类药物，以免因前负荷的降低进一步减少心搏出量，从而导致晕厥的发生。长时间反复应用硝酸

酯类药物,可由于产生耐受性而效力减低,停用 10 小时以上,即可恢复有效。

常用制剂:①硝酸甘油 0.3~0.6mg,置于舌下含化,1~2 分钟起作用,5 分钟达最大效应,作用持续 20~30 分钟,半衰期仅为数分钟。一般连用不超过 3 次,每次间隔 5 分钟。硝酸甘油含片有效期较短,需要避光保存在密闭的棕色玻璃瓶中,每 3 个月更换一瓶。硝酸甘油油膏贴在胸前,适于预防夜间心绞痛发作。②单硝酸异山梨酯 20mg,每天 2 次。③硝酸异山梨酯(消心痛)5~10mg,舌下含化,2~5 分钟后起效,作用可维持 2~3 小时。

(2)β 受体拮抗剂:只要是无禁忌证,β 受体拮抗剂应作为患者的初始治疗药物。β 受体拮抗剂能抑制心脏 β 肾上腺素能受体,减慢心率、降低血压、减低心肌收缩力和氧耗量,能有效缓解心绞痛的发作,增加运动耐力。推荐使用无内在拟交感活性的选择性 $β_1$ 受体拮抗剂。β 受体拮抗剂使用应个体化,从较小剂量开始,逐级增加剂量以缓解症状,心率不低于 50 次/min 为宜。常用制剂有:①美托洛尔 25~50mg,每天 2 次,缓释片 47.5~190mg,每天 1 次;②比索洛尔 2.5~5mg,每天 1 次。

(3)钙通道阻滞剂:本类药物抑制钙离子进入细胞内,抑制心肌细胞兴奋-收缩偶联中钙离子的利用,从而抑制心肌收缩,减少心肌氧耗;扩张冠状动脉,解除冠状动脉痉挛,改善心内膜下心肌的供血;扩张周围血管,降低动脉压,减轻心脏负荷;还降低血黏度,抗血小板聚集,改善心肌的微循环。钙通道阻滞剂分为二氢吡啶类药物和非二氢吡啶类药物。

非二氢吡啶类药物常用制剂:①维拉帕米 40~80mg,每天 3 次或缓释剂每天 240mg;②地尔硫草(硫氮草酮)30~60mg,每天 3 次,其缓释制剂 90mg,每天 1 次。二氢吡啶类药物常用制剂:①硝苯地平控释片 30mg,每天 1 次;②氨氯地平 5~10mg,每天 1 次,同时患有高血压更适合使用。

2. 改善预后的药物

(1)抗血小板药物

1)环氧化酶(cycloxygenase,COX)抑制剂:无 ACS 及 PCI 病史者,推荐阿司匹林长期口服(75~100mg、1 次/d)。如不能耐受阿司匹林,可换用吲哚布芬或 P_2Y_{12} 受体抑制剂(如氯吡格雷或替格瑞洛),稳定型心绞痛患者常选用氯吡格雷(详见本章第一节"概述")。

2)P_2Y_{12} 受体抑制剂:接受 PCI 治疗患者建议双联抗血小板药物治疗(DAPT,即阿司匹林基础上合用 P_2Y_{12} 受体抑制剂)(详见本章第一节"概述")。

(2)降低 LDL-C 的药物

1)他汀类药物:为首选调脂药物。他汀类药物能有效降低 TC 和 LDL-C,延缓斑块进展和稳定斑块。所有明确诊断冠心病患者,无论其血脂水平如何,均应给予他汀类药物,并将 LDL-C 降至 1.4mmol/L(55mg/dl)以下水平。

2)常用制剂:①阿托伐他汀 10~80mg,每晚 1 次;②瑞舒伐他汀 5~20mg,每晚 1 次;③氟伐他汀 20~40mg,每晚 1 次;④辛伐他汀 20~40mg,每晚 1 次;⑤普伐他汀 10~20mg,每晚 1 次。

他汀类药物的总体安全性很高,但在应用时仍应注意监测转氨酶及肌酸激酶等生化指标,及时发现药物可能引起的肝脏损害和肌病,尤其是在采用大剂量他汀类药物进行强化调脂治疗时,更应注意监测药物的安全性。

3)其他降低 LDL-C 的药物:包括胆固醇吸收抑制剂依折麦布和前蛋白转化酶枯草溶菌素(PCSK9)抑制剂(详见本章第一节"概述")。

(3)血管紧张素转换酶抑制剂(ACEI)或血管紧张素 II 受体拮抗剂(ARB):可以使冠心病患者的心血管死亡、非致死性心肌梗死等主要终点事件的相对危险性显著降低。稳定型心绞痛患者合并高血压、糖尿病、心力衰竭或左心室收缩功能不全的高危患者建议使用 ACEI,不能耐受 ACEI 类药物者可使用 ARB 类药物。

常用制剂:①卡托普利,12.5~50mg,每天 3 次;②依那普利,5~10mg,每天 2 次;③培哚普利,4~8mg,每天 1 次;④贝那普利,10~20mg,每天 1 次;⑤福辛普利,10~20mg,每天 1 次。

(4)β 受体拮抗剂:患者长期接受 β 受体拮抗剂治疗,可减少恶性心律失常的发生,降低病死率。

(二)血运重建治疗

对于稳定型心绞痛患者的血运重建,主要包括经皮冠状动脉介入术(percutaneous coronary intervention,PCI)和冠状动脉旁路移植手术(coronary artery bypass graft,CABG)两种。

1. PCI   PCI 由于创伤小、恢复快、安全性高,易被医生和患者接受,近 30 年来日益普遍应用于临床。PCI 的方法包括单纯球囊扩张、冠状动脉支架置入术、冠状动脉斑块旋磨术等。随着经验和器械的发展,特别是药物洗脱支架(drug eluting stent,DES)的出现,减少了支架内再狭窄风险和支架内血栓的事件发生,PCI 术目前已成为冠心病治疗的重要手段。在没有临床缺血证据的情况下,可应用 FFR 功能学指标指导治疗。

2. CABG   CABG 术后心绞痛症状改善者可达 80%~90%,且 65%~85% 的患者生活质量有所提高。这种手术创伤较大,有一定的风险,虽然随着手术技能及器械等方面的改进,手术成功率已大大提高。围术期病死率为 1%~4%,与患者术前冠状动脉病变严重程度、心功能状态及有无其他并发症有关。此外,术后移植的血管还可能闭塞。因此应个体化权衡利弊,严格掌握手术适应证。

(三)危险因素的处理

1. 吸烟   动员并协助患者戒烟并避免被动吸烟,可使用尼古丁替代治疗等药物和非药物措施。

2. 运动   运动能减轻患者的症状、改善运动耐量、减轻缺血表现。建议稳定型心绞痛患者每天运动 30 分钟,每周不少于 5 天。

3. 血压   将血压控制在 130/80mmHg 以下,药物优先选择 β 受体拮抗剂和 ACEI/ARB 类。

4. 糖尿病   改善生活方式及使用降糖治疗,将糖化血红蛋白控制在 ≤7%。

5. 肥胖   减轻体重,将 BMI 控制在 18.9~23.9kg/m^2,有利于其他危险因素的控制,是冠心病二级预防中的重要内容。

【预后】

稳定型心绞痛患者大多数能生存很多年,但有发生急性心肌梗死或猝死的危险。决定预后的主要因素为冠状动脉病变范围和心功能。左冠状动脉主干病变者最为严重,其后依次为三支、二支与单支血管病变。

第三节   不稳定型心绞痛和非 ST 段抬高型心肌梗死

不稳定型心绞痛(unstable angina,UA)和非 ST 段抬高型心肌梗死(non-ST segment elevation myocardial infarction,NSTEMI)是动脉粥样斑块破裂,伴不同程度的血栓形成及远端血管狭窄所导致的一组临床综合征。合称为非 ST 段抬高型急性冠脉综合征(non-ST-segment elevation acute coronary syndrome,NSTEACS)。两者的病因、病理生理基础和临床表现相似,主要不同的是缺血是否严重到引起心肌坏死的程度。

【病因和发病机制】

目前认为,NSTEACS 病理机制为不稳定粥样硬化斑块破裂或糜烂基础上血小板聚集、并发血栓形成、冠状动脉痉挛收缩、微血管栓塞导致急性或亚急性心肌供氧的减少和缺血加重。虽然也可由劳力负荷诱发,但劳力负荷终止后症状不缓解。其中 NSTEMI 会出现心肌细胞坏死。

【临床表现】

(一)症状

1. UA   胸部不适的性质与典型的稳定型心绞痛相似,通常程度更重,持续时间更长,可达数十分钟,胸痛在休息时也可发生。以下临床表现有助于诊断 UA:诱发心绞痛的体力活动阈值突然或持久降低;心绞痛发生频率、严重程度和持续时间增加;出现静息或夜间心绞痛;胸痛放射至新的部位,发作时伴有新的相关症状,如出汗、恶心、呕吐、心悸或呼吸困难。常规休息或舌下含化硝酸甘油只能暂时甚至不能完全缓解症状。但症状不典型者也不少见,尤其是老年女性和糖尿病患者。

2. NSTEMI 临床表现与 UA 相似,但比 UA 更严重,持续时间更长,两者的区别在于心肌坏死标志物是否增加。UA 可发展为 NSTEMI 或 ST 段抬高型心肌梗死。

(二)体征

大部分 UA/NSTEMI 可无明显体征。高危患者可引起心功能不全,出现肺部啰音或原有啰音增加,出现第三心音、心动过速或心动过缓以及二尖瓣区新出现的二尖瓣关闭不全所致的收缩期杂音。

(三)UA/NSTEMI 危险程度分级

UA/NSTEMI 患者临床表现严重程度不一,主要是由于基础的冠状动脉粥样病变的严重程度和病变累及范围不同,同时形成急性血栓(进展至 STEMI)的危险性不同。为选择个体化的治疗方案,必须尽早进行危险分层。 GRACE 风险模型纳入了年龄、充血性心力衰竭史、心肌梗死史、静息时心率、收缩压、血清肌酐、心电图 ST 段偏离、心肌损伤标志物升高以及是否行血运重建等参数,可用于 UA/NSTEMI 的风险评估。

【实验室和辅助检查】

(一)心电图

心电图不仅可帮助诊断,而且根据异常部位、范围和严重程度可提示预后。发作时心电图尤其有意义,与非发作时心电图比较,可提供诊断价值。大多数患者胸痛发作时 ST 段(抬高或压低)和 T 波(低平或倒置)改变。

(二)连续心电监护

心肌缺血并不一定表现为胸痛,出现胸痛症状前就可发生心肌缺血。连续的心电监测可发现无症状或心绞痛发作时的 ST 段改变。

(三)冠状动脉造影和其他侵入性检查

冠状动脉造影能提供详细的冠状动脉相关信息,可明确诊断指导治疗并评价预后。在长期稳定型心绞痛基础上出现的 UA 患者常有多支冠状动脉病变,而新发的静息心绞痛患者可能只有单支冠状动脉病变。在冠状动脉造影正常或无阻塞性病变的 UA 患者中,胸痛原因可能由冠脉痉挛、冠脉内血栓自发性溶解、微循环灌注障碍所致。

冠脉内超声显像和光学相干断层显像可以准确提供斑块分布、性质、大小和有无斑块破溃及血栓形成等更准确的腔内影像信息。

(四)心肌损伤标志物

肌钙蛋白(cTn)T 及 I 较传统的 CK 和 CK-MB 更为敏感、更可靠,根据最新的欧洲和美国心肌梗死新定义,cTn 的峰值超过正常对照值的 99 个百分位需考虑 NSTEMI 的诊断。临床上 UA 的诊断主要依靠临床表现以及发作时心电图 ST-T 的动态改变,如 cTn 阳性意味该患者已发生心肌损伤,相比 cTn 阴性的患者其预后较差。

【诊断与鉴别诊断】

根据典型的心绞痛症状、典型的缺血性心电图改变(新发或一过性 ST 段压低≥0.1mV,或 T 波倒置≥0.2mV)以及心肌损伤标志物(cTnT、cTnI 或 CK-MB)测定,可以作出 UA/NSTEMI 诊断。心肌损伤标志物一般推荐肌钙蛋白,如血清肌钙蛋白增高和/或回落,且至少 1 次高于正常值上限,诊断为 NSTEMI,否则诊断 UA。诊断不明确的不典型患者而病情稳定者,可以在出院前做负荷心电图或负荷超声心动图、核素心肌灌注显像、冠状动脉造影等检查。冠状动脉造影是诊断冠心病的重要方法,可以直接显示冠状动脉狭窄程度,对决定治疗策略有重要意义。尽管 UA/NSTEMI 的发病机制类似急性 STEMI,但两者的治疗原则有所不同,因此需要鉴别诊断,见本节"STEMI"部分。与其他疾病的鉴别诊断参见稳定型心绞痛。

【治疗】

(一) 一般处理

患者应立即卧床休息,消除紧张情绪或顾虑,保持环境安静。连续心电监测和血氧饱和度监测,有呼吸困难和发绀者应予以吸氧,监测血氧饱和度(SaO_2),维持SaO_2>90%。同时积极处理可能引起心肌耗氧量增加的疾病,比如感染、发热、贫血、低血压、心力衰竭、低氧血症、心律失常。

(二) 药物治疗

1. 抗心肌缺血治疗

(1) **硝酸酯类药物**:含化硝酸甘油,每3~5分钟1次,可用3次。无效者静脉使用硝酸甘油,从10μg/min开始,每3~5分钟增加10μg/min,直至症状缓解或出现明显副作用。

(2) **β受体拮抗剂**:主要作用于心肌的β_1受体而降低心肌耗氧量,减少心肌缺血反复发作,减少心肌梗死的发生,对改善近、远期预后均有重要作用。应尽早用于所有无禁忌证的UA/NSTEMI患者。建议选择具有心脏β_1受体选择性的药物如美托洛尔和比索洛尔。

(3) **钙通道阻滞剂**:可有效减轻心绞痛症状,可作为治疗持续性心肌缺血的次选药物。足量β受体拮抗剂与硝酸酯类药物治疗后仍不能控制缺血症状的患者可口服长效钙通道阻滞剂。对于血管痉挛性心绞痛的患者,可作为首选药物。

2. 抗血小板治疗

(1) **COX抑制剂**:阿司匹林是抗血小板治疗的基石,如无禁忌证,无论采用何种治疗策略,所有患者均应口服阿司匹林,负荷量150~300mg(未服用过阿司匹林的患者),维持剂量为每天75~100mg,长期服用。对于阿司匹林不耐受的患者,可考虑使用吲哚布芬替代(详见本章第一节"概述")。

(2) **P_2Y_{12}受体拮抗剂**:除非有极高出血风险等禁忌证,UA/NSTEMI患者均建议在阿司匹林基础上,联合应用一种P_2Y_{12}受体拮抗剂,并维持至少12个月。氯吡格雷负荷量为300~600mg,维持剂量每天75mg。用于置入支架术后和阿司匹林联用,也可用于阿司匹林不耐受患者。替格瑞洛和阿司匹林联用于所有UA/NSTEMI的治疗(详见本章第一节"概述")。

(3) **血小板糖蛋白Ⅱb/Ⅲa(GPⅡb/Ⅲa)受体拮抗剂(GPI)**:目前各指南均推荐GPI可应用于接受PCI的UA/NSTEMI患者和选用保守治疗策略的中高危UA/NSTEMI患者,不建议常规术前使用GPI。

3. 抗凝治疗 除非有禁忌,所有患者均应在抗血小板治疗基础上常规接受抗凝治疗,根据治疗策略以及缺血、出血事件风险选择不同药物。常用的抗凝药包括普通肝素、低分子量肝素、磺达肝素和比伐芦定。

(1) **普通肝素**:目前临床实践中,普通肝素用于PCI术治疗期间抗血小板聚集基础上的抗凝治疗。PCI期间根据体重调整剂量,使用期间需要监测活化凝血时间(ACT)(详见本章第一节"概述")。

(2) **低分子量肝素**:临床实践中注意普通肝素与低分子量肝素不能交叉使用(详见本章第一节"概述")。

(3) **磺达肝素**:详见本章第一节"概述"。

(4) **比伐芦定**:详见本章第一节"概述"。

4. 调脂治疗 他汀类药物在急性期应用可促使内皮细胞释放一氧化氮,有类硝酸酯的作用,远期有抗炎症和稳定斑块的作用,能降低冠状动脉疾病的死亡和心肌梗死发生率。无论基线血脂水平,UA/NSTEMI患者均应尽早(24小时内)开始使用他汀类药物,控制LDL-C<1.4mmol/L(55mg/dl)。使用期间注意肝酶和肌酶(CK、CK-MM)升高等副作用。使用他汀类药物后LDL-C未能达标可以

加用依折麦布或 PCSK-9 抑制剂。

5. ACEI 或 ARB 长期应用 ACEI 能降低全因死亡、心血管死亡、心血管发病率,如果不存在低血压(收缩压<100mmHg 或较基线下降 30mmHg 以上)或其他已知的禁忌证(如肾衰竭、双侧肾动脉狭窄和已知的过敏),应该在 24 小时内给予口服 ACEI,不能耐受 ACEI 者可用 ARB 替代。

(三)冠状动脉血运重建

1. PCI 术 对于出现以下任意一条极高危标准的患者推荐紧急侵入治疗策略(<2 小时),包括血流动力学不稳定或心源性休克、药物治疗无效的反复发作或持续性胸痛、致命性心律失常或心搏骤停、心肌梗死合并机械并发症、急性心力衰竭以及反复的 ST-T 波动态改变尤其是伴随间歇性 ST 段抬高等;对于出现以下任意一条高危标准的患者推荐早期侵入治疗策略(<24 小时),包括心肌梗死相关的肌钙蛋白上升或下降、ST 段或 T 波的动态改变(有或无症状)以及 GRACE 评分>140 分;对于出现以下任意一条中危标准的患者推荐侵入治疗策略(<72 小时),包括糖尿病、肾功能不全 $[eGFR<60ml/(min\cdot1.73m^2)]$、LVEF<40% 或充血性心力衰竭、早期心肌梗死后心绞痛、PCI 史、CABG 史、GRACE 评分>109 但是<140 等;对于无上述危险标准和症状无反复发作的患者,建议在决定有创评估之前先行无创检查寻找缺血证据。

2. CABG 选择何种方法主要根据临床因素、术者的经验和基础冠心病的严重程度来决定。CABG 最大的受益者是病变严重者、多支血管病变和左心室功能不全的患者。

【预后】

UA/NSTEMI 的急性期通常为 2 个月,在此期间演变为急性心肌梗死、再次心肌梗死或死亡的危险性最高。在此之后,多数患者演变为稳定型心绞痛,可按稳定型心绞痛进行危险分层和治疗。

第四节 急性 ST 段抬高型心肌梗死

ST 段抬高型心肌梗死(ST segment elevation myocardial infarction,STEMI)是指急性心肌缺血性坏死,通常多为在冠状动脉不稳定斑块破裂、糜烂、侵蚀及内皮损伤基础上继发血栓形成而导致冠状动脉急性、持续、完全闭塞,血供急剧减少或中断,从而使心肌细胞缺血、损伤及坏死的临床综合征。

STEMI 是冠心病严重类型,为致死致残主要原因。发达国家经过数十年规范化的心血管疾病预防,STEMI 的发生率已明显下降,而我国则呈现快速增长态势。

【病因和发病机制】

STEMI 是由于不稳定的粥样斑块溃破,继而出血和管腔内血栓形成,而使管腔闭塞。

促使斑块破裂出血及血栓形成的诱因有:

1. 晨起 6 时至 12 时交感神经活动增加,机体应激反应性增强,心肌收缩力、心率、血压增高,冠状动脉张力增高。

2. 在饱餐特别是进食大量脂肪后,血脂增高,血黏稠度增高。

3. 重体力活动、情绪过分激动、血压剧升或用力排便时,致左心室负荷明显加重。

4. 休克、脱水、出血、外科手术或严重心律失常,致心排血量骤降,冠状动脉灌注量锐减。

【病理和病理生理】

(一)冠状动脉闭塞与梗死部位

心肌梗死的大小、范围和严重程度,主要取决于冠状动脉闭塞的部位、程度、速度和侧支循环建立的状况。

1. 左前降支闭塞,引起左心室前壁、心尖部、下侧壁、前间隔和二尖瓣前乳头肌梗死。

2. 右冠状动脉闭塞,引起左心室膈面(右冠状动脉占优势时)、后间隔和右心室梗死,并可累及窦房结和房室结。

3.左冠状动脉回旋支闭塞,引起左心室高侧壁、膈面(左冠状动脉占优势时)和左心房梗死,可能累及房室结。

4.左冠状动脉主干闭塞引起左心室广泛梗死。

(二)心肌病变

急性期时,心肌呈大片灶凝固性坏死,心肌间质充血水肿,伴炎症细胞浸润。1~2周坏死的心肌组织逐渐溶解吸收,并逐渐被肉芽组织替代,在6~8周形成瘢痕,称为陈旧性心肌梗死。

【临床表现】

(一)先兆

多数患者在发病前数日有乏力、胸部不适、心悸、烦躁、心绞痛等前驱症状,其中以新发心绞痛或原有心绞痛加重最为突出。心绞痛较以往频繁、程度剧烈、持续较久、硝酸甘油效果差、诱发因素不明确。如果及时住院处理,可使部分患者避免发生心肌梗死。

(二)症状

1.**疼痛** 是最先出现的症状,程度较重,持续时间较长,可长达数小时甚至更长,休息和含化硝酸甘油片多不能缓解。患者常烦躁不安、出汗、恐惧,或有濒死感。少数患者无疼痛,表现为休克或急性左心衰竭。部分患者会出现上腹部疼痛、咽痛、背痛,会造成误诊,需要进行鉴别诊断。

2.**心律失常** STEMI发病早期心律失常较为常见,且与预后密切相关,院前发生的室性心动过速(VT)及心室颤动(VF)是心脏性猝死的主要原因。早期再灌注治疗可减少室性心律失常和心血管死亡风险。室性心律失常是STEMI最为常见的心律失常,6%~8%的VT及VF可导致血流动力学障碍。VF是急性心肌梗死早期,特别是入院前主要的死因。心房颤动是STEMI患者最常见的室上性心律失常,发生率为6%~21%,可诱发或加重心力衰竭,但不需要预防性使用抗心律失常药物。房室传导阻滞和束支传导阻滞也较多见。前壁心肌梗死如发生房室传导阻滞表明梗死范围广泛,情况严重。STEMI急性期预防性使用抗心律失常药物对患者有害。

3.**低血压和休克** 如疼痛缓解而收缩压仍低于80mmHg,有烦躁不安、面色苍白、皮肤湿冷、脉细而快、大汗淋漓、尿量减少(<20ml/h)、神志迟钝甚至晕厥者,则为休克表现。休克多在起病后数小时至1周内发生,见于约20%的患者,主要是心源性,为心肌广泛(40%以上)坏死,心排血量急剧下降所致。需除外其他原因导致的低血压,如心功能不全、右心室梗死、低血容量、心律失常、心脏压塞、机械并发症、瓣膜功能失调或药物因素等。

4.**心力衰竭** 主要是急性左心衰竭,心力衰竭可发生在STEMI的急性期或亚急性期,为心肌顿抑或心功能永久受损。是STEMI最为常见的并发症,也是最重要的预后不良指标之一。患者出现呼吸困难、咳嗽、发绀、烦躁等症状。严重者可发生肺水肿,随后可发生颈静脉怒张、肝大、水肿等右心衰竭表现。右心室梗死者可一开始即出现右心衰竭表现,伴血压下降。应结合患者的症状、体征以及辅助检查结果尽早诊断,并采用Killip心功能分级进行描述。

根据有无心力衰竭表现及其相应的血流动力学改变严重程度,急性心肌梗死引起的心力衰竭按Killip分级法可分为:

Ⅰ级:尚无明显心力衰竭。

Ⅱ级:有左心衰竭,肺部啰音<50%肺野。

Ⅲ级:有急性肺水肿,肺部啰音>50%肺野。

Ⅳ级:有心源性休克等不同程度或阶段的血流动力学变化。

5.**全身症状** 有发热、心动过速、白细胞计数增高和红细胞沉降率增快等,由坏死物质吸收所引起。一般在疼痛发生后24~48小时出现,程度与梗死范围常呈正相关,体温一般在38℃左右,很少超过39℃,持续约1周。

6. 胃肠道症状 疼痛剧烈时常伴有频繁的恶心、呕吐和上腹胀痛,与迷走神经受坏死心肌刺激和心排血量降低,组织灌注不足等有关。肠胀气亦不少见,重症者可发生呃逆。

(三) 体征

1. 心脏体征 心脏浊音界可正常也可轻度至中度增大;心率多增快,少数也可减慢;心尖区第一心音减弱;可出现第四心音(心房性)奔马律,少数有第三心音(心室性)奔马律;10%~20% 患者在起病第 2~3 天出现心包摩擦音,为反应性纤维性心包炎所致;心尖区可出现粗糙的收缩期杂音或伴收缩中晚期喀喇音,为二尖瓣乳头肌功能失调或断裂所致;可有各种心律失常。

2. 血压 除去极早期血压可增高外,几乎所有患者都会血压降低。起病前有高血压者,血压可降至正常;起病前无高血压者,血压可降至正常以下,且可能不再恢复到起病前的水平。

3. 其他 可有与心律失常、休克或心力衰竭相关体征。

【实验室和其他检查】

(一) 心电图

对疑似 STEMI 胸痛患者,应在首次医疗接触后 10 分钟内记录 12 导联心电图,推荐记录 18 导联心电图,尤其是下壁心肌梗死需加做 V_{3R}~V_{5R} 和 V_7~V_9 导联。对有持续性胸痛症状但首份心电图不能明确诊断的患者,需在 15~30 分钟内复查心电图,对症状发生变化的患者随时复查心电图,与既往心电图进行比较有助于诊断。

1. 特征性改变 STEMI 的心电图特征是:

(1)**缺血型改变**:在面向心肌缺血区的导联上出现 T 波倒置。

(2)**损伤型改变**:在面向心肌损伤区的导联上出现 ST 段呈弓背向上型抬高。

(3)**坏死型改变**:在面向透壁心肌坏死区的导联上出现宽而深的 Q 波(病理性 Q 波)。

在背向梗死区的导联出现相反的变化,即 R 波增高、ST 段压低和 T 波直立增高。

2. STEMI 的 ECG 动态性演变(图 3-5-2)

(1)**超急性期**:数小时内,面向梗死区的导联出现异常高大而不对称的 T 波。

(2)**急性期**:面向梗死区的导联出现病理性 Q 波、ST 段明显抬高,后者弓背向上,与直立的 T 波连接,形成单相曲线,同时伴 R 波减低或消失。

(3)**亚急性期**:在发病后数日到 2 周左右,面向梗死区的导联,ST 段逐渐恢复到基线水平,T 波变为平坦或显著倒置。

(4)**慢性期**:数周至数月后,T 波呈 V 形倒置,两支对称,波谷尖锐,为慢性期改变。异常 Q 波和倒置 T 波可逐渐恢复,也可能永久存在。

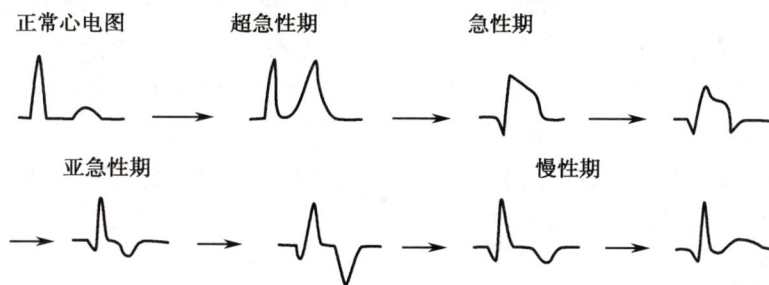

图 3-5-2 急性心肌梗死心电图演变示意图

某些情况下心电图诊断可能有困难,需结合临床情况仔细判断。包括:①左束支传导阻滞(left bundle branch block,LBBB):存在 LBBB 的情况下,心电图诊断心肌梗死是困难的。②右束支传导阻滞(right bundle branch block,RBBB):可能影响早期缺血、损伤性 ST-T 改变。③心室起搏:起搏信号和其引起的心肌去极化、复极化异常也可干扰 STEMI 的心电图诊断,建议与既往心电图进行比较。④轻微 ST 段抬高型心肌梗死:ST 段抬高幅度<0.1mV,常伴对应导联镜像性轻度 ST 段压低。⑤正常心电图:一些急性冠状动脉闭塞的患者无 ST 段抬高的初始心电图表现,这可能与出现症状后心电图检查时间有关,应注意发现心电图超急性期 T 波改变。一些静脉桥和部分左主干的急性闭塞,心电图也可能无 ST 段抬高。有典型缺血性胸痛或等同症状患者,心电图出现以上表现应高度疑诊 STEMI。左主干病变的心电图改变、Wellens 综合征和 de Winter 综合征应视为 STEMI 等同心电图改变。

3. 定位诊断 ST 段抬高型心肌梗死的定位和定范围可根据出现特征性改变的导联数来判断(表 3-5-1)。右室心肌梗死特征性改变出现在 $V_{3R} \sim V_{5R}$,该表中未显示。图 3-5-3 所示为急性下壁心肌梗死的心电图表现。

表 3-5-1　心肌梗死的定位诊断

	前壁	前侧壁	前间壁	广泛前壁	高侧壁	下壁	正后壁	后侧壁	后下壁
V_1			+	+					
V_2			+	+					
V_3	+		+	+					
V_4	+			+					
V_5	+	+		+					
V_6		+							
V_7		+					+	+	+
V_8							+	+	+
V_9							+	+	+
aVL		+			+			+	
aVR									
aVF						+			+
I		+			+			+	
II						+			+
III						+			+

(二)放射性核素检查

利用坏死心肌细胞中的钙离子能结合放射性锝焦磷酸盐或坏死心肌细胞的肌凝蛋白可与其特异抗体结合的特点,静脉注射 ^{99m}Tc 焦磷酸盐或 ^{111}In-抗肌凝蛋白单克隆抗体进行"热区"扫描或照相;利用坏死心肌血供断绝和瘢痕组织中无血管以致 ^{201}Tl 或 ^{99m}Tc-MIBI 不能进入细胞的特点,静脉注射这种放射性核素进行"冷区"扫描或照相。上述方法均可显示心肌梗死的部位和范围,前者主要用于急性期,后者主要用于慢性期。用 ^{99m}Tc 标记红细胞行心脏血池显像,有助于判断心室功能、诊断梗死后的室壁节段性搏动异常和室壁瘤。

(三)超声心动图

有助于了解心室壁的运动和左心室功能,并能较准确地诊断室壁瘤和乳头肌功能失调等。

(四)实验室检查

1. 心肌坏死标志物 心肌坏死标志物增高水平与心肌坏死范围及预后明显相关。目前检测肌钙蛋白及肌酸激酶同工酶来确诊心肌坏死,而天冬氨酸氨基转移酶(AST)和乳酸脱氢酶(LDH)这两种指标在临床上已较少使用。

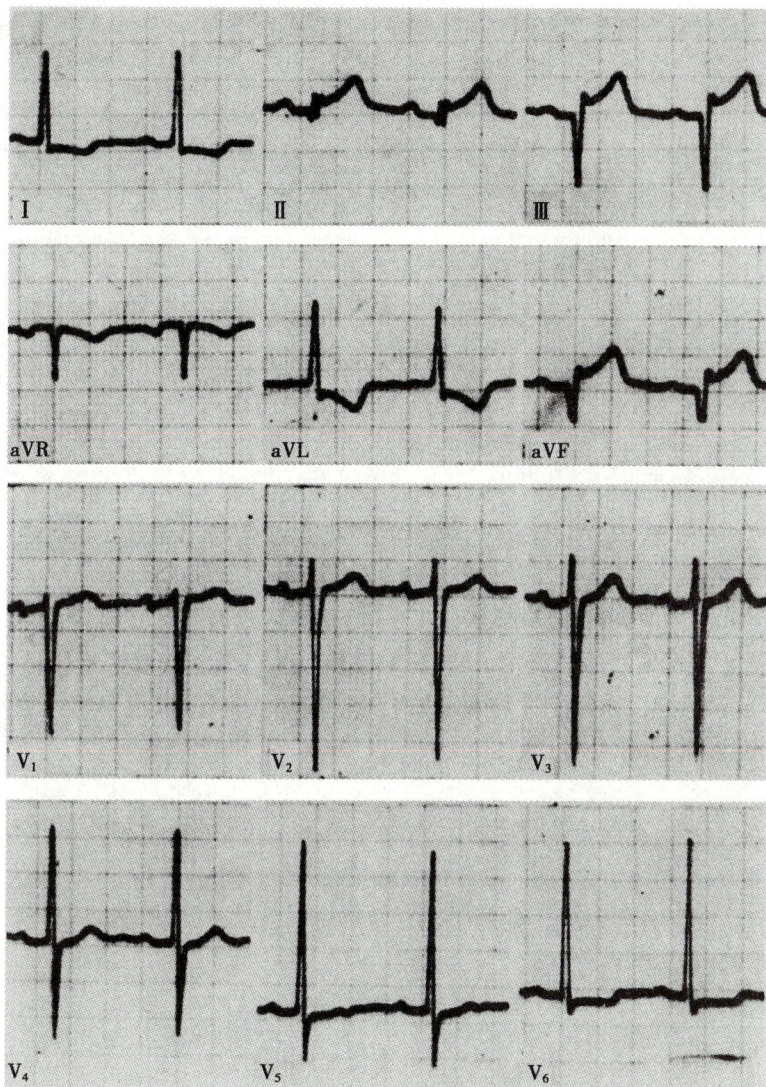

图 3-5-3　急性下壁心肌梗死时的心电图

（1）**肌红蛋白**：肌红蛋白 2 小时内升高，12 小时内达高峰，24~48 小时内恢复正常。

（2）**肌钙蛋白 I（cTnI）或肌钙蛋白 T（cTnT）**：3~4 小时后升高，cTnI 于 11~24 小时达高峰，7~10 天降至正常；cTnT 于 24~48 小时达高峰，10~14 天降至正常。是目前诊断心肌损伤和坏死特异性最强和敏感性最高的标志物。

（3）**肌酸激酶同工酶（CK-MB）**：起病 4 小时内增高，16~24 小时达高峰，3~4 天恢复正常。其增高的程度能较准确地反映梗死的范围，其高峰出现时间是否提前有助于判断溶栓治疗是否成功。

2. 其他　24~48 小时后白细胞可增至（10~20）×10^9/L，中性粒细胞增多，嗜酸性粒细胞减少或消失；红细胞沉降率增快；C 反应蛋白（CRP）增高，可持续 1~3 周；数小时至 2 天内血中游离脂肪酸增高。

【诊断和鉴别诊断】

（一）诊断

根据典型的临床表现、特征性的心电图动态变化以及实验室检查发现，诊断本病并不困难。凡是老年人突然发生低血压、休克、严重心律失常、心力衰竭、晕厥、胸痛、腹痛或呕吐等表现而原因未明者，应考虑到本病的可能。先按本病来处理，并短期内监测心电图、肌钙蛋白及 CK-MB 的动态变化，以尽快明确诊断。鉴别 STEMI 和 NSTEMI 非常重要，前者主张尽早通过药物溶栓或紧急血运重建术,达到快速、完全和持久开通闭塞血管的目的,而后者依据危险分层采取治疗策略。

(二)鉴别诊断

1. 心绞痛　尤其是 UA,两者疼痛性质相似,但心绞痛持续时间一般不超过 15 分钟,心电图有 ST 段暂时性改变或没有变化,缺乏心肌梗死特征性的动态演变,不伴心肌坏死标志物的升高,很少发生心律失常、休克或心力衰竭等情况,含服硝酸甘油可缓解。

2. 急性心包炎　尤其是急性非特异性心包炎,可有较剧烈而持久的心前区疼痛,但心包炎的疼痛在呼吸和咳嗽时加重,早期即有心包摩擦音。全身症状一般不如心肌梗死严重。心电图除 aVR 外,其余导联均有 ST 段弓背向下的抬高,无异常 Q 波出现。

3. 急性肺动脉栓塞　可发生胸痛、咯血、呼吸困难和休克,但有右心负荷急剧增加的表现,如发绀、肺动脉瓣区第二心音亢进、颈静脉充盈、肝大、下肢水肿等。螺旋 CT 能对心脏大血管进行三维重建,对肺动脉较大分支栓塞的诊断价值大。肺动脉栓塞时 D-二聚体明显增高,如该指标正常,可排除肺动脉栓塞。

4. 主动脉夹层　表现为剧烈胸痛,但疼痛一开始即达到高峰,常放射到背、肋、腰、腹和下肢等处,双上肢血压和脉搏可有明显差别。无血清心肌坏死标志物升高等可进行鉴别。螺旋 CT 或 MRI 主动脉显像可探测到主动脉夹层内的液体,并可显示破口部位,能明确诊断。

5. 急腹症　急性胰腺炎、消化性溃疡穿孔、急性胆囊炎、胆石症等,均有上腹部疼痛,可能伴休克。详细的病史询问、体格检查、心电图检查、心肌坏死标志物测定及腹部超声等可协助鉴别诊断。

【风险评估】

危险分层是一个连续的过程。有以下临床情况应判断为高危 STEMI:

(1)**高龄**:尤其是老年女性。

(2)**有严重的基础疾病**:如糖尿病、心功能不全、肾功能不全、脑血管病、既往心肌梗死或心房颤动等。

(3)**重要脏器出血病史**:脑出血或消化道出血等。

(4)**大面积心肌梗死**:广泛前壁心肌梗死、下壁合并右心室和/或正后壁心肌梗死、反复再发心肌梗死。

(5)**合并严重并发症**:恶性心律失常(VT 或 VF)、急性心力衰竭、心源性休克和机械并发症等;院外心搏骤停。

建议进行缺血风险和出血风险评估。

【并发症】

(一)乳头肌功能失调或断裂

乳头肌断裂导致的急性二尖瓣脱垂并关闭不全可出现在 STEMI 发病后的 2~7 天。表现为突发的急性左心衰竭、血流动力学不稳定、肺水肿甚至心源性休克,可有二尖瓣区新出现收缩期杂音或原有杂音加重,需要及时行超声心动图检查寻找原因并确诊。紧急处理以降低左心室后负荷为主,包括利尿、血管扩张剂以及 IABP,必要时可使用正性肌力药物。宜尽早外科手术治疗,根据断裂程度决定手术方式。乳头肌或腱索断裂需要与急性缺血性乳头肌功能不全相鉴别。

(二)心脏破裂

此症少见,常在起病 1 周内出现,多为心室游离壁破裂,造成心包积血引起急性心脏压塞而猝死。偶为心室间隔破裂造成穿孔,在胸骨左缘第 3~4 肋间出现响亮的收缩期杂音,常伴有震颤,可引起心力衰竭和休克而在数日内死亡。心脏破裂也可为亚急性,患者能存活数月。

(三)栓塞

栓塞发生率 1%~6%,见于起病后 1~2 周。可为左心室附壁血栓脱落所致,引起脑、肾、脾或四肢等动脉栓塞。也可因下肢静脉血栓形成,部分脱落导致肺动脉栓塞。

（四）室壁瘤

室壁瘤主要见于左心室,发生率 5%~20%。体格检查可见左侧心界扩大,心脏搏动范围较广,可有收缩期杂音。心电图 ST 段持续抬高。X 线透视、摄影、超声心动图、放射性核素心血池显像以及左心室造影可见局部心缘突出,搏动减弱或有反常搏动。

（五）心肌梗死后综合征

心肌梗死后综合征发生率约 10%。于心肌梗死后数周至数个月内出现,可反复发生,表现为心包炎、胸膜炎或肺炎,有发热、胸痛等症状,可能为机体对坏死物质的过敏反应。

【治疗】

强调早发现、早住院、加强住院前的就地处理。治疗原则是尽快恢复心肌的血流灌注,力争到达医院后 30 分钟内溶栓或 90 分钟内介入治疗。尽可能挽救濒死的心肌、防止梗死扩大,及时处理各种并发症。使患者不仅能渡过急性期,且康复后还能保持尽可能多的有功能的心肌。

（一）院前及院内急救

1. 早期、快速并完全地开通梗死相关动脉(infarct related artery,IRA)是改善 STEMI 患者预后的关键。应尽量缩短心肌缺血总时间,包括患者自身延误、院前系统延误和院内救治延误。减少患者自身延误,缩短自发病至首次医疗接触(first medical contact,FMC)的时间:应通过健康教育和媒体宣传,使公众了解 STEMI 的早期症状。教育患者在发生疑似心肌梗死症状(胸痛)后尽早呼叫"120"急救中心、及时就医,避免因自行用药或长时间多次评估症状而延误治疗。缩短发病至 FMC 的时间、在医疗保护下到达医院可明显改善 STEMI 患者的预后。

2. 减少院前系统和院内救治延误,缩短自 FMC 至导丝通过 IRA 的时间:建立区域协同救治网络和规范化胸痛中心是缩短 FMC 至导丝通过 IRA 时间的有效手段。有条件时应尽可能在 FMC 后 10 分钟内完成首份心电图,提前经远程无线系统或微信等网络工具将心电图传送到相关医院,并在 10 分钟内确诊。应向公众普及心肌再灌注治疗知识,以减少签署手术知情同意书时的延误。

（二）再灌注治疗

起病 3~6 小时,最多在 12 小时内,开通闭塞的冠状动脉,使得心肌得到再灌注,挽救濒临坏死的心肌或缩小心肌梗死的范围,减轻梗死后心肌重塑,是 STEMI 最重要的治疗措施之一。近几年新的循证医学证据均支持及时再灌注治疗的重要性。需要强调建立区域性 STEMI 网络管理系统的必要性,通过高效的院前急救系统进行联系,由区域网络内不同单位之间的协作,制订最优化的再灌注治疗方案。最新指南对 FMC 进行了清晰的定义:医生、护理人员、护士或急救人员首次接触患者的时间;并更加强调 STEMI 的诊断时间,即患者心电图提示 ST 段抬高或其他同等征象的时间,提出"time 0"的概念;优化 STEMI 患者的救治流程,强调 FMC 的 10 分钟内应获取患者心电图、并作出 STEMI 的诊断。

1. **经皮冠状动脉介入治疗** 若患者在救护车上或无 PCI 能力的医院,但预计 120 分钟内可转运至有 PCI 条件的医院并完成 PCI,则首选直接 PCI 策略,力争在 90 分钟内完成再灌注;或患者在可行 PCI 的医院,则应力争在 60 分钟内完成再灌注。

(1)**直接 PCI**:适应证为①症状发作 12 小时以内并且有持续新发的 ST 段抬高或新发左束支传导阻滞的患者;②12~48 小时内若患者仍有心肌缺血证据(仍然有胸痛和 ECG 变化),亦可尽早接受介入治疗。

(2)**补救性 PCI**:溶栓治疗后仍有明显胸痛,抬高的 ST 段无明显降低者,应尽快进行冠状动脉造影,如显示 TIMI 0~1 级血流,说明相关动脉未再通,宜即施行补救性 PCI。

(3)**溶栓治疗再通者的** PCI:溶栓失败尽早行补救 PCI,溶栓成功后 2~24 小时行冠状动脉造影明确诊断、指导治疗。

ER 3-5-10

冠状动脉造影
及心电图

2. 溶栓疗法

（1）**适应证**：①起病时间<12小时，年龄<75岁者，确立STEMI诊断后，应该立即予以溶栓治疗。②患者年龄≥75岁，经慎重权衡缺血及出血利弊后考虑减量或半量溶栓治疗。③发病时间已达12~24小时，如仍有进行性缺血性胸痛或血流动力学不稳定，ST段持续抬高者也可考虑溶栓治疗。

（2）**禁忌证**

1）绝对禁忌证：①既往任何时间脑出血病史；②已知的脑血管结构异常（如动静脉畸形）；③已知的颅内恶性肿瘤（原发或转移）；④3个月内缺血性卒中或短暂性脑缺血发作病史（不包括4.5小时内急性缺血性卒中）；⑤可疑或确诊主动脉夹层；⑥活动性出血或出血体质（不包括月经来潮）；⑦3个月内的严重头部闭合性创伤或面部创伤。

2）相对禁忌证：①慢性、严重、未得到良好控制的高血压（收缩压≥180mmHg或者舒张压≥110mmHg），需在控制血压的基础上（收缩压<160mmHg）开始溶栓治疗；②心肺复苏胸外按压持续时间>10分钟或有创性心肺复苏操作（肋骨骨折、心包积血）；③痴呆或已知其他颅内病变。

（3）**溶栓药物**：目前临床应用的主要溶栓药物包括非特异性纤溶酶原激活剂和特异性纤溶酶原激活剂两大类。建议优先采用特异性纤溶酶原激活剂。重组组织型纤溶酶原激活剂阿替普酶是目前常用的溶栓剂，可选择性激活纤溶酶原，对全身纤溶活性影响较小，无抗原性。但其半衰期短，为防止IRA再阻塞需联合应用肝素（24~48小时）。其他特异性纤溶酶原激活剂有尿激酶原、瑞替普酶和重组人TNK组织型纤溶酶原激活剂（TNK-tPA）等。非特异性纤溶酶原激活剂，如尿激酶，可直接将循环血液中的纤溶酶原转变为有活性的纤溶酶，无抗原性和过敏反应。由于非特异性纤溶酶原激活剂溶栓再通率低、使用不方便，不推荐院前溶栓使用。国内常用制剂有：

1）尿激酶（urokinase）：30分钟内滴注150万~200万U。

2）链激酶（streptokinase，SK）或重组链激酶（rSK）：以150万U静脉滴注，在60分钟内滴完。该药具有抗原性，需要进行皮试，不主张重复使用。在应用时注意有无寒战、发热等过敏反应。

3）重组组织型纤溶酶原激活剂（recombinant tissue type plasminogen activator，rt-PA）：在静脉肝素治疗的基础上，100mg在90分钟内给予，先静脉注入15mg，继而30分钟内滴注50mg，其后60分钟内滴注35mg。后继续维持肝素静脉滴注48小时左右。该类药物最主要的副作用是出血，包括皮下、消化道、泌尿道及颅内等部位出血，特别是后者，预后较差。应严格掌握适应证和禁忌证，并注意严密观察。

4）特异性纤溶酶原激活剂：尿激酶原是单链尿激酶型纤溶酶原激活剂，无抗原性，具有较强的血浆稳定性、更快的纤溶酶原激活作用及更强的纤维蛋白特异性血栓溶解作用，是我国具有独立知识产权的第三代溶栓药物。在静脉肝素治疗的基础上，给予尿激酶原一次用量50mg，先将20mg以10ml生理盐水溶解后，3分钟内静脉注射完毕，其余30mg溶于90ml生理盐水，30分钟内静脉滴注完毕。后继续维持肝素静脉滴注48小时左右。

（4）**血管再通**：临床上根据以下指征来间接判断血管再通：①抬高的ST段于2小时内下降>50%；②胸痛在2小时内基本消失；③2小时内出现再灌注性心律失常，包括各种类型的心律失常；④血清CK-MB酶峰值提前出现（14小时内）。另外，也可根据冠状动脉造影结果进行直接判断。直接判断标准是冠状动脉造影观察血管TIMI血流2、3级，表明血管再通。

3. 紧急CABG　介入治疗失败或溶栓治疗无效有手术指征者，宜争取6~8小时内施行紧急CABG术，但病死率明显高于择期CABG术。

（三）一般治疗

1. 休息　急性期卧床休息，保持环境安静，防止不良刺激，解除焦虑。

2. 监测　在监护室进行心电图、血压、呼吸和血氧饱和度的监测，除颤仪应随时处于备用状态。对于严重泵衰竭者还应监测肺毛细血管楔压和静脉压。

3. 吸氧 有呼吸困难或血氧饱和度<90%时应予以吸氧,以减少心肌损伤,还可降低 ST 段抬高程度。而对于伴充血性心衰、肺水肿及并发症者,还需要进行机械辅助通气,如持续正压通气甚至气管插管等。

4. 护理 急性期 12 小时绝对卧床休息,若无并发症,24 小时内应鼓励患者在床上肢体活动,病情稳定后应循序渐进,增加活动量并逐渐起床活动。起病后 4~12 小时内可给予流质饮食,随后过渡到低脂、低胆固醇清淡易消化饮食,少量多餐不宜过饱,保持大便通畅,可常规予以缓泻剂。

5. 建立静脉通路 保持给药途径通畅。

(四)解除疼痛

心肌再灌注治疗开通梗死相关血管、恢复缺血心肌的供血是解除疼痛最有效的方法,但在再灌注治疗前可选用下列药物尽快解除疼痛。

1. 吗啡 吗啡 3mg 静脉推注,必要时间隔 5 分钟后可重复,总量一般不超过 15mg。特别适合于合并肺水肿时,它可在缓解疼痛和焦虑的同时,扩张周围静脉和动脉,减轻肺水肿和呼吸困难,并通过兴奋迷走神经减慢心率。其副作用包括低血压、迷走反射和呼吸抑制。

2. 硝酸酯类药物 该药同时扩张外周动脉、外周静脉、冠状动脉及其侧支循环,因而降低心脏的前负荷、后负荷并增加心肌的血液供应,从而减轻因冠状动脉内血栓形成导致的心肌梗死的范围和程度。对于少部分因冠状动脉痉挛导致的心肌梗死,该药也能有效地减少其严重程度。该药可能导致心率增快和血压降低,应注意监测。

持续胸痛者应舌下含服硝酸甘油 0.4mg,如不能缓解,可重复使用,共含服 3 次,每 5 分钟 1 次。经过上述处理仍感胸痛,或需要控制血压和/或肺淤血,应静脉使用硝酸甘油,起始剂量为 10μg/min。逐渐增加剂量,直至胸痛缓解时,或者至血压降低幅度达到基础血压的 10%(基础血压正常者)或 30%(基础血压增高者)。注意不能将收缩压降低至 90mmHg 以下,也不能使血压降低幅度超过基础血压的 30%。

3. β 受体拮抗剂 有利于缩小心肌梗死面积,减少复发性心肌缺血、再梗死、心室颤动及其他恶性心律失常,对降低急性期病死率有肯定的疗效。无禁忌证的 STEMI 患者应在发病后 24 小时内开始口服 β 受体拮抗剂。建议口服美托洛尔,从低剂量开始,逐渐加量。若患者耐受良好,2~3 天后换用相应剂量的长效缓释制剂。以下情况需暂缓或减量使用 β 受体拮抗剂:①心力衰竭或低心排血量;②心源性休克高危患者(年龄>70 岁、收缩压<120mmHg、窦性心率>110 次/min);③其他相对禁忌证:P-R 间期>0.24 秒、二度或三度房室传导阻滞、活动性哮喘或反应性气道疾病。STEMI 发病早期有 β 受体拮抗剂使用禁忌证的患者,应在 24 小时后重新评价并尽早使用;STEMI 合并持续性房颤、心房扑动并出现心绞痛,但血流动力学稳定时,可使用 β 受体拮抗剂;STEMI 合并顽固性多形性室性心动过速,同时伴交感电风暴者可选择静脉使用 β 受体拮抗剂治疗。

(五)抗血小板治疗

1. 阿司匹林 是重要的抗血小板药物。无禁忌证的 STEMI 患者均应立即嚼服肠溶阿司匹林 150~300mg 负荷剂量,继以每天 75~100mg 长期维持。

2. P_2Y_{12} 受体抑制剂 国内临床使用的是氯吡格雷和替格瑞洛。除非存在禁忌证如高出血风险,推荐使用替格瑞洛(180mg 负荷剂量,90mg,每天 2 次)。在替格瑞洛无法获得或有禁忌证时可选用氯吡格雷[600mg 负荷剂量(年龄>75 岁负荷量 300mg),75mg,每天 1 次]。再发急性缺血事件的患者,应将氯吡格雷替换为替格瑞洛(180mg 负荷剂量,90mg,每天 2 次)。阿司匹林联合替格瑞洛或氯吡格雷双联抗血小板聚集治疗至少持续 12 个月。

3. GPⅡb/Ⅲa 受体拮抗剂 主要用于接受直接 PCI 的患者。目前临床多用替罗非班注射液。

(六)抗凝治疗

除非有禁忌,所有 STEMI 患者无论是否采用溶栓治疗,均应在抗血小板治疗基础上常规联合抗凝治疗。抗凝治疗可建立和维持梗死相关血管的通畅，并可预防深静脉血栓形成、肺动脉栓塞和心室内血栓形成。对于接受溶栓或不计划行再灌注治疗的患者，磺达肝癸钠有利于降低病死率和再梗死率，而不增加出血并发症，无严重肾功能不全的患者[血肌酐<265μmol/L（3mg/dl）]可使用。STEMI 直接 PCI 时，需联合普通肝素以减少导管内血栓形成。直接 PCI 尤其出血风险高时推荐应用比伐芦定，无论之前是否使用肝素，先静脉 0.75mg/kg，再静脉滴注 1.75mg/（kg·h）至操作结束3~4 小时，对于 STEMI 合并心室内血栓或合并心房颤动时，需在抗血小板治疗基础上联合口服抗凝药物治疗，需注意出血风险，严密监测临床情况。

（七）血管紧张素转换酶抑制剂（ACEI）或血管紧张素Ⅱ受体拮抗剂（ARB）

ACEI/ARB 通过影响心肌重塑、减轻心室过度扩张而减少心力衰竭的发生，降低病死率。在 STEMI 最初 24 小时内，对有心力衰竭证据、左心室收缩功能不全、糖尿病、前壁心肌梗死，但无低血压（收缩压<90mmHg）或明确禁忌证者，应尽早口服 ACEI；对非前壁心肌梗死、低危（LVEF 正常、心血管危险因素控制良好、已接受血运重建治疗）、无低血压的患者应用 ACEI 也可能获益。发病 24 小时后，如无禁忌证，所有 STEMI 患者均应给予 ACEI 长期治疗。如患者不能耐受 ACEI，可考虑给予 ARB。ACEI/ARB 禁忌证包括：STEMI 急性期动脉收缩压<90mmHg、严重肾功能不全[血肌酐水平>265μmol/L（3mg/dl）]、双侧肾动脉狭窄、移植肾或孤立肾伴肾功能不全、对 ACEI/ARB 过敏、血管神经性水肿或导致严重咳嗽者及妊娠期/哺乳期女性等。

（八）醛固酮受体拮抗剂

STEMI 后已接受 ACEI 和/或 β 受体拮抗剂治疗，但仍存在左心室收缩功能不全（LVEF≤40%）、心力衰竭或糖尿病，且无明显肾功能不全[血肌酐男性≤221μmol/L（2.5mg/dl），女性≤177μmol/L（2.0mg/dl）、血钾≤5.0mmol/L]的患者，应给予醛固酮受体拮抗剂治疗。

（九）调脂治疗

他汀类调脂药物的使用同 UA/NSTEMI 患者，见本节 UA/NSTEMI 部分。

（十）消除心律失常

对某些新出现的心律失常必须及时消除，以免演变为严重心律失常甚至猝死。

1. 室性心律失常

（1）发生心室颤动或持续多形性室速时，前者需要尽快非同步电除颤，后者需要同步电复律。持续单形性室速引起心绞痛、低血压或肺水肿时需要同步电复律。

（2）一旦发现室性期前收缩或室速，立即利多卡因 50~100mg 静脉注射，继以 1~4mg/min 静脉滴注维持，必要时间隔 5~10 分钟可再次静脉注射，最大量不超过 3mg/kg，若上述药物无效时，可酌情予以胺碘酮。非持续性室性心动过速（持续时间<30 秒）和加速性室性自主心律不需要预防性使用抗心律失常药物，但需严密观察心电监护，保持除颤器处于备用状态。

除上述方法外，积极改善心肌缺血（包括及时进行心肌再灌注和 IABP）、使用 β 受体拮抗剂、维持正常的血钾和血镁浓度（>4.0mmol/L 和 2.0mmol/L）等方法都有助于减少室性心律失常的发生。对于心动过缓或 Q-T 间期延长者，应予以临时起搏，以减少室性心律失常的发生风险。另外需注意的是，对于溶栓患者，不主张常规给予抗心律失常药物。

2. 室上性心律失常（房颤、房扑和阵发性室上速）

（1）对于伴有血流动力学紊乱和进行性缺血的房颤或房扑患者：①同步电复律，房扑和房颤起始能量分别为 50J 和 200J；②效果欠佳时可使用胺碘酮或地高辛，以控制心室率。

（2）对于伴进行性缺血者但血流动力学稳定的房颤或房扑患者：①首选 β 受体拮抗剂；②可静脉使用地尔硫䓬或维拉帕米；③同步直流电复律，起始能量同前述。

（3）对于无缺血表现且血流动力学稳定的房颤和房扑患者：建议控制心室率。另外，持续性房颤或房扑患者应进行抗凝治疗。

（4）折返性阵发性室上性心动过速的心室率很快,需积极处理。可予以颈动脉窦按摩,静脉使用抗心律失常药物(腺苷、美托洛尔、地尔硫䓬、洋地黄制剂、胺碘酮等),必要时可予以同步直流电复律。

3. 缓慢性心律失常

（1）对缓慢性心律失常可用阿托品 0.5~1mg 静脉注射。

（2）短暂性二度或三度 AVB,伴有血流动力学障碍者是植入临时心脏起搏器的指征。

（3）对于有症状的持续性二度或三度 AVB 或短时间内进展形成的伴室内束支阻滞的二度或三度 AVB,建议植入永久心脏起搏器。

（十一）控制休克

根据休克发生因素是心源性,或尚有周围血管舒缩障碍或血容量不足等因素存在,而分别处理。

1. 补充血容量　估计有血容量不足或中心静脉压和肺毛细血管楔压低者,用右旋糖酐 40 或 5%~10% 葡萄糖液静脉滴注。当中心静脉压上升>18cmH$_2$O,肺小动脉楔压>15~18mmHg,则应停止。右心室梗死时,中心静脉压的升高则不是补充血容量的禁忌。

2. 应用升压药　补充血容量后血压仍不升,而肺毛细血管楔压和心排血量正常时,提示周围血管张力不足,可用多巴胺起始剂量 3~5μg/(kg·min)静脉滴注,或去甲肾上腺素 2~8μg/min,亦可选用多巴酚丁胺,起始剂量 3~10μg/(kg·min)。

3. 应用血管扩张剂　经上述处理血压仍不升,而肺动脉楔压(PCWP)增高,心排血量低或周围血管显著收缩,以致四肢厥冷并有发绀时,硝普钠 15μg/min 开始,每 5 分钟逐渐增量,至 PCWP 降至 15~18mmHg;或硝酸甘油 10~20μg/min 开始,每 5~10 分钟增加 5~10μg/min 直至左室充盈压下降。

4. 治疗休克的其他措施　包括纠正酸中毒、避免脑缺血、保护肾功能,必要时应用洋地黄制剂等。为了降低心源性休克的病死率,有条件的医院主张用 IABP 进行辅助循环,然后作选择性冠状动脉造影,随即施行 PCI 或 CABG,可挽救一些患者的生命。

（十二）治疗心力衰竭

主要是治疗急性左心衰竭,详见本篇第二章"心力衰竭"。以应用吗啡和利尿剂为主,亦可选用血管扩张剂减轻左心室的负荷,或用多巴酚丁胺静脉滴注(见本篇第二章"心力衰竭")。由于最早期出现的心力衰竭主要是坏死心肌间质充血、水肿引起反应性下降所致,而左心室舒张末期容量尚不增大,因此,在梗死发生后 24 小时内宜尽量避免应用洋地黄制剂。有右心室心肌梗死的患者应慎用利尿剂。

（十三）其他治疗

下列疗法可能有助于挽救濒死心肌,防止梗死扩大,缩小缺血范围,但尚未完全成熟或疗效尚有争论,可根据患者具体情况考虑选用。

极化液疗法:氯化钾 1.5g、胰岛素 10U 加入 10% 葡萄糖液 500ml 中,静脉滴注,1~2 次/d,7~14 天为一疗程。可促进心肌摄取和代谢葡萄糖,使钾离子进入细胞内,恢复细胞膜的极化状态,以利于心脏的正常收缩、减少心律失常,并促使心电图上抬高的 ST 段回到等电位线。

（十四）右心室心肌梗死的处理

治疗措施与左心室梗死略有不同。右心室心肌梗死引起右心衰竭伴低血压,而无左心衰竭的表现时,宜扩张血容量。在血流动力学监测下静脉输液,直到低血压得到纠正或肺毛细血管楔压达 15~18mmHg。如输液 1~2L 后低血压未能纠正,可用正性肌力药,以多巴酚丁胺为优。不宜用利尿剂。伴有房室传导阻滞者可予以临时起搏。

（十五）恢复期的处理

如病情稳定,体力增加,可考虑出院。近年主张出院前做症状限制性运动负荷心电图、放射性核素和/或超声显像检查,如显示心肌缺血或心功能较差,宜行冠状动脉造影检查考虑进一步处理。心室晚电位检查有助于预测发生严重室性心律失常的可能性。逐步进行适当的体育锻炼,有利于体力和工作能力的恢复。经 2~4 个月的体力活动锻炼后,酌情恢复部分工作,但应避免过重体力劳动或精神过度紧张。

【预后】

预后与梗死范围的大小、侧支循环产生的情况以及治疗是否及时有关。急性期住院病死率过去一般为 30% 左右,采用监护治疗后降至 15% 左右,采用溶栓疗法后再降至 8% 左右,住院 90 分钟内介入治疗后进一步降至 4% 左右。死亡多发生在第一周内,尤其在数小时内,发生严重心律失常、休克或心力衰竭者,病死率尤高。

知识拓展

胸痛中心

胸痛中心是通过多学科合作,为胸痛患者提供快速而准确的诊断、危险评估和恰当的治疗手段,从而提高胸痛的早期诊断和治疗能力,减少误诊和漏诊,避免治疗不足或过度医疗,以降低胸痛患者的病死率、改善临床预后。建设的核心理念是通过将区域医疗资源整合,实现能在最短时间内将急性胸痛患者送至具有救治能力的地点接受最佳治疗,对于 STEMI 患者,就是要在最短时间内实现再灌注治疗。STEMI 区域协同救治体系建设的关键环节主要包括直接 PCI 医院、不具备直接 PCI 能力的基层医院以及院前急救系统。通过标准版和基层版胸痛中心建设、区域胸痛中心联盟建设、培训和模拟演练以及质量控制,将全面提升我国 STEMI 的救治水平。

第五节　其他类型的冠状动脉粥样硬化性心脏病

无症状性心肌缺血

无症状性心肌缺血是无临床症状,但客观检查有心肌缺血表现的冠心病,亦称隐匿型冠心病。患者有冠状动脉粥样硬化,但病变较轻或有较好的侧支循环,或患者痛阈较高因而无疼痛症状。其心肌缺血的心电图表现可见于静息时、增加心脏负荷时或仅在 24 小时的动态观察中间断出现(无痛性心肌缺血)。

【临床表现】

患者多属中年以上,无心肌缺血的症状,在体检时发现心电图(静息、动态或负荷试验)有 ST 段压低、T 波倒置等,或放射性核素心肌显像(静息或负荷试验)有心肌缺血表现。可以认为是早期的冠心病(但不一定是早期的冠状动脉粥样硬化),它可能突然转为心绞痛或心肌梗死,亦可能逐渐演变为缺血性心肌病,发生心力衰竭或心律失常,个别患者亦可能猝死。

【防治】

采用防治动脉粥样硬化的各种措施,以防止粥样斑块病变加重及不稳定性加重,争取粥样斑块消退和冠状动脉侧支循环的建立。静息时心电图或放射性核素心肌显像已有明显心肌缺血改变者,宜适当减轻工作,或选用硝酸酯制剂、β 受体拮抗剂、钙通道阻滞剂治疗。

缺血性心肌病

缺血性心肌病(ischemic cardiomyopathy)的病理基础是心肌纤维化(或称硬化)。是因为心肌的血供长期不足,心肌组织发生营养障碍和萎缩,或大面积心肌梗死后,纤维组织增生所致。其临床特点是心脏逐渐扩大,发生心律失常和心力衰竭。因此,与扩张型心肌病颇为相似,故被称为"缺血性心肌病"。

【病理】

心脏增大,有心力衰竭者尤为明显。心肌弥漫性纤维化,病变主要累及左心室心肌和乳头肌,可波及起搏传导系统。患者的冠状动脉多呈广泛而严重的粥样硬化,管腔明显狭窄,但可无闭塞。纤维组织在心肌也可呈灶性、散在性或不规则分布,此种情况常由于大片心肌梗死或多次小灶性心肌梗死后的瘢痕形成,心肌细胞减少而纤维结缔组织增多所造成,此时冠状动脉则可有闭塞性病变。

【临床表现】

与扩张型心肌病颇为相似。

【诊断】

诊断主要依靠动脉粥样硬化的证据和排除可引起心脏增大、心力衰竭和心律失常的其他器质性心脏病。选择性冠状动脉造影和/或冠状动脉内超声显像可确立诊断。

【防治】

预防在于积极防治动脉粥样硬化。治疗在于改善冠状动脉供血和心肌的营养,控制心力衰竭和心律失常。发生严重室性心律失常者,除药物治疗外,还可考虑用埋藏式自动复律除颤器治疗。终末期缺血性心肌病患者是心脏移植的主要适应证之一。

猝　死

猝死(sudden death)指自然发生、出乎意料的突然死亡。世界卫生组织规定发病后 6 小时内死亡者为猝死,多数学者主张定为 1 小时,但也有人将发病后 24 小时内死亡者也归入猝死之列。猝死作为冠心病的一种类型,极受医学界的重视,心脏病的猝死中一半以上为冠心病所引起。

目前认为,本型患者心搏骤停的发生是在动脉粥样硬化的基础上,发生冠状动脉痉挛或栓塞,导致心肌急性缺血,造成局部电生理紊乱,引起暂时的严重心律失常(特别是心室颤动)所致。有些患者可能就要发生心肌梗死,但梗死尚未形成,患者已经猝死。这种情况是可以逆转的,及时的心脏复苏抢救措施可能挽救患者的生命。但有一些急性心肌梗死并发心脏破裂的患者,心肌梗死的症状极不明显,因心脏破裂而迅速死亡,其临床表现也类似猝死。

由于猝死可以随时随地发生,因此普及心脏复苏抢救知识,使基层医务人员和群众都能掌握这一抢救措施,则一旦发现立即就地抢救,对挽救本型患者的生命有重大意义。

第六节　冠状动脉疾病的其他表现形式

一、冠状动脉痉挛

冠状动脉痉挛是一种特殊类型的冠状动脉疾病。造影正常血管或粥样硬化病变部位均可发生痉挛。治疗方案与冠状动脉粥样硬化性心脏病有明显的差别。

患者常较年轻,除吸烟外,大多数患者缺乏动脉粥样硬化的经典危险因素。吸烟、乙醇和毒品是冠状动脉痉挛的重要诱发因素。

本病表现为静息型心绞痛,无体力劳动或情绪激动等诱因。发病时间集中在午夜至上午 8 点之间。患者常因恶性心律失常伴发晕厥。少数患者冠状动脉持续严重痉挛,可导致急性心肌梗死甚至猝死。

若冠状动脉痉挛导致血管闭塞,则临床表现为静息型心绞痛伴心电图一过性ST段抬高。该类患者临床特点鲜明,因静息性发作与稳定型心绞痛不同,因ST段抬高与稳定型心绞痛、UA和NSTEMI不同,因ST段抬高呈一过性与STEMI不同,因此可直接确立诊断(早先称为变异型心绞痛或Prinzmetal心绞痛)。但非闭塞性痉挛表现为ST段压低或T波改变,此时难以和一般的心绞痛相鉴别。另外,冠状动脉痉挛一般具有自行缓解的特性,心电图和常规冠状动脉造影难以捕捉,因此确诊常需行乙酰胆碱或麦角新碱激发试验。

在戒烟、戒酒基础上,钙通道阻滞剂和硝酸酯类药物是治疗冠状动脉痉挛的主要手段。β受体拮抗剂可能会加重或诱发痉挛,但伴有固定性狭窄的患者并非禁忌。冠状动脉痉挛一般预后良好,5年生存率可高达89%~97%。多支血管或左主干痉挛患者预后不良。

二、心肌桥

冠状动脉通常走行于心外膜下的结缔组织中,如果一段冠状动脉走行于心肌内,这束心肌纤维被称为心肌桥,走行于心肌桥下的冠状动脉被称为壁冠状动脉。冠状动脉造影显示该节段血管管腔收缩期受挤压,舒张期恢复正常,被称为"挤奶现象"(milking effect)。冠状动脉造影时心肌桥检出率0.51%~16%,尸体解剖时检出率高达15%~85%,说明大部分心肌桥并没有临床意义。

由于壁冠状动脉在每一个心动周期的收缩期被挤压,如挤压严重可产生远端心肌缺血,临床上可表现为类似心绞痛的症状、心律失常甚至MI或猝死。另外,由于心肌桥存在,导致其近端的收缩期前向血流逆转,而损伤该处的血管内膜,所以该处容易形成动脉粥样硬化斑块。β受体拮抗剂及钙通道阻滞剂等降低心肌收缩力的药物可有效缓解症状。曾有人尝试置入支架治疗壁冠状动脉受压,但大多数支架发生内膜增生和再狭窄,因此并不提倡。手术分离壁冠状动脉曾认为是根治此病的方法,但也有再复发的病例。一旦诊断此病,除非绝对需要,应避免使用硝酸酯药物及多巴胺等正性肌力药物。

三、冠状动脉微血管疾病

冠状动脉微血管疾病通常指患者具有心绞痛或类似于心绞痛的症状,在多种致病因素的作用下,冠状前小动脉和小动脉的结构和/或功能异常所致的劳力性心绞痛或心肌缺血客观证据的临床综合征。在非侵入性检查中显示出心肌缺血的证据,并且冠状动脉造影术或冠状动脉CTA均未发现狭窄,或无功能相关的轻度至中度狭窄(40%~60%)。在具有心肌缺血症状但冠状动脉造影显示非阻塞性病变的患者中冠状动脉微血管疾病的发生率为45%~60%。本病病因尚不清楚,可能与内皮功能异常和微血管功能障碍有关。

对于有明确的心绞痛、非侵入性功能检查异常,以及在冠状动脉造影或CTA上冠脉正常或无功能意义的轻度狭窄的患者,应考虑心绞痛是冠状动脉微血管疾病的可能性。本病以绝经前女性多见。

本病治疗手段包括危险因素的控制:血压、血脂、血糖的控制(同冠心病);常规抗心肌缺血药物β受体拮抗剂或非二氢吡啶类钙通道阻滞剂;其他抗心肌缺血药物硝酸酯类、尼可地尔可有效扩张冠状动脉。

第七节　冠状动脉粥样硬化性心脏病的介入治疗

PCI是指经心导管通过各种方法扩张狭窄的冠状动脉,从而达到缓解狭窄、改善心肌血流灌注的治疗方法。其他方法还包括冠状动脉内旋磨术、冠状动脉激光血管成形术等。

【冠状动脉造影】

选择性向左或右冠状动脉注入造影剂,使心脏的冠状动脉显影的方法。目前,所有的冠状动脉介入治疗和手术治疗都基于冠状动脉造影结果,因此,冠状动脉造影术是最基本的冠心病介入性技术。

(一) 概述

将心导管经股动脉、肱动脉或桡动脉送到主动脉根部,分别插入左、右冠状动脉口,推注入造影剂,使左、右冠状动脉及其主要分支得到清楚的显影。可发现各支动脉狭窄性病变的部位并估计其程度,并可进行电影摄影、快速连续摄片、磁带录像或光盘记录。一般认为,管腔直径减少50%~70% 被认为有意义,狭窄 70%~75% 以上会严重影响血供。

(二) 适应证

1. 心绞痛 行冠状动脉造影,及时了解斑块和狭窄情况,决定治疗策略。

2. 不典型胸痛及无症状性心肌缺血 似心绞痛而不能确诊者,或有心肌缺血但患者无明显症状者,行冠脉造影以明确诊断。

3. 疑为缺血性心肌病的患者 中老年患者心脏增大、心力衰竭、心律失常、疑有冠心病而无创性检查未能确诊者。

4. 急性心肌梗死 拟进行急诊经皮冠状动脉腔内成形术(PTCA)、急诊 PCI 或紧急 CABG 患者术前常规行冠状动脉造影。

5. 其他 中老年患者行心脏外科手术前,如瓣膜性疾病换瓣术前、先天性心脏病行矫正术前等,常规行冠状动脉造影。

(三) 禁忌证

目前没有绝对禁忌证。对于严重心功能不全、肾功能不全和肝功能不全的患者,对于凝血功能障碍和碘过敏者应谨慎进行冠状动脉造影。

【经皮冠状动脉球囊成形术】

(一) 概述

冠状动脉球囊成形术(PTCA)是将球囊扩张导管沿导丝轨道送达冠状动脉的靶病变处,利用球囊加压充盈后产生膨胀力而使狭窄的冠状动脉扩张的一种介入治疗方法,也是所有冠心病介入治疗技术的基础。球囊扩张导管(简称球囊)在 PCI 术中的作用已从最初的单纯球囊血管成形术(POBA)逐步扩展到病变预扩张、辅助支架的输送释放和后扩张以及载药(药物涂层球囊,DCB)治疗等诸多功能。球囊根据设计特性分为顺应性、半顺应性和非顺应性球囊;根据操作特点分为快速交换和整体交换球囊(OTW);根据特殊功能已从支架问世前的灌注球囊发展到目前临床常用的切割球囊、棘突球囊、双导丝球囊和 DCB 等新型球囊系列。

(二) 适应证

1. POBA 是最早期的介入治疗方法,但再狭窄率高达 30%~60%。

2. 球囊预扩张适用于大多数支架植入前的病变预处理,还可以辅助测定血管直径、评估病变长度,在一定程度上了解病变的性质。

3. 球囊后扩张主要适用于支架植入后支架内进一步高压扩张,确保支架完全膨胀和贴壁。

4. DCB 在球囊扩张的同时通过局部向冠状动脉血管壁释放抗增殖药物,从而达到抑制血管内膜增生的效果。

(三) 禁忌证

1. 冠状动脉狭窄<50%,无心肌缺血客观证据者。

2. 严重多支弥漫病变,单纯球囊扩张或支架植入效果差而冠状动脉搭桥手术更安全、预后好。

【经皮冠状动脉内支架置入术】

(一) 概述

将以不锈钢或合金材料绕制成管状而其管壁呈网状的支架,置入冠状动脉内的狭窄节段,支撑血管壁,维持血流畅通。

(二)冠状动脉支架的分类

1. **裸金属支架(BMS)** 是最早投入临床使用的支架技术,与单纯球囊扩张相比,优势在于即刻管腔获得更大,弹性回缩更小,但内膜增生造成的晚期管腔丢失(支架再狭窄)是其主要缺陷,因此已经基本被所取代。目前仅少量用于有介入指征的抗栓治疗禁忌或高出血风险患者。

2. **药物洗脱支架(DES)** 2001年问世的第一代DES以316 L不锈钢作为平台,并采用永久聚合物作为药物载体,通过所携带的西罗莫司或者紫杉醇在血管局部抑制血管平滑肌细胞迁移和增殖,在一定程度上解决了支架再狭窄的难题。然而,第一代DES晚期支架血栓或获得性贴壁不良等事件的风险有所增加,导致其逐渐退出了历史舞台。第二代DES多采用钴-铬或铂-铬合金平台,支架梁更薄,柔顺性和输送性更佳;抗增殖药物通常采用脂溶性更好的佐他莫司、依维莫司或其他西罗莫司衍生物,且聚合物涂层的生物相容性更好。与第一代相比,第二代DES的支架血栓的发生率明显更低。

3. **生物可吸收支架(BRS)** BRS可避免金属异物永久留存体内。自2006年第一代BRS进入大规模临床验证以来,全球已有数十款BRS进入临床研究阶段。为冠心病患者的介入治疗提供了一种新的选择。

(三)适应证

1. **慢性稳定型冠心病** 病变直径狭窄≥90%;病变直径狭窄<90%伴有相应缺血证据或血流储备分数≤0.8,如:左主干直径狭窄>50%;前降支近段直径狭窄>70%;2支或3支冠状动脉直径狭窄>70%且左心室功能受损(左心室射血分数<40%);大面积缺血(缺血面积>左心室10%);单支冠状动脉直径狭窄>50%;任一冠状动脉直径狭窄>70%,表现为活动诱发的心绞痛或等同症状,并对药物治疗反应欠佳。

2. **非ST段抬高型急性冠状动脉综合征** 根据患者的病史、症状、体征、血流动力学、心电图、肌钙蛋白、GRACE评分进行风险分层,建议极高危者、高危和低危者分别行紧急(2小时以内)、早期(24小时以内)和择期血运重建。参照慢性稳定型冠心病支架植入的标准,如冠状动脉病变解剖结构适合植入支架,可行冠状动脉支架植入术。

3. **STEMI** 第一,直接PCI治疗:发病12小时内的STEMI患者;院外心搏骤停复苏成功的STEMI患者;存在提示心肌梗死的进行性心肌缺血症状,但无ST段抬高,出现以下一种情况(血流动力学不稳定或心源性休克;反复或进行性胸痛,保守治疗无效;致命性心律失常或心搏骤停;机械并发症;急性心力衰竭;ST段或T波反复动态改变,尤其是间断性ST段抬高)的患者;STEMI发病超过12小时,但有临床和/或心电图进行性缺血证据;伴持续性心肌缺血症状、血液动力学不稳定或致命性心律失常。第二,急诊或早期冠状动脉造影:院外不明原因心搏骤停心肺复苏成功,但未确诊为STEMI的患者,如高度怀疑有进行性心肌缺血,宜行急诊冠状动脉造影;胸痛自发性或含服硝酸甘油后完全缓解,抬高的ST段恢复正常,尽管无症状再发或ST段再度抬高,建议早期(<24小时)行冠状动脉造影。第三,溶栓后PCI:溶栓失败的患者应立即行紧急补救PCI;溶栓成功的患者应在溶栓后2~24小时内行PCI。急诊冠状动脉造影后,根据病变特点决定进一步干预策略。

(四)禁忌证

1. 活动性出血、有出血倾向、近6个月内有出血性卒中或者有抗栓禁忌证。

2. 病变血管直径<2.0mm。

3. 对抗血小板药物、抗增殖药物、聚合物涂层、支架平台所含有的材料(包括钴、铬、镍、钼等)过敏的患者。

4. 未能充分预处理的高阻力病变,包括球囊无法通过和/或球囊无法充分扩张的冠状动脉病变。

冠心病是动脉粥样硬化导致器官病变的最常见类型,也是严重危害人民健康的常见病。本病是多病因的疾病,即多种因素作用于不同环节所致。本病临床上多见于 40 岁以上的中老年人,与高血压、糖尿病和血糖异常、高血脂、吸烟、肥胖、家族史相关,这些因素又称为危险因素。各种主要危险因素最终都损伤动脉内膜,而粥样硬化病变的形成是动脉对内膜损伤作出的炎症-纤维增生性反应的结果。1979 年 WHO 将冠心病分为隐匿型或无症状性冠心病、心绞痛、心肌梗死、缺血性心肌病、猝死 5 型。对于冠心病防治需要积极预防动脉粥样硬化的发生;已发生动脉粥样硬化者,应积极治疗,防止病变发展并争取逆转;已发生器官功能障碍者,应及时治疗,防止恶化,延长患者的寿命。预防动脉粥样硬化和冠心病,属一级预防;已有冠心病及心肌梗死病史者还应预防再次梗死及其他心血管事件,属二级预防。积极治疗冠心病并发症,延长患者寿命,提高生活质量,属三级预防。二级预防应全面综合考虑,为便于记忆可简称为 A、B、C、D、E。

病例讨论

患者,男,65 岁。6 年前因发作性胸痛就诊于当地医院,行相关检查后诊断为"冠心病",给予阿司匹林 100mg 每天 1 次、阿托伐他汀 20mg 每晚 1 次口服治疗至今。6 小时前上楼时突发胸痛,呈紧缩样疼痛,向左肩部放射,伴有大汗、恶心、呕吐,呕吐物为胃内容物,自行含化"硝酸甘油"疗效差。1 小时前出现意识模糊,家人送至急诊。自发病以来精神差。既往有高血压病 10 年,平素口服"氨氯地平 5mg 每天 1 次"治疗,血压波动于 140~150/90~95mmHg;糖尿病病史 2 年,口服"二甲双胍 0.25mg 每天 3 次"治疗,未监测血糖。查体:T 37.0℃,P 46 次/min,R 20 次/min,BP 80/66mmHg。意识模糊,双肺未闻及干湿啰音。心率 46 次/min,未闻及心脏杂音。急诊描记心电图:窦性心律、窦性心动过缓;电轴不偏;Ⅱ、Ⅲ、aVF 导联 ST 段弓背向上抬高 0.2~0.3mV。

(单伟超)

思考题

1. 发生冠心病的危险因素有哪些?
2. 心绞痛与心肌梗死有哪些区别?
3. 试述急性心肌梗死的临床表现及治疗原则。
4. 溶栓成功冠脉再通的指标是什么?
5. 简述冠心病的二级预防。

ER 3-5-11

练习题

第六章 | 心脏瓣膜病

教学课件

思维导图

学习目标

1. 掌握：二尖瓣和主动脉瓣病变的病理生理、临床表现、实验室检查及诊治。
2. 熟悉：二尖瓣和主动脉瓣病变的病因、鉴别诊断、并发症。
3. 了解：心脏瓣膜病变在我国的流行病学趋势、疾病预后及手术适应证。
4. 学会准确解读超声心动图报告单，准确诊断二尖瓣和主动脉瓣疾病，准确把握手术时机。能够针对患者及高危人群进行积极的健康教育。
5. 具备尊重患者、爱护患者、保护患者隐私的职业精神与道德目标。

心脏瓣膜病（valvular heart disease，VHD）是指由多种病因导致瓣膜狭窄和/或关闭不全，从而引起心脏结构和/或功能异常的疾病，最终出现心力衰竭、心律失常等临床表现。心脏瓣膜病的常见病因包括炎症、黏液样变性、先天性畸形、缺血性坏死、创伤等。风湿热（rheumatic fever，RF）是心脏瓣膜病的主要病因，风湿炎症导致的瓣膜损害称为风湿性心脏病。风湿炎症是我国心脏瓣膜病最常见的病因，但近年来随着生活及医疗条件的改善，风湿性心脏瓣膜病的发病率已显著降低。随着人口的老龄化、人均寿命的延长，老年退行性瓣膜病（大多为主动脉瓣膜病）逐渐增多。当病变累及两个或两个以上瓣膜时称多瓣膜病。

风湿热是心脏瓣膜病的主要病因，是由于 A 组乙型溶血性链球菌感染（多为咽喉炎、扁桃体炎等）有关的全身性结缔组织炎症。主要累及关节、心脏、皮肤和皮下组织。其致病机制可能与继发于链球菌感染后异常免疫反应、环境因素和遗传因素有关。从分子基础上看，该细菌细胞壁外层中 M 蛋白及 M 相关蛋白、中层多糖中 N-乙酰葡萄糖胺等与人体心肌和心瓣膜有共同抗原，细菌细胞膜的脂蛋白与人体心肌膜和丘脑下核、尾状核之间有共同抗原。链球菌感染后体内产生的抗链球菌抗体与这些共同抗原形成循环免疫复合物，沉积于人体心肌、心瓣膜及丘脑下核、尾状核，激活补体成分产生炎性病变，从而产生相应的临床表现。

急性风湿热发生前 2~6 周常有咽喉炎或扁桃体炎等上呼吸道链球菌感染的表现，常急性起病，出现寒战、多为中等程度不规则发热、吞咽痛、颈痛、下颌淋巴结肿大等症状，但临床上应警惕部分患者前驱症状轻或短暂，而未能主诉此病史。关节炎表现：主要累及大关节（膝、踝、腕及肘关节）、游走性、多发性、不遗留关节畸形等特点，一般在数周内消失，但可反复发作。风湿热急性发作后常遗留一定程度的心脏损害，且范围广泛，任何年龄都可发病，最常见的是儿童和青少年，以心肌炎、心内膜炎最多见，亦可发生心包炎，轻者无症状，严重者可导致心衰。心脏炎为小儿风湿热的主要表现，年龄越小心脏受累的机会越多。①心肌炎可导致心脏增大、心尖搏动弥散、与体温不成正比的心动过速及心音低钝，有的可闻及奔马律及心尖区收缩期杂音，75% 的患儿主动脉瓣区闻及舒张中期叹气样杂音，心电图提示 P-R 间期延长、ST-T 改变或心律失常。②心内膜炎主要侵犯二尖瓣，其次为主动脉瓣瓣膜关闭不全导致相应的症状及体征，如心尖区向腋下传导的全收缩期吹风样杂音，主动脉瓣第二听诊区（胸骨左缘第 3 肋间）可闻及舒张期叹气样杂音。急性期瓣膜损害多为充血水肿,恢复期即消失,但多次复发可造成瓣膜永久性瘢痕形成,导致风湿性心脏病。③心包炎多与心肌炎、心内膜炎同时存在,即全心炎。早期积液量少时可有心前区疼痛,有时可闻及心包摩擦音,心电图 ST 段广泛弓背向下抬高;积液量多时有心前区搏动消失、心音遥远、颈静脉怒张、肝大等心脏压塞表现,胸片提示心脏烧瓶样增大,心电图示低电压,超声心动图可确诊心包积液。可伴有舞蹈病、皮下结节及环形红斑,舞蹈病患者预后良好,4~6 周后可自然痊愈,少数遗留神经精神症状。

风湿热诊断临床多采用 Jones 诊断标准:在确定链球菌感染的前提下,有两个主要表现或一个主要表现、两个次要表现,即可诊断急性风湿热。有前驱的链球菌感染的证据包括:①近期患过猩红热;②咽培养溶血性链球菌阳性;③风湿热抗链球菌抗体增高。主要表现包括:①心脏炎;②多发性关节炎;③舞蹈病;④环形红斑;⑤皮下小结节。次要表现包括:①关节痛;②发热;③急性反应物如血沉(ESR)及 C 反应蛋白(CRP)增高,白细胞增多,贫血;④P-R 间期延长。有下列 3 种情况可不必严格执行该诊断标准,即:①舞蹈病者;②隐匿发病或缓慢发展的心脏炎;③有风湿病史或现患风湿性心脏病,当再感染 A 组乙型溶血性链球菌时,有风湿热复发的高度危险者。

风湿热治疗原则包括:清除链球菌感染;控制临床症状;处理各种并发症;出院后进行合理的二级预防。急性期应当卧床休息,有心脏炎者待体温正常、心动过速控制、心电图改善后继续卧床 3~4 周后恢复活动,有关节炎者待血沉及体温恢复正常,即可开始活动。控制链球菌感染的方案目前公认苄星青霉素是首选药物,对初发链球菌感染,体重 27kg 以下患者肌内注射苄星青霉素 60 万单位,每天 1 次;体重 27kg 以上者用 120 万单位肌内注射,每天 1 次,疗程 2~3 周。青霉素过敏,可使用红霉素、罗红霉素、林可霉素或喹诺酮类。抗风湿治疗主要包括水杨酸制剂和糖皮质激素。对于单纯累及关节者,首选非甾体抗炎药物,常用阿司匹林,初次剂量为:小儿每千克体重每天 80~100mg,成人每天 4~6g,分 4~6 次口服;2 周后开始减量,疗程 4~8 周。心脏炎患者宜早期使用肾上腺皮质激素,泼尼松开始剂量为:小儿每天 1.5~2mg,成人每天 3~4mg,分 3~4 次口服,直至炎症指标控制、血沉正常后逐渐开始减量,疗程 8~12 周。停用激素之前 2 周加用阿司匹林,以防止激素停止后的反跳现象。有舞蹈症患者,可加用镇静剂如地西泮、苯巴比妥,将患者安置在安静环境中。心功能不全者,可应用小剂量洋地黄类药物、利尿剂和血管扩张剂等治疗心衰的药物,及时纠正电解质紊乱。

对于曾经发作过风湿热的患者,要预防风湿热的复发,包括:每 3~4 周肌内注射苄星青霉 120 万单位,至少 5 年,最好持续至 25 岁,有风湿性心脏病患者,预防期最少 10 年或至 40 岁,甚至终身预防。对青霉素过敏者可改用红霉素口服,每个月 6~7 天,持续时间同前。如同其他许多慢性疾病一样,我国各级卫生政府高度重视瓣膜疾病的防治,心脏瓣膜疾病患者获得的医疗照顾护理水平日益提高,根据患者年龄、性别、种族和所在地理区域,对各层级的卫生服务提供者开展有关诊疗和管理决策不断更新,对疾病预后有积极影响。

第一节　二尖瓣狭窄

案例导入

患者,女,51 岁,因"劳力性胸闷气促 5 年,加重伴咳嗽咳痰 3 天"入院。5 年前患者有咯血史,之后逐感劳力性胸闷气促。3 天前受凉后出现咳嗽、咳脓痰,胸闷气促加重,不能平卧。查体:脉率 76 次/min、血压 92/60mmHg,半卧位,双颧暗红,颈静脉充盈,双肺可闻及湿啰音,心率 136 次/min,律不齐,第一心音强弱不一,心尖区可闻及舒张期隆隆样杂音,腹平软,肝脾未及,双下肢凹陷性水肿。辅助检查:心电图示"二尖瓣型 P 波",宽度大于 0.12 秒,伴切迹。胸部 X 线示:左心房增大和右心室增大。

请思考:
1.该患者诊断可能是什么?
2.还需完善哪些检查?
3.治疗原则有哪些?

【病因和病理】

二尖瓣狭窄(mitral stenosis)最常见的病因是风湿热,女性患者约占2/3。先天性发育异常、老年性二尖瓣环或环下钙化亦可导致二尖瓣狭窄。系统性红斑狼疮、类癌、类风湿关节炎等为二尖瓣狭窄的罕见病因。根据病变程度与性质,二尖瓣狭窄分为两种病理类型:①隔膜型:主要为二尖瓣交界处粘连,病变多较轻;②漏斗型:二尖瓣前后叶均明显纤维性增厚、钙化,瓣膜弹性差,腱索和乳头肌粘连、挛缩、融合,使瓣膜僵硬而呈漏斗状,此型多伴有二尖瓣关闭不全。

【病理生理】

正常成人二尖瓣瓣口面积为4~6cm^2。临床上按瓣口面积将二尖瓣狭窄程度分为:轻度狭窄(1.5~2.0cm^2);中度狭窄(1.0~1.5cm^2);重度狭窄(<1.0cm^2)。根据二尖瓣狭窄的程度及血流动力学改变,将其病理生理过程分为3个阶段:

(一)左心房代偿期

轻度狭窄时,由左心房流入左心室的舒张期血流阻力增大,左心房压力增高,左心房代偿性扩张、肥大,增加其与左心室之间的压力阶差,尚可维持正常的心排血量。

(二)左心房失代偿期

中度狭窄时,左心房排血进一步受阻,左心房压力明显升高,肺静脉回流障碍,导致肺静脉压、肺毛细血管楔压增高,形成肺淤血。当肺毛细血管楔压超过3.33kPa(25mmHg)时,血浆、血细胞从毛细血管渗出,产生肺水肿。长期肺淤血,肺顺应性下降,反射性引起肺小动脉痉挛,导致肺动脉高压。

(三)右心衰竭期

长期肺动脉高压导致肺小动脉硬化,肺动脉高压进一步加重,增加右心室后负荷,引起右心室肥厚扩张,致右心衰竭。

【临床表现】

(一)症状

一般瓣口面积<1.5cm^{2}始有临床症状。

1.呼吸困难 为最早期也是最常见的症状,随病程进展,依次表现为劳力性呼吸困难、静息时呼吸困难、夜间阵发性呼吸困难甚至端坐呼吸。

2.咳嗽 多为干咳无痰或泡沫痰,常于平卧及体力活动时出现,并发感染时咳黏液样或脓痰。

3.咯血 多见于中、重度二尖瓣狭窄者。①大咯血:肺静脉压增高引起支气管黏膜下层静脉曲张、破裂所致。②痰中带血或血痰:由支气管内膜微血管或肺泡间毛细血管破裂所致。③粉红色泡沫样痰:急性肺水肿的典型表现,由毛细血管破裂所致。④胶冻状暗红色痰:见于并发肺梗死患者。

4.血栓形成和栓塞 为二尖瓣狭窄的严重并发症,约20%的患者在病程中发生血栓,发生栓塞者常伴心房颤动,故合并房颤的患者需予以预防性抗凝。

5.其他 明显扩大的左心房及扩张的肺动脉压迫左喉返神经可致声音嘶哑;巨大左心房压迫食管可致吞咽困难;右心衰竭时可出现食欲缺乏、腹胀、恶心等消化道淤血症状。

(二)体征

1.视诊和触诊 可呈"二尖瓣面容",即双颧部绀红。肺动脉高压致右心室肥厚和扩张,或增大的左心房将右心室推向胸骨引起胸骨左下缘抬举样搏动。少数情况下,患者左侧卧位时可触及心尖部的舒张期震颤。

2. 听诊

（1）**心音改变**：①当狭窄的二尖瓣活动性和弹性较好时，心尖区第一心音亢进，胸骨左缘第3、4肋间可闻及二尖瓣开放拍击音，即开瓣音。如瓣叶钙化僵硬，第一心音减弱，开瓣音消失。②肺动脉高压时肺动脉瓣区第二心音亢进或伴分裂。

（2）**心脏杂音**：①心尖区舒张中晚期低调的隆隆样杂音是二尖瓣狭窄的特征性体征，杂音呈递增型、局限、左侧卧位、运动及深呼气时增强。②二尖瓣明显狭窄伴肺动脉高压时，肺动脉及其瓣环扩张引起相对性肺动脉瓣关闭不全，于胸骨左缘第2肋间可闻及舒张早期递减型高调叹气样杂音（Graham-Steell杂音）。③右心室扩大时，因相对性三尖瓣关闭不全，可于胸骨左缘第4、5肋间闻及全收缩期吹风样杂音。

【**实验室和辅助检查**】

（一）**心电图**

窦性心律者可呈"二尖瓣型P波"（P波宽度>0.12秒，伴有切迹），提示左心房增大。QRS波群示右心室肥厚及电轴右偏，偶见右束支传导阻滞。病程晚期常合并心房颤动。

（二）**超声心动图**

超声心动图是确诊该病最敏感、可靠的方法。二维超声心动图可见瓣叶增厚、粘连、钙化，瓣叶活动受限，舒张期瓣叶呈圆拱状。M型超声心动图示二尖瓣前叶呈"城墙样"改变。彩色多普勒超声可测定二尖瓣血流速度，用于评价跨瓣压差及瓣膜狭窄程度：平均压差<5mmHg属轻度狭窄，5~10mmHg属中度狭窄，>10mmHg提示重度狭窄。

ER 3-6-3
二尖瓣狭窄超声心动图

（三）**X线检查**

后前位见左心房增大，左心缘变直，右心缘有双心房影，主动脉弓缩小，肺动脉干及次级肺动脉增宽，称为"二尖瓣型"心脏，严重者左心房、右心室增大明显，呈"梨形心"。肺淤血、间质性肺水肿的X线特征性表现为Kerley B线，即纤细、密集、不透明的水平线，常在肺中下野最清晰。

ER 3-6-4
梨形心

【**诊断和鉴别诊断**】

（一）**诊断**

依据患者病史及临床表现，结合典型的心尖区舒张期隆隆样杂音及X线或心电图示左心房增大，可初步诊断为二尖瓣狭窄，超声心动图可明确诊断。

（二）**鉴别诊断**

心尖区舒张期隆隆样杂音需与以下情况鉴别：

1. 左心房黏液瘤 瘤体阻塞二尖瓣口可产生随体位改变的舒张期杂音，其前有肿瘤扑落音，一般无开瓣音。超声心动图可见左心房团块状回声反射。

2. 主动脉瓣关闭不全 严重主动脉关闭不全于心尖区可闻及舒张中晚期柔和、低调隆隆样杂音（Austin-Flint杂音）。

3. 功能性二尖瓣狭窄 二尖瓣血流增加导致的相对性二尖瓣狭窄。严重二尖瓣反流、大量左至右分流的先天性心脏病（如室间隔缺损、动脉导管未闭）和高动力循环（如甲亢、贫血）时，心尖区可闻及短促的舒张中期隆隆样杂音。

【**并发症**】

（一）**心房颤动**

房颤为二尖瓣狭窄相对早期的常见并发症，也是最常见的心律失常，可能为患者就诊的首发症状。

（二）急性肺水肿

重度二尖瓣狭窄的严重并发症,表现为突发的重度呼吸困难、发绀、端坐呼吸、大汗、咳粉红色泡沫痰,双肺满布干湿啰音。

（三）血栓栓塞

二尖瓣狭窄合并心房颤动时,容易形成左心房内血栓,血栓脱落常导致体循环栓塞,最常见的为脑动脉栓塞。左心房带蒂球状血栓或游离漂浮球状血栓可突然阻塞二尖瓣口引起猝死。房颤合并右心衰竭时,右心房形成的血栓可致肺栓塞。

（四）右心衰竭

晚期常见并发症。当右心衰竭时,右心排血量明显减少,肺循环血量减少,左心房压相对下降,故肺淤血症状可减轻。

（五）肺部感染

长期肺淤血,支气管黏膜水肿和纤毛上皮功能减退,感染极易发生。

（六）感染性心内膜炎

发生率较低,瓣叶明显钙化或合并房颤时更少发生。

【治疗】

（一）内科治疗

1. 预防风湿热复发,应长期甚至终身使用苄星青霉素 120 万单位,每月肌内注射一次。

2. 无症状者避免剧烈体力活动,定期复查随访;有呼吸困难者应限制体力活动和钠盐摄入,去除诱发急性肺水肿的因素。

3. 窦性心律患者,如其呼吸困难发生在心率加快时,可用 β 受体拮抗剂或非二氢吡啶类钙通道阻滞剂,但不宜用地高辛。

4. 发生急性肺水肿时,避免使用扩张小动脉为主的药物,应选用扩张静脉为主的硝酸酯类药物。利尿剂可减轻肺静脉压,适用于右心衰竭和大咯血患者。

5. 合并房颤伴快速心室率,可静脉使用洋地黄类药物,当血流动力学不稳定时,如休克、晕厥者应立即电复律;慢性房颤者应争取介入或手术解决狭窄,如无禁忌证,均应长期服用华法林,国际标准化比值（INR）达到 2.0~3.0 以预防栓塞。

（二）手术治疗

1. 经皮球囊二尖瓣成形术 适用于中至重度单纯二尖瓣狭窄,瓣膜无明显钙化,无左心房血栓,二尖瓣无明显关闭不全者。

2. 二尖瓣分离术 分为闭式和直视式两种。闭式二尖瓣分离术目前临床已很少应用。直视式二尖瓣分离术适用于瓣叶严重钙化、病变累及腱索和乳头肌,左心房内有血栓或球囊成形术后再狭窄者。

3. 人工瓣膜置换术 适用于重度二尖瓣狭窄合并二尖瓣关闭不全者、严重瓣叶和瓣下结构钙化、畸形者。人工瓣膜分为机械瓣及生物瓣两种。机械瓣经久耐用,术后须终身抗凝;生物瓣无须抗凝,但生物瓣膜使用的期限较机械瓣膜短,通常使用时间低于 30 年,因此需要更换,费用更高。人工瓣膜置换术手术病死率为 3%~8%,术后并发症高于分离术,术后存活者,心功能恢复较好。

【预后】

二尖瓣狭窄出现症状,以及并发房颤、充血性心力衰竭及血栓栓塞者,预后不良,严重肺动脉高压发生后,其平均生存时间为 3 年。死亡原因依次为心力衰竭、血栓栓塞和感染性心内膜炎。抗凝治疗后,栓塞发生减少。手术治疗提高了患者的生活质量和存活率。

第二节　二尖瓣关闭不全

【病因和病理】

任何异常情况或各种病因影响到二尖瓣装置中五个功能成分(瓣叶、瓣环、腱索、乳头肌、邻近心肌)中的一个或多个发生结构异常和/或功能失调,均可导致二尖瓣关闭不全(mitral insufficiency or mitral regurgitation,MI 或 MR)。瓣叶损害多见于风湿性炎症、黏液样变性(多见于二尖瓣脱垂)、感染性心内膜炎等;瓣环病变可见先天性发育异常、各种心肌病、老年性退行性变等;腱索断裂最常见的是非风湿性单纯性二尖瓣关闭不全,其次为感染性心内膜炎、黏液样变性及缺血性心脏病。乳头肌功能障碍常见于心肌梗死后及慢性心肌缺血。

【病理生理】

(一)急性二尖瓣关闭不全

各种原因致腱索、乳头肌断裂时,收缩期左心室射出的部分血流经关闭不全的二尖瓣口反流至左心房,左心房容量负荷骤增,肺静脉压及肺毛细血管楔压随之急剧增高,此时易引发急性肺水肿。同时,左心室收缩期排血量明显减少,舒张期由于同时接收肺静脉与左心房反流血液致左心室舒张末压急剧上升,严重者引发心源性休克。

(二)慢性二尖瓣关闭不全

二尖瓣关闭不全,左心室收缩时血液从左心室大量反流入左心房,左心房同时接收肺静脉回流及左心室反流的血液,故左心房容量负荷增加,压力增高、内径扩大,慢性重度二尖瓣关闭不全时,左心房显著扩大,易合并房颤。若无二尖瓣狭窄时,舒张期左心房血液可迅速充盈左心室,左心房压力随之下降,故单纯二尖瓣关闭不全时,左心房扩大、心衰发生较晚。左心室容量负荷长期过重,最终可致左心室扩大、功能受损,心排血量降低,出现左心衰竭。

【临床表现】

(一)症状

1. 急性二尖瓣关闭不全　症状轻者可仅有轻微劳力性呼吸困难,症状重者可短期出现急性左心衰竭,甚至急性肺水肿、心源性休克。

2. 慢性二尖瓣关闭不全　轻度二尖瓣关闭不全者,可终身无症状;中度以上者,一般可十几年无症状,一旦出现症状则进展迅速。出现左心衰竭时,可表现为心排血量减少所致疲乏、无力,劳力性呼吸困难和端坐呼吸是慢性重度二尖瓣关闭不全的最常见症状。晚期右心衰时,可出现食欲缺乏、腹胀等消化系统淤血表现,此时左心衰竭症状反而有所减轻。如常有心悸,提示可能房颤的发生。

(二)体征

1. 视诊及触诊　心尖搏动弥散、强烈,向左下移位,呈抬举性搏动,并可触及收缩期震颤。

2. 听诊

(1)心音:第一心音减弱,但该体征常被杂音掩盖;心尖区可闻及第三心音,系由于中、重度二尖瓣关闭不全时,舒张期血流快速冲击左心室壁所致;肺动脉瓣听诊区第二心音亢进、分裂,为肺动脉高压所致;左心房强有力收缩可于心尖区闻及第四心音。

(2)心脏杂音:心尖区≥3/6级的全收缩期粗糙的吹风样杂音是二尖瓣关闭不全的主要体征,累及腱索、乳头肌时可出现乐音性杂音。二尖瓣前叶损害为主时,杂音向左腋下或左肩胛下传导;后叶损害为主时,杂音向心底部传导。二尖瓣脱垂时收缩期杂音在喀喇音之后,腱索断裂时杂音可似乐音性或海鸥鸣。

【实验室和辅助检查】

(一)心电图

轻度二尖瓣关闭不全者可正常,慢性中、重度关闭不全者,表现为左心房增大如 P 波增宽呈双峰（二尖瓣 P 波）。心房颤动常见，可有传导阻滞或偶发室性期前收缩。

（二）超声心动图

彩色多普勒血流显像对于二尖瓣关闭不全的敏感性可达 100%，并可根据所探测的收缩期左心房内最大射流面积来估测反流程度：射流面积<4cm^2 为轻度，4~8cm^2 为中度，>8cm^2 为重度。二维超声心动图可见二尖瓣结构的形态特征，如瓣叶增厚、钙化、反射增强、瓣口闭合不全，有助于明确病因。M 型超声心动图可见左心房增大、二尖瓣前叶舒张期 EF 斜率增大、瓣叶活动幅度增大、左心室扩大及室间隔搏动增强。

（三）X 线检查

急性者心影正常或左心房轻度增大，伴明显肺淤血，甚至肺水肿征。慢性轻度二尖瓣关闭不全者心脏改变和肺淤血不明显，或仅有左心房、左心室轻度增大。慢性重度反流者常见左心房显著扩大，左心室向左下扩大及肺淤血征象。

【诊断和鉴别诊断】

（一）诊断

出现以下情况考虑急性二尖瓣关闭不全，如突然发生呼吸困难，心尖区可闻及收缩期杂音，X 线显示心影不大而肺淤血明显且有明确病因者，如急性心肌梗死、感染性心内膜炎、二尖瓣脱垂、创伤和人工瓣膜置换术后等。典型的心尖区收缩期吹风样杂音伴左心房、左心室增大，可初步诊断慢性二尖瓣关闭不全。超声心动图检查可明确诊断。

（二）鉴别诊断

二尖瓣关闭不全收缩期杂音需与以下情况的收缩期杂音相鉴别，但均依赖超声心动图确诊。

1.三尖瓣关闭不全 胸骨左缘第 4、5 肋间全收缩期杂音，几乎不传导，少有震颤，杂音在吸气时增强，伴颈静脉收缩期搏动和肝脏收缩期搏动。

2.功能性心尖区收缩期杂音 半数左右的儿童和青少年可闻及心尖区收缩期杂音，轻而柔和，多数≤2/6 级，不掩盖第一心音，无心脏增大。亦可见于剧烈活动后、贫血、甲亢、发热等高动力循环状态。

【并发症】

心力衰竭是二尖瓣关闭不全常见并发症和致死的主要原因，急性者早期出现，慢性者出现较晚。3/4 的慢性重度二尖瓣关闭不全患者可出现房颤。感染性心内膜炎较二尖瓣狭窄多见。体循环栓塞较二尖瓣狭窄少见。

【治疗】

（一）急性二尖瓣关闭不全

内科治疗常作为术前过渡措施，以减轻心脏前后负荷，减轻肺淤血，减少反流，增加心排血量为目的。硝酸盐类或者利尿剂可以降低充盈压，硝普钠可以降低左心室后负荷以及反流量，低血压时可使用正性肌力药物。外科治疗为根本措施，应在药物控制症状的基础上，采取紧急或择期手术治疗。

（二）慢性二尖瓣关闭不全

1.内科治疗 一般治疗包括预防风湿热及感染性心内膜炎、限制体力活动、低盐饮食；无症状的慢性二尖瓣关闭不全，定期随访即可；出现心脏结构或功能改变时，血管紧张素转换酶抑制剂（ACEI）有助于改善预后。出现症状的二尖瓣反流，应用利尿剂、ACEI、β 受体拮抗剂及洋地黄等药物可缓解症状。慢性心房颤动，有体循环栓塞史、超声检查见左心房血栓者，应长期抗凝治疗。心房颤动导致心功能显著恶化时积极转复窦性心律是首选，转复窦性心律对于心衰及功能性二尖瓣关闭不全改善作用非常明确。

2. 外科治疗 外科手术是治疗二尖瓣关闭不全的根本措施,应在左心室功能发生不可逆损害之前进行。手术适应证:①急性二尖瓣关闭不全;②心功能Ⅲ~Ⅳ级,经内科积极治疗后;③心功能Ⅱ级或以下伴心脏扩大,左心室收缩末期容量指数(LVESVI)>30ml/m²;④左室射血分数(LVEF)减低,左心室收缩和舒张末期内径增大,LVESVI>60ml/m²,尽早手术治疗。

【预后】

急性严重反流伴血流动力学不稳定者,如未及时手术治疗,极难存活。慢性二尖瓣关闭不全无症状期可长达 20 年以上,一旦失代偿则病情迅速恶化。慢性重度二尖瓣关闭不全内科治疗 5 年存活率为 80%,若合并有二尖瓣狭窄则生存率明显下降。早期手术可以明显改善左心室收缩功能,改善预后。

知识拓展

经导管缘对缘技术治疗二尖瓣反流

经导管二尖瓣缘对缘修复技术(MitraClip)是一种经导管介入治疗二尖瓣反流的技术,该技术通过夹合反流性二尖瓣的前瓣和后瓣以纠正二尖瓣反流。外科二尖瓣修复或置换是治疗的根本,故此介入术适应证为外科手术高危或禁忌的患者,有症状、高危伴或不伴左心室射血分数(LVEF)下降的患者。虽然 MitraClip 具有创伤小、手术时间短、安全性较高等特点,但在决定最佳治疗策略时,术前都应经过由心内科、心外科、影像科、麻醉科等多学科组成的心脏团队全面评估患者手术风险。

第三节 主动脉瓣狭窄

案例导入

患者,男,56 岁,因"间断憋喘 1 个月,加重伴黑矇、头晕 1 周"入院。患者 1 个月前多于平地慢走 100m 或上楼梯后,出现憋喘、胸闷、呼吸困难,休息后缓解。1 周前患者出现头晕,因一过性黑矇入院。高血压 3 级 10 余年,近 1 年血压正常。查体:心率 88 次/min,血压 95/65mmHg,半卧位,颈静脉充盈,双下肺,可闻及少许湿啰音,心界左下扩大,心律不齐,主动脉瓣区可闻及收缩期粗糙喷射样杂音,向右锁骨下传导。辅助检查:X 线片示心影增大,超声心动图示:左心房扩大,左心室饱满,主动脉瓣向前血流增快,主动脉瓣增厚钙化性狭窄,左室射血分数下降。

请思考:

1. 该患者可能的诊断是什么?
2. 需进一步完善哪些检查?
3. 治疗措施有哪些?

【病因和病理】

主动脉瓣狭窄(aortic stenosis,AS)由先天性病变、退行性变和炎症性病变 3 种病因所致。单纯主动脉瓣狭窄多为先天性或退行性变所致,且男性多见。先天性畸形按发生率依次表现为二叶瓣、三叶瓣及单叶瓣畸形,结构畸形致血液湍流,长期损害瓣叶,引起主动脉瓣纤维化、钙化,继而增厚、僵硬,导致瓣口狭窄;风湿性炎症反复发作,使瓣膜边缘相互粘连融合,瓣叶僵硬、钙化、挛缩畸形,导致开放受限。老年退行性变过程包括增生性炎症、脂类聚集、巨噬细胞和 T 淋巴细胞浸润等,最终钙化致瓣叶活动受限,引起主动脉瓣狭窄。与年龄相关的退行性主动脉瓣狭窄已成为最常见的 AS 病因。

【病理生理】

正常人主动脉瓣口面积为 3.0~4.0cm²。瓣口面积 1.5~3.0cm² 为轻度狭窄;1.0~1.5cm² 为中度狭窄;<1.0cm² 为重度狭窄。

当主动脉瓣狭窄时,左心室射血阻力增大,左心室收缩压升高,为维持正常收缩期室壁应力和心排血量,左心室发生代偿性肥厚。肥厚的左心室顺应性降低,舒张期压力增高,为完成左心室充盈,迫使左心房亦代偿性肥大,继而左心房压力增高。随病程进展,可引起肺静脉压、肺毛细血管楔压、肺动脉压相继升高的一系列左心室功能不全表现。

另外,主动脉瓣狭窄引起左心室代偿性肥厚,左心室射血时间延长,使心肌耗氧量增加;主动脉瓣狭窄时主动脉根部舒张压降低、左心室舒张末压增高压迫心内膜下血管,使冠状动脉灌注减少及脑供血不足。上述机制引发心肌缺血缺氧及心绞痛发作,进一步损害左心室功能,并可导致头晕、黑矇及晕厥等脑缺血症状。

【临床表现】

(一)症状

主动脉瓣狭窄患者无症状期长,直至瓣口面积<1cm² 时,方出现临床症状。劳力性呼吸困难、心绞痛和晕厥是主动脉瓣狭窄的典型三联征。

1. 劳力性呼吸困难 是晚期患者常见首发症状,先后出现劳力性呼吸困难、端坐呼吸及夜间阵发性呼吸困难等不同程度的充血性心力衰竭表现。呼吸道感染、心律失常、劳累等因素可诱发急性肺水肿。

2. 心绞痛 发生较晚,提示主动脉瓣严重狭窄。常由运动诱发,休息后可缓解,为典型的劳力性心绞痛。主要由左心室壁肥厚造成需氧量增加,左心室舒张压增高造成冠状动脉血流减少,引发心肌缺血所致。

3. 晕厥 可为首发症状,轻者表现为黑矇、晕厥,重者可发生猝死。多发生于劳力性晕厥,少数在休息时发生。其可能的机制是:①运动时外周血管扩张,心排血量不能相应增加,同时心肌缺血,心排血量进一步减少;②运动停止后,体循环静脉回流减少,左心室充盈量及心排血量下降;③静息状态下,心房颤动、房室传导阻滞或心室颤动等心律失常可导致心排血量骤减。

(二)体征

1. 视诊及触诊 颈动脉搏动缓慢增强,收缩压降低、脉压减小、主动脉瓣区可触及收缩期震颤;心尖区可触及收缩期抬举样搏动等。

2. 听诊

(1)**心音**:第一心音正常,主动脉瓣严重狭窄时,左心室射血时间显著延长,主动脉瓣第二心音减弱或消失,严重者第二心音可呈逆分裂。左心房肥厚、收缩有力可产生明显的第四心音。如瓣叶活动度正常,可在胸骨右、左缘和心尖区闻及主动脉瓣喷射音(主动脉瓣开瓣音),瓣叶钙化僵硬则喷射音消失。

(2)**心脏杂音**:主动脉瓣区闻及收缩期喷射性杂音,≥3/6 级,较粗糙,呈递增递减型,向颈部传导。狭窄越重,杂音越响,持续时间越长。合并左心衰竭时,因瓣膜处的血流减少,杂音减弱柔和、短暂。

【实验室和辅助检查】

(一)心电图检查

轻度主动脉瓣狭窄者心电图可正常。大部分重度者左心室肥厚、ST-T 继发性改变。瓣膜钙化严重时,可见左前分支阻滞和其他各种程度的房室或束支传导阻滞。

(二)超声心动图

二维超声心动图可见主动脉瓣瓣叶增厚、钙化、回声增强,瓣叶收缩期开放受限;左心室对称性肥厚,左心房可增大,主动脉根部狭窄后扩张;亦可发现二叶瓣等先天性畸形。彩色多普勒可见血流于瓣口下方形成五彩镶嵌的射流,通过测定主动脉瓣口最大血流速度,计算最大跨瓣压力阶差及瓣口面积,可判定主动脉瓣的狭窄程度。

(三)X线检查

心影正常或略增大;仅有心室肥厚时,正位片可见心尖圆钝、侧位片心尖稍向后移位;中、重度主动脉瓣狭窄左心室、左心房扩大,升主动脉扩张,主动脉瓣钙化。晚期合并心力衰竭时有肺淤血征象、并可见右心房增大表现。

【诊断和鉴别诊断】

(一)诊断

结合典型症状及主动脉瓣区闻及3/6级以上粗糙呈递增递减型收缩期喷射性杂音可考虑主动脉瓣狭窄,超声心动图可确诊。合并主动脉瓣关闭不全和二尖瓣病变者多见于风湿性心脏瓣膜病,单纯主动脉瓣病变的年轻患者多为先天瓣叶发育畸形,年龄65岁以上者多见老年退行性钙化病变。

(二)鉴别诊断

主动脉瓣区收缩期杂音应与以下疾病相鉴别:

1. 梗阻性肥厚型心肌病 胸骨左缘第4肋间闻及中或晚期喷射性收缩期杂音,不向颈部和锁骨下传导。超声心动图可见左心室非对称性肥厚,室间隔明显增厚,与左心室后壁比值≥1.3。

2. 先天性主动脉瓣瓣下狭窄 常合并轻度主动脉瓣关闭不全,无喷射音。

3. 先天性主动脉瓣瓣上狭窄 右锁骨下听诊杂音最响,向胸骨右上缘和右颈动脉传导,喷射音少见。

【并发症】

(一)心力衰竭

患者发生左心衰竭后自然病程缩短,50%~70%患者死于充血性心力衰竭。

(二)心脏性猝死

有症状者心脏性猝死多见,无症状者仅1%~3%,可能与急性心肌缺血诱发恶性心律失常有关。

(三)心律失常

左心室肥厚、心肌缺血时可发生室性心律失常;主动脉瓣钙化累及传导系统时,可发生传导阻滞;约10%患者发生心房颤动,可发生严重低血压、晕厥或肺水肿。

(四)体循环栓塞

体循环栓塞可发生于钙化性主动脉瓣狭窄者,以脑栓塞常见。

(五)感染性心内膜炎

先天性主动脉瓣二叶畸形者可发生感染性心内膜炎,不常见。

【治疗】

(一)内科治疗

1. 无症状者无须治疗,主要是预防感染性心内膜炎和风湿热。

2. 无症状轻度狭窄患者,体力活动不受限制,每两年复查一次超声心动图。

3. 中至重度狭窄的患者应避免剧烈体力活动,每6~12个月复查一次超声心动图。

4. 合并心房颤动等心律失常者,应及时复律或控制心室率,避免临床症状进一步恶化。

5. 心力衰竭者应限制钠盐摄入,可谨慎使用利尿剂以缓解肺充血;ACEI和β受体拮抗剂不适用于主动脉狭窄患者。

（二）外科治疗

主动脉瓣狭窄患者一旦出现症状，均应行手术治疗。

1. 直视下主动脉瓣分离术 适用于儿童和青少年非钙化性先天性主动脉瓣严重狭窄者。

2. 介入治疗 经导管主动脉瓣置换术（TAVR）是一种全新的微创瓣膜置换技术。TAVR无须传统的体外循环，手术创伤小，适用于高龄、存在严重合并症不能行外科手术的患者。经皮球囊主动脉瓣成形术（PBAV）能解除主动脉瓣狭窄，增加心排血量，改善症状，系单纯先天性非钙化性主动脉瓣狭窄的婴儿、青少年患者首选治疗方法。

3. 人工瓣膜置换术 是治疗成人主动脉瓣狭窄的主要方法，重度狭窄伴心绞痛、晕厥或心力衰竭者为手术的主要指征。无症状的患者，如伴有心脏进行性增大和/或左心室功能逐渐减退，也应考虑手术治疗。远期预后效果优于二尖瓣疾病和主动脉关闭不全的换瓣患者。

知识拓展

心脏瓣膜选择中国共识

《心脏瓣膜外科人工瓣膜选择中国专家共识》指出：根据患者年龄、个人意愿、预期寿命、抗凝治疗的适应证/禁忌证等选择心脏瓣膜。外科换瓣手术：60~65岁是分界线，对于年龄<60岁且预期寿命较长的患者，在接受瓣膜置换术且无抗凝禁忌证或高风险时，建议使用机械瓣膜；60~65岁接受瓣膜置换术且无抗凝禁忌证或高风险的患者，可以根据患者个人意愿选择机械瓣膜或者生物瓣膜；年龄>65岁，需要接受瓣膜置换术的患者，就建议使用生物瓣膜。对于经导管主动脉瓣置换术，总体上以70岁为分界线；外科手术极高危，或中、高危且年龄≥70岁的患者，经导管主动脉瓣置换术（TAVR）是合理的。如果患者无法持续进行瓣膜置换术后高质量的抗凝治疗，使用生物瓣膜是合理的。

【预后】

无症状者存活率与正常群体相当。三联征出现时预后较差。伴有心绞痛者约50%患者5年内死亡，出现晕厥者约50%患者3年内死亡，合并充血性心力衰竭者约半数2年内死亡。主动脉瓣置换术可明显改善预后。

第四节　主动脉瓣关闭不全

案例导入

患者，男，73岁，因"发作性胸闷胸痛1个月，加重1天"入院。1个月前患者发作性胸闷，伴胸骨后烧灼疼痛，多于夜间发作，持续3~5分钟，休息后缓解。入院前一天患者突发胸闷、气短、出汗、含服硝酸甘油后缓解。高血压病史，未治疗。查体：心率88次/min，血压175/116mmHg，双肺可闻及少量湿啰音，心界向左侧扩大，主动脉瓣区闻及舒张期高调叹气样杂音。辅助检查：总胆固醇5.78mmol/L，血糖6.36mmol/L；心电图提示左室肥厚，电轴左偏；超声心动图可见主动脉瓣叶对合不良，可见明显关闭裂隙，左室左房增大。

请思考：

1. 该患者最可能的诊断是什么？

2. 治疗原则有哪些？

【病因和病理】

主动脉瓣关闭不全（aortic incompetence）主要由主动脉瓣膜和主动脉根部病变所致。急性主动脉瓣关闭不全主要病因包括：感染性心内膜炎、创伤、主动脉夹层及瓣膜置换术后瓣周漏或瓣膜损伤；慢性主动脉瓣关闭不全由主动脉瓣病变和主动脉根部扩张所致，前者主要病因包括风湿性炎症、先天性畸形、感染性心内膜炎、黏液样变性、退行性病变等，后者主要由 Marfan 综合征、梅毒性主动脉炎、主动脉窦动脉瘤等疾病引发。

【病理生理】

（一）急性主动脉瓣关闭不全

急性主动脉瓣关闭不全时，左心室同时接纳主动脉反流及左心房充盈血流，左心室容量负荷急剧增加，而心搏量不能相应增加，左心室舒张末压迅速升高，左心房压力增高，引起肺淤血、肺水肿。

（二）慢性主动脉瓣关闭不全

主动脉内血液逆流入左心室，使左心室舒张末容量增加，左心室代偿性肥厚扩张，心肌收缩力增强，维持左心室泵血功能。随反流量增多，左心室进一步扩张，左心室舒张末容积和压力显著增加，最终导致左心室功能降低，发展为左心功能不全。

主动脉瓣反流导致舒张期主动脉内压降低，代偿性心率增快，舒张期缩短，冠状动脉灌流量减少，心肌肥厚使耗氧量增加，导致心肌缺血，产生心绞痛。另一方面，冠状动脉血流主要依赖舒张期，冠状动脉灌流量减少，舒张压降低，脉压增大，可出现周围血管征。

【临床表现】

（一）症状

1. 急性主动脉瓣关闭不全　与反流的严重程度有关，轻者可无任何症状，重症者可出现急性肺水肿和低血压表现。

2. 慢性主动脉瓣关闭不全　轻者可在较长时间内无症状，一旦发生心力衰竭，则进展迅速。常见症状：

（1）**心悸**：左心室明显增大，心尖搏动增强所致，以左侧卧位、仰卧位明显。

（2）**呼吸困难**：劳力性呼吸困难出现最早，随病情进展，可出现端坐呼吸和夜间阵发性呼吸困难。

（3）**胸痛**：可能由左心室射血时升主动脉被过度牵张所致，亦有心肌缺血因素，心绞痛较主动脉瓣狭窄者少见，持续时间较长，对硝酸甘油反应差。

（4）**头晕或眩晕**：快速改变体位时，可出现头晕或眩晕，晕厥少见。

（二）体征

1. 急性主动脉瓣关闭不全　舒张期杂音低调、柔和、短促，由舒张期主动脉与左室压力迅速平衡所致；二尖瓣提前关闭，第一心音减弱或消失；肺动脉高压时可闻及肺动脉瓣区第二心音亢进，亦可闻及病理性第三心音和第四心音；急性肺水肿发生时可于肺部闻及湿啰音。

2. 慢性主动脉瓣关闭不全

（1）**心音**：第一心音减弱，由于舒张期左心室充盈过度、二尖瓣位置高所致；第二心音主动脉瓣成分减弱或消失；心尖区常可闻及第三心音，与舒张早期左心室快速充盈增加有关。

（2）**心脏杂音**：①主动脉瓣听诊区可闻及舒张期高调递减型叹气样杂音，坐位前倾呼气末明显，向心尖区传导。如杂音为乐音性，常提示瓣叶脱垂、撕裂或穿孔；②心尖区可闻及柔和、低调的隆隆样舒张中晚期杂音（Austin-Flint 杂音），可能是严重的主动脉瓣反流使左心室舒张压快速升高，导致二尖瓣处于半关闭状态，引起相对二尖瓣狭窄所致；③心底部主动脉瓣听诊区可闻及收缩中期喷射样、较柔和、短促的高调杂音，强度 2/6~4/6 级，伴震颤，向颈部传导，系收缩期极大的心搏量通过病变的主动脉瓣膜所致。

（3）**周围血管征**：由于收缩压增高，舒张压降低，脉压增大所致。包括随心脏搏动的点头征（de Musset 征）、水冲脉、毛细血管搏动征、股动脉枪击音（Traube 征）、股动脉双期杂音（Duroziez 征）。

（4）**其他体征**：心尖呈抬举样搏动，向左下移位，搏动范围较大，心界向左下扩大。心底部、胸骨柄切迹、颈动脉可触及收缩期震颤。颈动脉搏动明显。

【实验室和辅助检查】

（一）心电图检查

急性者常见窦性心动过速和非特异性 ST-T 改变，慢性者常见左心室肥厚劳损伴电轴左偏。

（二）超声心动图

M 型超声显示舒张期二尖瓣前叶高频振动，为主动脉瓣关闭不全的特征性表现。二维超声可显示主动脉瓣瓣叶增厚、钙化、变形，舒张期关闭对合不佳。多普勒超声显示主动脉瓣心室侧（左心室流出道）探及全舒张期高速射流，为确定主动脉瓣反流高度敏感及准确的方法，并可通过计算反流血量与搏出血量的比例，判断其严重程度。

ER 3-6-7
主动脉瓣关闭
不全超声
心动图

（三）X 线检查

急性者常有肺淤血或肺水肿征。慢性者左心室增大，可伴左心房增大，升主动脉继发性扩张，呈"主动脉型"心脏，即"靴形心"。

ER 3-6-8
靴形心

【诊断和鉴别诊断】

（一）诊断

根据典型症状、主动脉瓣区高调递减型哈气样杂音及周围血管征可诊断为主动脉瓣关闭不全，超声心动图可明确诊断。如合并主动脉瓣狭窄或二尖瓣病变时，则支持风湿性心脏瓣膜病诊断。

（二）鉴别诊断

主动脉瓣关闭不全的杂音位于胸骨左缘时，应与 Graham-Steell 杂音鉴别：后者因肺动脉高压及肺动脉扩张所致相对性肺动脉瓣关闭不全产生，颈动脉搏动正常，无周围血管征，杂音于吸气时增强。Austin-Flint 杂音应与二尖瓣狭窄的心尖区舒张期隆隆样杂音鉴别：前者紧随第三心音，第一心音减弱；后者紧随开瓣音，第一心音常亢进。

【并发症】

充血性心力衰竭多见，为本病死亡的重要原因。感染性心内膜炎较常见，可加速心力衰竭的发生；常见室性心律失常，但心脏性猝死少见。

【治疗】

（一）急性主动脉瓣关闭不全

外科治疗为根本措施，可施行人工瓣膜置换术或主动脉瓣修复术。内科治疗仅为术前准备过渡措施，目的在于降低肺静脉压，增加前向心排血量，改善肺淤血。静脉滴注硝普钠对降低前后负荷、改善肺淤血、减少反流量和增加排血量有益，利尿剂、正性肌力药物及升压药也可酌情使用。

（二）慢性主动脉瓣关闭不全

1. 内科治疗 预防感染性心内膜炎、风湿活动、梅毒性主动脉炎给予全疗程青霉素治疗。无症状且左心室功能正常者无须治疗，应定期随访。轻至中度主动脉瓣关闭不全，每 1~2 年随访一次；重度者，每半年随访一次。左室收缩功能不全出现心力衰竭患者可应用利尿剂、血管扩张剂、血管紧张素转换酶抑制剂及洋地黄类药物。有心绞痛者可使用硝酸酯类药物。

2. 外科治疗 人工瓣膜置换术是治疗主动脉瓣关闭不全的主要方法，手术应在不可逆的左心室功能不全发生之前进行。对于存在明确手术适应证的患者，应考虑尽早行主动脉瓣置换术，可显著改善左心室功能及预后。部分病例如创伤、感染性心内膜炎致瓣叶穿孔可行瓣叶修复术。

【预后】

急性重度主动脉瓣关闭不全如不及时手术治疗,常死于左心衰竭。慢性者无症状期长,但一旦症状开始出现,病情便迅速恶化,心绞痛者 5 年内病死率约 50%,严重左心衰者 2 年内病死率约 50%。术后存活者大部分有明显临床症状改善,但恢复程度和术后远期存活率低于主动脉瓣狭窄者。

第五节　多瓣膜病

多瓣膜病(multivalvular heart disease)又称联合瓣膜病,是指两个或两个以上瓣膜病变同时存在。

【病因】

(一)单个疾病致多瓣膜损害

最常见为风湿性心脏病,近一半患者有多瓣膜损害。其次为老年退行性改变、黏液样变性,可同时累及二尖瓣和三尖瓣。感染性心内膜炎也可累及多个瓣膜。

(二)单个瓣膜病变继发多瓣膜异常

如主动脉瓣膜关闭不全使左心室容量负荷过度而扩大,产生相对性二尖瓣关闭不全。

(三)不同疾病致多瓣膜损害

如先天性肺动脉瓣狭窄伴风湿性二尖瓣病变。

【病理生理和临床表现】

多瓣膜病的病理生理和临床表现取决于受损瓣膜的组合形式和各瓣膜受损的相对严重程度。瓣膜损害程度相同时,近端病变常掩盖远端病变的临床表现;瓣膜损害程度不等时,严重者常掩盖较轻病变的血流动力学异常。虽然某一瓣膜的损害可能减轻或抵消另一瓣膜病变的血流动力学变化,继而减轻临床症状,但多瓣膜病变在病理生理上往往加重病情,对心脏功能及患者预后造成综合性不良影响。常见的多瓣膜病有以下几种:

(一)二尖瓣狭窄伴主动脉瓣关闭不全

此病常见于风湿性心脏病。二尖瓣狭窄严重时,由于左心室充盈压不足,左室收缩延缓,左心室射血量减少,使主动脉瓣反流相应减少,主动脉瓣反流杂音和周围血管征减轻,二尖瓣区舒张期杂音可减弱,甚至消失。

(二)二尖瓣狭窄伴主动脉瓣狭窄

当二尖瓣狭窄重于主动脉瓣狭窄,左心室充盈压降低,左心室收缩压降低,延缓左心室肥厚和减少心肌耗氧,故心绞痛不明显;若主动脉瓣狭窄较重,左心室舒张压增高,舒张期二尖瓣跨瓣压减小,极易发生左心衰竭。

(三)主动脉瓣狭窄伴二尖瓣关闭不全

此病为危险的多瓣膜病。前者增加二尖瓣反流,后者减少了主动脉瓣狭窄维持左心室每搏容量必需的前负荷,致使早期即可发生肺淤血,短期内产生左心衰竭。

(四)二尖瓣关闭不全伴主动脉瓣关闭不全

左心室承受双重容量过度负荷,使心室舒张期压力明显上升,可进一步加重二尖瓣反流,较早发生左心衰竭。

(五)二尖瓣关闭不全伴三尖瓣和/或肺动脉瓣关闭不全

此病常见于晚期风湿性心脏病二尖瓣狭窄患者。

【诊断及治疗】

超声心动图对诊断及评价心功能具有重要价值。多瓣膜病与单瓣膜病内科治疗方式相同,手术治疗为主要措施。应同时考虑多种瓣膜病变并存的耐受性,及多种疾病病因的相互影响。双瓣膜置换手术风险较单瓣膜置换术风险高70%左右,应仔细分析各瓣膜病治疗的利弊,并行左、右心导管检查和心血管造影以确定诊断及治疗方法。手术方式有瓣膜分离术、瓣膜置换术和瓣环成形术。

本章小结

　　心脏瓣膜疾病是常见的心脏病,虽然我国风湿性心脏瓣膜病患病率已明显下降,但仍然是最常见的心脏瓣膜病。此外瓣膜退行性改变、钙化性主动脉瓣狭窄、二尖瓣脱垂综合征合并瓣膜反流等发病率逐渐增多。临床表现为呼吸困难、心绞痛、心悸及不同程度不同时期不同性质的杂音等。透彻理解瓣膜疾病的病理生理,从而推导症状和体征,便于更好地理解、诊断和鉴别诊断。确诊依赖超声心动图。介入和手术治疗是治疗瓣膜病的根本方法,内科治疗重在预防、术前过渡措施和改善症状。

病例讨论

　　患者,女,71岁,因"反复活动后胸闷、气促15年,加重伴腹胀水肿2天入院"。15年前,患者上楼梯时出现活动后胸闷(以左胸及肋弓为甚)、气促,休息后可缓解。后日渐加重,日常活动即出现胸闷。近2天患者食欲缺乏、腹胀、恶心呕吐(为胃内容物)、夜尿增多及双下肢水肿。对症处理后有所缓解。否认高血压及糖尿病。查体:T 36.0℃,P 94次/min,R 25次/min,BP 85/56mmHg。慢性病容,双肺呼吸音粗,未闻及干湿性啰音及胸膜摩擦音。心尖搏动位于第6肋间左锁骨中间外1cm,心尖区抬举样搏动,未触及震颤。心界向左下扩大,心率94次/min,律齐,主动脉第二心音减弱,主动脉瓣听诊区可闻及收缩期4/6级粗糙杂音,并向颈部传导;二尖瓣听诊区可闻及收缩期2/6级吹风样杂音,肝区及肾区无叩痛,移动性浊音阴性。双下肢中度凹陷性水肿。

(钟雪梅)

思考题

1. 二尖瓣狭窄的听诊特点是什么?
2. 主动脉瓣关闭不全的病理生理有哪些?
3. 主动脉瓣狭窄的临床表现分别有哪些?
4. 二尖瓣狭窄伴主动脉瓣关闭不全的血流动力学变化如何?

ER 3-6-9

练习题

第七章 | 感染性心内膜炎

教学课件　　思维导图

学习目标

1. 掌握：感染性心内膜炎的病因、临床表现、并发症、辅助检查及诊断依据。
2. 熟悉：感染性心内膜炎的治疗。
3. 了解：感染性心内膜炎发病机制、病理及预防。
4. 学会对感染性心内膜炎患者进行诊断，并选择合理的治疗药物。
5. 具备敬佑生命、救死扶伤的医者精神。

案例导入

患者，男，23岁。因"反复心悸、气短20年余，加重伴发热3个月"入院。患者20余年前因心悸、气短就医，发现室间隔缺损。3个月前拔牙后出现发热，伴乏力、食欲缺乏。服用布洛芬体温可下降，未使用抗生素治疗。同时感心悸、气短加重，平地行走100m即感气短。否认结核病史。查体：T 38.4℃，睑结膜苍白，双肺呼吸音清，未闻及干、湿性啰音。心率110次/min，律齐，胸骨左缘第3肋间可闻及4/6级粗糙的全收缩期杂音，脾肋下可触及，左侧示指可见豌豆大的紫色结节。白细胞$13×10^9$/L，中性粒细胞86%，血红蛋白92g/L，血小板$120×10^9$/L。

请思考：

1. 该患者可能的诊断是什么？
2. 需要完善的辅助检查有哪些？
3. 该患者的治疗方案有哪些？

感染性心内膜炎（infective endocarditis，IE）是指病原微生物（如细菌、病毒、真菌、立克次体等）经血行途径直接侵袭心内膜、心瓣膜或邻近大动脉内膜引起的炎症性疾病，常伴有赘生物。赘生物为大小不等、形状不一的血小板和纤维素团块，内含大量微生物和少量炎症细胞。瓣膜为最常受累部位，也可发生在间隔缺损部位、腱索或心壁内膜。感染性心内膜炎被认为是致命的感染性疾病。我国随着人口老龄化加剧，老年退行性心脏瓣膜病患者比例增高，心内置入物及血管内检查增多，IE发病率呈明显增长趋势，但尚无确切流行病学数据。一旦患病，后果严重，住院患者病死率高达15%~30%。无结构性心脏病者发生感染性心内膜炎近几年呈上升趋势。根据病程IE分为急性和亚急性（表3-7-1）。根据感染瓣膜类型可分为自体瓣膜、人工瓣膜和静脉药瘾者的心内膜炎。

表 3-7-1　感染性心内膜炎病程分类及特征

特征	急性	亚急性
中毒症状	明显	轻
病程	迅速，数天至数周引起瓣膜破坏	数周至数月
感染迁移灶	多见	少见

续表

特征	急性	亚急性
病原体	主要为金黄色葡萄球菌	甲型溶血性链球菌（草绿色链球菌）多见，其次为肠球菌
感染瓣膜	多发生于正常瓣膜	多发生于器质性心脏病患者

知识拓展

感染性心内膜炎小组

IE 病死率高、预后差。感染性心内膜炎小组由欧洲心脏病学学会指南首次提出，主要基于三点原因：①感染性心内膜炎不是单一疾病，可累及多系统，不是单学科医师能独立治疗的。②需要各专业较高水平的医师。③约半数感染性心内膜炎患者住院期间需要手术治疗，早期与外科小组讨论病情十分必要。感染性心内膜炎小组承担的任务有：①按期共同讨论病例、作出外科决策、安排需要随访的患者。②根据现有指南，制定抗生素治疗方案。③参加国内和国际注册，汇报本中心的发病率和病死率。④按期随访患者。感染性心内膜炎小组应包括心内科、心外科、感染内科、神经内科、超声科、影像科、肾内科、麻醉科等科室医师。

【病因】

链球菌和葡萄球菌是引起 IE 的主要病原微生物。急性者主要由金黄色葡萄球菌引起，少数由肺炎球菌、淋球菌、A 族链球菌和流感嗜血杆菌等所致。亚急性者，甲型溶血性链球菌最常见，其次为 D 族链球菌（牛链球菌和肠球菌）、表皮葡萄球菌，其他细菌较少见。真菌、立克次体和衣原体为自体瓣膜心内膜炎的少见致病微生物。过去认为甲型溶血性链球菌是感染性心内膜炎，尤其是亚急性感染性心内膜炎的最主要致病菌，但随着静脉药瘾者的增加，金黄色葡萄球菌已经成为 IE 的主要致病菌。需要注意的是，几乎所有已知的致病微生物均可以引起本病，且同种病原体既可引起急性病程，也可引起亚急性病程。

【发病机制】

IE 发病的两个环节：菌血症和基础心脏病。菌血症是 IE 发生的必要条件，器质性心脏病患者为 IE 高危人群。此外，血流动力学因素及其他机械因素造成的损伤、非细菌性血栓性心内膜炎、暂时性菌血症以及血液中致病微生物的数量、毒力、侵袭力和黏附能力均与感染性心内膜炎的发生有关。

（一）基础心脏病与非细菌性血栓性心内膜炎

亚急性者多发生于器质性心脏病，首先为心脏瓣膜病，尤其是二尖瓣和主动脉瓣；其次为先天性心脏病，如室间隔缺损、动脉导管未闭、法洛四联症和主动脉缩窄。由于心瓣膜病损伤处存在着一定的血液压力阶差，容易引起局部心内膜的内皮受损，促使血小板和纤维蛋白聚集形成血凝块，并逐渐增大，形成无菌性血栓性赘生物，导致非细菌性血栓性心内膜炎，成为细菌定居瓣膜表面的重要因素。赘生物常位于血流从高压腔经病变瓣口或先天缺损至低压腔产生高速射流和湍流的下游，如二尖瓣关闭不全的瓣叶心房面、主动脉瓣关闭不全的瓣叶心室面和室间隔缺损的右心室侧，使之转为感染性心内膜炎。可能与处于湍流下方部位的内膜灌注压力下降，利于微生物沉积和生长有关。

（二）短暂菌血症

当发生短暂菌血症（感染、拔牙、器械检查或静脉注射毒品等）时，细菌侵入上述赘生物，逃避宿主的免疫防御，在局部繁殖，促使血小板进一步聚集和纤维蛋白沉积，最终形成一种多层的感染性赘生物。厚的纤维蛋白层覆盖在赘生物外，阻止吞噬细胞进入，为其内的细菌生存繁殖提供良好的庇护。反复的感染激活免疫系统，导致肾小球肾炎、肝脾大、关节炎、腱鞘炎、心包炎和微血管炎等一系列并发症。

感染性心内膜炎的发病机制是心内膜自身病变、菌血症和免疫功能异常共同作用的结果。

【病理】

（一）心内感染和局部扩散

1. 赘生物呈小疣状结节或菜花状、息肉样，小可不足 1mm，大可阻塞瓣口。赘生物导致瓣叶破损、穿孔或腱索断裂，引起瓣膜关闭不全。

2. 感染的局部扩散导致瓣环或心肌脓肿、传导组织破坏、乳头肌断裂或室间隔穿孔和化脓性心包炎。

（二）赘生物碎片脱落致栓塞

1. 动脉栓塞导致组织器官梗死，偶可形成脓肿。

2. 脓毒性栓子栓塞动脉血管壁的滋养血管，引起动脉管壁坏死，或栓塞动脉管腔，细菌直接破坏动脉壁。

上述两种情况均可形成细菌性动脉瘤。

（三）血源性播散

菌血症持续存在，在心外的机体其他部位播种化脓性病灶，形成迁移性脓肿。

（四）免疫系统激活

持续性菌血症刺激细胞和体液介导的免疫系统，引起：①脾大；②肾小球肾炎；③关节炎、心包炎和微血管炎（可引起皮肤、黏膜体征和心肌炎）。

【临床表现】

从短暂性菌血症的发生至症状出现的时间间隔长短不一，多在 2 周以内，但不少患者无明确的细菌进入途径可寻。

（一）发热

发热是感染性心内膜炎最常见的症状，除有些老年或心、肾衰竭重症患者外，几乎均有发热。急性者呈暴发性败血症过程，有高热寒战，突发心力衰竭者较为常见。亚急性者起病隐匿，可有全身不适、乏力、食欲缺乏和体重减轻等非特异性症状。可有弛张热，一般低于 39℃，午后和晚上高，部分患者热型不典型。头痛、背痛和肌肉关节痛常见。

（二）心脏杂音

85% 的患者可闻及心脏杂音，可由基础心脏病和/或心内膜炎导致瓣膜损害所致。最具特征的是新出现的病理性杂音或原有杂音性质和强度的改变。急性者要比亚急性者更容易出现。瓣膜损害所致的新的或增强的杂音主要为关闭不全的杂音，以主动脉瓣关闭不全多见。

（三）动脉栓塞

栓塞可发生在机体的任何部位。脑、心脏、脾、肾、肠系膜和四肢为临床常见的体循环动脉栓塞部位。其中脑栓塞的发生率为 15%~20%。当有右侧心内膜炎时，肺栓塞常见，可突然出现咳嗽、呼吸困难、咯血或胸痛。

（四）周围体征

引起周围体征的原因可能是微血管炎或微栓塞，多为非特异性，近年已不多见。包括：

1. **瘀点**　多见于锁骨以上皮肤、口腔黏膜和睑结膜。病程长者较多见。

2. **指和趾甲下线状出血**　呈暗红色、条纹状，远端不达到甲床前缘，压之疼痛。

3. **Roth 斑**　为视网膜的卵圆形出血斑，其中心呈白色，多见于亚急性感染者。

4. **Osler 结节**　为指或趾垫出现的豌豆大的红或紫色痛性结节，略高出皮面，有明显压痛，较常见于亚急性者。

5. Janeway 损害 位于手掌或足底,直径 1~4mm,无痛性出血红斑,为化脓性栓塞引起,主要见于急性患者。

(五)感染的非特异性症状

1. 脾大 占 10%~40%,病程>6 周患者多见,急性者少见。

2. 贫血 较为常见,尤其多见于亚急性者。多为轻、中度贫血,晚期患者有重度贫血。

【并发症】

(一)心脏

1. 心力衰竭 是最常见的并发症,主要由瓣膜关闭不全所致,最常发生于主动脉瓣受损者,占 75%,其次为二尖瓣和三尖瓣。瓣膜穿孔或腱索断裂导致急性瓣膜关闭不全时可诱发急性左心衰竭。

2. 急性心肌梗死 大多由冠状动脉细菌栓塞引起,以主动脉瓣感染时多见,少见的原因为冠状动脉细菌性动脉瘤。

3. 心肌脓肿 常见于急性患者,可发生于心脏任何部位,以瓣周组织特别是在主动脉瓣环多见,可致房室和室内传导阻滞,心肌脓肿偶可穿破导致化脓性心包炎。

4. 化脓性心包炎 不多见,主要发生于急性患者。

5. 心肌炎

(二)肾脏

大多数患者有肾损害,包括:

1. 肾动脉栓塞和肾梗死 多见于急性患者。

2. 免疫复合物所致的局灶性和弥漫性肾小球肾炎 后者可导致肾衰竭,常见于亚急性感染性心内膜炎。

3. 肾脓肿 不多见。

(三)神经系统

无症状的神经系统受累更常见。15%~30% 患者有神经系统受累的表现,包括:

1. 脑栓塞 占其中 1/2,大脑中动脉及其分支最常受累。

2. 脑出血 由脑栓塞或细菌性动脉瘤破裂所致,表现为剧烈头痛、喷射性呕吐等。

3. 脑细菌性动脉瘤 除非破裂出血,多无症状。

4. 化脓性脑膜炎 不常见。

5. 中毒性脑病 可有脑膜刺激征。

6. 脑脓肿 不常见。

后 3 种情况主要见于急性患者,尤其是金黄色葡萄球菌性心内膜炎。

(四)细菌性动脉瘤

细菌性动脉瘤占 3%~5%,多见于亚急性者。受累动脉依次为近端主动脉(包括主动脉窦)、脑、内脏和四肢动脉,一般见于病程晚期,多无症状。发生于周围血管时易诊断,可扪及搏动性肿块。如发生在脑、肠系膜动脉或其他深部组织的动脉时,往往直至动脉瘤破裂出血时方可确诊。

(五)迁移性脓肿

多见于急性者,亚急性者少见,多发生于肝、脾、骨髓和神经系统。

【实验室及其他检查】

(一)常规检验

1. 血液 急性者常有血液白细胞计数增高和明显核左移。亚急性者正色素正细胞性贫血常见,白细胞计数正常或轻度升高,分类计数轻度核左移。红细胞沉降率几乎均升高。

2. 尿液 常有显微镜下血尿和轻度蛋白尿。肉眼血尿提示肾梗死。红细胞管型和大量蛋白尿提示弥漫性肾小球肾炎。

（二）免疫学检查

25% 的患者有高丙种球蛋白血症，80% 的患者出现循环免疫复合物，病程 6 周以上的亚急性患者中 50% 类风湿因子试验阳性，血清补体降低见于弥漫性肾小球肾炎。上述异常在感染治愈后消失。

（三）血培养

血培养是诊断菌血症和感染性心内膜炎的最重要方法，感染性心内膜炎患者可有持续菌血症，近期未接受过抗生素治疗的患者血培养阳性率可达 95% 以上，其中 90% 以上患者的阳性结果来自入院后第一日采取的标本，但抗生素的广泛使用造成了细菌培养阳性率不高。对于未经治疗的急性患者应在入院后 3 小时内，每隔 1 小时采血 1 次，共取 3 个血标本后开始治疗。对于未经治疗的亚急性患者，应在第一日间隔 1 小时采血 1 次，共 3 次。如次日未见细菌生长，重复采血 3 次后，开始抗生素治疗。已用过抗生素者，停药 2~7 天后采血。本病的菌血症为持续性，无须在体温升高时采血。每次取静脉血 10~20ml，分别做需氧菌和厌氧菌培养，无细菌生长至少也要培养 3 周，并周期性作革兰氏染色涂片和次代培养。必要时培养基需补充特殊营养或采用特殊培养技术。培养阳性者，应做药敏试验以指导治疗。必要时可抽动脉血或骨髓进行培养。

对于多次血培养阴性且长期使用广谱抗生素者，应高度警惕真菌感染，必要时应做真菌方面的培养。

（四）X 线检查

肺部多处小片状浸润阴影提示脓毒性肺栓塞所致肺炎。左心衰竭时有肺淤血或肺水肿征。主动脉细菌性动脉瘤可致主动脉增宽。细菌性动脉瘤有时需经血管造影诊断。CT 扫描有助于脑梗死、脑脓肿和脑出血的诊断。

（五）心电图

偶可见急性心肌梗死或房室、室内传导阻滞，后者提示主动脉瓣环或室间隔脓肿。

（六）超声心动图

如果超声心动图发现赘生物、瓣周并发症等支持心内膜炎的证据，可帮助明确感染性心内膜炎的诊断。经胸超声心动图可检出 50%~75% 的赘生物（图 3-7-1），经食管超声心动图可检出 <5mm 的赘生物，敏感性高达 95% 以上。大部分情况下只需行经胸超声心动图检查，必要时可行经食管超声心动图检查。超声心动图未发现赘生物时并不能除外 IE，必须密切结合临床。感染治愈后，赘生物可持续存在。超声心动图和多普勒超声还可明确基础心脏病（如瓣膜病、先天性心脏病）和 IE 的心脏并发症（如瓣膜关闭不全、瓣膜穿孔、腱索断裂、瓣周脓肿、心包积液等）。

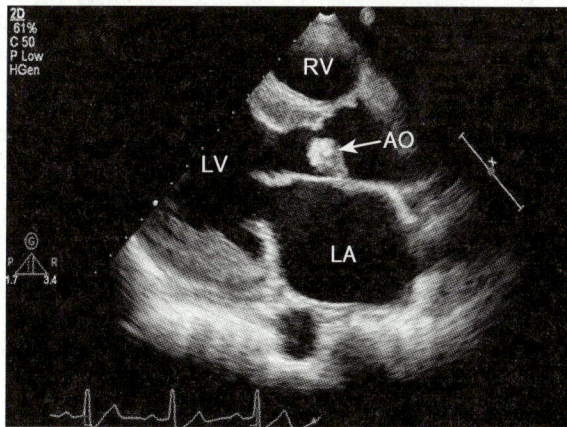

图 3-7-1　感染性心内膜炎经胸超声心动图

左室长轴切面，主动脉瓣可见赘生物附着（箭头所指）；AO：主动脉；LA：左心房；LV：左心室；RV：右心室。

（七）其他

多层螺旋 CT、磁共振成像、正电子发射计算机断层显像（PET）成像方法也可用于 IE 患者的评估，提高诊断率。

【诊断与鉴别诊断】

（一）诊断

感染性心内膜炎临床表现缺乏特异性，超声心动图和血培养是诊断感染性心内膜炎的两块基石。目前临床诊断主要参考改良的 Duke 标准（表 3-7-2）。在血培养阴性、感染累及人工瓣膜或起搏器导线、右心 IE 等情况下，Duke 诊断标准敏感性

ER 3-7-4

感染性心内膜炎主动脉瓣和三尖瓣赘生物

下降,此时主要依靠临床判断。

表 3-7-2　感染性心内膜炎 Duke 诊断标准(2015 修订版)

主要标准
(一)血培养阳性(符合以下至少一项标准)
1. 两次不同时间血培养检出同一典型 IE 致病微生物(如甲型溶血性链球菌,链球菌,金黄色葡萄球菌,社区获得性肠球菌)
2. 多次血培养检出同一 IE 致病微生物
1)2 次至少间隔 12 小时的血培养阳性
2)所有 3 次血培养均为阳性,或≥4 次的多数血培养阳性(第一次与最后一次抽血时间间隔≥1 小时)
3. Q 热病原体 1 次血培养阳性或其 IgG 抗体滴度>1:800
(二)影像学阳性证据(符合以下至少一项标准)
1. 超声心动图异常
1)赘生物
2)脓肿、假性动脉瘤、心脏内瘘
3)瓣膜穿孔或动脉瘤
4)新发生的人工瓣膜部分破裂
2. 通过 ^{18}F-FDG PET/CT(仅在假体植入>3 个月时)或放射标记的白细胞 SPECT/CT 检测出人工瓣膜植入部位周围组织异常活性
3. 由心脏 CT 确定的瓣周病灶
次要标准
1. 易感因素　基础心脏病或静脉药物成瘾者
2. 发热　体温>38℃
3. 血管征象　主要动脉栓塞、感染性肺梗死、细菌性动脉瘤、颅内出血、结膜出血以及 Janeway 损害
4. 免疫反应　肾小球肾炎、Osler 结节、Roth 斑及类风湿因子阳性
5. 致病微生物感染证据　不符合主要标准的血培养阳性,或与 IE 一致的活动性致病微生物感染的血清学证据
确诊:满足 2 项主要标准,或 1 项主要标准+3 项次要标准,或 5 项次要标准
疑诊:满足 1 项主要标准+1 项次要标准,或 3 项次要标准

(二)鉴别诊断

本病的临床表现涉及全身多脏器,既多样化,又缺乏特异性,不同患者间差异很大。感染性心内膜炎及时被检出在一定程度上依靠临床医生的诊断警觉性,需与之鉴别的疾病较多。急性者应与金黄色葡萄球菌、淋球菌、肺炎球菌和革兰氏阴性杆菌败血症鉴别。亚急性者应与急性风湿热、系统性红斑狼疮、左心房黏液瘤、淋巴瘤腹腔内感染、结核病等鉴别。

【治疗】

(一)药物治疗

抗生素治疗为最重要的治疗措施。抗生素选用的原则:①杀菌剂;②联合应用,包括至少 2 种具协同作用的抗菌药物;③大剂量;④静脉给药;⑤长疗程,一般为 4~6 周,人工瓣膜心内膜炎需 6~8 周或更长,以降低复发率。抗生素选用原则旨在完全消灭藏于赘生物内的致病菌。以血培养和药敏结果指导选用抗生素,如结果未报或不能确定致病菌时可行经验给药。

1. 经验治疗　自体瓣膜 IE 轻症患者可选用青霉素、阿莫西林或氨苄西林联合庆大霉素。青霉素过敏者可使用头孢曲松。人工瓣膜 IE 未确诊且病情稳定者,建议停止所有抗生素,复查血培养。病原体可能为葡萄球菌属者,宜选用万古霉素+庆大霉素+利福平。万古霉素无效、不耐受或耐药株感染者,可用达托霉素代替。

2. 已知致病微生物时的治疗

(1)葡萄球菌心内膜炎:根据是否为甲氧西林耐药株而确定治疗方案。获知药敏结果前宜首选耐酶青霉素类。病原体药敏结果显示属甲氧西林敏感葡萄球菌(MSS)者,首选苯唑西林,初始治疗不需常规联合庆大霉素。青霉素类抗生素过敏者可选用头孢唑林。对 β-内酰胺类药物过敏者,可选万古霉素联合利福平。耐甲氧西林葡萄球菌(MRS)所致心内膜炎宜选用万古霉素联合利福平。万古霉素治疗无效、不能耐受或耐药葡萄球菌感染者,选用达托霉素。

(2)链球菌心内膜炎:敏感株所致 IE 首选青霉素,1 200 万~1 600 万 U/d。相对耐药菌株所致 IE,须增加青霉素剂量至 2 400 万 U/d,或采用头孢曲松联合庆大霉素。耐药株所致 IE 按肠球菌心内膜炎方案治疗,给予万古霉素或替考拉宁联合庆大霉素。

(3)肠球菌心内膜炎:青霉素或阿莫西林或氨苄西林,并联合氨基糖苷类抗生素。青霉素类过敏或高度耐药者,可选用万古霉素或替考拉宁联合氨基糖苷类。耐青霉素和万古霉素的肠球菌可选用达托霉素或利奈唑烷。

(4)需氧革兰氏阴性杆菌心内膜炎:应选用哌拉西林联合庆大霉素或妥布霉素,或头孢他啶联合氨基糖苷类。

在我国庆大霉素发生耐药率高,而且庆大霉素肾毒性大,也可试用其他氨基糖苷类药物。

(二)外科治疗

感染性心内膜炎患者早期手术的三大适应证是心衰、无法控制的感染和预防栓塞。

1. 自体瓣膜心内膜炎手术适应证

(1)紧急手术(<24 小时)适应证:主动脉瓣或二尖瓣伴有急性重度反流、阻塞或瓣周瘘导致难治性肺水肿、心源性休克。

(2)外科手术(<7 天)适应证:①主动脉瓣或二尖瓣伴有急性重度反流、阻塞引起伴有症状的心衰或超声心动图提示血流动力学异常;②未能控制的局灶性感染灶(脓肿、假性动脉瘤、瘘、不断增大的赘生物);③真菌或多重耐药菌造成的感染;④规范抗感染、控制脓毒血症转移灶治疗措施情况下仍存在血培养阳性;⑤二尖瓣或主动脉瓣的 IE 在正确抗感染治疗下出现过≥1 次栓塞事件,且赘生物>10mm;⑥二尖瓣或主动脉瓣的赘生物>10mm,严重瓣膜狭窄或反流;⑦二尖瓣或主动脉瓣的 IE 伴有单个巨大赘生物(>30mm);⑧二尖瓣或主动脉瓣的 IE 伴有单个巨大赘生物(>15mm),可考虑外科手术。

2. 右心系统心内膜炎手术适应证 右心系统 IE 占全部 IE 患者的 5%~10%,如存在难治性病原体感染(如真菌)或菌血症(药物治疗下仍持续>7 天)、复发的肺动脉栓塞后三尖瓣赘生物>20mm、继发性右心衰竭,需要手术治疗。

【预后与预防】

(一)预后

IE 患者院内病死率为 15%~30%,影响预后因素主要包括患者特征、心源性和非心源性并发症、微生物感染及超声心动图检查结果 4 个方面。其中,患者特征包括患者是否为高龄、是否患有人工瓣膜心内膜炎、糖尿病或其他合并症;并发症包括心力衰竭、慢性肾脏病、卒中及脓毒血症;感染的微生物种类包括金葡菌、非 HACEK 菌群及真菌;超声心动图检查结果包括瓣周并发症、严重左心瓣膜反流、左室射血分数低、肺动脉高压及重症瓣膜功能障碍。死亡原因为心力衰竭、肾衰竭、栓塞、细菌性动脉瘤破裂或严重感染。除耐药的革兰氏阴性杆菌和真菌所致的心内膜炎者外,大多数患者可获细菌学治愈。2%~6% 的患者治疗后可能复发,须警惕再次出现发热、寒战或其他感染征象。

(二)预防

预防 IE 措施应主要针对 IE 发病的两个环节:菌血症和基础心脏病。应注意口腔、牙齿和皮肤卫生,防止继发性感染,避免不必要的有创检查。目前认为预防感染性心内膜炎的最有效措施是良好的口腔卫生习惯和定期的牙科检查,在任何静脉导管插入或其他有创性操作过程中都必须严格无菌操作。高危人群如植入人工瓣膜的患者、有 IE 病史者及先天性心脏病患者,接受有创检查和操作时须预防性应用抗生素,以预防和减少菌血症发生。

感染性心内膜炎高危人群预防用药

感染性心内膜炎高危人群在进行牙龈、根尖周组织或口腔黏膜穿孔过程中应考虑预防性使用抗生素。但进行非感染组织的局部麻醉、表浅龋齿治疗、拆线、X线检查、植入或调整可移除的口腔修复及正畸装置、乳牙脱落后、口腔黏膜及唇部创伤后的患者不建议使用抗生素。口腔操作过程中预防性使用抗生素主要针对的是口腔内的链球菌属，推荐术前30~60分钟内应用阿莫西林或氨苄西林，剂量为成人2g，儿童50mg/kg，口服或静脉滴注，也可以选用头孢唑林或头孢曲松，剂量为：成人1g，儿童50mg/kg，静脉滴注；或头孢氨苄，剂量为：成人2g，儿童50mg/kg，静脉滴注；对于头孢类药物过敏者可选用克林霉素，剂量为：成人600mg，儿童20mg/kg，口服或静脉滴注，不推荐使用喹诺酮类和氨基糖苷类抗菌药物。非口腔侵入操作仅在感染区域进行时也需预防性使用抗菌药物。气道操作如气管支气管镜、喉镜检查及气管插管，胃镜，直肠镜，膀胱镜，经阴道分娩或剖宫产，经食管超声或皮肤及软组织操作等均不建议预防性使用抗生素。

本章小结

感染性心内膜炎（IE）是指病原微生物经血行途径直接侵袭心内膜、心瓣膜或邻近大动脉内膜引起的炎症性疾病，常伴有赘生物。瓣膜为最常受累部位。根据病程IE分为急性和亚急性；急性IE常见的病原体为金黄色葡萄球菌，多发生于正常瓣膜；亚急性IE常见的病原体为甲型溶血性链球菌，多发生于器质性心脏病患者。发热是感染性心内膜炎最常见的临床表现，其次包括心脏杂音、动脉栓塞及周围体征等。血培养与超声心动图是诊断感染性心内膜炎的两块基石。抗生素治疗为最重要的治疗措施。抗生素选用的原则：杀菌剂；联合；大剂量；静脉给药；长疗程。对一些有严重并发症和抗生素治疗无效的患者应及时考虑手术治疗。

病例讨论

患者，女，45岁。因"乏力、发热2个月"就诊。患者近2个月来感乏力、全身酸痛不适，伴发热，体温在38.6℃左右，为不规则热。自服"布洛芬"体温可下降，具体不详。起病以来，精神、食欲、睡眠欠佳，二便正常，体重有减轻。既往有风湿性心脏病二尖瓣狭窄病史。查体：T 38.4℃，P 104次/min，BP 110/70mmHg，神志清楚，消瘦，睑结膜苍白，双肺呼吸音粗，未闻及干、湿性啰音。心率104次/min，律齐，心尖区可闻及3/6级收缩期及舒张期杂音。腹软，无压痛，双下肢无水肿。

（史桂霞）

思考题

1. 感染性心内膜炎的常见病因有哪些？
2. 感染性心内膜炎的临床表现有哪些？
3. 感染性心内膜炎的并发症有哪些？
4. 感染性心内膜炎主要诊断标准有哪些？
5. 自体瓣膜心内膜炎如何治疗？

ER 3-7-5

练习题

第八章 | 心肌疾病

ER 3-8-1 　 ER 3-8-2

教学课件 　 思维导图

学习目标

1. 掌握：掌握扩张型心肌病、肥厚型心肌病的临床表现、诊断及治疗。
2. 熟悉：病毒性心肌炎、酒精性心肌病、围生期心肌病的诊断标准及扩张型心肌病、肥厚型心肌病病理生理。
3. 了解：扩张型心肌病、肥厚型心肌病的病因，病毒性心肌炎、酒精性心肌病、围生期心肌病的治疗原则。
4. 学会针对患者及高危人群进行随访和健康教育。
5. 具备敬佑生命、救死扶伤、尊重患者、爱护患者、保护患者隐私的职业精神与道德目标。

案例导入

患者，男，30 岁，因"咳嗽、咳痰 1 个月余，加重伴胸闷、气短 5 天"入院。患者 1 个月余前受凉后出现咳嗽、咳痰，咳少量白痰，自觉无发热，稍有气短，5 天前患者活动后感胸闷、气短，休息后可缓解，夜间尚能平卧。既往体检发现"血压升高 2 年余"，最高达 160/116mmHg，未服用抗高血压药。查体：T 36.8℃，P 94 次/min，R 20 次/min，BP 150/110mmHg。神清，两肺呼吸音粗，两肺可闻及少许湿啰音，心律齐，心尖部闻及 2/6 级收缩期杂音，腹软，无压痛、反跳痛，双下肢水肿(＋)。辅助检查：血常规 WBC $10.8×10^9$/L，RBC $5.56×10^{12}$/L。肺炎支原体培养：阴性。心电图：窦性心动过速，左胸导联高电压，ST-T 改变。

请思考：

1. 本病例的临床诊断及诊断依据是什么？
2. 进一步检查还需哪些？

心肌病是一组心肌机械和/或心电功能障碍的异质性心肌疾病，由多种病因所致(通常是遗传因素)，常表现为心室肥厚、扩张、心律失常和心力衰竭。分为原发性和继发性心肌病。原发性心肌病是指主要累及心脏、病因未明的心肌疾病，又进一步分为遗传性、获得性和混合性。遗传因素(基因型)是大部分心肌疾病的重要病因，基因突变的类型和疾病的发生发展及预后相关，且突变基因的外显率与年龄相关，常会随着年龄增加而提高；获得性心肌病主要与炎症性心肌病相关，如病毒性心肌炎、应激性心肌病、围生期心肌病、酒精性心肌病等；混合性心肌病指由遗传因素和环境因素共同作用导致的心肌病。继发性心肌病是指病因已明确或继发于其他系统的疾病。

心肌疾病分类较复杂，从 1972 年最早提出的分型为扩张型心肌病(DCM)、肥厚型心肌病(HCM)、限制型心肌病(RCM)，到 1980 年"世界卫生组织/国际心脏病学会联合会(World Health Organization/ International Society and Federation of Cardiology，WHO/ISFC)心肌病定义和分类报告"将心肌病分为原发性心肌病和特异性心肌病，其中原发性心肌病包括：扩张型心肌病(DCM)、肥厚型心肌病(HCM)和限制型心肌病(RCM)三种类型；1995 年"WHO/ISFC 心肌病定义和分类报告"

在沿用 1980 年三种类型的基础上增加了致心律失常性右室心肌病（ARCM）和未分类心肌病两种类型；2007 年中国"中华医学会心血管病分会"制定的心肌病诊断和治疗建议，将原发性心肌病分为：扩张型心肌病（DCM）、肥厚型心肌病（HCM）、限制型心肌病（RCM）、致心律失常型右室心肌病（ARCM）和未分类型心肌病，形成了临床上常用的基于形态功能的心肌病五分类。2013 年"世界心脏联盟（World Heart Federation，WHF）心肌病 MOGE（S）分类"提出新的基于表型和基因型的命名系统，分别是形态功能异常（M）、受累器官（O）、遗传特性（G）、病因学（E）及心功能分级（S）等 5 个方面，对心肌病进行了新的分类，但此分类方法比较复杂，临床未广泛使用。

心肌病诊断一般通过家族史、病史及临床表现，高度怀疑心肌病，随后进行心电图及超声心动图筛查，对于不能一时诊断的心肌病，需进行特定实验室检查、影像学检查、组织活检及基因检测等进一步评估，以明确诊断。心肌病的治疗包括病因治疗、对症治疗、并发症治疗等。治疗方式主要有药物治疗、介入或手术治疗、对于重症或终末患者需要进行机械循环支持或心脏移植治疗。本章重点介绍临床上常见的扩张型心肌病、肥厚型心肌病、酒精性心肌病和围生期心肌病及病毒性心肌炎。

第一节　扩张型心肌病

扩张型心肌病（dilated cardiomyopathy，DCM）是以单侧心室或双侧心室扩大伴收缩功能障碍为特征的心肌病。从无症状到逐渐出现左室收缩功能降低、进行性心力衰竭、各种室性和室上性心律失常、传导系统异常、血栓栓塞和猝死，平均发病年龄为 30~40 岁，一般男性多于女性，最突出的猝死原因为室性快速性心律失常，病死率较高。

【病因及发病机制】

DCM 病因多种多样，可以是家族遗传因素或各种继发因素，如感染（病毒感染最常见）、中毒、药物、代谢内分泌型、营养性疾病和自身免疫异常等。近十年来的研究证实，DCM 的主要发病机制可能包括遗传机制，抗体介导心肌免疫损伤的机制以及心肌能量代谢紊乱等。病毒感染尤其是柯萨奇 B 病毒引发病毒性心肌炎，可最终转化为 DCM，其重要致病机制可能与病毒持续感染诱导自身免疫反应介导心脏损害有关。

【病理】

DCM 以心腔扩张为主要表现。肉眼所见心室显著扩张，室壁变薄伴纤维瘢痕形成，多伴附壁血栓；瓣膜和冠状动脉多无改变。组织学改变是非特异性心肌细胞肥大、变性，特别是程度不同的纤维化等病变混合存在。心腔扩大导致心脏收缩能力下降，同时，病变的心肌收缩力减弱进一步触发神经-体液机制，产生水钠潴留、收缩血管以维持有效循环，这一代偿机制将使病变的心肌雪上加霜，造成更多心肌损害，最终进入失代偿阶段。

ER 3-8-3

扩张型心肌病的大体标本

【临床表现】

（一）症状

本病多数起病隐匿，早期可仅有心脏扩大而无症状。主要表现为活动时呼吸困难和活动耐量下降。随着病情加重，可以出现夜间阵发性呼吸困难和端坐呼吸等左心功能不全症状，并逐渐出现食欲下降，腹胀及下肢水肿等右心功能不全症状，合并心律失常时可表现心悸、头晕、黑矇甚至猝死，发生栓塞可有受累的相应脏器疼痛等表现。

（二）体征

主要体征为心界扩大，听诊心音减弱，常可闻及第三或第四心音。心率快时呈奔马律。有时可于心尖部闻及收缩期杂音，与心脏扩大引起的相对性瓣膜关闭不全有关。肺部听诊可闻及两肺

底湿啰音,随着心力衰竭加重和出现急性左心衰竭时,湿啰音可以布满两肺或伴哮鸣音。颈静脉怒张、肝大及外周水肿等液体潴留体征也较为常见。

【实验室及其他检查】

(一)血液和血清学检查

血常规、肝肾功能等常规检查有助于明确有无贫血、肝硬化及肾功能不全等疾病,这些检查虽然对扩张型心肌病的诊断无特异性,但有助于对患者总体情况的评价和预后判断。DCM 可出现脑利钠肽(BNP)或 N 末端脑利钠肽前体(NT-proBNP)高,借以鉴别呼吸困难的原因。另尚需要根据患者的合并情况,选择性进行如内分泌功能、炎症及免疫指标、病原学等相关检查。

(二)心电图表现

诊断缺乏特异性,可见 QRS 波低电压,多见非特异性 ST-T 改变,少数患者有病理性 Q 波。可见各种类型的心律失常,如室性心律失常、心房颤动、传导阻滞等。

(三)超声心动图

超声心动图是诊断及评估 DCM 最重要检查方法,示全心扩大,由于左心扩大为著,心脏可呈球形,左室流出道增宽,室壁运动弥漫减弱,左室射血分数降低,二尖瓣瓣叶舒张活动幅度减低,运动曲线"钻石样"改变。瓣环扩大导致相对性二尖瓣、三尖瓣关闭不全。附壁血栓多见于左室心尖部。

(四)胸部 X 线检查

心影明显增大呈普大型,心胸比>50%,常伴有肺淤血表现及胸腔积液。

(五)冠状动脉 CT 检查(CTA)及心血管造影

CTA 有助于除外明显的冠状动脉狭窄造成的心肌缺血、坏死的缺血性心肌病。心室造影可见心腔明显扩大,室壁运动减弱,心室射血分数降低。

ER 3-8-4

扩张型心肌病
胸部 X 线检查

(六)心脏放射性核素检查

核素心肌显影表现为散在的、局灶性放射性减低;核素血池扫描可见收缩和舒张末期左心室容积增大、心搏出量减低。

(七)心内膜心肌活检

心内膜心肌活检(endomyocardial biopsy,EMB)可见心肌细胞肥大、变性、间质纤维化等,缺乏特异性,有助于排除心肌炎,可作为评价病变程度及预后的参考。

【诊断和鉴别诊断】

(一)诊断

对于有慢性心力衰竭的临床表现,超声心动图检查有心腔扩大和心脏收缩功能减低的病例,即应考虑扩张型心肌病诊断。

(二)鉴别诊断

鉴别诊断主要应该除外引起心脏扩大、收缩功能减低的其他继发原因,包括心脏瓣膜病、高血压、冠心病、先天性心脏病等。可通过病史、查体及超声心动图、心肌核素显像、冠状动脉 CT 检查或冠脉造影等检查进行鉴别诊断,必要时做心内膜心肌活检。

1. 心脏瓣膜病 扩张型心肌病在二、三尖瓣听诊区可闻及收缩期杂音,但心脏瓣膜病收缩期杂音粗糙,多伴有舒张期杂音。超声心动图有助于两者鉴别。

2. 缺血性心肌病型冠心病 缺血性心肌病型冠心病心脏扩大与扩张型心肌病相似。冠心病患者常有吸烟、高血压、高脂血症和糖尿病等易患因素,高龄者多见;多有心绞痛或心肌梗死病史;超声心动图检查室壁活动节段性异常;冠状动脉造影可确诊冠心病。

3. 心包积液 大量心包积液时,心脏外形扩大和扩张型心肌病相似。心包积液时心尖搏动常不明显,心音低钝遥远而无杂音,心影多呈烧瓶状且随体位变化而改变,超声心动图可见心包腔内液性暗区的特征表现。

【治疗】

目前对 DCM 尚缺乏有效而特异的治疗手段,治疗目标在于消除可以祛除的病因和诱因,改善症状,有效控制心力衰竭和心律失常,预防栓塞和猝死,提高 DCM 患者的生活质量和生存率。

(一)一般治疗

积极寻找病因,给予相应治疗,控制感染、严格戒烟限酒、限制体力活动,低盐饮食,避免大便干燥和用力排便。

(二)心力衰竭的治疗

主张应用利尿剂、血管紧张素转换酶抑制剂(ACEI)或血管紧张素 II 受体拮抗剂(ARB)、β 受体拮抗剂和洋地黄制剂等。也可应用血管扩张药物,改善临床症状。具体用药及剂量见本篇第二章"心力衰竭"。

(三)抗凝治疗

栓塞是常见的并发症,对于有房颤或有血栓栓塞病史的患者,若无禁忌证,须长期用华法林或新型口服抗凝药物等行抗凝治疗。

(四)抗心律失常治疗

对于合并心律失常者可针对性选择抗心律失常药物,具体用药及剂量见本篇第三章"心律失常"。

(五)再同步化治疗

对重症晚期患者,心室收缩不同步,可通过心脏再同步化治疗(CRT),调整左、右心室收缩顺序,改善心脏功能,缓解症状,有一定疗效。对于合并恶性心律失常的 DCM 患者建议(CRT-D)治疗,有效稳定患者心功能,减少恶性心律失常的发生,预防猝死。

(六)心脏移植及左心室成形术

对长期严重心力衰竭,内科治疗无效的病例,可考虑进行心脏移植。也可行左心室成形术,但疗效尚待肯定。

【预后】

本病预后较差,确诊后 5 年生存率约 50%,10 年生存率约 25%。

第二节　肥厚型心肌病

肥厚型心肌病(hypertrophic cardiomyopathy,HCM)是一种遗传性心肌病,以心室非对称性肥厚为特点。根据左心室流出道有无梗阻可分为梗阻性和非梗阻性肥厚型心肌病。人群患病率约为 200/10 万。预后差异很大,是青少年运动性猝死的最主要原因之一。

【病因及发病机制】

HCM 为常染色体显性遗传,表型呈多样性,与致病的突变基因、基因修饰及不同的环境因子有关。其中最常见的基因突变为 β-肌球蛋白重链及肌球蛋白结合蛋白 C 的编码基因。

【病理生理】

在梗阻性 HCM 患者中,左心室收缩时血流快速通过狭窄的流出道产生负压,引起二尖瓣前叶前向运动,加重梗阻,在收缩中、晚期较明显。有些患者在静息时流出道梗阻不明显,运动后变得明显。HCM 患者胸闷气短等症状的出现与左心室流出道梗阻、左心室舒张功能下降、小血管病变造成心肌缺血等因素有关。

ER 3-8-5

心肌病的大体病理标本

【临床表现】

(一)症状

部分患者无自觉症状,在常规体检或猝死时被发现。劳力性呼吸困难是最常见症状,可达 90% 以上,这与左室舒张末压增高导致的肺淤血有关;1/3 患者有不典

型心绞痛,最常见的持续性心律失常是房颤。情绪激动时由于心率加快、心肌收缩力增加,加重了心室充盈不足和左心室流出道梗阻程度,心排血量明显减少,脑供血不足引起头晕或晕厥。该病是青少年和运动员猝死的主要原因。

(二)体征

体格检查可见心脏大致正常或轻度增大,可闻及第四心音。左心室流出道梗阻时可在胸骨左缘第3~4肋间听到粗糙的收缩期喷射状杂音。心尖部有时也可听到收缩期杂音,这是因为二尖瓣前叶移向室间隔导致二尖瓣关闭不全所致。增加心肌收缩力如应用正性肌力药,或减轻心肌前、后负荷的因素如站立位、从事体力活动、含服硝酸甘油等均可使杂音增强;减弱心肌收缩力或增加心脏前、后负荷因素如应用β受体拮抗剂、取下蹲位等均可使杂音减弱。

(三)临床分型

根据血流动力学、心肌肥厚部位及遗传学规律对 HCM 进行临床分型。根据血流动力学特征,HCM 分为梗阻性肥厚型心肌病(HOCM)、非梗阻性肥厚型心肌病,后者是指无论静息还是激发时,左心室流出道均无压力阶差出现(<30mmHg)。根据肥厚部位,HCM 可分为心室间隔肥厚、心尖部肥厚、左心室中部肥厚、左心室弥漫性肥厚、双心室肥厚。根据家族史和遗传学规律,HCM 可分为家族性 HCM(发病呈家族聚集,占60%~70%,多为常染色体显性遗传)、散发性 HCM(无家族性聚集的 HCM)。

【实验室和其他检查】

(一)心电图

HCM 心电图常表现为 QRS 波左心室高电压。ST 段压低和 T 波倒置多见于Ⅰ、aVL 或Ⅱ、Ⅲ、aVF、V$_4$~V$_6$ 导联,少数患者出现深而不宽的病理性 Q 波。此外可有室内传导阻滞和其他各型心律失常。

ER 3-8-6

肥厚型心肌病的心电图表现

(二)超声心动图

超声心电图是 HCM 最主要的诊断手段。室间隔呈非对称性肥厚而无心室腔增大为其特征。舒张末期室间隔的厚度与左心室后壁的厚度之比≥1.3,室间隔运动减弱。左心室流出道梗阻的患者可见室间隔流出道部分向左心室内突出,二尖瓣前叶在心室收缩期向前移动,左心室舒张功能障碍。

ER 3-8-7

肥厚型心肌病超声心动图表现

(三)胸部 X 线检查

普通胸部 X 线心影大小可以正常或左心室增大。

(四)心导管检查和心血管造影

心导管检查可见左心室舒张末期压增高,有左心室流出道梗阻者,在左心室腔与左心室流出道之间有收缩期压力阶差。心室造影显示左心室腔变形,呈香蕉状、纺锤状或犬舌状(心尖部肥厚时)。冠状动脉造影多无异常。

(五)心肌活检

心肌活检一般不用于 HCM 诊断。心肌活检对除外高度怀疑而其他方法无法确诊的淀粉样变和糖原贮积症等有重要价值。

【诊断和鉴别诊断】

(一)诊断

成人 HCM 诊断为:应用任何一种检查手段[超声心动图、心脏磁共振(CMR)、CT 等]检测到左心室任何一个或多个节段室壁厚度≥15mm 并且排除继发性原因即可诊断;HCM 患者的一级亲属:任何心脏影像学检查[超声心动图、CMR、CT 等]检测发现无其他已知原因的左室壁单个节段或多个节段厚度≥13mm,即可确诊 HCM;而有些遗传或非遗传性疾病可表现出左室肥厚(13~14mm)这种情况下,诊断 HCM 需要结合其他临床资料,如家族史、基因学检查、心血管系统之外的症状体征、

心电图、放射性核素显像、计算机断层血管成像/造影、左心室造影、病理检查、实验室检查以及其他影像学检查以确诊。近年来,心脏磁共振越来越多用于诊断。阳性家族史(猝死、心肌肥厚等)有助于诊断,基因检查有助于明确遗传学异常。

(二)鉴别诊断

1. 高血压心脏病 也有室间隔和左室后壁增厚,但多为中老年患者,有长期高血压病史,超声心动图显示室间隔和左室后壁为对称性肥厚,不会检测到左心室任何一个或多个节段室壁厚度≥15mm。

2. 冠心病 该类患者多有吸烟、高血压、高脂血症和糖尿病等易患因素,高龄者多见;超声心动图检查室壁活动呈节段性异常;冠状动脉造影可助确诊冠心病。

3. 先天性心血管病和主动脉瓣狭窄 超声心动图和心血管造影检查可见先天性心血管畸形和主动脉瓣瓣膜特征性改变,与肥厚型心肌病不难鉴别。

【治疗】

本病的治疗旨在改善症状、减少合并症和预防猝死。对明确诊断的患者进行生活指导,识别高危猝死患者,通过减轻流出道梗阻、改善心室顺应性来防治血栓栓塞事件。

1. 药物治疗 主要是 β 受体拮抗剂和钙通道阻滞剂,以减弱心肌收缩、减轻左心室流出道狭窄和治疗心律失常。禁用洋地黄和硝酸酯类制剂等增加心肌收缩力和减少心脏容量负荷的药物,以免加重左心室流出道梗阻。对房颤患者给予抗凝治疗。合并心力衰竭的患者进行针对性治疗。

2. 非药物治疗 严重左心室流出道梗阻的患者可采取手术治疗或经皮室间隔化学消融术,以达到缓解症状或左心室流出道梗阻的目的。猝死高危患者应植入埋藏式心脏复律除颤仪(ICD)。

第三节 酒精性心肌病

酒精性心肌病(alcoholic cardiomyopathy)是指因长期过量饮酒,而出现符合扩张型心肌病临床表现的一种特殊类型心肌病。

【病因和发病机制】

嗜酒是导致心功能损害的独立原因,乙醇及其代谢产物乙醛对心肌有直接的毒性作用,可引起心肌病变;过度饮酒可导致心肌细胞必需的维生素 B_1 等营养物质缺乏;含乙醇饮料里所含的有毒添加剂可引起心肌损伤。

【临床表现】

与扩张型心肌病相似,常发生心房颤动。

【实验室和其他检查】

同本章第一节"扩张型心肌病"。

【诊断和鉴别诊断】

(一)诊断

具有以下特点者可诊断为酒精性心肌病:

1. 长期过量饮酒史(WHO 标准:女性>40g/d,男性>80g/d,饮酒 5 年以上)。

2. 符合扩张型心肌病的临床表现(心脏扩大、心律失常、心力衰竭等)。

3. 既往无其他心脏病病史。

(二)鉴别诊断

本病应与扩张型心肌病鉴别,最主要的鉴别要点是有无长期大量的饮酒史。

【治疗】

本病一经诊断,应戒除一切含乙醇的饮料,完全戒酒是治愈本病的关键。建议戒酒 6 个月后再做临床状态评价,若能早期戒酒,多数患者心脏情况能逐渐改善或恢复。并可应用营养及改善心肌代谢的药物,补充维生素 B_1,逆转心肌间质纤维化。

第四节　围生期心肌病

围生期心肌病(peripartum cardiomyopathy)是指既往无心脏病的女性于妊娠最后 1 个月至产后 6 个月内发生心力衰竭,临床表现符合扩张型心肌病的特点。其发生率为 1/(1 300~4 000)。通常预后良好。

【病因及发病机制】

具体病因不明,高龄和营养不良、近期出现妊娠期高血压疾病、双胎妊娠及宫缩制剂治疗与本病多发生有一定关系。

【临床表现】

与扩张型心肌病相似。可有心室扩大,以左心室收缩功能障碍为主的心力衰竭,附壁血栓引起体循环或肺循环栓塞的频率较高。

【实验室和其他检查】

同扩张型心肌病。

【诊断和鉴别诊断】

(一)诊断

围生期心肌病诊断标准:

1. 妊娠最后 1 个月或产后 5 个月内发病。

2. 符合扩张型心肌病的诊断标准,且无其他致心衰的病因。

(二)鉴别诊断

本病应与扩张型心肌病鉴别,最主要的鉴别要点为是否在妊娠末期或产后发病。

【治疗】

围生期心肌病主要治疗策略是针对左心室功能不全及心衰的处理。心衰治疗具体用药及剂量见本篇第二章"心力衰竭"。在围生期心肌病中需要综合考虑孕期和哺乳期情况,心功能不能恢复正常的围生期心肌病患者,应给予长期标准的抗心衰治疗,应当避免再次妊娠。再次妊娠患者的发病率和病死率均明显升高。

第五节　病毒性心肌炎

案例导入

患者,女,19 岁,因"发热、间断咳嗽 3 周,加重伴心悸 4 天"入院,3 周前患者因受凉后出现低热、间断咳嗽、咳痰,4 天前咳嗽加重,次数频繁,伴心悸,每次持续数分钟,休息后好转。既往体健,家族史无异常。查体:T 37.9℃,P 96 次/min,R 26 次/min,BP 90/68mmHg,颈静脉充盈,左下肺呼吸音弱,无干湿啰音及胸膜摩擦音,心界无扩大,腹部检查未见异常,双下肢无水肿。辅助检查:cTnI 376ng/ml,CK-MB 98U/L;NT-pro BNP 1 600pg/ml。心电图提示:窦性心律,偶发室性期前收缩。

请思考:

1. 本病的临床诊断及诊断依据是什么?

2. 如需确诊,还需要做哪些检查?

心肌炎（myocarditis）是心肌的炎症性疾病，最常见的病因为病毒感染，细菌、真菌、螺旋体、立克次体、原虫等感染也可引起心肌炎，但相对少见。非感染性心肌炎的病因包括药物、毒物、放射、结缔组织病、血管炎、巨细胞性、结节病等。心肌炎起病急缓不定，少数呈暴发性导致急性心力衰竭或猝死。病程多有自限性，但也可进展为扩张型心肌病。本节重点介绍病毒性心肌炎。

【病因及发病机制】

多种病毒都可引起病毒性心肌炎，以肠道病毒和呼吸道病毒为主。肠道病毒中柯萨奇 B 组 RNA 病毒引起的心肌炎最为常见；呼吸道病毒以流感病毒（A 型和 B 型）、腮腺炎病毒最多见。其他可引起心肌炎的病毒还有腺病毒、EB 病毒、HIV、肝炎病毒、疱疹病毒、麻疹病毒等。病毒性心肌炎的发病机制包括病毒直接侵犯机体、病毒与机体免疫反应共同作用。病毒介导的免疫损伤主要是由 T 淋巴细胞介导；此外，还有多种细胞因子和一氧化氮等介导的心肌损害和微血管损伤。这些变化均可损害心脏组织结构和功能。

ER 3-8-8
巨细胞性
心肌炎

【临床表现】

（一）症状

临床表现取决于病变的广泛程度和部位。病情轻者可无明显自觉症状，重者可出现严重心律失常、心力衰竭、心源性休克或猝死。多数患者发病前 1~3 周有病毒感染前驱症状，如发热、咽痛、全身酸痛、倦怠或恶心、呕吐等消化道症状。随后出现心悸、胸痛、呼吸困难、水肿，甚至晕厥、猝死。临床上绝大多数心肌炎患者以心律失常为主诉或首见症状。

（二）体征

病情重者心脏可增大。心尖区第一心音减弱，可闻及第三、四心音或奔马律。部分患者可在心尖区闻及收缩期吹风样杂音；可出现与发热不平行的心动过速和各种心律失常，其中以房性或室性期前收缩和房室传导阻滞最常见。重症心肌炎可出现血压降低、四肢湿冷等心源性休克体征。

【实验室和其他检查】

（一）血常规及血清学检查

急性期可出现白细胞计数升高、红细胞沉降率（ESR）增快、超敏 C 反应蛋白升高。心肌受损时出现肌钙蛋白（cTnT、cTnI）及 CK-MB 升高，其中 cTnI 升高对诊断心肌损伤有较高的特异性。

（二）病毒学检查

血清病毒中和抗体滴定对病因有提示作用，但不能作为诊断依据。包括病毒抗体滴度第二次较第一次上升≥4 倍（两次血清需间隔 2 周以上）或一次≥1∶640，血清病毒特异性抗体测定 IgM 1∶320 以上。

（三）X 线检查

病变广泛而严重者心影可轻至中度增大，心包积液时可呈烧瓶心样改变。

（四）心电图

心电图改变缺乏特异性。可表现 ST-T 改变：ST 段压低、T 波低平或倒置。各种心律失常出现，最常见室性期前收缩，其次为房室传导阻滞。

（五）超声心动图

轻者可完全正常，严重者可有明显的心脏形态和功能异常。主要表现为：以左心室扩大常见，多为轻至中度扩大；室壁运动减低；左心室收缩功能减低。

（六）核素检查

应用放射性核素标记可显示心肌细胞坏死区的部位和范围。

（七）心内膜心肌活检

心内膜心肌活检（EMB）是诊断的"金标准"。是一种有创性检查方法，只用于病情急重、治疗反应差、原因不清的患者,对于轻症患者不作为常规检查。其有助于本病的诊断及病情和预后的判断,阳性结果为诊断心肌炎的可靠证据。

【诊断和鉴别诊断】

(一)诊断

诊断本病主要依据临床表现及病史,包括典型的前驱感染史:如发病前 1~3 周有肠道感染或上呼吸道感染病史;有明确的心肌损害证据:如心脏扩大、心律失常、心力衰竭或心源性休克、血清心肌酶和肌钙蛋白增高、心电图改变等;确诊有赖于心内膜心肌活检。

(二)鉴别诊断

所有患者必须除外冠心病、高血压所致和其他心脏外的非炎症性疾病。应注意排除甲状腺功能亢进症、二尖瓣脱垂综合征及影响心肌的其他疾病,如结缔组织病、血管炎、药物及毒物等。

【治疗】

本病目前尚无特异性治疗,一般都采用对症及支持疗法,支持疗法是所有类型心肌炎的一线治疗,减轻心脏负担,注意休息及营养等。怀疑病毒性心肌炎的患者需要入院监护,患者切忌进行运动试验,必须限制活动。重症心肌炎进展快、病死率高,在药物治疗基础上保证心肺支持系统十分重要。

(一)一般支持治疗

应避免劳累,急性患者必须卧床休息,以降低心脏负荷,一般患者卧床 2~4 周。有心肌损伤标志物升高、严重的心律失常、症状性心力衰竭及其他并发症患者应至少卧床 3 个月,待病情稳定、实验室检查恢复正常后方能逐渐下床活动,伴有明显心力衰竭者应限制水盐的摄入。心电监护有助于早期识别并处理恶性心律失常事件。给予易消化、富含维生素和蛋白质的食物。

(二)抗病毒及调节细胞免疫功能的药物治疗

在发病早期为阻断病毒复制可给予抗病毒治疗,在肠道病毒或腺病毒介导的心肌炎患者中可使用干扰素 β,显示病毒基因消除并改善左心室功能;疱疹病毒感染患者可以考虑使用阿昔洛韦、更昔洛韦和伐昔洛韦进行治疗,但疗效尚未得到证实。免疫吸附疗法可去除循环抗体和清除体液标志物,改善了心力衰竭的严重程度,并减少心肌炎症。静脉注射高剂量免疫球蛋白(IVIG)可调节多种机制的免疫和炎症反应,并用于许多全身性自身免疫疾病,应用传统中医可提高机体免疫力等。EBM 明确诊断的病毒性心肌炎,心肌心内膜持续有病毒相关抗原检出,无论组织学是否提示炎症活动,均建议给予抗病毒治疗。

(三)促进心肌代谢的药物

目前常用的有三磷酸腺苷、辅酶 A、环腺苷酸、维生素 C、维生素 E、辅酶 Q_{10} 等,应用上述药物对心肌细胞具有保护作用,有助于心肌炎的恢复。

(四)纠正心律失常

出现快速性心律失常者,可以用抗心律失常药物。高度房室传导阻滞或窦房结功能损害而出现晕厥或明显低血压时可考虑使用临时心脏起搏器,以帮助患者平安渡过急性期。

(五)心力衰竭与心源性休克的治疗

对心力衰竭但血流动力学尚可的患者,需要使用利尿剂、血管扩张剂,ACEI 或 ARB,必要时加用醛固酮拮抗剂。对血流动力学不稳定的患者,应给予必要的机械循环支持和呼吸支持,如体外生命支持(extracorporeal life support,ECLS)、体外膜肺氧合(extracorporeal membrane oxygenation,ECMO),过渡到心脏移植或好转。

(六)糖皮质激素的运用

糖皮质激素的疗效并不确定,不主张常规使用,但如果病情严重,如出现严重的心律失常(高度或完全性房室传导阻滞)、难治性心力衰竭、心源性休克等,应用糖皮质激素可消除变态反应、抑制心肌的炎症和水肿、减轻毒素的作用，挽救患者的生命。对其他治疗效果不佳者仍可考虑在发病10天至1个月之间使用，可应用地塞米松或氢化可的松等。

本章小结

扩张型心肌病是临床上一类既有遗传因素，又有非遗传因素造成的复合型心肌病，以单侧或双侧心腔扩大和心室收缩功能障碍为主要特征，常伴心力衰竭、心律失常、血栓栓塞并发症。通常经超声心动图明确诊断。治疗主张应用利尿剂、血管紧张素转换酶抑制剂、β受体拮抗剂和洋地黄制剂等控制和预防充血性心力衰竭。

肥厚型心肌病是导致青少年运动猝死的最主要原因之一。多在劳累后出现呼吸困难、心绞痛、乏力、头晕或晕厥，左心室流出道梗阻时可在胸骨左缘第3~4肋间听到粗糙的收缩期喷射状杂音。超声心动图可显示室间隔呈非对称性肥厚，舒张末期室间隔的厚度与左心室后壁的厚度之比≥1.3。目前推荐应用的药物主要是β受体拮抗剂或非二氢吡啶类钙通道阻滞剂。

酒精性心肌病是指因长期过量饮酒（WHO标准：女性>40g/d，男性>80g/d，饮酒5年以上），而出现符合扩张型心肌病临床表现的一种特殊类型心肌病。完全戒酒是治愈本病的关键。

围生期心肌病指既往无心脏病的女性于妊娠最后1个月至产后6个月内发生心力衰竭，与扩张型心肌病相似。可有心室扩大，附壁血栓引起栓塞等。

病毒性心肌炎主要表现为病毒感染1~3周后，出现心悸、胸痛、呼吸困难、头晕、乏力等。重者可出现严重心律失常、心力衰竭、心源性休克或猝死。

病例讨论

患者，女，66岁，因"发作性胸闷、气促、胸痛25年，加重1个月"入院。患者自25年前开始出现发作性胸闷、气促、胸痛，剧烈活动可诱发，无咳嗽、咳痰、咯血，无大汗、反酸、恶心、呕吐，无晕厥，休息后症状可缓解。15年前外院诊断为"冠心病"，未系统治疗，病情尚稳定。入院1个月前感冒后上述症状加重,活动耐力下降,疾走或上 3 层楼即可诱发胸痛、胸闷,医院给予"美托洛尔"等药物治疗,效果不佳。高血压病史 10 余年,最高时血压可达 200/100mmHg,高血脂病史、高血糖病史,空腹血糖 8.2mmol/L。体格检查:T 35.8℃,P 58 次/min,R 20 次/min,BP 161/104mmHg,体重 64kg,身高 158cm。口唇轻度发绀,颈静脉怒张。心尖搏动位置正常,心前区无隆起,心浊音界扩大,心率 58 次/min,律齐,心音低钝,各瓣膜听诊区未闻及病理性杂音,心界明显扩大,以左侧为著。双下肢无水肿。辅助检查:血常规、大便常规无明显异常。cTnI:0.28ng/ml(参考值 0~0.04ng/ml);ECG:左心室肥厚和 ST-T 改变;心脏超声:室间隔呈非对称性肥厚。舒张末期室间隔的厚度与左心室后壁的厚度之比≥1.4,舒张期室间隔厚度达 19mm。

(钟雪梅)

思考题

1. 扩张型心肌病有哪些临床表现?
2. 肥厚型心肌病有哪些临床表现?
3. 病毒性心肌炎的治疗要点有哪些?
4. 病毒性心肌炎的病因有哪些?

ER 3-8-9

练习题

第九章 | 心 包 炎

教学课件

思维导图

学习目标

1. 掌握：急性心包炎及缩窄性心包炎的临床表现、诊断和鉴别诊断及治疗原则。
2. 熟悉：心包炎的病理、病理生理改变、辅助检查。
3. 了解：心包炎的病因及预防。
4. 学会对心包炎患者进行诊断并选择合理治疗方式。
5. 具备高度社会责任感，具有敬佑生命、救死扶伤的医者精神。

案例导入

患者，男，36岁。因"发热、咳嗽、胸痛12天，呼吸困难2天"入院。患者12天前受凉后出现发热，最高体温39℃，咳嗽伴少量黄痰，感胸痛不适，位于心前区，持续性，深呼吸加重，自服"布洛芬"体温可降至正常，胸痛减轻。2天前活动时出现呼吸困难。既往体健，否认结核病史。查体：T 37.9℃，P 114次/min，R 24次/min，BP 86/70mmHg。神清，呼吸急促，颈静脉怒张。双下肺可闻及湿啰音。心界明显扩大，心率114次/min，心音遥远。腹软，肝大且轻压痛，双下肢轻度水肿。奇脉（+）。辅助检查：白细胞 $15.6×10^9$/L，中性粒细胞88%。心电图：窦性心动过速，肢导联低电压，多导联ST段呈弓背向下型抬高。

请思考：

1. 该患者可能的诊断是什么？
2. 还需要完善的辅助检查有哪些？
3. 该患者的治疗方案有哪些？

心包为双层囊袋结构，是由外层的纤维性心包与内层的浆膜性心包组成，内有15~50ml浆液起润滑作用。心包对心脏起到固定及屏障保护作用，能减缓心脏收缩对周围血管的冲击，防止运动和血容量增加而导致的心腔迅速扩张，也能阻止肺部和胸腔感染的扩散。

心包炎（pericarditis）是指心包脏层和壁层的炎症。心包炎是最常见的心包疾病，由多种致病因素引起，可以是病毒或其他病原微生物感染，或是全身疾病的一部分，少部分是由邻近组织病变蔓延而来。心包炎按病因分为感染性和非感染性，按病程分为急性、亚急性、慢性三种（表3-9-1），

表 3-9-1 心包炎的分类

病因分类	感染性	病毒性、细菌性、结核性、真菌性、其他
	非感染性	急性心肌梗死、尿毒症、肿瘤、黏液腺瘤、胆固醇、乳糜性、外伤、主动脉夹层、放射性、急性特发性、结节病、风湿性、血管炎性、药物、创伤性（包括手术）等
病程分类	急性	病程<6周，包括：①纤维素性；②渗出性（浆液性或血性）
	亚急性	6周~3个月，包括：①渗出性-缩窄性；②缩窄性
	慢性	>3个月，包括：①缩窄性；②渗出性；③粘连性（非缩窄性）

急性多伴有心包积液,慢性常引起心包缩窄。本章重点讨论急性心包炎和慢性缩窄性心包炎。

第一节　急性心包炎

急性心包炎(acute pericarditis)是心包脏层和壁层的急性炎症。以胸痛、心包摩擦音、心包渗出后心包积液及心电图改变为特征。可以单独存在,也可以是某种全身疾病累及心包的表现。

【病因】

最常见病因为病毒感染。其他包括细菌感染、自身免疫病、肿瘤、尿毒症、急性心肌梗死后心包炎、主动脉夹层、胸壁外伤及心脏手术后。

【病理与病理生理】

心包炎病理变化有纤维蛋白性(干性)和渗出性(湿性),前者可发展成后者。急性炎症早期,渗出物主要为纤维蛋白、白细胞及少许内皮细胞,为纤维蛋白性心包炎;在炎症晚期,液体渗出增加,则转为渗出性心包炎。渗出液可为浆液纤维蛋白性、浆液血性、出血性或化脓性。心包炎症可完全溶解吸收,也可长期存在,或机化、形成瘢痕、钙化,有的最终发展为缩窄性心包炎。

渗出性心包炎如渗出液快速或大量积蓄,心包腔内压力明显增高,限制心脏的扩张,导致心室舒张期充盈减少,周围静脉压升高,心搏量减少。如上述改变已超出了机体的代偿能力,则出现心排血量显著降低,血压下降而产生休克,即心脏压塞。发生心脏压塞时,吸气期间动脉血压下降幅度>10mmHg,周围脉搏强度明显减弱甚至消失(奇脉)。如心包积液迅速积聚,即使仅200ml,亦可引起急性心脏压塞,导致心排血量减少,主要表现为急性循环衰竭和休克。

【临床表现】

(一)纤维蛋白性心包炎

1.症状　胸骨后、心前区疼痛是最主要的症状,疼痛性质尖锐,可放射到颈部、左肩、左臂、左肩胛骨等处,也可达上腹部,与呼吸运动有关,咳嗽、改变体位、深呼吸或吞咽时加重。本病所致的心前区疼痛可能与心肌梗死疼痛类似,需注意鉴别。发展缓慢的心包炎疼痛症状可能不明显。感染性心包炎可伴发热、乏力等。

2.体征　心包摩擦音是急性纤维蛋白性心包炎的特征性体征。因炎症而变得粗糙的脏层和壁层心包在心脏活动时相互摩擦而产生,呈抓刮样粗糙的高频音,心脏收缩期和舒张期均可听到,于胸骨左缘3、4肋间听诊最为清楚,胸骨下端、剑突区也较明显。坐位时身体前倾、深吸气时或将听诊器胸件加压后更容易听到。心包摩擦音一般持续数天至数周,有时仅数小时。当渗液增多使壁层和脏层心包完全分开时,心包摩擦音即消失。

(二)渗出性心包炎

1.症状　呼吸困难是渗出性心包炎最突出的表现,可能与支气管、肺、大血管受压引起肺淤血有关。部分患者可因中、大量心包积液造成心脏压塞,从而出现呼吸困难、面色苍白、烦躁不安、发绀、上腹部胀痛、水肿甚至休克。心包积液量增大时还可压迫支气管引起干咳,压迫食管引起吞咽困难,压迫喉返神经导致声音嘶哑。

2.体征　心包积液量在200~300ml以上或渗出液急速积聚时产生以下体征:

(1)心尖搏动减弱或消失,位于心浊音界左缘内侧。

(2)心浊音界向两侧扩大,均为绝对浊音区,由坐位变卧位时第2、3肋间心浊音界增宽。

(3)心音低钝而遥远、心率增快。

(4)**心包叩击音**:少数患者于胸骨左缘第3、4肋间可闻及响亮呈拍击样的心包叩击音,是由于心脏舒张受到心包积液的限制、血流突然终止所形成的震动所致。

(5)**心包积液征**:大量心包渗液时可压迫左侧肺部,在左肩胛下区可出现浊音及支气管呼吸音,称心包积液征(Ewart 征)。

(6)心脏压塞体征:①循环衰竭:表现为动脉收缩压下降、脉压变小、脉搏细弱,严重时可发生休克。主要见于急性心脏压塞。②体循环静脉淤血:由于大量心包积液使心室舒张受限、静脉回流受限所致,表现为颈静脉怒张且吸气时尤为明显(Kussmaul 征)、静脉压升高、肝大伴压痛、腹水、皮下水肿,多同时伴有奇脉。心脏压塞的临床特征为 Beck 三联征:低血压、心音低弱和颈静脉怒张。

【实验室及其他检查】

(一)实验室检查

实验室检查取决于原发病。

1. 血常规 细菌性心包炎常有白细胞计数及中性粒细胞增加。

2. C 反应蛋白与血沉 炎症反应 C 反应蛋白增高、红细胞沉降率增快。其中血清 C 反应蛋白水平可指导制定治疗疗程及评估治疗效果。

3. 免疫指标 自身免疫性疾病可有免疫指标阳性。

(二)X 线检查

1. 纤维蛋白性心包炎 心影正常。

2. 渗出性心包炎 积液量超过 300ml 时心影向两侧增大,心膈角变成锐角。超过 1 000ml 时心影呈烧瓶状,并随体位变化而改变,心脏搏动减弱或消失。通常成人积液量少于 250ml、儿童少于 150ml 时,X 线难以检出其积液。

3. 对继发于结核及恶性肿瘤等诊断提供线索。

急性心包炎胸部正位片表现

(三)心电图

90% 以上的患者心电图都有异常,主要表现如下。

1. ST 段呈弓背向下型抬高(aVR、V_1 导联除外),数日后回至等电位线上,T 波低平或倒置。

2. 有心包积液时 QRS 低电压,当大量积液时可见电交替。

3. 常有窦性心动过速。

急性心包炎心电图表现

(四)超声心动图

超声心动图诊断心包积液简单易行,迅速可靠,可确诊有无心包积液(图 3-9-1),判断积液量,协助判断临床血流动力学改变是否由心脏压塞所致,也可用于心包积液定位并引导心包穿刺引流。正常心包腔内可有 15~50ml 浆膜液起润滑作用。如整个心动周期均有心脏后液性暗区,则心包腔内大于 50ml 液体,可确诊为心包积液。舒张末期右心房塌陷和舒张早期右心室游离壁塌陷是诊断心脏压塞最敏感而特异的征象。吸气时右心室内径增大,左心室内径减小,室间隔左移。

(五)心脏磁共振成像(MRI)

MRI 能清晰显示心包积液容量和分布情况,帮助分辨积液的性质,可测量心包厚度。延迟增强扫描可见心包强化,对诊断心包炎较敏感。对于急性心肌炎、心包炎,还有助于判断心肌受累情况。

(六)心包穿刺和引流液检查

心包穿刺的主要指征是心脏压塞,对诊断积液性质和病因及治疗心包炎也有帮助,可将穿刺液进行常规、生化、病原学(细菌、真菌等)、细胞学相关检查,有助于确定病原体。另外,抽取一定量的积液可解除心脏压塞症状,而心包腔内注入抗生素或化疗

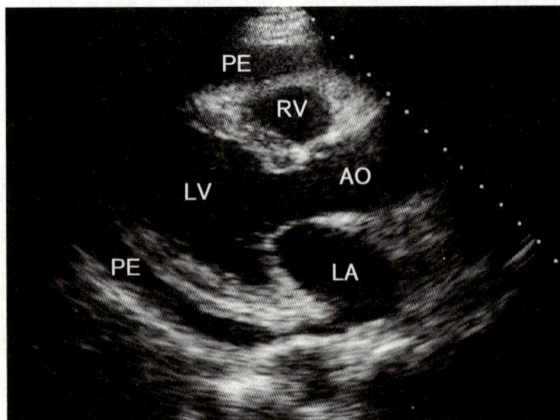

图 3-9-1 心包积液超声心动图

左室长轴切面,心包腔无回声区环绕心脏;AO:主动脉;LA:左心房;LV:左心室;RV:右心室;PE:心包积液。

药物有助于感染性或肿瘤性心包炎的治疗。

【诊断和鉴别诊断】

（一）诊断

根据急性起病、典型胸痛、心包摩擦音、特征性的心电图表现及超声心动图检查可以确诊并判断积液量。结合相关病史、全身表现及心包穿刺等检查有助于对病因作出诊断。心包炎常见病因类型包括急性非特异性心包炎、结核性心包炎、化脓性心包炎、肿瘤性心包炎、心脏损伤后综合征等。其鉴别见表3-9-2。

表 3-9-2　五种常见心包炎的鉴别及治疗

项目	非特异性	结核性	化脓性	肿瘤性	心脏损伤后综合征
病史	上呼吸道感染史,起病急,常反复发作	伴原发结核表现	伴原发感染灶或败血症表现	转移性肿瘤多见	有手术、心肌梗死等心脏损伤史,可反复发作
症状	持续发热,剧烈胸痛,早期有心包摩擦音	常无发热、胸痛,有心包摩擦音	高热、胸痛,有心包摩擦音	常无发热、胸痛,少有心包摩擦音	常有发热、胸痛,少有心包摩擦音
白细胞计数	正常或增高	正常或轻度增高	明显增高	正常或轻度增高	正常或轻度增高
血培养	阴性	阴性	阳性	阴性	阴性
心包积液	量较少,草黄色或血性,淋巴细胞为主,多无细菌	常大量积液,多为血性,淋巴细胞较多,可有分枝杆菌	量较多,脓性,中性粒细胞多,有化脓性细菌	大量积液,多为血性,淋巴细胞较多,无细菌	中量积液,常为浆液性,淋巴细胞较多,无细菌
治疗	非甾体抗炎药	抗结核药	抗生素及心包切开	原发病治疗及心包穿刺	糖皮质激素

（二）鉴别诊断

1. **急性心肌梗死（AMI）**　非特异性心包炎胸痛剧烈酷似AMI。但AMI患者多有吸烟、高血压、高脂血症、糖尿病等危险因素;发病多在40岁以后,多有反复发作的心绞痛病史;胸痛不因咳嗽、呼吸等改变而加重;心电图可见相邻导联ST段弓背向上抬高,ST-T改变的演进在数小时内发生,范围通常不如心包炎时广泛。心肌损伤标志物检查有AMI特征性改变。

2. **肺栓塞**　肺栓塞可以出现胸痛、呼吸困难甚至晕厥等表现,氧分压减低,D-二聚体通常升高。心电图典型表现为$S_IQ_{III}T_{III}$,也可见ST-T改变,心脏超声示右心压力或容积增加等肺栓塞的间接征象,确诊需肺动脉CTA或肺动脉造影。

3. **扩张型心肌病**　见本篇第八章第一节"扩张型心肌病"。

【治疗】

急性心包炎的治疗包括病因治疗、解除心脏压塞和对症支持治疗。

（一）对症支持治疗

卧床休息,直至胸痛消失和发热消退,C反应蛋白、心电图和超声心动图恢复正常。水肿者可给予低盐饮食及利尿剂等;呼吸困难者予坐位并吸氧,加强营养支持疗法;疼痛时给予非甾体抗炎药如阿司匹林(每天2~4g),效果不佳可给予布洛芬(每次400~600mg,每天3次),或吲哚美辛(每次25~50mg,每天3次),或秋水仙碱(每次0.5mg,每天2次)。必要时可使用吗啡类药物。对其他药物治疗积液吸收效果不佳的患者,可给予糖皮质激素治疗(泼尼松每天40~80mg)。

（二）病因治疗

1. **结核性心包炎**　应予抗结核治疗,药物使用参见肺结核的治疗。对中毒症状重,积液量多者,在有效抗结核的同时可予糖皮质激素治疗。

2. 化脓性心包炎 针对病原体选择敏感的抗生素,并配合反复心包穿刺或引流脓液。

(三) 解除心脏压塞

1. 心包穿刺 心脏压塞一经确立,需立即进行心包穿刺术。心包穿刺引流是解除心脏压塞最简单、有效的手段。穿刺前先做超声心动图确定穿刺部位和方向。抽液速度不宜过快。必要时穿刺完毕后可向心包腔内注入药物(如抗结核或抗肿瘤药物等)。

2. 心包切开引流 化脓性心包炎疗效不佳,穿刺排脓困难,可予心包切开引流。

3. 心包切除术 顽固性复发性心包炎病程超过 2 年、心包积液反复穿刺引流无法缓解、激素无法控制,或伴严重胸痛的患者可考虑外科心包切除术治疗。

第二节　缩窄性心包炎

缩窄性心包炎(constrictive pericarditis)是指心脏被致密增厚的纤维化或钙化心包所包裹,导致心室舒张期充盈受限而产生一系列循环障碍的疾病,多为慢性。

【病因】

大多数心包疾病都可引起缩窄性心包炎。我国缩窄性心包炎的病因以结核性最为常见,其次为非特异性心包炎、化脓性心包炎或创伤性心包炎。近年来,放射性心包炎和心脏手术后心包炎逐渐增多。其他少见的病因包括自身免疫性疾病、恶性肿瘤、尿毒症、某些药物等。

【病理与病理生理】

心包纤维化、增厚和钙化是大多数缩窄性心包炎的病理表现。心包增厚、缩窄使心室舒张期扩张受限、充盈减少,每搏输出量下降,心率代偿性增快以维持心排血量。当体力活动增加时,超过机体的代偿能力,心排血量不能适应身体的需要,故出现呼吸困难和血压下降等表现。体循环回流受阻,可出现颈静脉怒张、肝大、腹腔积液、下肢水肿等。由于吸气时周围静脉回流增多,而已缩窄的心包使心室无法适应性扩张,致使吸气时静脉压进一步升高,颈静脉怒张也更明显,称 Kussmaul 征。

【临床表现】

(一) 症状

患者既往常有急性心包炎、复发性心包炎、心包积液、恶性肿瘤、胸部放射性治疗和胸心外科手术等病史。主要症状与心排血量下降和体循环淤血有关,表现为劳力性呼吸困难、心悸、活动耐量下降、疲乏等。劳力性呼吸困难通常为缩窄性心包炎的最早症状。

(二) 体征

1. 心脏体征 心尖搏动减弱或消失,多数患者在收缩期可出现心尖负性搏动。心浊音界正常或稍大,患者心率常较快,可出现窦性心动过速、期前收缩、心房颤动等心律失常。心音减低而遥远。部分患者在胸骨左缘 3、4 肋间于舒张早期可闻及心包叩击音,性质与急性心包炎出现心脏压塞时相似。

2. 体循环淤血体征 缩窄性心包炎可出现颈静脉怒张、肝大、腹腔积液、下肢水肿等体循环淤血相关体征。但缩窄性心包炎腹腔积液常较下肢水肿出现得早且程度重,此与一般的心力衰竭患者不同,机制不清楚。少数患者出现 Kussmaul 征(吸气时颈静脉怒张明显,静脉压进一步上升)。奇脉不常见。由于心排血量减少,致使收缩压下降,反射性引起周围小动脉痉挛使舒张压升高,因此脉压变小,脉搏细弱无力。晚期可出现肌肉萎缩、恶病质和严重水肿等。

【实验室及其他检查】

(一) 实验室检查

无特异性变化。可有轻度贫血。病程长者因肝淤血可有肝功能损害,白蛋白生成减少。肾淤血可有蛋白尿及一过性尿素氮升高。

（二）胸部 X 线检查

心影正常或轻度增大，心影可呈三角形或球形，左右心缘平直，心包可有钙化影。主动脉弓小或难以辨认，肺动脉段膨出，上腔静脉常扩张。

（三）心电图

常见心动过速、QRS 低电压、T 波低平或倒置。有时可见心房颤动等心律失常，尤其在久病和高龄患者中。

（四）超声心动图

超声心动图是临床最常用的无创检测手段。典型的表现为心包增厚（图 3-9-2）、钙化，心脏变形，室壁活动减弱，室间隔舒张期矛盾运动，即室间隔抖动征，下腔静脉增宽且不随呼吸变化。

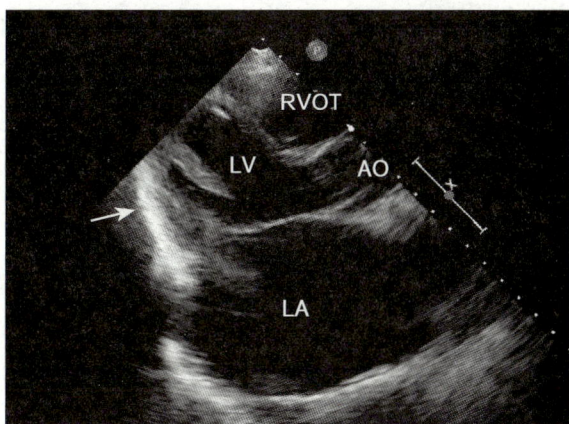

图 3-9-2　缩窄性心包炎超声心动图
左室长轴切面，缩窄性心包炎心包明显增厚（箭头所指）；AO：主动脉；LA：左心房；LV：左心室；RVOT：右心室流出道。

（五）CT 和 MRI 检查

CT 和 MRI 对慢性缩窄性心包炎的诊断价值优于超声心动图。两者均可用于评价心包受累的范围和程度、心包厚度和心包钙化等；CT 测心包钙化的敏感性更高，MRI 可识别少量心包渗出、粘连及心包炎症。

（六）右心导管检查

当非侵入性检查手段不能明确诊断时或拟行心包切除术前可行右心导管检查。特征性表现为肺毛细血管压力、肺动脉舒张压力、右心室舒张末期压力、右心房压力和腔静脉压均显著升高且趋于同一水平。

【诊断和鉴别诊断】

（一）诊断

典型缩窄性心包炎多可以根据典型的临床表现及辅助检查诊断。患者有颈静脉怒张、肝大、腹水、下肢水肿和 Kussmaul 征等体循环淤血的体征，而无心脏扩大及心瓣膜杂音，应考虑缩窄性心包炎的可能。结合超声心动图、X 线、CT 或 MRI 等检查提示有心包钙化或增厚，诊断更易确定。少数患者需行心导管检查方能明确诊断。

（二）鉴别诊断

1.肝硬化及结核性腹膜炎　结合病史、相关临床表现、体格检查及 X 线、心电图、超声心动图及腹部超声等检查，不难鉴别。

2.限制型心肌病　心脏影像学检查和血脑利钠肽检查有助于鉴别，少数患者需要借助左、右心室压力测定鉴别。必要时需进行心内膜心肌活检来鉴别。

3.心力衰竭　心力衰竭常有基础心脏病史，有心界扩大、双下肺湿啰音等体征。胸部 X 线可见心影增大、肺淤血。脑利钠肽测定和超声心动图可以帮助两者进行鉴别。

【治疗】

缩窄性心包炎的治疗方法包括药物保守治疗和心包剥离术。药物保守治疗适用于以下两种情况。①短暂性缩窄性心包炎，抗炎治疗可避免行心包剥离术。C 反应蛋白水平升高、增强 CT 或磁共振提示心包炎症有助于识别这类缩窄性心包炎，对于近期诊断且病情稳定的患者可尝试抗炎治疗 2~3 个月。②手术风险高或存在手术禁忌证。

缩窄性心包炎为进展性疾病，大多数患者会发展为慢性缩窄性心包炎。心包切除术是唯一有效的治疗方法，但围术期风险很高，手术治疗应该在有经验的中心进行。对于晚期患者、放射性心包炎患者、有严重肾功能不全或心功能不全患者手术尤其需要慎重。对于结核性心包炎患者，推荐抗结核治疗延缓心包缩窄进展,并应在术后继续抗结核治疗 1 年。

影响缩窄性心包炎预后因素

　　缩窄性心包炎的长期预后与性别关系不是很大,但与其病因及患者临床特征密切相关。研究表明特发性缩窄性心包炎 5~7 年生存率≥80%,而放射性缩窄性心包炎 5~10 年生存率仅为 30%。影响缩窄性心包炎治疗效果的其他因素还包括美国纽约心脏病协会(NYHA)心功能分级、肾功能不全、高龄、肺动脉高压、射血分数下降、手术时机、手术方式、手术路径、围手术期管理等。

【预防】

　　积极治疗结核性心包炎常可避免其演变为慢性缩窄性心包炎,在化脓性心包炎治疗效果不佳时及时行心包切开引流术,是预防缩窄性心包炎的重要手段。

本章小结

　　急性心包炎分为纤维蛋白性心包炎和渗出性心包炎。纤维蛋白性心包炎主要临床表现是心前区疼痛及心包摩擦音;渗出性心包炎主要表现是呼吸困难及心包积液征,严重时可出现心脏压塞。X 线检查渗出性心包炎可见心影向两侧增大并随体位变化而改变;心电图 ST 段呈弓背向下型抬高;超声心动图是诊断心包积液的可靠方法。

　　缩窄性心包炎的主要症状与心排血量下降和体循环淤血有关。表现为劳力性呼吸困难、活动耐量下降、疲乏,以及肝大、腹腔积液、胸腔积液和周围水肿等。心脏检查可见心浊音界正常或稍大,心尖搏动减弱或消失,出现心尖负性搏动。超声心动图可见心包增厚、钙化等。CT 和 MRI 检查是识别心包增厚和钙化的敏感和可靠方法。

病例讨论

　　患者,男,25 岁。因"发热、咳嗽、胸痛 10 天,呼吸困难 1 天"入院。患者 10 天前受凉后出现发热,最高体温 38.6℃,咳嗽伴少量脓痰,感胸痛不适,位于心前区,持续性,深呼吸加重,自服"布洛芬"体温可降至正常,胸痛减轻。1 天前活动时出现呼吸困难。既往体健,否认结核病史。查体:T 37.7℃,P 108 次/min,R 24 次/min,BP 88/70mmHg。神清,呼吸急促,颈静脉怒张。双下肺可闻及湿啰音。心界明显扩大,心率 108 次/min,心音遥远。腹软,肝大且轻压痛,双下肢轻度水肿。奇脉(+)。辅助检查:白细胞 $12.4×10^9$/L,中性粒细胞 86%。心电图:窦性心动过速,肢导联低电压。

(史桂霞)

思考题

1. 急性心包炎的临床表现是什么?
2. 急性心包炎的治疗措施有哪些?
3. 急性心包炎的诊断依据有哪些?
4. 缩窄性心包炎的临床表现有哪些?
5. 缩窄性心包炎的诊断依据有哪些?
6. 缩窄性心包炎的治疗原则是什么?

ER 3-9-5

练习题

第四篇

消化系统疾病

第一章 ｜ 总 论

教学课件

思维导图

> ## 学习目标
>
> 1. 掌握：消化系统疾病的主要症状及诊断。
> 2. 熟悉：消化系统疾病的病因、分类及防治原则。
> 3. 了解：消化系统的解剖和功能特点。
> 4. 学会对消化系统疾病的主要症状进行诊断与鉴别诊断。
> 5. 具备严谨求真的科学态度和关爱病患的职业素养。

消化系统器官众多，疾病复杂，消化系统疾病属临床常见病，包括食管、胃、肠、肝、胆、胰等器官的器质性和功能性疾病。随着我国社会经济和科学技术发展，人民生活水平和文明程度不断提高，近年来我国消化系统疾病谱也发生了较大变化：由于对幽门螺杆菌（*Helicobacter pylori*，H.pylori 或 Hp）知识的普及，消化性溃疡复发率降低，就诊人数有所减少；胃食管反流病和功能性胃肠病发病率出现上升趋势；关于炎症性肠病的报道近年来有所增加；由于乙肝疫苗的应用，慢性乙型病毒性肝炎和肝炎后肝硬化发病率出现明显下降，而酒精性肝病发病率逐渐增多，非酒精性脂肪性肝病也成为常见慢性肝病之一；近年来消化系统的大肠癌、胰腺癌患病率有明显上升，食管癌、胃癌和肝癌仍是我国常见的恶性肿瘤。

第一节 消化系统的解剖和功能特点

消化系统主要由消化道和消化腺组成。其中消化道以屈氏韧带（Treitz 韧带）为界分为上、下消化道两部分，上消化道包括食管、胃和十二指肠等，下消化道含空肠、回肠、结肠、直肠和肛门等部分；消化腺主要包括肝、胆、胰腺等，其分泌储存的消化液通过胆总管开口于十二指肠。消化系统主要功能是对食物进行消化和吸收，为机体提供新陈代谢的物质和能量来源，以维持生命体活动。

【消化系统解剖】

1. **食管** 食管长约 25cm，位于消化道的最上方。食管壁有四层：黏膜层、黏膜下层、固有肌层和外膜层，食管壁没有浆膜层，这也是食管病变容易波及纵隔的原因。食管有三个狭窄部位，分别位于食管入口处、食管和左主支气管交叉处、膈肌食管裂孔处，这三个部位是容易出现食管病变的部位。

2. **胃** 胃位于食管下方，根据解剖学，胃可以分为贲门、胃底、胃体和胃窦四部分。胃壁黏膜中含大量腺体，可以分泌胃液。主要位于胃体的壁细胞分泌胃酸（盐酸）和内因子；主细胞分泌胃蛋白酶原，胃蛋白酶原在酸性环境下转化为有活性的胃蛋白酶；黏液细胞分泌起中和胃酸和保护胃黏膜作用的黏液。胃窦部腺体分泌碱性黏液，G 细胞分泌促胃液素。

3. **小肠** 小肠长约 6m，是从胃的幽门部开始到回盲瓣的肠道，解剖学分为十二指肠、空肠与回肠三部分。其中十二指肠长约 25cm，分为球部、降部、水平部和升部四部分，整体呈 C 形包绕胰头。

空肠与十二指肠连接处被 Treitz 韧带固定,是上消化道和下消化道的分界点。空肠下连回肠,回肠连接盲肠。空肠、回肠无明显界限。

4. 大肠 成人大肠长约 1.5m,起自回肠,止于肛门。大肠包括盲肠、阑尾、结肠和直肠四部分,围绕在空肠、回肠的周围。

5. 肝脏 肝脏是人体内最大的消化腺体,肝脏以镰状韧带连于腹前壁和膈肌,并以此韧带为界分为右叶和左叶。肝脏血液供应有门静脉和肝动脉双重供应,肝细胞间的毛细胆管集合成小叶间胆管,后在左右叶内分别汇合成为左、右两肝管,左、右肝管在肝门处合成肝总管,与胆囊管汇合成为胆总管,在十二指肠乳头处进入十二指肠。

6. 胆囊 胆囊呈梨形,位于肝脏下面的胆囊窝内,分为胆囊底、胆囊体、胆囊颈和胆囊管四部分,胆囊腔的容积为 40~70ml。胆囊管连接胆囊、肝胆管和胆总管,胆囊通过胆管与胆总管相连,肝脏产生的胆汁经肝管排出,一般先在胆囊内贮存。

7. 胰腺 胰腺自右至左可分为胰头、胰颈、胰体及胰尾四部分,位于上腹部深处,为腹膜后器官。胰管与胆总管汇合(或单独)开口于十二指肠乳头。

【消化系统功能】

消化系统的基本生理功能是摄取、转运和消化食物,吸收营养和排泄废物,消化道的运动功能可以使摄入的食物变成细小的食糜,与消化腺分泌的消化液充分混合进行消化,食糜在消化道内不断向前推进,推进过程中与肠道的吸收部位充分接触,完成营养吸收,不被吸收的物质最后成为粪便排出体外。

消化系统生理功能的完成有赖于整个系统协调的生理活动。消化器官的活动受自主神经支配,人体精神活动与消化道之间的关系密切,精神状态的变化能影响消化道黏膜血流灌注和消化腺体分泌,也能引起肠道运动和分泌功能的变化。胃肠道内有多种能分泌脑肠肽类的内分泌细胞,脑肠肽作为神经信息的传递物质也存在于脑内,提示神经系统和胃肠系统之间可能有密切联系。

人体神经体液调节障碍,消化道各器官出现器质性或功能性障碍,都会影响消化道运动功能,而发生相应的疾病。食物在消化道内消化需要消化腺所分泌的各类消化酶以及肝脏分泌的胆汁等成分,消化后的小分子物质经肠黏膜的吸收功能被人体吸收利用,每一环节的障碍会造成消化吸收不良,发生相应的疾病。

ER 4-1-3

消化系统结构与功能

第二节 消化系统疾病的病因和分类

【消化系统疾病病因】

消化系统是人体拥有最多器官的系统,包含了食物的摄取、消化、吸收、排出等各个环节,造成消化系统疾病的病因比较复杂,同一种疾病可由多种因素引起,而同一种致病因素也可以是多种疾病的共同病因。常见的病因有理化因素、感染因素、营养不良、代谢紊乱、变态反应、神经系统功能失调、肿瘤、外伤以及某些先天性遗传病等。

【消化系统疾病分类】

消化系统疾病临床上有多种分类方法,临床上常按照发病器官进行分类:

1. 食管疾病 常见疾病有胃食管反流病、食管癌、食管炎和贲门失弛缓症等。

2. 胃十二指肠疾病 常见疾病有胃炎、功能性消化不良、消化性溃疡、胃癌和十二指肠炎等。

3. 小肠疾病 常见疾病有肠炎、吸收不良综合征、克罗恩病和肠梗阻等。

4. 大肠疾病 常见疾病有结肠炎、阑尾炎、肠易激综合征和大肠癌等。

5. 肝胆疾病 常见疾病有肝炎、肝硬化、肝癌、脂肪肝、肝脓肿、胆石症、胆囊炎、胆管炎和胆道系统肿瘤等。

6.胰腺疾病 常见疾病有急、慢性胰腺炎和胰腺癌等。

7.腹膜、肠系膜疾病 常见疾病有腹膜炎、腹膜转移癌、肠系膜淋巴结结核和原发性腹膜肿瘤等。

第三节 消化系统疾病的主要症状

消化系统包含众多器官,症状表现多样,常见症状主要有:

1. **胃灼热** 表现为胸骨后和剑突下的烧灼样感觉,多与酸或碱性反流物刺激食管黏膜有关,常见于胃食管反流病、胃炎等。

2. **嗳气** 胃内气体逸出口腔,提示胃腔内气体较多,多见于食管-胃运动功能失调,也可见于胃食管反流病、胃和十二指肠疾病、胆道疾病等。频繁嗳气也可由精神因素引起。

3. **吞咽困难** 进食后感觉吞咽费力,时间延长,多见于食管疾病、结缔组织疾病、纵隔肿瘤、主动脉瘤、神经系统病变等。

4. **胸痛** 前胸部疼痛感,无压榨样感觉,一般是胃食管反流病或食管裂孔疝的临床表现,非心源性胸痛。

5. **食欲缺乏** 表现为厌食,不同于惧食,多由于消化道器质性疾病、消化酶缺乏、神经肌肉病变所致,如胃肠道肿瘤、肝炎、胰腺炎、胰腺癌等。

6. **恶心和呕吐** 多在恶心后出现呕吐,也可单独发生,多系反射性或流出道受阻产生,如胃癌、胃炎、幽门梗阻、肝胆胰腺急性炎症、肠梗阻等。

7. **反酸** 酸度较高的胃内容物反流至口腔,多见于胃食管反流病、消化性溃疡等。

8. **腹胀** 可由胃肠道积气、积食、胃肠道梗阻、腹水、气腹、腹内肿物、便秘及胃肠道运动功能障碍所致。

9. **呕血、黑便和血便** 呕血和黑便常提示为消化道和肝胆胰腺等部位出血,上、下消化道出血可表现为不同程度的呕血和黑便、血便。

10. **腹痛** 表现为腹部不同部位、不同性质的疼痛和不适感,多由于消化器官的炎症物质刺激、体积膨胀、器官痉挛、血供不足等因素所致,空腔脏器痉挛常产生剧烈绞痛,如肠梗阻、胆绞痛等。腹痛亦可见于胃肠道外和功能性疾病,如心肌梗死、泌尿生殖道炎症或梗阻、肺部疾病等。

11. **腹泻** 由于肠道分泌增多和/或吸收障碍,或肠道蠕动加速所致。水样腹泻一般提示小肠疾病,脓血和黏液便见于结肠疾病,如炎症、溃疡、肿瘤等。

12. **里急后重** 是直肠受刺激的征象,多因直肠局部炎症或肿瘤引起。

13. **便秘** 主要指排便次数减少,同时排便困难、粪便干结。常见因素有直肠反射减弱或消失、缺乏驱动性蠕动、肠腔内机械性阻塞、肠腔外肿瘤压迫等。

14. **黄疸** 胆红素代谢障碍引起血清内胆红素浓度升高,导致巩膜、皮肤、黏膜以及其他组织和体液发生黄染的现象。常见病因有溶血性、肝细胞性、胆汁淤积性及先天性非溶血性黄疸等。

第四节 消化系统疾病的诊断

全面详细询问病史、系统的体格检查、必要的实验室及器械检查是正确诊断疾病的充分必要条件,在全面分析这些资料的基础上,以求尽快作出准确的诊断。

【病史与症状】

病史采集要掌握消化系统疾病问诊的要领,务求全面细致。注意消化系统不同疾病有不同的主要症状或症状组合,个别症状在不同疾病也有其不同的表现特点,如消化系统常见腹痛在不同疾病中可表现为隐痛、刺痛、绞痛等。在病史采集中对主要症状要尽可能了解其发病诱因、起病情况、发病经过、发病以来的处理措施等,要详细了解症状发生部位、性质、程度、时间、引起加剧和缓解的规律,是否伴随其他症状等。此外,患者的年龄、性别、籍贯、职业、经济状况、精神状态、饮食及生活习惯、烟酒嗜好、接触史以及家族史等对正确诊断疾病也很重要。

【体征】

体征是医生在体格检查中发现的异常表现。腹部检查时要全面细致。腹部视诊常能提供重要线索,如腹部膨隆提示腹水或胀气,发现胃肠型和蠕动波提示肠梗阻等。腹部触诊在腹部检查中非常重要,检查手法要规范。腹壁紧张度、压痛和反跳痛对腹痛的鉴别诊断至关重要;针对腹腔脏器的触诊可能发现脏器的相关疾病;触及腹部包块时应详细检查其所在位置、体积大小、表面情况、周围关系、包块硬度、活动情况、触痛及搏动感等。腹部叩诊发现移动性浊音提示已有中等量的腹水。腹部听诊时注意肠鸣音的特点,对急腹症的鉴别诊断有帮助;腹部的血管杂音对青年高血压、腹部血管性疾病等有较高的诊断价值。对表现为便血、腹泻、便秘、下腹痛的患者,肛门直肠指诊非常重要。

在腹部检查的同时,还要注意全身系统检查。腹部检查同时观察面部表情可提示腹痛是否存在及其严重程度;口腔溃疡及关节炎存在可能与炎症性肠病有关;皮肤黏膜的表现如色素沉着、黄疸、瘀点、瘀斑、蜘蛛痣、肝掌等是诊断肝病肝功能损害的重要线索,左锁骨上淋巴结肿大可见于胃肠道癌转移。

【实验室和其他检查】

1. **实验室检查** 血细胞常规检查可提示脾功能亢进、贫血等诊断。粪常规检查对胃肠道疾病诊断非常重要,粪便的肉眼观、显微镜检查可对肠道感染、某些寄生虫病有确诊价值,必要时作粪便致病菌培养以确定菌群性质;粪便隐血试验阳性对消化道出血的诊断非常重要。血沉增快可作为炎症性肠病、消化道结核的活动性指标。肝功能检查可反映肝损害的情况。血、尿胆红素检查可初步鉴别黄疸的性质。血、尿淀粉酶测定对诊断急性胰腺炎有重要价值。各型肝炎病毒标志物检测可确定病毒性肝炎的类型。甲胎蛋白阳性及动态变化对于原发性肝细胞癌有较特异的诊断价值,而癌胚抗原等肿瘤标志物对消化道肿瘤如结肠癌、胰腺癌等具有辅助诊断及估计疗效的价值。血清中特定的自身抗体测定对恶性贫血、原发性胆汁性肝硬化、自身免疫性肝炎等有重要的辅助诊断价值。消化道激素如胃泌素测定对胃泌素瘤有诊断价值。腹水常规检查可判断出腹水系渗出性或漏出性,结合腹水生化、脱落细胞学检查及细菌培养对鉴别肝硬化合并原发性细菌性腹膜炎、结核性腹膜炎和腹腔恶性肿瘤有价值。Hp 的检测对于慢性胃炎、胃癌前疾病及病变、消化性溃疡、胃黏膜相关淋巴瘤等疾病的诊疗具有重要作用,可采用非侵入性的 ^{13}C 或 ^{14}C 尿素呼气试验以及侵入性检查方法如胃黏膜活检标本作快速尿素酶试验、胃黏膜组织切片染色镜检、细菌培养等。

2. **内镜检查** 消化内镜检查目前为消化系统疾病诊断的一项极为重要的手段。消化内镜可直接观察消化道腔内的各类病变,根据需要可取活组织作病理学检查,还可将之摄影、录像留存以备分析,近年来消化内镜技术发展非常迅速,甚至可以在检查中直接进行活体病理观察。消化内镜根据不同部位检查的需要通常分为胃镜、十二指肠镜、小肠镜、结肠镜、腹腔镜、胆道镜、胰管镜等。其中以胃镜和结肠镜最为常用,可检出大部分的常见胃肠道疾病。胃镜或结肠镜检查时镜下喷洒染色剂即染色内镜,可帮助判别早期轻微的病变,提高消化道早癌的诊断;结合放大内镜,消化道早癌的诊断水平可进一步提高。十二指肠镜插至十二指肠降段乳头部可进行内镜逆行胰胆管造影(ERCP),是胆系、胰管疾病的重要诊断手段,对胆道、胰腺阻塞性疾病可同时进行内镜下治疗。内镜结合超声探头即超声内镜,可了解消化道黏膜下病变的深度、大小、性质及周围情况,也可在超声引导下进行穿刺取样活检甚至治疗。双气囊小肠镜改进了小肠镜插入深度,逐渐成为小肠疾病诊断的重要手段。胶囊内镜是受检者吞服胶囊大小的内镜后,内镜在胃肠道进行拍摄并将图像通过无线发送到体外接收器进行图像分析,该检查对以往不易发现的小肠出血、早期克罗恩病等小肠病变诊断有特殊价值;磁控胶囊胃镜极大改善了普通胃镜的不适,还可以作为小肠胶囊内镜使用;结肠胶囊内镜发展也日新月异。

ER 4-1-4

胃肠镜检查

3. 影像学检查

(1) **超声检查**:B型实时超声现在已经普遍用于腹腔内实体脏器检查,因为其无创性且检查费用较低,依从性高,被用作首选的初筛检查。B超可显示肝、脾、胆囊、胰腺等形态及病变情况,可了解腹腔内有无腹水及腹水量,对腹腔内实质性肿块的具体定位、肿块大小、病变性质等的判断也有一定价值。B超还能监视或引导各种经皮穿刺,对相应疾病进行诊断和治疗。彩色多普勒超声可观察肝静脉、门静脉、下腔静脉等血管情况,有助于门静脉高压的诊断与鉴别诊断。

(2) **X线检查**:普通X线检查依然是诊断胃肠道疾病的常用手段。腹部正位平片可帮助判断腹腔内有无游离气体,钙化的结石或组织,肠道内气体和液体的情况。通过胃肠钡剂造影、钡剂灌肠造影等X线检查,可观察全胃肠道形态;气-钡双重对比造影技术能更清楚地显示黏膜表面的细小结构,从而提高微小病变的发现率。通过这些常用X线检查可发现胃肠道的炎症、溃疡、肿瘤、结构畸形以及运动异常等,对于膈疝和胃黏膜脱垂的诊断优于内镜检查。口服及静脉注射X线胆系造影剂可显示胆系结石和肿瘤,对胆囊浓缩和排空功能障碍诊断也有相当价值。经皮肝穿刺胆管造影术,在肝外梗阻性黄疸时可鉴别胆管的梗阻部位和病因。近年来,数字减影血管造影技术的应用提高了消化系统疾病的诊断水平,如门静脉、下腔静脉造影有助于门静脉高压的诊断及鉴别诊断,选择性腹腔动脉造影有助于肝和胰腺肿瘤的诊断和鉴别诊断以及判断肿瘤范围,在造影同时可进行介入治疗,对不明原因消化道出血的诊断及治疗也有相当重要的价值。

(3) **电子计算机X线体层显像(CT)和磁共振显像(MRI)**:该类检查因其敏感度和分辨率都比较高,可反映轻微的病变,对病灶的定位和定性效果较佳,因此在消化系病的诊断中越来越重要。CT对腹腔内病变,尤其是肝、胰等实质脏器及胆系的病变如肿瘤、囊肿、脓肿、结石等有重要诊断价值;对弥漫性病变如脂肪肝、肝硬化、胰腺炎等也有较高的诊断价值。对于空腔脏器的恶性肿瘤性病变,CT能够发现其脏器壁内病变与空腔外病变,并能够提示有无周围转移,对肿瘤分期也有一定价值。MRI对占位性病变的定性诊断比较好。应用数字技术对CT图像后处理可获得类似内镜在管腔脏器观察到的三维和动态图像,称为仿真内镜;MRI图像后处理可进行磁共振胰胆管造影术(MRCP),可代替侵入性的逆行胰胆管造影(ERCP)用于胆、胰管病变的诊断。

(4) **放射性核素检查**:^{99m}Tc-PMT肝肿瘤阳性显像可协助原发性肝癌的诊断。静脉注射^{99m}Tc标记红细胞对不明原因消化道出血的诊断有特殊价值。放射核素检查还可用于研究胃肠运动如胃食管反流、胃排空时间、肠转运时间等。

(5) **正电子发射体层显像(PET)**:PET反映生命体生理功能而非解剖结构,根据示踪剂的摄取水平能将生理过程进行形象化和数量化,近年用于消化系统肿瘤的诊断、分级和鉴别诊断均有较好效果,可与CT和MRI互补提高诊断的准确性。

4. 活组织检查和脱落细胞检查

(1) **活组织检查**:取活组织作组织病理学检查具有确诊价值,是临床诊断金标准,对诊断有疑问者尤应尽可能做活检。消化系统的活组织检查主要是内镜直视下取材,如在胃镜或结肠镜下对食管、胃、结直肠黏膜病变组织,或腹腔镜下对病灶直接取材进行病理学检查。在超声或CT等引导下细针穿刺取材也是常用的方法,如对肝、胰或腹腔肿块的穿刺。对于消化系统手术标本的组织学检查也属此范畴。

(2) **脱落细胞检查**:在内镜直视下冲洗或擦刷胃肠道、胆道和胰管,收集脱落细胞进行病理学检查,收集腹水查找癌细胞等有利于发现所处部位的癌瘤。

5. 其他

（1）**脏器功能试验**：如胃液分泌功能检查、小肠吸收功能检查、胰腺外分泌功能检查、肝脏储备功能检查等，可以用于相应脏器有关疾病的辅助诊断。

（2）**胃肠动力学检查**：目前临床上常做的有包括食管、胃、胆道、直肠等处的压力测定，食管24小时 pH 监测，胃排空时间及胃肠经过时间测定等。这些检查对胃肠道动力障碍性疾病的诊断有相当价值。

（3）**剖腹探查**：对疑似重症器质性疾病而各项检查又不能肯定诊断者可考虑剖腹探查。

第五节　消化系统疾病的防治原则

【一般治疗】

1. 饮食与营养　消化系统是食物摄取、转运、消化、吸收、代谢及排出的重要场所，消化系统病变可不同程度影响这些生理功能，而不当的饮食会引发或加重疾病过程，饮食和营养在治疗中占相当重要的地位。临床上常根据发病部位、疾病性质及严重程度决定是否限制饮食甚至禁食，有上消化道梗阻病变者还要给予胃肠减压。由疾病引起的食欲下降、呕吐、腹泻、消化吸收不良，医源性饮食限制，会导致患者营养障碍，水、电解质、酸碱平衡紊乱，因此支持疗法相当重要，根据病情许可情况给予高营养且易消化吸收的食物，必要时进行静脉补充营养物质，有些疾病需要全胃肠外营养或全胃肠内营养（要素饮食）。

2. 精神心理治疗　因人体精神活动与消化道之间的关系密切，功能性胃肠病相当常见，不少消化系统器质性疾病在疾病发作过程中亦会引起功能性症状，而精神紧张或生活紊乱又会诱发或加重器质性疾病，因此，精神心理治疗相当重要。处置措施包括向患者耐心解释病情、消除紧张心理，必要时予心理治疗，适当使用镇静药等。

【药物治疗】

1. 针对病因或发病环节的治疗　有明确感染病因的消化系统疾病如胃肠道炎症、胆系炎症、幽门螺杆菌相关性慢性胃炎等，予以抗菌药物治疗多可治愈。大多数消化系统疾病病因未明，治疗主要针对疾病的不同环节，阻断病情发展，促进病情缓解、改善症状和预防并发症的发生。如用抑酸药物或胃肠促动药治疗胃食管反流病，用抑酸药或黏膜保护剂治疗消化性溃疡，应用抗炎药物治疗炎症性肠病，早期肝硬化时应用抗纤维化药物治疗等。由于发病机制及病理生理涉及多方面，因此要注意综合治疗及不同时期治疗措施的合理选择。由于病因未明，病因不能根本祛除，缓解期往往需要维持治疗以预防复发。

2. 对症治疗　许多消化系统疾病的症状如腹痛、呕吐、腹泻等，给患者带来一定的痛苦，身体痛苦也会导致机体功能及代谢紊乱，从而进一步加剧病情发展，因此在基础治疗未发挥作用时要考虑予以对症治疗，减轻患者痛苦。临床上镇痛药、止吐药、止泻药及抗胆碱能药物是常用的对症治疗药物。应注意对症治疗药物使用应权衡利弊，酌情使用，有可能会影响基础治疗，如过强的止泻药用于急性胃肠感染会影响肠道有毒物质的排泄，在治疗重症溃疡性结肠炎时会诱发中毒性巨结肠。对症治疗有时因掩盖疾病的主要临床表现而影响临床判断，甚至延误治疗，如急腹症病因诊断未明者用强力镇痛药、结肠癌用止泻药等可能导致漏诊。

【手术治疗或介入治疗】

手术治疗是消化系统疾病治疗的重要手段。对经内科治疗无效、疗效不佳或出现严重并发症的疾病，手术切除病变部位常常是疾病治疗的根本办法或最终途径。近年在消化内镜下进行的"内镜治疗"技术发展迅速，涉及消化道息肉治疗、食管狭窄扩张术、食管支架放置、食管-胃底静脉曲张止血、非静脉曲张上消化道出血止血治疗、胆道碎石和取石术、胆管内外引流术等；血管介入技术如经颈静脉肝内门体静脉分流术（TIPS）治疗门静脉高压、肝动脉栓塞化疗（TACE）治疗肝癌等；B超引导下穿刺进行引流术或注射术治疗肝脏囊肿、脓肿及肿瘤得到广泛应用。以往许多需外科手术的消化系统疾病现在可用创伤较少的介入治疗或经自然腔道内镜手术（NOTES）治疗，从而大大开拓了消化系统疾病治疗的领域。

ER 4-1-5
消化道息肉内镜下治疗

知识拓展

经自然腔道内镜手术

经自然腔道内镜手术（natural orifice transluminal endoscopic surgery，NOTES）是指使用软式内镜经口腔、食管、胃、结（直）肠、阴道、膀胱等自然腔道进入腹腔、胸腔等体腔，进行各种内镜下操作，包括腹腔探查、腹膜活检、肝脏活检、胃肠及肠肠吻合、阑尾切除、胆囊切除、输卵管结扎、子宫部分切除、肾切除、脾脏切除、胰腺尾部切除术等。1994年首次提出NOTES的概念。2000年报道了经胃内镜下肝脏活检和腹腔探查术的实验研究，2003年，首次开展了在人体经胃阑尾切除术。我国于2005年在世界上首先开展经直肠NOTES保胆取石术及胆囊息肉切除术。

本章小结

消化系统的基本生理功能是消化食物、吸收营养和排泄废物。消化系统疾病病因复杂，某一疾病可由多种因素造成，而某一因素也可以是若干疾病的病因。要认真收集临床资料，包括病史、体征、常规化验及其他有关的辅助检查结果，其中，内镜检查对疾病的诊断和治疗具有重要价值，肛门指诊在体检中不能疏忽，影像学检查在消化系统疾病中广泛应用，通过全面的分析与综合，才能得到正确的诊断。治疗应遵循综合治疗和个体化治疗原则，现在内镜治疗技术突飞猛进，得到广泛应用。

（赵文星）

思考题

1. 消化系统疾病的主要症状有哪些？
2. 引起腹痛的原因有哪些？
3. 诊断消化系统疾病有哪些常用辅助检查？

ER 4-1-6
练习题

第二章 ｜ 胃-食管反流病

ER 4-2-1 教学课件　　ER 4-2-2 思维导图

案例导入

患者，男，48岁，身高172cm，体重89.5kg。近半年来反复出现胸骨后不适，反酸、胃灼热，以进食后明显，夜间可被反流的"酸水"呛醒，无明显恶心、呕吐。在当地医院按"胃病"进行药物治疗，症状未见明显好转。为进一步诊治收入院。查体：一般状况尚可，浅表淋巴结未及肿大，皮肤无黄染，心肺未见异常，腹平坦，未见胃肠型及蠕动波，腹软，无压痛，肝脾肋下未及，腹部未及包块，移动性浊音（－），肠鸣音正常。辅助检查：胃镜示食管下段见4条束状糜烂带，最大直径<5mm，不融合。

请思考：

1. 该患者可能的诊断是什么？
2. 为明确诊断应进一步完善哪些检查？

胃食管反流病（gastroesophageal reflux disease，GERD）是指胃/十二指肠内容物反流入食管引起胃灼热等症状，或伴咽喉、气道等食管邻近的组织损害。常分为三种类型：内镜下可见食管远段黏膜破坏即反流性食管炎（reflux esophagitis，RE）；食管远端的鳞状上皮被柱状上皮取代称为巴雷特食管（Barrett's esophagus，BE）；存在反流相关的不适症状，但内镜下未见食管黏膜破损及巴雷特食管为非糜烂性反流病（nonerosive reflux disease，NERD），又称内镜阴性的胃食管反流病。

胃食管反流病在西方国家十分常见，普通人群中10%~20%有胃食管反流症状。近年来我国的患病率有逐年增高的趋势，在北京、上海两地的患病率为5%~10%，其中，反流性食管炎接近2%。

【病因和发病机制】

胃食管反流病是由多种因素造成的消化道动力障碍性疾病，主要发病机制是食管本身抗反流机制缺陷，如食管下括约肌功能障碍和食管体部运动异常等；也有食管外诸多机械因素的功能紊乱，从而造成食管抗反流防御机制减弱和反流物对食管黏膜攻击作用增强相互作用的结果。

（一）抗反流防御机制减弱

1. 抗反流屏障减弱　正常人食管和胃交界处的解剖结构有利于抗反流，这些结构主要包括食管下括约肌（lower esophageal sphincter，LES）、膈肌脚、膈食管韧带、食管与胃底间的锐角（His角）等，上述各部分的结构和功能上的缺陷均可造成胃食管反流，其中最主要的是LES的功能状态。生理状态下,静息时 LES 压为 10~30mmHg,LES 形成的高压带可以防止胃内容物反流入食管。LES 部位的结构受到破坏时可使 LES 压下降,如贲门肿瘤、贲门失弛缓症等手术后易并发反流性食管炎。生活中一些因素可导致 LES 压降低,如某些激素(缩胆囊素、胰高血糖素、血管活性肠肽等)、食物(高脂肪、巧克力等)、药物(钙通道阻滞剂、地西泮)等。当腹内压增高(如妊娠、腹水、呕吐、负重劳动等)及胃内压增高(如胃扩张、暴饮暴食、胃排空延迟等)均可引起 LES 压相对降低而导致胃食管反流。

一过性 LES 松弛(transit LES relaxation,TLESR)是近年研究发现引起胃食管反流的一个重要因素。人体正常吞咽时 LES 松弛,食物得以进入胃内。TLESR 是指非吞咽情况下 LES 自发性松弛,其松弛时间明显长于吞咽时 LES 松弛的时间。TLESR 既是正常人生理性胃食管反流的主要原因,也是 LES 静息压正常的胃食管反流病患者的主要发病机制。

2. 食管对反流物的清除能力下降 正常情况下,食管廓清的主要方式是容量清除,食管的蠕动性收缩可以将发生的胃食管反流物排入胃内,口腔分泌的碱性唾液进入食管对反流物也能起到中和作用。食管蠕动和唾液产生的异常也参与胃食管反流病的致病作用,如食管膈肌裂孔疝时部分胃经膈肌食管裂孔进入胸腔,可引起胃食管反流并降低食管对酸的清除,导致胃食管反流病。

3. 食管黏膜屏障功能下降 食管上皮表面黏液、不移动水层和表面 HCO_3^-、复层鳞状上皮等构成的上皮屏障,以及黏膜下丰富的血液供应构成的后上皮屏障共同组成了食管黏膜屏障。任何导致食管黏膜屏障作用下降的因素(如长期吸烟、饮酒以及抑郁等),将使食管黏膜不能抵御盐酸、胃蛋白酶等化学物质的侵袭,导致反流性食管炎。

(二)反流物对食管黏膜的攻击作用

在食管抗反流防御机制下降的基础上,反流物刺激和损害食管黏膜,其中胃酸与胃蛋白酶是反流物中损害食管黏膜的主要成分。胆汁反流是胃食管反流的另一种形式,其中的非结合胆盐和胰酶是主要的攻击因子,参与损害食管黏膜。食管黏膜受损程度与反流物的质和量有关,也与反流物与黏膜的接触时间、部位有关。

(三)食管以外的组织损伤

过多的胃食管反流除造成食管黏膜损害外,还可以引起食管以外的其他组织损伤。反流物可刺激咽喉部黏膜引起咽喉炎;被吸入气管和肺会引起慢性咳嗽、哮喘、支气管炎、支气管扩张、吸入性肺炎等疾病。

【病理】

RE 患者,胃镜下可见糜烂及溃疡;组织病理组织学改变可有:①复层鳞状上皮细胞层增生;②固有层内中性粒细胞浸润;③食管下段鳞状上皮被化生的柱状上皮所替代,称为巴雷特食管。

【临床表现】

胃食管反流病的临床表现多样,轻重不一,主要表现有:

(一)食管症状

1. 典型症状 胃灼热和反流是 GERD 的典型症状。胃灼热指胸骨后灼烧感,常由胸骨下段向上延伸。反流是指胃内容物在无恶心和非用力情况下涌入咽部或口腔的感觉,反流物含酸味或仅为酸水时称反酸。胃灼热和反流常在餐后 1 小时出现,卧位、弯腰或其他腹压增高时可加重,部分患者胃灼热和反流症状可在夜间入睡时发生。

2. 非典型症状 指除胃灼热和反流之外的食管症状,包括胸痛、吞咽困难、吞咽疼痛等。胸痛由反流物刺激食管引起,疼痛发生在胸骨后。严重时可为剧烈刺痛,可放射到后背、胸部、肩部、颈部、耳后,有时酷似心绞痛,可伴有或不伴有胃灼热和反流,由 GERD 引起的胸痛是非心源性胸痛的常见病因。吞咽困难见于部分患者,可能是由于食管痉挛或功能紊乱,症状呈间歇性,进食固体或液体食物均可发生。少部分患者吞咽困难是由食管狭窄引起,此时吞咽困难可呈持续性或进行性加重。有严重食管炎或并发食管溃疡者,可伴吞咽疼痛。

(二) 食管外症状

反流物刺激或损伤食管以外的组织或器官会引起相应症状,如咽喉炎、慢性咳嗽和哮喘等。对一些病因不明、久治不愈的上述疾病患者,要注意是否存在 GERD,伴有胃灼热和反流症状有提示作用,部分患者以咽喉炎、慢性咳嗽或哮喘为首发或主要表现。严重反流患者可发生吸入性肺炎,甚至出现肺间质纤维化。部分患者诉咽部不适,有异物感、棉团感或堵塞感,但无真正的吞咽困难,称为癔球症,研究发现部分患者与 GERD 相关。

【并发症】

(一) 上消化道出血

反流性食管炎患者,因食管黏膜糜烂及溃疡可以导致上消化道出血,临床表现可有呕血和/或黑便以及不同程度的缺铁性贫血。

(二) 食管狭窄

食管炎反复发作致使纤维组织增生,最终会导致瘢痕狭窄。

(三) 巴雷特食管

巴雷特食管内镜下的表现为正常呈现均匀粉红带灰白的食管黏膜出现胃黏膜的橘红色,分布可为环形、舌形或岛状。巴雷特食管是食管腺癌的癌前病变,其腺癌的发生率较正常人高 30~50 倍。

ER 4-2-3

正常食管与
巴雷特食管

【实验室和其他检查】

(一) 内镜检查

内镜检查是目前诊断反流性食管炎准确度较高的方法,并能判断反流性食管炎的严重程度和有无并发症,结合病理活检可与其他原因引起的食管炎和其他食管病变(如食管癌等)作鉴别。内镜下无食管黏膜损伤不能排除胃食管反流病。根据内镜下所见食管黏膜的损害程度对反流性食管炎分级,有利于病情判断及指导治疗。目前多采用洛杉矶分级法(表 4-2-1),洛杉矶分级可用于指示 GERD 疾病的严重程度,且可预测治疗效果和临床预后。洛杉矶分级 C 或 D 级患者夜间酸暴露时间更长。

表 4-2-1 反流性食管炎分级(洛杉矶分级法)

分级	食管黏膜内镜下表现
正常	食管黏膜没有破损
A 级	一个或一个以上食管黏膜破损,长径小于 5mm
B 级	一个或一个以上食管黏膜破损,长径大于 5mm,但没有融合性病变
C 级	黏膜破损有融合,但小于 75% 的食管周径
D 级	黏膜破损融合,至少达到 75% 的食管周径

ER 4-2-4

反流性食管炎
内镜下分级
表现

(二) 24 小时食管 pH 监测

在生理状态下对患者进行 24 小时食管 pH 连续监测,可提供食管是否存在过度酸反流的客观证据,并了解酸反流的程度及其与症状发生的关系。该项检查前 3 天应停用抑酸药与胃肠促动药。

无线便携式食管 pH 监测技术

传统的食管 24 小时 pH 监测是侵入性检查,需要将导管从鼻腔插入食管腔内,患者较为痛苦,且该检查也会影响患者正常的生活及进食习惯,使监测结果的可信性下降,敏感性降低。近年来,无线便携式食管 pH 监测方法应用于临床,该方法是通过胃镜将一个 6mm×6mm×26mm 的胶囊固定于食管齿状线上方 6cm 处,利用生物遥测技术将记录到的 pH 数据传输到体外接收器上,无须留置导管电极。该方法患者易于接受,且可以延长记录时间 48 小时,甚至 96 小时,提高了诊断的敏感性。

(三)食管吞钡 X 线检查

该检查对诊断反流性食管炎敏感性不高,可用于食管膈肌裂孔疝的检查。在进行抗反流手术的患者中应用食管钡剂造影检查,可明确是否存在食管膈肌裂孔疝及其大小和位置。对不愿接受或不能耐受内镜检查者可行该检查,其目的主要是判断是否存在胃食管结合部流出道梗阻。

(四)食管滴酸试验

通过胃管或胃镜向食管滴入稀盐酸,在滴酸过程中,出现胸骨后疼痛或胃灼热的患者为阳性,且多在滴酸的最初 15 分钟内出现。食管滴酸试验阳性是诊断 NERD 的有效指标。

(五)食管测压

食管测压可作为辅助性诊断方法。可测定 LES 的长度和部位、LES 压、LES 松弛压、食管体部压力及食管上括约肌压力等。LES 静息压为 10~30mmHg,如 LES 压<6mmHg 易导致反流。近年来发展的食管高分辨率测压可检测 GERD 患者的食管动力状态,并作为抗反流内镜下治疗和外科手术前的常规评估手段。

(六)核素扫描

患者取平卧位,饮下用核素 ^{99m}Tc 标定的实验餐,在闪烁照相机下进行扫描,以定量地发现胃食管反流,此项技术即为核素扫描。核素扫描的敏感性和特异性不高,临床应用不普遍。

(七)食管黏膜阻抗技术

通过检测食管黏膜瞬时阻抗值,反映食管黏膜屏障功能,进而判断是否存在长期慢性反流,是近年来研发用于 GERD 诊断的新技术。GERD 患者的食管黏膜阻抗值明显低于非 GERD 患者,食管黏膜阻抗值对于诊断食管炎具有较高的特异性和阳性预测价值。

【诊断与鉴别诊断】

胃食管反流病的诊断是基于:①有反流症状;②内镜下有反流性食管炎的表现;③食管过度酸反流的客观证据。如患者有典型的胃灼热和反流症状,可作出胃食管反流病的初步临床诊断,内镜检查如发现有反流性食管炎并能排除其他原因引起的食管病变,本病诊断可成立。对有典型症状而内镜检查阴性者,24 小时食管 pH 监测提示胃食管反流或质子泵抑制剂作试验性治疗(如奥美拉唑每次 20mg,每天 2 次,连用 7~14 天)有明显效果,诊断一般可成立。

本病应与其他病因引起的食管炎、食管贲门失弛缓症、消化性溃疡、胆道疾病等相鉴别。以胸痛为主要表现者,应与心源性胸痛及其他原因引起的非心源性胸痛进行鉴别。

【治疗】

胃食管反流病的治疗目的是控制症状,治愈食管炎,减少复发和防治并发症。

(一)一般治疗

调整生活方式是 GERD 患者的基础治疗手段,包括减肥、戒烟、抬高床头等,注意减少一切引起腹压增高的因素,如肥胖、便秘、紧束腰带等;避免进食使 LES 压降低的食物,如高脂肪、巧克力、咖啡、浓茶等;避免应用降低 LES 压的药物及引起胃排空延迟的药物,如钙通道阻滞剂、多巴胺受体激动剂等。

(二)药物治疗

1. 抑酸药 抑酸治疗能有效降低胃酸、胃蛋白酶等损伤因素的作用,是目前治疗本病的主要措施。H_2 受体拮抗剂(H_2 receptor antagonist,H_2RA)如西咪替丁、雷尼替丁、法莫替丁等可按治疗消化性溃疡常规用量,分次服用,疗程多为 8~12 周。质子泵抑制剂(proton pump inhibitor,PPI)如奥美拉唑、兰索拉唑、泮托拉唑、雷贝拉唑和艾司奥美拉唑等,按治疗消化性溃疡常规用量,疗程 4~8 周。钾离子竞争性酸阻断剂(potassium-competitive acid blockers,P-CAB),通过竞争性结合 H^+、K^+-ATP 酶的 K^+ 结合位点从而阻断 H^+-K^+ 交换,减少胃酸分泌。常用药物有伏诺拉生、替戈拉生等,疗程多为 4~8 周。

对初次接受治疗的患者或有食管炎的患者宜以 PPI 或 P-CAB 治疗,以求迅速控制症状、治愈食管炎。

2. 胃肠促动药 如多潘立酮、莫沙必利、依托必利等,这类药物可能通过增加 LES 压力、改善食管蠕动功能、促进胃排空,从而达到减少胃内容物食管反流及减少其在食管的暴露时间。由于这类药物疗效有限且不确定,适用于轻症患者,或作为与抑酸药合用的辅助治疗。

3. 抗酸药 如碳酸氢钠、氢氧化铝等,适合症状轻、间歇发作的患者作为临时缓解症状用。

(三)维持治疗

胃食管反流病具有慢性复发倾向,为减少症状复发,防止食管炎反复发作引起的并发症,可给予维持治疗。维持治疗包括按需治疗和长期治疗。停药后很快复发且症状持续者,需考虑给予长程维持治疗。维持治疗的剂量因患者而异,以调整至患者无症状之最低剂量为最适剂量;对无食管炎的患者也可考虑采用按需维持治疗,即有症状时用药,症状消失时停药。P-CAB、PPI 和 H_2RA 均可用于维持治疗,P-CAB 由于酸环境稳定和半衰期长的特点更有利于维持治疗。

(四)抗反流手术治疗

抗反流手术包括内镜治疗和外科手术。内镜治疗方法有射频治疗、经口无切口胃底折叠术(transoral incisionless fundoplication,TIF)等,外科手术以腹腔镜胃底折叠术为主。抗反流手术的疗效与 PPI 相当,但术后有一定并发症。手术治疗适应证为:①内科治疗有效,但不能长期服用 PPI 或 P-CAB;②与反流有关的咽喉炎、哮喘持续存在,内科治疗无效。

(五)并发症的治疗

1. 食管狭窄 除极少数严重瘢痕性狭窄需行手术切除外,绝大部分狭窄可行内镜下食管扩张术治疗。扩张术后予以长程 PPI 或 P-CAB 维持治疗可防止狭窄复发,对年轻患者亦可考虑抗反流手术。

2. 巴雷特食管 须使用 PPI 或 P-CAB 治疗及长程维持治疗。巴雷特食管发生食管腺癌的危险性大大增加,尽管有各种清除巴雷特食管方法的报道,但均未获肯定,因此加强随访是目前预防巴雷特食管癌变的唯一方法。重点是早期识别异型增生,发现重度异型增生或早期食管癌及时手术切除。

知识拓展

巴雷特食管的监测与随访

巴雷特食管的监测与随访原则如下:①无异型增生的巴雷特食管应每 2 年复查 1 次内镜,如两次复查都未检出异型增生和癌变,可酌情放宽随访间隔;②对伴有轻度异型增生者,第一年应每 6 个月复查 1 次内镜,如异型增生无进展,可每年复查 1 次;③对重度异型增生巴雷特食管患者有两个选择,建议内镜或手术治疗,或密切监测随访,每 3 个月复查胃镜 1 次,直到检出黏膜内癌。

　　胃食管反流病指胃/十二指肠内容物反流入食管引起胃灼热等症状，或伴食管邻近的组织如咽喉、气道等损害。常分为反流性食管炎（RE）、巴雷特食管（BE）、非糜烂性反流病（NERD）三种类型。胃食管反流病的主要发病机制为食管抗反流防御机制减弱和反流物对食管黏膜的攻击作用，其中前者起主要作用。胃灼热和反流是胃食管反流病的典型症状。胸痛、吞咽困难、吞咽疼痛等症状不典型，需要与心脏疾患、食管癌等鉴别。内镜检查是目前诊断反流性食管炎准确度较高的方法。并发症巴雷特食管是食管腺癌的癌前病变。治疗首选抑酸药物。

病例讨论

　　患者，男，60岁。因"间断反酸、胃灼热10余年，加重1周"入院。患者反酸、胃灼热症状多于夜间平卧位出现。既往长期大量吸烟、饮酒史，喜饮浓茶。查体：肥胖体型，上腹部压痛。辅助检查：肝胆脾胰肾超声检查无异常、心电图、胸片正常，血常规及血液生化检查均在正常范围。

（赵文星）

思考题

　　1. 简述胃食管反流病的临床表现和特点。
　　2. 什么是巴雷特食管？有何临床意义？

ER 4-2-5

练习题

第三章 ｜ 胃 炎

ER 4-3-1　教学课件　　ER 4-3-2　思维导图

学习目标

1. 掌握：急、慢性胃炎的临床表现、诊断和治疗。
2. 熟悉：急、慢性胃炎的病因、发病机制和防治原则。
3. 了解：急、慢性胃炎的分类和病理改变。
4. 学会对胃炎患者进行正确诊断并合理地治疗。
5. 具备关爱病患素养，能够对患者进行健康生活教育。

案例导入

患者，男，56 岁。患者近 20 年常有上腹部隐痛不适、食欲欠佳，2 小时前出现上腹部疼痛加剧，伴恶心，呕吐，呕吐物为胃内容物夹杂咖啡色液体。体温不高，无腹泻或黑便。本次发病来未服药治疗。既往患类风湿关节炎间断服镇痛药 30 余年。查体：T 36.2℃，P 80 次/min，R 18 次/min，BP 140/90mmHg。神清，皮肤黏膜无出血点或黄疸，浅表淋巴结不大。心肺无异常，腹平坦，上腹压痛（+），无反跳痛，全腹未触及包块，肝脾肋下未触及，移动性浊音（−），肠鸣音稍活跃。辅助检查：胃镜示胃体及胃窦散在片状糜烂灶，上覆血痂，周边充血，黏液湖混浊、咖啡色。

请思考：

1. 该患者可能的诊断是什么？
2. 应进一步完善哪些检查？

胃炎（gastritis）指的是任何原因引起的胃黏膜炎症，常伴有上皮损伤和细胞再生。按临床发病缓急和病程长短，一般将胃炎分为急性胃炎和慢性胃炎。

第一节　急性胃炎

急性胃炎（acute gastritis）是指各种外在和内在因素引起的急性广泛性或局限性的胃黏膜炎症，病程多在 1 周内。临床上急性发病，常表现为上腹部症状。内镜检查可见胃黏膜充血、水肿、出血、糜烂（可伴有浅表溃疡）等病理变化，病理组织学特征为胃黏膜固有层见到以中性粒细胞为主的炎症细胞浸润。

【病因和发病机制】

（一）理化因素

1. 物理因素　饮食不当如进食过冷过热及粗糙食物、暴饮暴食等均可损伤胃黏膜引起炎症病变；放置鼻胃管，胃内异物等物理因素可直接损伤胃黏膜。

2. 化学因素　许多化学药物、饮料等具有较强的刺激性，会造成胃黏膜损害。常见的有非甾体抗炎药（non-steroidal anti-inflammatory drug，NSAID）如阿司匹林、吲哚美辛等，某些抗肿瘤药、抗菌药,口服氯化钾、铁剂等都可以直接损伤胃黏膜。乙醇具有亲脂性和溶脂能力,大量饮酒时高浓度乙醇可直接破坏胃黏膜屏障,与胃酸协同作用引起黏膜炎症。

(二)生物因素

不洁饮食,进食被细菌、病毒等微生物及其毒素污染的食物可引起胃炎或同时合并肠炎,常见微生物包括沙门菌属、嗜盐杆菌、Hp、轮状病毒等,其中由 Hp 感染引起的,称为急性 Hp 胃炎。

(三)应激状态

严重创伤、手术、大面积烧伤、颅内病变、败血症及其他严重脏器病变或多器官功能衰竭等均可引起胃黏膜糜烂、出血,严重者发生急性溃疡并大量出血。剧烈情绪波动、强烈精神刺激也会引起应激状态,造成胃炎发作。应激引起急性糜烂出血性胃炎的机制目前尚未完全明确,一般认为与应激状态下胃黏膜微循环障碍、黏膜缺血、缺氧、碳酸氢盐分泌不足、局部前列腺素合成不足、上皮再生能力减弱等改变有关。

(四)其他

其他一些因素如十二指肠内容物反流入胃,其中的胆汁酸和溶血性卵磷脂可以损伤胃黏膜上皮细胞,引起糜烂和出血;胃动脉栓塞治疗后的局部区域、胃黏膜血管炎等均可使胃黏膜缺血,从而导致糜烂或出血。

【分类】

根据主要发病原因和病理表现,临床常见的急性胃炎有:①急性糜烂出血性胃炎是由各种病因引起的以胃黏膜多发性糜烂为特征的急性胃黏膜病变,常伴有胃黏膜出血,可伴有一过性浅溃疡形成,临床常见。②由 Hp 感染引起的急性 Hp 胃炎,可长期存在发展为慢性胃炎。③除幽门螺杆菌之外的其他病原体感染及/或其毒素对胃黏膜损害引起的急性胃炎,严重的可以造成胃壁化脓性感染。④急性腐蚀性胃炎罕见,是因为吞咽强碱、强酸或其他腐蚀剂引起的胃黏膜损伤,造成胃黏膜的充血、水肿、糜烂,甚至穿孔。

【临床表现】

急性胃炎因病因不同,临床表现各异。多为急性起病,主要表现为上腹饱胀、隐痛、食欲缺乏、嗳气、恶心,部分伴呕吐。轻症患者症状不明显,可在胃镜检查时发现;重症患者可有脱水、酸中毒等表现,可有呕血、黑便等消化道出血症状,严重者甚至出现低血压休克。急性糜烂出血性胃炎患者多以突然发生呕血和/或黑便的上消化道出血症状而就诊。在上消化道出血病例中由急性糜烂出血性胃炎所致者占 10%~25%,是上消化道出血的常见病因之一。由细菌或病毒污染食物引起者,多在进食后 6~24 小时发病,表现为上腹不适、阵发性绞痛、恶心、呕吐、食欲差,多伴有腹泻水样便等症状,称为急性胃肠炎。急性胃炎体征不明显,可有上腹轻压痛或脐周压痛,肠鸣音活跃。

【诊断与鉴别诊断】

依据病史及临床表现,诊断不难。具有相关病因者并出现上述临床症状应疑诊,确诊有赖于急诊胃镜发现胃黏膜糜烂及出血病灶。急诊胃镜一般应于发病后 24~48 小时内进行,内镜可见以弥漫分布的多发性糜烂、出血灶和浅表溃疡为特征的急性胃黏膜病损,一般应激所致的胃黏膜病损以胃体、胃底为主,NSAID 或乙醇所致者则以胃窦为主。应注意与消化性溃疡、胃癌、急性胰腺炎和不典型急性心肌梗死等鉴别。

ER 4-3-3

急性糜烂性胃炎

【治疗】

去除病因,积极治疗原发病,根据病情可短期内禁食或进流食。①呕吐、腹泻剧烈者应注意纠正水、电解质和酸碱平衡紊乱;②细菌感染所致者针对致病菌选用敏感的抗生素;③腹痛严重者可适当应用解痉剂,如阿托品每次 0.5mg 或山莨菪碱每次 10mg,肌内注射;④剧烈呕吐者可用促胃动力药,如甲氧氯普胺每次 10mg,肌内注射;⑤对处于急性应激状态的上述严重疾病患者,除积极治

疗原发病外,应常规给予抑制胃酸分泌的 H_2RA 或 PPI,或具有黏膜保护作用的硫糖铝作为预防措施;⑥对服用 NSAID 的患者应视情况应用 H_2RA、PPI 或米索前列醇预防;⑦对已发生上消化道大出血者,PPI 或 H_2RA 静脉给药可促进病变愈合和有助止血,为常规应用药物,必要时采取内镜下止血等综合措施进行治疗。

第二节　慢性胃炎

慢性胃炎(chronic gastritis)是由各种病因引起的胃黏膜慢性炎症。病理变化以黏膜内淋巴细胞和浆细胞浸润为主,是一种常见病,发病率随年龄增长而升高。

【分类】

慢性胃炎的分类尚未统一,一般基于其病因、内镜所见、胃黏膜病理变化和胃炎分布范围等相关指标进行分类。我国 2017 年《中国慢性胃炎共识意见》中基于病因将慢性胃炎分成 Hp 胃炎和非 Hp 胃炎两类;基于内镜和病理诊断将慢性胃炎分为萎缩性和非萎缩性两类;基于胃炎分布部位将慢性胃炎分为胃窦为主胃炎、胃体为主胃炎和全胃炎三类。临床常用萎缩性和非萎缩性胃炎分类方式,我国慢性萎缩性胃炎的患病率较高,与 Hp 感染密切相关。

(一)慢性非萎缩性胃炎

指不伴有胃黏膜萎缩性改变,胃黏膜层见以淋巴细胞和浆细胞浸润为主的炎症,是临床最常见的一种慢性胃炎。

(二)慢性萎缩性胃炎

指胃黏膜已发生了萎缩性改变的慢性胃炎。分为多灶萎缩性胃炎和自身免疫性胃炎两大类。前者萎缩性改变在胃内呈多灶性分布,以胃窦为主,多由幽门螺杆菌感染引起的慢性非萎缩性胃炎发展而来,这类型胃炎相当于以往命名的 B 型胃炎;后者萎缩性改变主要位于胃体部,多由自身免疫引起的胃体胃炎发展而来,这类型胃炎相当于以往命名的 A 型胃炎。

【病因和发病机制】

(一)幽门螺杆菌感染

目前认为 Hp 是慢性胃炎最主要病因,主要依据有:①慢性胃炎患者 Hp 感染率达 90% 以上;②Hp 在胃内的分布与胃内炎症分布一致;③根除 Hp 可使胃黏膜炎症消退;④在志愿者和动物模型中可复制 Hp 感染引起的慢性胃炎。

经口进入胃内的 Hp,部分被胃酸杀灭,部分黏附于胃窦黏膜层。定居于黏膜层与胃窦黏膜上皮细胞表面的 Hp,逃避了胃酸的杀菌作用,难以被机体的免疫功能清除。Hp 对胃黏膜炎症发展的转归取决于 Hp 的毒力、宿主个体差异和胃黏膜生态环境等多因素。其致病机制与以下因素有关:①Hp 具有鞭毛,能在胃内穿过黏液层移向胃黏膜,其所分泌的黏附素能使其贴紧上皮细胞,直接侵袭黏膜;②Hp 释放尿素酶分解尿素产生 NH_3 及分泌毒素可致炎症反应;③Hp 抗体可造成自身免疫损伤。

知识拓展

幽门螺杆菌感染的流行病学资料

我国属幽门螺杆菌高感染率国家,估计普通人群中幽门螺杆菌感染率为 40%~70%。人是目前唯一被确认的幽门螺杆菌传染源。一般认为通过人与人之间密切接触的口-口或粪-口传播是幽门螺杆菌的主要传播途径。因为幽门螺杆菌感染几乎都会引起胃黏膜炎症,感染后机体一般难以将其清除而变成慢性感染,因此人群中幽门螺杆菌感染引起的慢性胃炎患病率与该人群幽门螺杆菌的感染率是平行的。

(二)急性胃炎迁延不愈

造成急性胃炎的因素长期存在,如习惯饮用浓茶、烈酒,进食过冷过热及粗糙食物、暴饮暴食,长期应用化学药物如 NSAID 等,这些因素长期存在,胃黏膜损伤引起炎症病变迁延不愈形成慢性胃炎。

(三)自身免疫

自身免疫性胃炎患者血液中存在自身抗体如壁细胞抗体(parietal cell antibody,PCA),伴恶性贫血者还可查到内因子抗体(intrinsic factor antibody,IFA);自身抗体攻击壁细胞,使壁细胞总数减少,导致胃酸分泌减少或丧失;内因子抗体与内因子结合,阻碍维生素 B_{12} 吸收,从而导致恶性贫血。本病可伴有其他自身免疫病如桥本甲状腺炎、白癜风等。

(四)十二指肠反流

各种原因引起的胃肠道动力异常,幽门括约肌功能受损,导致十二指肠液、胆汁及胰液反流入胃腔,削弱胃黏膜屏障功能,导致胃黏膜炎症。

(五)其他

人体的遗传易感性,慢性右心力衰竭、肝硬化门静脉高压等均可致黏膜淤血,使新陈代谢受影响而发病。慢性萎缩性胃炎多见于老年人,50 岁以上者发病率达 50% 以上,这可能与胃黏膜一定程度退行性变及黏液-黏膜屏障功能低下有关。流行病学研究显示,饮食中高盐和缺乏新鲜蔬菜水果、放射治疗等,在慢性胃炎发病中起一定作用。

【病理】

慢性胃炎的发病过程是胃黏膜损伤与修复的慢性过程,主要组织病理学特征是炎症、萎缩和肠化生。炎症表现为黏膜层慢性炎症细胞浸润,以淋巴细胞和浆细胞为主,Hp 引起的慢性胃炎常见淋巴滤泡形成。慢性胃炎胃黏膜萎缩性病变是指病变扩展至腺体深部,腺体破坏、减少,固有层纤维化,累及胃窦及胃体的多灶萎缩发展为胃癌的风险增加。萎缩性病变常见有化生及异型增生。

(一)化生

胃黏膜表层上皮和腺体被杯状细胞和幽门腺细胞所取代。分布范围越广,发生胃癌的风险越高。化生分为①肠上皮化生:以杯状细胞为特征的肠腺替代了胃固有腺体。肠上皮化生范围及严重程度越大,其危害也越大,大肠型肠化生被认为是胃癌的癌前病变;②假幽门腺化生:泌酸腺的颈黏液细胞增生,形成幽门腺样腺体,组织学上与幽门腺难以区分。

(二)异型增生

异型增生又称不典型增生,增生的上皮和肠化生上皮发育异常会则形成不典型增生,世界卫生组织(WHO)国际癌症研究协会推荐使用的术语是上皮内瘤变。低级别上皮内瘤变包括轻度、中度异型增生,高级别上皮内瘤变包括重度异型增生和原位癌。异型增生是胃癌的癌前病变。轻度者可逆转,重度者有时与高分化腺癌不易区别,应密切观察。

【临床表现】

大多数患者无明显症状,各型胃炎其表现不尽相同,病情轻重不同,病程长短不一。慢性非萎缩性患者可有不同程度的消化不良症状,可表现为上腹痛或不适、上腹胀、早饱、嗳气、恶心等,少数可有消化道出血,一般量较少,仅表现为黑便,可表现为缺铁性贫血。慢性萎缩性胃炎除上述表现外,还会表现为畏食、消瘦、恶性贫血,还可伴有维生素 B_{12} 缺乏的其他临床表现。

多数慢性胃炎患者无明显体征,有时出现上腹轻度压痛。

【实验室和其他检查】

(一)胃镜及活组织检查

胃镜检查,必要时取活组织病理学检查是诊断慢性胃炎的最可靠方法。内镜下非萎缩性胃炎可见红斑(点、片状或条状)、黏膜粗糙不平、出血点/斑、黏膜水肿、渗出等基本表现。内镜下萎缩性胃炎有两种类型,即单纯萎缩性胃炎和萎缩性胃炎伴增生。前者主要表现为黏膜红白相间,白相为主、血管显露、色泽灰暗、皱襞变平甚至消失;后者主要表现为黏膜呈颗粒状或结节状。黏膜组织活检时,为保证诊断的准确性,活组织宜多部位取材,且标本要足够(达到黏膜肌层)。

ER 4-3-4

慢性萎缩性胃炎和慢性非萎缩性胃炎

(二)幽门螺杆菌检测

检测方法分为侵入性和非侵入性,前者需通过胃镜检查取胃黏膜活组织进行检测,包括快速尿素酶试验、组织学检查和 Hp 培养等;后者主要有 ^{13}C 或 ^{14}C-尿素呼气试验、粪便 Hp 抗原检测及血清检查抗幽门螺杆菌 IgG 抗体。

(三)自身免疫性胃炎的相关检查

疑为自身免疫性胃炎者应检测血液中的 PCA 和 IFA,如为该病 PCA 多呈阳性,伴恶性贫血时 IFA 多呈阳性。血清维生素 B_{12} 浓度测定及维生素 B_{12} 吸收试验有助于恶性贫血诊断。

(四)血清胃泌素 G17、胃蛋白酶原 I 和 II 测定

近年临床开始用以辅助判断萎缩是否存在及萎缩分布部位和程度。胃体萎缩者血清胃泌素 G17 水平显著升高、胃蛋白酶原 I 和/或胃蛋白酶原 I/II 比值下降;胃窦萎缩者血清胃泌素 G17 水平下降、胃蛋白酶原 I 和胃蛋白酶原 I/II 比值正常;全胃萎缩者则两者均低。

(五)X 线钡剂检查

由于胃镜的广泛使用,临床已少用本法诊断慢性胃炎。X 线钡剂检查主要适用于年老体弱或因其他疾病不能做胃镜检查者,通常采用单纯钡剂检查和气-钡双重对比检查。慢性非萎缩性胃炎 X 线钡剂下可表现为胃黏膜纹理增粗、迂曲,可呈锯齿状,胃窦部出现激惹征。慢性萎缩性胃炎可表现为黏膜变细,胃窦部黏膜呈异常皱褶、锯齿状边缘或切迹,以及胃小区异常改变等。

【诊断和鉴别诊断】

(一)诊断

病史、临床症状可供诊断参考,确诊必须依靠胃镜检查及胃黏膜活组织病理学检查。Hp 检测有助于病因诊断。怀疑自身免疫性胃炎者应检测相关自身抗体。

(二)鉴别诊断

本病需要与消化性溃疡、胃癌、胃肠功能紊乱、胆道系统疾病等疾病相鉴别。

【治疗】

(一)一般治疗

消除和避免引起胃炎的有害因素,如戒除烟酒,避免过于粗糙、辛辣刺激的食物,避免服用对胃有刺激的药物,停用 NSAID。饮食应多样化,避免偏食,适当补充多种营养物质;不吃霉变食物;少吃烟熏、腌制、富含硝酸盐和亚硝酸盐的食物;保持良好心态及充足睡眠。提倡分餐有利于减少感染 Hp 的机会。

(二)根除幽门螺杆菌

如果 Hp 检查阳性,并伴有明显异常的慢性胃炎(胃黏膜有糜烂、中至重度萎缩及肠化生、异型增生);有胃癌家族史;伴糜烂性十二指肠炎;消化不良症状经常规治疗疗效差者均需根除 Hp 治疗。对其他患者则可视具体情况而定。

到目前为止,还未发现单独使用某一药物能有效地根除 Hp,因而提出了联合应用的方案。目前倡导的联合方案为含有铋制剂的四联方案(1 种 PPI+2 种抗生素和 1 种铋剂),疗程 14 天。标准剂量 PPI 包括奥美拉唑 20mg、艾司奥美拉唑 20mg、雷贝拉唑 10mg、兰索拉唑 30mg、泮托拉唑 40mg、艾普拉唑 5mg,以上选一,每天 2 次,餐前 0.5 小时口服。采用含铋剂方案时,不同药物的用法略有区别,如枸橼酸铋钾 220mg、每天 2 次,餐前 0.5 小时口服。

近年来,在 Hp 感染的初次和再次治疗中,也考虑选择大剂量二联用药方案。大剂量二联用药

是指含双倍剂量的PPI,以及每天用药量超过3g的阿莫西林的给药方案,例如:阿莫西林每次0.75g,每天4次,艾司奥美拉唑20mg,每天4次,疗程14天。与四联用药相比,二联用药的不良反应明显更低,用药简单,耐药率低,可以作为一线的感染治疗和根除失败后的补救治疗。对于Hp根除方案中抗生素的选择组合,临床常用以下组合(表4-3-1),有条件下可以进行细菌培养和抗生素敏感性检测,以更好地进行个体化治疗。

表 4-3-1　幽门螺杆菌根除方案中常用抗生素组合

抗生素组合	抗生素 1	抗生素 2
组合 1	阿莫西林 1.0g、每天 2 次	克拉霉素 500mg、每天 2 次
组合 2	阿莫西林 1.0g、每天 2 次	左氧氟沙星 500mg、每天 1 次或 200mg、每天 2 次
组合 3	四环素 500mg、每天 3~4 次	甲硝唑 400mg、每天 3~4 次
组合 4	阿莫西林 1.0g、每天 2 次	甲硝唑 400mg、每天 3~4 次
组合 5	阿莫西林 1.0g、每天 2 次	四环素 500mg、每天 3~4 次

(三)药物治疗

明确病因者尽量祛除病因,不能祛除病因者应针对主要症状治疗,主要包括:①对服用NSAID的患者应视情况应用H_2RA、PPI或米索前列醇预防;②对胆汁反流引起者可用促胃动力药多潘立酮或莫沙必利消除或减少胆汁反流;③对胃灼热、反酸、上腹痛者可给予抑制胃酸分泌的H_2RA或PPI;④胃黏膜保护药(如硫糖铝兼有黏膜保护及吸附胆汁作用)、中药均可试用,这些药物除对症治疗作用外,对胃黏膜上皮修复及炎症恢复也可能有一定作用。

(四)自身免疫性胃炎的治疗

目前尚无特异治疗,有恶性贫血时注射维生素B_{12}后贫血可获一定程度纠正。

(五)异型增生的治疗

异型增生是胃癌的癌前病变,应予高度重视。对轻度异型增生除给予上述积极治疗外,关键在于定期随访。对药物不能逆转的局灶高级别上皮内瘤变(含重度异型增生和原位癌),可行内镜下黏膜下剥离术(ESD),并视病情定期随访。

【预后】

感染Hp后少有自发清除,因此慢性胃炎常长期持续存在,少部分慢性非萎缩性胃炎可发展为慢性多灶萎缩性胃炎,极少数慢性多灶萎缩性胃炎经长期演变可发展为胃癌。所以,要加强预防,加强健康教育,养成良好的生活习惯,注意饮食卫生,尽量避免对胃黏膜有损害的药物和其他各种刺激因素。

第三节　特殊类型胃炎

一、感染性胃炎

一般人群由于胃内强胃酸等保护屏障,除幽门螺杆菌之外很少病原体会感染胃部。当机体免疫力下降时,如艾滋病患者、长期大量使用免疫抑制剂者、严重疾病晚期等,可发生各种细菌(非特异性细菌和特异性细菌如结核、梅毒)、真菌和病毒(如巨细胞病毒)所引起的感染性胃炎。其中急性化脓性胃炎病情凶险,该病常见致病菌为甲型溶血性链球菌、金黄色葡萄球菌或大肠埃希菌等,化脓性炎症常源于黏膜下层,并扩展至全层胃壁,临床表现为突发的上腹痛、恶心、呕吐,呕吐物中呈脓样,常含有坏死黏膜,胃扩张,有明显的压痛和局部的肌紧张,发热常伴有败血症,严重的坏死穿孔可以导致化脓性腹膜炎,内科治疗多无效而需紧急外科手术。

二、Ménétrier 病

Ménétrier 病又称肥厚性胃炎,多见于 50 岁以上的男性,目前病因机制未明。疾病特点:①胃体、胃底皱襞粗大、肥厚,扭曲呈脑回状;②胃黏膜组织病理学见胃小凹延长扭曲、深处有囊样扩张,伴壁细胞和主细胞减少,胃黏膜层明显增厚;③胃酸分泌减少;④通过胃壁丢失大量蛋白质,造成低蛋白血症。本病目前无特效治疗方法,有溃疡形成时给予抑酸药,伴有 Hp 感染者根除治疗,蛋白质丢失持续而严重者可考虑胃切除术。

三、其他

如嗜酸性粒细胞性胃炎、淋巴细胞性胃炎、非感染性肉芽肿性胃炎(如胃克罗恩病、结节病)、放射性胃炎(放射治疗引起)、充血性胃病(如门静脉高压性胃病)等特殊胃炎或继发于其他疾病,临床少见。

本章小结

胃炎分为急性胃炎和慢性胃炎。急性胃炎中以急性糜烂出血性胃炎临床常见,需要积极治疗,急诊胃镜检查在急性胃炎诊断中有重要的意义。慢性胃炎可由 Hp 感染、自身免疫等因素引起。慢性胃炎无典型特异的症状体征,并且病理改变程度常与临床症状不一致,诊断依据胃镜下表现与胃黏膜活组织检查,需明确有无 Hp 感染。Hp 感染导致慢性活动性胃炎,根除 Hp 可显著改善 Hp 胃炎患者胃黏膜炎症,延缓或阻止胃黏膜萎缩、肠上皮化生的发生和发展,在部分患者可逆转萎缩,甚至可能逆转肠上皮化生,降低胃癌发生风险。

病例讨论

患者,女,58 岁。因"反复上腹隐痛 10 年"就诊。患者 10 年来经常出现上腹隐痛不适,多于饮食不节后出现,症状时轻时重,伴反酸嗳气。患者既往体健,无特殊烟酒嗜好。查体:T 36.5℃,P 86 次/min,R 18 次/min,BP 120/80mmHg。腹部平软,剑突下偏左轻压痛,无反跳痛,余正常。胃镜检查:胃黏膜充血水肿,颗粒状,色泽红白相间,以红为主,可见散在出血点和少量糜烂。

(赵文星)

思考题

1. 急性胃炎、慢性胃炎的主要病因?
2. 急性胃炎、慢性胃炎的临床表现主要有哪些?

ER 4-3-5

练习题

第四章 | 消化性溃疡

教学课件　　思维导图

学习目标

1. 掌握:消化性溃疡的定义、临床表现、诊断和鉴别诊断。
2. 熟悉:消化性溃疡的病因和发病机制、常用检查方法及治疗。
3. 了解:消化性溃疡的病理及特殊类型的消化性溃疡。
4. 学会对消化性溃疡患者进行准确诊断并选择合理的治疗方案。
5. 具备尊重关爱病患、救死扶伤、严谨认真、甘于奉献的职业素养。

案例导入

患者,男,65 岁。10 余年前无明显诱因开始出现间断上腹胀痛,餐后半小时明显,持续 2~3 小时后可自行缓解。近 2 周来加重,伴食欲缺乏,在院外服中药治疗无效。6 小时前突觉上腹胀、恶心、头晕,先后两次排柏油样便,共约 700g,并呕吐咖啡样液 1 次,约 200ml。查体:T 36.7℃,P 108 次/min,R 22 次/min,BP 90/70mmHg,神清,面色稍苍白,四肢湿冷,无出血点和蜘蛛痣,巩膜无黄染,心肺无异常。腹平软,未见腹壁静脉曲张,上腹轻压痛,无肌紧张和反跳痛,全腹未触及包块,肝脾未及,移动性浊音(-),肠鸣音 10 次/min,双下肢不肿。辅助检查:血 Hb 82g/L,WBC $5.5×10^9$/L,PLT $300×10^9$/L,粪便隐血强阳性,尿常规未见异常;血淀粉酶 98U/L;肝胆脾双肾超声均未见异常。

请思考:
1. 该患者可能的诊断是什么?
2. 应进一步完善哪些检查?

消化性溃疡(peptic ulcer,PU)是指胃肠道黏膜被胃酸和胃蛋白酶等自身消化而发生的慢性溃疡,由于胃酸、胃蛋白酶的消化作用是溃疡形成的基本因素,故称消化性溃疡。常发生于胃和十二指肠球部,称为胃溃疡(gastric ulcer,GU)和十二指肠溃疡(duodenal ulcer,DU),也可发生于食管、胃-空肠吻合口附近以及含有胃黏膜的 Meckel 憩室等。溃疡的黏膜缺损超过黏膜肌层,不同于糜烂。

消化性溃疡是全球性常见病,可发生于任何年龄,以中年最为常见。临床上 DU 比 GU 多见,两者之比为(2~3):1。DU 多见于青壮年,GU 多见于中老年,后者发病高峰比前者约迟 10 年。消化性溃疡多发于秋冬或冬春季节,男性患病率高于女性。

消化性溃疡

【病因和发病机制】

胃和十二指肠黏膜经常接触高浓度胃酸,而且还受到胃蛋白酶、微生物、胆盐、药物及其他有害物质的侵袭。正常胃/十二指肠黏膜具有一系列防御和修复机制,包括黏液、碳酸氢盐屏障、黏膜屏障、黏膜血流量丰富、细胞更新、前列腺素及表皮生长因子等。正常胃/十二指肠黏膜能够抵御侵袭因素的破坏作用,维护黏膜的完整性。当胃/十二指肠的侵袭因素与黏膜自身的防御/修复因素之间失去平衡便发生溃疡。这种失衡可能是侵袭因素增强,也可能是防御/修复因素减弱,或两种因素都有。GU 和 DU 发病机制不完全相同,GU 主要是防御/修复因素减弱,DU 主要是侵袭因素增强所致。

(一) 幽门螺杆菌感染

目前认为 Hp 感染是消化性溃疡的主要病因。DU 和 GU 患者的 Hp 感染率分别为 90% 以上和 80% 以上,根除 Hp 可促进消化性溃疡愈合、能够显著降低溃疡复发率,这些都证明 Hp 在消化性溃疡发病中的重要作用。Hp 凭借其毒力因子的作用,在胃黏膜定植,诱发局部炎症和免疫反应,破坏局部黏膜的防御/修复机制;Hp 亦可增加胃泌素和胃酸的分泌,两者的协同作用造成胃/十二指肠黏膜损害,形成溃疡;Hp 的毒素、有毒性作用的酶和 Hp 诱导的黏膜炎症反应均能导致胃/十二指肠黏膜的损害,如空泡毒素(VacA)蛋白可使培养的细胞产生空泡;Hp 产生的尿素酶分解尿素产生氨,氨除了对 Hp 本身有保护作用外,还能降低黏液中蛋白的含量,从而造成黏膜屏障损害。

(二) 胃酸和胃蛋白酶

消化性溃疡的最终形成是由于胃酸/胃蛋白酶对黏膜自身消化所致。胃蛋白酶的生物活性与胃液 pH 有关,在酸性环境下,胃蛋白酶原被激活转变为胃蛋白酶,使蛋白分子降解,黏膜受到侵袭。胃液 pH>4 时,胃蛋白酶即失去活性。由于胃蛋白酶的活性受到胃酸的制约,单独胃蛋白酶增加而胃酸不增加并不形成溃疡,反之仅有胃酸分泌增加就可以产生溃疡,因此胃酸的存在是溃疡发生的决定因素。

正常人胃黏膜约有 10 亿壁细胞,每小时泌酸约 22mmol。DU 患者壁细胞总数平均为 19 亿,每小时泌酸约 42mmol,比正常人高 1 倍左右。人群个体之间壁细胞数量存在很大差异,DU 患者和正常人之间的壁细胞数量也存在一定的重叠。DU 患者的基础胃酸分泌量(basal acid output,BAO)和五肽胃泌素刺激后的最大胃酸分泌量(maximal acid output,MAO)常大于正常人,而 GU 的 BAO 和 MAO 多属正常或低于正常。

侵袭作用增强或/和防御能力减弱均可导致消化性溃疡的产生,消化性溃疡发生的机制是致病因素引起胃酸/胃蛋白酶对胃黏膜的侵袭作用与黏膜屏障的防御能力失去平衡,但 GU 在发病机制上以黏膜屏障防御/修复功能降低为主要机制,DU 则以高胃酸分泌起主导作用。

(三) 药物

长期服用非甾体抗炎药(NSAID)、糖皮质激素、氯吡格雷、化疗药物、双膦酸盐、西罗莫司等药物易于发生消化性溃疡。其中 NSAID 是引起消化性溃疡的最常见药物。大量研究资料显示,服用 NSAID 患者发生消化性溃疡及其并发症的危险性显著高于普通人群。临床研究报道,在长期服用 NSAID 患者中有 10%~25% 可发现消化性溃疡,有 1%~4% 患者发生出血、穿孔等溃疡并发症。

NSAID 通过削弱黏膜的防御和修复功能而导致消化性溃疡发病,损害作用包括局部作用和系统作用两方面。局部作用是指 NSAID 直接破坏胃黏膜;系统作用是其主要致溃疡机制,主要是通过抑制环氧合酶(cyclooxygenase,COX)而起作用。COX 是花生四烯酸合成前列腺素的关键限速酶,COX 有两种异构体,即结构型 COX-1 和诱生型 COX-2。COX-1 在组织细胞中恒量表达,催化生理性前列腺素合成而参与机体生理功能调节;COX-2 主要在病理情况下由炎症刺激诱导产生,促进炎症部位病理性前列腺素的合成。传统的 NSAID 如阿司匹林、吲哚美辛等旨在抑制 COX-2 而减轻炎症反应,但特异性差,使用该类药物的同时抑制了 COX-1,导致胃肠黏膜生理性前列腺素合成不足。NSAID 引起的溃疡以胃溃疡多见。

(四) 其他因素

1. 吸烟 吸烟者消化性溃疡发生率比不吸烟者高,吸烟影响溃疡愈合和促进溃疡复发。吸烟影响溃疡形成和愈合的确切机制未明,可能与吸烟增加胃酸分泌、影响胃十二指肠协调运动、黏膜损害性氧自由基增加等因素有关。

2. 遗传　遗传因素一度被认为是消化性溃疡发病的重要因素,随着 Hp 在消化性溃疡发病中的重要作用得到认识,遗传因素的重要性受到挑战。例如消化性溃疡的家族史多发可能是 Hp 感染的"家庭聚集"现象,遗传因素的作用尚有待进一步研究。

3. 应激和心理因素　急性应激可引起应激性溃疡已得到共识,慢性溃疡患者的情绪应激和心理损伤的致病作用目前尚无定论。临床观察发现长期精神紧张、过劳等,确实易使溃疡发作或加重,情绪应激可能通过神经内分泌途径影响胃十二指肠分泌、运动和黏膜血流的调节。

4. 胃十二指肠运动异常　研究发现部分 DU 患者胃排空增快,十二指肠球部酸负荷增大;部分 GU 患者有胃排空延迟,增加了十二指肠液反流入胃,加重胃黏膜屏障损害。目前认为,胃肠运动障碍可能不是消化性溃疡的原发病因,但可加重 Hp 或 NSAID 对黏膜的损害。

总之,消化性溃疡是一种多因素疾病,其中 Hp 感染和 NSAID 服用是已知的主要病因,溃疡发生是黏膜侵袭因素和防御因素失平衡的结果,其中胃酸在溃疡形成中起关键作用。

【病理】

不同病因的消化性溃疡多发部位存在差异,DU 多发生在球部前壁;GU 多在胃角和胃窦小弯。溃疡一般为单个发生,也可多个,呈圆形或椭圆形。如果一个部位发生多个溃疡(胃或十二指肠出现两个或两个以上溃疡)称为多发性溃疡,胃和十二指肠均有溃疡发作称为复合性溃疡。DU 直径多<10mm,GU 要比 DU 稍大,可见到直径>20mm 的巨大溃疡。溃疡边缘光整、底部洁净,由肉芽组织构成,表面覆盖有灰白色或灰黄色纤维渗出物。活动性溃疡周围黏膜常有炎症水肿。溃疡浅者累及黏膜肌层,深者达肌层甚至浆膜层,累及血管溃破时会引起出血,穿破浆膜层时引起穿孔。溃疡愈合时周围黏膜炎症、水肿消退,边缘上皮细胞增生覆盖溃疡面,其下的肉芽组织纤维转化,变为瘢痕,瘢痕收缩使周围黏膜皱襞向其集中,幽门的瘢痕收缩可导致幽门梗阻。

ER 4-4-4

胃多发性溃疡

【临床表现】

上腹痛是消化性溃疡的主要症状,部分患者可无症状或症状较轻,而以出血、穿孔等并发症为首发症状。典型的消化性溃疡有如下临床特点:①慢性过程:病史可达数年至数十年。②周期性发作:发作与自发缓解相交替,发作期可为数周或数个月;发作常有季节性,多在秋冬或冬春之交发病,可因精神情绪不良或过劳等诱发。③节律性疼痛:是消化性溃疡的特征性表现。

（一）症状

上腹痛为主要症状,腹痛原因主要有:①胃酸和炎性物质释放刺激溃疡面及其周围裸露的神经末梢;②溃疡及其周围组织炎症水肿使局部张力增高;③炎症刺激等会使胃壁痉挛。腹痛性质多为灼痛,亦可为钝痛、胀痛、剧痛或饥饿样不适感。

多数患者表现为轻或中度剑突下上腹部持续性疼痛,服用抑酸剂、抗酸药可缓解。约 2/3 DU 患者疼痛呈节律性,即疼痛多在餐后 2~4 小时出现,进食或服抗酸药后缓解或消失,约半数 DU 出现午夜痛。GU 疼痛常在餐后 1 小时内出现,2 小时后逐渐缓解,直至下次进餐后再复现上述规律,夜间痛不如 DU 多见。部分患者无上述典型疼痛,仅表现为无规律的上腹部隐痛不适,伴食后胀满,食欲缺乏、嗳气、反酸等症状。

（二）体征

溃疡活动时上腹部可有局限性轻压痛,DU 的压痛点稍偏右。缓解期无明显体征。

（三）特殊类型的消化性溃疡

1. 复合性溃疡　指胃和十二指肠同时发生的溃疡。DU 往往先于 GU 出现。幽门梗阻的发生率较高。

2. 幽门管溃疡　幽门管位于胃远端,与十二指肠交界,长约 2cm。幽门管溃疡胃酸分泌一般较高。幽门管溃疡上腹痛的节律性不明显,对药物治疗反应较差,呕吐较多见,较易发生幽门梗阻、出血和穿孔等并发症。

3. 球后溃疡 DU 大多发生在十二指肠球部,如发生在十二指肠降段、水平段的溃疡称球后溃疡,多位于十二指肠乳头的附近,溃疡多在后内侧壁。球后溃疡具有 DU 的临床特点,午夜痛及背部放射痛多见,对药物治疗反应较差,较易并发出血。

4. 巨大溃疡 指直径>2cm 的溃疡。对药物治疗反应较差、愈合时间较慢,易发生慢性穿透或穿孔。胃的巨大溃疡注意与恶性溃疡鉴别。

5. 老年人消化性溃疡 近年来,随着我国进入老龄化,NSAID 在老年人中使用广泛,老年人消化性溃疡有增加的趋势。老年人消化性溃疡临床表现多不典型,常无症状或症状不明显,疼痛多无规律,较易出现体重减轻和贫血。老年人 GU 多位于胃体上部,溃疡常较大,易被误认为胃癌。

6. 无症状性溃疡 约 15% 消化性溃疡患者可无症状,而以出血、穿孔等并发症为首发症状。可见于任何年龄,以老年人较多见;NSAID 引起的溃疡近半数无症状。

7. 难治性溃疡 指经规范抗溃疡治疗而溃疡仍未愈合。可能的因素有①病因未去除,如仍有 Hp 感染,继续服用 NSAID 等致溃疡药物等;②穿透性溃疡;③特殊病因,如克罗恩病、胃泌素瘤、放疗术后等;④某些疾病或药物影响抗溃疡药物吸收或效价降低;⑤误诊,如胃或十二指肠恶性肿瘤;⑥不良诱因存在,包括吸烟、酗酒及精神应激等。应尽可能寻明原因后去除病因,促进溃疡愈合。

【并发症】

(一) 消化道出血

溃疡侵蚀周围血管可引起出血。消化道出血是消化性溃疡最常见的并发症,消化性溃疡也是上消化道大出血常见的病因(约占所有病因的 50%)。临床表现与出血的量和速度有关,轻者仅表现为黑便,重者可伴有呕血。出血超过 1 000ml 时可出现眩晕、出汗、心悸和血压下降等周围循环衰竭的表现。若短期内出血大于 1 500ml 时会发生休克。消化性溃疡引起出血应与急性胃黏膜病变、食管-胃底静脉曲张破裂出血等引起的消化道出血相鉴别。

(二) 穿孔

溃疡病灶向深部发展穿透浆膜层则并发穿孔。溃疡穿孔临床上可分为急性、亚急性和慢性 3 种类型,以急性穿孔常见。急性穿孔的溃疡常位于十二指肠前壁或胃前壁,发生穿孔后胃肠的内容物漏入腹腔而引起急性腹膜炎,典型病例腹部检查可表现为腹肌紧张呈板状腹,并有压痛和反跳痛,肝浊音界消失,X 线透视发现膈下有游离气体。十二指肠或胃后壁的溃疡深至浆膜层时,已与邻近的组织或器官发生粘连,穿孔时胃肠内容物不流入腹腔,称为慢性穿孔,又称为穿透性溃疡。穿透性溃疡改变了腹痛规律,疼痛常放射至背部,顽固而持续。邻近后壁的穿孔或游离穿孔较小,只引起局限性腹膜炎时称亚急性穿孔,症状较急性穿孔轻而体征较局限,易漏诊。穿孔应与急性阑尾炎、急性胰腺炎、异位妊娠破裂等急腹症相鉴别。

(三) 幽门梗阻

主要是由 DU 或幽门管溃疡引起。溃疡急性发作时可因炎症水肿和幽门部痉挛而引起暂时性梗阻,可随炎症的好转而缓解;慢性梗阻主要由于幽门部瘢痕收缩而呈持久性梗阻。幽门梗阻临床表现为:餐后上腹饱胀、上腹疼痛加重,伴有恶心、呕吐,大量呕吐后症状可以改善,呕吐物含发酵酸性宿食。严重呕吐可致失水和低氯低钾性碱中毒。慢性梗阻可发生营养不良和体重减轻。体检可见胃型和胃蠕动波,空腹时检查胃内有振水声。胃镜或 X 线钡剂检查可确诊。

(四) 癌变

少数 GU 可发生癌变,DU 一般不会。GU 癌变常发生于溃疡边缘,据报道癌变率为 1% 左右。长期慢性 GU 病史、年龄在 45 岁以上、溃疡顽固不愈者应提高警惕。对可疑癌变者,在胃镜下取多点活检做病理检查;在积极治疗后复查胃镜,直到溃疡完全愈合;必要时定期随访复查。

ER 4-4-5

胃恶性溃疡

【实验室和其他检查】

（一）胃镜检查

胃镜检查是确诊消化性溃疡首选方法。胃镜检查对消化性溃疡的诊断及胃良、恶性溃疡鉴别诊断的准确性高于 X 线钡剂检查。胃镜可以①确定有无病变、部位及分期；②鉴别良恶性溃疡；③评价溃疡治疗效果；④对合并出血者给予止血治疗；⑤可进一步超声内镜检查，评估胃或十二指肠壁、溃疡深度、病变与周围器官的关系、淋巴结数目和大小等。

胃镜下消化性溃疡多呈圆形或椭圆形，也有呈线形，边缘光整，底部覆有灰黄色或灰白色渗出物，周围黏膜可有充血、水肿，可见皱襞向溃疡集中。GU 应常规在溃疡边缘取活检，部分 GU 在胃镜下难以区别良恶性，有时需多次活检和病理检查，甚至行超声内镜评估或穿刺活检。GU 迁延不愈时，需要排除恶性病变，应多点活检，规范治疗 8 周后复查胃镜，必要时再次活检和病理检查，直到溃疡完全愈合。

（二）X 线钡剂检查

适用于对胃镜检查有禁忌或不愿接受胃镜检查者。溃疡的 X 线征象有直接和间接两种：龛影是直接征象，对溃疡有确诊价值；局部压痛、十二指肠球部激惹和球部畸形、胃大弯侧痉挛性切迹均为间接征象，提示可能有溃疡。

（三）幽门螺杆菌检测

Hp 检测是消化性溃疡诊断的常规检查项目，有无 Hp 感染决定治疗方案的选择。检测方法分为侵入性和非侵入性两大类。侵入性需通过胃镜检查取胃黏膜活组织进行检测，主要包括快速尿素酶试验、组织学检查和幽门螺杆菌培养等；非侵入性主要有 ^{13}C 或 ^{14}C 尿素呼气试验、单克隆粪便 Hp 抗原检测及血清学检查。

快速尿素酶试验是侵入性检查的首选方法，操作简便、费用低。^{13}C 或 ^{14}C 尿素呼气试验检测幽门螺杆菌敏感性及特异性高而无须胃镜检查，可作为非侵入性检查的首选诊断方法及根除治疗后复查的首选方法，复查时间应在完成治疗至少 4 周后，单克隆粪便抗原试验可以作为备选。

（四）其他检查

血常规检查可提示有缺铁性贫血。粪便隐血试验可以了解溃疡有无合并出血，也可用于提示胃溃疡恶变的前期征象。胃液分析和血清胃泌素测定主要用于与胃泌素瘤鉴别。

【诊断和鉴别诊断】

（一）诊断

慢性病程、周期性发作的节律性上腹疼痛，且上腹痛可为抗酸药所缓解的临床表现是诊断消化性溃疡的重要临床线索。确诊有赖于胃镜检查。X 线钡剂检查发现龛影亦有确诊价值。

（二）鉴别诊断

本病主要临床表现为慢性上腹痛，当仅有病史和体检资料时，须与其他有上腹痛症状的疾病如肝、胆、胰、肠疾病和胃的其他疾病相鉴别：

1.功能性消化不良 指有消化不良症状而无溃疡及其他器质性疾病者。多见于年轻女性，主要表现为餐后上腹饱胀、嗳气、反酸、恶心和食欲缺乏等，有时酷似消化性溃疡，但 X 线与胃镜检查均无阳性发现。

2.胃癌 内镜或 X 线检查见到胃的溃疡，必须进行良性溃疡（胃溃疡）与恶性溃疡（胃癌）的鉴别。恶性溃疡的胃镜特点为：①溃疡形状不规则，一般较大，常>2cm；②溃疡底部凹凸不平、苔污秽；③边缘呈结节状隆起；④周围皱襞中断；⑤胃壁僵硬、蠕动减弱（X 线钡餐检查亦可见上述相应的 X 线征）。普通内镜检查对Ⅲ型（溃疡型）早期胃癌与良性溃疡鉴别困难，可采用放大内镜和染色内镜辅助鉴别，最终确诊需要活组织检查。对于怀疑胃癌而初次活检阴性者，须在短期内复查胃镜进行再次活检；即使内镜下诊断为良性溃疡且活检阴性，仍有漏诊胃癌的可能，因此对初诊为胃溃疡者,必须在完成正规治疗的疗程后进行胃镜复查,胃镜复查溃疡缩小或愈合不是鉴别良、恶性溃疡的最终依据,须重复活检加以证实。由于早期恶性溃疡与 GU 鉴别困难,需要医生具备耐心和关爱病患的素质,与患者做好教育沟通,增强反复胃镜检查的依从性,提高检出率。

3. 胃泌素瘤 亦称 Zollinger-Ellison 综合征,是胰腺非 β 细胞瘤分泌大量胃泌素所致。胃泌素瘤以多发溃疡、不典型部位、易出现溃疡并发症、对规范抗溃疡药物疗效差,可出现腹泻,高胃酸分泌(BAO 和 MAO 均明显升高,且 BAO/MAO>60%),高空腹血清胃泌素(>200pg/ml,常>500pg/ml)等为特征。肿瘤往往很小(<1cm),生长缓慢,半数为恶性。临床疑诊时,应检测血胃泌素水平;增强 CT 或磁共振扫描有助于发现肿瘤部位。PPI 或 P-CAB 可减少胃酸分泌、控制症状,应尽可能手术切除肿瘤。

【治疗】

治疗的目的是消除病因、缓解症状、愈合溃疡、防止复发和防治并发症。针对病因的治疗如根除 Hp,有可能彻底治愈溃疡病,是近年来消化性溃疡治疗的一大进展。

(一)一般治疗

生活规律,避免过度劳累和精神紧张。注意饮食节律,戒烟、酒,避免进食辛辣食物及浓茶、咖啡等刺激性强的饮料。停服不必要的 NSAID,以及其他对胃有刺激或引起恶心、不适的药物;如确有必要服用 NSAID 和其他药物,建议和食物一起或餐后服用,或遵医嘱选择对胃黏膜损伤少的 NSAID(COX-2 选择性抑制剂如塞来昔布等),加用保护胃黏膜的药物。

(二)药物治疗

自 20 世纪 70 年代以后,消化性溃疡药物治疗经历了 H₂RA、PPI 和根除 Hp 三次关键进展,使溃疡愈合率显著提高、并发症发生率明显降低,相应的外科手术治疗明显减少。

1. 抑制胃酸分泌 目前临床上常用的抑制胃酸分泌药主要有 H₂RA 和 PPI 两大类,钾离子竞争性酸阻断剂(P-CAB)是新一类抑制胃酸分泌药物。

(1)**H₂ 受体拮抗剂(H₂RA)**:竞争性拮抗壁细胞上的 H₂ 受体,能明显抑制基础胃酸和其他因素(包括食物)所引起的夜间胃酸分泌。临床常用的 H₂RA 有西咪替丁、雷尼替丁、法莫替丁等,临床效果相似。

(2)**质子泵抑制剂(PPI)**:通过抑制壁细胞胃酸分泌终末步骤中的关键酶——H⁺-K⁺-ATP 酶,使壁细胞内的 H⁺ 不能向胃腔转移,从而抑制胃酸的分泌。PPI 存在酸依赖性,酸性胃液中不稳定,PPI 的肠衣保护膜在小肠 pH>6 的情况下被溶解释放,吸收入血。口服时不宜破坏药物外裹的保护膜。

(3)**钾离子竞争性酸阻滞剂(P-CAB)**:P-CAB 是一种新型抑酸药,可以通过离子形式直接与 K⁺ 竞争 H⁺-K⁺-ATP 酶上的结合位点,并同时抑制静止和激活状态的 H⁺-K⁺-ATP 酶,从而有效抑制胃酸分泌。P-CAB 药物具有首剂全效、抑酸持久、方便服用、不受进餐影响等特点。

2. 根除 Hp 根除 Hp 为消化性溃疡的基本治疗,它是溃疡愈合及预防复发的有效措施。消化性溃疡无论溃疡是否活动和有无并发症史,均应该检测和根除 Hp。由于耐药菌株的出现、抗菌药物不良反应、患者依从性差等因素,部分患者胃内的 Hp 难以根除,应因人因时而异制订多种根除 Hp 方案。对有并发症和经常复发的消化性溃疡患者,应追踪抗 Hp 的疗效,一般应在治疗至少 4 周后复检 Hp,避免在应用 PPI 或抗生素期间复检 Hp 出现假阴性结果。

3. 保护胃黏膜

(1)**铋剂**:铋剂是一类金属铋盐,在酸性溶液中呈胶体状,与溃疡基底面的蛋白形成蛋白-铋复合物,覆于溃疡表面,阻隔胃酸、胃蛋白酶对黏膜的侵袭损害。铋剂也可通过包裹 Hp 菌体,干扰其代谢,发挥杀菌作用,是根除 Hp 的四联药物的主要组成之一。铋剂服用后可致患者舌苔及粪便发黑,长期服用可因铋在体内过量蓄积而引起神经毒性。因肾脏为铋的主要排泄器官,故肾功能不全者忌用铋剂。

（2）**硫糖铝**：硫糖铝是蔗糖硫酸酯的氢氧化铝盐，在 pH<4 时可聚合成胶冻，黏附覆盖于溃疡面上，阻止胃酸和胃蛋白酶对溃疡面侵蚀，并能促进前列腺素的合成和表皮生长因子的分泌，增强黏膜的防御/修复机制。本药在酸性环境下才能发挥作用，要避免与抗酸药和抑制胃酸分泌的药联合应用。

（3）**其他**：米索前列醇和瑞巴派特都是可以调节胃黏膜防御功能的黏膜保护药物。米索前列醇对预防 NSAID 引起的胃肠道损害有效，但腹痛、腹泻等不良反应限制了它的临床应用，因能引起子宫收缩，妊娠妇女禁用。瑞巴派特可直接针对 NSAID 所致胃黏膜损伤的作用机制，是具有增加前列腺素合成、清除并抑制自由基作用的胃黏膜保护剂。

4. **弱碱性抗酸药** 如氢氧化铝凝胶、氢氧化镁、铝碳酸镁等弱碱性药物，口服后中和胃酸，提高胃内 pH，减低胃蛋白酶活性，减轻对溃疡面的刺激，达到缓解疼痛和促进溃疡愈合的目的。

5. **药物治疗疗程** 为达到溃疡愈合目标，抑酸药物的疗程通常为 4~6 周，一般推荐 PPI 治疗 DU 疗程为 4 周，GU 疗程为 6~8 周。根除 Hp 所需的 14 天疗程可重叠在 4~8 周的抑酸药疗程内，也可在抑酸疗程结束后进行。反复发作的溃疡，在去除常见诱因和病因同时，应给予维持治疗，可视具体病情延长用药时间。

（三）内镜及外科手术治疗

1. **内镜治疗** 针对消化性溃疡并发症上消化道出血的可以采用内镜治疗：溃疡表面喷洒止血药，出血部位注射 1:10 000 肾上腺素，出血点钳夹和热凝固术等，有时采取 2 种以上内镜治疗方法联合应用。结合 PPI 持续静脉滴注对消化性溃疡活动性出血止血成功率达 95% 以上。

2. **外科手术治疗** 由于内科治疗的进展，消化性溃疡目前一般不采用手术治疗，外科手术主要限于少数有并发症者。手术适应证主要有①消化道大量出血，药物、内镜、介入治疗无效者；②急性穿孔、慢性穿透性溃疡；③内镜治疗无效的瘢痕性幽门梗阻；④胃溃疡疑有癌变；⑤内科治疗无效的难治性溃疡等。

（四）溃疡复发的预防

有效根除 Hp 及彻底停服 NSAID，可消除消化性溃疡的两大常见病因，因而能大大减少溃疡复发。对溃疡复发同时伴有 Hp 感染复发（再感染或复燃）者，可予根除 Hp 再治疗。下列情况则需用长程维持治疗来预防溃疡复发：①不能停用 NSAID 的溃疡患者，无论 Hp 阳性还是阴性；②Hp 相关溃疡，Hp 感染未能被根除；③Hp 阴性的溃疡（非 Hp、非 NSAID 溃疡）；④Hp 相关溃疡，Hp 虽已被根除，但曾有严重并发症的高龄或有严重伴随病患者。长程维持治疗一般以 H_2RA 或 PPI 常规剂量或半量维持，而 NSAID 溃疡复发的预防多用 PPI 或米索前列醇。

【预后】

有效的药物治疗可使消化性溃疡愈合率达到 95% 以上，青壮年患者消化性溃疡病死率接近于零，老年患者主要死于严重的并发症，尤其是大出血和急性穿孔，病死率<1%。

本章小结

消化性溃疡是指胃肠道黏膜被胃酸和胃蛋白酶等自身消化而发生的慢性溃疡，常包括胃溃疡和十二指肠溃疡。溃疡发生是黏膜侵袭因素和防御因素失平衡的结果，Hp 感染和非甾体抗炎药服用是主要病因，胃酸在溃疡形成中起关键作用。消化性溃疡的主要症状是上腹痛，临床特点有①慢性过程；②周期性发作；③节律性疼痛。主要并发症有消化道出血、穿孔、幽门梗阻和癌变。内镜检查在诊断中起主要作用，Hp 检测对于治疗方案选择和预防复发有重要意义。主要治疗措施是根除 Hp，抑制胃酸药物和黏膜保护剂应用。

患者,男,56 岁。因"间断上腹部疼痛 5 年,加重伴反酸 1 周"入院。患者 5 年来饮食不节律后反复出现上腹胀痛,伴有反酸、嗳气、腹胀,无恶心、呕吐。近 1 周因为工作压力大,夜间睡眠困难,再次出现上述症状,空腹时重,进食后稍缓解,疼痛发作时向后背放射,有夜间疼痛史。伴有反酸、胃灼热。发病以来常感全身乏力、头晕,精神差。既往曾有劳累后解柏油样大便 3 次伴上腹部不适,未予重视,后自行缓解。入院查体:T 36.4℃,P 96 次/min,R 20 次/min,BP 125/75mmHg,体形瘦弱,面色稍苍白,皮肤无出血,浅表淋巴结不大,腹部平坦,上腹偏右有轻压痛,无反跳痛。墨菲征(-),阑尾点压痛(-)。肝脾肋下未触及,肝区叩痛(-)。肠鸣音 6 次/min。实验室检查:血常规示 WBC 8.3×10^9/L,N 62%,Hb 100g/L;尿常规无异常;粪常规示隐血(++);肝、肾功能无异常。

(赵文星)

1. 消化性溃疡的典型症状是什么?
2. 消化性溃疡的常见并发症有哪些?
3. 简述感染幽门螺杆菌的消化性溃疡患者的治疗策略。

ER 4-4-6

练习题

第五章 | 炎症性肠病

学习目标

1. 掌握:炎症性肠病的临床表现、诊断、临床分型与治疗。
2. 熟悉:炎症性肠病的病理表现、鉴别诊断及并发症。
3. 了解:炎症性肠病的病因和发病机制。
4. 学会对炎症性肠病患者进行诊断并选择合理的治疗方案。
5. 具备医者仁心、科学严谨的职业精神,树立预防为主健康理念。

案例导入

患者,男,25 岁。"腹泻、便血、腹痛 10 天,加重伴发热 2 天"入院。患者 10 天前吃生冷食物后反复腹泻,便血,每天 8~10 次,每次量不多,伴阵发性下腹部绞痛,服用抗生素 1 周后无好转。近 2 天症状加重伴发热,最高体温达 39℃,发病以来食欲差,尿量尚可,体重无明显改变,既往慢性腹泻史 2 年,无肿瘤家族史。查体:T 38.9℃,P 102 次/min,R 22 次/min,BP 112/80mmHg,双肺呼吸音清,未闻及干、湿啰音;腹平软,左下腹压痛(+),无反跳痛,肝脾肋下未触及,移动性浊音(−)。实验室检查:WBC $13.7×10^9$/L,N 87%,Hb 98g/L,RBC $3.1×10^{12}$/L,血沉 45mm/h,PPD 试验(−);粪常规:红细胞满视野/HP,白细胞 10~15 个/HP,隐血(+),粪致病菌培养(−)。

请思考:
1. 列出该患者的初步诊断。
2. 为明确诊断需进一步做哪些检查? 应与哪些疾病进行鉴别?

炎症性肠病(inflammatory bowel disease,IBD)是一类由多种病因引起的、异常免疫介导的非特异性肠道炎症性疾病。其中溃疡性结肠炎(ulcerative colitis,UC)和克罗恩病(Crohn disease,CD)是其主要类型。

【病因和发病机制】

尚不完全明确,与环境、遗传、肠道微生态和免疫等多因素相关,肠道黏膜免疫系统异常所导致的炎症反应起重要作用。

(一)环境

饮食、吸烟、卫生条件、生活方式或暴露于某些不明因素,都是可能的环境因素。

(二)遗传

IBD 具有遗传倾向。IBD 患者一级亲属发病率显著高于普通人群,而患者配偶的发病率不增加。另外,不同种族间 UC 的发病率有明显差异;HLA-B27 转基因动物可以制造出类似于人 UC 的动物模型,且 CD 发病率单卵双胞显著高于双卵双胞,提示遗传因素在发病中起一定作用。

（三）感染

多种微生物参与了IBD的发生和发展。研究认为，IBD是针对自身肠道正常菌群的异常免疫反应性疾病。通过转基因或基因敲除方法造成免疫缺陷的IBD动物模型，在肠道无菌环境下不发生肠道炎症，但在肠道正常菌群状态下，则出现肠道炎症；另一方面对一系列IBD的病例研究表明，临床上观察到肠道细菌滞留易使CD进入活动期，抗生素或微生态制剂对某些IBD患者有疗效。

（四）免疫因素

目前认为肠道黏膜免疫反应的激活是导致IBD肠道炎症发生、发展和转归过程的直接原因。持续的天然免疫反应及Th1细胞异常激活等释放出各种炎症介质及免疫调节因子，如IL-1、IL-6、IL-8、TNF-α、IL-2、IL-4、IFN-γ等参与了肠黏膜屏障的免疫损伤。针对这些炎症反应通路上的重要分子而研发的生物制剂，如抗TNF-α单克隆抗体等所产生的显著治疗效果，证明肠黏膜免疫屏障在IBD发生、发展、转归过程中发挥重要作用。

IBD病因和发病机制可概括为：环境因素作用于遗传易感者，在肠道菌群的参与下，启动了肠道免疫反应和炎症过程，造成肠黏膜屏障损伤，导致黏膜持续炎症损伤等一系列病理改变。

第一节　溃疡性结肠炎

溃疡性结肠炎（UC）又称非特异性溃疡性结肠炎，是一种病因尚不十分清楚的直肠和结肠慢性炎症性疾病。主要表现腹泻、腹痛、黏液脓血便和里急后重。本病起病缓慢，病情轻重不一，多呈反复发作的慢性过程。可发生于任何年龄，多见于20~40岁，亦可见于儿童或老年。男女发病率无显著差异。

ER 4-5-2

思维导图

【病理】

病变主要局限于大肠黏膜与黏膜下层，呈连续性弥漫性分布。病变多自直肠开始，逆行向近段发展，较重者可累及全结肠及末段回肠，临床上以直肠及乙状结肠多见。活动期时结肠黏膜固有层内有弥漫性淋巴细胞、浆细胞、单核细胞、嗜酸性及中性粒细胞等细胞浸润，可见黏膜糜烂、溃疡及隐窝炎、隐窝脓肿。慢性期时隐窝结构紊乱、腺体萎缩变形，排列紊乱、数目减少，杯状细胞减少，可出现帕内特细胞（潘氏细胞）化生及炎性息肉。

病变一般累及黏膜及黏膜下层，较少深入肌层，故并发结肠穿孔、瘘管或周围脓肿少见。少数重症患者病变涉及结肠全层，可发生中毒性巨结肠，表现肠壁重度充血、肠腔膨大、肠壁变薄，溃疡累及肌层至浆膜层，常并发急性穿孔。

【临床表现】

反复发作的腹泻、黏液脓血便及腹痛是溃疡性结肠炎的主要临床症状，大多为亚急性起病，个别急性暴发。病程呈慢性经过，发作期与缓解期交替，少数患者症状持续并逐渐加重。部分患者在发作间歇期可因饮食失调、劳累、精神刺激、继发感染等诱因诱发或加重病情。临床表现与病变范围、病型及病期等有关。

（一）消化系统症状

1. 腹泻与黏液脓血便　绝大多数患者的表现。由于黏膜炎症使肠道分泌增加、蠕动增快，及肠道内水、钠吸收障碍而导致腹泻。排便次数及便血的程度与病情轻重有关，轻者每天排便2~4次或腹泻与便秘交替出现，便血轻或无；重者>10次/d，脓血明显，甚至大量便血。粪质多数呈糊状，重症可呈稀水样便。病变限于直肠或累及乙状结肠的患者，除可有里急后重、便频、便血外，偶尔有便秘，主要因病变直肠排空功能障碍所致。

2. 腹痛　大多为轻至中度疼痛，常局限于下腹部或左下腹阵痛，亦可累及全腹，常有里急后重，便后腹痛缓解。轻者可无腹痛或仅有腹部不适。重者如并发中毒性巨结肠或炎症波及腹膜,可有持续剧烈腹痛。

3. 其他症状　可有腹胀、食欲缺乏,可伴有恶心、呕吐等。

(二) 全身症状

1. 发热　可有低度或中度发热,一般出现在中、重型患者的活动期,高热提示有严重感染、并发症或病情急性进展。

2. 营养不良　出现衰弱、消瘦、贫血、低蛋白血症、水与电解质平衡失调等,多发生在重症或病情持续活动者。

此外,可伴有多种肠外的表现,如外周关节炎、口腔复发性溃疡、结节性红斑、坏疽性脓皮病、前葡萄膜炎等,这些肠外表现在结肠炎症控制或结肠切除后可以缓解或恢复;骶髂关节炎、强直性脊柱炎、原发性硬化性胆管炎等,可与 UC 共存,但与 UC 本身的病情变化无关。

(三) 体征

轻型患者有下腹部或左下腹压痛,部分患者可能触及痉挛或肠壁增厚的乙状结肠或降结肠。重型和暴发型的患者可有明显压痛甚至肠型。若出现腹肌紧张、反跳痛、肠鸣音减弱等体征,应注意中毒性巨结肠、肠穿孔等并发症。

【临床分型】

(一) 临床类型

根据 UC 临床病程、程度、范围及病期进行综合分型,可分为初发型和慢性复发型。①初发型:指无既往史的首次发作;②慢性复发型:指发作与缓解交替,临床上最多见。

(二) 严重程度

按照病情轻重可分三度。轻度指排便≤3 次/d,便血轻或无,体温<37.8℃,脉搏<90 次/min,血红蛋白>105g/L,血沉<20mm/h。重度指腹泻≥6 次/d,明显血便,体温>37.8℃、脉搏>90 次/min,血红蛋白<105g/L,血沉>30mm/h。中度:介于轻、重度之间。

(三) 病变范围

可分为直肠炎、左半结肠炎(结肠脾曲以远)、广泛性或全结肠炎(病变扩展至结肠脾曲以近或全结肠)。

(四) 病情分期

分为活动期和缓解期。患者在缓解期可因饮食失调、劳累、精神刺激、感染等加重症状,使疾病转为活动期。

【并发症】

(一) 中毒性巨结肠

少数重症 UC 患者可出现中毒性巨结肠。表现结肠病变广泛而严重,累及肌层与肠肌神经丛,肠壁张力减退,结肠蠕动消失,肠内容物与气体大量积聚,引起急性结肠扩张,一般以横结肠为最严重。多因低钾、钡剂灌肠、使用抗胆碱能药物或阿片类制剂而诱发。临床表现为病情急剧恶化,毒血症明显,有脱水与电解质平衡紊乱,出现肠型、腹部压痛,肠鸣音消失。血常规白细胞计数明显增加。X 线腹部平片可见结肠扩大,结肠袋形消失。易引起急性肠穿孔,预后差。

(二) 直肠、结肠癌变

重要并发症之一,恶性程度较高,预后差。见于广泛性结肠炎、幼年起病且病程长的患者。随着病程延长,癌变率增加。

(三) 结肠息肉

由于结肠的慢性炎症刺激,肠黏膜细胞增生,形成息肉。对于炎性息肉一般不需摘除,但腺瘤与结肠癌发生关系密切,故确诊腺瘤样息肉应摘除。

（四）其他并发症

可并发肠出血、肠穿孔、肠梗阻及肛门周围脓肿等。

【实验室和其他检查】

（一）血液检查

血红蛋白降低反映贫血；白细胞计数增高、血沉增快和C反应蛋白增高是活动期的重要标志；病情重或持续的患者可有血清白蛋白下降、电解质平衡紊乱等。

（二）免疫学检查

外周血中性粒细胞胞质抗体（p-ANCA）、酿酒酵母抗体（ASCA）可能分别为UC和CD的相对特异性抗体，有助于UC和CD的诊断及鉴别诊断。

（三）粪便检查

肉眼观见黏液脓血，显微镜下有红细胞、白细胞，急性期可见巨噬细胞。注意通过病原学检查（至少连续3次），排除感染性结肠炎。

（四）结肠镜检查

本病诊断和鉴别诊断的最重要手段之一，可明确病变范围、严重程度，必要时取活检。UC病变呈连续性、弥漫性分布，从直肠开始逆行向上扩展，内镜下可见病变黏膜充血、水肿、血管纹理模糊、紊乱或消失，黏膜表面粗糙呈颗粒状、脆性增加、触之易出血，常有糜烂及大小不等的溃疡，严重者溃疡可融合成片，表面附着黏液或脓性分泌物。后期在反复溃疡愈合、瘢痕形成过程中，可有炎性息肉、肠壁僵直、结肠袋消失、肠腔狭窄等。重症患者做此检查应慎防结肠穿孔。

ER 4-5-3

UC内镜解读

（五）X线钡剂灌肠检查

诊断UC的主要手段之一，可作为结肠镜检查有禁忌证或者不能完成全结肠检查时的补充。X线征主要有急性期黏膜充血、水肿，可见黏膜呈颗粒样改变，呈"雪花点"征；多发性浅溃疡时，可见肠壁边缘呈毛刺状或锯齿状、小龛影；有炎性息肉时可见圆形、卵圆形充盈缺损。肠壁纤维组织增生时，可见结肠袋消失、肠腔变窄、肠管缩短、肠壁变硬呈铅管状。重症患者不宜做此检查，以免引起中毒性巨结肠或促使病情恶化。

ER 4-5-4

UC X线钡剂造影解读

【诊断和鉴别诊断】

（一）诊断

根据持续或反复发作性腹泻和黏液脓血便、腹痛、里急后重，伴有（或不伴）不同程度全身症状者，病程多在4~6周以上，排除结肠感染性和非感染性疾病后，结合内镜表现或钡剂灌肠所见可诊断本病。一个完整的诊断应包括其临床类型、严重程度、病变范围、病情分期及并发症。例如：溃疡性结肠炎（初发型、中度、左半结肠炎、活动期）。

初发病例、临床表现及结肠镜改变不典型者，暂不作出诊断，须随访3~6个月，观察病情变化再作出诊断。

（二）鉴别诊断

1. **急性感染性结肠炎**　常有各种肠道细菌感染史，如痢疾杆菌、沙门菌、大肠埃希菌等感染引起的结肠炎症，粪便或结肠镜检查取黏液脓性分泌物可培养出致病菌，抗菌药物治疗有效。

2. **克罗恩病**　可累及从口腔到肛门的全消化道，但常见于近端结肠和回肠末端。与CD的鉴别诊断要点见表4-5-1。

表 4-5-1　溃疡性结肠炎与结肠克罗恩病的鉴别

鉴别要点	溃疡性结肠炎	结肠克罗恩病
症状	脓血便多见	脓血便少见
病变分布	连续性分布	节段性分布
直肠受累	绝大多数	少见
肠腔狭窄	少见,中心性	多见,偏心性
瘘管形成	少见	多见
溃疡与黏膜	溃疡浅,黏膜弥漫性充血、颗粒状,脆性增加	纵行溃疡、黏膜呈鹅卵石,病变间的黏膜正常
组织病理	固有膜全层弥漫性炎症、隐窝脓肿、隐窝结构明显异常、杯状细胞减少	裂隙状溃疡、非干酪性肉芽肿、黏膜下层淋巴细胞聚集

3. 阿米巴肠炎　病变主要侵犯右侧结肠,也可累及左侧结肠,结肠镜检查可见溃疡较深,边缘潜行,溃疡间黏膜多正常。粪便或结肠镜取活组织或渗出物检查可找到溶组织阿米巴滋养体或包囊。血清抗阿米巴抗体检测阳性,抗阿米巴治疗有效。

4. 直肠、结肠癌　多见于中年以后,直肠指诊或结肠镜检查可发现肿块,经病理活检可确诊。但须注意 UC 也可发生结肠癌变。

5. 肠易激综合征　粪便可有黏液但无脓血,显微镜检查正常,隐血试验阴性。结肠镜检查无器质性病变证据。

6. 血吸虫病　常有疫水接触史,伴肝脾大,其粪便检查可见血吸虫卵,孵化毛蚴阳性。急性期直肠镜检查可见黏膜黄褐色颗粒,活检黏膜或组织学检查可见血吸虫卵。血清血吸虫抗体检测有助于鉴别诊断。

7. 其他　出血坏死性肠炎、缺血性结肠炎、放射性肠炎、过敏性紫癜、胶原性结肠炎、贝赫切特病、结肠息肉病、结肠憩室炎以及 HIV 感染合并的结肠炎等应与本病鉴别。

【治疗】

治疗目的是控制急性发作,维持缓解,防治并发症,减少复发。

(一)一般治疗

强调休息,饮食和营养。活动期患者注意卧床休息,及时纠正水与电解质平衡紊乱,给予易消化的流质饮食。病情好转后,改为营养丰富的少渣食物。针对重症患者,密切观察病情变化,禁食,给予静脉内高营养,必要时输血及白蛋白。表现焦虑、抑郁等,可予以心理治疗。

(二)药物治疗

1. 氨基水杨酸制剂　包括 5-氨基水杨酸(5-ASA)和柳氮磺吡啶(SASP),用于轻、中度 UC 患者的诱导缓解及维持治疗。5-ASA 可避免在小肠近段被吸收,从而在结肠内发挥药效,如美沙拉秦、奥沙拉秦等。诱导期 5-ASA 每天 3~4g 口服,症状缓解后相同剂量或减量维持治疗。5-ASA 的灌肠剂适用于病变局限在直肠、乙状结肠者,栓剂适用于病变局限在直肠者。SASP 在结肠内细菌作用下分解为磺胺吡啶和 5-ASA。后者是该药起作用的主要成分。5-ASA 疗效与 SASP 相同,但不良反应远少于 SASP。

2. 糖皮质激素　对急性发作期有较好疗效。可用于对 5-ASA 疗效不佳的轻、中度患者,特别适用于重度患者。通过非特异性抗炎、免疫抑制及对致炎性细胞因子的调节作用,减轻黏膜组织的炎症反应。一般予口服泼尼松 0.75~1mg/(kg·d);重症患者先予大剂量静脉滴注,如氢化可的松每天 200~300mg 或甲泼尼龙每天 40~60mg,7~10 天后改为口服泼尼松每天 60mg。病情缓解后初期以每 1~2 周减少 5mg,至每天 20mg 后需适当延长减药时间至停药。减药期间加用 5-ASA 逐渐接替激素治疗。

病变局限于直肠、乙状结肠者,若排便次数不多,糖皮质激素灌肠疗效较好,且全身不良反应少,常用氢化可的松琥珀酸钠盐 100mg 或地塞米松 5mg 加入 100ml 生理盐水保留灌肠,每晚睡前 1 次,病情稳定后改为每周 2~3 次,疗程 1~3 个月。病变局限于直肠者也可用布地奈德泡沫灌肠剂 2mg 保留灌肠,每晚 1 次,该药是局部作用为主的糖皮质激素,故全身不良反应较少。

激素无效指相当于泼尼松每天 0.75mg/kg 治疗超过 4 周,疾病仍处于活动期。激素依赖指虽能维持缓解,但激素治疗 3 个月后,泼尼松仍不能减量至每天 10mg;或者在停用激素 3 个月内复发。

3. 免疫抑制剂 硫唑嘌呤或巯嘌呤可适用于对激素治疗效果不佳或对激素依赖的慢性持续患者,使用这类药物后可逐渐减少激素用量甚至停用,由于该药起效较慢,一般不单独作为活动期诱导治疗。主要有胃肠道反应、骨髓抑制的不良反应,使用期间应定期检测白细胞计数变化。若患者不耐受,可选用甲氨蝶呤。

4. 生物制剂 近年来生物制剂如英夫利西单抗(抗 TNF-α 单克隆抗体)、维得利珠单抗(α4β7 整合素拮抗剂)等用于中重度 UC 的二线治疗,可诱导缓解及维持治疗。

(三)对症治疗

及时纠正水、电解质平衡紊乱;贫血患者可适当输血;低蛋白血症者应补充白蛋白。抗生素治疗对一般病例并无指征,对重症、暴发型或并有瘘管、脓肿的患者应选用针对革兰氏阴性菌抗菌治疗,静脉给予广谱抗生素,合用甲硝唑对厌氧菌有效。如腹泻、腹痛较重的对症治疗,使用抗胆碱能药物或止泻药应慎重,在重症患者应禁用,避免诱发中毒性巨结肠的危险。

(四)手术治疗

对大出血、肠穿孔、重型患者特别是合并中毒性巨结肠经积极内科治疗无效且伴严重毒血症状者,应紧急手术。

(五)患者教育

活动期患者应有充分休息,调节好情绪,避免心理压力过大。清淡、少渣饮食,调味不宜过于辛辣。注重饮食卫生,避免肠道感染性疾病。按医嘱服药及定期医疗随访,勿擅自停药。反复病情活动者,应有长期服药的心理准备。

【预后】

本病呈慢性过程,大部分患者反复发作,轻度及长期缓解者预后较好。有并发症及老年患者多预后不良。病程漫长者癌变危险性增加,应注意随访。

第二节　克罗恩病

克罗恩病(Crohn disease,CD)是一种病因尚不十分清楚的胃肠道慢性炎性肉芽肿性疾病。病变多见于末段回肠和邻近结肠,但从口腔至肛门各段消化道均可受累,呈节段性或跳跃式分布。临床以腹痛、腹泻、体重下降、腹块、瘘管形成和肠梗阻为特点,可伴有发热,营养障碍等全身表现以及关节、皮肤、眼、口腔黏膜等肠外损害。

ER 4-5-5

思维导图

发病年龄多在 18~35 岁,但首次发作可出现在任何年龄组,男女患病率相近。

【病理】

病变呈节段性或跳跃性,不连续性。早期黏膜呈鹅口疮样溃疡,随后溃疡增大、融合,形成纵行溃疡和裂隙溃疡,将黏膜分割呈鹅卵石样外观。病变可累及肠壁全层,造成肠壁增厚变硬,肠腔狭窄。

组织学上呈非干酪性肉芽肿,由类上皮细胞和多核巨细胞构成,可发生在肠壁各层和局部淋巴结;裂隙溃疡可深达黏膜下层甚至肌层;炎症累及肠壁各层,伴固有膜底部和黏膜下层淋巴细胞聚

集、黏膜下层增宽、淋巴管扩张及神经节炎,而隐窝结构大多正常,杯状细胞不减少。

肠壁全层病变致肠腔狭窄,可引发肠梗阻。溃疡穿孔引起局部脓肿,或穿透至其他肠段、器官、腹壁,形成内瘘或外瘘,肛周疾病如肛周脓肿、肛瘘等亦为本病的常见病理改变。肠壁浆膜纤维素渗出、慢性穿孔均可引起肠粘连。

【临床表现】

起病大多隐匿,进展缓慢,从发病早期症状出现至确诊往往需数个月至数年。病程呈慢性,长短不等的活动期与缓解期交替,反复发作中呈渐进性进展,迁延不愈。少数急性起病,可有高热、毒血症症状和急腹症表现,酷似急性阑尾炎或急性肠梗阻。腹痛、腹泻和体重下降三大症状是本病的主要临床特点。但本病的临床表现复杂多变,这与临床类型、病变部位、病期及并发症有关。

(一) 消化系统表现

1. **腹痛**　为最常见症状,多位于右下腹或脐周,间歇性发作,常为痉挛性阵痛伴腹鸣。常于进餐后加重,排便或肛门排气后缓解。腹痛的发生可能与肠内容物通过炎症、狭窄肠段,引起局部痉挛有关。腹痛亦可由部分或完全性肠梗阻引起。出现持续性腹痛和明显压痛,提示炎症波及腹膜或腹腔内脓肿形成。全腹剧痛和腹肌紧张,提示病变肠段急性穿孔。

2. **腹泻**　亦为本病常见症状,主要由病变肠段炎症渗出、蠕动增加及继发性吸收不良引起。腹泻先是间歇发作,病程后期可转为持续性。粪便多为糊状,一般无脓血和黏液。病变涉及下段结肠或肛门直肠者,可有黏液血便及里急后重。

3. **腹部包块**　见于10%~20%患者,由于肠粘连、肠壁增厚、肠系膜淋巴结肿大、内瘘或局部脓肿形成所致。多位于右下腹与脐周。

4. **瘘管形成**　是CD的特征性临床表现,因透壁性炎性病变穿透肠壁全层至肠外组织或器官而成。分内瘘和外瘘,前者可通向其他肠段、肠系膜、膀胱、输尿管、阴道、腹膜后等处,后者通向腹壁或肛周皮肤。

5. **肛门周围病变**　包括肛门周围瘘管、脓肿形成及肛裂等病变。有时肛周病变可为该病的首发或突出症状。

(二) 全身表现

全身表现较多且较明显,主要有:

1. **发热**　为常见的全身表现之一,与肠道炎症活动及继发感染有关。间歇性低热或中度热常见,少数呈弛张高热伴毒血症,与活动性肠道炎症及继发感染有关。

2. **营养障碍**　由慢性腹泻、食欲缺乏及慢性消耗等因素所致。主要表现为体重下降,可有贫血、低蛋白血症和维生素缺乏等表现。青春期前患者常有生长发育迟滞。

(三) 肠外表现

本病肠外表现与溃疡性结肠炎的肠外表现相似,但发生率较高,据统计以口腔黏膜溃疡、皮肤结节性红斑、关节炎及眼病为常见。

【临床分型】

(一) 病变部位

参照影像学表现和内镜检查,可分为回肠末段、结肠、回结肠和上消化道。

(二) 严重程度

根据主要临床表现程度和并发症计算CD活动指数,用于疾病活动期与缓解期的区分、病情严重程度估计(轻、中、重度)及疗效评定。

【并发症】

肠梗阻最常见,其次是腹腔内脓肿,偶可并发急性穿孔或大量便血。直肠或结肠黏膜受累者可发生癌变。肠外并发症有胆石症、尿路结石、脂肪肝。

【实验室和其他检查】

（一）实验室检查

参见本章第一节。

（二）影像学检查

胃肠钡剂造影及钡剂灌肠检查可见黏膜皱襞粗乱、纵行性溃疡或裂沟、鹅卵石征、假息肉、多发性狭窄或肠壁僵硬、瘘管形成等征象,病变呈节段性分布特征。

CT 或磁共振肠道显像（CT/MR enterography,CTE/MRE）可更清晰地显示小肠病变,主要可见内外窦道形成,肠腔狭窄、肠壁增厚、强化,形成"木梳征"和肠周围脂肪液化等征象。MRE 是诊断 CD 复杂性瘘管和脓肿的重要手段,并能评价肛门内外括约肌的完整性。

（三）内镜检查

胶囊内镜、结肠镜及推进式小肠镜可见阿弗他溃疡或纵行溃疡、肠腔狭窄或肠壁僵硬,炎性息肉,偶见瘘口等改变。病变间黏膜外观正常,病变呈节段性、非对称性分布,周围呈鹅卵石样改变。

胶囊内镜适用于 CD 早期、无肠腔狭窄时,否则可增加胶囊滞留的风险。小肠镜适用于病变局限于小肠,其他检查方法无法诊断,尤其是需要取组织学活检者。由于克罗恩病为肠壁全层性炎症、累及范围广,故其诊断往往需要 X 线与肠镜检查的相互配合。

ER 4-5-6

CD 内镜解读

知识拓展

胶囊内镜

胶囊内镜（capsule endoscopy）由胶囊、信号接收系统及工作站构成。检查时,患者吞下一个含有微型照相装置的胶囊,随胃肠道蠕动,以 2 帧/秒的速度不间断拍摄,所获取的消化道腔内图像信息被同时传给信号接收系统,然后在工作站上读片,能够观察胃肠道的病变。胶囊内镜能动态、清晰地显示小肠腔内病变,突破了原有的小肠检查盲区,且具有无痛苦、安全等优点,成为疑诊小肠疾病的一线检查方法。

【诊断和鉴别诊断】

（一）诊断

对慢性起病,反复发作性右下腹或脐周痛、腹泻、体重下降,特别是伴有肠梗阻、腹部压痛、腹块、肠瘘、肛周病变、发热等表现者,临床上考虑该疾病。对初诊的不典型病例,应通过随访观察,逐渐明确诊断。

（二）鉴别诊断

CD 需与各种肠道感染性或非感染性疾病以及肠道肿瘤相鉴别。应特别注意,急性发作时与急性阑尾炎;慢性发作时与肠结核及肠道淋巴瘤,尤其与肠结核的鉴别至关重要;病变单纯累及结肠者应与 UC 进行鉴别。

1.肠结核与克罗恩病的鉴别见表 4-5-2。

2.**小肠恶性淋巴瘤** 原发性小肠恶性淋

表 4-5-2 肠结核与克罗恩病的鉴别

鉴别要点	肠结核	克罗恩病
结核病史	常有	常无
肠外结核	伴有	不伴
病程	缓慢,多为进行性	缓解与复发交替
瘘管、腹腔脓肿、肛门病变	少见	多见
病变节段性分布	常无	多节段
溃疡形状	环形,不规则	纵行,裂沟多见
结核菌素试验	强阳性	阴性或阳性
抗酸染色	阳性	阴性
抗结核治疗	有效	无效
干酪样肉芽肿	可有	无

巴瘤可较长时间内局限在小肠,部分患者肿瘤可呈多灶性分布,此时与 CD 鉴别有一定困难。如 X 线检查见小肠结肠同时受累、节段性分布、裂隙状溃疡、鹅卵石征、瘘管形成等有利于 CD 诊断;如 X 线检查见一肠段内广泛侵蚀、呈较大的指压痕或充盈缺损,B 型超声或 CT 检查肠壁明显增厚、腹腔淋巴结肿大,多支持小肠恶性淋巴瘤诊断。小肠恶性淋巴瘤一般进展较快。活检免疫组化可确诊或必要时手术探查可获病理确诊。

3. 溃疡性结肠炎 鉴别要点见本章第一节。

4. 急性阑尾炎 以转移性右下腹疼痛为主要特点,麦氏点压痛,腹泻少见,血常规检查白细胞计数增高,可进行鉴别,个别有困难时需剖腹探查才能明确诊断。

5. 其他 如其他感染性肠炎(耶尔森菌、空肠弯曲菌、艰难梭菌等感染)、药物性肠病、血吸虫病、阿米巴肠炎、缺血性肠炎、放射性肠炎、胶原性结肠炎、各种肠道恶性肿瘤以及各种原因引起的肠梗阻,在鉴别诊断中亦需考虑。

【治疗】

治疗目的是控制病情活动、维持缓解及防治并发症,提高生存质量。治疗关键环节为黏膜愈合。

(一)一般治疗

必须戒烟,强调饮食调理和营养补充。一般给高营养低渣饮食,适当给予叶酸、维生素 B_{12} 等多种维生素及微量元素。要素饮食(完全胃肠内营养)或完全胃肠外营养在补给营养同时,还有助减轻病变活动性,可视病情需要及并发症情况分别采用之。腹痛、腹泻必要时可酌情使用抗胆碱能药物或止泻药,合并感染者静脉途径给予广谱抗生素。

(二)药物治疗

1. 氨基水杨酸制剂 SASP 仅适用于病变局限在结肠的轻、中度患者。5-ASA 适用于轻度回结肠型及轻、中度结肠型患者。该类药物维持治疗时间一般不少于 3~5 年,有的患者需终身维持,剂量为 SASP 每天 2~4g 或相当剂量的 5-ASA。由于 SASP 干扰叶酸吸收,宜同时服叶酸每天 10~15mg。

2. 糖皮质激素 对控制病情活动有较好疗效,适用于各型中至重度患者,以及上述对 5-ASA 无效的轻至中度患者和小肠病变者。部分患者表现为激素无效或依赖(减量或停药短期复发),对这类患者应考虑加用免疫抑制剂。病变局限于左半结肠者,可用激素保留灌肠,布地奈德全身不良反应较少,可用于轻至中度小肠型或回结肠型患者,剂量每次 3mg,每天 3 次。

3. 免疫抑制剂 硫唑嘌呤或巯嘌呤适用于对激素治疗无效或对激素依赖的患者,加用这类药物后可逐渐减少激素用量乃至停用。剂量为硫唑嘌呤 1.5~2.5mg/(kg·d)或巯嘌呤 0.75~1.5mg/(kg·d),该类药达最大显效时间需 3~6 个月。其不良反应见于白细胞减少等骨髓抑制表现,使用时应严密监测。对硫唑嘌呤或巯嘌呤不耐受者可试换用甲氨蝶呤。

4. 抗菌药物 某些抗菌药物如硝基咪唑类、喹诺酮类药物应用于本病有一定疗效。甲硝唑对肛周病变、环丙沙星对瘘有效。上述药物长期应用不良反应多,故临床上一般与其他药物联合短期应用,以增强疗效。

5. 生物制剂 英夫利西单抗是一种抗 TNF-α 的单克隆抗体,为促炎症细胞因子的拮抗剂,对传统治疗无效的活动性克罗恩病有效,重复治疗可取得长期缓解,近年已在临床使用。其他生物制剂如阻断淋巴细胞迁移的维得利珠单抗(α4β7 整合素拮抗剂)及拮抗 IL-12/IL-24 与受体结合的乌司奴单抗也被证实有良好疗效。

(三)手术治疗

主要是针对并发症,包括完全性肠梗阻、瘘管、脓肿形成、急性穿孔或不能控制的大量出血。应注意,对肠梗阻要区分炎症活动引起的功能性痉挛与纤维狭窄引起的机械梗阻,前者经禁食、积极内科治疗可缓解而不需手术;对没有合并脓肿形成的瘘管,积极内科保守治疗有时亦可使其闭合,合并脓肿形成或内科治疗失败的瘘管才是手术指征。手术方式主要是切除病变肠段。术后复发的预防至今仍是难题,美沙拉秦、甲硝唑或免疫抑制剂可减少复发,对易复发高危患者可考虑使用英夫利西单抗。

【预后】

本病可经治疗好转,也可自行缓解。但多数患者反复发作,迁延不愈,其中部分患者在其病程中因出现并发症而手术治疗,预后不佳。

本章小结

炎症性肠病是一种病因不明的慢性肠道炎症性疾病,主要包括溃疡性结肠炎和克罗恩病。其病因可能包括环境、肠道微生态、免疫和遗传等因素。其中溃疡性结肠炎是一种原因不明的直肠和结肠炎性疾病,病变多数在乙状结肠、直肠,呈连续性分布,非节段分布,病变主要限于黏膜和黏膜下层,临床多以腹泻、黏液脓血便、腹痛、里急后重等为主要表现。病程呈慢性经过,发作与缓解交替,少数并发中毒性巨结肠,预后差。克罗恩病病变多见于末段回肠和邻近结肠,病变呈节段性或跳跃式分布,临床以腹痛、腹泻、体重下降、腹块、瘘管形成和肠梗阻为特点。炎症性肠病临床诊断主要依靠临床病史、内镜检查及黏膜组织活检、影像学的检查等综合考虑。治疗目的是控制急性发作,维持缓解,防治并发症,减少复发。常用治疗药物为氨基水杨酸制剂、糖皮质激素、免疫抑制剂等,手术治疗主要针对并发症。

病例讨论

患者,男,32岁。因腹泻、腹痛1年,加重1周入院。患者1年前出现腹泻,每天3~4次,为少量脓血便,伴左下腹腹痛,呈阵发性痉挛性绞痛。口服小檗碱未见明显好转。近1周来,患者腹泻加重,每天达10余次,为黏液脓血便,伴里急后重,来院就诊。查体:T 38.6℃,P 92次/min,R 20次/min,BP 110/72mmHg,未见皮疹和出血点,浅表淋巴结未触及,巩膜无黄染,心肺无明显异常,腹平软,左下腹有压痛及反跳痛,未触及肿块,肝脾肋下未触及,移动性浊音(-),双下肢无水肿。辅助检查:结肠镜提示乙状结肠、直肠黏膜弥漫性充血、水肿,可见溃疡3个,最大约2cm×3cm,附有黏液脓血,大便培养无特异病原体。

(杨淑丽)

思考题

1. 简述溃疡性结肠炎的主要临床表现。
2. 试论述溃疡性结肠炎与克罗恩病的鉴别。
3. 如何对炎症性肠病患者进行健康教育?

ER 4-5-7

练习题

第六章 ｜ 功能性胃肠病

学习目标

1. 掌握：功能性消化不良、肠易激综合征的临床表现，诊断和鉴别诊断。
2. 熟悉：功能性消化不良、肠易激综合征的治疗。
3. 了解：功能性消化不良、肠易激综合征病因和发病机制。
4. 学会对功能性消化不良、肠易激综合征患者进行正确诊断，合理选择治疗方案及治疗药物。
5. 具备关爱患者、严谨认真、甘于奉献的职业素养，树立疾病预防的大健康理念。

案例导入

患者，女，32 岁。因"上腹痛 6 个月"收住院。半年前患者无明显诱因出现上腹痛伴饱胀感，常于进食后疼痛加重，表现为餐后痛。排便或排气后不缓解，排便次数改变，与粪便性状改变无关。在当地医院给予抗感染治疗，上述症状无明显好转，为进一步诊治而来我院。发病以来睡眠欠佳，伴有焦虑。查体：T 36.7℃，P 82 次/min，R 21 次/min，BP 112/84mmHg，发育正常，营养中等，神清；口唇无发绀；双侧扁桃体无肿大，咽部无充血；双肺呼吸音清，未闻及干、湿啰音；心界不大，心率 82 次/min，律齐，无杂音；上腹部有轻压痛，无反跳痛，肝脾肋下未触及，移动性浊音（－），无杵状指（趾）。实验室检查：WBC $4.5×10^9$/L，N 60%，L 32%。

请思考：
1. 该患者的初步诊断是什么？并说明诊断依据。
2. 需和哪些疾病鉴别？
3. 为明确诊断需进一步做哪些检查？
4. 针对该患者病情，请制定相应的治疗措施。

功能性胃肠病（functional gastrointestinal disorders，FGIDs）是一组表现为慢性或反复发作的胃肠道症状，而无器质性改变的胃肠道功能性疾病。临床表现主要是胃肠道（包括咽、食管、胃、胆道、小肠、大肠、肛门等）的相关症状，因症状特征而有不同命名。功能性胃肠病主要与消化道动力紊乱、内脏高敏感性、黏膜和免疫功能改变、肠道菌群变化、中枢神经功能异常等有关，临床上，以功能性消化不良和肠易激综合征多见。

ER 4-6-3

功能性胃肠病
诊断分类

第一节　功能性消化不良

功能性消化不良（functional dyspepsia，FD）是指由胃和十二指肠功能紊乱引起，不能用器质性、系统性或代谢性疾病解释的消化不良，主要包括餐后饱胀、早饱、中上腹痛、中上腹灼烧感，也可表现为胀气、嗳气、恶心和呕吐等。

功能性消化不良是临床常见的功能性胃肠病,全球人口患病率>10%,虽然是非致命性疾病,但是患者的生活质量显著下降,给个人、家庭和社会造成较大负担。

【病因和发病机制】

病因和发病机制至今尚未完全明确,目前认为多因素参与 FD 的发病过程,肠-脑互动异常是主要的发病机制。

(一)胃肠道动力障碍

胃肠道动力障碍是 FD 的主要病理生理学基础,包括胃排空延迟、胃十二指肠运动协调失常。研究发现,FD 患者存在胃排空延迟、进食后近端胃容受性扩张不良及胃窦运动异常、幽门十二指肠运动协调失常、胃肠运动异常等胃肠动力障碍的表现。

(二)内脏感觉过敏

部分 FD 患者胃对容量扩张的感觉阈值明显低于正常人,表明患者存在胃感觉过敏。有研究表明,FD 患者对进餐后的胃扩张具有高敏感性,与进餐有关的症状如餐后饱胀、早饱等与这种高敏感性显著相关。同时 FD 患者对化学性刺激如腔内酸度也表现为高敏感性,这可能是腹痛及上腹部灼烧感的发病基础。

(三)胃容受性受损

研究发现,FD 患者胃内食物分布异常,即近端胃的储存能力下降,而胃窦潴留较多的食糜;另有部分患者进餐后胃舒张功能下降,这些都可能是导致早饱的病理基础。

(四)胃酸分泌增加和胃十二指肠对刺激的高敏感性

部分 FD 患者的临床症状表现酷似消化性溃疡,且通过抑酸药物获得良好疗效。

(五)幽门螺杆菌感染

尚无法确定幽门螺杆菌感染在 FD 中是否发挥作用,在 FD 患者中,根除 Hp 后消化不良症状可得到改善,建议对经验性治疗无效的消化不良患者,应检测幽门螺菌感染状态,对其阳性者进行根除治疗。

(六)精神和社会因素

精神和社会因素一直被认为与 FD 的发病有密切关系。调查表明,FD 患者存在个性异常,其敏感、焦虑、抑郁等因子积分显著高于正常人和十二指肠溃疡组。还有调查报道,在 FD 患者生活中,特别是童年期应激事件的发生频率高于正常人和十二指肠溃疡患者,但精神因素的确切机制尚未阐明。

(七)饮食和感染

饮食和感染是 FD 的重要诱发因素。饮食诱发的消化不良症状在 FD 中十分常见,FD 症状与某些食物、进食方式有关。感染性胃肠炎患者 FD 的患病率高于未感染胃肠炎。

FD 的各种病理生理机制之间并非完全独立,而是相互影响、互相作用。不同的病理生理机制可能与 FD 的不同症状相关,但各种病理生理机制与特定症状之间的具体关系尚不明确。多种因素引起的肠-脑互动异常是 FD 发生、发展的重要机制。

【临床表现】

主要症状包括餐后饱胀、早饱感、上腹痛、上腹灼烧感之一种或几种,可同时伴恶心、呕吐、嗳气、食欲缺乏等。常以一个或某一组症状为主,病程中症状可发生变化。起病大多缓慢,病程长,呈持续性或反复发作。部分患者常有饮食、精神等诱发因素。

上腹痛为常见症状。常与进食有关,表现为餐后痛,亦可无规律性,部分患者表现为上腹灼热感。餐后饱胀和早饱常与进食密切相关。餐后饱胀是指正常餐量即出现饱胀感;早饱是指有饥饿感,但进食后不久即出现饱感,致摄入食物明显减少。嗳气亦为常见症状,可单独或以一组症状出现,伴或不伴有上腹痛。恶心、呕吐并不常见,往往发生在胃排空明显延迟的患者,呕吐可为干呕或呕吐当餐胃内容物。不少患者同时伴有失眠、焦虑、抑郁、头痛、注意力不集中等精神症状。

根据罗马IV标准,将本病分为以下不同亚型。

1. 餐后不适综合征(postprandial distress syndrome,PDS) 特点是进餐诱发消化不良症状,如饱胀、早饱等。

2. 上腹痛综合征(epigastric pain syndrome,EPS) 是指上腹痛或上腹部灼烧感,其发生大多无规律性,有些患者可发生在餐后,也可发生在空腹,甚至可能进餐后改善。

3. PDS 和 EPS 的重叠 特点是进餐诱发消化不良症状、上腹疼痛及灼烧感。

【诊断与鉴别诊断】

(一)诊断

1. 诊断标准 上腹痛、上腹灼热感、餐后饱胀和早饱症状中的一种或几种,呈持续或反复发作的慢性过程(罗马IV标准规定病程超过6个月,近3个月症状持续);通过常规检查如内镜、超声等,排除可解释症状的消化道及全身器质性疾病或代谢性疾病等。

2. 诊断程序 在全面病史采集和体格检查的基础上,应先判断患者:①是否有消化道器质性疾病的"报警症状和体征":45岁以上,近期出现消化不良症状,有消瘦、贫血、呕血、黑便、吞咽困难、腹部肿块、黄疸等,消化不良症状进行性加重。②是否有全身其他脏器疾病所致消化不良症状者,如尿毒症、糖尿病等。

对有消化道器质性疾病报警症状或体征者,应进行全面检查直到找到病因,以除外器质性或代谢性疾病。对年龄在45岁以下且无"报警症状和体征"者,可选择基本的实验室检查或胃镜检查,也可以先予经验性治疗2~4周观察疗效,对诊断可疑或治疗无效者,有针对性地选择影像学检查及其他实验室检查。

(二)鉴别诊断

1. 消化道疾病 有许多消化道器质性疾病可引起消化不良症状,如消化性溃疡、肝硬化、胃癌等,可通过询问病史、体格检查、实验室检查、影像学检查及内镜检查予以鉴别。

2. 全身性疾病 有许多全身性或代谢性疾病也可引起消化不良症状,如糖尿病、尿毒症、风湿免疫疾病等,这些患者除有消化不良症状外,还有其原发疾病的症状和体征,因此可通过询问病史、体格检查、实验室检查及有关辅助检查予以鉴别。

3. 症状重叠 FD 患者常同时伴有胃食管反流病、肠易激综合征及其他功能性胃肠病,临床上称为症状重叠。

【治疗】

主要是对症治疗,以缓解症状、提高患者的生活质量为主要目的,遵循综合治疗和个体化治疗的原则。

(一)一般治疗

建立良好的医患互信关系,帮助患者正确认识和理解病情,养成良好生活和饮食习惯。饮食调整和饮食治疗有助于改善 FD 症状,减少和避免高脂饮食、辛辣或刺激食物、粗粮、产气食物、甜食、碳酸饮料、饮酒和浓茶,规律进餐、避免过快进餐均有助于改善 FD 症状。适当参加运动和力所能及的体力活动,避免烟、酒及刺激性食物,少进食脂肪等容易延缓胃排空的食物。对症状严重,尤其是伴有严重精神症状者,除应进行心理治疗外,还需根据患者不同特点予以适当的镇静及抗焦虑治疗。

(二)药物治疗

目前尚无特效药物,主要是经验性对症治疗。

ER 4-6-4

功能性消化不良临床表现图解

ER 4-6-5

FD 诊治流程

1. **抑制胃酸药** 抑酸药物可作为 EPS 的首选治疗,可选择 H_2RA 或 PPI。PPI 是控制 FD 患者症状的有效药物,该类药物起效快,对酸相关症状起到一定缓解作用,一般适用于以上腹痛、上腹灼热感为主要症状的患者。

2. **胃肠促动药** 胃肠促动药可能缓解 FD 患者的某些症状,一般适用于以餐后饱胀、早饱为主要症状的患者,可作为 PDS 的首选治疗。可分别选用多潘立酮 10mg,每天 3 次;依托必利 50mg,每天 3 次;或莫沙必利 5mg,每天 3 次,均在餐前 15~30 分钟服用,疗程 2~8 周。据报道西沙必利和莫沙必利的疗效略优于多潘立酮,但因有促进小肠运动作用,少部分患者有肠鸣、稀便或腹泻、腹痛不良反应,减少剂量或使用一段时间后这些不良反应可减轻至消失。因西沙必利偶可引起严重心律失常的不良反应,应用受到限制。对疗效不佳者,抑制胃酸药和胃肠促动药可换用或合用。

3. **助消化药** 复方消化酶可改善与进餐相关的上腹胀、食欲缺乏等症状,可作为治疗消化不良的辅助用药。

4. **神经调节剂** 对难治性 FD 或合并焦虑、抑郁的 FD 患者有效。常用的有三环类抗抑郁药如阿米替林,选择性抑制 5-羟色胺再摄取的抗抑郁药如帕罗西汀等,建议根据患者的症状亚型和心理障碍表现特异性选择神经调节剂,从小剂量开始,注意药物的不良反应。

(三)心理治疗

心理治疗有助于 FD 患者症状减轻和生活质量提高,可作为 FD 的辅助治疗。患者可通过瑜伽、冥想、认知行为治疗和催眠治疗等手段,学习放松技巧、减少对症状的关注、学习积极应对的方式、调整和改变与症状相关的思想等。

【预后】

功能性消化不良作为一种生物-心理-社会医学模式下的典型疾病,患者症状易反复发作,心理负担越重,症状越易出现或加重。

第二节 肠易激综合征

肠易激综合征(irritable bowel syndrome,IBS)是一种以腹痛、腹胀或腹部不适、排便习惯异常为特征的功能性肠病,该病缺乏解释症状的形态学改变和生化异常。排便习惯异常主要表现为腹泻、便秘或腹泻与便秘交替。我国成人患病率为 10% 左右,各年龄段人群均有发病,以中青年更为常见,女性患病率略高于男性。

临床上,根据排便特点和粪便的性状可分为腹泻型(IBS-D)、便秘型(IBS-C)和混合型(IBS-M)。我国则以腹泻型为主。

【病因和发病机制】

尚未清楚,目前认为 IBS 是多种因素共同作用引起肠-脑互动异常的结果。

(一)胃肠动力学异常

研究表明,以便秘、腹痛为主 IBS 患者,其结肠电节律表现 3 次/min 的慢波频率明显增加,致使肠内容物推进减慢,水分吸收过多。而腹泻型 IBS 患者的高幅收缩波明显增加,对各种生理性和非生理性刺激(如进食、肠腔扩张、肠内容物以及某些胃肠激素)的动力学反应过强,并呈反复发作过程。

(二)内脏高敏感

内脏高敏感即内脏组织对于刺激的感受性增强,包括痛觉过敏和痛觉异常。IBS 患者对正常的生理性刺激及伤害性刺激均较敏感,痛阈下降。正常进食、肠腔扩张、平滑肌收缩均可产生疼痛,腔内化学物质、某些胃肠道激素均可产生比正常人更强烈的不适感,内脏高敏感导致 IBS 患者发生腹痛、腹部不适症状,在 IBS 发生、发展中起重要作用,控制内脏高敏感可改善 IBS 的症状。

(三) 肠道感染

临床研究表明,部分 IBS 患者发病前曾有肠道感染史,各种细菌、病毒感染引起肠黏膜肥大细胞或其他免疫炎症细胞释放炎症细胞因子,引起肠道功能紊乱。其发病与感染的严重性及应用抗生素时间均有一定相关性。

(四) 中枢神经系统的感知异常和内分泌异常

IBS 患者存在中枢神经系统感觉异常和调节异常,如对直肠气囊扩张刺激,IBS 所引起的大脑反应区与正常人就有所不同,而腹泻型与便秘型 IBS 之间的大脑反应区也有所区别。

(五) 肠道微生态失衡

IBS 患者存在肠道微生态失衡,包括肠道菌群构成比例和代谢产物活性的改变。 IBS-D 患者乳酸菌、脱硫弧菌和双歧杆菌数量明显减少,而 IBS-C 患者韦荣球菌数目增加。

(六) 精神心理因素

IBS 患者常伴发焦虑、抑郁等表现,患者在情感、学习、认知行为能力、精神心理方面存在能力障碍与缺陷,相当比例的 IBS 患者伴有不同程度的精神情绪障碍,包括焦虑、紧张、抑郁、压力、失眠和神经过敏等,其中抑郁或焦虑障碍是 IBS 的显著危险因素,在 IBS 患者中的发生率高。另外,急性和慢性应激事件发生频率亦高于正常人,对应激反应更敏感和强烈。

【临床表现】

起病隐匿,症状反复发作或慢性迁延,病程可长达数年或数十年,但全身健康状况却不受影响,精神、饮食等因素常诱使症状复发或加重。最主要的临床表现是腹痛和腹部不适、排便习惯和粪便性状的改变。

(一) 症状

1. 腹痛或腹部不适　为最主要症状,几乎所有 IBS 患者都有不同程度的腹痛,部位不定,以下腹和左下腹多见,局限或弥散,排便或排气后缓解。疼痛性质不同,程度各异,极少有睡眠中痛醒者。

2. 排便习惯和粪便性状异常　多数患者有排便习惯和粪便性状改变,腹泻、便秘或者两者交替出现。腹泻型 IBS 常排便较急,粪便呈糊状或稀水样,一般每天 3~5 次,少数严重发作可达十余次,可带有黏液,但无脓血。腹泻通常仅在晨起时发生,部分因进食而发作。便秘型 IBS 常有排便困难,粪便干结、量少,呈羊粪状或细杆状,表面可附黏液,常有排便不尽感。早期多为间断性,后期可为持续性,甚至长期依赖泻药。

3. 其他消化道症状　患者常伴腹胀,白天加重,夜间减轻。部分患者可出现上腹灼热感、早饱、恶心、呕吐等消化不良症状,与 FD 有较多重叠。

4. 全身症状　部分患者可伴有失眠、焦虑、抑郁、头昏、头痛等精神症状。

(二) 体征

一般无明显体征,可在相应部位有轻压痛,腹痛时部分患者可触及伴有压痛的腊肠样痉挛肠管,直肠指诊或行乙状结肠镜检时,可感到肛门痉挛、张力较高,可有触痛。

【实验室和其他检查】

(一) 粪便检查

可见黏液,无脓液和血液等异常成分,多次病原学检查阴性。

(二) 结肠镜检查

无异常发现,仅见肠内黏液较多、肠道痉挛、黏膜无充血水肿。

(三) X 线钡剂灌肠检查

仅见肠道痉挛、结肠袋密集、运动异常,没有糜烂及肠道占位的表现。

【诊断和鉴别诊断】

（一）诊断

IBS诊断首先应排除肠道器质性疾病、肠道感染性疾病及全身性疾病,出现反复发作的腹痛,近3个月内平均发作至少每周1次,伴有以下2项或2项以上:①与排便有关;②伴有排便频率的改变;③伴有粪便性状(外观)的改变。诊断前症状出现至少6个月,近3个月符合以上诊断标准。

下列症状不是诊断所必备,但属常见症状,症状越多越支持IBS的诊断:①排便频率异常(每天排便>3次或每周排便<3次);②粪便性状异常(块状/硬便或稀水样便);③排便过程异常(费力、急迫感、排便不尽感);④黏液便;⑤胃肠胀气或腹部膨胀感。

（二）鉴别诊断

需要与器质性疾病、肠道感染性疾病、内分泌疾病(如甲状腺功能亢进症、糖尿病等)及其他功能性肠道疾病(如功能性便秘、功能性腹泻)、乳糖不耐受等相鉴别。对于存在报警征象的患者不应轻易诊断IBS,这些报警征象包括:体重下降,持续性腹泻,夜间腹泻,粪便中带血,顽固性腹胀、贫血、低热等,有胃肠肿瘤家族史,特别是中老年出现新发症状者要高度警惕器质性疾病。

【治疗】

治疗目的是消除患者顾虑,改善症状,提高生活质量。治疗策略主要是在建立良好的医患关系基础上,积极寻找并去除促发因素和对症治疗,强调综合治疗和个体化治疗的原则。

（一）一般治疗

详细的病史询问以求发现促发因素,并设法予以祛除。通过耐心的解释工作和心理辅导,建立良好的医患沟通和信任关系,以消除患者顾虑和提高对治疗的信心。教育患者建立良好的生活习惯,饮食上避免诱发症状的食物。因个人而异,一般宜避免产气的食物如奶制品、大豆、啤酒、果糖等,高纤维食物有助改善便秘。对伴有失眠、焦虑者可适当给予镇静药。

（二）药物治疗

1. 解痉药 IBS患者存在肠道平滑肌痉挛,与疼痛症状相关,解痉药可改善IBS症状。抗胆碱能药物可作为缓解腹痛的短期对症治疗。匹维溴铵为选择性作用于胃肠道平滑肌的钙通道阻滞剂,对缓解腹痛有一定疗效,且不良反应少,用法为50mg,每天3次,疗程2~6周。

2. 止泻药 可有效改善IBS-D患者的腹泻症状。轻症腹泻型患者宜使用吸附药如蒙脱石散、药用炭等。腹泻症状较重者可选用洛哌丁胺或地芬诺酯,注意剂量的个体化,且不宜长期使用。

3. 导泻药 对便秘型患者酌情使用导泻药,宜使用作用温和的缓泻剂以减少不良反应和药物依赖性,也不宜长期使用,常用的有渗透性轻泻剂如聚乙二醇、乳果糖或山梨醇等。

4. 5-羟色胺受体4(5-HT$_4$)激动剂 可缓解腹部不适、腹胀、便秘等,适用于便秘型IBS患者。常用药物有莫沙必利5mg,每天3次。

5. 抗抑郁药 对腹痛症状重,上述治疗无效且精神症状明显者可试用。详见本章第一节。

6. 肠道微生态制剂 如双歧杆菌、乳酸杆菌、酪酸菌等制剂,可调节肠道菌群生态平衡,对IBS腹泻、腹胀有一定疗效。

（三）心理和行为疗法

症状严重而顽固,经一般治疗和药物治疗无效者应考虑予以心理行为治疗,包括心理治疗、认知疗法、催眠疗法和生物反馈疗法等,可提高患者的生活质量。

【预后】

IBS呈良性过程,症状可反复或间歇性发作,影响生活质量,但一般对全身状况没有明显影响。

功能性胃肠病是一组表现为慢性或反复发作的胃肠道症状,而无器质性改变的胃肠道功能性疾病,主要由消化道动力紊乱、内脏高敏感性、黏膜和免疫功能改变、肠道菌群变化、中枢神经功能异常等引起的肠-脑互动异常。临床上,以功能性消化不良和肠易激综合征多见。功能性消化不良是由胃和十二指肠功能紊乱引起餐后饱胀、早饱、中上腹痛、中上腹灼烧感,也可表现为胀气、嗳气、恶心和呕吐等上消化道症状,且无器质性疾病的一组临床综合征,根据临床特点分为上腹痛综合征(EPS)、餐后不适综合征(PDS)及两者重叠。肠易激综合征是一种以腹痛和腹部不适伴排便习惯和粪便性状改变为特征而无器质性病变的功能性肠病,临床分为腹泻型、便秘型、混合型。本组疾病病因不明,缺乏特异治疗,主要通过消除或缓解症状,提高生活质量,恢复患者社会功能,治疗手段包括饮食、生活方式调整、药物治疗、精神心理等综合治疗和个体化治疗。

病例讨论

患者,男,43岁,中型企业中层管理人员。因"反复腹痛、腹泻5年,加重2个月余"入院,患者于5年前开始常因进食生冷或刺激性食物后腹痛,多以脐周为主,隐痛感,可以忍受,不放射,有时呈游走性,偶伴阵发性加重,便后腹痛可缓解,大便次数增多,2~3次/d或5~6次/d,大便不成形,多呈稀软便,有时呈稀水样便,偶伴黏液,无脓血便,无里急后重,无恶心呕吐,无反酸嗳气,无畏寒发热,常自行口服小檗碱及肠道益生菌,可使症状缓解。近2个月来,因工作压力加大,上述症状再加重,腹泻5~6次/d,伴腹痛,便后可缓解,服用上述药物无效,自发病以来,食欲正常,体重无明显变化,精神焦虑,烦躁,失眠多梦。既往体健,无不良嗜好。查体:一般情况尚可,皮肤巩膜无黄染,浅表淋巴未触及肿大,心肺未见异常,腹平坦柔软,无压痛、反跳痛,腹部未及包块,肝脾肋下未及,移动性浊音(−),肠鸣音5次/min,双下肢无水肿,粪便常规检查:未见异常。

(杨淑丽)

思考题

1. 功能性消化不良的诊断标准是什么?
2. 肠易激综合征的诊断标准是什么?

ER 4-6-7

练习题

第七章 | 肠结核和结核性腹膜炎

学习目标

1. 掌握：肠结核和结核性腹膜炎的临床表现、诊断和治疗。
2. 熟悉：肠结核和结核性腹膜炎的发病机制、病理特点、鉴别诊断。
3. 了解：肠结核和结核性腹膜炎的并发症及处理。
4. 学会对肠结核和结核性腹膜炎患者进行诊断并制订出合理的防治计划。
5. 具备医者仁心精神，树立结核预防为主健康理念。

案例导入

患者，女，39岁。因"腹胀、乏力2个月"收住院。患者2个月前劳累后自觉腹胀、乏力，食欲缺乏，自服"酵母片"后症状无改善。大便为黄色糊状，每天2~4次，无脓血，每天尿量700ml左右，体重无明显变化，既往无慢性胃肠疾病、肝病史。无肿瘤家族史。查体：T 37.7℃，P 76次/min，R 18次/min，BP 112/80mmHg，发育正常，营养中等，神清；口唇无发绀；双肺呼吸音清，未闻及干、湿啰音；心界不大，心率76次/min，律齐，无杂音；腹部膨隆，触诊柔韧感，全腹轻度压痛，反跳痛（±），未触及包块，肝脾肋下未触及，移动性浊音（+）。双下肢无水肿。实验室检查：WBC $9.0×10^9$/L，N 46%，L 54%，Hb 120g/L，RBC $4.1×10^{12}$/L。血沉50mm/h，粪常规及尿常规检查未见异常。腹部B超检查显示：腹腔内可见中等量积液。

请思考：

1. 该患者的初步诊断是什么？列出诊断依据。
2. 需和哪些疾病鉴别？
3. 针对该患者目前病情，应采取哪些治疗措施？

第一节 肠 结 核

肠结核（intestinal tuberculosis）是由结核分枝杆菌引起的肠道慢性特异性感染，多继发于肺结核。临床上常有右下腹痛、大便习惯改变、腹部肿块及结核中毒等症状。近年因人类免疫缺陷病毒感染率增高、免疫抑制剂的广泛使用等原因，部分人群免疫力低下，故导致本病发病有所增加。肠结核多发于中青年，女性多于男性。

ER 4-7-2

思维导图

【病因和发病机制】

肠结核主要由人型结核分枝杆菌引起，结核分枝杆菌侵犯肠道主要是经口感染。多因开放性肺结核或喉结核患者，吞下含结核分枝杆菌的痰液；或常与开放性肺结核患者共餐而忽视餐具消毒等被感染；也可由血行播散引起，见于粟粒型结核或由腹腔内结核病灶，如女性生殖器结核直接蔓延引起。少数地区有因饮用未经消毒的带菌牛奶或乳制品而发生牛型结核分枝杆菌肠结核。

结核分枝杆菌为抗酸菌,很少受胃酸影响,可顺利进入肠道,多在回盲部引起结核病变,可能和下列因素有关:①含结核分枝杆菌的肠内容物在回盲部停留较久,增加了局部肠黏膜的感染机会;②结核分枝杆菌易侵犯淋巴组织,而回盲部有丰富的淋巴组织。但胃肠道其他部位有时亦可受累。

结核病的发病是人体和结核分枝杆菌相互作用的结果。经上述途径而获得感染仅是致病的条件,只有当侵入的结核分枝杆菌数量较多、毒力较大,并有人体免疫功能低下、肠功能紊乱引起局部抵抗力削弱时才会发病。

【病理】

肠结核多发部位主要位于回盲部,其次为升结肠、空肠、横结肠、降结肠、阑尾、十二指肠和乙状结肠等处,少数见于直肠。偶见胃结核、食管结核。结核菌的数量和毒力与人体对结核菌的免疫力和过敏反应程度导致不同病理特点。当感染菌量多、毒力大,人体的过敏反应强,病变以炎症渗出性为主,可发生干酪样坏死,形成溃疡,成为溃疡型肠结核;患者机体免疫状况良好,感染较轻,则表现为肉芽组织增生和纤维化,成为增生型肠结核。兼有这两种病变者并不少见,称为混合型或溃疡增生型肠结核。

(一)溃疡型肠结核

肠壁的集合淋巴组织和孤立淋巴滤泡首先受累,呈充血、水肿及炎症渗出性病变,进一步发展为干酪样坏死,随后形成边缘不规则、深浅不一的溃疡,可深达肌层或浆膜层,并累及周围腹膜或邻近肠系膜淋巴结。在慢性发展过程中,因病变肠段常与周围组织发生粘连,故急性穿孔少见,偶可发生慢性穿孔而形成腹腔内包裹性脓肿或肠瘘。在病变修复过程中,纤维组织增生和瘢痕形成可导致肠管变形和狭窄。因溃疡基底多有闭塞性动脉内膜炎,故较少发生肠出血。

(二)增生型肠结核

病变多局限于回盲部,肠壁黏膜下层及浆膜层可见大量结核肉芽肿和纤维组织增生,使局部肠壁增厚、僵硬,亦可见瘤样肿块突入肠腔,上述病变均可使肠腔变窄,引起梗阻。

(三)混合型肠结核

兼有上述两种病变。

【临床表现】

(一)腹痛

多位于右下腹或脐周,间歇性发作,疼痛多为隐痛或钝痛。餐后加重,排便或肛门排气后即有不同程度缓解。其发生可能与进餐引起的胃肠反射或肠内容物通过炎症、狭窄肠段,引起局部肠痉挛或加重肠梗阻有关。腹痛部位可有压痛,多位于右下腹。

(二)大便习惯改变

溃疡型肠结核常伴腹泻,一般每天2~4次,重者每天达10余次。粪便多呈糊样,多无脓血,不伴有里急后重。有时腹泻与便秘交替,这与病变引起的胃肠功能紊乱有关。增生型肠结核多以便秘为主要表现。

(三)腹部肿块

常位于右下腹,较固定,中等质地,伴有轻度或中度压痛。主要见于增生型肠结核,也可见于溃疡型肠结核,病变肠段和周围组织粘连,或同时伴有肠系膜淋巴结结核。

(四)全身症状和肠外结核表现

结核毒血症状多见于溃疡型肠结核,表现为不规则的长期低热,伴有盗汗、乏力、消瘦、贫血等。可同时有肠外结核特别是活动性肺结核的临床表现。增生型肠结核病程较长,全身情况一般较好,无发热或有时低热。

【并发症】

多见于晚期患者,以肠梗阻多见,瘘管和腹腔脓肿、肠出血较少见,少有急性肠穿孔。若合并结核性腹膜炎,则出现相关临床表现。

【实验室和其他检查】

(一)实验室检查

溃疡型患者可有轻至中度贫血,白细胞总数大多正常,淋巴细胞增高。血沉大多明显加快,临床可作为判断结核病活动程度的指标。溃疡型的粪便多呈糊样便,大多无肉眼黏液和脓血,镜下可见少量脓细胞与红细胞。结核菌素试验(PPD)呈强阳性或结核感染 T 细胞斑点试验(T-SPOT)阳性,有助于该病的诊断。

(二)X 线钡剂灌肠

X 线钡剂灌肠对肠结核的诊断具有重要价值。在溃疡型肠结核,钡剂于病变肠段呈现激惹征象,排空很快,充盈不佳,而在病变的上、下肠段则钡剂充盈良好,称为 X 线钡剂激惹征。增生型者肠黏膜呈结节状改变,肠腔变窄、肠段缩短变形、回肠盲肠正常角度消失。

(三)CT 检查

肠结核病变通常在回盲部附近,较少累及空肠,节段性改变不如克罗恩病明显。可见回盲瓣增厚,肠壁增厚,淋巴结明显肿大,可伴有中央坏死,并可见肠襻易位。CT 检查对发现合并的腹腔内结核,尤其是淋巴结结核,在显示病灶的来源及定性诊断方面较肠道 X 线造影好。

(四)结肠镜检查

内镜下见病变肠黏膜充血、水肿,溃疡形成以及大小及形态各异的炎症息肉,肠腔变窄等。镜下病灶处取活检,发现肉芽肿、干酪坏死或抗酸杆菌时,具有确诊价值。

【诊断和鉴别诊断】

(一)诊断

以下情况应考虑本病:①中青年患者有肠外结核,主要是肺结核,尤其开放性肺结核;②有腹泻、腹痛、便秘等消化道症状;右下腹压痛,腹部肿块、原因不明的肠梗阻,伴有发热、盗汗等结核毒血症状;③X 线钡剂检查发现跳跃征、溃疡、肠管变形和肠腔狭窄等征象;CT 检查可发现回肠末端病变,回盲瓣增厚,肠壁呈环形增厚,网膜增厚,淋巴结肿大等征象;④结肠镜检查发现,回盲部的肠黏膜炎症、溃疡、炎症息肉或肠腔狭窄等病变;⑤PPD 强阳性或 T-SPOT 阳性。如活体组织病检能找到干酪性肉芽肿具确诊意义,活检组织中找到抗酸染色阳性杆菌有助于诊断。对高度怀疑肠结核的病例,如抗结核治疗(2~6 周)症状明显改善,2~3 个月后肠镜检查病变明显改善或好转,可作出肠结核的临床诊断。

(二)鉴别诊断

1. 克罗恩病　回盲部克罗恩病的临床表现、X 线及内镜所见与肠结核酷似,鉴别较为困难。主要鉴别要点包括:①无肠外结核证据;②有缓解与复发倾向,病程一般更长;③X 线发现病变虽以回肠末段为主,但可有其他肠段受累,并呈节段性分布;④并发瘘管或肛门直肠周围病变较常见;⑤PPD 弱阳性至阳性;⑥抗结核药物治疗症状无明显改善;⑦临床鉴别诊断有困难而行剖腹探查者,切除标本及周围肠系膜淋巴结均无结核证据,具有肉芽肿病变而无干酪样坏死,镜检与动物接种均无结核分枝杆菌发现。

2. 右侧结肠癌　右侧结肠癌一般发病年龄大,常在 40 岁以上。一般无发热、盗汗等结核毒血症表现。X 线检查主要见钡剂充盈缺损,病变局限在结肠。结肠镜检查及活检可确定结肠癌诊断。

3. 阿米巴病或血吸虫病性肉芽肿　既往有相应感染史,脓血便常见,粪便常规或孵化检查可发现有关病原体。结肠镜检查多有助于鉴别诊断,相应治疗有效。

4. 其他 肠结核有时还应与肠恶性淋巴瘤、耶尔森杆菌肠炎及一些少见的感染性肠病鉴别。以发热为主要表现者需与伤寒等长期发热性疾病鉴别。

【治疗】

治疗目的是消除症状、改善全身情况、促使病灶愈合及防治并发症。强调早期治疗，因为肠结核早期病变是可逆的。

（一）一般治疗

休息与营养可加强患者的抵抗力，是治疗的基础。患者应多休息，应避免合并感染。加强营养，给予易消化、营养丰富的食物，肠道不完全梗阻时，应进食流质或半流质食物；肠梗阻明显时应禁食，及时治疗。

（二）抗结核化学药物治疗

抗结核化疗是治疗本病的关键，应坚持早期、联合、适量、规律及全程的化疗原则。抗结核药物的选择、用法、疗程详见第二篇第六章"肺结核"。

（三）对症治疗

腹痛患者可给予抗胆碱能药物；如果患者摄入不足或出现腹泻严重者，应注意纠正水、电解质与酸碱平衡紊乱；出现不完全性肠梗阻患者，需进行胃肠减压治疗。

（四）手术治疗

适应证包括：①完全性肠梗阻或部分性肠梗阻内科治疗无效者；②急性肠穿孔，或慢性肠穿孔瘘管形成经内科治疗而未能闭合者；③肠道大量出血经积极抢救不能有效止血者；④诊断困难需剖腹探查者。手术前、后均需抗结核治疗。

【预后】

本病的预后取决于早期诊断与及时治疗。当病变尚在渗出性阶段，经治疗后可以痊愈，预后良好。合理选用抗结核药物，保证充分剂量与足够疗程，也是决定预后的关键。

第二节　结核性腹膜炎

结核性腹膜炎（tuberculous peritonitis）是由结核分枝杆菌引起的慢性弥漫性腹膜感染。本病可见于任何年龄，以中青年多见，女性较男性多见，男女之比约为1:2。

【病因和发病机制】

由结核分枝杆菌感染腹膜引起，大多继发于肺结核或体内其他部位结核病。主要感染途径以腹腔内的结核病灶直接蔓延为主，肠结核、肠系膜淋巴结结核、输卵管结核为常见的原发病灶。少数病例可由淋巴血行播散引起粟粒型结核性腹膜炎。

【病理】

根据病理解剖特点不同，分为渗出、粘连、干酪三种类型，临床以前两型为常见。在疾病发展的过程中，上述病变可并存，称为混合型。

（一）渗出型

腹膜表现充血、水肿，纤维蛋白渗出物，可见黄白色或灰白色细小结节，小结节可融合成较大的结节或斑块。腹腔内有浆液纤维蛋白渗出物，腹水量少至中等，一般呈草黄色，有时可为淡血性，少数为乳糜性腹水。

（二）粘连型

可见大量纤维组织增生和蛋白沉积，引起腹膜、肠系膜明显增厚。肠袢相互粘连，与其他脏器紧密缠结，肠管常因受到挤压与束缚而发生肠梗阻。大网膜增厚变硬，卷缩成团。

(三)干酪型

以干酪样坏死病变为主,肠管、大网膜、肠系膜或腹腔内其他脏器之间相互粘连,分隔成许多小房,小房腔内有混浊积液,干酪样坏死的肠系膜淋巴结参与其中,形成结核性脓肿。小房可向肠管、腹腔或阴道穿破而形成窦道或瘘管。本型多由渗出型或粘连型演变而来,临床表现重,并发症常见。

【临床表现】

结核性腹膜炎的临床表现因病理类型及机体反应性的不同而异。一般起病缓慢,早期症状较轻;少数起病急骤,以急性腹痛或骤起高热为主要表现;有时起病隐匿,无明显症状。

(一)全身症状

结核毒血症常见,主要是低热与中等热,可有盗汗。高热伴有明显毒血症者主要见于渗出型、干酪型,或见于伴有血行播散性肺结核、干酪样肺炎等严重结核病的患者。后期有营养不良,出现消瘦、水肿、贫血、舌炎、口角炎等。

(二)腹痛

早期腹痛不明显,以后可出现持续性隐痛或钝痛,也可始终没有腹痛。疼痛多位于脐周、下腹或全腹。腹痛除由腹膜炎本身引起外,常和伴有的活动性肠结核、肠系膜淋巴结结核或盆腔结核有关。当并发不完全性肠梗阻时,有阵发性绞痛。偶可表现为急腹症,系因肠系膜淋巴结结核或腹腔内其他结核的干酪样坏死病灶溃破引起,也可由肠结核急性穿孔所致。

(三)腹部触诊

常有腹壁柔韧感,系腹膜遭受轻度刺激或有慢性炎症而增厚、腹壁肌张力增高、腹壁与腹内脏器粘连引起的触诊感觉,是结核性腹膜炎的常见体征。腹部压痛一般较轻;如压痛明显,且有反跳痛时,提示干酪型结核性腹膜炎。

(四)腹胀、腹水

患者常有腹胀,可由结核病毒血症或腹膜炎伴有肠功能紊乱引起,不一定有腹水。如有腹水以少量至中量多见,少量腹水在临床检查中不易查出,因此必须认真检查。

(五)腹部肿块

多见于粘连型或干酪型,常位于脐周,也可见于其他部位。肿块多由增厚的大网膜、肿大的肠系膜淋巴结、粘连成团的肠曲或干酪样坏死脓性物积聚而成,其大小不一,边缘不整,表面不平,有时呈结节感,活动度小,可伴压痛。

(六)其他

腹泻常见,一般每天不超过 3~4 次,粪便多呈糊样。多由腹膜炎所致的肠功能紊乱引起,偶可由溃疡型肠结核或干酪样坏死病变引起的肠管内瘘等引起。有时腹泻与便秘交替出现。肝大并不少见,可由营养不良所致脂肪肝或肝结核引起。

【并发症】

以肠梗阻为常见,多发生在粘连型;在肠梗阻的近端可发生肠穿孔;肠瘘一般多见于干酪型,往往同时有腹腔脓肿形成。

【实验室和其他检查】

(一)血常规、红细胞沉降率与结核菌素试验

病程较长而有活动性病变的患者有轻度至中度贫血。白细胞计数多正常,有腹腔结核病灶急性扩散或干酪型患者,白细胞计数可增高。病变活动时血沉增快,病变趋于静止时逐渐正常。PPD试验呈强阳性或结核感染 T 细胞斑点试验(T-SPOT)阳性有助于本病诊断。

(二)腹腔积液检查

腹腔积液多为草黄色渗出液,静置后可自然凝固,少数为淡血色,偶见乳糜性,比重一般超过

1.018,蛋白质定性试验阳性,定量在 30g/L 以上,血清腹水白蛋白梯度（SAAG）<11g/L 有助于诊断,主要因低白蛋白血症导致腹腔积液蛋白含量减少。白细胞计数往往超过 $500×10^6$/L,以淋巴细胞或单核细胞为主。结核性腹膜炎的腹水腺苷脱氨酶（ADA）活性常增高,但需排除恶性肿瘤,测定 ADA 同工酶 ADA_2 升高,对本病诊断有一定特异性。本病的腹水普通细菌培养结果为阴性,结核分枝杆菌培养的阳性率很低。

（三）腹部超声检查

少量腹水需靠 B 型超声检查发现,并可提示穿刺抽腹水的准确位置。对腹部包块性质鉴别有一定帮助。

（四）X 线检查

腹部 X 线平片检查有时可见到钙化影,提示钙化的肠系膜淋巴结结核。胃肠 X 线钡剂检查可发现肠粘连、肠结核、肠瘘、肠腔外肿块等征象,对本病诊断有辅助价值。

（五）腹腔镜检查

对诊断有困难者具有确诊价值。一般适用于有游离腹腔积液的患者,可窥见腹膜、网膜、内脏表面有散在或集聚的灰白色结节,浆膜失去正常光泽,呈浑浊粗糙。活组织检查有确诊价值。腹腔镜检查在腹膜有广泛粘连者属禁忌。

【诊断和鉴别诊断】

（一）诊断

有以下情况应考虑本病:①中青年患者,有结核病史,伴有其他器官结核病证据;②长期发热原因不明,伴有腹痛、腹胀、腹水、腹壁柔韧感或腹部包块;③腹水为渗出液,以淋巴细胞为主,普通细菌培养阴性,ADA（尤其是 ADA_2）明显增高;④胃肠 X 线钡剂检查发现肠粘连等征象及腹部平片有肠梗阻或散在钙化点;⑤PPD 试验呈强阳性或 T-SPOT 阳性。典型病例可作出临床诊断,予抗结核治疗（2 周以上）有效可确诊。不典型病例,在排除禁忌证时,可行腹腔镜检查并作活检。

（二）鉴别诊断

1.以腹水为主要表现者

(1)**腹腔恶性肿瘤**:腹水细胞学检查,如腹水找到癌细胞,腹膜转移癌可确诊。

(2)**肝硬化腹水**:肝硬化腹水多为漏出液,肝硬化腹水合并感染（自发性细菌性腹膜炎）时腹水可为渗出液性质,肝硬化腹水合并结核性腹膜炎时容易漏诊或不易与自发性细菌性腹膜炎鉴别。

(3)**其他疾病引起的腹水**:如慢性胰源性腹水、结缔组织病、Meige 综合征、Budd-Chiari 综合征、缩窄性心包炎等。

2.以腹部包块为主要表现者 应与腹部肿瘤及克罗恩病等鉴别。

3.以发热为主要表现者 需与引起长期发热的其他疾病相鉴别,如伤寒、败血症等。

4.以急性腹痛为主要表现者 结核性腹膜炎可因干酪样坏死灶溃破而引起急性腹膜炎,或因肠梗阻而发生急性腹痛,此时应与常见外科急腹症鉴别。

【治疗】

本病治疗的关键是及早给予合理、足够疗程的抗结核化学药物治疗,以达到早日康复、避免复发和防止并发症的目的。注意休息和营养,以调整全身情况和增强抗病能力是重要的辅助治疗措施。

（一）抗结核化学药物治疗

注意早期、联合、适量、规律和全程应用的原则,药物的选择、用法、疗程详见第二篇第六章"肺结核"。对粘连型或干酪型病例,由于大量纤维增生,药物不易进入病灶达到应有浓度,病变不易控制,故应加强抗结核化疗的联合应用,并适当延长抗结核的疗程。

（二）腹水的治疗

大量腹水时，可适当放腹水以减轻症状。在放腹水后，于腹腔内注入链霉素、醋酸可的松等药物，每周1次，可以加速腹水吸收并减少粘连。

（三）手术治疗

对以下患者，考虑手术治疗：①并发完全性肠梗阻或有不全性肠梗阻经内科治疗而未见好转；②合并急性肠穿孔、腹腔脓肿经抗生素治疗未见好转；③肠瘘经抗结核化疗与加强营养而未能闭合；④对该病诊断有困难，与急腹症和腹内肿瘤鉴别确有困难时，可考虑剖腹探查。

【预防】

对肺、肠、肠系膜淋巴结、输卵管等结核病的早期诊断与积极治疗，是预防本病的重要措施。

本章小结

肠结核是由结核分枝杆菌侵犯肠道引起的慢性特异性感染，病变主要位于回盲部，病理类型分为溃疡型、增生型和混合型。临床主要表现为腹痛、右下腹压痛、大便习惯改变、腹部肿块等，伴有发热、盗汗等结核毒血症状。X线表现病变肠段呈现激惹征象，内镜下病灶活检，发现干酪性肉芽肿或抗酸杆菌具有确诊意义。结核性腹膜炎由结核分枝杆菌感染腹膜引起，多继发于肺结核或体内其他部位结核病。患者长期原因不明发热，伴有腹痛、腹胀、腹水、腹壁柔韧感或腹部包块等表现。PPD试验呈强阳性或T-SPOT阳性有助诊断，腹水检查有助于明确腹水性质，对诊断有困难者应进行腹腔镜检查。肠结核和结核性腹膜炎治疗的关键在注意休息和营养基础上，及早给予合理、足够疗程的抗结核化疗。

病例讨论

患者，男，36岁。因"腹泻1年、乏力消瘦2个月余"入院。患者1年前无明显诱因出现腹泻，黄色糊状大便，每天3~5次，伴有下腹痛，排便后可有所缓解，曾在当地医院间断性给予抗生素治疗（具体药物不详），症状无明显缓解。近2个月来，患者出现消瘦、乏力、低热，体温波动于37.5~38℃之间，伴盗汗，为进一步诊治而入院。患者既往曾有肺结核病史。入院查体：体温37.8℃，贫血貌，消瘦，腹软，右下腹部可扪及一直径约为2.5cm的圆形包块，质地中等偏软，有压痛，无肌紧张及反跳痛。

（杨淑丽）

思考题

1. 简述肠结核的鉴别诊断。
2. 简述结核性腹膜炎的临床表现。
3. 结核性腹膜炎应与哪些疾病进行鉴别？

ER 4-7-4

练习题

第八章 | 肝 硬 化

ER 4-8-1　　ER 4-8-2

教学课件　　思维导图

肝硬化（hepatic cirrhosis）是由一种或多种病因长期或反复作用形成的弥漫性肝损害。肝硬化病因多样，我国目前以乙型肝炎病毒感染所致肝炎为主，男性多于女性。病理组织学上有广泛的肝细胞变性坏死、肝细胞异常再生、肝内血管新生、纤维组织增生，导致肝小叶结构破坏和假小叶形成，发展为肝硬化。肝硬化代偿期可无明显症状，失代偿期则以肝功能减退和门静脉高压为特征性表现，可出现食管胃静脉曲张出血、腹水、肝性脑病、肝肾综合征、肝肺综合征、感染、原发性肝癌等并发症。

【病因和发病机制】

（一）病因

1. 病毒性肝炎　是我国肝硬化最常见的病因，主要由乙型、丙型或丁型肝炎病毒感染所致，现阶段我国肝硬化病因仍以乙型肝炎病毒（HBV）感染为主。乙型合并丙型或丁型肝炎病毒重叠感染可加速进展为肝硬化。甲型和戊型肝炎病毒感染一般不发展为肝硬化。乙肝疫苗接种是阻断乙型肝炎病毒（HBV）的传播、预防和控制乙型肝炎的有效方法。我国曾经是乙型肝炎的高流行地区。我国政府于 1992 年启动了普遍的 HBV 免疫接种计划；2002 年将乙肝疫苗纳入计划免疫，为所有新生儿提供 HBV 疫苗接种。得益于此,中国现在的乙型肝炎病毒感染从高流行地区转变为中等流行地区,乙肝病毒感染所致肝硬化在我国也呈明显的下降趋势。

2. 酒精 长期大量饮酒可导致酒精性肝病,近年来我国患病率呈明显上升趋势。初期通常表现为单纯性脂肪肝,进而可发展成酒精性肝炎、肝纤维化和肝硬化。严重酗酒时可诱发广泛肝细胞坏死,甚至肝功能衰竭。

3. 脂肪性肝病 肝细胞脂肪过度贮积和脂肪变性为特征的临床病理综合征。肥胖、饮酒、糖尿病、营养不良、药物是脂肪性肝病发生的危险因素。部分患者可发展为肝硬化甚至肝癌。

4. 自身免疫性肝病 主要包括自身免疫性肝炎、原发性胆汁性胆管炎、原发性硬化性胆管炎,近年来 IgG4 相关性肝胆疾病也被归为此类。遗传易感性是自身免疫性肝病的主要因素。

5. 药物或毒物 服用某些对肝脏有损害的药物,或长期接触化学毒物如四氯化碳、磷、砷等均可导致肝细胞变性、坏死、纤维组织增生而进展为肝硬化,严重者可致肝功能衰竭甚至死亡。

6. 胆汁淤积 持续胆汁淤积可发展为胆汁性肝硬化,根据胆汁淤积的原因分为原发性和继发性胆汁性肝硬化。

7. 循环障碍 肝静脉和/或下腔静脉阻塞(Budd-Chiari syndrome)、慢性心功能不全及缩窄性心包炎可致肝脏淤血、肝细胞变性、坏死及纤维化,终致肝硬化。

8. 寄生虫感染 血吸虫感染在我国南方依然存在,虫卵在肝内主要沉积于门静脉分支附近,引起纤维化常使门静脉灌注障碍,因此导致的肝硬化多以门静脉高压为显著特征。

9. 遗传代谢性疾病 由于遗传或先天性酶缺陷,某些代谢产物沉积于肝脏,引起肝细胞坏死和纤维组织增生。

(1)**肝豆状核变性(铜代谢障碍)**:一种常染色体隐性遗传的铜代谢障碍疾病,致病基因编码产物为转运铜离子的 P 型-ATP 酶,该酶功能障碍导致铜在体内沉积,损害肝脏、脑等器官。

(2)**血色病(铁代谢障碍)**:一种常染色体隐性遗传病,导致肠道铁吸收增加,过多的铁沉积到肝脏、心脏等,引起脏器功能障碍。

(3)α_1**抗胰蛋白酶缺乏症**:是一种常染色体共显性遗传病,由于遗传缺陷,正常 α_1 抗胰蛋白酶减少,异常 α_1 抗胰蛋白酶分子量小而溶解度低,以至于肝脏不能排至血中而大量积聚在肝细胞内,引起肝细胞损伤、纤维组织增生而发展为肝硬化。

其他如遗传性出血性毛细血管扩张症、遗传性酪氨酸血症等亦可导致肝硬化。

10. 原因不明 引起肝硬化的病因复杂,部分患者根据病史和多种检查无法用目前认识的疾病解释肝硬化的发生,称为隐源性肝硬化。

(二)发病机制

虽然各种类型的肝硬化发病机制不尽相同,但都会出现肝细胞变性坏死、纤维组织增生和结节形成等相互关联的病理生理过程;此外,血管新生也在肝硬化发生发展过程中起重要作用。

肝细胞变性坏死是肝硬化的起始阶段,多种病因所致的肝细胞变性坏死均可诱导肝细胞再生,这是肝脏对损伤的一种修复机制。肝纤维化是肝硬化发展的重要环节,也是各种肝硬化共有的病理改变。位于窦周隙的肝星状细胞活化,细胞外基质合成增加、降解减少,胶原沉积。一方面导致肝窦毛细血管化,肝细胞表面结构改变,影响肝窦内物质向肝细胞内转运,从而影响肝细胞合成功能;另一方面导致肝窦血流受阻,致使肝细胞缺氧、营养物质转运障碍,加重肝细胞坏死。若病因持续存在,再生的肝细胞难以恢复正常肝结构,形成不规则的肝细胞再生结节;大量纤维组织增生包绕再生结节,引起肝小叶正常结构破坏及假小叶形成,从而造成肝血管床缩小、闭塞和扭曲;血管受再生结节挤压,肝内门静脉、肝静脉和肝动脉之间失去正常关系,出现交通吻合支等。

肝硬化演变发展过程包括 4 个方面:①广泛肝细胞变性坏死、肝小叶纤维支架塌陷;②残存肝细胞不沿原支架排列再生,形成不规则结节状肝细胞团(再生结节);③自汇管区和肝包膜有大量纤维结缔组织增生,形成纤维束,包绕再生结节或将残留肝小叶重新分割,改建成为假小叶,这就是肝硬化典型形态改变;④肝内血液循环出现紊乱,形成门静脉高压,加重肝细胞的营养障碍,促进肝硬化病变进一步发展。目前认为早期肝纤维化可逆,后期假小叶形成则不可逆。

【病理】

大体形态上肝脏明显缩小,质地变硬,表面弥漫性大小不等的结节和塌陷区。组织学上肝细胞坏死、纤维组织增生、小叶结构破坏,假小叶形成,汇管区增宽,其中可见炎症细胞浸润和假胆管增生。按结节形态将肝硬化分为3类:①小结节性肝硬化:结节大小相似、直径<3mm,纤维间隔较窄且均匀;②大结节性肝硬化:结节大小不一,直径>3mm,甚至可达数厘米,纤维间隔较宽且粗细不等,大结节内可包含正常肝小叶;③大小结节混合性肝硬化:肝内同时存在大、小结节两种病理形态。

【临床表现】

肝硬化自然史可表现为从相对静默、无症状或症状轻微阶段逐步进展至门静脉高压和肝功能减退,出现相关并发症。临床上将肝硬化大致分为肝功能代偿期和失代偿期。部分失代偿期肝硬化患者在抑制和去除病因的基础上,治疗后腹水消退(不使用利尿剂)、肝性脑病不发作(不使用乳果糖或利福昔明)、至少12个月无食管胃静脉曲张出血再发生,以及肝功能指标(包括血清白蛋白、胆红素和国际标准化比值)持续稳定,称为再代偿。

(一)代偿期肝硬化

代偿期肝硬化患者可无明显症状,也可出现乏力、食欲缺乏、腹胀、腹泻、右上腹隐痛等非特异性症状,尤在劳累后或伴随其他疾病时明显,经休息或治疗后缓解。肝脏是否肿大取决于肝硬化病因类型,脾脏轻度或中度肿大,肝功能检查正常或轻度异常。

(二)失代偿期肝硬化

失代偿期肝硬化患者肝功能减退和门静脉高压所致的两大症候群表现明显,出现腹水、食管胃静脉曲张出血、肝性脑病和明显黄疸提示患者已进展为失代偿期。

1.肝功能减退

(1)营养状况:一般情况不良,消瘦、乏力。患者多面色晦暗、黝黑,皮肤粗糙或水肿。少数患者有不规则低热,应注意排除合并感染、肝细胞癌等并发症存在。

(2)消化道症状及体征:食欲缺乏、恶心、呕吐、腹胀等,餐后加重,进食蛋白质或油腻食物后可引起腹泻,常与门静脉高压时胃肠道淤血水肿、消化吸收障碍及肠道菌群失调有关。

(3)黄疸:皮肤、巩膜黄染,尿色深。如黄疸持续加重,提示肝功能损害严重,肝细胞进行性、广泛性坏死或肝功能衰竭。

(4)出血及贫血:可有牙龈、鼻腔出血,皮肤黏膜瘀点、瘀斑,以及消化道出血等,主要与肝脏合成凝血因子减少、脾功能亢进和毛细血管脆性增加有关。大部分患者有轻到中度贫血,多因造血原料缺乏、失血及脾功能亢进等引起。

(5)内分泌系统失调

1)性激素代谢:常见雌激素增多,雄激素减少。主要与肝脏对雌激素灭活减少,而升高的雌激素又反馈抑制垂体促性腺激素释放,引起睾丸间质细胞分泌雄激素减少有关。男性患者常有性功能减退、男性乳房发育、毛发脱落等;女性常出现月经失调、闭经及不孕等。蜘蛛痣及肝掌的出现均与雌激素增多有关。

2)肾上腺皮质功能:肝硬化时肾上腺皮质激素合成不足;促皮质素释放因子受抑制,肾上腺皮质功能减退,促黑素细胞激素增加,患者面部及暴露部位等皮肤色素沉着,面色晦暗无光,称肝病面容。

3）抗利尿激素灭活减少：促使腹腔积液形成。

4）肝源性糖尿病：肝硬化时，肝脏炎症、肌少症以及肝肺综合征相关低氧血症等可诱发胰岛素抵抗；而肝功能减退和门体静脉分流对胰岛素的清除率降低和高胰岛素血症导致伴随的抗胰岛素激素水平升高，出现肝硬化相关胰岛素抵抗和高血糖，发生糖尿病。

5）甲状腺激素：肝硬化患者甲状腺激素水平会出现异常改变，与肝病严重程度之间具有相关性。

2.门静脉高压症 门静脉高压常导致侧支循环形成、腹腔积液、脾大及脾功能亢进。

（1）**侧支循环开放**：是门静脉高压症的特征性表现。门静脉和腔静脉系统之间形成交通支，门静脉高压时门静脉回流受阻导致交通支开放。主要有①食管-胃底静脉曲张：由门静脉系统的胃冠状静脉与腔静脉系统的食管静脉、奇静脉相吻合，形成食管-胃底静脉曲张。可引起门静脉高压性胃病，也可因粗糙食物、胃液反流、腹压骤升等原因诱发破裂出血。②腹壁静脉曲张：门静脉高压时使闭锁的脐静脉及脐旁静脉重新开放，分别进入上、下腔静脉。脐周腹壁浅静脉血流方向多呈放射状流向脐上及脐下。③痔静脉曲张：门静脉系统的直肠上静脉与腔静脉系统的直肠中、下静脉相吻合，形成痔静脉曲张。④腹膜后吻合支曲张：腹膜后门静脉与下腔静脉之间有许多细小分支，称为 Retzius 静脉。门静脉高压时，Retzius 静脉增多及曲张，以缓解门静脉高压。⑤脾肾分流：门静脉属支脾静脉、胃静脉等可与左肾静脉交通，形成脾肾分流。

食管静脉曲张

（2）**腹水**：系肝功能减退和门静脉高压的共同结果，也是肝硬化失代偿期最突出的临床表现和重要标志之一。腹水形成机制主要有：①门静脉高压：腹腔脏器血管床静水压增高，组织液回吸收减少而漏入腹腔；②低白蛋白血症：肝脏合成白蛋白能力下降，当白蛋白低于 30g/L 时，血浆胶体渗透压下降，血管内液体漏入腹腔或组织间隙；③有效循环血容量不足：有效循环血容量与肾血流量减少、肾小球滤过率降低，排钠和尿量减少；④肝脏灭活醛固酮和抗利尿激素作用减弱，导致继发性醛固酮和抗利尿激素增多，水钠潴留；⑤其他因素：肝脏淋巴液量超过淋巴循环引流的能力，肝窦内压升高，淋巴液自肝包膜表面直接漏入腹腔参与腹水形成；肝硬化患者内毒素血症及炎症导致毛细血管通透性增加等。

患者常诉腹胀，大量腹水使腹部膨隆，状如蛙腹，甚至导致脐疝；膈肌上移，可出现心悸和呼吸困难。部分患者伴有肝性胸腔积液，以右侧多见。

（3）**脾大及脾功能亢进**：脾脏长期淤血及单核巨噬细胞增生而致肿大、脾功能亢进。常为中度增大，少数为重度。外周血呈不同程度白细胞及血小板减少，出现增生性贫血。

【并发症】

（一）**上消化道出血**

上消化道出血为最常见的并发症，多因食管-胃底静脉曲张破裂所致，临床表现为突发大量呕血或柏油样便，严重者致出血性休克。常可诱发肝性脑病。部分患者可因门静脉高压性胃病、消化性溃疡引起（详见本篇第十一章"上消化道出血"）。

（二）**胆石症**

肝硬化患者胆石症发生率高，约为 30%，胆囊及肝外胆管结石较常见。

（三）**感染**

肝硬化患者免疫功能异常，容易发生感染，与下列因素有关：①门静脉高压使肠黏膜屏障功能降低，通透性增加，肠腔内细菌经过淋巴或门静脉进入血液循环；②肝脏是机体的重要免疫器官，肝硬化使机体的细胞免疫严重受损；③脾功能亢进或全脾切除后，免疫功能降低；④肝硬化常伴有糖代谢异常，机体抵抗力降低。同时由于大量使用广谱抗菌药物，厌氧菌及真菌感染日益增多。

感染部位因患者基础疾病状况而异,常见如下:

1. 自发性细菌性腹膜炎(spontaneous bacterial peritonitis,SBP) 是肝硬化常见和严重的并发症,病原体多为革兰氏阴性杆菌。常表现为腹胀、腹痛、发热、腹泻,短期内腹水迅速增加且对利尿剂反应差,可出现腹部压痛和腹膜刺激征。可有白细胞计数升高,腹水呈渗出液性质,培养可有细菌生长。部分患者临床表现不典型,无腹痛、发热而表现为低血压或休克,严重者诱发肝性脑病。腹水检查如白细胞$>500×10^6/L$或多形核白细胞$>250×10^6/L$,可诊断 SBP。

2. 胆道感染 胆囊及肝外胆管结石所致的胆道梗阻或不全梗阻常伴发感染,患者常有腹痛及发热。当有胆总管梗阻时,出现梗阻性黄疸,当感染进一步损伤肝功能时,可出现肝细胞性黄疸。

3. 肺部、肠道及尿路感染 致病菌以革兰氏阴性杆菌为常见。

(四)肝性脑病

肝性脑病是肝硬化严重且常见的并发症。常见诱因有消化道出血、大量排钾利尿、放腹水、高蛋白饮食、催眠镇静药、便秘及感染等。临床表现为高级神经中枢的功能紊乱、运动和反射异常。病程长者大脑皮质变薄,神经元及神经纤维减少(详见本篇第九章"肝性脑病")。

(五)电解质和酸碱平衡紊乱

1. 低钠血症 与钠摄入不足、长期用利尿剂或大量放腹水、抗利尿激素增多等因素有关。

2. 低钾、低氯血症 呕吐、腹泻、摄入不足、长期用利尿剂或注射高渗葡萄糖、继发性醛固酮增多等均可促使血钾和血氯降低。低钾、低氯血症可导致代谢性碱中毒,诱发肝性脑病。

(六)门静脉血栓形成

因门静脉血流淤滞,门静脉主干、肠系膜上静脉、肠系膜下静脉或脾静脉血栓形成。如果血栓形成缓慢,临床症状可不明显;若发生门静脉急性完全性阻塞,可出现剧烈腹痛、腹胀、便血、休克等表现,可伴有脾脏迅速增大和顽固性腹水。当血栓扩展到肠系膜上静脉,肠管显著淤血,小肠功能逐渐衰退。该并发症较常见,尤其是脾切除术后,门静脉、脾静脉栓塞率可高达 25%。

(七)肝肾综合征

肝肾综合征(hepatorenal syndrome)常见于晚期肝硬化或急性肝衰竭患者,是患者肾损伤的一种表现形式,本质上为功能性损伤,亦可伴有一定程度的肾实质损伤。临床主要表现为少尿或无尿、氮质血症和血肌酐升高、稀释性低钠血症。

(八)肝肺综合征

肝肺综合征(hepatopulmonary syndrome)表现为进展性肝病、肺内血管扩张及其引起的低氧血症组成的三联征。慢性肝病患者一旦出现气促、呼吸困难、杵状指、发绀,应考虑肝肺综合征。

(九)原发性肝癌

病毒性肝炎肝硬化和酒精性肝硬化发生肝癌的危险性较高。当患者出现肝大、肝区疼痛、血性腹水或无法解释的发热时要考虑此病,血清甲胎蛋白升高及 B 超示肝脏占位性病变时应高度怀疑肝癌,需进一步行 CT 或磁共振检查。对肝癌高危人群应定期行甲胎蛋白和 B 超筛查,以早期诊断,早期治疗。

【实验室和其他检查】

(一)血常规

血常规的指标初期多正常,也可有轻重不等的贫血。脾功能亢进时白细胞、红细胞和血小板计数减少,并发感染时白细胞计数升高。

(二)尿常规

黄疸时可出现尿胆红素和尿胆原增加。乙型肝炎肝硬化合并乙型肝炎相关性肾炎时可有蛋白尿、管型尿或血尿。

(三)肝功能试验

肝硬化代偿期肝功能大多正常或轻度异常。失代偿期肝功能均有不同程度异常,并与肝功能减退的严重程度相关。

1. **血清酶学** 血清转氨酶测定是肝脏损伤的敏感指标。丙氨酸氨基转移酶(alanine aminotransferase,ALT)以肝脏细胞含量最多,主要存在于肝细胞质中,少量存在于线粒体内。天冬氨酸氨基转移酶(aspartate aminotransferase,AST)80%以上存在于肝细胞线粒体中。血清转氨酶一般轻至中度升高,肝细胞严重坏死时,AST升高更明显,γ-谷氨酰转移酶(γ-Glutamyltransferase,GGT)及碱性磷酸酶(alkaline phosphatase,ALP)也可升高。

2. **蛋白质代谢** 肝脏是合成白蛋白的唯一场所。肝功能减退时,蛋白合成障碍,可见白蛋白、α1、α2、β球蛋白减少和γ球蛋白增加。

3. **凝血酶原时间** 是反映肝脏储备能力的重要指标,肝硬化时有不同程度延长,注射维生素K难以纠正。

4. **血清胆红素** 可出现血清总胆红素、结合胆红素、非结合胆红素均升高,持续升高提示预后不良。

5. **其他** 总胆固醇尤其是胆固醇酯降低;血清胆碱酯酶下降;定量肝功能试验吲哚菁绿清除试验(ICG)异常;反映肝纤维化的指标PⅢP值上升,脯氨酰羟化酶(PHO)上升,单胺氧化酶(MAO)上升,透明质酸、层粘连蛋白等增高。

(四)免疫学检查

1. **病毒性肝炎标志物** 乙、丙、丁型病毒性肝炎肝硬化者病毒标志物检测阳性,有助于病因诊断。

2. **血清自身抗体检测** 自身免疫性肝病可检测出抗平滑肌抗体、抗核抗体、抗线粒体抗体等。

3. **甲胎蛋白(AFP)** AFP增高主要见于原发性肝细胞癌,肝硬化患者亦可升高,肝细胞严重坏死时AFP可轻度升高,多不超过200μg/L,往往伴有转氨酶升高,且随转氨酶下降而下降。若出现以下情况应注意排查合并原发性肝细胞癌:①AFP>400μg/L持续4周以上;②AFP在200μg/L以上水平持续8周以上;③AFP由低浓度逐渐升高而不降。

4. **体液免疫检查** 血清IgG、IgA、IgM均可增高,以IgG增高明显且与γ球蛋白升高相一致。

(五)影像学检查

1. **腹部超声检查** 肝硬化早期肝脏可正常或轻度增大。典型的肝硬化由于纤维组织增生使肝脏形态发生改变,多为左右叶比例失调,肝表面呈凹凸不平或锯齿状改变,肝实质弥漫性增粗、增强,分布不均匀。肝内血管走行紊乱,肝静脉狭窄、粗细不等。可见脾大、门静脉扩张等门静脉高压症的改变。腹水时出现液性暗区。超声检查可作为肝癌筛查的首选检查方法。

2. **X线钡剂检查** 食管静脉曲张时X线钡剂检查显示虫蚀样或蚯蚓状充盈缺损,胃底静脉曲张时X线钡剂检查可见菊花瓣样充盈缺损。

3. **CT/MRI** CT/MRI检查可见肝叶比例失调、肝缩小、肝裂增宽、肝脏密度高低不均,以及脾大、腹水等。超声筛查可疑合并肝占位性病变时常需CT/MRI检查进一步明确病情。

ER 4-8-4

肝硬化CT图像

(六)门静脉压力测定

经颈静脉插管测定肝静脉楔入压与游离压,两者之差为肝静脉压力梯度(HVPG),是目前诊断肝硬化门静脉高压的金标准。HVPG正常参考值范围为3~5mmHg,>5mmHg时即可诊断为门静脉高压。HVPG为5~10mmHg时患者一般不出现门静脉高压的临床表现,称为亚临床门静脉高压或轻度门静脉高压;HVPG>10mmHg时,患者发生静脉曲张和失代偿事件(如食管胃静脉曲张出血、腹水、肝性脑病)的风险明显增加,称为临床显著门静脉高压。

（七）胃镜检查

胃镜可直接观察并确定食管和胃底静脉曲张程度及范围,准确率高于 X 线钡剂检查。食管和胃底静脉曲张是诊断门静脉高压症的可靠指标。当并发上消化道出血时,急诊胃镜检查可判断出血部位及原因,并进行相应内镜下治疗。

（八）腹腔镜检查

诊断不明确时,腹腔镜检查可直接观察肝表面情况,并可在直视下取活检。

（九）腹水检查

新近出现腹水、原有腹水突然增多及可能合并自发性腹膜炎者均应做腹腔穿刺,抽取腹水做常规检查、腺苷脱氨酶（ADA）测定、细胞学检查及细菌培养。肝硬化腹水一般为漏出液,并发自发性腹膜炎时白细胞增多,常>500×10^6/L,以中性粒细胞升高为主,细菌培养可为阳性。腹水呈血性时应高度怀疑有无癌变,细胞学检查有助于诊断。

（十）肝穿刺活组织检查

肝穿刺取肝组织做病理检查,可见肝细胞变性坏死、纤维组织增生、假小叶形成等,对诊断有确诊价值。

【诊断和鉴别诊断】

（一）诊断

1. 代偿期肝硬化诊断　代偿期肝硬化诊断比较困难,对慢性乙型或丙型病毒性肝炎、长期大量饮酒者应密切随访,监测肝功能及影像改变,必要时肝穿刺活检或腹腔镜检查明确诊断。如有典型蜘蛛痣、肝掌应高度怀疑。

2. 失代偿期肝硬化诊断　失代偿期肝硬化诊断主要依据为:①有病毒性肝炎、长期大量饮酒等可导致肝硬化的病史;②有肝功能减退和门静脉高压的临床表现,出现腹水、食管胃静脉曲张出血、肝性脑病和明显黄疸;③肝功能检查有血清白蛋白降低、血清酶学异常、胆红素增高及凝血酶原时间延长等改变;④超声或 CT/MRI 检查提示肝硬化;⑤X 线钡剂或胃镜检查发现食管-胃底静脉曲张;⑥肝组织检查有假小叶形成。病理检查是诊断本病的"金标准"。

ER 4-8-5

肝脏疾病 Child-Pugh 分级

（二）鉴别诊断

1. 肝大鉴别诊断　应与慢性肝炎、血液病、原发性肝癌和血吸虫病及多囊肝等鉴别,必要时做肝穿刺活检。

2. 腹水鉴别诊断　需要与结核性腹膜炎、缩窄性心包炎、慢性肾小球肾炎及腹腔内肿瘤等鉴别,必要时腹腔镜检查明确诊断。

3. 肝硬化并发症的鉴别诊断　包括:①并发上消化道出血时,应与消化性溃疡、急性胃黏膜病变、胃癌等鉴别;②并发肝肾综合征时,应与慢性肾小球肾炎、肾盂肾炎及其他原因导致的肾功能不全鉴别;③并发肝性脑病时,应与低血糖、糖尿病酮症酸中毒、脑血管意外、脑部感染、脑肿瘤及镇静药过量等鉴别;④并发肝肺综合征,注意与肺部感染、哮喘等鉴别。

【治疗】

肝硬化是因组织结构紊乱而致肝功能障碍,主要在于早发现、早治疗和阻止病程进展。代偿期患者主要针对病因积极治疗,延缓肝功能失代偿、原发性肝癌等不良事件发生,争取逆转病变;失代偿期患者在去除病因,对症治疗基础上改善肝功能,治疗并发症,争取再代偿,延缓或减少对肝移植需求。

（一）一般治疗

代偿期患者可从事轻体力工作,失代偿期尤其有并发症者应卧床休息。维护肠内营养,以高热量、高蛋白质及维生素丰富且易消化的食物为宜;食欲差、营养状况差、病情重的患者可通过静脉补

充营养,纠正水、电解质及酸碱平衡紊乱;低蛋白血症者可输注白蛋白;选用保护肝细胞和促进肝细胞再生的药物。部分中药有活血化瘀功能,对早期肝纤维化、肝硬化患者可能有一定疗效。

(二)祛除或减轻病因

抗肝炎病毒治疗及针对其他病因治疗。

(三)门静脉高压症状及其并发症治疗

1.腹水的治疗 腹水的治疗可减轻症状,防止自发性腹膜炎、肝肾综合征的发生。主要采用以下措施:

(1)**控制水和钠盐的摄入**:氯化钠的摄入量宜<2.0g/d,水的摄入量一般<1 000ml/d。限钠饮食是腹水治疗的基础,部分轻、中度腹水患者经限制钠、水摄入可发生自发性利尿。

(2)**利尿**:常联合使用保钾及排钾利尿剂,即螺内酯联合呋塞米,剂量比例约为100mg:40mg。一般起始用螺内酯每天40~80mg,最大剂量每天400mg;呋塞米起始剂量为每天20~40mg,最大剂量每天160mg。理想的利尿效果为每天体重下降,无水肿者每天体重减轻0.3~0.5kg;有下肢水肿者每天体重减轻0.8~1.0kg。过度的利尿会导致电解质紊乱、诱发肝性脑病和肝肾综合征,因此利尿剂的应用需坚持联合、间歇、交替使用的原则。

(3)**提高血浆胶体渗透压**:对低蛋白血症患者,输注血浆或白蛋白可增加循环血容量,提高胶体渗透压,促进腹水消退。

(4)**顽固性腹水的治疗**:顽固性腹水又称难治性腹水,指限钠和利尿剂治疗无效或早期复发的腹水。可选择下列方法:

1)治疗性放腹水、输注白蛋白:对无肝性脑病和消化道出血等并发症的患者可治疗性放腹水(>5L),同时输注白蛋白8~10g/L腹水,此法治疗难治性腹水的效果比单纯用利尿剂好。目前推荐大量放腹水作为顽固性腹水患者的一线治疗方案。

2)自身腹水浓缩回输:腹水经超滤或透析后经静脉回输可补充血浆蛋白、增加有效血容量、改善肾循环、增强利尿剂的作用。感染性或癌性腹水不能回输治疗,有严重心肺功能不全、上消化道出血、严重凝血障碍者不宜做此治疗。

3)经颈静脉肝内门体分流术(transjugular intrahepatic portosystemic shunt,TIPS):是在肝内门静脉分支和肝静脉分支之间置入支架,建立肝内门体分流,使门静脉血流直接进入肝静脉,有效降低门静脉压力,减少或消除由于门静脉高压所致的腹水和食管-胃底静脉破裂出血。多数TIPS术后患者可不需限盐、限水及长期使用利尿剂,能减少对肝移植的需求。

2.脾功能亢进 多以部分脾动脉栓塞和TIPS治疗为主;传统的全脾切除术后发生门静脉血栓、严重感染的风险较高。

3.上消化道出血 多由食管-胃底静脉曲张破裂出血引起(详见本篇第十一章"上消化道出血")。

4.肝性脑病 去除诱因、维护肝脏功能、促进氨代谢清除及调节神经递质等(详见本篇第九章"肝性脑病")。

5.自发性腹膜炎 应选用肝毒性小、主要针对革兰氏阴性菌并兼顾革兰氏阳性球菌的抗生素,根据治疗反应和药敏结果调整治疗方案。由于自发性腹膜炎容易复发,用药时间一般不少于2周。自发性腹膜炎多系肠源性感染,除抗生素治疗外,应注意保持大便通畅、维护肠道菌群。腹水是细菌繁殖的良好培养基,控制腹水也是治疗该并发症的重要环节。

6.肝肾综合征 在积极改善肝功能的基础上,采用以下措施:①避免或消除各种诱因,如预防和控制上消化道出血、继发感染等并发症;②避免使用肾毒性药物、避免强烈利尿和大量放腹水;③及时纠正水电解质、酸碱平衡紊乱;④支持治疗和扩容治疗,包括输入白蛋白、血浆等;⑤应用血管活性药物加压素、多巴胺等,可扩张肾血管,降低肾血管阻力、增加肾皮质血流量和肾小球滤过率。

7. 肝肺综合征 目前无确切有效的治疗措施,吸氧及高压氧舱适用于轻型、早期患者,可以增加肺泡内氧浓度和压力,有助于氧弥散。肝移植可逆转肺血管扩张,使氧分压、氧饱和度及肺血管阻力均明显改善。

(四)手术治疗

目的是切断或减少曲张静脉的血流,降低门脉压力及减轻脾功能亢进。治疗门静脉高压的各种分流、断流及限流术随着内镜治疗及介入微创技术的开展,已较少应用。终末期肝硬化治疗可选择肝移植,掌握手术时机及尽可能充分做好术前准备可提高手术存活率。

【预防和预后】

预防本病首先要重视病毒性肝炎的防治,普及乙型肝炎疫苗接种;严格筛查献血员,加强对血制品应用的管理;打击和控制静脉吸毒;严格禁酒;避免使用且疗效不明确的药物、各种解热镇痛的复方感冒药、不正规的中药偏方及保健品,以减轻肝脏代谢负担,避免肝毒性损伤。失眠患者应在医生指导下慎重使用镇静、催眠药物。

肝硬化的预后与病因、肝功能代偿程度及并发症有关。对于有上述病因而疑有肝硬化者应及时进行全面体检及有关实验室检查,争取在代偿期得到合理积极治疗,防止向失代偿期发展。预防和治疗可能出现的并发症。Child-Pugh 分级与预后密切相关,A 级最好,C 级最差。死亡原因常为肝性脑病、肝肾综合征、食管胃静脉曲张破裂出血等并发症。肝移植的开展已明显改善了肝硬化患者的预后。

知识拓展

肝硬化患者教育

肝硬化患者生活中应注意以下几点:①注意休息,不宜进行重体力活动及高强度体育锻炼;②严格禁酒,慎用各种肝毒性药物;③对已有食管-胃底静脉曲张的患者,进食应以软食为主,不宜过于辛辣,保持大便通畅;④低盐饮食;⑤避免感染,养成良好的个人卫生习惯,避免不洁饮食;⑥了解自己病因,遵医嘱服用药物,定期复查(期限依据病情而定);⑦轻微肝性脑病者不宜驾车及从事高危职业;⑧病毒性肝炎肝硬化患者应避免感染他人;⑨必要时对患者进行心理疏导,指导患者正确面对疾病与生活。

本章小结

我国肝硬化的主要病因是乙型肝炎病毒感染,肝硬化发展为失代偿期有肝功能损害和门静脉高压两方面的临床表现,门静脉高压可表现为脾大、侧支循环建立开放、腹水,可出现多种并发症,其中肝性脑病是晚期肝硬化患者最为严重的并发症。治疗要点为保护和改善肝功能;积极治疗各种并发症,限钠、利尿治疗腹水,顽固性腹水时可适量放腹水并补充白蛋白。同时注意做好患者教育,指导患者规范治疗。

病例讨论

患者,男,40 岁。因"反复乏力食欲缺乏 5 年,间断腹胀 2 年,加重并黑便 1 周"入院。患者既往否认乙肝病史。入院体检:T 37.9℃,P 90 次/min,R 20 次/min,BP 116/78mmHg,面色黧黑,巩膜轻度黄染,颈胸部可见蜘蛛痣,腹部隆起,腹壁静脉显露,肝肋下未扪及,脾肋下 3cm,移动性浊音阳性,全腹轻度压痛。实验室检查:肝功能总胆红素(TBil)48μmol/L,直接胆红素(DBil)27μmol/L,白球比(A/G)25/36。ALT 45U/L,AST 62U/L,GGT 212U/L,ALP 238U/L;血常规 Hb110g/L,WBC 10.5×10^9/L,N 74%,L 16%,PLT 52×10^9/L;HBsAg(+),HBeAg(+),anti-HBc(+);粪便隐血(++++);AFP 阴性。

(杨 震)

思考题

1. 如何处理难治性腹水?
2. 门静脉高压症有哪些临床表现?

ER 4-8-6

练习题

第九章 ｜ 肝性脑病

教学课件

思维导图

ER 4-9-1　ER 4-9-2

学习目标

1. 掌握：肝性脑病的临床表现、分期、诊断和鉴别诊断。
2. 熟悉：肝性脑病的防治方法。
3. 了解：肝性脑病的病因、诱因及发病机制。
4. 学会对临床肝性脑病患者进行诊断，进行合理的治疗。
5. 具备尊重与关爱患者的职业素养，严谨求真的科学态度。

病例导入

张某，男，57 岁。因"腹胀伴巩膜黄染 3 年余，意识障碍 1 天"入院。现意识不清，家属述患者大便干结，4~5 天一次，呈羊粪状。查体：T 36.7℃，P 106 次/min，R 28 次/min，BP 95/60mmHg，深昏迷状态，营养欠佳，面色晦暗，可见肝掌及蜘蛛痣，巩膜黄染，角膜反射消失，眼睑水肿，有特殊肝臭味。双肺湿啰音。心脏查体（-）。腹部膨隆，肝脾肋下未触及，腹叩诊无明显移动性浊音。腹壁反射、提睾反射消失。四肢肌肉松弛，膝反射弱，巴宾斯基征阳性。辅助检查：血常规：Hb 102g/L，PLT 49×10⁹/L，WBC 17.6×10⁹/L，N 92%；肝功能：总蛋白 55g/L，白蛋白 28g/L，球蛋白 27g/L，总胆红素 66μmol/L，结合胆红素 28μmol/L，谷丙转氨酶 153U/L；血氨 161μmol/L；凝血酶原时间 19 秒。

请思考：

1. 患者目前诊断可能是什么？
2. 应进一步完善哪些检查？

肝性脑病（hepatic encephalopathy，HE）旧称肝性昏迷（hepatic coma），是由急、慢性肝功能严重障碍或门体分流引起的、以代谢紊乱为基础的中枢神经系统功能紊乱综合征。主要临床表现为智力减退、行为失常、意识障碍和昏迷等。HE 分为 A、B、C 三型。A 型 HE 发生在急性肝衰竭基础上，进展较为迅速，其重要的病理生理学特征之一是脑水肿和颅内高压。B 型 HE 是门体分流所致，无明显肝功能障碍，肝组织检查提示肝组织学结构正常。C 型则是指发生于肝硬化等慢性肝损伤基础上的 HE。

【病因和发病机制】

HE 大多是在各型肝硬化基础上发生的，其中以肝炎肝硬化最为常见。肝硬化门静脉高压时，肝细胞功能障碍对氨等毒性物质的解毒功能降低，同时门体循环分流（即门静脉与腔静脉间侧支循环形成）使大量肠道吸收入血的氨等有毒物质经门静脉，绕过肝脏直接流入体循环并进入脑组织，这是肝硬化 HE 的主要病理生理特点。

常见的诱因有：①感染（包括腹腔、肠道、尿路和呼吸道等感染，尤以腹腔感染最为重要）；②上消化道出血；③水电解质和酸碱平衡紊乱：大量排钾利尿、放腹水、腹泻引起有效血容量下降，肾血管收缩，肾皮质缺血，出现继发性醛固酮增多症，从而导致低钾血症及代谢性碱中毒，血氨升高；

④氨摄入过多:摄入动物蛋白食物或含氮药物,超过肝脏代谢能力,氨可直接进入体循环而导致氨中毒;⑤其他:便秘、外科大手术、使用镇静催眠药以及麻醉药等。经颈静脉肝内门体静脉支架分流术后 HE 的发生率增加,与术前肝功储备状态、有无 HE 病史及支架类型及直径等因素有关。

HE 的发病机制复杂,目前主要有以下假说。

(一) 氨中毒

氨中毒学说是 HE 主要发病机制之一。机体内氨的产生与清除处于动态平衡状态,氨的生成、吸收增加而清除减少,可导致血氨增高引起 HE。

1. 氨代谢 血氨主要来源于肠道细菌对食物中蛋白质的分解,其次是血液中尿素弥散到肠道被细菌尿素酶分解而产氨,少量来自肾脏及肌肉的代谢产物。氨的吸收主要以非离子型氨(NH_3)弥散入肠黏膜,继而弥散入血,因而肠道 pH 直接影响肠内氨的吸收。当结肠内 pH>6 时,大量氨弥散入血致血氨增高;pH<6 时,氨的吸收减少,以 NH_4^+ 形式随粪便排出体外使血氨降低。

氨主要的清除途径为:①来自肠道的氨在肝内经鸟氨酸循环合成尿素而被清除;②脑、肌肉、肾等组织在腺苷三磷酸(ATP)等供能条件下,利用氨和 α-酮戊二酸合成谷氨酸,而谷氨酸进一步与氨反应合成谷氨酰胺;③肾脏是排泄氨的主要场所,除排出大量尿素外,也以 NH_4^+ 的形式排出大量氨;④血氨过高时可从肺部排出少量氨。

2. 血氨升高的原因 主要是因为氨的生成、吸收过多而清除减少所致。肝功能减退时,因肠道菌群失调,分泌的氨基酸氧化酶、尿素酶增加,致使外源性产氨增多;蛋白质代谢增加、烦躁或躁动时肌肉活动增加,内源性产氨也增多;鸟氨酸循环作用减弱,血氨清除减少。当有门体分流存在时,肠道进入门静脉的氨不经肝脏代谢而直接进入体循环,导致血氨增高。此外,合并低钾低氯血症引起的代谢性碱中毒时,NH_3 在肾小管内形成减少,排泄减少,重吸收入肾静脉,也引起血氨增高。

3. 血氨增高引起 HE 的机制 HE 时血-脑屏障的通透性增加,过多的血氨更容易通过血-脑屏障引起脑组织内氨的含量增高。氨与脑细胞内的 α-酮戊二酸结合生成谷氨酸,后者在谷氨酰胺合成酶作用下又与氨生成谷氨酰胺。这些反应消耗较多的 α-酮戊二酸、ATP 和还原型辅酶。过量的氨又通过抑制丙酮酸脱氢酶活性导致乙酰辅酶 A 的生成减少,干扰脑细胞三羧酸循环,导致大脑细胞能量代谢障碍,影响脑组织正常生理活动。谷氨酰胺是一种细胞内渗透剂,其合成增加导致星形胶质细胞和神经元细胞肿胀,引起脑水肿。氨还可直接导致兴奋性和抑制性神经递质比例失调,产生临床症状,并损伤颅内血流的自动调节功能。

(二) 神经递质的变化

1. γ-氨基丁酸/苯二氮䓬神经递质 γ-氨基丁酸(GABA)是哺乳动物脑内主要的抑制性神经递质,主要来源于肠道,系谷氨酸经肠道细菌酶作用催化而形成。研究证明,在实验性肝衰竭和 HE 的动物模型中,血浆和脑脊液内的 GABA 浓度较正常状态明显升高,脑内的 GABA 受体也明显增多;肝衰竭时肝对 GABA 的摄取和清除作用也减弱,导致血浆内 GABA 的浓度明显增高,并透过血-脑屏障,激活 GABA 受体而造成中枢神经系统抑制。此外,研究发现 GABA 受体是一个复合物,与苯二氮䓬(benzodiazepine,BZ)类受体及巴比妥类受体相连,组成 GABA/BZ 复合体,复合体内任何一个受体被激活均会引起氯离子内流而使神经递质传导被抑制。临床上患者对苯二氮䓬类和巴比妥类药物极为敏感,应用不当极易导致昏迷,也支持这一学说。

2. 假性神经递质 人体的神经递质分为兴奋性和抑制性两类,正常情况下两者保持生理平衡。兴奋性神经递质有儿茶酚胺类中的多巴胺和去甲肾上腺素,乙酰胆碱、谷氨酸和天冬氨酸。食物中的芳香族氨基酸如酪氨酸、苯丙氨酸等,经肠道内细菌脱羧酶的作用分别转变成为酪胺、苯乙胺。正常时这两种芳香胺在肝内被单胺氧化酶分解清除,而在肝功能衰竭状况下,芳香胺的正常清除过程发生障碍,使其大量进入脑组织,在脑内经 β-羟化酶的作用分别合成 β-羟酪胺和苯乙醇胺,后两者的化学结构与正常递质去甲肾上腺素相似,但传递神经冲动的作用很弱,称为假性神经递质。当假性神经递质被脑细胞摄取并取代突触中的正常递质时,则神经传导发生障碍,兴奋冲动无法传至大脑皮质而出现异常的抑制,表现为意识障碍与昏迷。

3. 色氨酸 正常情况下,色氨酸与白蛋白结合而不易通过血-脑屏障。肝病时白蛋白合成减少,加之血浆中的其他物质对白蛋白的竞争性结合造成游离色氨酸增多,游离的色氨酸进入血-脑屏障,在大脑中代谢生成 5-羟色胺(5-HT)及 5-羟吲哚乙酸,两者都是抑制性神经递质,参与 HE 的发生,与早期睡眠方式及昼夜节律改变有关。

(三)锰离子

锰离子有神经毒性作用,正常情况下由肝脏分泌入胆汁通过肠道排出。肝病时锰离子不能正常排出而经血液循环进入脑部沉积直接损伤脑细胞,同时影响 5-羟色胺、去甲肾上腺素和 GABA 等神经递质的功能及星形细胞的功能,与氨具有协同作用。

(四)脑干网状系统功能紊乱

严重肝硬化患者的脑干网状系统及黑质纹状体系统的神经元活性受到不同程度的损伤,导致 HE 发生,出现扑翼样震颤、肌张力改变;且脑干网状系统受损程度与 HE 病情严重程度一致。

【临床表现】

HE 的临床表现主要为高级神经中枢功能紊乱,如性格改变、智力减低、行为失常、意识障碍等,以及运动和反射异常,如肌阵挛、反射亢进和病理反射等。因原有肝病的类型、起病缓急、诱因及肝细胞损害的程度不同,临床表现不一,急性 HE 起病急骤,患者在起病数日内即进入昏迷直至死亡;慢性 HE 者多见于肝硬化,多数起病缓慢,病程较长,脑部症状反复出现,逐渐进入昏迷。HE 临床过程分为 5 期(表 4-9-1)。

(一)0 期(潜伏期)

0 期又称轻微肝性脑病(minimal hepatic encephalopathy, MHE),无行为、性格的异常,无神经系统病理征,脑电图正常,仅能用精细的智力试验和/或电生理检测才能发现异常。此期患者的反应力降低,不宜驾驶或从事高空作业。

(二)1 期(前驱期)

患者有轻度性格改变和行为异常,如焦虑、欣快激动或淡漠少语、注意力不能集中、健忘等。患者回答问题尚准确但语速缓慢、吐词不清。可出现扑翼样震颤,亦称肝震颤(即当患者双臂向前平伸,手掌向背侧伸展,手指分开时,可见双上肢向外侧偏斜,出现急促而不规则的扑翼样抖动)。脑电图多数正常。此期临床表现不明显,易被忽略。

表 4-9-1　HE 的分级(期)及表现

修订的 HE 分级(期)标准	神经精神学症状(认知功能表现)	神经系统体征
无 HE	正常	神经系统体征正常,神经心理测试正常
MHE	潜在 HE,没有能觉察的人格或行为变化	神经系统体征正常,但神经心理测试异常
HE 1 级(期)	存在轻微临床征象,如轻微认知障碍,注意力减弱,睡眠障碍(失眠、睡眠倒错),欣快或抑郁	扑翼样震颤可引出,神经心理测试异常
HE 2 级(期)	明显的行为和性格变化;嗜睡或冷漠,轻微的定向力异常(时间、定向),计算能力下降,运动障碍,言语不清	扑翼样震颤易引出
HE 3 级(期)	明显定向力障碍(时间、空间定向),行为异常,半昏迷到昏迷,有应答	扑翼样震颤通常无法引出,踝阵挛、肌张力增高、腱反射亢进
HE 4 级(期)	昏迷(对言语和外界刺激无反应)	肌张力增高或中枢神经系统阳性体征

(三)2期(昏迷前期)

症状以意识模糊、精神错乱、行为失常(如衣冠不整或随地大小便)及睡眠障碍为主,定向力和理解力减退,时间、地点、人的概念混乱,不能完成简单的计算和智力活动,言语不清、书写障碍、取物不准、举止反常,多有睡眠时间倒错,昼睡夜醒,甚至出现幻觉、躁狂、恐惧等精神分裂症的症状。患者有肌张力增高、踝阵挛、腱反射亢进及巴宾斯基征阳性等神经体征。出现扑翼样震颤,亦有运动失调,脑电图检查可见特征性改变。

(四)3期(昏睡期)

症状以昏睡、意识错乱为主,大部分时间患者处于昏睡状态,但可以唤醒,唤醒后能做应答,但答非所问,可有严重的幻觉和精神错乱。各种神经系统体征加重,有锥体束征阳性,扑翼样震颤仍可引出,肌张力高,腱反射亢进。脑电图检查可见明显异常波。

(五)4期(昏迷期)

患者神志完全丧失,不能唤醒。浅昏迷时对疼痛刺激和不适体位尚有反应,腱反射及肌张力仍亢进,深昏迷时各种反射消失、肌张力降低。此期因患者不能合作,扑翼样震颤无法引出,脑电图检查明显异常。

【实验室和其他检查】

(一)血生化检查

1. **肝功能**　详见本篇第八章"肝硬化"。

2. **血氨**　肝硬化及门-体分流性脑病患者多出现血氨增高,急性HE患者血氨可在正常范围。

3. **血浆氨基酸**　正常人血中支链氨基酸与芳香氨基酸的比值>3,门-体分流性脑病患者比值<1。

(二)神经生理学检查

1. **脑电图**　HE时脑电图对0期和1期HE的诊断价值较小,只有在严重HE患者中才能检测出典型的脑电图改变,临床上基本不用于HE的早期诊断。脑电图的异常主要表现为节律变慢,而该变化并非HE的特异性改变,亦可见于低钠血症、尿毒症性脑病等其他代谢性脑病。

2. **诱发电位**　是大脑皮质或皮质下层受到各种外部刺激后所产生的体外可记录的同步放电反应,轻微HE患者可表现为潜伏期延长、振幅降低。诱发电位包括视觉诱发电位、听觉诱发电位和躯体诱发电位。

3. **临界视觉闪烁频率(critical flicker frequency,CFF)**　CFF是引起闪光融合感觉的最小刺激频率。可以反映大脑神经传导功能障碍。通过CFF可辅助诊断HE。

(三)神经心理学测试

神经心理学测试是临床筛查及早期诊断MHE及1级HE最简便的方法,神经心理学测试方法被多国HE指南推荐作为MHE的筛查或早期诊断的重要方法,每个试验均需结合其他检查。

1. **传统纸-笔神经心理学测试**　肝性脑病心理学评分(psychometric hepatic encephalopathy score,PHES)包括数字连接试验(number connection test,NCT)A、B、数字符号试验(digit symbol test,DST)、轨迹描绘试验、系列打点试验5个子测试试验。目前常用NCT-A、DST均阳性,或5个子试验中任何2项异常,即可诊断为MHE。PHES的灵敏度和特异度较高,但结果受患者年龄、教育程度、合作程度、学习效果等多种因素影响。

2. **可重复性成套神经心理状态测验(repeatable battery for the assessment of neuropsychological status,RBANS)**　RBANS是国际肝性脑病和氮代谢协会(ISHEN)指南推荐的两个神经心理测查工具之一;测查内容包括即时记忆、延迟记忆、注意、视觉空间能力和语言能力,已用于阿尔茨海默病、精神分裂症和创伤性脑损伤,并有部分研究用于等待肝移植患者,但不是专门用于HE的检测工具。

3. **Stroop及Encephal APP测试**　Stroop是通过记录识别彩色字段和书写颜色名称之间的干扰反应时间来评估精神运动速度和认知灵活性,被认为是反映认知调控和干扰控制效应最有效、最直接的测试工具。近期,开发出基于该测试的移动应用软件工具——Encephal APP,显示出较好地区分肝硬化认知功能障碍的辨别能力和应用前景。需要注意的是,有色盲的患者无法使用该项测试工具。

4. 控制抑制试验(inhibitory control test,ICT) 在肝硬化相关的神经功能障碍中,低级别的认知功能障碍如警惕性和注意力改变是最敏感的指标。ICT通过计算机技术在50ms周期内显示一些字母,测试患者的反应抑制、注意力和工作记忆,可以用于MHE的检测。ICT诊断MHE的灵敏度可达88%,是诊断MHE的简易方法。

5. 扫描测试(SCAN) 是一种计算机化的测试,可以测量速度和准确度,用以完成复杂性增加的数字识别记忆任务。

6. 其他神经心理学测试方法 包括动物命名测试(animal naming test,ANT),姿势控制及稳定性测试等。

(四)影像学检查

1. 肝脏及颅脑CT 肝脏增强CT血管重建,可以观察是否存在明显的门-体分流。颅脑CT检测本身不能用于HE的诊断或分级,但可发现脑水肿,并排除脑血管意外及颅内肿瘤。

2. 磁共振成像(MRI)

(1)**脑结构损伤或改变**:弥散张量成像,是一种描述大脑结构的新方法。可以显示脑白质结构损伤程度及范围。研究显示,肝硬化及HE患者MRI表现正常的脑白质区,平均弥散度(mean diffusivity,MD)仍可显著增加,且与HE分期、血氨及神经生理、神经心理改变程度相关。

(2)**血流灌注改变**:动脉自旋标记(arterial spin labeling,ASL)采用磁化标记的水质子做示踪剂,通过获取脑血容量、脑血流量、氧代谢率等多个灌注参数,可无创检测脑血流灌注变化。

3. 功能性磁共振成像(fMRI) 近年来国内外在应用fMRI技术研究大脑认知、感觉等功能定位及病理生理机制方面取得了很大进步。研究发现HE患者的基底节-丘脑-皮质回路受损,功能连接的改变与HE患者认知功能的改变有关。

4. 磁共振波谱分析(MRS) 是近年来开展的新的检查方法,可检测慢性肝病患者大脑皮质一些化学物质,如谷氨酸类化合物含量变化。HE、MHE甚至一般的肝硬化患者可有某种程度的改变。

ER 4-9-3

临床常用的神经心理/生理学测试方法

【诊断和鉴别诊断】

(一)诊断

HE的主要诊断依据为:①有严重肝病和/或伴有广泛门-体侧支循环建立;②存在HE的诱因;③出现前述精神错乱、意识障碍、昏睡或昏迷等临床表现;④引出扑翼样震颤、神经系统异常体征;⑤肝功能生化指标明显异常和/或血氨增高、脑电图异常改变等。头颅CT或MRI检查排除脑血管意外及颅内肿瘤等疾病。少部分HE患者肝病病史不明确,以精神症状为突出表现,易被误诊,因此对有精神症状的患者,了解其肝病史及检测肝功能等排除HE应作为常规。

(二)鉴别诊断

慢性肝病、失代偿期肝硬化患者或各型重症肝炎患者,由于各种诱因出现精神错乱、神志改变、昏迷时诊断HE比较容易。若患者以精神症状为唯一突出症状时,容易被误诊为精神类疾病。

HE还应与引起昏迷的其他疾病鉴别,包括:①代谢性脑病,如低血糖、糖尿病酮症酸中毒、尿毒症等;②颅脑病变,如脑血管意外、脑部感染、脑肿瘤、脑外伤等;③中毒性脑病,如镇静剂过量、酒精中毒等。可通过详细的病史询问、肝功能、血氨、脑电图、头颅CT或MRI检查等与本病鉴别。

【治疗】

HE是终末期肝病患者主要死亡原因之一,早期识别、及时治疗是改善HE预后的关键。治疗

原则包括及时清除诱因、尽快将神经精神异常恢复到基线状态、一级预防及二级预防。

（一）清除诱因

临床上，90%以上 HE 存在诱发因素，去除诱因是治疗的重要措施。需要积极预防和控制感染；消化道出血当天或其后几天，以及隐匿性消化道出血均易诱发 HE，应尽快止血，并清除胃肠道内积血。过度利尿引起的容量不足性碱中毒和电解质紊乱也会导致 HE，应暂停利尿剂、补充液体及白蛋白，纠正电解质紊乱（低钾或高钾血症，低钠或高钠血症）。

（二）改善肠内微生态，减少肠内氮源性毒物的生成与吸收

1. 蛋白质摄入　HE 患者蛋白质补充遵循以下原则：3~4 级 HE 患者禁止从肠道补充蛋白质；MHE、1~2 级 HE 患者开始数日应限制蛋白质，控制在每天 20g，随着症状改善，每 2~3 天可增加 10~20g 蛋白；植物蛋白优于动物蛋白；静脉补充白蛋白安全；慢性 HE 患者，鼓励少食多餐，摄入蛋白宜个体化，逐渐增加蛋白总量。

2. 灌肠或导泻　这是减少肠道内毒素代谢产物的一项重要方法，尤其是对于消化道出血和便秘诱发的 HE，通过灌肠或导泻清除肠道内积食及积血，对减少氨的吸收十分有益。一般采用生理盐水清洁灌肠或用弱酸性溶液如稀醋酸液灌肠，使肠内 pH<5，忌用碱性肥皂液灌肠，也可口服或鼻饲山梨醇、25% 硫酸镁、大黄等导泻。

3. 抑制肠道内细菌生长

（1）口服抗生素：利福昔明、新霉素、甲硝唑等药物口服，可有效抑制肠道内产尿素酶的细菌，减少氨的生成和吸收。利福昔明具有广谱、强效的抑制肠道细菌生长作用，口服不吸收，只在胃肠道局部起作用，剂量为每天 0.8~1.2g，分 2~3 次口服。新霉素每次 0.5~1.0g 口服或鼻饲，每天 4 次，长期服用新霉素可出现听力或肾功能的损害，服用时间不宜超过 1 个月。甲硝唑每次 0.4g 口服，每天 4 次或替硝唑每次 0.5g，每天 2 次，其疗效与新霉素相同。口服乳酸杆菌、双歧杆菌等益生菌制剂可促进对宿主有益的细菌菌株的生长，并抑制有害菌群，改善肠上皮细胞的营养状态、降低肠黏膜通透性，减少细菌易位。

（2）口服不吸收双糖：包括①乳果糖（lactulose）：口服后不被小肠吸收，主要在结肠内被细菌分解成乳酸、醋酸，使肠腔呈酸性，pH<5，有利于乳酸杆菌的生长，减少氨的产生和吸收。不良反应为腹胀、腹痛、恶心、呕吐等。②乳梨醇（lactitol）：是乳果糖的第二代产品，其作用与乳果糖相同，但腹痛、腹胀等不良反应的出现比乳果糖少。口服不吸收双糖可明显改善患者 HE 症状。

（三）促进体内氨的代谢

1. L-鸟氨酸-L-天冬氨酸　是一种鸟氨酸和天冬氨酸的混合制剂，其中鸟氨酸能增加氨基甲酰磷酸合成酶和鸟氨酸氨基甲酰转移酶的活性，其本身也可通过鸟氨酸循环合成尿素而降低血氨。天冬氨酸可促进谷氨酰胺合成酶的活性，促进脑、肾利用和消耗氨以合成谷氨酸和谷氨酰胺而降低血氨，减轻脑水肿。

2. 鸟氨酸-α-酮戊二酸　其降氨机制同上，疗效稍差。

3. 其他　谷氨酸钠或钾、精氨酸等药物理论上具有降血氨作用，曾在临床上广泛应用，但尚无证据肯定其疗效。

（四）调节神经递质

1. GABA/BZ 复合受体拮抗剂　氟马西尼可以拮抗内源性苯二氮䓬类所致的神经抑制，对部分 Ⅲ/Ⅳ 期患者具有促醒作用。静脉注射氟马西尼起效快，往往在数分钟之内，但维持时间很短，通常在 4 小时之内。其用量为 0.5~1mg 静脉注射，或 1mg/h 持续静脉滴注。

2. 减少或拮抗假性神经递质　支链氨基酸制剂是一种以亮氨酸、异亮氨酸、缬氨酸等为主的复合氨基酸。其机制为竞争性抑制芳香族氨基酸进入大脑，减少假性神经递质的形成，其疗效尚有争议，但对于不能耐受蛋白质的营养不良者，补充支链氨基酸有助于改善其氮平衡。

（五）人工肝支持治疗

主要机制为应用分子吸附再循环系统清除 HE 患者血液中部分有毒物质,缓解 HE 的症状。常用于改善 HE 的人工肝模式有血液灌流、双重血浆分子吸附系统(DPMAS)或血浆置换联合血液灌流等。

（六）肝移植

肝移植是治疗各种终末期肝病的有效措施,选择好手术时机和做好术前准备可显著提高患者存活率。

（七）对症治疗

包括:①纠正水、电解质紊乱和酸碱平衡失调,记录每天出入液体量,入液量一般应控制在 24 小时的尿量再加 1 000ml,每天总入量不超过 2 500ml;②输注血制品,少量多次输注新鲜血浆或新鲜血是重要的支持疗法,低蛋白血症患者宜少量多次输注白蛋白;③保护脑细胞功能与防治脑水肿,可用冰帽降低颅内温度,减少能量消耗,有脑水肿者用高渗葡萄糖或甘露醇脱水、降低颅内压;④保持呼吸道通畅,对深度昏迷患者应作气管切开给氧;⑤防治出血和休克,由于肝衰竭常伴有凝血功能障碍,甚至出现 DIC,可静脉滴注维生素 K_1 预防和治疗出血,亦可应用 H_2 受体拮抗剂、质子泵抑制剂防止消化道出血。

知识拓展

肝性脑病患者的营养支持

肝性脑病患者营养支持治疗尽可能保证热能供应,避免低血糖;补充各种维生素;酌情输注血浆或清蛋白。急性起病数日内禁食蛋白质(1~2 期肝性脑病可限制在每天 20g 以内),神志清楚后,从蛋白质每天 20g 开始逐渐增加。门体分流对蛋白不能耐受者应避免大量蛋白质饮食,但仍应保持小量蛋白的持续补充。应注意在补充蛋白质的同时每天供给 30~40g 脂肪,以防止热量不足。营养支持途径首选胃肠内营养,当存在消化道出血、肠梗阻或伴发胰腺炎不能行胃肠内营养时,可选用肠外营养。

【预后】

HE 的诱因明确且容易消除者预后较好;肝功能较好、门腔静脉分流术后进食高蛋白饮食而引起的门体分流性脑病,经治疗后大多预后较好。有腹水、黄疸、出血倾向的患者多数肝功能较差,预后也差。

【预防】

包括:①积极防治各种肝病、肝硬化的发生;②避免引起 HE 的各种诱因,如门静脉高压症伴侧支循环建立者或已做分流术者,应减少蛋白质摄入,避免大量利尿、放腹水,防止消化道出血和感染;③及早发现和处理亚临床 HE;④研究发现 Hp 有很强的尿素酶活性,胃内 Hp 感染使外源性产氨增多,抗 Hp 治疗可降低血氨,可能对预防 HE 有一定的作用。

本章小结

肝性脑病在严重肝病的基础上发生,最常见于终末期肝硬化,发病机制是多因素的,与神经毒素特别是氨对脑的毒性作用密切相关。主要临床表现从性格改变、行为异常逐步发展为意识障碍、昏迷,按其严重程度分为 5 期。治疗包括去除诱因,减少氨的生成及吸收,促进氨的代谢。应加强对肝病患者的教育,指导患者饮食及用药,减少肝性脑病发生。

患者,男,71岁。因"呕吐、腹泻2天,意识模糊、烦躁不安半天"急诊入院。2天前患者无明显诱因出现呕吐腹泻,体温不高,未行特殊处理。半天前患者出现烦躁不安,意识模糊,应答错误,急诊入院。入院查体:BP 110/70mmHg,神志恍惚,巩膜中度黄染,颈部可见数枚蜘蛛痣。心肺未见异常,腹膨隆,触软,肝肋下未触及,脾肋下5cm,双上肢散在出血点。Hb 90g/L,WBC 3.2x10⁹/L,血糖7.0mmol/L。

(杨 震)

思考题

1. 肝性脑病的分期及各期特点是什么?
2. 肝性脑病如何治疗与预防?

ER 4-9-4

练习题

第十章 | 原发性肝癌

ER 4-10-1
教学课件

ER 4-10-2
思维导图

学习目标

1. 掌握：原发性肝癌的临床表现、诊断和治疗措施。
2. 熟悉：原发性肝癌的常见病因及辅助检查。
3. 了解：原发性肝癌的预防及预后。
4. 学会对原发性肝癌患者进行正确诊断，根据病情制定最佳的治疗方案，正确评估其预后，进行日常生活指导。
5. 具备关爱患者、耐心细致、救死扶伤、甘于奉献的职业素养。

案例导入

患者，男，29 岁，未婚，工人。因肝区胀痛伴不规则发热 1 周入院。患者近 1 周来自觉肝区隐痛，并向右肩放射，呈阵发性绞痛，伴不规则低热，体温波动于 37.5~38℃，无畏寒、盗汗。患者自发病后感觉乏力、食欲缺乏，体重减轻 2.5kg。二便正常。患者 8 年前实验室检查发现 HBsAg（+），HBeAg（+），抗 HBcAb（−）。肝功能多次检查正常，未予特殊治疗。否认肺结核史及血吸虫疫水接触史。查体：T 37.8℃，P 96 次/min，R 23 次/min，BP 125/75mmHg。发育正常，营养中等。皮肤、巩膜未见黄染，左锁骨上未触及肿大淋巴结。颈部、胸部可见数个蜘蛛痣，肺部无异常。心界不大，心率 96 次/min，律齐，无杂音。腹平软，右上腹轻压痛，肝肋下 6cm，质硬，表面凹凸不平，有触痛，脾肋下 3cm，腹水征（−）。下肢无水肿，膝反射正常。实验室及辅助检查：血常规，WBC 5.7×10⁹/L，N 68%，L 32%，Hb 130g/L，PLT 80×10⁹/L；尿常规、粪便常规（−）。

请思考：

1. 该患者初步诊断及诊断依据是什么？
2. 应与哪些疾病相鉴别？
3. 为明确诊断应进一步做哪些检查？
4. 治疗原则是什么？

原发性肝癌（primary carcinoma of the liver）指起源于肝细胞或肝内胆管上皮细胞的恶性肿瘤，原发性肝癌包括肝细胞癌（hepatocellular carcinoma，HCC）、肝内胆管癌（intrahepatic cholangiocarcinoma，ICC）和 HCC-ICC 混合型三种不同的病理类型，其中肝细胞癌占 75%~85%。

【病因与发病机制】

原发性肝癌的病因和发病机制可能与下列因素有关：

（一）病毒性肝炎

病毒感染是我国肝癌患者的主要病因：①约 90% 的肝癌患者有乙型肝炎病毒（HBV）感染病史；②肝癌高发区的 HBsAg 阳性率较低发区高；③原发性肝癌患者中 1/3 患者有慢性肝炎病史；

④通过免疫组化方法,显示肝癌细胞中存在HBsAg,也证明HBV的DNA序列可整合到宿主肝细胞,造成肝细胞损伤,原癌基因激活,在化学致癌物的作用下,导致癌变;⑤近年来,丙型肝炎病毒感染也成为原发性肝癌的重要危险因素。

(二)肝纤维化

病毒性肝炎、酒精性肝病、脂肪性肝病等引起的肝纤维化、肝硬化是肝癌发生的重要危险因素。

(三)黄曲霉毒素

流行病学研究发现,粮食受到黄曲霉毒素污染严重的地区,人群肝癌发病率高,黄曲霉毒素的代谢产物之一黄曲霉毒素B_1(AFB_1)能通过影响 *ras*、*P53* 等基因的表达而引起肝癌的发生。此外,AFB_1与HBV感染有协同作用。

(四)其他肝癌的高危因素

①长期接触氯乙烯、亚硝胺类、偶氮芥类、苯酚、有机氯农药等化学物质;②血吸虫及华支睾吸虫感染;③长期饮用污染水、藻类异常繁殖的河沟水;④香烟中多环芳烃、亚明胺和尼古丁等。

【病理】

(一)大体病理分型

1. 块状型 约占70%以上,呈单个、多个或融合成块,直径5~10cm,超过10cm者为巨块型,多为单个肿块,呈膨胀性生长。此型肿瘤中心易坏死、液化及出血,位于肝包膜附近者,肿瘤易破裂,导致出血及直接播散。

2. 结节型 呈大小、数目不等的多个癌结节,一般直径不超过5cm,与四周分界不清,此型常伴有肝硬化。单个癌结节直径小于3cm或相邻两个结节直径之和小于3cm者称为小肝癌。

3. 弥漫型 少见,癌结节如米粒至黄豆大小弥漫地分布于整个肝脏,不易与肝硬化区别。

(二)细胞分型

1. 肝细胞肝癌 最多见,癌细胞来自肝细胞,异型性明显,胞质丰富,呈多边形,排列成巢状或索状,血窦丰富。正常肝组织的肝动脉供血约占30%,但肝细胞肝癌的肝动脉供血超过90%,这是目前肝癌影像诊断及介入治疗的重要循环基础。

2. 胆管细胞癌 少见,癌细胞由胆管上皮细胞发展而来,呈立方或柱状,排列成腺样,纤维组织较多、血窦较少。

3. 混合型 最少见,具有肝细胞癌和胆管细胞癌两种结构,或呈过渡形态,既不完全像肝细胞癌,又不完全像胆管细胞癌。

(三)转移途径

1. 肝内转移 易侵犯门静脉及分支并形成癌栓,脱落后在肝内引起多发性转移灶。

2. 肝外转移 ①血行转移:常转移至肺,其他部位有骨、肾、肾上腺、脑等,甚至可见肝静脉癌栓延至下腔静脉及右心房。②淋巴转移:常见肝门淋巴结转移,其次为胰、主动脉旁、脾、锁骨上淋巴结等。③种植转移:少见,从肝表面脱落的癌细胞可种植在腹膜、横膈、盆腔等处,引起血性腹水、胸腔积液。女性可有卵巢转移。

【临床表现】

本病多见于中年男性,男女之比约为3:1。起病隐匿,早期缺乏典型症状体征,多在普查或肝病随访时发现。临床症状明显者大多已进入中晚期。本病常在肝硬化的基础上发生,或者以转移病灶症状为首发表现。中晚期临床表现如下:

1. 肝区疼痛 为本病最常见症状,见于50%以上的患者,多呈持续性钝痛、胀痛,与癌肿生长迅速,肝包膜受牵拉有关。当病变侵犯膈肌时,疼痛可牵涉右肩或右背部。肝表面癌结节破裂,可突然引起剧烈腹痛,从肝区开始迅速延至全腹,产生急腹症的表现,如出血量大时可导致休克。

2. 肝大 肝脏呈进行性肿大,质地硬,表面凹凸不平,可触及大小不等的结节,边缘不规则,伴有不同程度的压痛。当癌肿突出于右肋弓下或剑突下时，上腹可呈局限性隆起，如癌肿位于膈面，则主要表现为膈抬高，肝下界不下移。

3. 黄疸 晚期主要体征之一，多为阻塞性黄疸，少数为肝细胞性黄疸。前者常因癌肿压迫或侵犯胆管或肝门转移性淋巴结肿大而压迫胆管造成阻塞所致；后者可由癌组织广泛浸润或合并肝硬化、慢性肝炎引起。

4. 肝硬化征象 在失代偿期肝硬化基础上发病者，可表现为腹腔积液迅速增加且难治，腹水多为漏出液；血性腹腔积液系肝癌侵犯肝包膜或向腹腔内破溃引起。门静脉高压导致食管-胃底静脉曲张出血等。

5. 恶性肿瘤的全身表现 出现进行性消瘦、乏力、发热、食欲缺乏、营养不良和恶病质等表现。如转移至肺、骨、淋巴结、胸腔等处，可产生相应的症状。转移至肺部时可有咳嗽、咯血、呼吸困难等表现。胸膜转移多见于右侧，可出现血性胸腔积液。转移至骨骼或脊柱时，可出现局部压痛或神经压迫症状。转移至颅内时可出现神经定位体征。部分患者以转移灶症状首发而就诊。

6. 伴癌综合征 癌肿本身代谢异常或肝癌患者机体内分泌/代谢异常而出现的一组综合征。伴癌综合征表现为自发性低血糖、红细胞增多症；其他罕见的有高钙血症、高脂血症、类癌综合征等。

【并发症】

1. 肝性脑病 终末期并发症，约占肝癌患者死因的 1/3。诱发肝性脑病的原因有上消化道出血、不恰当使用利尿药等。

2. 上消化道出血 约占肝癌死亡原因的 15%，因侧支循环建立导致食管下段、胃底静脉曲张破裂出血而出现呕血或黑便。后期可因胃肠黏膜糜烂、溃疡、凝血功能障碍而出血。

3. 癌结节破裂出血 约 10% 患者发生肝癌结节破裂出血。随着癌肿增大、坏死或液化时可自发破裂，或因外力作用导致破裂。癌结节破裂可局限于肝包膜下，产生局部疼痛；如包膜下出血量迅速增多，则形成压痛性血肿；如破入腹腔可引起急性腹痛、腹膜刺激征和血性腹腔积液，大量出血可致休克、死亡。

4. 继发感染 因长期消耗或化疗、放射治疗等，抵抗力减弱，容易并发肺炎、自发性腹膜炎、肠道感染和真菌感染等。

【实验室和其他检查】

1. 甲胎蛋白（AFP） 是诊断肝细胞癌特异性的标志物，已广泛用于肝癌的普查、诊断、疗效判断及预测复发。除外妊娠、生殖腺胚胎癌，AFP>400ng/ml 是诊断肝癌的条件之一。对 AFP 逐渐升高不降或>200ng/ml 持续 8 周，应结合影像学及肝功能变化综合分析或动态观察。约 30% 的肝癌患者 AFP 水平正常，检测 AFP 异质体有助于提高诊断率。

2. 异常凝血酶原（abnormal prothrombin） 异常凝血酶原诊断早期肝癌的敏感性和特异性分别为 85.6% 和 93.3%，有助于 AFP 阴性肝癌的早期诊断。

3. a-L-岩藻糖苷酶（fucosidase，AFU） 肝细胞癌时血清 AFU 升高，其灵敏度约达 75%，特异性达 90%，与 AFP 联合测定，可提高原发性肝癌的确诊率。

4. γ-谷氨酰转肽酶同工酶Ⅱ（GGTⅡ） 特异性 GGT 同工酶（GGTⅡ）对肝癌的诊断具有特异性，其阳性率可达 90% 以上。因此 GGTⅡ可作为一种肝癌标志物，尤其是对 AFP 测定结果阴性的肝癌患者有较大诊断意义。

5. 其他血清酶及肝癌标志物 包括醛缩酶 A（aldolase-A，ALD-A）等，对原发性肝癌，尤其对 AFP 测定结果为阴性者有辅助诊断意义，但其价值均不如 AFP 测定。临床上一般联合检测 2~3 种血清标记物，以提高诊断率。

6. 超声检查 可显示肿瘤所在部位、大小、数量、形状，具有便捷、实时、无创和无放射辐射等优势,是临床上最常用的肝脏影像学检查方法。结合 AFP 测定,超声检查广泛用于肝癌普查等。超声造影检查可以实时动态观察肝肿瘤血流灌注的变化,鉴别诊断不同性质的肝脏肿瘤;术中应用可敏感检出隐匿性的小病灶,实时引导局部治疗;术后可用于评估肝癌局部治疗的疗效等。

7. CT 和 MRI 动态增强 CT、多参数 MRI 扫描是肝脏超声和/或血清 AFP 筛查异常者明确诊断的首选影像学检查方法。多参数 MRI 对肝癌的检出和诊断能力优于动态增强 CT,而且在评价肝癌是否侵犯门静脉、肝静脉主干及其分支,以及腹腔或腹膜后间隙淋巴结转移等方面,均较动态增强 CT 具有优势。

8. 数字减影血管造影 数字减影血管造影(digital subtraction angiography, DSA)是一种微创性检查,采用选择性或超选择性肝动脉进行 DSA 检查。该技术更多地用于肝癌局部治疗或肝癌自发破裂出血的治疗等。DSA 检查可以显示肝肿瘤血管及肝肿瘤染色,还可以明确显示肝肿瘤数目、大小及其血供情况。

ER 4-10-3
肝癌 CT 和
MRI 图像

9. 核医学影像学检查

(1)**正电子发射计算机断层成像**(positron emission tomography-CT,PET-CT):^{18}F-氟代脱氧葡萄糖(FDG)PET-CT 全身显像的优势在于:①进行肿瘤分期,通过一次检查能够全面评价有无淋巴结转移及远处器官的转移;②再分期,因 PET-CT 功能影像不受解剖结构的影响,可以准确显示解剖结构发生变化后或者解剖结构复杂部位的复发转移灶;③评价抑制肿瘤活性的靶向药物的疗效更加敏感、准确;④指导放射治疗生物靶区的勾画、确定穿刺活检部位;⑤评价肿瘤的恶性程度和预后。PET-CT 对肝癌的诊断敏感性和特异性有限,可作为其他影像学检查的辅助和补充,在肝癌的分期、再分期和疗效评价等方面具有优势。

(2)**单光子发射计算机断层成像**(single photon emission computed tomography-CT,SPECT-CT):SPECT-CT 已逐渐替代 SPECT 成为核医学单光子显像的主流设备,选择全身平面显像所发现的病灶,再进行局部 SPECT-CT 融合影像检查,可以同时获得病灶部位的 SPECT 和诊断 CT 图像,显著提高诊断准确性。

(3)**正电子发射计算机断层磁共振成像**(positron emission tomography-MRI,PET-MRI):一次 PET-MRI 检查可以同时获得疾病解剖与功能信息,提高肝癌诊断的灵敏度。

10. 肝穿刺活组织检查 在超声或 CT 引导下细针穿刺行组织学检查是确诊肝癌的可靠方法,但属创伤性检查,且偶有出血或针道转移的风险。当上述非侵入性检查未能确诊时,可考虑应用。但受病灶大小、部位深浅等多种因素影响,肝穿刺病理学诊断也存在一定的假阴性率,因此,穿刺活检阴性结果并不能完全排除肝癌的可能,仍需观察和定期随访。

11. 剖腹探查 对疑似肝癌但经各种检查不能确诊者,应考虑剖腹探查,争取早期诊断、早期治疗。

【诊断及鉴别诊断】

早期患者常无明显症状,一旦出现典型临床表现,往往已到中、晚期,失去最佳治疗时机。因此,早期诊断肝癌的意义重大。

(一)临床期肝癌诊断的依据

满足下列三项中的任一项,即可诊断肝癌,这是国际上广泛使用的肝癌诊断标准:①具有两种典型的肝癌影像学(超声、增强 CT、MRI 或选择性肝动脉造影)表现,病灶直径>2cm;②一项典型的肝癌影像学表现,病灶直径>2cm,AFP>400ng/ml;③肝脏活检阳性。

对高危人群(各种原因所致的慢性肝炎、肝硬化以及>35 岁的 HBV 或 HCV 感染者)每 6~12 个月进行 AFP 和超声筛查,有助于肝癌早期诊断。

(二)鉴别诊断

1. 继发性肝癌 原发于呼吸道、胃肠道、泌尿生殖道等处的癌灶常转移至肝,尤以结直肠最为

常见,呈多发性结节,临床多以原发癌表现为主,血清 AFP 检测一般为阴性。

2. 肝硬化结节 增强 CT/MRI 见病灶呈"快进快出"典型影像学表现,符合肝癌;若无强化,可考虑为肝硬化结节。AFP>400ng/ml 有助于肝癌诊断。

3. 活动性肝炎 部分肝炎患者活动期血清 AFP 增高,往往呈短期低浓度升高,应定期多次随访测血清 AFP 和 ALT,或联合检测其他肝癌标志物并进行分析:①联合检测 ALT 动态曲线平行或同步,或 ALT 持续增高至正常的数倍,则肝炎的可能性大;②两者曲线分离,AFP 持续升高,往往超过400ng/ml,而 ALT 不升高,呈曲线分离现象,则多考虑肝癌。

4. 肝脓肿 临床表现为发热、肝区疼痛、压痛明显,白细胞计数和中性粒细胞升高。超声检查可发现液性暗区。必要时在超声引导下做诊断性穿刺或药物试验性治疗以明确诊断。血清 AFP 呈阴性。

5. 其他 与肝良性肿瘤(肝血管瘤、肝腺瘤、肝局灶性结节性增生等)鉴别有困难时,可检测AFP 等肿瘤标志物,并随访超声、增强 CT/MRI,必要时在超声引导下行肝活检。

【治疗】

常用治疗方法有外科治疗、局部治疗、放疗及系统抗肿瘤治疗等。

(一)外科治疗

外科治疗是肝癌患者获得长期生存的重要手段,主要包括肝切除术和肝移植术。

1. 肝切除术 肝切除术仍然是肝癌患者获得长期生存的重要手段。肝切除术的原则是完整切除肿瘤并且保留足够体积且有功能的肝组织:肝功能 Child-Pugh A 级、ICG 15 分钟滞留率(ICG-R15)<30% 是实施手术切除的必要条件;剩余肝脏体积须占标准肝脏体积的 40% 以上(伴有慢性肝病、肝实质损伤或肝硬化者)或 30% 以上(无肝脏纤维化或肝硬化者),也是实施手术切除的必要条件。有肝功能损害者,则需保留更多的剩余肝脏体积。

2. 肝移植 肝移植是肝癌根治性治疗手段之一,尤其适用于肝功能失代偿、不适合手术切除及消融治疗的小肝癌患者。但若肝脏有血管侵犯及远处转移(常见肺、骨),则不宜行肝移植术。HBV感染患者在手术、局部治疗或肝移植后,均需坚持口服抗病毒药物。肝移植患者需要终身用免疫抑制剂。肝癌肝移植术后一旦肿瘤复发转移,病情进展迅速,在多学科诊疗基础上的综合治疗,可能延长患者生存时间。

(二)局部治疗

1. 肝动脉栓塞(transcatheter arterial embolization,TAE) 是经肿瘤的供血动脉注入栓塞剂阻断肿瘤的供血,使其发生坏死。由于 TAE 具有靶向性好、创伤小、可重复、患者容易接受的特点,是目前非手术治疗中晚期肝癌的常用方法。

2. 射频消融术(radiofrequency ablation,RFA) 在超声引导或开腹条件下,将电极插入肝癌组织内,应用电流热效应等多种物理方法毁损病变组织。RFA 是肝癌微创治疗最具代表性的消融方式。

3. 微波消融 其特点是消融效率高,但需要温度监控系统调控有效热场范围。

4. 经皮穿刺瘤内注射无水乙醇(percutaneous ethanol injection,PEI) 在超声或 CT 引导下,将无水乙醇直接注入肝癌组织内,使癌细胞脱水、变性、凝固性坏死。PEI 对直径≤2cm 的肝癌消融效果确切,远期疗效与 RFA 类似,但>2cm 肿瘤局部复发率高于 RFA。

(三)放射治疗

放射治疗分为外放射治疗和内放射治疗。外放射治疗是利用放疗设备产生的射线(光子或粒子)从体外对肿瘤照射。内放射治疗是利用放射性核素,经机体管道或通过针道植入肿瘤内。

(四)系统抗肿瘤治疗

系统抗肿瘤治疗又称为全身性治疗,包括分子靶向治疗、免疫治疗、化学治疗和中医中药治疗等;另外还包括了针对肝癌基础疾病的治疗,如抗病毒治疗、保肝利胆和支持对症治疗等。

【预后】

下述情况预后较好:①肝癌直径<5cm,早期手术;②癌肿包膜完整,分化程度高,尚无癌栓形成;③机体免疫状态良好。如合并肝硬化或有肝外转移者以及发生肝癌破裂、消化道出血、ALT 显著升高的患者预后差。

【患者健康教育】

积极防治病毒性肝炎,注射肝炎疫苗对预防肝癌的发生有明显作用。注意饮食安全,防止食物霉变,保护水源,对高危人群定期普查。

本章小结

原发性肝癌指起源于肝细胞或肝内胆管上皮细胞的恶性肿瘤,包括肝细胞癌、肝内胆管癌和混合型三种类型,其中肝细胞癌最常见。病毒感染是我国肝癌患者的主要病因。肝癌起病隐匿,早期缺乏典型症状体征,临床症状明显者大多已进入中晚期。甲胎蛋白是诊断肝细胞癌特异性的标志物,动态增强 CT、多参数 MRI 扫描是明确诊断的首选影像学检查方法。外科治疗是肝癌患者获得长期生存的重要手段,肝动脉栓塞是目前非手术治疗中晚期肝癌的常用方法。注射肝炎疫苗对肝癌的发生有明显预防作用。

病例讨论

患者,男,57 岁。因上腹不适 3 个月入院。既往乙肝病史,未规范诊治。体检:T 36.2℃,P 77 次/min,R 19 次/min,BP 136/78mmHg,面色晦暗,巩膜轻度黄染,肝掌(+)。腹软,肝肋下 6cm,质硬,触痛(+),脾肋下 4cm,移动性浊音阴性。实验室检查:肝功能 TBil 51μmol/L,DBil 28μmol/L,A/G 33/38,ALT 35U/L,AST 42U/L,GGT 193U/L,ALP 155U/L;血常规 Hb 108g/L,WBC $5.1×10^9$/L,PLT $66×10^9$/L;HBsAg(+),HBeAg(+),HBcAb(+);HBVDNA $5.41×10^5$IU/ml;AFP 89 762ng/ml,AFP-L3 75 391ng/ml,AFP-L3/AFP 83.99%,PIVKA-Ⅱ >750 000mAU/ml。

(杨 震)

思考题

1. 原发性肝癌最主要的发病因素是什么?
2. 原发性肝癌最主要的并发症是什么?
3. 试述原发性肝癌的诊断依据。

ER 4-10-4

练习题

第十一章 | 上消化道出血

学习目标

1. 掌握：上消化道出血的诊断、鉴别诊断。
2. 熟悉：上消化道出血的常见原因、辅助检查及治疗原则。
3. 了解：上消化道出血的预后估计。
4. 学会对上消化道出血患者进行及时准确诊断，采取合理的抢救治疗。
5. 具备关爱病患、救死扶伤的职业素养和严谨求真的科学态度。

案例导入

患者，男，63岁。因"黑便3周，呕血1天"入院。3周前，自觉上腹部不适，排成形黑便，1~2次/d，未行诊治。1天前，进食辛辣质硬食物后，觉上腹不适加重，伴恶心，排出柏油样便约600g。2小时前呕鲜血约500ml后晕倒，家人急送入院，查Hb 48g/L。发病以来乏力明显，睡眠可、饮食差，体重大致正常。既往体检HBsAg(+)，有"胃溃疡"病史10年，常用抑酸剂。否认高血压、心脏病病史，否认结核史、药物过敏史。查体：T 37.7℃，P 116次/min，R 25次/min，BP 90/70mmHg。皮肤苍白，无出血点，面颊可见蜘蛛痣3枚，浅表淋巴结无肿大。结膜苍白，巩膜可疑黄染。心、肺检查未见明显异常。腹饱满，未见腹壁静脉曲张，全腹无压痛、肌紧张，肝脏未及，脾肋下6cm，质硬，表面光滑无压痛。肝浊音界第7肋间，移动性浊音阳性，肠鸣音10次/min。

请思考：
1. 患者目前的诊断可能是什么？
2. 应进一步完善哪些检查？

上消化道出血（upper gastrointestinal hemorrhage）是指屈氏韧带（Treitz韧带）以上的消化道，包括食管、胃、十二指肠或胰、胆等病变引起的出血，胃空肠吻合术后的空肠病变出血亦属这一范围。临床主要表现为呕血和/或黑便，往往伴有血容量减少引起的急性周围循环衰竭，是常见的急症，病死率高。

【病因】

上消化道出血常见病因为消化性溃疡、食管-胃底静脉曲张破裂、急性糜烂出血性胃炎和上消化道肿瘤。

（一）食管疾病

1. **食管炎症** 反流性食管炎、食管憩室炎等疾病，患者常有胸骨后疼痛、反酸，出血量较少。

2. **食管癌** 主要表现为进行性吞咽困难等食管梗阻症状，可有少量出血。

3. **贲门黏膜撕裂综合征（Mallory-Weiss综合征）** 由于剧烈干呕或呕吐，使腹内压急骤增加，胃内压力过大，致使胃底贲门交界处黏膜和黏膜下层撕裂出现呕血。

（二）门静脉高压致食管-胃底静脉曲张破裂

1. 肝硬化 各种原因引起的肝硬化门静脉高压所致的食管-胃底静脉曲张破裂,出血量大,病情凶险,不易止血,预后较差。

2. 门静脉阻塞 门静脉血栓形成、门静脉炎、腹腔内肿块压迫门静脉等。

3. 肝静脉阻塞 肝静脉阻塞综合征(Budd-Chiari syndrome)等。

（三）胃与十二指肠疾病

1. 消化性溃疡 约50%的上消化道出血由胃或十二指肠溃疡引起,常发生于溃疡活动期。

2. 炎症 慢性胃炎、残胃炎、十二指肠炎、十二指肠憩室炎。

3. 急性胃黏膜病变 急性糜烂出血性胃炎和应激性溃疡。前者多由 NSAID 引起,后者常因严重感染、大面积烧伤、脑血管意外、大手术、休克、中毒等所致。

4. 肿瘤 胃癌较常见,其他肿瘤如淋巴瘤、平滑肌瘤、神经纤维瘤、残胃癌、壶腹周围癌等均可引起出血。

5. 上消化道其他疾病 胃黏膜脱垂、膈裂孔疝、胃血吸虫病、胃及十二指肠结核、克罗恩病、息肉、胃扭转及胃血管异常[(如血管瘤、动静脉畸形、胃黏膜下恒径动脉破裂(又称 Dieularoy 病变)]等。

ER 4-11-3

十二指肠溃疡并出血

（四）胃肠道邻近器官或组织疾病

1. 胆道出血 胆囊或胆管结石、胆道蛔虫、胆囊或胆管癌、肝脓肿或肝动脉瘤破入胆道等。

2. 胰腺疾病 胰腺癌、急性胰腺炎并发脓肿破溃等。

（五）全身性疾病

1. 血液病 再生障碍性贫血、血小板减少性紫癜、弥散性血管内凝血及其他凝血机制障碍等。

2. 血管性疾病 过敏性紫癜、动脉粥样硬化、遗传性出血性毛细血管扩张症。

3. 其他 尿毒症、结缔组织病、流行性出血热和败血症等。

【临床表现】

上消化道出血的临床表现取决于出血量、出血速度、出血部位及性质,也与患者年龄和心、肾功能等有关。

（一）呕血、黑便

呕血、黑便是上消化道出血的特征性临床表现。出血部位在幽门以上、出血量大者常有呕血;出血量少、速度慢可无呕血。但幽门以下部位如出血量大、速度快,也可出现呕血。短期出血量大,血液未与胃酸充分混合即呕出,则为鲜红色或有血块。出血速度慢,呕血多呈棕褐色咖啡渣样,是因为血液经胃酸作用形成正铁血红蛋白所致。上消化道大出血后会有黑便,如果上消化道出血量大、速度快,肠蠕动强,血液在肠内停留时间短,可有暗红色或鲜红色血便。

（二）失血性周围循环衰竭

出血量 400ml 以内可无症状,出血量中等可引起贫血或进行性贫血、头晕、软弱无力,突然起立可产生晕厥、口渴、肢体冷感及血压偏低等。大量出血达全身血量的 30%~50% 即可产生休克,表现为头晕、乏力、心悸、口渴、出汗,突然起立可产生晕厥。查体可见皮肤、口唇、甲床苍白、烦躁不安、四肢厥冷、脉搏细速、血压下降、少尿或无尿,严重者出现意识障碍或休克。老年人器官储备功能低下,即使出血量不大,也可出现周围循环衰竭的临床表现。

（三）贫血

慢性消化道出血呈小细胞低色素性贫血,较严重的慢性出血患者可出现贫血相关的临床表现,如乏力、活动后心悸、头晕眼花及皮肤黏膜苍白等。急性大出血早期因周围血管收缩、红细胞重新分配等生理调节,血红蛋白浓度、红细胞计数和血细胞比容等数值可无变化,此后大量组织液渗入

血管内以补充失去的血浆容量,血红蛋白浓度和红细胞计数数值降低,一般经 3~4 小时以上才出现贫血,出血后 24~72 小时血液稀释到最大限度。失血刺激造血系统,失血 24 小时内外周网织红细胞增高。

(四)其他

上消化道大量出血后,部分患者出现发热,一般为低热或中度发热,持续 3~5 天后降至正常。发热的机制可能与循环衰竭影响体温调节中枢功能有关。由于大量血液蛋白质的消化产物在肠道被吸收,出血后血清尿素氮浓度暂时性升高,称为肠源性氮质血症。血尿素氮常在出血后数小时开始上升,24~48 小时达高峰,一般不超过 14.3mmol/L,如无继续出血,3~4 天降至正常。此外,出血导致循环血容量降低引起肾前性肾功能不全或长期失血导致肾小管坏死亦可引起氮质血症。

【辅助检查】

(一)实验室检查

急性消化道出血时,重点实验室检查应包括血常规、血型、出凝血时间、大便或呕吐物的隐血试验、肝功能及血肌酐、尿素氮等。

(二)特殊检查方法

1. 内镜检查 胃镜直接观察即能确诊,并可根据病灶情况做相应的止血治疗。胃镜检查的注意事项有以下几点:①胃镜检查的最好时机在出血后 24~48 小时内进行。②处于失血性休克的患者,应首先补充血容量,待血压有所平稳后做胃镜较为安全。③一般不必洗胃准备,但若出血过多,估计血块会影响观察时,可用冰水洗胃后进行检查。

2. 选择性动脉造影 在某些特殊情况下,如患者处于上消化道持续严重大量出血紧急状态,以致胃镜检查无法安全进行或因积血影响视野而无法判断出血灶,此时行选择性肠系膜动脉造影可能发现出血部位,并进行栓塞治疗。

3. X 线钡剂造影 因为一些肠道的解剖部位不能被一般的内镜窥见,有时会遗漏病变,这些都可通过 X 线钡剂检查得以补救。但在活动性出血后不宜过早进行钡剂造影,一般主张在出血停止、病情稳定 3 天后谨慎操作。

4. 放射性核素扫描 经内镜及 X 线检查阴性的病例,可作放射性核素扫描。其方法是采用核素标记患者的红细胞后,从静脉注入患者体内,当有活动性出血,而出血速度能达到 0.1ml/min,核素便可以显示出血部位。

【诊断和鉴别诊断】

(一)上消化道出血的诊断

根据呕血、黑便和周围循环衰竭的表现,呕吐物或粪便隐血试验呈阳性,红细胞计数、血红蛋白及血细胞比容下降的实验室改变,可作出上消化道出血的诊断。要注意除外呼吸道及口、鼻、咽喉部出血。进食动物血制品、铁剂或铋剂、碳粉等亦可引起黑便,注意询问病史以鉴别。

(二)出血严重程度的估计

粪便隐血试验阳性者提示每天出血量在 5ml 以上;出现黑便说明每天出血量超过 50ml;胃内积血 250~300ml 以上时可引起呕血;一次出血 400ml 以下时可不出现全身症状。出血量大、出血速度快者可出现急性周围循环衰竭的表现,故可根据症状、脉搏、血压、血红蛋白浓度等估计出血的程度。

1. 轻度出血 患者除头晕、乏力外,脉搏、血压、血红蛋白等均无明显变化。估计出血量在总血容量的 10% 以下(<500ml)。

2. 中度出血 患者有烦躁、心悸、口渴、少尿等表现,脉搏 100 次/min 左右,收缩压降至 90~100mmHg,血红蛋白 70~100g/L。估计出血量约占总血容量的 20%(1 000ml 左右)。

3. 重度出血 患者有面色苍白、脉搏细速（>120 次/min）、出冷汗、收缩压低于 90mmHg、血红蛋白低于 70g/L，甚至无尿等失血性休克表现。估计出血量占总血容量的 30% 以上（>1 500ml），是紧急输血的指征。

（三）判断是否继续出血

有以下迹象者考虑为继续出血或再出血：①呕血频繁、血色转为鲜红，黑便次数增多、粪质稀薄呈暗红色，肠鸣音亢进。②虽经输血、输液等治疗已补足血容量，但外周循环衰竭的表现无明显好转，中心静脉压仍波动或暂时好转后又下降。③红细胞计数、血红蛋白浓度与血细胞比容继续下降，网织红细胞计数持续增高。在出血早期，由于血液浓缩，三者可正常，待 6~12 小时后才下降，在临床判断时要特别注意。④在补液与尿量足够的情况下，血尿素氮持续升高。

（四）判断出血原因、部位

根据病史、症状和体征，结合必要的辅助检查，90% 以上的患者可查明出血原因和部位。

1. 病史与体征 病情危急，应边抢救边简要、迅速地询问病史和体检。消化性溃疡常有慢性、周期性、节律性上腹痛，进食或服碱性药可缓解，出血前疼痛加剧、节律改变，出血后疼痛减轻，体检除剑突下偏左或偏右处有局限性压痛外，体征不多。急性胃黏膜病变者有服用 NSAID、酗酒史或处于昏迷、烧伤等应激状态。肝硬化食管-胃底静脉曲张破裂出血者，常有病毒性肝炎、长期饮酒史，有门静脉高压的临床表现。中老年患者，近期出现无规律的上腹痛，伴有畏食、消瘦者应警惕胃癌。如剧烈呕吐后出现呕血、黑便应考虑贲门黏膜撕裂综合征。

2. 实验室和其他检查

（1）**实验室检查**：包括：①红细胞计数、血红蛋白浓度及血细胞比容在出血早期可无明显变化，通常在出血 3~4 小时后才出现贫血；②粪便隐血试验呈强阳性；③肝功能试验异常有助于肝硬化的诊断；④血胆红素定量增高，应考虑胆道疾病、肝硬化、壶腹部肿瘤等。

（2）**内镜检查**：是目前诊断上消化道出血病因和部位的首选方法，多主张在出血后 24~48 小时内或患者病情相对稳定的时机进行急诊胃镜检查，不仅能直视病变、取活检，还可对出血病灶进行及时、准确的止血治疗。在行急诊内镜检查前需先纠正休克、补充血容量、改善贫血并应用止血药物治疗。

3. 影像学 X 线钡剂造影有助于发现肠道憩室及较大的隆起或凹陷样肿瘤，但在急性消化道出血期间不宜选择该项检查，除其敏感性低，更重要的是可能影响之后的内镜、血管造影检查及手术治疗。腹部 CT 对于有腹部包块、肠梗阻征象的患者有一定的诊断价值。当内镜未能发现病灶，特别是当胃内有大量血块影响视野无法找到出血灶时，行选择性腹腔动脉或肠系膜上动脉造影可发现造影剂溢出的部位、血管畸形或肿瘤血管影像，可进行介入治疗，且对急诊手术前定位诊断很有意义。超声、CT 及 MRI 有助于了解肝胆胰病变，是诊断胆道出血的常用方法。

4. 手术探查 各种检查不能明确出血灶，持续大出血危及患者生命，必须手术探查。有些微病变特别是血管病变手术探查亦不易发现，此时可借助术中内镜检查帮助寻找出血灶。

【治疗】

上消化道出血病情急、变化快，严重者可危及生命，应积极抢救，抗休克、迅速补充血容量治疗放在首位。

（一）一般治疗

1. 卧位 保持呼吸道通畅，避免呕血时吸入引起窒息，必要时吸氧。活动性出血期间禁食。酌情给予镇静剂，以减轻恐惧和烦躁。肝硬化食管-胃底静脉曲张破裂出血，禁用吗啡、巴比妥类药物。

2. 密切观察病情 观察呕血、黑便情况，严密监测血压、心率、呼吸、尿量变化及神志改变等生命体征，病情严重者可行心电监护。定期复查血常规、血尿素氮等，必要时监测中心静脉压。

（二）积极补充血容量

尽快建立有效的静脉输液通道和补充血容量，必要时留置中心静脉导管。立即检查血型和配血，尽快补充血容量，在配血过程中，可先输平衡液或葡萄糖盐水甚至胶体扩容剂。血压、心率、尿量和中心静脉压监测，可作为补液、输血量及速度的较可靠参考指标。以下征象对血容量补足有指导作用：意识恢复；四肢末端由湿冷、青紫转为温暖、红润；肛温与皮肤温度减少（<1℃），脉搏及血压正常；尿量>0.5ml/（kg·h）；中心静脉压改善。下列情况为输浓缩红细胞的指征：收缩压<90mmHg或较基础收缩压降低幅度>30mmHg；心率增快（>120次/min）；血红蛋白<70g/L或血细胞比容<25%。输血量以使血红蛋白达到70g/L左右为宜。

（三）止血措施

1. 食管胃静脉曲张破裂大出血　出血量大、再出血和病死率高，主要止血措施如下：

（1）药物止血

1）加压素：静脉给药可使内脏小血管收缩而降低门静脉血流量和压力，以达到止血目的。速度为0.2U/min，可逐渐增至0.4U/min。不良反应有腹痛、血压升高、心律失常、心绞痛等。对老年患者同时使用硝酸甘油，减少不良反应，同时还有协同降低门静脉压的作用。

2）生长抑素及其类似物：直接作用于内脏血管平滑肌，使内脏血流量减少，止血效果肯定，且不良反应小，是治疗食管-胃底静脉曲张破裂出血最常用的药物。生长抑素（14肽）用法为首剂250μg静脉缓注，继以250μg/h持续静脉滴注。奥曲肽（8肽生长抑素类似物）首剂50μg静脉缓注，继以25~50μg/h持续静脉滴注。

（2）**内镜治疗**：包括内镜下食管曲张静脉套扎术、注射食管曲张静脉硬化剂和使用组织黏合剂等，为食管-胃底静脉曲张破裂急性出血的一线疗法，不但能达到止血目的，而且可有效防止早期再出血。

（3）TIPS：能迅速降低门静脉压力，达到治疗作用。新近共识认为，TIPS可用于食管-胃底静脉曲张破裂出血经药物和内镜治疗效果不佳者、外科手术后曲张静脉再次破裂出血者等。

（4）气囊压迫止血：在药物治疗无效且不具备内镜和TIPS操作的大出血时可暂时使用，为后续有效止血措施起"桥梁"作用，不推荐为首选止血措施。患者合并充血性心力衰竭、呼吸衰竭、心律失常及不能肯定为食管-胃底静脉曲张破裂出血时不宜应用。

经鼻腔插入三腔二囊管，进入胃腔后将胃气囊充气膨胀（囊内压为50~70mmHg），然后向外牵拉，以压迫胃底曲张静脉，若未能止血，再注气入食管气囊（囊内压为35~45mmHg），压迫食管曲张静脉。临床上应根据病情每8~24小时气囊放气1次。若出血得到控制，拔管时须先将气囊放气，观察24小时无活动性出血再拔管。气囊压迫短暂止血效果肯定，但患者痛苦大、并发症较多。

（5）**外科手术**：上消化道大出血如经上述方法治疗仍出血不止，危及患者生命，可行紧急手术治疗。

2. 非曲张静脉上消化道大出血　除食管-胃底静脉曲张破裂之外的其他原因引起的上消化道大出血，习惯上称非曲张静脉上消化道大出血，其中以消化性溃疡所引起的出血最为常见。主要止血措施有：

（1）**抑制胃酸分泌**：只有在pH>6.0时胃蛋白酶才完全失去活性，血小板聚集及血浆凝血功能所诱导的止血才能有效发挥作用，而且新形成的凝血块在pH<5.0时迅速被消化。因此，抑制胃酸分泌，提高胃内pH具有止血作用。对消化性溃疡与急性胃黏膜病变所引起的出血，常规给予H_2RA或PPI，提高胃内pH，后者疗效更佳，急性出血期应经静脉给药。

（2）**内镜治疗**：消化性溃疡出血约80%不经特殊处理可自行止血。内镜检查时若发现有活动性出血或暴露血管的溃疡，应行内镜下止血。已证明有效的方法包括热探头、高频电灼、激光、微波、注射疗法和上止血夹等，可视病情和条件选用。

（3）**手术治疗**：经内科积极治疗仍大出血不止，危及患者生命，需紧急手术治疗，手术指征和方法根据引起出血的病因而定。

（4）**介入治疗**：部分严重上消化道大出血患者，既无法行内镜治疗，又不能耐受手术，在这种情况下，可行选择性肠系膜动脉造影寻找出血灶，同时进行血管栓塞治疗。

【预防】

积极治疗引起上消化道出血的原发病，消除导致出血的诱因。患者应禁酒，避免进食粗糙、坚硬、刺激性食物。有手术适应证者应及时手术治疗。

本章小结

上消化道出血为屈氏韧带以上的消化道出血，呕血与黑便是上消化道出血的特征性表现。诊断上消化道出血时应判断患者出血部位、是否继续出血及估计出血量。对于急性上消化道大出血，应密切观察患者生命体征，迅速补充血容量。根据出血病因及出血程度选择合适的止血治疗措施。急诊胃镜是上消化道出血后的重要检查和治疗手段，应在患者出血后2天内或体循环平稳的间歇进行。

病例讨论

患者，男，66岁。因"反复呕血、黑便2天，加重2小时"急诊入院。患者于两天前饮酒后出现呕吐鲜红色血液约100ml，急至当地医院就诊，在当地医院又解黑便2次，当地诊断"上消化道出血"并予以止血药物（药名不详），入院前2小时又呕吐暗红色血块约1 000ml，继而出现神志模糊，烦躁不安而转来本院急诊入院。既往：乙肝病史，少量饮酒。入院查体：P 100次/min，BP 90/60mmHg，慢性重病容，神志模糊，烦躁不安。皮肤巩膜无黄染，肝掌（+）。腹平软，无压痛及包块，肝肋下未及，移动性浊音（−），双下肢轻度凹陷性水肿。门诊资料：血常规：Hb 58g/L，WBC 7.4×10^9/L，PLT 85×10^9/L，B超：肝实质回声增强，光点增粗，分布欠均。脾厚4.2cm，门静脉内径14.1mm。

（杨 震）

思考题

上消化道出血如何紧急抢救？

ER 4-11-4

练习题

第十二章 | 急性胰腺炎

学习目标

1. 掌握：急性胰腺炎的临床表现、诊断、鉴别诊断及治疗原则。
2. 熟悉：急性胰腺炎的病因和发病机制。
3. 了解：急性胰腺炎的病理改变，手术指征和并发症及处理。
4. 学会对急性胰腺炎患者进行正确诊断，进行用药指导、日常生活指导、营养指导、健康教育等。
5. 具有关爱患者、耐心细致、甘于奉献的职业素养。

案例导入

患者，男，35 岁。因"腹痛 3 天"入院。3 天前患者饮酒后出现上腹痛，为持续性绞痛，伴阵发性加重，向后背部放射，伴频繁恶心呕吐，呕吐物为胃内容物和胆汁，当地给予补液、抗感染、抑酸对症支持治疗，病情略有好转，1 天前进食后腹痛再次加重，不能缓解，逐渐蔓延至全腹，腹胀明显，恶心呕吐加重，尿量少，色黄，伴烦躁不安，皮肤湿冷，为求进一步诊治，急来就诊。自发病以来，饮食、睡眠差，无大便，小便量少色黄。既往无结核、肝炎、冠心病、肿瘤病史，否认胆石症，无传染病接触史，无药物和食物过敏史，无外伤手术史。查体：T 38.7℃，P 108 次/min，R 20 次/min，BP 82/56mmHg，一般情况差，全腹膨隆，腹肌紧张，明显压痛、反跳痛。肠鸣音减弱，移动性浊音（+）。辅助检查：血常规 WBC $22.3×10^9$/L，N 92%，血糖 14.3mmol/L，血钙 1.50mmol/L。腹部 X 线平片未见膈下游离气体，未见气液平面。

请思考：
1. 患者目前诊断可能是什么？
2. 为明确诊断应进一步做哪些检查？

急性胰腺炎（acute pancreatitis，AP）是多种病因导致胰酶在胰腺内被激活后引起胰腺组织自身消化、水肿、出血甚至坏死的炎症性损伤。临床以急性上腹痛、恶心、呕吐、发热和血淀粉酶或脂肪酶增高等为特点。本病为消化系统常见的疾病，多数患者病情轻，预后好；少数重症患者可伴发多器官功能障碍及胰腺局部并发症，病死率高。

【病因和发病机制】

常见病因有胆道疾病、大量饮酒等，我国胆道疾病是最常见病因。

（一）胆道疾病

胆石症、胆道感染或胆道蛔虫等均可引起急性胰腺炎，其中胆石症最常见，由于胰管与胆总管汇合成共同通道开口于十二指肠壶腹部，当结石、蛔虫等嵌顿在壶腹部，导致壶腹部狭窄和/或 Oddi 括约肌痉挛，胆道内压力升高超过胰管内压力，造成胆汁逆流入胰管，激活胰酶，引起胰腺炎发生；微小胆石在移行中可损伤胆总管、壶腹部或胆道炎症引起 Oddi 括约肌暂时性松弛，使富含肠激酶的十二指肠液反流入胰管,激活胰酶,损伤胰腺。

(二)大量饮酒和暴饮暴食

大量饮酒和暴饮暴食可促进胰腺外分泌增加,并刺激 Oddi 括约肌痉挛和十二指肠乳头水肿,使胰液排出受阻、胰管内压增加,引起胰腺损伤。酒精在胰腺内氧化代谢时产生大量活性氧,也有助于激活炎症反应。此外,酒精常与胆道疾病共同导致急性胰腺炎。

(三)胰管梗阻

胰管结石、狭窄、肿瘤或蛔虫钻入胰管等均可引起胰管梗阻,造成胰液排泄障碍。胰管内压增高,胰腺腺泡破裂,胰液渗入间质,引起急性胰腺炎。少数因胚胎发育异常出现胰腺分裂症时,多因副胰管经狭小的副乳头引流大部分胰腺的胰液,因其相对狭窄而引流不畅,也可能引起急性胰腺炎。

(四)代谢障碍

高甘油三酯血症,当血甘油三酯>11.3mmol/L 时,极易引起急性胰腺炎,可能与脂球微栓影响胰腺微循环及胰酶分解甘油三酯致毒性脂肪酸损伤细胞有关。由于高甘油三酯血症也常出现于严重应激、炎症反应时,因此,在急性胰腺炎伴有高甘油三酯血症时,应注意两者因果关系。

甲状旁腺肿瘤、维生素 D 过多等所致的高钙血症可致胰管钙化、管内结石导致胰液引流不畅,甚至胰管破裂;高血钙可刺激胰液分泌增加和促进胰蛋白酶原激活而促发本病。

(五)其他

腹部手术或外伤损伤胰腺,导致胰腺严重血液循环障碍,可引起胰腺炎。内镜逆行胰胆管造影术(ERCP)插管可导致十二指肠乳头水肿、重复注射造影剂或注射压力过高,均可诱发急性胰腺炎。亦可继发于某些急性传染病如流行性腮腺炎、传染性单核细胞增多症等。药物如噻嗪类利尿剂、硫唑嘌呤、糖皮质激素、四环素、磺胺类等可促发胰腺炎发生。少数患者经临床、影像、生物化学等检查仍然病因不明者,称为特发性胰腺炎。

急性胰腺炎的发病机制,目前认为是各种病因造成胰管内压力增高,腺泡细胞内 Ca^{2+} 增多,腺泡内溶酶体提前激活酶原,提前被激活的胰酶对胰腺自身进行消化。损伤的腺泡细胞激活体内炎症反应,涉及一系列炎症介质如肿瘤坏死因子-α、白介素-1 等,使得血管通透性增加,造成大量炎性物质渗出;另外,胰腺的微循环障碍造成胰腺出血、坏死等病变。炎症过程中参与的众多因素以正反馈方式相互作用,使炎症逐级放大,当超过机体的抗炎能力时,炎症向全身扩展,出现多器官炎性损伤及功能障碍。

【病理】

(一)胰腺急性炎症性病变

可分为急性水肿型及急性出血坏死型胰腺炎两型。急性水肿型可进展为急性出血坏死型,其进展速度可在数小时至数天。但部分出血坏死型在起病初期即发生出血及坏死。

1.急性水肿型 多见,病变可累及部分或整个胰腺,以尾部为多见。胰腺肿大、充血、水肿和炎症细胞浸润,可有轻微的局部坏死。

2.急性出血坏死型 相对少见,胰腺内有灰白色或黄色斑块的脂肪组织坏死,出血严重者,胰腺呈棕黑色并伴有新鲜出血,坏死灶周围有炎症细胞浸润。常见静脉炎和血栓,可出现胰腺脓肿、假性囊肿、胰瘘等。

(二)急性胰腺炎导致的多器官炎性损伤病理

由于炎症波及全身,可有其他脏器如小肠、肺、肝、肾等脏器的炎症病理改变;由于胰腺大量炎性渗出,常有胸水、腹水等。

【临床表现】

急性胰腺炎常在饱食、脂餐或饮酒后发生,其临床表现和病情轻重取决于病因、病理类型和诊治是否及时。轻者以胰腺水肿为主,临床多见,病情常呈自限性,预后良好。重症患者的胰腺出血坏死,常继发多器官功能障碍,病死率高。

(一) 轻症急性胰腺炎(mild acute pancreatitis,MAP)

急性腹痛是绝大多数患者的首发症状,常较剧烈,多位于中左上腹甚至全腹,部分患者腹痛向腰背部放射,取弯腰抱膝位可减疼痛。疼痛性质可为钝痛、钻痛、绞痛或刀割样痛,呈持续性,可有阵发性加剧,不能被一般胃肠解痉药缓解,进食加剧。患者病初可伴有恶心、呕吐,轻度发热。常见体征:中上腹压痛,肠鸣音减少,轻度脱水貌。

(二) 重症急性胰腺炎(severe acute pancreatitis,SAP)

重症急性胰腺炎的临床表现见表 4-12-1。

表 4-12-1　重症急性胰腺炎的症状、体征及相应的病理生理改变

症状及体征	病理生理改变
低血压、休克	大量炎性渗出、严重炎症反应及感染
全腹膨隆、张力较高,广泛压痛及反跳痛,移动性浊音阳性,肠鸣音少而弱甚至消失;少数患者可有格雷-特纳征、卡伦征	肠麻痹、腹膜炎、腹腔间隔室综合征、胰腺出血坏死
呼吸困难	肺间质水肿、急性呼吸窘迫综合征、胸腔积液、严重肠麻痹及腹膜炎
少尿、无尿	休克、肾功能不全
上消化道出血	应激性溃疡
黄疸加深	胆总管下端梗阻、肝损伤
意识障碍、精神失常	胰性脑病
体温持续升高或不降	严重炎症反应及感染
猝死	严重心律失常

(三) 中度重症急性胰腺炎(moderately SAP,MSAP)

临床表现介于 MAP 与 SAP 之间,在常规治疗基础上,器官功能衰竭多在 48 小时内恢复,恢复期出现胰瘘或胰周脓肿等局部并发症。

(四) 危重急性胰腺炎(critical acute pancreatitis,CAP)

CAP 比重症急性胰腺炎程度更重,经治疗器官功能衰竭 48 小时内不能恢复,合并胰腺坏死性感染。

(五) 局部并发症

1. **胰瘘**　是指急性胰腺炎致胰管破裂,胰液从胰管漏出超过 7 天。胰内瘘包括胰腺假性囊肿、胰性胸腹水及胰管与其他脏器间的瘘。胰液经腹腔引流管或切口流出体表,为胰外瘘。

2. **胰腺假性囊肿**　多在重症急性胰腺炎病程 4 周左右出现,系由胰液和液化的坏死组织在胰腺内或其周围包裹所致,囊壁无上皮,囊内无细菌生长,含有胰酶。胰腺假性囊肿多位于胰体尾部,形态多样,大小不一。一般假性囊肿<5cm 时,6 周内约 50% 可自行吸收;囊肿大时,可有明显腹胀及上、中消化道梗阻等症状。

3. **胰腺脓肿**　胰腺内、胰周积液或胰腺假性囊肿感染,发展为脓肿。患者常有发热、腹痛、消瘦及营养不良症状。

4. **左侧门静脉高压**　在胰腺假性囊肿压迫和炎症作用下,脾静脉血栓形成,继而脾大、胃底静脉曲张,破裂后可发生致命性大出血。

【实验室及其他检查】

（一）淀粉酶

血清淀粉酶在起病后 2~12 小时开始升高,48 小时开始下降,持续 3~5 天。血清淀粉酶超过正常值 3 倍可确诊为本病。淀粉酶值越高,诊断准确率越大,但淀粉酶升高的幅度与胰腺炎的病情严重程度不成比例。其他急腹症如消化性溃疡穿孔、胆石症、胆囊炎、肠梗阻等都可有血清淀粉酶升高,但一般低于正常值 2 倍。尿淀粉酶受患者尿量的影响,其变化仅作参考,通常在发病后 12~14 小时开始升高,下降缓慢,持续 1~2 周。胰源性腹水和胸腔积液中的淀粉酶亦明显增高。

（二）血清脂肪酶测定

血清脂肪酶常在起病后 24~72 小时开始升高,持续 7~10 天,其敏感性和特异性均略优于血清淀粉酶。

（三）C 反应蛋白（CRP）

CRP 是组织损伤和炎症的非特异性标志物,有助于评估与监测急性胰腺炎的严重性,在胰腺坏死时 CRP 明显升高。

（四）血常规

多有白细胞增多及中性粒细胞核左移。

（五）生化检查

暂时性血糖升高常见,可能与胰岛素释放减少和胰高血糖素释放增加有关。持久的空腹血糖>10mmol/L 反映胰腺坏死,提示预后不良。暂时性低钙血症（<2mmol/L）常见于重症急性胰腺炎,低血钙程度与临床严重程度平行,若血钙<1.5mmol/L 提示预后不良。部分患者可出现高胆红素血症,多于发病后 4~7 天恢复正常。血清 AST、LDH 可增加,少数急性胰腺炎患者可出现高甘油三酯血症,这种情况可能是病因或是后果,后者在急性期过后可恢复正常。

（六）影像学检查

1. 腹部超声 是急性胰腺炎的常规初筛影像学检查,因常受胃肠道积气干扰,对胰腺形态观察不满意,但可探测胆道情况,是胰腺炎胆源性病因的初筛方法,后期对脓肿及假性囊肿有诊断意义,常用腹部超声诊断、随访及协助穿刺定位。

2. 腹部 CT CT 检查评分（表 4-12-2）是胰腺炎常用的检查方式。平扫有助于确定有无胰腺炎,胰周炎性改变及胸、腹腔积液;增强 CT 是诊断胰腺坏死的最佳方法,一般应在起病 1 周左右进行。

表 4-12-2 急性胰腺炎 CT 评分

积分	胰腺炎症反应	胰腺坏死	胰腺外并发症
0	胰腺形态正常	无坏死	
2	胰腺+胰周炎性改变	坏死范围≤30%	胸腔积液、腹腔积液,脾静脉、门静脉血栓,胃流出道梗阻等
4	单发或多个积液区或胰周脂肪坏死	坏死范围≥30%	

注:评分≥4 分为 MSAP 或 SAP。

【诊断与鉴别诊断】

（一）诊断

1. 确定急性胰腺炎 临床上符合以下 3 项特征中的 2 项,即可诊断为急性胰腺炎:①与急性胰腺炎符合的腹痛(急性、突发、持续、剧烈的上腹部疼痛,常向背部放射);②血清淀粉酶和/或脂肪酶活性>正常上限值的 3 倍;③急性胰腺炎的典型影像学改变。

2. 确定急性胰腺炎程度 重症患者除具备轻症急性胰腺炎的诊断标准外,还具有局部并发症(胰腺坏死、假性囊肿、脓肿)和/或器官衰竭。重症胰腺炎病情重且复杂,在起病 48~72 小时内需密切监测病情和实验室指标的变化,综合评价。出现下列任一情况,应考虑重症急性胰腺炎:①临床症状:烦躁不安、四肢厥冷、皮肤呈斑点状等休克症状;②体征:腹肌强直、腹膜刺激征,格雷-特纳征或卡伦征;③实验室检查:血钙下降<2mmol/L,血糖>11.2mmol/L(无糖尿病史),血尿淀粉酶突然下降;④腹腔诊断性穿刺有高淀粉活性的腹水。

根据器官衰竭、胰腺坏死及胰腺感染情况,将急性胰腺炎严重程度分为4种程度(表4-12-3):①轻症急性胰腺炎(MAP);②中度重症急性胰腺炎(MSAP);③重症急性胰腺炎(SAP);④危重急性胰腺炎(CAP)。

表 4-12-3　急性胰腺炎严重程度诊断

	MAP	MSAP	SAP	CAP
器官衰竭	无	<48h 内恢复	>48h	>48h
	和	和/或	或	和
胰腺坏死	无	无菌性	感染性	感染性

ER 4-12-3

AP 诊断流程

3. 寻找病因　住院期间应努力使 80% 以上患者的病因得以明确,尽早解除病因有助于缩短病程、预防 SAP 及避免日后复发。胆道疾病仍是急性胰腺炎的首要病因,应注意多个病因共同作用的可能。

知识拓展

内镜逆行胰胆管造影术

内镜逆行胰胆管造影术(ERCP)是将内镜插入十二指肠降部,寻找胰胆管开口的乳头,再经活检孔插入造影导管,注入造影剂进行 X 线检查的一种方法。它是可直接观察乳头形态及胰胆影像的综合诊断方法。对乳头还可活检得以确诊。ERCP 是检查胰、胆疾病的重要手段。

(二)鉴别诊断

1. 消化性溃疡急性穿孔　有较典型的溃疡病史,腹痛突然加剧,腹肌紧张,肝浊音界消失,血清淀粉酶增高不如急性胰腺炎明显,立位 X 线透视可见膈下有游离气体。

2. 胆石症和急性胆囊炎　常有胆绞痛史,疼痛位于右上腹,常向右肩背部放射,墨菲征阳性,血、尿淀粉酶轻度升高,发作时可有黄疸。B 超、X 线或 CT 检查可发现胆石症、胆囊炎征象。

3. 急性肠梗阻　腹痛为阵发性,腹胀,呕吐,无排气,可见肠型、蠕动波,机械性肠梗阻肠鸣音亢进,有气过水声。腹部 X 线检查可见梗阻部位以上的肠管扩张和液气平面。

4. 急性心肌梗死　少数患者有急腹症样的剧烈腹痛,患者常有冠心病史,突然发病,有时疼痛限于上腹部。心电图有心肌梗死特征性改变,血清心肌坏死标记物升高。血淀粉酶、尿淀粉酶正常。

【治疗】

急性胰腺炎治疗的两大任务是寻找并去除病因和控制炎症。治疗方法取决于病理类型和严重程度。轻症急性胰腺炎经支持疗法、减少胰液分泌及抑制胰酶活性等治疗即可取得较好效果。重症急性胰腺炎必须早期发现,采取综合性措施积极抢救。

(一)轻症急性胰腺炎

大多数急性胰腺炎属于轻症急性胰腺炎,经 3~5 天积极治疗多可治愈。治疗措施:①禁食;②胃肠减压;③静脉补液,积极补充血容量,维持水电解质和酸碱平衡,注意维持热能供应;④止痛:腹痛剧烈者可予哌替啶;⑤抗生素:轻型不推荐常规使用,但胆源性急性胰腺炎应给予抗生素;⑥抑酸治疗:H$_2$RA 或 PPI 静脉给药;⑦抑制胰酶分泌:生长抑素或奥曲肽。

(二)重症急性胰腺炎

1. 监护 如有条件应转入重症监护病房(ICU)。根据症状、体征、实验室检查及影像学变化及时了解病情进展情况,并采取相应的措施。

2. 器官支持 如液体复苏、呼吸功能支持、肠功能维护、连续血液净化等措施。

3. 减少胰液分泌

(1)**禁食**:起病后短期禁食,降低胰液分泌,减轻自身消化。

(2)**抑制胃酸**:适当抑制胃酸可减少胰液量,缓解胰管内高压。

(3)**生长抑素及其类似物**:天然生长抑素由胃肠黏膜 D 细胞合成,它可抑制胰泌素和缩胆囊素刺激的胰液基础分泌。在发生急性胰腺炎时,循环中生长抑素水平显著降低,可予外源性补充生长抑素 250~500μg/h,或生长抑素类似物奥曲肽 25~50μg/h,持续静脉滴注。

4. 镇痛 多数患者在静脉滴注生长抑素或奥曲肽后,腹痛可得到明显缓解。对严重腹痛者,可肌内注射哌替啶止痛,每次 50~100mg。由于吗啡可增加 Oddi 括约肌压力,胆碱能受体拮抗剂如阿托品可诱发或加重肠麻痹,故均不宜使用。

5. 急诊内镜或外科手术治疗祛除病因 对胆总管结石性梗阻、急性化脓性胆管炎、胆源性败血症等导致的胆源性急性胰腺炎,应尽早行治疗性内镜逆行胰胆管造影术(ERCP)。内镜下 Oddi 括约肌切开术、取石术、放置鼻胆管引流等既有助于降低胰管内高压,又可迅速控制感染。这种微创对因治疗的疗效肯定,创伤小,可迅速缓解症状,改善预后,缩短病程,节省治疗费用,避免急性胰腺炎复发。

6. 预防和抗感染 急性胰腺炎本是化学性炎症,但在病程中极易感染,是病情向重症发展甚至死亡的重要原因之一。急性胰腺炎感染源多来自肠道。预防胰腺感染可采取:①导泻清洁肠道,可减少肠腔内细菌过生长,促进肠蠕动,有助于维护肠黏膜屏障。可给予 33% 硫酸镁每次 30~50ml 或芒硝 40g + 开水 600ml 分次饮入。在此基础上,口服抗生素可进一步清除肠腔内及已进入门静脉系统的致病菌。②尽早恢复肠内营养,有助于受损的肠黏膜修复,减少细菌移位。

胰腺感染后,应选择针对革兰氏阴性菌和厌氧菌的、能透过血胰屏障的抗生素,如喹诺酮类或头孢类联合抗厌氧菌的甲硝唑。严重败血症或上述抗生素治疗无效时应使用亚胺培南等。此外,如疑有真菌感染,可经验性应用抗真菌药。

7. 营养支持 对于 MAP 患者,在短期禁食期间可通过静脉补液提供能量即可。在发生 SAP 时,在肠蠕动尚未恢复前,应先予肠外营养。当病情缓解时,应尽早过渡到肠内营养。恢复饮食应从少量、无脂、低蛋白饮食开始,逐渐增加食量和蛋白质,直至恢复正常饮食。

8. 择期内镜、腹腔镜或手术去除病因 胆总管结石、胰腺分裂、胰管先天性狭窄、胆囊结石、慢性胰腺炎、壶腹周围癌,胰腺癌等多在急性胰腺炎恢复后择期手术,尽可能选用微创方式。

9. 胰腺局部并发症

(1)**胰腺脓肿**:在充分抗生素治疗后,若脓肿不能吸收,可行腹腔引流或灌洗,如果仍不能控制感染,应施行坏死组织清除和引流手术。

(2)**胰腺假性囊肿**:直径<4cm 的囊肿几乎均可自行吸收。直径>6cm 者或多发囊肿则自行吸收的机会较小,在观察 6~8 周后,若无缩小和吸收的趋势,则需要引流。引流方式包括经皮穿刺引流、内镜引流、外科引流。

【预后】

急性胰腺炎的病程经过及预后取决于病变程度以及有无并发症。轻症患者常在 1 周左右康复,不留后遗症。重症患者病死率约 15%,经积极抢救而存活的患者多有胰腺假性囊肿、胰腺包裹性坏死、胰腺脓肿和脾静脉栓塞等并发症,遗留不同程度胰腺功能不全。未去除病因的部分患者可经常复发急性胰腺炎,反复炎症及纤维化可演变为慢性胰腺炎。

【预防】

积极治疗胆胰疾病,避免暴饮暴食及酗酒。

本章小结

　　急性胰腺炎是指因胰酶异常激活对胰腺组织自身及周围器官产生消化作用而引起的以胰腺局部炎症反应为主要特征,甚至可导致器官功能障碍的急腹症。我国目前仍以胆石症为主要病因。临床典型症状为急性发作的持续性上腹痛,常向背部放射,伴腹胀、恶心、呕吐,部分患者出现心动过速、低血压、少尿等休克表现。临床体征轻者表现腹部轻压痛、重者出现腹膜刺激征、格雷-特纳征和卡伦征,可并发一个或多个器官功能障碍。实验室检查血淀粉酶和脂肪酶增高,腹部CT检查是诊断急性胰腺炎的重要影像学方法,典型表现为胰腺水肿、胰周渗出、胰腺和/或胰周组织坏死等。急性胰腺炎早期治疗主要包括液体治疗、镇痛与营养支持、针对病因治疗等,后期主要针对各种并发症治疗。

病例讨论

　　患者,男,48岁。因"持续性上腹部疼痛1天"入院。患者1天前饮酒后出现上腹部持续性剧烈疼痛,伴呕吐,呕吐物为胃内容物,给予解痉剂治疗后上述症状无明显缓解。既往饮酒10余年,平均每天饮白酒250~500g。查体:T 37.5℃,P 90次/min,R 20次/min,BP 112/64mmHg。神志清楚,巩膜黄染。心肺无异常。腹平软,上腹部压痛,无反跳痛,墨菲征阴性,肝脾肋下未触及,移动性浊音(−),肠鸣音正常。辅助检查:血白细胞 $12.0×10^9$/L,N 85%;尿常规正常;血糖 6.8mmol/L,血淀粉酶 258U/L,心电图正常。

(杨淑丽)

思考题

1. 简述急性胰腺炎的诊断依据。
2. 急性胰腺炎主要与哪些疾病进行鉴别?
3. 如何对急性胰腺炎患者进行健康教育?

ER 4-12-4

练习题

第五篇

泌尿系统疾病

教学课件

思维导图

学习目标

　　1. 掌握:泌尿系统常见的临床表现及其意义,包括水肿、肾性高血压、肾区钝痛、叩痛和尿路刺激征。

　　2. 熟悉:尿量、尿检查异常的定义及临床意义,包括血尿、蛋白尿、管型尿、多尿、少尿和无尿的临床意义;肾小球滤过功能和肾小管重吸收、分泌和浓缩稀释功能检查参考值及异常的临床意义。

　　3. 了解:肾大体解剖、形态与微细结构特点;肾的排泄功能和内分泌功能。

　　4. 学会临床应用及分析尿常规检查,指导患者或家属正确留取尿液标本。

　　5. 具备社会责任感和职业使命感,关爱他人、勇于奉献、热爱生命的情操以及和谐处理医患关系的能力。

案例导入

　　患者,男,21岁,于半个月前着凉后感咽部不适,轻度干咳,无发热,自服感冒药无好转。5天前发现双眼睑水肿,晨起时明显;并双下肢水肿,呈凹陷性;尿量减少,为茶色尿。外院化验尿蛋白++,血压180/90mmHg,体重半个月来增加4kg。

　　请思考:

　　1. 这个患者考虑是哪个系统疾病?

　　2. 结合患者目前的症状,还需要获得什么临床症状?

　　3. 我们需要进一步做什么辅助检查?

　　泌尿系统由肾、输尿管、膀胱、尿道及其相关的血管、淋巴和神经组成,其主要功能是生成和排出尿液,对维持机体内环境起重要作用,排泄机体的代谢废物,维持水、电解质和酸碱平衡并分泌多种激素。泌尿系统疾病与其他系统疾病密切相关,全身性疾病可累及肾脏,而肾脏疾病又都能影响全身,故泌尿系统疾病及功能紊乱对人体影响很大。本篇主要阐述内科范畴常见的肾脏疾病。

第一节　肾的基本结构与功能

　　人体有两个肾脏,位于腹膜后脊柱两侧,为第12胸椎至第3腰椎的位置,左右各一,形似蚕豆,肾脏属于实质性器官,中国成人肾脏的长、宽、厚分别为10.5~11.5cm、5.0~7.2cm、2.0~3.0cm,男性一个肾重量为100~140g,女性的略轻。

　　肾脏的外缘隆起,内缘中间凹陷,凹陷中央称肾门,是肾血管、淋巴管、输尿管及神经出入肾脏的部位。在肾脏的额状切面上,肾实质分为表层的肾皮质及内侧的肾髓质,肾髓质形成底端朝向肾皮质,尖端伸向肾乳头的肾锥体。

肾脏大体
解剖图

一、肾单位

肾单位是肾脏最基本的结构和功能单位。每个肾脏约有100万个肾单位。肾单位包括肾小体和肾小管两部分:肾小体由肾小球毛细血管丛和周围包绕的肾小囊(也称鲍曼囊)两部分组成;进出毛细血管丛的分别是入球小动脉和出球小动脉。

(一)肾小体

肾小体由肾小球和肾小囊两部分组成。

1.肾小球　肾小球(glomerulus)是肾单位的重要组成部分,包括肾小球毛细血管丛和鲍曼囊。肾小球毛细血管丛由3种主要细胞(内皮细胞、脏层上皮细胞、系膜细胞)、基底膜和系膜组成。内皮细胞呈扁平状覆盖于毛细血管壁内侧,胞体布满小孔(窗孔),是肾小球滤过屏障的首层。内皮细胞带有负电荷,与肾小球基底膜(glomerular basement membrane,GBM)、脏层上皮细胞的足突构成肾小球的滤过屏障。肾小球基底膜厚度为270~350nm,是一完整的半透膜。脏层上皮细胞有较多足状突起,又称足细胞,足细胞是终末分化细胞,足突间形成了指状镶嵌的交叉突起,附着于基底膜上,足突间的裂隙为裂孔。足细胞对于维持肾小球滤过屏障的完整性至关重要。肾小球毛细血管间有系膜组织,包括系膜细胞和基质,起支撑肾小球毛细血管丛、调节肾小球滤过率等多种作用。

2.肾小囊　包绕在肾小球外的包囊即肾小囊,由脏层和壁层两层上皮细胞构成,两层之间腔隙为肾小囊腔,用于存贮原尿。肾小囊脏层上皮紧贴在肾小球毛细血管壁,与肾小球毛细血管内皮和基底膜共同构成滤过膜;肾小囊壁层上皮细胞与肾小管壁相连,延续为近端肾小管。

肾小体结构

(二)肾小管

肾小管(renal tubule)占正常肾皮质体积的80%~90%,是肾单位的另一个重要组成部分,与肾小球组成一个密不可分的结构和功能单位,所以肾小球和肾小管的疾病是相互影响的。肾小管包括近曲小管、髓袢降支及升支、远曲小管,集合管汇集尿液流经肾乳头至肾盏并最终至输尿管。肾小管不同的节段由高度分化、形态和功能截然不同的各种上皮细胞构成,具有明显的极性。肾小管在其管腔侧和基底膜侧分布着不同的转运蛋白,是水和溶质定向转运的结构和物质基础。

二、肾的滤过、吸收和分泌功能

肾脏接收的血流灌注约占全心输出量的25%。滤过功能是肾脏最重要的生理功能,也是临床最常用的评估肾功能的参数。肾小球每天滤过生成180L的原尿,其中电解质成分与血浆相同。原尿中99%的水、全部的葡萄糖和氨基酸、大部分的电解质及碳酸氢根等被肾小管和集合管重吸收回血液,形成终尿约1.5L。近端肾小管是重吸收的主要部位,被滤过的葡萄糖、氨基酸全部被重吸收;Na^+通过Na^+-K^+-ATP酶主动重吸收,主要阴离子HCO_3^-和Cl^-随Na^+一起转运。近端肾小管除具有重吸收功能外,还参与有机酸的排泄。尿酸可从肾小球滤过,但多数在肾小管重吸收,继而又再分泌到肾小管腔中。除有机酸和尿酸外,药物特别是一些抗生素和造影剂,也以此方式排出。

髓袢在髓质渗透压梯度形成中起重要作用。水在髓袢降支细段可以自由穿透,而Na^+和Cl^-却不能自由穿透,使管腔内的水分在经过内髓的高渗区时被迅速重吸收;而降支细段一旦折为升支细段,则水不能自由穿透,而Na^+和Cl^-却能自由穿透,从而维持髓质区的高渗,故髓袢细段对尿液的浓缩功能至关重要。

远端肾小管,特别是连接小管是调节尿液最终成分的主要场所。这些小管上皮细胞可重吸收

Na$^+$,排出 K$^+$以及分泌 H$^+$和 NH$_4^+$,醛固酮可加强上述作用。

三、肾的内分泌功能

肾小球旁器位于肾小球的血管极,位于入球小动脉与出球小动脉形成的交角里,由致密斑、球旁细胞、极周细胞、球外系膜细胞构成。90% 以上的肾素是球旁细胞分泌的,当肾缺血、肾动脉内压下降时刺激球旁细胞分泌肾素,故球旁细胞又称压力感受细胞。致密斑感受流经肾小管液中的钠离子浓度,并通过调节球旁细胞释放肾素,从而调节入球小动脉的血管张力,以此来调节肾小球滤过率,此过程称为管-球反馈。肾素是一种蛋白水解酶,能催化肝产生的血管紧张素原转变为血管紧张素 I,再经肺、肾转换酶的作用生成血管紧张素 II、III,血管紧张素 II、III使小动脉收缩并促使醛固酮分泌,肾小管对钠、水重吸收增加,血容量增加,血压升高。

肾脏产生促红细胞生成素受肾脏皮质和外髓局部组织氧含量调节,促红细胞生成素从肾脏分泌,经血液循环作用于骨髓的红系祖细胞,主要作用是促进红细胞增生。

肾间质是产生 1α-羟化酶的最重要场所,25-羟维生素 D$_3$ 在 1α-羟化酶作用下形成 1,25-二羟维生素 D$_3$,是生物活性最强的维生素 D。1,25-二羟维生素 D$_3$ 能通过调节胃肠道钙磷的吸收、尿排泄、骨转运、甲状旁腺素分泌等维持血钙磷平衡,保持骨骼正常的矿物化。

肾皮质分泌激肽释放酶,在血压升高时被活化,使激肽原变成激肽,激肽既有直接舒张血管作用,又能作用于肾髓质乳头部的间质细胞和集合管上皮细胞分泌前列腺素,前列腺素主要有 PGE$_2$、PGA$_2$ 及少许 PGF$_{2\alpha}$。PGE$_2$ 能使肾皮质血管扩张、血流增加、肾小球滤过率增加,血压下降。PGF$_{2\alpha}$ 则有缩血管作用,但升压作用不大。正常时肾升压与降压两系统相互作用、协调,以保持血压稳定。

第二节　泌尿系统疾病常见的临床表现

一、水肿

水肿是组织间隙有过多的液体积聚。当液体积聚超过体重的 5% 时可表现为显性水肿。水肿可分全身性和局限性。水肿严重者可以出现腹腔、胸腔积液。

肾脏疾病引起的水肿称为肾性水肿,形成机制包括肾脏疾病产生水钠潴留导致的毛细血管内静水压升高、低白蛋白血症导致的血浆胶体渗透压降低以及毛细血管壁通透性增高。肾性水肿具有对称性,常见于下肢和颜面,多为凹陷性。肾病综合征患者因大量蛋白尿,导致低白蛋白血症,血浆胶体渗透压下降,液体由血管内渗入组织间隙而产生水肿,称为"肾病性水肿"。急性肾炎时,以水钠潴留静水压升高为主,水肿不易压出凹痕,被称为"肾炎性水肿"。

二、高血压

高血压是肾病常见临床表现,因此,所有高血压患者均应仔细检查有无肾脏疾病,肾性高血压在成人中占高血压的 5%~10%,在继发性高血压中占首位,是加剧肾功能恶化的重要因素之一。肾性高血压可分为肾血管性和肾实质性两类,肾血管性高血压见于各种原因引起的单侧或双侧肾动脉主干及其分支狭窄,如先天性血管畸形、血管炎、肾动脉硬化及肾外伤等,血压升高幅度较大;肾实质性高血压由肾脏实质疾病引起,包括各种肾小球肾炎、慢性肾盂肾炎及多囊肾等,约 90% 尿毒症患者会发生高血压。肾性高血压按其主要发生机制可分为容量依赖型高血压和肾素依赖型高血压,临床上高血压发生机制复杂,两者往往不能截然分开,两种因素常同时存在,或兼有外周阻力增

ER 5-1-5

肾小球滤过示意图

ER 5-1-6

肾素血管紧张素系统的组成及其作用

加等其他因素。临床中终末期肾衰竭患者,80% 以上属于容量依赖型,仅约 10% 属于肾素依赖型。

三、肾区钝痛与肾绞痛

某些肾脏疾病可引起肾脏体积肿大,牵、撑肾脏包膜引起肾区钝痛,见于急性肾小球肾炎、急性肾盂肾炎、肾静脉血栓形成、肾盂积水、多囊肾、肾肿瘤及肾下垂等。肾绞痛常呈突然发作性剧烈腰腹痛,疼痛向外阴部及大腿内侧放射,严重者伴有恶心、呕吐及面色苍白多汗。肾绞痛多为肾输尿管结石嵌顿,或血块坏死组织堵塞输尿管引起,多伴有血尿,一旦堵塞解除,疼痛即缓解,肾区钝痛和肾绞痛均有不同程度的肾区叩痛。

四、排尿异常

(一) 尿量异常

正常成人每天尿量 1 000~2 000ml,若每天尿量超过 2 500ml 为多尿;少于 400ml 或每小时少于 17ml 为少尿;少于 100ml 为无尿。

多尿常伴有夜尿多,即夜尿量超过白天尿量或夜尿量超过 750ml,尿比重常低于 1.018。多尿原因分为肾源性和非肾源性两类,肾源性是指各种肾实质疾病损伤肾脏髓质高渗状态,或破坏了肾小管上皮细胞对抗利尿激素的反应能力,尿液不能被浓缩引起多尿,见于急性肾衰竭多尿期、慢性肾衰竭早期以及肾小管-间质疾病等;非肾源性多尿见于某些内分泌代谢疾病,包括尿崩症、原发性甲状旁腺功能亢进及原发性醛固酮增多症等。

少尿或无尿的病因,可分为肾前性、肾性及肾后性。肾前性常为排血量下降、血容量不足所致;肾性常为肾实质疾病:急性肾小管坏死、急性间质性肾炎、急进性肾炎等;肾后性原因包括输尿管、膀胱、尿道的梗阻。

(二) 蛋白尿

正常肾小球毛细血管壁的电荷屏障和孔径屏障,阻挡血液中大分子蛋白质通过,小分子蛋白可以自由通过肾小球毛细血管襻,在近端肾小管上皮细胞被大部分重吸收。正常人尿蛋白排泄总量为 30~130mg/d,人体每天排出的尿蛋白总量上限为 150~200mg/d。24 小时尿蛋白量超过 150mg/d,或尿白蛋白/肌酐比值大于 300mg/g,则为临床蛋白尿,蛋白尿常表现为尿泡沫增多。24 小时尿蛋白定量大于 3.5g 为大量蛋白尿;24 小时尿白蛋白定量 30~300mg 为微量白蛋白尿。按蛋白尿发生机制分为:

1. **肾小球性蛋白尿** 肾小球滤过膜分子屏障和/或电荷屏障被损害,通透性增加,肾小球滤液中的蛋白质大量增加,超过了肾小管的最大重吸收能力,引起蛋白尿。其中白蛋白占 60%~90%。见于肾小球疾病。

2. **肾小管性蛋白尿** 正常时小分子蛋白质包括 β_2-微球蛋白、溶菌酶、核糖核酸酶等,经肾小球滤过后几乎全部被肾小管重吸收,若肾小管对上述物质重吸收障碍引起的蛋白尿,称肾小管性蛋白尿,24 小时尿蛋白定量一般不超过 2g,且以小分子蛋白为主。

3. **溢出性蛋白尿** 肾小球、肾小管功能均正常,血中有异常增多的小分子蛋白,可经肾小球滤过,超过了肾小管的重吸收极限,而从尿中排出,如多发性骨髓瘤患者的本周蛋白尿及血管内溶血的血红蛋白尿即属于此类。

4. **组织性蛋白尿** 为肾组织破坏及分泌所产生的蛋白尿,见于肾盂肾炎、尿路肿瘤等疾病。

(三) 血尿

正常人离心尿沉渣镜检红细胞计数<3 个/HP(高倍镜视野),通常情况下将每高倍镜视野超过 3 个则定义为血尿。尿色外观无血色则称为镜下血尿,当尿液呈现红色或棕色称为肉眼血尿。但红色尿不一定是血尿,还可见于肌红蛋白尿、血红蛋白尿、卟啉症、用药(如膀胱镇痛药非那吡啶、大黄

和去铁胺）及进食甜菜根等,此外一些因为月经期或者产后污染也可以引起肉眼血尿。因此血尿的诊断应进一步定性和定位,可通过相差显微镜观察尿液红细胞的形态,血尿可分为两种类型:肾小球源性和非肾小球源性。

对于肾小球源性和非肾小球源性血尿的临床鉴别要点:

1. 肾小球源性血尿为全程血尿。而非肾小球源性血尿可以为起始血尿,提示病变位置在尿道;可以为终末血尿,病变位置在膀胱三角区;也可以为全程血尿,病变位置在输尿管膀胱开口以上部位。以上血尿特点可以通过询问患者排尿时所见肉眼血尿情况或者通过尿三杯试验确认。

2. 绝大多数肾小球源性血尿患者为无痛性血尿,仅少数患者由于血尿刺激膀胱可产生轻微的尿痛。而一些非肾小球源性血尿可以伴有尿痛,例如肾结石或输尿管结石的患者往往在剧烈的腰痛后出现肉眼血尿。

3. 绝大多数肾小球源性血尿患者肉眼血尿没有血丝、血块,而非肾小球源性血尿血丝、血块较为常见。

4. 如果尿液沉渣检查发现红细胞管型,则血尿形成一定是在肾小管或以上位置,但是红细胞管型的敏感性并不高。大量红细胞管型阻塞有时候会引起急性肾损伤。

5. 变形红细胞形态检查一直是用来判断肾小球源性血尿的重要方法。采用相差显微镜检查尿红细胞形态,肾小球源性血尿红细胞形态多为变形性,而非肾小球源性血尿红细胞形态多为正常形态。特别是在尿沉渣发现棘形红细胞对于诊断肾小球源性血尿具有很高的特异性。

6. 肾病其他表现例如合并蛋白尿（尿白蛋白/肌酐比值大于 300mg/g 或者 24 小时尿蛋白定量超过 300mg）,特别是大量蛋白尿时提示肾小球源性血尿。

（四）管型尿

髓袢升支厚壁段上皮细胞分泌 TH（Tamm-Horsfall）糖蛋白,锚定于细胞腔面上,经蛋白酶剪切脱落进入管腔内形成网状结构,然后网罗尿液中的细胞、颗粒及一些有形成分,在远端肾小管和集合管内凝聚而形成两边平行、末端钝圆的圆柱形管型。小管液浓缩和偏酸性有利于管型形成。管型长短、粗细不一,所含有形成分不同可分多种类型,其临床意义也不相同。健康人尿中偶见透明管型;红细胞管型提示血尿来自肾实质;白细胞管型多见于肾盂肾炎或间质性肾炎;颗粒管型见于各种肾小球肾炎或肾小管疾病;蜡样管型见于慢性肾衰竭;粗大的上皮细胞管型见于急性肾小管坏死;脂肪管型见于肾病综合征。

相差显微镜观察尿红细胞形态图

各种细胞管型

（五）白细胞尿、脓尿及细菌尿

健康人尿沉渣白细胞每高倍视野不超过 5 个,若新鲜尿沉渣每高倍视野超过 5 个,或 1 小时白细胞排泄率>30 万,或 12 小时尿沉渣计数白细胞超过 100 万,称白细胞尿。变性的白细胞较多或聚集成堆称脓尿,严重脓尿外观呈米汤样混浊。白细胞尿常见于肾小球肾炎、肾间质炎症、泌尿系感染或肿瘤等;脓尿由泌尿系特异性或非特异性感染引起,如尿路感染、结核、血丝虫病等;细菌尿是指清洁中段尿培养细菌≥10^5/ml,或尿沉渣涂片每高倍视野均可见到细菌,见于尿路感染。尿路（膀胱）刺激征临床中常常表现为尿频、尿痛和尿不尽感,可伴小腹坠痛,也可见于膀胱、前列腺及尿道受炎症、结石或肿瘤等刺激所引起。

> **知识拓展**
>
> ### 尿液常规检查
>
> 1. 清晨起床后,在空腹和未运动状态下排泄的第一次尿,简称晨尿。经过一夜的睡眠,尿液不会受到饮食、饮水、运动的影响,一般存留膀胱的时间在 4 小时以上,尿液比较浓缩,偏酸

性,尿中有形成分保存较好,特别适用于尿有形成分的检查。留尿时也应留取中段尿液。为防止尿液中化学物质的变化和有形成分的破坏,尿沉渣的检查应在排尿后的30~60分钟内进行,干化学法的检验也不宜超过排尿后2小时。尿液在转运及保存途中,应避免阳光直射。

2.临床所指尿常规检查应包括:尿外观(颜色、清晰度)、尿蛋白、尿葡萄糖、尿胆红素、尿胆原、尿酮体、尿潜血、尿亚硝酸盐和尿pH。尿液显微镜检查包括红细胞、白细胞、管型和结晶等有形成分。

五、肾功能检查

(一)肾小球滤过功能的检查

测定肾小球滤过率(glomerular filtration rate,GFR)可反映肾小球的滤过功能。单位时间内肾清除了血浆中某一物质的能力,即为肾小球清除率。成人静息状态下男性GFR约为120ml/($min·1.73m^2$),女性GFR约低10%。GFR与年龄有关,25~30岁时达到高峰,此后随年龄增长而逐渐降低。GFR主要取决于肾小球血流量、有效滤过压、滤过膜面积和毛细血管通透性等因素。

1.**内生肌酐清除率(Ccr)** 根据血肌酐浓度和24小时尿肌酐排泄量计算,为便于临床应用,常以此代表肾小球清除率。肌酐为肌肉组织的终末代谢产物,人体肌容积相对恒定,检查前禁肉食3天,血肌酐来源于自身肌肉代谢,由于肌酐分子量小,绝大部分经肾小球滤过,仅极少量由肾小管排泌,而不被肾小管重吸收,故可用作GFR的测定,正常值为(100±10)ml/min。也可参考下式计算:

$$Ccr(ml/min) = \frac{(140-年龄) \times 体重(kg)}{72 \times Scr(mg/dl)} \times (0.85 女性)$$

血清肌酐(Scr)1mg/dl=88.4μmol/L

2.**血清肌酐(Scr)和血尿素氮(BUN)测定** 此两项检查亦反映肾小球的滤过功能,血清含量与肾排泄能力密切相关,成年男性空腹Scr为53~106μmol/L(0.6~1.2mg/dl)、女性为44.2~97.2μmol/L(0.5~1.1mg/dl);BUN正常值为3.2~7.1mmol/L(9~20mg/dl),一般肾小球滤过功能减退至正常的50%,Scr和BUN才开始升高,故此两项用作肾功能测定不如Ccr敏感。高蛋白饮食、组织分解过快或上消化道大量出血时BUN可轻度升高。故作为判断肾小球滤过功能时BUN不如Scr准确可靠。

3.**估算的肾小球滤过率eGFR(estimated GFR)** 用于估算GFR的公式包括MDRD公式、Cockcroft-Gault公式和慢性肾脏病流行病学研究(CKD-EPI)公式等。

4.**菊粉清除率和放射性核素(同位素)测定** 菊粉清除率既往被作为肾小球滤过率测定的金标准,但是因为操作烦琐等原因而无法在临床常规应用,主要用于实验室研究。目前临床上可用放射性核素方法测定肾小球滤过率,其准确性接近菊粉清除率。

以上测定肾小球滤过率的方法按准确性由高到低依次为菊粉清除率、放射性核素方法测定、Ccr、eGFR和血肌酐。

(二)肾小管功能测定

1.**近端肾小管功能测定** 血$β_2$微球蛋白和溶菌酶均为小分子物质,经肾小球自由滤过后,绝大部分被近端肾小管重吸收,故尿中含量极微。健康人尿$β_2$微球蛋白<0.2μg/ml、尿溶菌酶<3μg/ml。如血中浓度正常,尿含量超出正常范围,即提示近端肾小管重吸收功能障碍。

2.**肾脏的浓缩和稀释能力检查** 反映远端肾小管和集合管的功能,常用昼夜尿比重试验,具体方法是:晚餐后不再饮水,次晨8时至晚8时,每2小时收集1次尿液共6次为日尿,晚8时至翌晨8时尿液一并收集为夜尿,分别测定各次尿量和尿比重,健康人白天与夜间尿量之比为2:1~3:1,夜尿量不超过750ml,最高一次尿比重应达到1.018,最高与最低尿比重差应>0.008。夜尿多及尿比重差缩小表示肾浓缩功能不全,重症患者尿比重固定在1.010~1.012,表示肾小管浓缩、稀释功能均受损。

3. 尿渗透压测定 尿渗透压反映了尿中溶质分子和离子的颗粒总数,用于肾小管功能测定,比测尿比重更为精确。健康人尿渗透压为 600~1 000mOsm/(kg·H_2O),晨尿常在 800mOsm/(kg·H_2O)以上,正常血渗透压为 280~310mOsm/(kg·H_2O),尿渗透压/血渗透压>2。比值>1 即表示尿液浓缩,<1 表示尿液稀释,比值等于 1 为等渗尿,持续等渗尿说明肾浓缩、稀释功能均受损,为肾小管功能严重损害的表现。

(三)肾血流量测定

测定单位时间内流经双肾的血量,以了解肾血流量或肾血浆流量,现临床多采用放射性核素示踪技术(^{131}I-邻碘马尿酸心前区体表测定法),正常值为 500~700ml/(min·1.73m^2)。增高见于妊娠或糖尿病、急性肾小球肾炎早期;降低见于慢性肾小球肾炎、高血压肾小动脉硬化和慢性肾衰竭等。

第三节 泌尿系统疾病的诊断和防治

一、诊断依据

(一)病史、症状与体征

如水肿、高血压、尿量改变、尿路刺激征、肾区钝痛与肾绞痛、发热等。

(二)实验室检查

血和尿常规检查、尿细菌学检查、尿沉渣及尿脱落细胞学检查、血生化分析及肾功能测定、感染四项、自身抗体、补体、血管炎抗体、血清/尿蛋白电泳、血清/尿免疫固定电泳、血清游离轻链等。

(三)特殊检查

依诊断所需,选择作尿路 X 线平片、排泄性或逆行尿路造影、肾动脉或静脉造影、X 线体层摄片或计算机体层扫描(CT)、磁共振成像检查、放射性核素检查、超声及内镜等。

(四)肾脏病理学检查

肾脏疾病所需的病理学检查标本多来自经皮肾穿刺活检术。经皮肾穿刺活检术是一种有创检查,但是对多种肾脏疾病的诊断、病情评估、判断预后和指导治疗非常有价值,尤其是各种原发性和继发性肾小球疾病、间质性肾炎、急性肾损伤和肾移植后排斥反应等。肾穿刺活检组织病理检查一般包括光镜、免疫荧光、电镜 3 项检查,特殊检查需要通过特殊染色,如刚果红染色等。通过对肾小球、肾小管、间质及血管病变的分析,并结合临床对疾病作出最终诊断。

二、诊断要求

(一)病因诊断

首先区分是原发性还是继发性肾脏疾病,原发性肾脏病包括免疫反应介导的肾炎、泌尿系统感染性疾病、肾血管疾病、肾结石、肾肿瘤及先天性肾病等,继发性肾脏病可继发于肿瘤、代谢系统疾病、自身免疫性疾病等,也可见于各种药物、毒物等对肾脏的损害。

(二)部位诊断

明确上、下尿路病变后,进一步区分肾小球、肾小管、肾间质及肾血管疾病等。

(三)功能诊断

临床上对于诊断急性肾损伤和慢性肾脏病的患者,还要进行肾功能的分期诊断。根据血肌酐和尿量的变化,急性肾损伤分为 1~3 期。根据肾小球滤过率下降程度,慢性肾脏病分为 1~5 期。

(四)病理诊断

对肾炎、肾病综合征、急性肾损伤及原因不明的蛋白尿和/或血尿,可行经皮肾穿刺活体组织检查,肾组织标本经光镜、免疫荧光与电镜检查,来明确疾病的性质、部位及程度,确诊病理类型,以指导治疗,观察疗效和判断预后。

ER 5-1-9

超声引导肾脏穿刺

三、泌尿系统疾病的防治

肾脏疾病依据其病因、发病机制、病变部位、功能诊断和病理诊断的不同,选择相应的治疗方案。其治疗原则包括去除诱因,一般治疗,针对病因和发病机制的治疗,合并症及并发症的治疗和肾脏替代治疗。

(一)预防为主

做好卫生宣传教育及妇幼保健工作,以降低感染性疾病的发病率,并可减少与细菌或病毒感染有关的肾小球肾炎,达到预防为主的目的。

(二)治疗原则

1. 一般治疗 包括避免过度劳累,去除感染等诱因,避免接触肾毒性药物或毒物,采取健康的生活方式(如戒烟、限制饮酒、休息与锻炼相结合、控制情绪等)以及合理的饮食。

2. 针对病因和发病机制的治疗

(1)**免疫抑制治疗**:肾脏疾病尤其是免疫介导的原发性和继发性肾小球疾病,如狼疮性肾炎和系统性血管炎等,其发病机制主要是异常的免疫反应,所以治疗常包括糖皮质激素及免疫抑制剂治疗。某些血液净化治疗(如免疫吸附、血浆置换等)能有效清除体内自身抗体和抗原-抗体复合物,可用于治疗危重的免疫相关性肾病,尤其是重症狼疮性肾炎和血管炎相关性肾损害等。

(2)**针对非免疫发病机制的治疗**:高血压、高血脂、高血糖、高尿酸血症、蛋白尿等非免疫因素在肾脏病的发生和发展过程中起重要作用,针对这些因素的干预治疗是保护肾脏功能的重要措施。尤其是血管紧张素转换酶抑制剂(ACEI)或血管紧张素 II 受体拮抗剂(ARB)既可以抑制肾内过度激活的肾素-血管紧张素系统,降低系统血压,又能够降低肾小球内压力,从而减少尿蛋白的排泄。此外,控制血糖、尿酸、调节血脂水平也是肾脏治疗的综合措施。

(3)**并发症的防治**:在肾脏疾病的进展过程中可有多种并发症,如高血压、心脑血管疾病、肾性贫血、骨矿物质代谢异常等,尤其是心脑血管疾病,是慢性肾脏病(chronic kidney disease,CKD)的重要死亡原因。因此,CKD 患者从一开始就面临着尿毒症及心脑血管疾病的双重风险。这些并发症不仅影响肾脏病患者的生活质量和寿命,还可能进一步加重肾脏病的进展,形成恶性循环,严重影响患者预后。因此,必须重视 CKD 并发症的早期防治。

(4)**肾脏替代治疗**:尽管积极治疗,仍然有部分 CKD 患者进展至终末期肾衰竭。当患者发生严重的急性肾损伤或发展至终末期肾病阶段,则必须依靠肾脏替代治疗来维持内环境的稳定。肾脏替代治疗包括血液透析、腹膜透析和肾移植。血液透析是以人工半透膜为透析膜,血液和透析液在膜两侧反向流动,通过弥散、对流、吸附等原理排出血液中的代谢废物,补充钙、碳酸氢根等机体必需的物质;同时,清除多余的水分,从而部分替代肾脏功能。腹膜透析的原理与血液透析相似,只是以患者的腹膜替代人工半透膜作为透析膜。成功的肾移植无疑是肾脏替代治疗的首选,不仅可以恢复肾脏的排泄功能,还可以恢复其内分泌功能。但是肾移植术后,患者需长期使用糖皮质激素及免疫抑制剂以预防和抗排斥反应。

(三)中医中药

中医辨证施治对慢性肾脏病有许多临床经验,一些中药制剂疗效得以肯定,如雷公藤总苷治疗免疫性肾小球肾炎,黄芪减少肾小球性蛋白尿,大黄减轻氮质血症,丹参、川芎等治疗肾病高凝状态等。

泌尿系统由肾、输尿管、膀胱、前列腺(男性)和尿道组成;肾冠状切面由外向内依次为肾皮质、皮髓交界、髓质和集合系统;肾功能单位为肾单位,每个肾单位包括肾小体、近端肾小管、髓袢细段和远端肾小管。肾小体包括肾小球和肾小囊两部分,肾小球由系膜细胞、内皮细胞、脏层上皮细胞3种细胞和基底膜构成,肾小囊分脏层、壁层,中间为囊腔存储原尿,最终延续为近端肾小管下行。肾脏病常见临床有水肿、高血压和尿检查异常,后者包括血尿、蛋白尿、管型尿和其他尿液分析,确诊有赖于实验室检查;评价肾功能需依据临床肾功能测定,确定肾脏病理诊断依靠肾活检。

(张 丽)

思考题

1. 肾源性水肿、高血压的分类及其发生机制是什么?
2. 简述蛋白尿的分类及其鉴别;血尿的病因诊断。
3. 用于检测肾小球滤过功能和肾小管重吸收、排泌、浓缩稀释功能的辅助检查有哪些?

ER 5-1-10

练习题

第二章 ｜ 尿路感染

学习目标

1. 掌握：尿路感染的临床诊断和治疗方法，尿路感染治愈、复发、再感染的标准。
2. 熟悉：尿路感染的常见致病菌及入侵人体途径、人体易感染因素。
3. 了解：尿路感染致病菌特点、抗生素选用原则和尿路感染的预防。
4. 学会诊断急、慢性肾盂肾炎和膀胱炎、尿道炎；并且制定具体治疗措施。
5. 具备弘扬"敬佑生命、救死扶伤"的医者精神的职业能力。

案例导入

患者，女，38 岁。主诉"发热伴尿频、尿急、尿痛 6 天。"6 天前无诱因出现发热伴寒战，体温高达 39.8℃，同时伴尿频、尿急、尿痛、全程肉眼血尿、腰部酸痛，在当地医院诊断为"尿路感染"给予先锋Ⅴ号 6.0g，每天 1 次，次日尿色正常，第 5 天体温降至 37.6℃左右，但仍有尿频、尿急和偶发腰痛。既往史：无特殊。体检：T 36.8℃，急性面容，双肾区叩击痛。辅助检查：血常规 WBC $11.6×10^9$/L，N 88%，Hb 110g/L；尿常规 WBC 满视野，RBC 2~3/HP；肾功能正常。

请思考：
1. 该患者的诊断是什么？
2. 需进一步做哪些检查？
3. 治疗原则是什么？

尿路感染（urinary tract infection，UTI）简称尿感，是指病原体在尿路中生长、繁殖而引起的感染性疾病。病原体包括细菌、真菌、支原体、衣原体、病毒等。尿路感染是最常见的细菌感染性疾病之一，发病率约为 2%。各个年龄段均可发病，1~50 岁人群中，女性尿路感染发病率明显高于男性，男：女为 1:（8~10），多见于育龄女性、老年人、免疫功能低下及伴有泌尿系统其他疾病者。根据感染发生部位可分为上尿路感染和下尿路感染，前者主要为肾盂肾炎（pyelonephritis），后者主要为膀胱炎（cystitis）和尿道炎（urethritis）。根据患者的基础疾病，可分为复杂性和单纯性尿路感染。单纯性尿路感染主要发生在无泌尿生殖系统异常的女性。根据发作的频次，分为初发或孤立发作尿路感染和反复发作性尿路感染。反复发作性尿路感染指一年发作至少 3 次或 6 个月发作 2 次以上。反复发作可为复发或再感染。复发指病原体一致，多发生于停药 2 周内。再感染指病原体不同，多发生在停药 2 周以后。对于尿路感染患者，了解感染部位，是否反复发作，是否有复杂感染的危险因素，有无尿路感染的症状，对治疗及预后判断有重要意义。

【病因和发病机制】

（一）病原微生物

革兰氏阴性杆菌为尿路感染最常见的致病菌，占尿路感染总数的 95%，其中大肠埃希菌约占门诊尿路感染患者的 90%，住院尿路感染患者的 50%，其次为变形杆菌、克雷伯菌。革兰氏阳性球菌引起的尿路感染占 5%~10%，主要是粪链球菌和凝固酶阴性的葡萄球菌(柠檬色和白色葡萄球菌)。临床上初发或单纯性尿路感染致病菌多为大肠埃希菌单一菌种。而医院内感染、复杂尿路感染和复发性尿路感染多见于长期应用抗生素、留置导尿管以及尿路器械检查的患者，其致病菌多为粪链球菌、变形杆菌、克雷伯菌和铜绿假单胞菌。真菌感染常见于糖尿病、长期应用广谱抗生素、激素和器官移植患者。由于抗菌药物及免疫抑制剂广泛应用，而革兰氏阳性球菌、真菌和耐药菌的尿路感染发病率增多。

(二) 发病机制

1. 感染途径

(1) **上行感染**：此为最常见的感染途径，约占尿路感染 95%。致病菌由尿道外口沿膀胱、输尿管上行到达肾盂，引起肾盂炎症后，再经肾乳头、肾盏侵犯肾小管和间质。此种感染途径的致病菌多为大肠埃希菌，其寄生于健康人尿道口及其周围和前尿道，当机体抵抗力下降及尿道黏膜受刺激或损伤时，该菌黏附于尿道黏膜上行进而致病。常见诱因如尿路器械检查、导尿、性交、尿比重增高及月经期等。女性多发尿路感染的原因为尿道短而宽，尿道口距肛门、阴道近。

(2) **血行感染**：少见，不足 2%。存在感染病灶(扁桃体炎、鼻窦炎、龋齿、皮肤化脓性感染)或败血症时，细菌侵入血流，到达肾皮质引起多发性小脓肿，再沿肾小管向下扩散至肾乳头、肾盏及肾盂，引起肾盂肾炎。尿流不畅或肾结构缺陷为感染提供了条件，致病菌以金黄色葡萄球菌和大肠埃希菌多见。

(3) **淋巴道感染**：极其少见。下腹部、盆腔器官的淋巴管和肾周围淋巴管有交通支，细菌经淋巴管进入肾而致病。

(4) **直接感染**：外伤或肾、尿路附近的器官与组织感染，细菌直接蔓延至肾引起肾盂肾炎，临床很少见。

2. 机体防御功能　在正常情况下，进入膀胱的细菌很快被清除，是否发生尿路感染除与细菌的数量、毒力有关外，还取决于机体的防御功能。机体的防御机制包括：①排尿的冲刷作用；②尿道和膀胱黏膜的抗菌能力；③尿液中高浓度尿素、高渗透压和低 pH 等；④前列腺分泌物中含有的抗菌成分；⑤感染出现后，白细胞很快进入膀胱上皮组织和尿液中，起清除细菌的作用；⑥输尿管膀胱连接处的活瓣具有防止尿液、细菌进入输尿管的功能；⑦女性阴道的乳酸杆菌菌群对限制致病病原体的繁殖有重要作用。

3. 机体易感因素　机体的防御机制主要是尿流不断冲洗、尿液中高浓度尿素和酸性环境以及膀胱黏膜分泌的有机酸和抗体等，当机体这些防御机制被损害后，即发生尿路感染。常见机体易感因素有：

(1) **尿路梗阻**：最主要的易感因素，下尿路梗阻合并感染，细菌沿输尿管逆流引发肾盂肾炎，上尿路梗阻合并感染，引起肾内感染并形成瘢痕。梗阻引起肾盂积水，肾组织受压、肾血流减少，细菌容易生长和繁殖。尿路梗阻常见病因有尿道狭窄、包茎、尿路结石、前列腺增生、膀胱颈部梗阻、神经性膀胱、肿瘤或妊娠子宫压迫输尿管等。肾内梗阻见于药物、尿酸结晶、微小结石和晚期肾实质病变引起的肾小管集合系统引流不畅等。

(2) **膀胱输尿管反流**：正常输尿管膀胱壁内段具有单向瓣功能，膀胱充盈或排尿时阻止尿液上行，若此瓣功能丧失，当膀胱内压力升高或排尿时，尿液反流到输尿管甚至肾盂并导致感染，称为反流性肾病。

(3) **泌尿系统结构异常**：肾发育不良，如多囊肾、马蹄肾、海绵肾及肾髓质囊性变等；肾盂及输尿管畸形；肾移植也是尿路感染的易感因素。

(4) **机体抵抗力下降**：见于糖尿病、重症肝病、慢性肾实质疾病、艾滋病、器官移植以及晚期癌症

患者,长期应用激素和免疫抑制剂也易发生尿路感染。

（5）**遗传因素**:大量证据表明,宿主的基因影响尿路感染的易感性。反复发作的尿路感染中,有尿路感染家族史的患者显著多于对照组。另外,编码 Toll 样受体、IL-8 受体等宿主应答基因的突变也与尿路感染反复发作有关。

（6）**其他易感染因素**:包括尿道口周围及女性内生殖器官炎症、妊娠与分娩、前列腺炎及医源性因素等。膀胱镜检查和输尿管镜检查、逆行性尿路造影等可导致尿路黏膜损伤,可将细菌带入泌尿道,引起尿路感染。此外,某些大肠埃希菌菌株表面具有丝状结构,与尿道黏膜上皮细胞受体结合,吸附力增强,易上行感染;肾髓质高渗状态与氨含量高等特点利于细菌生长繁殖;在肾盂肾炎病程中,尚有免疫反应参与炎症的产生与发展。

4. 细菌的致病力　细菌的致病力是决定能否引起尿路感染、是导致症状性尿路感染还是无症状性尿路感染、膀胱炎还是肾盂肾炎的重要因素。并不是所有大肠埃希菌菌株都可引起症状性尿路感染。能引起侵入性、有症状尿路感染的大肠埃希菌通常表达高水平的黏附力,后者与尿道上皮细胞上的相应受体结合。病原体附着于膀胱或肾脏后激活机体固有免疫反应,释放细胞因子,如白介素-6 和白介素-8,并募集白细胞,导致脓尿以及局部或全身症状。致病性大肠埃希菌还可产生溶血素、铁载体等对人体杀菌作用具有抵抗能力的物质。

【**病理**】

急性肾盂肾炎可见单侧或双侧肾脏受累,表现为局限或广泛的肾盂、肾盏黏膜充血、水肿及表面有中性粒细胞浸润,黏膜有脓性渗出物甚至形成细小的脓肿,病变沿肾小管及周围组织向上扩散,在肾乳头部位可形成基底伸向肾皮质的楔形炎性病灶,病灶肾小管腔中有脓性分泌物,小管上皮细胞肿胀、坏死、脱落,肾实质有白细胞浸润和小脓肿形成,重者肾实质可有广泛出血。肾小球一般无形态改变,其周围有轻度白细胞浸润。

慢性肾盂肾炎部分由急性肾盂肾炎迁延而成,双侧肾脏病变常常不一致。慢性肾盂肾炎病理变化表现为急性炎症后,遗留肾盂、肾盏和乳头部瘢痕形成,导致变形、狭窄,肾间质纤维结缔组织增生,白细胞浸润,病变持续发展至后期,肾表面凸凹不平,质硬,体积缩小,成为"固缩肾"。

急性膀胱炎的病理变化主要表现为黏膜血管扩张、充血、上皮细胞肿胀,黏膜下组织充血与水肿,有炎症细胞浸润,重者有点状或片状出血,甚至黏膜可发生溃疡。

ER 5-2-4

急性肾盂肾炎
病理

ER 5-2-5

慢性肾盂肾炎
病理

【**临床表现**】

（一）**急性肾盂肾炎**

可发生在各个年龄段,育龄女性多见。临床表现与感染程度有关,通常起病多急骤,数小时至1~2 天发展成为本病。

1. 全身表现　发热、寒战,体温升高达 38~40℃,多为弛张热,也可呈现稽留热和间歇热。常伴有头痛、全身酸痛和疲乏无力,可有食欲缺乏、恶心、呕吐。部分患者出现革兰氏阴性杆菌菌血症。

2. 泌尿系统症状　多有尿急、尿频、尿痛等膀胱刺激症状,常伴有膀胱炎,部分患者此症状不明显甚至缺如,而突出表现为发热等全身中毒症状。常有单侧或双侧腰痛、肾区叩痛及脊肋角压痛的局部症状,但疼痛程度不一,多为钝痛或者酸痛,沿输尿管走行的体表部位及膀胱区常有压痛。

3. 尿液变化　重者呈脓尿、血尿表现。详见实验室检查。

（二）**慢性肾盂肾炎**

临床表现复杂多样,半数以上有急性肾盂肾炎病史,考虑为未彻底治愈反复发作所致。

典型表现为肾盂肾炎病程在半年以上,出现低热、全身乏力、食欲缺乏、腰部酸痛、轻度尿频尿急,有时尿混浊,至后期出现肾小管浓缩功能障碍,如夜尿多、低比重尿,可继发肾小管性酸中毒,应

拟诊为慢性肾盂肾炎。晚期可成为终末期尿毒症。

非典型表现形式：

1. 无症状性细菌尿　指患者有真性菌尿，而无尿路感染的症状，可由症状性细菌尿演变而成，致病菌多为大肠埃希菌，一般无尿路刺激症状，或仅有低热、易疲乏和腰痛，尿常规改变轻微，但尿培养有真性细菌尿，临床呈隐匿表现。

2. 继发性高血压　无明确的尿路感染病史，主要表现为头痛、头昏、乏力、记忆力减退等高血压症状，呈中等度高血压，少数有恶性高血压表现，部分患者患病侧肾萎缩，尿检查有多种异常，尿细菌检查阳性。

3. 发作性血尿　以肉眼或镜下血尿为主要表现，常伴腰痛及尿路刺激征，血尿可自行缓解，但细菌尿一直存在。

4. 长期低热　表现为长期低热、乏力、体重减轻，有脓尿、细菌尿、而缺乏尿路刺激征，一般肾实质内有活动性感染病灶。

慢性肾盂肾炎易反复发作，其原因为：①存在易感染因素，多为尿路梗阻或膀胱输尿管反流；②肾盂肾盏黏膜及肾乳头瘢痕形成；③致病菌产生耐药性；④变形杆菌或大肠埃希菌在抗生素、抗体等作用下脱去细胞壁，以原浆形式存在，在肾髓质高渗环境下重新生长出细胞壁存活繁殖而致病，此即"L型菌株"。

（三）复杂性尿路感染

在伴有泌尿系统结构/功能异常（包括异物），或免疫低下的患者发生的尿路感染。复杂性尿路感染显著增加治疗失败的风险，增加疾病的严重性。患者的临床表现可为多样，从轻度的泌尿系统症状，到膀胱炎、肾盂肾炎，严重者可导致菌血症、败血症。

导管相关性尿路感染是指留置导尿管或先前48小时内留置导尿管者发生的感染。导管相关性尿路感染极为常见。导管上生物被膜的形成为细菌定植和繁殖提供了条件，是其重要的发病机制。全身应用抗生素、膀胱冲洗、局部应用消毒剂等均不能将其清除，最有效的减少导管相关性尿路感染的方式是避免不必要的导尿管留置，并尽早拔出导尿管。

（四）膀胱炎和尿道炎

膀胱炎和尿道炎占尿路感染的60%以上，主要表现为尿频、尿急、尿痛和排尿末耻骨上区痛，部分患者可有里急后重感，发热等全身中毒症状轻，多有白细胞尿，伴有镜下血尿或肉眼血尿。75%以上致病菌为大肠埃希菌。另有一种间质性膀胱炎，为膀胱各层的慢性炎症，膀胱黏膜充血并有浅表溃疡形成，膀胱容量小，充盈时下腹痛严重，并向会阴、直肠窝放射，尿中极少有细菌。单纯尿道炎少见，排尿时有灼烧感，尿道口有炎性分泌物，无全身症状。

【并发症】

尿路感染如能及时治疗，并发症很少，但伴有糖尿病和/或存在复杂因素的肾盂肾炎未及时治疗或治疗不当的可出现急性或慢性肾衰竭、肾乳头坏死、肾盂积水或积脓、肾周围脓肿和败血症等并发症。

1. 肾乳头坏死　指肾乳头及其邻近肾髓质缺血性坏死，常发生于伴有糖尿病或尿路梗阻的肾盂肾炎，为其严重并发症。主要表现为寒战、高热、剧烈腰痛或腹痛和血尿等，可同时伴发革兰氏阴性杆菌败血症和/或急性肾衰竭。当有坏死组织脱落从尿中排出，阻塞输尿管时可发生肾绞痛。静脉肾盂造影（intravenous pyelography, IVP）可见肾乳头区有特征性"环形征"。宜积极治疗原发病，加强抗生素应用等。

2. 肾周围脓肿　为严重肾盂肾炎直接扩展而致，多有糖尿病、尿路结石等易感因素。致病菌常为革兰氏阴性杆菌，尤其是大肠埃希菌。除原有症状加剧外，常出现明显的单侧腰痛，且在向健侧弯腰时疼痛加剧。超声、X线腹部平片、CT、MRI等检查有助于诊断。治疗主要是加强抗感染治疗和/或局部切开引流。

【实验室检查及其他检查】

（一）尿液检查

1. **尿常规** 轻者尿外观可无异常，重者呈米汤样混浊，并有腐败气味，尿沉渣镜检白细胞>5个/高倍视野，红细胞视血尿程度而定，检出白细胞管型，对上尿路感染有定位价值。尿蛋白多数为阴性或微量"±~+"，定量不大于2g/24h，为小分子蛋白尿。

2. **尿细菌检查** 应在未用抗生素之前或停药5天之后留取早晨中段尿做尿标本，并在1小时内送检。取尿前应充分清洗外阴，消毒尿道口，以防出现假阳性结果。对于特殊细菌如L型细菌、真菌和厌氧菌的培养，应各采取相应方法，以提高培养的阳性率。

ER 5-2-6

尿细菌学检查

3. **尿沉渣涂片** 取新鲜中段尿离心或不离心尿沉渣涂片直接找细菌，革兰氏染色用油镜，不染色则用高倍镜观察，计算10个视野，每高倍视野有1个以上细菌为阳性，阳性率为90%，染色有助于区别菌种，如球菌或杆菌、革兰氏染色阳性或阴性，对选择抗生素有指导意义。

4. **尿细菌培养和菌落计数** 为尿细菌定量法，可确定真性细菌尿。有尿路感染症状，一次清洁中段尿培养菌落数≥10^5/ml即为真性细菌尿；无症状者需连续两次尿培养菌落计数≥10^5/ml，且为同一菌种，才可诊断。导尿一次尿培养菌落计数≥10^5/ml可视为真性细菌尿。耻骨上膀胱穿刺尿培养，有菌生长或菌落≥10^2/ml就应诊断尿路感染，有尿路感染症状的妇女，或有脓尿的男性患者，尿菌落数≥10^2/ml也能诊断尿路感染。上述标准不适于球菌、真菌、原浆型菌株的感染，如球菌在尿中繁殖较慢，菌落数0.1万~1万/ml，即具有诊断意义。

5. **尿化学检查** 常用尿亚硝酸盐还原试验，大肠埃希菌、变形杆菌可使尿中硝酸盐还原成亚硝酸盐，当其含量>0.1μg/ml时，加入试剂呈红色反应为阳性，阳性率为85%。球菌感染时阴性，故可用作尿细菌筛选试验。

6. **尿白细胞排泄率** 准确收集患者2或3小时尿液，立即进行白细胞计数检查所得白细胞数按每小时折算，计算出1小时尿白细胞排泄率，正常人白细胞计数<20万/h，尿路感染者白细胞计数>30万/h，介于20万~30万/h者为可疑。

（二）其他检查

1. **血液检查** 急性期以中性粒细胞为主的白细胞可升高，重者可见核左移；慢性期可出现贫血。血沉增快，C反应蛋白增高。

2. **肾功能检查** 急性肾盂肾炎偶可发生肾浓缩功能障碍，治疗后多可恢复，慢性肾盂肾炎肾衰竭早期表现为夜尿多、尿比重低而固定，还可出现肾性糖尿、低钾、低钠及高氯性酸中毒，晚期出现慢性肾衰竭各种表现。

3. **X线和超声检查** X线检查包括腹部平片、排泄性或逆行肾盂造影以及排尿期末膀胱造影等，对于了解肾大小、形态、肾盂肾盏变化以及有无结石、梗阻和膀胱输尿管反流有重要意义。B型超声检查肾大小、形态以及有无结石、囊肿、肾盂积水等更为方便准确。

知识链接

真性细菌尿

1. 有症状的尿路感染，清洁中段尿培养菌落计数≥10^5/ml；无症状者需连续两次清洁中段尿培养菌落计数≥10^5/ml，且为同一菌种。

2. 导尿一次尿培养菌落计数≥10^5/ml。

3. 膀胱穿刺尿培养细菌阳性。

尿细菌定量培养 $10^4 \sim 10^5/ml$ 为可疑阳性，再复查如为 $10^4/ml$，为污染。

复发与重新感染：尿路感染治疗后症状消失，尿菌转阴性后，在 6 周后再次出现真性细菌尿，菌种与上次相同，称为复发；若菌种与上次不同为重新感染。

【诊断】

根据尿路感染的症状和体征，如全身中毒症状（发热）、尿路刺激征（尿频、尿急、尿痛）、耻骨上方疼痛和压痛，腰部疼痛或叩击痛等，结合尿常规及尿细菌（清洁中段尿培养菌落计数 $\geq 10^5/ml$）检查，一般即可诊断。无症状性细菌尿主要依据尿细菌学检查作出诊断。上、下尿路感染治疗、预后均有不同继而需要鉴别，其主要区别为：①全身感染中毒表现重，伴腰痛、肾区叩痛或尿中有白细胞管型者，多为肾盂肾炎，无上述表现者多属膀胱炎；②免疫荧光检查尿中抗体包裹细菌，肾盂肾炎时机体可产生抗体将细菌包裹，本试验阳性；③尿 β_2 微球蛋白升高、尿 N-乙酰-β-D 氨基葡萄糖苷酶（NAG）升高属于肾盂肾炎。④治疗 6 周复发或单剂抗菌治疗无效者多为肾盂肾炎。

（一）急性肾盂肾炎的诊断

根据感染全身中毒症状、腰痛和肾区叩击痛以及泌尿系统表现和真性细菌尿，可作出初步诊断，确诊应作定位检查。表现不典型者需多次查尿，参考多项实验室检查结果确诊。

1. 尿路感染的定位诊断

（1）根据临床表现定位：下尿路感染（膀胱炎），常以尿路刺激征为突出表现，一般少有发热腰痛等。上尿路感染（肾盂肾炎）常有发热、寒战，甚至出现毒血症症状，伴明显腰痛，输尿管点和/或肋脊点压痛、肾区叩击痛等，伴或不伴尿路刺激征。

（2）根据实验室检查定位：出现下列情况提示上尿路感染：膀胱冲洗后尿培养阳性；尿沉渣镜检有白细胞管型，并排除间质性肾炎、狼疮肾炎等疾病；肾小管功能不全的表现。

2. 复杂性尿路感染　伴有泌尿道结构/功能异常（包括异物）或免疫功能低下的患者发生尿路感染。对治疗反应差或反复发作的尿感，应检查是否为复杂性尿路感染。

3. 无症状性细菌尿　患者无尿路感染的症状，两次尿细菌培养菌落数均 $\geq 10^5/ml$，均为同一菌种。

（二）慢性肾盂肾炎的诊断

典型病例有急性肾盂肾炎病史半年或 1 年以上，尿细菌检查阳性；临床上有肾小管功能不全的表现，如夜尿多，失钾或失盐性肾病、肾小管性酸中毒等，晚期出现贫血及氮质血症；X 线或 B 超证实肾盂肾盏变形、缩窄及双肾不对称缩小，外形凸凹不平。非典型病例以高血压、血尿、低热为主要表现，或隐匿表现为无症状性细菌尿，结合实验室检查诊断。

【鉴别诊断】

（一）肾结核

常因发热、尿路刺激等症状及脓尿与慢性肾盂肾炎类似，故两者需要鉴别。肾结核患者为结核分枝杆菌引起的特异感染，多有肾外结核病灶，如肺、附睾结核等，发生血尿机会较多，尿沉渣涂片可找到抗酸杆菌，尿培养结核分枝杆菌阳性，结核菌素试验及抗体检查阳性。X 线检查可发现结核钙化灶，静脉肾盂造影肾盏有虫蚀样改变。

（二）慢性肾小球肾炎并尿路感染

慢性肾炎多有较长时间的水肿、高血压病史，尿蛋白较多，肾小球滤过功能损害较肾小管功能损害出现早而突出，并发的尿路感染治疗易好转，而肾功能难以恢复。双肾缩小对称一致，且无肾盂肾盏变化。

（三）前列腺炎

常有尿路刺激征,作前列腺 B 超和直肠指诊、前列腺液化验等可以与下尿路感染相鉴别。

（四）尿道综合征

青壮年女性多发,有尿路刺激症状,无全身中毒症状;尿细菌培养阴性;尿常规检查白细胞可轻度增加。其发生原因可能与尿路局部损伤、刺激或过敏以及尿路动力学功能异常等有关。部分患者系病毒、支原体感染,应注意排除。

【治疗】

治疗目的是消灭病原体,控制临床症状,去除诱发因素及防止复发。

（一）急性肾盂肾炎的治疗

首次发生的急性肾盂肾炎的致病菌 80% 为大肠埃希菌,在留取尿细菌检查标本后应立即开始治疗,首选对革兰氏阴性杆菌有效的药物。72 小时后无效者根据药敏结果选择抗生素。

1. 一般治疗 应卧床休息,给予补液、退热、维持体内水电解质平衡。多饮水,勤排尿,使每天尿量 2 000ml 以上,以保证尿路冲洗作用。高热脱水时应静脉补液,发热等中毒症状明显或有较重的血尿、尿路刺激征者,进食应富有热量和维生素并容易消化的食物。有明确诱因的,应及时去除。

2. 抗菌药的应用 根据菌培养和药敏试验结果应用抗菌药物,在菌培养结果未出来前选择对革兰氏阴性杆菌感染有效的药物治疗,即优先选用对此类细菌有效且在尿中浓度高的药物治疗。轻症患者尽可能单一用药,口服有效抗生素 2 周;严重感染宜采用肌内注射或静脉给予抗生素,混合感染或细菌耐药可两种抗生素联用;已有肾功能不全,则避免应用肾毒性抗生素,如磺胺药、氨基糖苷类抗生素。临床常用药物有:

(1)青霉素类:①青霉素 80 万 U 肌内注射,每天 2 次,或 400 万~800 万 U 溶于生理盐水静脉滴注,每天 1 次;②哌拉西林 1g,每天 2 次肌内注射,或 5~8g 加液体静脉滴注,每天 1 次;③氨苄西林 0.5~1g 肌内注射,每天 2 次,或 4~6g 加入液体静脉滴注,每天 1 次;④阿莫西林 1~3g,每天 3~4 次口服。

(2)氨基糖苷类:因有肾毒性,应用宜慎重。①阿米卡星 0.2g,每天 2 次肌内注射,或 0.4~0.6g 加液体静脉滴注,每天 1 次;②庆大霉素 8 万 U 肌内注射,每天 2 次或 24 万 U 加液体静脉滴注,每天 1 次;③奈替米星 0.3g 加液体静脉滴注,每天 1 次。

(3)喹诺酮类:新合成第三、四代药物具有抗菌力强、广谱、生物利用度高等特点,为目前治疗尿路感染的常用药,如氧氟沙星、环丙沙星、左氧氟沙星和加替沙星等,后三种有注射制剂,均为 0.2~0.4g,每天 1 次,静脉滴注,儿童与孕妇忌用。

(4)头孢菌素类:为广谱高效抗生素,通常不作为首选药,细菌产生耐药性或严重感染时选用,常用二、三代药物:①头孢氨苄 2g,每天 2 次口服;②头孢唑林(先锋 V)4~6g,每天 1 次静脉滴注;③头孢哌酮(先锋必)2g,静脉滴注每天 2 次;④头孢曲松钠 2g,每天 1 次肌内注射或静脉滴注;⑤头孢他啶 2g,每天 2 次静脉滴注;⑥头孢唑肟或头孢吡肟 2.0g 静脉滴注,每天 2 次;⑦亚胺培南 2.0g 静脉滴注,每天 1 次。

(5)其他:甲硝唑、磺胺药及呋喃类药物也可选用。

抗菌药用至症状消失,尿常规阴转和尿培养连续三次阴性后 3~5 天为止。急性肾盂肾炎一般疗程为 10~14 天,疗程结束后 5~7 天查尿细菌,如仍阳性,应换药再治疗 2 周,如连续 2 周(每周 2 次)尿细菌检查阴性,6 周后再复查 1 次为阴性,则为临床治愈。

（二）慢性肾盂肾炎的治疗

针对有尿路感染的不利因素或有肾功能不全,除在炎症活动期间治疗同急性肾盂肾炎外,还应积极寻找和去除不利因素,注意保护肾功能,加强全身支持疗法,增强抵抗力,维持水、电解质酸碱平衡,治疗并发症。抗菌药的应用与急性肾盂肾炎基本相同,但疗程应延长,选择抗菌药最好根据尿培养和药敏试验结果,两种药物联合应用,2~3周为一疗程,结束后一周查尿,若尿细菌仍阳性,另选一组抗菌药应用,疗程相同。也可两组抗菌药轮流使用,直至尿细菌阴性,总疗程 2~4 个月。若第一疗程结束尿细菌已阴性可停药定期复查。经治疗后症状消失,尿细菌转阴后若症状在 6 周内再现,尿检查为真性细菌尿,且与上次同属一菌种称为复发;若菌种与上次不同,则为重新感染,但多发生在停药 6 周后。频繁复发用长程抑菌疗法,即于每晚睡前口服一种较大剂量的抗菌药如诺氟沙星、阿莫西林或头孢氨苄等,坚持用半年到一年,为防止细菌产生耐药性可定期交替使用抗菌药。在长期用药过程中,应熟悉各药副作用,发现异常及时纠正。

(三)急性膀胱炎的治疗

部分患者可以自限性治愈,此种多为单一大肠埃希菌感染者。可给予 3~7 天的短程治疗,也可使用单剂疗法即抗菌药单次大剂量治疗,如顿服磺胺甲噁唑 5 片,氨苄西林 3g 或头孢氨苄 2g,于治疗后第 5 天及第 2、6 周复查尿,此阶段无复发为治愈,复发者提示复杂性尿路感染或肾盂肾炎。碱化尿液和服用 M 受体拮抗剂(托特罗定)等药物可以缓解尿路刺激症状。

(四)反复发作尿路感染

包括再感染和复发。

1. 再感染 多数病例有尿路感染症状,治疗方法与首次发作相同。对半年内发生 2 次以上者,可用长程低剂量抑菌治疗,即每晚临睡前排尿后服用小剂量抗生素 1 次,如复方磺胺甲噁唑 1~2 片或呋喃妥因 50~100mg 或氧氟沙星 200mg,每 7~10 天更换药物 1 次,连用半年。

2. 复发 复发且为肾盂肾炎者,特别是复杂性肾盂肾炎,在去除诱发因素(如结石、梗阻、尿路异常等)的基础上,应按药敏试验结果选择强有力的杀菌性抗生素,疗程不少于 6 周。反复发作者,给予长程低剂量抑菌疗法。

(五)复杂性尿路感染

因基础疾病不同,感染的部位、细菌种类和疾病的严重程度不一样,因此需要个体化对待,尽量根据尿培养结果选择用药。如采用经验治疗,48~72 小时后对疗效进行评估,根据尿培养结果调整用药。同时积极治疗基础疾病。

ER 5-2-7

尿路感染治疗流程图

(六)无症状性菌尿

是否治疗目前有争议,一般认为不需治疗,但有下述情况者应予治疗:①妊娠期无症状性菌尿;②学龄前儿童;③出现有症状感染者;④肾移植、尿路梗阻及其他尿路有复杂情况者。治疗原则为根据药敏结果选择有效抗生素,主张短疗程用药。

(七)妊娠期尿路感染

宜选用毒性小的抗菌药物,如阿莫西林、呋喃妥因或头孢菌素类等。孕妇的急性膀胱炎治疗时间一般为 3~7 天。孕妇急性肾盂肾炎应静脉滴注抗生素治疗,可用半合成广谱青霉素或第三代头孢菌素,疗程为两周。反复发生尿感者,可用呋喃妥因行长程低剂量抑菌治疗。

(八)疗效评定

1. 治愈 症状消失,尿菌阴性,疗程结束后 2 周、6 周复查尿菌仍阴性。

2. 治疗失败 治疗后尿菌仍阳性,或治疗后尿菌阴性,但 2 周或 6 周复查尿菌转为阳性,且为同一种菌株。

【预防】

加强卫生宣传教育,尤其是妇女月经期、妊娠期、产褥期要注意外阴清洁。多饮水、勤排尿,注意会阴部的清洁,是最有效的预防方法。尿路感染与性交有关的,应寻找原因并加以祛除,频繁发作者宜预防性用药。医务人员应尽量避免使用尿路器械,需留置导尿管者要定期更换和应用抗生素,注意无菌操作,对机体易感因素应加以去除。

尿路感染是常见病,育龄女性为多发人群,致病菌见于多种病原体,如细菌、病毒、支原体、衣原体、真菌等,其中细菌最为常见,80%~90%的尿路感染为大肠埃希菌所致,其次为变形杆菌、克雷伯菌。本章讨论不涉及性传播疾病如淋球菌、梅毒感染等。

细菌入侵途径为上行感染、血行感染、淋巴道感染和直接感染四种,其中上行感染最多见。

尿路感染根据患者有无基础疾病或/及易感因素,分为单纯性尿路感染和复杂性尿路感染,前者易治愈,后者治疗困难且易复发。

根据感染的轻重、病程的长短、是上尿路感染或下尿路感染,是单纯性或复杂性尿路感染,决定采用单剂疗法、一种或是两种抗生素联用,口服或静滴抗生素治疗。

病例讨论

患者,女,75岁。主因"腰痛伴发热3天"入院。3天前无明显诱因突起畏寒、寒战,随后发热,体温最高达39.2℃,自服"退热药"(具体不详),体温一度下降,之后再次升高,波动于37.8~38.5℃。同时感右侧腰痛,为持续性胀痛,无阵发性加重。尿频,白天7~8次,夜间3~4次。自感全身乏力、恶心,无呕吐、腹痛、腹泻,发病以来睡眠差,体重无明显下降。发现血糖升高5年,未规律治疗。无烟酒嗜好。配偶及子女身体健康,无遗传病家族史。查体:T 38.7℃,P 102次/min,R 20次/min,BP 135/85mmHg。急性病容,皮肤未见出血点和皮疹,浅表淋巴结未触及肿大。颜面无水肿,睑结膜无苍白,巩膜无黄染,甲状腺不大。双肺未闻及干、湿啰音。心界不大,心率102次/min,律齐,各瓣膜听诊区未闻及杂音。腹平软,无压痛,肝脾肋下未触及,墨菲征阴性,移动性浊音阴性。右肾区叩击痛(+)。双下肢无水肿。

(刘 斌)

思考题

1. 泌尿系统易感因素有哪些?
2. 尿路感染的常见感染途径和常见致病菌有哪些?敏感抗生素有哪些?
3. 医源性尿路感染有哪些预防措施?

ER 5-2-8

练习题

第三章 | 肾小球疾病

教学课件

思维导图

> **学习目标**
>
> 1. 掌握：各种肾小球疾病的临床表现、诊断、鉴别诊断及治疗原则。
> 2. 熟悉：原发性肾小球疾病的临床及病理分型。
> 3. 了解：各种原发性肾小球疾病的发病机制。
> 4. 学会对常见原发性肾小球疾病进行诊断及合理治疗。
> 5. 具备同理心，关注患者的心理和社会需求，体现人文关怀，具备团队合作精神和有效沟通协作的能力。

> **案例导入**
>
> 患者，女性，69岁。因腰痛1个月就诊，血压正常，双下肢水肿，血红蛋白 57.0g/L，尿蛋白定量 6.8g/24h，血白蛋白 19.0g/L，血钙 4.2mmol/L，血肌酐 78.0μmol/L，血清碱性磷酸酶 285.0U/L，血清蛋白电泳 γ 球蛋白 56%。
>
> 请思考：
> 1. 该患者的诊断是什么？
> 2. 需与哪些疾病相鉴别？
> 3. 为进一步确诊需行哪些检查？

第一节　概　述

肾小球疾病是一组以血尿、蛋白尿、水肿、高血压和不同程度的肾功能损害等为临床表现的肾脏疾病，是我国慢性肾衰竭的主要原因。根据病因分为原发性、继发性和遗传性三大类。本章主要讨论原发性肾小球疾病。

【原发性肾小球疾病的分类】

（一）原发性肾小球疾病的临床分型

1. 急性肾小球肾炎（acute glomerulonephritis，AGN）

2. 急进性肾小球肾炎（rapidly progressive glomerulonephritis，RPGN）

3. 慢性肾小球肾炎（chronic glomerulonephritis，CGN）

4. 无症状性血尿和/或蛋白尿（asymptomatic hematuria and/or proteinuria）

5. 肾病综合征（nephrotic syndrome）

（二）原发性肾小球疾病的病理分型

1. 肾小球轻微病变（minor glomerular abnormalities）　包括肾小球微小病变（minimal change disease）。

2.局灶节段性肾小球病变（focal segmental glomerular lesions） 包括局灶节段性肾小球硬化（focal segmental glomerulosclerosis，FSGS）和局灶性肾小球肾炎（focal glomerulonephritis）。

3.弥漫性肾小球肾炎（diffuse glomerulonephritis）

（1）膜性肾病（membranous nephropathy）。

（2）**增生性肾小球肾炎（proliferative glomerulonephritis）**：包括①系膜增生性肾小球肾炎；②毛细血管内增生性肾小球肾炎；③系膜毛细血管性肾小球肾炎，包括膜增生性肾小球肾炎Ⅰ型和Ⅲ型；④致密物沉积型肾小球肾炎，又称为膜增生性肾小球肾炎Ⅱ型；⑤新月体性肾小球肾炎。

（3）硬化性肾小球肾炎。

4.未分类的肾小球肾炎。

【发病机制】

原发性肾小球疾病的发病机制尚未完全明确。目前认为免疫反应是这类疾病发生的始动机制，在此基础上炎症介质（如补体、白细胞介素、活性氧等）的参与，最后导致肾小球损伤并产生临床症状。同时，非免疫、非炎症因素亦参与肾小球疾病的慢性化进程。此外，遗传因素与免疫遗传因素在肾小球疾病中也发挥重要作用。

（一）免疫反应

包括体液免疫和细胞免疫。体液免疫中的循环免疫复合物（circulating immune complexes，CIC）的沉积、原位免疫复合物的形成及自身抗体在肾炎发病机制作用中已被公认，细胞免疫在某些类型肾炎中的重要作用也得到证实和肯定。

ER 5-3-3

补体激活途径
示意图

（二）炎性细胞与炎症介质

免疫反应引起的肾脏损伤均需要炎症反应的参与。在炎症反应中起主导作用的是炎性细胞和炎症介质。免疫反应激活炎性细胞，炎性细胞可合成和释放大量的炎症介质如白细胞介素-1、肿瘤坏死因子-α，炎症介质又可进一步趋化和激活炎性细胞释放更多的炎症介质，炎症因子之间也相互调节，因而炎症反应持续存在并不断扩大。

（三）非免疫因素肾损伤

在肾小球疾病的慢性进行性发展过程中，非免疫因素如高血压尤其是肾内毛细血管高血压、大量蛋白尿、高脂血症等发挥着非常重要的作用。

【临床表现】

（一）急性肾炎综合征

起病较急、病情轻重不一。一般有血尿（镜下血尿和/或肉眼血尿）、蛋白尿，常有高血压及水钠潴留症状（如水肿等），可有短暂的氮质血症。B超检查双肾无缩小。

（二）急进性肾炎综合征

起病急，病情重，进展迅速，肾功能损害呈进行性加重，可在发病数周或数个月内发展成肾衰竭，常伴有水肿、血尿、高血压等。

（三）慢性肾炎综合征

起病缓慢，病情迁延，临床可轻可重，可有水肿、高血压、蛋白尿、血尿等表现，随着病情发展，可出现不同程度的肾功能减退。

（四）无症状性血尿和/或蛋白尿

临床表现为无症状蛋白尿和/或血尿，尿蛋白一般不超过1g/d，无水肿、高血压及肾功能损害。

（五）肾病综合征

临床表现为大量蛋白尿、低白蛋白血症、水肿、高脂血症。

1. 原发性肾小球疾病的分型有哪些?
2. 简述原发性肾小球疾病的发病机制。

第二节　急性肾小球肾炎

案例导入

患者,男,14 岁。2 周前因扁桃体炎出现发热,最高体温 39.5℃,无寒战,经抗炎对症治疗后好转。近 5 天出现茶色尿、颜面水肿、头痛,就诊于门诊,查血 150/100mmHg,血肌酐增高 182.0μmol/L,尿蛋白(+++),尿 RBC 20~30/HP,抗链球菌溶血素明显升高,补体 C3 低下,为进一步诊断入院。

请思考:

1. 患者目前考虑是哪种系统疾病?
2. 结合患者目前的症状,目前鉴别诊断有哪些?
3. 我们需要进一步做什么辅助检查?

急性肾小球肾炎(acute glomerulonephritis,AGN)以急性肾炎综合征(血尿、蛋白尿、水肿和高血压)为主要临床表现的一组疾病,可伴一过性肾功能损害,简称急性肾炎。多种病原微生物如细菌、病毒及寄生虫等均可致病,但大多数为链球菌感染后肾小球肾炎。本节主要介绍链球菌感染后急性肾小球肾炎。

【病因和发病机制】

急性链球菌感染后肾小球肾炎多为乙型溶血性链球菌"致肾炎菌株"(常为 A 组 12 型和 49 型等)感染后所致,常在上呼吸道感染、皮肤感染、猩红热等链球菌感染后发生。多见于儿童,但成人也不少见。成人易感人群为酗酒、药物成瘾、先天性心脏病患者等。本病主要是链球菌胞壁成分 M 蛋白和/或某些分泌物所引起的免疫反应所致肾损伤。其发病机制有:①免疫复合物沉积于肾脏;②抗原原位种植于肾脏;③肾脏正常抗原改变,诱导自身免疫反应。

【病理】

急性期肾脏体积常较正常增大,病理改变为弥漫性毛细血管内增生性肾小球肾炎,肾小球内增生的细胞主要为系膜细胞和内皮细胞。急性期有较多的中性粒细胞及单个核细胞浸润,Masson染色可见上皮下免疫复合物沉积。肾间质水肿和炎性细胞浸润。免疫荧光检查可见沿毛细管壁和系膜区有弥漫性粗颗粒免疫复合物沉积,其主要成分为 IgG 和 C3,IgA 和 IgM 少见。电镜检查下可见上皮细胞下"驼峰状"电子致密沉积物沉积。链球菌感染后急性肾小球肾炎病理改变呈自限性,可完全恢复。若起病 1 个月后仍有较强 IgG沉积,则可致病程迁延不愈(图 5-3-1)。

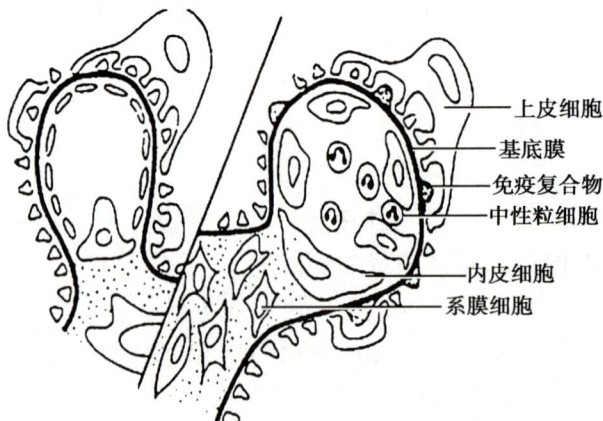

图 5-3-1　链球菌感染后急性肾小球肾炎病理变化示意图

左:正常肾小球;右:病变肾小球。

【临床表现及实验室检查】

本病主要发生于儿童,高峰年龄为 2~6 岁,20 岁以下或 40 岁以上的患者仅占所有患者的 15%。发病前常有前驱感染,潜伏期为 7~21 天,一般为 10 天左右。皮肤感染引起的潜伏期较呼吸道感染稍长。典型的链球菌感染后急性肾小球肾炎临床表现为突发的血尿、蛋白尿、水肿、高血压。部分患者表现为一过性氮质血症。患者的病情轻重不一,轻者可无明显临床症状,仅表现为镜下血尿及血 C3 的规律性变化,重者表现为少尿型急性肾衰竭。

(一)尿异常

多数患者有肾小球源性血尿,近半数患者为肉眼血尿,多伴有轻、中度蛋白尿,少数表现为大量蛋白尿。可见红细胞管型、颗粒管型及肾小管上皮细胞管型。尿量减少者常见,但无尿较少发生。若尿少持续存在,则提示可能有新月体形成或急性肾衰竭。几乎所有患者均有肾小球源性血尿,30% 表现为肉眼血尿。

(二)水肿

90% 患者可发生水肿,常为多数患者就诊的首发症状。水肿的原因是水钠潴留。典型表现为晨起眼睑水肿,或伴有下肢可凹性水肿,严重患者可呈全身性水肿。

(三)高血压

主要为水钠潴留、血容量增加引起,常与水肿程度一致,发生率约为 80%。多为轻、中度血压升高,经利尿治疗后可很快恢复正常。约半数患者需要降压治疗,仅少数患者由于血压过高而合并高血压脑病。

(四)肾功能异常

部分患者在起病的早期由于肾小球滤过率降低、尿量减少而出现一过性氮质血症,多数患者于利尿消肿数日后恢复正常,仅极少数患者发展至急性肾衰竭。

(五)血液检查

70%~90% 的患者血清抗链球菌溶血素"O"(ASO)滴度升高;急性期血清总补体(CH50)及 C3 降低,多于 8 周内恢复正常。

【并发症】

(一)心力衰竭

心力衰竭是临床工作中需紧急处理的急症,可表现为颈静脉怒张、奔马律、呼吸困难和肺水肿、全心衰竭。在链球菌感染后急性肾小球肾炎的老年患者中发生率可达 40%。

(二)高血压脑病

少数患者可出现严重高血压,甚至高血压脑病。表现为剧烈头痛、呕吐、嗜睡,重者发生抽搐乃至昏迷。

【诊断和鉴别诊断】

链球菌感染后 1~3 周发生血尿、蛋白尿、水肿、高血压及肾功能不全等急性肾炎综合征表现,伴血清补体 C3 降低,在发病 8 周内病情逐渐减轻至完全恢复正常,即可临床诊断为急性肾炎。若起病后两到三个月病情无明显好转,仍有高血压或持续性低补体血症,或肾小球滤过率进行性下降,应行肾活检以明确诊断。

主要与下列疾病鉴别:

(一)以急性肾炎综合征起病的肾小球疾病

1. 其他病原体感染后急性肾小球肾炎 其他细菌、病毒及寄生虫等感染所引起的肾小球肾炎,常于感染的急性期或感染后 3~5 天出现急性肾炎综合征表现。病毒感染所引起的肾炎临床症状较轻,血清补体多正常,水肿和高血压少见,肾功能正常,呈自限性发展过程。

2. IgA 及非 IgA 系膜增殖性肾小球肾炎 起病可称急性肾炎综合征,表现潜伏期较短,多于前驱感染后数小时到数日内出现血尿等急性肾炎综合征症状,但患者血清 C3 无降低,病情反复。IgA 肾病患者的血尿发作常与上呼吸道感染有关。

(二)急进性肾小球肾炎

临床表现及发病过程与急性肾炎相似,但临床症状常较重,早期出现少尿或无尿,肾功能持续进行性下降,确诊有困难时,应尽快做肾活检明确诊断。

(三)膜增生性肾小球肾炎

又称系膜毛细血管性肾小球肾炎,临床表现类似急性肾炎综合征,但蛋白尿明显,血清补体水平持续低下,8 周内不恢复。病变持续发展,无自愈倾向。鉴别诊断困难者需做肾活检。

(四)其他

如慢性肾小球肾炎急性发作、系统性红斑狼疮、过敏性紫癜、血管炎等。

【治疗】

以对症治疗为主,同时防治各种并发症,保护肾功能,以利于其自然病程的恢复。

(一)一般治疗

急性期应休息 2~3 周,直至肉眼血尿消失、水肿消退及血压恢复正常。水肿明显及血压高者应限制饮食中水和钠的摄入。肾功能正常者,无须限制饮食中蛋白的摄入量,氮质血症时应适当减少蛋白的摄入。

(二)治疗感染灶

上呼吸道或皮肤感染应选用无肾毒性的抗生素治疗 10~14 天,如青霉素、头孢菌素等。青霉素过敏者可用大环内酯类抗生素。急性肾炎发作时若感染灶已得到控制,如无现症感染证据,不需要使用抗生素。病情迁延或反复与扁桃体炎有关,待病情稳定后可作扁桃体切除。

(三)对症治疗

限制水钠摄入,水肿仍明显者,应适当使用利尿剂。经上述处理,血压仍控制不佳者,应给予抗高血压药,防止心脑并发症的发生。

(四)透析治疗

急性肾衰竭有透析指征者,应及时行透析治疗。由于本病呈自愈倾向,透析治疗帮助患者度过危险期后肾功能即可恢复,一般不需要维持性透析治疗。

【预后】

本病急性期预后良好,尤其是儿童。绝大多数患者于 2~4 周内水肿消退、肉眼血尿消失、血压恢复正常。少数患者的镜下血尿和微量白蛋白尿可迁延 6~12 个月才消失,血清补体水平 4~8 周内恢复正常。

链球菌感染后急性肾小球肾炎的长期预后,尤其是成年患者的预后报道不一。但多数患者的预后良好,仅有少数患者遗留尿沉渣异常和/或高血压,也有些患者在链球菌感染后急性肾小球肾炎发生后 10~40 年才逐渐出现蛋白尿、高血压和肾功能损害。

影响预后的因素主要有①年龄:成人较儿童差,尤其是老年人;②散发者较流行性者差;③持续大量蛋白尿、高血压和/或肾功能损害者预后较差;④肾组织增生病变中有广泛新月体形成者预后差。

思考题

1. 试阐述急性肾小球肾炎的病因及发病机制。
2. 简述急性肾小球肾炎的临床表现。
3. 阐述急性肾小球肾炎的治疗原则。

第三节　急进性肾小球肾炎

案例导入

患者,男,20岁。于10天前感冒后出现颜面水肿、头痛,伴有乏力纳差,就诊于当地医院,肌酐1 144.9µmol/L,血红蛋白88.0g/L,尿隐血+++,尿蛋白+++,血钾5.55mmol/L,当地医院诊断考虑肾衰竭给予血液透析对症治疗,患者恶心呕吐症状未见明显好转,但为进一步明确诊断就诊于我院。

请思考:

1. 患者目前考虑是哪种系统疾病?
2. 结合患者目前的症状,需要进一步做什么辅助检查?
3. 该患者的治疗方案有哪些?

急进性肾小球肾炎(rapidly progressive glomerulonephritis,RPGN)简称急进性肾炎,是一组以急进性肾炎综合征为临床表现,肾功能损害急骤进展,常伴有少尿或无尿的临床综合征。肾活检病理表现为肾小球广泛新月体形成(>50%的肾小球有新月体形成),故又称新月体肾小球肾炎。

【病因和发病机制】

引起急进性肾小球肾炎的疾病主要包括以下三类:①原发性急进性肾炎;②继发于全身性疾病的急进性肾小球肾炎,如系统性红斑狼疮等;③原发性肾小球疾病基础上形成的新月体肾小球肾炎,如膜增生性肾小球肾炎。

根据免疫病理的检查结果,急进性肾小球肾炎又可分为3型。①Ⅰ型:抗肾小球基底膜型RPGN,抗肾小球基底膜抗体沿肾小球基底膜呈线样沉积;②Ⅱ型:免疫复合物型RPGN,可见免疫复合物沿基底膜呈"颗粒状"沉积;③Ⅲ型:寡免疫复合物型RPGN,寡免疫复合物型RPGN通常是系统性血管炎的肾脏表现,大部分患者血液循环中抗中性ANCA阳性。非免疫复合物型RPGN是成人,尤其是老年患者中最常见的类型。也有学者根据患者血清ANCN的检测的结果将RPGN分为5型,即Ⅳ型:ANCA阳性的原Ⅰ型RPGN(约占Ⅰ型RPGN的30%);Ⅴ型:ANCA阴性的原Ⅲ型RPGN(占Ⅲ型RPGN的20%~50%)。目前认为吸毒、吸烟、接触碳氢化合物等是RPGN的诱发因素。此外,遗传易感性在RPGN的发病中亦起一定作用。

【病理】

肾脏体积通常增大。肾活检的典型病理改变是肾小球内广泛新月体形成,即光镜下50%以上的肾小球囊腔内有新月体形成(占据肾小球囊腔50%以上)。病变早期通常为细胞性新月体,逐渐发展为细胞纤维性新月体或纤维性新月体,最终可致肾小球硬化。免疫病理的特征性改变为Ⅰ型RPGN免疫球蛋白(主要是IgG和C3)沿基底膜呈线样分布;Ⅱ型则为IgG和C3在系膜区或沿毛细血管壁呈颗粒状沉积;Ⅲ型肾小球内无或仅有微量的免疫复合物。电镜下Ⅱ型RPGN系膜区和内皮下可见电子致密物沉积。电子致密物沉积的特点和方式与相应的基础疾病有关。Ⅰ型及Ⅲ型无电子致密物沉积(图5-3-2)。

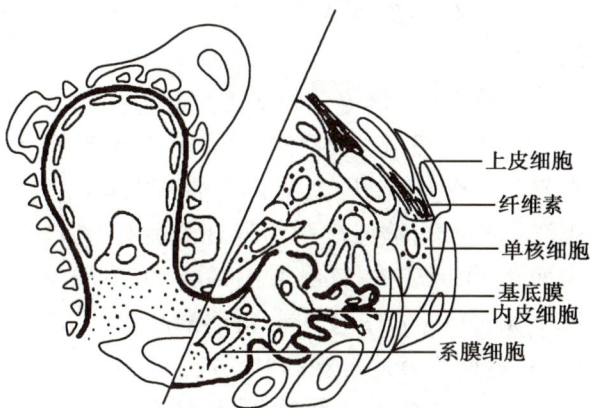

图 5-3-2　急进性肾小球肾炎病理变化示意图
左:正常肾小球;右:病变肾小球。

（标注：上皮细胞、纤维素、单核细胞、基底膜、内皮细胞、系膜细胞）

【临床表现】

多数患者有上呼吸道感染的前期症状,起病较急,病情进展快,临床主要表现为快速进展型肾炎综合征,如血尿、蛋白尿、水肿和高血压等,并随着病情的进展可出现进行性少尿或无尿。肾功能在短时间内迅速恶化,发展至尿毒症。少数患者起病相当隐匿,以不明原因的发热、关节痛、肌痛和咯血等为前期症状,就诊时肾损害已达尿毒症期,多见于Ⅲ型 RPGN。Ⅱ型 RPGN 患者常有肾病综合征的表现。

早期血压正常或轻度升高,随着病情的进展而加重,严重者可发生高血压脑病等。胃肠道症状,如恶心、呕吐、呃逆等常见,少数患者可出现上消化道出血。感染也是常见的并发症和导致死亡的重要原因。

Ⅰ型 RPGN 以青少年多见,Ⅱ型和Ⅲ型常见于中老年,男性居多。我国以Ⅱ型 RPGN 多见。

【实验室检查】

尿液检查可有蛋白尿、红细胞及白细胞,可伴红细胞管型。血肌酐及尿素氮进行性上升,内生肌酐清除率进行性下降。Ⅰ型 RPGN 抗 GBM 抗体阳性,Ⅱ型血液循环免疫复合物或冷球蛋白阳性,可伴血补体 C3 降低,Ⅲ型 ANCA 阳性。B 型超声波及其他影像学检查可见双侧肾脏增大。

【诊断和鉴别诊断】

急进性肾炎综合征患者在短时间内(数天至数周)肾功能急剧恶化,应高度注意本病的可能,尽早行肾活检明确诊断。此外,尚需根据临床和实验室检查排除继发性 RPGN 的可能。原发性急进性肾小球肾炎应注意与以下疾病鉴别。

1. 原发性肾小球疾病急骤进展 部分原发性肾小球疾病由于各种诱因,病情急速进展,肾功能急剧恶化,临床上表现为急进性肾炎综合征,但病理上并无新月体的形成。常需肾活检明确诊断。

2. 继发性急进性肾炎 典型多系统受累的临床表现及特殊的实验室检查可以鉴别,如系统性红斑狼疮性肾炎、过敏性紫癜肾炎、Goodpasture 综合征(肺出血肾炎综合征)等引起的急进性肾炎。

3. 血栓性微血管病 如溶血-尿毒症综合征、血栓性血小板减少性紫癜等,这类疾病的共同特点是既有急性肾衰竭,又有血管内溶血的表现。肾活检呈特殊的血管病变。

4. 急性肾小管坏死 常有引起本病的明确病因,如肾缺血或使用肾毒性药物的病史。临床表现以肾小管功能损害为主,如尿渗透压及尿比重降低、尿钠增高,蛋白尿及血尿相对较轻。

5. 急性过敏性间质性肾炎 明确的药物服用史及典型的全身过敏反应如发热、皮疹、关节痛等可以鉴别。常伴血尿、嗜酸性粒细胞的增高,鉴别诊断困难者需行肾活检明确。

6. 梗阻性肾病 突发的少尿或无尿,临床上无明显的蛋白尿、血尿表现。影像学或逆行尿路造影检查可帮助确立诊断。

【治疗】

本病起病急,病情发展快,若未能及时诊治将贻误时机,对患者肾功能的恢复和生命造成极大的威胁。

(一)肾上腺皮质激素联合细胞毒药物

首选甲泼尼龙 7~15mg/(kg·d),缓慢静脉点滴冲击治疗,3 次为一疗程。必要时隔 3~5 天后可重复下一个疗程,共 2~3 个疗程。早期治疗(肌酐<707μmol/L)疗效较好,晚期则疗效欠佳。继以口服泼尼松及口服或静脉注射环磷酰胺(CTX)。近年来也有学者认为,静脉注射 CTX(0.5~1.0/m² 体表面积,每月 1 次,连续 6 次)联合甲泼尼龙冲击治疗(每天 0.5~1.0g,连续 3 天),随后改为口服泼尼松 1.0mg/(kg·d)8~12 周,再逐渐减量。应用甲泼尼龙和/或 CTX 冲击治疗时,一定要注意感染等副作用,定期复查血常规和肝功能。

(二)血浆置换及免疫吸附疗法

血浆置换是将患者血液引至体外,用机器(膜滤器或离心式血浆细胞分离器)分离患者血浆及细胞,然后弃去血浆,再将细胞与正常人血浆或血浆成分(如白蛋白)混合,输回患者体内。体内致病性物质（如抗原、抗体、免疫复合物及炎症介质）可随血浆弃去，从而达到治疗目的。该疗法适用于各型 RPGN，但主要适用于 I 型和就诊时已有急性肾衰竭需要透析的Ⅲ型 RPGN。但需早期应用且肌酐小于 530μmol/L 时开始治疗，则多数患者有效。

主要用于：①肺出血肾炎综合征；② I 型 RPGN 的早期，每天或隔日交换 2~4L，一般需持续治疗 10~14 天或至血清抗体（如抗 GBM 抗体、ANCA）或免疫复合物转阴为止。同时应联合使用激素和细胞毒药物，用量同前。

（三）对症治疗

包括降压、控制感染和纠正水、电解质酸碱平衡紊乱等。

（四）透析与肾移植

对于治疗无效而进入终末期肾衰竭的患者，应予以长期透析治疗。急性期患者已达透析指征者，应尽快予以透析，为免疫抑制治疗争取时间及提供安全保障。肾移植应在病情静止半年，特别是 I 型患者血中抗 GBM 抗体需转阴后半年方可进行。

思考题

1. 试阐述急进性肾小球肾炎与急性肾小球肾炎的鉴别特点。
2. 简述急进性肾小球肾炎的病理类型。
3. 阐述急进性肾小球肾炎的临床表现。

第四节 慢性肾小球肾炎

案例导入

患者，男，35 岁。于 3 个月前劳累后出现双下肢水肿，休息后可以缓解。3 周前自觉双下肢水肿加重，休息后不能缓解同时伴有泡沫尿，在当地医院化验尿常规提示：尿隐血阳性，尿蛋白++，尿 RBC++，血压增高（具体值不详）。当地医院考虑"肾小球肾炎，高血压"，给予金水宝胶囊及硝苯地平控释片降压护肾治疗，患者水肿减轻不明显，仍然有蛋白尿，患者为进一步明确诊治来我院。

请思考：

1. 患者目前考虑是哪种系统疾病？
2. 患者目前需要完善什么辅助检查？
3. 该患者的治疗方案有哪些？

慢性肾小球肾炎（chronic glomerulonephritis，CGN）是一组由多种病因引起，以血尿、蛋白尿、水肿和高血压为主要临床表现的肾小球疾病，伴或不伴肾功能损害。临床特点为病程长、病情迁延、病变缓慢、持续进展，最终至慢性肾衰竭。

【病因和发病机制】

绝大多数慢性肾炎由不同病因和不同病理类型的原发性肾小球疾病发展而来，仅少数由急性链球菌感染后肾小球肾炎所致。其发病机制主要与原发病的免疫炎症损伤有关。此外，高血压、大量蛋白尿、高血脂等非免疫因素亦参与其慢性化进程。

【病理】

慢性肾炎的病理类型多样，常见的有系膜增生性肾小球肾炎（包括 IgA 肾病和非 IgA 系膜增生性肾小球肾炎)、局灶节段性肾小球硬化、膜性肾病和系膜毛细血管性肾炎等。随着病情的进展,各种病理类型肾炎均可转化为不同程度的肾小球硬化、肾小管萎缩和间质纤维化,最终肾脏体积缩小,进展为硬化性肾小球肾炎。

【临床表现】

慢性肾炎可发生于任何年龄,以中青年为主,男性多见。多数起病隐匿,病程冗长,病情进展缓慢。临床表现呈多样性,个体间差异较大。以血尿、蛋白尿、高血压和水肿为基本症状。早期可有体倦乏力、腰膝酸痛、食欲缺乏等,水肿时有时无,病情时轻时重,肾功能渐进性减退,最终发展至终末期肾衰竭。

多数患者有轻重不等的高血压,部分患者以高血压为突出表现,甚至出现高血压脑病、高血压心脏病、眼底出血及视神经盘水肿等。部分慢性肾炎患者因感染、劳累、使用肾毒性药物等使病情急剧恶化,及时去除诱因,可使肾功能有所恢复。晚期则主要表现为终末期肾衰竭的相应症状。

【诊断和鉴别诊断】

凡存在慢性肾炎的临床表现,如血尿、蛋白尿、水肿和高血压者,均应注意本病的可能。确诊本病前,尚需排除继发性肾小球疾病,如系统性红斑狼疮、糖尿病肾病和高血压肾损害及遗传性肾小球肾炎。本病主要应与下列疾病鉴别。

1. 慢性肾盂肾炎 多有反复发作的尿路感染病史,尿细菌学检查常呈阳性,B 型超声检查或静脉肾盂造影示双侧肾脏不对称缩小则更有诊断价值。

2. 狼疮性肾炎 多发于生育年龄女性,存在多系统器官损害、免疫学异常等特征,肾活检可见免疫复合物广泛沉积于肾小球的各部位,免疫病理呈"满堂亮"。

3. 糖尿病肾病 长时间糖尿病史伴肾损害的表现有助于诊断。

4. 高血压肾损害 既往有较长时间的高血压病史,肾小管功能异常(如尿浓缩功能减退、比重降低和夜尿增多)早于肾小球功能损害。尿检异常较轻(尿蛋白<2.0g/24h,以中、小分子蛋白为主)。同时多伴有高血压,其他靶器官损害如心、脑和眼底改变等。

5. Alport 综合征 多见于青少年起病,有阳性家族史(多为性连锁显性遗传),其主要特征是肾损害、耳病变(神经性耳聋)及眼疾患(球形晶状体等)同时存在。

6. 无症状血尿和/或蛋白尿 临床上无明显不适表现,一般无水肿、高血压和肾功能损害。

ER 5-3-4

X 连锁 Alport
综合征

【治疗】

慢性肾炎的治疗目的是防止和延缓肾功能进行性恶化、改善和缓解临床症状及防治心脑血管并发症,因此常常强调综合性治疗。

(一) 一般治疗

注意休息,避免加重因素,如劳累、感染、妊娠及肾毒性药物等。

(二) 饮食治疗

根据肾功能的状况给予优质低蛋白饮食(每天 0.6~1.0g/kg),同时控制饮食中磷的摄入,在进食低蛋白饮食时,应适当增加碳水化合物的摄入,以满足机体生理代谢所需要的热量。防止负氮平衡,在低蛋白饮食 2 周后可使用必需氨基酸或 α-酮酸(每天 0.1~0.2g/kg)。极低蛋白饮食者(每天 0.3g/kg)应适当增加 α-酮酸或必需氨基酸的摄入(每天 8~12g),以防止负氮平衡。

(三) 控制血压

控制血压是防止疾病进展的重要治疗措施。一般多选用血管紧张素转化酶抑制剂(ACEI)、血管紧张素Ⅱ受体拮抗剂(ARB)或钙通道阻滞剂。临床与实验研究结果均证实,ACEI 和 ARB 具有降低肾小球内血压、减少尿蛋白及保护肾功能的作用。肾功能损害的患者使用此类药物时应注意

高钾血症的防治。其他抗高血压药如 β 受体拮抗剂、α 受体拮抗剂、血管扩张药及利尿剂等亦可应用,联合使用多种抗高血压药物可将血压控制到靶目标值。多数学者认为肾病患者的血压应较一般患者控制更严格,蛋白尿≥1.0g/24h,血压应控制在 125/75mmHg;如果蛋白尿≤1.0g/24h,血压应控制在 130/80mmHg。同时应尽量使用具有肾脏保护作用的抗高血压药如 ACEI 或 ARB。

> **知识拓展**
>
> ### ACEI 与 ARB 药物机制
>
> ACEI 能阻断血管紧张素Ⅱ的生成,ARB 能阻断血管紧张素Ⅱ与血管紧张素Ⅱ受体-1 结合从而阻断血管紧张素Ⅱ的致病作用,降低血压。此外,ACEI 和 ARB 还具有不依赖降压的肾脏保护作用。ACEI 与 ARB 能扩张肾小球入球和出球小动脉,且扩张出球小动脉作用大于扩张入球小动脉,直接降低肾小球内高压、高滤过和高灌注,并能通过抑制细胞因子、减少细胞外基质蓄积等非血流动力学作用延缓肾小球硬化,从而有效减少尿蛋白,延缓肾损害进展。为治疗慢性肾小球肾炎高血压和/或蛋白尿的首选药物。肾功能损害的患者应用 ACEI 或 ARB 要防止高血钾和急性肾损伤,血肌酐大于 264μmol/L(3mg/dl)时在严密观察下使用,应监测病人的血钾和肾功能;必要时联合排钾利尿剂或钾结合剂;如存在低血容量或应用 ACEI 或 ARB 后血肌酐短期内上升超过基础值 30%,应及时停药。

(四)对症治疗

预防感染、纠正水电解质和酸碱平衡紊乱,避免使用肾毒性药物,包括中药(如含马兜铃酸的中药关木通、广防己等)和西药(如氨基糖苷类抗生素等),对于保护肾功能,防止慢性肾脏疾病进行性发展和肾功能急剧恶化具有重要意义。

【预后】

慢性肾炎病情迁延,呈持续进行性进展,最终将发展至慢性肾衰竭。其进展速度主要取决于肾脏病理类型,同时也与治疗是否合理等有关。

> **思考题**
>
> 1. 试阐述慢性肾小球肾炎与急性肾小球肾炎的鉴别特点。
> 2. 简述慢性肾小球肾炎的临床表现。
> 3. 阐述慢性肾小球肾炎的治疗原则。

第五节 肾病综合征

> **案例导入**
>
> 患者,男,17 岁,学生,因双下肢水肿 2 个月来诊。患者 2 个月前无明显诱因出现双下肢水肿,伴尿泡沫增多,否认肉眼血尿、咳嗽咳痰、咽痛、发热、腰痛等,就诊于当地医院化验提示:尿蛋白+++,白蛋白 26.5g/L,24 小时尿蛋白 4.5g,建议转往上级医院进一步诊治明确诊断。发病以来饮食和睡眠可,无尿频、尿急、尿痛,无关节痛、皮疹、脱发和口腔溃疡,大小便正常,体重增加 3kg,体力较前无明显变化。既往体健,无高血压和肾脏病史,无药物过敏史,无烟酒嗜好,家族中无类似患者。体格检查:双下肢凹陷性水肿,余均阴性。

请思考：

1. 该患者可能的诊断是什么？
2. 为明确诊断该患者需进一步完善的检查包括哪些？
3. 针对该患者的治疗方案有哪些？

肾病综合征（nephrotic syndrome, NS）是由多种肾小球疾病引起的一组临床综合征。临床特点为大量蛋白尿（>3.5g/d）、低白蛋白血症（白蛋白<30g/L）、水肿和高脂血症，其中前两项为诊断的必备条件。

【病因】

引起本综合征的病因较多，可分为原发性和继发性两大类。

（一）原发性肾病综合征

系指原发于肾脏本身的疾病，包括微小病变型肾病、膜性肾病、系膜增生性肾小球肾炎、局灶节段性肾小球硬化和系膜毛细血管性肾小球肾炎等。

（二）继发性肾病综合征

儿童及青少年多继发于过敏性紫癜肾炎、乙型肝炎病毒相关性肾炎、系统性红斑狼疮性肾炎；中老年人多继发于糖尿病肾病、肾淀粉样变性、多发性骨髓瘤、淋巴瘤及实体瘤性肾病等。其他如感染、药物中毒和某些先天性疾病等也可引起肾病综合征，但临床较少见。

【病理生理】

（一）大量蛋白尿

在正常生理情况下，肾小球滤过膜具有分子屏障及电荷屏障作用，这些屏障作用受损致使原尿中蛋白含量增多，当其增多明显超过近端肾小管回吸收量时，形成大量蛋白尿。在此基础上，凡是增加肾小球内压力及导致高灌注、高滤过的因素（如高血压、高蛋白饮食或大量输注血浆蛋白）均可加重尿蛋白的排出。尿液中主要含白蛋白和与白蛋白近似分子量的蛋白。大分子蛋白如纤维蛋白原等，因其无法通过肾小球滤过膜，从而在血浆中的浓度保持不变。

（二）低白蛋白血症

肾病综合征时大量白蛋白从尿中丢失，促进肝脏代偿性合成白蛋白增加，同时由于近端肾小管摄取滤过蛋白增多，也使肾小管分解蛋白增加。当肝脏白蛋白合成增加不足以克服丢失和分解时，则出现低白蛋白血症。此外，肾病综合征患者因胃肠道黏膜水肿导致食欲缺乏、蛋白质摄入不足、吸收不良或丢失，进一步加重低白蛋白血症。长期大量的蛋白丢失会导致患者营养不良和生长发育迟缓。

（三）水肿

低白蛋白血症引起血浆胶体渗透压下降，使水分从血管腔内进入组织间隙，是造成肾病综合征水肿的主要原因。此外，部分患者有效循环血容量不足，激活肾素-血管紧张素-醛固酮系统，促进水钠潴留。而在静水压正常、渗透压减低的末梢毛细血管，发生跨毛细血管性液体渗漏和水肿。也有研究发现，部分 NS 患者的血容量并不减少甚至增加，血浆肾素水平正常或下降，提示 NS 患者的水钠潴留并不依赖于肾素-血管紧张素-醛固酮系统的激活，而是肾脏原发水钠潴留的结果。

（四）高脂血症

患者表现为高胆固醇血症和/或高甘油三酯血症，并可伴有低密度脂蛋白、极低密度脂蛋白及脂蛋白 a 的升高，高密度脂蛋白正常或降低。高脂血症发生的主要原因是肝脏脂蛋白合成的增加和外周组织利用及分解减少。高胆固醇血症的发生与肝脏合成过多富含胆固醇和载脂蛋白 B 的低密度脂蛋白及低密度脂蛋白受体缺陷致低密度脂蛋白清除减少有关。高甘油三酯血症在 NS 中也很常见，其产生的原因更多是由于分解减少而非合成增多。

【病理类型】

（一）微小病变型肾病

光镜下肾小球形态基本正常，偶见轻度系膜细胞增生，肾小管上皮细胞常见脂肪或空泡变性，以近端肾小管为主。免疫病理检查阴性。电镜下有广泛的肾小球脏层上皮细胞足突融合为本病特点（图5-3-3）。

（二）系膜增生性肾小球肾炎

光镜下可见肾小球系膜细胞和系膜基质弥漫增生，依其增生程度可分为轻、中、重度。免疫病理检查可将本组疾病分为IgA肾病及非IgA系膜增生性肾小球肾炎。前者以IgA沉积为主，后者以IgG或IgM沉积为主，常伴有C3于肾小球系膜区或系膜区及毛细血管壁呈颗粒状沉积。电镜下显示系膜增生，在系膜区可见到电子致密物（图5-3-4）。

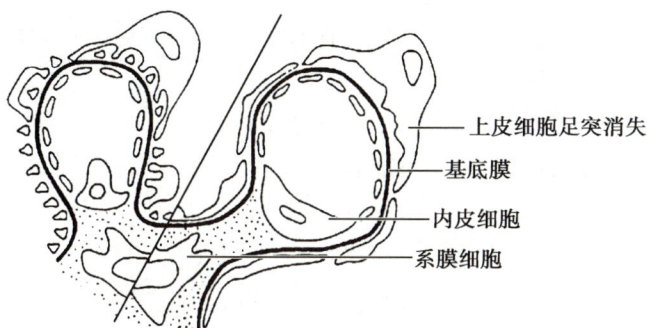

图5-3-3 微小病变型肾病示意图
左：正常肾小球；右：病变肾小球。

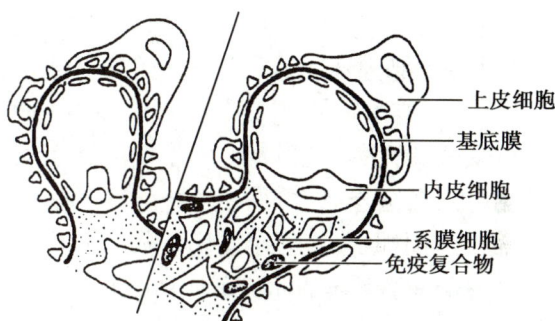

图5-3-4 系膜增生性肾炎示意图
左：正常肾小球；右：病变肾小球。

（三）膜性肾病

光镜下可见肾小球弥漫性病变，早期仅于肾小球基底膜上皮侧见少量散在分布的嗜复红小颗粒（Masson染色）；进而有钉突形成（嗜银染色），基底膜逐渐增厚。免疫荧光检查可见IgG和C3呈细颗粒状沿肾小球毛细血管壁沉积。电镜下早期可见GBM上皮侧有排列整齐的电子致密物，常伴有广泛足突融合（图5-3-5）。

（四）系膜毛细血管性肾小球肾炎

光镜下较常见的病理改变为系膜细胞和系膜基质弥漫重度增生，并可插入到肾小球基底膜（GBM）和内皮细胞之间，使毛细血管袢呈"双轨征"。免疫病理检查常见IgG和C3呈颗粒状于系膜区及毛细血管壁沉积。电镜下系膜区和内皮下可见电子致密物沉积（图5-3-6）。

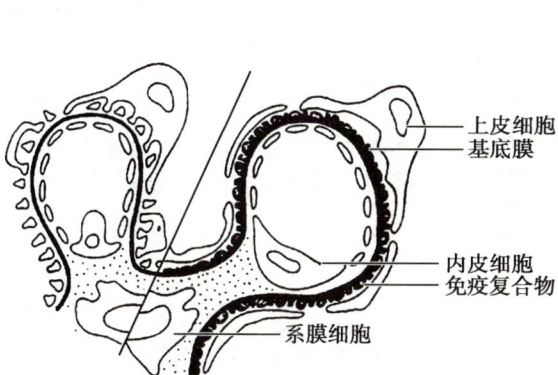

图5-3-5 膜性肾病示意图
左：正常肾小球；右：病变肾小球。

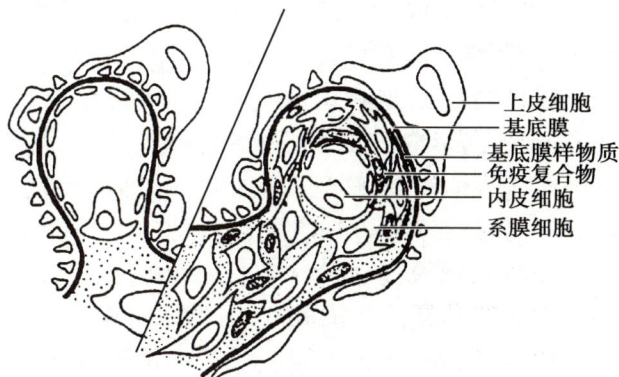

图5-3-6 系膜毛细血管性肾炎示意图
左：正常肾小球；右：病变肾小球。

（五）局灶节段性肾小球硬化

光镜下可见病变呈局灶、节段分布，表现为受累节段的硬化（系膜基质增多、毛细血管闭塞、球囊粘连等），相应的肾小管萎缩、肾间质纤维化。免疫荧光显示 IgM 和 C3 在肾小球受累节段呈团块状沉积。电镜下可见肾小球上皮细胞足突广泛融合、基底膜塌陷，系膜基质增多，电子致密物沉积。

ER 5-3-5
局灶节段性肾
小球硬化光镜
检查

ER 5-3-6
局灶节段性肾
小球硬化免疫
荧光检查

【临床表现】

患者常因感染、受凉或劳累等起病，急缓不一，隐匿起病者也不少见。临床表现为大量蛋白尿、低白蛋白血症、水肿及高脂血症。多数患者有明显水肿，身体低垂部位更为显著，重者呈全身性广泛水肿并常伴胸腔、腹腔、心包等浆膜腔积液，甚至出现急性肺水肿。

（一）微小病变型肾病

本病占儿童原发性肾病综合征的 80%~90%，占成人原发性肾病综合征的 5%~10%。部分药物性肾损害（如非甾体抗炎药、锂制剂等）和肿瘤（如霍奇金淋巴瘤等）也可有类似改变。本病男性多于女性，儿童发病率高，成人发病率相对较低，但 60 岁后发病率又呈现一小高峰，60 岁以上的患者，高血压和肾功能损害较为多见。典型的临床表现为肾病综合征，约 15% 的患者有镜下血尿。

30%~40% 患者可在发病后数个月内自行缓解。90% 病例对糖皮质激素治疗敏感，尿蛋白可在数周内迅速减少至阴性，血清白蛋白逐渐恢复正常水平，最终可达临床完全缓解，但本病复发率高达 60%。若反复发作或长期大量蛋白尿未得到控制，可发生病理类型的转变，预后欠佳。一般认为，成人的治疗缓解率和缓解后复发率均较儿童低。

（二）系膜增生性肾小球肾炎

本病在我国发病率高，约占原发性肾病综合征的 30%，显著高于西方国家。本病男性多于女性，多发于青少年。约 50% 患者有前驱感染，可于上呼吸道感染后急性起病，甚至表现为急性肾炎综合征。部分患者为隐匿起病。本组疾病中，非 IgA 系膜增生性肾小球肾炎患者约 50% 表现为肾病综合征，70% 患者伴有血尿；IgA 肾病患者几乎均有血尿，约 15% 表现为肾病综合征。

多数患者对激素和细胞毒药物有良好的反应，50% 以上的患者经激素治疗后可获完全缓解。其治疗效果与病理改变的轻重程度有关，病理改变轻者疗效较好，病理改变重者则疗效较差。

（三）膜性肾病

本病多发于中老年，男性多见，发病高峰年龄为 50~60 岁。通常起病隐匿，70%~80% 的患者表现为肾病综合征，约 30% 伴有镜下血尿，一般无肉眼血尿。常在发病 5~10 年后逐渐出现肾功能损害。本病易发生血栓栓塞并发症，肾静脉血栓发生率可高达 10%~50%。因此，膜性肾病患者如有突发性腰痛或肋腹痛，伴血尿、蛋白尿加重、肾功能损害，应注意肾静脉血栓形成。如有突发性胸痛，呼吸困难，应注意肺栓塞。

膜性肾病约占我国原发性肾病综合征的 20%。有 20%~35% 患者的临床表现可自发缓解。60%~70% 的早期膜性肾病患者（尚未出现钉突）经糖皮质激素和细胞毒药物治疗后可达临床缓解。但随疾病逐渐进展，病理变化加重，疗效则较差。本病多呈缓慢进展，中国、日本的研究显示，10 年肾脏存活率为 80%~90%，明显较西方国家预后好。

（四）系膜毛细血管性肾小球肾炎

该病理类型占我国原发性肾病综合征的 10%~20%。本病多发于青少年，男女比例大致相等。1/4~1/3 患者常在上呼吸道感染后表现为急性肾炎综合征；50%~60% 患者表现为肾病综合征，几乎所有患者均伴有血尿，其中少数为发作性肉眼血尿；其余少数患者表现为无症状性血尿和蛋白尿。肾功能损害、高血压及贫血出现早，病情多持续进展。50%~70% 病例的血清 C3 持续降低，对提示

本病有重要意义。

本病目前尚无有效的治疗方法,激素和细胞毒药物仅在部分儿童病例有效,在成年人治疗效果不理想。有学者认为使用抗凝药,如双嘧达莫、阿司匹林等对肾功能有一定的保护作用。本病预后较差,病情持续进行性发展,约 50% 的患者在 10 年内发展至终末期肾病。肾移植术后常复发。

(五)局灶节段性肾小球硬化

根据硬化部位及细胞增殖的特点,局灶节段性肾小球硬化可分为以下 5 种亚型:①经典型:硬化部位主要位于血管极周围的毛细血管袢;②塌陷型:外周毛细血管袢皱缩、塌陷,呈节段或球性分布,显著的足细胞增生肥大和空泡变性;③顶端型:硬化部位主要位于尿极;④细胞型:局灶性系膜细胞和内皮细胞增生同时可有足细胞增生、肥大和空泡变性;⑤非特异型:无法归属上述亚型,硬化可发生于任何部位,常有系膜细胞及基质增生。其中非特异型最为常见,占半数以上。该类型占原发性肾病综合征的 20%~25%。以青少年多见,男性多于女性,多为隐匿起病,部分病例可由微小病变型肾病转变而来。大量蛋白尿及肾病综合征为其主要临床特点(发生率可达 50%~75%),约 3/4 患者伴有血尿,部分可见肉眼血尿。本病确诊时约半数患者有高血压,约 30% 有肾功能损害。

多数顶端型 FSGS 糖皮质激素治疗有效,预后良好。塌陷型治疗反应差,进展快,多于 2 年内进入终末期肾病。其余各型的预后介于两者之间。过去认为 FSGS 对糖皮质激素治疗效果很差,近年研究表明 50% 患者治疗有效,只是起效较慢,平均缓解期为 4 个月。肾病综合征能否缓解与预后密切相关,缓解者预后好,不缓解者 6~10 年超过半数进入终末期肾病。

ER 5-3-7

足细胞持续损伤与 FSGS 病情演变过程

【并发症】

(一)感染

感染是肾病综合征患者常见并发症,与蛋白质营养不良、免疫功能紊乱及应用糖皮质激素治疗有关。常见感染部位为呼吸道、泌尿道及皮肤等。感染是肾病综合征的常见并发症,由于使用糖皮质激素,其感染的临床症状常不明显;感染是导致肾病综合征复发和疗效不佳的主要原因,应予以高度重视。

(二)血栓、栓塞并发症

由于血液浓缩(有效血容量减少)及高脂血症造成血液黏稠度增加。此外,因某些蛋白质从尿中丢失,肝代偿性合成蛋白增加,引起机体凝血、抗凝和纤溶系统失衡,加之肾病综合征时血小板过度激活、应用利尿剂和糖皮质激素等进一步加重高凝状态。因此,肾病综合征容易发生血栓、栓塞并发症,其中以肾静脉血栓最为常见,发生率 10%~50%,其中 3/4 病例因慢性形成,临床并无症状;此外,肺血管、下肢静脉、下腔静脉、冠状血管和脑血管血栓或栓塞并不少见,是直接影响肾病综合征治疗效果和预后的重要原因,应予以高度重视。

(三)急性肾损伤

因有效血容量不足而致肾血流量下降,可诱发肾前性氮质血症。少数病例可出现急性肾损伤,尤以微小病变型肾病者居多,发生多无明显诱因,表现为少尿甚或无尿,扩容利尿无效。肾活检病理检查显示肾小球病变轻微,肾间质弥漫重度水肿,肾小管可为正常或部分细胞变性、坏死,肾小管腔内有大量蛋白管型。该急性肾损伤的机制不明,推测与肾间质高度水肿压迫肾小管和大量管型堵塞肾小管有关,即上述变化形成肾小管腔内高压,引起肾小球滤过率骤然减少,又可诱发肾小管上皮细胞损伤、坏死,从而导致急性肾损伤。

(四)蛋白质及脂肪代谢紊乱

长期低白蛋白血症可导致营养不良、小儿生长发育迟缓;免疫球蛋白减少造成机体免疫力低下,易致感染;金属结合蛋白丢失可使微量元素(铁、铜、锌等)缺乏;内分泌激素结合蛋白不足可诱发内分泌紊乱(如低 T_3 综合征等);药物结合蛋白减少可能影响某些药物的药代动力学(使血浆游离药物浓度增加、排泄加速),影响药物疗效。高脂血症增加血液黏稠度,促进血栓、栓塞并发症的发生,还将增加心血管系统并发症,并可促进肾小球硬化和肾小管-间质病变的发生,促进肾脏病变的慢性进展。

【诊断和鉴别诊断】

(一) 诊断

诊断包括 4 方面:①明确是否为肾病综合征。②明确病因,排除继发性因素和遗传性疾病。③行肾活检,确定病理类型。④判断有无并发症。

(二) 鉴别诊断

鉴别诊断应除外各种继发性病因:

1. 过敏性紫癜肾炎 多发于青少年,有典型的皮肤紫癜,常伴关节痛、腹痛及黑便,多在皮疹出现后 1~4 周出现血尿和/或蛋白尿,典型皮疹有助于鉴别诊断。

2. 狼疮性肾炎 以育龄期女性多见,常有发热、皮疹、关节痛等多系统受损表现,血清抗核抗体、抗 dsDNA 抗体、抗 SM 抗体阳性,补体 C3 下降,肾活检免疫病理呈"满堂亮"。

3. 乙型肝炎病毒相关性肾炎 多见于儿童及青少年,临床主要表现为蛋白尿或肾病综合征,常见的病理类型为膜性肾病,其次为系膜毛细血管性肾小球肾炎等。主要诊断依据包括:①血清乙型肝炎病毒抗原阳性;②有肾小球肾炎临床表现,并除外其他继发性肾小球肾炎;③肾活检组织中找到乙型肝炎病毒抗原。

4. 糖尿病肾病 多发于中老年,肾病综合征常见于病程 10 年以上的糖尿病患者。早期可发现尿微量白蛋白排出增加,以后逐渐发展成大量蛋白尿甚至肾病综合征的表现。糖尿病病史及特征性眼底改变有助于鉴别诊断。

ER 5-3-8

糖尿病肾病发病机制

5. 淀粉样变肾病 多发于中老年,肾淀粉样变性是全身多器官受累的一部分。原发性淀粉样变性主要累及心、肾、消化道(包括舌)、皮肤和神经,继发性淀粉样变性常继发于慢性化脓性感染、结核、恶性肿瘤等疾病,主要累及肾、肝和脾等器官。肾受累时体积增大,常呈肾病综合征。常需肾活检确诊,肾活检组织刚果红染色淀粉样物质呈砖红色,偏光显微镜下呈绿色双折射光特征。电镜表现为特征性细纤维丝样结构。

6. 骨髓瘤性肾病 多发于中老年人,男性多见,患者可有多发性骨髓瘤的特征性临床表现,如骨痛、血清单株球蛋白增高、蛋白电泳 M 带及尿本周蛋白阳性,骨髓象显示浆细胞异常增生(占有核细胞的 15% 以上),并伴有质的改变。多发性骨髓瘤累及肾小球时可出现肾病综合征。上述骨髓瘤特征性表现有利于鉴别诊断。

【治疗】

(一) 一般治疗

应适当注意休息,避免到公共场所并预防感染。病情稳定者应适当活动,以防止静脉血栓形成。给予正常量 0.8~1.0g/(kg·d)的优质蛋白(富含必需氨基酸的动物蛋白)饮食。热量要保证充分,每天不应少于 126~147kJ/kg(30~35kcal/kg)。尽管患者从尿液中丢失大量蛋白,但由于高蛋白饮食增加肾小球高滤过,加重蛋白尿并促进肾脏病变进展,故不主张患者摄入高蛋白饮食。

水肿明显者应低盐(<3g/d)饮食。为减轻高脂血症,应减少富含饱和脂肪酸(动物油脂)食物的摄入,而多吃富含多聚不饱和脂肪酸(如植物油、鱼油)和富含可溶性纤维(如燕麦、米糠及豆类)的食物。

(二) 对症治疗

1. 利尿消肿

(1) 利尿剂的应用:在使用利尿剂时应判断患者是否存在有效血容量不足。利尿的原则是不宜过快过猛,避免过度利尿造成血液黏稠、诱发血栓及栓塞并发症。同时还需注意防止电解质及酸碱平衡紊乱的发生。

1）噻嗪类利尿剂：主要作用于髓袢升支厚壁段和远曲小管前段，通过抑制钠和氯的重吸收，增加钾的排泄而利尿。常用氢氯噻嗪 25mg，每天 3 次口服。长期服用应防止低钾、低钠血症。

2）袢利尿剂：主要作用于髓袢升支，对钠、氯和钾的重吸收具有强力的抑制作用。常用呋塞米（速尿）每天 20~120mg，分次口服或静脉注射。在渗透性利尿剂应用后随即给药效果更好。应用袢利尿剂时需谨防低钠血症及低钾低氯性碱中毒。

3）潴钾利尿剂：主要作用于远曲小管后段，排钠、排氯，但潴钾，适用于低钾血症的患者。单独使用时利尿作用不显著，可与噻嗪类利尿剂合用。常用醛固酮拮抗剂螺内酯 20mg，每天 3 次。长期服用需防止高钾血症，对肾功能不全患者应慎用。

4）渗透性利尿剂：通过提高血浆胶体渗透压，使组织中水分重吸收入血，同时在肾小管腔内形成高渗状态，减少水、钠的重吸收而达到利尿目的。可选择低分子右旋糖酐等。但在尿量<400ml/d 的患者应慎用，因为此类药物易与 Tamm-Horsefall 糖蛋白和尿中的白蛋白在肾小管管腔内形成管型而堵塞肾小管，并且其高渗作用会使肾小管上皮细胞变性、坏死，导致急性肾损伤。

（2）提高血浆胶体渗透压：血浆或白蛋白等静脉输注可提高血浆胶体渗透压，促进组织中水分回吸收并利尿，如继而用呋塞米 60~120mg 加于葡萄糖溶液中缓慢静脉滴注，通常能获得良好的利尿效果。多用于低血容量或利尿剂抵抗、严重低白蛋白血症的患者。由于输入的白蛋白可引起肾小球高滤过及肾小管高代谢造成肾小球脏层及肾小管上皮细胞损伤，现多数学者认为，非必要时不宜多使用。

（3）其他：对于顽固性水肿，可短期实施单纯超滤或连续性血液净化治疗。

2. 治疗高凝状态和血栓、栓塞并发症 肾病综合征由于凝血、抗凝及纤溶因子的改变、激素及利尿剂的使用等，常处于高凝状态。当血浆白蛋白<20g/L，可给予肝素钠或低分子量肝素皮下注射。抗凝同时可辅以抗血小板药物，如阿司匹林、双嘧达莫等。如果发生血栓，宜在 6 小时之内溶栓治疗，同时配合抗凝治疗，抗凝药一般持续应用半年以上。抗凝治疗期间应密切关注出血倾向，避免抗凝过度导致出血。

3. 减少尿蛋白 持续性大量蛋白尿本身可导致肾小球高滤过、加重肾小管-间质损伤、促进肾小球硬化，是影响肾小球疾病预后的重要因素。已证实减少尿蛋白可以有效延缓肾功能的恶化。

血管紧张素转换酶抑制剂（ACEI）或血管紧张素Ⅱ受体拮抗剂（ARB），除有效控制高血压外，均可通过降低肾小球内压和直接影响肾小球基底膜对大分子的通透性，有不依赖于降低全身血压的减少尿蛋白作用。用 ACEI 或 ARB 降低尿蛋白时，所用剂量一般比常规降压剂量大，才能获得良好疗效。

（三）病因治疗

1. 肾上腺糖皮质激素（简称激素） 通过抑制免疫炎症反应、抑制醛固酮和抗利尿激素分泌，影响肾小球基底膜通透性等综合作用而发挥其利尿、消除尿蛋白的疗效。使用原则为：①起始足量：常用药物为泼尼松 1mg/（kg·d），口服 8 周，必要时可延长至 12 周；②缓慢减药：足量治疗后每 2~3 周减原用量的 10%，当减至每天 20mg 时病情易复发，应更加缓慢减量；③长期维持：最后以最小有效剂量（每天 10mg）再维持半年左右。激素可采取全日量顿服，维持用药期间两日量隔日一次顿服，以减轻激素的副作用。水肿严重、有肝功能损害或泼尼松疗效不佳时，应更换为甲泼尼龙（等剂量）口服或静脉滴注。因地塞米松半衰期长，副作用大，现已少用。

根据患者对糖皮质激素的治疗反应，可将其分为“激素敏感型”（用药 8~12 周内肾病综合征缓解）、“激素依赖型”（激素减药到一定程度即复发）和“激素抵抗型”（常规激素治疗无效）3 类。

长期应用激素的患者可出现感染、药物性糖尿病、骨质疏松等副作用，少数病例还可能发生股骨头无菌性缺血性坏死，需加强监测，及时处理。

2. 细胞毒药物 对激素依赖型或激素抵抗型肾病综合征患者加用此类药物。

（1）环磷酰胺：为临床最常用的一种免疫抑制剂，属烷化剂，通过减少 T 细胞和 B 细胞从而抑制细胞和体液免疫。应用剂量为 2mg/（kg·d），分 1~2 次口服，或 200mg，隔日静脉注射，也可选择冲击治疗,每个月 0.6~1.0g,总累积量达 6~8g 后停药。主要副作用有胃肠道反应、骨髓抑制、肝功能损害、脱发、性腺毒性和出血性膀胱炎等。

（2）苯丁酸氮芥：苯丁酸氮芥 2mg,每天 3 次口服,共服用 3 个月,由于毒副作用及疗效欠佳,目前已少使用。

3. 钙调神经蛋白抑制剂 环孢素（cyclosporin A,CSA）属钙调神经蛋白抑制剂,能选择性抑制 T 辅助细胞及 T 细胞毒效应细胞,已作为二线药物用于治疗激素及细胞毒药物无效的难治性肾病综合征。常用量为 3~5mg/（kg·d）,分 2 次空腹口服,服药期间需监测并维持其血浓度谷值为 100~200ng/ml。服药 2~3 个月后缓慢减量,疗程至少 1 年。副作用有肝肾毒性、高血压、高尿酸血症、多毛及牙龈增生等。停药后易复发,使其广泛应用受到限制。他克莫司（tacrolimus,FK506）也属钙调神经蛋白抑制剂,但肾毒性副作用小于环孢素。成人起始治疗剂量为 0.05mg/（kg·d）,血药浓度保持在 5~8ng/ml,疗程为 6~12 个月。

应用激素及细胞毒药物治疗肾病综合征可有多种方案,原则上应以增强疗效的同时最大限度地减少副作用为宜。对于是否应用激素治疗、疗程长短以及是否应该使用细胞毒药物等,应结合患者肾小球病理类型、年龄、肾功能和有否相对禁忌证等情况不同而区别对待,制订个体化治疗方案。

（四）中医药治疗
单纯中医、中药治疗肾病综合征疗效较缓慢,与激素及细胞毒药物联合应用可减少后者的副作用。

【预后】
影响肾病综合征预后的因素主要有:①病理类型:微小病变型肾病和轻度系膜增生性肾小球肾炎预后较好,系膜毛细血管性肾炎、FSGS 及重度系膜增生性肾小球肾炎预后较差。早期膜性肾病也有一定的缓解率,晚期则难以缓解。②临床表现:大量蛋白尿、严重高血压及肾功能损害者预后较差。③激素治疗效果:激素敏感者预后相对较好,激素抵抗者预后差。④并发症:反复感染导致肾病综合征经常复发者预后差。

思考题
....

1. 试阐述肾病综合征典型临床表现。
2. 试阐述肾病综合征病理类型。
3. 试阐述肾病综合征的治疗原则。

第六节　IgA 肾病

案例导入

患者,女,31 岁,因反复腰痛 1 年,发现镜下血尿 10 个月来诊。患者 1 年前无明显诱因出现腰痛,无明显肉眼血尿、尿频、尿急、尿痛、水肿、头昏、头痛、畏寒、发热,查尿常规提示尿隐血++,尿蛋白+,尿白细胞+,考虑"尿路感染",给予抗感染治疗,治疗后腰痛缓解,但尿隐血、尿蛋白无缓解。发病以来饮食和睡眠可,大小便正常,体力较前无明显变化。既往体健,无高血压病史,无药物过敏史,家族中无类似患者。体格检查:慢性病面容,余无特殊。

请思考:

1. 该患者最可能的诊断是什么？需与哪些疾病鉴别？
2. 为明确诊断该患者需进一步完善的检查包括？
3. 针对该患者的治疗方案有哪些？

IgA 肾病（IgA nephropathy）是指在肾小球系膜区以 IgA 或 IgA 沉积为主的原发性肾小球疾病，是肾小球源性血尿最常见的病因，占原发性肾小球疾病的 20%~50%，也是导致青年人终末期肾脏病的首要原因，给我国造成沉重的社会和经济负担。

【病因和发病机制】

近年研究发现 IgA 肾病患者血清中 IgA1 较正常人显著升高。系膜区沉积的 IgA 免疫复合物或多聚 IgA 为 IgA1，且存在与血液中 IgA1 相似的铰链区糖基化异常。

【病理】

IgA 肾病的主要病理特点是肾小球系膜细胞增生和基质增多。病理变化多种多样，病变程度轻重不一，可涉及肾小球肾炎几乎所有的病理类型，如系膜增生性肾小球肾炎、轻微病变型、局灶增生性肾小球肾炎、毛细血管内增生性肾小球肾炎、新月体肾小球肾炎、局灶节段性肾小球硬化和增生硬化性肾小球肾炎等。IgA 肾病目前广泛采用牛津分型，具体包括：系膜细胞增生（M0/1）、内皮细胞增生（E0/1）、节段性硬化或粘连（S0/1）及肾小管萎缩或肾间质纤维化（T0/1/2）、细胞或细胞纤维性新月体（C0/1/2）等 5 项主要病理指标。免疫荧光可见系膜区 IgA 为主的颗粒样或团块样沉积，伴或不伴毛细血管袢分布，常伴 C3 的沉积，但 C1q 少见。也可有 IgG、IgM 沉积，与 IgA 的分布相似，但强度较弱。电镜下可见系膜区电子致密物呈团块状沉积。

【临床表现】

IgA 肾病起病隐匿，常表现为无症状性血尿，伴或不伴蛋白尿，往往体检时发现。有些患者起病前数小时或数日内有上呼吸道或消化道感染等前驱症状，主要表现为发作性的肉眼血尿，可持续数小时或数日，肉眼血尿常为无痛性，可伴蛋白尿，多见于儿童和年轻人。全身症状轻重不一，可表现为全身不适、乏力和肌肉疼痛等。20%~50% 患者有高血压，少数患者可发生恶性高血压。部分患者表现为肾病综合征及不同程度的肾功能损害。

【实验室检查】

尿常规示尿红细胞增多，为肾小球源性血尿，偶见混合性血尿；多数为轻度蛋白尿（小于 1g/24h），少数为大量蛋白尿。30%~50% 的患者血 IgA 升高。部分患者有不同程度的肾功能减退。

【诊断和鉴别诊断】

本病的诊断依靠肾活检免疫病理学检查，即肾小球系膜区以 IgA 为主的免疫复合物沉积。须注意除外肝硬化、过敏性紫癜等继发性 IgA 沉积的疾病。

本病应与以下疾病相鉴别：

（一）急性链球菌感染后肾小球肾炎

此病潜伏期较长（7~21 天），有自愈倾向。IgA 肾病潜伏期短，呈反复发作，结合实验室检查（如 IgA 肾病可有血 IgA 水平增高，而急性链球菌感染后肾炎常有血 C3 水平的动态变化、ASO 阳性等），尤其是肾活检可以鉴别。

（二）薄基底膜肾病

大部分为持续性镜下血尿，有阳性家族史，一般无症状。多在体检中发现。免疫病理显示 IgA 阴性，电镜下可见弥漫性肾小球基底膜变薄。

（三）继发性 IgA 沉积为主的肾小球疾病

1. **过敏性紫癜肾炎**　病理改变与 IgA 肾病相似，但前者常有皮肤紫癜、关节肿痛、腹痛和便血等典型的肾外表现。

2. **慢性酒精性肝硬化**　50%~90% 的酒精性肝硬化患者中肾脏病理可见以 IgA 沉积为主，仅少数患者可出现肾脏受累的临床表现。鉴别主要依据有无肝硬化存在。

3. **狼疮性肾炎**　免疫荧光多为"满堂亮"，此外有关节痛、口腔溃疡、光过敏、浆膜腔积液等表现，并伴有血清免疫学异常。

ER 5-3-9

皮肤过敏性紫癜

（四）泌尿系统感染

易与尿中红细胞、白细胞增多的 IgA 肾病患者混淆，但泌尿系统感染常有尿频、尿急、尿痛、发热、腰痛等症状，尿培养阳性，而 IgA 肾病患者反复中段尿细菌培养阴性，抗生素治疗无效。

【治疗】

本病的临床表现、病理改变和预后差异较大，治疗需根据不同的临床表现、病理类型等综合制订合理的治疗方案。

1. 单纯镜下血尿　此类患者一般预后较好，大多数患者肾功能可长期维持在正常范围，一般无特殊治疗，但需要定期监测尿蛋白和肾功能。但需注意避免过度劳累、预防感染和避免使用肾毒性药物。

2. 反复发作性肉眼血尿　对于感染后反复出现肉眼血尿或尿检异常的患者，应积极控制感染，选用无肾毒性的抗生素，如青霉素 80 万单位，肌内注射，每天 2 次，口服红霉素、头孢菌素等；慢性扁桃体炎反复发作的患者，建议行扁桃体切除。

3. 伴蛋白尿　建议选用 ACEI 或 ARB 治疗并逐渐增加至可耐受的剂量，尽量将尿蛋白控制在 <0.5g/d，延缓肾功能进展。经过 3~6 个月优化支持治疗（包括服 ACEI/ARB 和控制血压）后，如尿蛋白仍持续>1g/d 且 GFR>50ml/(min·1.73m^2) 的患者，可给予糖皮质激素治疗，每天泼尼松 0.6~1.0mg/kg，4~8 周后逐渐减量，总疗程 6~12 个月。对于免疫抑制剂（如环磷酰胺、硫唑嘌呤、吗替麦考酚酯等）的获益仍存在争议。大量蛋白尿长期得不到控制者，预后较差，常进展至终末期肾衰竭。

4. 肾病综合征　病理改变较轻者，如表现为微小病变型，可选用激素或联合应用细胞毒药物，常可获较好疗效；如病理改变较重，疗效常较差，尤其是合并大量蛋白尿且难以控制的患者，肾脏损害呈持续性进展，预后差。

5. 急性肾衰竭　IgA 肾病表现为急性肾衰竭，主要为新月体肾炎或伴毛细血管袢坏死以及红细胞管型阻塞肾小管所致。若肾活检提示为细胞性新月体肾炎，临床上常呈肾功能急剧恶化，应及时给予大剂量激素和细胞毒药物强化治疗。若患者已达到透析指征，应给予透析治疗。

6. 高血压　控制血压可保护肾功能，延缓慢性肾脏疾病的进展。临床研究表明，ACEI 或 ARB 可良好地控制 IgA 肾病患者的血压，减少蛋白尿。

7. 慢性肾衰竭参见本篇慢性肾衰竭章节。

8. 其他　若 IgA 肾病患者的诱因同某些食品引起的黏膜免疫反应有关，则应避免这些食物的摄入。有学者认为富含 ω-3 多聚不饱和脂肪酸的鱼油对 IgA 肾病有益，但其确切疗效还有待进一步的大规模多中心临床研究证实。病情较轻的 IgA 肾病患者一般可耐受妊娠，但若合并持续的重度高血压、肾小球滤过率<60ml/(min·1.73m^2) 或肾组织病理检查提示严重的肾血管或间质病变者，则不宜妊娠。

> **知识拓展**
>
> ## IgA 肾病研究进展
>
> 近年来，IgA 肾病发病机制的研究取得了重大进展，揭示了黏膜免疫、B 细胞及补体在 IgA 肾病发病中的作用，大力推动了针对 IgA 肾病新型靶向治疗策略的探索，部分特异性治疗药物已经完成Ⅲ期临床研究并即将上市或已上市。如选择性内皮素受体拮抗剂阿曲生坦、布地奈德靶向释放制剂、增殖诱导配体阻断剂等。

【预后】

IgA 肾病 10 年肾脏存活率为 80%~85%，20 年约为 65%，但是个体差异很大，有些患者长期预后良好,但有些患者快速进展至肾衰竭。疾病预后不良的指标包括持续难以控制的高血压和蛋白尿(尤其是蛋白尿持续>1g/d)、肾功能损害、肾活检病理表现为肾小球硬化、间质纤维化和肾小管萎缩,或伴大量新月体形成。

思考题

1. 试述 IgA 肾病临床表现。
2. 试述 IgA 肾病治疗原则。

第七节　无症状性血尿和/或蛋白尿

案例导入

患者,男,42 岁,因发现血尿半年来诊。患者半年前体检发现尿常规异常:尿隐血(+),尿蛋白(-),尿白细胞(-),否认腰痛、肉眼血尿、尿频、尿急等。发病以来饮食和睡眠可,大小便正常,体力较前无明显变化。既往体健,无高血压病史,家族中无类似患者。体格检查:均无异常。

请思考:
1. 该患者最可能的诊断是什么?
2. 该疾病需与哪些疾病鉴别?
3. 针对该患者的治疗方案有哪些?

无症状性血尿和/或蛋白尿(asymptomatic hematuria and/or proteinuria)既往称隐匿型肾小球肾炎,是指一组仅有尿检异常,表现为少量血尿和/或蛋白尿,而无水肿、高血压和肾功能损害的原发性肾小球疾病。

【病因和发病机制】

本病患者肾活检病理可见肾小球系膜区或基底膜上有不同程度的免疫复合物沉积,故认为仍属免疫性肾小球疾病。引起免疫反应抗原的性质、数量及抗体不同,临床表现不一。引起免疫反应的病原体有多种,包括链球菌及其他细菌或病毒等。

【病理】

本组疾病可由多种病理类型的原发性肾小球疾病所致,但病理改变多较轻。如可见于轻微病变性肾小球肾炎(肾小球中仅有节段性系膜细胞及基质增生)、轻度系膜增生性肾小球肾炎及局灶节段性肾小球肾炎(局灶性肾小球病,病变肾小球内节段性内皮及系膜细胞增生)等病理类型。

【临床表现】

临床多无症状,常因发作性肉眼血尿或体检提示镜下血尿或蛋白尿而发现,无水肿、高血压和肾功能损害;部分患者可于高热或剧烈运动后出现一过性血尿,短时间内消失。反复发作的单纯性血尿,尤其是和上呼吸道感染密切相关者应注意 IgA 肾病的可能。

【实验室检查】

尿液分析可有镜下血尿和/或蛋白尿(尿蛋白>0.5g/24h,但通常<2.0g/24h,以白蛋白为主);相差显微镜尿红细胞形态检查和/或尿红细胞容积分布曲线测定可判定血尿性质为肾小球源性血尿。免疫学检查抗核抗体、抗双链 DNA 抗体、免疫球蛋白、补体等均正常。部分 IgA 肾病患者可有血 IgA 水平的升高、肾功能及影像学检查如 B 超、静脉肾盂造影、CT 或 MRI 等常无异常发现。

单纯血尿患者不一定行肾活检,因为这类患者通常预后良好,且 5%~15% 的患者肾活检后仍不能确诊。血尿伴蛋白尿患者的病情及预后一般较单纯性血尿患者稍重,且临床上无法鉴别为 IgA 肾病或其他肾病,建议行肾穿刺活检评估病情和协助治疗。如患者随访中出现血尿、蛋白尿加重和/或肾功能恶化,应尽快做肾活检明确诊断。

【诊断和鉴别诊断】

无症状性血尿和/或蛋白尿临床上无特殊症状,易被忽略,故应加强临床随访。此外,尚需排除其他原因所致的可能。

对单纯性血尿患者(仅有血尿而无蛋白尿),需做相差显微镜尿红细胞形态检查和/或尿红细胞容积分布曲线测定,来鉴别血尿来源。首先应除外由于尿路疾病(如尿路结石、肿瘤或炎症)所致的血尿,通常尿红细胞位相和泌尿系统超声可协助鉴别。如确定为肾小球源性血尿,又无水肿、高血压及肾功能减退时,即应考虑诊断此病。以反复发作的单纯性血尿为表现者多为 IgA 肾病,尤其上呼吸道感染后肉眼血尿者。需注意的是,诊断本病前必须小心除外其他肾小球疾病的可能,如全身性疾病(ANCA 相关性血管炎、狼疮性肾炎、过敏性紫癜肾炎等)、Alport 综合征、薄基底膜肾病及非典型的急性肾炎恢复期等。依据临床表现、家族史和实验室检查予以鉴别,必要时需依赖肾活检方能确诊。

同时伴有肾小球源性血尿和蛋白尿者,多属本病,排除继发性因素后可诊断。对无症状单纯蛋白尿者,需做尿蛋白定量和尿蛋白成分分析、尿蛋白电泳以区分蛋白尿性质,必要时应做尿本周蛋白检查及血清蛋白免疫电泳。尤其是患者尿常规中蛋白定性试验时提示蛋白量不多,但 24 小时尿蛋白定量出现大量蛋白尿时,需高度注意单克隆免疫球蛋白增多症的可能。在作出诊断前还必须排除假性蛋白尿(如肿瘤引起大量血尿时)、溢出性蛋白尿、功能性蛋白尿(仅发生于剧烈运动、发热或寒冷时)、体位性蛋白尿(见于青少年,直立时脊柱前凸所致,卧床后蛋白尿消失)等类型的蛋白尿,需注意排除左肾静脉压迫综合征,以及其他继发性肾小球疾病(如糖尿病肾病、肾淀粉样变、多发性骨髓瘤等)。必要时行肾活检确诊。

【治疗】

尿蛋白定量<1.0g/d,以白蛋白为主而无血尿者,称为单纯性蛋白尿,一般预后良好,很少发生肾功能损害。但近年的研究显示,有小部分尿蛋白在 0.5~1.0g/d 的患者,肾活检病理改变并不轻,应引起重视。

在未明确病因之前无须给予特异的治疗,但应注意避免加重肾损害的因素。由于患者蛋白尿较轻,不必使用激素和细胞毒药物,也不必使用过多的中草药,以免用药不慎反致肾功能损害。治疗原则包括:①对患者进行定期检查和追踪(每 3~6 个月 1 次),监测尿常规、肾功能和血压的变化,女性患者在妊娠前及妊娠期间更需加强监测;②保护肾功能、避免肾损伤的因素;③对伴血尿的蛋白尿患者,或单纯尿蛋白明显增多(尤其>1.0g/d)者,建议考虑使用 ACEI/ARB 类药物治疗,治疗时需监测血压;④对合并慢性扁桃体炎反复发作,尤其是与血尿、蛋白尿发生密切相关的患者,可待急性期过后行扁桃体切除术;⑤随访中如出现高血压或肾功能损害,按慢性肾小球肾炎治疗;⑥可适当用中医药辨证施治,但需避免肾毒性中药。

【预后】

无症状性血尿和/或蛋白尿可长期迁延,也可呈间歇性或时轻时重,大多数患者的肾功能可长期维持正常。但少数患者疾病转归可表现为自动痊愈或尿蛋白渐多、出现高血压和肾功能减退转成慢性肾炎。在目前国家推行全民免费体检政策背景下,能够对无症状性血尿和/或蛋白尿患者做到“早发现、早诊断、早治疗”,尽量避免患者进展至终末期肾病,有效提高了患者生活质量。

本章小结

原发性肾小球疾病临床分型包括:急性肾小球肾炎、急进性肾小球肾炎、慢性肾小球肾炎、无症状性血尿和/或蛋白尿、肾病综合征。病理类型包括：肾小球轻微病变、局灶节段性肾小球病变、弥漫性肾小球肾炎、未分类的肾小球肾炎。肾小球疾病的发病属于免疫反应介导的炎症疾病。治疗上根据不同的病理类型及临床表现给予激素及免疫抑制剂等治疗。

病例讨论

患者，男，21岁，学生，因发现尿蛋白2个月余来诊。患者2个月前体检时发现尿蛋白阳性，化验提示：尿蛋白（＋），无水肿、血尿、血压升高、腰痛、腰酸、咳嗽咳痰、咽痛、发热，自觉偶有乏力，近2周患者发现眼睑及双下肢浮肿，就诊于当地医院，完善相关辅助检查：白蛋白25.9g/L，24小时尿蛋白定量：17.21g/24h，当地医院考虑"肾病综合征"，建议转往上级医院进一步明确诊断。发病以来饮食和睡眠可，无尿频、尿急、尿痛，无关节痛、皮疹、脱发和口腔溃疡，大便正常，24小时尿量2 400ml，体力较前无明显变化。既往体健，无高血压和肾脏病史，无药物过敏史。无烟酒嗜好，家族中无高血压病。查体：T 36.5℃，P 82次/min，R 19次/min，BP 112/81mmHg。一般情况可，无皮疹，浅表淋巴结无肿大，双眼睑水肿，巩膜无黄染，咽充血（－），扁桃体不大，心肺（－），腹平软，肝脾肋下未触及，移动性浊音（－），双肾区无叩击痛，双下肢凹陷性水肿。

（张 丽）

思考题

试述无症状性血尿和/或蛋白尿的鉴别诊断。

ER 5-3-10

练习题

第四章 | 肾小管间质疾病

教学课件　　思维导图

学习目标

1. 掌握：急性间质性肾炎和慢性间质性肾炎的诊断和治疗方法。
2. 熟悉：肾间质血管和肾小管的分布特点，以及肾小管性酸中毒的病理生理机制。
3. 了解：肾小管性酸中毒的分类及其诊断和治疗方法；了解常见导致急性和慢性间质性肾炎的原因，尤其是常用药物，并了解预防和治疗这些疾病的方法。
4. 学会准确诊断肾小管性酸中毒、急性间质性肾炎和慢性间质性肾炎，并选择适当的治疗药物。
5. 具备职业道德的责任感和使命感，勇于奉献、爱岗敬业、克服困难，培养艰苦奋斗、勇于创新的能力。

案例导入

　　患者，女，60 岁，2 个月前开始出现反复发热，体温最高 39.0℃，伴畏寒、寒战、头痛、全身酸痛，伴纳差、上腹部撑胀，偶恶心、呕吐，无咳嗽、咳痰、尿频、尿急、尿痛、腹泻。在院外查炎症指标升高，肾功能异常，给予抗感染治疗 1 周后发热消失，但仍有纳差。10 余天前开始在家服用中药，疗效欠佳，来院就诊。否认高血压、糖尿病病史、冠心病病史。查体：营养中等，贫血貌，神志清，精神差。心肺查体无异常。腹软，无压痛、反跳痛，肝、肾区无叩击痛。双下肢无水肿。辅助检查：血常规：血红蛋白 83.0g/L；尿常规：尿蛋白+，隐血+；肾功能：血肌酐 534.0μmol/L，尿素氮 14.4mmol/L。

请思考：

1. 患者目前的诊断可能是什么？
2. 应进一步完善哪些检查？

　　肾间质疾病（interstitial nephropathy）又称间质性肾炎（interstitial nephritis），是由多种病因引起的一组临床病理综合征，其临床主要表现为肾小管功能障碍，伴有不同程度的肾小球滤过率下降；病理损伤主要累及肾间质和肾小管，不伴或仅伴有轻微的肾小球或肾血管损伤。肾小管间质疾病临床较常见且病因很多，发病机制也不尽相同，肾损害常有共同的特点，如肾小管的各种功能不全、肾脏内分泌功能异常等。本章仅介绍常见的肾小管间质疾病。

第一节　肾小管性酸中毒

　　肾脏对酸碱平衡的调节由肾小管完成，近曲小管主要负责重吸收滤过的碳酸氢根，而远段肾单位则主要通过生成铵根离子和可滴定酸的形式泌氢，从而达到酸化尿液的效果。肾小管酸中毒（renal tubular acidosis，RTA）是一组由肾脏泌氢或重吸收碳酸氢盐的能力下降而引起的阴离子间隙正常的代谢性酸中毒,而肾小球滤过率相对正常。突出的特点是血液是酸性的,而肾脏反常性产生碱性尿液,这个过程中往往伴有钾的分泌障碍。尤以高氯血症性代谢性酸中毒为特征,但阴离子间隙正常,尿液不能被酸化,尿 pH 常>6.0,(近端可被酸化)可导致高钾或低钾、低钠、低钙血症,引起佝偻病、肾结石等,而肾小球功能多正常或仅有轻度损害。

【病因和发病机制】

肾小管性酸中毒的发生与机体每天产生的净酸有关。机体每天产生约 50mmol 的净酸(尿铵+可滴定酸−尿碳酸氢根),血浆中的碳酸氢盐只能暂时缓冲这些酸性物质,最终仍然需要依靠肾小管来排酸、生成铵和重吸收碳酸氢盐,以维持细胞外液中的 HCO_3^- 浓度,从而保持酸碱平衡。肾小管的调节功能包括两个方面:首先,近端肾小管可以重吸收肾小球滤液中 80%~90% 的 HCO_3^-,以保存体内的碱贮备;其次,远端肾小管可以分泌 H^+、滴定氨和可滴定酸,并再吸收 HCO_3^-,以排除净酸负荷并补充碱贮备。如果近端肾小管重吸收 HCO_3^- 受到障碍和/或远端肾小管分泌 H^+ 功能受到障碍,就会导致体内 HCO_3^- 减少和/或 H^+ 潴留,进而出现代谢性酸中毒的情况。

ER 5-4-3

近端肾小管上皮细胞重吸收碳酸氢根模式图

根据病损部位和功能障碍特点分为 4 型:

(一)远端肾小管性酸中毒(I型)

表现为远端肾小管分泌 H^+ 的障碍,无法在血液与小管腔液之间建立 H^+ 梯度差。具体来说,肾小管上皮细胞的 H^+ 泵功能衰竭,导致 H^+ 的分泌减少,或者 H^+ 扩散至管周液,使尿液无法被酸化。同时,尿铵和可滴定酸的排出也会减少,导致体内 H^+ 潴留。即使机体发生酸中毒,净酸的排泄仍然减少,因此尿液的 pH 通常大于 6.0。

此类型酸中毒可分为原发性和后天获得性两种类型。原发性肾小管性酸中毒多由肾小管先天性功能缺陷引起,属于常染色体显性遗传疾病。而后天获得性肾小管性酸中毒常见于慢性肾小管间质疾病、其他先天性或遗传性肾病(如海绵肾)、特发性高钙尿症等情况。

(二)近端肾小管性酸中毒(II型)

在正常人体中,近端肾小管主要负责重吸收尿液中的大部分 HCO_3^-。然而,在这种疾病中,近端肾小管的重吸收功能受到障碍,导致超过 15% 的尿液中的 HCO_3^- 未被重吸收而到达远端肾小管。这超过了远端肾小管泌氢与之结合的能力,使得肾小管滤液中超过 15% 的 HCO_3^- 丢失于尿液中,导致尿液呈现碱性。另一方面,近端肾小管的 HCO_3^- 重吸收障碍也会导致 H^+-Na^+ 交换的减少,从而使 H^+ 的排出量减少,进一步加重酸中毒的情况。当血浆中的 HCO_3^- 严重减少时,肾小球滤液中的 HCO_3^- 也相应减少。如果减少到与近端肾小管重吸收量相当时,到达远端肾小管的 HCO_3^- 将非常有限,但 H^+-Na^+ 交换仍可正常进行,因此尿液中的 HCO_3^- 和净酸排泄量可以保持正常。这种情况下,尿液的 pH 可以酸化至 5.5 以下。因此,这种类型的酸中毒具有一定的自限性。

近端肾小管单纯重吸收 HCO_3^- 缺陷或多种重吸收缺陷的病因通常为原发性,与遗传有关,临床最常见的是后天获得性的小管间质损伤,先天遗传因素少见。而继发性的病因则包括多种情况,例如肾小管间质疾病、Fanconi 综合征、浆细胞病的单克隆轻链(如多发性骨髓瘤)、自身免疫性疾病(如干燥综合征)、重金属中毒、药物毒性(氨基糖苷类抗生素中毒、异环磷酰胺、替诺福韦)等。

(三)混合性肾小管性酸中毒(III型)

本型是远端和近端肾小管性酸中毒的混合型,兼有两型的临床表现,高血氯性代谢性酸中毒显著,尿中丢失 HCO_3^- 较多,尿可滴定酸和铵排出减少。症状较重。

(四)高钾血症型远端肾小管性酸中毒(IV型)

本型为最常见的一种类型。通常认为这种肾小管酸中毒和醛固酮作用减弱有关系,钠的重吸收减少,钾的排出减少,影响氢的排泌和氨的生成,导致肾小管对钾离子和氢离子的排泌减少,进而

引发持续性高钾血症和高氯性酸中毒。此类型的酸中毒常伴有与酸中毒不成比例的肾小球滤过率下降（GFR>20ml/(min·1.73m²)）以及轻至中度的氮质血症,并伴有肾性失盐和尿液中NH_4^+的减少。导致高钾血症型远端肾小管性酸中毒的疾病通常会影响肾素-血管紧张素-醛固酮-皮质集合管轴的功能。

常见的病因包括以下几种情况:①醛固酮水平过低,由于原发性肾上腺功能异常,也可以继发于各种轻中度肾功能不全,尤其常见于糖尿病肾病、狼疮性肾炎、艾滋病肾病等,低肾素活性在糖尿病中较为常见;②醛固酮相对不足,往往与梗阻性肾病、移植肾排异和药物损伤导致的慢性肾小管间质损伤有关;③肾小管对醛固酮的反应性降低,例如假性醛固酮减少症和失盐性肾炎等。

【临床表现】

1. 原发性远端肾小管性酸中毒　多见于女性,多发年龄为 20~40 岁。虽然在出生后不久就可能发病,但明显的症状往往在 2 岁之后甚至成年才会出现。

该疾病的主要特点是高氯性代谢性酸中毒和电解质紊乱引起的症状和体征。生长发育迟缓是主要表现,而多饮多尿也较为常见。①大量钠丢失,血钠水平下降,同时伴随继发性醛固酮增多,导致尿液中钾离子增加,造成低血钾症。低血钾会引起肌肉无力和四肢瘫痪,严重时可出现心律失常、呼吸肌麻痹、呼吸困难、嗜睡、昏迷等危及生命的症状。②酸中毒还会抑制肾小管对钙的重吸收和维生素 D 的活化,导致尿钙增多和血钙吸收减少,进而引起低血钙。低血钙可能导致甲状旁腺功能亢进,肾小管对磷的重吸收减少,尿磷排出增加,血钙和磷含量降低,使得骨质无法正常钙化。在儿童中,这会表现为肾性佝偻病,而在成人中则表现为骨痛、骨软化,严重情况下可能发生病理性骨折。③尿液中钙的增加和呈碱性的尿液条件下容易发生肾钙化或肾结石,患者可能出现肾绞痛、血尿、梗阻性肾病等症状。

2. 原发性近端肾小管性酸中毒　多在幼儿期开始发病,男性患者较多。其主要特征是慢性代谢性酸中毒,表现为厌食、恶心、呕吐和全身乏力等症状。儿童患者常伴有生长发育迟缓,并常合并近端肾小管的其他重吸收缺陷,如肾性糖尿、氨基酸尿等。此类型的酸中毒通常不明显伴有低钾和多尿,一般无骨骼改变。在儿童患者中,随着年龄增长,病情可能有自愈的倾向。少数患者可能只表现为尿液检查异常,而没有系统性酸中毒的症状,称为不完全型。

3. 混合性肾小管性酸中毒　临床表现取决于远端和近端肾小管功能缺陷的程度。常常同时具有两种类型的临床特点,一般酸中毒较重,并发症较多。

4. 高钾血症型远端肾小管性酸中毒　多见于老年人,常合并慢性肾疾病或肾功能不全。与肾功能下降程度不成比例的高血钾水平是其特征之一。此类型的酸中毒与近端肾小管性酸中毒的症状和尿液酸化功能障碍类似。

5.继发性肾小管性酸中毒常伴有各原发病的临床表现。

【诊断和鉴别诊断】

（一）诊断依据

1.患者出现慢性代谢性酸中毒,但阴离子间隙正常,血氯明显升高。

2.严重酸中毒时,Ⅰ型和Ⅲ型肾小管酸中毒尿液的 pH 通常在 5.5 以上,Ⅱ型和Ⅳ型肾小管酸中毒尿液的 pH 通常在 5.5 以下。

3.Ⅳ型肾小管酸中毒通常合并高血钾和低尿钾,其余三型通常合并低血钾和高尿钾。

4.Ⅱ型肾小管酸中毒尿 HCO_3^- 增加,HCO_3^- 排泄分数 >15%,Ⅰ型和Ⅳ型尿 NH_4^+ 排泄通常减少。Ⅲ型同时存在Ⅰ型和Ⅱ型肾小管酸中毒的特点。

5.继发性肾小管酸中毒多伴有原发病的临床表现。

（二）诊断试验

1. 氯化铵负荷试验　用于可疑或不典型Ⅰ型患者,在酸中毒程度较轻时进行该试验以确诊。方法是停用碱性药物 2 天后开始口服氯化铵（NH₄Cl），将每天的氯化铵剂量（0.1g/kg）分为 3 次口服，连续 3 天。观察血液的 pH 和二氧化碳结合力是否降低，若血液出现代谢性酸中毒状态，而尿 pH>5.5 则说明肾小管无法充分酸化尿液，试验结果为阳性。此外，还可在 3~5 小时内将氯化铵总量服用完毕，并每小时连续测量尿液的 pH 5 次。若尿液的 pH 在 5.5 以上，则进一步提示远端肾小管性酸中毒的诊断成立。注意若患者有肝病或肝功能异常可改用氯化钙（CaCl₂）0.1mmol/kg 口服，方法与氯化铵相同。

2. 碳酸氢盐重吸收试验　凡原因未明的高氯性、代谢性酸中毒，氯化铵试验阴性，应疑及Ⅱ型肾小管性酸中毒，可做本试验确定。方法如下：口服碳酸氢钠 2~10mmol/（kg·d），每天渐加量至血 HCO_3^- 达 26mmol/L 时，测定血和尿中 HCO_3^- 和肌酐，再按下式计算：

$$尿 HCO_3^- 排泄率（\%）=（尿 HCO_3^- × 血肌酐）/（血浆 HCO_3^- × 尿肌酐）×100\%$$

若结果>15% 为近端肾小管性酸中毒，<5% 为远端肾小管性酸中毒。

远端肾小管性酸中毒的诊断，检查发现典型的正常阴离子间隙的高血氯性代谢性酸中毒、低钾血症、尿钾高、尿液中可滴定酸和/或铵离子减少、尿 pH 始终>6.0，则远端肾小管酸中毒诊断成立。低血钙、低血磷、骨病、尿路结石和肾钙化的发现则进一步支持该诊断。这种疾病也容易被误诊为类风湿关节炎或某些神经系统疾病。与此相比，Ⅳ型肾小管性酸中毒易与尿毒症性酸中毒混淆。然而，前者的阴离子间隙正常，而肾功能并未进入终末期；而后者的阴离子间隙升高，同时伴有肾功能衰竭的终末期尿毒症特征。

【治疗】

（一）祛除病因、治疗原发病

终止毒物接触，停用致病药物，肾上腺功能不全者可用激素替代疗法。

（二）纠正代谢性酸中毒

为首要治疗措施，视酸中毒程度决定口服或静脉补充碳酸氢钠，用量为 1.0~1.5mmol/（kg·d）；Ⅱ型用量为 10~15mmol/（kg·d），并限制钠盐摄入，给予利尿剂（氢氯噻嗪 25mg 口服，每天 2 次或 3 次）以减少细胞外液体容量、增加 HCO_3^- 的重吸收。长期纠正酸中毒需口服枸橼酸合剂（枸橼酸钠 98g、枸橼酸 140g 加水 1 000ml），每次 20~30ml，每天 3 次。低钾者，合剂中去枸橼酸钠加枸橼酸钾 100g，定期检查以调整用药。

知识拓展

酸碱平衡紊乱类型

1. **代谢性酸中毒**　指原发性 HCO_3^- 减少，致使动脉血 pH<7.35，血 HCO_3^-<22mmol/L；$PaCO_2$ 代偿性下降。

（1）阴离子间隙正常的代谢性酸中毒：肾小管酸中毒。

（2）阴离子间隙升高的代谢性酸中毒：①急、慢性肾衰竭磷酸、硫酸排泄减少；②乳酸性酸中毒；③酮症酸中毒。

2. **代谢性碱中毒**　指原发性 HCO_3^- 增多，致使动脉血 pH>7.45，血 HCO_3^->26mmol/L；$PaCO_2$ 代偿性升高。

3. **呼吸性酸中毒**　指原发性 H_2CO_3 潴留，致使动脉血 pH<7.35，$PaCO_2$ 升高，血 HCO_3^- 代偿性升高。

4. **呼吸性碱中毒**　指过度换气引起的动脉血 $PaCO_2$ 下降，动脉血 pH>7.45，血 HCO_3^- 代偿性下降。

(三) 纠正水、电解质紊乱

在治疗肾小管性酸中毒时，还需要注意纠正水和电解质的紊乱情况。对于脱水的患者，需要进行适当的补液治疗，以维持水电解质平衡。在纠正酸中毒后，低钾和低钙的情况可能会加重，因此可以考虑使用枸橼酸钾和葡萄糖酸钙或乳酸钙来补充钾和钙，而不宜使用氯化钾或氯化钙，以避免进一步增加血液中的氯离子浓度。另外，对于存在缺钠的患者，应适当补充钠盐。在治疗过程中，需要密切监测患者的水电解质状态，并根据实际情况进行调整和纠正，以恢复正常的水电解质平衡。这有助于维持正常的生理功能，并促进肾脏的康复。

(四) 并发症的治疗

治疗肾性骨病可以通过补充钙剂和使用维生素 D 进行治疗。特别是活性维生素 D_3 能够有效提高血钙水平，因此用量应根据血钙浓度进行调整。肌内注射蛋白同化激素，如苯丙酸诺龙，可促进骨质生长。对已经发生的骨病，但是没有肾钙化的患者，可以谨慎使用钙剂和骨化三醇。

第二节　急性间质性肾炎

> **案例导入**
>
> 患者，男，39 岁。因 "反复咳嗽 2 周，皮疹、关节痛、血尿、尿量减少 3 天" 来诊。患者 2 周前感冒后出现咳嗽，外院给予静脉滴注青霉素 960 万 U/d，连用 5 天后症状好转停药。4 天前患者再次出现咳嗽、气促，外院使用阿莫西林 2.0g 静脉滴注，静脉滴注过程中患者出现腰痛未予重视，第二天出现全身大小不等红色丘疹，突出皮面，瘙痒，部分皮疹表面脱屑。发热，体温达 39.5℃，起病后排肉眼血尿 1 次，量约 100ml，尿量较前减少，停用阿莫西林，其后患者皮疹较前减少，有明显双侧腰痛，无呕吐、腹泻，无泡沫尿，无尿频、尿急、尿痛及排尿不尽等。自患病以来，体重增加 2kg，饮食、睡眠基本正常，大便正常。既往体健。查体：体温 38.7℃，血压 130/75mmHg，脉搏 94 次/min，急性病容，全身浅表性淋巴结无肿大，皮肤黏膜无黄染，散在红色丘疹，以四肢及胸腹部皮肤为主，皮疹突出皮面，压之不褪色，部分有脱屑，双眼睑轻度水肿；心、肺、腹部查体无异常发现；双肾区叩痛；双下肢无明显水肿。辅助检查：血常规：WBC $9.2×10^9$/L，N 68%，E 12.2%，Hb126g/L，PLT $154×10^9$/L，尿常规：尿比重 1.010，尿蛋白±，镜检 RBC++/HP，WBC+/HP，细胞管型 0~3/HP，尿渗透压 206mOsm/L，肝功能：白蛋白 39g/L，肾功能：BUN 20.6mmol/L，Scr 962μmol/L。
>
> **请思考：**
>
> 1. 患者目前的诊断可能是什么？
> 2. 应进一步完善哪些检查？

急性间质性肾炎（acute interstitial nephritis）病理表现为肾间质发生水肿和炎症细胞浸润，临床上则表现为以肾间质和肾小管功能损害为特征的综合征。肾间质由间质细胞和疏松的细胞外基质构成。肾间质在皮质区较少而疏松，在髓质区尤其是肾锥体尖端乳头处分布较多而致密。因此，间质性肾炎较少累及肾小球，而与肾小管损害常同时发生，两者之间存在密切联系，因此也称为小管间质性肾炎。

【病因和发病机制】

据国外文献报道，急性间质性肾炎的发病率约为 1.7%，在肾活检病例中占 1%~3%，其常见的病因包括以下几种情况：①药物：药物是临床上最常见的病因，例如抗生素、非甾体抗炎药、抗肿瘤药物和免疫抑制剂等；②感染：包括急性肾盂肾炎和全身急性感染所致的急性间质性肾炎；③自身免疫性疾病;④异体肾排异反应;⑤特发性急性间质性肾炎。

发病机制有以下几方面:

1. 免疫反应异常 是肾间质疾病发病中最重要的机制之一。现已证实多种病因均可通过细胞免疫为主的机制导致急性间质性肾炎,在部分情况下其发病也有体液免疫机制(抗肾小管基底膜抗体或免疫复合物沉积)参与。

2. 感染 细菌、病毒等病原微生物或其毒素直接侵袭肾脏,导致化脓性炎症和肾间质组织损伤,引发肾盂肾炎或肾实质脓肿。同时,部分病原微生物或其毒素作为外源性抗原或半抗原,在系统性感染时与肾小管间质相互作用,激活机体免疫反应,导致肾间质炎症的发生。

3. 中毒性损伤 肾毒性物质可通过直接或间接途径,或通过两者共同作用导致肾小管间质损伤。

4. 其他发病机制 在一些特定病因所致的肾小管间质性肾炎中,还可因其他特定损害机制而致病。各种因素通过直接或间接途径,或者两者共同作用导致肾小管间质损伤。

【病理】

在肾间质性肾炎中,肾脏体积增大,光镜检查显示肾间质水肿,淋巴细胞和单核/巨噬细胞浸润。浸润细胞主要由淋巴细胞、单核细胞和浆细胞组成,也常见嗜酸性粒细胞和中性粒细胞的浸润。纤维结缔组织增生程度较轻。肾小管上皮细胞通常发生退行性变,炎症细胞穿过肾小管基底膜进入肾小管细胞和管腔,肾小球和肾小血管通常保持正常。对于由免疫反应引起的肾间质性肾炎,在肾小管基底膜和肾间质中可观察到免疫球蛋白和 C3 的沉积。

ER 5-4-4

急性肾小管间质肾病

【临床表现】

(一)全身表现

临床表现轻重不一,具体表现取决于病因。由感染引起的肾间质性肾炎常以急性起病,患者可出现高热、寒战等全身败血症样症状,血液中多形核白细胞计数升高,核左移现象可能存在。药物过敏引起的肾间质性肾炎常伴有致敏药物的使用史,患者在用药过程中可能出现发热、皮疹、关节痛和淋巴结肿大等症状,同时血中嗜酸性粒细胞和 IgE 水平可能升高。

(二)肾损害表现

肾间质的急性炎症和水肿导致患者常出现腰痛和肾区叩击痛。尿检查异常包括血尿、白细胞尿及蛋白尿,尿蛋白定量通常<1.5g/d,以小分子蛋白尿为主;多数患者可有镜下血尿,少见肉眼血尿,罕见红细胞管型。尿比重和尿渗透压均降低。肾功能检查可能显示不同程度的氮质血症,严重情况下可能出现少尿或无尿,表现为急性肾衰竭的各种症状。B超等影像学检查常发现患者双肾大小正常或轻度增大。对于少数诊断困难的患者,可以考虑进行肾活检以确诊。

【诊断和鉴别诊断】

(一)诊断

①病史:近期有药物应用史(此为药物过敏性的急性肾小管坏死的诊断依据);②全身感染或过敏表现;③尿检查或尿量异常;④肾小球或肾小管功能损害。典型病例应具备其中 3 条,不典型者可做肾活检确诊。

(二)鉴别诊断

主要与急性肾小管坏死和肾小球肾炎鉴别,临床上需特别注意寻找原发病因的特殊表现。急性肾小管坏死常有肾缺血、肾中毒史,典型者具有少尿期、无尿期和多尿期的表现,尿钠>20mmol/L,尿渗透压<500mOsm/(kg·H$_2$O)等可鉴别。肾小球肾炎典型表现为全身水肿、高血压,有或无肾功能不全与之鉴别不难。

与不典型的非少尿型急性肾小管坏死,或肾小球/肾血管性急性肾损伤不易鉴别,常需肾活检确诊。

【治疗】

(一)祛除病因

对于肾间质性肾炎,及时去除过敏药物或过敏原是非常重要的,同时也需要有效解除可能诱发或加重该疾病的因素。

(二)糖皮质激素治疗

对于急性过敏引起的间质性肾炎,使用肾上腺糖皮质激素是有效的治疗方法。对于重症患者,可以静脉滴注甲泼尼龙每天 40~80mg;对于轻度病例,可以口服泼尼松进行治疗。通常治疗时间为4~6 周。

(三)肾衰竭的治疗

如果肾功能严重受损,及时进行血液透析或腹膜透析可以缩短治疗时间,并促进肾功能的恢复。

第三节　慢性间质性肾炎

慢性间质性肾炎(chronic interstitial nephritis)是一组由多种病因引起的慢性肾小管-间质损害的疾病。其主要特征是肾间质的炎症细胞浸润和纤维化,同时伴有肾小管萎缩和肾小球硬化。

【病因和发病机制】

由多种病因引起,常见的包括以下情况:

1. **急性间质性肾炎的延续或进展**　急性间质性肾炎在未能及时治疗或治疗不完全的情况下,可能会演变成慢性间质性肾炎。

2. **慢性感染**　长期存在的慢性感染,如慢性肾盂肾炎和肾结核,可以导致慢性间质性肾炎的发生。

3. **药物或化学物质中毒**　某些药物和化学物质具有肾毒性,例如镇痛剂、金属(如铅、汞、铜、顺铂等)以及放射性物质,长期接触或过量使用可能导致慢性间质性肾炎。

4. **代谢障碍**　某些代谢异常如高钙血症、低钾血症、高尿酸血症等,长期存在时可引发慢性间质性肾炎。

5. **免疫性疾病**　一些免疫介导的疾病,如系统性红斑狼疮、干燥综合征等,可能导致慢性间质性肾炎的发生。

6. **移植肾慢性排异**　在肾移植后,慢性排异反应可能引起慢性间质性肾炎的发展。

7. **慢性尿路梗阻**　持久的尿路梗阻可以导致肾盂积水和间质损害,从而引发慢性间质性肾炎。

8. **肿瘤和/或副蛋白血症**　某些恶性肿瘤(如多发性骨髓瘤、白血病、淋巴瘤)或副蛋白血症(如淀粉样变、冷球蛋白血症)可能伴随慢性间质性肾炎的出现。

9. **肾囊性疾病**　常见的肾囊性疾病,如多囊肾和髓质囊性变,可导致慢性间质性肾炎的发展。

10. **其他情况**　还有一些少见的原因,包括家族性间质性肾炎、肾血管疾病以及特发性间质性肾炎等。

发病机制涉及肾毒性损伤、缺血性损伤和免疫性损伤等多个方面。这些因素在长期作用下,引起肾小管-间质区域的炎症细胞浸润和纤维化反应,进而导致肾间质的结构改变和肾小管萎缩,最终导致肾功能的进行性损害。

【病理】

早期肾的体积大小正常,但晚期会出现双肾不对称缩小,表面可能形成瘢痕,质地变硬。肾间质纤维化,并伴有淋巴细胞和单核细胞的浸润。肾小管萎缩,肾小管基底膜增厚。晚期可能出现灶状或片状分布的肾小管萎缩和肾间质纤维化,同时伴有条带状分布的肾小球缺血性硬化。

ER 5-4-5

慢性肾小管间质肾病

【临床表现】

慢性间质性肾炎起病隐匿,进展缓慢。早期可能有原发病的临床表现,而肾损害往往被原发病掩盖。仅当肾功能受损明显时才能进行诊断。

肾小管间质损害的表现包括:

(一)尿浓缩功能障碍

由于明显的髓质损伤,尿浓缩功能障碍是突出的表现,患者可能有多饮、多尿、夜尿增多等症状,尿比重和尿渗透压降低,最大尿渗透浓度<500~600mOsm/($kg \cdot H_2O$),甚至出现尿崩症。

(二)尿酸化功能障碍

远端肾小管对泌 H^+ 和 NH_4^+ 的能力减少,导致尿液酸化功能障碍,出现肾小管性酸中毒。这可能引起低钾血症、低钠血症、低钙血症,进而导致肢体乏力、瘫痪、抽搐等症状。

(三)肾乳头坏死

急性期表现为突然发热、肉眼血尿、腰痛和尿路刺激征,肾乳头区域的坏死组织或血块堵塞输尿管时可发生肾绞痛,肾盂造影可显示肾乳头区域的环状阴影和充盈缺损。

(四)慢性肾功能不全

患者可能出现乏力、恶心、呕吐、精神不振、贫血等尿毒症表现。血肌酐和尿素氮升高,肾盂造影显示肾盂肾盏变形,B超检查可观察到肾脏体积缩小。

【诊断和鉴别诊断】

典型患者应具备以下特征:

1. 明确的病因,如感染、药物或重金属中毒、尿路梗阻、免疫性疾病等。

2. 肾浓缩和稀释功能障碍。

3. 肾形态学改变,包括肾盂肾盏和肾外形的改变。

4. 肾活检示肾小管-间质损害并伴有肾小球硬化。

与其他继发性肾间质小管疾病进行鉴别诊断,如糖尿病肾病、高血压肾小动脉硬化和狼疮性肾炎等。

【治疗】

(一)病因治疗

一般治疗应力争尽早去除病因。根据具体的病因进行相应的治疗。例如,对于感染引起的慢性间质性肾炎,可以使用抗感染药物进行治疗;停用镇痛剂或肾毒性药物;对于由重金属或化学毒物引起的情况,需要终止与毒物的接触,并使用特殊解毒剂进行治疗;对于免疫反应介导引起的慢性间质性肾炎,可以考虑使用肾上腺糖皮质激素进行治疗。

(二)支持疗法及治疗并发症

针对感染、尿路梗阻、结石以及水、电解质和酸碱平衡紊乱等并发症,需要给予相应的处理。对于合并急性或慢性肾衰竭的患者,可能需要采用透析疗法进行治疗。

【预后】

预后不良的因素可能包括:①未尽早去除病因;②血肌酐水平>265μmol/L(3mg/dl)或急性肾损伤持续时间过长;③肾间质炎细胞(包括中性粒细胞及单核巨噬细胞)浸润的范围弥漫及程度重;④肉芽肿形成;⑤肾间质病变累及肾小球或小血管;⑥肾小管萎缩或肾间质纤维化程度重;⑦老年患者延迟糖皮质激素治疗肾功能恢复差。

> **本章小结**

肾小管性酸中毒是各种病因导致肾脏酸化功能障碍而产生的一种临床表现,主要表现为:①阴离子间隙正常的高血氯性代谢性酸中毒；②电解质紊乱；③骨病；④尿路症状。按病变部位和机制分为：远端肾小管性酸中毒（Ⅰ型）；近端肾小管性酸中毒（Ⅱ型）；混合型肾小管性酸中毒（Ⅲ型）；高血钾型远端肾小管性酸中毒（Ⅳ型）。

肾间质损害分为急性和慢性：

1. 急性间质性肾炎诊断要点　①病因：常有药物应用史或全身过敏表现；②肾损伤：包括肾功能不全和尿检查异常（血尿、蛋白尿）；③肾小管损害的实验室证据或肾活检证实。

2. 慢性间质性肾炎诊断要点　①病因众多；②肾损伤，除肾功能不全、尿检查异常外，常有肾形态改变；③肾活检病理证实。

病例讨论

患者，男，66 岁，发热、咽痛 1 周，尿量减少、皮疹 4 天。1 周前出现发热、咽痛，就诊当地医院，给予吲哚美辛片及静脉点滴注射用青霉素对症处理，后症状好转，4 天前出现尿量减少（具体量不详），呈茶色，并有双下肢大小不等的红色皮疹，突出皮面，瘙痒，部分皮疹表面脱屑；无恶心、呕吐，无胸闷、气短，无血尿、泡沫尿，无腰痛，无尿频、尿急、尿痛。自患病以来，体重增加 4kg，饮食、睡眠基本正常，大便正常。既往体健。查体：体温 36.7℃，心率 78 次/min，BP 150/90mmHg，全身浅表性淋巴结无肿大，皮肤黏膜无黄染，双下肢散在红色丘疹，皮疹突出皮面，压之不褪色，部分有脱屑，双眼睑水肿；心、肺、腹部查体无异常发现；双肾区叩痛；双下肢轻度凹陷性水肿。

（张 丽）

思考题

1. 4 种类型的肾小管性酸中毒共性与鉴别要点有哪些？
2. 急慢性间质性肾炎的临床表现？
3. 急性间质性肾炎的常见病因？

ER 5-4-6

练习题

第五章 ｜ 慢性肾衰竭

学习目标

1. 掌握：慢性肾衰竭的诊断、分期及治疗。
2. 熟悉：慢性肾衰竭的临床表现及鉴别诊断。
3. 了解：慢性肾衰竭的发病机制、肾脏替代治疗方法。
4. 学会对慢性肾衰竭进行诊断、分期和评估，根据其治疗原则并且制定具体治疗措施。
5. 具备对患者和高危人群进行健康宣教，倡导健康理念守护肾脏的能力。

案例导入

患者，男，63岁。主诉"夜尿增多伴血压升高2年，乏力、纳差1个月。"2年前无诱因出现夜尿增多，每晚起夜超过2次，每次排尿约为500ml，并且体检时发现血压升高为145/95mmHg，通过饮食和运动控制降至135/85mmHg左右，未予重视，1个月前自感乏力、纳差，持续不缓解遂来院就诊。既往间断服用"龙胆泻肝丸"多年。查体：T 36.8℃，血压150/95mmHg，慢性病容，双眼睑苍白，心肺腹无明显异常，双下肢无水肿。辅助检查：Hb 89g/L；Scr 238μmol/L，尿常规 WBC（－），RBC（－），蛋白（＋），糖（＋）。

请思考：

1. 该患者的诊断是什么？
2. 需进一步做哪些检查？
3. 治疗原则如何？

慢性肾衰竭（chronic renal failure，CRF）是以肾功能减退，代谢产物潴留，水、电解质及酸碱平衡失调和全身各系统症状为主要表现的各种慢性肾脏病进展至疾病后期的一种临床综合征。

【定义和分期】

慢性肾脏病（chronic kidney disease，CKD）是指各种原因引起的①肾脏结构和功能障碍≥3个月，伴或不伴肾小球滤过率（glomerular filtration rate，GFR）下降，临床表现为肾脏病理形态异常或肾脏损伤（血、尿成分异常或肾脏影像学检查异常）；②GFR<60ml/（min·1.73m²）≥3个月，有或无肾脏损伤证据。依据 GFR 水平 CKD 分为 1~5 期（表 5-5-1）。CRF 主要指 CKD 4~5 期，本章主要介绍 CRF。

表 5-5-1　慢性肾脏病分期和治疗计划

分期	特征	GFR（ml/min·1.73m²）	治疗计划
1	GFR 正常或升高	≥90	CKD 病因的诊断和治疗
2	GFR 轻度降低	60~89	评估、延缓 CKD 进展；降低 CVD（心血管病）风险
3a	GFR 轻到中度降低	45~59	延缓 CKD 进展；评估、治疗并发症
3b	GFR 中到重度降低	30~44	延缓 CKD 进展；评估、治疗并发症

分期	特征	GFR（ml/min·1.73m²）	治疗计划
4	GFR 重度降低	15~29	综合治疗,透析前准备
5	终末期肾脏病	<15 或透析	肾脏替代治疗

慢性肾脏病（CKD）目前已成为严重威胁人类健康的重大慢性疾病,给家庭、社会带来了巨大的经济和精神负担。在 1999 年至 2017 年期间,全球慢性肾脏病的发病率明显升高。根据 2011 年美国肾脏数据登记系统（USRDS）的数据统计,2005—2008 年 CKD 患病率 11.0%,预测美国 2015 年进入 ESRD 的患者将可能达到 71.2 万人。澳大利亚至少 14% 的成年人可能患有早期 CKD,德国 50~74 岁中老年人群 CKD 患病率为 17.4%。我国 CKD 患病率为 10.8%,患者约有 1.195 亿,与美国等发达国家相近,但存在病因学差异。2023 年（JAMA intern Med）我国第六次 CKD 流调报告患病率为 8.2%,相比 10 年前下降约 3%,我国 CKD 干预初见成效。

【病因和发病机制】

（一）病因

CRF 的病因多种多样,为原发或继发的肾病晚期所致,如原发性与继发性肾小球肾炎、肾小管间质疾病（慢性间质性肾炎、慢性肾盂肾炎、尿酸性肾病、梗阻性肾病等）、肾血管疾病、遗传性肾病（多囊肾、遗传性肾炎）及糖尿病肾病、高血压肾小球硬化等。我国导致终末期肾脏病最常见病因是肾小球疾病（57.4%）,其次为糖尿病肾病（16.4%）、高血压性肾损害（10.5%）和囊性肾脏病（3.5%）。近年来糖尿病肾病导致的慢性肾衰竭逐年增加,已经有成为我国慢性肾衰竭的首要病因的趋势。美国、英国等发达国家的第一位病因是糖尿病肾病。

（二）发病机制

1. CRF 进展的机制,尚未完全阐明,目前研究认为与以下因素有关:

（1）**肾单位高灌注、高滤过和高代谢**:CRF 时残余肾单位肾小球出现高滤过、高灌注状态是导致肾小球硬化和残余肾单位进行性丧失的重要原因。高滤过、高灌注使血管内皮细胞完整性遭受破坏,肾小球内微血栓、微血管瘤形成,基底膜通透性改变,系膜细胞增殖和基质增加,因而导致肾小球硬化不断发展及残余肾单位进一步丧失。

肾小管萎缩、间质纤维化和肾单位进行性损害主要是 CRF 时残余肾单位肾小管代谢亢进所致。高代谢使肾小管耗氧量增加及氧自由基增多,小管内液 Fe^{2+} 生成和代谢性酸中毒所引起补体旁路途径的激活和膜攻击复合物的形成,均可造成肾小管间质损伤。

（2）**细胞因子和生长因子的作用**:细胞因子和生长因子可通过促进或刺激肾小球系膜、肾小管-间质的细胞外基质增多,从而促进肾小球硬化或间质纤维化过程。

（3）**其他**:肾小球系膜细胞、肾小管和肾小球上皮细胞的表型转化,在肾组织硬化或纤维化过程中起重要作用。肾组织细胞凋亡也与肾小球硬化、小管萎缩及间质纤维化有关。此外,血管活性物质（血管紧张素Ⅱ、内皮素-1 等）及醛固酮均参与了肾小球损伤和硬化的过程。

2. **尿毒症症状的发生机制**　多种致病因素综合作用使尿毒症毒素大量产生,继而引发尿毒症症状,水、电解质和酸碱平衡失调及内分泌紊乱。

尿毒症毒素是由于肾功能减退,残余肾单位对体内代谢废物清除下降或不能降解某些激素、肽类等,致使其在体内蓄积并引起各种症状和体征。常见的尿毒症毒素包括:①小分子物质:指分子量<500 道尔顿的物质,主要有尿素、肌酐、胍类、胺类和酚类;②中分子物质:指分子量 500~5 000 道尔顿的物质,如许多激素、多肽以

ER 5-5-3

肾小球结构示意图

ER 5-5-4

血管升压素的作用机制示意图

ER 5-5-5

醛固酮的作用机制示意图

及结合的芳香族氨基酸等;③大分子物质:指分子量>5 000 道尔顿的物质,主要是内分泌激素如甲状旁腺激素、生长激素、促肾上腺皮质激素、胰岛素、胰高血糖素、胃泌素和肾素等。

(三)慢性肾衰竭进展的危险因素

慢性肾衰竭通常进展缓慢,呈渐进性发展,但在某些诱因下短期内可急剧加重恶化。因此,临床上一方面需要积极控制渐进性发展的危险因素,延缓病情进展;一方面需注意短期内是否存在急性加重恶化的诱因,以消除可逆性诱因。争取肾功能有一定程度的好转。

1. 慢性肾衰竭渐进性发展的危险因素　包括高血糖、高血压、蛋白尿(包括微量白蛋白尿)、低蛋白血症、吸烟等。此外,贫血、高脂血症、高同型半胱氨酸血症、老年、营养不良、尿毒症毒素(如甲基胍、甲状旁腺激素、酚类)蓄积等,在慢性肾衰竭病程进展中也起一定作用。

2. 慢性肾衰竭急性加重、恶化的危险因素　主要有:①累及肾脏的疾病(原发性或继发性肾小球肾炎、高血压、糖尿病、缺血性肾病等)复发或加重;②有效血容量不足(低血压、脱水、大出血或休克等);③肾脏局部血供急剧减少(如肾动脉狭窄患者应用 ACEI、ARB 等药物);④严重高血压未能控制;⑤肾毒性药物;⑥泌尿道梗阻;⑦其他:严重感染、高钙血症、肝衰竭、心力衰竭等。在上述因素中,因有效血容量不足或肾脏局部血供急剧减少致残余肾单位低灌注低滤过状态,是导致肾功能急剧恶化的主要原因之一;肾毒性药物特别是非甾体抗炎药、氨基糖苷类抗生素、造影剂、含有马兜铃酸的中草药等的不当使用,也是导致肾功能恶化的常见原因。在慢性肾衰竭病程中出现的肾功能急剧恶化,如处理及时得当,可使病情有一定程度的逆转;但如诊治延误或这种急剧恶化极为严重,则病情呈不可逆性进展。

【**临床表现**】

CRF 不同阶段有不同临床表现。早期无特异的临床症状,实验室检查可见氮质血症,故仅有基础疾病的症状,病情发展到残余肾单位不能适应机体最低要求时,尿毒症症状才会逐渐表现出来。

(一)水、电解质及酸碱平衡紊乱

1. 水钠代谢紊乱　CRF 时肾脏对水钠的调节出现障碍,水、钠潴留,导致稀释性低钠血症,表现为不同程度的水肿和/或体腔积液、高血压和心力衰竭。当有体液丢失时,则易发生血容量不足的表现,导致低血压和肾功能恶化。

2. 钾代谢紊乱　血清钾多为正常,只有当 GFR<20ml/min 时才易出现高钾血症,特别是在输库存血、钾摄入过多、某些药物(保钾利尿剂、ACEI/ARB)、代谢性酸中毒等更易出现血钾升高。严重高钾血症可发生心律失常或心搏骤停。低钾血症发生于钾摄入减少,腹泻及应用排钾利尿剂的患者。

3. 钙磷代谢紊乱　低血钙、高血磷常见。CRF 早期血钙、血磷仍可正常,不引起临床症状。当GFR 降至 20ml/min 以下时,因磷排泄减少导致血磷升高,升高的血磷不仅可与钙结合成磷酸钙沉积于组织导致血钙水平降低,还可使肾组织维生素 D 羟化障碍,使活性维生素 D 生成减少、肠道钙吸收减少,进一步加重低钙血症。低钙血症可刺激甲状旁腺激素(PTH)分泌增加,促进钙、磷自骨中释放到细胞外液,从而发生肾性骨营养不良及转移性钙化。

4. 镁代谢紊乱　低镁血症偶尔可见,当 GFR 降至 20ml/min 以下时,镁排泄减少,通常与摄入减少及过度利尿有关。常有轻度的高镁血症,患者常无任何症状,但不宜应用含镁的药物,如含镁的抗酸药及泻药等。

5. 代谢性酸中毒　为本病常见的临床表现,主要原因有:①GFR<25ml/min 时,酸性代谢产物(磷酸、硫酸、乙酰乙酸)因肾排泄减少而滞留于体内,阴离子间隙增加;②肾小管重吸收碳酸氢盐减少;③肾小管合成氨、排泄氢的能力减退。患者可出现疲倦、厌食、恶心呕吐,重者有呼吸深长、嗜睡,甚至昏迷。

(二)各系统症状

1. 胃肠道症状　胃肠道症状往往为首发。主要表现有食欲缺乏、呼气时可有氨味、恶心、呕吐、腹胀、呃逆,重症患者可有胃黏膜糜烂或消化性溃疡,甚至出现消化道出血。

2. 神经肌肉系统症状　可表现为中枢神经系统功能紊乱和周围神经病变,多由于尿毒症毒素、水电解质酸碱平衡紊乱、感染、药物及精神刺激等引发。中枢神经系统症状可表现为表情淡漠、沉默寡言、谵妄、精神错乱,甚至昏迷等。周围神经病变以感觉神经异常多见,如感觉丧失、肢体麻木、皮肤灼烧感,双下肢难以名状的不适(不安腿综合征)等。初次血透患者,可发生透析失衡综合征,出现恶心、呕吐、头痛等,严重者可出现惊厥。

3. 血液系统表现

(1) **贫血**:主要是肾脏促红细胞生成素生成减少引起的正细胞正色素性贫血。CRF 时还可能由于营养不良、造血因子缺乏、红细胞寿命缩短、血液中抑制红细胞生成的物质增多及透析中失血等原因引发。

(2) **出血倾向**:主要与血小板聚集和黏附功能下降有关,部分患者的出血倾向与凝血因子缺乏有关。

(3) **白细胞异常**:易并发感染,主要由于尿毒症毒素、代谢性酸中毒、营养不良等因素引起患者中性粒细胞的趋化性、吞噬和杀菌能力减弱。

4. 心血管系统表现

(1) **高血压和左心室肥厚**:大部分患者存在不同程度的高血压,多由于水钠潴留、细胞外液增加引起的容量负荷过多、肾素-血管紧张素活性增高、交感神经兴奋性增加、血管舒张因子减少、收缩因子增加及内皮细胞功能异常。其中 80%~90% 为容量依赖性高血压、肾素依赖性高血压只占 5%~10%。高血压可引起动脉硬化、左心室肥厚和心力衰竭。贫血和动静脉内瘘也会增加心输出量,加重左心室负荷和左心室肥厚。

(2) **心力衰竭**:长期高血压、容量负荷过重、贫血以及动静脉内瘘等,可导致心力衰竭,表现为心悸、气喘、端坐呼吸,甚至急性肺水肿。

(3) **尿毒症性心肌病**:尿毒症毒素作用、心负荷加重、贫血和营养不良可引起心肌病变,表现为心肌劳损、心脏扩大、心律失常和心力衰竭。

(4) **心包炎**:主要有尿毒症性心包炎和透析相关性心包炎,其发生与尿毒症毒素蓄积、低蛋白血症、心力衰竭等有关,少数与感染、出血有关。前者已较少见。后者多见于透析不充分患者,心包积液多为血性,临床表现与一般心包炎相似,可有心前区疼痛、心包摩擦音,重者发生心包填塞危及生命。

(5) **动脉粥样硬化**:CRF 患者动脉粥样硬化一般进展较为迅速。钙磷代谢异常、继发性甲状旁腺功能亢进引起的血管钙化在发病中起重要作用。

5. 呼吸系统表现　患者常因免疫力低下发生肺部感染,是主要的死亡原因之一;严重水钠潴留可引起胸腔积液及肺水肿;尿毒症毒素可诱发肺部毛细血管通透性增加、肺充血,引起尿毒症性肺炎。X 线特征为肺门区肺水肿、周围肺区正常、呈"蝴蝶翼"征;尿毒症性胸膜炎也较常见,发生率为 15%~20%。

6. 皮肤表现　由于贫血、色素沉着及面部水肿等,尿毒症患者面部肤色较深且萎黄,伴轻度水肿感,称为尿毒症面容。皮肤瘙痒也是常见症状,主要与尿毒症毒素有关,部分与皮肤干燥、继发性甲状旁腺功能亢进和皮肤钙沉积有关。

7. 骨骼病变　CRF 患者常有骨矿化和代谢异常,亦称为肾性骨营养不良,包括高转化性骨病、低转化性骨病(包括骨软化症和无动力性骨病)和混合性骨病,以高转化性骨病最多见。透析前有不到 10% 的患者出现骨病症状,放射线检查发现异常者占 35%,骨活检约 90% 患者可发现异常。

(1) **高转化性骨病**:病理表现为纤维囊性骨炎,以甲状旁腺功能亢进、成骨细胞、破骨细胞增殖

ER 5-5-6

肾血液循环通路图

ER 5-5-7

肾血流量和肾小球滤过率与动脉血压的关系

活跃及骨小梁周围纤维化为特征。放射线检查可见骨骼囊样缺损及骨质疏松的表现。

（2）**低转化性骨病**：包括骨软化症和无动力型骨病。前者常与铝中毒关系密切。后者与甲状旁腺功能亢进治疗过度，常因服用过量的钙剂及活性维生素 D 所致，血浆 PTH 水平降低为其临床特征。

（3）**混合性骨病**：同时具有高转化及低转化性骨病的特点，表现为类骨质增加和骨纤维化同时存在。

8. 内分泌失调 由于肾脏本身既是内分泌器官又是多种激素降解、排泄的主要部位，常伴有多种内分泌功能异常。主要表现为：①肾脏本身内分泌障碍，如肾素、血管紧张素、内皮素等分泌增多，1α-羟化酶和红细胞生成素合成减少；②肾外内分泌紊乱：如甲状旁腺功能亢进、胰岛素抵抗及糖耐量异常、性腺功能减退、甲状腺功能减退、下丘脑-垂体内分泌功能紊乱等。

（三）营养物质代谢和免疫功能障碍

患者常因蛋白质摄入减少、丢失及分解增多引起血白蛋白水平下降、营养不良等。

1. 蛋白质代谢紊乱 主要表现为氮质血症（蛋白质代谢产物蓄积），也可有白蛋白、必需氨基酸水平下降等。与蛋白质分解增多和/或合成减少、负氮平衡、肾脏排出障碍等因素有关。

2. 糖代谢紊乱 主要表现为胰岛素抵抗和糖耐量异常。由于胰岛素降解减少，糖尿病肾病患者胰岛素用量减少。

3. 脂代谢紊乱 常表现为高甘油三酯血症，血浆极低及低密度脂蛋白升高，高密度脂蛋白降低，少数患者胆固醇轻度升高。

4. 高尿酸血症 由于尿酸排泄减少，可出现高尿酸血症，但发生痛风性关节炎者少见。

5. 维生素代谢紊乱 主要表现为血清维生素 A 增高、维生素 B_6 及叶酸缺乏等，常因饮食摄入不足、某些酶活性下降导致。

6. 免疫功能障碍 表现为周围血淋巴细胞数减少，淋巴细胞转化率下降，各种免疫球蛋白降低，机体抵抗力差，易合并呼吸系统、泌尿系统和皮肤感染。

【诊断和鉴别诊断】

（一）诊断

CRF 诊断通常不难，主要依据病史、临床表现、实验室检查和影像学检查结果。CRF 临床表现复杂，常常隐匿起病，各系统表现均可成为首发症状。因此，临床医师应当重视尿常规、血肌酐及肾脏的影像学检查，以尽早明确诊断。过去病史不明的，近期存在急性加重的因素，需与急性肾损伤鉴别；贫血、低钙血症、高磷血症、血 PTH 升高、肾脏缩小等支持 CRF 的诊断。必要时可行肾活检，以尽可能明确引起 CRF 的基础疾病。

CRF 的诊断应注意以下几点：

1. 基础疾病的诊断 CRF 基础疾病的诊断可以通过病史询问、体检及实验室检查来确定。对于大多数的肾脏疾病，如糖尿病肾病、高血压肾病、狼疮性肾炎、血管炎相关性肾病、药物性肾损伤等，早期积极治疗有可能逆转或延缓疾病的进展。

2. 寻找促使肾功能恶化的危险因素 若患者病程中出现短时间肾功能恶化，常存在一定诱因，若及时去除，可使肾功能恢复到加重前的状态。常见的诱因有：①感染；②容量不足，如低血压、脱水、休克等；③急性应激状态，如手术与创伤；④肾毒性药物的应用，如氨基糖苷类抗生素、高渗性药物及造影剂等；⑤尿路梗阻；⑥心力衰竭；⑦肾脏局部血供减少，如肾动脉狭窄及 RAS 抑制剂的应用；⑧其他如严重高血压、高钙血症及严重肝功能不全等。

3. 明确 CRF 的程度 参照慢性肾脏病分期标准，即可作出分期诊断。

（二）鉴别诊断

1. 急性肾损伤 部分患者肾脏病呈隐匿经过，遇有应激状态（外伤、感染、吐泻、心衰、中毒）时 CRF 突然加剧，需与急性肾衰竭鉴别。急性肾衰竭病因有肾缺血及肾中毒两类，临床表现呈急性过程,典型临床过程分为起始期、维持期及恢复期。影像学检查肾体积正常或增大,指甲或头发肌酐含量检测可反映患者三个月前的血肌酐水平等可资鉴别。

2. 原发于各系统疾病的症状 CRF 各系统表现并无特征性,很多患者就诊时没有慢性肾脏病病史,往往以某一系统症状为突出表现,如贫血、高血压、胸膜炎或心包炎、上消化道出血或胃肠炎等,此时应注意与相应疾病鉴别。

3. 尿毒症性脑病的鉴别 病史不清,以昏迷或精神、神经症状为主要表现者,应与急性脑血管病、急性中毒、肝性脑病以及糖尿病引起的酮症酸中毒、高渗性昏迷或低血糖等鉴别。

【治疗】

CRF 不同分期,治疗方法不完全一样。所以 CKD 的防治要遵循系统性、综合性、个体性原则。

(一)慢性肾脏病早中期防治对策和措施

早期诊断、有效治疗原发病和去除导致肾功能恶化的因素,是 CRF 防治的基础,也是保护肾功能和延缓慢性肾脏病进展的关键。首先要提高对 CKD 的警觉,重视询问病史、查体、尿液及肾功能的检查,努力做到早期诊断。同时,对已有的肾脏疾病或可能引起肾损害的疾病(如糖尿病、高血压等)进行及时有效的治疗,防止 CKD 的发生。每年定期检查尿常规、肾功能等至少 2 次,即使对正常人群,也需每年筛查一次,以早期发现 CKD。

对确诊的 CKD 患者要及时治疗,采取各种措施逆转或延缓 CKD,防止终末期肾病的发生。基本措施包括:①治疗基础疾病,如原发性肾小球肾炎、糖尿病肾病、高血压肾病、狼疮性肾炎等。②治疗使肾功能恶化的因素,如纠正水钠失衡、控制感染、解除尿路梗阻、禁用肾毒性药物。③延缓肾功能进展,保护健存肾单位,如积极控制血压、血糖、降低尿蛋白排泄(表 5-5-2)。具体方法如下:

表 5-5-2　CKD 患者血压、蛋白尿、血糖、HbA1C、GFR 和 Scr 控制目标

项目	目标
血压	
尿白蛋白排泄<30mg/24h 非透析患者	≤140/90mmHg
尿白蛋白排泄≥30mg/24h 非透析患者	≤130/80mmHg
透析患者	透前≤140/90mmHg,透后≤130/80mmHg
血糖(糖尿病患者)	空腹 5.0~7.2mmol/L(非空腹≤10.0mmol/L)
HbA1c(糖尿病患者)	<7%
尿蛋白	<0.5g/24h
GFR 每年下降速度	<4ml/min
Scr 每年升高速度	<50μmol/L

1. 及时、有效地控制高血压 CKD 与高血压关系密切,两者互为因果,相互促进。24 小时持续、有效控制高血压,对延缓 CKD 进展有重要意义。血压控制目标见表 5-5-2,需注意降压治疗的个体化,避免因过度降压带来的副作用。

2. 严格控制血糖 糖尿病患者血糖控制在目标值范围内可延缓肾脏病进展(表 5-5-2)。

3. ACEI/ARB 的应用 ACEI/ARB 通过血流动力学和非血流动力学作用延缓 CKD 的进展速度。ACEI/ARB 通过直接或间接作用降低肾小球内"三高",从而达到减轻蛋白尿,延缓 CKD 的进展。同时也有抑制系膜细胞增生、减少系膜基质的产生和沉积、改善肾小球滤过膜通透性、增加胰岛素的敏感性、抑制细胞因子及炎症因子的释放。此外,ACEI/ARB 类药物还能减少心肌重塑、降低心血管事件的发生率。

4. 控制蛋白尿 尽可能将蛋白尿控制<0.5g/24h,或明显减轻微量白蛋白尿,均可改善疾病预

后,包括延缓病程进展和提高生存率。

5. 基础疾病的治疗 对原发病的有效控制可使肾功能得以根本改善,如狼疮性肾炎的激素与免疫抑制剂疗法、肾盂肾炎的抗生素治疗、梗阻性肾病解除梗阻等。

6. 其他 积极防治促进肾功能进展的危险因素,如感染、水电解质紊乱、肾毒性药物;积极纠正贫血、应用他汀类药物、戒烟,可能对肾功能有一定保护作用。

(二)营养治疗

1. 限制蛋白饮食 优质低蛋白饮食既可不加重氮质血症,又能保证机体代谢的基本需要。蛋白摄入量非糖尿病患者 CKD1~2 期 0.8g/(kg·d),CKD3 期 0.6g/(kg·d)。糖尿病肾病患者显性蛋白尿期就应该限制蛋白摄入,蛋白摄入量 0.8g/(kg·d)。一旦出现 GFR 下降,蛋白摄入量需降至 0.6g/(kg·d)以下。

2. 高热量摄入 在低蛋白饮食的同时,必须摄入足够的热量,以减少体内蛋白质为提供热量而分解,从而使低蛋白饮食的氮得到充分的利用,减少体内蛋白质的消耗。每天至少供给热量 126~147kJ(30~35kcal)/kg。为保证足够的热量摄入,植物油、糖一般不严格限制。

3. 必需氨基酸的应用 长期低蛋白饮食易发生蛋白质能量消耗(protein energy wasting,PEW),PEW 可严重影响 CKD 患者预后,必须加用必需氨基酸或必需氨基酸和 α-酮酸混合制剂,以维持患者较好的营养状态。α-酮酸在体内与氨结合生成相应的必需氨基酸,必需氨基酸在合成蛋白质过程中,可利用机体的一部分尿素,从而减少体内尿素氮水平,减轻尿毒症症状。

4. 其他 如有水肿、高血压和少尿者需要控制水、钠及钾的摄入。磷的摄入一般控制在 800~1 000mg 之间,对严重高磷血症患者,还应同时给予磷结合剂。适量补充 B 族维生素、叶酸、维生素 C、钙、铁、锌等微量元素。

(三)并发症治疗

1. 纠正水、电解质及酸碱平衡失调

(1)维持水、钠平衡:少尿或有水、钠潴留者,应限制水、钠入量,钠摄入每天 2~3g;轻度脱水仅需口服补液,重度脱水需静脉补充,但勿过量,补液量以前一日尿量加 500ml 为宜;低钠血症者适当补钠。

(2)低钾血症与高钾血症的治疗:轻度低血钾口服钾盐或进食含钾丰富的食物即可,严重低血钾需静脉补充。高血钾时除限制钾摄入外,应采用利尿、导泻加速钾排泄,血钾>6.5mmol/L,尤其心电图出现高钾改变甚至肌无力时,需紧急处理,措施如下:10% 葡萄糖酸钙 10~20ml,稀释后缓慢静脉注射;积极纠正酸中毒,予 5% 碳酸氢钠 100ml 静脉滴注;呋塞米 40~80mg 静脉注射;50% 葡萄糖 50~100ml 加普通胰岛素 6~12 单位缓慢静脉注射;必要时可选择血液透析治疗。

(3)代谢性酸中毒的处理:轻度酸中毒常无症状,仅需口服碳酸氢钠或枸橼酸合剂即可;若二氧化碳结合力<13.5mmol/L(30vol%)应静脉补碱,每提高 HCO_3^- 1mmol/L 需要补充 5% 碳酸氢钠 0.5ml/kg,使二氧化碳结合力达到 17.96mmol/L(40vol%)即可;如纠正酸中毒引起低血钙,发生手足搐搦,可静脉注射钙剂。

2. 钙磷代谢紊乱与肾性骨营养不良的治疗 CRF 患者应限制食物中磷的摄入,每天磷摄入量不高于 800~1 000mg。如血磷偏高,可口服磷结合剂以减少磷的吸收,如进餐时口服碳酸钙,一般每次 0.5~1g,每天 3 次,既可降低血磷,还可直接升高血钙,抑制 PTH 分泌,纠正代谢性酸中毒。如患者血钙偏高则宜选用非含钙磷结合剂,如碳酸镧、盐酸司维拉姆等。

(1)高转化性骨病的治疗:主要措施是维持血钙、磷、PTH 于合适的水平。CRF 患者血清钙水平应控制在 2.10~2.50mmol/L;血清磷水平在非透析患者为 0.87~1.45mmol/L,血透患者为 1.13~1.78mmol/L。血清全段甲状旁腺激素水平应根据 CKD 分期而定,如患者血清全段甲状旁腺激素明显增高,可予骨化三醇冲击治疗。

(2)低转化性骨病的治疗:以预防为主,如预防与治疗铝中毒;合理运用钙剂及活性维生素 D,

避免高钙血症及过度抑制 PTH。

3. 高血压的治疗 及时、合理控制血压可延缓肾功能恶化,还可以保护心、脑、血管等靶器官。降压不宜太快,以免降低肾血流量和肾小球滤过率。详细治疗可参考高血压疾病的治疗。

4. 贫血的治疗 CKD 合并贫血的患者,应积极处理导致贫血的可逆性因素,如消化道出血、炎症状态、铁缺乏、营养不良等。当血红蛋白<100g/L,可考虑应用重组人促红细胞生成素(r-HuEPO),并注意补充铁剂及维生素等对症治疗。

在急性严重失血、术前需快速纠正贫血及急性严重并发症等情况下可考虑输血。

5. 感染 是导致慢性肾衰竭患者死亡的第二主要病因。平时应注意预防各种病原体感染。控制感染时抗生素的选择和应用原则与一般感染相同,但应注意选用肾毒性最小的药物,并根据肾小球滤过率(GFR)的水平调整药物的剂量及给药的间隔时间。

6. 神经精神和肌肉系统症状 加强透析充分性,纠正营养不良及贫血可改善神经精神和肌肉系统症状。多巴胺受体激动剂、骨化三醇和加强补充营养可改善部分患者肌病的症状。肾移植可显著改善周围神经病变。

7. 其他

(1)糖尿病 CKD 患者随着 GFR 不断下降,体内胰岛素降解减少,半衰期延长,需相应调整胰岛素用量,一般应逐渐减少。

(2)皮肤瘙痒外用炉甘石洗剂及止痒洗剂等,口服抗组胺药物,紫外线治疗,控制高磷血症及治疗继发性甲状旁腺功能亢进及充分透析,对部分患者有效。

(3)高尿酸血症一般不需要治疗,但如果有痛风,则在控制关节炎症同时或缓解 2 周后用别嘌醇治疗。

(四)胃肠吸附疗法和导泻疗法

口服氧化淀粉后与肠腔中尿素氮结合从粪便中排出,降低血尿素氮。如口服包醛氧化淀粉 5~10g,每天 2~3 次,避免与碱性药物合用,以免降低药效。活性炭在肠道内可吸附酚类、中分子物质,中药大黄及其制剂口服可使粪便含氮量增加,也可用中药汤剂保留灌肠。这些疗法主要应用于非透析患者,对减轻氮质血症起到一定辅助作用,但不能依赖,同时需要注意并发营养不良,加重电解质紊乱、酸碱失衡紊乱的可能。

(五)肾脏替代治疗

替代治疗包括透析疗法和肾脏移植。透析疗法可替代肾的排泄功能,但不能代替其内分泌和代谢功能。肾移植是目前最佳的肾脏替代疗法,成功的肾移植可恢复正常的肾功能(包括内分泌和代谢功能)。当 GFR<10ml/min 并有明显尿毒症表现,则应进行肾脏替代治疗。糖尿病肾病患者 GFR 下降至 10~15ml/min 时就应考虑替代治疗。

1. 血液透析(hemodialysis,HD) 是目前最常用的血液净化疗法。其方法是利用半透膜原理,将患者血液和透析液同时引入透析器,在透析膜两侧呈反方向流动,进行水和溶质的交换。借助于膜两侧的溶质梯度、渗透梯度和水压梯度,通过弥散、对流、超滤、吸附等作用来清除毒素,清除体内过多的水分,同时补充机体需要的物质,纠正电解质及酸碱平衡紊乱(图 5-5-1)。

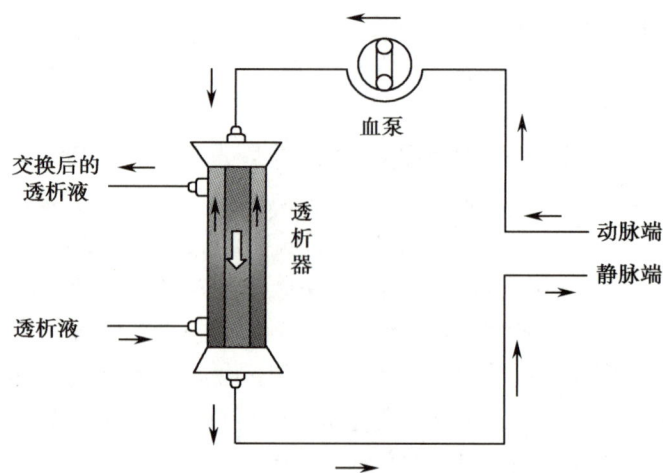

图 5-5-1 血液透析体外循环示意图

交换后的透析液 / 透析器 / 透析液 / 血泵 / 动脉端 / 静脉端

2. 腹膜透析（peritoneal dialysis，PD）　利用腹膜与腹腔内透析液进行水和溶质的交换。腹膜具有半透膜特性，通过弥散和超滤，可清除血中尿毒症毒素、调节水、电解质与酸碱平衡。腹膜透析操作简单、心血管稳定性好，清除中、大分子物质优于血液透析，缺点是易发生腹膜炎和蛋白质丢失。

3. 肾移植　将健康人肾移植给尿毒症患者，是本病最理想的治疗方法。任何原因导致的终末期肾衰竭均可接受肾移植。

本章小结

慢性肾脏病常见的病因为原发性肾小球肾炎、糖尿病及高血压。根据肾小球滤过率的不同，可将 CKD 分为 1~5 期。CKD 的诊断主要依据病史、临床表现及辅助检查。CKD 治疗提倡早期预防及干预，营养支持治疗是延缓 CKD 进展的重要举措。一旦药物无法控制患者病情进展，可予肾脏替代治疗。积极治疗并发症可提高患者的生活质量，延长生存期。

病例讨论

患者，男性，35 岁。主因"血压升高 1 年，发热伴咳嗽 1 周，恶心、呕吐 3 天"入院。1 年前查体时发现血压升高达 160/100mmHg，未规律服用抗高血压药物。半年前出现夜尿增多，每晚 2~3 次，不伴尿色改变。1 周前患者受凉后出现发热，体温升高 38℃，伴咳嗽、咳黄白色黏痰。就诊于附近卫生所，给予"阿奇霉素"口服 3 天，症状无明显缓解。近 3 天出现恶心、呕吐、食欲明显下降，伴乏力、头晕。发病以来睡眠稍差，大便正常。既往 10 余年因水肿于当地医院查尿蛋白阳性（具体不详），服中药治疗半年后水肿消退，此后未再复查。否认传染病接触史。无遗传家族史。查体：T 37.8℃，P 100 次/min，R 20 次/min，BP 150/100mmHg 神志清楚，贫血貌。浅表淋巴结未触及肿大。睑结膜略苍白，巩膜无黄染。双肺呼吸音粗右下肺可闻及中量细湿啰音。心界不大，心率 100 次/min，律齐，各瓣膜听诊区未闻及杂音。腹平软，无压痛肝脾肋下未及。双下肢轻度凹陷性水肿。

（刘　斌）

思考题

1. 简述 CKD 的定义及分期。
2. 肾性贫血的常见原因有哪些？

ER 5-5-9

练习题

第六章 | 急性肾损伤

教学课件

思维导图

学习目标

1. 掌握：急性肾损伤的诊断、分期及治疗。
2. 熟悉：急性肾损伤的临床表现及鉴别诊断。
3. 了解：急性肾损伤的发病机制、肾脏替代治疗方法。
4. 学会对急性肾损伤进行诊断、分期和评估，根据其治疗原则并且制定具体治疗措施。
5. 具备严谨细致的职业精神和科学探索的职业能力。

案例导入

患者，男，50 岁。主诉"进行性少尿 4 天。"查体：血压 160/90mmHg，心率 120 次/min，心肺腹无明显阳性体征，双下肢水肿。既往身体健康。查生化示：尿素氮 18.9mmol/L，肌酐 676.9μmol/L，尿酸 517μmol/L。

请思考：

1. 患者目前诊断可能是什么？
2. 应进一步完善哪些检查？
3. 治疗措施是什么？

急性肾损伤（acute kidney injury，AKI）既往称为急性肾衰竭，是在各种病因作用下引起短时间内肾功能快速减退临床失衡综合征，表现为肾小球滤过率（GFR）下降，伴有氮质产物如肌酐、尿素氮等潴留，水、电解质和酸碱平衡紊乱，重者出现多系统并发症。AKI 涉及临床各科，发病率在综合性医院为 3%~10%，尤其是危重病症，重症监护病房为 30%~60%，危重 AKI 患者病死率高达30%~80%，存活患者约 50% 遗留永久性肾功能减退，部分需终身透析，防治形势十分严峻。

【病因和分类】

导致 AKI 的病因多种多样，根据病因发生的解剖部位可分为肾前性、肾性和肾后性三大类。

【发病机制和病理生理】

急性肾损伤病因比例示意图

（一）肾前性 AKI

肾前性 AKI 指各种致病因素导致肾实质血流灌注减少，从而引起肾小球滤过减少和 GFR 降低，约占 AKI 的 55%。如某些疾病有效循环容量下降，或某些药物引起的肾小球毛细血管灌注压降低（包括肾前小动脉收缩或肾后小动脉扩张）。常见病因包括：①有效血容量不足，包括大量出血、胃肠道液体丢失、肾脏液体丢失、皮肤黏膜体液丢失和向细胞外液转移等；②心排血量降低，见于心脏疾病、肺动脉高压、肺栓塞、正压机械通气等；③全身血管扩张，多由药物脓毒血症、肝硬化失代偿期、变态反应等引起；④肾动脉收缩，常由药物、高钙血症、脓毒血症等所致；⑤肾血流自主调节反应受损，多由血管紧张素转换酶抑制剂、血管紧张素Ⅱ受体拮抗剂、非甾体抗炎药、环孢素和他克莫司等引起。

（二）肾性 AKI

肾性 AKI 指出现肾实质损伤，以肾缺血和肾毒性药物或毒素导致的急性肾小管坏死（acute tubular necrosis，ATN）最为常见，其他还包括急性间质性肾炎（AIN）、肾小球疾病（包括肾脏微血管疾病）、血管疾病和肾移植排斥反应等五大类，约占 AKI 的 40%。

ATN 常由缺血所致，也可由肾毒性药物引起，常发生在多因素综合作用基础上，如老年、合并糖尿病等。不同病因、不同病理损害类型 ATN 可有不同始动机制和持续发展机制，但均涉及 GFR 下降及肾小管上皮细胞损伤两方面。从肾前性 AKI 进展至缺血性 ATN 一般经历 4 个阶段：起始期、进展期、持续期和恢复期。

1. 起始期（持续数小时至数周） 肾血流量下降引起肾小球滤过压下降，上皮细胞坏死脱落形成管型，会使肾小管液受阻，肾小球滤出液回漏进入间质等导致 GFR 下降。缺血性损伤在近端肾小管的 S₃ 段和髓袢升支粗段髓质部分最为明显。如肾血流量不能及时恢复，细胞损伤进一步加重可引起细胞凋亡和坏死。

2. 进展期（持续数天至数周） 肾内微血管充血明显，伴持续组织缺氧和炎症反应，病变以皮髓交界处最为明显。GFR 进行性下降。

3. 持续期（常持续 1~2 周） GFR 仍保持在低水平（常为 5~10ml/min），尿量常减少，出现尿毒症并发症。但肾小管细胞不断修复、迁移、增殖，以重建细胞和肾小管的完整性。此期全身血流动力学改善但 GFR 持续低下。

4. 恢复期（持续数天至数个月） 肾小管上皮细胞逐渐修复再生，细胞及器官功能逐步恢复，GFR 开始改善。此期如果肾小管上皮细胞功能延迟恢复，溶质和水的重吸收功能相对肾小球滤过功能也延迟恢复，可伴随明显多尿和低钾血症等。

在肾毒性 ATN 中，原因包括外源性及内源性毒素，有些因素可直接或间接肾小管损伤、肾内血管收缩、肾小管梗阻等有关。外源性肾毒素以药物最为常见，包括某些新型抗生素和抗肿瘤药物，其次为重金属、化学毒物、生物毒素（某些蕈类、鱼胆等）及微生物感染等。内源性肾毒性物质包括肌红蛋白、血红蛋白、骨髓瘤轻链蛋白、尿酸盐、钙、草酸盐等。

AIN 是肾性 AKI 的重要病因，主要分为 4 类。①药物所致：通常由非甾体抗炎药、青霉素类、头孢菌素类等抗生素和磺胺类药物等引起，发病机制主要为Ⅳ型变态反应；②感染所致：主要见于细菌或病毒感染等；③系统性疾病：见于系统性红斑狼疮、干燥综合征、冷球蛋白血症及原发性胆汁性肝硬化等；④特发性：原因不明。

血管性疾病导致肾性 AKI 包括肾脏微血管和大血管病变。血栓性血小板减少性紫癜、溶血-尿毒综合征、HELLP 综合征（溶血、肝酶升高、血小板减少）等肾脏微血管疾病均可引起肾小球毛细血管血栓形成和微血管闭塞，最终导致 AKI。肾脏大血管病变如动脉粥样硬化斑块破裂和脱落，导致肾脏微栓塞和胆固醇栓塞，继而引起 AKI。

肾小球肾炎主要见于原发性和继发性新月体肾炎，以及系统性红斑狼疮、IgA 肾病等急性加重。

（三）肾后性 AKI

肾后性 AKI 系急性尿路梗阻所致，梗阻可发生在从肾盂到尿道的尿路中任何部位，约占 AKI 的 5%。双侧尿路梗阻或孤立肾患者单侧尿路梗阻时可发生肾后性 AKI。尿路功能性梗阻主要是指神经源性膀胱等。此外，双侧肾结石、肾乳头坏死、血凝块、膀胱癌等可引起尿路腔内梗阻，而腹膜后纤维化、结肠癌、淋巴瘤等可引起尿路腔外梗阻。尿酸盐、草酸盐、阿昔洛韦、磺胺类、甲氨蝶呤及骨髓瘤轻链蛋白等可在肾小管内形成结晶，导致肾小管梗阻。

ER 5-6-4

急性肾损伤病程演变示意图

ER 5-6-5

急性肾损伤病因分类图

【病理】

AKI 的肾脏肉眼见体积增大、质软，剖面可见髓质呈暗红色，皮质肿胀，因缺血而苍白。典型缺血性 ATN 光镜检查见肾小管上皮细胞片状和灶性坏死，从基膜上脱落，造成肾小管腔管型堵塞。近端小管 S_3 段坏死最为严重，其次为髓袢升支粗段髓质部分。如基底膜完整性存在，则肾小管上皮细胞可迅速再生，否则肾小管上皮不能完全再生。肾毒性 AKI 形态学变化最明显的部位在近端肾小管曲部和直部，肾小管细胞坏死不如缺血性 ATN 明显。AIN 病理特征是间质炎症细胞浸润，嗜酸性粒细胞浸润是药物所致 AIN 的重要病理学特征。

【临床表现】

因 AKI 的病因和所处临床分期不同，所以其临床表现可以有很大的差异。肾功能严重减退时出现明显症状，如乏力、食欲缺乏、恶心、呕吐、尿量减少和尿色加深，容量过多时可出现急性左心衰竭。所以肾功能减退前 AKI 的诊断往往基于实验室检查异常，特别是血清肌酐（serum creatinine, Scr）绝对或相对升高，而不是基于临床症状与体征。

以下以 ATN 为例，介绍肾性 AKI 的临床病程。

（一）起始期

此期患者常处于 ATN 病因的触发阶段，如低血压、缺血、脓毒症和肾毒素等，而未发生明显肾实质损伤。在此阶段如能及时采取有效措施，AKI 常可逆转。如未及时控制病情随着肾小管上皮损伤加重，GFR 逐渐下降，则病情会进入进展期或者维持期。

（二）进展期和维持期

一般持续 1~2 周，但也可短至数天或长至 4~6 周。此期 GFR 进行性下降并维持在低水平。部分病情轻者表现为可出现少尿（<400ml/d）和无尿（<100ml/d），但也有些患者尿量在 400~500ml/d 或以上，后者称为非少尿型 AKI。随着肾功能减退，不论尿量是否减少，临床上出现一系列尿毒症表现，主要是尿毒症毒素潴留和水、电解质及酸碱平衡紊乱所致。AKI 全身表现包括消化系统症状，如食欲缺乏、恶心、呕吐、腹胀、腹泻等，严重者可发生消化道出血；呼吸系统表现主要是容量过多导致的急性肺水肿和感染；循环系统多因尿少和水钠潴留，出现高血压和心力衰竭、肺水肿表现因毒素滞留、电解质紊乱、贫血和酸中毒引起心律失常及心肌病变；神经系统受累可出现意识障碍躁动、谵妄、抽搐、昏迷等尿毒症脑病症状；血液系统受累可有出血倾向和贫血。感染是急性肾损伤常见而严重的并发症。在 AKI 同时或疾病发展过程中还可并发多脏器功能障碍综合征，病死率极高。此外，水、电解质和酸碱平衡紊乱多表现为水过多、代谢性酸中毒、高钾血症、低钠血症、低钙和高磷血症等。

（三）恢复期

病因去除后肾组织修复和再生功能不断恢复，从而 GFR 逐渐升高，并恢复正常或接近正常。可持续 1~3 周，该期患者常出现多尿，尤其是少尿型患者开始出现尿量增多，继而出现多尿，再逐渐恢复正常。肾小管上皮细胞功能恢复相对延迟，常需数个月后才能恢复。部分患者最终遗留不同程度的肾脏结构和功能损伤。

【实验室和辅助检查】

（一）血液检查

可有贫血，早期程度常较轻，如肾功能长时间不恢复，则贫血程度会较重。另外，某些引起 AKI 的基础疾病本身也可引起贫血，如大出血和严重感染等。Scr 和尿素氮进行性上升，高分解代谢患者上升速度较快，横纹肌溶解引起肌酐上升更快。血清钾浓度升高，血 pH 和碳酸氢根离子浓度降

低,血钙降低,血磷升高。

（二）尿液检查

不同病因所致 AKI 的尿检异常相差甚大。肾前性 AKI 时无蛋白尿和血尿,可见少量透明管型。ATN 时可有少量蛋白尿,以小分子蛋白为主;尿沉渣检查可见肾小管上皮细胞、上皮细胞管型和颗粒管型及少许红、白细胞等;因肾小管重吸收功能减退,尿比重降低且较固定,多在 1.015 以下,尿渗透浓度<350mOsm/(kg·H$_2$O),尿与血渗透浓度之比<1.1,尿钠含量增高,滤过钠排泄分数（FE$_{Na}$）>1%。FE$_{Na}$ 计算公式为:FE$_{Na}$=(尿钠/血钠)/(尿肌酐/血清肌酐)×100%。注意尿液检查须在输液、使用利尿剂前进行,否则会影响结果。肾小球疾病引起者可出现大量蛋白尿或血尿,且以畸形红细胞为主,FE$_{Na}$<1%。AIN 时可有少量蛋白尿,且以小分子蛋白为主;血尿较少,为非畸形红细胞;可有轻度白细胞尿,药物所致者可见少量嗜酸细胞,当尿液嗜酸细胞占总白细胞比例>5% 时,称为嗜酸细胞尿;可有明显肾小管功能障碍表现,FE$_{Na}$>1%。肾后性 AKI 尿检异常多不明显,可有轻度蛋白尿、血尿,合并感染时可出现白细胞尿,FE$_{Na}$<1%。

（三）影像学检查

尿路超声显像检查有助于鉴别尿路梗阻及慢性肾脏病（chronic kidney disease,CKD）。如高度怀疑存在梗阻,且与急性肾功能减退有关,可作逆行性肾盂造影。CT 血管造影、MRI 或放射性核素检查对了解血管病变有帮助,明确诊断仍需行肾血管造影,但造影剂可加重肾损伤。

（四）肾活检

肾活检是 AKI 鉴别诊断的重要手段。在排除了肾前性及肾后性病因后,拟诊肾性 AKI 但不能明确病因时,均有肾活检指征。

【诊断】

根据原发病因,肾小球滤过功能急性进行性减退,结合相应临床表现,实验室与影像学检查,一般不难作出诊断。

按照最新国际 AKI 临床实践指南,符合以下情况之一者即可临床诊断 AKI:①48 小时内 Scr 升高≥0.3mg/dl（≥26.5μmol/L）;②确认或推测 7 天内 Scr 较基础值升高≥50%;③尿量减少［<0.5ml/(kg·h),持续≥6 小时］（表 5-6-1）。

表 5-6-1　急性肾损伤的分期标准

分期	血清肌酐标准	尿量标准
1 期	绝对值升高≥0.3mg/dl（≥26.5μmol/L） 或较基础值相对升高≥50%,但<1 倍	<0.5ml/(kg·h)（≥6h,但<12h）
2 期	相对升高≥1 倍,但<2 倍	<0.5ml/(kg·h)（≥12h,但<24h）
3 期	升高至≥4.0mg/dl（≥353.6μmol/L） 或相对升高≥2 倍 或开始时肾脏代替治疗 或<18 岁患者估算肾小球滤过率下降至<35ml/(min·1.73m^2)	<0.3ml/(kg·h)（≥24h）或无尿≥12h

需要注意的是,单独用尿量改变作为诊断与分期标准时,必须考虑其他影响尿量的因素,如尿路梗阻、血容量状态、使用利尿剂等。此外,由于 Scr 影响因素众多且敏感性较差,故并非肾损伤最佳标志物。某些反映肾小管上皮细胞损伤的新型生物标志物如中性粒细胞明胶酶相关脂质运载蛋白（NGAL）、金属蛋白酶组织抑制因子-2（TIMP-2）和胰岛素样生长因子结合蛋白 7（IGFBP7）等,可能有助于早期诊断及预测 AKI 患者预后,值得深入研究。

【鉴别诊断】

详细询问病史和体格检查有助于寻找 AKI 可能的病因。AKI 诊断和鉴别诊断的步骤包括:

①判断患者是否存在肾损伤及其严重程度；②是否存在需要紧急处理的严重并发症；③评估肾损伤发生时间，是否为急性发生及有无基础 CKD；④明确 AKI 病因，应仔细甄别每一种可能的 AKI 病因。先筛查肾前性和肾后性因素，再评估可能的肾性 AKI 病因，确定为肾性 AKI 后，尚应鉴别是肾小管-间质病变抑或肾小球、肾血管病变。系统筛查 AKI 肾前性、肾性、肾后性病因有助于尽早准确诊断，及时采取针对性治疗。注意识别慢性肾功能减退基础上的 AKI。

ER 5-6-9

AKI 与慢性肾功能不全的鉴别表

（一）是否存在肾功能减退

对 AKI 高危患者应主动监测尿量及 Scr，并估算 GFR。既往无 CKD 史及基础 Scr 检测值缺如者，可利用 MDRD 公式获得基础 Scr 估算值。

（二）是否存在需要紧急处理的严重并发症

肾功能减退常继发内环境紊乱，严重者可猝死，需及时识别。部分患者临床表现隐匿，故对于近期未行生化检查的少尿或无尿患者，初诊需常规进行心脏听诊、心电图及血电解质生化检查，快速评估是否存在需要紧急处理的并发症，如严重高钾血症和代谢性酸中毒等。

（三）是否为 AKI

肾功能减退应明确是急性或慢性肾功能减退，CKD 各阶段均可因各种病因出现急性加重，通过详细病史询问、体格检查、相关实验室及影像学检查可资鉴别。提示 AKI 的临床线索包括引起 AKI 的病因，如导致有效血容量不足的各种疾病和血容量不足表现（直立性低血压、低血压等）、肾毒性药物或毒物接触史、泌尿系统梗阻等；肾功能快速减退表现，如短时间内出现进行性加重的尿量减少、胃肠道症状甚至 Scr 进行性升高等；由血容量不足所致者可见皮肤干燥、弹性差，脉搏加快，低血压或脉压缩小；由药物所致者可见皮疹；严重肾后性梗阻可见腹部肿块；因尿量减少出现水钠潴留时，可见水肿，甚至肺部湿啰音等；影像学检查提示肾脏大小正常或增大，实验室检查提示无明显贫血、无明显肾性骨病等。

（四）与肾前性少尿鉴别

肾前性氮质血症是 AKI 最常见的原因，应详细询问病程中有无引起容量绝对不足或相对不足的原因。此外，还要注意询问近期有无非甾体抗炎药、血管紧张素转换酶抑制剂和血管紧张素 II 受体拮抗剂等药物使用史。体检时应注意有无容量不足的常见体征，包括心动过速、全身性或直立性低血压、黏膜干燥、皮肤弹性差等。肾前性 AKI 时，实验室检查可见血尿素氮/血清肌酐比值常 >20∶1（需排除胃肠道出血所致尿素产生增多、消瘦所致肌酐生成减少等），尿沉渣常无异常改变，尿液浓缩伴尿钠下降，肾衰竭指数常 <1，尿钠排泄分数（FE_{Na}）常 <1%（表 5-6-2）。肾衰竭指数计算公式为：肾衰竭指数=尿钠/（尿肌酐/血清肌酐）。肾前性 AKI 患者 FE_{Na} 常 <1%，但服用呋塞米等利尿剂者，受利尿剂利钠作用影响，FE_{Na} 可 >1%。此时可改用尿尿素排泄分数（FE_{urea}），计算方法与尿钠排泄分数类似，FE_{urea}=（尿尿素/血尿素氮）/（尿肌酐/血清肌酐）×100%，FE_{urea} <35% 提示肾前性 AKI。

表 5-6-2　急性肾损伤的尿液诊断指标

尿液检查	肾前性氮质血症	缺血性急性肾损伤
尿比重	>1.018	<1.012
尿渗透压/[mOsm·(kg·H₂O)⁻¹]	>500	<250
尿钠/(mmol·L⁻¹)	<10	>20
尿肌酐/血清肌酐	>40	<20
血尿素氮(mg/dl)/血清肌酐(mg/dl)	>20	<10~15
钠排泄分数	<1%	>1%
肾衰指数	<1	>1
尿沉渣	透明管型	棕色颗粒管型

临床上怀疑肾前性少尿时,可进行被动抬腿试验(passive leg raising,PLR)或补液试验,即输液(5% 葡萄糖 200~250ml)并静脉注射利尿剂(呋塞米 40~100mg),如果补足血容量后血压恢复正常,尿量增加,则支持肾前性少尿诊断。低血压时间过长,特别是老年人伴心功能不全时补液后尿量不增多应怀疑肾前性氮质血症已发展为 ATN。PLR 模拟内源性快速补液,改良半卧位 PLR 患者基础体位为 45° 半卧位,上身放平后,双下肢被动抬高 45° 持续 1 分钟(利用自动床调整体位),患者回心血量增加 250~450ml,PLR 后每搏心输出量增加 >10% 定义为对容量有反应性。

(五)与肾后性 AKI 鉴别

既往有泌尿系统结石、盆腔脏器肿瘤或手术史患者,突然完全性无尿、间歇性无尿或伴肾绞痛,应警惕肾后性 AKI。膀胱导尿兼有诊断和治疗意义。超声显像等影像学检查可资鉴别。

(六)与肾小球或肾脏微血管疾病鉴别

患者有肾炎综合征或肾病综合征表现,部分患者可有相应肾外表现(光过敏、咯血、免疫学指标异常等),蛋白尿常较严重,血尿及管型尿显著,肾功能减退相对缓慢,常需数周,很少完全无尿。应尽早肾活检病理检查,以明确诊断。

(七)与 AIN 鉴别

主要依据 AIN 病因及临床表现,如药物过敏或感染史、明显肾区疼痛等。药物引起者尚有发热、皮疹、关节疼痛、血嗜酸性粒细胞增多等。本病与 ATN 鉴别有时困难,应尽早行肾活检病理检查,以明确诊断。

(八)与双侧急性肾静脉血栓形成和双侧肾动脉栓塞鉴别

急性肾动脉闭塞常见于动脉栓塞、血栓、主动脉夹层分离,偶由血管炎所致。多见于动脉粥样硬化患者接受血管介入治疗或抗凝治疗后,心脏附壁血栓脱落也是引起血栓栓塞常见原因,可导致急性肾梗死。急性肾静脉血栓罕见,常发生于成人肾病综合征、肾细胞癌、肾区外伤或严重脱水的肾病患儿,多伴有下腔静脉血栓形成,常出现下腔静脉阻塞综合征、严重腰痛和血尿。肾血管影像学检查有助于确诊。

【治疗】

AKI 并非单一疾病,不同病因、不同类型 AKI,其治疗方法有所不同。总体治疗原则是:尽早识别并纠正可逆病因,及时采取干预措施避免肾脏受到进一步损伤,维持水、电解质和酸碱平衡,适当营养支持,积极防治并发症,适时进行肾脏替代治疗。

(一)早期病因干预治疗

在 AKI 起始期及时干预可最大限度地减轻肾脏损伤,促进肾功能恢复。强调尽快纠正可逆性病因和肾前性因素,包括扩容、维持血流动力学稳定、改善低蛋白血症、降低后负荷以改善心输出量、停用影响肾灌注药物、调节外周血管阻力至正常范围等。

继发于肾小球肾炎、小血管炎的 AKI 常需应用糖皮质激素和/或免疫抑制剂治疗。临床上怀疑 AIN 时,需尽快明确并停用可疑药物,确诊为药物所致者,及时给予糖皮质激素治疗,起始剂量为 1mg/(kg·d),总疗程 1~4 个月。

肾后性 AKI 应尽早解除尿路梗阻,如前列腺肥大应通过膀胱留置导尿,肿瘤压迫输尿管可放置输尿管支架或行经皮肾盂造瘘术。

(二)营养支持治疗

可优先通过胃肠道提供营养,酌情限制水分、钠盐和钾盐摄入,不能口服者需静脉营养,营养支持总量与成分应根据临床情况增减。AKI 任何阶段总能量摄入为 20~30kcal/(kg·d),能量供给包括糖类 3~5g(最高 7g)/(kg·d)、脂肪 0.8~1.0g/(kg·d),蛋白质或氨基酸摄入量 0.8~1.0g/(kg·d),高分解代谢、接受肾脏替代疗法(renal replacement therapy,RRT)、连续性肾脏替代治疗(continuous renal replacement therapy,CRRT)者蛋白质或氨基酸摄入量酌情增加。静脉补充脂肪乳剂以中、长链混合液为宜,氨基酸补充则包括必需和非必需氨基酸。危重病患者血糖靶目标应低于 8.3mmol/L（150mg/dl）。

观察每天出入液量和体重变化,每天补液量应为显性失液量加上非显性失液量减去内生水量,每天大致进液量可按前一日尿量加 500ml 计算,肾脏替代治疗时补液量可适当放宽。

（三）并发症治疗

密切随访 Scr、尿素氮和血电解质变化。高钾血症是 AKI 的主要死因之一,当血钾>6mmol/L 或心电图有高钾表现或有神经、肌肉症状时需紧急处理。措施包括:①停用一切含钾药物和/或食物。②对抗钾离子心肌毒性:10% 葡萄糖酸钙稀释后静推。③转移钾至细胞内:葡萄糖与胰岛素合用促进糖原合成,使钾离子向细胞内转移[50% 葡萄糖 50~100ml 或 10% 葡萄糖 250~500ml,加胰岛素 6~12U 静脉输注,葡萄糖与胰岛素比值为（4~6）∶1];伴代谢性酸中毒者补充碱剂,既可纠正酸中毒又可促进钾离子向细胞内流（5% $NaHCO_3$ 250ml 静脉滴注）。④清除钾:离子交换树脂（口服 1~2 小时起效,灌肠 4~6 小时起效,每 50g 聚磺苯乙烯使血钾下降 0.5~10mmol/L）,利尿剂（多使用袢利尿剂,以增加尿量促进钾离子排泄）,急症透析[对内科治疗不能纠正的严重高钾血症（血钾>6.5mmol/L）,应及时给予血液透析治疗]。

及时纠正代谢性酸中毒,可选用 5% 碳酸氢钠 125~250ml 静脉滴注。对于严重酸中毒患者,如静脉血 HCO_3^-<12mmol/L 或动脉血 pH<7.15~7.20 时,纠酸的同时紧急透析治疗。

AKI 心力衰竭患者对利尿剂反应较差,对洋地黄制剂疗效也差,且易发生洋地黄中毒。药物治疗多以扩血管为主,减轻心脏前负荷。通过透析超滤脱水,纠正容量过负荷缓解心衰症状最为有效。

感染是 AKI 常见并发症,也是死亡主要原因之一。应尽早使用抗生素。根据细菌培养和药物敏感试验选用对肾脏无毒或低毒药物,并按肌酐清除率调整用药剂量。

（四）肾脏替代治疗

RRT 是 AKI 治疗的重要组成部分,包括腹膜透析、间歇性血液透析和 CRRT 等。目前腹膜透析较少用于重危 AKI 治疗。

AKI 时 RRT 目的包括"肾脏替代"和"肾脏支持"。前者是干预因肾功能严重减退而出现可能危及生命的严重内环境紊乱,主要是纠正严重水、电解质、酸碱失衡和氮质血症。其中紧急透析指征包括:预计内科保守治疗无效的严重代谢性酸中毒（动脉血 pH<7.2）、高钾血症（K^+>6.5mmol/L 或出现严重心律失常等）、积极利尿治疗无效的严重肺水肿以及严重尿毒症症状如脑病、心包炎、癫痫发作等;"肾脏支持"是支持肾脏维持机体内环境稳定,清除炎症介质、尿毒症毒素等各种致病性物质,防治可引起肾脏进一步损害的因素,减轻肾脏负荷,促进肾功能恢复,并在一定程度上支持其他脏器功能,为原发病和并发症治疗创造条件,如充血性心力衰竭时清除过多体液、肿瘤化疗时清除肿瘤细胞坏死产生的大量代谢产物等。

重症 AKI 倾向于早期开始肾脏替代治疗,RRT 治疗模式的选择以安全有效、简便、经济为原则。血流动力学严重不稳定或合并急性脑损伤者,CRRT 更具优势。提倡目标导向的肾脏替代治疗,即针对临床具体情况,首先明确患者治疗需求,确定 RRT 具体治疗目标,根据治疗目标决定 RRT 时机、剂量及模式,并在治疗期间依据疗效进行动态调整,从而实行目标导向的精准肾脏替代治疗。

（五）恢复期治疗

AKI 恢复期早期,威胁生命的并发症依然存在,治疗重点仍为维持水、电解质和酸碱平衡,控制氮质血症,治疗原发病和防止各种并发症。部分 ATN 患者多尿期持续较长,补液量应逐渐减少,以缩短多尿期。AKI 存活患者需按照 CKD 诊治相关要求长期随访治疗。

【预后】

AKI 结局与原有疾病严重性及合并症严重程度有关。肾前性 AKI 如能早期诊断和治疗,肾功能常可恢复至基础水平,病死率小于 10%;肾后性 AKI 及时（尤其是 2 周内）解除梗阻,肾功能也大多恢复良好。根据肾损伤严重程度不同,肾性 AKI 病死率在 30%~80%,部分患者 AKI 后肾功能无法恢复,特别是 CKD 基础上发生 AKI,肾功能常无法恢复至基础水平,且加快进入终末期肾病阶段。原发病为肾小球肾炎或血管炎者,受原发病本身病情发展影响,肾功能也不一定完全恢复至基础水平。

【预防】

AKI 发病率及病死率居高不下,预防极为重要。积极治疗原发病,及时去除 AKI 发病诱因,纠正发病危险因素,是 AKI 预防的关键。AKI 防治应遵循分期处理原则:高危患者即将或已受到 AKI 发病病因打击时,应酌情采取针对性预防措施,包括及时纠正肾前性因素,维持血流动力学稳定等。出血性休克扩容首选补充等张晶体溶液,血管源性休克在扩容同时适当使用缩血管药物,腹腔室隔综合征患者及时纠正腹腔内高压。全面评估高危患者暴露于肾毒性药物或诊断治疗性操作的必要性,尽量避免使用肾毒性药物。必需使用时,应注意调整剂型、剂量、用法等以降低药物肾毒性,并密切监测肾功能。

本章小结

急性肾损伤常见的病因为肾前性、肾性、肾后性,其中肾性以肾小管上皮细胞损伤(ATN)最为常见。ATN 一般经历 4 个阶段:起始期、进展期、持续期和恢复期。急性肾损伤根据原发病因,肾小球滤过功能急性进行性减退,结合相应临床表现,实验室与影像学检查可诊断。ATN 治疗原则尽早识别并纠正可逆病因,及时采取干预措施避免肾脏受到进一步损伤,维持水、电解质和酸碱平衡,适当营养支持,积极防治并发症,适时进行肾脏替代治疗。积极治疗可有效挽救肾功能,降低病死率。

病例讨论

患者,男,45 岁。主因"进行性少尿 4 天"入院。4 天前因"腹泻"应用庆大霉素注射液治疗(具体不详)后,出现血尿量明显减少,尿量不足 100ml/d。伴有恶心、呕吐,无发热。偶有心慌,无心前区不适。既往体健。体格检查:血压 160/90mmHg,心率 120 次/min,双下肢水肿。辅助检查:血 BUN 18.9mmol/L,血肌酐 675.5μmol/L。动脉血气分析:pH 7.31,PaO_2 65mmHg,$PaCO_2$ 35mmHg,BE 8.5mmol/L。

(刘 斌)

思考题

1. 简述急性肾损伤的定义及分类。
2. 急性肾损伤的临床表现有哪些?

ER 5-6-10

练习题

第六篇

血液系统疾病

第一章 | 总 论

ER 6-1-1
教学课件

ER 6-1-2
思维导图

> **学习目标**
>
> 1. 掌握：血液系统疾病的诊断和治疗。
> 2. 熟悉：血液系统疾病的分类。
> 3. 了解：血细胞的生成与造血。
> 4. 学会对临床血液系统疾病患者进行诊断和治疗；学会针对患者及高危人群进行健康教育及随访。
> 5. 具备尊重患者及爱护患者的职业精神，树立预防为主的健康理念。

血液系统由血液和造血组织组成。血液由血细胞（白细胞、红细胞、血小板）和血浆两部分构成。造血组织包括骨髓、胸腺、肝、脾、淋巴结、胚胎及胎儿的造血组织。临床血液学重点研究血细胞、造血组织、止血和血栓性疾病等的病因和发病机制、临床表现、诊断、治疗和预防措施，也研究临床各系统疾病所引起的血液学异常。血液病学除了血液系统疾病外，还包括输血医学及造血干细胞移植。

第一节　血细胞的生成和造血

各种血细胞均来源于造血干细胞。造血干细胞是一种多能干细胞，具有不断自我更新和多向分化的能力，是各种血细胞与免疫细胞的起源细胞，可以发育成红细胞、粒细胞、淋巴细胞、单核细胞和血小板等。随着造血干细胞进一步分化增殖，逐步失去了自我更新和多向分化的能力，而发育成只有定向分化能力的定向干细胞即造血祖细胞。造血祖细胞根据分化方向分为红系祖细胞、粒-单系祖细胞、巨核系祖细胞、嗜酸系祖细胞、T淋巴系祖细胞和B淋巴系祖细胞等。各系统造血祖细胞进一步发育成可辨认的各系统的前体细胞，经过原始阶段、幼稚阶段和成熟阶段，一直到出现在周围血中的各种成熟血细胞。

一、造血组织与造血功能

（一）胚胎期造血

分为三个不同的造血期：①中胚层造血期：自胚胎第2周开始，起源于中胚层细胞的卵黄囊上的血岛，制造初级的幼稚红细胞。②肝脏造血期：自胚胎第2个月开始，肝脏制造红细胞、粒细胞和血小板，到第4~5个月时造血最旺盛。与此同时，脾、胸腺和淋巴结也参与造血，制造淋巴细胞和单核细胞，至出生前逐渐退化。③骨髓造血期：始于胚胎第4~5个月，是产生红细胞、粒细胞和巨核细胞的主要场所，一直持续到出生后，维持终生造血。

（二）出生后造血

①骨髓：5岁以前全部骨髓腔充满能够造血的红骨髓，以后随年龄增长，四肢管状骨骨髓腔中

的红骨髓逐渐被含大量脂肪细胞的黄骨髓代替。18~20岁以后骨髓造血主要集中于脊椎和扁骨。在某些病理情况下,骨髓造血功能受到抑制或损害,出生后原已停止造血的肝、脾、淋巴结等器官重新出现造血功能,称为髓外造血。②淋巴系统:分为中枢淋巴器官和周围淋巴器官,前者包括胸腺和骨髓,后者包括淋巴结、脾及沿呼吸道和消化道分布的淋巴组织,分别制造 T 淋巴细胞和 B 淋巴细胞,参与细胞免疫和体液免疫。③单核巨噬细胞系统:包括骨髓内原始及幼稚单核细胞,淋巴结、脾、肺和结缔组织的巨噬细胞、肝内 Kupffer 细胞以及神经系统的小胶质细胞等。

二、造血微环境和造血调控

造血微环境是指造血器官除造血细胞以外的支架细胞和组织,包括骨髓基质细胞、细胞因子和细胞外基质。基质细胞指骨髓中的成纤维细胞、脂肪细胞、巨噬细胞、网状细胞和内皮细胞。造血微环境还包括微血管和末梢神经以及由基质细胞产生的细胞因子,这些细胞因子调节造血干细胞的分化与增殖,为各种造血细胞提供营养支持。因此,造血微环境是造血细胞赖以生存的场所。造血细胞的增殖和分化过程需要一系列造血生长因子的参与和调控。根据作用不同,造血生长因子分为两类:①促进造血的正调控因子:如促红细胞生成素、粒系集落刺激因子、粒-单系集落刺激因子、血小板生成素等;②抑制造血的负调控因子:如干扰素、肿瘤坏死因子等。

第二节　血液系统疾病的分类

血液系统疾病指原发(如白血病)或主要累及血液和造血器官的疾病(如缺铁性贫血)。血液系统疾病分类如下:

1.造血干细胞疾病　如再生障碍性贫血、阵发性睡眠性血红蛋白尿、骨髓增殖性肿瘤、白血病和骨髓增生异常综合征等。

2.红细胞疾病　如各类贫血、红细胞增多症等。

3.粒细胞疾病　如白细胞减少、粒细胞缺乏症以及类白血病反应等。

4.淋巴细胞和浆细胞疾病　如淋巴瘤、急慢性淋巴细胞白血病、浆细胞病等。

5.单核细胞和巨噬细胞疾病　如炎症性组织细胞增多症、恶性组织细胞病等。

6.出血性和血栓性疾病　如血管性紫癜、血小板减少性紫癜、弥散性血管内凝血、凝血障碍性疾病和血栓性疾病等。

7.脾功能亢进

第三节　血液系统疾病的诊断

(一) 病史采集

血液病的常见症状有贫血、出血、发热、黄疸、骨痛及肝、脾、淋巴结大等。对每一位患者应了解这些症状的有无及特点。还应注意询问营养状况及饮食习惯,服药史及毒物或放射性物质密切接触史,手术史,月经史及家族史等。

(二) 体格检查

皮肤黏膜颜色有无改变、有无黄疸、出血点、结节或瘀斑;舌乳头是否正常;胸骨有无压痛;浅表淋巴结、肝、脾有无肿大,腹部有无肿块等。

(三) 实验室检查

实验室检查是血液病诊断的必备条件。根据临床需要和客观条件,选择适当的检验项目,将实验室检查和临床紧密结合,才能使血液病的诊断更准确。临床常用的实验室检查包括:①血液学检查:如血常规和各项贫血参数的检查、溶血检查、止血和血栓检查等;②骨髓检查:骨髓细胞形态学检查(包括细胞化学染色)是诊断各类血液病最基本的检查方法,结合免疫学、细胞遗传学和分子生物学等检查,成为血液病特别是急性白血病较完整的诊断方法;③造血原料检查:如血清铁、铁蛋白、叶酸和维生素 B_{12} 含量测定等。

随着现代科学技术的发展,许多新仪器、新技术和新方法不断涌现,有条件的实验室在常用实验的基础上应逐步开展血液学的现代实验。①流式细胞术:应用流式细胞仪对单个核细胞进行快速定量分析;②造血祖细胞培养和造血调控因子的检测:对诊断白血病、骨髓增生异常综合征和再生障碍性贫血有重要价值;③染色体检查:对研究恶性血液病和遗传性血液病的发病机制和分型极为重要;④分子生物学技术:包括聚合酶链反应(PCR)、印迹杂交和限制性片段长度多态性分析等在血液病诊断中的应用,已深入到白血病和淋巴增殖性疾病的基因诊断和分型;⑤基因芯片技术:是珠蛋白生成障碍性贫血等遗传病基因诊断的可靠方法。

除上述实验室检查外,生化检查、免疫学检查、淋巴结病理检查、影像学检查和放射性核素的应用等手段,对血液系统疾病都有其相应的重要诊断意义。

第四节　血液系统疾病的治疗

一、一般治疗

包括饮食与营养及精神与心理治疗。

二、病因治疗

对于病因明确的疾病,去除病因,使其脱离致病因素的作用至关重要。

三、药物治疗

(一)补充造血原料

根据发病原因不同,给予铁剂、叶酸、维生素 B_{12} 和维生素 K 等。

(二)刺激造血

应用雄激素和造血生长因子等。

(三)抗凝及溶栓治疗

根据适应证选用肝素、抗血小板药物和溶栓药物等。

(四)免疫治疗

应用肾上腺糖皮质激素、环孢素和抗淋巴细胞球蛋白等免疫抑制剂,或胸腺素、转移因子和左旋咪唑等免疫调节剂。过继免疫治疗如给予干扰素或在异基因造血干细胞移植后的供者淋巴细胞输注。

(五)化学治疗

对恶性血液病目前主要的治疗方法是抗肿瘤化学治疗。根据抗肿瘤药物的作用,依据肿瘤细胞动力学原理设计了许多不同组合的联合化疗方案。

(六)诱导分化治疗

应用全反式维 A 酸、三氧化二砷等能诱导某些白血病细胞凋亡并使其分化成正常成熟的细胞。

(七)抗感染治疗

各种细菌、病毒和真菌感染,常常加重病情,必须及时、有针对性地选用合适的抗感染药物控制感染。

四、脾切除

脾切除手术去除体内最大的单核巨噬细胞系统的器官,减少血细胞的破坏与潴留,从而延长血细胞的寿命。脾切除术对遗传性球形红细胞增多症所致的溶血性贫血有确切疗效。

五、放射治疗

γ射线、X射线等电离辐射杀灭白血病或淋巴瘤细胞。

六、成分输血

根据病情和实验室检查,输注红细胞、血小板或凝血因子。

七、靶向治疗

如酪氨酸激酶抑制剂治疗慢性髓系白血病。

八、去甲基化治疗

如地西他滨治疗骨髓增生异常综合征。

九、造血干细胞移植

造血干细胞移植(hematopoietic stem cell transplantation,HSCT)是目前有可能根治某些难治性或恶性血液病最有效的治疗方法。

(刘 琴)

思考题

1. 如何对血液系统疾病进行诊断?
2. 如何对血液系统疾病进行治疗?

ER 6-1-3

练习题

第二章 ｜ 贫 血

教学课件

思维导图

学习目标

1. 掌握：贫血的临床表现及治疗；缺铁性贫血的临床表现、诊断和鉴别诊断、治疗；营养性巨幼细胞贫血的临床表现、诊断和鉴别诊断、治疗；再生障碍性贫血的临床表现、诊断和鉴别诊断、治疗；溶血性贫血的临床表现、诊断和鉴别诊断、治疗。

2. 熟悉：贫血的诊断；缺铁性贫血的病因和发病机制、实验室检查；营养性巨幼细胞贫血的病因和发病机制、实验室检查；再生障碍性贫血的病因和发病机制；溶血性贫血的分类。

3. 了解：贫血的分类；铁代谢；缺铁性贫血的预防；营养性巨幼细胞贫血的预防。

4. 学会对临床各种类型贫血疾病患者进行诊断和治疗，能够针对患者及高危人群进行健康教育。

5. 具备同情心和同理心，弘扬"医者仁心"精神，树立预防为主的健康理念。

第一节 概 述

贫血（anemia）是指外周血单位容积内，血红蛋白量（Hb）、红细胞数（RBC）和/或血细胞比容（HCT）低于正常范围下限，由多种不同原因或疾病引起的一种临床表现，是最常见的血液学改变。其中以 Hb 含量降低最为重要。在我国海平面地区，成年男性 Hb<120g/L，成年女性（非妊娠）Hb<110g/L，妊娠妇女 Hb<100g/L 为贫血的诊断标准。需要注意的是，在妊娠、充血性心力衰竭时，血容量增加，血液被稀释或者脱水、失血时血液被浓缩，都会影响血红蛋白含量，贫血容易误诊或漏诊。

【分类】

（一）根据贫血进展速度分类

分为急性贫血和慢性贫血。

（二）根据贫血的严重程度分类

分为：①轻度贫血：Hb 低于正常参考值下限但>90g/L；②中度贫血：Hb 为 60~90g/L；③重度贫血：Hb 为 30~59g/L；④极重度贫血：Hb<30g/L。

（三）根据红细胞形态分类

主要根据患者红细胞平均体积（MCV）、红细胞平均血红蛋白量（MCH）和红细胞平均血红蛋白浓度（MCHC）的数值，将贫血分为：①大细胞性贫血；②正常细胞性贫血；③小细胞低色素性贫血（表 6-2-1）。

表 6-2-1　根据红细胞形态的贫血分类

贫血类型	MCV/fl	MCH/pg	MCHC/%	常见疾病
大细胞性贫血	>100	>34	32~35	巨幼细胞贫血、骨髓增生异常综合征、肝疾病
正常细胞性贫血	80~100	27~34	32~35	再生障碍性贫血、溶血性贫血、急性失血、骨髓病性贫血
小细胞低色素性贫血	<80	<27	<32	缺铁性贫血、铁粒幼细胞贫血、地中海贫血

（四）根据骨髓红细胞系统的增生程度分类

分为：①增生性贫血，如缺铁性贫血、巨幼细胞贫血、溶血性贫血等；②增生低下性贫血，如再生障碍性贫血。

（五）根据贫血的病因和发病机制分类

1. 红细胞生成减少

（1）**造血原料缺乏**：见于缺铁或缺乏叶酸和/或维生素 B_{12} 所致的缺铁性贫血或巨幼细胞贫血。

（2）**骨髓造血功能衰竭包括**：①造血干细胞疾病：如再生障碍性贫血；②骨髓被异常细胞浸润：如白血病、骨髓瘤、转移癌。

2. 红细胞破坏过多

（1）**红细胞内在缺陷包括**：①红细胞膜异常：遗传性球形红细胞增多症、阵发性睡眠性血红蛋白尿；②红细胞酶缺陷：葡萄糖-6-磷酸脱氢酶缺乏；③血红蛋白异常：异常血红蛋白病；④卟啉代谢异常：遗传性红细胞生成性卟啉病。

（2）**红细胞外在因素包括**：①免疫因素：自身免疫性溶血性贫血、血型不合输血；②机械因素：人工心脏瓣膜、微血管病性溶血性贫血、行军性血红蛋白尿；③生物因素：疟疾、毒蛇咬伤；④理化因素：大面积烧伤、接触某些化学毒物；⑤脾内滞留破坏：脾功能亢进。

3. 红细胞丢失过多 急性或慢性失血后贫血。

【临床表现】

贫血症状的有无及轻重，取决于原发病的性质、贫血发生的速度和程度、患者年龄、血液、呼吸和心血管系统的代偿功能以及机体的耐受能力。

（一）一般贫血表现

各种贫血普遍出现：①皮肤黏膜苍白，以睑结膜、口唇、舌及甲床最明显；②疲乏、困倦、软弱无力；③皮肤干燥、毛发干枯。

（二）组织缺氧表现

对缺血、缺氧最敏感的有：①中枢神经系统：头痛、头晕、耳鸣、嗜睡、记忆力减退、注意力不集中；②消化系统：食欲缺乏、消化不良、恶心、腹胀、舌炎、异食癖；③泌尿生殖系统：轻度蛋白尿、夜尿增多、性功能改变、月经失调。

（三）机体代偿表现

为满足全身组织对氧的需求，一些器官需要进行代偿，因而出现：①呼吸系统：稍事活动即有呼吸加快、气急；②循环系统：活动后心悸、气短、心率加快、心搏亢进、脉搏充实、脉压增加，心尖部或心底部出现轻柔的收缩期杂音，严重者可有心脏扩大、心力衰竭、心电图缺血性改变，此种贫血性心脏病在贫血纠正后大多可以恢复。

【诊断】

贫血的诊断首先要确定贫血的类型和程度，其次是查明贫血的原因，只有找出贫血的原因，才能进行合理有效的治疗。诊断贫血的手段有：①详细询问病史：尤其应重视化学毒物或药物接触史、慢性病史、失血史、营养状况及家族遗传史；②全面体格检查：特别要注意皮肤、黏膜有无出血及黄染，有无肝、脾、淋巴结大；③必要的实验室检查：血常规检查、外周血涂片、网织红细胞计数和骨髓检查是确定贫血的可靠指标，为了进一步明确贫血的病因，还需要进行一些贫血发病机制的检查，如尿、粪常规、血液生化、免疫、溶血检查、内镜检查、骨髓造血细胞培养和染色体检查、抗原表达、基因检查等。综合分析病史、体格检查和实验室检查结果，作出贫血的正确诊断。

【治疗】

（一）支持治疗

加强营养，给予富含蛋白质和维生素的饮食，注意休息，保持精神愉快。

（二）病因治疗

消除贫血的病因是治疗贫血性疾病的首要原则,积极治疗导致贫血的原发病,停止接触有害的药物和化学品等,才能使贫血得到彻底治愈。

（三）药物治疗

在贫血原因未明确之前,不要急于使用抗贫血药,以免影响诊断,延误治疗。常用治疗贫血的药物有铁剂、叶酸、维生素 B_{12}、维生素 B_6、雄激素、促红细胞生成素以及肾上腺糖皮质激素和免疫抑制剂等。

（四）成分输血

输血能迅速减轻或纠正贫血,但有可能引起各种不良反应和传播疾病的危险,因此必须严格掌握输血的适应证。急性大量失血时,输血可迅速恢复血容量;慢性贫血患者血红蛋白低于 60g/L 时可考虑输浓缩红细胞,但长期多次输血可引起铁的负荷过多出现继发性血色病,在不影响病情的条件下,应尽量减少输血。

（五）脾切除

脾是破坏血细胞的场所,与抗体的产生也有关系。脾切除对脾功能亢进所致的贫血和遗传性球形红细胞增多症有一定疗效,对糖皮质激素或免疫抑制剂治疗无效的某些溶血性贫血也可行脾切除。

（六）造血干细胞移植

包括骨髓移植、外周血干细胞移植和脐血造血干细胞移植,是治疗难治性贫血的有效方法。

第二节　缺铁性贫血

> **案例导入**
>
> 患者,女,55 岁。因"乏力伴面色苍白半年余,黑便月余"入院。查体:贫血貌,巩膜无黄染,皮肤未见出血点,浅表淋巴结未触及肿大,胸骨无压痛,心肺无阳性体征,肝脾肋下未及。血常规:Hb 60g/L,MCV 60fl,MCHC 30%,WBC、PLT 正常。粪便隐血（++）,尿常规（-）,血清铁蛋白减低。骨髓示增生明显活跃,红系增生,以中、晚幼红细胞为主。骨髓铁染色示:内铁、外铁均缺乏。
>
> **请思考:**
>
> 1. 患者目前可能的诊断是什么?
> 2. 应进一步完善哪些检查?

缺铁性贫血（iron deficiency anemia,IDA）是因体内贮存铁缺乏,导致血红蛋白合成不足,红细胞生成障碍所引起的小细胞低色素性贫血,是最常见的一种贫血性疾病。铁是合成血红蛋白所必需的原料,当体内对铁的需求与供给失衡,导致体内铁缺乏。其发病率在发展中国家、经济不发达地区、婴幼儿、育龄妇女明显增高。

【铁代谢】

铁是人体必需的元素之一,在体内分布广泛,几乎遍及所有组织。人体内铁分两部分:其一为功能状态铁,包括血红蛋白铁（占体内铁的 67%）、肌红蛋白铁（占体内铁的 15%）、转铁蛋白铁（3~4mg）、乳铁蛋白、酶和辅因子结合的铁;其二为贮存铁（男性 1 000mg,女性 300~400mg）,包括铁蛋白和含铁血黄素。铁总量在正常成年男性为 50~55mg/kg,女性为 35~40mg/kg。

（一）铁的来源

包括内源性和外源性两种:①内源性:自身红细胞衰老破坏后,血红蛋白分解释放出的铁被重新利用合成血红蛋白;②外源性:正常人为了维持体内铁平衡,需每天从食物中摄取铁 1~1.5mg,孕、乳妇 2~4mg。含铁量较丰富的食物有海带、紫菜、木耳、香菇、动物肝脏、瘦肉、动物血、豆类等。谷类和大多数水果、蔬菜中含铁量较低,乳类含铁量极低。

(二) 铁的吸收

铁吸收的主要部位在十二指肠和空肠上段。动物性食品铁的吸收率高,可达 20%,植物性食品铁的吸收率低,仅为 1%~7%。胃酸能防止铁离子变成不溶于水的铁复合物,有利于铁吸收;维生素C 和许多还原剂能使高铁还原成亚铁,帮助铁的吸收;茶叶、咖啡会使铁的吸收减少。最新研究发现,肝脏分泌的铁调素是食物铁自肠道吸收和铁从巨噬细胞释放的主要负调控因子,其表达受机体铁状况、各种致炎因子等因素调节,在维持铁稳态中具有重要作用。

(三) 铁的转运

吸收入血的二价铁经铜蓝蛋白氧化成三价铁,与转铁蛋白结合后转运到骨髓和其他组织,还原成二价铁,参与血红蛋白合成。

(四) 铁的贮存

形成血红蛋白后多余的铁以铁蛋白和含铁血黄素形式贮存于肝、脾、骨髓等器官的单核巨噬细胞系统,待铁需要增加时动用。骨髓中未被利用的铁以小粒形式贮存在骨髓幼红细胞的胞质中,可被亚铁氰化钾染成蓝黑色颗粒,这种幼红细胞称铁粒幼细胞。

(五) 铁的排泄

人体每天排铁不超过 1mg,主要通过肠黏膜脱落的细胞随粪便排出,少量通过尿、汗液排泄,哺乳期妇女还通过乳汁排出。

【病因和发病机制】

(一) 病因

1. 摄入不足 主要见于婴幼儿、生长发育期儿童、青少年、妊娠和哺乳期妇女。这些人群需铁量较大,青少年还因偏食,如果食物缺铁或长期摄入不足就容易产生缺铁。

2. 吸收不良 胃酸缺乏、胃切除术后、慢性腹泻、胃肠功能紊乱等都可使铁吸收不良。长期素食、嗜饮浓茶等也影响铁的吸收。

3. 慢性失血 是缺铁性贫血最常见的原因,尤以各种病因造成的消化道出血或妇女月经过多更多见,如食管和胃底静脉曲张出血、胃十二指肠溃疡、消化道肿瘤、寄生虫感染和痔疮等慢性失血以及服用非甾体类药物引起的出血,均可引起缺铁。

(二) 发病机制

IDA 是由于体内贮存铁消耗殆尽,红细胞生成受到影响,引起的小细胞低色素性贫血,是体内慢性、渐进性铁缺乏的发展结果。根据疾病进展的过程和实验室检查结果,分成三个阶段。①贮存铁缺乏(iron deficiency,ID):又称隐性缺铁,此时仅有贮存铁减少:血清铁蛋白减少,骨髓含铁血黄素和铁粒幼细胞减少,而血红蛋白和血清铁含量尚在正常范围;②缺铁性红细胞生成(iron deficient erythropoiesis,IDE):随着缺铁加重,贮存铁耗尽,血清铁下降,总铁结合力增高,转铁蛋白饱和度降低,血红蛋白含量尚未减少,无贫血表现;③IDA:除上述各项指标继续降低外,血红蛋白明显减少,呈小细胞低色素性贫血,临床出现典型贫血表现。

缺铁时,含铁酶活性降低,许多组织细胞代谢和功能发生紊乱,导致患者精神、行为异常,儿童神经和智力发育损害,体力、免疫功能下降。组织学发现,上消化道迅速增殖的细胞对缺铁特别敏感,舌、食管、胃和小肠黏膜萎缩;颊黏膜变薄和上皮角化,咽喉黏膜萎缩,产生缺铁性吞咽困难。缺铁后,外胚叶组织营养障碍可表现为毛发干枯脱落、指甲缺乏光泽,甚至反甲等。

【临床表现】

IDA 发病缓慢,早期没有症状或症状轻微,贫血发展到一定程度时才出现一般贫血症状和组织缺铁的表现。

(一)原发病表现

如消化性溃疡或痔疮导致的黑便、血便或腹部不适;妇女月经过多;肿瘤性疾病的消瘦等。

(二)一般贫血表现

皮肤和黏膜苍白、头晕、乏力、心悸、活动后气短、易疲倦等。

(三)组织缺铁表现

常出现缺铁的特殊表现:①皮肤干燥、毛发脱落失去光泽、指甲扁平粗糙、反甲;②消化系统症状:食欲缺乏、舌炎、口角炎、异食癖和吞咽困难;③神经系统症状:头痛、烦躁、易激动、儿童和青少年发育迟缓、智商低、注意力不集中。

【实验室检查】

(一)血液检查

呈小细胞低色素性贫血。血涂片可见成熟红细胞体积普遍较小,大小不等显著,中心淡染区扩大;MCV<80fl,MCH<27pg,MCHC<32%。另外,红细胞分布宽度(RDW)能直接、客观和及时反映红细胞大小不等的程度,随着 IDA 程度的加重,RDW 值随之增高。白细胞和血小板一般无特殊改变,成人因慢性失血导致 IDA 者,可见血小板计数增高。

(二)骨髓检查

缺铁性贫血呈增生性贫血骨髓象,骨髓增生活跃或明显活跃,红细胞系统增生明显,以中、晚幼红细胞为主,胞体较小、核染色质致密、胞质少、染色偏蓝、边缘不整,有血红蛋白形成不良的表现,即所谓的"核老浆幼"现象。粒细胞系统和巨核细胞系统多为正常。骨髓铁染色可见含铁血黄素(细胞外铁)和铁粒幼细胞(细胞内铁)减少,这是诊断早期缺铁的可靠方法。

(三)有关铁缺乏的检查

1. **血清铁(SI)** 是循环血中与转铁蛋白结合的铁,转铁蛋白是一种 β 球蛋白,由肝细胞合成,平时仅有 1/3 与铁结合即血清铁。IDA 患者 SI<8.95μmol/L。

2. **总铁结合力(TIBC)** 能够与铁结合的转铁蛋白总量称为总铁结合力。IDA 患者肝细胞合成转铁蛋白增多,所以,TIBC>64.44μmol/L。

3. **转铁蛋白饱和度(TSAT)** 是血清铁与总铁结合力的比值,它比单一测定 SI 和 TIBC 更能准确反映体内铁的代谢情况,正常为 20%~50%,IDA 患者常<15%。

4. **红细胞游离原卟啉(FEP)和锌原卟啉(ZPP)** 缺铁时,大量原卟啉不能与铁结合成血红素,以游离形式积聚在红细胞内或者与锌原子结合成 ZPP。FEP>0.9μmol/L(全血),ZPP>0.96μmol/L(全血),FEP/Hb>4.5μg/g Hb,均提示血红素合成障碍。

5. **血清铁蛋白(SF)** 能准确反映体内贮存铁情况,当患者缺铁时,首先是贮存铁即 SF 先减少,继之 SI 减少,以后才发生贫血。所以 SF 是诊断 IDA 最敏感、最早期的可靠指标,SF<12μg/L 作为缺铁诊断标准。SF 易受一些因素影响,患者如伴有慢性感染、恶性肿瘤、结缔组织病、甲状腺功能亢进和活动性肝病时,SF 可正常或增高。

6. **血清转铁蛋白受体** 转铁蛋白受体表达于红系造血细胞膜表面,当红细胞内铁缺乏时,转铁蛋白受体脱落进入血液,血清可溶性转铁蛋白受体(sTfR)升高。sTfR 测定是反映缺铁性红细胞生成的最佳指标,一般 sTfR 浓度>26.5nmol/L(2.25mg/L)可诊断缺铁。

【诊断和鉴别诊断】

(一)诊断

符合第 1 条和第 2~6 条中的任何两条以上可以诊断 IDA。①血常规提示 Hb 降低,男性患者 Hb<120g/L,女性患者 Hb<110g/L,红细胞呈小细胞、低色素性;②有明确的缺铁病因和临床表现

（如乏力、头晕、心悸等）；③SF<15μg/L，感染或合并慢性炎症患者（除外慢性肾功能不全、心力衰竭）SF<70μg/L；TSAT<0.15；血清铁<8.95μmol/L，TIBC>64.44μmol/L；sTfR>26.50nmol/L（2.25mg/L）；④骨髓铁染色显示骨髓小粒可染铁消失，铁粒幼细胞<15%；⑤FEP>0.90μmol/L（全血），ZPP>0.96μmol/L（全血）；⑥补铁治疗有效。

（二）鉴别诊断

1. 慢性病贫血　多为慢性感染或恶性肿瘤引起的小细胞性贫血，骨髓中铁粒幼细胞减少，血清铁蛋白和骨髓小粒中含铁血黄素增多，血清铁、总铁结合力下降。

2. 铁粒幼细胞贫血　是红细胞铁利用障碍而导致的贫血，分为先天性和获得性两类，获得性多见于中老年人。骨髓中铁粒幼细胞特别是环形铁粒幼细胞增多，血清铁和铁蛋白均增高。

3. 珠蛋白生成障碍性贫血　如地中海贫血，属遗传性疾病，常有家族史。血涂片可见多数靶形红细胞，血红蛋白电泳异常，血清铁、转铁蛋白饱和度及骨髓可染铁均增高，具有溶血性贫血的临床特点。

【治疗】

（一）病因治疗

　　治疗 IDA 必须去除病因才能达到彻底治愈，否则单纯补充铁剂可使血常规暂时恢复，临床症状得以缓解，但不能获得彻底治愈。如青少年、育龄期女性、妊娠期女性和哺乳期女性等摄入不足引起的 IDA，应改善饮食，补充含铁丰富且易吸收的食物，如瘦肉、动物肝脏等；育龄期女性可以预防性补充铁剂，每天或隔日补充元素铁；月经过多引起的 IDA 应该寻找月经量过多的原因；寄生虫感染患者应进行驱虫治疗；恶性肿瘤患者应进行手术或放、化疗；消化性溃疡患者应进行抑酸护胃治疗等。

（二）铁剂治疗

　　铁剂是纠正缺铁性贫血的主要治疗方法，分口服和注射给药两种途径，口服铁剂方便、安全，是治疗本病首选用药途径。

1. 口服铁剂　临床用于口服治疗的铁剂多为亚铁，易于吸收，治疗性铁剂分无机铁和有机铁两类。无机铁以硫酸亚铁为代表，有机铁包括多糖铁复合物、蛋白琥珀酸铁口服溶液、富马酸亚铁、琥珀酸亚铁和葡萄糖酸亚铁等；无机铁剂的不良反应较有机铁明显，同时服用维生素 C 可加强铁剂吸收。除以上铁剂外，还有结合铁的中成药，如健脾生血片，其中元素铁含量 20mg，对胃肠道刺激小。常用口服铁剂用法见表 6-2-2。

　　口服铁剂注意事项：①严重贫血时，可以增加口服铁剂量，提高补铁效果，或选择口服吸收率高的补铁药物；但对于轻症或铁缺乏症患者，中等剂量的铁，隔天服用对铁调素影响小、铁吸收效率高；目前部分口服补铁药物常规剂量并不升高铁调素，如蛋白琥珀酸铁口服溶液，可提高铁的利用

表 6-2-2　常用口服铁剂

常用口服铁剂	用法用量
硫酸亚铁	每次 60mg,每天 3 次
多糖铁复合物	每次 300mg,每天 1 次
蛋白琥珀酸铁口服溶液	每次 40mg,每天 2 次
富马酸亚铁	每次 60~120mg,每天 3 次
琥珀酸亚铁	每次 100~200mg,每天 2 次
葡萄糖酸亚铁	每次 300~600mg,每天 3 次
健脾生血片	每次 1~3 片,每天 3 次

度。②若无明显胃肠道反应,一般不应将铁剂与食物一同服用。③每天口服 100mg 元素铁,持续治疗 4~6 周后,Hb 没有变化,或上升<10g/L,可能有以下原因:诊断有误;患者依从性差,未按医嘱服药;存在持续出血;有影响铁吸收情况,如胃十二指肠溃疡、小肠术后或胃肠解剖部位异常;同时伴有感染、炎症、恶性肿瘤、肝病等影响铁吸收;所用口服铁剂不能很好吸收等。④部分糖尿病患者饮食控制严格导致 IDA,口服补铁治疗时需注意药物的佐剂中是否含糖。⑤疗效观察:口服铁剂对一般缺铁性贫血患者的疗效迅速而明显,服用 3 天后食欲缺乏等症状即有改善,网织红细胞开始升高,5~10 天达高峰。血红蛋白升高需 2 周,约 2 个月可达正常。为了补足贮存铁,防止复发,当血红蛋白恢复正常后应继续服药 4~6 个月,待铁蛋白正常后停药。

2. 静脉铁剂　新一代的静脉注射铁制剂中,铁与碳水化合物结合紧密,实现铁的控制释放,可以在短时间内给予大剂量铁剂。常见的静脉铁剂有:低分子右旋糖酐铁、葡萄糖酸亚铁、蔗糖铁、纳米氧化铁、羧基麦芽糖铁、异麦芽糖酐铁等。

静脉铁剂适应证:①患者不能或不愿忍受口服铁剂的胃肠道不良反应,例如老年人和妊娠中、晚期孕妇(已有妊娠相关胃肠道症状),以及现有胃肠道疾病可能会加重口服铁剂不良反应的患者。②患者更愿意通过 1~2 次就诊就补足贮存铁,而不愿耗时几个月。③持续性失血,且超过了口服铁剂满足补铁需求的能力(例如严重子宫出血、黏膜毛细血管扩张)。④解剖或生理情况影响口服铁剂的吸收。⑤合并炎症而干扰铁代谢稳态。⑥预期失血量>500ml 的手术,或<6 周内需行手术的铁缺乏患者。

静脉铁剂禁忌证:鉴于铁能促进微生物生长,败血症患者应避免使用;低磷血症患者;妊娠早期孕妇;铁剂过敏者。静脉铁的总需要量按以下公式计算:所需补铁量(mg)=［目标 Hb 浓度(g/L)－实际 Hb 浓度(g/L)］× 体重(kg)+1 000(男性)/600(女性)。

【预防】

向群众进行营养知识宣传教育,改变不合理的饮食结构。鼓励进食铁吸收率较高的富含铁食物和铁吸收利用较高的食物,如动物的肉、肝脏、血等。婴幼儿要及时添加含铁的辅食,妊娠期及哺乳期妇女应预防性铁剂补充。积极查找和防治各种导致慢性失血的原发疾病。

第三节　营养性巨幼细胞贫血

案例导入

患者,女,15 岁。因"乏力伴恶心 2 个月,发热 1 天"入院。患者为住校学生,长期素食。查体:面色苍白,巩膜轻度黄疸,皮肤可见散在陈旧性瘀斑,舌面光滑,咽部充血,扁桃体Ⅱ度肿大,心肺无阳性体征,肝脾肋下未及,双下肢无水肿。血常规:WBC 2.7×10⁹/L,Hb 52g/L,MCV 125.5fl,PLT 25×10⁹/L。骨髓:骨髓增生活跃,粒、红系巨幼变,红系增生旺盛,中性分叶粒细胞分叶过多,有核右移、核幼浆老现象。骨髓铁染色正常。非结合胆红素 40μmol/L,结合胆红素正常。

请思考:
1. 患者目前可能的诊断是什么?
2. 应进一步完善哪些检查?

营养性巨幼细胞贫血(nutritional megaloblastic anemia)是由于叶酸和/或维生素 B_{12} 缺乏或其他原因引起的细胞核脱氧核糖核酸(DNA)合成障碍所致的大细胞性贫血。该病在经济不发达地区或进食新鲜蔬菜、肉类较少的人群多见。国内以叶酸缺乏导致多见,由胃壁细胞所分泌的内因子缺乏和体内产生内因子抗体所致的恶性贫血,也属大细胞性贫血,国内较少见,欧美多见。

【叶酸和维生素 B_{12} 代谢】

(一)叶酸代谢

叶酸为水溶性 B 族维生素,由蝶啶、对氨基苯甲酸和 L-谷氨酸组成,在新鲜的绿叶蔬菜和水果中含量最高,体内不能合成,需由食物供给。食物中的叶酸经长时间烹煮,可损失 50%~90%,主要在十二指肠和近端空肠吸收。每天需从食物中摄入叶酸 200μg。食物中的叶酸以多聚谷氨酸的形式存在,经肠黏膜细胞产生的解聚酶作用,被分解为单谷氨酸,再经叶酸还原酶催化作用还原为二氢叶酸和四氢叶酸,后者再转变为有生理活性的 N^5-甲基四氢叶酸,在维生素 B_{12} 的作用下去甲基成为四氢叶酸。在多聚谷氨酸叶酸合成酶的作用下转变为多聚谷氨酸型叶酸,成为细胞内辅酶,参与 DNA 合成。体内叶酸主要贮存在肝,为 5~10mg,每天经尿和粪便排出 2~5μg。

(二)维生素 B_{12} 代谢

维生素 B_{12} 也属水溶性 B 族维生素,在动物性食物如肝、肾、肉、鱼、蛋和乳制品中含量最多。食物中的维生素 B_{12} 进入胃后,与胃黏膜壁细胞合成的 R 蛋白结合,到十二指肠后经胰蛋白酶作用,R 蛋白被降解,维生素 B_{12} 又与来自胃黏膜上皮细胞的内因子(intrinsic factor,IF)结合成 IF-B_{12} 复合体,在回肠末端被吸收。体内维生素 B_{12} 主要贮存在肝、骨髓,为 2~5mg,主要经尿和粪便排出体外。

【病因和发病机制】

(一)叶酸缺乏的病因

1. **摄入不足** 叶酸性质极不稳定,易被不适当的加工破坏。如食物中缺乏新鲜蔬菜和水果,烹调不当、过度加热和腌制过久致叶酸大部分破坏,婴幼儿喂养不合理,偏食,长期酗酒者均易发生叶酸缺乏。

2. **需要量增加** 生长发育期婴幼儿和儿童、妊娠和哺乳期妇女、甲状腺功能亢进、慢性感染、恶性肿瘤等消耗性疾病,叶酸的需要量增加而未及时补充,容易发生缺乏。

3. **吸收障碍** 腹泻、小肠炎症、恶性肿瘤、手术以及某些药物(抗癫痫药物、柳氮磺吡啶等)均可影响叶酸的吸收。乙醇也可影响叶酸的吸收,长期酗酒者易发生叶酸缺乏。

4. **利用障碍** 抗核苷酸合成药物如甲氨蝶呤、氨苯蝶啶等均可干扰叶酸的利用;一些先天性酶缺陷(甲基四氢叶酸转移酶、N^5,N^{10}-甲烯基四氢叶酸还原酶等)可影响叶酸的利用。

(二)维生素 B_{12} 缺乏的病因

1. **摄入不足** 主要发生于完全素食者。由于体内维生素 B_{12} 贮存量大,可供数年消耗,每天需要量仅为 2~5μg,因此维生素 B_{12} 缺乏较叶酸缺乏少见。

2. **吸收障碍** 是维生素 B_{12} 缺乏最常见的原因。见于内因子缺乏(恶性贫血、胃切除、胃黏膜萎缩等)、胃酸和胃蛋白酶缺乏、胰蛋白酶缺乏、肠道疾病、先天性内因子缺乏或维生素 B_{12} 吸收障碍、药物(对氨基水杨酸、新霉素、二甲双胍、秋水仙碱等)影响、肠道寄生虫(如阔节裂头绦虫病)或细菌大量繁殖消耗维生素 B_{12} 等。

3. 利用障碍 先天性转钴蛋白 II 缺乏引起维生素 B_{12} 输送障碍;麻醉药氧化亚氮可将钴胺氧化而抑制甲硫氨酸合成酶。

(三) 发病机制

叶酸和维生素 B_{12} 都是细胞 DNA 合成过程中的重要辅酶,如果缺乏将导致 DNA 合成障碍。叶酸在体内以四氢叶酸形式起作用,由于 DNA 合成受阻,细胞核停滞于 S 期(DNA 合成期),而细胞质内的 RNA 仍继续成熟,DNA 与 RNA 的发育比例失调,造成细胞体积增大,胞核发育落后于胞质,出现巨幼变。骨髓中红系、粒系及巨核系细胞发生巨幼变,在骨髓中未能成熟就已破坏,称为无效造血,可出现全血细胞减少,部分患者可发生轻度溶血和黄疸。维生素 B_{12} 的作用是促进甲基四氢叶酸去甲基转变成四氢叶酸,如缺乏维生素 B_{12},则间接影响 DNA 合成,出现与叶酸缺乏相似的表现。此外,维生素 B_{12} 缺乏时,血中甲基丙二酸大量堆积,影响神经髓鞘正常结构,引起脊髓后侧索亚急性联合变性,出现神经系统症状。

【临床表现】

(一) 贫血表现

起病大多缓慢,除一般贫血表现如苍白、乏力、头晕、活动后心慌气短外,部分患者由于骨髓内无效造血即原位溶血,可出现轻度黄疸。发生全血细胞减少的患者,容易反复感染和出血。

(二) 特殊表现

1. 消化系统表现 常有明显食欲缺乏、消化不良、腹胀、腹泻,尤其舌炎较常见且反复发生,舌质红伴疼痛,舌面呈"牛肉样舌",随病情发展逐渐发生舌乳头萎缩,味觉减退。

2. 神经系统表现 常见手足对称性麻木、下肢无力、深感觉障碍、步态不稳、共济失调、锥体束征阳性。也有表现精神异常、失眠、记忆力下降、抑郁、狂躁等。

【实验室检查】

(一) 血象

呈大细胞性贫血,MCV 和 MCH 均增高,MCHC 正常。血涂片红细胞大小不等,中央淡染区消失,有大椭圆形红细胞、点彩红细胞等;中性粒细胞分叶过多,5 叶以上者>5%,可有 6 叶或更多的分叶,即所谓核右移,重症患者白细胞和血小板计数可减少,呈全血细胞减少,应注意和其他疾病鉴别。

(二) 骨髓象

骨髓增生活跃或明显活跃,红系增生显著、巨幼变(胞体大,胞核发育落后于胞质,呈"核幼浆老")。粒系亦呈"巨幼变",可见巨中幼、晚幼、杆状核粒细胞,成熟粒细胞分叶过多。巨核细胞可见体积增大,分叶过多。巨幼红细胞对治疗反应很敏感,补充叶酸和维生素 B_{12} 约 48 小时,"巨幼变"细胞可恢复正常。

ER 6-2-4

巨幼细胞贫血
骨髓片

(三) 叶酸和维生素 B_{12} 含量测定

营养性巨幼细胞贫血患者的血清叶酸<6.8nmol/L、维生素 B_{12}<74pmol/L,借此可区分叶酸或维生素 B_{12} 的缺乏。最好同时测定血清和红细胞的叶酸含量,因为红细胞叶酸不受当时叶酸摄入情况的影响,能准确反映机体叶酸总水平。叶酸缺乏时,红细胞叶酸<227nmol/L。

【诊断和鉴别诊断】

(一) 诊断

诊断依据:①有造成叶酸和/或维生素 B_{12} 缺乏的原因:特别是摄入量不足或机体需要量增加时;②典型的临床表现:除一般贫血症状外,还有特殊的舌炎、舌乳头萎缩或神经系统表现;③血象呈大细胞性贫血:出现大而椭圆形红细胞及中性粒细胞分叶核过多,常伴全血细胞减少;④骨髓象呈典型的"巨幼变";⑤叶酸和维生素 B_{12} 含量测定:低于正常;⑥叶酸和/或维生素 B_{12} 治疗有效。

（二）鉴别诊断

鉴别诊断要注意，临床上有些疾病也会出现巨幼型细胞，如急性红白血病、骨髓增生异常综合征等；也有些疾病表现为全血细胞减少，如再生障碍性贫血、阵发性睡眠性血红蛋白尿等。骨髓检查、叶酸及维生素 B_{12} 含量测定，诊断性试验治疗等措施均有助于鉴别。

【治疗】

（一）病因治疗

积极采取措施去除病因，治疗基础疾病。合理膳食，改进烹调方法和饮食习惯，增加新鲜蔬菜、水果及动物蛋白的摄入。纠正酗酒和偏食。

（二）补充缺乏的营养物质

1. 叶酸缺乏　叶酸 5~10mg 口服，每天 3 次，连续应用 4~5 周后，血象即可恢复正常，但需要在饮食状况及基础疾病纠正后方可停药。如同时有维生素 B_{12} 缺乏，需同时给予维生素 B_{12}，以免加重神经系统损害。

2. 维生素 B_{12} 缺乏　维生素 B_{12} 肌内注射 100μg，每天 1 次，或 500μg，每周 2 次，常与叶酸联合应用。无吸收障碍的患者，可口服维生素 B_{12} 片剂 500μg，每天 1 次，直至血象恢复正常；若有神经系统表现，治疗维持半年到 1 年；恶性贫血患者，治疗维持终身。

经叶酸和维生素 B_{12} 治疗后，如血象改善不明显应注意查找原因并加以纠正（如伴缺铁，应补充铁剂）。此外，要注意在大剂量叶酸和维生素 B_{12} 治疗初期易发生低钾血症，导致突然发生意外，应及时监测血钾的变化，给予补钾。

【预防】

加强营养知识宣传教育，多食新鲜蔬菜和一定量的动物性食物。改变生活习惯，纠正偏食和不良的烹调方法，防止食物中的维生素过多破坏。对于需要量增加的人群，如生长发育期的儿童、青少年及妊娠期、哺乳期妇女，适当补充叶酸。

第四节　再生障碍性贫血

案例导入

患者，女，35 岁。因"乏力 2 个月余，发热 10 天，皮肤瘀斑 1 周"入院。查体：面色苍白，四肢皮肤多处瘀斑，浅表淋巴结未触及肿大，咽部充血，扁桃体Ⅱ度肿大，双肺呼吸音粗，可闻及散在哮鸣音，心脏听诊无阳性体征，肝脾肋下未及，双下肢无水肿。血常规：WBC 2.0×10⁹/L，中性粒细胞 0.3×10⁹/L，Hb 55g/L，PLT 9×10⁹/L，网织红细胞 0.1%，网织红细胞绝对值 10×10⁹/L。骨髓象：骨髓增生重度减低，红系增生减低，全片未见巨核细胞。

请思考：

1. 患者目前考虑可能的诊断是什么？
2. 应进一步完善哪些相关辅助检查？

再生障碍性贫血（aplastic anemia，AA）简称再障，是一种可能由不同病因和机制引起的骨髓造血功能衰竭症。主要表现为骨髓造血功能低下、全血细胞减少及所致的贫血、出血和感染。AA 的年发病率在欧美为（0.47~1.37）/10 万，日本为（1.47~2.40）/10 万，我国为 0.74/10 万；可发生于各年龄段，高发年龄分别为 15~25 岁的青壮年和 65~69 岁的老年人；男、女发病率无明显差别。

【病因】

AA 分为先天性及获得性。先天性 AA 较为罕见，主要为范科尼贫血（FA）、先天性角化不良（DKC）、先天性纯红细胞再生障碍(DBA)等;绝大多数 AA 属获得性。获得性 AA 根据是否有明确病因分为原发性和继发性,原发性 AA 即无明确病因者。多数获得性 AA 患者具体病因不明,可能相关的因素有:

(一)化学因素

1. 药物　有两种情况:①与剂量有关:如抗肿瘤化疗药物。其引起的骨髓抑制通常是可控的,很少导致不可逆的骨髓衰竭。②与剂量无关:与个人敏感性有关,如氯霉素、保泰松、磺胺类、抗癫痫药、抗甲状腺药等,其中以氯霉素危害性最大。

2. 化学毒物　苯、砷等长期接触也可引起骨髓抑制,尤其是苯及其衍生物,由于劳动环境防护不够,经呼吸道或皮肤侵入人体,常常造成 AA 发生。

(二)物理因素

X 线、放射性核素等可影响 DNA 的复制,抑制细胞有丝分裂,干扰骨髓细胞生成,导致造血干细胞数量减少。其受抑程度与放射剂量呈正相关。

(三)生物因素

肝炎病毒感染可引起 AA,以丙型肝炎病毒较常见,乙型肝炎病毒亦可见到,多发生在肝炎的恢复期,称肝炎相关性再障(HAAA),发病率<1.0%。其他还有 EB 病毒、微小病毒 B19、HIV 等均可能引起 AA。

(四)其他因素

自身免疫性疾病,如类风湿关节炎、系统性红斑狼疮患者再障的发生率比正常人多。再障与妊娠也有一定关联,妊娠可使原有再障加重,分娩后再障可好转。

【发病机制】

AA 的发病机制尚未完全阐明,传统学说认为 AA 可能通过三种机制发病:原发或继发性造血干祖细胞("种子")缺陷、造血微环境("土壤")及免疫("虫子")异常。目前认为 T 淋巴细胞异常活化、功能亢进造成骨髓损伤在原发性获得性 AA 发病机制中占主要地位,新近研究显示辅助性 T 细胞亚群 Th1/Th2 分化偏移、调节性 T 细胞(Treg)及 NK 细胞调节功能不足、Th17、树突状细胞(DC 细胞)以及巨噬细胞等功能异常,甚至某些遗传背景都参与了 AA 发病。

1. 造血干(祖)细胞缺陷　包括质和量的异常。AA 患者骨髓 CD34$^+$细胞明显减少或缺如,减少程度与病情相关。造血干细胞自我更新能力缺陷,集落形成能力显著降低,体外对造血生长因子反应差,免疫抑制治疗后恢复造血不完整。部分 AA 有单克隆造血证据且可向具有造血干细胞质异常性的阵发性睡眠性血红蛋白尿症(PNH)、骨髓增生异常综合征(MDS)甚至白血病转化。

2. 造血微环境障碍　造血微环境是指造血器官实质细胞周围的支架细胞和组织,包括微血管、末梢神经、网状细胞、基质细胞及其分泌的细胞因子等,它们支持和调节造血细胞的生长与发育。骨髓基质萎缩、脂肪化、成纤维集落形成单位减少、集落刺激因子活性降低,这些造血微环境异常,导致造血干细胞不能正常地生长与发育。

3. 免疫机制异常　目前认为 T 淋巴细胞异常活化、功能亢进,通过细胞毒 T 细胞直接杀伤或/和淋巴因子介导的造血干细胞过度凋亡引起的骨髓衰竭是获得性 AA 的主要发病机制。AA 患者外周血及骨髓淋巴细胞比例增高,T 淋巴细胞亚群失衡,CD4$^+$细胞减少,尤其是 CD8$^+$细胞异常增高,可直接或间接损伤造血干(祖)细胞而抑制造血。由 T 淋巴细胞分泌的肿瘤坏死因子(TNF-α)、干扰素(IFN-γ)等造血负调控因子,间接抑制造血干(祖)细胞克隆的形成,使其分化增殖受损。

此外,AA 的发病可能与某些遗传学背景有关,如端粒酶基因突变及其他体细胞突变等;AA 患者常有 HLA-DR2 型抗原连锁倾向。

【临床表现】
(一)重型再障(SAA)
发病急、症状重、进展快。

1. 贫血 多呈进行性加重,苍白、乏力、头晕、心悸和气短等症状明显。

2. 感染 感染部位以呼吸道最常见,以革兰氏阴性杆菌、金黄色葡萄球菌和真菌感染多见。多数患者有发热,体温在39℃以上。

3. 出血 出血部位广泛且严重,除皮肤、黏膜出血外,常有内脏出血,如呕血、黑便、血尿等,颅内出血可危及生命。

(二)非重型再障(NSAA)

相比SSA,患者发病和进展缓慢,症状轻。

【实验室检查】

(一)血象

SAA呈重度全血细胞减少,白细胞分类主要为中性粒细胞减少,血小板计数多<20×10^9/L,中性粒细胞<0.5×10^9/L,而淋巴细胞比例相对增高;网织红细胞减少,常<0.5%,绝对值常<15×10^9/L。NSAA也呈全血细胞减少,但达不到SAA的程度。

(二)骨髓象

多部位(不同平面)骨髓增生减低,红系、粒系及巨核细胞减少,非造血细胞(淋巴细胞、网状细胞、浆细胞、肥大细胞等)比例增高,小粒空虚。

再生障碍性贫血骨髓片

(三)骨髓活检

全切片增生减低,造血组织减少,脂肪细胞和/或非造血细胞增多,网硬蛋白不增加,无异常细胞。

(四)其他检查

可有T淋巴细胞亚群异常,CD4$^+$/CD8$^+$细胞比值降低,Th1/Th2型细胞比值增高。血清TNF-α、IFN-γ等水平增高。骨髓细胞染色体核型正常,骨髓铁染色示贮铁增多,中性粒细胞碱性磷酸酶染色强阳性;溶血检查均阴性。

再生障碍性贫血病理活检

【诊断和鉴别诊断】

(一)诊断

诊断标准为:①血常规检查:全血细胞(包括网织红细胞)减少,淋巴细胞比例增高。至少符合以下三项中两项:Hb<100g/L;PLT<50×10^9/L;中性粒细胞绝对值<1.5×10^9/L。②骨髓穿刺:多部位骨髓增生减低或重度减低;小粒空虚,非造血细胞比例增高;巨核细胞明显减少或缺如;红系、粒系细胞均明显减少。③骨髓活检(髂骨):全切片增生减低,造血组织减少,非造血细胞增多,网硬蛋白不增加,无异常细胞。④除外其他疾病,如范科尼贫血、伊文思(Evans)综合征、免疫相关性全血细胞减少等。

(二)再障分型诊断标准

1. 重型再障(SAA) 骨髓细胞增生程度<正常的25%;如≥正常的25%但<50%,则残存的造血细胞应<30%。血象需具备下列3项中的2项:网织红细胞绝对值<20×10^9/L;中性粒细胞绝对值<0.5×10^9/L;血小板<20×10^9/L。若中性粒细胞绝对值<0.2×10^9/L,则诊断为极重型AA(VSAA)。

2. 非重型再障(NSAA) 未达到SAA。根据是否依赖血制品输注,将NSAA分为输血依赖型(TD-NSAA)和非输血依赖型(NTD-NSAA),TD-NSAA有向SAA转化风险。

(三)鉴别诊断

1. 阵发性睡眠性血红蛋白尿(PNH) 属溶血性贫血,典型者有血红蛋白尿发作,易鉴别。不典型者无血红蛋白尿发作,全血细胞减少,骨髓可增生减低,易误诊为AA。酸溶血试验(Ham试验)、蛇毒因子溶血试验和尿含铁血黄素试验(Rous试验)可呈阳性。流式细胞仪检测骨髓或外周血细胞膜上的CD55、CD59表达明显下降。

2. 骨髓增生异常综合征(MDS) 骨髓增生异常综合征中的难治性贫血有全血细胞减少,网织红细胞有时不高甚至降低,骨髓也可增生低下,与 AA 很相似。但 MDS 有病态造血现象,早期髓系细胞相关抗原(CD34)表达增多,可有染色体核型异常等。

3. 急性白血病 低增生性白血病,早期肝、脾、淋巴结不肿大,外周血两系或三系血细胞减少,易误诊为 AA。仔细观察血象及多部位骨髓,可发现原始粒、单或原(幼)淋巴细胞明显增多。部分急性早幼粒细胞白血病全血细胞可减少,但骨髓细胞形态学检查、染色体易位 t(15;17)和 PML-RARa 基因存在可帮助鉴别。

【治疗】

(一)支持及对症治疗

注意个人卫生,SAA 患者应予保护性隔离,有条件者应入住层流病房;避免出血,防止外伤及剧烈活动;必要的心理护理;必要时可预防性应用抗真菌药物。

1. 纠正贫血 红细胞输注指征一般为 Hb<60g/L。老年(≥60 岁)、代偿反应能力低(如伴有心、肺疾病)、需氧量增加(如感染、发热、疼痛等)、氧气供应缺乏加重(如失血、肺炎等)时红细胞输注指征可放宽为 Hb≤80g/L,尽量输注悬浮红细胞。

2. 预防出血 存在血小板消耗危险因素(感染、出血、使用抗生素或 ATG/ALG 等)者或 SAA 预防性血小板输注指征为 PLT<20×10⁹/L,病情稳定者为 PLT<10×10⁹/L。发生严重出血者则不受上述标准限制,应积极输注单采浓缩血小板悬液。重症感染(如败血症患者)或 ATG 治疗期间,尽量维持 PLT≥20×10⁹/L。因产生抗血小板抗体而导致无效输注者应输注 HLA 配型相合的血小板。

3. 控制感染 患者一旦发热,应立即采取可疑部位标本如血、尿、粪、痰和咽部分泌物等进行病原培养并作药敏试验,并用广谱抗生素治疗;待细菌培养和药敏试验有结果后再选择针对性抗生素。长期广谱抗生素治疗可诱发真菌感染和肠道菌群失调,真菌感染可用两性霉素 B、卡泊芬净等。粒细胞缺乏伴不能控制的细菌和真菌感染,广谱抗生素及抗真菌药物治疗无效可以考虑粒细胞输注治疗,建议连续输注 3 天以上。

4. 祛铁治疗 长期反复输血超过 20U 和/或血清铁蛋白水平高于 1 000μg/L 的患者,有条件可进行肝脏、心脏 MRI 检查,明确铁过载程度。根据血细胞数量和脏器功能情况酌情祛铁治疗,以铁螯合剂为主,推荐应用去铁胺、地拉罗司。

(二)促造血治疗

1. 雄激素 雄激素可以刺激骨髓红系造血,减轻女性 AA 患者月经期出血过多,且具有端粒调节作用。疗程不少于 6 个月。不良反应主要为肝功能损害及男性化作用。常用制剂有:①丙酸睾酮100mg 肌内注射,每天 1 次;②司坦唑醇 2mg 口服,每天 3 次;③十一酸睾酮 40mg 口服,每天 3 次;④达那唑 200mg 口服,每天 3 次。

2. 造血生长因子 常用制剂有:粒系集落刺激因子(G-CSF)或粒-单系集落刺激因子(GM-CSF):2~5μg/(kg·d);促红细胞生成素(EPO),开始剂量每次 50U/(kg·d),每周 3 次,根据血红蛋白的检验结果调整用量。促血小板生成素受体激动剂(TPO-RA)中海曲泊帕在我国已获批治疗难治成人 SAA。

(三)免疫抑制剂

免疫抑制剂能够抑制 T 淋巴细胞,使其产生的造血负调控因子减少,解除对造血细胞的抑制和破坏,进而重建造血。主要用于 SAA 的治疗。

1. 抗淋巴细胞球蛋白(ALG)或抗胸腺细胞球蛋白(ATG) 该类制剂有马、兔、猪等不同来源,不同来源制剂的临床用量不同,用药前应作过敏试验;每天用药时同步应用肾上腺糖皮质激素防止过敏反应;用药后注意是否出现血清病样反应。

ATG/ALG 治疗 AA 的不良反应

急性期不良反应包括：超敏反应、发热、僵直、皮疹、高血压或低血压及液体潴留。血清病反应（关节痛、肌痛、皮疹、轻度蛋白尿和血小板减少）一般出现在 ATG/ALG 治疗后 1 周左右，因此糖皮质激素应足量用至 15 天，随后减量，一般 2 周后减完（总疗程 4 周），出现血清病反应者则静脉应用肾上腺糖皮质激素冲击治疗。

第 1 次 ATG/ALG 治疗无效或复发患者可选择 HSCT 或第 2 次 ATG/ALG 治疗。第 2 次 ATG/ALG 治疗应与前次治疗间隔 3~6 个月，尽可能采用动物种属来源与前次不同的 ATG/ALG 剂型，以减少过敏反应和严重血清病发生的风险。

2. 环孢素（CsA） 建议与 ATG/ALG 同时应用，一般剂量为 3~5mg/（kg·d），临床可根据血药浓度、疗效、药物不良反应（消化道反应、齿龈增生、肝肾功能损害等）调整剂量。

3. 其他免疫抑制剂 有研究显示抗 CD52 单抗、他克莫司、西罗莫司、环磷酰胺等对于难治、复发 SAA 有效。

（四）造血干细胞移植

对年龄≤40 岁且有 HLA 相合同胞供者的 SAA 患者，如无活动性感染和出血，首选 HLA 相合同胞供者造血干细胞移植（MSD-HSCT）。对 ATG/ALG+CsA 治疗无效、适合移植但无 HLA 相合同胞供者的 SAA 与 TD-NSAA 患者，也可采用替代供者移植，包括：HLA 相合无关供者造血干细胞移植（MUD-HSCT）、单倍体造血干细胞移植（Haplo-HSCT）和脐血移植（CB-HSCT）。

第五节　溶血性贫血

患者，男，30 岁。因"乏力、面黄伴酱油色尿 2 个月余"入院。查体：贫血貌，巩膜黄染，皮肤未见皮疹和出血点，浅表淋巴结未触及肿大，心肺听诊无异常，腹平软，肝未及，脾肋下约 2cm，腹水征（−），双下肢无水肿。血常规：Hb 68g/L，WBC 5.1×10^9/L，中性粒细胞 70%，淋巴细胞 23%，单核细胞 4%，PLT 155×10^9/L，网织红细胞 23%。外周血涂片可见晚幼红细胞，可见嗜碱性点彩红细胞。尿常规（−），尿胆红素（−），尿胆原（+++），大便常规（−），隐血（−），血总胆红素 92μmol/L，结合胆红素 10μmol/L。

请思考：

1. 患者目前可能的诊断是什么？

2. 应进一步完善哪些检查？

溶血性贫血（hemolytic anemia，HA）是由于遗传性或获得性因素使红细胞寿命缩短，过早、过多地破坏，超过骨髓造血代偿能力而产生的贫血。正常骨髓造血代偿能力甚强，可增至正常水平的 6~8 倍，如果骨髓代偿能够产生足够的红细胞，虽有溶血但不发生贫血，称为溶血状态。溶血伴有黄疸时称溶血性黄疸。

【分类】

HA 有多种分类方法：①根据病程，分为急性溶血和慢性溶血；②根据病因，分为红细胞自身异常和红细胞外部因素，前者除极个别例外，几乎全部为遗传性疾病，后者引起获得性溶血。③根据溶血发病机制和溶血部位,分为血管内溶血和血管外溶血。

(一)病因分类

1. 红细胞自身异常所致的 HA

（1）**遗传性红细胞内在缺陷**：①红细胞结构与功能缺陷：如遗传性球形红细胞增多症、遗传性椭圆形细胞增多症。②红细胞内酶缺乏：如葡萄糖-6-磷酸脱氢酶缺乏、丙酮酸激酶缺乏。③珠蛋白生成障碍：珠蛋白肽链量或质的异常,如地中海贫血、异常血红蛋白病。

（2）**获得性红细胞膜异常**：如阵发性睡眠性血红蛋白尿。

2. 红细胞外部因素所致的 HA

（1）**免疫因素**：如自身免疫性 HA、新生儿免疫性 HA、血型不合输血后溶血、药物性免疫性 HA。

（2）**非免疫因素**：包括：①化学因素：苯、砷、铅、苯肼等所致的溶血;②物理因素：大面积烧伤、心脏人工瓣膜、行军性血红蛋白尿、微血管病性 HA 等;③感染因素：各种细菌、病毒、寄生虫感染,如产气荚膜杆菌感染、传染性单核细胞增多症、疟疾、支原体肺炎等。

(二)发病机制分类

1. 血管内溶血 指红细胞在血液循环中被破坏,释放的游离血红蛋白形成血红蛋白血症。游离血红蛋白与血浆中的结合珠蛋白结合,该复合体被运至肝实质后,血红蛋白中的血红素被代谢降解为铁和胆绿素,胆绿素被进一步代谢降解为胆红素。当大量血管内溶血超过了结合珠蛋白的处理能力,增多的游离血红蛋白超过肾阈值时,可从肾小球滤出,临床上出现血红蛋白尿。被肾小管上皮细胞重吸收的游离血红蛋白,在肾小管上皮细胞内被分解为卟啉、铁及珠蛋白,铁以含铁血黄素形式沉积于肾小管上皮细胞内,细胞脱落随尿排出,即成为含铁血黄素尿。临床上血管内溶血主要见于血型不合输血、阵发性睡眠性血红蛋白尿、微血管病性溶血等。

2. 血管外溶血 红细胞在单核巨噬细胞系统主要是脾被大量破坏,血红蛋白分解产生游离胆红素,在肝脏不能被肝细胞完全处理成结合胆红素,血浆中游离胆红素增高。大量游离胆红素经肝细胞转化为大量结合胆红素,随胆汁排入肠道,经肠道细菌作用还原成胆素原,部分胆素原随粪便排出;少量胆素原又被肠道重吸收入血并通过肝细胞重新随胆汁排泄到肠道中,即"胆素原的肠肝循环";其中小部分胆素原通过肾脏随尿排出。因此尿和粪中的尿胆原和粪胆原增多,但尿中无胆红素,也无血红蛋白尿和含铁血黄素尿。临床上血管外溶血主要见于遗传性球形或椭圆形红细胞增多症、温抗体型自身免疫性溶血性贫血等。如果幼红细胞在骨髓内未释放入血之前就被破坏,称原位溶血或称无效性红细胞生成,也是一种血管外溶血。主要见于巨幼细胞贫血、骨髓增生异常综合征等。

【临床表现】

取决于溶血的原因、发病的缓急和溶血的部位。

(一)急性溶血

起病急骤,多为血管内溶血,短期大量溶血可有寒战、高热、腰背及四肢酸痛、头痛、呕吐、苍白、黄疸、血红蛋白尿。严重者出现周围循环衰竭。由于溶血产生大量血红蛋白及其产物可以引起肾小管细胞坏死和管腔堵塞,出现少尿和无尿,最终导致急性肾衰竭。临床上主要见于血型不合输血引起的急性溶血反应。

(二)慢性溶血

起病缓慢,多为血管外溶血,症状轻微,有贫血、黄疸、脾大三大特征。长期慢性溶血可引起血中胆红素增高,由于长期的高胆红素血症可并发胆石症和肝功能损害。临床上主要见于遗传性球形红细胞增多症和温抗体型自身免疫性溶血性贫血。

【实验室检查】

首先确定是否贫血,然后确定有无溶血,进一步明确溶血部位,找出溶血原因进而确诊。

（一）确定是否贫血

根据病史、体格检查和血常规检查，红细胞、血红蛋白和血细胞比容降低，血涂片可见各种异形红细胞，符合贫血的诊断标准，确定贫血不难。

（二）确定有无溶血

1.红细胞破坏过多的检查

（1）**血红蛋白血症**：正常血浆只有微量的游离血红蛋白，当大量溶血时主要是急性血管内溶血，游离血红蛋白明显增高。

（2）**高胆红素血症**：大量溶血时，血清游离胆红素增高。

（3）**血清结合珠蛋白降低**：血管内溶血后，游离血红蛋白能与血液中的结合珠蛋白相结合，这种复合物在单核巨噬细胞系统被清除，导致结合珠蛋白降低。

（4）**血红蛋白尿**：当游离血红蛋白增多，超过了结合珠蛋白所能结合的量，多余的血红蛋白即从肾小球滤出，出现血红蛋白尿，尿呈酱油色，镜检无红细胞，隐血试验阳性。

（5）**含铁血黄素尿**：主要见于慢性血管内溶血，尿 Rous 试验阳性。

（6）尿液中尿胆原增多，尿胆红素阴性。

（7）粪便中粪胆原增多。

（8）红细胞寿命缩短是溶血最可靠指标，用 ^{51}Cr 标记自体红细胞寿命，正常红细胞半衰期（^{51}Cr）为 25~30 天，溶血性贫血时<14 天。

2.骨髓红系统代偿性增生的检查

（1）网织红细胞增多一般可达 5%~20%，由于网织红细胞百分数受外周血红细胞计数影响，因此应计算网织红细胞绝对值。

（2）外周血出现幼红细胞约占 1%，主要是晚幼红细胞。在严重溶血时可有类白血病反应，出现幼粒细胞。

（3）骨髓幼红细胞增生以中幼和晚幼红细胞增生居多，形态正常。

ER 6-2-7

溶血性贫血
骨髓象

（三）确定溶血病因

1.红细胞膜缺陷的检查

（1）**红细胞渗透脆性试验**：是检测红细胞在不同浓度低渗氯化钠溶液中的抵抗力。红细胞渗透脆性是表示红细胞面积和体积的比例关系，比例愈大，抵抗力愈大，脆性降低，反之则增高。①脆性增高：见于遗传性球形红细胞增多症或椭圆形红细胞增多症；②脆性降低：见于靶形或镰形细胞贫血、地中海贫血。

（2）**自身溶血试验及其纠正试验**：遗传性球形红细胞增多症时，自身溶血试验阳性，加葡萄糖后可予纠正。

（3）**红细胞形态改变**：血涂片可见各种畸形红细胞：球形、椭圆形、口形、靶形、镰形红细胞等，见于各种遗传性溶血性贫血。

2.红细胞酶缺陷的检查

（1）**高铁血红蛋白还原试验**：正常人高铁血红蛋白还原率大于 75%，葡萄糖-6-磷酸脱氢酶缺乏时，还原率减低。

（2）**变性珠蛋白小体（Heinz 小体）**：是红细胞内变性血红蛋白的沉淀物，计算含 5 个或更多珠蛋白小体的红细胞的百分率，可作为葡萄糖-6-磷酸脱氢酶缺乏症的筛选试验。

（3）**葡萄糖-6-磷酸脱氢酶荧光斑点试验**：葡萄糖-6-磷酸脱氢酶缺乏时，荧光斑点试验不出现荧光。

3.珠蛋白合成异常的检查

（1）**血红蛋白电泳**：用于检测异常血红蛋白区带，以确定 β 地中海贫血和 α 地中海贫血。

（2）**抗碱血红蛋白又称碱变性试验**：胎儿血红蛋白（HbF）具有抗碱或抗酸作用，珠蛋白生成障碍性贫血时，HbF 增高。

4. 免疫性溶血性贫血的检查

（1）**抗人球蛋白试验（Coombs 试验）**：直接试验阳性提示红细胞膜结合了自身抗体，是诊断自身免疫性溶血性贫血的重要指标。间接试验阳性提示血浆中存在游离的自身抗体，表示患者溶血的轻重程度。

（2）**冷凝集素试验**：正常人凝集效价<1∶40，冷凝集素综合征患者冷凝集素试验阳性，效价增高可达 1∶1 000。支原体肺炎和传染性单核细胞增多症患者效价亦可增高。

5. 其他检查

（1）**酸溶血试验（Ham 试验）**：是诊断阵发性睡眠性血红蛋白尿的最基本试验，特异性高。

（2）**蔗糖溶血试验**：作为筛选试验，特异性较差。

（3）**热溶血试验**：作为筛选试验，特异性不强。

（4）**蛇毒溶血因子试验**：特异性强，阳性率与酸溶血试验结果近似，敏感性优于酸溶血试验。

【诊断和鉴别诊断】

（一）诊断

根据临床表现：贫血、黄疸、脾大或有急性溶血的特殊表现，结合实验室检查提示有红细胞破坏过多和骨髓幼红细胞代偿性增生的证据，可以作出溶血性贫血的诊断，进一步做确定溶血病因的检查。

（二）鉴别诊断

主要有：①与其他贫血性疾病的鉴别：如失血性贫血、缺铁性贫血和营养性巨幼细胞贫血等；②与其他黄疸性疾病鉴别：如病毒性肝炎、胆管梗阻和家族性非溶血性黄疸（Gilbert syndrome）等。

【治疗】

继发性者以去除病因为主；原发性者主要为对症治疗，控制溶血和纠正贫血。

（一）去除病因

避免接触可能的致病因素，如药物、化学品等；控制感染，治疗原发病。

（二）肾上腺糖皮质激素

肾上腺糖皮质激素为自身免疫性溶血性贫血及急性溶血患者的首选药物，剂量按泼尼松 1mg/（kg·d）计算，病情缓解后逐渐减量至停药，严重病例可用甲泼尼龙或地塞米松静脉滴注。

（三）免疫抑制剂

对肾上腺糖皮质激素疗效不佳或需要较大剂量维持的患者，可并用或单用免疫抑制剂环磷酰胺或硫唑嘌呤，如仍无效则换用环孢素口服。

（四）大剂量免疫球蛋白

常用剂量：400mg/（kg·d）静脉滴注，连用 4~5 天，临床上仅限于急性溶血作为短暂缓解的手段。

（五）输血

虽然输血能改善病情，但可引起严重不良反应，使自身免疫性溶血性贫血加重或诱发阵发性睡眠性血红蛋白尿发作，过多输血还可造成血色病。对需要输血的自身免疫性溶血性贫血或阵发性睡眠性血红蛋白尿患者，最好输注洗涤红细胞。

（六）脾切除

对遗传性球形红细胞增多症，脾切除有显著疗效。药物治疗无效的自身免疫性溶血性贫血、部分地中海贫血和脾大伴脾功能亢进或脾压迫症状的患者以及输血需要量过多时，脾切除后贫血将有所减轻。

本章小结

  贫血是由临床上多种病因引起的一组症状,可原发于造血器官,也可是某些疾病的表现。贫血有多种分类方法,临床上主要依据红细胞形态分为:正常细胞贫血、大细胞性贫血、小细胞低色素性贫血。贫血症状的有无及轻重,取决于原发病的性质、贫血发生的速度和程度、患者年龄、血液、呼吸和心血管系统的代偿功能以及机体的耐受能力。贫血的诊断主要依据临床表现和实验室检查。本章学习的缺铁性贫血和营养性巨幼细胞贫血均为造血原料不足引起,其主要治疗方法为去除病因,补充造血原料;再生障碍性贫血是一种可能由不同病因和机制引起的骨髓造血功能衰竭症。主要表现为骨髓造血功能低下、全血细胞减少及所致的贫血、出血和感染,其治疗方法主要为免疫治疗和造血干细胞移植;溶血性贫血是由于遗传性或获得性因素使红细胞寿命缩短,过早、过多地破坏,超过骨髓造血代偿能力而产生的贫血,其治疗方法主要为免疫治疗、激素治疗和输血治疗。

病例讨论

  患者,男,28 岁,因"乏力伴面色苍白 2 个月余,加重伴心慌不适 1 周"入院。患者 2 个月余前无明显诱因出现乏力伴面色苍白,无发热,无鼻出血、牙龈出血,未在意,亦未系统诊治。近 1 周来患者感乏力进行性加重,偶有心慌不适,休息后好转,遂就诊于当地卫生院,查血常规示全血细胞减少,当地骨髓穿刺提示增生重度减低。查体:中度贫血貌,皮肤黏膜苍白,无黄染,未见出血点,睑结膜苍白。双肺听诊未闻及明显干湿性啰音,心率约 96 次/min,律齐,各瓣膜听诊区未闻及病理性杂音,肝脾肋下未及,余查体未见明显异常。既往无高血压,冠心病等病史,无药物过敏史。辅助检查:血常规示 WBC 2.7×10^9/L,Hb 67.0g/L,PLT 32×10^9/L,中性粒细胞 0.5×10^9/L,淋巴细胞 1.8×10^9/L。骨髓细胞学提示增生重度减低。

(刘 琴)

思考题

  1. 简述缺铁性贫血的病因及临床表现。
  2. 如何对巨幼细胞贫血患者进行诊断及治疗?
  3. 简述再生障碍性贫血的治疗方法。
  4. 简述急、慢性溶血性贫血的临床表现。

ER 6-2-8

练习题

第三章 ｜ 白细胞减少症和粒细胞缺乏症

教学课件 思维导图

学习目标

1. 掌握：白细胞减少症和粒细胞缺乏症的诊断和鉴别诊断。

2. 熟悉：白细胞减少症和粒细胞缺乏症的临床表现和治疗。

3. 了解：白细胞减少症和粒细胞缺乏症的病因和发病机制。

4. 学会对临床白细胞减少症和粒细胞缺乏症患者进行诊断，并根据粒细胞减少的不同程度选择合适的治疗；能与患者及家属进行沟通，开展健康教育。

5. 具备诚信的职业道德素质、工作认真负责的态度和乐于奉献精神。

案例导入

李某，女性，18 岁，因"发热伴咳嗽咳痰 2 天"就诊。血常规检查：WBC 2.0×10⁹/L，Hb 130g/L，PLT 150×10⁹/L。外周血涂片分类：杆状核中性粒细胞 2%，中性分叶核粒细胞 38%，淋巴细胞 55%，单核细胞 5%，未见原始及幼稚细胞。既往 1 年前体检发现白细胞减少（3.2×10⁹/L），曾查抗核抗体阴性，抗 ds-DNA 抗体阴性，免疫球蛋白及补体检查正常。

请思考：

1. 诊断可能是什么？

2. 需完善哪些检查？

3. 如何治疗？

白细胞减少症是指由各种因素导致患者外周血白细胞 $<4.0\times10^9$/L，当外周血中性粒细胞绝对计数（ANC）低于 1.5×10^9/L 时，称为粒细胞减少症。新生儿和 1 岁以下的婴儿中，ANC 下限为 1.0×10^9/L，1 岁以上幼儿直至成年，ANC 下限为 1.5×10^9/L。对于 1 岁以上者，根据中性粒细胞减少的程度可分为轻度减少（ $1.0\sim1.5\times10^9$/L）、中度减少（ $0.5\sim1.0\times10^9$/L）和重度减少（ $<0.5\times10^9$/L）。重度减少者亦称为粒细胞缺乏症。当 ANC 低于 0.2×10^9/L 时，称为严重粒细胞缺乏。

中性粒细胞减少症的其他分型

【病因和发病机制】

根据中性粒细胞的细胞动力学，中性粒细胞的生成在骨髓中可分为干细胞池、分裂池、贮存池。成熟的中性粒细胞暂时贮存于骨髓中，其数量为血液中的 8~10 倍，随时可释放入血。至血液后，其中一半附着于小血管壁，称为边缘池；另一半在血液循环中，称为循环池，两池之间不断相互交换。外周血中性粒细胞计数反映的是循环池的中性粒细胞数量，其数量与粒细胞增殖分化的能力、有效储备量、向外周血释放的速率、聚集于边缘池的数量等因素有关，任何病因引起其中一个因素的改变均可引起粒细胞计数的改变。引起白细胞减少症和粒细胞缺乏症的常见病因和发病机制归纳如下：

（一）中性粒细胞生成缺陷

1. 生成减少 下列因素均可导致中性粒细胞生成减少：

（1）**药物、化学毒物和辐射**：它们是引起中性粒细胞减少最常见原因，药物如抗肿瘤药（烷化剂、抗代谢类等）、解热镇痛药（布洛芬、吲哚美辛等）、抗生素（氯霉素、磺胺类等）、抗结核药（异烟肼、利福平等）、抗疟药（氯喹、伯氨喹等）、降血糖药（氯磺丙脲等）、抗高血压药（卡托普利等）及抗甲状腺药（硫氧嘧啶、甲巯咪唑等）等；化学物质中苯及其衍生物等；电离辐射和放射性核素等，均可通过直接损伤干/祖细胞及分裂期的早期细胞，或抑制这些细胞的分裂和增生导致粒细胞生成减少。

（2）**免疫介导**：各种自身免疫系统疾病和某些偶尔引起粒细胞减少的药物，由于产生的自身抗体和/或 T 细胞介导，可能损伤中性粒细胞分化，使其生成减少。

（3）**感染**：有些细菌、病毒、立克次体及原虫感染均可引起粒细胞生成减少，多数是一过性的。

（4）恶性肿瘤细胞浸润骨髓，影响骨髓正常造血细胞增生，如急性白血病、多发性骨髓瘤、淋巴瘤和其他恶性肿瘤骨髓转移等。

（5）影响造血干细胞的疾病，如再生障碍性贫血、周期性中性粒细胞减少症、家族性粒细胞减少等。

2. 成熟障碍　维生素 B_{12} 或叶酸缺乏或代谢障碍、骨髓增生异常综合征等可引起造血细胞分化成熟障碍，粒细胞在骨髓原位或释放入血后不久被破坏，造成无效造血。

（二）粒细胞破坏或消耗过多

1. 免疫性因素　中性粒细胞被抗体或抗原抗体复合物包裹在血液或脾等组织中破坏，见于药物作为半抗原（如解热镇痛药等）通过免疫机制引起的粒细胞破坏；自身免疫疾病（如系统性红斑狼疮等）通过抗中性粒细胞的自身抗体引起的粒细胞破坏，粒细胞破坏超过骨髓的代偿能力时即发生粒细胞减少。

2. 非免疫性因素　如严重细菌感染或病毒感染时，中性粒细胞在血液或炎症部位消耗增多；各种原因引起的脾肿大所致的脾功能亢进，中性粒细胞在脾脏内滞留破坏过多。

（三）粒细胞分布异常

1. 假性粒细胞减少症　由各种原因如异性蛋白反应、内毒素血症等使粒细胞移向边缘池，致使循环池粒细胞明显减少，而成熟粒细胞总数实际并不减少。

2. 粒细胞滞留循环池其他部位　如血液透析开始后 2~15 分钟滞留于肺血管内；脾大时滞留于脾脏。

【**临床表现**】

（一）白细胞减少症

轻度减少的患者一般无特殊症状，隐匿起病，多表现为原发病症状。中度和重度减少易发生感染和出现一些非特异性症状，如头晕、乏力、四肢酸软、食欲缺乏等。

（二）粒细胞缺乏症

起病急，容易发生感染，常见的感染部位是呼吸道、消化道及泌尿生殖系统，重者可出现高热、寒战甚至感染性休克。粒细胞严重缺乏时，感染部位不能形成有效的炎症反应，常无脓液，影像学检查可无炎症浸润阴影。预后凶险，可死于感染中毒性休克。

【**实验室检查**】

（一）血常规

1. 白细胞　白细胞计数低于 $4.0 \times 10^9/L$，粒细胞低于 $1.5 \times 10^9/L$，粒细胞缺乏症时中性粒细胞低于 $0.5 \times 10^9/L$，甚至缺如。淋巴细胞和单核细胞百分比有不同程度的相对增高。

2. 红细胞、血红蛋白和血小板计数　多数正常，但因恶性肿瘤浸润骨髓、药物抑制骨髓或有自身免疫疾病者可能伴有不同程度的血小板减少和/或红细胞减少。

3. 血涂片　粒细胞核左移或核分叶过多，偶胞质内可见中毒颗粒和空泡。

（二）骨髓涂片

骨髓涂片表现因不同的病因与发病机制而异，可表现为骨髓增生低下或代偿性增生活跃，还有原发病的骨髓象表现。

(三)其他特殊检查

1. 肾上腺素试验　用于鉴别假性中性粒细胞减少。肾上腺素可使粒细胞从边缘池进入循环池,给假性粒细胞减少症患者注射肾上腺素后,粒细胞计数会明显上升。

2. 中性粒细胞特异性抗体测定　用以判断是否存在抗粒细胞自身抗体。

【诊断和鉴别诊断】

本病诊断主要依据血常规结果,为排除误差,不应根据偶然一次的化验结果,必要时反复检查。在确定本症诊断成立后,应根据病史、家族史、体格检查、实验室检查结果作出病因诊断。

1. 病史　有药物、毒物或放射性的接触史或放化疗史应考虑相应疾病诊断;有感染史,随访数周后白细胞恢复正常,骨髓检查无特殊发现应考虑为感染引起的一过性白细胞减少;有自身免疫系统疾病史者应考虑自身免疫系统疾病的血液学表现。

2. 家族史　有家族史的应怀疑为周期性中性粒细胞减少,成人应每周检查血常规 2 次,连续 6~9 周,儿童每周检查血常规 1 次,连续 4 周,以明确中性粒细胞减少发生速度、持续时间和周期性。

3. 体格检查　伴脾大,骨髓粒系增生者要考虑脾功能亢进的可能;伴淋巴结、肝脾肿大、胸骨压痛者要注意外周血和骨髓中有无白血病细胞、淋巴瘤细胞或转移瘤细胞浸润等。

4. 实验室检查　肾上腺素试验阳性者提示有粒细胞分布异常的假性粒细胞减少的可能;伴有血小板和血红蛋白减少者,应考虑白血病、再障等各种全血细胞减少性疾病;存在抗中性粒细胞特异性抗体者,应考虑自身免疫系统疾病。

【治疗】

(一)病因治疗

继发性减少者应积极治疗原发病,应立即停止接触可疑的药物或其他致病因素。

(二)防治感染

轻度减少者不需特别的预防措施。中度减少者感染率增加,应注意感染的防治,减少公共场所出入,保持个人卫生。粒细胞缺乏者应收入院治疗,采取无菌隔离措施。感染者应做血、尿、痰及感染病灶分泌物的细菌培养和药敏试验及影像学检查,以明确感染类型和部位。在病原体未明确前,可经验性应用覆盖革兰氏阳性菌和革兰氏阴性菌的广谱抗生素治疗,待病原和药敏结果出来后再调整用药,若 3~5 天无效,可加用抗真菌药物。如为病毒感染可加用抗病毒治疗。重症感染者可静脉用丙种球蛋白支持治疗。

(三)促进粒细胞生成

对于轻中度粒细胞减少者可用口服升白细胞药物治疗,临床常用的口服升白细胞药物大多无特效,一般可选用 1~2 种,如利可君、盐酸小檗胺、鲨肝醇、维生素 B_4 和肌苷等。重组人粒细胞集落刺激因子(rhG-CSF)和重组人粒细胞-巨噬细胞集落刺激因子(rhGM-CSF)可促进中性粒细胞增生和释放,并增强其吞噬及趋化功能,短期应用疗效确切,常用剂量为 $2\sim10\mu g/(kg\cdot d)$,常见的副作用有发热、肌肉骨骼酸痛、皮疹等。

(四)免疫抑制剂

自身免疫性粒细胞减少和免疫机制介导的粒细胞缺乏可用糖皮质激素治疗。

本章小结

白细胞减少症和粒细胞缺乏症是血液系统常见病症,可由诸多因素引起,根据诊断标准容易确定诊断,确定诊断后寻找病因至关重要。根据粒细胞减少的不同程度,疾病的临床表现也不尽相同。粒细胞缺乏患者以感染为主要表现,去除病因和感染的防治是治疗策略的重点。

病例讨论

患者,男,45 岁,因"体检发现白细胞减少"入院。患者于 3 个月前诊断为"甲亢",一直服用"甲巯咪唑"治疗。1 天前进行常规体检,血常规检查:WBC 2.7×10^9/L,N 1.2×10^9/L,Hb 135g/L,PLT 160×10^9/L。

(刘 琴)

思考题

1. 如何诊断粒细胞缺乏症?
2. 简述粒细胞缺乏症的临床表现。

ER 6-3-4

练习题

第四章 | 白 血 病

教学课件

思维导图

学习目标

1. 掌握：急性白血病的分型、临床表现、诊断和鉴别诊断；慢性粒细胞白血病的临床表现、分期、诊断及治疗。

2. 熟悉：急性白血病的实验室检查和治疗。

3. 了解：白血病的概述。

4. 学会对临床白血病患者进行 MICM［细胞形态学（morphology）、免疫学（immunology）、细胞遗传学（cytogenetics）和分子生物学（molecular biology）］分型诊断；能够对白血病患者进行健康教育，做好心理疏导。

5. 具备尊重患者、爱护患者及保护患者隐私的职业精神，具有刻苦钻研的精神和无私奉献的高尚品格。

案例导入

患者，女，7 岁。"发热 1 周并牙龈出血 2 天"入院。查体：正常面容，胸骨中下段有压痛，颌下淋巴结可触及肿大，肝脾肋下未及。血常规：WBC $13×10^9$/L，RBC $3.2×10^{12}$/L，Hb 110g/L，PLT $90×10^9$/L；骨髓增生活跃，以淋巴系增生为主，原始+幼稚细胞占 45%。

请思考：

1. 患者初步诊断考虑是什么？
2. 诊断依据是什么？
3. 应进一步完善哪些检查以明确诊断？

第一节 概 述

白血病（leukemia）是一类造血干祖细胞的恶性克隆性疾病，因白血病细胞自我更新增强、增殖失控、分化障碍、凋亡受阻，而停滞在不同的发育阶段，在骨髓和其他造血组织中大量增生聚积，使正常造血受抑制并浸润其他器官和组织。

根据白血病细胞的分化成熟程度和自然病程，将白血病分为急性和慢性两类。急性白血病（AL）的细胞分化停滞在较早阶段，外周血及骨髓中多为原始细胞及早期幼稚细胞，这类细胞比例≥20%，病情发展迅速，自然病程仅数月。慢性白血病的细胞分化停滞在较晚的阶段，多为较成熟幼稚细胞和成熟细胞，原始细胞比例<10%，病情发展缓慢，自然病程为数年。根据主要受累的细胞系列可将 AL 分为急性淋巴细胞白血病（ALL）和急性髓系白血病（AML）。CL 分为慢性粒细胞白血病（CML）、慢性淋巴细胞白血病（CLL）以及少见类型的白血病如毛细胞白血病（HCL）、幼淋巴细胞白

造血干细胞

血病（PLL）等。

我国白血病发病率为 3~4/10 万人。在恶性肿瘤所致的病死率中,白血病居第 6 位（男）和第 7 位（女）；儿童及 35 岁以下成人中,则居第一位。我国白血病发病的分布有以下特点：①AL 比 CL 多见；②AL 中 AML 最多,其次为 ALL；③CL 中 CML 为多,CLL 次之；④男性发病率略高于女性；⑤成人以 AML 多见,儿童以 ALL 多见；⑥CML 随年龄增长而发病率逐渐升高,CLL 以 50 岁以上,特别是老年人多见。

【病因】

人类白血病的病因尚不完全清楚。

（一）生物因素

动物实验证实白血病病毒是一种 C 型反转录病毒,它能以病毒 RNA 为模板复制成 DNA 前病毒,然后整合到宿主细胞的 DNA 中,一旦在某些理化因素作用下,即被激活表达而诱发白血病；或作为外源性病毒由外界以横向方式传播感染,直接致病。成人 T 细胞白血病/淋巴瘤（ATL）可由人类 T 淋巴细胞病毒 I 型（HTLV-I）所致,是至今第一个被发现的致人白血病的反转录病毒。部分免疫功能异常者,如某些自身免疫性疾病患者白血病危险度会增加。

（二）物理因素

电离辐射有致白血病作用,包括 X 射线、γ 射线等,且与一次或多次累积剂量有关。日本广岛及长崎受原子弹袭击后,幸存者中白血病发病率比未受照射的人群高 30 倍和 17 倍,患者多为 AL 和 CML。接受多次小剂量放射治疗的强直性脊柱炎患者中白血病发病率也增高,胎儿在母体内多次接受放射性可增加出生后发生白血病的危险性。

（三）化学因素

多种化学物质和药物可诱发白血病。多年接触苯以及含有苯的有机溶剂与白血病发生有关。氯霉素、保泰松所致造血功能损伤者发生白血病的危险性显著增高；乙双吗啉是乙亚胺的衍生物,具有极强的致染色体畸变和致白血病作用,与白血病发生有明显关系。抗肿瘤药物中烷化剂和拓扑异构酶 II 抑制剂被公认为有致白血病的作用。

（四）遗传因素

家族性白血病约占白血病的 0.7%。单卵孪生子,如果一个人发生白血病,另一个人的发病率为 20%,比双卵孪生者高 12 倍。唐氏综合征（Down syndrome）有 21 号染色体三体改变,其白血病发病率达 50/10 万,比正常人群高 20 倍。表明白血病与遗传因素有关。

（五）其他血液病

某些血液病最终可能发展为白血病,如骨髓增生异常综合征、淋巴瘤、多发性骨髓瘤、阵发性睡眠性血红蛋白尿症等。

【发病机制】

白血病的发病机制尚不明确。某些可重现性的染色体异常与白血病的发生直接有关,例如 CML 有标记性费城染色体异常,即 t（9;22）,其形成的 *BCR-ABL* 融合基因编码有酪氨酸蛋白激酶活性,能刺激造血细胞的增殖。在急性早幼粒细胞白血病由 t（15;17）易位形成 *PML/RARα* 融合基因,其编码蛋白可阻断粒细胞分化。

细胞凋亡的异常与白血病的发生有关,细胞凋亡受阻导致细胞恶性增殖而发生白血病,化疗药物可通过细胞凋亡途径发挥抗白血病作用。另外,各种原因所致一个或多个癌基因的激活和抑癌基因的失活,也可导致白血病的发生。

总之,机体免疫功能低下、对病毒的易感性、长期接触有害的理化因素及遗传因素的背景下,可通过染色体突变、细胞凋亡受阻、恶性增殖及基因表达异常等引起白血病。

第二节 急性白血病

【分型】

目前临床同时采用法美英(FAB)分型及世界卫生组织(WHO)分型。

(一) FAB 分型

1. AML 分为 8 型

(1) M_0 (急性髓细胞白血病微分化型):骨髓原始细胞>30%,无嗜天青颗粒及 Auer 小体,核仁明显,光镜下髓过氧化物酶(MPO)及苏丹黑 B 阳性细胞<3%;在电镜下,MPO 阳性;CD33 或 CD13 等髓系抗原可呈阳性,淋系抗原通常为阴性。

(2) M_1 (急性粒细胞白血病未分化型):原粒细胞(I型+II型)占骨髓非红系有核细胞(NEC)的90% 以上,其中至少 3% 细胞为 MPO 阳性。

(3) M_2 (急性粒细胞白血病部分分化型):原粒细胞占骨髓 NEC 的 30%~89%,其他粒细胞>10%,单核细胞<20%。

(4) M_3 (急性早幼粒细胞白血病,APL):骨髓中以颗粒增多的早幼粒细胞为主,此类细胞在 NEC 中≥30%。

(5) M_4 (急性粒-单核细胞白血病):骨髓中原始细胞占 NEC 的 30% 以上,各阶段粒细胞占30%~80%,各阶段单核细胞>20%。M_4Eo (急性粒-单核细胞白血病伴嗜酸性粒细胞增多型)是指除上述 M_4 型各特点外,嗜酸性粒细胞在 NEC 中≥5%。

(6) M_5 (急性单核细胞白血病):骨髓 NEC 中原单核、幼单核≥30%,且原单核、幼单核及单核细胞≥80%。如果原单核细胞≥80% 为 M_{5a}、<80% 为 M_{5b}。

(7) M_6 (红白血病):骨髓中幼红细胞≥50%,NEC 中原始细胞(I型+II型)≥30%。

(8) M_7 (急性巨核细胞白血病):骨髓中原始巨核细胞≥30%。血小板抗原阳性,血小板过氧化物酶阳性。

2. ALL 分为 3 型

(1) L_1 :原始和幼淋巴细胞以小细胞(直径≤12μm)为主。

(2) L_2 :原始和幼淋巴细胞以大细胞(直径>12μm)为主。

(3) L_3 (Burkitt 型):原始和幼淋巴细胞以大细胞为主,大小较一致,细胞内有明显空泡,胞质嗜碱性,染色深。

ER 6-4-4

部分典型急性白血病骨髓涂片

(二) WHO 分型(2022 年)

1. AML 的 WHO 分型

(1) AML 伴重现 AML 伴重现性遗传异常

APL 伴 *PML* ::*RARA*

AML 伴 *RUNX1* ::RUNX1T1

AML 伴 *CBFB* ::*MYH11*

AML 伴 *DEK* ::*NUP214*

AML 伴 *RBM15* ::*MKL1*

AML 伴 *BCR* ::*ABL1*

AML 伴 *KMT2A* 重排

AML 伴 *NUP98* 重排

AML 伴 *NPM1* 突变

AML 伴 *CEBPA* 突变

MDS 相关 AML

AML 伴其他特定的遗传学改变

（2）**分化定义的 AML**

AML 微分化型

AML 未分化型

AML 部分未分化型急性粒-单核细胞白血病

急性单核细胞白血病

纯红白血病

急性巨核细胞白血病

急性嗜碱性粒细胞性白血病

（3）**髓系肉瘤**

（4）**继发的髓系肿瘤**

细胞毒性治疗后的髓系肿瘤

胚系相关的髓系肿瘤

2. ALL 的 WHO 分型

（1）**前体 B 淋巴细胞白血病（B-ALL）**

B-ALL，非特定类型

B-ALL 伴高超二倍体

B-ALL 伴亚二倍体

B-ALL 伴 iAMP21

B-ALL 伴 *BCR* ∶∶ *ABL1* 融合

B-ALL 伴 *BCR* ∶∶ *ABL1* 样

B-ALL 伴 *KMT2A* 重排

B-ALL 伴 *ETV6* ∶∶ *RUNX1* 融合

B-ALL 伴 *ETV6* ∶∶ *RUNX1* 样

B-ALL 伴 *TCF3* ∶∶ *PBX1* 融合

B-ALL 伴 *IGH* ∶∶ *IL3* 融合

B-ALL 伴 *TCF3* ∶∶ *HLF* 融合

B-ALL 伴其他明确的遗传学异常

（2）**前体 T 淋巴细胞白血病（T-ALL）**

T-ALL，非特定类型

早期前体 T 淋巴细胞白血病

【**临床表现**】

AL 临床表现为贫血、出血、感染和浸润等征象，呈迅速发展，但起病急缓不一。急者可以是突然高热，类似"感冒"，也可以是严重的出血。缓慢者可表现为进行性贫血、低热和出血倾向。

（一）**贫血**

常为首发表现，并呈进行性加重。主要由于正常造血受到抑制、无效红细胞生成、溶血和出血等综合因素所致，半数患者就诊时已有重度贫血，部分患者因病程短，可无贫血。

（二）**发热**

半数患者以发热为早期表现。热型不定，可伴有畏寒、出汗等。虽然白血病本身可以发热，但高热往往提示有继发感染。

1. 感染部位　以口腔炎、咽喉炎最多见，可发生溃疡或坏死；肺部感染、肛周炎也常见，严重时可致败血症；泌尿系统感染时尿路刺激症状不明显；皮肤感染易形成蜂窝织炎。

2. 致病菌 以革兰氏阴性杆菌最常见,如肺炎克雷伯菌、铜绿假单胞菌、大肠埃希菌等;革兰氏阳性球菌的发病率有所上升,如金黄色葡萄球菌、表皮葡萄球菌、粪链球菌、肠球菌等。长期应用抗生素者,可出现真菌感染,如念珠菌、曲霉菌、隐球菌等。病毒感染以单纯疱疹病毒、带状疱疹病毒、巨细胞病毒感染常见。偶见卡氏肺孢子虫病。

3. 发生机制 与中性粒细胞减少、免疫功能受损、皮肤黏膜屏障破坏、肠道菌群失调及院内感染等有关。

(三) 出血

以出血为早期表现者近40%。以皮肤瘀点、瘀斑、鼻出血、牙龈出血、月经过多为多见。眼底出血可致视力障碍。颅内出血最为严重,多突然发生头痛、呕吐、瞳孔大小不对称,是AL常见死亡原因之一。APL易并发DIC。有资料表明AL死于出血者占62.24%,其中87%为颅内出血。出血主要由于血小板减少所致,与白血病细胞淤滞及浸润、凝血异常以及感染也有关。

(四) 浸润

1. 淋巴结和肝、脾肿大 淋巴结肿大多见于ALL,纵隔淋巴结肿大常见于T细胞ALL。肝脾肿大多为轻至中度,除CML急性变外,巨脾罕见。

2. 骨骼和关节 儿童多见关节、骨骼疼痛,成人多有胸骨下段局部压痛。胸骨压痛有助于白血病的诊断。发生骨髓坏死时,可引起骨骼剧痛。

3. 中枢神经系统 是白血病最常见的髓外浸润部位。可发生在白血病各个时期,但多见于ALL治疗后缓解期,尤其是儿童,其次为M_4、M_5和M_2。这是由于化疗药物难以通过血脑屏障,隐藏在中枢神经系统的白血病细胞不能被有效杀灭,因而引起中枢神经系统白血病(CNSL)。轻者表现头痛、头晕,重者有呕吐、颈项强直,甚至抽搐、昏迷。

4. 其他部位浸润

(1)**眼部**:部分AML可伴粒细胞肉瘤或绿色瘤,常累及骨膜,以眼眶部位最常见,可引起眼球突出、复视或失明。

(2)**口腔和皮肤**:表现为牙龈增生、肿胀和溃疡;皮肤可出现蓝灰色斑丘疹,局部皮肤隆起、变硬,呈紫蓝色结节,AL尤其是M_4和M_5多见。

(3)**睾丸**:睾丸出现单侧无痛性肿大,另一侧虽无肿大,但在活检时往往也发现有白血病细胞浸润。睾丸白血病多见于ALL化疗缓解后的幼儿和青年,是仅次于CNSL的白血病髓外复发的根源。

(4)**其他组织器官**:心肌、心包、肺、垂体、消化道、泌尿生殖系统等均可受累,临床表现多不典型。

【实验室检查】

(一) 血象

大多数患者白细胞增多,$>10\times10^9/L$者称白细胞增多性白血病,$>100\times10^9/L$者,称为高白细胞性白血病。也有白细胞计数正常或减少,低者可$<1.0\times10^9/L$,称为白细胞不增多性白血病。白细胞过高或过低均疗效不佳。血涂片分类检查可见数量不等的原始和/或幼稚细胞,但白细胞不增多型病例血片上很难找到原始细胞。常伴有不同程度的正常细胞性贫血,M_6可出现幼红细胞。约50%的患者血小板$<60\times10^9/L$,疾病晚期往往极度减少。

(二) 骨髓象

骨髓象是诊断AL的主要依据和必做检查。FAB协作组提出原始细胞≥骨髓有核细胞(ANC)的30%为AL的诊断标准,WHO分类将骨髓原始细胞≥20%定为AL的诊断标准。但当患者被证实有克隆性重现性细胞遗传学异常t(8;21)(q22;q22)、inv(16)(p13;q22)或t(16;16)(p13;q22)以及t(15;17)(q22;q12)时,即使原始细胞<20%,也应诊断为AML。少数骨髓增生低下但原始细胞仍占30%以上者称为低增生性AL。细胞化学染色技术可辅助进行白血病分型诊断,常见的细胞化学反应见表6-4-1。

表 6-4-1　细胞化学染色鉴别急性白血病类型

细胞化学染色法	急淋白血病	急粒白血病	急单白血病
髓过氧化物酶（MPO）	（−）	分化差的原始细胞（−）~（+） 分化好的原始细胞（+）~（+++）	（−）~（+）
糖原染色（PAS）	（+）成块或粗颗粒状	（−）或（+） 弥漫性淡红色或细颗粒状	（−）或（+），弥漫性淡红色或细颗粒状
非特异性酯酶（NSE）	（−）	（−）~（+） NaF 抑制＜50%	（+），NaF 抑制≥50%

（三）免疫学检查

根据白血病细胞表达的系列相关抗原，确定其系列来源。造血干/祖细胞表达 CD34 抗原，其他常用的免疫分型标志见表 6-4-2。

表 6-4-2　白血病细胞表达免疫学标记

白血病细胞类型	造血干/祖细胞	B 系细胞	T 系细胞	髓系细胞	单核细胞	巨核细胞	红系细胞
细胞相关抗原	CD34、HLA-DR、TdT、CD45	CyCD79a、CyCD22、CD10、CD19、CD20	CD2、CD3、CD5、CD7	MPO、CD13、CD33、CD15、CD117	CD14	CD41、CD42、CD61	抗血型糖蛋白 A

（四）染色体和基因检测

白血病常伴有特异的染色体和基因改变（表 6-4-3）。例如 99% 的 M_3 有 t（15;17）（q22;q12），该易位使 15 号染色体上的 PML 基因与 17 号染色体上 $RAR\alpha$ 基因形成 $PML\text{-}RAR\alpha$ 融合基因；Inv16 或者 t（16;16）见于 M_4；t（8;21）见于 M_2。

表 6-4-3　急性白血病常见染色体和基因改变

染色体改变	基因改变	白血病类型
t（8;21）（q22;q22）	AML1-ETO	AML-M_2
t（15;17）（q22;q12）	PML-RARα	AML-M_3
t（11;17）（q23;q21）	PLZF-RARα	
inv（16）（p13;q22） t（16;16）（p13;q22）	CBFβ-MYH11	AML-M_4Eo
t（11q23）	MLL	AML-M_4/M_5
t（8;14）（q24;q32）	MYC-IgH	ALL-L_3
t（1;19）（q23;p13）	E2A-PBX1	ALL-L_1
t（12;21）（q13;q22）	TEL-AML1	ALL-L_1、ALL-L_2
t（9;22）（q34;q11）	BCR-ABL	ALL-L_1、ALL-L_2

（五）血液生化检测

血清尿酸和乳酸脱氢酶增高，特别在化疗期间。M_5 和 M_4 血清和尿溶菌酶活性增高，其他类型 AL 不增高。出现 CNSL 时，脑脊液压力升高，白细胞数增加，蛋白质增多，糖定量减少，涂片中可找到白血病细胞。

【诊断和鉴别诊断】

（一）诊断

根据临床表现、血象和骨髓象特点，诊断白血病一般不难。进一步进行 MICM 分型诊断，有助于选择治疗方案及评价预后。

(二)鉴别诊断

1.贫血性疾病 再生障碍性贫血、MDS常表现为顽固性贫血,一般抗贫血治疗无效;巨幼细胞贫血易与 M_6 混淆。骨髓细胞学检查可以鉴别。

2.感染引起的白细胞异常 如传染性单核细胞增多症,血象中出现异形淋巴细胞,但形态与原始细胞不同,血清中嗜异性抗体效价逐步上升,病程短,可自愈。类白血病反应,外周血白细胞增高,涂片可见中、晚幼粒细胞,骨髓粒系左移,有时原始细胞会增多,但有明确病因可查,原发病去除后可完全恢复正常。

3.出血性疾病 特发性血小板减少性紫癜、过敏性紫癜、表现为泌尿道或阴道出血的疾病,骨髓检查可以鉴别。

4.急性粒细胞缺乏症恢复期 在药物或某些感染引起的粒细胞缺乏症的恢复期,骨髓中原、幼粒细胞增多,但该症多有明确病因,血小板正常,原、幼粒细胞中无 Auer 小体及染色体异常。短期内骨髓成熟粒细胞恢复正常。

【治疗】

根据患者的 MICM 结果及临床特点,进行预后危险分层,按照患方意愿、经济能力,选择并设计最佳完整、系统的方案治疗。

(一)一般治疗

1.紧急处理高白细胞血症 当循环血液中白细胞>$100×10^9$/L 时,患者可产生白细胞淤滞症,表现为呼吸困难、低氧血症、反应迟钝、言语不清、颅内出血等,病理学显示白血病血栓梗死与出血并存。因此当血中白细胞>$100×10^9$/L 时,就应紧急使用血细胞分离机,单采去除过高的白细胞(M_3 型不首选),并给予化疗前短期预处理:ALL 用地塞米松 $10mg/m^2$,静脉注射;AML 用羟基脲 1.5~2.5g/6h(总量每天 6~10g),约 36 小时,然后进行联合化疗。需预防白血病细胞溶解诱发的高尿酸血症、酸中毒、电解质紊乱、凝血异常等并发症。

2.防治感染 白血病患者常伴有粒细胞减少或缺乏,特别在化疗、放疗后可持续相当长时间,此时患者宜住消毒隔离病房或层流病房。G-CSF 可缩短粒细胞缺乏期,用于 ALL,老年、强化疗或伴感染的 AML。发热应作细菌培养和药敏试验,并迅速进行经验性抗生素治疗。

3.成分输血 严重贫血可吸氧、输浓缩红细胞,维持 Hb>80g/L,白细胞淤滞时,不宜马上输红细胞以免进一步增加血黏度。如果因血小板计数过低而引起出血,最好输注单采血小板悬液。在输血时为防止异体免疫反应所致无效输注和发热反应,可以采用白细胞滤器去除成分血中的白细胞。为预防输血相关移植物抗宿主病(TA-GVHD),输注前应将含细胞成分血液辐照 25~30Gy,以灭活其中的淋巴细胞。

4.防治尿酸性肾病 由于白血病细胞大量破坏,血清和尿中尿酸浓度增高,积聚在肾小管,引起阻塞而发生高尿酸血症肾病。尤其在化疗时,应鼓励患者多饮水。可给予别嘌醇口服(100mg,每天 3 次),同时给予静脉补液、碳酸氢钠等水化、碱化尿液。

(二)抗白血病治疗

抗白血病治疗的第一阶段是诱导环节治疗,主要方法是联合化疗,目的是使白血病达到完全缓解(complete remission,CR),并延长生存期。CR 是指白血病的症状和体征消失,外周血无原始细胞,无髓外白血病,骨髓三系造血恢复,原始细胞<5%;外周血中性粒细胞>$1.0×10^9$/L,血小板≥$100×10^9$/L。理想的 CR 为初诊时免疫学、细胞遗传学和分子生物学异常标志消失。停止化疗 5 年或无病生存达 10 年者为临床治愈。

达到 CR 后,进入治疗的第二阶段,即缓解后治疗,一般分为强化巩固和维持治疗两个阶段。

1.化疗基本原则

(1)联合用药: 细胞周期特异性与非特异性药物联合使用可作用于细胞周期的不同阶段,起到协同作用,最大限度地杀灭白血病细胞;联合用药要避免各药不良反应的重叠。

（2）**早期、足量**：尽快使白血病达到 CR，确诊后如无严重感染，应尽早化疗，且剂量要足，争取第一疗程达到 CR。

（3）**个体化用药**：根据 MICM 分型及患者年龄、性别、体质、对化疗的耐受性和经济承受能力选用化疗方案。

2. 非 APL 的 AML 的治疗

（1）**诱导缓解治疗**：治疗方案包括：①常规方案为标准剂量的阿糖胞苷（Ara-C）100~200mg/（m²·d）×7d 联合柔红霉素（DNR）60~90mg/（m²·d）×3d 或去甲氧柔红霉素（IDA）12mg/（m²·d）×3d。②含中剂量 Ara-C 的诱导治疗方案：高三尖杉酯碱（HHT）2mg/（m²·d）×7d，DNR 40mg/（m²·d）× 3d，Ara-C 前 4d 为 100mg/（m²·d），第 5、6、7 天为 1g/（m²·12h）。③其他诱导治疗方案：IA、DA、MA 及 HA+蒽环类药物组成的方案，如 HAA（HA+阿克拉霉素）、HAD（HA+DNR）等；HHT 联合标准剂量 Ara-C 的方案（HA）；化疗药物推荐使用剂量：标准剂量 Ara-C100~200（m²·d）×7d；IDA10~12mg/（m²·d）×3d、DNR 45~90mg/（m²·d）×3d、米托蒽醌（Mitox）6~10mg/（m²·d）×3d、阿克拉霉素 20mg/d×7d、HHT 2~2.5mg/（m²·d）×7d［或 4mg/（m²·d）×3d］。临床工作中可以参照上述方案，具体药物剂量可根据患者情况调整。

对于≥60 岁患者的诱导治疗，可用标准剂量化疗（Ara-C 联合 IDA 或 DNR）或低强度化疗方案：如维奈克拉联合阿扎胞苷或地西他滨；阿扎胞苷或地西他滨单药，或联合小剂量化疗、小剂量化疗±G-CSF 等治疗；对年龄≥75 岁或<75 岁且合并严重非血液学合并症患者的治疗，推荐低强度化疗方案。

（2）**缓解后治疗**：目的是尽量消灭残存白血病细胞，减少复发，延长生存，达到治愈。年龄<60 岁的患者，根据危险度分组选择相应的治疗方案：①预后良好组首选大剂量 Ara-C 化疗。②预后中等组选择异基因造血干细胞移植（Allo-HSCT）或者大剂量 Ara-C 为主的化疗均可采用。③预后不良组首选 Allo-HSCT。无法行 Allo-HSCT 的预后不良组、部分预后良好组以及预后中等组患者均可考虑行自体造血干细胞移植（Auto-HSCT）。无法进行危险度分层者参考预后中等组患者治疗。若诊断时白细胞≥100×10⁹/L，则按预后不良组治疗。年龄≥60 岁的患者，可采用标准剂量 Ara-C 的联合化疗或非清髓预处理的 HSCT 进行巩固，或去甲基化药物（如阿扎胞苷或地西他滨）维持至疾病进展。

复发是指 CR 后外周血再次出现白血病细胞或骨髓中原始细胞≥5%（除外巩固化疗后骨髓再生等其他原因）或髓外出现白血病细胞浸润。难治性白血病诊断标准：经过标准方案治疗 2 个疗程无效的初治病例；CR 后经过巩固强化治疗，12 个月内复发者；在 12 个月后复发但经过常规化疗无效者；2 次或多次复发者；髓外白血病持续存在者。

难治性白血病的治疗原则包括：①新的靶向治疗药物；②中、大剂量的 Ara-C 组成的联合方案；③使用无交叉耐药的新药组成的新的联合化疗方案；④Allo-HSCT；⑤免疫治疗。复发难治性 AML 患者获得缓解后如条件许可应尽早进行 Allo-HSCT。对于某些患者，尤其是原发耐药或早期复发且无法缓解的患者也可以直接采取 Allo-HSCT 作为挽救治疗措施。

3. APL 的治疗 *PML-RARα* 融合基因是全反式维 A 酸（ATRA）和砷剂（如三氧化二砷，简称亚砷酸，ATO）治疗的分子基础。ATRA 作用于 *RARα* 靶基因促使早幼粒白血病细胞分化成熟，常用剂量为 25mg/（m²·d）口服。亚砷酸作为一种诱导细胞凋亡的药物，作用于 *PML* 靶基因促使早幼粒白血病细胞凋亡，显示对 APL 有很好的疗效。ATO 常用剂量是 0.16mg/（kg·d）静脉滴注。低（中）危患者首选 ATRA+砷剂治疗方案；也可用 ATRA+砷剂+蒽环类药物方案；高危患者可选择 ATRA+砷剂+化疗（DNR 或 IDA）诱导、化疗巩固（HA 或 MA 或 DA 或 IA 方案）、ATRA/砷剂交替维持治疗，也可选择 ATRA+砷剂+化疗诱导（IDA）、ATRA+砷剂巩固、ATRA/6-MP/MTX 维持治疗。

知识拓展

"上海方案"——APL 治疗的里程碑

20 世纪，APL 的致死率极高，患者总体中位生存期仅为 16 个月，传统化疗方案对该疾病的疗效并不理想。我国医务工作者经过长达十余年的研究,发现 ATRA 在体外实验中能够促使早幼粒白血病细胞分化成熟;并在 20 世纪 80 年代,首次尝试使用 ATRA 治疗 APL 患者,结果绝大部分患者获得完全缓解;此后,进一步研究 ATRA 的治疗机制,并证实了 ATO 对 APL 的良好疗效,创造性地提出 ATRA 联合 ATO 应用的治疗方案,对 APL 的治疗起到了里程碑式的作用,患者得以痊愈。该方案是上海的医务工作者研究制定的,被国际同行誉为"上海方案",使 APL 成为第一个基本可以治愈的成人白血病。

治疗过程中需警惕 APL 分化综合征,临床表现为不明原因发热、呼吸困难、胸腔或心包积液、肺部浸润、肾脏衰竭、低血压及体重增加。通常发生于初诊或复发患者,WBC>10×10^9/L 并持续增长者,应考虑停用 ATRA 或亚砷酸,或者减量,并密切关注体液容量负荷和肺功能状态,尽早使用地塞米松(10mg,静脉注射,每天 2 次)直至低氧血症解除。ATRA 的其他不良反应为头痛、颅内压增高、骨痛、肝功能损害、皮肤与口唇干燥、阴囊皮炎溃疡等。ATO 的其他不良反应有肝功能损害、心电图 Q-T 间期延长等。

ER 6-4-5

诱导分化与促细胞凋亡治疗 APL

首次复发的 APL 患者一般采用亚砷酸±ATRA±蒽环类化疗进行再次诱导治疗。诱导缓解后必须进行鞘内注射,预防 CNSL。达再次缓解(细胞形态学)者进行 PML-RARα 融合基因检测,融合基因阴性者行 Auto-HSCT 或亚砷酸巩固治疗(不适合移植者)6 个疗程,融合基因阳性者进入临床研究或行 Allo-HSCT。再诱导未缓解者可加入临床研究或行 Allo-HSCT。

4. ALL 的治疗

(1)**诱导缓解治疗**:基本方案为 VP 方案,由长春新碱(VCR)和泼尼松(P)组成,为了提高疗效,临床目前常用方案均为在 VP 方案上加用其他药物。年轻成人和非老年 ALL 至少应予 VCR 或长春地辛、蒽环/蒽醌类药物(如 DNR、IDA、多柔比星、米托蒽醌等)、糖皮质激素(如泼尼松、地塞米松等)为基础的方案(如 VDP、VIP)诱导治疗。推荐采用 VDP 联合门冬酰胺酶(L-ASP)或培门冬酰胺酶(PGE-Asp)[可再联合环磷酰胺(CTX)]组成的 VD(C)LP 方案,鼓励开展临床研究。VCR 的主要副作用为便秘和末梢神经炎,蒽环类药物要注意其心脏毒性,L-ASP 或 PGE-Asp 的主要副作用为肝功能损害、胰腺炎、凝血因子及白蛋白合成减少和过敏反应。60 岁以上的老年患者根据体能状态评估可以采用长春碱类、糖皮质激素,或长春碱类、糖皮质激素联合巯嘌呤(6-MP)、甲氨蝶呤(MTX)的低强度治疗方案。也可以应用长春碱类、蒽环类药物、CTX、ASP、糖皮质激素等药物的多药化疗方案(中高强度治疗),酌情调整药物剂量。体能状态较差、伴严重感染(不适合常规治疗)的非老年患者也可以采用低强度治疗方案,情况好转后再调整治疗。Ph⁺的 ALL 一旦确诊,即可不再应用 L-ASP,而是推荐加用酪氨酸激酶抑制剂(TKI,伊马替尼或达沙替尼)进行靶向治疗。

(2)**缓解后治疗**:取得完全缓解后应立即进行巩固强化治疗,可用原诱导方案间歇重复治疗,定期予以其他强化化疗方案,强化治疗时化疗药物剂量宜大,且不同种类要交替轮换使用以避免蓄积毒性。强化巩固治疗主要有化疗和 Allo-HSCT 两种方式。化疗的药物组合包括诱导治疗使用的药物(如长春碱类药物、蒽环类药物、糖皮质激素等)、MTX、Ara-C、6-MP、ASP 等。化疗方案可以包括 1~2 个疗程再诱导方案(如 VDLP 方案),MTX 和 Ara-C 为基础的方案各 2~4 个疗程。大剂量 MTX(HD-MTX)的主要副作用为黏膜炎、肝肾功能损害,故在治疗时需要充分水化、碱化和及时亚叶酸钙解救。老年患者可以适当调整治疗强度(如降低 Ara-C、MTX、ASP 等的用量)。巩固强化后仍需给予维持治疗,维持治疗的基本方案为 6-MP 60~75mg/m² 每天 1 次,MTX 15~20mg/m² 每周 1 次。如未行 Allo-HSCT,ALL 巩固维持治疗一般需 2~3 年,治疗期间应强调规范的微小残留病变(MRD)的监测,并根据 MRD 监测结果进行动态的危险度分层和治疗方案调整。Ph⁺的 ALL 缓解后治疗方案推荐加用 TKI,至维持治疗结束。

ALL 复发以骨髓复发最常见,可选择原诱导化疗方案、新药临床试验、中大剂量 Ara-C 为主的联合化疗方案以及 CD19/CD3 双抗、CD22 抗体偶联药物为基础的挽救治疗等。髓外复发以 CNSL 最常见,单纯髓外复发者多能同时检出骨髓 MRD,随之出现血液学复发,因此髓外局部治疗的同时,需进行全身化疗。ALL 一旦复发,不管采用何种化疗方案,总的二次缓解期通常短暂,长期生存率低。无论是 Ph⁻-ALL 还是 Ph⁺-ALL,在挽救治疗的同时即应考虑 HSCT,及时寻找供者,尽快实施 Allo-HSCT。

5. 中枢神经系统白血病(CNSL)的防治 AML 发生 CNSL 的发生率远低于 ALL,一般不到 3%,在诊断时对无症状的患者不建议行腰椎穿刺(腰穿)检查。有症状者在排除其他疾病后或已经达 CR 者可进行腰穿,脑脊液中发现白血病细胞者,应在全身化疗的同时鞘注 Ara-C(每次 40~50mg)和/或甲氨蝶呤(MTX,每次 5~15mg)+地塞米松(每次 5~10mg),鞘注化疗药物每周 2 次,直至脑脊液恢复正常,以后每周 1 次×4~6 周。APL 应进行至少 2 次预防性鞘内注药。ALL 极易并发 CNSL,任何类型的成人 ALL 均应强调 CNSL 的早期预防。预防措施包括①鞘内化疗:常用剂量为 MTX 每次 10~15mg、Ara-C 每次 30~50mg、地塞米松每次 5~10mg,三联(或两联)用药;②放射治疗:一般为单纯头颅,总剂量 1 800~2 000cGy,分次完成;③大剂量全身化疗;④多种措施联合应用。确诊 CNSL 的 ALL 患者,尤其是症状和体征明显者,建议先行腰穿、鞘注,每周 2 次,直至脑脊液正常;以后每周 1 次×4~6 周。也可以在鞘注化疗药物至脑脊液白细胞计数正常、症状体征好转后再行放疗(头颅+脊髓放疗)。建议头颅放疗剂量 2 000~2 400cGy、脊髓放疗剂量 1 800~2 000cGy,分次完成。进行过预防性头颅放疗的患者原则上不进行二次放疗。

> **知识拓展**
>
> ### 造血干细胞移植(HSCT)治疗 AL
>
> HSCT 是目前根治 AL 的唯一手段。Allo-HSCT 可使 50%~60% 的患者获得长期生存。对有预后不良因素者是唯一可望获得根治的措施;对难治、复发白血病可能是唯一的挽救性治疗措施。移植方式大多采用 Allo-HSCT。常用来源于外周血和/或骨髓的造血干细胞,脐带血造血干细胞也可使用。供者首选同胞兄弟姐妹中 HLA 配型完全相合者,如无供者可选用无亲缘关系的 HLA 配型完全相合的志愿者,父母或兄弟姐妹中 HLA 配型半相合者同样可以作为供者。造血干细胞移植应在第 1 次完全缓解期内进行,移植后 5 年无病存活率为 50% 左右。移植前未达完全缓解则复发率高。

【预后】

AL 若不经特殊治疗,平均生存期仅 3 个月,短者甚至在诊断数天后即死亡。化疗的进展和造血干细胞移植的应用使不少患者获得病情缓解以至长期存活。影响预后的因素有:①对于 ALL,1~9 岁且白细胞<50×10⁹/L 并伴有超二倍体或 t(12;21)者预后最好,80% 以上患者能够长期生存甚至治愈;②年龄偏大、高白细胞的 AL 预后不良;③APL 若能避免早期死亡则预后良好,多可治愈;④继发性 AL、复发、多药耐药者、需较长时间化疗才能缓解及合并髓外白血病者,预后均较差。需要指出的是,某些预后指标意义会随治疗方法的改进而变化,如 L₃ 型 B-ALL,经有效的强化治疗预后已大为改观,50%~60% 的成人患者可以长期存活。

第三节 慢性粒细胞白血病

慢性粒细胞白血病(chronic myelogenous leukemia,CML),是一种以髓系增生为主的造血干细胞恶性疾病。CML 全球的年发病率为(1~2)/10 万,占成人白血病总数的 15%~20%。临床以脾大、白细胞异常增多、费城染色体和/或 BCR-ABL 融合基因阳性为特征。各年龄组均可发病,中位发病年龄在亚洲国家偏年轻（40~50岁），欧美国家偏年长（55~65岁），男女比例约1.4∶1。

【临床表现和实验室检查】

起病缓慢，早期常无自觉症状。患者可因健康检查或因其他疾病就医时才发现血象异常或脾大而被确诊。

（一）慢性期（CP）

一般持续1~4年。患者可无症状或仅有乏力、低热、多汗或盗汗、体重减轻等症状。常以脾脏肿大为最显著体征，往往就医时已达脐或脐以下，质地坚实，平滑，无压痛，患者自觉左上腹坠胀感，也有极少数患者脾脏无明显肿大。可发生脾栓塞而致左上腹疼痛，肝脏明显肿大较少见，部分患者胸骨中下段压痛。白细胞显著增高时，可有眼底充血和出血，极度增高时，甚至发生白细胞淤滞症。

1. 血象　白细胞数明显增高，常超过$20×10^9$/L，可达$100×10^9$/L以上，血片中粒细胞显著增多，可见各阶段粒细胞，以中性中幼、晚幼和杆状核粒细胞居多；慢性期时原始（Ⅰ+Ⅱ）细胞<10%，后期可出现原始幼稚细胞增多；嗜酸、嗜碱性粒细胞增多是CML特征之一。血小板多在正常水平，部分患者增多；晚期血小板渐减少，并出现贫血。

2. 中性粒细胞碱性磷酸酶（NAP）　NAP活性减低或呈阴性反应。

3. 骨髓象　骨髓增生明显至极度活跃，以粒细胞为主，粒红比例明显增高，其中中性中幼、晚幼及杆状核粒细胞明显增多，慢性期时原始细胞<10%，后期可出现原始幼稚细胞增多；嗜酸、嗜碱性粒细胞增多。红细胞相对减少。巨核细胞正常或增多，晚期减少。

4. 染色体及基因检测　95%以上的患者细胞中出现费城染色体，即t（9;22）（q34;q11）。9号染色体长臂上C-ABL原癌基因易位至22号染色体长臂的断裂点簇集区（BCR）形成BCR-ABL融合基因。其编码的蛋白主要为P_{210}，P_{210}具有酪氨酸激酶活性，导致CML发生。费城染色体可见于粒、红、单核、巨核及淋巴细胞中。不足5%的CML有BCR-ABL融合基因阳性而费城染色体阴性。

5. 血液生化　血清及尿中尿酸浓度增高。血清乳酸脱氢酶增高。

（二）加速期（AP）

可维持几个月到数年。常有发热、虚弱、进行性体重下降、骨骼疼痛，逐渐出现贫血和出血。外周血或骨髓原始细胞占比10%~19%；外周血嗜碱性粒细胞≥20%；与治疗无关的血小板降低（<$100×10^9$/L）或治疗无法控制的持续血小板增多（>$1\,000×10^9$/L）；治疗无法控制的进行性脾脏肿大或白细胞计数增加；治疗中出现除费城染色体外的细胞遗传学克隆演变。

（三）急变期（BP）

为CML终末期，临床表现与AL类似，符合至少1项下列指标：外周血白细胞或骨髓有核细胞中原始细胞≥20%；髓外原始细胞浸润；骨髓活检出现大片状或灶状原始细胞。约70% BP患者转变为AML，20%~30%转变为ALL。急性变预后极差，往往在数月内死亡。

【诊断和鉴别诊断】

（一）诊断

患者出现白细胞增多或伴脾大，外周血中可见髓系不成熟细胞，应高度怀疑CML。存在费城染色体和/或BCR-ABL融合基因阳性是诊断CML的必要条件。

（二）鉴别诊断

费城染色体尚可见于1% AML、5%儿童ALL及25%成人ALL，应注意鉴别。其他需鉴别疾病：

1. 其他原因引起的脾大　血吸虫病、肝硬化、脾功能亢进等均有脾大。但有各自原发病的临床特点，血象及骨髓象可用于鉴别。

2. 类白血病反应　常并发于严重感染、恶性肿瘤，并有相应原发病的临床表现。白细胞数可达$50×10^9$/L或以上。粒细胞胞质中常有中毒颗粒和空泡。嗜酸性粒细胞和嗜碱性粒细胞不增多。NAP反应强阳性。费城染色体及BCR-ABL融合基因阴性。血小板和血红蛋白大多正常。原发病控制后,白细胞恢复正常。

3. 骨髓纤维化 原发性骨髓纤维化脾大显著,血象中白细胞增多,并出现幼粒细胞等,易与 CML 混淆。骨髓中网状纤维和胶原显著增生,骨髓中巨核细胞增殖并伴有异型性,可以检出 *JAK2*、*CALR* 或 *MPL* 基因突变或其他克隆性异常标志,但费城染色体和 *BCR-ABL* 融合基因均为阴性。

ER 6-4-6

慢粒与类白细胞反应的鉴别要点

【治疗】

第一代 TKI 甲磺酸伊马替尼(IM)的问世给 CML 的治疗带来了革命性的变化,显著地提高了 CML 患者生存期,80%~90% 患者的生存期接近正常人,并提高了患者的生活质量。二代 TKI(如尼洛替尼、达沙替尼、博舒替尼和拉多替尼)、三代 TKI(如普纳替尼)的陆续面世,加快和提高了患者的治疗反应率和反应深度,有效克服了大部分 IM 耐药,也为 IM 不耐受患者提供了更多选择,使 CML 成为一种可控的慢性疾病。

(一)高白细胞血症紧急处理

见本章第二节,需并用羟基脲和别嘌醇。

(二)分子靶向治疗

IM 为 2-苯胺嘧啶衍生物,能特异性阻断 ATP 在 *ABL* 激酶上的结合位置,使酪氨酸残基不能磷酸化,从而抑制 *BCR-ABL* 阳性细胞的增殖。CP 患者的一线治疗,CML 中国诊断与治疗指南(2020年版)推荐的药物及其用法包括伊马替尼每天 400mg 或尼洛替尼每天 600mg 或氟马替尼每天 600mg 或达沙替尼每天 100mg。

知识拓展

CP 患者在一线治疗中如何选择 TKI?

一线 TKI 的选择应当在明确治疗目标基础上,依据患者的疾病分期和危险度、年龄、共存疾病和合并用药等因素选择恰当的药物。中高危患者疾病进展风险高于低危患者,适合选用二代 TKI 作为一线治疗。对于期望停药的年轻患者,选择二代 TKI 有望快速获得深层分子学反应,达到停药的门槛。对于年老和/或存在基础疾病的患者,一代 TKI 具有更好的安全性,而二代 TKI 相关的心脑血管栓塞性事件、糖脂代谢异常和肺部并发症可能是致死性的不良反应,特别需要谨慎使用。

TKI 治疗期间的监测包括血液学、细胞遗传学、分子学和 *ABL* 激酶区突变反应分析,并据此调整治疗方案。TKI 治疗期间可出现粒细胞缺乏、血小板减少和贫血的血液学毒性以及水肿、皮疹、头痛和胆红素升高等非血液学毒性。IM 耐药与基因点突变、*BCR-ABL* 基因扩增和表达增加、P 糖蛋白过度表达有关,随意停药、减量易产生耐药。*ABL* 突变类型是选择二线 TKI 的首要指标,伊马替尼耐药患者中只有 20%~50% 存在 *ABL* 突变。对 CP 患者,达沙替尼和尼洛替尼均可选择,而对于进展期患者,达沙替尼更有优势。如有肺部疾病、出血病史以及正在接受非甾体抗炎药治疗的患者,尼洛替尼可能更为合适。相反,达沙替尼更适合有胰腺炎、糖尿病的患者。老年患者和既往有 TKI 不耐受患者,可以考虑适当减少剂量的治疗。

针对 AP 和 BP 患者,伊马替尼推荐初始剂量为每天 600mg 或每天 800mg,尼洛替尼为 400mg 每天 2 次,达沙替尼为 70mg 每天 2 次或 140mg 每天 1 次。所有 BP 患者和未获得最佳治疗反应的 AP 患者均应在 TKI 或联合化疗获得反应后推荐异基因造血干细胞移植。

(三)干扰素

干扰素-α(IFN-α)能使 50%~70% 患者获得完全血液学缓解(CHR),一般在慢性期应用,目前用于不适合 TKI 和 allo-HSCT 的患者。剂量为 300 万~500 万 U/(m²·d)皮下或肌内注射,每周 3~7 次,

持续用数月至数年不等。与小剂量 Ara-C 10~20mg/（m²·d）联合应用则效果更好。常见毒副反应为流感样症状：畏寒、发热、疲劳、头痛、厌食、恶心、肌肉及骨骼疼痛。

慢性粒细胞白血病的靶向治疗时代

（四）化学治疗

化疗可使大多数 CML 患者血象及异常体征得到控制，但不能延长中位生存期。常用的化疗药物如下：

1. 羟基脲（hydroxyurea，HU） 为细胞周期特异性抑制 DNA 合成的药物，能使白细胞快速下降，但持续时间短。常用剂量为每天 3g，分 2 次口服，待白细胞减至 20×10⁹/L 左右时，剂量减半。降至 10×10⁹/L 时，改为小剂量（每天 0.5~1g）维持治疗。需经常检查血象，以便调节药物剂量。目前单独应用 HU 限于高龄、具有合并症、TKI 和干扰素均不能耐受以及用于高白细胞淤滞时的降白细胞处理。

2. 其他药物 Ara-C、HHT、白消安、靛玉红及砷剂治疗 CML 有一定疗效，但较少使用。

（五）Allo-HSCT

Allo-HSCT 是 CML 的根治性治疗方法，但在 CML 慢性期不作为一线选择，仅用于移植风险很低且对 TKI 耐药、不耐受及进展期的患者。

【预后】

影响 CML 的主要预后因素：初诊时风险评估；治疗方式；病程演变。CML 自然病程为 3~5 年，单纯化疗后中位生存期为 39~47 个月，5 年生存率 25%~35%。干扰素治疗的总生存率较化疗有所提高，TKI 应用以来，生存期显著延长。

本章小结

白血病是一类造血干祖细胞的恶性克隆性疾病，发病病因及发病机制尚不清楚，临床主要表现为贫血、出血、感染和浸润等征象。按病程可分为急性、慢性白血病，按细胞系列可分为髓系、淋巴系白血病。急性白血病临床分型有 FAB 和 WHO 两种方法。诊断依据包括临床表现、血象和骨髓象特点，根据 FAB 协作组提出原始细胞≥骨髓有核细胞的 30% 为 AL 的诊断标准或 WHO 分类将骨髓原始细胞≥20% 定为 AL 的诊断标准，不难诊断白血病。进一步进行 MICM 分型诊断，有助于选择治疗方案及评价预后。AL 的治疗包括支持治疗、联合化疗及造血干细胞治疗等。酪氨酸激酶抑制剂治疗 CML 已取得非常好的疗效，已成为 CML 的一线治疗，使 CML 成为一种可控的慢性疾病。

病例讨论

患者，女，21 岁，因"发热 5 天，伴鼻出血 1 天"入院。查体：贫血面容，胸骨中下段有压痛。血常规检查：WBC 20×10⁹/L，Hb 80g/L，PLT 30×10⁹/L；骨髓增生活跃，以粒系增生为主，原始+幼稚细胞占 40%。

（刘 琴）

思考题

1. 简述急性白血病的 FAB 分型和诊断标准。
2. 简述慢粒白血病各期的临床表现。

练习题

第五章 | 骨髓增生异常综合征

ER 6-5-1　ER 6-5-2

教学课件　　思维导图

学习目标

1. 掌握:骨髓增生异常综合征的诊断和鉴别诊断。
2. 熟悉:骨髓增生异常综合征的临床表现、实验室检查、治疗原则。
3. 了解:骨髓增生异常综合征的病因和发病机制。
4. 学会对典型的骨髓增生异常综合征患者进行诊断并分型;能够根据骨髓增生异常综合征的不同预后类型选择合理的治疗方案。
5. 具备以患者为中心,不忘初心、牢记健康使命的责任感和使命感。

案例导入

患者,女,62 岁。因"苍白、乏力半年,牙龈出血 2 周"就诊。查体:贫血貌,巩膜无黄染,浅表淋巴结、肝脾未扪及肿大。WBC 4.7×10^9/L,Hb 45g/L,PLT 43×10^9/L,骨髓增生明显活跃,M：E=6：1,粒红两系均有巨幼样变,原始细胞 17%,巨核细胞 9 个,淋巴样小巨核细胞多见。

请思考:
1. 患者目前诊断可能是什么?
2. 应进一步完善哪些检查?

骨髓增生异常综合征（myelodysplastic syndrome,MDS）是一组起源于造血干细胞的异质性髓系克隆性疾病,其特点是髓系细胞发育异常,表现为无效造血、难治性血细胞减少,高风险向急性髓系白血病（AML）转化。MDS 全球发病率为（2~12）/10 万,中国发病率为（0.23~1.51）/10 万。MDS 发病率随年龄增长而增加,80% 患者发病年龄大于 60 岁。男性多于女性。

【病因和发病机制】

原发性 MDS 病因尚不明确。继发性 MDS 常与病毒感染、电离辐射、环境污染、化学药物（特别是烷化剂）和遗传因素有关。MDS 是起源于造血干细胞的克隆性疾病,异常克隆细胞在骨髓中分化、成熟障碍,出现病态造血,在骨髓原位或释放入血后不久被破坏,导致无效造血。部分 MDS 患者具有染色体异常（如 5q-、-7、+8 等）或原癌基因（如 *N-RAS*）突变,可能与 MDS 的发病及向白血病转化有关。

【临床表现】

本病起病隐匿,进展缓慢,其症状和体征主要是各类血细胞减少的表现。约 80% 的患者表现为贫血,约 50% 患者表现为中性粒细胞减少,30% 患者出现血小板减少。可因进行性贫血而逐渐出现头晕、乏力和气短等贫血症状,可因白细胞和血小板减少发生感染、出血倾向,少数患者有轻度肝、脾大。1/4~1/3 患者在确诊数月或数年后转化为白血病,部分患者因感染、出血或全身衰竭死亡。

【实验室检查】

MDS 实验室检查包括初筛指标和确诊指标。

（一）初筛指标

1. 血清铁、铁蛋白、总铁结合力、叶酸和维生素 B_{12} 测定。

2. 肿瘤指标测定。

3. PNH 克隆的检测（CD55/C59）。

4. 对于女性患者，需行自身抗体检测。

（二）确诊指标

1. 血象 多数患者表现为全血细胞减少，可表现为任一系、二系血细胞减少，血涂片中可见巨大红细胞、有核红细胞、幼稚粒细胞和巨大血小板等。

2. 骨髓涂片 骨髓多呈增生活跃或明显活跃，少数病例骨髓增生低下，骨髓显示一系到三系病态造血。常见的病态造血包括小巨核细胞、红系和粒系细胞巨幼样变、核分叶过多以及环状铁粒幼细胞等。

ER 6-5-3
MDS 骨髓涂片

3. 骨髓活检病理学检查 正常人骨髓中的原粒、早幼粒细胞沿骨小梁内膜分布，MDS 在骨小梁旁区和间区出现 3~5 个或更多的成簇状分布的原粒和早幼粒细胞，称不成熟前体细胞异常定位（abnormal localization of immature precursor，ALIP）。

4. 细胞遗传学检查 40%~60% 患者有克隆性染色体核型异常，最常见有+8、20q−、−7/7q−、−5/5q−等。除常规核型分析外，单核苷酸多态性微阵列（SNP-array）等基因芯片技术进一步提高 MDS 患者细胞遗传学异常的检出率。

5. 流式细胞术检测 对低危 MDS 与非克隆性血细胞减少症的鉴别诊断有应用价值。对于无典型形态、细胞遗传学证据、无法确诊 MDS 的患者，流式细胞术检测有≥3 个异常抗原标志，提示 MDS 的可能。

6. 分子遗传学检测 新一代基因测序技术可以在绝大多数 MDS 患者中检出至少一个基因突变。MDS 常见基因突变包括 *TET2*、*RUNX1*、*ASXL1*、*DNMT3A*、*EZH2*、*SF3B1* 等。

【诊断和鉴别诊断】

（一）诊断

根据患者一系或多系血细胞减少、骨髓病态造血、骨髓原始细胞增多、典型的细胞遗传学、骨髓病理学改变等，并排除其他可以导致血细胞减少和病态造血的造血及非造血系统疾患，大部分 MDS 的诊断不难确立，其中骨髓细胞形态学和细胞遗传学检测技术是诊断的核心。MDS 的最低诊断标准见表 6-5-1。其中血细胞减少的标准为：中性粒细胞绝对值$<1.8\times10^9$/L，血红蛋白<100g/L，血小板计数$<100\times10^9$/L。

表 6-5-1 骨髓增生异常综合征的最低诊断标准

MDS 诊断需满足两个必要条件和一个主要标准
（1）必要条件（两条均须满足） 1）持续 4 个月一系或多系血细胞减少（如检出原始细胞增多或 MDS 相关细胞遗传学异常，无须等待可诊断 MDS） 2）排除其他可导致血细胞减少和发育异常的造血及非造血系统疾病
（2）MDS 相关（主要）标准（至少满足一条） 1）发育异常：骨髓涂片中红细胞系、粒细胞系、巨核细胞系发育异常细胞的比例≥10% 2）环状铁粒幼红细胞占有核红细胞比例≥15%，或≥5% 且同时伴有 SF3B1 突变 3）原始细胞：骨髓涂片原始细胞达 5%~19%（或外周血涂片 2%~19%） 4）常规核型分析或 FISH 检出有 MDS 诊断意义的染色体异常
（3）辅助标准（对于符合必要条件、未达主要标准、存在输血依赖的大细胞性贫血等常见 MDS 临床表现的患者，如符合≥2 条辅助标准，诊断为疑似 MDS） 1）骨髓活检切片的形态学或免疫组化结果支持 MDS 诊断 2）骨髓细胞的流式细胞术检测发现多个 MDS 相关的表型异常，并提示红系和/或髓系存在单克隆细胞群 3）基因测序检出 MDS 相关基因突变，提示存在髓系细胞的克隆群体

(二)鉴别诊断

虽然血细胞减少和病态造血是 MDS 的临床特征,但有此表现不等于就是 MDS,常需要与以下疾病鉴别。

1.再生障碍性贫血 MDS 的网织红细胞可正常或升高,外周血可见到有核红细胞,骨髓病态造血明显,原始粒细胞比例不低或增加,常伴染色体异常,而再生障碍性贫血一般无上述异常。

2.阵发性睡眠性血红蛋白尿症(PNH) 阵发性睡眠性血红蛋白尿症也可出现全血细胞减少和病态造血,但检测可发现 CD55+、CD59+细胞减少,Flaer 检测可发现粒细胞和单核细胞的 GPI 锚链蛋白缺失,Ham 试验阳性及血管内溶血的改变。

3.巨幼细胞贫血 可出现贫血或全血细胞减少伴巨幼样变,易与某些 MDS 患者的病态造血相混淆,但巨幼细胞贫血是由叶酸或维生素 B_{12} 缺乏所致,补充后可纠正。而 MDS 叶酸和维生素 B_{12} 水平不低,补充治疗无效。

(三)诊断分型

1.FAB 分型 1982 年 FAB 协作组提出以形态学为基础的 FAB 标准(表 6-5-2),主要根据 MDS 患者外周血和骨髓中的原始细胞比例、形态学及单核细胞数量,将 MDS 分为 5 型:难治性贫血(refractory anemia,RA)、环形铁粒幼细胞性难治性贫血(RA with ringed sideroblasts,RAS)、难治性贫血伴原始细胞增多(RA with excess blasts,RAEB)、难治性贫血伴原始细胞增多向白血病转变型(RAEB in transformation,RAEB-t)、慢性粒-单核细胞白血病(chronic myelomonocytic leukemia,CMML)。

表 6-5-2 MDS 的 FAB 分型

FAB 类型	外周血	骨髓
RA	原始细胞<1%	原始细胞<5%
RAS	原始细胞<1%	原始细胞<5%,环形铁粒幼细胞>有核红细胞 15%
RAEB	原始细胞<5%	原始细胞 5%~20%
RAEB-t	原始细胞≥5%	原始细胞>20% 而<30%;或幼粒细胞出现 Auer 小体
CMML	原始细胞<5% 单核细胞绝对值>1×10⁹/L	原始细胞 5%~20%

2.WHO 分型 2016 年 WHO 对 MDS 诊断分型进行了修订(表 6-5-3)。其中血细胞减少定义为血红蛋白<100g/L、血小板计数<100×10⁹/L、中性粒细胞绝对计数<1.8×10⁹/L,极少情况下 MDS 可见这些水平以上的轻度贫血或血小板减少,外周血单核细胞必须<1×10⁹/L。

表 6-5-3 WHO(2016)MDS 修订分型

疾病类型	发育异常	血细胞减少	环状铁粒幼红细胞	骨髓和外周血原始细胞	常规核型分析
MDS 伴单系血细胞发育异常(MDS-SLD)	1 系	1~2 系	<15% 或<5%	骨髓<5%,外周血<1%,无 Auer 小体	任何核型,但不符合伴单纯 del(5q)MDS 标准
MDS 伴多系血细胞发育异常(MDS-MLD)	2~3 系	1~3 系	<15% 或<5%	骨髓<5%,外周血<1%,无 Auer 小体	任何核型,但不符合伴单纯 del(5q)MDS 标准
MDS 伴环状铁粒幼红细胞(MDS-RS)					
MDS-RS-SLD	1 系	1~2 系	≥15% 或≥5%	骨髓<5%,外周血<1%,无 Auer 小体	任何核型,但不符合伴单纯
MDS-RS-MLD	2~3 系	1~3 系	≥15% 或≥5%	骨髓<5%,外周血<1%,无 Auer 小体	del(5q)MDS 标准
MDS 伴单纯 del(5q)	1~3 系	1~2 系	任何比例	骨髓<5%,外周血<1%,无 Auer 小体	任何核型,但不符合伴单纯

疾病类型	发育异常	血细胞减少	环状铁粒幼红细胞	骨髓和外周血原始细胞	常规核型分析
MDS 伴原始细胞增多（MDS-EB）					
MDS-EB-1	0~3 系	1~3 系	任何比例	骨髓 5%~9% 或外周血 2%~4%，无 Auer 小体	任何核型
MDS-EB-2	0~3 系	1~3 系	任何比例	骨髓 10%~19% 或外周血 5%~19%，无 Auer 小体	任何核型
MDS，不能分类型（MDS-U）					
外周血原始细胞 1%	1~3 系	1~3 系	任何比例	骨髓<5%，外周血<1%，无 Auer 小体	任何核型
单系血细胞发育异常伴全血细胞减少	1 系	3 系	任何比例	骨髓<5%，外周血<1%，无 Auer 小体	任何核型
伴有诊断意义核型异常	0 系	1~3 系	<15%	骨髓<5%，外周血<1%，无 Auer 小体	有定义 MDS 的核型异常

【治疗】

（一）预后分组

MDS 是一组高度异质性疾病，疾病的预后分组与治疗方案的选择密切相关。国际预后积分系统（IPSS）基于原始细胞百分比、血细胞减少的程度和骨髓的细胞遗传学特征，可评估患者的自然病程，指导治疗。2012 年，MDS 预后国际工作组对 IPSS 预后评分系统进行了修订和细化，形成了新的评分系统（IPSS-R）（表 6-5-4）。

表 6-5-4　MDS 的国际预后积分系统（IPSS-R）

	0	0.5	1	1.5	2	3	4
细胞遗传学	极好		好		中等	差	极差
骨髓原始细胞/%	≤2		>2~<5		5~10	>10	
血红蛋白/（g·L⁻¹）	≥100		80~100	<80			
中性粒细胞/（×10⁹·L⁻¹）	≥0.8	<0.8					
血小板/（×10⁹·L⁻¹）	≥100	50~100	<50				

备注：极好 [-Y,11q-]，好 [正常核型,5q-,5q- 附加另一种异常,20q-,12p-]。中等 [7q-,+8,+19,i（17q），其他 1 个或 2 个独立克隆的染色体异常]。差 [-7,inv（3）/t（3q）/del（3q），-7/7q- 附加另一种异常，复杂异常（3 个）]。极差 [复杂异常（>3 个）]。
IPSS-R 危险度分类：极低危≤1.5 分，低危：>1.5~3 分，中危：>3~4.5 分，高危：>4.5~6 分，极高危：>6 分。

（二）治疗措施

MDS 的治疗需根据预后分组、年龄及体能状态等进行个体化治疗选择，低危组治疗目标是改善造血、提高生活质量，中高危组治疗目标是延缓疾病进展、延长生存期和治愈。

1. 支持治疗　支持治疗最主要目标为提升患者生活质量。包括成分输血、造血生长因子和祛铁治疗。严重贫血和有出血症状者可输注红细胞和血小板，粒细胞减少或缺乏者应注意防治感染。造血生长因子如促红细胞生成素（EPO）、粒细胞集落刺激因子（G-CSF）或粒-巨噬细胞集落刺激因子（GM-CSF）等。常用的祛铁治疗药物有去铁胺和地拉罗司等。

2. 免疫调节治疗　常用的免疫调节药物有来那度胺和沙利度胺等。

3. 免疫抑制剂治疗　免疫抑制治疗（IST）包括抗胸腺细胞球蛋白和环孢素 A。

4. 去甲基化药物治疗　包括阿扎胞苷和地西他滨，适用于高危 MDS 患者，与支持治疗组相比，去甲基化药物治疗组可降低患者向 AML 进展的风险、改善生存。对于输血依赖或并发严重血细胞减少的低危 MDS,也可应用去甲基化药物治疗改善血细胞减少。

5. 化学治疗　高危组 MDS 预后相对较差,年轻患者宜行类同于 AML 的强化治疗,年老者宜行小剂量化疗。国内多使用预激方案化疗,即小剂量阿糖胞苷基础上加用 G-CSF,并联合阿克拉霉素或高三尖杉酯碱或去甲氧柔红霉素,治疗 MDS 的完全缓解率 40%~60%。

6. 造血干细胞移植　异基因造血干细胞移植(Allo-HSCT)是目前唯一根治 MDS 的方法,可获得约 60% 的治愈率,但多数患者因年龄过大而无法接受移植。适用于年龄小于 65 岁的高危组 MDS 患者和经其他治疗无效的伴有严重血细胞减少的中低危组 MDS 患者。

ER 6-5-4

基于预后评分
与年龄的 MDS
治疗选择

7. 其他　雄激素对部分有贫血表现的 MDS 患者有促进红系造血作用,是 MDS 治疗的常用辅助治疗药物,包括达那唑、司坦唑醇和十一酸睾酮。

本章小结

MDS 是一组造血干细胞的克隆性疾病,以骨髓病态造血、难治性血细胞减少及向 AML 发展倾向为特征。根据骨髓病态造血、原始细胞增多、细胞遗传学和病理学改变不难作出 MDS 的诊断,需要与可以导致血细胞减少的其他疾病进行鉴别。异基因造血干细胞移植是目前唯一可能根治的治疗措施,对于不能接受异基因干细胞移植的患者,低危组以支持治疗为主,中高危组可以选择去甲基化药物或小剂量化疗。

病例讨论

患者,男,45 岁,苍白、乏力半年,牙龈出血 1 个月,尿色正常。查体:皮肤未见瘀点瘀斑,巩膜无黄染,浅表淋巴结未扪及肿大,腹软,无压痛,肝脾不大,下肢无肿胀。WBC 15.3×10⁹/L,Hb 64g/L,PLT 53×10⁹/L,骨髓增生明显活跃,M:E=6:1,粒红两系均有巨幼样变,原始细胞 17%,巨核细胞 9 个,淋巴样小巨核细胞多见。

(缪继东)

思考题

1. 简述 MDS 的治疗原则。
2. MDS 应该与哪些疾病进行鉴别?

ER 6-5-5

练习题

第六章 | 淋 巴 瘤

教学课件

思维导图

学习目标

1. 掌握：霍奇金淋巴瘤及非霍奇金淋巴瘤的临床表现、诊断依据、鉴别诊断和临床分期。
2. 熟悉：霍奇金淋巴瘤、非霍奇金淋巴瘤的实验室、影像学、病理学检查，治疗原则。
3. 了解：霍奇金淋巴瘤、非霍奇金淋巴瘤的典型病理学特征、组织学分型。
4. 学会对临床淋巴结肿大及典型淋巴瘤患者进行诊断和制定合理的治疗方案。
5. 具备尊重患者、关爱患者、保护患者隐私的职业精神与道德目标。

案例导入

患者，女，72 岁。因 "发现颈部包块 5 个月" 就诊。5 个月前出现双侧颈部淋巴结肿大，无疼痛，在当地医院就诊，诊断为 "淋巴结炎"，予 "抗生素" 治疗 10 天后淋巴结无缩小，近 1 个月增大。患者无发热、盗汗、消瘦。既往体健。体格检查：生命体征正常，皮肤黏膜无黄染及出血点，双侧颈部可触及多个淋巴结，最大约 3.5cm×3.0cm×2.0cm，质地中等，活动度差，无压痛。肺部、心脏、腹部查体无异常。

请思考：

1. 患者目前诊断可能是什么？
2. 应进一步完善哪些检查？

淋巴瘤（lymphoma）是原发于淋巴结和/或结外淋巴组织的恶性肿瘤。临床以无痛性、进行性淋巴结肿大为主要临床特征，可伴发热、盗汗、消瘦，晚期有贫血和恶病质等表现。全球淋巴瘤发病率呈逐渐升高趋势，我国 2020 年发患者数约为 10.15 万，死亡人数为 4.7 万，发病率为 5.56/10 万，病死率为 2.64/10 万，男性发病率和病死率高于女性。

淋巴瘤的病因及发病机制尚不清楚，可能与感染（HIV、EB 病毒、细菌感染等）、免疫功能低下、遗传因素、理化因素、环境及生活方式等有关。按组织病理学改变，淋巴瘤可分为霍奇金淋巴瘤（Hodgkin lymphoma，HL）和非霍奇金淋巴瘤（non-Hodgkin lymphoma，NHL）两大类。其中 85% 的淋巴瘤为非霍奇金淋巴瘤。

知识链接

淋巴瘤的历史

淋巴瘤是最早发现的血液系统恶性肿瘤之一。1832 年 Thomas Hodgkin 报告了一种淋巴结肿大合并脾大的疾病，1865 年 Wilks 以 Hodgkin 病命名此种疾病。1898 年发现 Reed-Sternberg 细胞（R-S 细胞），明确了本病的病理组织学特点，现称为霍奇金淋巴瘤。1846 年 Virchow 从白血病中区分出一种称为淋巴瘤或淋巴肉瘤的疾病，1871 年 Billroth 将此病称为恶性淋巴瘤，现在将此种疾病称为非霍奇金淋巴瘤。

第一节　霍奇金淋巴瘤

霍奇金淋巴瘤主要原发于淋巴结，特点是无痛性淋巴结肿大，可伴有发热、盗汗、消瘦等全身症状，预后较好。发病年龄在欧美国家呈较典型的双峰分布，分别在 15~39 岁和 55 岁以后；而包括中国在内的东亚地区，发病年龄呈单峰分布，多在 30~40 岁之间。

【病理和分型】

根据 2017 年版 WHO 关于淋巴造血组织肿瘤的分类，霍奇金淋巴瘤分为经典型和结节性淋巴细胞为主型两大类型。经典型分为 4 种组织学亚型，即结节硬化型、混合细胞型、富于淋巴细胞型和淋巴细胞消减型；结节性淋巴细胞为主型少见，约占 5%。HL 的形态特征为淋巴结正常结构破坏，在炎症细胞背景中散在异型大细胞。HL 是起源于生发中心的 B 淋巴细胞肿瘤，Reed-Sternberg 细胞（R-S 细胞）及变异型 R-S 细胞被认为是 HL 的肿瘤细胞。典型的 R-S 细胞为双核或多核巨细胞，核仁嗜酸性，大而明显，细胞质丰富；若细胞表现为对称性的双核则称为"镜影细胞"。

ER 6-6-3

WHO 淋巴瘤分类 2017 年修订版

ER 6-6-4

Reed-Sternberg 细胞

（一）结节性淋巴细胞为主型霍奇金淋巴瘤

本型以结节形式生长，镜下以单一小淋巴细胞增生为主，缺乏典型的 R-S 细胞，其内散在大肿瘤细胞，细胞核大、折叠，似爆米花样，其核仁小、多个、嗜碱性。

（二）经典型霍奇金淋巴瘤

1. 结节硬化型　光镜下具有双折光胶原纤维束分割、病变组织呈结节状和 R-S 细胞较大呈"腔隙型"的特点。

2. 富于淋巴细胞型　大量成熟淋巴细胞，R-S 细胞少见。

3. 混合细胞型　可见嗜酸性粒细胞、淋巴细胞、浆细胞、原纤维细胞等，在多种细胞成分中出现多个 R-S 细胞伴坏死。

4. 淋巴细胞消减型　淋巴细胞显著减少，大量 R-S 细胞，可有弥漫性纤维化及坏死灶。

【临床表现】

（一）淋巴结肿大

90% 霍奇金淋巴瘤患者以无痛性淋巴结肿大为典型表现。最常见为颈部或锁骨上淋巴结肿大（60%~80%），其次为腋窝淋巴结肿大。肿大的淋巴结可以活动，也可互相粘连，融合成块，触诊有软骨样感。

（二）淋巴结外器官受累

少数霍奇金淋巴瘤可浸润器官组织或肿大淋巴结压迫，引起各种相应症状（参见本章第二节）。

（三）全身症状

20%~30% 的患者伴有 B 症状（发热、盗汗、消瘦）。30%~40% 的患者以原因不明的持续发热为起病症状。这类患者一般年龄稍大，男性较多，常有腹膜后淋巴结累及。少数患者可表现为周期性发热，部分患者发生饮酒后引起淋巴结疼痛。瘙痒症常见。如患者有淋巴瘤所致的副肿瘤综合征可引起多种临床症状。

【实验室检查】

（一）血液和骨髓检查

患者可有轻或中度贫血，部分患者嗜酸性粒细胞升高。骨髓广泛浸润或发生脾功能亢进时，血细胞减少。骨髓涂片找到 R-S 细胞是骨髓浸润的依据，骨髓活检可提高阳性率。

（二）生化检查

疾病活动期血沉加快，血清乳酸脱氢酶、β_2 微球蛋白升高，白蛋白降低提示预后不良。骨受累时血清碱性磷酸酶和血钙可升高。免疫学检验示细胞免疫功能低下。

【影像学检查】

（一）CT 检查

CT 检查是淋巴瘤分期、再分期、疗效评价和随诊最常用的影像学检查方法,对于无碘对比剂禁忌证的患者,尽可能采用增强 CT 扫描,扫描范围至少包括头、颈、胸、腹、盆腔。

淋巴瘤 CT

（二）PET/CT 检查

PET/CT 是一种根据生化影像来进行肿瘤定性定位的诊断方法,可显示病灶部位及肿瘤代谢情况。对于淋巴瘤诊断分期与再分期、疗效评估和预后预测优于其他检查,是诊断及评价淋巴瘤疗效的重要影像学检查手段。

淋巴瘤 PET/CT

（三）MRI 检查

中枢神经系统、骨髓和肌肉部位病变应选择 MRI 检查,肝、脾、肾脏等实质脏器病变可选择 MRI 检查。

（四）超声检查

不用于淋巴瘤的分期及诊断。对于浅表部位淋巴结和浅表器官(如乳腺、睾丸)的诊断和治疗后随访具有一定优势,可以选择性使用。

淋巴瘤 MRI

（五）腔镜检查

适用于可疑胃肠道受侵的患者,在检查的同时可完成活检,明确病理。

【病理学检查】

病理学检查是淋巴瘤诊断的最重要手段。活检时应选取较大的淋巴结完整切除,如果淋巴结病灶位于浅表,应尽量选择颈部、锁骨上和腋窝淋巴结。活检的淋巴结避免挤压,切开后在玻璃片上作淋巴结印片,然后置固定液中。淋巴结印片 Wright 染色后做细胞病理形态学检查,固定的淋巴结经切片行组织病理学检查。在切除淋巴结困难的情况下,可在超声或 CT 引导下行粗针穿刺活检。淋巴瘤病理诊断需综合临床表现、形态学、免疫组织化学、流式细胞术及遗传学和分子病理学等进行诊断。

淋巴瘤病理

【诊断、临床分期与鉴别诊断】

（一）诊断

应结合患者临床表现、体格检查、实验室检查、影像学和病理学检查结果等进行诊断。对无痛性、进行性淋巴结肿大,应考虑淋巴瘤诊断的可能。淋巴结病理学检查是最可靠的确诊手段。任何新诊断的淋巴瘤患者应进行系统和全面的评估,CT、PET/CT 及 MRI 等可以确定病变和分布范围,以便准确分期和选择治疗方案,血常规、血沉、白蛋白、LDH 等可用以判断疾病的预后。

（二）临床分期

根据组织病理学作出淋巴瘤的诊断和分类分型后,需根据淋巴瘤病变的分布范围,按 Ann Arbor-Cotswold 分期标准对患者进行分期。此分期标准也适用于 NHL(表 6-6-1)。

表 6-6-1　Ann Arbor-Cotswold 分期

分期	定义
I 期	病变仅限于 1 个淋巴结区(I)或单个结外器官局部受累(I$_E$)
II 期	病变累及横膈同侧两个或更多的淋巴结区(II),或病变局限侵犯淋巴结以外器官及横膈同侧 1 个以上淋巴结区(II$_E$)
III 期	膈上下两侧均有淋巴结受累(III);伴结外器官或组织局部侵犯(III$_E$),或脾脏受累(III$_S$),或者两者皆受累(III$_{S+E}$)
IV 期	一个或多个结外器官受到广泛性或播散性侵犯,肝或骨髓任一受累,伴或不伴淋巴结肿大

各期的标注:A:无全身症状。B:有全身症状,包括无其他原因解释的发热(体温>38℃,连续 3 天以上)、盗汗(连续 1 个月及以上)、体重下降(6 个月内下降>10%)。X:巨大肿块(>1/3 纵隔或淋巴结最大直径>10cm)。E:淋巴结外组织器官受累(M,骨髓;S,脾;H,肝;O,骨骼;D,皮肤;P,胸膜;L,肺)。

（三）鉴别诊断

1. 其他淋巴结肿大疾病　局部淋巴结肿大要排除淋巴结炎、恶性肿瘤淋巴结转移及免疫性疾病等。结核性淋巴结炎多局限于颈的两侧，可彼此融合，与周围组织粘连，晚期由于软化、溃破而形成窦道。恶性肿瘤淋巴结转移多有其原发病灶的表现，如肺癌有肺部占位等，确诊仍需病理学活检排除。

2. 其他发热表现的疾病　以发热为主要表现的淋巴瘤，须与结核病、败血症、结缔组织病、坏死性淋巴结炎和恶性组织细胞病等鉴别。

3. 其他恶性肿瘤　结外淋巴瘤须与相应器官的其他恶性肿瘤相鉴别。

【预后因素】

早期霍奇金淋巴瘤不良预后因素，不同研究组标准有所不同，NCCN 标准为：红细胞沉降率 >50mm/1h 或伴 B 症状，肿块最大径/胸腔最大径>0.33 或直径>10cm，受累淋巴结区>3 个。晚期霍奇金淋巴瘤不良预后因素：IPS：①白蛋白<40g/L；②血红蛋白<105g/L；③男性；④年龄≥45 岁；⑤Ⅳ期；⑥白细胞≥$15×10^9$/L；⑦淋巴细胞占白细胞比例<8% 和/或计数<$0.6×10^9$/L。

【治疗】

（一）结节性淋巴细胞为主型霍奇金淋巴瘤初始治疗

本型患者预后优于经典型霍奇金淋巴瘤，早期、无大肿块、无 B 症状者以受累野放射治疗为主；早期、有大肿块或 B 症状者采用免疫化学治疗联合放射治疗的综合治疗；晚期以免疫化学治疗为主。因具有惰性病程特征，部分晚期患者可以选择观察随诊。

（二）经典型霍奇金淋巴瘤

1. Ⅰ期和Ⅱ期　该类患者预后较好，无论病变发生部位或组织学类型，大多可以治愈。其中预后良好的 HL，化学治疗方案可采用 ABVD 方案（多柔比星 25mg/m² 静脉注射 第 1、15 天+博来霉素 10mg/m² 静脉注射第 1、15 天+长春碱 6mg/m² 静脉注射 第 1、15 天+达卡巴嗪 375mg/m² 静脉注射第 1、15 天，每 28 天为 1 周期）化学治疗 2~4 周期，联合局部放射治疗；预后不良因素的 HL，可采用 ABVD 方案化学治疗 4~6 周期，联合局部放射治疗，未达完全缓解（CR）患者可适当提高放射治疗剂量。

2. Ⅲ期和Ⅳ期　总体推荐的治疗策略是 ABVD 方案化学治疗。可以选择 ABVD 方案治疗 6~8 周期，未达 CR 或有大肿块者加局部放射治疗。

3. 复发难治性患者　对于复发或诱导治疗期间进展的患者，二线化学治疗缓解后，适合高剂量化学治疗联合自体干细胞移植是合适挽救治疗措施。对于初治时未曾放射治疗的部位，可局部放射治疗。近年来，新靶向治疗药物如 CD30 单抗，维布妥昔单抗用于治疗复发/难治性 CD30 阳性 HL。PD-1 类免疫治疗药物如信迪利单抗、卡瑞利珠单抗和替雷利珠单抗，用于治疗二线系统化学治疗后复发/难治性霍奇金淋巴瘤。

【随访】

患者完成全疗程治疗后进行全面评估，定期随访，每 3 个月 1 次，共 2 年，以后每 6 个月 1 次，共 3 年，以后每年随访 1 次。

第二节　非霍奇金淋巴瘤

非霍奇金淋巴瘤是一组具有不同的组织学特点和起病部位的淋巴瘤。各年龄可发病，发病率随年龄增长而上升，高发年龄男性为 60~70 岁，女性为 70~74 岁。

【病理和分型】

病变的淋巴结切面外观呈鱼肉样。镜下正常淋巴结结构破坏，淋巴滤泡和淋巴窦可消失，增生或浸润的淋巴瘤细胞成分单一、排列紧密。根据细胞来源的不同，NHL 分为 B 淋巴细胞、T 淋巴细胞和 NK 淋巴细胞，其中大部分为 B 淋巴细胞性，各亚型有不同的形态特征、临床表现、预后情况及对治疗的反应性。我国病理类型中,弥漫性大 B 细胞淋巴瘤最多,其次是 NK/T 细胞淋巴瘤。

【临床表现】

无痛性进行性淋巴结肿大或局部肿块是非霍奇金淋巴瘤常见的临床表现。但与霍奇金淋巴瘤不同,非霍奇金淋巴瘤的临床表现有如下特点。①全身性:淋巴瘤可发生在身体任何部位,其中淋巴结、扁桃体、脾和骨髓是容易受累的部位,可伴全身症状。②快速性:除惰性淋巴瘤外,一般发展迅速,病情短期之内即可出现进展。③多样性:根据淋巴瘤发生或浸润的组织器官不同,引起的症状呈现多样性。如咽淋巴环病变可有吞咽困难、鼻塞;肺、纵隔侵犯可有咳嗽、气促、胸腔积液;胃肠侵犯可有腹痛、消化道出血、腹部包块;皮肤受累出现皮疹、肿块;神经系统受累可引起头昏、头痛、意识障碍、截瘫;骨髓受累可引起骨痛、骨折等临床表现。

【实验室检查】

(一)血液和骨髓检查

白细胞计数多正常,伴淋巴细胞绝对或相对增多。骨髓受累时骨髓涂片活检中可找到淋巴瘤细胞,可呈现白血病样血常规和骨髓象。

(二)血生化、免疫检查

疾病活动期血清乳酸脱氢酶升高,β_2 微球蛋白升高。骨骼受累时血清碱性磷酸酶和血钙可升高。免疫酶标和流式细胞仪测定淋巴瘤细胞的分化抗原,对 NHL 细胞表型进行分析,可为淋巴瘤进一步分型诊断提供依据。

(三)感染筛查

部分淋巴瘤与病毒或细菌感染有关,应根据患者淋巴瘤病理类型进行相关检查,如幽门螺杆菌、EBV、HIV 等。

【影像学检查】

参照本章第一节。

【病理学检查】

参照本章第一节。

【诊断、分期与鉴别诊断】

参照本章第一节。

【治疗】

(一)化学治疗

1. 惰性淋巴瘤 惰性淋巴瘤主要有滤泡性淋巴瘤、边缘区 B 细胞淋巴瘤、小 B 淋巴细胞淋巴瘤等,其发展较慢,预后较好。Ⅰ期和Ⅱ期患者接受放射治疗或化学治疗后存活可达 10 年,常用的药物有苯丁酸氮芥、苯达莫司汀、伊布替尼、氟达拉滨、利妥昔单抗等。Ⅲ期和Ⅳ期患者,由于肿瘤生长缓慢,部分患者可采取观察等待的方法,暂不化学治疗,待出现症状后可采取化学治疗±联合免疫治疗,目的是控制而不是治愈疾病。由于大部分 B 细胞淋巴瘤表达 CD20,抗 CD20 单抗(利妥昔单抗、奥妥珠单抗)单用、联合化学治疗或维持治疗可提高惰性 NHL 患者的缓解率和生存时间。化学治疗方案可选用苯达莫司汀联合 CD20 单抗,CHOP 方案(环磷酰胺 750mg/m² 静脉注射 第 1 天+多柔比星 50mg/m² 静脉注射 第 1 天+长春新碱 1.4mg/m² 静脉注射 第 1 天+泼尼松 100mg 口服 第1~5 天,每 3 周重复为 1 疗程)联合 CD20 单抗等。

2. 侵袭性淋巴瘤 常见的侵袭性淋巴瘤主要有弥漫性大 B 细胞淋巴瘤、NK/T 淋巴瘤、外周 T 细胞淋巴瘤、套细胞淋巴瘤、伯基特淋巴瘤等。侵袭性淋巴瘤治疗以化学治疗为主,对化学治疗残留肿块、局部巨大肿块或中枢神经系统累及者,可行局部放射治疗。有多种化学治疗方案可供选择,其中 CHOP 方案为侵袭性 NHL 的标准方案。抗 CD20 单抗联合化学治疗,可明显提高 CD20 表达侵袭性 B 细胞淋巴瘤的缓解率和生存时间,R-CHOP(利妥昔单抗联合 CHOP)方案是常用治疗方案。新一代免疫靶向治疗药物如:来那度胺、硼替佐米、伊布替尼、维泊妥珠单抗等在复发难治侵袭性淋巴瘤治疗中显示出良好的疗效。

(二) 放射治疗

对于 I~II 期惰性淋巴瘤、鼻腔 NK/T 淋巴瘤,放射治疗是根治的治疗手段。I~II 期侵袭性淋巴瘤患者化学治疗后根据肿瘤消退情况选择是否联合局部放射治疗;III~IV 期患者以全身治疗为主,根据情况联合局部放射治疗。对于晚期或不能耐受化学治疗的患者,低剂量放疗可缓解症状,减轻肿瘤压迫。

(三) 手术治疗

手术治疗仅适用于以下患者:局限性结外病变,巨大包块或消化道淋巴瘤引起穿孔、梗阻、出血等,原发脾脏淋巴瘤等。

(四) 干细胞移植

造血干细胞移植常用于侵袭性淋巴瘤复发后挽救治疗有效的病例,也用于预后不良的高危病例。对常规治疗效果不佳的病例也可探索异基因造血干细胞移植。

(五) CAR-T 解救治疗

二线及以上解救治疗失败的患者,可选择抗 CD19 嵌合抗原受体 T 细胞(chimeric antigen receptor T-cell,CAR-T)治疗。

(六) 抗幽门螺杆菌治疗

I~II 期原发胃 MALT 淋巴瘤 HP 阳性者首选抗 HP 治疗,此后胃镜随访 HP 情况。治疗后部分患者症状改善,肿瘤消失。具体用药参考本书。

【随访】

参照本章第一节。

本章小结

淋巴瘤是起源于淋巴结和淋巴组织的恶性肿瘤,病理学上将其分为霍奇金淋巴瘤和非霍奇金淋巴瘤。按病理组织形态学等特点又可分为许多不同的亚型。淋巴瘤的临床表现主要是淋巴结肿大、全身症状及恶性肿瘤的其他表现。淋巴瘤通常通过临床表现、影像学检查及病理学检查进行综合诊断。淋巴瘤的治疗以化学治疗联合靶向治疗为主,放射治疗、免疫治疗、造血干细胞移植、CAR-T 治疗等也是重要的治疗手段。

病例讨论

患者,男,45 岁,3 个月前出现双侧颈部淋巴结肿大,无疼痛,在当地医院就诊,诊断为急性淋巴结炎,予"头孢"治疗 10 天后肿大淋巴结无缩小,近 1 个月淋巴结增大。无发热、盗汗、消瘦。既往体健。体格检查:生命体征正常,皮肤黏膜无黄染及出血点,双侧颈部可触及多个淋巴结,最大约 4.5cm×3.0cm×2.0cm,质地韧,活动度差,无压痛。没有其他浅表部位淋巴结肿大。肺部、心脏、腹部查体无异常。

(缪继东)

思考题

1. 简述霍奇金淋巴瘤的病理类型及各型预后。
2. 简述淋巴瘤的临床分期。

ER 6-6-9

练习题

第七章 | 多发性骨髓瘤

教学课件

思维导图

ER 6-7-1 ER 6-7-2

学习目标

1. 掌握:多发性骨髓瘤的临床表现、实验室检查。
2. 熟悉:多发性骨髓瘤的诊断、鉴别诊断和治疗原则。
3. 了解:多发性骨髓瘤的常见病因及发病机制。
4. 学会对临床典型多发性骨髓瘤患者进行诊断和分期。
5. 具备敬佑生命、救死扶伤、关爱患者、保护患者隐私的职业精神与道德目标。

案例导入

患者,男,60岁。因"胸腰部疼痛5个月"就诊。患者诉5个月前无明显诱因出现腰部疼痛,自行使用止痛药未见好转,3周前出现头晕,于当地医院查血常规示:RBC 3.6×10^{12}/L、Hb 88g/L;X线提示多发肋骨及腰椎骨折。查体:贫血外观,浅表淋巴结无肿大,肝脾未及,胸廓及腰椎叩痛。查血涂片提示红细胞成串状排列,骨髓细胞学检查提示浆细胞增多占60%。

请思考:
患者可能的诊断是什么?

多发性骨髓瘤(multiple myeloma,MM)是单克隆浆细胞引起的恶性增殖性疾病。骨髓中克隆性浆细胞异常增生,并分泌单克隆免疫球蛋白或其片段(M蛋白),导致相关器官或组织损伤。常见临床表现为骨痛、贫血、感染、高钙血症和肾功能损害等。我国多发性骨髓瘤发病率为3~6/10万,多发于老年,发病年龄在50~60岁,本病目前仍无法治愈。

【病因和发病机制】

病因尚不明确,电离辐射、环境因素、化学物品、病毒感染、抗原刺激和遗传倾向等可能与本病有关。已经证实IL-6是促进B细胞分化为浆细胞的调节因子,进展性MM患者骨髓中IL-6异常升高,提示以IL-6为中心的细胞因子网络失调导致骨髓瘤细胞增生。其他细胞因子如IL-1、IL-4、IL-5、TNF等也与浆细胞增殖有关。癌基因如*N-ras*、*K-ras*和*B-raf*的突变及抑癌基因的失活可能与本病有关。在发病机制上,MM具备基因组高度不稳定的内部特征和对微环境高度依赖的外部特性,两者共同参与了MM的发生和发展。

【临床表现】

本病呈缓慢隐匿性起病,常见的症状包括骨髓瘤相关器官功能损伤的表现,以及淀粉样变性等靶器官损害等相关表现。临床表现是由骨髓瘤细胞浸润所致,或由其分泌的大量单克隆免疫球蛋白引起。

(一)骨髓瘤细胞增殖和浸润引起的表现

1.骨骼改变 细胞的浸润直接或间接刺激破骨细胞产生破骨细胞活化因子导致溶骨性破坏,初诊MM患者中高达80%存在溶骨性损害。骨痛为最常见症状,腰骶部最多见,其次为胸背部、肋骨和下肢骨骼。活动或扭伤后剧痛者有自发性骨折的可能。单个骨骼损害称为孤立性浆细胞瘤。

2. 贫血 肿瘤细胞浸润使骨髓正常造血功能受抑制,加之肾功能不全、继发感染以及高黏滞血症导致的血浆容量增加等多种因素,造成 90% 以上患者有不同程度的贫血。

3. 髓外浸润 骨髓瘤细胞在髓外浸润器官或组织常引起器官肿大,如淋巴结、肾、肝和脾肿大,神经损害、髓外浆细胞瘤及浆细胞白血病等。

(二)骨髓瘤细胞分泌大量单克隆免疫球蛋白引起的表现

1. 血液高黏滞综合征 血清中 M 蛋白增多,尤以 IgA 易聚合成多聚体,可使血液黏滞性过高,引起血流缓慢、组织淤血和缺氧。导致头痛、头昏、视力障碍、手足麻木甚至昏迷。

2. 感染 MM 患者感染风险明显增加,主要是由于潜在低丙种球蛋白血症。肿瘤细胞分泌的异常免疫球蛋白的抗体活性很低,而正常的免疫球蛋白合成受抑制,加以骨髓造血功能受损致粒细胞减少,以及糖皮质激素、化疗等多种因素导致感染发生。以呼吸系统和泌尿系统感染最常见,严重者可导致败血症。病毒感染以带状疱疹多见。

3. 高钙血症 多发生在有广泛骨骼损害及肾功能不全的患者,表现为恶心、呕吐、畏食、多尿、烦渴、烦躁、嗜睡甚至昏迷。

4. 肾损害 由于单克隆免疫球蛋白轻链经肾小球滤过,沉积于肾小管,加以高钙血症、高尿酸血症、高黏滞血症、肾淀粉样变性、肾盂肾炎等多种因素造成肾损害,可表现为肾病综合征和肾功能不全。患者出现肾衰竭,常提示预后不良。

5. 出血倾向 异常免疫球蛋白可被覆于血小板表面,可与纤维蛋白单体结合影响纤维蛋白多聚化,也可直接影响因子Ⅷ的活性,干扰血小板功能和凝血功能,加以高黏滞血症损伤毛细血管壁而引起不同部位的出血,以鼻出血、牙龈出血和皮肤紫癜多见。

6. 淀粉样变性和雷诺现象 少数患者,尤其是 IgD 型,可发生淀粉样变性,常见舌、腮腺肿大,心脏扩大,腹泻或便秘,皮肤病变,外周神经病变及肝、肾功能损伤等。若 M 蛋白为冷球蛋白,则引起雷诺现象。

【实验室及其他检查】

(一)血液分析

贫血多为正细胞、正色素性,血涂片上可见红细胞呈缗钱状(成串状)排列。白细胞总数正常或减少。晚期可见大量浆细胞。血小板计数多正常。血沉常增快。

(二)骨髓检查

骨髓细胞学检查对本病诊断有重要诊断价值。骨髓中浆细胞异常增生并伴有质的改变,骨髓瘤细胞大小形态不一,成堆出现,核内可见核仁 1~4 个,并可见双核或多核浆细胞。骨髓瘤细胞免疫表型 CD38+、CD56+。

ER 6-7-3

多发性骨髓瘤
骨髓片

(三)血液生化检查

1. M 蛋白的检测

(1)**蛋白电泳**:血清或尿在蛋白电泳时可见一浓而密集的染色带,扫描呈现基底较窄单峰突起的 M 蛋白,多见于 γ 或 β 区。

(2)**免疫固定电泳**:可确定 M 蛋白的种类并对骨髓瘤进行分型:①IgG 型骨髓瘤占 52%,IgA 型占 21%,轻链型占 15%,IgD 型少见,IgE 型及 IgM 型罕见;②伴随单株免疫球蛋白的轻链,不是 κ 链即为 λ 链;③约 1% 的患者血清或尿中无 M 蛋白,称为不分泌型骨髓瘤。少数患者血中存在冷球蛋白。

(3)**血清免疫球蛋白定量**:显示 M 蛋白增多,正常免疫球蛋白减少。

(4)**血清游离轻链检测**:结合蛋白电泳和免疫固定电泳能提高多发性骨髓瘤和其他相关浆细胞疾病检测的敏感性。

2. 血钙、磷 血钙升高、血磷正常。通常血清碱性磷酸酶正常。

3. 血清 β_2 微球蛋白及白蛋白 血 β_2 微球蛋白量与骨髓瘤细胞总数正相关,白蛋白量与 IL-6 的活性呈负相关,可用于评估肿瘤负荷及预后。

4. C 反应蛋白和血清乳酸脱氢酶 C 反应蛋白和 IL-6 水平正相关,乳酸脱氢酶与肿瘤活动相关,均可反映疾病的严重程度。

5. 尿和肾功能 90% 患者有蛋白尿,血清尿素氮和肌酐可升高。尿免疫固定电泳、24 小时尿轻链可见异常。

(四) 细胞遗传学

染色体的异常通常为免疫球蛋白重链区基因重排,包括 del(13)、del(17)、t(4;14)、t(11;14) 及 1q21 扩增。

(五) 影像学检查

1. X 线 MM 骨病变 X 片可见典型的圆形穿凿样溶骨性破坏、弥漫性骨质疏松或骨折。最常受累的部位是脊椎、颅骨、骨盆、肋骨和胸骨下段。但通过普通 X 线检查难以发现早期病变。

2. CT CT 检查较 X 线敏感,可以发现早期骨质破坏和病程中出现的溶骨病变。

3. PET/CT PET/CT 检查不仅可以有效地检查出 MM 的活动,还可进行全身范围的扫描,是检测 MM 伴骨骼破坏的良好手段。

4. MRI MRI 检查能发现 MM 的骨髓浸润,尤其是脊椎。在可疑溶骨部位或骨质疏松部位的骨髓浸润的判断上,MRI 检查具有重要的诊断意义。

5. ECT ECT 能一次显示全身骨骼,成骨转移时,较 X 线检查敏感。但任何原因引起的骨质代谢增高均可导致放射线浓聚,需注意鉴别。

【诊断、分型、分期与鉴别诊断】

(一) 诊断标准

参照我国 2022 年多发性骨髓瘤诊断标准,分为意义未明单克隆免疫球蛋白增多症、无症状骨髓瘤(冒烟型骨髓瘤)和有症状骨髓瘤(活动性骨髓瘤)。

1. 意义未明单克隆免疫球蛋白增多症

(1)血清单克隆 M 蛋白 30g/L 或 24 小时尿轻链<0.5g。

(2)骨髓单克隆浆细胞比例<10%。

(3)无相关器官及组织的损害(无 SLiM-CRAB 等终末器官损害表现)。

2. 无症状骨髓瘤诊断标准(需满足第 3 条,加上第 1 条和/或第 2 条)

(1)血清单克隆 M 蛋白≥30g/L 或 24 小时尿轻链≥0.5g。

(2)骨髓单克隆浆细胞比例 10%~59%。

(3)无相关器官及组织的损害(无 SLiM-CRAB 等终末器官损害表现)。

3. 活动性(有症状)多发性骨髓瘤诊断标准(需满足第 1 条及第 2 条,加上第 3 条中任何 1 项)

(1)骨髓单克隆浆细胞比例≥10% 和/或组织活检证明有浆细胞瘤。

(2)血清和/或尿出现单克隆 M 蛋白。

(3)**骨髓瘤引起的相关表现**:①靶器官损害表现(CRAB):[C]校正血清钙≥2.75mmol/L,[R]肾功能损伤(肌酐清除率<40ml/min 或肌酐>177μmol/L),[A]贫血(血红蛋白低于正常下限 20g/L 或<100g/L),[B]溶骨性破坏,通过影像学检查(X 线、CT 或 PET-CT)显示 1 处或多处溶骨性病变。②无靶器官损害表现,但出现以下 1 项或多项指标异常(SLiM):[S]骨髓单克隆浆细胞比例≥60%,[Li]受累/非受累血清游离轻链比≥100,[M]MRI 检查出现>1 处 5mm 以上局限性骨质破坏。

(二) 分型

依照 M 蛋白类型分为:IgG 型、IgA 型、IgD 型、IgM 型、IgE 型、轻链型、双克隆型以及不分泌型。

ER 6-7-4

多发性骨髓瘤
X 片

ER 6-7-5

多发性骨髓瘤
CT

ER 6-7-6

多发性骨髓瘤
ECT

进一步可根据 M 蛋白的轻链型别分为 κ 型和 λ 型。

（三）分期

按照修订的国际分期体系（R-ISS）进行分期，可以为判断预后和指导治疗提供依据。分 I~Ⅲ 期：I 期：血清 β_2 微球蛋白<3.5mg/L，白蛋白≥35g/L，非细胞遗传学高危患者同时 LDH 正常水平；Ⅱ 期：介于 I 期和Ⅲ期之间；Ⅲ期：血清 β_2 微球蛋白≥5.5mg/L 同时细胞遗传学高危患者或者 LDH 高于正常水平。肾功能正常者为 A 组，有肾功能损害者为 B 组。

（四）鉴别诊断

需与转移性癌的溶骨性病变等鉴别。当患者无溶骨性病变时，特别是骨髓无原、幼浆细胞增多者，应排除由于慢性感染、结缔组织病等引起的反应性浆细胞增多症以及比较少见的意义未明单克隆免疫球蛋白血症和华氏巨球蛋白血症等疾病。

【治疗】

多发性骨髓瘤目前是不可治愈的疾病。治疗的主要目标是控制骨髓瘤进展和防止严重合并症，从而提高生活质量，并延长生存期。治疗时不仅需要考虑控制克隆性浆细胞的肿瘤负荷，还需要注意患者年龄、体能状态等，注意目标器官功能障碍的处理，包括维持骨健康、防止感染、血栓形成及肾脏并发症。

（一）无症状骨髓瘤

无症状或冒烟型多发性骨髓瘤患者暂不推荐治疗，直到有明确证据表明疾病进展再开始治疗。高危无症状骨髓瘤可根据患者意愿进行综合考虑或进入临床试验。

（二）孤立性浆细胞瘤

骨型浆细胞瘤对受累部位进行放射治疗。骨外型浆细胞瘤先对受累部位进行放射治疗，如有必要则行手术治疗。

（三）有症状骨髓瘤的初始治疗

1. 一般措施

(1)**骨病和高钙血症**：高钙血症的治疗包括水化、利尿、双膦酸盐、糖皮质激素、降钙素和治疗基础疾病。

(2)**贫血**：患者 Hb 低于 100~110g/L 时可开始使用重组人促红细胞生成素。起始剂量为 150U/kg，每周 3 次皮下注射。

(3)**肾功能不全**：加强水化和治疗多发性骨髓瘤肾病是最常采用的方法。严重肾功能不良应该考虑进行血浆置换治疗。如上述治疗严重肾功能不全不能缓解，需要进行透析治疗。

(4)**感染**：应当教育患者，对感染要特别重视，一旦出现应立即就医。对于反复出现感染的患者需输注免疫球蛋白。若使用大剂量地塞米松方案，应考虑预防卡氏肺孢子菌肺炎和真菌感染。

(5)**高黏滞血症**：血浆置换可以改善临床症状，降低 M 蛋白浓度和血浆黏滞度。

2. 初始治疗

(1)**诱导化学治疗**：对于新诊断的多发性骨髓瘤，要根据患者的年龄、体能及共存疾病状况决定其造血干细胞移植条件的适合性。移植候选患者诱导化学治疗不宜长于 4~6 个疗程，以免损伤造血干细胞并影响其动员采集。初始治疗可选化学治疗方案很多，下述为适合移植患者代表性方案：硼替佐米+地塞米松（VD）、来那度胺+地塞米松（RD）、来那度胺+硼替佐米+地塞米松（RVD）、沙利度胺+地塞米松（TD）等。不适合移植患者除上述方案外还可选用以下方案：美法仑+泼尼松+硼替佐米（VMP）、美法仑+泼尼松+沙利度胺（MPT）、美法仑+泼尼松+来那度胺（MPR）等。

(2)**自体造血干细胞移植**（ autologous hematopoietic stem cell transplantation , ASCT ）：肾功能不全及老年并非移植禁忌证。诱导后主张早期序贯自体造血干细胞移植，对中高危的患者早期序贯 ASCT 意义更为重要。相比于晚期移植，早期移植者无事件生存期更长。

（3）**巩固治疗**：为进一步提高疗效反应深度，以强化疾病控制，对于诱导治疗或自体造血干细胞移植后获最大疗效的患者，可采用原诱导方案短期巩固治疗 2~4 个疗程。

（4）**维持治疗**：长期维持治疗（毒副作用轻微）通过延长疗效反应的持续时间与无进展生存期，最终可改善患者总生存。可选用来那度胺、沙利度胺、硼替佐米联合沙利度胺或泼尼松等。

（5）**异基因造血干细胞移植**：对于年轻的具有高危预后因素且有合适供者的患者，可考虑异基因造血干细胞移植。

3. 复发患者的治疗

（1）**首次复发**：治疗目标是获得最大限度的缓解，延长无进展生存期。尽可能选用含蛋白酶体抑制剂（卡非佐米、伊沙佐米、硼替佐米）、免疫调节剂（泊马度胺、来那度胺）、达雷妥尤单抗以及核输出蛋白抑制剂（塞利尼索）等的 3~4 药联合化疗。再次获得 PR 及以上疗效且有冻存自体干细胞者，可进行挽救性 ASCT。

（2）**多线复发**：以提高患者的生活质量为主要治疗目标，在此基础上尽可能获得最大限度缓解。应考虑使用含蛋白酶体抑制剂、免疫调节剂、达雷妥尤单抗以及核输出蛋白抑制剂、细胞毒药物等的 2~4 药联合治疗。

（3）**侵袭/症状性复发与生化复发**：侵袭性复发及症状性复发的患者应该及时启动治疗。

【随访】

无症状骨髓瘤：每 3 个月复查相关指标，骨骼检查每年进行 1 次。孤立性浆细胞瘤：每 3~6 个月进行复查，每 6~12 个月进行 1 次影像学检查。有症状骨髓瘤：诱导治疗期间每 2~3 个疗程进行 1 次疗效评估，骨骼检查每 6 个月进行 1 次或根据临床症状进行。

本章小结

多发性骨髓瘤是浆细胞恶性增殖性疾病，因克隆性浆细胞异常增殖并分泌 M 蛋白导致骨痛、骨折、贫血、高钙血症、肾功能损害及反复感染等症状。其诊断、分期及分型有赖于骨髓、血清蛋白及影像学等检查。本病目前尚不能根治，治疗的主要目标是控制骨髓瘤进展和防止严重合并症，常用化疗方案有 VD、RD、TD、RVD 方案等。自体或异体造血干细胞移植可延长患者生存时间。维持治疗及定期随访十分重要。

病例讨论

患者，男，53 岁，诉 3 个月前无明显诱因出现四肢骨痛，自行口服止痛药未见好转，2 周前出现头晕，于当地医院查血常规：RBC $5.1×10^{12}$/L、Hb 82g/L；X 线提示双上肢肱骨及左下肢股骨多发性骨破坏表现。查体：贫血外观，浅表淋巴结无肿大，肝脾未扪及肿大，四肢骨骼压痛。查血涂片提示红细胞成串状排列，骨髓细胞学检查提示浆细胞占 60%。

（缪继东）

思考题

1. 简述多发性骨髓瘤的临床表现。
2. 简述多发性骨髓瘤的治疗原则。

ER 6-7-7

练习题

第八章 | 出血性疾病

ER 6-8-1 ER 6-8-2

教学课件　思维导图

学习目标

1. 掌握:出血性疾病的诊断和分类;过敏性紫癜的诊断和治疗原则;原发免疫性血小板减少症的诊断标准和治疗原则;弥散性血管内凝血的诊断和治疗原则。

2. 熟悉:血液凝固及纤溶过程;出血性疾病的治疗原则;过敏性紫癜的临床表现和实验室检查;原发免疫性血小板减少症的临床表现、分型及实验室检查;弥散性血管内凝血的临床表现和实验室检查。

3. 了解:正常止血机制;过敏性紫癜的病因和发病机制;原发免疫性血小板减少症的病因和发病机制;弥散性血管内凝血的病因、发病机制和病理生理现象。

4. 学会对不同病因的出血性疾病进行诊断;并针对不同病因选择合适的治疗方案。

5. 具备甘于奉献、勇于创新、坚持自主创新的职业和科学精神。

第一节　概　述

出血性疾病是指正常的止血功能发生障碍而导致的自发性出血或血管轻微损伤后出血不止的一组疾病。人体的止血机制包括三方面因素:血管因素、血小板因素和凝血因素。任何一方面发生障碍,即可引起出血。

【正常止血机制】

(一)血管因素

当血管受损时,局部血管立即发生反射性收缩,使管腔变窄,局部血流减缓,破损伤口缩小或闭合,减轻出血,有利于血液凝固和止血。血管收缩通过神经反射及多种介质调控完成。单纯血管收缩在止血中的作用是短暂的。

血管内皮受损后,在止血过程中有下列作用:①内皮细胞表达并释放组织因子(TF),启动外源性凝血途径;②内皮下胶原组织暴露,激活因子Ⅻ,启动内源性凝血途径;③释放血管性血友病因子(vWF),使血小板在损伤局部黏附和聚集,并释放生物活性物质,促使血小板血栓形成;④表达并释放凝血酶调节蛋白(TM),调节抗凝系统。

(二)血小板因素

血管损伤后,血小板通过以下作用止血:①在血小板膜糖蛋白Ⅰb(GPⅠb)和vWF的作用下,血小板黏附于受损内皮下胶原组织上,形成血小板血栓;②血小板膜糖蛋白Ⅱb/Ⅲa(GPⅡb/Ⅲa)通过纤维蛋白原作用使血小板聚集;③聚集后的血小板活化可分泌释放血小板因子3(PF3)、血栓素A2(TXA2)、5-羟色胺等一系列活性物质。

(三)凝血因素

上述血管内皮损伤,启动内源性及外源性凝血途径,在磷脂等的参与下,经过一系列酶解反应形成纤维蛋白血栓,血栓填塞于血管受损部位使出血停止。同时,在凝血过程中形成的凝血酶等还具有多种促进血液凝固和止血的作用。止血机制及主要相关因素的作用（图 6-8-1）。

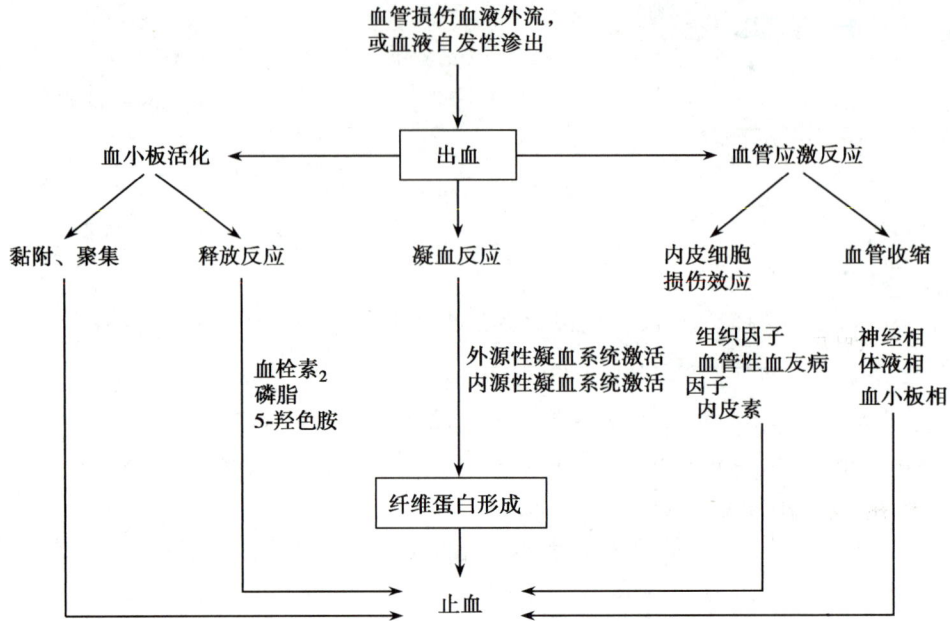

图 6-8-1 止血机制及主要相关因素的作用

【正常凝血机制】

凝血是一系列凝血因子酶解反应的过程。正常状态下，凝血因子在血液中均以无活性的酶原形式存在，当其中某一因子被激活后，便相继激活其他无活性的凝血因子，产生生物放大效应，最终生成凝血酶，导致纤维蛋白的形成和血液凝固。凝血的最终产物是血浆中的纤维蛋白原变为纤维蛋白。

（一）凝血因子

参与人体凝血过程的凝血因子有 14 个，其命名、生成部位、主要生物学特性及正常血浆浓度见表 6-8-1。被激活的因子在罗马数字的右下方注以"a"字。

表 6-8-1 血浆凝血因子的名称及特性

凝血因子	同义名	合成部位	与维生素 K 的关系	血浆中浓度/（mg·L⁻¹）	被硫酸钡吸附	血清中	储存稳定性	半衰期/h
I	纤维蛋白原	肝、巨核细胞	−	2 000~4 000	−	无	稳定	90
II	凝血酶原	肝	+	150~200	+	无	稳定	60
III	组织因子，组织凝血活酶	组织、内皮细胞、单核细胞	−	0				
IV	钙离子			90~110			稳定	稳定
V	易变因子（前加速素）	肝	−	50~100	−	无	不稳定	12~15
VII	稳定因子（前转变素）	肝	+	0.5~2.0	+	有	不稳定	6~8
VIII	抗血友病球蛋白（AHG）	肝、脾、巨核细胞	−	0.1	−	无	不稳定（冷冻稳定）	8~12
IX	血浆凝血活酶成分（PTC），Christmas 因子	肝	+	3~4	+	有	稳定	12~24

凝血因子	同义名	合成部位	与维生素K的关系	血浆中浓度/（mg·L⁻¹）	被硫酸钡吸附	血清中	储存稳定性	半衰期/h
X	Stuart-Prower 因子	肝	+	6~8	+	有	尚稳定	48~72
XI	血浆凝血活酶前质（PTA）	肝	−	4~6	+	有	稳定	48~84
XII	接触因子,Hageman 因子	肝	−	2.9	−	有	稳定	48~52
XIII	纤维蛋白稳定	肝、巨核细胞	−	2.5	−	无	稳定	48~52
PK	激肽释放酶原（前激肽释放酶）	肝	−	1.5~5.0	−	有	稳定	35
HMWK	高分子量激肽原	肝	−	7	−	有	稳定	144

（二）凝血过程

凝血过程分三个阶段：凝血活酶形成、凝血酶形成和纤维蛋白形成阶段。

1.凝血活酶形成 由于启动方式和激活因子 X 的途径不同,分为内源性凝血途径和外源性凝血途径。在凝血过程中,两条途径之间又相互作用,密切联系。

（1）**外源性凝血途径**：参与的凝血因子有组织因子（TF）、因子Ⅶ和 Ca^{2+}。当血管损伤时,血管内皮细胞表达和释放组织因子,其与因子Ⅶa 结合,在 Ca^{2+} 存在的条件下,形成 TF/Ⅶ或 TF/Ⅶa 复合物,激活因子 X,并可激活因子 IX。

（2）**内源性凝血途径**：指因子ⅩⅡ被激活至Ⅹa 形成的过程。参与的凝血因子有因子ⅩⅡ、ⅩⅠ、Ⅸ、Ⅷ、Ca^{2+}、高分子量激肽原和激肽释放酶原。因子ⅩⅡ通过与损伤的血管内皮下胶原组织接触被激活而启动,然后激活因子ⅩⅠ,因子ⅩⅠa 使因子Ⅸ活化,在 Ca^{2+}的参与下形成 FIXa、FⅧa:C 与 PF3 复合物,激活因子 X。

通过上述两条途径,因子 X 被激活,在 Ca^{2+}存在的条件下,形成 FXa、FV 与 PF3 复合物,该复合物称凝血活酶。

2.凝血酶形成 凝血酶原在凝血活酶作用下,活化为凝血酶。凝血酶的形成是凝血连锁反应中的关键,凝血酶除参与凝血反应外,还有诸多作用：①反馈性加速凝血酶原向凝血酶的转变。②诱导血小板的不可逆性聚集,加速其活化和释放反应。③激活 FⅫ。④激活 FⅩⅢ,加速稳定性纤维蛋白的形成。⑤激活纤维蛋白溶解系统。

3.纤维蛋白形成 凝血酶使纤维蛋白原形成纤维蛋白单体,并相互聚合成不稳定性纤维蛋白。在因子ⅩⅢa 作用下,发生交联形成稳定性纤维蛋白。因子Ⅹa 生成后,至凝血酶和纤维蛋白的形成,称为共同凝血途径。血液凝固过程模式见图 6-8-2。

【抗凝和纤维蛋白溶解机制】

体内存在的抗凝及纤维蛋白溶解（简称纤溶）系统使凝血与抗凝、纤维蛋白形成与纤溶之间维持着动态平衡,保持血流的畅通。

（一）抗凝系统的组成及作用

1.抗凝血酶（AT） AT 是人体内最重

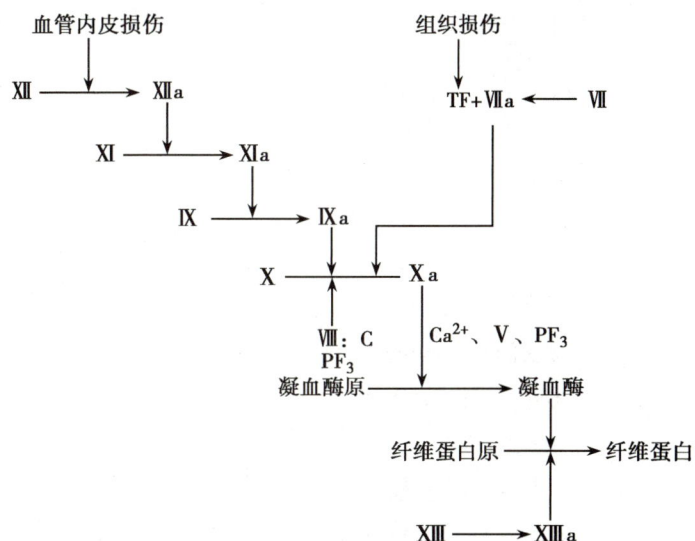

图 6-8-2 血液凝固过程模式图

要的抗凝物质,约占血浆生理性抗凝活性的75%。AT生成于肝及血管内皮细胞,主要功能是灭活FXa及凝血酶,对其他凝血酶如FIXa、FXIa、FXIIa等亦有一定灭活作用,其抗凝活性与肝素密切相关。

2. 蛋白C系统　蛋白C系统由蛋白C(PC)、蛋白S(PS)、血栓调节蛋白(TM)等组成,PC、PS为维生素K依赖性因子,在肝内合成。TM则主要存在于血管内皮细胞表面,是内皮细胞表面的凝血酶受体。凝血酶与TM以1:1形成复合物,裂解PC,形成活化的PC(APC),APC以PS为辅助因子,通过灭活FV及FVIII而发挥抗凝作用。

3. 组织因子途径抑制物(TFPI)　为一种对热稳定的糖蛋白。内皮细胞可能是其主要生成部位。TFPI的抗凝机制为:①直接对抗FXa;②在Ca^{2+}存在的条件下,有抗TF/FVIIa复合物的作用。

4. 肝素　为硫酸糖胺聚糖类物质,主要由肺或肠黏膜肥大细胞合成,抗凝作用主要表现为抗FXa和凝血酶。其作用与AT密切相关,肝素与AT结合,致AT构型变化,活性中心暴露,变构的AT与因子Xa或凝血酶以1:1形成复合物,致上述两种丝氨酸蛋白酶灭活。低分子肝素的抗FXa作用明显强于肝素钠。此外,肝素还有促进内皮细胞释放组织型纤溶酶原激活剂(t-PA)、增强纤溶活性等作用。

(二)纤维蛋白溶解系统

1. 组成　纤溶系统主要由纤溶酶原及其激活物、纤溶酶原激活物抑制物等组成。主要组成包括纤溶酶原、组织型纤溶酶原激活剂(t-PA)、尿激酶型纤溶酶原激活剂(u-PA)和纤溶酶相关抑制物(如α2-纤溶酶抑制剂、α1-抗胰蛋白酶、α2-抗纤溶酶等)。

2. 纤溶系统激活　当血管损伤后,存在于体内的纤溶酶原激活物t-PA和u-PA等释放入血液,通过外源性激活途径,激活纤溶酶原形成纤溶酶,导致纤溶系统激活;同时因子XIIa可以通过内源性激活途径激活激肽释放酶,使纤溶酶原转变为纤溶酶。纤溶酶作用于纤维蛋白(原),使之降解为小分子多肽A、B、C及一系列碎片,称为纤维蛋白(原)降解产物(FDP),使沉积在血管内皮上的纤维蛋白凝块溶解,修复损伤的组织,使血流保持通畅。纤溶过程见图6-8-3。

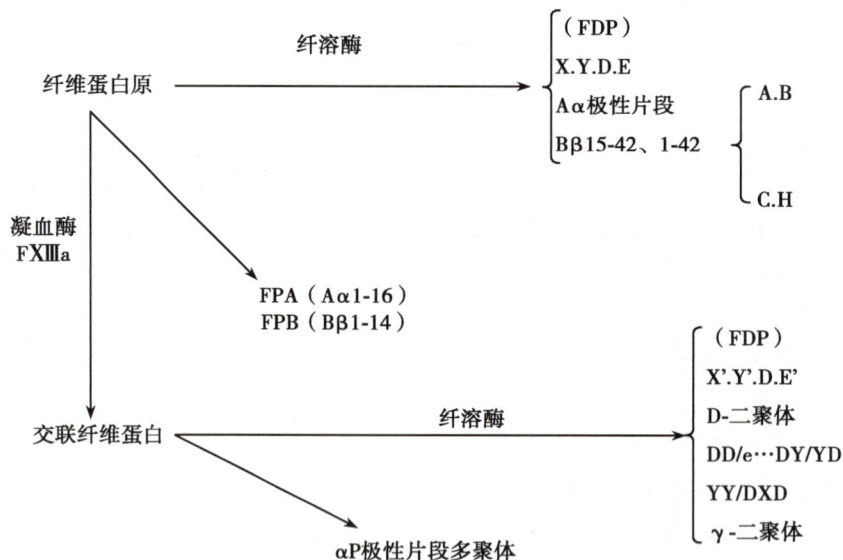

图6-8-3　纤溶过程示意图

【出血性疾病分类】

根据发病机制,出血性疾病可分为:

(一)血管异常

1. 先天性或遗传性

(1)遗传性出血性毛细血管扩张症。

(2)家族性单纯性紫癜。

（3）先天性结缔组织病。

2. 获得性

（1）**感染**：如败血症。

（2）**过敏**：如过敏性紫癜。

（3）**化学物质及药物**：如药物性紫癜。

（4）**营养不良**：如维生素 C 及维生素 PP 缺乏症。

（5）**代谢及内分泌障碍**：如糖尿病、库欣综合征。

（6）**其他**：如结缔组织病、动脉硬化、机械性紫癜、体位性紫癜等。

（二）血小板异常

1. 血小板数量异常

（1）**血小板减少**：①血小板生成减少：急性白血病、再生障碍性贫血等所致。②血小板破坏过多：特发性血小板减少性紫癜、脾功能亢进等。③血小板消耗过多：弥散性血管内凝血、血栓性血小板减少性紫癜等。

（2）**血小板增多**：①原发性：原发性血小板增多症。②继发性：脾切除术后血小板增多症。

2. 血小板功能缺陷

（1）**遗传性**：如巨血小板综合征、血小板无力症等。

（2）**获得性**：由抗血小板药物、感染、尿毒症、异常球蛋白等引起。

（三）凝血因子异常

1. 遗传性　如血友病甲、血友病乙、因子XI缺乏症、纤维蛋白原缺乏症等。

2. 获得性　肝病性凝血障碍、维生素 K 缺乏症、抗因子Ⅷ、Ⅸ抗体形成、尿毒症性凝血异常等。

（四）抗凝及纤维蛋白溶解异常

主要为获得性异常：①肝素使用过量。②香豆素类药物过量及敌鼠钠中毒。③免疫相关性抗凝物增多如狼疮性抗凝物质增多等。④蛇咬伤、水蛭咬伤。⑤溶栓药物过量。

（五）综合因素引起的出血

1. 先天性或遗传性　血管性血友病（vWD）。

2. 获得性　弥散性血管内凝血。

【诊断】

（一）病史

要特别注意出血特征、家族史、出血史、出血诱因、出血部位、基础疾病、职业和环境及伴随症状等，以便对出血性疾病进行初步分类诊断。常见出血性疾病的临床鉴别特点见表 6-8-2。

表 6-8-2　常见出血性疾病的临床鉴别

项目	血管性疾病	血小板疾病	凝血障碍性疾病
性别	女性多见	女性多见	80%~90% 发生于男性
阳性家族史	较少见	罕见	多见
出生后脐带出血	罕见	罕见	常见
皮肤紫癜	常见	多见	罕见
皮肤大块瘀斑	罕见	多见	可见
血肿	罕见	可见	常见
关节腔出血	罕见	罕见	多见
内脏出血	偶见	常见	常见
眼底出血	罕见	常见	少见
月经过多	少见	多见	少见
手术或外伤后渗血不止	少见	可见	多见

（二）体格检查

1. 出血体征 包括出血范围、部位，有无血肿等深部出血、伤口渗血，分布是否对称等。

2. 相关疾病体征 贫血，肝、脾、淋巴结肿大，黄疸，蜘蛛痣，腹水，水肿等。关节畸形、皮肤异常扩张的毛细血管团等。

（三）实验室检查

实验室检查是许多出血性疾病最终确诊的重要依据，应根据筛选、确诊及特殊试验的顺序进行。

1. 筛选试验

（1）**血管异常**：包括出血时间（BT）、毛细血管脆性试验。

（2）**血小板异常**：血小板计数、血块退缩试验等。

（3）**凝血异常**：凝血酶原时间（PT）、活化部分凝血活酶时间（APTT）、凝血酶时间（TT）等。

2. 确诊试验

（1）**血管异常**：血 vWF、内皮素-1（ET-1）及 TM 测定等。

（2）**血小板异常**：血小板数量和形态；血小板黏附功能、聚集功能检查；血小板抗原（GPⅡb/Ⅲa和Ⅰb/Ⅸ）单克隆抗体检测等。

（3）**凝血异常**：①凝血第一阶段：测定 FⅫ、Ⅺ、Ⅹ、Ⅸ、Ⅷ、Ⅶ、Ⅴ 及 TF 等抗原及活性。②凝血第二阶段：凝血酶原抗原及活性等。③凝血第三阶段：纤维蛋白原、异常纤维蛋白原、纤维蛋白单体、FⅩⅢ抗原及活性测定。

（4）**抗凝异常**：①AT 抗原及活性或凝血酶-抗凝血酶复合物（TAT）测定。②PC、PS 和 TM 测定；③FⅧ:C 抗体测定。④狼疮抗凝物和心磷脂抗体测定。

（5）**纤溶异常**：鱼精蛋白副凝试验（3P 试验）、血尿 FDP 测定、D-二聚体测定、纤溶酶原测定、t-PA、纤溶酶原激活物抑制物（PAI）及纤溶酶-抗纤溶酶复合物（PIC）等测定。一些常用的出、凝血试验在出血性疾病诊断中的意义见表 6-8-3。

表 6-8-3　常用的出、凝血试验在出血性疾病诊断中的意义

项目	血管性疾病	血小板疾病	凝血异常性疾病		
			凝固异常	纤溶亢进	抗凝物增多
BT	正常或异常	正常或异常	正常或异常	正常	正常
血小板计数	正常	正常或异常	正常	正常	—
PT	正常	正常	正常或异常	正常或异常	正常或异常
APTT	正常	正常	正常或异常	正常或异常	正常或异常
TT	正常	正常	正常或异常	异常	异常
纤维蛋白原	正常	正常	正常或异常	异常	正常
FDP	正常	正常	正常	异常	正常

（四）诊断步骤

出血性疾病的诊断要按照先常见病、后少见病及罕见病、先易后难、先普通后特殊的原则，逐层深入进行程序性诊断。①确定是否属出血性疾病范畴。②大致区分是血管、血小板异常、凝血障碍或其他疾病。③判断是数量异常或质量缺陷。④通过病史、家系调查及某些特殊检查，初步确定为先天性、遗传性或获得性。⑤如为先天或遗传性疾病，应进行基因及其他分子生物学检测，以确定其病因的准确性及发病机制。

【出血性疾病的防治】

（一）病因防治

主要适用于获得性出血性疾病。

1. 防治基础疾病 如控制感染，积极治疗肝、胆疾病、肾病，抑制异常免疫反应等。

2. 避免接触、使用可加重出血的物质及药物 如血小板功能缺陷症、血管性血友病等应避免使用阿司匹林、吲哚美辛、噻氯匹定等抗血小板药物。凝血障碍所致如血友病等，应慎用抗凝药，如华法林、肝素等。

（二）止血治疗

1. 补充血小板和/或相关抗凝因子 在紧急情况下，输入新鲜血浆或新鲜冰冻血浆是一种可靠的补充或替代疗法，因其含有除 TF、Ca^{2+} 以外的全部凝血因子。此外，如血小板悬液、凝血酶原复合物、纤维蛋白原、冷沉淀物、因子Ⅷ等，亦可根据病情予以补充。

2. 止血药物

（1）收缩血管、增加毛细血管致密度、改善其通透性的药物：如卡巴克络、曲克芦丁、垂体后叶素、维生素 C 及糖皮质激素等。

（2）合成凝血相关成分所需的药物：如维生素 K 等。

（3）抗纤溶药物：如氨基己酸、氨甲苯酸等。

（4）促进止血因子释放的药物：如去氨加压素促进血管内皮细胞释放 vWF，从而改善血小板黏附、聚集功能，并有稳定血浆 FⅧ:C 和提高 FⅧ:C 水平的作用。

（5）局部止血药物：如凝血酶、巴曲酶及明胶海绵等。

（6）重组活化因子Ⅶ（rFⅦa）：rFⅦa 是一种新的凝血制剂，rFⅦa 直接或者与组织因子组成复合物促使 FX 的活化和凝血酶的形成。

3. 促血小板生成的药物 如血小板生成素（TPO）、白介素-11（IL-11）、阿伐曲泊帕等，可调节各阶段巨核细胞的增殖、分化和血小板的生成。

4. 局部处理 局部加压包扎、固定及手术结扎局部血管等。

（三）其他治疗

1. 免疫治疗 适用于某些免疫因素相关的出血性疾病如 ITP 等。

2. 血浆置换 重症 TTP 等，通过血浆置换去除抗体或相关致病因素。

3. 手术治疗 包括脾切除、血肿清除、关节成形及置换等。

4. 抗凝及抗血小板药物 对某些消耗性出血性疾病，如 DIC、TTP 等，以肝素等抗凝治疗终止异常凝血过程，减少凝血因子、血小板的消耗，可发挥一定的止血作用。

5. 中医中药 中药中有止血作用的方剂相当多，如云南白药、蒲黄、柿子叶粉、赤石脂等。

6. 基因治疗 有望为遗传性出血性疾病患者带来曙光。

第二节　过敏性紫癜

案例导入

患者，女，26 岁。因"双下肢出血点 4 天"就诊。查体：双下肢可见瘀斑，以胫前皮肤为主，压之不褪色，踝关节肿胀。血常规：WBC $4.5×10^9/L$，Hb 120g/L，PLT $215×10^9/L$。外周血涂片分类：中性分叶核粒细胞 60%，淋巴细胞 32%，单核细胞 5%，未见原始及幼稚细胞。

请思考：

患者目前可能的诊断是什么？

过敏性紫癜（allergic purpura）又称 Henoch-Schönlein 综合征，为一种常见的血管变态反应性疾病，因机体对某些致敏物质产生变态反应，导致毛细血管脆性及通透性增加，血液外渗，产生紫癜、黏膜及某些器官出血。可同时伴发血管神经性水肿、荨麻疹等其他过敏表现。本病多见于青少年，男性发病略多于女性，春、秋季发病较多。

【病因】

病因及发病机制尚未完全阐明，致敏因素甚多，与本病发生密切相关的主要有：

（一）感染

1. **细菌** 以呼吸道感染最为多见，主要为乙型溶血性链球菌。

2. **病毒** 多见于发疹性病毒感染，如麻疹、水痘、风疹等。

3. **其他** 寄生虫感染。

（二）食物

人体对异种蛋白过敏所致。如鱼、虾、蟹、蛋、鸡、牛奶等。

（三）药物

1. **抗生素类** 青霉素（包括半合成青霉素如氨苄西林等）及头孢菌素类抗生素等。

2. **解热镇痛药** 水杨酸类、保泰松、吲哚美辛及奎宁类等。

3. **其他药物** 磺胺类、阿托品、异烟肼及噻嗪类利尿药等。

（四）其他

花粉、尘埃、菌苗或疫苗接种、虫咬、受凉及寒冷刺激等。

【发病机制】

目前认为过敏性紫癜是免疫因素介导的一种全身血管炎症。蛋白质及其他大分子致敏原作为抗原，刺激人体产生抗体（主要为 IgA），后者与抗原结合成抗原抗体复合物，沉积于血管内膜，激活补体，导致中性粒细胞游走、趋化及一系列炎症介质的释放，引起血管炎症反应。此种炎症反应除见于皮肤、黏膜小动脉及毛细血管外，可累及肠道、肾及关节腔等部位小血管。小分子致敏原作为半抗原，与人体内某些蛋白质结合构成抗原，刺激机体产生抗体，此类抗体吸附于血管及其周围的肥大细胞，当上述半抗原再度进入人体内时，即与肥大细胞上的抗体发生免疫反应，致肥大细胞释放一系列炎症介质，引起血管炎症反应。

【临床表现】

多数患者发病前 1~3 周有全身不适、低热、乏力及上呼吸道感染等前驱症状，随之出现典型临床表现，可有不同症状组合，大多以皮肤表现为首发表现。

ER 6-8-3

过敏性紫癜
皮肤表现

（一）单纯型（紫癜型）

为最常见的类型，主要表现为皮肤紫癜，多见于四肢、臀部，尤其以下肢伸面及膝、踝关节附近最多，两侧对称分布，躯干及面部极少累及。紫癜大小不等，初呈深红色，按之不褪色，数日内渐变成紫色、黄褐色、淡黄色，经 7~14 天逐渐消退。紫癜常成批反复出现，可同时伴荨麻疹和皮肤血管神经性水肿。

（二）腹型（Henoch 型）

除皮肤紫癜外，因消化道黏膜及腹膜脏层毛细血管受累而产生一系列消化道症状及体征，如恶心、呕吐、呕血、腹泻、黏液便及血便等。其中腹痛最为常见，常为阵发性绞痛，多位于脐周、下腹或全腹，发作时可因腹肌紧张及明显压痛、肠鸣音亢进而误诊为外科急腹症。在幼儿可致肠套叠。腹部症状、体征多与皮肤紫癜同时出现，偶可发生于紫癜之前。

（三）关节型（Schönlein 型）

除皮肤紫癜外，因关节部位血管受累出现关节肿胀、疼痛、压痛及功能障碍等表现。多发生于膝、踝、肘、腕等大关节，呈游走性、反复性发作，经数日而愈，不遗留关节畸形。

（四）肾型

过敏性紫癜肾炎的病情最为严重。在皮肤紫癜的基础上，因肾小球毛细血管襻受累而出现血尿、蛋白尿及管型尿,偶见水肿、高血压及肾衰竭等表现。肾损害多发生于紫癜出现后1周,亦可延迟出现。多在3~4周内恢复,少数病例因反复发作而演变为慢性肾炎或肾病综合征。

(五)混合型

皮肤紫癜合并上述两种以上临床表现。

(六)其他

少数本病患者还可因病变累及眼部、脑及脑膜血管而导致视神经萎缩、虹膜炎、视网膜出血及水肿,出现中枢神经系统相关症状和体征。

【实验室检查】

(一)外周血检查

白细胞正常或增加,中性粒细胞可增高,一般情况无贫血,胃肠道出血严重时可合并贫血,血小板计数正常。凝血功能检查通常正常。部分病例毛细血管脆性试验阳性。

(二)尿常规检查

肾型或合并肾型表现的混合型可有血尿、蛋白尿或管型尿。

(三)肾功能检查

肾型及合并肾型表现的混合型,可有程度不等的肾功能受损,如血尿素氮升高、内生肌酐清除率下降等。

(四)免疫学检查

血清IgA可升高,IgG、IgM、补体含量正常。

【诊断和鉴别诊断】

(一)诊断要点

主要诊断依据如下:①发病前1~3周有低热、咽痛、全身乏力或上呼吸道感染史。②典型四肢皮肤紫癜,可伴腹痛、关节肿痛及血尿。③血小板计数、功能及凝血相关检查正常。④排除其他原因所致的血管炎及紫癜。

(二)鉴别诊断

本病需与下列疾病进行鉴别:①血小板减少性紫癜。②单纯性紫癜。③遗传性出血性毛细血管扩张症。④风湿性关节炎。⑤肾小球肾炎。⑥系统性红斑狼疮(SLE)。⑦外科急腹症等。由于本病的特殊临床表现及绝大多数实验室检查正常,鉴别一般无困难。

【治疗】

本病具有自限性,单纯皮疹通常不需要治疗干预。治疗包括控制急性症状和影响预后的因素,如急性关节痛、腹痛及肾损害。

(一)消除致病因素

防治感染,清除局部病灶(如扁桃体炎等),驱除肠道寄生虫,避免可能致敏的食物及药物等。

(二)一般治疗

1.抗组胺药 异丙嗪、西替利嗪、氯雷他定、氯苯那敏、去氯羟嗪、西咪替丁及静脉注射钙剂等。

2.改善血管通透性药物 维生素C、曲克芦丁、卡巴克络等。

(三)糖皮质激素

糖皮质激素有抑制抗原抗体反应、减轻炎症渗出、改善血管通透性等作用。常用泼尼松每天30mg,口服。重症者可用氢化可的松每天100~200mg,或地塞米松每天5~15mg,静脉滴注,症状减轻后改口服。疗程一般不超过30天,肾型者可酌情延长。

(四)对症治疗

腹痛较重者可予阿托品或山莨菪碱口服或皮下注射;关节痛可酌情用止痛药;呕吐严重者可用止吐药;伴发呕血、便血者,可用奥美拉唑等。

（五）其他

如上述治疗效果不佳或近期内反复发作者,可酌情使用:①免疫抑制剂:如环孢素、硫唑嘌呤、环磷酰胺等。②抗凝疗法:适用于肾型患者,初以肝素钠静脉滴注或低分子肝素皮下注射,4周后改用华法林维持2~3个月。③中医中药:以凉血、解毒、活血化瘀为主,适用于慢性反复发作或肾型患者。

【病程及预后】

病程一般为2周。病程长短与疾病类型、病情程度及是否反复发作等因素有关。本病常可自愈,一般预后良好。少数伴有肾脏严重损害者预后较差。

第三节 原发免疫性血小板减少症

> **案例导入**
>
> 患者,女,32岁。因"月经量增多5个月,皮肤瘀斑2周"就诊。病前无服药史。查体:皮肤见散在分布大量瘀点瘀斑,浅表淋巴结无肿大,口腔黏膜光滑,心肺查体无异常,腹软,脾不大,关节无红肿及功能障碍。血液分析:WBC 5.6×10^9/L,Hb 99g/L,RBC 4.3×10^{12}/L,PLT 28×10^9/L。
>
> **请思考:**
> 患者可能的诊断是什么?

原发免疫性血小板减少症(primary immune thrombocytopenia,ITP)是一种获得性自身免疫性出血性疾病,以无明确诱因的孤立性外周血血小板计数减少为主要特点。其特点为血小板减少,骨髓巨核细胞发育成熟障碍及抗血小板自身抗体出现,伴或不伴皮肤黏膜或内脏出血表现。本病约占出血性疾病总数的1/3,成人发病率为2~10/10万,育龄期女性发病率高于同年龄组男性,60岁以上老年人是本病的高发群体。

【病因和发病机制】

本病的病因及发病机制尚未完全阐明,免疫因素的参与可能是ITP发病的重要原因。

（一）体液免疫和细胞免疫介导的血小板过多破坏

将ITP患者血浆输给健康受试者可造成一过性血小板减少;50%~70%的ITP患者血小板表面可检测到血小板膜糖蛋白特异性自身抗体,被自身抗体致敏的血小板被单核巨噬细胞系统过度破坏;ITP患者的细胞毒T细胞可直接破坏血小板。

（二）体液免疫和细胞免疫介导的巨核细胞数量和质量异常,血小板生成不足

自身抗体损伤巨核细胞或抑制巨核细胞释放血小板,造成血小板生成不足;$CD8^+$细胞毒细胞可通过抑制巨核细胞凋亡,使血小板生成障碍。

【临床表现】

（一）起病

成人ITP一般起病隐匿,发病前常无明显诱因,常发展为慢性ITP。

（二）出血倾向

出血多数较轻而局限,但易反复发生。可表现为皮肤黏膜出血、鼻出血、牙龈出血,女性月经增多,严重的内脏出血较少见,感染可加重病情,严重的出现广泛的皮肤黏膜甚至内脏出血。

（三）血栓形成倾向

ITP不仅是一种出血性疾病,也是一种血栓前疾病。

（四）其他

如长期出血可导致贫血等。

【实验室检查】

（一）血液分析

血小板异常主要包括：①血小板计数减少。②血小板形态异常，平均体积增大。③出血时间延长。血小板功能一般正常。

（二）骨髓检查

骨髓巨核细胞正常或增多，伴有发育成熟障碍，以产生血小板的巨核细胞明显减少为主要特征，幼稚型巨核细胞和颗粒型巨核细胞增多，血小板生成减少。

（三）血清血小板生成素（TPO）水平测定

有助于ITP（TPO水平正常）和骨髓衰竭性疾病（TPO水平升高）的鉴别诊断。

ER 6-8-4
ITP 骨髓片

【诊断和鉴别诊断】

（一）诊断要点

①至少2次检验血小板计数减少，外周血涂片镜检血细胞形态无明显异常。②脾一般不增大。③骨髓巨核细胞增多或正常，伴成熟障碍。④排除其他继发性血小板减少症。

（二）鉴别诊断

许多疾病均可引起继发性血小板减少，在诊断时应予鉴别。如药物、脾功能亢进、骨髓增生异常综合征、再生障碍性贫血、白血病、系统性红斑狼疮等，上述疾病所致的血小板减少，均有各自原发病的临床特点，结合实验室检查如骨髓象改变和免疫学改变可鉴别。

（三）分型

1. **新诊断的ITP** 指确诊后3个月以内的患者。

2. **持续性ITP** 指确诊后3~12个月血小板持续减少的ITP患者，包括没有自发缓解和停止治疗后不能维持完全缓解的患者。

3. **慢性ITP** 指血小板减少持续超过12个月的ITP患者。

4. **重症ITP** 指血小板$<10\times10^9$/L，且就诊时存在需要治疗的出血症状，或常规治疗中发生了新的出血症状，需要用其他升血小板药物治疗或增加现有药物剂量。

5. **难治性ITP** 指满足以下条件的患者：经脾切除术治疗无效或复发者；仍需要治疗以降低出血的危险；排除了其他引起血小板减少症的原因，确诊为ITP的患者。

【治疗】

由于该病主要发病机制是免疫介导的血小板破坏增多和免疫介导的巨核细胞产生血小板不足。故治疗的目的是减少网状内皮细胞吞噬抗体包被的血小板，减少抗体的产生，和/或增加血小板生成。

（一）一般治疗

血小板低于20×10^9/L、出血严重者应绝对卧床休息，严密观察，防止外伤，避免使用降低血小板数量及抑制血小板功能的药物。

（二）观察

血小板$\geq30\times10^9$/L、无出血表现且不从事增加出血风险的工作（或活动）的患者发生出血的危险性比较小，可临床观察，暂不进行药物治疗。

知识链接

常见临床操作中血小板计数安全值

慢性ITP患者在下列临床操作中血小板计数的安全值：口腔检查$\geq10\times10^9$/L，拔牙$\geq30\times10^9$/L，补牙$\geq30\times10^9$/L，小手术$\geq50\times10^9$/L，大手术$\geq80\times10^9$/L，正常经阴道分娩$\geq50\times10^9$/L，剖宫产$\geq80\times10^9$/L。

(三)新诊断 ITP 的一线治疗

1. 肾上腺糖皮质激素 为治疗 ITP 的首选药物,能抑制抗血小板抗体生成;抑制抗原-抗体反应;抑制单核巨噬细胞系统吞噬和破坏血小板;降低毛细血管通透性;改善出血症状。常用泼尼松 1mg/(kg·d)口服,待血小板恢复接近正常后逐渐减量,小剂量每天 5~10mg,维持 3~6 个月后停药。对停药后复发病例,再用糖皮质激素治疗仍有效。病情严重者,可应用地塞米松或甲泼尼龙静脉滴注,好转后改泼尼松口服。

2. 免疫球蛋白 主要用于:①ITP 的紧急治疗。②不能耐受肾上腺糖皮质激素的患者。③脾切除术前准备。④妊娠或分娩前。⑤部分慢作用药物发挥疗效之前。常用剂量 0.4g/(kg·d)静脉滴注,连续 5 天或 1g/kg 给药 1 次(严重者每天 1 次,连用 2 天)。

(四)ITP 二线治疗

1. 促血小板生成药物 包括重组人血小板生成素、艾曲泊帕、罗普司亭等,上述药物均有前瞻性多中心随机对照的临床研究数据支持。此类药物起效快(1~2 周),但停药后疗效一般不能维持,需要进行个体化的维持治疗。

2. 利妥昔单抗 有效率 50% 左右,20%~30% 患者可以获得长期缓解。剂量为 $375mg/m^2$,静脉滴注,每周 1 次,共 4 次。

3. 脾切除 是治疗本病的有效方法之一,脾切除的近期有效率为 70%~90%,远期有效率 40%~50%。手术适应证为:①糖皮质激素常规治疗无效,病程迁延 6 个月以上。②糖皮质激素治疗虽有效,但停药或减量后复发,维持量泼尼松>30mg/d。③对糖皮质激素治疗有禁忌者。

4. 三线药物 全反式维甲酸联合达那唑方案,地西他滨单药方案。

5. 免疫抑制剂 由于缺乏足够的循证医学证据,硫唑嘌呤、环孢素 A、达那唑、长春碱类等药物可根据医师经验及患者状况进行个体化选择。

(五)ITP 急症的处理

适用于血小板低于 $20\times10^9/L$;出血严重、广泛者;疑有或已发生颅内出血者;近期将实施手术或分娩者。

1. 血小板输注 适用于血小板计数明显减低、严重出血危及生命或紧急手术时。由于患者体内有抗血小板抗体,输入的血小板在体内被迅速破坏,疗效短暂,且反复输注不同抗原的血小板后,易产生同种抗体而影响疗效。

2. 大剂量甲泼尼龙 每天 1 000mg,静脉注射,3~5 次为一疗程,可通过抑制单核巨噬细胞系统对血小板的破坏而发挥治疗作用。

3. 免疫球蛋白 可抑制抗体产生,阻断单核巨噬细胞的 Fc 受体,减少血小板破坏。

第四节　弥散性血管内凝血

> **案例导入**
>
> 　　患者,女,36 岁。因"牙龈出血 2 天"就诊。查体:全身皮肤散在大片瘀斑,肝脾未及肿大。血常规:WBC $2.0\times10^9/L$,Hb 70g/L,PLT $25\times10^9/L$。外周血涂片分类:早幼粒细胞 11%,中性杆状核粒细胞 9%,中性分叶核粒细胞 21%,淋巴细胞 62%。单核细胞 2%。凝血分析:PT 26 秒,APTT 64 秒,Fb 0.8g/L,D-二聚体 8.65mg/ml。
>
> 　　**请思考:**
>
> 　　1. 患者目前可能的诊断是什么?
>
> 　　2. 应进一步完善哪些检查?

弥散性血管内凝血（disseminated intravascular coagulation，DIC）是多种致病因素导致的弥散性微血管内血栓形成，继而因凝血因子及血小板大量消耗和继发性纤溶亢进，而发生的一种全身性血栓、出血综合征。其基本特征是由于病理性凝血酶和纤溶酶大量生成，引起全身性出血、顽固性休克、广泛的栓塞症状和微血管病性溶血，严重者可致多器官功能衰竭。

【病因】

（一）感染性疾病

感染性疾病是诱发 DIC 的主要病因之一。

1. 细菌感染　革兰氏阴性细菌感染最为常见，如大肠埃希菌、铜绿假单胞菌感染等；革兰氏阳性菌如金黄色葡萄球菌感染等。

2. 病毒感染　流行性出血热、重症肝炎等。

3. 立克次体感染　斑疹伤寒等。

4. 其他感染　脑型疟疾、钩端螺旋体病、组织胞质菌病等。

（二）恶性肿瘤

恶性肿瘤是诱发 DIC 的主要病因之一。如急性早幼粒细胞白血病、淋巴瘤、胰腺癌等。

（三）病理产科

见于羊水栓塞、感染性流产、死胎滞留、重症妊娠高血压综合征、子宫破裂、胎盘早剥、前置胎盘等。

（四）手术及创伤

富含组织因子的器官如脑、前列腺、胰腺、子宫及胎盘等，可因手术及创伤等释放组织因子，诱发 DIC。大面积烧伤、严重挤压伤、骨折也易致 DIC。

（五）严重中毒或免疫反应

毒蛇咬伤、输血反应、移植排斥等也易致 DIC。

（六）全身各系统疾病

恶性高血压、肺心病、巨大血管瘤、ARDS、急性胰腺炎、重症肝炎、溶血性贫血、急进性肾炎、糖尿病酮症酸中毒、系统性红斑狼疮、中暑等。

【发病机制】

（一）组织损伤

感染、肿瘤溶解、严重或广泛创伤、大型手术等因素导致组织因子（TF）或组织因子类物质释放入血，激活外源性凝血系统。蛇毒等外源性物质亦可激活此途径，或直接激活 FX 及凝血酶原。

（二）血管内皮损伤

感染、炎症及变态反应、缺氧等引起血管内皮损伤，导致 TF 释放，启动凝血系统。

（三）血小板损伤

各种炎症反应、药物、缺氧等可致血小板损伤，诱发血小板聚集及释放反应，通过多种途径激活凝血。

（四）纤溶系统激活

上述致病因素亦可同时通过直接或间接方式激活纤溶系统，致凝血-纤溶平衡进一步失调。

由炎症等导致的单核细胞、血管内皮 TF 过度表达及释放，某些恶性肿瘤细胞及受损伤组织 TF 的异常表达及释放，是 DIC 最重要的始动机制。凝血酶与纤溶酶的形成是 DIC 发生过程中导致血管内微血栓、凝血因子减少及纤溶亢进的两个关键机制。炎症因子加重凝血异常，而凝血异常又可加剧炎症反应，形成恶性循环。感染时蛋白 C 系统严重受损，蛋白 C 水平降低且激活受抑，使活化蛋白 C（APC）水平降低，导致抗凝系统活性降低，加剧了 DIC 发病过程。

下列因素可促进 DIC 的发生：①单核-巨噬系统受抑，见于重症肝炎、大剂量使用糖皮质激素等；

②纤溶系统活性降低;③高凝状态,如妊娠等;④其他因素如缺氧、酸中毒、脱水、休克等。

【病理和病理生理】

(一)微血栓形成

微血栓形成是 DIC 的基本和特异性病理变化。其发生部位广泛,多见于肺、肾、脑、肝、心、肾上腺、胃肠道及皮肤、黏膜等部位。主要为纤维蛋白血栓及纤维蛋白-血小板血栓。

(二)凝血功能异常

1. 高凝状态　为 DIC 的早期改变。

2. 消耗性低凝状态　出血倾向,PT 显著延长,血小板及多种凝血因子水平低下。此期持续时间较长,常构成 DIC 的主要临床特点及实验室检测异常。

3. 继发性纤溶亢进状态　多出现在 DIC 后期,但亦可在凝血激活的同时,甚至成为某些 DIC 的主要病理过程。

(三)微循环障碍

毛细血管微血栓形成、血容量减少、血管舒缩功能失调、心功能受损等因素造成微循环障碍。

【临床表现】

DIC 的临床表现可因原发病、DIC 类型、分期不同而有较大差异。

(一)出血倾向

特点为自发性、多发性出血,部位可遍及全身,多见于皮肤、黏膜、伤口及穿刺部位;其次为某些内脏出血,如咯血、呕血、尿血、便血、阴道出血,严重者可发生颅内出血。

(二)休克或微循环衰竭

为一过性或持续性血压下降,早期即出现肾、肺、大脑等器官功能不全,表现为肢体湿冷、少尿、呼吸困难、发绀及神志改变等。休克程度与出血量常不成比例。顽固性休克是 DIC 病情严重、预后不良的征兆。

(三)微血管栓塞

可为浅层栓塞,多见于眼睑、四肢、胸背及会阴部,黏膜损伤易发生于口腔、消化道、肛门等部位。表现为皮肤发绀,进而发生灶性坏死,斑块状坏死或溃疡形成。栓塞也常发生于深部器官,多见于肾脏、肺、脑等脏器,可表现为急性肾衰竭,呼吸衰竭,意识障碍,颅内高压综合征等。

(四)微血管病性溶血

可表现为进行性贫血,贫血程度与出血量不成比例,偶见皮肤、巩膜黄染。

(五)原发病临床表现

【诊断与鉴别诊断】

(一)诊断标准

国际、国内关于 DIC 诊断标准众多,主要介绍国际止血与血栓协会(ISTH)诊断积分系统和中国弥散性血管内凝血诊断积分系统(CDSS)。

(二)ISTH 诊断积分系统

1. 风险评估　患者是否存在与典型 DIC 发病相关的基础疾病,包括:严重感染,创伤(多发性创伤、衰竭损伤、脂肪栓塞),器官损伤(重症胰腺炎),恶性肿瘤,产科意外(羊水栓塞、胎盘早剥),血管异常(大血管动脉瘤、Kasabach-Merritt 综合征),严重肝功能衰竭,严重中毒或免疫反应(毒蛇咬伤、输血反应、移植排斥)。

2. 评分　通过 5 个常规实验指标来计算 DIC 分数(表 6-8-4)。

(三)CDSS 诊断积分系统

为进一步推进中国 DIC 诊断的科学化、规范化,统一诊断标准,中华医学会血液学分会血栓与止血学组通过多中心、大样本的回顾性与前瞻性研究,建立了中国弥散性血管内凝血诊断积分系统

表 6-8-4　DIC 诊断和治疗评分系统（ISTH）

评分	0	1	2	3
血小板计数/（×10⁹·L⁻¹）	>100	50~100	<50	
纤维蛋白降解产物（FDP 或 D2 聚体）	无增加		中度增加	显著增加
凝血酶原时间延长/s	<3	3~6	>6	
纤维蛋白原浓度/（g·L⁻¹）	>1.0	<1.0		

注：结果判定如总积分≥5 分，符合典型 DIC 诊断，每天重复评分；如在 5 分以下，提示非显性 DIC，随后 1~2 天重复评分。

（Chinese DIC scoring system，CDSS）（表 6-8-5），该系统突出了基础疾病和临床表现的重要性，强化动态监测原则，简单易行，更符合我国国情。

表 6-8-5　中国弥散性血管内凝血诊断积分系统（CDSS）

积分项	分数
存在导致 DIC 的原发病	2
临床表现	
不能用原发病解释的严重或多发出血倾向	1
不能用原发病解释的微循环障碍或休克	1
广泛性皮肤、黏膜栓塞，灶性缺血性坏死、脱落及溃疡形成，不明原因的肺、肾、脑等脏器功能衰竭	1
实验室指标	
血小板计数	
非恶性血液病	
≥100×10⁹/L	0
80~100×10⁹/L	1
<80×10⁹/L	2
24h 内下降≥50%	1
恶性血液病	
<50×10⁹/L	1
24h 内下降≥50%	1
D-二聚体	
<5mg/L	0
5~9mg/L	2
≥9mg/L	3
PT 及 APTT 延长	
PT 延长<3s 且 APTT 延长<10s	0
PT 延长≥3s 或 APTT 延长≥10s	1
PT 延长≥6s	2
纤维蛋白原	
≥1.0g/L	0
<1.0g/L	1

注：非恶性血液病：每天计分 1 次，≥7 分时可诊断为 DIC；恶性血液病：临床表现第一项不参与评分，每天计分 1 次，≥6 分时可诊断为 DIC。

（四）鉴别诊断

1. 重症肝炎 鉴别要点见表 6-8-6。

表 6-8-6 DIC 与重症肝炎的鉴别要点

	DIC	重症肝炎
微循环衰竭	早、多见	晚、少见
黄疸	轻、少见	重、极常见
肾功能损伤	早、多见	晚、少见
红细胞破坏	多见（50%~90%）	罕见
FVIII:C	降低	正常
D-二聚体	增加	正常或轻度增加

2. 血栓性血小板减少性紫癜（TTP） 鉴别要点见表 6-8-7。

表 6-8-7 DIC 与血栓性血小板减少性紫癜的鉴别要点

	DIC	TTP
起病及病程	多数急骤、病程短	可急可缓、病程长
微循环衰竭	多见	少见
黄疸	轻、少见	极常见，较重
FVIII:C	降低	正常
vWF 裂解酶	多为正常	多为显著降低
血栓性质	纤维蛋白血栓为主	血小板血栓为主

3. 原发性纤维蛋白溶解亢进症 鉴别要点见表 6-8-8。

表 6-8-8 DIC 与原发性纤溶亢进症的鉴别要点

	DIC	原发性纤溶亢进症
病因或基础疾病	种类繁多	多为手术、产科意外
微循环衰竭	多见	少见
微血管栓塞	多见	罕见
微血管病性溶血	多见	罕见
血小板计数	降低	正常
血小板活化产物	增高	正常
D-二聚体	增高或阳性	正常或阴性
红细胞形态	破碎或畸形	正常

【治疗】

（一）治疗基础疾病及消除诱因

这是终止 DIC 病理过程中最为关键和根本的治疗措施，如控制感染，治疗肿瘤、病理产科及外伤；纠正缺氧、缺血及酸中毒等。

（二）抗凝治疗

抗凝治疗是终止 DIC 病理过程、减轻器官损伤、重建凝血-抗凝平衡的重要措施。DIC 的抗凝治疗应在处理基础疾病的前提下，与凝血因子补充同步进行。主要抗凝药物有普通肝素和低分子肝素。

1. **肝素使用的适应证和禁忌证**　肝素使用适应证：①DIC 早期（高凝期）；②血小板及凝血因子呈进行性下降，微血管栓塞表现（如器官功能衰竭）明显的患者；③消耗性低凝期且病因短期内不能祛除者，在补充凝血因子情况下使用。下列情况应慎用肝素：①手术后或损伤创面未经良好止血者；②近期有大咯血或有大量出血的活动性消化性溃疡；③蛇毒所致 DIC；④DIC 晚期，患者有多种凝血因子缺乏及明显纤溶亢进。

2. **使用方法**

（1）**肝素钠**：急性 DIC 每天 10 000~30 000U，一般每天 12 500U 左右，每 6 小时用量不超过 5 000U，静脉滴注，根据病情可连续使用 3~5 天。

（2）**低分子肝素**：与肝素钠相比，其抑制 FXa 作用较强，较少依赖 AT，较少引起血小板减少，出血并发症较少，半衰期较长，生物利用度较高。常用剂量为 75~150IUA Xa/（kg·d），1 次或分 2 次皮下注射，连用 3~5 天。

3. **监测**　普通肝素的血液学监测最常用指标为 APTT，肝素治疗使 APTT 延长为正常值的 1.5~2.0 倍为最佳剂量。普通肝素过量可用鱼精蛋白中和，鱼精蛋白 1mg 可中和肝素 100U。低分子肝素常规剂量下无须严格血液学监测。

（三）血小板及凝血因子补充

由于 DIC 时大量凝血因子及血小板被消耗，因此在病情控制及使用肝素治疗后，可酌情补充凝血因子和血小板，有助于凝血与纤溶动态平衡的恢复。

1. **新鲜冰冻血浆**　除含有所有凝血因子外，也含有抗纤溶酶，亦有 AT-Ⅲ 等天然抗凝物。

2. **血小板悬液**　使用指征是未出血的患者血小板计数<20×10⁹/L，或有活动性出血的患者且血小板计数<50×10⁹/L，紧急输注血小板悬液。

3. **冷沉淀**　输冷沉淀，通常为 10U，以保持纤维蛋白原在 0.6g/L 以上。

4. **纤维蛋白原制剂**　一般首次剂量 2~4g，静脉滴注。24 小时内给予 8~12g，可使血浆纤维蛋白原升至 1.0g/L。因其半衰期较长，一般每隔 3~4 天用一次。

5. **FⅧ及凝血酶原复合物等**　偶在严重肝病合并 DIC 时考虑使用。

（四）纤溶抑制剂

临床上一般不使用，仅适用于 DIC 的基础病因及诱发因素已经去除或控制，并有明显纤溶亢进的临床和实验室证据，继发性纤溶亢进已经成为迟发性出血的主要或唯一原因的患者。常用药物有氨基己酸、氨甲苯酸等。

（五）溶栓治疗

原则上一般不使用溶栓剂。溶栓治疗仅适用于 DIC 后期、脏器功能衰竭和经上述治疗无效者。常用的药物有尿激酶或组织型纤溶酶原激活剂（t-PA）。

（六）其他

糖皮质激素不作为常规应用，但下列情况可予以考虑：基础疾病需要糖皮质激素治疗；感染中毒性休克并且已经有效抗感染治疗者；伴有肾上腺皮质功能不全者。

本章小结

出血性疾病是由于血管因素、血小板因素和/或凝血因素异常造成的一组以不同程度出血为主要表现的疾病，上述三种致病因素相应的代表性疾病分别为过敏性紫癜、原发免疫性血小板减少症和弥散性血管内凝血。出血性疾病的诊断主要依赖于病史、家族史、临床表现和实验室检查，而实验室检查是疾病确诊的关键。应根据不同的致病因素选择不同的治疗方案，其中病因防治至关重要。

患者,女,26岁。患者于3个月前出现月经量增多,未重视,近1周出现皮肤瘀斑。病前无服药史。查体:生命体征平稳,皮肤见散在分布大量瘀点瘀斑,浅表淋巴结无肿大,口腔黏膜光滑,心肺查体无异常,腹软,脾不大,关节无红肿及功能障碍。血液分析:WBC $6.6×10^9$/L,Hb 93g/L,RBC $4.5×10^{12}$/L,PLT $25×10^9$/L。

(缪继东)

思考题

1. 过敏性紫癜有哪几种类型,并简述各类型的临床表现。
2. 试述 ITP 患者血小板减少急症的处理原则。
3. 如何诊断 DIC?

ER 6-8-5

练习题

第七篇

内分泌和代谢性疾病

第一章 | 总 论

学习目标

1. 掌握：内分泌系统的组成与功能调节。
2. 熟悉：内分泌疾病的分类和诊治原则。
3. 了解：激素与物质代谢。
4. 学会理解内分泌系统功能调节的复杂性，初步建立内分泌代谢疾病的诊治思维。
5. 具备整体观念，懂得人体内部及其与周围环境间相互作用的复杂性，具备缜密的临床思维方式、综合分析的判断力和乐于奉献、敢于承担责任的能力。

第一节　内分泌系统的组成和功能调节

【内分泌系统的组成】

内分泌系统（endocrine system）是由内分泌腺和分布于其他组织器官的内分泌细胞及其所分泌的激素组成。

（一）内分泌腺和内分泌细胞

1. 内分泌腺　包括垂体、松果体、甲状腺、甲状旁腺、胸腺、肾上腺、性腺、胰岛等。

2. 内分泌细胞　包括分布于胃、肠、胰、呼吸道、泌尿和生殖道等其他非内分泌腺的组织器官内散在的内分泌细胞，以及分布在下丘脑等脑组织中具有内分泌功能的神经元细胞。

ER 7-1-3
人体内分泌腺的示意图

3. 非内分泌组织的细胞　包括心房肌细胞、脂肪细胞、血管内皮细胞、成纤维细胞等也具有内分泌激素合成和分泌功能。

（二）激素

激素（hormone）是一种微量的活性物质，它不直接参与机体物质或能量的转换，但可以直接或间接地促进或减慢其原有的代谢过程，对人类的繁殖、生长发育及其他生理功能和行为变化等都发挥着重要的调节作用。

1. 分类　根据化学结构的不同，主要分为四类：

（1）**肽类和蛋白质激素**：包括大多数下丘脑和垂体激素、甲状旁腺激素、胰岛细胞分泌的激素、消化道内分泌细胞分泌的激素等。

（2）**类固醇激素**：胆固醇为其前体物质，包括皮质醇、醛固酮、雄激素、雌激素、孕激素、活性维生素 D 等。

（3）**氨基酸衍生物**：包括甲状腺素、三碘甲腺原氨酸等。

（4）**胺类激素**：由氨基酸转化而来，包括由酪氨酸转化而来的肾上腺素、去甲肾上腺素和多巴胺，由色氨酸转化而来的褪黑素等。

2. 合成、释放与代谢降解　肽类和蛋白质激素合成方式类似,而非肽类激素合成方式各异。

激素释放主要有两种方式:肽类激素等合成后储存于囊泡,受分泌信号调节,囊泡与细胞膜融合后激素释放;类固醇激素等合成后即分泌,无须囊泡,其分泌和合成信号无明显差别。

激素的代谢不尽相同,肽类激素代谢较快,半衰期 3~7 分钟;类固醇激素分子结构不同,其半衰期也不同,一般为数小时,少数可达数周。激素代谢降解一般经过肝脏、肾脏,最终的代谢产物无活性,肝、肾功能衰退会影响激素灭活。

3. 分泌方式(图 7-1-1)

(1)**内分泌**(endocrine):是经典的激素分泌方式,激素分泌后由血液输送至远处组织细胞发挥调节作用。

(2)**旁分泌**(paracrine):激素分泌后不经过血液,由组织液扩散在局部发挥作用,如胰岛 α 细胞分泌的胰高血糖素可抑制胰岛 β 细胞分泌胰岛素。

(3)**自分泌**(autocrine):激素分泌后反馈调节自身细胞,如胰岛 β 细胞分泌的胰岛素可反馈性抑制 β 细胞自身分泌胰岛素。

(4)**胞内分泌**(intracrine):激素在细胞质内合成后直接转运至细胞核,进而影响靶基因的表达,如某些类固醇激素直接与细胞内核受体结合发挥作用。

(5)**神经分泌**(neuroendocrine):神经内分泌细胞产生的激素沿轴突借助轴浆流动运送至神经末梢后贮存并释放入血,如下丘脑视上核和室旁核合成的血管升压素,经下丘脑垂体束到达神经垂体后贮存和释放。

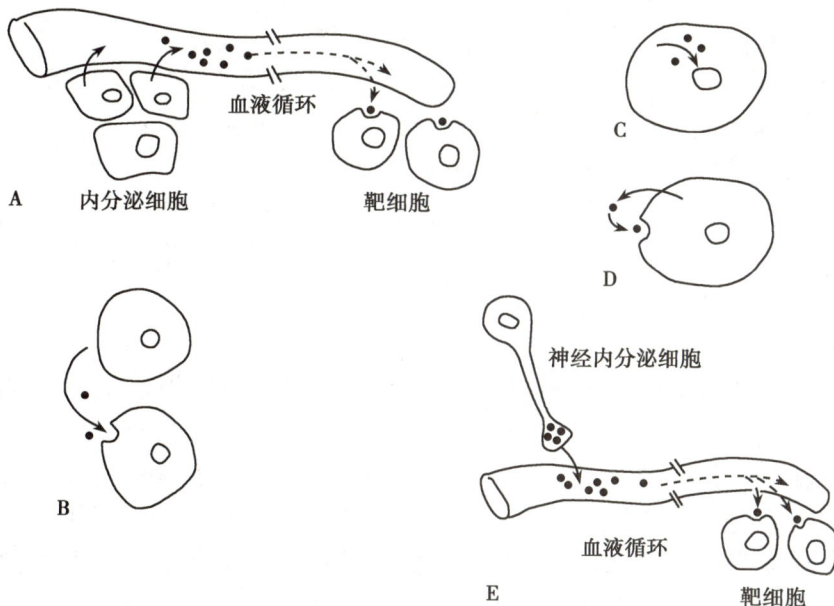

图 7-1-1　激素的分泌方式
A. 内分泌;B. 旁分泌;C. 自分泌;D. 胞内分泌;E. 神经分泌。

4. 作用机制　激素可分为膜受体激素和核受体激素。前者为亲水性激素,包括肽类和蛋白质激素、胺类激素等,不能直接透过细胞膜,需要与细胞膜上的特异性受体结合,激活受体,并进一步产生级联反应调控靶细胞的功能。后者为亲脂性激素,包括类固醇激素、氨基酸衍生物等,通过扩散、主动摄取等方式进入靶细胞内,与其胞质或胞核内的特异性受体结合,致受体变构,形成"活性复合物",并与靶基因 DNA 结合部位结合,致基因激活或抑制,进而调节靶细胞的功能。

激素对靶细胞产生调节作用的环节包括:①受体识别:靶细胞受体识别能与之结合的激素。②信号转导:激素与靶细胞的特异性受体结合,启动相关信号转导通路。③细胞反应:激素诱导终末信号改变细胞固有功能,即产生调节效应。④效应终止:通过多种机制终止激素所诱导的细胞反应。

【内分泌系统的功能调节】

(一)功能结构

1. 轴心功能始于下丘脑

(1)**下丘脑-腺垂体-靶腺(组织)**:下丘脑正中隆起、弓状核、腹内侧核、室周核等神经元合成的释放(或抑制)激素,通过垂体门静脉系统进入腺垂体,可调节后者功能,而腺垂体分泌的激素又进一步调节靶腺功能,构成了涵盖下丘脑-腺垂体-靶腺(即甲状腺、肾上腺、性腺)三级水平的经典内分泌轴,进而通过靶腺激素调节周围组织的功能。

有些腺垂体激素可以直接在周围组织发挥作用,如生长激素等(表 7-1-1)。

表 7-1-1 下丘脑-腺垂体-靶腺(组织)

下丘脑激素	腺垂体	垂体激素	靶腺(组织)	靶腺(组织)激素
促肾上腺皮质激素释放激素(CRH)	促肾上腺皮质激素分泌细胞	促肾上腺皮质激素(ACTH)	肾上腺皮质	皮质醇、醛固酮、性激素
促甲状腺激素释放激素(TRH)	促甲状腺激素分泌细胞	促甲状腺激素(TSH)	甲状腺	甲状腺素(T_4)、三碘甲腺原氨酸(T_3)
促性腺激素释放激素(GnRH)	促性腺激素分泌细胞	黄体生成素(LH)、促卵泡生成素(FSH)	性腺	性激素(睾酮、雌二醇、孕酮)
生长激素释放激素(GHRH)	生长激素分泌细胞	生长激素(GH)	肝脏	胰岛素样生长因子1(IGF-1)
生长抑素(SS)	生长激素分泌细胞	生长激素(GH)	周围组织	

(2)**下丘脑-神经垂体-周围组织**:下丘脑视上核及室旁核分泌的血管升压素(又称抗利尿激素)和催产素,经过神经轴突进入神经垂体贮存并由此向血液中释放,调节周围组织的功能。

2. 自主神经-靶腺-周围组织:松果体分泌功能受颈交感神经节的节后纤维支配,其分泌的褪黑素在调控昼夜节律等方面发挥着重要的作用。肾上腺髓质的嗜铬细胞在胚胎发育上和交感神经组织同源,这些细胞在胆碱能神经纤维的兴奋下可释放儿茶酚胺。

(二)反馈调节

反馈调节是内分泌功能的主要调节机制,使相距较远的腺体之间相互联系,彼此配合,保持机体内环境的稳定性。

下丘脑-垂体与靶腺之间存在反馈调节,如下丘脑分泌的促甲状腺激素释放激素刺激腺垂体分泌促甲状腺激素,促甲状腺激素能够促进甲状腺合成和分泌甲状腺激素,升高的甲状腺激素又反过来抑制下丘脑促甲状腺激素释放激素和垂体促甲状腺激素的分泌,从而降低甲状腺激素的水平,这种反馈机制称为负反馈。除了下丘脑-垂体-甲状腺轴,下丘脑-垂体-肾上腺轴、下丘脑-垂体-性腺轴也都存在上述的负反馈机制,通过负反馈调节可使下丘脑-腺垂体-靶腺的相关激素水平波动在恒定范围内。

下丘脑-垂体-性腺轴同时还存在着正反馈调节,当卵泡分泌的雌激素在血液中达到一定浓度后,能够正反馈地促进下丘脑分泌促性腺激素释放激素,后者刺激腺垂体分泌释放促性腺激素(黄体生成素、促卵泡生成素),继而形成血中的黄体生成素峰,促发排卵。

反馈调节也见于内分泌腺和体液代谢物质之间,如血糖升高可刺激胰岛 β 细胞分泌胰岛素,而血糖过低可抑制胰岛素分泌,从而维持机体血糖的稳定。

【神经-内分泌-免疫系统间的功能调节】

(一)神经系统与内分泌系统

前已述及,下丘脑神经分泌细胞分泌的激素能够作用于腺垂体,促进腺垂体相

ER 7-1-4

下丘脑-垂体-甲状腺轴

应激素的合成和释放,进而影响靶腺功能。不仅如此,自主神经还可以通过"生物钟"调控部分激素的分泌,如皮质醇分泌呈现的昼夜节律。反之,神经系统也受到内分泌系统的调节,如甲状腺功能减退时出现的智力减退、行为迟钝等。

(二)神经、内分泌和免疫系统之间的调节

神经、内分泌和免疫系统可共享信息分子及其受体,信号转导途径也相似,形成了相互调节、相互依存的网络系统,共同感受机体内外环境的变化并对感受的信息进行加工、处理、整合,以维护内环境稳定,共同调节机体的生命活动。神经系统和内分泌系统可以通过神经递质或激素与淋巴细胞膜表面的激素受体结合介导免疫系统的调节,如皮质醇、性激素等可抑制免疫应答,生长激素、甲状腺激素、胰岛素等可促进免疫应答,乙酰胆碱、肾上腺素、去甲肾上腺素、多巴胺等神经递质也可介导免疫调节。反之,免疫系统可以通过神经内分泌细胞膜上的白细胞介素、胸腺素等免疫性细胞因子的受体调节神经内分泌系统的活动,如白细胞介素-2可通过增强基因表达,影响细胞的增殖和分化,促进促甲状腺激素、促肾上腺皮质激素和生长激素的释放。

ER 7-1-5

神经系统与内分泌下丘脑-垂体-肾上腺轴及免疫系统作用的示意图

【激素与物质代谢】

人体所需的营养物质包括糖类(碳水化合物)、脂肪、蛋白质、维生素、矿物质、纤维素和水。其中,糖类、脂肪和蛋白质被称作三大营养物质。维生素有脂溶性维生素(包括维生素 A、D、E、K)和水溶性维生素(包括维生素 B 族和维生素 C)。矿物质(又称无机盐)分为宏量元素和微量元素,前者含量相对较多,包括钙、镁、钠、钾、磷等;后者含量极少,包括铁、氟、锌、铜等 11 种元素。由于生理需要量低,维生素与微量元素一起又合称微量营养素。纤维素分为可溶性膳食纤维和不可溶性膳食纤维。水是生命活动不可缺少的重要营养素。

新陈代谢是生物体内全部有序化学变化的总称,包括物质代谢和能量代谢。神经系统和内分泌系统可以调节食物的摄入与代谢,如下丘脑可以通过大量神经肽参与食欲调节进而影响能量代谢,胰岛素相对或绝对缺乏时可致血糖升高且常伴有蛋白质-热能营养不良症,维生素 D 缺乏常表现为钙、磷代谢失常,醛固酮过多会引发血压升高和/或低钾血症,血管升压素减少会导致体液量减少等。

第二节　内分泌疾病的分类和诊断

近几十年来,以甲状腺疾病、糖尿病和肥胖等为代表的内分泌代谢病严重影响了人类的健康,使全球负担日益增加。由于内分泌系统调节机制复杂,其疾病的分类和诊断不仅要依赖静态的激素水平及其发挥的生物学效应,以及相关调控和被调控激素的水平,还有赖于动态的功能试验、影像学检查、相关抗体和基因的检测等,需强化临床思辨能力。

【分类】

(一)按发病部位分类

1. 原发性　因内分泌腺(细胞)自身因素所致的功能亢进或减退,包括原发于垂体、甲状腺、甲状旁腺、肾上腺、胃肠、胰岛、性腺等疾病。

2. 继发性　继发于其他因素所致的内分泌腺(细胞)功能亢进或减退,常见以下情形:①位于下丘脑-垂体-靶腺(组织)轴上游的内分泌腺病变致下游靶腺功能改变,如缺乏促肾上腺皮质激素导致皮质醇合成和分泌减少,引发的继发性肾上腺皮质功能减退症。②因体液代谢物质浓度变化致内分泌腺(细胞)病变,如低钙血症可促进甲状旁腺激素的持续分泌,引发的继发性甲状旁腺功能亢进症;有效循环血量不足、水钠代谢紊乱,引发的继发性醛固酮增多症等。

3. 三发性　三发性甲状旁腺功能亢进症是在继发性甲状旁腺功能亢进症的基础上,甲状旁腺由增生转变为腺瘤,且能够自主性分泌甲状旁腺激素。

(二)按激素水平分类

1. 激素分泌过多　包括内分泌组织来源的肿瘤、异位内分泌综合征、激素代谢异常、自身免疫病等导致的内分泌腺(细胞)功能亢进。须注意鉴别外源性激素水平过多,以及炎症因素等破坏内分泌腺(细胞)所致的一过性激素水平过多。

2. 激素分泌减少　包括各种因素所致的内分泌腺(细胞)被破坏、激素合成缺陷等。

3. 组织对激素的反应改变　常见是激素受体突变或者受体后信号转导系统障碍导致激素在靶组织不能发挥正常的生物学效应(即激素敏感性下降),临床表现多为相关功能减退或正常,但血中激素水平异常增高。

(三)按是否存在症状和/或体征分类

分为临床型和亚临床型。临床型疾病通常有特异性的症状和/或体征,以及实验室证据,易于诊断。亚临床型疾病则缺乏特异性症状和/或体征,仅有实验室指标轻度异常,多数为意外发现。

不同的内分泌疾病有其特殊的症状和/或体征(表7-1-2)。

表 7-1-2　常见内分泌疾病的症状和/或体征

症状和/或体征	常见内分泌疾病
消瘦或体重下降	甲状腺功能亢进症、糖尿病、嗜铬细胞瘤等
肥胖	库欣综合征、甲状腺功能减退症、多囊卵巢综合征等
身材过高	生长激素瘤等
身材矮小	生长激素缺乏症、甲状腺功能减退症等
闭经、溢乳	可同时出现,也可单独出现。常见有泌乳素瘤、先天性促性腺激素释放激素缺乏症、甲状腺功能减退症、腺垂体功能减退症等
毛发脱落	腺垂体功能减退症、甲状腺功能减退症等
多饮、多尿	尿崩症、糖尿病、甲状旁腺功能亢进症、醛固酮增多症等
突眼	弥漫性毒性甲状腺肿、慢性淋巴细胞性甲状腺炎等
紫纹	库欣综合征等
高血压伴低血钾	醛固酮增多症、库欣综合征等
骨痛和自发性骨折	甲状旁腺功能亢进症、库欣综合征等
低血糖	胰岛素瘤、胰岛细胞增生、糖尿病等

【诊断】

内分泌疾病的诊断包括:功能诊断、定位诊断和病因诊断。

(一)功能诊断

功能诊断是内分泌代谢疾病诊断的首要步骤。

1. 代谢指标　部分激素能够影响物质代谢,通过测定血糖、血脂、电解质、碳酸氢根等指标,能够反映相关内分泌腺(细胞)的功能。

2. 激素及其代谢产物　激素及其代谢产物浓度的测定是诊断内分泌疾病的基本方法之一。此外,联合测定垂体及其靶腺的激素浓度,还有利于定位诊断。

3. 激素分泌的动态试验　利用内分泌系统的反馈调节机制,在给予促进或抑制某内分泌腺(细胞)合成和分泌的物质后,测定其相应激素的浓度,有利于深入了解相关内分泌腺(细胞)的功能,包括兴奋试验和抑制试验。

(二)定位诊断

确定某种激素自主性过量分泌后,需对相关内分泌腺进行影像学定位和病变定性,通常采用彩超、X线、CT、MRI、PET-CT、放射性核素、选择性动脉造影、静脉插管分段采血、细针穿刺细胞学检查或活检等,以确定病变的部位和功能。

(三) 病因诊断

通常依赖病理诊断、免疫学检测,以及染色体或基因检测。

第三节　内分泌疾病的治疗原则

【病因治疗】

病因明确时需对因治疗。病因尚未明确,或者病因明确,但病程已不可逆转时,则主要以纠正功能异常为主。

【功能减退】

(一) 激素替代治疗

不能根除病因时,采用激素替代治疗。通过补充生理需要量的激素来减轻因该激素浓度降低所引起的相关症状和/或体征,如甲状腺功能减退症时补充左甲状腺素钠片。

(二) 药物治疗

利用化学药物刺激某种激素的分泌或增强某种激素的敏感性,可以治疗某些内分泌腺功能减退的疾病,如氢氯噻嗪用于治疗中枢性尿崩症。

(三) 器官、组织或细胞移植

通过采用同种内分泌腺、组织或细胞移植来替代原内分泌腺(细胞)功能的治疗方式,如甲状旁腺移植治疗甲状旁腺功能减退症。

【功能亢进】

(一) 手术治疗

针对内分泌腺增生性病变,或具有激素分泌功能的内分泌组织来源的肿瘤等,通常采用手术治疗,切除全部或部分内分泌腺(细胞),达到治疗目的。

(二) 药物治疗

使用药物直接抑制激素的合成和分泌,或抑制激素与受体结合,或抑制调控激素相关的神经递质等,也可使用免疫抑制剂或免疫调节剂作为辅助用药。

(三) 放射性核素治疗

某些内分泌腺具有浓集某种元素的作用,可应用该元素标记的放射性核素毁坏相应靶腺的部分组织,达到治疗目的,如 ^{131}I 可用于治疗甲状腺功能亢进症。

(四) 放射治疗

通过使用深部 X 线、γ 刀、X 刀等技术,毁坏增生的内分泌腺(细胞),达到治疗目的。

(五) 介入治疗

采用动脉栓塞的方法治疗肾上腺、甲状腺、甲状旁腺和胰岛肿瘤等。

本章小结

内分泌系统是由内分泌腺和分布于各组织中的激素分泌细胞及其所分泌的激素组成。激素是细胞分泌的可发挥调节作用的微量活性物质,按照化学结构的不同,分为肽类和蛋白质激素、类固醇类激素、氨基酸衍生物、胺类激素等。激素可通过包括内分泌、旁分泌、自分泌、胞内分泌、神经分泌等方式作用于靶腺(细胞)。反馈调节是内分泌系统的主要调节机制,包括负反馈调节和正反馈调节。下丘脑-腺垂体-靶腺(甲状腺、肾上腺、性腺)轴是内分泌经典的功能轴。内分泌疾病诊断应包括功能诊断、定位诊断和病因诊断。功能诊断不仅包括激素及其代谢物的检测,还包括兴奋试验和抑制试验。定位诊断通常应用影像学技术等。病因诊断相对复杂。对于内分泌疾病,如果能够对因治疗效果最佳,多数内分泌疾病针对功能异常进行治疗。功能减退常采用激素替代、药物治疗、脏器移植等。功能亢进常采用手术治疗、药物治疗、放射性核素治疗、放射治疗、介入治疗等。激素与代谢性疾病密切相关。营养物质摄入过多或不足,以及中间代谢障碍也会引起代谢性疾病。

(王 彦)

思考题

1. 举例说明内分泌系统的反馈调节机制。
2. 简述内分泌疾病的诊断步骤。
3. 简述内分泌功能亢进的治疗原则。

ER 7-1-6

练习题

第二章 | 腺垂体功能减退症

ER 7-2-1 教学课件　ER 7-2-2 思维导图

学习目标

1. 掌握:腺垂体功能减退症的临床表现、诊断。
2. 熟悉:腺垂体功能减退症的鉴别诊断及治疗。
3. 了解:腺垂体功能减退症的病因和发病机制、实验室和其他检查及预后。
4. 学会对典型的腺垂体功能减退症进行诊断,指导患者激素替代治疗。
5. 具备同情心和同理心,尊重患者,保护患者隐私的职业精神。

案例导入

患者,女,36岁。5年前分娩时因胎盘滞留失血过多休克,产后哺乳期无乳汁分泌、月经未再恢复,3年前出现疲乏无力、怕冷、食欲缺乏,后逐渐发现眉毛、腋毛及阴毛出现不同程度脱落,并伴有乳房缩小。3天前受凉后出现恶心、呕吐。查体:T 36.2℃,P 55次/min,R 18次/min,BP 80/50mmHg,消瘦,皮肤苍白,毛发稀疏,甲状腺未及肿大,双乳房萎缩,双肺呼吸音清,未闻及干湿性啰音,心率55次/min,律齐,各瓣膜听诊区未闻及病理性杂音,腹软,无压痛及反跳痛,肝脾肋下未触及,双下肢无水肿。辅助检查:血糖3.0mmol/L,血钠122mmol/L。

请思考:

1. 患者目前的诊断可能是什么?
2. 应进一步完善哪些检查?

腺垂体功能减退症(hypopituitarism)又称垂体前叶功能减退症,是指各种病因损伤下丘脑、下丘脑—垂体通路、垂体而导致一种或多种腺垂体激素分泌不足,主要累及性腺、甲状腺、肾上腺皮质,致使其发生继发性功能减退的临床综合征。依据腺垂体激素分泌缺陷的种类,可分为全腺垂体功能减退症(全部腺垂体激素缺乏)、部分腺垂体功能减退症(多种腺垂体激素缺乏)和单一(孤立)腺垂体激素缺乏症。本病多数起病较隐匿,临床症状复杂多变,如长期延误诊治,严重时可危及生命。但如果诊断及时,补充所缺乏的靶腺激素后症状可迅速缓解。

成人腺垂体功能减退症又称为西蒙病(Simmond disease),围生期女性因腺垂体缺血性坏死所致的腺垂体功能减退症,称为希恩综合征(Sheehan syndrome)。本章主要介绍成人腺垂体功能减退症。

ER 7-2-3 腺垂体功能减退症的定义

【病因和发病机制】

腺垂体功能减退症可分为原发性和继发性,由垂体本身病变引起者称为原发性腺垂体功能减退症,由下丘脑或其他中枢神经系统病变、垂体门脉系统障碍引起者称为继发性腺垂体功能减退症。腺垂体功能减退症的病因见表7-2-1。

1. 垂体、下丘脑及附近肿瘤　垂体肿瘤是成人发病最常见的原因。多由于肿瘤破坏或压迫垂体组织、压迫垂体柄造成垂体供血障碍或影响下丘脑释放激素传输、垂体瘤出血导致垂体卒中等原

表 7-2-1 腺垂体功能减退症病因

一、原发性
1. 先天遗传性　如 Kallman 综合征、Prader-Willi 综合征等
2. 垂体瘤　包括原发性(鞍内与鞍旁肿瘤)和转移性肿瘤
3. 垂体缺血性坏死　如产后、糖尿病、颞动脉炎和动脉粥样硬化
4. 蝶鞍区手术、放疗和创伤
5. 垂体感染和炎症　如脑炎、脑膜炎、流行性出血热、梅毒或疟疾等
6. 垂体卒中
7. 垂体浸润
8. 其他　如自身免疫性垂体炎、空泡蝶鞍、海绵窦处颈动脉瘤等

二、继发性
1. 垂体柄破坏　手术、创伤、肿瘤、炎症等
2. 下丘脑病变及中枢神经系统疾患　肿瘤、炎症、浸润性疾病(如淋巴瘤、白血病)、肉芽肿、糖皮质激素长期治疗和营养不良等

因所致。颅咽管瘤、神经胶质瘤、脑膜瘤、错构瘤、转移性肿瘤等鞍区附近肿瘤也能导致腺垂体功能减退。

2. 垂体缺血性坏死　妊娠期腺垂体增生肥大、血供丰富,易遭受缺血性损害。围生期由于前置胎盘、胎盘早剥、胎盘滞留、子宫收缩无力等引起大出血、休克或其他并发症导致腺垂体缺血性坏死和纤维化。此外,糖尿病血管退行性变、颞动脉炎、动脉粥样硬化等血管病变也可偶发腺垂体功能减退。蛛网膜下腔出血时大脑基底部动脉环的血液供应不足亦可发生腺垂体功能减退。

3. 垂体手术和外伤性脑损伤　垂体肿瘤手术操作或损伤可导致腺垂体功能减退,发生的危险性与肿瘤的大小、侵蚀程度等有关。严重颅脑创伤所致颅底骨折、损毁垂体柄和垂体门静脉血液供应等可引起腺垂体功能减退,常伴有神经垂体功能减退。

4. 放射损伤　垂体肿瘤、鼻咽癌、蝶鞍旁肿瘤、原发于脑部肿瘤等放射治疗或各种肿瘤进行全身性放射性治疗可损伤下丘脑或垂体导致腺垂体功能减退。部分放射性损伤导致的腺垂体功能减退可发生在放射治疗的数年后,因此,接受过放射治疗的患者应终身定期进行垂体前叶激素检测。

5. 垂体炎　一种垂体慢性炎症性疾病,可能是多系统炎症的一部分、其他病理状态下的局部反应(继发性垂体炎)或药物副作用引起,如结核、真菌、梅毒、病毒及寄生虫感染可引起垂体炎而破坏垂体功能;结节病、朗格汉斯细胞组织细胞增多症、血色病、多发大动脉炎等疾病也可因继发性垂体炎而导致腺垂体功能减退症。更为常见的是没有明确病因的原发性垂体炎,淋巴细胞性垂体炎(自身免疫性垂体炎)是一种常见的自身免疫介导的原发性垂体炎,多发生于女性,妊娠或分娩后首次发病;肉芽肿性垂体炎也是常见的原发性垂体炎。

6. 垂体卒中　常见于垂体瘤内突然出血、瘤体增大,压迫正常垂体组织和邻近神经组织,呈现急症危象状态。

7. 糖皮质激素长期治疗　长期糖皮质激素治疗会反馈性抑制下丘脑-垂体-肾上腺轴,使下丘脑和垂体相应激素的合成减少,突然停用可出现医源性腺垂体功能减退。

8. 其他　空泡蝶鞍、遗传、先天性发育异常、浸润性疾病、海绵窦处颈动脉瘤、全身性疾病如营养不良、白血病等。

【临床表现】

起病隐匿,临床表现无特异性,严重程度取决于原发疾病、垂体激素缺乏的程度、发生的速度以及靶腺萎缩程度,可以仅呈亚临床表现,也可以急性起病呈危象状态。一般认为,50% 以上腺垂体组织破坏后才有症状,75% 以上破坏时症状明显,达 95% 以上时临床症状比较严重。腺垂体多种

激素分泌不足的现象大多逐渐出现,最早出现生长激素(GH)、促性腺激素(Gn)缺乏;促甲状腺激素(TSH)缺乏次之;然后是促肾上腺皮质激素(ACTH)缺乏。除了垂体完全破坏或遗传综合征外,单纯的泌乳素(PRL)缺乏极为罕见。

ER 7-2-4
垂体激素对靶腺的作用

腺垂体功能减退症除与病因有关的临床表现外,主要是性腺、甲状腺、肾上腺皮质功能减退的表现。希恩综合征女性多有产后大出血、晕厥、休克或并发感染的病史,极度衰弱、乳房不胀、无乳汁分泌,月经不再来潮;而垂体瘤或鞍上肿瘤除累及腺垂体功能外,还常伴有头痛、视力障碍、有时可出现颅内压增高的症状或体征。

(一)性腺(卵巢、睾丸)功能减退

女性表现为月经稀少或闭经、不孕、性欲减退、性交痛等,可有乳房萎缩、阴道分泌物减少、外阴、子宫和阴道萎缩、阴道炎、阴毛、腋毛脱落等。成年男性表现为性欲减退、阳痿、不育,睾丸松软缩小,胡须和阴毛、腋毛稀少,肌肉减少,脂肪增加等。男女均易发生骨质疏松。

(二)甲状腺功能减退

其表现与原发性甲状腺功能减退症相似,患者疲乏、怕冷、反应迟钝、表情淡漠、嗜睡、食欲缺乏、便秘等,严重者可出现精神失常,有幻觉、妄想、木僵甚至狂躁等。但程度较原发性甲状腺功能减退症轻,常无甲状腺肿大,黏液性水肿、皮肤粗糙相对少见。

(三)肾上腺皮质功能减退

其表现与原发性肾上腺皮质功能减退症相似,患者疲乏无力、精神萎靡、食欲缺乏、体重减轻、血压偏低、低血糖、低钠血症和胃肠功能紊乱等。所不同的是本病由于缺乏ACTH,患者皮肤黏膜无色素沉着,皮肤相对苍白。

(四)腺垂体功能减退性危象(简称垂体危象)

在腺垂体功能减退症的基础上,各种应激如感染、败血症、腹泻、呕吐、失水、饥饿、受寒、过度疲劳、急性心肌梗死、脑血管意外、创伤、手术、麻醉及使用镇静安眠药、降血糖药等均可诱发垂体危象。临床可分为:①高热型(>40℃);②低体温型(<35℃);③低血糖型;④低血压、循环衰竭型;⑤水中毒型;⑥混合型。各型可伴有相应的症状,突出表现为消化系统、循环系统以及神经精神方面的症状,如高热、循环衰竭、休克、恶心、呕吐、头痛、神志不清、谵妄、抽搐、昏迷等垂危状态。

【实验室和其他检查】

(一)一般检查

1. 空腹血糖偏低,易出现低血糖。

2. 血清钠、氯可偏低,血钾大多正常。

(二)内分泌功能检查

1.腺垂体功能测定 Gn(包括FSH和LH)、TSH、ACTH、PRL及GH血浆水平低于正常。如需了解腺垂体贮备功能或鉴别病变部位时可做相关兴奋试验,如GnRH兴奋试验、TRH兴奋试验、CRH兴奋试验等。

2.靶腺功能测定

(1)性腺功能:女性血雌二醇水平低下,阴道黏膜涂片所见角化细胞减少,基础体温测量呈不排卵曲线。男性血睾酮水平降低或正常低值,精液检查精子数量减少,形态改变,活动度差,精液量少。

(2)甲状腺功能:血清总T_4(TT_4)和游离T_4(FT_4)均降低,总T_3(TT_3)和游离T_3(FT_3)可正常或稍低。

(3)肾上腺皮质功能:24小时尿游离皮质醇、24小时尿17-羟皮质醇(17-OHCS)低于正常。血浆皮质醇降低,但节律正常。

(三)影像学检查

MRI为垂体影像学诊断首选,能发现直径3mm的微腺瘤。CT检查适用于有MRI禁忌的带动脉夹或起搏器的患者。

【诊断和鉴别诊断】

（一）诊断

腺垂体功能减退症主要依据相关病史，典型的性腺、甲状腺和肾上腺皮质等多靶腺功能减退的症状和体征，内分泌功能及影像学等检查，诊断比较容易。少数患者早期症状不典型，或者3种靶腺功能减退发展不平衡，则诊断较困难。怀疑垂体肿瘤的，视野检查必不可少，发现生化检查结果异常或视野缺损的患者需进行影像学检查，MRI为垂体影像学诊断首选。

（二）鉴别诊断

1. 原发性靶腺功能减退 尤其是一种垂体激素分泌减退时，需要与靶腺功能减退相鉴别。其靶腺激素水平下降，相应垂体促激素水平升高，其他靶腺激素及促激素正常。

2. 多发性内分泌腺功能减退 有多种内分泌腺功能减退的表现，但病因不在垂体。鉴别时可行 ACTH 兴奋试验、TSH 兴奋试验等，腺垂体功能减退症者往往呈延迟反应。

3. 慢性消耗性疾病 肿瘤、肝病、结核、严重营养不良等慢性消耗性疾病可导致不同程度的内分泌功能减退，但一般较轻，阴毛、腋毛不脱落且有原发病的表现。

4. 神经性厌食 多为青年女性，有精神诱因，厌食、体重明显减轻、焦虑、抑郁等表现，并出现一系列内分泌功能的紊乱。

【治疗】

（一）一般治疗

患者保持情绪稳定，生活规律，注意保暖，尽量避免感染、过度劳累及各种应激刺激。宜摄入高热量、高蛋白、高维生素、易消化的饮食，少量多餐；进食粗纤维食物，以预防便秘；适当增加食盐的摄入量。禁用或慎用吗啡等止痛剂、巴比妥等安眠药、氯丙嗪等中枢神经抑制剂及各种降血糖药，以防诱发危象。

（二）病因治疗

本病由多种病因引起，应针对病因进行相应的治疗。颅内肿瘤可选择手术切除、放射治疗（如 γ 刀治疗）和化学药物治疗。对于希恩综合征关键在于预防，加强产妇围生期的监护，及时纠正产妇病理状态。

（三）靶腺激素替代疗法

虽然腺垂体激素替代治疗最为理想，但是由于来源少、使用不方便以及价格昂贵，有些制剂长期应用后可产生抗体，且当靶腺萎缩严重时，垂体促激素往往不能奏效，因此临床上少用。目前临床上普遍应用靶腺激素替代治疗，其疗效可靠、价格低廉、应用方便。靶腺激素替代治疗宜口服给药，需长期甚至终身维持治疗。

1. 糖皮质激素 ACTH 缺乏时可采用糖皮质激素替代治疗。多选用氢化可的松，宜模仿生理性激素分泌昼夜节律给药，一般每天最大剂量不超过 30mg（上午 10mg、中午 5mg、晚上 5mg）。可的松需经肝脏转变为氢化可的松才能发挥其效应，起效较慢。泼尼松和地塞米松半衰期较长，可每天 1 次用药，但缺少检测手段不易调整剂量。糖皮质激素替代治疗过程中，定期评估激素分泌功能，调整激素替代的剂量，注意在并发严重疾病或手术时需要适当增加剂量。一般不必补充盐皮质激素。

2. 甲状腺激素 TSH 缺乏时可采用甲状腺激素替代治疗。常用左甲状腺素（L-T$_4$），宜从小剂量（每天 25~50μg）开始，并缓慢递增剂量，对于老年人、缺血性心脏病的患者，宜采用更低（每天 12.5μg）的起始剂量。治疗的目标是将 FT$_4$ 水平升高至正常偏高范围（TSH 缺乏的甲状腺功能减退者，监测血清 TSH 对于监控甲状腺激素替代治疗没有帮助）。应注意治疗前须评估有无 ACTH 缺乏，如有应先补给糖皮质激素，然后再补充甲状腺激素，以免加重肾上腺负担诱发垂体危象。治疗的过程中甲状腺激素过量会导致骨质疏松，增加骨折和心房颤动的风险。

3. 性激素　病情较轻的育龄期女性行雌孕激素替代的人工月经周期治疗,可维持第二性征和性功能、保持正常体力、改善骨质疏松、提高生活质量;但建议绝经后妇女可不用或小剂量应用。男性患者常给予十一酸睾酮,有利于促进蛋白质合成、增强体质、改善性功能,确诊及可疑前列腺癌者禁用。促性腺激素或促性腺激素释放激素缺乏的有生育需求者可采用促性腺激素替代治疗或促性腺激素释放激素脉冲治疗。

4. 生长激素　生长激素替代治疗在成人腺垂体功能减退症患者中的应用价值有待进一步评价。

（四）垂体危象的处理

1. 纠正低血糖　立即给予 50% 葡萄糖溶液 40~80ml 静脉注射,继以 5% 葡萄糖氯化钠溶液持续静脉滴注,纠正低血糖同时纠正失水。

2. 大剂量糖皮质激素应用　在液体中加入氢化可的松每天 200~300mg,24 小时内每 6~8 小时分次或持续性静脉滴注,或地塞米松每天 5~10mg,分次应用。

3. 纠正水、电解质紊乱　给予 5% 葡萄糖氯化钠溶液持续静脉滴注补充血容量,血钠降低严重者滴注高浓度的氯化钠溶液;监测出入液体量和电解质水平。

4. 纠正休克　多数经上述治疗后血压逐渐回升,但病情严重血压恢复不满意者,需要使用升压药和综合抗休克治疗。

5. 调整体温　低体温者需要用热水袋、电热毯等将患者体温回升至 35℃ 以上,并在使用糖皮质激素后开始用小剂量甲状腺激素治疗;高热者用物理降温法,并及时去除诱发因素,慎用化学药物降温。

6. 去除和治疗诱因　感染是最常见、最重要的诱因,需要根据患者的情况选择抗生素抗感染治疗。禁用或慎用麻醉剂、镇静剂、催眠药等,以免诱发昏迷。

【预后】

腺垂体功能减退症是慢性终身性疾病,预后视病因不同而不同。重者可因产后大出血休克或重度感染而死亡。垂体及附近肿瘤所致者,预后较差。轻者经适当治疗后,其生活质量可如正常人。一般来说不会完全治愈,大多数需要终身药物替代治疗。

本章小结

成人腺垂体功能减退症常见病因是垂体肿瘤、垂体手术、放射损伤、垂体缺血性坏死等。除与病因有关的临床表现外,主要是性腺、甲状腺、肾上腺皮质功能减退的表现。本病起病隐匿,严重病例可出现垂体危象,危及生命,但诊断及时,补充相应缺乏的激素后症状可迅速改善和缓解。希恩综合征系产后大出血、休克、继发感染等引起垂体缺血性坏死所致腺垂体功能减退,往往性腺功能减退最早出现,甲状腺功能减退次之,然后是肾上腺功能减退。腺垂体功能减退症的诊断主要依据病史、典型的多靶腺功能减退的症状和体征,血中激素水平测定和腺垂体相关兴奋试验,必要时需要完善视野和垂体磁共振检查。治疗主要包括病因治疗和相应靶腺激素的替代治疗。激素替代治疗时,如同时有 ACTH 和 TSH 缺乏,应先补给糖皮质激素,然后再补充甲状腺激素,以免加重肾上腺负担诱发垂体危象。

病例讨论

患者,男,45 岁。畏寒、乏力、性欲减退 2 年,3 年前曾因脑部肿瘤手术后进行放射治疗,后多次出现低血压、低血钠,静脉滴注生理盐水治疗后好转,未做系统检查。来院后体检:T 36.1℃,P 90

次/min,R 18 次/min,BP 100/60mmHg,皮肤苍白无光泽,双肺呼吸音粗,未闻及干湿性啰音,心腹无明显阳性体征。双下肢不肿。阴毛、腋毛稀疏,睾丸缩小、松软。实验室检查:Hb 110g/L,血糖 2.69mmol/L,血钠 123mmol/L。

（王玉莲）

思考题

1. 简述腺垂体功能减退症的临床表现。
2. 简述腺垂体功能减退症的诊断与治疗。

ER 7-2-5

练习题

第三章 | 单纯性甲状腺肿

ER 7-3-1　　ER 7-3-2

教学课件　　思维导图

学习目标

1. 掌握:单纯性甲状腺肿的临床表现及诊断。
2. 熟悉:单纯性甲状腺肿的病因、治疗。
3. 了解:单纯性甲状腺肿的流行病学、病理。
4. 学会对典型病例进行诊断;能够针对高危人群进行健康指导。
5. 具备运用公共卫生意识、循证医学思维服务慢病管理的能力。

案例导入

　　患者,女,17岁。6个月前无意中自行发现颈部肿大,无怕热、心悸、多汗、多食、体重减轻症状,无水肿、食欲缺乏、咽痛、颈部疼痛症状。查体:T 36.6℃,P 70次/min,神清语利,无皮肤粗糙、脱屑,颜面无水肿,眼球不突出。甲状腺Ⅱ度肿大,质软,无压痛,未触及结节。心率70次/min,律齐,各瓣膜听诊区未闻及杂音。双下肢无水肿。甲状腺彩超:甲状腺弥漫性肿大。

请思考:
1. 患者目前的诊断可能是什么?
2. 应进一步完善哪些检查?

　　甲状腺肿(nontoxic goiter)是指甲状腺体积大于18ml(女性)或25ml(男性)的一种病理现象,可分为非毒性弥漫性甲状腺肿和非毒性结节性甲状腺肿。非毒性弥漫性甲状腺肿又称为单纯性甲状腺肿(simple goiter),系指甲状腺功能状态正常,由于甲状腺的非炎性非肿瘤性原因造成甲状腺激素生成障碍或需求增加,使甲状腺激素相对不足、垂体分泌促甲状腺激素(TSH)增多致甲状腺代偿性体积增大。甲状腺腺体在逐渐代偿和增生过程中,可产生一个或数个结节,为结节性甲状腺肿(nodular goiter)。

【流行病学】

　　单纯性甲状腺肿患者约占人群的5%,本病散发,女性发病率是男性的3~5倍。如果一个地区儿童中单纯性甲状腺肿的患病率超过10%,称为地方性甲状腺肿(endemic goiter)。地方性甲状腺肿常因缺碘所致,目前全世界约有10亿人生活在碘缺乏地区,在全民实行食盐加碘前,我国缺碘地区的人口超过3.7亿,占世界缺碘地区总人口的37.4%,约有3 500万人患有地方性甲状腺肿,近年来由于全民食用加碘盐的普及,缺碘性甲状腺肿已经明显减少;个别地区(如河北、山东等沿海地区)可能与经常性饮用高碘水有关。散发性甲状腺肿多发生于青春期、妊娠期、哺乳期和绝经期,但也可发生在其他时期。甲状腺自身免疫也与甲状腺肿的发生和维持相关,这种相关性在历史上为碘缺乏而后来过度补碘的地区更明显。

【病因和发病机制】

(一)缺碘

　　缺碘是引起地方性甲状腺肿最常见的原因,多见于山区和远离海洋的地区。碘是甲状腺合成甲状腺激素的重要原料之一,碘缺乏时合成甲状腺激素不足,反馈引起垂体分泌过量的 TSH,刺激甲状腺增生肥大。甲状腺在长期 TSH 刺激下出现增生或萎缩的区域出血、纤维化和钙化,也可出现自主性功能增高和毒性结节性甲状腺肿。WHO 推荐的成年人每天碘摄入量为 150μg。尿碘是监测碘营养水平的公认指标,尿碘中位数 100~200μg/L 是最适当的碘营养状态。在儿童生长期、青春期、妇女妊娠、哺乳期或感染、创伤、寒冷等状况下,人体对甲状腺激素和碘的需要量增加,造成碘的相对不足,可诱发和加重本病。

(二) 高碘

高碘少见,可呈地方性或散发性。其可能机制是过多的无机碘占用了过氧化物酶功能基团,影响了酪氨酸氧化和无机碘的有机化,甲状腺激素合成和释放减少,使甲状腺代偿性肿大。服用含碘药物(如胺碘酮、碘造影剂等)亦可使碘摄入过量,长期服用可导致甲状腺肿的发生。

(三) 硒缺乏

硒缺乏是近年来人们逐步认识到除碘之外的引起甲状腺肿的原因之一。硒也是甲状腺激素合成代谢的必需原料,硒在甲状腺内的含量显著高于除肝、肾以外的其他组织;其次硒直接参与甲状腺激素的合成和代谢,缺硒也影响谷胱甘肽过氧化物酶的活性,使细胞代谢产生的过氧化物清除减少,继而引起甲状腺过氧化物酶活性增高,甲状腺激素合成分泌增加,进一步加重甲状腺肿大。

(四) 致甲状腺肿物质

致甲状腺肿物质可呈地方性或散发性。某些物质可阻滞甲状腺激素合成,从而引起甲状腺代偿性肿大,包括硫脲类药物、硫氰酸盐和保泰松等。卷心菜、核桃和木薯中的氰基苷在肠道内分解出硫氰酸盐,也可抑制甲状腺摄碘。锂盐过多,如饮水中锂含量过高或用碳酸锂治疗精神性疾病时,亦常导致甲状腺肿。

(五) 先天性遗传性甲状腺激素合成缺陷

先天性遗传性甲状腺激素合成缺陷包括甲状腺内的碘转运障碍、过氧化物酶活性缺乏、碘化酪氨酸偶联障碍、异常甲状腺球蛋白形成、甲状腺球蛋白水解障碍、脱碘酶缺乏等,为儿童期散发性甲状腺肿的一种少见原因。上述障碍引起甲状腺激素合成减少,TSH 分泌反馈性增加,导致甲状腺肿,严重者可能出现甲状腺功能减退。

【病理】

甲状腺呈弥漫性或结节性肿大。病变初期,甲状腺滤泡上皮细胞常呈增生、肥大,间质血管充血;随着病变进展,一部分滤泡退化,另一部分滤泡增大并且富含胶质,滤泡之间被纤维组织间隔,逐步形成大小不等、质地不一的结节;后期部分滤泡可发生坏死、出血、囊性变、纤维化或钙化。

【临床表现】

临床上大多数患者无明显甲亢或甲减的症状,仅仅表现为甲状腺肿大及其导致的压迫症状。甲状腺轻度或中度弥漫性肿大,质地较软,无压痛,无血管杂音。随着病情发展,甲状腺可逐渐增大,质地坚韧,多不对称,常有大小不等结节。重度肿大的甲状腺可出现周围组织压迫症状;压迫气管可出现憋气、呼吸不畅或堵塞感,当气管受压直径缩小到正常的 1/3 时,可有呼吸困难,不能平卧;压迫食管可出现吞咽困难;压迫喉返神经早期表现为声音嘶哑、痉挛性咳嗽,晚期可失声;甲状腺肿可使大血管受压,颈静脉受压多见,此时面颈部淤血;胸骨后甲状腺肿或腺体肿大伸至胸骨后往往压迫大静脉干,可使头部、颈部和上肢静脉回流受阻,引起颜面水肿、颈静脉曲张、胸部皮肤和上臂水肿及明显的静脉曲张,当患者双手上举在头顶合拢阻塞加重(Pemberton 征),还可伴有头晕甚至晕厥;当颈部交感神经受压时,出现同侧瞳孔扩大,如严重受压迫而麻痹时则眼球下陷、睑下垂、瞳孔缩小。

【实验室和其他检查】

(一) 甲状腺功能

血清 TT_3、TT_4、FT_3、FT_4 水平正常,碘缺乏患者 TT_4 可轻度下降,TT_3/TT_4 比值增

ER 7-3-3

甲状腺肿大

高;血清 TSH 水平一般正常。

（二）血清甲状腺球蛋白（TG）

血清 TG 水平正常或增高,增高的程度与甲状腺肿的体积呈正相关。血清 TG 是衡量碘缺乏的敏感指标,碘摄入正常的儿童和成人血清 TG 的中位数是 $10\mu g/L$,超过 $20\mu g/L$ 反映摄碘不足。

（三）尿碘

尿碘测定可以估计碘营养状态,但影响因素较多,仅能反映近期碘摄入情况。尿碘中位数 $100\sim200\mu g/L$ 提示适碘营养状态,尿碘中位数 $<100\mu g/L$ 为碘缺乏,尿碘中位数 $200\sim299\mu g/L$ 为碘超足量,尿碘中位数 $\geq300\mu g/L$ 为碘过量。

（四）甲状腺 ^{131}I 摄取率

甲状腺 ^{131}I 摄取率正常或增高,但与甲状腺功能亢进不同,无高峰前移,多在 24 小时达最高峰,称为碘饥饿曲线,摄取率可被 T_3 抑制。当有自主性功能结节时则不可被 T_3 所抑制,T_3 抑制试验目前临床已不再使用。

（五）甲状腺超声检查

甲状腺超声检查是确定甲状腺肿的主要检查方法。此病甲状腺多呈弥漫性肿大。

（六）甲状腺核素扫描

弥漫性甲状腺肿常呈均匀性分布,结节性甲状腺肿可呈温结节或凉结节。核素扫描是唯一可以判断甲状腺结节是否具有自主功能的检查,也是寻找异位甲状腺特别是胸骨后或者纵隔甲状腺肿的可靠方法,准确率可达 90%。

ER 7-3-4

甲状腺摄碘
试验

（七）CT 或 MRI

胸骨后和纵隔内甲状腺肿可采用 CT 或 MRI 来明确其与邻近组织的关系及与颈部甲状腺的延续情况。

【诊断和鉴别诊断】

（一）诊断

甲状腺肿可分为 3 度:外观没有肿大,但是触诊能及者为Ⅰ度;既能看到,又能触及,但是肿大没有超过胸锁乳突肌外缘者为Ⅱ度;肿大超过胸锁乳突肌外缘者为Ⅲ度。

甲状腺肿的诊断根据症状、体征和辅助检查不难作出甲状腺肿的诊断。70% 的患者就诊时的主诉是颈部不适或颈部肿大或包块,其次患者可能关注美容或者病变性质。查体或甲状腺影像学检查提示有甲状腺弥漫性肿大,甲状腺功能检测血清 TT_3、TT_4、FT_3、FT_4、TSH 水平正常可作出单纯性甲状腺肿的诊断。部分碘缺乏患者 TSH 可处于正常值上限,TT_3/TT_4 比值增高,TG 增高。甲状腺肿的诊断重点在于病因和分型。地方性甲状腺肿的地区流行病史有助于本病的诊断。散发性甲状腺肿多发于青春期、妊娠、哺乳期或为食物中的碘化物、致甲状腺肿物质和药物等因素所致。

（二）鉴别诊断

1. 颈前脂肪堆　位于颈部甲状腺部位,需与甲状腺肿鉴别,但前者质地较软,吞咽时不随之上下移动,此种脂肪堆多见于肥胖者。

2. 甲状旁腺腺瘤　甲状旁腺位于甲状腺之后,甲状旁腺腺瘤一般较小,不易扪及,但有时亦可较大,使甲状腺突出,检查时亦可随吞咽移动。但根据临床表现及核素扫描可加以鉴别。

【治疗和预防】

（一）治疗

一般不需要治疗,尤其是甲状腺肿轻微,没有临床症状并且甲状腺功能正常者,可随诊观察。对甲状腺肿大明显者可以试用外源性甲状腺激素(如左甲状腺素)以抑制垂体 TSH 分泌,从而达到抑制甲状腺增生、缩小甲状腺体积的目的。结节性甲状腺肿患者对甲状腺激素的反应较差,而弥漫性甲状腺肿患者、青少年和新诊断的甲状腺肿患者对甲状腺激素的反应较佳。甲状腺激素抑制治疗应从小剂量起始,逐渐增加剂量至甲状腺肿缩小而甲状腺功能 TSH 抑制到适宜程度,老年人 TSH 水平一般应较年轻人稍高。长期使用甲状腺激素的主要风险是骨质丢失(多见于绝经后女性)和心功能异常(多见于老年人),甲状腺核素扫描证实有自主功能区域存在者也不宜应用甲状腺激素抑制治疗。

对有明确病因者还应针对病因治疗,如缺碘、缺硒者可予以补充碘、硒治疗;高碘地方性甲状腺肿应给予低碘饮食并避免饮用高碘水源水;因食物、药物、内分泌干扰剂等引起甲状腺肿者应停用该类物质。单纯性甲状腺肿无论是散发性还是地方性均不宜手术治疗,但若是巨大结节性甲状腺肿、有压迫症状或疑有癌变者应采取手术治疗。

(二) 预防

对于碘缺乏所致的地方性甲状腺肿,无论是治疗还是预防均采用补碘措施。当碘的供应不能满足机体生理需要量时,将产生一系列包括甲状腺功能和机体发育的异常。严重缺碘可导致甲状腺肿大、脑功能障碍、呆小症、生育率下降、围生期死亡和婴儿死亡率增加。孕妇、胎儿、新生儿和小儿是碘缺乏病最重要的易感人群。食盐加碘是目前国际公认的安全、有效、简便、廉价的防治碘缺乏病措施。目前,全世界有 120 多个国家或地区采取食盐加碘的措施预防碘缺乏病。自 1996 年起,我国立法推行普遍食盐碘化防治碘缺乏病,碘缺乏病得到了有效的控制。2011 年,我国修改国家食盐加碘标准,将碘浓度从原来不低于 40mg/kg 修改为 20~30mg/kg,各地可根据本地区的自然碘资源基础制定本地的食盐加碘制度。防治碘缺乏病要注意碘过量的倾向。碘超足量和碘过量可导致对健康的不良影响,包括碘致甲状腺功能亢进症/自身免疫甲状腺病。由于妊娠的生理变化引起尿碘排泄增加和胎儿甲状腺对碘原料的增加,可造成母体甲状腺激素相对不足。WHO 建议妊娠和哺乳期妇女碘摄入量的标准为每天 250μg,维持尿碘在 150~250μg/L。

本章小结

甲状腺肿大是指多种病因或影响因素导致的甲状腺体积增大。缺碘是单纯性甲状腺肿的主要病因。女性多见,多始于青春期,一般无明显症状,甲状腺弥漫性肿大,多对称,质软,无压痛,无血管杂音。甲状腺重度肿大可出现压迫症状。血清 TT_3、TT_4、FT_3、FT_4 和 TSH 水平正常;甲状腺 ^{131}I 摄取率正常或增高,但摄碘高峰不提前,多在 24 小时达最高峰。单纯性甲状腺肿一般不需要治疗,甲状腺肿大明显者可选择外源性甲状腺激素(如左甲状腺素)替代治疗。对于缺碘所致者,多食含碘高的食物,食盐加碘是有效措施。

病例讨论

患者,女,19 岁,因"发现颈部增粗 10 个月"就诊。该患者 10 个月前无意中发现颈部增粗,无疼痛,无怕热、心悸、气短、多汗等症状,无水肿、食欲改变、体重增加等症状,无吞咽困难、声音嘶哑。查体:颜面无水肿,眼球不突出,甲状腺Ⅱ度肿大,无压痛,未触及结节,心率 72 次/min,律齐,腹软,双下肢无水肿。辅助检查:TT_3、TT_4、FT_3、FT_4、TSH 均正常。

(黄文森)

思考题

1. 单纯性甲状腺肿的常见病因有哪些?
2. 单纯性甲状腺肿的临床表现有哪些?

ER 7-3-5

练习题

第四章 | 甲状腺功能亢进症

ER 7-4-2

教学课件　　思维导图

学习目标

1. 掌握：Graves 病的诊断和鉴别诊断、药物治疗原则；甲状腺危象的诊断和处理原则。
2. 熟悉：甲亢的病因分类，Graves 病的临床表现；浸润性突眼的诊断和治疗。
3. 了解：Graves 病的发病机制及放射碘治疗的适应证、并发症。
4. 学会对临床甲亢患者进行诊断；能够根据疾病不同状况选择合理的治疗方式；能够对患者及该病高危人群进行健康教育。
5. 具备同情心和同理心，弘扬"医者仁心"的精神。

案例导入

患者，女，22 岁。因"怕热、多汗、心悸 3 个月"就诊。3 个月前无明显诱因出现怕热、多汗、心悸，伴易饥、多食，大便次数 3~5 次/d，为黄色软便。无口干、多饮、多尿，无发热、颈前疼痛。发病以来，精神尚可，易激动，夜间睡眠差，小便正常，体重下降约 8kg。既往体健，无烟酒嗜好。月经正常，未婚未育，其母有"甲状腺功能亢进症"病史。查体：T 37℃，P 116 次/min，R 20 次/min，BP 115/80mmHg，神志清楚，消瘦体型，皮肤湿润细腻，双眼球略突出，辐辏反射欠佳。甲状腺Ⅱ度肿大，质软，无结节及触痛，两侧叶上极可触及震颤，可闻及血管杂音。双肺呼吸音清，心率 116 次/min，律齐。双手平举有细微震颤。

请思考：
1. 患者目前的诊断可能是什么？
2. 应进一步完善哪些检查？

甲状腺毒症（thyrotoxicosis）是任何原因（甲状腺疾病或非甲状腺疾病）引起血液循环中甲状腺激素过多，从而引起以神经、循环、消化等系统兴奋性增高和代谢亢进为主要表现的一组临床综合征。根据甲状腺的功能状态，甲状腺毒症可分为甲状腺功能亢进类型和非甲状腺功能亢进类型（表 7-4-1）。

表 7-4-1　甲状腺毒症的病因分类

甲状腺功能亢进症	非甲状腺功能亢进类型
1. 弥漫性毒性甲状腺肿（Graves 病）	1. 亚急性甲状腺炎
2. 多结节性毒性甲状腺肿	2. 无症状型甲状腺炎
3. 甲状腺自主高功能腺瘤（Plummer 病）	3. 桥本甲状腺炎
4. 碘致甲状腺功能亢进症（碘甲亢）	4. 产后甲状腺炎
5. 桥本甲亢	5. 外源性甲状腺激素替代
6. 新生儿甲状腺功能亢进症	6. 异位甲状腺激素产生（卵巢甲状腺肿等）
7. 垂体 TSH 腺瘤	

甲状腺功能亢进症(hyperthyroidism),简称甲亢,是指甲状腺本身病态地合成与分泌过量甲状腺激素导致血液循环中甲状腺激素浓度过高,作用于全身组织引起一系列高代谢综合征。非甲状腺功能亢进类型包括破坏性甲状腺毒症和外源性甲状腺激素摄入过多,甲状腺本身合成激素的能力并未增强。根据甲状腺功能亢进的程度,还可以分为临床甲亢和亚临床甲亢。

临床上以自身免疫紊乱所导致的弥漫性毒性甲状腺肿最多见,约占所有甲亢患者的80%,其次为多结节性毒性甲状腺肿和甲状腺自主高功能腺瘤。本章重点阐述弥漫性毒性甲状腺肿,也称Graves病,临床上常有高代谢综合征、甲状腺肿大、突眼征等主要表现。

【病因和发病机制】

Graves病是器官特异性自身免疫病之一,它与自身免疫性甲状腺炎、Graves眼病同属于自身免疫性甲状腺病(autoimmune thyroid diseases,AITD)。Graves病患者由于体内免疫功能紊乱,致使机体产生了针对自身促甲状腺激素受体的抗体(thyrotropin receptor antibodies,TRAb)。该抗体与TSH受体结合后,和TSH一样具有刺激和兴奋甲状腺的作用,引起甲状腺组织增生和功能亢进,甲状腺激素产生和分泌增多。目前认为,自身抗体的产生主要与存在基因缺陷的抑制性T淋巴细胞的功能降低有关。抑制性T淋巴细胞功能缺陷导致辅助性T淋巴细胞的不适当致敏,并在IL-1、IL-2等细胞因子的参与下,使B淋巴细胞产生抗自身甲状腺的抗体。TRAb是一组多克隆抗体,作用在TSH受体的不同结合位点。TRAb可分为兴奋型和封闭型两类。兴奋型中有一类与TSH受体结合后,刺激甲状腺组织增生及甲状腺激素的合成和分泌增多,称为甲状腺刺激抗体(thyroid stimulating antibody,TSAb),为Graves病的主要自身抗体;另一类与TSH受体结合后,仅促进甲状腺肿大,但不促进甲状腺激素的合成和释放,称为甲状腺生长刺激免疫球蛋白(thyroid growth immunoglobulin,TGI)。封闭型自身抗体与TSH受体结合后,阻断和抑制甲状腺功能,因此称为甲状腺刺激阻断抗体(thyroid stimulating blocking antibody,TSBAb)。

Graves病有显著的遗传倾向,同卵双生相继发生Graves病者达30%~60%,异卵双生仅为3%~9%。目前发现它与组织相容性复合体(MHC)基因相关:高加索人中的HLA-B8,日本人中的HLA-B35,中国人中的HLA-BW46为本病的相对危险因子。临床上可伴随1型糖尿病、系统性红斑狼疮、白癜风以及特发性血小板减少性紫癜等其他自身免疫性疾病。

感染、应激等环境因素均可能为本病的诱发因素。尤以精神因素为重要,强烈的精神刺激常可诱发甲亢的发病。精神应激可能使患者血中肾上腺皮质激素升高,进而改变抑制性T淋巴细胞或辅助性T淋巴细胞的功能,引起异常免疫反应从而引发甲亢。

【病理】

(一)甲状腺

滤泡增生肥大伴淋巴细胞浸润是Graves病的病理特征。Graves病的甲状腺呈对称性、弥漫性增大,甲状腺内血管增生,血供丰富,使甲状腺外观为红色。滤泡细胞增生肥大,细胞呈立方或柱状,滤泡细胞由于过度增生而形成乳头状折叠凸入滤泡腔内,高尔基复合体肥大,附近有许多囊泡,内质网发育良好,核糖体和线粒体增多。滤泡腔内胶质减少甚至消失。甲状腺内可有淋巴细胞浸润或形成淋巴滤泡或出现淋巴组织生发中心。

ER 7-4-3

Graves病甲状腺病理表现

(二)眼

Graves病仅有非浸润性突眼时常无异常病理改变。在浸润性突眼患者球后组织中脂肪组织及纤维组织增多,糖胺聚糖沉积与透明质酸增多,淋巴细胞及浆细胞浸润;眼外肌肿胀,肌纤维纹理模糊、透明变性、断裂,肌细胞内糖胺聚糖增多。可出现球结膜充血、水肿。早期的病变以炎症细胞浸润和脂肪增多为主,后期可出现纤维组织增生和纤维化。

(三)胫前黏液性水肿

光镜下病变皮肤可见黏蛋白样透明质酸沉积,伴肥大细胞、吞噬细胞和内质网粗大的成纤维细

胞浸润,皮层增厚及淋巴细胞浸润;电镜下见大量微纤维伴糖蛋白及酸性葡聚糖沉积,与重度甲减(黏液性水肿)的皮下组织糖胺聚糖浸润的组织学相似。

(四)其他器官与组织的病理变化

心脏可增大,心肌肥厚,心肌变性。肝、脾、胸腺和淋巴结可增生肿大,外周血淋巴细胞可增多。久病者或重度甲亢患者肝内可见脂肪浸润、局灶性或弥漫性坏死、萎缩、门脉周围纤维化乃至肝硬化。破骨细胞活性增强,骨吸收多于骨形成,引起骨质疏松。

【临床表现】

本病多见于女性,男女之比为 1∶4~1∶6。本病起病多数缓慢,多在起病后 6 个月到 1 年就诊。少数可在精神创伤或感染等应激后急性起病,或妊娠、分娩后 4~6 个月诱发本病。

(一)甲状腺毒症表现

1. 高代谢综合征 甲状腺激素分泌增多导致交感神经兴奋性增高和新陈代谢加速,患者常有怕热多汗、疲乏无力、易饥多食、皮肤温暖湿润(尤以手足掌、脸、颈、胸前、腋下等处皮肤红润多汗)、体重下降等表现。部分患者体温升高,但一般为低热,危象时可高热。

2. 精神神经系统 多言好动、紧张焦虑、焦躁易怒、失眠不安、思想不集中、记忆力减退、多猜疑等,有时出现幻觉,甚而亚躁狂症。舌和双手平举向前伸出时有细震颤。

3. 心血管系统 由于甲状腺激素对心血管系统的作用,以及交感神经兴奋性增高等,常使患者有明显的临床表现,心悸、气促是大部分甲亢患者的突出主诉。

(1)心动过速:是心血管系统最早最突出的表现。绝大多数为窦性心动过速,心率多在 90~120 次/min,心动过速为持续性,在睡眠和休息时有所降低,但仍高于正常。

(2)心律失常:房性期前收缩最常见,其次为阵发性或持续性房颤,也可见室性或交界性期前收缩,偶见房室传导阻滞。

(3)心音改变:由于心肌收缩力加强,使心搏增强,心尖部第一心音亢进,常有收缩期杂音,偶可闻及舒张期杂音。

(4)心脏扩大:多见于久病及老年患者。当心脏负荷加重、合并感染或应用 β 受体拮抗剂可诱发充血性心力衰竭,持久的心房颤动也可诱发慢性充血性心力衰竭。出现心脏扩大和心脏杂音可能是由于长期高排出量使左心室流出道扩张所致。

(5)血压改变:收缩压升高,舒张压正常或下降,脉压增大;有时可出现毛细血管搏动征、水冲脉等周围血管征。发生原因系由于心脏收缩力加强,心排血量增加和外周血管扩张、阻力降低所致。

4. 消化系统 胃肠活动增强,食欲亢进,多食易饥,排便增多;极少数出现厌食,甚至恶病质。重者可以有肝大、肝功能异常,偶有黄疸。

5. 肌肉骨骼系统 甲亢时多数表现为肌无力和肌肉萎缩。由于神经肌肉兴奋性增高,可出现细震颤,腱反射活跃和反射时间缩短等。部分患者可出现如下特殊的肌肉病变。

(1)甲亢伴周期性瘫痪:主要见于东方国家的青年男性患者,我国和日本较常见。本病无家族史,起病急,发作时血钾显著降低。发病诱因包括饱餐、疲劳、精神紧张、寒冷、饮酒、运动,以及应用胰岛素、糖皮质激素、利尿剂、抗 HIV 药物或干扰素等。临床表现以一过性和反复发作性肌无力与瘫痪为特征,主要累及下肢;发作时一般无感觉障碍,脑神经不受累,神志清楚。周期性瘫痪多与甲亢同时存在,或发生于甲亢起病之后,也有部分患者以周期性瘫痪为首发症状就诊才发现甲亢。多在夜间、劳累后休息时及饭后发作,可反复出现,甲亢控制后症状可缓解。周期性瘫痪的发生机制可能与过多甲状腺激素促进 Na^+-K^+-ATP 酶活性,使 K^+ 向细胞内的不适当转移有关。

(2)慢性甲亢性肌病:相对多见。起病缓,主要累及近端肌群和肩胛、骨盆带肌群。表现为进行性肌肉萎缩和无力。患者在爬楼梯、蹲位起立和梳头等动作时有困难。类似于多发性肌炎表现,但肌活检正常或仅有肌肉萎缩、变性等改变。

（3）甲亢伴重症肌无力：甲亢伴重症肌无力的发生率约为 1%，远高于一般人群的发生率。重症肌无力主要累及眼肌，表现为眼睑下垂、眼外肌运动麻痹、复视和眼球固定等。少数也可表现为全身肌肉无力，吞咽困难，构音不清及呼吸浅短等。甲亢控制后重症肌无力可减轻或缓解。

6. 血液和造血系统　循环血淋巴细胞比例增加，单核细胞增加，但是白细胞总数减低。可以伴发血小板减少性紫癜。本病由于消耗增加、营养不良和铁利用障碍可引起各种贫血。

7. 生殖系统　女性月经减少或闭经。男性阳痿，偶有乳腺增生（男性乳腺发育），与雄激素转化为雌激素增加有关。

（二）甲状腺肿

大多数患者有程度不等的甲状腺肿大。甲状腺左右两叶呈弥漫性、对称性肿大，峡部也肿大呈蝶形，吞咽时上下移动，质软，无压痛，久病者质地较韧。少数病例甲状腺可以不肿大。甲状腺肿大程度与甲亢轻重一般无明显关系。由于甲状腺的血流量增多，故在上、下极可听到连续性或以收缩期为主的吹风样血管杂音，可触及震颤（以腺体上部较明显），但需和颈部静脉杂音相鉴别，后者亦为一连续性杂音，但在收缩期不加强。当头向左或向右转动时，静脉杂音即消失或减轻，而甲亢血管杂音不变。

ER 7-4-4

Graves 病甲状腺肿大的体格检查

（三）突眼征

可分为非浸润性突眼和浸润性突眼两种类型。

1. 非浸润性突眼　系由于交感神经兴奋眼外肌群和上睑肌所致，临床无明显自觉症状。体征有：①上眼睑挛缩；②睑裂增宽（Dalrymple 征）；③上眼睑移动滞缓（von Graefe 征）：眼睛向下看时上眼睑不能及时随眼球向下移动，可在角膜上缘看到白色巩膜；④瞬目减少和凝视（Stellwag 征）；⑤惊恐眼神（staring of frightened expression）；⑥向上看时，前额皮肤不能皱起（Joffroy 征）；⑦两眼看近物时，辐辏不良（Mobius 征）。甲亢控制后可完全恢复正常。

2. 浸润性突眼　为眶内和球后组织体积增加、淋巴细胞浸润和水肿所致，又称 Graves 眼病（Graves ophthalmopathy，GO）或甲状腺相关性眼病（thyroid-associated orbitopathy，TAO）。患者常有明显的自觉症状，如畏光、流泪、复视、视力减退、眼部胀痛、刺痛、异物感等。双眼球明显突出，可超过中国人群眼球突出度参考值（女性为 16.0mm，男性为 18.6mm）3mm 以上，少数患者为单侧突眼。由于眼球高度突出，使眼睛不能闭合，结膜、角膜外露而引起充血、水肿、角膜溃疡等。重者可出现全眼球炎，甚至失明。诊断 Graves 眼病应行眶后 CT 或 MRI 检查，可见眼外肌肿胀增粗，同时排除球后占位性病变。Graves 眼病临床活动状态（clinical activity score，CAS）评估标准见表 7-4-2，初次评估 7 分法 CAS≥3 分或者随诊评估 10 分法 CAS≥4 分即判断 Graves 眼病活动。积分越多，活动度越高。Graves 眼病的轻重程度与甲状腺功能亢进的程度无明显关系。约 5% 的患者仅有 Graves 眼病而临床无甲亢表现，将此称为甲状腺功能正常的 Graves 眼病（euthyroid Graves ophthalmopathy，EGO）。该类患者尽管临床上无甲亢表现，但多有亚临床甲亢，TSH 水平降低。

ER 7-4-5

Graves 眼病

ER 7-4-6

Graves 眼病的分级标准

表 7-4-2　Graves 眼病临床活动状态评估（CAS）

序号	项目	本次就诊	随诊与上次就诊比较	评分
1	自发性球后疼痛	√		1
2	眼球运动时疼痛	√		1
3	眼睑充血	√		1
4	结膜充血	√		1

序号	项目	本次就诊	随诊与上次就诊比较	评分
5	眼睑肿胀	√		1
6	球结膜水肿	√		1
7	泪阜肿胀	√		1
8	突眼度增加≥2mm		√	1
9	任一方向眼球运动减少≥8°		√	1
10	视力表视力下降≥1行		√	1

注:初次评估 7 分法 CAS≥3 分或者随诊评估 10 分法 CAS≥4 分即为 Graves 眼病活动。

【特殊的临床表现和类型】

(一)甲状腺危象(thyroid crisis)

也称甲亢危象,是甲状腺毒症病情的急骤加重和恶化,可危及生命。发生原因可能与循环内甲状腺激素水平增高和应激因素使机体各系统对儿茶酚胺的敏感性急剧增高有关。多发生于较重甲亢未予治疗或治疗不充分的患者。常见诱因有感染、手术、创伤、精神刺激等。危象可分为 2 个阶段:体温低于 39℃,心率 120~159 次/min,多汗、烦躁、嗜睡、食欲缺乏、恶心、大便次数增多、体重明显减轻等为危象前期。体温超过 39℃,心率大于 160 次/min,大汗淋漓、躁动、谵妄、昏睡或昏迷、呕吐、腹泻等为危象期。甲亢危象的病死率在 20% 以上,死亡原因多为高热虚脱、心力衰竭、肺水肿、严重水电解质代谢紊乱等。当病情处于危象前期时,若未得到及时处理,会迅速发展为危象,故只要存在上述危象前期的多项症状与体征时,即应按危象处理。甲亢危象时血白细胞常升高,血甲状腺激素增高,但病情轻重与血甲状腺激素浓度无平行关系,故发病机制不能将释放大量甲状腺激素入血视作唯一的基础,交感神经兴奋、垂体-肾上腺皮质轴应激反应减弱均有关。

(二)甲状腺功能亢进性心脏病(thyrotoxic heart disease)

简称甲亢性心脏病,又称甲状腺毒症性心脏病。甲状腺毒症对心脏有 3 个作用:①增强心脏 β 受体对儿茶酚胺的敏感性;②直接作用于心肌收缩蛋白,发挥正性肌力作用;③继发于甲状腺激素导致的外周血管扩张,阻力下降,心脏输出量代偿性增加。上述作用导致心动过速、心排出量增加、心房颤动和心力衰竭。心力衰竭分为两种类型:一类是心动过速和心脏排出量增加导致的心力衰竭,主要发生在年轻甲亢患者;此类心脏衰竭非心脏泵衰竭所致,而是由于心脏高排出量后失代偿引起,称为"高排出量型心力衰竭";常随甲亢控制,心力衰竭得以恢复。另一类是诱发和加重已有或潜在缺血性心脏病者发生的心力衰竭,多发生在老年患者;此类心脏衰竭是心脏泵衰竭。目前认为,在甲亢诊断明确后,具有下述心脏异常至少一项,可诊断甲亢性心脏病:①心脏增大;②严重心律失常,如阵发性或持续性房颤、房扑、阵发性室上性心动过速、频发室性期前收缩、二度和三度房室传导阻滞等;③充血性心力衰竭;④心绞痛或心肌梗死;⑤左房室瓣脱垂伴心脏病理性杂音。诊断过程中应排除其他原因引起的心脏病变,且在甲亢控制后心脏病变有明显好转或消失。

(三)淡漠型甲亢(apathetic hyperthyroidism)

该型特点为:①发病较隐匿;②以老年人多见,尤其是 60 岁以上者;③临床表现不典型,常以某一系统的表现为突出(尤其是心血管和胃肠道症状),由于年迈伴有其他心脏病,不少患者合并心绞痛,有的甚至发生心肌梗死。心律失常和心力衰竭的发生率可达 50% 以上。患者食欲缺乏伴腹泻较多,肌肉萎缩,肌无力;④眼病和高代谢症群表现较少,多数甲状腺无明显肿大;⑤全身情况差,体重减轻较明显,甚至出现全身衰竭、恶病质;⑥血清 TT_4 可以正常,FT_3、FT_4 常增高,TSH 下降或测不出,但甲状腺 ^{131}I 摄取率增高。

（四）T₃型甲状腺毒症（T₃ thyrotoxicosis）

由于甲状腺功能亢进时，产生 T_3 和 T_4 的比例失调，T_3 产生量显著多于 T_4 所致。发生的机制尚不清楚。Graves 病、毒性结节性甲状腺肿和自主高功能性腺瘤都可以发生 T_3 型甲亢。碘缺乏地区甲亢的 12% 为 T_3 型甲亢。老年人多见。实验室检查 TT_4、FT_4 正常，TT_3、FT_3 升高，TSH 减低，^{131}I 摄取率增加。

（五）亚临床甲亢（subclinical hyperthyroidism）

本病主要依赖实验室检查结果诊断，血 T_3、T_4 在正常范围，TSH 水平低于正常值下限，不伴或伴有轻微的甲亢症状。持续性亚临床甲亢的原因包括外源性甲状腺激素替代、甲状腺自主高功能腺瘤、多结节性甲状腺肿、Graves 病等。本病的可能不良结果是：①发展为临床甲亢；②对心血管系统影响：全身血管张力下降、心率加快、心输出量增加、心房颤动等；③骨质疏松：主要影响绝经期女性，加重骨质疏松，骨折发生频度增加。诊断本病需要排除下丘脑-垂体疾病、非甲状腺疾病所致的TSH 降低，并且在 2~4 个月内复查，以确定 TSH 降低为持续性而非一过性。亚临床型甲亢一般不需治疗，但应定期追踪病情变化。对于老年患者，已有轻度甲亢表现的患者以及具有心血管和骨骼系统病变危险因素者，宜采用适当的抗甲状腺治疗。

（六）妊娠期甲状腺功能亢进症

妊娠期甲亢主要见于以下两种情况：

1. 妊娠合并甲亢 正常妊娠时由于腺垂体生理性肥大和胎盘激素分泌，可有高代谢症候群表现，如心率可增至 100 次/min，甲状腺稍增大，基础代谢率在妊娠 3 个月后较前增加可达 20%~30% 左右，此时由于雌激素水平增高，血中甲状腺素结合球蛋白（thyroxine-binding globulin，TBG）也较妊娠前增高，故血清 TT_3、TT_4 也较正常增高，因此易与甲亢混淆。患者体重不随妊娠月份而相应增加，或四肢近端肌肉消瘦，或休息时心率在 100 次/min 以上者应疑及甲亢。如血 FT_4 或 FT_3 大于妊娠期特异参考范围上限，TSH 低于妊娠期特异参考范围下限（或妊娠早期低于 0.1mIU/L）可诊断为甲亢。同时伴有眼征、弥漫性甲状腺肿、甲状腺区震颤或血管杂音，血 TSAb 阳性即可确定 Graves 病的诊断。

2. 妊娠期一过性甲状腺毒症 绒毛膜促性腺激素（HCG）在妊娠三个月达到高峰，它与 TSH 有相同的 α 亚单位、相似的 β 亚单位和受体亚单位，过量的 HCG 能够刺激 TSH 受体，而出现甲状腺毒症。患者甲状腺毒症的症状轻重不一，血 FT_3、FT_4 升高，TSH 降低或测不出，但 TSAb 和其他甲状腺自身抗体阴性，血 HCG 显著升高。妊娠期一过性甲状腺毒症往往随血 HCG 浓度的变化而消长，属一过性，终止妊娠或分娩后消失。

（七）胫前黏液性水肿

本病与 Graves 眼病同属于自身免疫病，约 5% 的 Graves 病患者伴发本症，白种人中多见。多发生在胫骨前下 1/3 部位，也见于足背、踝关节、肩部、手背或手术瘢痕处，偶见于面部，皮损大多为对称性。早期皮肤增厚、变粗，有广泛大小不等的棕红色或红褐色或暗紫色突起不平的斑块或结节，边界清楚，直径 5~30mm 不等，连片时更大，皮损周围的表皮稍发亮，薄而紧张，病变表面及周围可有毳毛增生、变粗、毛囊角化，可伴感觉过敏或减退，或伴痒感；后期皮肤粗厚，如橘皮或树皮样，皮损融合，有深沟，覆以灰色或黑色疣状物，下肢粗大如"象皮腿"。

ER 7-4-7

胫前黏液性水肿

【实验室和其他检查】
（一）血清甲状腺激素

1. 血清总甲状腺素（TT₄）、血清总三碘甲腺原氨酸（TT₃） 人体每天产生 T_4 80~100μg，全部由甲状腺产生。而人体每天产生 T_3 20~30μg，20%T_3 由甲状腺产生，80%T_3 在外周组织由 T_4 转换而来。血清中 TT_3、TT_4 与蛋白结合达 99.5% 以上，故 TT_3、TT_4 水平受 TBG 的影响。妊娠、雌激素、急性病毒性肝炎等可引起 TBG 升高，导致 TT_3、TT_4 升高；雄激素、糖皮质激素、低蛋白血症（严重肝病、肾病

综合征)等可以引起 TBG 降低,导致 TT$_3$、TT$_4$ 减低。TT$_3$、TT$_4$ 测定方法稳定,在无影响血中 TBG 浓度变化的因素存在时仍是反应甲状腺功能的良好指标。

2. 血清游离甲状腺素(FT$_4$)、游离三碘甲腺原氨酸(FT$_3$) 游离甲状腺激素不受血中 TBG 变化的影响,直接反应甲状腺功能状态,所以是诊断临床甲亢的首选指标。一般血清 FT$_4$、FT$_3$ 测定敏感性和特异性较好,稳定性较差。高效液相色谱-质谱法是定量检测 FT$_4$、FT$_3$ 的金标准,但尚未能在临床推广。目前免疫测定中的标记抗体法是 FT$_4$、FT$_3$ 自动化测定中应用最多的方法。

3. 血清反三碘甲腺原氨酸(rT$_3$) rT$_3$ 无生物活性,为 T$_4$ 在外周组织的降解产物,其血浓度的变化与 T$_3$、T$_4$ 维持一定比例,尤其与 T$_4$ 变化一致。甲亢初期或复发早期可仅有 rT$_3$ 升高。

(二)促甲状腺激素(TSH)

血清 TSH 浓度的变化是反映甲状腺功能最敏感的指标,尤其对亚临床甲亢和亚临床甲减的诊断具有重要意义。目前大部分实验室采用的是敏感 TSH(sTSH)(检测限达到 0.01mU/L)和超敏 TSH 测定方法(检测限达到 0.005mU/L),两者特异性、敏感性均很高。

(三)甲状腺 ^{131}I 摄取率

甲状腺 ^{131}I 摄取率正常值为 3 小时 5%~25%,24 小时 20%~45%,高峰在 24 小时出现。甲亢时 ^{131}I 摄取率表现为总摄取量增加,摄取高峰前移。本方法目前主要用于甲状腺毒症病因的鉴别:甲状腺功能亢进类型的甲状腺毒症 ^{131}I 摄取率增高;非甲状腺功能亢进类型的甲状腺毒症 ^{131}I 摄取率减低。妊娠期及哺乳期禁用。

(四)甲状腺核素显像

甲状腺核素显像可评价甲状腺功能状态及位置、大小和形态,计算其重量。根据甲状腺核素显像,甲状腺结节可分为高功能(热结节)、功能正常(温结节)和低功能(冷或凉结节)。甲状腺核素显像是甲状腺毒症病因鉴别诊断中的一个重要手段,还有助于鉴别结节的功能和发现异位甲状腺。甲状腺自主高功能腺瘤肿瘤区浓聚大量核素,肿瘤区外甲状腺组织和对侧甲状腺无核素吸收;多结节性毒性甲状腺肿为多发热结节或冷、热结节。妊娠期及哺乳期禁用。

(五)TSH 受体抗体(TRAb)

TRAb 是鉴别甲亢病因、诊断 Graves 病的指标之一。新诊断的 Graves 病患者 75%~96%TRAb 阳性。需要注意的是,TRAb 中包括 TSAb 和 TSBAb 两种抗体,而检测到的 TRAb 仅能反映有针对 TSH 受体的自身抗体存在,不能反映这种抗体的功能。但是,当临床表现符合 Graves 病时,一般都将 TRAb 视为 TSAb。

(六)甲状腺刺激抗体(TSAb)

与 TRAb 相比,TSAb 反映了这种抗体不仅与 TSH 受体结合,而且这种抗体产生了对甲状腺细胞的刺激功能,是诊断 Graves 病的重要指标之一,可判断病情活动、复发,还可作为治疗停药的重要指标。85%~100% 的 Graves 病新诊断患者 TSAb 阳性。甲状腺球蛋白抗体(thyroglobulin antibody,TGAb)、甲状腺过氧化物酶抗体(thyroid peroxidase antibody,TPOAb)在 Graves 病可呈弱阳性,强阳性则可能与自身免疫性甲状腺炎并存。

(七)影像学检查

甲状腺超声检查显示 Graves 病患者甲状腺呈弥漫性、对称性、均匀性增大(可增大 2~3 倍),边缘多规则,多普勒彩色血流显像示患者甲状腺腺内血流丰富,呈"火海征",同时可见甲状腺上、下动脉均扩张,收缩期峰血流速度(PSV)加快,可达 50~120cm/s。眼部 CT 和 MRI 可以排除其他原因所致的突眼,评估 Graves 眼病眼外肌受累的情况。

【诊断和鉴别诊断】

(一)诊断

典型病例经详细询问病史,依靠临床表现即可诊断。不典型病例,尤其是小儿、老年或伴有其他疾病的轻型甲亢或亚临床甲亢病例易被误诊或漏诊,需进行相关检验检查确定诊断。甲亢诊断的程序是:①甲状腺毒症的诊断:测定血清 TSH 和甲状腺激素的水平;②确定甲状腺毒症是否来源于甲状腺的功能亢进;③确定引起甲状腺功能亢进的原因,如 Graves 病、多结节性毒性甲状腺肿、甲状腺自主高功能腺瘤等。

1. 甲亢的诊断 ①高代谢症状和体征;②甲状腺肿大;③血清 TT_4、FT_4 增高,TSH 减低。具备以上三项诊断即可成立。应注意的是,淡漠型甲亢的高代谢症状不明显,仅表现为明显消瘦或心房颤动,尤其在老年患者;少数患者无甲状腺肿大;T_3 型甲亢仅有血清 T_3 增高。

2. Graves 病的诊断 ①甲亢诊断确立;②甲状腺弥漫性肿大(触诊和 B 超证实),少数病例可以无甲状腺肿大;③Graves 眼病;④胫前黏液性水肿或指端粗厚;⑤TRAb 水平升高。以上标准中,①②项为诊断必备条件,同时③④⑤具备其中一项,即根据 Graves 病的特征性临床体征和 TRAb 作出 Graves 病的诊断。

在无特异性临床表现、TRAb 阴性或 TRAb 低滴度阳性(<3.50IU/L)的甲亢患者中,甲状腺核素显像有助于鉴别是否存在自主功能性甲状腺结节。妊娠期及哺乳期不能进行核素检查,超声血流检测显示甲状腺上、下动脉均扩张,收缩期峰血流速度加快可协助 Graves 病的诊断。

3. 甲状腺危象的诊断评分 1993 年提出的 Burch-Wartofsky 评分量表(BWPS)目前被广泛应用于甲状腺危象的诊断;评分系统包括体温、心血管系统、中枢神经系统、消化系统症状,以及是否存在已确定的诱发因素(表 7-4-3)。BWPS 评分≥45 分提示甲状腺危象,需要积极治疗;25~44 分为甲状腺危象前期,因此评分的敏感度高而特异度偏低,故应基于临床判断是否采用积极治疗;<25 分排除甲状腺危象。

表 7-4-3　甲状腺危象的诊断评分

症状与体征		分数
体温调节障碍/℃	37.2~37.7	5
	37.8~38.3	10
	38.4~38.8	15
	38.9~39.3	20
	39.4~39.9	25
	≥40.0	30
心动过速/(次·min⁻¹)	100~109	5
	110~119	10
	120~129	15
	130~139	20
	≥140	25
充血性心力衰竭	无	0
	轻度(踝部水肿)	5
	中度(双肺底湿啰音)	10
	重度(肺水肿)	20
心房颤动	无	0
	有	10
中枢神经系统紊乱症状	无	0
	轻度(烦躁不安)	10
	中度(谵妄/精神错乱/昏睡)	20
	重度(癫痫/昏迷)	30

症状与体征		分数
消化系统紊乱症状	无	0
	中度(腹泻/腹痛/恶心/呕吐)	10
	重度(不明原因黄疸)	20
诱因	无	0
	有	10
总分	≥45	甲状腺危象
	25~44	危象前期
	<25	排除甲状腺危象

注:评分基于存在甲状腺毒症。

(二)鉴别诊断

1.不同甲亢类型的临床鉴别

(1)**多结节性毒性甲状腺肿**:多见于中老年患者,甲亢症状一般较轻,甲状腺结节性肿大,严重肿大者可延伸至胸骨后。血清 TT_3 和 FT_3 升高较 TT_4 和 FT_4 升高明显,TRAb 阴性,甲状腺 ^{131}I 摄取率升高或正常,甲状腺核素显像示多发热结节或冷、热结节。

(2)**甲状腺自主高功能腺瘤**:甲亢症状一般较轻;甲状腺单结节,直径>2.5cm,特点同多结节性毒性甲状腺肿,甲状腺 ^{131}I 摄取率升高或正常;甲状腺核素显像示腺瘤部位热结节,其余部位核素分布稀疏。

(3)**碘甲亢**:有大剂量碘摄入史或服用胺碘酮史,TRAb 阴性,尿碘显著升高,甲状腺 ^{131}I 摄取率正常或降低。

(4)**垂体 TSH 瘤**:甲亢及垂体瘤临床表现,TRAb 阴性,垂体 MRI 提示垂体瘤。

2.与甲状腺炎的鉴别

(1)**亚急性甲状腺炎**:该病以女性多见,发病前常有上呼吸道感染病史,随后甲状腺肿大并伴有甲状腺疼痛。可出现甲亢的症状,如心悸、气短、消瘦、食欲亢进、易激动和大便次数增加等,多有发热,体温在 38℃左右。甲状腺 ^{131}I 摄取率降低,与 TT_4、TT_3,FT_4、FT_3 升高呈分离现象。甲状腺核素显像发现甲状腺双侧或单侧不显影。

(2)**桥本甲状腺毒症**:该病以中年女性多见,甲状腺弥漫性肿大,质韧或有表面不平的结节;甲状腺扫描放射性分布不均匀,有不规则浓聚及稀疏区;大部分患者 TGAb、TPOAb 阳性。部分患者在疾病初期由于甲状腺滤泡细胞的破坏、甲状腺激素的释放增加而出现甲状腺毒症表现,通常为一过性,随疾病进展血清甲状腺激素水平逐渐下降。有人称为"桥本一过性甲亢"。

3.Graves 病与其他疾病的鉴别

(1)**神经症**:此类患者有许多症状与甲亢类似,如焦虑,心动过速,过分敏感,易兴奋失眠,体重减轻,乏力等。但无甲状腺肿及突眼,甲状腺功能检查正常。

(2)**单纯性甲状腺肿**:无甲亢症状,摄碘率高,但高峰不前移,甲状腺功能检查一般正常。

【治疗】

目前尚不能针对 Graves 病进行病因治疗。3 种疗法被普遍采用,即抗甲状腺药物(antithyroid drug,ATD)、放射性碘和手术治疗。ATD 的作用是抑制甲状腺合成激素,放射性碘(^{131}I)和手术则是通过破坏甲状腺组织,减少甲状腺激素的产生。美国治疗 Graves 病首选 ^{131}I 治疗,欧洲、日本和我国则首选 ATD 药物。

(一)一般治疗

告知患者忌碘饮食,多进食高热量、高蛋白质、富含维生素的食品。告诫吸烟对疾病发生及治疗的危害,并劝告吸烟者戒烟。嘱患者调节情绪,注意休息,避免过强体力活动。必要时应用小剂量镇静剂、交感神经阻滞剂帮助患者改善焦虑等症状。

(二) 抗甲状腺药物治疗

ATD 是甲亢的基础治疗,也用于手术和 ^{131}I 治疗前的准备阶段。常用的 ATD 分为硫脲类和咪唑类两类,硫脲类包括丙硫氧嘧啶(propylthiouracil,PTU)和甲硫氧嘧啶等;咪唑类包括甲巯咪唑(methimazole,MMI)和卡比马唑(carbimazole)等。目前治疗甲亢的两种最主要的 ATD 是 MMI 和 PTU。它们的作用机制相同,主要为抑制甲状腺内的过氧化酶系统,使被摄入到甲状腺细胞内的碘化物不能氧化成活性碘,使酪氨酸不能被碘化,同时使一碘酪氨酸和二碘酪氨酸的缩合过程受阻而抑制甲状腺激素的合成。两药比较:MMI 半衰期长,血浆半衰期为 4~6 小时,可以每天单次使用,且实际效能也强于 PTU,故 MMI 可使甲状腺功能较快恢复正常;PTU 血浆半衰期为 60 分钟,具有在外周组织抑制 T_4 转换为 T_3 的独特作用,所以发挥作用较 MMI 迅速,控制甲亢症状快,但是必须保证 6~8 小时给药一次。两药比较,倾向优先选择 MMI,因为 PTU 的肝毒性大于 MMI。在下列两种情况下选择 PTU:妊娠 T1 期(1~3 个月)甲亢、甲状腺危象。

1. 适应证　①病情轻、中度患者;②甲状腺轻、中度肿大;③孕妇、高龄、年迈体弱或合并严重心、肝、肾等疾病而不宜手术者;④手术前和 ^{131}I 治疗前的准备;⑤手术后复发且不适宜 ^{131}I 治疗者;⑥中至重度活动的 Graves 眼病患者。

2. 剂量与疗程　①初治期:MMI 每天 15~30mg,单次或分 2 次给药,PTU 每天 200~300mg,分 2~3 次口服,每 4 周复查血清甲状腺激素水平一次。甲状腺内储存的甲状腺激素需要 4~6 周排空,而循环内的 T_4 半衰期在 7 天以上,所以甲亢的症状控制需要 4~8 周的时间。临床症状缓解后或血甲状腺激素恢复正常时即可减量。②减量期:每 2~4 周减量一次,MMI 每次减量 5~10mg,PTU 每次减量 50~100mg,待症状完全消除,体征明显好转后再减至最小维持量。③维持期:MMI 每天 5~10mg,PTU 每天 50~100mg,维持治疗 1~1.5 年。维持期每 2 个月监测甲状腺功能 1 次。必要时还可在停药前将维持量减半。在治疗过程中出现甲状腺功能减退或甲状腺明显增大时可酌情加用左甲状腺素($L-T_4$),同时减少 ATD 的剂量。

3. 不良反应　①粒细胞减少:其发生率约为 0.3%。主要发生在大剂量 ATD 最初的 2~3 个月内或再次用药的 1 个月内。当白细胞低于 $3×10^9/L$ 或中性粒细胞低于 $1.5×10^9/L$ 时应停药,同时不建议更换另一种 ATD,因为 PTU 与 MMI 存在致粒细胞缺乏的交叉反应。发热和咽痛是粒细胞缺乏症的最常见症状,如果发热迅速并伴有寒战,则要考虑脓毒血症,必须静脉使用广谱抗生素,并及时使用粒细胞集落刺激因子可以缩短粒细胞恢复时间。由于甲亢本身也可以引起白细胞减少,所以要区分是甲亢所致,还是 ATD 所致。治疗前和治疗后定期检查白细胞是必需的,发现有白细胞减少时,应当先使用促进白细胞增生药。②皮疹:发生率为 2%~3%。可先试用抗组胺药,皮疹严重时应及时停药,以免发生剥脱性皮炎。③药物性肝损害:发生率为 0.1%~0.2%,多在用药后 3 周发生,MMI 引起的肝脏损害以胆汁淤积为主,而 PTU 引起者多为免疫性肝细胞损害,转氨酶升高较明显,且预后较差。另外甲亢本身也有转氨酶增高,所以在用药前需要检查基础的肝功能,以区别是否是药物的副作用。④血管炎:PTU 可以诱发机体产生抗中性粒细胞胞质抗体(antineutrophil cytoplasmic antibody,ANCA),多数患者无临床表现,仅部分呈 ANCA 相关性小血管炎,有多系统受累表现,如发热、肌肉关节疼痛及肺和肾损害等,其特点是随着用药时间延长,发生率增加,特别是亚洲患者多见。

4. 停药指标　主要依据临床症状和体征。目前认为 ATD 维持治疗 18~24 个月可以停药。下述指标预示甲亢可能治愈:①甲状腺肿明显缩小;②TSAb(或 TRAb)转为阴性。甲亢缓解的定义是:停药 1 年,血清 TSH 和甲状腺激素正常。甲亢不易缓解的因素包括男性、吸烟、甲状腺显著肿大、TRAb 持续高滴度、甲状腺血流丰富等。ATD 治疗的复发率约为 50%,75% 在停药后的 3 个月内复发,复发可以选择 ^{131}I 或者手术治疗。

(三) ^{131}I 治疗

1. 作用机制 利用甲状腺高度摄取和浓集碘的能力及 ^{131}I 释放出的 β 射线对甲状腺的生物效应,破坏甲状腺滤泡上皮,达到治疗目的(β 射线在组织内的射程约 2mm,故电离辐射仅限于甲状腺局部而不累及毗邻组织)。此外,^{131}I 也可损伤甲状腺内淋巴细胞使 TRAb 生成减少。放射性碘治疗具有迅速、简便、安全、疗效明显等优点。

2. 适应证和禁忌证 适应证:①甲状腺肿大Ⅱ度以上;②ATD 治疗失败或过敏;③甲亢手术后复发;④甲状腺毒症性心脏病或甲亢伴其他病因的心脏病;⑤甲亢合并白细胞和/或血小板减少或全血细胞减少;⑥甲亢合并肝、肾等脏器功能损害;⑦拒绝手术治疗或者有手术禁忌证;⑧浸润性突眼:对轻度和稳定期的中、重度 Graves 眼病可单用 ^{131}I 治疗甲亢,对病情处于进展期患者可在 ^{131}I 治疗前后加用糖皮质激素。禁忌证:妊娠和哺乳期妇女。

3. 剂量与疗法 ^{131}I 剂量主要根据临床及实验室估计的甲状腺重量,每克甲状腺组织可给 2.59~4.44MBq。对重度甲亢患者应先服用 ATD 治疗 4~8 周,待临床症状好转后再予以治疗。一般于治疗 2~4 周后,症状逐渐减轻,甲状腺缩小,3 个月后约 60% 得到完全缓解,如半年后仍未缓解者,可考虑第二次 ^{131}I 治疗。

4. 并发症 ①甲状腺功能减退:国内报告第 1 年发生率 4.6%~5.4%,以后每年递增 1%~2%。核医学和内分泌学专家都一致认为,甲减是 ^{131}I 治疗甲亢难以避免的结果,选择 ^{131}I 治疗主要是要权衡甲亢与甲减后果的利弊关系。一旦发生需用甲状腺激素替代治疗。②放射性甲状腺炎:见于治疗后 7~10 天,个别可因炎症破坏和甲状腺激素的释放而诱发危象。故重症甲亢必须在 ^{131}I 治疗前用抗甲状腺药物治疗。一般不需要处理,如有明显不适或疼痛可短期使用糖皮质激素。③加重活动性 Graves 眼病:对于活动性 Graves 眼病在治疗前 1 个月给予泼尼松 0.4~0.5mg/kg,^{131}I 治疗后 3~4 个月逐渐减量。

(四) 手术治疗

1. 适应证 ①甲状腺肿大显著(>80g),有压迫症状;②中、重度甲亢,长期服药无效,或停药复发,或不能坚持服药者;③胸骨后甲状腺肿;④细针穿刺细胞学证实甲状腺癌或者怀疑恶变;⑤结节性毒性甲状腺肿或甲状腺自主高功能腺瘤;⑥ATD 治疗无效或者过敏的妊娠期甲亢患者,手术需要在妊娠 T2 期(4~6 个月)施行。手术治疗的治愈率 95% 左右,复发率为 0.6%~9.8%。

2. 禁忌证 ①伴严重 Graves 眼病;②合并较重心脏、肝、肾疾病,不能耐受手术;③妊娠初 3 个月和第 6 个月以后。

3. 术前准备 术前均需应用 ATD,控制高代谢症状,达到心率<80 次/min,血 T_3、T_4 基本正常。然后于术前开始加用复方碘溶液,每次 3~5 滴口服,每天 2~3 次,4~5 天渐增至每次 10 滴,共 2 周,以减少术中出血和术后危象。近年有使用普萘洛尔或普萘洛尔与碘化物联合作术前准备,效果迅速,2~3 天后心率下降至正常,1 周后即可施行手术。普萘洛尔 10~20mg 口服,6~8 小时 1 次,术后尚需巩固治疗 1 周。

4. 手术方式 通常为甲状腺次全切除术,两侧各留下 2~3g 甲状腺组织。主要并发症是手术损伤导致甲状旁腺功能减退症和喉返神经损伤,有经验的医生操作时发生率为 2%,普通医院条件下的发生率达到 10% 左右。

ER 7-4-8

三种治疗方法的利弊与适应证

(五) 其他治疗

1. 碘剂 减少碘摄入量是甲亢的基础治疗之一。过量碘的摄入会加重和延长病程,增加复发的可能性,所以甲亢患者应当食用无碘食盐,忌用含碘药物。复方碘化钠溶液仅在手术前和甲状腺危象时使用。

2. β 受体拮抗剂 作用机制是:①阻断甲状腺激素对心脏的兴奋作用;②阻断外周组织 T_4 向 T_3 的转化,主要在 ATD 初治期使用,可较快控制甲亢的临床症状。通常应用普萘洛尔每次 10~40mg,

每天 3~4 次。对于有支气管疾病者,可选用 β_1 受体阻断药,如阿替洛尔、美托洛尔等。

(六) 甲状腺危象的治疗

甲状腺危象病死率高,应早期识别,积极综合治疗。治疗目标是降低甲状腺激素分泌和合成、减少甲状腺激素的外周效应、改善全身失代偿症状、去除诱因及治疗并发疾病。治疗过程中应保持环境安静,减少声音和光等不良刺激并限制访视者,向患者解释病情时语调轻柔。同时应以高度的同情心关怀安慰患者,消除患者恐惧心理,树立战胜甲状腺危象的信心。

1. 大剂量抗甲状腺药物　首选 PTU 抑制甲状腺激素合成和抑制外周组织 T_4 向 T_3 转换。首次剂量 PTU 600mg 口服或经胃管注入,如无 PTU 时可用 MMI 60mg 口服或经胃管注入。继用 PTU 200mg 或 MMI 20mg,每 6 小时 1 次口服,待症状缓解后减至一般治疗剂量。

2. 抑制甲状腺激素的释放　大剂量无机碘通过抑制碘的氧化和有机化(Wolff-Chaikoff 效应)降低甲状腺激素的合成,并迅速抑制甲状腺滤泡释放甲状腺激素。服用抗甲状腺药物 1 小时后再加用复方碘口服溶液,首剂 30~60 滴,以后每 6~8 小时服用 5~10 滴;碘化钠 1~2g 加入 5% 葡萄糖溶液中静脉滴注 12~24 小时,以后视病情逐渐减量,一般使用 3~7 天。碘化物的浓度过高或滴注过快易引起静脉炎;碘剂对口腔黏膜有刺激,最好滴于饼干或面包上服用。如果对碘剂过敏,可改用碳酸锂每天 0.5~1.5g,分 3 次口服,连用数日。

3. β 受体拮抗剂　普萘洛尔 40~80mg,每 6 小时口服 1 次,或 1~2mg 稀释后静脉缓慢注射。静脉注射艾司洛尔可获得更快的效果,剂量为 0.25~0.5mg/kg 作为负荷剂量,后以 0.05~0.1mg/(kg·min)持续输注。其作用机制是阻断甲状腺激素对心脏的刺激作用和抑制外周组织 T_4 向 T_3 转换。

4. 糖皮质激素　氢化可的松 50~100mg 加入 5%~10% 葡萄糖溶液静脉滴注,每 6~8 小时 1 次,也可用相当剂量的地塞米松静脉滴注,在甲状腺危象缓解后,应逐渐减少并停用。糖皮质激素不宜长期使用,一般应用 3~5 天即可。大剂量糖皮质激素除抑制 T_4 转换为 T_3、阻止甲状腺激素释放、降低周围组织对甲状腺激素的反应外,还可增强机体的应激能力。

5. 降低血甲状腺激素浓度　上述常规治疗效果不满意时,可选用血液透析、腹膜透析或血浆置换等措施迅速降低血甲状腺激素浓度。

6. 支持治疗　应监护心、肾、脑功能,迅速纠正水、电解质和酸碱平衡紊乱,补充足够的葡萄糖、热量和多种维生素等。

7. 对症治疗　给氧、防治感染。高热者必须积极降温,可采取物理降温,必要时可用中枢性解热药如对乙酰氨基酚等,但应注意避免应用阿司匹林类解热剂,因水杨酸盐药物会竞争性地与甲状腺球蛋白结合,导致游离甲状腺激素水平升高。对烦躁不安、极度焦虑的患者可用地西泮 5~10mg,肌内或静脉注射;必要时可实施人工冬眠疗法(哌替啶 50mg、氯丙嗪及异丙嗪各 50mg,混合后静脉持续泵入)。积极治疗各种合并症和并发症;危象控制后,应根据具体病情,选择适当的甲亢治疗方案,并防止危象再次发生。

(七) Graves 眼病的治疗

1. 控制危险因素　严禁吸烟(包括二手烟),治疗高胆固醇血症,保持甲状腺功能正常,补充硒制剂与维生素 D。

2. 眼表支持治疗　注意眼睛保护,可戴有色眼镜。对于轻度干眼,使用黏稠度较低的人工泪液,对于中、重度干眼,使用黏稠度较高的人工泪液,可加用凝胶或眼膏。睡眠时眼睑不能闭合者可使用盐水纱布或眼罩保护角膜。定期测量眼压,眼压增高时可采用相应眼科药物,如噻吗洛尔、毛果芸香碱眼液等,可酌情使用利尿剂。

3. 免疫抑制治疗

(1) **糖皮质激素治疗**:治疗 Graves 眼病最常用的免疫抑制药物是糖皮质激素。首选静脉用药,球后注射及口服用药作为二线治疗方案。其机制主要是:①抗炎免疫抑制作用;②抑制眼眶成纤维细胞的增殖;③抑制葡萄糖胺聚糖合成和释放。目前针对中重度、活动性 Graves 眼病推荐的糖皮质激素静脉给药方案:甲泼尼龙共 12 周,累积剂量为 4.5g;每周一次 0.5g 缓慢注射,连用 6 周;随后进入第二阶段,每周 0.25g,连续 6 周。对于更严重的活动性中重度 Graves 眼病,大剂量方案是前 6 周每次 0.75g,后 6 周每次 0.5g(累积剂量 7.5g)。

（2）**免疫抑制剂治疗**:①环孢素:可通过抑制 T 淋巴细胞活性、抑制单核细胞与巨噬细胞的抗原表达、诱导 T 辅助细胞活性、抑制细胞因子的产生而影响体液免疫与细胞免疫。对缩小肿大的眼外肌、减轻突眼、改善视力有一定疗效。②利妥昔单抗:通过调节体内 B 淋巴细胞,使 B 淋巴细胞出现一过性缺失而发挥免疫抑制作用,采用首次静脉注射 1g,间隔 2 周复用的治疗方法,主要适用于静脉糖皮质激素治疗无效的活动性中重度 Graves 眼病患者。③吗替麦考酚酯:通过作用于增殖期的 T 淋巴细胞和 B 淋巴细胞,发挥免疫抑制作用。吗替麦考酚酯常与糖皮质激素联合使用,常用方案为甲泼尼龙(静脉滴注前 6 周每次 0.5g,后 6 周每次 0.25g,总剂量 4.5g)和吗替麦考酚酯(口服 360mg 每天 2 次,连续 24 周,总剂量 120g)联合治疗。④替妥木单抗:为胰岛素样生长因子-1 受体全人源单克隆抗体。通过与胰岛素样生长因子-1 受体结合,阻断胰岛素样生长因子-1 受体介导的信号通路,可显著减少眼球突出、复视的发生并提高患者的生活质量,推荐静脉滴注,第 1 次剂量 10mg/kg,以后每次剂量 20mg/kg,每 3 周滴注 1 次,共 8 次。

4. 血浆置换法 适用于严重急性进展期的患者,通过血浆置换可清除或减少与本病相关的抗原、抗原抗体复合物以及某些细胞因子,还能影响血浆黏滞性及血浆内的组成成分,但目前对其确切疗效仍难以肯定。

5. 球后外照射 球后外照射与糖皮质激素联合使用可以增加疗效。严重病例或不能耐受大剂量糖皮质激素时采用本疗法。一般不单独使用。

6. 眼眶减压手术 如果糖皮质激素和球后外照射无效,角膜感染或溃疡、压迫导致的视网膜和视神经改变可能导致失明时,需要行眼眶减压手术。

（八）妊娠期甲亢的治疗

甲亢合并妊娠时的治疗目标为母亲处轻微甲亢状态或甲状腺功能达正常上限,并预防胎儿甲亢或甲减。治疗措施:首选 ATD 治疗。①抗甲状腺药物:T1 期首选 PTU,因为 MMI 可能导致胎儿发育畸形,主要是皮肤发育不全和"甲巯咪唑相关的胚胎病",包括鼻后孔和食管的闭锁、颜面畸形。T2、T3 期首选 MMI,因为 PTU 可能引起肝脏损害,甚至导致急性肝脏衰竭,建议仅在妊娠 T1 期使用,以减少造成肝脏损伤的概率。ATD 起始剂量取决于症状的严重程度及血清甲状腺激素的水平,起始剂量如下:MMI 每天 5~15mg,或者 PTU 每天 50~300mg,分次服用。ATD 可以通过胎盘屏障,为了避免对胎儿的不良影响,应当使用最小剂量的 ATD 实现其控制目标。妊娠期间监测甲亢的控制指标首选血清 FT_4,控制的目标是使血清 FT_4 接近或者轻度高于参考值的上限。治疗起始阶段每 2~4 周监测一次 FT_4 和 TSH,达到目标值后每 4~6 周监测一次,依临床表现及检查结果调整剂量。一定要避免治疗过度引起母亲和胎儿甲状腺功能减退或胎儿甲状腺肿。②哺乳期间适量服用 ATD 是安全的。因为 PTU 的肝脏毒性原因,应当首选 MMI。MMI 剂量达到每天 20~30mg,对于母婴都是安全的。PTU 可以作为二线药物,每天 300mg 也是安全的。服药方法是在哺乳后分次服药。并且监测婴儿的甲状腺功能。③普萘洛尔可使子宫持续收缩而引起胎儿发育不良、心动过缓、早产及新生儿呼吸抑制等,故应慎用或禁用。④妊娠期一般不宜作甲状腺次全切除术,如择期手术治疗,宜于妊娠中期(即妊娠第 4~6 个月)施行。⑤^{131}I 禁用于治疗妊娠期甲亢。

本章小结

弥漫性毒性甲状腺肿（Graves 病）是甲亢最常见的病因,是一种自身免疫性疾病,主要表现为高代谢综合征、甲状腺肿大、突眼征、胫前黏液性水肿。FT_4、FT_3 的测定结果较 TT_4、TT_3 更准确地反映甲状腺功能状态,是诊断临床甲亢的首选指标;TSH 是反映下丘脑-垂体-甲状腺轴功能的敏感指标,尤其对亚临床甲状腺功能异常的诊断有重要意义;甲亢时 ^{131}I 摄取率表现为总摄取量增加,摄取高峰前移;TSAb 是诊断 Graves 病的重要指标之一,可判断病情活动、复发,还可作为治疗停药的重要指标。治疗包括 3 种方法:药物治疗、甲状腺次全切除术、放射性 ^{131}I 治疗。甲亢危象是危及患者生命的危重综合征,确定诱因并积极治疗是良好治疗效果的保证,抑制甲状腺激素的合成首选丙硫氧嘧啶。Graves 眼病是 Graves 病主要的甲状腺外表现,有效控制甲亢是基础治疗,综合治疗包括眼表支持治疗、全身使用免疫抑制剂(首选糖皮质激素静脉用药)、血浆置换、球后外照射、眼眶减压手术。

病例讨论

患者,女,25 岁。因"怕热、多汗、消瘦 1 年"就诊。1 年前无诱因出现怕热、多汗、心慌、乏力、多食、消瘦,大便 5~6 次/d,呈糊状无脓血,无里急后重感,易激动、情绪不稳定。在当地按"慢性肠炎""神经症"治疗无效。发病以来,精神尚可,易激动,夜间睡眠差,小便正常。体格检查:T 36.9℃,P 108 次/min,R 20 次/min,BP 130/70mmHg,消瘦体型,皮肤温暖潮湿,双目微突,瞬目减少;甲状腺Ⅱ度肿大,质软,可触及震颤,闻及血管杂音,无结节及触痛;双肺呼吸音清,心率 108 次/min,律齐,第一心音有力,心尖部可闻及收缩期杂音,双手平伸震颤(+),双下肢无水肿,病理征未引出。

(黄文森)

思考题

1. 简述 Graves 病的临床表现?
2. 如何诊断 Graves 病?需要与哪些疾病鉴别?
3. Graves 病的治疗方法如何选择?药物治疗原则是什么?
4. 甲状腺危象的诊断和治疗方案是什么?

ER 7-4-9

练习题

第五章 | 甲状腺功能减退症

ER 7-5-1　　ER 7-5-2
教学课件　　思维导图

学习目标

1. 掌握:甲状腺功能减退症的临床表现、诊断和治疗原则。
2. 熟悉:甲状腺功能减退症替代治疗中的注意事项;甲状腺功能减退危象的抢救方法。
3. 了解:甲状腺功能减退症的分类。
4. 学会对临床甲减患者进行诊断并在治疗过程中确定最佳替代剂量;能够针对患者及高危人群进行健康教育,进行终身随访。
5. 具备医防融合的理念和求真务实的科学态度。

案例导入

患者,女,45岁。因"畏寒、颜面水肿6个月"就诊。6个月前无明显诱因出现畏寒、颜面水肿,伴记忆力差、食欲缺乏、腹胀,无尿频、尿急、尿痛,未诊治,今求诊我院。病程中少言懒动,动作迟缓,明显乏力,体重增加6kg。既往史否认甲状腺疾病史。月经周期不规律,月经量少。查体:T 36.1℃,BP 95/60mmHg,贫血貌,皮肤粗糙,头发及眉毛稀疏,颜面水肿,舌大,可见齿痕,甲状腺Ⅱ度肿大,质韧,未触及结节及触痛,双肺呼吸音清,未闻及干湿性啰音,心率56次/min,心音弱,腹软,无压痛,双下肢非凹陷性水肿。

请思考:

1. 患者目前的诊断可能是什么?
2. 应进一步完善哪些检查?
3. 该患者贫血的原因是什么?

甲状腺功能减退症(hypothyroidism,简称甲减)是指由于各种原因引起的甲状腺激素合成、分泌或生物效应不足所致的全身性低代谢综合征,其病理特征是糖胺聚糖在组织和皮肤堆积,表现为黏液性水肿。本病女性较男性多见,女性每年临床甲减的发病率为3.5/1 000,男性为0.6/1 000。伴TSH升高及甲状腺自身抗体阳性者发生临床甲减的机会更高,地方性克汀病(endemic cretinism)和缺碘地区的50%孕妇伴有临床或亚临床甲减。我国的甲状腺疾病患病率调查显示亚临床甲减患病率为16.7%,临床甲减患病率为1.1%,甲减年发病率为2.9/1 000。

本病在各年龄层段均可罹患,临床上可分为3型。功能减退始于胎儿或新生儿者称呆小病(cretinism,克汀病);起病于青春期发育前儿童者及青春期发病者,称幼年型甲减(juvenile hypothyroidism);起病于成年者为成年型甲减(adult hypothyroidism),重者可引起黏液性水肿(myxedema),更为严重者可引起黏液水肿性昏迷(myxedema coma)。本章主要介绍成年型甲减。

【分类】

(一)根据病变发生的部位分类

1. 原发性甲减(primary hypothyroidism) 又称甲状腺性甲减,是由于甲状腺腺体本身病变引起的甲减,占全部甲减的 95% 以上,且 90% 以上原发性甲减是由自身免疫、甲状腺手术和甲亢 ^{131}I 治疗所致。

2. 中枢性甲减(central hypothyroidism) 下丘脑和垂体病变引起的促甲状腺激素释放激素(TRH)或者促甲状腺激素(TSH)合成和分泌减少所致的甲减,垂体外照射、垂体大腺瘤、颅咽管瘤及产后大出血是其较常见的原因;其中下丘脑病变使 TRH 分泌减少,导致垂体 TSH 分泌减少引起的甲减又称三发性甲减(tertiary hypothyroidism),主要见于下丘脑综合征、下丘脑肿瘤、炎症及放疗等。

3. 甲状腺激素抵抗综合征 也称甲状腺激素不敏感综合征,属常染色体显性遗传病。是由于甲状腺激素受体基因突变造成外周组织对甲状腺激素不敏感,甲状腺激素不能发挥其正常的生物效应所引起的综合征。临床表现差异很大,可有甲减或甲亢表现。

4. 消耗性甲减 是由于 3 型脱碘酶表达过多而致甲状腺素(thyroxine,T_4)转化为反式三碘甲状腺原氨酸(reverse triiodothyronine,rT_3)或 T_3 转化为二碘甲状腺原氨酸(diiodothyronine,T_2)增多引起的甲减。病因主要包括血管瘤、血管内皮瘤病和体外循环手术后。

(二)根据病变的原因分类

自身免疫性甲减、药物性甲减、甲状腺手术后甲减、^{131}I 治疗后甲减、垂体或下丘脑肿瘤手术后甲减、先天性甲减等。

(三)根据甲状腺功能减低的程度分类

可分为临床甲减(overt hypothyroidism)和亚临床甲减(subclinical hypothyroidism)。

【病因】

成人甲减的主要病因是:①自身免疫损伤:最常见的原因是自身免疫性甲状腺炎,包括桥本甲状腺炎、产后甲状腺炎、萎缩性甲状腺炎等。②甲状腺破坏:包括手术和 ^{131}I 治疗。甲状腺次全切除、^{131}I 治疗 Graves 病 10 年的甲减累积发生率分别为 40%、40%~70%。③碘过量:碘过量可引起具有潜在性甲状腺疾病者发生甲减,也可诱发和加重自身免疫性甲状腺炎。含碘药物胺碘酮(amiodarone)诱发甲减的发生率是 5%~22%。④抗甲状腺药物:如锂盐、咪唑类、硫脲类等,药物性甲减一般属于可逆性,停药后甲减可以消失。

知识拓展

呆小症的病因

呆小症分为地方性呆小症和散发性呆小症两类。地方性呆小症发病与缺碘和遗传因素有关,主要见于地方性甲状腺肿流行区,因母体缺碘致胎儿甲状腺发育不良。散发性呆小症由于甲状腺发育不全或缺如,见于:①甲状腺发育缺陷、异位甲状腺或甲状腺发育障碍;②母体在妊娠期患自身免疫性甲状腺疾病,抗甲状腺抗体通过胎盘后破坏胎儿的甲状腺;③妊娠期服用抗甲状腺药物或因其他致甲状腺肿物质,阻碍胎儿甲状腺发育和甲状腺激素合成;④甲状腺激素抵抗综合征。

【临床表现】

原发性甲减年龄以 40~60 岁为多,男女之比为 1:4~1:5,常隐匿发病,进展缓慢,早期症状缺乏特异性。典型症状经常在几个月甚至几年后才显现出来,主要为代谢率减低和交感神经兴奋性下降的表现。

(一)一般表现

怕冷、乏力、体重增加、疲劳、嗜睡、记忆力差、智力减退、反应迟钝、便秘。因血液循环差和产热减少,体温可低于正常。"黏液性水肿面容"是典型甲减面容,表现为表情淡漠、呆板、面色苍白,颜面及眼睑水肿,鼻翼增大、口唇增厚,舌大而发音不清,言语缓慢,音调低沉。

（二）皮肤及其附件

贫血可以导致皮肤苍白，高胡萝卜素血症使皮肤呈蜡黄色，但不会引起巩膜黄染。汗腺和皮脂腺分泌减少，导致皮肤干燥和粗糙脱屑。由于表皮血管收缩，皮肤苍白且凉。毛发稀疏、眉毛外 1/3 脱落，男性胡须生长缓慢，腋毛和阴毛稀疏脱落。指甲脆且生长缓慢，表面常有裂纹。透明质酸聚集可引起黏液性水肿，为非凹陷性，以眼周、手和脚的背部以及锁骨上窝为明显。而中枢性甲减患者皮肤征象较轻，一般无高胡萝卜素血症、黏液性水肿征象，皮肤粗糙较少见。

（三）肌肉与关节

肌肉乏力，暂时性肌强直、痉挛、疼痛，咀嚼肌、胸锁乳突肌、股四头肌和手部肌肉可有进行性肌萎缩。腱反射的弛缓期特征性延长，超过350ms（正常为240~320ms），其中跟腱反射的半弛缓时间延长更为明显，对本病有重要的诊断价值。黏液性水肿患者可伴有关节病变，偶有关节腔积液。

（四）心血管系统

心率减慢，每搏输出量减少，静息时心输出量降低，外周血管阻力增加，脉压减小。患者可伴有血压增高，久病者易并发动脉粥样硬化症及冠心病。由于心肌耗氧量减少，很少发生心绞痛和心力衰竭。在应用甲状腺激素治疗期间会诱发或者加重心绞痛。原发性甲减出现心脏扩大、心包积液，称为甲减性心脏病。

（五）消化系统

食欲缺乏、腹胀、便秘为最常见的胃肠道反应，严重者出现麻痹性肠梗阻或黏液水肿性巨结肠。

（六）呼吸系统

肺活量及弥散功能降低，可有呼吸困难。少量胸腔积液较为常见。严重甲减病例因黏液水肿累及呼吸致肺通气障碍或阻塞性睡眠呼吸障碍综合征而出现低氧血症和高碳酸血症。

（七）血液系统

1/4 患者有不同程度的贫血。多为正细胞正色素性贫血，主要由于促红细胞生成素减少所致，也可为小细胞贫血和大细胞贫血。小细胞贫血是由于铁吸收减少、铁丢失过多（月经增多）及铁利用障碍所致，约半数患者因体内存在抗胃泌素抗体而表现胃酸缺乏，从而导致铁的缺乏。大细胞贫血是由于维生素 B_{12} 吸收障碍所致。白细胞总数和分类计数、血小板的数量通常正常。血浆凝血因子Ⅷ和Ⅸ浓度下降、毛细血管脆性增加以及血小板黏附功能下降，均易导致出血倾向。

（八）内分泌系统

长期严重的病例可导致垂体增生、蝶鞍增大。部分患者血清催乳素（PRL）水平增高，发生溢乳。原发性甲减伴特发性肾上腺皮质功能减退和 1 型糖尿病者属自身免疫性多内分泌腺综合征的一种，称为 Schmidt 综合征。

（九）生殖系统

性欲减退，男性阳痿和精子减少。女性月经失调、月经过多、经期延长及不孕症，久病者可闭经，受孕者易流产。有时可出现严重功能性子宫出血，为雌激素代谢障碍，促卵泡生成素和黄体生成素分泌异常所致。

（十）精神神经系统

反应迟钝，理解力和记忆力减退。嗜睡症状突出，在老年患者中由此造成的痴呆可能被误诊为老年痴呆症。精神错乱可以是躁狂或抑郁型的，从而引起焦虑、失眠。经常会有头痛的症状。血液循环所致的大脑缺氧可能诱发癫痫性发作和晕厥，这种发作可能持续时间较长或者导致木僵或休克。

（十一）甲状腺功能减退危象

又称黏液性水肿昏迷，为甲减最严重的临床表现，如果不能及时诊治病死率达 50% 以上，即使早期诊断和治疗病死率仍在 25% 以上。多见于年老、长期未获治疗者，大多在冬季寒冷时发病。最常见的诱因是受寒及感染，其他诱因如严重的全身性疾病、甲状腺激素替代治疗中断、手术、麻醉和使用镇静药等均可促发。临床表现为嗜睡、低体温（<35℃）、呼吸浅慢、心动过缓、血压下降、四肢肌肉松弛、反射减弱或消失，甚至昏迷、休克、肾功能不全，危及生命。

【实验室和其他检查】

（一）甲状腺功能

亚临床甲减仅有血清 TSH 增高，而血清 TT_4、FT_4、TT_3、FT_3 正常。临床甲减血清 TSH 升高，TT_4、FT_4 降低，严重时血清 TT_3、FT_3 减低。TSH 增高以及 TT_4 和 FT_4 降低的水平与病情程度相关。因为 T_3 主要来源于外周组织 T_4 的转换，所以 T_3 不作为诊断原发性甲减的必备指标。垂体性和/或下丘脑性甲减，TT_4、FT_4 降低，通常 TSH 正常或降低。

（二）甲状腺自身抗体

测定 TPOAb、TGAb 是确定原发性甲减病因的重要指标和诊断自身免疫甲状腺炎（包括桥本甲状腺炎、萎缩性甲状腺炎等）的主要指标，一般认为 TPOAb 的意义较为肯定。我国学者经过对甲状腺自身抗体阳性、甲状腺功能正常的个体随访 5 年发现，当初访时 TPOAb>50IU/ml 和 TGAb>40IU/ml 者，临床甲减和亚临床甲减的发生率显著增加。

（三）血常规与生化检查

轻、中度贫血，多为正细胞正色素性贫血，大细胞性贫血也可发生。血肌酸激酶、天冬氨酸氨基转移酶、乳酸脱氢酶可以升高，但肌红蛋白升高并不明显。血糖正常或偏低，而总胆固醇、甘油三酯、低密度脂蛋白胆固醇及载脂蛋白均可升高，但高密度脂蛋白胆固醇的含量改变不明显。严重的原发性甲减患者可伴血催乳素升高。

（四）TRH 兴奋试验

主要用于原发性甲减与中枢性甲减的鉴别。静脉注射 TRH 后，血清 TSH 不增高者提示为垂体性甲减；延迟增高者为下丘脑性甲减；血清 TSH 在增高的基值上进一步增高，提示原发性甲减。

（五）心电图和超声心动图

心电图示低电压、窦性心动过缓、T 波低平或倒置，偶见 P-R 间期延长。心脏多普勒检查可有心肌收缩力下降、射血分数减低、心包积液。

（六）基因检测和甲状腺穿刺病理学检查

当高度疑为遗传性甲减时，可做 TSH 受体、甲状腺激素受体、甲状腺过氧化物酶、钠碘转运体等基因检测。病理检查可鉴别甲状腺病变的性质，一般仅在有甲状腺结节而病因不明时采用。

【诊断与鉴别诊断】

（一）诊断

1. 甲减的症状和体征。

2. 实验室检查血清 TSH 增高，TT_4、FT_4 减低，原发性甲减即可以成立。进一步寻找甲减的病因。如果 TPOAb 阳性，可考虑甲减的病因为自身免疫甲状腺炎。

3. 实验室检查血清 TSH 减低或者正常，TT_4、FT_4 减低，考虑中枢性甲减。做 TRH 兴奋试验证实，进一步寻找垂体和下丘脑的病变。

ER 7-5-3

甲状腺功能减退症诊断流程

（二）鉴别诊断

1. **贫血** 甲减的贫血易误诊为恶性贫血、缺铁性贫血或再生障碍性贫血，但血清甲状腺激素和 TSH 可与其他原因的贫血相鉴别。

2. **慢性肾炎、肾病综合征** 可表现为水肿，特别是因甲状腺结合球蛋白减少导致血清甲状腺激素测定水平减低，尿蛋白为阳性，高总胆固醇血症，易误诊为甲减。但甲减患者尿常规正常，一般无高血压，肾功能大多正常。

3. **甲状腺功能正常的病态综合征（euthyroid sick syndrome，ESS）** 又称低 T_3 综合征，指非甲状腺疾病原因引起的伴有低 T_3 的综合征。严重的全身性疾病、创伤和心理疾病等都可导致甲状腺激素水

平的改变,它反映了机体内分泌系统对疾病的适应性反应。主要表现在血清 TT_3、FT_3 水平减低,血清 rT_3 增高,血清 T_4、TSH 水平正常。疾病的严重程度一般与 T_3 降低的程度相关,疾病危重时也可出现 T_4 水平降低。ESS 的发生是由于:①5' 脱碘酶的活性被抑制,在外周组织中 T_4 向 T_3 转换减少;②T_4 的内环脱碘酶被激活,T_4 转换为 rT_3 增加,故血清 T_3 减低,血清 rT_3 增高。ESS 患者不需甲状腺激素替代治疗。

4. 垂体催乳素瘤　原发性甲减时由于 T_3、T_4 分泌减少,对下丘脑 TRH 和垂体 TSH 反馈抑制作用减弱,导致垂体反应性增生、高催乳素血症、溢乳,酷似垂体催乳素瘤。可行垂体 MRI 检查,必要时给予试验性甲状腺激素替代治疗来鉴别。

【治疗】

（一）治疗目标

原发性临床甲减的治疗目标是甲减的症状和体征消失,血清 TSH、TT_4、FT_4 维持在正常范围。继发于下丘脑和/或垂体的甲减,其治疗目标非血清 TSH,而是 TT_4、FT_4 达到正常范围。

（二）一般治疗和对症治疗

甲减者应注意保暖,避免感染等各种应激状态。有贫血者可补充铁剂、维生素 B_{12} 和叶酸等。维持正常的碘摄入是防治甲减的基础措施,一般应使尿碘维持在 $100\sim200\mu g/L$ 范围内,特别是对于有遗传背景、甲状腺自身抗体阳性和亚临床甲减的易感人群尤其重要。

（三）甲状腺激素替代治疗

甲减一般不能治愈,往往需要终身替代治疗,但也有桥本甲状腺炎所致甲减自发缓解的报告。甲状腺片是动物甲状腺的干制剂,因其甲状腺激素含量不稳定和 T_3 含量过高已很少使用。目前通常使用左甲状腺素（L-T_4）,其治疗主要的优点是在 L-T_4 作为"激素原"可以在外周组织中通过脱碘形成有活性的甲状腺激素 T_3 以满足机体的需求。

治疗的剂量取决于患者的病情、年龄、体重和个体差异。起始剂量为每天 $25\sim50\mu g$,每 $1\sim2$ 周增加 $25\mu g$,老年患者或合并严重心脏病患者可以每天 $12.5\mu g$ 起始。补充 L-T_4 治疗初期,每间隔 $4\sim6$ 周测血清 TSH 及 FT_4。根据 TSH 及 FT_4 水平调整 L-T_4 剂量,直至达到治疗目标。治疗达标后,至少需要每 $6\sim12$ 个月复查 1 次上述指标。其维持治疗剂量一般为成年患者 $1.6\sim1.8\mu g/(kg\cdot d)$,儿童需要较高的剂量,大约 $2.0\mu g/(kg\cdot d)$,老年患者则需要较低的剂量,大约 $1.0\mu g/(kg\cdot d)$,妊娠后 L-T_4 剂量通常增加 $30\%\sim50\%$。

L-T_4 替代治疗患者建议在当日不服药采血,服药后 FT_4 可一过性升高约 20% 且高峰在服药后 3.5 小时。L-T_4 片剂的胃肠道吸收率可达到 $70\%\sim80\%$,且 T_4 的血浆半衰期约 7 天,因此达到稳态后每天 1 次给药,就可以维持稳定的血清 T_4 和 T_3 水平。L-T_4 主要在空肠与回肠被吸收,空腹条件下胃内呈酸性状态,其对后续的小肠吸收至关重要。L-T_4 服药效果最佳的时间是早餐前 1 小时服用,其次为睡前服药,但睡前服用需保证服药前 3 小时不进食以利于 L-T_4 的吸收。

（四）亚临床甲减治疗

亚临床甲减可导致血脂异常,促进动脉粥样硬化的发生、发展;部分亚临床甲减可发展为临床甲减。目前认为有下述情况之一者需予替代治疗:高胆固醇血症、血清 TSH>10mIU/L、妊娠期妇女。

（五）妊娠期甲减或亚临床甲减的治疗

L-T_4 是治疗妊娠期甲减和亚临床甲减的首选药物。干甲状腺片和 L-T_4/L-T_3 混合制剂会引起血清 T_4 降低,因此不适用于妊娠妇女。

1. 计划妊娠并应用 L-T_4 治疗的甲减或亚临床甲减患者　应调整 L-T_4 剂量,使 TSH<2.5mIU/L 后再妊娠。妊娠后 L-T_4 剂量通常增加 $30\%\sim50\%$,也可以每周额外增加 2 天的剂量。

2. 妊娠期新确诊的甲减或亚临床甲减患者　甲减患者应立即予 L-T_4 治疗,剂量按照 $2.0\sim2.4\mu g/(kg\cdot d)$ 计算,足量起始或尽快达到治疗剂量。亚临床甲减患者要根据 TSH 升高的程度决定治疗剂量;TSH>妊娠期特异参考范围上限,L-T_4 的起始剂量每天 $50\mu g$;TSH>8.0mIU/L,L-T_4 的起始剂量每天 $75\mu g$;

TSH>10.0mIU/L，L-T$_4$ 的起始剂量每天 100μg。TSH 控制目标为妊娠期特异参考范围下 1/2 或<2.5mIU/L。

3. 产后及哺乳期的甲减或亚临床甲减患者 甲减患者可继续服用 L-T$_4$ 治疗，剂量应调整至妊娠前水平。妊娠期诊断的亚临床甲减患者可停用 L-T$_4$，尤其是每天剂量≤50μg 者。甲减或亚临床甲减患者均需要在产后 6 周复查甲状腺功能及甲状腺自身抗体，以调整 L-T$_4$ 剂量。

（六）甲状腺功能减退危象的治疗

1. 补充甲状腺激素 首选碘塞罗宁（人工合成的三碘甲状腺原氨酸钠）静脉注射，首次 40~120μg，以后每 6 小时 5~15μg，至患者清醒改为口服。或首次静脉注射 L-T$_4$ 200~400μg，以后每天注射 1.6μg/kg，待患者苏醒后改为口服。如无注射剂可予片剂磨碎后由胃管鼻饲。有心脏病者起始量为常规用量的 1/5~1/4。

2. 糖皮质激素 静脉滴注氢化可的松每天 200~400mg，待患者清醒及血压稳定后减量。

3. 给氧 保持呼吸道通畅、必要时行气管切开、机械通气。

4. 保暖 宜用增加被褥和提高室温等办法保暖，促使患者体温缓慢地上升。但应避免使用电热毯，可导致血管扩张、血容量不足。

5. 补液 根据需要补液，但是补液量不宜过多，并监测心肺功能、水电解质、酸碱平衡等。

6. 祛除或治疗诱因 控制感染，治疗原发病。

【预防】

应积极宣传，普及甲减相关知识，提高全社会对甲减的认识；采用碘化食盐，同时避免碘过量，尽量避免食用致甲状腺肿的食物；新生儿要做好 TSH 检测筛查；成人的甲减不少是由于手术切除或放射性 ^{131}I 治疗甲亢所致，手术时必须留足甲状腺组织或正确使用 ^{131}I 用量，避免切除过多和剂量过大所致的医源性甲减；计划妊娠及妊娠早期（<8 周）的妇女还应检测甲状腺功能和甲状腺自身抗体。

本章小结

甲状腺功能减退症可由下丘脑-垂体-甲状腺轴任何部位的缺陷引起，绝大多数由甲状腺疾病引起（原发性甲减）。原发性甲减早期症状缺乏特异性，典型症状经常在几个月甚至几年后才显现出来，主要为代谢率减低和交感神经兴奋性下降的表现。血清 TSH、FT$_4$ 是甲减诊断的一线指标，血 TSH 和 TRH 兴奋试验是甲减定位诊断的主要依据。在甲减治疗过程中，根据 TSH 水平确定最佳替代剂量。

病例讨论

患者，女，40 岁，因"怕冷、乏力 3 年，胸闷憋气 1 个月"就诊。3 年前无明显诱因出现怕冷、乏力、食欲缺乏、毛发脱落、经期延长，平时少言、记忆力减退、便秘，近 1 个月出现胸闷、憋气逐渐加重，自发病以来，精神疲惫，食欲缺乏，体重无明显变化。查体：T 36.5℃，BP 92/60mmHg，声音嘶哑，皮肤干燥，睑结膜苍白，舌体肥大，甲状腺Ⅱ度肿大，质地中等，结节样改变，血管杂音（－），双肺呼吸音粗，心音低钝，心率 58 次/min，律齐，腹软，双下肢水肿。

（黄文森）

思考题

1. 甲状腺功能减退症有哪些临床表现？
2. 甲状腺功能减退症的替代治疗中有哪些注意事项？
3. 甲状腺功能减退危象如何治疗？

ER 7-5-4

练习题

第六章 | 甲状腺炎

ER 7-6-1 教学课件　　ER 7-6-2 思维导图

学习目标

1. 掌握：甲状腺炎的临床表现及诊断、治疗。
2. 熟悉：甲状腺炎的病因和发病机制。
3. 了解：甲状腺炎的病理特点。
4. 学会对亚急性甲状腺炎及自身免疫性甲状腺炎典型病例进行诊断、治疗；能够对患者进行健康教育。
5. 具备医防融合的理念和求真务实的科学态度。

案例导入

患者，女，42岁。因"颈前区疼痛1周"就诊。1周前出现颈前甲状腺区疼痛，程度中等，吞咽时加剧，伴疲乏无力、精神萎靡、食欲减退，偶感心悸、胸闷，常有入睡困难。无发热、咯血、气喘、胸痛。为进一步诊治，就诊我院门诊。既往史：发病前2周有急性上呼吸道感染史。查体：T 36.5℃，P 98次/min，R 20次/min，BP 125/70mmHg。发育正常，神志清楚，浅表淋巴结未及肿大，甲状腺左叶Ⅱ度肿大，质硬，触痛明显。双肺呼吸音清，心界不大，心率98次/min，律齐，各瓣膜区无杂音，腹平软，无压痛，双下肢无水肿。甲状腺功能示：FT_3 10.09pmol/L，FT_4 33.18pmol/L，TSH 0.07μIU/ml。

请思考：

1. 患者目前的诊断可能是什么？
2. 应进一步完善哪些检查？
3. 应该如何处理？

甲状腺炎是一类累及甲状腺的异质性炎性疾病，其病因不同，组织学特征各异，临床表现及预后差异较大。患者可以表现为甲状腺功能正常、一过性甲状腺毒症或甲状腺功能减退，有时在病程中3种功能异常均可先后发生，部分患者最终发展为永久性甲状腺功能减退。临床上按病程分为急性、亚急性和慢性3类，常见的有亚急性甲状腺炎与自身免疫性甲状腺炎，急性化脓性甲状腺炎较少见。本章重点介绍亚急性甲状腺炎与自身免疫性甲状腺炎。

ER 7-6-3 甲状腺炎分类

第一节　亚急性甲状腺炎

亚急性甲状腺炎（subacute thyroiditis，SAT）又称亚急性肉芽肿性甲状腺炎、de Quervain甲状腺炎，是一种与病毒感染有关的自限性甲状腺炎，一般不遗留甲状腺功能减退症，是最常见的甲状腺痛性疾病。其发病率约占甲状腺疾病的5%，男女发病率之比为1：3~1：6，最多发生于40~50岁的女性。

【病因与发病机制】

本病多见于 HLA-B35 阳性的妇女,且与病毒感染密切相关。发病时患者血清中某些病毒的抗体滴度增高或在患者甲状腺组织发现这些病毒,包括流感病毒、柯萨奇病毒、腺病毒、腮腺炎病毒等。10%~20% 的病例在疾病的亚急性期发现甲状腺自身抗体,疾病缓解后消失,它们可能继发于甲状腺组织破坏。

在疾病早期,甲状腺滤泡细胞破坏,使已合成的 T_3、T_4 释放入血导致一过性甲状腺毒症。由于滤泡上皮细胞被破坏,甲状腺细胞摄碘功能降低。疾病后期,多数患者的甲状腺滤泡结构和功能恢复正常,仅极少数发展为甲状腺功能减退。

【病理】

甲状腺通常呈轻到中度肿大,病变可局限于甲状腺的一侧或双侧均累及,质地较硬。本病的特征性改变是多核巨细胞肉芽肿形成。早期,滤泡细胞有不同程度的破坏,受累滤泡有淋巴细胞与多形核白细胞浸润,胶质逐渐减少或消失,并有多核巨细胞出现,肉芽组织形成,随后出现轻重不一的纤维化。最后病变逐渐恢复,滤泡细胞开始再生,一般甲状腺组织学均能恢复至正常甲状腺结构。

ER 7-6-4

亚急性甲状腺炎病理表现

【临床表现】

本病多见于女性,起病可急、可缓,病程长短不一,可持续数周至数月,也可至 1~2 年,常有复发。一般多数患者的病程为 2~3 个月,故称为亚急性甲状腺炎。典型病例呈现甲状腺毒症期、甲状腺功能减退期和甲状腺功能恢复期三期表现。起病前 1~3 周常有病毒性咽炎、腮腺炎、麻疹或其他病毒感染的症状,可有精神萎靡、发热(38~39℃)、周身乏力、多汗、纳差、肌痛等全身症状,可伴有甲状腺毒症表现,如心悸、气短、易激动、食欲亢进、颤抖及便次增多等症状。最具特征的是甲状腺的疼痛和压痛,甲状腺肿可为单侧或双侧肿大,可呈弥漫性或结节性肿大,多无红肿,而有明显触痛,疼痛可放射至下颌、耳后、颈后等部位。早期心率多增速,后期心率正常。复发型患者可在停药后 1~2 个月,症状与体征重现。

【实验室和其他检查】

甲状腺毒症期:甲状腺滤泡大量破坏,血清 TT_3、TT_4、FT_3、FT_4 升高,TSH 降低,甲状腺 ^{131}I 摄取率降低,呈现本病特征性"分离现象"。该现象出现的原因是甲状腺滤泡被炎症破坏,其内储存的甲状腺激素释放进入血液循环,形成"破坏性甲状腺毒症",而且炎症损伤可引起甲状腺细胞摄碘功能减低。此期红细胞沉降率明显增快,往往>50mm/h,血白细胞轻至中度增高,中性粒细胞正常或稍高。甲状腺核素扫描可见甲状腺不显影或呈冷结节。甲状腺超声示受累区域回声减低,呈局灶、多灶或片状弥漫性低回声。甲状腺细针穿刺可见特征性多核巨细胞或肉芽肿样改变。

甲状腺功能减退期:TSH 升高,血清 TT_3、TT_4、FT_3、FT_4 正常或降低,甲状腺 ^{131}I 摄取率逐渐恢复。这是因为储存的甲状腺激素释放殆尽,甲状腺细胞处于恢复之中。

ER 7-6-5

亚急性甲状腺炎甲状腺核素显像

甲状腺功能恢复期:血清 TT_3、TT_4、FT_3、FT_4、TSH 和甲状腺 ^{131}I 摄取率恢复至正常。

【诊断和鉴别诊断】

(一)诊断

本病的诊断主要根据其临床表现与实验室检查。本病多在病毒感染后 1~3 周发病;临床表现为甲状腺区疼痛,查体发现甲状腺肿大或甲状腺肿块,触痛明显,同时伴有急性炎症全身症状;实验室检查出现低摄碘率与高甲状腺激素血症共存的"分离现象",红细胞沉降率明显增快;彩超可见甲状腺受累区域回声减低,呈局灶、多灶或片状弥漫性低回声;甲状腺穿刺或活检病理检查具有确诊意义。

（二）鉴别诊断

有下列情况时应注意鉴别诊断:①有的亚急性甲状腺炎患者表现为严重的全身中毒症状和甲状腺肿痛,应注意与急性化脓性甲状腺炎鉴别,后者甲状腺肿痛常伴有红肿,血白细胞及中性粒细胞增多、甲状腺激素测定正常,红细胞沉降率增快不明显,甲状腺穿刺可抽出脓液;②有的甲状腺腺瘤内出血,也可出现甲状腺部位疼痛,但甲状腺激素测定正常,甲状腺^{131}I 摄取率不降低,红细胞沉降率正常;③少数自身免疫性甲状腺炎起病较急,可有局部疼痛与压痛,与本病易混淆,但甲状腺常呈弥漫性肿大,TGAb 和 TPOAb 常明显增高,红细胞沉降率升高不如亚急性甲状腺炎明显;④甲状腺癌有时可有局部疼痛与压痛,甲状腺穿刺活组织检查有助于诊断;⑤极少数患者可在本病发病前、后或同时合并 Graves 病,TRAb 测定水平增高,甲状腺穿刺活组织检查同时存在多核巨细胞肉芽肿、甲状腺滤泡增生及放射状黏液丝,甲状腺^{131}I 摄取率增高且高峰前移有助于诊断。

【治疗】

本病病程一般为 2~3 个月,可自然缓解,预后良好。轻型患者仅需应用非甾体抗炎药,如布洛芬、吲哚美辛等。症状较重患者,可给予泼尼松每天 20~40mg,分次服用,能明显缓解甲状腺疼痛;症状控制后持续 1~2 周后可逐渐减量(如每 5~7 天减少日剂量 2.5~5mg),总疗程 6~8 周。有甲状腺毒症者可服用普萘洛尔以控制症状。针对一过性甲状腺功能减退者,可适当给予左甲状腺素替代治疗。

第二节　自身免疫性甲状腺炎

自身免疫性甲状腺炎(autoimmune thyroiditis,AIT)可分为 5 种类型:

1. **桥本甲状腺炎(Hashimoto thyroiditis,HT)**　以往称慢性淋巴细胞性甲状腺炎,是自身免疫性甲状腺炎的经典类型,甲状腺显著肿大,50% 伴临床甲状腺功能减退。

2. **萎缩性甲状腺炎(atrophic thyroiditis,AT)**　以往称特发性甲状腺功能减退症、原发性黏液性水肿。甲状腺萎缩,大多数伴临床甲减。TSBAb 与萎缩性甲状腺炎引起的甲减有关。

3. **甲状腺功能正常的甲状腺炎(euthyroid thyroiditis,ET)**　此型可仅表现为甲状腺淋巴细胞浸润,甲状腺自身抗体 TPOAb 或/和 TGAb 阳性,但是甲状腺功能正常。

4. **无痛性甲状腺炎(painless thyroiditis)**　又称寂静性甲状腺炎(silent thyroiditis),既有不同程度的淋巴细胞浸润,也有类似亚急性甲状腺炎的甲状腺功能改变过程,部分患者可发展为永久性甲状腺功能减退。产后甲状腺炎(postpartum thyroiditis,PPT)是无痛性甲状腺炎的一个亚型,发生在妇女产后。

5. **桥本甲亢(Hashitoxicosis)**　少数 Graves 病可以和桥本甲状腺炎并存,称为桥本甲亢,有典型甲亢的临床表现,但病程中甲亢和甲减可交替出现,血清 TRAb、TGAb 和 TPOAb 高滴度阳性,甲状腺穿刺活检可见两种病变同时存在。

知识拓展

自身免疫性甲状腺炎与弥漫性毒性甲状腺肿

自身免疫性甲状腺炎与弥漫性毒性甲状腺肿(Graves 病)都是器官特异性自身免疫甲状腺病。它们均有遗传倾向,共同特征是血清中存在针对甲状腺的自身抗体,甲状腺存在浸润的淋巴细胞。但是甲状腺炎症的程度和破坏程度不同。Graves 病的甲状腺炎症较轻,以 TSAb 引起的甲亢为主要表现,自身免疫性甲状腺炎则是以甲状腺的炎症破坏为主,严重者可发生甲减。自身免疫性甲状腺炎和 Graves 病具有共同的遗传背景,两者之间可以相互转化,桥本甲亢就是一种转化形式,临床表现为 Graves 病的甲状腺功能亢进症和桥本甲状腺炎的甲状腺功能减退症交替出现。

本节重点介绍桥本甲状腺炎,是甲状腺功能减退最常见的原因。其病理特征是甲状腺淋巴细胞浸润、滤泡细胞萎缩或增生、纤维化。实验室检查提示 TPOAb、TGAb 明显升高。

【病因和发病机制】

(一) 遗传因素

本病有家族聚集现象,有研究显示本病遗传易感性与 HLA-DR$_3$、HLA-DR$_5$、HLA-DQ 有关。

(二) 环境因素

流行病学研究结果显示饮食中的碘化物是本病发生的一个重要环境因素,在碘摄入量高的区域自身免疫性甲状腺炎的发病率显著增加,碘摄入量增加可使隐性的患者发展为临床甲减。硒足量地区桥本甲状腺炎的患病率较低。同时,感染、应激、情绪、吸烟等也与本病的发生相关。吸烟者比非吸烟者更易发生甲状腺功能减退,可能与香烟烟雾中硫氰酸盐的存在有关。

(三) 自身免疫因素

甲状腺有显著的淋巴细胞浸润,细胞毒性 T 细胞和 Th1 型细胞因子参与炎症损伤的过程,其中细胞因子诱导的、由 Fas/FasL 介导的细胞凋亡可能是桥本甲状腺炎时甲状腺组织破坏的主要机制。TPOAb 和 TGAb 都具有固定补体和细胞毒作用,也参与甲状腺细胞的损伤。TSBAb 占据 TSH 受体,促进了甲状腺的萎缩和功能低下。有的患者同时伴随其他自身免疫性疾病,如恶性贫血、1 型糖尿病、系统性红斑狼疮、类风湿关节炎等。

【病理】

甲状腺呈轻度或中度弥漫性增大,可呈均匀分叶状,质地坚硬,表面苍白,无钙化或坏死。最具特征的改变为正常的滤泡结构广泛地被浸润的淋巴细胞、浆细胞及其淋巴生发中心代替。甲状腺滤泡孤立,呈小片状,滤泡变小、萎缩,其内胶质稀疏。残余的滤泡上皮细胞增大,胞质嗜酸性染色,称为 Askanazy 细胞。这些细胞代表损伤性上皮细胞的一种特征。随着病变的进展出现不同程度的纤维化。发生甲减时,90% 的甲状腺滤泡被破坏,甲状腺明显萎缩。

ER 7-6-6

桥本甲状腺炎
病理表现

【临床表现】

本病多见于女性,女性发病率是男性的 3~4 倍,各年龄段均可发病,以 30~50 岁多见。国内有的报告患病率为 1.6%,发病率为 0.69%,国外则更高,患病率 1%~2%,发病率男性 0.08%,女性 0.35%。患者最突出表现为甲状腺肿大。通常是缓慢发生,于"无意中"或常规体检中发现甲状腺肿大,体积为正常的 2~3 倍,两侧可不对称,表面光滑,质地坚韧有弹性,有时可呈结节状,其周围可见轻度增大的淋巴结。峡部通常明显增大,偶可压迫其邻近器官,如气管、食管和喉返神经,而出现呼吸困难及吞咽困难等压迫症状,易与甲状腺癌相混淆。甲状腺局部一般无疼痛,个别患者因甲状腺肿大较快,可出现局部疼痛与压痛。

本病发展缓慢,初期甲状腺功能正常,有时也可出现甲亢,继而功能渐减退并发展至甲减。患者会出现怕冷、出汗减少、体力降低、抑郁、记忆力减退、脱发、溢乳、月经异常。本病进展为甲减的速度与以下因素相关:女性进展较男性快;45 岁以后进展快;起初甲状腺抗体滴度高或 TSH 明显升高者进展快。

【实验室和其他检查】

(一) 甲状腺功能

多数患者的甲状腺功能正常,随病情进展,部分逐渐发展为亚临床甲减(血清 TSH 增高,血清 TT$_4$、FT$_4$ 正常),最后发展为临床甲减(血清 TSH 增高,血清 TT$_4$、FT$_4$ 减低)。极少部分患者可出现甲亢或甲减交替。

(二) 甲状腺自身抗体

TPOAb 和 TGAb 升高是本病的特征之一。大多数患者明显升高且持续较长时间,可高达数年、数十年甚至终身。血清 TPOAb 的敏感性优于 TGAb。

（三）甲状腺超声

桥本甲状腺炎甲状腺超声表现为弥漫性甲状腺肿，回声不均，呈网格样改变，可伴发低回声区域或甲状腺结节。

（四）甲状腺核素扫描

核素分布不均匀，常显示不规则浓集或稀疏，有时可呈"冷结节"样改变。

（五）甲状腺 ^{131}I 摄取率

甲状腺 ^{131}I 摄取率早期可正常，甲状腺滤泡细胞破坏后降低，伴发 Graves 病者可增高。

（六）甲状腺细针穿刺细胞学检查

甲状腺细针穿刺细胞学检查（fine needle aspiration cytology，FNAC）可见典型的大量淋巴细胞浸润和/或纤维增生，可有淋巴生发中心形成。FNAC 是确诊桥本甲状腺炎的金标准，但临床很少需要采用 FNAC 诊断本病。

【诊断和鉴别诊断】

中年女性甲状腺弥漫性肿大、质地坚韧，特别是峡部锥体叶肿大者，无论甲状腺功能检查的结果如何，均应怀疑本病，结合 TGAb、TPOAb 测定呈明显增高，即可诊断。对临床上怀疑有本病，而经过抗体检查不能确诊者必要时可通过组织病理学检查明确诊断。通常血清 TPOAb 和 TGAb 的滴度与组织学证实的局灶性甲状腺炎有很好的相关性。甲状腺超声低回声或者不规则回声可能先于抗体阳性出现。但是在 20% 超声提示自身免疫性甲状腺炎的个体中，血 TPOAb 却为阴性，仅能够靠组织病理检查证实。

本病甲状腺可有多个结节，质地较硬，此种情况应注意和甲状腺癌鉴别，必要时行甲状腺活检确诊。少数病例发病较急，有时可出现局部疼痛和结节，应与亚急性甲状腺炎鉴别，后者多自行缓解且糖皮质激素治疗效果显著。虽然桥本甲状腺炎合并甲状腺原发性淋巴瘤少见，但在桥本甲状腺炎的基础上突然出现颈部肿块迅速增大并伴有压迫症状，宜行肿块活检和 CT 检查，以便除外淋巴瘤的可能。

【治疗】

本病尚无针对病因的治疗措施。限制碘摄入量在安全范围（尿碘中位数 100~200μg/L）可能有助于阻止甲状腺自身免疫破坏进展。对于无明显临床症状、血清 TSH 水平正常且甲状腺肿大不显著者（大多数患者均属于这种情况），通常不需要药物治疗，密切随访观察。临床治疗主要针对甲减和甲状腺肿的压迫症状。若有血清 TSH 增高而症状不明显者，或甲状腺肿大明显且有压迫症状而甲状腺功能正常者，均应予以甲状腺制剂治疗。对有甲减表现者，则必须用甲状腺制剂进行替代治疗（剂量和方法见第七篇第五章）。部分患者用药后甲状腺明显缩小，疗程视病情而定，有时需终身服用。若甲状腺生长迅速伴明显疼痛或压迫症状、发热者可用糖皮质激素，剂量、疗程不宜过大、过长（泼尼松每天 30mg，分次口服，症状缓解后减量）。如有压迫症状，经甲状腺制剂等药物治疗后甲状腺体积不缩小，或疑有甲状腺癌者，可考虑手术治疗，术后仍应继续补充甲状腺制剂。

本章小结

亚急性甲状腺炎多见于 HLA-B35 阳性的妇女且与病毒感染密切相关，起病急，以甲状腺部位突发肿胀、疼痛、压痛，并出现下颌、耳部或枕骨放射痛为主要表现，常伴有心悸、神经过敏等甲状腺毒症症状，大多可完全恢复。甲状腺功能（血清 TT_3、TT_4、FT_3、FT_4 升高，TSH 降低）与甲状腺 ^{131}I 摄取率（^{131}I 摄取率明显降低）分离是本病的特征性改变。同时可伴有红细胞沉降率增快，甲状腺细针穿刺见特征性多核巨细胞肉芽肿形成。对轻症病例可予非甾体抗炎药如布洛芬治疗，重症病例可予泼尼松治疗。

　　桥本甲状腺炎有家族聚集现象,是甲状腺功能减退最常见的原因。以无痛性弥漫甲状腺肿为主要表现,甲状腺肿可不对称,表面光滑,质韧,早期甲状腺功能正常,后期多发展为甲减。血清中TPOAb、TGAb 滴度明显增高具有诊断意义。必要时可行甲状腺细针穿刺活检(细胞涂片可见成堆淋巴细胞浸润或纤维增生,淋巴生发中心形成)以确诊。

病例讨论

　　患者,女,30 岁,5 天前无明显诱因出现左侧颈部疼痛伴肿胀并发热,体温达 39.5℃。查体:P 96 次/min,R 20 次/min,BP 126/80mmHg,皮肤黏膜潮湿,双眼无明显突出,颈部皮肤无红肿,颈软。左侧甲状腺Ⅱ度肿大,质地偏硬,有明显触痛。既往 3 周前有急性上呼吸道感染史。辅助检查:血沉 80mm/h。甲状腺功能:FT_3 15.29pmol/L,FT_4 40.18pmol/L,TSH 0.01μIU/ml,TPOAb 及 TGAb 均正常。

(黄文森)

思考题

1. 如何诊断亚急性甲状腺炎? 需要与哪些疾病鉴别?
2. 桥本甲状腺炎的临床表现是什么?

ER 7-6-7

练习题

第七章 | 慢性肾上腺皮质功能减退症

教学课件

思维导图

学习目标

1. 掌握:慢性肾上腺皮质功能减退症的典型临床表现及诊断、治疗原则;肾上腺危象的诊断和治疗。

2. 熟悉:慢性肾上腺皮质功能减退症的实验室和其他检查、鉴别诊断。

3. 了解:慢性肾上腺皮质功能减退症的病因及病理生理。

4. 学会诊断慢性肾上腺皮质功能减退症并针对不同的患者提出治疗方案,诊断和处理肾上腺危象;针对患者或高危人群进行健康教育。

5. 具备推动健康公平的意识和共情沟通的能力。

案例导入

患者,女,45 岁。2 年前行双侧肾上腺切除术,术后服用氢化可的松,未规律服药,逐渐出现颜面、乳头、腋下、腰带部位以及颊黏膜古铜色,经常感觉疲乏无力、头晕,时有心悸、出冷汗,食欲差,恶心、闭经、毛发少光泽。平时血压 90/60mmHg,心率 75 次/min。1 天前受凉后出现呕吐、腹痛、腹泻,1 小时前出现昏迷,急诊入院。入院后查体:T 38.6℃,P 115 次/min,R 22 次/min,BP 75/45mmHg。昏迷,双侧瞳孔等大等圆,对光反射迟钝,皮肤湿冷、花斑,皮肤广泛色素沉着,双肺未闻及干湿性啰音,心界缩小,心音低钝,心率 115 次/min,腹平软,无压痛,肝脾肋下未触及,生理反射存在,病理反射未引出。血生化检查:血钾 5.0mmol/L,血钠 115mmol/L,血糖 2.5mmol/L。

请思考:

1. 患者目前的诊断可能是什么?
2. 应进一步完善哪些检查?

慢性肾上腺皮质功能减退症(chronic adrenocortical hypofunction)是肾上腺皮质功能受损导致肾上腺皮质激素分泌不足,临床上表现为疲乏软弱、色素沉着、血压低、水电解质异常、胃肠功能紊乱等。根据病变部位的不同分为原发性和继发性两类,原发性慢性肾上腺皮质功能减退症(primary chronic adrenocortical hypofunction)又称艾迪生(Addison)病,是感染、自身免疫或肿瘤等破坏导致双侧肾上腺绝大部分被毁;继发性者是指下丘脑-垂体疾病分泌 ACTH 不足所致。本章重点阐述 Addison 病。

【病因和病理生理】

(一)病因

1. 感染 肾上腺结核为常见病因。常由其他部位活动性结核如肺、肾、肠、盆腔结核等出现血行播散、肾上腺浸润所致,原发病灶较为明显。初期肾上腺增大伴广泛上皮样肉芽肿和干酪样坏死,皮质和髓质均可破坏,继而出现纤维化变性、肾上腺变为正常大小或缩小,后期出现钙化。此外,HIV 感染后期(巨细胞病毒、非典型分枝杆菌或隐球菌感染、卡波西肉瘤侵犯肾上腺)、肾上腺深部真菌感染(组织胞质菌病、隐球菌病、芽生菌病等)、巨细胞病毒感染及严重败血症等也可引起肾上腺皮质功能减退。

2. 自身免疫性肾上腺炎 自身免疫反应炎症导致肾上腺皮质破坏所致,表现为双侧肾上腺皮质细胞大部分被毁,纤维化,伴淋巴细胞、浆细胞、单核细胞浸润,肾上腺髓质变化不大。大多数患者血中可检出抗肾上腺的自身抗体。半数以上伴有其他脏器和内分泌腺体自身免疫性疾病,如桥本甲状腺炎、甲状旁腺功能减退、1 型糖尿病、卵巢功能早衰、恶性贫血、白斑病等。其中伴有其他腺体功能受损的,称为自身免疫性多内分泌腺体综合征(autoimmune polyendocrine syndrome,APS),约占 60%,女性多见;而不伴其他内分泌腺病变的单一性自身免疫性肾上腺炎约占 40%,多见于男性。

3. 遗传性疾病 儿童原发性肾上腺功能减退症多与遗传有关,如肾上腺脑白质营养不良症、先天性肾上腺发育不全、先天性肾上腺皮质增生等。

4. 其他 肾上腺转移癌(肺癌、乳腺癌最常见)、淋巴瘤、白血病浸润、淀粉样变性、双侧肾上腺切除、放射治疗破坏、肾上腺酶系抑制药如美替拉酮、氨鲁米特、酮康唑或细胞毒性药物如米托坦的长期使用、血管栓塞等也可导致本病。

(二)病理生理

原发性肾上腺皮质功能减退症特征性的病理生理变化是肾上腺皮质激素分泌降低和继发性 ACTH 分泌过多。ACTH 由 39 个氨基酸构成,其中氨基端 1~13 个氨基酸与 α-黑素细胞刺激素(α-MSH)非常相似,分泌过多时可引起皮肤和黏膜下黑色素沉着。如继发于垂体者则 ACTH 明显减少,无色素沉着。

【临床表现】

临床表现取决于肾上腺皮质功能减退症发生的速度及其严重程度。典型 Addison 病肾上腺破坏一般都在 90% 以上,不仅影响束状带和网状带,也累及球状带,使糖皮质激素和盐皮质激素同时缺乏。大多起病隐匿,早期表现为疲乏无力、精神萎靡、食欲缺乏、体重下降等非特异性症状;随着病情进展,逐渐加重,可出现下列典型表现。

(一)皮肤、黏膜色素沉着

本病最具特征的临床表现,几乎见于所有病例。全身皮肤色素加深,以暴露及易摩擦处(面部、手部、乳头、乳晕、腋下、腰带部、会阴部、肛周及瘢痕部位等)尤为明显,黏膜色素沉着见于牙龈、舌部、颊黏膜等处。棕黄、棕黑、古铜色、焦煤色深浅不等,色素深浅与病情轻重不成正比。多由垂体 ACTH、黑素细胞刺激素(MSH)分泌增多所致,而继发性肾上腺功能减退症患者没有色素沉着,表现为皮肤苍白。

(二)神经、精神系统

皮质醇对中枢神经系统有兴奋作用,由于皮质醇缺乏,患者有乏力、易疲劳、记忆力减退、头晕、淡漠、精神萎靡,重者嗜睡、意识模糊、谵妄,甚至精神失常等。

(三)消化系统

早期出现食欲缺乏、嗜咸食、胃酸过少、消化不良等症状;有恶心、呕吐、腹泻者,提示病情加重。

(四)循环系统

血压降低,心脏缩小,心音低钝;表现为头晕、视物模糊和直立性低血压晕厥。心电图可示低电压、窦性心动过缓、Q-T 间期延长和 T 波低平或倒置。

(五)泌尿系统

由于肾脏排泄水负荷的能力减弱,在大量饮水后可出现稀释性低钠血症;糖皮质激素缺乏及血容量不足时,抗利尿激素释放增多,也是造成低血钠的原因。

(六)生殖系统

女性腋毛、阴毛减少或脱落、稀疏,月经失调或闭经,但病情轻者仍可妊娠,孕期一般无病情加重,但产后可发生急性危象;男性常有性功能减退。

（七）代谢障碍

糖皮质激素缺乏导致糖异生作用减弱,肝糖原耗损,可发生低血糖症状。

（八）其他

如病因是结核病且病灶活跃者,常有低热、盗汗等结核中毒症状及原发病的表现,体质虚弱,消瘦更为严重。本病与其他自身免疫病并存时,则伴有相应疾病的临床表现。

（九）肾上腺危象

肾上腺危象指原有的慢性肾上腺皮质功能减退症加重或急性肾上腺皮质破坏(如急性出血、坏死和血栓形成)导致肾上腺皮质功能的急性衰竭。常因感染、创伤、手术、分娩、呕吐、腹泻、大量出汗、失水、高热、劳累、突然中断糖皮质激素治疗或结核恶化等诱发,肾上腺皮质激素储备不足导致病情恶化,严重时可危及生命。临床表现为本病原有的症状急骤加重,出现严重的低血压或低血容量性休克,表现为心率增快、脉搏细弱、四肢厥冷、极度衰弱、神志模糊和嗜睡,也可表现为烦躁不安、谵妄和惊厥,甚至昏迷。部分患者出现急性腹痛、恶心、呕吐、腹泻、发热,体温可达40℃以上,常被误诊为急腹症。同时可有低血糖、低血钠,血钾偏高、正常或偏低。对此危象应尽早识别,及时抢救。

【实验室和其他检查】

早期多无异常发现,晚期重症或典型病例才出现异常实验室检查结果。

（一）一般检查

1. 血常规 常有轻度红细胞、血红蛋白减少,为正细胞正色素性贫血,少数患者合并有恶性贫血。白细胞分类计数示中性粒细胞减少,淋巴细胞相对增多,嗜酸性粒细胞明显增多。

2. 血液生化检查 可有低钠血症,低氯血症,轻度高钾血症。脱水严重时低血钠可不明显,高血钾一般不严重,如明显需考虑肾功能不全或其他原因。少数患者可有轻度或中度血钙升高(糖皮质激素有促进肾、肠排钙作用),如有低血钙和高血磷则提示同时合并有甲状旁腺功能减退症。空腹血糖大多低于正常,葡萄糖耐量试验示低平曲线。

（二）肾上腺皮质激素及功能检查

1. 血、尿皮质醇和尿17-羟皮质类固醇测定 常降低,但也可接近正常。血皮质醇分泌存在昼夜节律,晨间(8:00—9:00)血皮质醇测定对肾上腺皮质功能减退最具诊断价值。

2. 血浆基础ACTH测定 有助于鉴别原发性还是继发性肾上腺皮质功能减退。原发性者可明显增高,而继发性肾上腺皮质功能减退症者ACTH浓度降低或正常值低限。

3. ACTH兴奋试验 用于评价肾上腺皮质储备功能,并可鉴别原发性和继发性肾上腺皮质功能减退。标准ACTH快速兴奋试验适用于病情较危急、需立即确诊、补充糖皮质激素的患者。快速静脉注射人工合成ACTH(1-24)250μg,在0、30、60分钟测血浆皮质醇,正常人血浆总皮质醇≥550nmol/L,原发性肾上腺皮质功能减退症者无反应。连续性ACTH兴奋试验能更好地鉴别原发性还是继发性肾上腺皮质功能减退。每天静脉滴注ACTH 25U,维持8小时,共4~5天,观察尿17-羟皮质类固醇和/或血皮质醇的变化。正常人在兴奋第一天较对照日增加1~2倍,第二天增加1.5~2.5倍;原发性者连续刺激3天呈无反应或低反应;继发性者呈延迟反应。对于病情较严重,疑有肾上腺皮质功能不全者,同时用静脉注射(或静脉滴注)地塞米松及ACTH,在注入ACTH前、后测血浆皮质醇,如此既可进行诊断检查,又可同时开始治疗。

ER 7-7-3

肾上腺皮质功能亢进症和减退症的鉴别

（三）肾上腺自身抗体检查

有利于病因诊断,80%的新发自身免疫性肾上腺炎患者抗21-羟化酶自身抗体可呈阳性。

（四）影像学检查

肾上腺结核或其他感染、出血、转移性病变等引起的肾上腺皮质功能减退在 CT 扫描时显示肾上腺增大，结核者还可有钙化阴影。而自身免疫疾病所致者肾上腺不增大。疑似结核感染者需行胸部 X 线检查积极寻找原发灶。

【诊断和鉴别诊断】

（一）诊断

结合皮肤黏膜色素沉着、乏力、食欲缺乏、体重减轻、低钠血症、血压降低等典型临床表现，实验室检查提示血 ACTH 水平升高，血、尿皮质醇和尿 17-羟皮质类固醇降低，ACTH 兴奋试验呈无反应或低反应可诊断。肾上腺自身抗体、X 线、CT 和 MRI 检查有利于病因诊断。

（二）鉴别诊断

1. 原发和继发性肾上腺皮质功能减退症的鉴别　后者无色素沉着，肤色苍白，同时有甲状腺、性腺等多腺体功能减退，实验室检查血浆皮质醇和 ACTH 均降低、ACTH 兴奋试验呈延迟反应。

2. 其他引起色素沉着的疾病　与长期日晒、慢性肝病、药物（抗肿瘤药、抗疟药、四环素、吩噻嗪类等）引起的色素沉着相鉴别。

3. 慢性消耗性疾病　结核病、慢性肝病或肿瘤等慢性消耗性疾病会出现乏力、消瘦、食欲缺乏等表现，结合病史、体格检查及内分泌功能等其他检查可鉴别。

【治疗】

（一）一般治疗

宜进食高碳水化合物、高蛋白及富含维生素的食物，钠盐摄入要充足，每天摄入量至少 8~10g，有腹泻、大量出汗等情况时应酌情增加食盐摄入量。教给患者有关疾病的知识，了解坚持长期激素替代治疗的重要性，注意休息，避免感染、创伤、过度疲劳等诱发肾上腺危象。

（二）激素替代治疗

肾上腺皮质功能减退症治疗的重点是激素替代治疗，原发性肾上腺皮质功能减退症主要是补充替代量的糖皮质激素，模拟正常的皮质醇分泌。基本原则：①长期坚持，终身使用；②尽量替代个体化合适的剂量；③必要时补充盐皮质激素；④应激时增加剂量。若伴有溃疡病、糖尿病、精神异常，特别是活动性结核时，则需酌情减量，并加强其伴发病的治疗；若遇感染、创伤、失钠、失水等应激时，则应增加糖皮质激素的用量，以防止危象发生。

1. 糖皮质激素　根据身高、体重、性别、年龄、体力劳动强度等，确定合适的基础量。通常认为，口服 20mg 氢化可的松、5mg 泼尼松、0.75mg 地塞米松具有生物等效性。氢化可的松替代最符合生理性，为首选药物；可的松需经肝脏转变为氢化可的松才能发挥其效应，肝功能不全者疗效欠佳；泼尼松和地塞米松也有效果，但盐皮质激素作用弱，须同时补充食盐或盐皮质激素。一般成人，开始时氢化可的松每天 20~30mg 或可的松 25~37.5mg，以后可逐渐减量，氢化可的松 15~20mg 或相应量的可的松。宜模仿生理性激素分泌昼夜节律给药，在清晨睡醒时服全日量的 2/3，下午 4 时前服余下的 1/3。替代过量可表现为肥胖、糖耐量受损和骨质疏松，并增加心血管疾病的风险。

2. 盐皮质激素　为生理性潴钠激素，具有促进钠盐的重吸收和钾盐的排泄、维持血容量的作用。多数患者经适量的糖皮质激素和充足的钠盐治疗后效果良好，如仍有头晕、乏力、血压和血钠偏低者，可加用适量盐皮质激素。常用 9α-氟氢可的松 0.05~0.1mg，每天上午 8 时左右 1 次口服。注意在应用盐皮质激素时，如有水肿、高血压、高钠血症、低钾血症则需减量；如有低血压、低钠血症、高钾血症则适当加量。对肾炎、高血压、肝硬化和心功能不全者应慎用。

3. 雄激素　常用雄激素以改善乏力、食欲缺乏和体重减轻等症状，并能加强蛋白质的同化作用。如苯丙酸诺龙 10~25mg，每周 2~3 次肌内注射。口服可用十一酸睾酮，每次 40mg，每天 3 次。对妊娠妇女及心力衰竭患者应慎用。

(三) 病因治疗

有活动性结核者在替代治疗的同时积极给予抗结核治疗,补充替代剂量的糖皮质激素并不影响对结核病的控制。自身免疫性肾上腺皮质功能减退症如合并其他内分泌腺或脏器受累时,应给予相应治疗。

(四) 肾上腺危象治疗

肾上腺危象是内科急症,严重时可危及生命,应积极抢救。

1. 补充糖皮质激素 是治疗的关键性措施。立即静脉注射氢化可的松 100mg,使皮质醇浓度达到正常人在发生严重应激时的水平。以后每 6 小时静脉滴注氢化可的松 100mg,经治疗 24 小时病情有所改善后,第 2、3 天将氢化可的松减至每天 300mg,分次静脉滴注,随病情好转逐渐减量。呕吐停止,可进食者改为口服氢化可的松 20~40mg,每天 3~4 次,逐步调整到皮质醇正常水平范围。

2. 纠正水、电解质紊乱 纠正低血容量性休克和电解质紊乱是治疗肾上腺危象的早期目标。糖皮质激素给药同时应静脉补充大量生理盐水或 5% 葡萄糖盐水,于初治的第 1、2 天内迅速补充液体每天 2 000~3 000ml 或更多,补液量及速度应根据失水程度、患者的年龄和心脏功能而定。同时密切观察电解质和血酸碱度指标,并进行相应的处理。

3. 其他 积极寻找引起肾上腺危象的病因和诱因(如感染等),去除诱因,严重者采用全身支持疗法。

【预防】

寻找引起慢性肾上腺皮质功能减退症的病因,病因明确者积极采取相应的治疗。结核患者应积极抗结核治疗。对于肾上腺手术、放疗或药物应用影响肾上腺皮质功能的,应注意避免引起本病的发生和发展。另外在疾病的过程中加强患者及家属的健康宣教,坚持糖皮质激素的替代治疗,避免诱发因素是防治肾上腺危象的关键。

本章小结

原发性慢性肾上腺皮质功能减退症,又称 Addison 病,感染、自身免疫、肿瘤等因素破坏双侧大部分肾上腺皮质,导致肾上腺皮质激素分泌不足。临床表现为疲乏软弱、色素沉着、血压低、水电解质异常、胃肠功能紊乱等。结合典型临床表现,血、尿皮质醇和尿 17-羟皮质类固醇降低及血 ACTH 水平升高即可诊断。激素替代治疗是根本,以"长期坚持、终身使用、尽量替代个体化合适的剂量、必要时补充盐皮质激素、应激时增加剂量"为原则。糖皮质激素首选氢化可的松,可适当适量使用盐皮质激素及雄激素。感染、创伤、手术、骤停激素治疗、结核恶化等诱发肾上腺危象,病情凶险,抢救不及时可危及生命,静脉补充糖皮质激素是治疗关键。

病例讨论

患者,男,65 岁。1 年来无明显诱因一直有易疲劳、乏力、头晕、视物模糊、多眠及食欲减退等症状,并发现面部皮肤、乳头、掌纹、腰带部位逐渐变黑,未予重视。近 3 个月来,明显消瘦、乏力,时有恶心、呕吐。1 周前着凉后上述症状明显加重。昨日突然剧烈呕吐、腹痛,呈持续性,无腹泻。患者既往有腰椎结核病史 2 年。入院后查体:T 36.1℃,P 90 次/min,R 22 次/min,BP 90/62mmHg。神志清,消瘦体型,面部皮肤暗黑,在乳头、掌纹、腰带部位有色素沉着,头发稀疏,甲状腺不大。肺部查体未见明显异常,心脏叩诊浊音界略缩小,心率 90 次/min,心音低钝,无杂音,律齐。腹平软,全腹轻压痛,无固定压痛点。肝脾未触及,双肾区无叩击痛,双下肢无水肿,病理征(−)。实验室检查:

血钾 5.4mmol/L，血钠 123mmol/L，血氯 94mmol/L；空腹血糖 3.5mmol/L。心电图示：Ⅱ、Ⅲ、aVF、V$_2$~V$_5$ 导联 ST 段下移 0.05mV。

（王玉莲）

思考题

1. 原发性慢性肾上腺皮质功能减退症的典型临床表现有哪些？
2. 如何诊断原发性慢性肾上腺皮质功能减退症？
3. 简述肾上腺危象的诊断及治疗原则？

ER 7-7-4

练习题

第八章 | 糖 尿 病

ER 7-8-1
教学课件

ER 7-8-2
思维导图

学习目标

1. 掌握:糖尿病分型、临床表现、常见并发症和诊疗原则。
2. 熟悉:糖尿病酮症酸中毒和高渗性高血糖状态的诊疗原则。
3. 了解:糖尿病病因、发病机制和自然病程。
4. 学会糖尿病的诊断、分型和治疗原则,能够早期识别糖尿病及其常见并发症,能够正确处理低血糖、糖尿病酮症酸中毒和高渗性高血糖状态。
5. 具备专业的糖尿病管理技能、医患沟通技巧和团队管理能力,拥有大健康观,倡导健康生活方式,具备成为优秀的糖尿病健康教育践行者的能力。

第一节 糖 尿 病

案例导入

患者,男,58 岁。因"多饮、多尿,伴体重下降 7 个月余"就诊。患者 7 个月前无明显诱因出现烦渴、多饮、多尿,以夜尿增多为著,伴全身乏力,体重下降约 6kg,无明显心悸、多汗、手抖等,就诊于当地医院化验空腹血糖 9.8mmol/L。发病以来,睡眠欠佳,大便基本正常。既往体健,无特殊用药史,母亲患有 2 型糖尿病。查体:T 36.8℃,P 86 次/min,R 18 次/min,BP 135/90mmHg,身高 170cm,体重 85kg。神清语利,腹型肥胖。甲状腺未见明显肿大,未闻及血管杂音。心、肺、腹未见明显阳性体征,双下肢无水肿,神经反射正常。

请思考:
1. 该患者的诊断考虑什么?
2. 如需确诊,还要完善的实验室检查有哪些?

糖尿病(diabetes mellitus,DM)是在遗传因素和环境因素的共同作用下,以胰岛素分泌和/或胰岛素作用缺陷为特点,以慢性血浆葡萄糖(简称血糖)水平增高为主要特征的临床综合征。慢性高血糖可引起糖、脂肪、蛋白质等代谢紊乱,导致心血管、肾脏、眼、足、神经等组织器官的损害与功能障碍,急性高血糖可引起水、电解质的代谢紊乱,甚至酸碱失衡,发生酮症酸中毒和/或高渗性高血糖状态等危及生命。

糖尿病是常见病、多发病,与城市化进程、人口老龄化、超重和肥胖等关系密切。《中国居民营养与慢性病状况报告(2020 年)》显示,我国成人糖尿病患病率为 11.9%,患病人数高达 1.25 亿,居世界首位。糖尿病具有高致残率和高致死率,已经成为严重危害人类健康的世界性公共卫生问题之一。我国政府高度重视糖尿病的防治,1995 年颁布实施了《1996—2000 年国家糖尿病防治规划纲要》(即"九五纲要"),2009 年 2 型糖尿病作为首批病种被纳入《国家基本公共卫生服务规范》,

2016 年《"健康中国"2030 规划纲要》提出到 2030 年基本实现糖尿病患者管理干预全覆盖,2023年《国家卫生健康委关于推动临床专科能力建设的指导意见》将以糖尿病为主的代谢性疾病列为医疗机构须聚焦的四个重大疾病之一。

【糖尿病分型】

目前国际上通用世界卫生组织(WHO)定义的糖尿病病因学分型体系(1999 年),将糖尿病分为四类,即 1 型糖尿病、2 型糖尿病、其他特殊类型糖尿病和妊娠糖尿病(表 7-8-1)。

表 7-8-1　糖尿病病因学分类(WHO,1999 年)

(一)1 型糖尿病(type 1 diabetes mellitus,T1DM)

　1. 免疫介导

　2. 特发性

(二)2 型糖尿病(type 2 diabetes mellitus,T2DM)

(三)其他特殊类型糖尿病

　1. 胰岛 β 细胞功能的基因缺陷

　　青年人中的成年发病型糖尿病(MODY)

　　线粒体基因突变糖尿病

　　其他

　2. 胰岛素作用的基因缺陷

　　A 型胰岛素抵抗

　　矮妖精貌综合征(leprechaunism)

　　Rabson-Mendenhall 综合征

　　脂肪萎缩性糖尿病

　　其他

　3. 胰腺外分泌疾病　胰腺炎、创伤/胰腺切除术后、胰腺肿瘤、囊性纤维化、血色病、纤维钙化性胰腺病及其他

　4. 内分泌疾病　肢端肥大症、库欣综合征、胰高血糖素瘤、嗜铬细胞瘤、甲状腺功能亢进症、生长抑素瘤、醛固酮瘤及其他

　5. 药物或化学品所致的糖尿病　Vacor(N-3 吡啶甲基 N-P 硝基苯尿素)、喷他脒、烟酸、糖皮质激素、甲状腺激素、二氮嗪、β 肾上腺素受体激动剂、噻嗪类利尿剂、苯妥英钠、α-干扰素及其他

　6. 感染　先天性风疹、巨细胞病毒感染及其他

　7. 不常见的免疫介导性糖尿病　僵人(stiffman)综合征、胰岛素自身免疫综合征、抗胰岛素受体抗体及其他

　8. 其他与糖尿病相关的遗传综合征　Down 综合征、Klinefelter 综合征、Turner 综合征、Wolfram 综合征、Friedreich 共济失调、强直性肌营养不良、Huntington 舞蹈病、Laurence-Moon-Biedel 综合征、Prader-Willi 综合征及其他

(四)妊娠糖尿病

【病因、发病机制和自然病程】

糖尿病的病因和发病机制复杂,至今尚未完全阐明。

(一)1 型糖尿病

表现为胰岛 β 细胞破坏,胰岛素绝对缺乏。以免疫介导性为常见,是一种多基因遗传的慢性自身免疫性疾病。其自然病程如下:

1. 遗传易感性　与遗传因素关系密切,其遗传易感性主要涉及人类白细胞抗原(HLA)基因和非 HLA 基因。定位于染色体 6p21 的 HLA 基因是主效基因,其余为次效基因。

2. 自身免疫反应启动

(1)**病毒感染**:是主要环境因素,包括风疹病毒、腮腺炎病毒、巨细胞病毒、柯萨奇 B4 病毒、脑心

肌炎病毒等。病毒可直接损伤胰岛 β 细胞,或暴露其抗原成分,从而启动自身免疫反应致选择性胰岛 β 细胞损伤。

（2）化学毒物和饮食因素：对胰岛 β 细胞有毒性的化学物质或药物,包括灭鼠优、四氧嘧啶、链脲佐菌素、喷他脒等可直接损伤胰岛 β 细胞,并通过暴露其抗原成分启动自身免疫反应。婴儿期过早接触牛奶、谷物与麸质食物,可因其肠道功能不完善,通过分子模拟机制启动自身免疫反应。

3. 自身免疫损伤 在最初发现空腹高血糖时,85%~90% 的患者体内至少存在 1 种自身免疫抗体,如胰岛细胞自身抗体（ICA）、胰岛素自身抗体（IAA）、谷氨酸脱羧酶抗体（GADA）、酪氨酸磷酸酶自身抗体（IA-2A）、锌转运蛋白 8 抗体（ZnT8A）等,这些抗体均是胰岛细胞自身免疫损伤的标志物。此外,患者还易合并其他自身免疫性疾病,如慢性淋巴细胞性甲状腺炎、弥漫性毒性甲状腺肿等。

4. 进行性胰岛 β 细胞功能减退 包括细胞免疫和体液免疫在内的胰岛细胞自身免疫损伤持续进展,胰岛 β 细胞功能进行性减退。

5. 临床糖尿病 出现明显的高血糖和严重糖代谢紊乱的表现,或以糖尿病酮症酸中毒为首发症状。

6. 胰岛 β 细胞功能衰竭 随着病程进展,胰岛 β 细胞几乎完全消失、功能衰竭,需要依赖外源性胰岛素维持生命。

（二）2 型糖尿病

主要表现为胰岛素抵抗（insulin resistance,IR）和胰岛 β 细胞功能缺陷,是一组在多基因、多环境因素共同作用下的高度异质性的复杂性疾病,与生活方式密切相关,常伴随超重或肥胖。其自然病程如下：

1. 遗传因素与环境因素 参与发病的基因很多,可影响糖代谢的某个中间环节,对血糖无直接影响。每个致病基因参与发病的程度不同,但均不足以单独致病,多基因异常的总效应形成其遗传易感性。环境因素包括年龄、生活方式、营养过剩、体力活动不足、子宫内环境以及应激、化学毒物等,对糖尿病的发生发展有促进作用。

2. 胰岛素抵抗与胰岛 β 细胞功能缺陷 胰岛素抵抗是指胰岛素作用的器官（主要包括肝脏、肌肉和脂肪组织等）对胰岛素的敏感性降低,即一定剂量的胰岛素产生的生物学效应低于正常预计水平。胰岛素抵抗的发病机制复杂,目前主要有两种学说：炎症论和脂质超载论。胰岛 β 细胞对胰岛素抵抗的失代偿及其功能进行性减退是导致 2 型糖尿病发生发展的关键因素。

3. 糖尿病前期 包括糖耐量减低（impaired glucose tolerance,IGT）和空腹血糖调节受损（impaired fasting glucose,IFG）。胰岛素抵抗持续存在,胰岛 β 细胞功能进行性减退,血糖逐渐升高。此阶段是糖尿病发生的高度危险状态,须进行强化生活方式干预,以减少或延缓糖尿病的发生。

4. 临床糖尿病 胰岛 β 细胞功能进一步减退,血糖升高达到糖尿病状态。此阶段合理的治疗策略有利于积极保护胰岛 β 细胞功能,延缓疾病的进展。

【病理生理】

胰岛素可促进三大营养物质的合成,并抑制其分解。当胰岛素分泌和/或作用缺陷时,各组织脏器摄取和利用葡萄糖的能力降低,糖原合成减少,分解增多,能量供给不足。继而脂肪分解增加,血甘油三酯和游离脂肪酸浓度升高,糖异生、极低密度脂蛋白胆固醇合成增加。同时蛋白质分解增加,合成减少,患者体重下降,组织修复力和抵抗力降低。

当胰岛素极度缺乏时,血糖可显著升高导致渗透性利尿,引发水和电解质代谢严重紊乱,继而发生高渗性高血糖状态,同时因脂肪分解显著增加,血酮体堆积可引发酮症酸中毒。

【临床表现】

（一）糖代谢严重紊乱的症状

即多尿、多饮、多食、体重下降,简称"三多一少"。

1. 多尿 因血葡萄糖浓度过高,经肾小球滤出后未能完全被肾小管重吸收而形成糖尿,导致尿渗透压增加,从而产生渗透性利尿。

2. 多饮　由于多尿,水分丢失过多,刺激口渴中枢,出现烦渴、多饮。

3. 多食　由于胰岛素分泌和/或作用缺陷,细胞摄取和利用葡萄糖不足,部分血葡萄糖随尿排出,肝糖原储存减少,出现饥饿、多食。

4. 体重下降　血葡萄糖利用障碍,脂肪和蛋白质分解增加,导致体重下降。

(二) 各类型糖尿病的临床特点

1. 1 型糖尿病和 2 型糖尿病　因病因与发病机制不同,1 型糖尿病和 2 型糖尿病的临床特点不同,两者典型的临床特点见表 7-8-2。2 型糖尿病约占糖尿病患者总数的 90% 以上,常于体检或并发症出现时确诊。1 型糖尿病约占糖尿病患者总数的 5%,但在儿童糖尿病患者中其所占比例为 80%~90%。

表 7-8-2　1 型糖尿病和 2 型糖尿病的典型临床特点

鉴别点	1 型糖尿病	2 型糖尿病
起病急缓	多急性起病,少数缓慢	起病缓慢或隐匿
发病年龄	通常儿童或青少年期起病	成年后起病,有低龄化趋势
父母患糖尿病的比例	2%~4%	80%
初始体重	多正常或消瘦	多超重或肥胖
黑棘皮症	无	有
"三多一少" 症状	常典型	不典型或无症状
酮症倾向	易自发酮症或酮症酸中毒	少见
胰岛素释放试验	胰岛素释放曲线低平	胰岛素释放高峰延迟
胰岛自身相关抗体	阳性支持,阴性不能排除	通常阴性
胰岛素治疗	通常依赖胰岛素治疗	早期不需要胰岛素治疗

2. 其他特殊类型糖尿病　病因相对明确,见表 7-8-1。因病因不同其临床表现各异。

3. 妊娠糖尿病　妊娠糖尿病是指妊娠合并高血糖的状态,可分为妊娠期糖尿病(gestational diabetes mellitus,GDM)、妊娠期显性糖尿病(overt diabetes mellitus,ODM)、孕前糖尿病(pregestational diabetes mellitus,PGDM)。妊娠期糖尿病是指妊娠期间首次发生的糖代谢异常,但血糖未达到显性糖尿病的水平。

> **知识拓展**
>
> ### 其他常见类型糖尿病
>
> 　　成人隐匿性自身免疫性糖尿病(latent autoimmune diabetes in adults,LADA):是 1 型糖尿病的一种特殊类型,主要临床特点:①发病年龄≥18 岁。②胰岛自身抗体阳性,或胰岛自身免疫 T 细胞阳性。③诊断后至少半年不依赖胰岛素治疗。
>
> 　　青年人中的成年发病型糖尿病(maturity onset diabetes of the young,MODY):属于其他特殊类型糖尿病,是一种单基因遗传病,主要临床特点:①有三代及以上家族史,符合常染色体显性遗传规律。②家系内至少有 1 例糖尿病患者诊断年龄≤25 岁。③无酮症倾向,一般糖尿病确诊后至少 2 年内不需要胰岛素治疗。
>
> 　　线粒体基因突变糖尿病:属于其他特殊类型糖尿病,是最多见的单基因突变糖尿病,主要临床特点:①母系遗传。②发病年龄早,身材多消瘦,β 细胞功能逐渐减退,自身抗体阴性。③常伴有不同程度的听力损害或其他神经肌肉表现。

（三）并发症

1. 急性代谢紊乱 包括酮症酸中毒、高渗性高血糖状态等，详见本章第二节、第三节。

2. 感染性疾病 包括疖、痈、手（或足、体）癣、尿路感染、真菌性阴道炎、肺结核等。

3. 慢性并发症

（1）微血管病变：微血管是指微小动脉和微小静脉之间，管腔直径在 $100\mu m$ 以下毛细血管及微血管网。微血管病变是糖尿病的特异性并发症，微循环障碍和微血管基底膜增厚是其典型改变。病变可累及全身各组织器官，主要表现在肾脏、视网膜、心肌组织等。

1）糖尿病肾脏病（diabetic kidney disease，DKD）：可累及全肾，以持续性白蛋白尿和/或估算肾小球滤过率（estimated glomerular filtration rate，eGFR）进行性下降为主要特征，是引发终末期肾病和死亡的主要原因。

采用 Mogensen 分期，应用尿白蛋白排泄率（urinary albumin excretion rate，UAER）或排出量可评价肾脏损害的程度（表 7-8-3）。

表 7-8-3 Mogensen 分期

临床分期	肾脏损害的特点
Ⅰ期	肾体积增大，肾小球囊内压增加，肾小球滤过率明显升高
Ⅱ期	肾小球毛细血管基底膜增厚，尿白蛋白排泄率多数正常，但在运动后或应激状态时会增高，肾小球滤过率轻度增高
Ⅲ期	即早期肾病期，出现微量白蛋白尿，尿白蛋白排泄率介于 20~199μg/min（正常<10μg/min），或尿白蛋白排出量介于 30~299mg/24h，肾小球滤过率高于正常或正常
Ⅳ期	即临床肾病期，尿白蛋白排泄率≥200μg/min，或尿白蛋白排出量≥300mg/24h，相当于尿蛋白总量≥0.5g/24h，肾小球滤过率下降，可出现高血压、水肿、贫血等，肾功能逐渐减退
Ⅴ期	即尿毒症状态，多数肾单位闭锁，尿白蛋白排出量减少，肾功能衰竭终末状态，伴有严重高血压、低白蛋白血症等

目前临床评估尿白蛋白排出量广泛应用的是留取即刻尿液测定的尿白蛋白与尿肌酐比值（urinary albumin to creatinine ratio，UACR），当尿白蛋白与尿肌酐比值<30mg/g、介于 30~299mg/g 和≥300mg/g 时分别为正常白蛋白尿、微量白蛋白尿和大量白蛋白尿。

诊断糖尿病肾脏病时须排除其他原因引起的慢性肾脏病（chronic kidney disease，CKD），并至少具备下列一项：①排除干扰因素的情况下，在 3~6 个月内的 3 次检测中至少 2 次尿白蛋白与尿肌酐比值≥30mg/g 或尿白蛋白排泄率≥20μg/min 或尿白蛋白排出量≥30mg/24h。②估算的肾小球滤过率（eGFR）<60ml/（min·1.73m^2）持续 3 个月。③肾活检符合糖尿病肾脏病的病理改变。下述情况时应与其他肾脏疾病相鉴别，包括糖尿病病程较短、单纯肾源性血尿或蛋白尿伴血尿、短期内肾功能迅速恶化、无视网膜病变、突然出现水肿和大量蛋白尿而肾功能正常、显著肾小管功能减退、合并明显异常管型等。如果难以鉴别应进行肾脏病理检查。

在确诊糖尿病肾脏病后，应评估糖尿病肾脏病进展风险及就诊频率（表 7-8-4）。eGFR 推荐采用慢性肾脏流行病学合作研究（CKD-EPI）或肾脏病膳食改良试验（MDRD）公式计算。

2）糖尿病视网膜病变（diabetic retinopathy，DR）：是糖尿病高度特异性的微血管并发症，是成人失明的主要原因。按照 2002 年国际临床分级标准分为六期，Ⅰ期：微血管瘤、小出血点；Ⅱ期：出现硬性渗出；Ⅲ期：出现棉絮状软性渗出；Ⅳ期：新生血管形成、玻璃体积血；Ⅴ期：纤维血管增殖、玻璃体机化；Ⅵ期：牵拉性视网膜脱离、失明。以上Ⅰ~Ⅲ期为非增殖期视网膜病变（non proliferative diabetic retinopathy，NPDR），Ⅳ~Ⅵ期为增殖期视网膜病变（proliferative diabetic retinopathy，PDR）。当出

ER 7-8-3

糖尿病视网膜
病变分级标准

表 7-8-4　按 eGFR 和 UACR 分类的 CKD 进展风险及就诊频率
（《中国 2 型糖尿病防治指南》, 2020 年版）

CKD 分期	肾脏损害程度	eGFR/ [ml·min⁻¹· (1.73m²)⁻¹]	白蛋白尿分期		
			A1（UACR <30mg/g）	A2（UACR 30~299mg/g）	A3（UACR ≥300mg/g）
1 期（G1）	肾脏损伤伴 eGFR 正常	≥90	1（如有 CKD）	1	2
2 期（G2）	肾脏损伤伴 eGFR 轻度下降	60~89	1（如有 CKD）	1	2
3a 期（G3a）	eGFR 轻中度下降	45~59	1	2	3
3b 期（G3b）	eGFR 中重度下降	30~44	2	3	3
4 期（G4）	eGFR 重度下降	15~29	3	3	4
5 期（G5）	肾衰竭	<15 或透析	4	4	4

注：表格中的数字为建议每年复查的次数；白蛋白尿分期代表 CKD 进展风险：1（如有 CKD）为低风险，1 为中风险，2 为高风险，3、4 为极高风险。

现增殖期视网膜病变时，常伴有糖尿病肾脏病及神经病变，须做筛查。

3）心肌组织：心脏微血管病变和心肌细胞代谢紊乱可引起心肌广泛性坏死，发生糖尿病心肌病，并可诱发心力衰竭、心律失常、心源性休克和猝死。与其他心脏病共存时，预后更差。

（2）大血管病变：主要累及冠状动脉、主动脉、脑动脉、外周动脉和肾动脉，可引起冠心病、脑卒中、肢体动脉硬化、肾动脉硬化等。

（3）神经病变：常见的糖尿病神经病变的类型为远端对称性多发性神经病变（distal symmetric polyneuropathy，DSPN）和自主神经病变（diabetic autonomic neuropathy，DAN），其中远端对称性多发性神经病变是最常见的类型，约占糖尿病神经病变的 75%，通常也被称为糖尿病周围神经病变。

糖尿病神经病变常见类型及其临床表现（表 7-8-5）。诊断时须排除其他病因引起的神经病变。

表 7-8-5　糖尿病神经病变常见类型及其临床表现

常见类型	临床表现
远端对称性多发性神经病变	包括小纤维神经病变（small fiber neuropathy，SFN）、大纤维神经病变和混合纤维神经病变，约 20% 的糖尿病患者会出现神经病理性疼痛（亦称为痛性远端对称性多发性神经病变）。一般表现为对称性多发性感觉神经病变，最开始影响下肢远端，随着疾病的进展，逐渐向近端发展，形成典型的"袜套样"和"手套样"感觉
自主神经病变	包括心血管自主神经病变（cardiovascular autonomic neuropathy，CAN）、胃肠道及泌尿生殖系统自主神经病变，还可出现泌汗功能障碍、无症状低血糖、瞳孔功能异常等
单神经病变	可累及单颅神经或周围神经。糖尿病单神经病变常累及正中神经、尺神经、桡神经和腓总神经。颅神经病变较少见，一般为急性起病，最容易累及动眼神经，表现为上睑下垂，累及其他颅神经（包括滑车神经、三叉神经、展神经等）时表现为面瘫、面部疼痛、眼球固定等，可在几个月内自行缓解
神经根神经丛病变	又称糖尿病性肌萎缩症或糖尿病性多神经根神经病变，通常累及腰骶神经丛。患者通常表现为大腿单侧剧烈疼痛和体重减轻，然后是运动无力、肌萎缩，该疾病通常呈自限性

（4）糖尿病足病：与周围神经病变和/或周围动脉病变相关的足部溃疡、感染和/或深层组织破坏。轻者表现为足部畸形、皮肤干燥和发凉、胼胝等，重者可出现足部溃疡、感染、坏疽，是糖尿病非外伤性截肢的主要原因。

（5）其他：常见白内障、青光眼等眼病，口腔疾病，阻塞性睡眠呼吸暂停低通气综合征，非酒精性脂肪性肝病，皮肤病变，以及焦虑、抑郁，认知功能损害和某些肿瘤等。

【实验室检查】

（一）糖代谢

1. 尿糖　尿糖阳性是诊断糖尿病的重要线索，但尿糖阴性不能排除糖尿病的可能。妊娠时肾糖阈降低，血糖正常，但尿糖可呈阳性。

2. 血糖　通常采用葡萄糖氧化酶法测定静脉血浆的葡萄糖水平。血糖单位的换算：$1mmol/L = 18mg/dl$。

3. 口服葡萄糖耐量试验（oral glucose tolerance test, OGTT）　是糖尿病的诊断试验。在无任何热量摄入 8 小时后，于清晨空腹进行，成人口服 75g 无水葡萄糖，溶于 250~300ml 水中，5~10 分钟内饮完，至少要检测空腹和糖负荷后 2 小时静脉血糖浓度。试验期间须避免急性疾病、应激或相关药物影响，试验前 3 天的碳水化合物摄入量不应少于 150g。

4. 糖化血红蛋白（glycosylated hemoglobin A1, HbA1）　糖化血红蛋白是葡萄糖与血红蛋白的氨基发生非酶催化反应的产物，有 a、b、c 三种，其中以糖化血红蛋白最主要，正常范围在 3%~6%。糖化血红蛋白是糖尿病诊断的指标之一，也是评价血糖长期控制水平的重要指标，可反映受试者近 8~12 周的平均血糖水平。

5. 糖化血浆白蛋白　是血浆白蛋白与葡萄糖发生非酶催化反应的产物，即果糖胺，正常范围在 1.7~2.8mmol/L，反映近 2~3 周的平均血糖水平。

知识拓展

目标范围内时间（time in range, TIR）

糖化血红蛋白是评价血糖长期控制水平的重要指标，但不能很好地反映血糖变异。随着持续葡萄糖监测技术的广泛应用，葡萄糖目标范围内时间（TIR）成为国内外指南推荐的评价血糖控制水平的另一个重要指标。研究表明，葡萄糖目标范围内时间与糖化血红蛋白存在一定的线性关系，且能很好地反映血糖变异。

狭义葡萄糖目标范围内时间是指 24 小时内葡萄糖在目标范围内（通常为 3.9~10.0mmol/L，或为 3.9~7.8mmol/L）的时间（通常用 min 表示）或其所占的百分比。广义葡萄糖目标范围内时间是指葡萄糖处于不同范围内（包括低值、目标范围、高值）的时间，可以较好地反映低血糖、高血糖事件的紧急性，并用于指导临床决策。

（二）胰岛 β 细胞功能

胰岛素和 C 肽是由胰岛素的前体物质胰岛素原裂解产生且等分子释放的，均可用于胰岛功能评价。正常人空腹血胰岛素水平介于 35~145pmol/L（5~20mU/L），而血 C 肽水平不低于 400pmol/L；糖负荷 30~60 分钟后，胰岛素上升至其空腹水平的 5~10 倍，C 肽上升至其空腹水平的 5~6 倍；糖负荷 2 小时后，胰岛素和 C 肽水平下降至峰值的 1/2，糖负荷后 3~4 小时，胰岛素和 C 肽逐渐恢复到空腹水平。

1 型糖尿病胰岛素释放曲线表现为空腹水平低，糖负荷后无明显的峰值，即胰岛素释放曲线低平。2 型糖尿病胰岛素释放曲线表现为胰岛素释放高峰延迟，因此患者易发生"反应性低血糖"，成为糖尿病前期或糖尿病早期的先兆。

ER 7-8-4

胰岛素释放曲线

（三）病因检查

检测胰岛细胞自身抗体（ICA）、胰岛素自身抗体（IAA）、谷氨酸脱羧酶抗体（GADA）、酪氨酸磷酸酶自身抗体（IA-2A）、锌转运蛋白 8 抗体（ZnT8A）等胰岛相关自身抗体，以及相关基因等。

（四）并发症检查

2型糖尿病在确诊时、1型糖尿病在确诊后五年均应接受眼底、肾脏、神经及心血管系统等检查。在严重糖代谢紊乱时，须检测血酮体或尿酮体、血电解质、血气分析等。

【诊断和鉴别诊断】

（一）诊断线索

1. "三多一少"症状。

2. 以糖尿病并发症首诊的患者。

3. **高危人群**　包括：年龄超过40岁、肥胖或超重、静坐生活方式、巨大胎儿生产史、妊娠糖尿病、糖尿病前期、高血压、血脂异常、动脉粥样硬化性心脑血管疾病、一过性类固醇糖尿病病史、多囊卵巢综合征、长期接受抗精神病药物和/或抗抑郁药物治疗等。

此外，30岁以上健康体检者、应用糖皮质激素者，或因各种疾病、手术住院者均应常规筛查糖尿病。

（二）诊断标准

1. **诊断指标**　空腹血糖（fasting blood glucose，FPG）、口服葡萄糖耐量试验糖负荷后2小时血糖（2hPG）、糖化血红蛋白、随机血糖。空腹状态指至少8小时没有进食热量。随机血糖指不考虑上次进餐时间，一天中任意时间的血糖。

2. **诊断标准**　糖尿病诊断标准见表7-8-6，不同的糖代谢状态分类见表7-8-7。

表 7-8-6　糖尿病诊断标准
（《中国糖尿病防治指南》，2024年版）

诊断标准	静脉葡萄糖或糖化血红蛋白
典型糖尿病症状	
加上随机血糖	≥11.1mmol/L
或加上空腹血糖	≥7.0mmol/L
或加上糖负荷后2h血糖	≥11.1mmol/L
或加上糖化血红蛋白	≥6.5%
无糖尿病典型症状者，需改日复查确认（不包括随机血糖）	

表 7-8-7　糖代谢状态分类（WHO，1999）

糖代谢状态	静脉血浆葡萄糖/（mmol·L⁻¹）	
	空腹血糖	糖负荷后2h血糖
正常血糖	<6.1	<7.8
空腹血糖调节受损（IFG）	≥6.1，<7.0	<7.8
糖耐量减低（IGT）	<7.0	≥7.8，<11.1
糖尿病（DM）	≥7.0	≥11.1

注：诊断IFG或IGT应在3个月内进行两次OGTT检测，取平均值来判断。

3. **妊娠糖尿病**

（1）**妊娠期糖尿病**：妊娠任何时期行75g口服葡萄糖耐量试验，5.1mmol/L≤空腹血糖<7.0mmol/L，糖负荷后1h血糖≥10.0mmol/L，8.5mmol/L≤糖负荷后2h血糖<11.1mmol/L，任1个点血糖达到上述标准即诊断为妊娠期糖尿病。孕12周之前仅空腹血糖>5.1mmol/L不能诊断。

（2）**妊娠期显性糖尿病**：也称妊娠期间的糖尿病，指孕期任何时间被发现且达到非孕人群糖尿病诊断标准。

（3）**孕前糖尿病**：指孕前确诊的糖尿病。

（三）鉴别诊断

应与其他原因引起的尿糖或血糖增高相鉴别，如某些生理因素或疾病所致肾糖阈降低时出现的尿糖阳性，应激或倾倒综合征所致的一过性高血糖等。

ER 7-8-5

妊娠阶段高血糖的分类与诊断标准

（四）分型

确诊 1 型糖尿病或 2 型糖尿病时，应与其他特殊类型糖尿病相鉴别，对暂时不能明确分型者需追踪观察。青年人中的成年发病型糖尿病、线粒体基因突变糖尿病等单基因遗传性糖尿病的确诊有赖于基因检测。

【治疗】

目前尚缺乏病因治疗，但可以有效防控。近期目标是缓解症状，预防急性并发症；远期目标是预防慢性并发症的发生发展，降低病死率，提高生活质量。大量循证医学证据显示，糖尿病综合控制达标可以有效减少或延缓慢性并发症的发生发展。治疗原则是"早期和长期""综合管理与全面达标"，以及治疗措施的个体化。治疗措施包括健康教育与心理治疗、医学营养、体育锻炼、病情监测和药物治疗的"五驾马车"联动。糖尿病综合控制达标需要建立以患者为中心的专业管理团队，中国 2 型糖尿病综合控制目标见表 7-8-8。

表 7-8-8　中国 2 型糖尿病综合控制目标
（《中国糖尿病防治指南》，2024 版）

指标	目标值
毛细血管血糖/（mmol·L^{-1}）	
空腹	4.4~7.0
非空腹	<10.0
糖化血红蛋白/%	<7.0
血压/mmHg	<130/80
总胆固醇/（mmol·L^{-1}）	<4.5
高密度脂蛋白胆固醇/（mmol·L^{-1}）	
男性	>1.0
女性	>1.3
甘油三酯/（mmol·L^{-1}）	<1.7
低密度脂蛋白胆固醇/（mmol·L^{-1}）	
未合并动脉粥样硬化性心血管疾病	<2.6
合并动脉粥样硬化性心血管疾病	<1.8
体重指数/（kg·m^{-2}）	<24.0

（一）健康教育与心理治疗

健康教育是一项重要的基础治疗措施。实施糖尿病治疗的管理团队要有计划地开展患者健康教育工作，以提高患者自我疾病管理能力。健康教育须以患者为中心，尊重和响应患者的个人爱好、需求和价值观，要强调糖尿病综合控制达标、体重管理和戒烟的重要性，要关注患者的心理健康和参与治疗的行为，帮助患者掌握自我管理所需的知识和技能，提高对治疗的依从性。

（二）医学营养

合理、均衡的膳食结构是健康生活方式的重要组成。医学营养是糖尿病的重要治疗手段，覆盖患者的全程管理。目的在于通过为患者提供合理均衡的营养指导，以减轻胰岛 β 细胞的负担，并有

效管理体重。合并超重或肥胖的减重目标是 3~6 个月减轻体重的 5%~10%。消瘦者恢复并维持理想体重。

1. 制定总热量 控制每天摄入的总热量,逐渐达到理想体重。①计算标准体重:标准体重(kg)=身高(cm)−105。②确定体型:实际体重在标准体重 ±10% 的范围内为理想体重,大于标准体重的 10% 为超重,大于标准体重的 20% 为肥胖,小于标准体重的 10% 为消瘦。③根据日常劳动强度,查表计算日需总热量(表 7-8-9)。

表 7-8-9　成人每天所需总热量(kcal/kg 标准体重)

劳动强度	消瘦	理想体重	超重或肥胖
重体力劳动	45~50	40	35
中体力劳动	40	30~35	30
轻体力劳动	35	25~30	20~25
休息状态	25~30	20~25	15~20

2. 各种营养素的需求量 包括:①碳水化合物:占总热量的 50%~65%,提倡用粗制米、面和一定量的杂粮,少食用葡萄糖、蔗糖及其制品,以及膨化食品等。②蛋白质:成人一般以 0.8~1.2g/(kg·d)计算,占总热量的 15%~20%。富含蛋白质的食物包括肉、蛋、奶及豆类,建议每天摄取的蛋白质应有一半以上为优质蛋白。妊娠及哺乳期妇女、营养不良和有消耗性疾病者可酌情增加至 1.5g/(kg·d)左右。糖尿病肾病但肾功能正常者不超过 0.8g/(kg·d),肾功能异常者不超过 0.6g/(kg·d)。当限制蛋白质过于严格时,为了预防蛋白质营养不良,可补充复方 α-酮酸制剂。③脂肪:不超过总热量的 30%。其中,饱和脂肪酸<7%,单不饱和脂肪酸占 10%~20%,多不饱和脂肪酸<10%。胆固醇每天摄入量约 300mg。④膳食纤维:摄入量 14g/1 000(kcal·d)。膳食纤维主要来源于豆类、富含纤维的谷物类、水果、蔬菜和全麦食物。⑤食盐:摄入量 ≤5g/d,合并肾病或高血压者限制更严格。⑥饮酒:每天不超过 1~2 份标准量(1 份标准量约含乙醇 10g),忌大量饮酒。⑦微量元素:糖尿病患者易缺乏多种微量营养素,需据营养评估适量补充;对于无营养素缺乏的糖尿病患者,长期微量元素补充的安全性及获益性有待验证。

3. 主食量分配 定时定主食量进餐是治疗所必需的,可根据生活习惯将主食量按照每天三餐分配为 1/3、1/3、1/3,或 1/5、2/5、2/5,或按照每天四餐分配为 1/7、2/7、2/7、2/7。配餐时还须关注该餐的食物血糖生成负荷。

4. 随访 以上仅是原则估算,在治疗过程中随访调整十分重要。

(三)体育锻炼

规律、科学的体育锻炼是健康生活方式的重要组成。体育锻炼在糖尿病治疗中也占有重要地位,但须在医师的指导下进行。目的在于改善心理状态,增强胰岛素的敏感性,并有助于控制血糖、减少心血管危险因素等。体育锻炼应坚持长期、规律和个体化的原则。一般于餐后 1 小时开始,采用中等强度的有氧运动,持续时间每天 30~40 分钟,每周不低于 150 分钟,可辅助每周 2 次的抗阻运动。

以下情况禁忌不适当的体育锻炼:自身胰岛素分泌严重不足(尤其是 1 型糖尿病),收缩压 ≥180mmHg,血糖 ≥14mmol/L,近期有频繁发作的低血糖,伴发急性并发症和/或严重的慢性并发症及合并症者等。

(四)病情监测

病情监测对病情的控制至关重要,包括糖尿病综合控制目标中的各项指标。其中,血糖监测应以自我血糖监测(self-monitoring of blood glucose,SMBG)为主,辅以定期糖化血红蛋白检测。持续血糖监测系统(continuous glucose monitor system,CGMS)可作为频发低血糖者自我血糖监测的重要补充。

（五）药物治疗

药物治疗是糖尿病治疗的重要措施,须在生活方式干预的基础上进行。口服类降血糖药物包括:胰岛素促泌剂(磺脲类、格列奈类)、双胍类、α-糖苷酶抑制剂、胰岛素增敏剂(噻唑烷二酮类、非噻唑烷二酮类)、二肽基肽酶Ⅳ抑制剂、钠-葡萄糖协同转运蛋白-2抑制剂、葡萄糖激酶激活剂等。注射类降血糖药物包括:胰岛素及其类似物、胰高血糖素样肽-1受体激动剂。不同作用机制的降血糖药物可以联合使用。

1.胰岛素促泌剂

(1)磺脲类(sulfonylurea,SU):可使糖化血红蛋白降低1%~1.5%。代表药物见表7-8-10。

1)作用机制:作用于胰岛β细胞膜上的ATP敏感的钾离子通道,促进钙离子内流,细胞内钙离子浓度增高后,促进内源性胰岛素分泌。

2)适应证:主要用于2型糖尿病非肥胖患者。

3)主要禁忌证:①1型糖尿病。②β细胞数量不足30%的2型糖尿病,或全胰腺切除术后。③孕妇和哺乳期妇女。④对药物有过敏反应等。

表7-8-10　常用磺脲类药物的主要特点及应用

药品名称	达峰时间/h	半衰期/h	剂量范围/ (mg·d^{-1})	常用剂量/ (mg·d^{-1})	使用方法
格列本脲	1~4	10~16	2.5~15	7.5	每天1~3次,餐前30分钟服用
格列吡嗪	1~3	2~4	2.5~30	15	每天1~3次,餐前30分钟服用
格列吡嗪控释片	数日	2~5	5.0~20	10	每天1次,餐前30分钟服用
格列齐特	11~14	6~12	80~320	160	每天1~2次,餐前30分钟服用
格列齐特缓释片	6~20	12~20	30~120	60	每天1次,餐前30分钟服用
格列喹酮	2~3	1.5	30~180	90	每天1~3次,餐前30分钟服用
格列美脲	2~3	5	1~8	2~4	每天1次,餐前30分钟服用
消渴丸	每粒含0.25mg格列本脲				

临床常用的磺脲类药物:格列本脲降糖作用强且持久,致严重低血糖后需要观察至少72小时,高龄患者或有肾、肝、心、脑较重并发症者慎用。格列吡嗪降糖作用较强。格列喹酮降糖作用相对弱,因仅有5%左右从肾脏排泄,肾脏安全性相对好。格列齐特降糖作用较强,可增加血纤维蛋白溶解活性、降低血小板过高黏附性和聚集,能够减少尿蛋白。格列美脲降糖作用强但低血糖风险较格列本脲小,且能够发挥胰外的降糖作用。

4)不良反应:①低血糖。②体重增加。偶见过敏反应及消化系统和血液系统症状。

(2)格列奈类(glinides):可使糖化血红蛋白降低0.5%~1.5%。代表药物:①瑞格列奈:每天0.5~16mg。②那格列奈:每天60~360mg。③米格列奈:每天30~60mg。随餐分次口服。

1)作用机制:与磺脲类药物相似,但因受体结合位点不同,具有吸收快、起效快和作用时间短的特点。

2)适应证:同磺脲类药物,主要适用于以餐后高血糖为主者。

3)主要禁忌证:同磺脲类药物,但瑞格列奈可用于肾功能受损者。

4)不良反应:同磺脲类药物,但低血糖风险较磺脲类药物轻。

2.双胍类(biguanide)　可使糖化血红蛋白降低1.0%~1.5%,并减轻体重。代表药物:二甲双胍每天500~2 000mg,每天1~3次,餐前半小时或随餐口服。

(1)作用机制:①抑制肝糖原异生,减少肝糖输出。②促进糖的无氧酵解,增加肌肉、脂肪等外周组织对葡萄糖的摄取和利用。③抑制消化道吸收葡萄糖。

（2）**适应证**：2 型糖尿病一线用药，1 型糖尿病可与胰岛素合用。

（3）**主要禁忌证**：①肾、肝功能不全。②急性或慢性代谢性酸中毒，严重感染或外伤，外科大手术，严重心、肺疾病。③缺氧，高热，低血容量性休克，酗酒，维生素 B_{12}、叶酸缺乏未纠正。④哺乳期妇女。⑤对药物过敏。⑥接受血管内注射碘造影剂等。当年龄超过 80 岁时须慎用。

（4）**不良反应**：①消化道反应：较常见，多数患者可耐受。②乳酸性酸中毒：在治疗剂量范围内罕见，有肾、肝功能不全，低血容量性休克或心力衰竭时易诱发。③维生素 B_{12} 吸收减少等。

3. α-糖苷酶抑制剂（α-glucosidase inhibitor，AGI） 可使糖化血红蛋白降低 0.5%。代表药物：①阿卡波糖：每天 50~300mg，每天 1~3 次。②伏格列波糖：每天 0.2~0.9mg，每天 1~3 次。③米格列醇：每天 50~300mg，每天 1~3 次。为不影响药物抑制 α-糖苷酶的效果，于进食前即服或与第一口主食嚼服。

（1）**作用机制**：食物中淀粉、糊精和双糖等吸收需要小肠黏膜刷状缘的 α-糖苷酶，α-糖苷酶抑制剂通过抑制这一类酶而延迟碳水化合物的吸收。

（2）**适应证**：2 型糖尿病，1 型糖尿病可与胰岛素合用。尤其适用于餐后高血糖，或餐前低血糖风险较大者。

（3）**主要禁忌证**：①严重胃肠疾病。②严重肝、肾功能不全。③妊娠及哺乳期妇女等。

（4）**不良反应**：消化道症状较常见，如腹胀、腹泻、胃肠痉挛性疼痛等，偶有顽固性便秘等。单用本药不增加低血糖的发生，但与胰岛素或促胰岛素分泌类药物合用出现低血糖且意识清醒时，应立即进食葡萄糖，如食用双糖或淀粉类食物则效果不佳。

4. 胰岛素增敏剂

（1）**噻唑烷二酮类**（thiazolidinediones，TZDs）：是一类传统的胰岛素增敏剂，可使糖化血红蛋白下降 0.7%~1.0%。代表药物：①吡格列酮：每天 15~45mg，每天 1 次。②罗格列酮：每天 4~8mg，每天 1 次，空腹服用。

1）**作用机制**：选择性激活过氧化物酶体增殖物激活受体 γ（peroxisome proliferator activated receptor-γ，PPARγ），增加靶细胞对胰岛素的敏感性。

2）**适应证**：2 型糖尿病，尤其是胰岛素抵抗显著者。

3）**主要禁忌证**：①肝功能损害（活动性肝病或转氨酶≥2.5 倍正常上限值）。②心功能不全（纽约心脏学会心功能分级Ⅱ级以上）。③严重骨质疏松和骨折病史。④妊娠或哺乳期。⑤对药物过敏等。

4）**不良反应**：①体重增加和水肿，较常见，与胰岛素联用时更明显。②骨折和心力衰竭风险增加等。

（2）**PPAR 全激动剂**：是一类新型的胰岛素增敏剂。代表药物：西格列他钠（chiglitazar sodium）是 PPAR 全激动剂，能同时激活 PPAR 三个亚型受体（α、γ 和 δ），并诱导下游与胰岛素敏感性、脂肪酸氧化、能量转化和脂质转运等功能相关的靶基因表达，抑制与胰岛素抵抗相关的 PPARγ 受体磷酸化。该药是我国自主研发的 1 类创新药，单药适用于配合饮食控制和运动，改善 2 型糖尿病患者的血糖控制。西格列他钠单用一般不增加低血糖风险。其常见不良反应是贫血、体重增加和水肿。临床试验中未观察到心力衰竭事件，但在使用时仍需关注心力衰竭的症状、体征和骨折风险。

5. 二肽基肽酶Ⅳ抑制剂（dipeptidyl peptidase-Ⅳ inhibitor，DPP-4i） 可使糖化血红蛋白降低 0.4%~0.9%。代表药物：西格列汀、利格列汀、阿格列汀、沙格列汀、维格列汀、瑞格列汀等。主要通过抑制二肽基肽酶Ⅳ活性，减少胰高血糖素样肽-1 的失活，提高内源性胰高血糖素样肽-1 的水平，以葡萄糖浓度依赖的方式促进胰岛素分泌。适用于 2 型糖尿病。肝肾功能不全者使用利格列汀不需要调整剂量。主要禁忌证有妊娠和哺乳期等。不良反应相对较少，可能有头痛、超敏反应、肝酶升高、上呼吸道感染、胰腺炎等。

6. 钠-葡萄糖共转运蛋白-2 抑制剂（sodium-glucose cotransporter 2 inhibitor, SGLT2i） 可使糖化血红蛋白降低 0.5%~1.2%。代表药物：恩格列净、达格列净、卡格列净、艾托格列净、恒格列净等。通过抑制肾脏近端小管钠-葡萄糖共转运蛋白-2 的活性，从而抑制葡萄糖的重吸收，促进肾脏葡萄糖的排泄，并减轻体重。适用于 2 型糖尿病。循证证据显示其对肾脏及心血管系统有良好获益。主要禁忌证有重度肝功能损害、eGFR<30ml/（min·1.73m^2）、妊娠和哺乳期等。不良反应有生殖尿路感染等，罕见酮症酸中毒（可发生于血糖轻度升高或正常时）、急性肾损伤、血容量不足、骨折。

7. 葡萄糖激酶（glucokinase, GK）激活剂 是我国自主研发的全新降血糖药物。代表药物：多格列艾汀。作用于胰岛、肠道内分泌细胞以及肝脏等葡萄糖储存与输出器官中的葡萄糖激酶靶点，改善 2 型糖尿病患者血糖稳态失调。不同程度肾功能不全 T2DM 患者（尚未进行透析）和轻度肝功能损害（Child-Pugh A 级）服用该药物时无需调整剂量。中度和重度肝功能损害（Child-Pugh B 级和 C 级，如中度及以上肝硬化）患者中不推荐使用。

8. 肠促胰素类降糖药 肠促胰素类降糖药包括胰高糖素样肽-1 受体激动剂（GLP-1RA）和葡萄糖依赖性促胰岛素多肽（GIP）/GLP-1 双受体激动剂（GIP/GLP-1RA）等。可使糖化血红蛋白降低 0.8%~1.5%。我国上市的 GLP-1 受体激动剂长效周制剂代表药物：司美格鲁肽（注射及口服）、度拉糖肽、洛塞那肽、艾塞那肽以及 GIP/GLP-1RA 替尔泊肽等，短效日制剂代表药物：利拉鲁肽、利司那肽、艾塞那肽、贝那鲁肽等。通过增加葡萄糖依赖的胰岛素分泌、抑制胰高血糖素分泌、减少肝糖输出、延缓胃内容排空、改善靶细胞对胰岛素的敏感性、抑制食欲等发挥降糖作用，其减重效果显著。适用于 2 型糖尿病，尤其是伴超重或肥胖者。循证证据显示其对心血管系统及肾脏有良好获益，因此，GLP-1RA 适合 ASCVD 或 ASCVD 高风险及合并 CKD 的 T2DM 患者。主要禁忌证有甲状腺髓样癌个人既往史或家族史、胰腺炎病史、妊娠和哺乳期等。主要不良反应有恶心、呕吐、腹泻、便秘等消化道症状，多为轻度到中度，多见于治疗初期，尤其在剂量滴定阶段，随着使用时间延长，不良反应逐渐减轻。

此外，GLP-1RA 联合胰岛素治疗能更好地控制血糖、减少胰岛素剂量，减轻胰岛素治疗所致的体重增加及低血糖风险。在我国上市的基础胰岛素与 GLP-1RA 的固定比例复方（FRC）制剂有德谷胰岛素利拉鲁肽注射液和甘精胰岛素利司那肽注射液。适合口服药血糖控制不佳的 T2DM 患者。

ER 7-8-7

降血糖药物分类

9. 胰岛素及其类似物 须对患者及其家属进行医学营养、体育锻炼、预防和处理低血糖等相关健康指导。

（1）适应证：①1 型糖尿病。②2 型糖尿病口服降血糖药物治疗 3 个月血糖仍不能达标，或无明显诱因体重显著下降。③新诊断 2 型糖尿病伴酮症，或伴有明显高血糖（空腹血糖>11.1mmol/L，或糖化血红蛋白>9.0%），或与 1 型糖尿病鉴别困难时。④2 型糖尿病大型或中型手术的围手术期、妊娠和哺乳期。⑤2 型糖尿病合并急性并发症，或严重的慢性并发症及合并症。⑥某些特殊类型糖尿病。⑦妊娠糖尿病。

（2）制剂类型

1）胰岛素：按作用时间分为短效、中效和长（慢）效（表 7-8-11）。①短效胰岛素：用于提高餐时胰岛素水平，控制该餐后的血糖。②中效胰岛素：用于提高基础胰岛素水平；也可用于控制两餐后高血糖，以第二餐为主。③长效胰岛素：用于提高基础胰岛素水平，易蓄积引发低血糖。④预混胰岛素：预先将短效胰岛素和中效胰岛素按一定比例混合，如预混胰岛素 30 注射液（即含 30% 短效胰岛素+70% 中效胰岛素）。中效胰岛素及预混胰岛素制剂的低血糖发生率相对高，长效胰岛素临床已经不再使用。

2）胰岛素类似物：通过基因重组技术合成，对胰岛素的氨基酸序列进行修饰后，可以和胰岛素

表 7-8-11　按作用时间分类的胰岛素制剂

作用类别	胰岛素制剂	起效时间/h	峰值时间/h	作用持续时间/h
短效	普通胰岛素（regular insulin，RI）	0.5	2~4	6~8
	重组人胰岛素 R			
中效	低精蛋白胰岛素（NPH）	1~3	6~12	18~26
	重组人胰岛素 N			
长效	精蛋白锌胰岛素（PZI）	3~8	12~24	28~36

注：胰岛素的作用时间受剂量、吸收、降解等多因素影响，个体差异相对大。

受体结合，功能及作用与人胰岛素相似，但在模拟生理性胰岛素分泌和减少低血糖发生风险方面优于前述的胰岛素制剂。

① 速效胰岛素类似物：包括赖脯胰岛素（将人胰岛素 B 链 28、29 位脯氨酸与赖氨酸互换）、门冬胰岛素（将人胰岛素 B 链 28 位脯氨酸由天冬氨酸取代）、谷赖胰岛素（将胰岛素 B 链 3 位天冬酰胺替换为赖氨酸，B 链 29 位的赖氨酸替换为谷氨酸），经过修饰后的胰岛素分子自我聚合能力减弱，皮下注射后吸收快，用于提高餐时胰岛素水平。通常临餐时给药，15 分钟起效，30~60 分钟达峰，持续2~5 小时。

② 长效胰岛素类似物：包括甘精胰岛素 U100（将胰岛素 A 链 21 位的天冬氨酸换成甘氨酸，且在 B 链 C 末端加 2 分子精氨酸）、地特胰岛素（将胰岛素 B 链 29 位赖氨酸上接一个游离脂肪酸侧链，切去 B 链 30 位苏氨酸）、甘精胰岛素 U300（A 链 21 位由甘氨酸替代天冬氨酸，B 链 C 端添加两个精氨酸）、德谷胰岛素（将胰岛素 B 链 29 位赖氨酸上连接脂肪二酸侧链且去掉第 30 位的苏氨酸），经过修饰后的胰岛素吸收速度明显延长，用于提高基础胰岛素水平，低血糖风险小。每天固定时间给药 1 次，与进餐无关。德谷胰岛素和甘精胰岛素 U300 是两种新的长效胰岛素类似物，两者作用时间长，低血糖风险显著减少。

③ 预混胰岛素类似物：类似预混胰岛素制剂，不同的是其中的短效胰岛素更换为速效胰岛素类似物，包括门冬胰岛素 30、门冬胰岛素 50、赖脯胰岛素 25、赖脯胰岛素 50 等，于餐前给药，每天 1~3 次。

④ 德谷门冬双胰岛素：是 70% 的德谷胰岛素与 30% 的门冬胰岛素联合的预混制剂，于餐前给药，每天 1~2 次，注射时间至少间隔 4 小时。

胰岛素有笔芯和瓶装两种剂型，须注意其浓度不同。胰岛素及其类似物均须皮下注射，仅短效胰岛素可以静脉给药。

（3）使用原则：人体胰岛素分泌模式有两种：持续性基础分泌和进餐时刺激增高分泌，治疗时常模拟胰岛素生理分泌模式给药。

使用原则：①在饮食和运动治疗的基础上进行。②一般从小剂量开始，每天 1 次时，初始剂量按 0.2U/（kg·d）计算；每天 2 次及以上时，初始剂量为 0.4~0.5U/（kg·d）。③密切关注低血糖风险和体重增加。④治疗方法：基础胰岛素（包括中效胰岛素或长效胰岛素类似物），每天 1~2 次，通常于睡前 1 次，可单独使用或联合口服降血糖药物使用；预混胰岛素及其类似物或双胰岛素类似物，每天 1~2 次，通常于晚餐前 1 次或早、晚餐前 2 次；胰岛素强化治疗，包括基础胰岛素联合三餐前短效胰岛素或速效胰岛素类似物，或三餐前预混胰岛素类似物，或持续皮下输注胰岛素（continuous subcutaneous insulin infusion，CSII）。原则上胰岛素强化治疗时不与胰岛素促泌剂联合使用。

空腹血糖高的常见原因：①夜间基础胰岛素用量不足。②索莫吉反应（Somogyi 现象）：夜间发生曾有未被察觉的低血糖，继而拮抗胰岛素的激素分泌增加，出现低血糖后的反跳性高血糖。③黎明现象（dawn phenomenon）：夜间血糖控制良好，也无低血糖发生，仅于黎明时因皮质醇、生长激素等拮抗胰岛素的激素分泌过多引起的高血糖。上述情况的鉴别须多次监测夜间血糖。

（4）**胰岛素抗药性和不良反应**：胰岛素及其类似物均有抗原性，治疗一段时间后会产生抗药性，更换制剂类型或经过治疗可改善。不良反应：①低血糖：较常见，严重的低血糖可致中枢神经系统受损或诱发心肌梗死危及生命，应积极预防。②体重增加。③水肿。④屈光改变，有自限性。⑤过敏反应，给予抗组胺药和糖皮质激素可缓解，严重时需停用胰岛素。⑥皮下脂肪萎缩或增生，经常更换注射部位可以预防。

ER 7-8-8

胰岛素种类及应用特点

知识拓展

医源性低血糖的紧急处置

医源性低血糖是降血糖药物应用不当或饮食、运动不合理所致的血糖低于3.9mmol/L的危急状态，应积极预防。一旦发现要及时救治，处理不当会危及生命。怀疑低血糖时应立即测定血糖，无法测定时可按低血糖处理。

对于意识清醒的低血糖患者，立即进食含15~20g糖类的食品；如果意识不清，则给予50%的葡萄糖溶液20~40ml静脉注射，或胰高血糖素0.5~1.0mg肌内注射。15分钟后复测血糖，如果血糖仍低于3.9mmol/L，则视意识情况再次给予葡萄糖口服或静脉注射；若血糖低于3.0mmol/L则给予50%葡萄糖溶液60ml静脉注射；15分钟后重复上述过程，直至低血糖纠正。如果血糖已经纠正达3.9mmol/L以上，但距离下一餐时间大于1小时，可适当进食含淀粉或蛋白质的食物。低血糖纠正后要积极了解低血糖的原因，预防再次发生。

（六）胰岛素泵

胰岛素泵可模拟人胰岛素生理分泌模式，包括开环泵和闭环泵，持续皮下输注胰岛素须借助胰岛素泵给药。目前临床上广泛使用的是开环泵，需人工设定胰岛素输注量。与开环泵相比，闭环泵更先进，可通过在体内埋置血糖感受器，实现葡萄糖依赖的胰岛素按需给药。胰岛素泵内只能使用速效胰岛素类似物或短效胰岛素。

（七）胰腺移植、胰岛细胞移植、干细胞治疗

这些是糖尿病治疗学上的一个新领域。尤其是干细胞治疗，前景广阔。

（八）代谢手术

目前已经证实代谢手术对2型糖尿病的治疗有效并在临床应用，但须严格把握适应证。

（九）中医药治疗

党中央和国务院十分重视中医药工作，指出要加快中医药现代化、产业化，推动中医药在传承创新中高质量发展。中医药治疗遵循辨证论治的原则，根据糖尿病不同病程的核心病机进行分型论治。循证证据表明，一些中成药物可降低糖尿病发生风险，或在糖尿病及其并发症方面有明确的疗效。其中，桑枝总生物碱片作为我国降血糖原创天然药物已经成为现代药理学研究方法与中医传统理论结合的典型案例。

（十）围手术期管理

围手术期应加强血糖管理，血糖控制目标：5.6~10.0mmol/L。应用口服降血糖药物但血糖控制不佳或计划接受大、中型手术的患者，须及时改为胰岛素治疗。急诊手术时推荐静脉输注胰岛素，须严格监测血糖，控制血糖达标。

（十一）妊娠阶段的高血糖管理

孕期须严格控制血糖，且避免低血糖。血糖控制目标：空腹血糖<5.3mmol/L，餐后1小时血糖<7.8mmol/L，餐后2小时血糖<6.7mmol/L。生活方式治疗是妊娠阶段降糖治疗的基础。目前口服降

血糖药物尚缺乏长期安全性证据，但二甲双胍可在患者充分知情的前提下使用。对于妊娠糖尿病患者于产后 4~12 周应再次评价糖代谢状况，之后应每 1~3 年予以糖尿病筛查。

【预防】

一级预防是提倡健康的生活方式，重点针对糖尿病高危人群，主动预防糖尿病。二级预防是糖尿病早诊断和早治疗，有效预防糖尿病急、慢性并发症的发生发展。三级预防是有效延缓糖尿病慢性并发症向终末期进展，有效降低病死率，提高患者生活质量。

第二节　糖尿病酮症酸中毒

糖尿病酮症酸中毒（diabetic ketoacidosis，DKA）是严重的急性并发症之一，以高血糖、酮症、代谢性酸中毒为主要表现，因胰岛素严重缺乏及拮抗胰岛素的激素增加所致。1 型糖尿病有自发糖尿病酮症酸中毒倾向，2 型糖尿病在一定诱因下也可发生糖尿病酮症酸中毒。常见诱因有感染、创伤、麻醉、大手术、饮食不当、妊娠、分娩、胰岛素治疗中断或不适当减量、某些药物（如钠-葡萄糖共转运蛋白 2 抑制剂）等。

约 10% 的 DKA 患者表现为血糖正常的糖尿病酮症酸中毒（euglycemic diabetic ketoacidosis，euDKA），其定义为血浆葡萄糖水平<11.1mmol/L，存在酮症和代谢性酸中毒。血糖正常的糖尿病酮症酸中毒的特征是血糖正常，伴有严重代谢性酸中毒和酮血症。可由多种因素引起，包括停用或减少外源性胰岛素、食物摄入减少、妊娠、酒精、肝功能衰竭和/或 SGLT2i 治疗。近年来，随着钠-葡萄糖共转运蛋白 2 抑制剂的应用，其发病率有所增加。

【病理生理】

胰岛素严重缺乏导致葡萄糖的摄取和利用下降，脂肪分解加速，血酮体（包括 β-羟丁酸、乙酰乙酸和丙酮）生成增加。由于 β-羟丁酸和乙酰乙酸均为强有机酸，可致代谢性酸中毒。丙酮经呼吸道排出，可闻及烂苹果味。因高血糖致渗透性利尿，可引发失水、有效循环血容量不足、电解质紊乱。酸中毒和失水常诱发消化道症状，后者会进一步加重水、电解质及酸碱代谢的紊乱。

ER 7-8-9

糖尿病酮症酸中毒病理生理改变

【临床表现】

通常有三个阶段：①酮症："三多一少"症状和全身乏力加重。②酮症酸中毒：出现恶心、呕吐，常伴头痛、烦躁、嗜睡等。严重者有失水体征，呼吸深快，呼气中有烂苹果气味。③酮症酸中毒昏迷：严重失水，尿量减少、皮肤黏膜干燥、弹性差、眼球下陷，脉快而弱，血压下降、四肢厥冷，各种反射迟钝、消失，甚至昏迷。有些患者可表现为腹痛。

【实验室检查】

血糖常显著升高，多数在 16.7~33.3mmol/L。血酮体增高，血酮≥1.0mmol/L 为高血酮，血酮≥3.0mmol/L 提示可能有酮症酸中毒。尿糖、尿酮体常呈强阳性，可有蛋白尿和管型尿。当肾功能不全致肾糖阈增高时，尿糖和尿酮体检测不可靠。酸中毒失代偿后血 pH 下降。血尿素氮和肌酐常增高。血钠、氯常降低，血钾可增高或正常或降低。血浆渗透压可升高。即使未合并感染，血白细胞计数也可增高，以中性粒细胞增多为主。部分患者即使无胰腺炎存在，也可出现血清淀粉酶和脂肪酶的升高，治疗后数天内降至正常。

【诊断和鉴别诊断】

（一）诊断

临床上对于恶心、呕吐、失水、酸中毒、休克、昏迷者，特别是呼吸有烂苹果味、血压低而多尿者，不论有无糖尿病病史，都要考虑到糖尿病酮症酸中毒的可能性。需立即查血糖、血酮，或尿糖、尿酮，同时化验血气分析、血电解质等。

当血β-羟丁酸≥3.0mmol/L或尿糖和尿酮阳性++以上,血糖>11.1mmol/L,动脉血pH<7.3和/或血清HCO₃⁻<18mmol/L,无论有无糖尿病病史,都可诊断为糖尿病酮症酸中毒,如果昏迷可诊断为糖尿病酮症酸中毒昏迷。

当血糖正常(<11.1mmol/L),伴血β-羟丁酸≥3.0mmol/L或尿酮阳性(++以上),血pH值降低(pH值<7.3)和/或碳酸氢根<18mmol/L,即可诊断血糖正常的糖尿病酮症酸中毒。

临床上根据酸中毒程度和意识状态可分为轻、中、重度糖尿病酮症酸中毒(表7-8-12)。

表 7-8-12　糖尿病酮症酸中毒严重程度分类

项目	糖尿病酮症酸中毒		
	轻度	中度	重度
血糖/(mmol·L⁻¹)	>11.1	>11.1	>11.1
动脉血 pH	7.25~7.30	7.00~7.25	<7.00
血清 HCO₃⁻/(mmol·L⁻¹)	15~18	10~15	<10
血(尿)酮	阳性	阳性	阳性
血浆有效渗透压 *	正常/增高	正常/增高	正常/增高
精神状态	清醒	清醒/嗜睡	木僵/昏迷

注:* 血浆有效渗透压的计算公式:2×([Na⁺]+[K⁺])(mmol/L)+血糖(mmol/L)。

(二)鉴别诊断

需要与低血糖昏迷、高渗性高血糖状态、乳酸性酸中毒、尿毒症、脑血管意外等鉴别。某些病例可因其他疾病或诱发因素来诊,要避免漏诊。

【治疗】

明确诊断后应立即启动治疗,尤其是发病初期6~12小时,对疾病转归至关重要。治疗原则是尽快补液以恢复血容量,纠正失水状态,胰岛素降糖,纠正电解质紊乱及酸碱平衡失调,祛除诱因,防治并发症,降低病死率。

(一)补液

补液是治疗的关键环节。因失水致组织微循环灌注不足,胰岛素就不能有效发挥生物效应。轻度失水不伴酸中毒时可口服补液,中度及以上须静脉补液。补液原则为"先快后慢、先盐后糖"。

1.补液的量　根据患者体重和脱水程度估计补液量,要在第1个24小时内补足预先估计的液体丢失量,一般需要4 000~6 000ml,失水严重者可达6 000~8 000ml。

2.补液种类　先给予0.9%氯化钠溶液,当血糖降至11.1mmol/L(200mg/dl)时可糖盐交替,一般给予5%葡萄糖溶液静脉滴注,按每2~4g葡萄糖加1U胰岛素。

3.补液速度　原则上24小时内纠正脱水。心、肾功能正常者可于前1~2小时内以15~20ml/(kg·h)(一般成人1 000~2 000ml)补液,以后再视失水、血压及尿量等具体情况调整。对于心、肾功能不全者应避免过度补液,需密切关注心率、尿量及精神状态等,以便及时调整。

4.补液途径　除静脉滴注外,意识清醒,无呕吐者鼓励辅以口服补液。

(二)胰岛素治疗

一般采用小剂量胰岛素静脉滴注,起始剂量为0.1U/(kg·h),对于重症患者,可采用首剂静脉输注0.1U/kg,随后以0.1U/(kg·h)速度持续输注。每1~2小时测定血糖、血酮体,根据其下降速度调整胰岛素用量,血糖下降速度一般以每小时降低2.8~4.2mmol/L,血酮体下降速度≥0.5mmol/(L·h)为宜。当血糖下降至11.1mmol/L时,胰岛素用量应减至0.02~0.05U/(kg·h),使血糖维持在8.3~11.1mmol/L水平,直至糖尿病酮症酸中毒缓解。糖尿病酮症酸中毒的缓解标准为:血糖<11.1mmol/L,血酮体<0.3mmol/L,血清HCO₃⁻≥15mmol/L,血pH>7.3,阴离子间隙≤12mmol/L。糖尿病酮症酸中毒缓解后应继续监测血酮体2天。为防止糖尿病酮症酸中毒再次发作和反弹性血糖升高,应在停用静脉胰岛素前1~2小时皮下注射基础胰岛素。

(三)纠正酸中毒

酸中毒主要由血酮体引起,经补液、胰岛素治疗后即可改善,一般不必补碱。当pH≤6.9时,方可适量补碱。每2小时测定1次血pH,直至其维持在7.0以上。

(四)纠正电解质紊乱

常伴有不同程度的低钾血症,严重时可诱发心搏骤停和呼吸肌麻痹等危及生命。治疗过程中要密切监测血钾和尿量,血钾<5.0mmol/L,且尿量≥40ml/h时应开始补钾;严重低钾血症患者应立即静脉补钾,血钾上升到3.3mmol/L时方可给予胰岛素治疗;血钾正常、尿量<30ml/h者,需待尿量增加后再行补钾;血钾高于正常者暂缓补钾。静脉补钾常用10%氯化钾溶液,输入量≤3g/L。神志清醒者可辅以口服氯化钾、枸橼酸钾等。病情恢复后仍应继续口服补钾数天。

(五)祛除诱因和防治并发症

寻找和处理诱发因素,特别应注意寻找感染灶。预防并治疗各种并发症,如严重感染、休克、心肾衰竭、脑水肿及弥散性血管内凝血等。

(六)护理

良好护理是抢救糖尿病酮症酸中毒的重要环节。应按时清洁口腔、皮肤,准确记录患者意识、瞳孔大小和反应、生命体征、出入量等。

【预防】

重点在于加强健康教育和良好的血糖控制,主动预防诱发因素。

第三节 高渗性高血糖状态

高渗性高血糖状态(hyperosmolar hyperglycemic state,HHS)是严重的急性并发症之一,以严重的高血糖、高血浆渗透压、失水为主要临床特征。多见于老年2型糖尿病患者。常见诱因为引起血糖增高和脱水等因素,包括:急性感染、外伤、手术、脑血管意外等应激状态,使用糖皮质激素、利尿剂、甘露醇等药物,水摄入不足或失水,透析治疗,静脉高营养疗法等。有时在病程早期因误诊而输入大量葡萄糖液或因口渴而摄入大量含糖饮料可诱发本病或使病情恶化。

本病起病隐匿,最初表现为多尿、多饮,但多食不明显,反而食欲缺乏。病情逐渐加重出现典型症状,主要表现为严重失水及相关神经系统的症状和体征,包括嗜睡、幻觉、定向障碍、偏盲、上肢拍击样粗震颤、癫痫样抽搐(多为局限性发作)等。本病容易并发脑血管意外、心肌梗死、肾功能不全等。与糖尿病酮症酸中毒相比,失水更严重,神经系统症状更突出。

实验室诊断指标包括:①血糖≥33.3mmol/L。②有效血浆渗透压≥320mOsm/L。③动脉血pH≥7.3或血清HCO_3^-≥18mmol/L。④血酮体<3mmol/L,尿酮阴性或弱阳性。⑤阴离子间隙<12mmol/L。

ER 7-8-10

高血糖危象
DKA与HHS
的区别

治疗原则与糖尿病酮症酸中毒基本相同,需要注意:①补液治疗:本病失水比糖尿病酮症酸中毒更严重,可达体重的10%~15%,补液要更为积极谨慎,第一个24小时内补液量可达6~10L,主张先给予等渗溶液如0.9%氯化钠溶液。若无休克或休克已纠正,经0.9%氯化钠溶液补液后血浆渗透压仍高于350mOsm/L,且血钠高于155mmol/L时,可适量给予低渗溶液如0.45%氯化钠溶液,待血浆渗透压基本正常后改用等渗溶液。是否给予胃肠道补液根据病情决定。②小剂量胰岛素持续静脉滴注:起始剂量为0.1U/(kg·h),根据血糖下降速度调整剂量,控制血糖下降在2.8~4.2mmol/(L·h)为宜。当血糖降至16.7mmol/L时,开始输入5%葡萄糖氯化钠溶液,每2~4g葡萄糖加1U胰岛素,同时胰岛素剂量减至0.02~0.05U/(kg·h),维持血糖在 13.9~16.7mmol/L，在神经症状充分改善、病情稳定后再进一步控制血糖达标。③密切关注血钾。高渗性高血糖状态缓解的主要表现为血渗透压水平降至正常、患者意识状态恢复正常。

高血糖是维持血浆渗透压和血容量的重要因素，血糖下降过快可引发脑水肿等可危及生命。高渗性高血糖状态预后不良，病死率较高，早发现、早治疗极为重要。

本章小结

糖尿病是一种复杂性疾病，在多因素作用下，胰岛素分泌和/或胰岛素作用缺陷导致的以慢性血葡萄糖水平增高为主要特征的临床综合征。其患病率、致残率和病死率高，社会危害较大。糖尿病的分型有 1 型糖尿病、2 型糖尿病、其他特殊类型糖尿病和妊娠糖尿病，前两者是其主要类型。1型糖尿病主要为自身免疫性疾病，依赖胰岛素治疗。2 型糖尿病为生活方式病，占总糖尿病患者人数的 90% 以上，是糖尿病防治的重点人群。其他特殊类型糖尿病患病人数少且病因相对明确，须注意与 1 型糖尿病和 2 型糖尿病相鉴别。妊娠糖尿病患病率近年呈现增高趋势，因其相对隐匿且对母儿危害大，要加强筛查，并注意与孕前糖尿病相鉴别。糖尿病的治疗原则是早期和长期、综合管理与全面达标、治疗措施个体化。目前尚缺乏病因治疗。治疗措施包括健康教育和心理治疗、医学营养、体育锻炼、病情监测和药物治疗等。在生活方式干预的基础上，合理应用降血糖药物控制血糖达标，并定期监测病情，促进综合控制目标达标，可以有效延缓其慢性并发症的发生和发展。糖尿病酮症酸中毒和高渗性高血糖状态是糖尿病常见的急性并发症，早期诊断和治疗可显著降低病死率。

病例讨论

患者，男，72 岁。25 年前因"三多一少"症状，就诊于当地医院，行相关检查后诊断为"2 型糖尿病"，给予胰岛素治疗至今，现胰岛素日总量52U，偶测空腹血糖5~9mmol/L，餐后血糖10~16mmol/L。3 天前受凉后出现纳差，1 天前出现恶心、呕吐，呕吐物为胃内容物，予对症治疗疗效欠佳。1 小时前出现意识模糊，家人送至急诊。否认高血压及心脑血管病史，无特殊用药史。查体：T 37.5℃，P 110次/min，R 33 次/min，BP 100/58mmHg。意识模糊，呼吸深快，皮肤弹性差，皮肤巩膜无黄染，浅表淋巴结未触及。甲状腺不大。心肺腹未见明显异常体征。急诊检查：随机血糖21.0mmol/L；尿酮体（+++）。

（王 彦）

思考题

1. 简述糖尿病的诊断和分型。
2. 简述口服降血糖药物的种类及其作用机制和代表药物。
3. 简述胰岛素的适应证。
4. 简述糖尿病酮症酸中毒的治疗原则。

ER 7-8-11

练习题

第九章 | 高尿酸血症与痛风

ER 7-9-1
教学课件

ER 7-9-2
思维导图

学习目标

1. 掌握：高尿酸血症与痛风的临床表现及诊断依据。
2. 熟悉：高尿酸血症与痛风的实验室和其他检查、预防和治疗。
3. 了解：高尿酸血症与痛风的常见病因及发病机制、预后。
4. 学会对高尿酸血症与痛风进行初步诊断，在疾病不同的时期选择合理的治疗药物；针对患者及高危人群进行健康教育和终身随访。
5. 具备同情心和同理心，发扬"医者仁心"的精神，树立预防为主的健康理念，倡导文明健康的生活方式。

案例导入

患者，男，54 岁。下班后与朋友聚餐，午夜突发左足第一跖趾关节剧痛，约 4 小时后关节周围皮肤出现红、肿、活动受限，今晨遂来院就诊。查体：T 38.1℃，P 86 次/min，R 20 次/min，Bp 150/95mmHg，神志清，肥胖体型，浅表淋巴结未触及。甲状腺不大，未闻及血管杂音。心肺检查未见异常。腹平软，无压痛及反跳痛，肝脾肋下未触及，肠鸣音 4 次/min，双下肢无水肿。左足第一跖趾关节红肿，皮温增高，压痛明显，不能触碰。实验室检查：血尿酸值为545μmol/L。

请思考：

1. 患者目前的诊断可能是什么？
2. 应进一步完善哪些检查？

高尿酸血症（hyperuricemia，HUA）是嘌呤代谢紊乱引起的代谢异常综合征。无论男性还是女性，非同日 2 次血尿酸水平超过 420μmol/L 时称为高尿酸血症。血尿酸超过其在血液或组织液中的饱和度时可在关节局部形成尿酸盐晶体并沉积，诱发局部炎症反应和组织破坏，即痛风（gout），可在肾脏沉积引发急性肾病、慢性间质性肾炎或肾结石，称为尿酸性肾病，高尿酸血症与痛风是一个连续、慢性的病理生理过程。痛风发病有明显的异质性，除高尿酸血症外，还可表现为反复发作性急性关节炎、痛风石形成、慢性关节炎、慢性间质性肾炎和尿酸性肾结石。若病情反复发作可导致关节僵硬畸形及多种靶器官损伤，严重影响患者的生活质量，甚至影响到预期寿命。

本病见于世界各地，由于受地域、民族、饮食习惯的影响，痛风患病率差异很大。2018 年的数据显示我国成人居民高尿酸血症患病率达 14.0%，男性为 24.5%，女性为 3.6%，而青年男性（18~29 岁）患病率为 32.3%，呈显著年轻化趋势。我国尚缺乏全国范围内痛风流行病学调查资料，根据不同时期、不同地区报告，目前我国痛风患病率为 1%~3%，已成为继糖尿病之后又一常见的代谢性疾病，并呈逐渐上升趋势。

【病因和发病机制】

（一）高尿酸血症的形成

尿酸是嘌呤代谢的终产物,主要由细胞代谢分解的核酸和其他嘌呤类化合物及食物中的嘌呤通过酶分解而产生。人体尿酸的主要来源为内源性,约占总尿酸的80%。尿酸经肝脏代谢,约2/3通过肾脏排泄,1/3通过肠道、胆道等肾外途径排泄。正常情况下,体内尿酸的产生与排泄保持平衡,血清尿酸浓度在一个较窄的范围内波动。当尿酸生成增多或排泄减少时可导致高尿酸血症。

1.尿酸生成增多 在嘌呤代谢过程中,各环节都有酶的参与调控,酶缺陷引起嘌呤合成增加而导致尿酸水平升高。

2.尿酸排泄减少 尿酸排泄障碍是发生高尿酸血症的重要因素,包括肾小球尿酸滤过减少、肾小管重吸收增多、肾小管尿酸分泌减少以及尿酸盐结晶沉积。80%~90%的高尿酸血症具有尿酸排泄减少,上述异常不同程度存在,以肾小管尿酸分泌减少最为重要。

（二）痛风的发生

临床上分为原发性和继发性两大类,其中以原发性痛风占绝大多数。

1.原发性痛风 由遗传因素和环境因素共同致病,大多数为尿酸排泄减少,少数为尿酸生成增多。具有一定的家族易感性,除极少数是先天性嘌呤代谢酶缺陷外,绝大多数病因未明,常与肥胖、原发性高血压、糖脂代谢紊乱、动脉硬化和心血管疾病等聚集发生,认为其共同发病基础为胰岛素抵抗。目前认为高尿酸血症和痛风是慢性肾病、高血压、心脑血管疾病和糖尿病等疾病的独立危险因素。

2.继发性痛风 主要由于肾脏疾病致尿酸排泄减少,骨髓增生性疾病及放化疗致尿酸生成增多,某些药物抑制尿酸的排泄等多种原因所致。

【临床表现】

本病可见于各年龄段,临床以40岁以上的男性多见,女性多在绝经后发病;男女比例为15∶1;10%~20%的患者有家族遗传史。

（一）无症状期

仅有波动性或持续性高尿酸血症。从血尿酸增高至症状出现的时间不等,可长达数年至数十年,有些可终身不出现症状。一般情况下,痛风症状的出现与高尿酸血症的水平和持续时间有关。

（二）急性关节炎期

常由饮酒、高嘌呤饮食、受寒、剧烈运动、外伤、手术、感染等诱发,其临床特点如下:①常在午夜或清晨突发关节撕裂样、刀割样或咬噬样剧烈疼痛,进行性加剧,24小时内达到高峰,伴有关节及周围软组织红、肿、热、痛和功能障碍;初次发作多损伤单关节,以第一跖趾关节最常见,其次为踝、膝、指、腕、肘关节等,反复发作可损伤多关节。②可伴发热、头痛、乏力、心悸等全身症状。③初次发作常呈自限性,多于数天或2周内自行缓解。④可伴高尿酸血症,但部分急性发作时血尿酸水平正常。⑤关节腔可有积液,关节腔滑囊液偏振光显微镜检查发现双折光针形尿酸盐结晶是确诊本病的依据。⑥秋水仙碱可迅速缓解症状。

（三）发作间歇期

急性关节炎发作缓解后一般无明显后遗症状,偶有炎症区皮肤脱屑、瘙痒、色素沉着。多数患者在初次发作后1~2年内复发,随着病情进展,发作频率逐渐增加,发作持续时间延长、间歇期缩短,甚至部分患者发作后症状不能完全缓解,关节肿痛持续存在。

（四）痛风石及慢性关节炎期

1.痛风石（tophus） 痛风的特征性临床表现。痛风石多位于耳郭、反复发作的关节周围及鹰嘴、跟腱、髌骨滑囊等处,外观为皮下大小不一的、隆起的黄白色赘生物。严重时表面皮肤菲薄,破溃后排出白色粉状或糊状物,不易愈合。

2. 慢性关节炎期 常以多关节及远端关节损害为主,表现为受累关节非对称性持续疼痛、肿胀、僵硬、畸形和功能障碍,可导致关节骨质破坏、周围组织的纤维化和退行性变等。

ER 7-9-3
痛风石

(五) 肾脏病变

主要表现以下 3 方面:

1. 痛风性肾病 起病隐匿,可表现为蛋白尿、轻度血尿。当肾浓缩功能受损时,出现夜尿增多、低比重尿,晚期可致水肿、高血压、氮质血症等肾功能不全表现。

2. 尿酸性肾结石 10%~25% 的痛风患者肾脏有尿酸结石,较小时呈泥沙样,可随尿排出,常无症状;较大者引起尿路梗阻可发生肾绞痛、血尿、肾积水等,当结石反复引起梗阻和局部损害时易合并肾盂肾炎、肾积脓或肾周围炎等,可加速结石的增长和肾实质的损害。

3. 急性肾衰竭 大量尿酸盐结晶堵塞肾小管、肾盂甚至输尿管,突然出现少尿、无尿,可发展为急性肾衰竭。

【实验室和其他检查】

(一) 血尿酸测定

血尿酸测定常采用血清尿酸氧化酶法。成年人(不论男女),非同日 2 次空腹血尿酸水平 >420μmol/L 时可诊断高尿酸血症。由于血尿酸受多种因素影响,存在较大的波动性,应反复多次测定。有少数患者在急性期血尿酸可正常。

(二) 尿尿酸测定

限制嘌呤饮食 5 天后,24 小时尿尿酸排泄量(UUE)超过 4.8mmol(800mg)可认为尿酸生成增多;小于 3.57mmol(600mg)为尿酸排泄减少。通过 UUE 测定,结合尿酸排泄分数(FEUA)可进行高尿酸血症的临床分型和指导降尿酸药物的选择。

(三) 滑囊液或痛风石内容物检查

偏振光显微镜下可见双折光的针形尿酸盐结晶。

ER 7-9-4
痛风结晶

(四) 超声检查

超声检查能较敏感地发现尿酸盐沉积征象,可用于影像学筛查,尤其是关节肿胀患者有双轨征或不均匀低回声与高回声混杂团块影时,可有效辅助诊断痛风。

(五) X 线检查

急性关节炎期可见非特征性软组织肿胀,关节显影正常;慢性关节炎期或反复发作后可见软骨缘破坏,关节面不规则,特征性改变为穿凿样、虫蚀样圆形或弧形的骨质透亮缺损。

ER 7-9-5
痛风石影像学表现-痛风石 X 线表现

(六) CT 与 MRI 检查

CT 扫描可见受累部位不均匀的斑点状高密度痛风石影像;CT 双能量成像(DECT)能特异性地识别尿酸盐结晶,作为影像学的筛查手段辅助诊断痛风。MRI 的 T_1 和 T_2 加权像上呈斑点状低信号。

【诊断和鉴别诊断】

(一) 诊断

1. 高尿酸血症诊断标准 非同日、2 次空腹血尿酸>420μmol/L(成人,不论男女)时诊断高尿酸血症。根据 24 小时尿尿酸排泄量(UUE)和尿酸排泄分数(FEUA),分为肾脏排泄不良型、肾脏负荷过多型、混合型和其他型。

2. 痛风诊断标准 目前多采用 2015 年美国风湿病学会(ACR)和欧洲抗风湿病联盟(EULAR)共同制定的痛风分类标准(表 7-9-1)。

表 7-9-1　2015 年 ACR/EULAR 痛风分类标准

	类别	评分
第一步:适用标准(符合准入标准方可应用本标准)	存在至少一个外周关节或滑囊肿胀、疼痛或压痛	
第二步:确定标准(金标准,直接确诊,不必进入分类诊断)	偏振光显微镜镜检证实在(曾)有症状关节或滑囊或痛风石中存在尿酸钠结晶	
第三步:分类标准(符合准入标准但不符合确定标准时)	≥8 分即可诊断为痛风	
临床表现		
受累的有症状关节、滑囊分布		
	累及踝关节或足中段(非第一跖趾关节)单或寡关节炎	1
	累及第一跖趾关节的单或寡关节炎	2
发作时关节症状特点:①受累关节皮肤发红(主诉或查体);②受累关节触痛或压痛;③活动障碍		
	符合 1 个特点	1
	符合 2 个特点	2
	符合 3 个特点	3
发作时间特点(符合以下 3 条中的 2 条,无论是否进行抗炎治疗):①疼痛达峰<24h;②症状缓解≤14d;③2 次发作期间疼痛完全缓解		
	有 1 次典型发作	1
	反复典型发作	2
有痛风石临床证据:皮下灰白色结节,表面皮肤薄,血供丰富,皮肤破溃后可向外排出粉笔屑样尿酸盐结晶;典型部位:关节、耳郭、鹰嘴滑囊、手指、肌腱(如跟腱)		4
实验室检查		
血尿酸水平(尿酸氧化酶法):应在距离发作 4 周后、还未行降尿酸治疗的情况下进行检测,有条件者可重复检测;取检测的最高值进行评分		
	<4mg/dl(<240μmol/L)	-4
	6~<8mg/dl(360~<480μmol/L)	2
	8~<10mg/dl(480~<600μmol/L)	3
	≥10mg/dl(≥600μmol/L)	4
对发作关节或者滑囊的滑液进行分析(应由受过培训者进行评估)		
	未做	0
	尿酸盐阴性	-2
影像学特征		
存在(曾经)有症状关节滑囊尿酸盐沉积的影像学表现:关节超声有"双轨征";双能 CT 有尿酸盐沉积(任一方式)		4
存在痛风关节损害的影像学证据:X 线显示手和/或足至少 1 处骨侵蚀		4

(二)鉴别诊断

1. 风湿性关节炎　起病急,青少年多见,呈游走性多关节炎,发病部位常见于膝、髋、踝等大关节,手足小关节少见;亦可侵犯心脏,并有发热、皮下结节和皮疹等表现。血尿酸正常。

2. 类风湿关节炎　青、中年女性多见,好发于手、腕、足等四肢远端小关节,呈对称分布,常伴有晨僵,反复发作出现关节畸形。类风湿因子多为阳性,血尿酸水平不高。

3. 化脓性关节炎　多见于负重关节伴有高热、寒战等全身中毒症状明显。关节滑囊液可培养出细菌,无尿酸盐结晶。血尿酸正常。

4. 假性痛风 老年人多见,膝关节易受累,系关节软骨钙化所致;发作时血沉增快,白细胞计数升高,血尿酸正常;关节滑囊液检查可发现有焦磷酸钙结晶或磷灰石;X 线可见软骨呈线状钙化或关节旁钙化。

【预防和治疗】

高尿酸血症与痛风的防治目的:控制高尿酸血症,预防尿酸盐沉积;迅速控制急性关节炎的发作;防止尿酸结石形成和肾损害。

(一) 一般治疗

调整生活方式有助于痛风的预防和治疗,包括控制体重、规律运动;限制酒精及高嘌呤、高果糖食物摄入,减少中等量嘌呤食物的摄入;鼓励进食碱性食物如牛奶、鸡蛋、马铃薯、各类新鲜蔬菜、柑橘类水果,促进尿酸的排出;适量饮水,保证每天液体摄入总量在 2 000ml 以上;慎用抑制尿酸排泄的药物如噻嗪类利尿剂等;控制痛风相关疾病及危险因素,如高脂血症、高血压、高血糖、肥胖、吸烟等。加强高尿酸血症与痛风患者的健康教育,患者应知晓并终身将血尿酸水平控制在 240~420μmol/L 目标范围内;了解本病可能出现的危害性,定期筛查与监测靶器官损害并及时处理相关合并症。

(二) 适当碱化尿液

当晨尿 pH<6.0 时,需适当碱化尿液治疗,使晨尿 pH 维持在 6.2~6.9 以降低尿酸性肾结石的发生风险或利于尿酸性肾结石的溶解排出。当尿 pH>7.0 时增加了钙盐结石的发生率。因此碱化尿液过程中要检测晨尿 pH。常用药物:碳酸氢钠或枸橼酸氢钾钠。口服碳酸氢钠每次 1g,每天 3 次。本品长期大量服用可引起碱血症,并因钠负荷增加诱发充血性心力衰竭和水肿。

知识拓展

痛风的食疗

①高嘌呤类食物易引发和加重痛风症状,所以必须把住入口关。含有高嘌呤类食物主要有动物内脏(包括心、肝、肠、肚)、松鸡、鹧鸪、鹅、沙丁鱼、鲭鱼、鱼子、海参、干贝、酵母等。②饮酒是诱发急性痛风的重要因素,故必须杜绝饮酒。含有酒精类的饮料主要有:白酒、啤酒、葡萄酒、干红、稠酒、醪糟等。③中等含嘌呤类食物虽然不能快速诱发,但也不宜多食用,应尽量减少。这些食物主要有:淡水鱼、猪肉、花生、扁豆、菠菜、龙须菜、蘑菇、芹菜等。④适当食用低含量的嘌呤类食物如:小麦、大麦、燕麦、大米、小米、玉米面、奶油、植物油、咖啡、蜂蜜、核桃等。

(三) 急性关节炎期的治疗

卧床休息,抬高患肢,避免关节负重。尽早(24 小时内)使用非甾体抗炎药、秋水仙碱或糖皮质激素控制关节炎症和疼痛,提高患者的生活质量。急性发作期不进行降尿酸治疗,建议完全缓解 2~4 周开始降尿酸治疗,但已服用降尿酸药物者无须停药,以免引起血尿酸波动,导致发作时间延长或再次发作。

1. 非甾体抗炎药 (NSAID) 通过抑制环氧化酶(COX)的活性从而减少前列腺素的合成达到消炎镇痛的作用,是急性痛风性关节炎的一线用药。早期、足量、短疗程服用,症状缓解后应减量直至停药。常用药物:①吲哚美辛,初始剂量每次 25~50mg,继之 25mg,每天 3 次,疼痛缓解后可停药。②双氯芬酸,每次 25~50mg,每天 3 次。③依托考昔,每次 120mg,每天 1 次。④塞来昔布,每次 100mg,每天 2 次。非甾体抗炎药常见不良反应胃肠道溃疡及出血,心血管系统毒性反应。活动性消化性溃疡和/或出血、穿孔者禁用。合并心肌梗死、心功能不全等心血管高风险人群、肾功能不全者慎用。

2. 秋水仙碱(colchicine) 通过降低炎性细胞的活性、黏附性及趋化性,从而发挥抗炎作用。研究显示,小剂量秋水仙碱与高剂量相比,有效性一致,且恶心、呕吐、厌食、腹胀和水样腹泻等胃肠道症状不良反应明显减少,应尽早使用。首剂 1mg,1 小时后追加 0.5mg,12 小时后改为 0.5mg,每天 1~2 次。用药期间定期监测肝、肾功能及血常规。

3. 糖皮质激素 对上述药物不耐受、疗效不佳或存在禁忌者,可考虑应用糖皮质激素短程治疗。如口服泼尼松 0.5mg/(kg·d),3~5 天后停药,停药后症状易"反跳"。若累及多关节、大关节或合并全身症状时可首选全身糖皮质激素。关节腔内注射糖皮质激素对急性痛风性关节炎也有明显疗效。

4. IL-1 受体拮抗剂 在不耐受或存在禁忌而不能使用上述三类药物时,有条件推荐使用。

对于严重的急性痛风发作(疼痛 VAS≥7 分),多关节炎或累及≥2 个大关节者,可联合 2 种或以上抗炎镇痛药治疗,如小剂量秋水仙碱与 NSAID、小剂量秋水仙碱与全身糖皮质激素联用等。不建议口服 NSAID 和全身糖皮质激素联用。

(四)降尿酸药物治疗

1. 治疗的时机和控制目标 无症状高尿酸血症出现下列情况开始降尿酸药物治疗,血尿酸水平≥540μmol/L 或血尿酸水平≥480μmol/L 且有下列合并症之一:高血压、脂代谢异常、糖尿病、肥胖、脑卒中、冠心病、心功能不全、尿酸性肾石病、肾功能损害(≥CKD 2 期)。无合并症者,血尿酸控制在<420μmol/L;伴合并症时,血尿酸控制在<360μmol/L。

痛风出现下列情况开始降尿酸药物治疗,血尿酸≥480μmol/L 或血尿酸≥420μmol/L 且有下列合并症之一:痛风发作次数≥2 次/年、痛风石、慢性痛风性关节炎、肾结石、慢性肾脏疾病、高血压、糖尿病、血脂异常、脑卒中、缺血性心脏病、心力衰竭和发病年龄<40 岁。痛风无合并症者血尿酸控制在<360μmol/L,伴有上述合并症时,血尿酸控制在<300μmol/L。不建议将血尿酸长久控制在<180μmol/L。

2. 用药原则 单药、足量、足疗程治疗,血尿酸仍未达标的患者,可考虑联合应用两种不同作用机制的降尿酸药物治疗。

3. 常用药物

(1)**抑制尿酸合成药**:抑制黄嘌呤氧化酶活性,减少尿酸的合成,从而降低血尿酸水平。常用药物:①别嘌醇(allopurinol):适用于尿酸生成过多或使用排尿酸药物有禁忌者。一般初始剂量为每天 50~100mg,每 2~4 周监测血尿酸水平 1 次,未达标者每周可递增 50~100mg,最大剂量不超过每天 600mg,达标后减量至最小剂量(肾功能不全时应根据肾功能调整剂量)。对肾功能不全者或老年人使用时剂量应酌减。不良反应有胃肠道反应、皮疹、发热、肝肾损害、骨髓抑制等。HLA-B*5801 基因阳性是应用别嘌醇发生不良反应的危险因素,有条件时亚裔人群在用药前应进行该 HLA-B*5801 基因检测,阳性者禁用。②非布司他(febuxostat):适用于痛风患者高尿酸血症的长期治疗,不推荐用于无临床症状的高尿酸血症。非布司他口服初始剂量为每天 20~40mg,2~4 周血尿酸不达标者可增加 20mg,最大剂量可达到每天 80mg。合并心脑血管疾病的老年人应慎用。

(2)**促进尿酸排泄药**:通过抑制肾小管对尿酸重吸收而促进尿酸的排泄,降低血尿酸水平。适用于肾尿酸排泄减少的高尿酸血症和痛风患者。服药期间应注意大量饮水和碱化尿液。肾结石者禁用。常用药物:①苯溴马隆(benzbromarone):初始剂量为每天 25~50mg,每 2~4 周监测血尿酸水平,未达标者可增加 25mg,最大剂量每天 100mg。主要不良反应有胃肠道反应、皮疹、发热等。合并慢性肝病者慎用。②丙磺舒(probenecid):初始剂量为每天 0.5g,2 周后逐渐增加剂量,最大剂量不超过每天 2g。对磺胺过敏、重度肾功能不全(GFR<30ml/min)者禁用。

(3)**重组尿酸酶制剂**:代表药聚乙二醇重组尿酸酶,适用于难治性痛风的降尿酸治疗。

（五）手术治疗

必要时可选择剔除痛风石,对残毁关节进行矫形等手术治疗。

【预后】

高尿酸血症与痛风是一种慢性、全身性疾病,轻者经有效治疗可正常生活与工作;若病情反复发作可导致关节僵硬畸形,严重影响患者生活质量;严重时造成多种靶器官的损伤,可能影响预期寿命。

本章小结

高尿酸血症(hyperuricemia,HUA)是嘌呤代谢紊乱引起的代谢异常综合征。无论男性还是女性,非同日2次血尿酸水平超过420μmol/L时称为高尿酸血症。血尿酸超过其在血液或组织液中的饱和度时可在关节局部形成尿酸盐晶体并沉积,诱发局部炎症反应和组织破坏,即痛风(gout),可在肾脏沉积引发急性肾病、慢性间质性肾炎或肾结石,称为尿酸性肾病,高尿酸血症与痛风是一个连续、慢性的病理生理过程。痛风除高尿酸血症外,还可表现为反复发作性急性关节炎、痛风石形成、慢性关节炎、慢性间质性肾炎和尿酸性肾结石。若病情反复发作可导致关节僵硬畸形及多种靶器官损伤,严重影响患者的生活质量,甚至影响到预期寿命。痛风诊断目前多采用2015年美国风湿病学会(ACR)和欧洲抗风湿病联盟(EULAR)共同制定的痛风分类标准。痛风性急性关节炎期尽早使用非甾体抗炎药(NSAID)、小剂量秋水仙碱或糖皮质激素进行抗炎镇痛;发作间歇期和慢性期使用抑制尿酸合成或促进尿酸排泄的降尿酸药物以达到尿酸控制水平;同时积极控制痛风相关疾病及危险因素,如高脂血症、高血压、高血糖、肥胖、吸烟等。

病例讨论

患者,男,50岁。5年前一次饮酒后突发左足第一跖趾关节剧烈疼痛,伴有局部灼热、红肿。就诊于当地医院,予以止痛药(药名不详)治疗,1周后症状缓解。之后上述症状常因饮酒或劳累后反复发作,自行服用止痛药物后缓解。2周前因饮酒醉卧受凉后急性发作,左足疼痛,活动困难,遂来院就诊。查体:T 38.1℃,P 82次/min,R 20次/min,BP 145/90mmHg,神志清,体型肥胖,跛行,浅表淋巴结未触及。甲状腺不大,未闻及血管杂音。心肺腹检查未见异常。左足第一跖趾红肿,压痛明显,不能触碰。实验室检查:血沉80mm/h,血尿酸值为720μmol/L;X线:左足第一跖趾跖骨出现虫蚀样缺损。

（王玉莲）

思考题

1. 痛风急性关节炎期的临床表现是什么？如何治疗？
2. 简述降尿酸药物治疗的时机、控制目标及常用药物。

练习题

第十章 ｜ 骨质疏松症

教学课件

思维导图

学习目标

1. 掌握:骨质疏松症的临床表现、诊断及治疗原则。
2. 熟悉:骨质疏松症的病因、实验室和其他检查、鉴别诊断。
3. 了解:骨质疏松症的预防。
4. 学会对骨质疏松症患者进行诊断,合理地应用抗骨质疏松症药物治疗;针对原发性骨质疏松症患者及高危人群进行健康教育及终身随访。
5. 具备同情心和同理心,尊重患者的职业精神;树立预防为主的健康理念,倡导文明健康的生活方式。

案例导入

患者,女,60岁。3年前无诱因出现腰背部疼痛,活动及劳累时加重。近2年发现身高变矮,由164cm降到159cm。平素户外活动少,其母亲有椎体压缩性骨折,75岁死于髋骨骨折后肺部感染。查体:身高159cm,BMI 21kg/m²,心肺腹查体无异常,腰椎侧弯畸形,腰1棘突压痛阳性。化验血钙、血磷、碱性磷酸酶、甲状旁腺素、肝肾功能、肿瘤标志物、尿本周蛋白及血清蛋白电泳均正常,25-(OH)D偏低,骨转换指标偏高;DXA骨密度示:腰1~4骨密度T-值-2.6,股骨颈骨密度T-值-2.6,全髋骨密度T-值-2.7;脊柱侧位X线片:腰1可见压缩性骨折,其他腰椎可见骨质稀疏。

请思考:

1. 患者目前的诊断可能是什么?如何分型?
2. 请列出支持诊断和分型的临床要点。

骨质疏松症(osteoporosis,OP)是一种以骨量低下,骨组织微结构损坏,导致骨脆性增加,易发生骨折为特征的全身性骨病。本病各年龄段均可发病,常见于绝经后女性和老年男性。骨质疏松症按病因分为原发性和继发性两大类,本章主要阐述原发性骨质疏松症。

2018年全国骨质疏松症流行病学调查显示,50岁以上人群骨质疏松症患病率为19.2%,其中女性为32.1%,男性为6.9%;65岁以上人群骨质疏松症患病率为32%,其中女性为51.6%,男性为10.7%。根据以上流行病学资料估算,目前我国骨质疏松症患者人数约9 000万,其中女性约7 000万。尽管我国骨质疏松症的患病率较前十年显著增加,但公众对骨质疏松症的知晓率及诊断率仍然很低,分别为7.4%和6.4%;甚至发生骨折后治疗率仅有30%。骨质疏松性骨折是骨质疏松症的严重后果,降低生活质量,增加致残率及病死率。因此重视骨质疏松症及其骨折的防治,注意识别高危人群,给予及时诊断和合理治疗具有十分重要的医学价值和社会价值。

【病因和危险因素】

(一)病因和发病机制

正常骨骼的代谢主要依赖于骨重建过程来完成,而骨重建过程又由骨吸收和骨形成两部分组成。在生长发育期,骨形成大于骨吸收,使骨体积增大,骨量增加,并达到骨峰值;成年期骨重建处于平衡状态,维持基本骨量;随着年龄增长,骨吸收大于骨形成,造成骨丢失。凡能引起骨吸收增加和/或骨形成减少的因素都会导致骨丢失和骨量下降,骨骼脆性增加,甚至发生骨折。

1. 骨吸收因素

(1)**性激素缺乏**:雌激素缺乏会减弱对破骨细胞的抑制作用,破骨细胞的数量增加、凋亡减少、寿命延长,导致骨吸收功能增强,是绝经后骨质疏松症的主要病因。而雄激素缺乏在老年性 OP 发病中也起到重要作用。

(2)**活性维生素 D 缺乏和甲状旁腺激素(PTH)增高**:高龄和肾功能减退等原因致肠钙吸收和 $1,25(OH)_2D_3$ 生成减少,PTH 呈代偿性分泌增多,导致骨转换率加速和骨丢失。

(3)**细胞因子表达紊乱**:骨组织的白细胞介素(IL)-1、IL-6 和肿瘤坏死因子(TNF)增高,可促进骨吸收功能。

2. 骨形成因素

(1)**遗传因素**:多基因的表达水平和基因多形态可影响峰值骨量(PBM)和骨转换、骨质量。峰值骨量主要由遗传因素决定,并与种族、骨折家族史、瘦高身材等临床表象以及发育、营养和生活方式等相关联。

(2)**骨重建功能衰退**:可能是老年性 OP 的重要发病原因。成骨细胞的功能与活性缺陷导致骨形成不足和骨丢失。

(3)**不良的生活方式和生活环境**:吸烟、制动、体力活动过少、酗酒、长期卧床、长期服用糖皮质激素、光照减少、钙和维生素 D 摄入不足等均为骨质疏松症的易发因素。此外,蛋白质摄入不足、营养不良和肌肉功能减退也是老年性 OP 的重要原因。危险因素越多,发生 OP 和骨质疏松性骨折的概率越大。

(二)危险因素及风险评估

骨质疏松症危险因素包括遗传因素和环境因素等多方面,临床上需筛查骨质疏松症的高危人群,尽早诊断骨质疏松症,减少骨折发生。

1. 不可控危险因素 包括种族、增龄、女性绝经及脆性骨折家族史等。

2. 可控危险因素

(1)不健康生活方式。

(2)影响骨代谢的疾病。

(3)影响骨代谢的药物。

3. 骨质疏松症及骨质疏松性骨折风险评估工具

(1)**国际骨质疏松基金会(International Osteoporosis Foundation,IOF)骨质疏松症风险一分钟测试题**:本测试题简单易操作,但仅作为初步筛查疾病风险,不能用于骨质疏松症诊断。

(2)**亚洲人骨质疏松症自我筛查工具(osteoporosis self-assessment tool for Asians,OSTA)**:OSTA 主要根据年龄和体重筛查骨质疏松症的风险,指标少,特异性不高,仅适用于绝经后女性的筛查。

(3)**骨折风险预测工具(fracture risk assessment tool,FRAX)**:世界卫生组织(World Health Organization,WHO)推荐的用于评估患者未来 10 年髋部骨折及主要骨质疏松性骨折(椎体、前臂、髋部或肱骨近端)概率的骨折风险预测工具。

【临床表现】

骨质疏松症早期通常被称为"寂静之病",多数患者没有明显的临床症状,随着病情进展出现以下典型表现。

（一）疼痛

轻者无症状，较重者可出现腰背疼痛或全身骨痛。骨痛通常为弥漫性、无固定部位，检查不能发现压痛区（点）。疼痛通常于翻身时、起坐时及长时间行走后出现，夜间或负重活动时疼痛加重，并可伴有肌肉痉挛，甚至活动受限。乏力常见于劳累或活动加重，负重能力下降或不能负重。

（二）脊柱变形

严重骨质疏松症患者，因椎体压缩性骨折楔形变出现身高变矮（40岁以后身高缩短3cm以上）或驼背等脊柱畸形。多发性胸椎压缩性骨折可导致胸廓畸形，甚至影响心肺功能；严重的腰椎压缩性骨折可能会导致便秘、腹痛、腹胀、食欲减低等不适。

（三）骨折

当骨量丢失超过20%时容易发生骨折，是骨质疏松症最常见和最严重的并发症。骨质疏松性骨折属于脆性骨折，通常指在日常生活中或受到轻微外力时发生的骨折。常在轻微活动或创伤（如弯腰、负重、挤压或摔倒等）后发生，骨折常见部位为椎体（胸、腰椎）、髋部（股骨近端）、前臂远端和肱骨近端等，其他部位亦可发生。其中椎体骨折最常见；髋部骨折最为严重，危害性也最大。

（四）对心理状态及生活质量的影响

患者可出现焦虑、抑郁、恐惧、孤独、自信心丧失及自主生活能力下降等，其常常被家属及医生所忽视。故应重视和关注患者的异常心理，必要时给予心理疏导治疗。

【实验室和其他检查】

（一）骨密度测量

骨矿含量（BMC）和骨密度（BMD）测量是判断低骨量、确定骨质疏松的重要手段，是评价骨丢失率和疗效的重要客观指标。最常用方法是双能X线吸收测定法（DXA），其他方法如单光子吸收测定法（SPA）、定量CT（QCT）和定量超声（QUS）等检查无确定标准，仅供参考。

（二）骨转换生化标志物（bone turnover markers，BTMs）测定

骨形成标志物和骨吸收标志物测定有助于鉴别原发性和继发性骨质疏松症，判断骨转换类型、预测骨丢失速率、评估骨折风险、为药物疗效和个体药物治疗策略提供重要参考。

（三）影像学检查

X线平片是一种简单而较易普及的检查骨质疏松的方法。可了解骨的形态结构、骨折的定性与定位、鉴别骨质疏松与其他疾病，是检出脆性骨折，特别是胸、腰椎压缩性骨折的首选方法。但受主观因素影响较大并且骨量丢失达30%以上才能发现阳性表现。CT和MRI检查更为敏感地显示细微骨折，且MRI显示骨髓早期改变和骨髓水肿更具优势。

（四）一般检查

血常规、尿常规、血沉、肝肾功能、血钙、血磷、血碱性磷酸酶、25-羟维生素D和甲状旁腺激素以及尿钙、尿磷和尿肌酐等。

【诊断与鉴别诊断】

（一）诊断

骨质疏松症的诊断基于详细的病史采集、体格检查、骨折风险评价、骨密度测量以及影像学和实验室等检查。骨质疏松症的诊断标准是基于DXA骨密度和/或脆性骨折。

1. 基于骨密度的诊断 DXA测量是临床和科研最常用的骨密度测量方法，可用于骨质疏松症的诊断、骨折风险性预测和药物疗效评估，也是流行病学研究常用的骨骼评估方法。其主要测量部

ER 7-10-4

椎体压缩性骨折

ER 7-10-5

股骨颈骨折

ER 7-10-6

骨质疏松的渐变过程

位是中轴骨,包括腰椎（L_1~L_4 及其后方的附件结构）和股骨近端。DXA 股骨近端测量感兴趣区分别为股骨颈、大粗隆、全髋和 Wards 三角区的骨密度,其中用于骨质疏松症诊断感兴趣区是股骨颈和全髋部。另外,不同 DXA 机器的测量结果如未行横向质控,不能相互进行比较。

对于绝经后女性、50 岁及以上男性,建议参照 WHO 推荐的诊断标准,基于 DXA 测量骨密度的分类标准见表 7-10-1。

表 7-10-1　基于 DXA 测定骨密度的分类标准

诊断	标准
正常	T-值≥-1.0
骨量减少	-2.5<T-值<-1.0
骨质疏松	T-值≤-2.5
严重骨质疏松	T-值≤-2.5+脆性骨折

注:T-值=（实测值-同种族同性别正常青年人峰值骨密度）/同种族同性别正常青年人峰值骨密度的标准差

对于儿童、绝经前女性和小于 50 岁男性,其骨密度水平的判断建议用同种族的 Z-值表示,Z-值=（测定值-同种族同性别同龄人骨密度均值）/同种族同性别同龄人骨密度标准差。将 Z-值≤-2.0 视为"低于同年龄段预期范围"或低骨量。

2. 基于脆性骨折的诊断　髋部或椎体脆性骨折,不依赖于骨密度测定,临床上即可诊断骨质疏松症;肱骨近端、骨盆或前臂远端脆性骨折,且骨密度测定显示骨量减少（-2.5<T-值<-1.0）,就可诊断骨质疏松症。骨质疏松症诊断标准见表 7-10-2。

表 7-10-2　骨质疏松症诊断标准

骨质疏松症诊断标准（符合以下三条中之一者）
● 髋部或椎体脆性骨折
● DXA 测量的中轴骨骨密度或桡骨远端 1/3 骨密度的 T-值≤-2.5
● 骨密度测量符合骨量减少（-2.5<T-值<-1.0）+肱骨近端、骨盆或前臂远端脆性骨折

（二）鉴别诊断

需详细了解病史,评价可能导致骨质疏松症的各种病因、危险因素及药物,鉴别是原发性骨质疏松症还是继发性骨质疏松症。骨质疏松症的分类及病因总结见表 7-10-3。

表 7-10-3　骨质疏松症的分类及病因

原发性 OP	
1. I 型（绝经后骨质疏松症）	
2. II 型（老年性骨质疏松症）	
3. 特发性骨质疏松症	
继发性 OP	
1. 内分泌系统疾病	甲状旁腺功能亢进症、垂体前叶功能减退症、早绝经（绝经年龄<40 岁）、库欣综合征、性腺功能减退症、糖尿病（1 型和 2 型）、甲状腺功能亢进症、神经性厌食、雄激素抵抗综合征、高钙尿症
2. 胃肠道疾病	炎症性肠病、胃肠道旁路或其他手术、原发性胆汁性肝硬化、胰腺疾病、乳糜泻、吸收不良综合征
3. 血液系统疾病	多发性骨髓瘤、白血病、淋巴瘤、单克隆免疫球蛋白病、血友病、镰状细胞贫血、系统性肥大细胞增多症、珠蛋白生成障碍性贫血
4. 风湿免疫性疾病	类风湿关节炎、系统性红斑狼疮、强直性脊柱炎、银屑病、其他风湿免疫疾病
5. 神经肌肉疾病	癫痫、卒中、肌萎缩、帕金森病、脊髓损伤、多发性硬化

6. 其他疾病	慢性代谢性酸中毒、终末期肾病、器官移植后骨病、慢性阻塞性肺疾病、充血性心力衰竭、结节病、特发性脊柱侧凸、抑郁、肠外营养、淀粉样变、艾滋病
7. 药物	糖皮质激素、质子泵抑制剂、芳香化酶抑制剂、促性腺激素释放激素类似物、肿瘤化疗药、抗癫痫药、甲状腺激素（过量）、噻唑烷二酮类、胰岛素增敏剂、抗凝剂（肝素）、抑酸剂、钠-葡萄糖协同转运蛋白 2 抑制剂、抗病毒药物（如阿德福韦酯）、环孢素 A、他克莫司、选择性 5-羟色胺再摄取抑制剂

【治疗】

骨质疏松症的防治应贯穿于生命全过程，主要的防治目标是改善骨骼生长发育，促进成年期达到理想的峰值骨量；维持骨量和骨质量，预防增龄性骨丢失；避免跌倒和骨折。

（一）调整生活方式

1. 加强营养、均衡膳食　摄入富钙、低盐（每天 5g）和适量蛋白质（每天蛋白质摄入量为 1.0~1.2g/kg，日常进行抗阻训练的老年人每天蛋白质摄入量为 1.2~1.5g/kg）的均衡膳食。动物性食物摄入总量争取达到平均每天 120~150g，每天摄入牛奶 300~400ml 或蛋白质含量相当的奶制品。

2. 充足日照　直接接受阳光下足够的紫外线照射，但要避免灼伤皮肤。

3. 规律运动　积极参加适合个人有规律的负重运动锻炼，如散步、慢跑、太极、瑜伽、抗阻性运动等，可增强肌力和平衡能力，降低跌倒风险。

4. 戒烟限酒、避免过量饮用浓茶、咖啡及碳酸饮料。

5. 尽量减少使用影响骨代谢的药物　如抗癫痫药苯妥英钠、苯巴比妥、扑米酮、丙戊酸、拉莫三嗪等。

6. 避免跌倒　如清除室内障碍物、使用防滑垫、安装扶手等。

（二）骨健康基本补充剂

1. 钙剂　钙的适量摄入是所有类型骨质疏松症防治的基本措施，可获得理想峰值骨量、缓解骨丢失、改善骨矿化和维护骨骼健康。成人每天钙推荐摄入量为 800mg，50 岁以上中老年人每天钙推荐摄入量为 1 000~1 200mg。尽量增加膳食中钙的来源，不足者可补充钙剂如碳酸钙、柠檬酸钙、枸橼酸钙等制剂。过量补钙会增加肾结石、心血管疾病的风险。钙剂不能作为单独治疗骨质疏松的药物，须与其他抗骨质疏松药物联合使用。

2. 维生素 D　充足的维生素 D 能促进肠钙的吸收、维护骨骼健康、保持肌力、改善平衡功能和降低跌倒风险。接受充足的日光照射仍有维生素 D 缺乏或不足者，可给予维生素 D。我国营养学会推荐成人维生素 D 每天摄入量为 400IU，65 岁以上老年人因缺乏日照及摄入和吸收障碍，推荐每天摄入量为 600IU，用于骨质疏松防治剂量通常为每天 800~1 000IU，但要视个体、地区、季节差异而定。有条件者监测血清 25-羟维生素 D 和 PTH 指导维生素 D 的补充量。

（三）对症治疗

有疼痛者可给予适量非甾体抗炎药，如阿司匹林，每次 0.3~0.6g，每天不超过 3 次；或吲哚美辛（消炎痛），每次 25mg，每天 3 次；或塞来昔布每次 100mg，每天 2 次。发生骨折或遇顽固性疼痛时，可短期应用降钙素制剂。有骨畸形者应局部固定或采用其他矫形措施。骨折者应给予牵引、固定、复位或手术治疗，同时应辅以物理康复治疗，尽早恢复运动功能。

（四）骨质疏松症的药物治疗

骨质疏松症的药物治疗适应证：①发生椎体脆性骨折（临床或无症状）或髋部脆性骨折者。②DXA 骨密度（腰椎、股骨颈、全髋部或桡骨远端 1/3）T-值≤−2.5，无论是否有过骨折。③骨量低下者（骨密度：−2.5<T-值<−1.0），具备以下情况之一：发生过下列部位的脆性骨折（肱骨上段、前臂远端或骨盆）；FRAX 工具计算出未来 10 年髋部骨折概率≥3% 或任何主要部位骨质疏松性骨折发生概

率≥20%。

抗骨质疏松症药物按作用机制分为骨吸收抑制剂、骨形成促进剂、其他机制类药物及中成药（表7-10-4）。

表 7-10-4　防治骨质疏松症的主要药物

骨吸收抑制剂	骨形成促进剂	其他机制类药物	中成药
双膦酸盐类	甲状旁腺素类似物	活性维生素 D 及其类似物	骨碎补总黄酮制剂
RANKL 单克隆抗体（地舒单抗）		（阿法骨化醇、骨化三醇、艾地骨化醇）	淫羊藿总黄酮制剂 人工虎骨粉制剂
降钙素		维生素 K_2	中药复方制剂等
雌激素			
SERMs			

RANKL:核因子-κB 活化体受体配体;SERMs:选择性雌激素受体调节剂类药物。

1. 双膦酸盐类　目前临床上应用最广泛的抗骨质疏松症药物,双膦酸盐能抑制破骨细胞生成和骨吸收,增加骨密度,缓解骨痛。常用药物有:①阿仑膦酸钠:适用于绝经后或男性骨质疏松症。常用量为每片 10mg,每天 1 次,服药期间无须间歇;或每片 70mg,每周 1 次。清晨空腹 200~300ml白水送服,服药后 30 分钟内保持上半身直立,避免平卧;30 分钟后再进食食物或其他药物。②唑来膦酸:适用于绝经后或男性骨质疏松症。常用量 5mg/次,静脉滴注,每年 1 次。静脉滴注至少 15 分钟(建议 0.5~1 小时)。③利塞膦酸钠:适用于预防和治疗绝经后骨质疏松症。常用量为每片 5mg,每天 1 次或每片 35mg,每周 1 次。用药期间需补充钙剂,偶可发生浅表性消化性溃疡,治疗期间追踪疗效并监测血钙、磷和骨吸收生化标志物。对本类药过敏、有排空延迟的食管疾病、肾功能不全者(GFR<35ml/min)禁用。

2. RANKL 单克隆抗体　能抑制 RANKL 与其受体 RANK 结合,减少破骨细胞形成、功能和存活,从而降低骨吸收,增加骨密度。常用药地舒单抗适用于治疗高骨折风险的绝经后骨质疏松症。常用量每次 60mg,每半年皮下注射 1 次。注意治疗前后补充充足的钙剂和维生素 D。不良反应有低钙血症、牙龈肿痛、牙周感染、深部感染(肺炎、蜂窝织炎等)、皮疹、皮肤瘙痒、肌肉骨骼疼痛等,对本药过敏或低钙血症者禁用。

3. 降钙素　降钙素为骨吸收的抑制剂,同时能有效缓解骨痛。主要制剂有:①依降钙素:每周肌内注射 1 次,每次 20U 或根据病情酌情增减。②鲑降钙素:鲑降钙素注射剂 50IU,每天 1 次或100IU 隔日 1 次,皮下或肌内注射;鲑降钙素鼻喷剂 200IU,每天或隔日 1 次。少数患者用药后出现面部潮红、恶心等不良反应,对本品有过敏反应者禁用。

4. 雌激素　雌激素可抑制破骨细胞介导的骨吸收,增加骨量,降低骨折的风险。适用于女性围绝经期和绝经后骨质疏松症的预防与治疗。根据患者的具体情况选择激素的种类、用药剂量、途径及治疗期限。治疗期间应定期进行子宫和乳腺检查。

5. 选择性雌激素受体调节剂类药物(SERMs)　SERMs 主要适用于预防和治疗绝经后骨质疏松症,可减少骨丢失、增加骨密度、降低骨折发生率。常用药雷洛昔芬,60mg/次,每天 1 次口服。少数患者用药后出现潮热、下肢痉挛症状。有静脉血栓栓塞性疾病、肝功能异常、肾功能不全者(GFR<35ml/min)、不明原因子宫出血以及子宫内膜癌者禁用。

6. 甲状旁腺激素类似物(PTHa)　间断小剂量使用 PTHa 能刺激成骨细胞活性,可促进骨形成,增加骨量。常用药特立帕肽,每次 20μg,每天 1 次,皮下注射,治疗时间不超过 2 年,注意开始用药后监测血钙。常见的不良反应是恶心、眩晕等。

7. 活性维生素 D 及其类似物　活性维生素 D 及其类似物具有提高骨密度、减少跌倒、降低骨折风险的作用。常用药有阿法骨化醇、骨化三醇、艾地骨化醇。高钙血症者禁用。

【预防】

加强卫生宣教,青少年时期应注意合理的生活方式和饮食习惯,以达到较理想的峰值骨量。成年后提倡运动和充足的钙摄入等以延缓骨量丢失的速度和程度。早期发现有危险因素者,应防止或延缓发展为骨质疏松症并避免发生第一次骨折。已有骨质疏松症或已发生脆性骨折的应避免发生骨折或再次骨折。妇女围绝经期和绝经后 5 年内是治疗绝经后骨质疏松症的关键时段。

本章小结

骨质疏松症是一种以骨量低下,骨组织微结构损坏,导致骨脆性增加,易发生骨折为特征的全身性骨病。本章重点讨论原发性骨质疏松症,其可分为绝经后骨质疏松症(Ⅰ型)、老年性骨质疏松症(Ⅱ型)及特发性骨质疏松症。骨质疏松症早期临床症状不典型,逐渐出现骨痛、乏力、脊柱变形,严重者出现骨质疏松性骨折。临床上诊断原发性骨质疏松症包括两方面:确定是否为骨质疏松症和排除继发性骨质疏松症,诊断分为基于 DXA 的诊断标准及基于脆性骨折的诊断标准。治疗包括调整生活方式、补充钙剂和维生素 D、对症及药物治疗,合理应用抗骨质疏松症药物是治疗的关键。

病例讨论

患者,女,65 岁。主诉体检发现骨密度降低 3 年,腰椎骨折 1 年。3 年前该患者健康体检时行 DXA 检查提示骨密度降低 T-值($L_1 \sim L_4$)为 -4.0,偶有腰背部疼痛,劳累时加重,未予重视。1 年前体检发现腰椎压缩性骨折,身高较前缩短 3cm(现 162cm),平素户外活动少,日照少。45 岁闭经。无特殊用药史,否认产后大出血史,其母有脆性骨折记载。体检:BP 130/80mmHg,身高 162cm,BMI 19.7kg/m²,甲状腺不大,心肺腹(-),双下肢无水肿,腰椎后凸畸形,脊椎压痛、叩痛(-)。DXA 骨密度测量:脊柱 $L_1 \sim L_4$ T-值为 -2.8,股骨颈 T-值为 -2.7。骨转换标志物指标稍高于正常。

(王玉莲)

思考题

1. 简述骨质疏松症的临床表现。
2. 简述骨质疏松症的诊断标准。
3. 简述抗骨质疏松药物的种类及其作用机制和代表药物。

ER 7-10-7

练习题

第八篇

风湿性疾病

第一章 | 总 论

教学课件

思维导图

学习目标

1. 掌握：常见风湿性疾病的临床特点、诊断及防治。
2. 熟悉：风湿性疾病的分类。
3. 了解：风湿性疾病的病因。
4. 学会诊断常见风湿性疾病，并进行合理的治疗。
5. 具备关爱病患、敬佑生命的职业素养和团结协作、凝心聚力、和谐共赢的医者精神。

案例导入

患者，女，18岁。以"面部红斑、关节疼痛1个月，低热1周"入院。1个月前患者高考结束后和家人海边旅游后出现面部对称性红斑，伴双手指间关节、膝关节疼痛，近1周出现低热，自服抗生素无效，查体：T 37.8℃，BP 133/90mmHg，神志清楚，面部蝶形红斑，颈软，心、肺、腹未见异常。双手2~4指间关节压痛，膝关节稍肿胀、压痛。实验室检查示血常规白细胞减少，血小板减少，尿蛋白阳性，抗核抗体1∶640，抗Sm抗体、抗SSA抗体阳性。

请思考：

1. 此病例的诊断考虑是什么？
2. 还需完善哪些实验室检查？

风湿性疾病（rheumatic disease）是指影响骨、关节及其周围软组织，如肌肉、肌腱、滑囊、筋膜、神经及相关组织和器官的一组慢性疾病，又称结缔组织病（connective tissue disease，CTD），"Rheuma"一词起源于古希腊，寓意为"流动的物质"，反映了最初医学先驱们对该类疾病发病机制的猜想。我国早在《黄帝内经》中就有"风寒湿三气杂至，合而为痹也"的论述。"Rheuma"一词传入中国时，就借用了中医"风湿"这一经典的说法。近年来研究发现，大部分风湿类疾病的发病机制与自身免疫相关，故又称"风湿免疫性疾病"。风湿性疾病发病率高，有一定致残率及致死率，极大危害了人类的健康，给家庭及社会带来了沉重的负担。风湿性疾病可导致各个系统功能障碍，牵一发而动全身，因此全身各器官组织都应保持健康良好的状态，防止风、寒、湿、邪的侵袭，从而预防风湿性疾病的发生。我们医务人员也应发扬团结协作、凝心聚力、和谐共赢的精神，成为一道人民和疾病之间坚不可摧的防御之盾。

知识拓展

痹 症

痹症一词见于我国最早的中医典籍《黄帝内经》，在《素问·痹论》中有"风寒湿三气杂至，合而为痹也"之说，关于痹的论述有四点：①泛指邪气闭阻肢体、经络、脏腑所引起的多种疾病；

②风、寒、湿、邪侵袭肢体、经络而致肢节疼痛、麻木、屈伸不利的病症;③闭阻、不散;④麻木。

痹症是指人体肌表经络受到风、寒、湿、邪侵袭后,气血运行不畅,引起筋骨、肌肉、关节酸痛、麻木,重者屈伸不利或关节肿大等证。它包括现代医学的风湿性关节炎、类风湿关节炎、痛风、肩关节周围炎、腱鞘炎、纤维组织炎、骨刺等多种筋骨关节疼痛性疾病。

第一节 风湿性疾病的分类

风湿性疾病至今尚无完善的分类,目前临床上仍在沿用 1983 年美国风湿病协会(American Rheumatology Association,ARA)所制定的分类方法,根据其发病机制、病理和临床特点,将风湿性疾病分为 10 大类 100 余种疾病(表 8-1-1)。

表 8-1-1 风湿性疾病的范畴与分类(ARA,1983)

1. 弥漫性结缔组织病	类风湿关节炎;幼年特发性关节炎;系统性红斑狼疮;系统性硬化症;多发性肌炎与皮肌炎;血管炎,包括结节性多动脉炎,肉芽肿性血管炎等;干燥综合征;重叠综合征;其他包括风湿性多肌痛,脂膜炎,复发性多软骨炎,成人 Still 病等
2. 脊柱关节病	强直性脊柱炎;反应性关节炎;炎症性肠病性关节炎;银屑病关节炎;未分化脊柱关节病等
3. 退行性变	原发性和继发性骨关节炎
4. 遗传、代谢和内分泌疾病相关的风湿病	痛风;假性痛风;马方综合征;免疫缺陷病
5. 感染相关风湿病	风湿热(溶血性链球菌)、反应性关节炎等
6. 肿瘤相关风湿病	原发性(滑膜瘤、滑膜肉瘤);继发性(多发性骨髓瘤、转移瘤等)
7. 神经血管病变	神经性关节炎;压迫性神经病变(周围神经受压、神经根受压等);雷诺病等
8. 骨与软骨病变	骨质疏松;骨软化;肥大性骨关节病;弥漫性原发性骨肥厚;骨炎等
9. 非关节性风湿病	关节周围病变、椎间盘病变、特发性腰痛、其他疼痛综合征(如精神性风湿病)等
10. 其他有关节症状的疾病	周期性风湿病、间歇性关节积液、药物相关的风湿综合征、慢性活动性肝炎等

第二节 常见风湿性疾病的临床特点

风湿性疾病的病种繁多,广泛累及各器官和组织。不同的疾病其病变出现在不同的靶组织,由此构成其特异的临床症状。其病理改变有炎症性及非炎症性病变,除痛风性关节炎是因尿酸盐结晶所导致外,风湿性疾病的炎症性病变大部分因免疫反应异常激活引起,表现为局部组织大量淋巴细胞、巨噬细胞、浆细胞浸润和聚集,非炎症病变是指因关节软骨变性、骨质破坏、皮下纤维组织增生、微血管病等原因引起的病变。风湿性疾病另一常见的病理改变是血管病变,一是血管壁炎症,以血管壁发生变性坏死及炎症细胞浸润为主,后期可纤维化形成瘢痕,使管壁增厚,管腔狭窄,二是血管舒缩功能障碍,并可继发血栓,造成相应组织器官缺血,部分弥漫性结缔组织病多系统损害的临床表现与此有关。多数风湿性疾病呈慢性病程,病程呈反复发作与缓解,同一疾病在不同个体或不同时期临床表现也可有较大差异。

ER 8-1-3

风湿性疾病的
病理特点

【常见临床表现】

风湿性疾病分为两类，一类是以关节损害为主的关节病，包括类风湿关节炎（RA）、强直性脊柱炎（AS）、骨关节炎（OA）等，另一类是不限关节累及多脏器损害的系统性疾病，包括系统性红斑狼疮（SLE）、血管炎、原发性干燥综合征（PSS）等。常见临床表现如下：

1. **疼痛综合征**　关节、肌肉、肌腱疼痛是风湿性疾病的主要特征。四肢大小关节均可累及，以对称性关节痛居多。疼痛的起病、性质、部位、持续时间、是否伴全身症状和发病年龄均不同。晨僵是关节炎性病变的重要表现，因夜间休息后关节活动减少，关节液在关节腔内积聚，晨起或休息后关节活动受限。

2. **皮肤**　多数患者有皮肤改变，分特异性和非特异性，表现多种多样，如荨麻疹、环形红斑、丘疹性红斑、多形红斑、结节性红斑、面部红斑等。脱发、光过敏、雷诺现象是系统性红斑狼疮的常见表现。

3. **眼部**　眼部症状可先于全身症状数月或数年出现。有的则成为病程中的突出表现，病变可累及角膜、视网膜、色素层，症状有眼部干燥、眼压增高、白内障、眶肌炎、眼肌麻痹、视力减退甚至失明。长期服用氯喹及羟氯喹也可损害眼睛，因此在治疗前、中、后均要做视野和眼底检查。

4. **肺部**　常见有肺炎、间质性肺炎、胸腔积液、嗜酸细胞肺部浸润、肺出血、局灶性肉芽肿形成及纤维化性肺泡炎等。弥漫性结缔组织病可出现不同程度的肺损害。

5. **消化系统**　消化系统受累范围亦广泛，如胃肠道出血、穿孔或肠梗阻，可危及生命，肝脏受累较多见，且可能是本病的突出表现，表现有肝大、黄疸、肝区痛、恶心、呕吐，以慢性活动性肝炎出现较多。

6. **心血管系统**　心肌、心内膜、心包、传导系统、动静脉均可受累。临床表现为心脏扩大、心率加快、心瓣膜区收缩期杂音、心包摩擦音、各种心律失常及血压升高，严重者甚至出现心力衰竭。

7. **肾脏**　肾脏普遍受累，包括肾间质炎症、纤维化、膜性肾病、肾小球基底膜增厚、淀粉样变等。临床表现为水肿、多尿或少尿、蛋白尿、高血压和急、慢性肾衰竭。

8. **血液系统**　可有溶血性贫血、血小板减少等。

9. **神经系统**　因血管炎损害的部位、程度的不同，神经系统表现各不相同。

【关节特点】

常见关节炎的关节特点见表8-1-2。

表8-1-2　常见关节炎的关节特点

关节	类风湿关节炎	强直性脊柱炎	骨关节炎	痛风	系统性红斑狼疮
周围关节炎	有	有	有	有	有
起病方式	缓	缓	缓	急骤	不定
首发部位	PIP、MCP、腕	膝、髋、踝	膝、腰、DIP	第一跖趾关节	手关节或其他部位
疼痛特点	持续，休息后加重	休息后加重	活动后加重	剧烈，夜间重	不定
肿胀特点	软组织为主	软组织为主	骨性肥大	红、肿、热	软组织为主
畸形	常见	中轴关节常见，外周关节少见	可见	少见	多无
演变	对称性多关节炎	不对称下肢大关节炎，少关节炎△	负重关节明显	反复发作	部分出现对称性关节炎
脊柱炎和/或骶髂关节病变	偶有	必有，功能受限	腰椎增生，唇样变	无	无

注：PIP：近端指间关节；MCP：掌指关节；DIP：远端指间关节；△少关节炎指累及3个或3个以下的关节，多关节炎指累及4个及4个以上的关节。

强直性脊柱炎

骨关节炎

干燥综合征

多发性肌炎/皮肌炎

【特异性临床表现】

常见弥漫性结缔组织病的特异性临床表现见表 8-1-3。

表 8-1-3　常见弥漫性结缔组织病的特异性临床表现

病名	特异性表现
SLE	颊部蝶形红斑,蛋白尿,溶血性贫血,血小板减少,多浆膜炎
PSS	口、眼干,腮腺肿大,猖獗性龋齿,肾小管性酸中毒,高球蛋白血症
PM/DM	四肢近端肌痛及肌无力,上眼睑红肿,Gottron 征,颈部呈 V 形充血
SSc	硬指,皮肤肿硬失去弹性,雷诺现象,指端缺血性溃疡
GPA	鞍鼻,肺迁移性浸润影或空洞
TA	无脉,颈部、腹部血管杂音
BD	口腔溃疡,外阴溃疡,针刺反应

注:PSS:原发性干燥综合征;PM/DM:多发性肌炎/皮肌炎;SSc:系统性硬化症;GPA:肉芽肿性血管炎;TA:大动脉炎;BD:贝赫切特病。

第三节　风湿性疾病的诊断

风湿性疾病涉及多学科、多系统和多脏器,其正确的诊断有赖于详尽的病史采集、仔细的体格检查以及相应的辅助检查。

【病史采集和体格检查】

一般病史诸如发病年龄、性别、家族史等对诊断均具有重要参考价值。症状的询问重点应包括骨、关节和肌肉疼痛、脱发、光过敏、雷诺现象、口腔外阴溃疡、口眼干燥、腮腺肿大以及消化、呼吸、循环、泌尿、血液、神经等系统的相关症状。对于有关节疼痛的患者,应详细询问其起病情况、受累部位、数目、疼痛的性质与程度、功能状况及其演变。体格检查除一般内科系统体格检查外,还应进行皮肤、肌肉、关节、脊柱的专项检查。肌肉检查的要点在于有无肌萎缩、肌肉压痛、肌力及肌张力的检查。关节检查的要点在于受累关节有无红、肿、痛以及活动度的检查。

【实验室检查】

(一)常规检查

血、尿等常规检查对风湿性疾病诊断必不可少。血沉、CRP、球蛋白水平、补体的检查是判断风湿病病情活动的重要指标。肝、肾功能检查是帮助判断药物是否出现副作用的重要指标。

(二)特异性检查

包括血清自身抗体、补体水平、人类白细胞表面抗原(HLA)及关节滑液检查。

1. 自身抗体　对风湿性疾病的诊断和鉴别诊断,尤其是 CTD 的早期诊断至关重要。目前临床上应用于风湿病学的主要自身抗体有以下几大类。

(1)抗核抗体(anti-nuclear antibodies,ANAs):根据抗原分子的理化特性和分布部位,将 ANAs 分成抗 DNA、抗组蛋白、抗非组蛋白、抗核仁抗体及其他细胞成分抗体五大类。其中抗非组蛋白抗体中包含一组可被盐水提取的可溶性抗原抗体,即抗 ENA 抗体,对于风湿性疾病的诊断尤为重要,但与疾病的严重程度及活动度无关。不同成分的 ANA 有其不同的临床意义,具有不同的诊断特异性。ANA 阳性应警惕 CTD 的可能,但正常老年人或其他疾病如肿瘤,血清中也可存在低滴度的 ANA。

(2)**类风湿因子**(rheumatoid factor,RF):其靶抗原为变性 IgG 分子的 Fc 段。RF 有 IgG、IgM、IgA 和 IgE 型,常规检测的是 IgM 型。RF 阳性不仅可见于 RA、SLE、PSS、SSc 等多种 CTD,亦见于感染性疾病、肿瘤等其他疾病,另外约 5% 的正常人群也可出现 RF 阳性。RA 中 RF 阳性率为 80% 左右,但特异性较差;在诊断明确的 RA 中,RF 滴度可判断其活动性及其预后。

(3)**抗中性粒细胞胞质抗体**(antineutrophil cytoplasmic antibody,ANCA):其靶抗原为中性粒细胞胞质的多种成分,对血管炎的诊断及活动性判定有一定帮助。

(4)**抗磷脂抗体**(anti-phospholipid antibody,APA):常规检查包括抗心磷脂抗体(ACA)、狼疮抗凝物、抗 β$_2$-糖蛋白 I 抗体(抗 β$_2$-GPI 抗体),这些抗体常见于抗磷脂综合征、SLE 等 CTD 及非 CTD,主要引起凝血系统异常,临床上主要表现为血小板减少、血栓形成和习惯性流产等。

(5)**抗角蛋白抗体谱**:临床上常检测的有抗核周因子(anti-perinuclearfactor,APF)、抗角蛋白抗体(antikeratin antibody,AKA)及抗环瓜氨酸肽抗体(anti-cycliccitrullinated peptide antibody,抗-CCP 抗体),其中抗 CCP 抗体有更高的敏感性和特异性,有助于 RA 的早期诊断。

常用的自身抗体及临床意义见表 8-1-4。

表 8-1-4　抗核抗体谱常见自身抗体及临床意义

分类	抗体	临床意义
抗 DNA 抗体	抗 dsDNA 抗体	抗 dsDNA 抗体常作为 SLE 活动的指标,主要用于监测 SLE 病情变化、判断活动性、观察药物治疗效果等
	抗 ssDNA 抗体	临床上实用价值不大,一般不作为常规检测
抗组蛋白抗体	AHA 抗体	可在多种 CTD 中出现,不具有诊断特异性,但 AHA 抗体检测对 CTD 尤其是药物性狼疮的诊断及鉴别诊断有重要价值
抗 DNA 组蛋白抗体	抗核小体抗体	多见于活动性狼疮,特别是狼疮肾炎,若与抗 dsDNA 抗体和抗 Sm 抗体等 SLE 的特异性抗体同时检测,可明显提高 SLE 诊断的敏感性和特异性
抗非组蛋白抗体	抗 Sm 抗体	对 SLE 的诊断具有较高特异性,是目前公认的 SLE 的血清标记性抗体
	抗 U$_1$RNP 抗体	对 CTD 的诊断及鉴别诊断具有重要价值
	抗 SS-A 抗体	主要见于 PSS,阳性率达 40%~95%,也可见于 SLE(20%~60%)、RA、SSc(24%)等
	抗 SS-B 抗体	对诊断 SS 具有高度特异性,pSS 阳性率为 65%~85%,还可作为 SS 的预后参考
	抗核糖体抗体(抗 rRNP 抗体)	为 SLE 特异性自身抗体,阳性率在 10%~40%。SLE 患者中抗 rRNP 抗体阳性与中枢神经系统受累相关
	抗 Scl-70 抗体	为 SSc 的血清标记性抗体,对 SSc 的诊断及鉴别诊断有重要价值
	抗 Jo-1 抗体及抗合成酶抗体	为 PM/DM 的血清标记性抗体,在 PM/DM 中的阳性率为 20%~30%
	抗着丝点抗体(ACA)	在 SSc 中的阳性率可达 80%~98%,该抗体阳性与雷诺现象有密切关系
抗核仁抗体	抗核仁抗体	20%~40% 的 SSc 患者抗核仁抗体阳性
抗磷脂抗体(APA)	抗心磷脂抗体(ACA)	可作为原发性抗磷脂综合征(APS)的筛选指标之一
	抗 β$_2$-GPI 抗体	与血栓形成有较强的相关性,其次是血小板减少、APTT 延长和流产等

分类	抗体	临床意义
抗中性粒细胞胞质抗体（ANCA）	胞质型 ANCA（cytoplasmic ANCA，cANCA）	诊断肉芽肿性多血管炎的特异性大于 90%，且该抗体持续阳性者易复发
	核周型 ANCA（perinuclear ANCA，pANCA）	主要与显微镜下多血管炎、嗜酸性肉芽肿性多血管炎相关
类风湿关节炎相关自身抗体	RF	在 RA 中的阳性率为 80% 左右，是诊断 RA 的重要血清学标准之一，其阳性率随年龄的增长而增加
	抗 CCP 抗体	可更好地预测 RA 的疾病进展和关节改变。在 RA 早期时即可出现，可作为 RF 阴性 RA 的诊断依据
	AKA	与疾病严重程度和活动性相关，是 RA 早期诊断和判断预后的指标之一
	APF	与 RA 的多关节痛、晨僵及 X 线骨破坏之间呈明显相关性

注：抗 dsDNA 抗体：抗双链 DNA 抗体；抗 ssDNA 抗体：抗单链 DNA 抗体。

2. 补体测定　血清总补体（CH50）、C3 和 C4 对 SLE 和血管炎的诊断、活动性和治疗后疗效反应的判定均有帮助，其中 C3 对于 SLE 活动性的判定更有意义，C3 越低，SLE 活动度越高，其他的 CTD 很少出现 C3 降低。

3. 人类白细胞表面抗原（HLA）检测　HLA-B27 与有中轴关节受累的脊柱关节病密切相关。HLA-B27 在 AS 中的阳性率可达 90%，亦可见于反应性关节炎、银屑病关节炎等脊柱关节病，在正常人群中也有 10% 的阳性率。此外，HLA-B5 与 BD，HLA-DR2、DR3 与 SLE，HLA-DR3、B8 与 PSS，HLA-DR4 与 RA 均有一定关联。

4. 关节滑液及关节镜检查　多用于膝关节，包括关节滑液常规检查、病原学检查，光镜、偏振光镜检查等。关节镜是通过直视来观察关节腔表面结构的改变，该检查对关节病的诊治和研究均有重要作用。

【病理检查】

活体组织的病理检查对诊断有决定性意义，并有指导治疗的作用。如肾脏活检对于狼疮肾炎的病理分型、滑膜活检对于关节炎病因的判断、唇腺活检对 PSS 的诊断、血管炎不同病理改变对各种血管炎、肌肉活检对炎性肌病的诊断均有重要价值。

【影像学检查】

（一）X 线

X 线是骨和关节检查的最常用影像学技术，有助于诊断、鉴别诊断和随访。可发现软组织肿胀及其钙化、骨质疏松、关节间隙狭窄、关节侵蚀脱位、软骨下囊性变等。

（二）电子计算机体层显像（CT）

CT 用于检测有多层组织重叠的部位，如骶髂关节、股骨头、胸锁关节、椎间盘等，其敏感度比 X 线高。

（三）磁共振显像（MRI）

MRI 对骨、软骨及其周围组织，包括肌肉、肌腱、韧带、滑膜有其特殊的成像，因此对软组织和关节软骨损伤、早期微小骨破坏、缺血性骨坏死及骨髓炎等是一种灵敏、可靠的检测方法。

（四）超声影像

近年来，超声影像检查在关节炎的诊断中发挥越来越重要的作用，可以早期发现关节滑膜、软骨的损伤，还能监测病情的变化。在早期诊断及病情的后续评估方面具有重要意义。

第四节 风湿性疾病的防治

风湿性疾病多为慢性病,一旦明确诊断后应及早开始治疗。抗风湿病药物种类和应用原则如下。

(一) 非甾体抗炎药

非甾体抗炎药(nonsteroidal anti-inflammatory drug,NSAID)起效快,镇痛效果好,广泛用于改善风湿性疾病的各类关节肿痛症状,但该类药物不能控制原发病的病情进展。NSAID 抑制环氧化酶(COX),从而抑制花生四烯酸转化为前列腺素,起到抗炎、解热、镇痛的效果。COX 有两种同工酶,即 COX-1 和 COX-2。COX-1 作为生理性酶,具有保护胃黏膜、启动血小板及维持肾功能的作用;且参与巨噬细胞分化,直接参与并加重炎症。而 COX-2 除在诱导下作为病理性酶引起炎症、疼痛、发热外,还参与组织修复,维持生殖系统、脑、肾、心、肺等器官的生理功能以及肾发育。NSAID 种类繁多,用药应遵循以下原则:

1. 不重叠用药 不主张同时使用两种以上的 NSAID,叠加使用不能增强效果,只会增加其副作用。

2. 适时换药 每个 NSAID 品种对不同患者效果不同,当患者正规、足量服用一种 NSAID 2~3 周确实无效时,可更换另外一种 NSAID,但不应短期内频繁换药。

3. 合理选药 根据患者特点合理选择药物,如有消化道溃疡的患者,应选择以塞来昔布为代表的选择性抑制 COX-2 的 NSAID,而有心血管基础疾病的患者,则应选非选择性的 NSAID。

(二) 糖皮质激素

糖皮质激素(glucocorticoid,GC)具有很强的快速抗炎和免疫抑制作用,用于治疗风湿性疾病效果较好,因此是治疗多种 CTD 的一线药物。但长期大量服用糖皮质激素的不良反应非常多,故临床应用时要权衡其利弊,严格掌握适应证及剂量,严密监测其不良反应。

(三) 改变病情抗风湿药

改变病情抗风湿药(disease modifying antirheumatic drug,DMARD)的共同特点是具有改善病情和延缓病情进展的作用,可以防止和延缓特别是 RA 的关节骨结构破坏。其特点是起效慢,通常在治疗 2~4 个月后才起效,病情缓解后宜长期维持用药。常见的药物有甲氨蝶呤、柳氮磺吡啶、金制剂等,这组药物作用机制各不相同。

(四) 生物制剂

通过基因工程制造的单克隆抗体,称为生物制剂,目前已应用于 RA、脊柱关节病、SLE 等的治疗。种类有肿瘤坏死因子(TNF-α)拮抗剂、抗 CD20 单克隆抗体、白介素-1(IL-1)受体拮抗剂,抗 B 细胞刺激因子单抗等,IL-6 受体拮抗剂如托珠单抗、T 细胞共刺激分子抑制剂如阿塞鲁珠单抗、JAK 通路抑制剂如托法替布。生物制剂有特异性"靶"拮抗作用,以阻断免疫反应中某个环节而起效,生物制剂发展迅速,已成为抗风湿病药物的重要组成部分,但此类药物价格昂贵,不良反应主要有感染、过敏反应,部分药物存在增加肿瘤发生率的风险,远期疗效和不良反应还有待评估。

(五) 辅助性治疗

1. 静脉注射人免疫球蛋白(IVIG) 适用于某些病情严重和/或并发全身性严重感染者,一般每天 0.4g/kg,静脉滴注,连续 3~5 天为一个疗程。

2. 血浆置换及血液净化治疗 清除血浆中循环免疫复合物等,为后续治疗赢得"窗口期"。但应注意必须联合基础药物治疗。

(六) 其他新型治疗

如基因治疗、T 细胞疫苗、肽疫苗等其他新型治疗手段,已成为当前风湿病研究的热点,并在动物实验及临床试验中初显成效,有望成为将来治疗风湿性疾病的新途径。

风湿性疾病的治疗,应综合考虑患者的病情、对药物反应、药物作用与副作用及经济情况选择用药,强调用药的个体化。

(七)预后

大多数风湿性疾病确切的发病机制尚不明了,缺乏根治性治疗方法,病情反复迁延,以弥漫性结缔组织病为代表的疾病往往病情的复发和缓解交替出现,若长期得不到规范治疗,就会出现骨、关节及重要脏器结构和功能的损毁,甚至死亡,故风湿性疾病的早期诊断和早期规范化治疗非常重要。

本章小结

本章对风湿性疾病的概念、分类、临床特点、诊断、治疗和预后进行了简要的介绍。风湿性疾病以关节、肌肉、骨骼为主要受累对象,种类繁多,表现多样,诊断治疗较复杂。应熟悉每种常见风湿病的临床特点,掌握病史询问和体格检查重点,合理安排各种实验室和特殊检查项目,掌握自身抗体的临床意义,学习阅读X线片方法,以期正确诊断,给予及时合理的治疗。

病例讨论

患者,女,32岁。以"反复发热15年,再发3个月"收入院。患者15年来反复发热,约每3年发作1次,每次持续1~3个月,体温一般在38~38.4℃,偶达39.9℃,伴畏寒、周身酸痛不适。关节肿痛呈游走性,以双腕关节为主,抗感染治疗无效,地塞米松或泼尼松治疗后发热、关节肿痛可减轻。近3个月来患者再次出现发热伴游走性关节肿痛。既往史无特殊。查体:四肢肌肉轻微压痛,关节活动稍受限。双腕关节微肿,有压痛,双手2~4指间关节侧方轻压痛。实验室检查:血常规 WBC $13.4×10^9$/L,Hb 107g/L,PLT $336×10^9$/L,血沉 105mm/h,抗 dsDNA 抗体 67.89U/L。

(郑秀花)

思考题

1. 弥漫性结缔组织病的发病机制有哪些?
2. 请查资料说明氯喹/羟氯喹治疗风湿性疾病的作用机制。
3. 风湿性疾病的治疗进展。

ER 8-1-8

练习题

第二章 | 类风湿关节炎

教学课件

思维导图

学习目标

1. 掌握：类风湿关节炎的临床表现、诊断与鉴别诊断及治疗。
2. 熟悉：类风湿关节炎的病因、病理、实验室检查及预后。
3. 了解：类风湿关节炎的发病机制。
4. 学会对典型类风湿关节炎患者进行及时的诊断，并进行合理的治疗。
5. 具备科技自信、勇于创新、精益求精的工匠精神。

案例导入

患者，女，40 岁。以"反复多关节疼痛 10 余年，加重 1 个月"收入院。患者近 10 年来反复出现四肢多关节疼痛，双膝、双肘及左踝关节明显，活动受限，偶有发热，伴晨僵，逐渐出现肘关节屈曲畸形，伸直障碍，给予抗"类风湿"治疗后症状好转。1 个月前停药后，症状再次加重。既往史无特殊。查体：T 36.2℃，P 68 次/min，R 20 次/min，BP 130/70mmHg，神志清楚，心、肺、腹查体未见异常。双肘关节屈曲畸形，伸展受限，双膝关节及左踝关节肿胀，关节压痛明显，背伸受限。实验室检查：肘及左踝关节 DR 示：双肘关节及左踝关节骨质疏松，关节缘骨质增生，关节间隙狭窄。类风湿因子 107.5U/ml（↑）。

请思考：

1. 该患者的诊断及诊断依据是什么？
2. 需进一步做哪些检查？
3. 如何治疗？

类风湿关节炎（rheumatoid arthritis，RA）是以慢性、对称性多关节炎为主要临床表现的全身性自身免疫性疾病，可伴有关节外系统性损害如血管炎和肺间质病变等。其基本病理改变是滑膜炎。在中国，约有 500 万人正饱受类风湿关节炎的困扰。这种疾病多发于中老年，女性多发，因疾病发作时出现关节疼痛肿胀，中晚期出现关节畸形，会使患者逐步失去劳动能力和自理能力，病程多伴随患者终身，为其个人及家庭带来沉重负担。

【病因和发病机制】

RA 的病因和发病机制尚不完全清楚，一般认为，本病是遗传因素、环境因素及免疫系统失调等多种因素综合作用的结果。

（一）遗传因素

RA 的发病与遗传因素密切相关。流行病学调查结果显示，RA 患者的血缘亲属发病率显著高于普通人群。

（二）环境因素

尚未证实有导致本病发生的直接感染因子。但有资料表明，可能与细菌、病毒、支原体、原虫等感染有关,然后可能通过活化 T、B 细胞和巨噬细胞,释放细胞因子导致 RA 的发病和病情进展,致炎因子的某些成分和人体自身抗原也可能通过分子模拟而导致自身免疫的产生。

（三）免疫紊乱

免疫紊乱是 RA 的主要发病机制,以 MHC-Ⅱ型阳性的抗原提呈细胞(antigen presenting cell,APC)和活化的 CD4$^+$T 细胞浸润关节滑膜为特点的炎症反应性疾病。滑膜组织的某些特殊成分或体内产生的内源性物质,可能作为自身抗原被 APC 提呈给活化的 CD4$^+$T 细胞,启动特异性免疫应答,导致相应的关节炎症状。RA 病程中,不同 T 细胞克隆因受到体内外不同抗原的刺激而活化增殖,滑膜的巨噬细胞也因抗原而活化,使细胞因子 TNF-α、IL-1、IL-6、IL-8 等增多,促使滑膜处于慢性炎症状态。TNF-α 进一步破坏关节软骨和骨,造成关节畸形。IL-1 水平高低和 RA 临床活动性明显相关,可引起 RA 全身症状如低热、乏力。急性期蛋白合成的主要细胞因子,是造成血沉和 C 反应蛋白升高的主要因素。B 细胞激活分化为浆细胞,分泌大量免疫球蛋白。免疫球蛋白和 RF、抗 CCP 等抗体形成的免疫复合物,经补体激活后可以诱发炎症。RA 患者中过量的 Fas 分子或与 Fas 配体比值的失调都会影响滑膜组织细胞的正常凋亡,使 RA 滑膜炎的免疫反应持续进行。

【病理生理】

RA 的基本病理改变是滑膜炎,在急性期滑膜为渗出和细胞浸润。当病变进入慢性期,滑膜变得肥厚,形成许多绒毛样突起,突向关节腔内或侵入软骨和软骨下的骨质。绒毛又名血管翳,具有很强的破坏性,是造成关节破坏、畸形、功能障碍的病理基础。血管炎可发生在 RA 患者关节外的任何组织,为全层动脉炎,管壁有淋巴细胞浸润、纤维素沉着,内膜增生可引起栓塞。类风湿结节是血管炎的一种表现。

【临床表现】

多数 RA 患者起病隐匿,在关节明显症状出现前可有数周的低热、全身不适、疲乏无力、体重下降等前驱症状,以后逐渐出现典型关节症状。少数患者可以在某些外界因素刺激下急性起病,在数天内出现多个关节症状,除关节表现外,还可见多器官受累表现。

（一）关节症状

从短暂、轻微的少关节炎到急剧、进行性多关节炎,常伴有晨僵。多数病例呈慢性、进行性、反复发作,最终均出现不同程度的关节损害。

1. 痛与压痛 关节痛往往是最早的症状,腕关节、掌指关节、近端指间关节为最常出现的部位,其次是足趾、膝、踝、肘、肩等关节。大多数患者为对称性的多关节炎,但少数患者最初症状为单一的关节痛或关节炎。疼痛的关节往往有压痛,受累关节的皮肤可出现褐色色素沉着。

2. 晨僵 早晨起床后病变关节感觉僵硬,称"晨僵"(日间长时间静止不动后也可出现),如胶黏着样的感觉,持续时间 1 小时以上意义较大。95% 以上的 RA 患者可出现晨僵。晨僵持续时间的长短提示关节滑膜炎症的轻重程度,常作为判断 RA 活动性的指标之一。

3. 关节肿胀 多因关节腔内积液或关节周围软组织炎症引起,病程较长者可因滑膜慢性炎症后的肥厚而引起肿胀。凡受累的关节均可肿胀,常见的部位为腕关节、掌指关节、近端指间关节、膝关节等,多呈对称性。近端指间关节肿胀使手指呈梭形。关节肿时,温度增加,但表皮很少发红。

4. 关节畸形 多见于晚期患者。最常见的关节畸形是以腕和肘关节强直、掌指关节的半脱位和手指的尺侧偏斜,近端指间关节过度伸展,使手呈"天鹅颈样"

ER 8-2-3
类风湿关节炎常侵犯的关节

ER 8-2-4
类风湿关节炎右手指关节肿胀呈梭形改变

ER 8-2-5
类风湿关节炎双手尺侧偏斜畸形

ER 8-2-6
类风湿关节炎手指天鹅颈畸形

ER 8-2-7
类风湿关节炎手指纽扣花畸形

及"纽扣花样"畸形。重症患者关节出现纤维性或骨性强直,关节失去正常功能,导致生活自理能力下降。

5. 特殊关节

(1)**颈椎**:可有寰枢椎半脱位、垂直脱位和下颈椎半脱位等。还可出现明显的骨质疏松,并常常发生压缩性骨折。临床表现为颈痛、颈部活动受限,甚至因颈椎半脱位而出现脊髓受压。

(2)**肩、髋关节**:周围有肌腱等软组织包围,很难发现肿胀。最常见的症状是局部疼痛和活动受限,髋关节受累往往表现为臀部及下腰部疼痛。

(3)**颞颌关节**:出现于1/4的RA患者,早期表现为讲话或咀嚼时疼痛加重,严重者有张口受限。

6. 关节功能障碍 关节肿痛和结构破坏都会引起关节活动障碍。美国风湿病学会根据RA影响患者生活的程度将关节功能障碍分为4级。Ⅰ级,能照常进行日常生活和各项工作;Ⅱ级,可进行一般的日常生活和某种职业工作,但参与其他项目活动受限;Ⅲ级,可进行一般的日常生活,但参与某种职业工作或其他项目活动受限;Ⅳ级,日常生活的自理和参与工作的能力均受限。

(二)关节外表现

1. 类风湿结节 见于20%~30%的患者,多位于关节隆突及受压部位的皮下处,尤其是前臂伸侧面、尺侧及肘鹰嘴突附近、枕、跟腱等处。心、肺、眼等均可累及。该结节是本病较常见的关节外表现,直径由数毫米至数厘米,大小不一、无定形、质硬、无压痛、呈对称性分布。其存在提示本病活动。

2. 类风湿血管炎 系统性血管炎少见,主要为指甲下或指端的小血管炎,表现为远程血管炎、皮肤溃疡、巩膜炎、周围神经病变、内脏动脉炎、心包炎等,其表现和滑膜炎的活动性无直接相关。

ER 8-2-8

类风湿皮下结节

3. 肺 肺病变中最常见的是肺间质病变,常无症状但有肺功能异常,肺部CT对于早期肺间质病变诊断意义大,约30%的患者可见。较少见如结节样改变、类风湿肺尘埃沉着病(Caplan综合征)、胸膜炎、肺动脉高压等。

4. 心脏 心脏受累最常见的表现是心包炎,多见于RF阳性、有类风湿结节的患者,约30%出现小量心包积液。心瓣膜损害见于部分RA患者,以二尖瓣损害为主,其次为主动脉瓣和三尖瓣。

5. 胃肠道 患者可有食欲缺乏、上腹不适、胃痛、恶心甚至黑便,多与服用抗风湿药物有关,很少由RA本身引起。

6. 肾 RA本身很少累及肾,但有严重血管炎者也可累及肾脏,偶有轻微膜性肾病、肾小球肾炎、肾内小血管炎以及肾脏的淀粉样变等。

7. 神经系统 RA患者出现神经系统病变的常见原因是神经受压。受压的周围神经病变与相应关节滑膜炎的严重程度相关。最常受累的是正中神经、尺神经以及桡神经。正中神经在腕关节处受压出现腕管综合征。脊椎骨突关节病变可引起脊髓受压,表现为逐渐加重的双手感觉异常和力量减弱,腱反射亢进,病理反射阳性。小血管炎的缺血性病变可导致多发性单神经炎。

8. 血液系统 患者的贫血程度往往和病情活动度相关,尤其是和关节的炎症程度相关。一般是正细胞正色素性贫血,若出现小细胞低色素性贫血,可能是服用非甾体抗炎药而造成胃肠道长期少量出血所致。在RA患者活动期常见血小板增高,其增高程度和有滑膜炎活动的关节数呈正相关,并受关节外表现的影响。

Felty综合征是指RA患者伴有脾大和中性粒细胞减少,有的甚至有贫血和血小板减少。RA患者出现Felty综合征时并非都处于关节炎活动期,其中很多患者合并有关节畸形、皮下结节、下肢溃疡、色素沉着以及发热、乏力、食欲缺乏和体重下降等全身表现。

9. 干燥综合征 见于30%~40%RA患者,随病程的延长,干燥综合征的患病率逐渐增加。主要表现为口干、眼干,但部分患者症状不明显,须结合自身抗体、经唾液腺造影、唇腺活检及眼科检查

进一步明确。

【实验室检查】

（一）血常规

有轻至中度贫血。活动期血小板计数可增高。白细胞及分类多正常。

（二）炎性标志物

血沉和 C 反应蛋白（CRP）常升高，和疾病的活动度相关。

（三）自身抗体

检测自身抗体有利于 RA 与其他炎性关节炎的鉴别。RA 新的抗体不断被发现，其中有些抗体的特异性较 RF 明显提高，且可在疾病早期出现，如抗 CCP 抗体、APF、AKA 等。①类风湿因子（RF）：主要检测 IgM 型 RF，见于约 70% 的 RA 患者，其滴度一般与 RA 的活动性和严重性相关，但 RF 特异性差，其他一些 CTD、肿瘤、健康老年人均可出现阳性；②抗角蛋白抗体谱：包括抗 CCP 抗体、APF、AKA 和抗聚丝蛋白抗体（AFA），其中抗 CCP 抗体对 RA 诊断的敏感性和特异性高，已在临床中普遍使用。这些抗体有助于 RA 的早期诊断和鉴别诊断，尤其是血清 RF 阴性、临床症状不典型的患者。

（四）免疫复合物和补体

70% 患者的血清中出现各种类型免疫复合物，尤其是活动期和 RF 阳性患者。在急性期和活动期，患者血清补体均有升高，有少数血管炎患者出现低补体血症。

（五）关节滑液

在关节腔有炎症时滑液量可超过 3.5ml。滑液中白细胞数明显增多，达 5 000~50 000/μl，且多核白细胞占优势，黏稠状，含葡萄糖量低于血糖。

（六）关节影像学检查

1. X 线　对 RA 诊断、关节病变分期、病变演变的监测均很重要。初诊至少应拍摄手指及腕关节的 X 线，根据 X 线表现进行类风湿关节炎的分期：早期可见关节周围软组织肿胀影、关节端骨质疏松（Ⅰ期）；进而关节间隙变窄（Ⅱ期）（图 8-2-1）；关节面出现虫蚀样改变（Ⅲ期）；晚期可见关节半脱位和关节破坏后的纤维性和骨性强直（Ⅳ期）（图 8-2-2）。

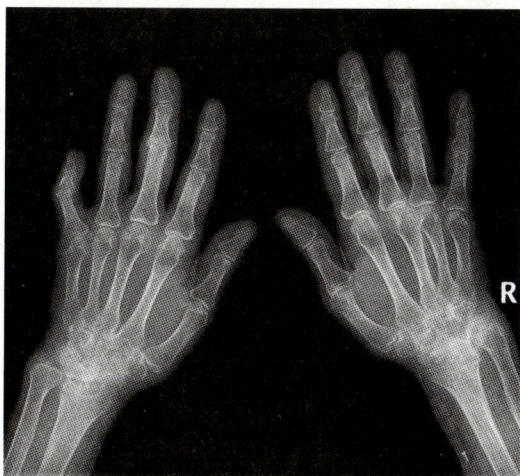

图 8-2-1　类风湿关节炎 X 线改变（Ⅱ期）示意图
类风湿关节炎双侧手腕关节间隙变窄，左侧小指关节屈曲畸形。

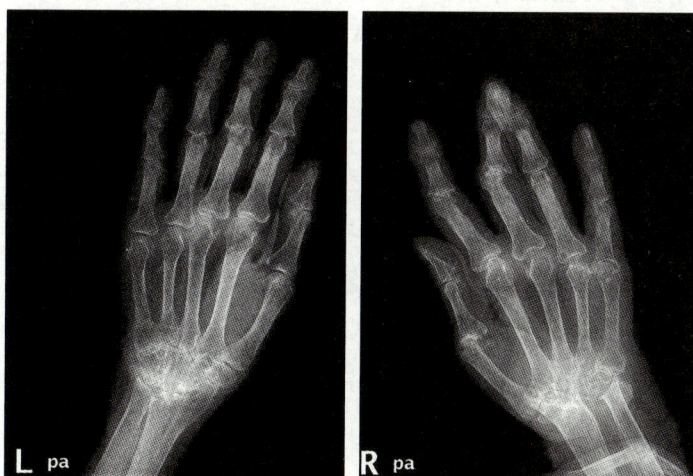

图 8-2-2　类风湿关节炎关节破坏后 X 线改变（Ⅳ期）示意图
类风湿关节炎左侧腕关节面破坏，右侧中指中远节指骨向尺侧偏斜。

骨关节 X 线片的读片内容

骨关节 X 线片的读片内容可概括为 ABCDES。

A：①关节骨骼排列是否呈直线（alignment），RA 和 SLE 常因掌指关节病变而发生尺侧偏斜；②是否有强直（ankylosis），如 AS 的脊柱强直性改变。

B：①骨矿化状况（bone mineralization），关节周围骨质疏松见于 RA 或感染；②骨形成（bone formation），反应性骨形成是脊柱关节病的特征性改变，骨刺形成是关节退行性疾病和焦磷酸钙沉积性疾病的特征性改变，同时也出现于各种关节炎晚期。

C：①钙化情况（calcification），软组织钙化可见于痛风、SLE 或 SSc，软骨钙化是焦磷酸钙沉积性疾病的特征性改变；②关节间隙（cartilage space），对称性、一致性关节间隙变窄是关节炎性疾病的特征，负重关节承重部位的局灶性、非一致性关节间隙变窄是骨关节炎的标志性改变。

D：①受累关节分布（distribution of joints），RA 关节受累呈对称性分布，而脊柱关节病呈非对称性分布；②关节畸形（deformities），常见于 RA。

E：骨侵蚀（erosions），对 RA 和痛风具有诊断价值。

S：软组织（soft tissue），包括①软组织肿胀及其分布，指甲增厚和皮肤硬化等；②关节病变进展速度（speed of development）。

2. 其他　包括关节 CT、MRI 及关节超声检查，有助于 RA 的早期诊断。

（七）类风湿结节的活检

典型的病理改变有助于诊断本病。

【诊断和鉴别诊断】

（一）诊断标准

目前 RA 的诊断普遍采用美国风湿病学会（ACR）于 1987 年修订的分类标准（表 8-2-1）。该分类标准适用于大规模的流行病学调查、药物验证等，在临床医疗工作中也以此作为诊断标准，但容易遗漏一些早期或不典型的患者，主要有以下原因：一是早期 RA 多数只有关节炎的表现，缺乏影像学支持；二是 RF 并非 RA 的特异性抗体，而且有 20%~30%RA 患者 RF 阴性；三是不少其他疾病早期也表现为关节炎。

表 8-2-1　ACR 1987 年修订的 RA 分类标准

项目
1. 关节内或周围晨僵持续至少 1 小时
2. 至少同时有 3 个关节区软组织肿或积液
3. 腕、掌指、近端指间关节区中，至少 1 个关节区肿胀
4. 对称性关节炎
5. 有类风湿结节
6. 血清 RF 阳性（所用方法正常人群中不超过 5% 阳性）
7. X 线片改变（必须包括骨质侵蚀或受累关节及其邻近部位有明确的骨质脱钙）

注：符合以上 7 项中 4 项者可诊断为 RA（第 1~4 项病程至少持续 6 周）。

2010 年，ACR 和欧洲抗风湿病联盟（EULAR）提出了新的 RA 分类标准和评分系统（表 8-2-2）。新标准纳入了炎症标志物 ESR、CRP 和抗 CCP 抗体，提高了诊断的敏感性，为早期诊断和早期治疗提供了重要依据。评分时注意取患者符合条件的最高分，4 项评分相加≥6 分，明确诊断为 RA；<6

分者,不能诊断为 RA,但是随着病情演变可以再次评价。目前该标准在临床已得到广泛使用。

表 8-2-2 2010 年 ACR/EULAR 的 RA 分类标准

项目	评分
关节受累(0~5 分)	
1 个中大关节	0 分
2~10 个中大关节	1 分
1~3 个小关节	2 分
4~10 小关节	3 分
大于 10 个关节(至少一个为小关节)	5 分
血清学(0~3 分)	
RF 或抗 CCP 抗体均阴性	0 分
RF 或抗 CCP 抗体滴度阳性	2 分
RF 或抗 CCP 抗体高滴度阳性(正常上限 3 倍)	3 分
急性时相反应物(0~1 分)	
CRP 或 ESR 均正常	0 分
CRP 或 ESR 增高	1 分
滑膜炎持续时间(0~1 分)	
<6 周	0 分
≥6 周	1 分

注:受累关节是指查体时发现的任何肿胀或触痛的关节。在评估中,除远端指间关节、第一腕掌和第一跖趾关节外,小关节包括掌指关节、近端指间关节、2~5 跖趾关节、拇指指间关节和腕关节,大关节包括肩关节、肘关节、髋关节、膝关节和踝关节。

(二) 鉴别诊断

RA 需与以下有关节炎表现的疾病相鉴别:

1. **骨关节炎** 为退行性骨关节病,多见于 50 岁以上。主要累及膝、脊柱等负重关节。活动时关节痛加重,可有关节肿胀。手指骨关节炎可在远端指间关节出现赫伯登(Heberden)结节和近端指间关节出现布夏尔(Bouchard)结节。大多数患者 ESR 正常,RF 阴性或低滴度阳性。X 线示非对称性关节间隙狭窄、关节边缘呈唇样增生或骨疣形成。

2. **强直性脊柱炎** 多见于青年男性,主要侵犯骶髂及脊柱关节,周围关节受累时,特别是以膝、踝、髋关节为首发症状者,需与 RA 相鉴别。AS 多见于青壮年男性,外周关节受累以非对称性的下肢大关节炎为主,极少累及手关节,X 线示骶髂关节有骨质破坏、关节融合等改变。可有家族史,90% 以上患者 HLA-B27 阳性,血清 RF 阴性。

3. **银屑病关节炎** 本病多于皮肤银屑病后若干年发生,30%~50% 的患者表现为对称性多关节炎,与 RA 相似。本病更易累及远端指间关节,表现为该关节的附着端炎和手指炎。同时可有骶髂关节炎和脊柱炎,血清 RF 多阴性。

4. **系统性红斑狼疮** 关节病变较 RA 轻,一般为非侵蚀性,且关节外的系统性症状如蝶形红斑、皮疹、脱发、蛋白尿等较突出。血清 ANA、抗 Sm 抗体、抗 dsDNA 抗体等多种自身抗体阳性。

5. **其他病因的关节炎** 风湿热关节炎、肠道感染后或结核感染后反应性关节炎等,均各有其原发病特点,鉴别一般不难。部分以关节炎为首发症状的白血病易与类风湿关节炎相混淆,应注意鉴别。

【治疗】

由于 RA 的病因和发病机制尚未完全明确,目前临床上缺乏根治及预防本病的有效措施。治疗目标主要是减轻关节症状、防止和减少关节的破坏、延缓病情进展、保护关节功能、最大限度地提高患者的生活质量。按照早期、达标、个体化治疗原则,措施如下。

(一) 一般治疗

包括患者健康教育、休息、关节制动(急性期)、关节功能锻炼(恢复期)、物理疗法等。在急性期、有发热以及内脏受累的患者应卧床休息。缓解期可适当活动,休息或减轻工作量与治疗性锻炼相结合。饮食应含足量的蛋白质及维生素。

(二) 药物治疗

治疗 RA 的常用药物分为五大类,即 NSAID、DMARD、GC、生物制剂和植物药等。

1. 非甾体抗炎药 (NSAID) 能减轻关节炎症状,但不能控制病情,必须与 DMARD 药同服。常用 NSAID 药物如下:①塞来昔布:每天 200~400mg,分 1~2 次服用,有磺胺过敏者禁用;②美洛昔康:每天 7.5~15mg,分 1~2 次服用;③双氯芬酸:每天 75~150mg,分 2 次服用;④布洛芬:每天 1.2~3.2g,分 3~4 次服用。无论选择何种 NSAID,都应注意胃肠道反应,用药原则见总论。

2. 改变病情抗风湿药 (DMARD) RA 诊断明确者都应早期使用 DMARD,药物选择和应用方案根据患者病情的活动性、严重性和进展情况而定。常用 DMARD 药物如下:

(1) 甲氨蝶呤 (MTX):为 RA 的首选药,同时也是联合治疗的基本药物。每周剂量 7.5~20mg,口服为主,可静脉注射、皮下或肌内注射。4~6 周起效,疗程至少半年。不良反应有肝损害、胃肠道反应、口角糜烂、骨髓抑制等,停药后多能恢复。

(2) 柳氮磺吡啶:每天 1~3g,分 2~3 次服用,由小剂量开始可减少不良反应,对磺胺过敏者禁用。

(3) 来氟米特:每天 10~20mg,与 MTX 有协同作用,常联合使用。有胃肠道反应、肝损伤、骨髓抑制、脱发等不良反应。孕妇禁用,可致胎儿畸形。

(4) 氯喹和羟氯喹:抗疟药,前者每天 0.25g,1 次口服;后者每天 0.2~0.4g,分 2 次服,羟氯喹应用较多。长期服用可出现视物盲点,眼底有 "牛眼" 样改变,因此每 6~12 个月宜作眼底检测。少数患者服用氯喹后出现心肌损害。

(5) 其他 DMARD:①硫唑嘌呤:口服剂量为每天 100mg,病情稳定后可改为每天 50mg 维持,服药期间需监测血常规及肝、肾功能。②环孢素:2.5~5mg/(kg·d),分 1~2 次口服。其主要的不良反应为血肌酐和血压上升,服药期间需严密监测。

3. 糖皮质激素 (GC) GC 治疗 RA 的原则是小剂量、短疗程,关节炎急性发作可给予短效激素,重症伴有心、肺等器官受累患者,以低至中等剂量的 GC 与 DMARD 联合应用,在治疗初始阶段对控制病情有益,并应根据病情尽快递减 GC 用量,以每天等于或低于 10mg 维持至停用。关节腔注射 GC 有利于减轻关节炎症状,改善关节功能,一年内不宜超过 3 次,以减少感染风险,避免发生类固醇晶体性关节炎。同时使用 GC 时应注意补充钙剂和维生素 D。

4. 生物制剂和免疫性治疗 是目前治疗类风湿关节炎的革命性进展,医护人员的鼓励带给患者勇气,科技自信带给患者战胜疾病的信心,新药的不断研发体现医护人员精益求精、勇于创新的工匠精神。TNF-α 拮抗剂是首次获批的治疗 RA 的靶向药物,还包括 IL-6 受体拮抗剂如托珠单抗、抗 CD20 单克隆抗体、T 细胞共刺激分子抑制剂如阿塞鲁珠单抗,JAK 通路抑制剂如托法替布等生物制剂。如果最初 DMARD 方案治疗未能达标,或存在预后不良因素时应考虑加用生物制剂。为增加疗效和减少不良反应,本类生物制剂宜与 MTX 联合应用。其主要的副作用包括注射部位局部的皮疹,感染(尤其是结核感染),长期应用淋巴系统肿瘤患病率增加。免疫性治疗只用于一些难治的重症患者。

5. 植物药制剂 常用的植物药制剂包括:①雷公藤总苷:每天 30~60mg,分 3 次服用,其不良反应主要是对性腺的毒性。②青藤碱:每次 60mg,饭前口服,每天 3 次。常见不良反应有皮肤瘙痒、皮疹等过敏反应,少数患者出现白细胞减少。③白芍总苷:每次 0.6g,每天 2~3 次。其不良反应有大便次数增多、轻度腹痛、食欲缺乏等。

(三) 外科手术治疗

包括关节置换和滑膜切除手术。

【预后】

RA病程多迁延不愈,影响预后的因素包括病程长短、病情严重程度、治疗等。RA病死率较低,死亡原因主要有内脏血管炎、感染和肺间质纤维化等。近年来,随着人们对RA的认识不断加深,传统DMARD正确应用以及生物DMARD的不断涌现,RA的预后明显改善。

本章小结

本章介绍了类风湿关节炎的病因及发病机制、病理改变、临床表现、实验室检查、诊断及鉴别诊断和治疗。RA是一种自身免疫性疾病,以小关节对称性受累最为常见,病情迁延,应强调早期诊断和早期、联合、规范药物治疗,以期改善预后。

病例讨论

患者,女,44岁,宾馆服务员,以"乏力1个月,关节痛7天"收入院。患者于1个月前无明显诱因出现疲乏无力,伴四肢关节短暂轻微不适,7天前,双手小关节疼痛,夜间尤其剧烈,晨起感到关节活动有黏滞感,活动10余分钟即好。经当地医院用青霉素静脉滴注治疗1周,症状无明显好转,收入院。查体:营养中等,头发干枯,面部无红斑。四肢检查见4个手指及脚趾近端指间关节均有肿胀、压痛,未见出血点。实验室检查:血WBC $4.8×10^9/L$,Hb 100g/L,PLT $115×10^9/L$,ESR加快,CRP升高。抗dsDNA抗体97U/L,补体C3 0.75g/L,RF明显升高。

(郑秀花)

思考题

1. 类风湿关节炎的主要发病机制是什么?
2. 简述类风湿关节炎的临床表现。
3. 简述类风湿关节炎的治疗进展。

ER 8-2-9

练习题

第三章 | 系统性红斑狼疮

教学课件

思维导图

学习目标

1. 掌握：系统性红斑狼疮的临床表现、实验室检查、诊断及鉴别诊断、治疗原则。
2. 熟悉：系统性红斑狼疮的预后。
3. 了解：系统性红斑狼疮的病理、病因及发病机制。
4. 学会对系统性红斑狼疮患者进行及时的诊断，并进行合理的治疗。
5. 具备以人为本的人文精神、责任担当和使命感。

案例导入

患者，女，17 岁。因"面部皮疹 6 个月、双下肢水肿 1 个月余，头痛、间断失明 2 天、发热 1 天"入院。无药物、食物及其他过敏史。查体：T 37.0℃，BP 133/90mmHg。谵妄，面部蝶形红斑，颈稍抵抗。双下肢凹陷性水肿，双下肢肌力 4 级。实验室检查：WBC 13.47×10^9/L，N 80.44%；24 小时尿蛋白定量 3.2g；ESR 97.0mm/h；CRP 53.22mg/L；白蛋白 12.4g/L；CK 263.0U/L，CK-MB 35U/L，LDH 239U/L；ANA（＋），抗 SS-A（＋），抗 Sm（＋），抗 U$_1$-RNP（＋）；抗心磷脂抗体（－）；pANCA（－），cANCA（－）。

请思考：

1. 患者的诊断是什么？
2. 还应做哪些检查？
3. 如何治疗？

系统性红斑狼疮（systemic lupus erythematosus，SLE）是一种以多系统损害为表现的慢性系统性自身免疫病，是以自身免疫介导的免疫性炎症为突出表现的弥漫性结缔组织病。血清中出现以抗核抗体为代表的多种自身抗体和多系统受累是 SLE 的两个主要临床特征。SLE 多发于 15~45 岁的育龄期女性，女：男为 7：1~9：1。SLE 的全球平均患病率为（12~39）/10 万人；我国 SLE 的患病率为（30.13~70.41）/10 万人，妇女中则高达 113/10 万人。

【病因和发病机制】

（一）病因

1. 遗传

（1）**流行病学及家系调查**：有资料表明 SLE 患者第 1 代亲属中患 SLE 者 8 倍于无 SLE 患者家庭，单卵双胎患 SLE 者 5~10 倍于异卵双胎。部分 SLE 患者家族中常有患其他结缔组织病的亲属。

（2）**易感基因**：多年研究已证明 SLE 是多基因相关疾病。有 HLA-Ⅲ类的 C2 或 C4 的缺损，HLA-Ⅱ类的 DR2、DR3 频率异常。推测多个基因在某种条件（环境）下相互作用引起正常免疫耐受性改变而致病。

2. 环境因素

（1）阳光：紫外线使皮肤上皮细胞出现凋亡，新抗原暴露而成为自身抗原。

（2）药物、化学试剂、微生物病原体等：这些因素也可诱发疾病。

3. 雌激素　女性患者明显高于男性，女：男在更年期前为 9：1，儿童及老人为 3：1。

（二）发病机制

外来抗原（如病原体、药物等）引起人体 B 细胞活化。易感者因免疫耐受性减弱，B 细胞通过交叉反应与模拟外来抗原的自身抗原相结合，并将抗原提呈给 T 细胞，使之活化，在 T 细胞活化刺激下，B 细胞得以产生大量不同类型的自身抗体，造成大量组织损伤。

1. 致病性自身抗体　这类自身抗体的特性为：①以 IgG 型为主，与自身抗原有很高的亲和力，如抗 DNA 抗体可与肾组织直接结合导致损伤；②抗血小板抗体及抗红细胞抗体导致血小板和红细胞破坏，临床出现血小板减少和溶血性贫血；③抗 SSA 抗体经胎盘进入胎儿心脏引起新生儿心脏传导阻滞；④抗磷脂抗体引起抗磷脂综合征（血栓形成、血小板减少、习惯性自发性流产），抗核糖体抗体又与 NP-SLE 相关。

2. 致病性免疫复合物　SLE 是一种免疫复合物病。免疫复合物（IC）由自身抗体和相应自身抗原相结合而成，IC 能够沉积在组织造成组织的损伤。

3. T 细胞和 NK 细胞功能失调　SLE 患者的 CD8$^+$T 细胞和 NK 细胞功能失调，不能产生抑制 CD4$^+$T 细胞的作用，因此在 CD4$^+$T 细胞的刺激下，B 细胞持续活化而产生自身抗体，使自身免疫持续存在。

【病理生理】

主要病理改变为血管炎，它可以出现在身体任何器官。中小血管因 IC 沉积或抗体直接侵袭而出现管壁的炎症和坏死，继发的血栓使管腔狭窄，导致局部组织缺血和功能障碍。肾脏病变在免疫荧光及电镜检查几乎都可发现。

【临床表现】

临床症状多样，早期症状往往不典型。

（一）全身症状

活动期患者大多数有全身症状。约 90% 的患者在病程中出现各种热型的发热，以低、中度热为常见。此外有疲倦乏力、体重下降等。

（二）皮肤与黏膜

80% 的患者在病程中出现皮疹，包括颊部呈蝶形分布的红斑、盘状红斑、指掌部和甲周红斑、指端缺血、面部及躯干皮疹，其中以颊部蝶形红斑最具特征性（图 8-3-1）。

40% 的患者在日晒后出现光过敏，有的甚至诱发 SLE 急性发作。40% 的患者有脱发，30% 的患者在急性期口腔溃疡伴有轻微疼痛，浅表皮肤血管炎可表现为网状青斑，30% 的患者有雷诺现象。SLE 的常见皮疹见表 8-3-1。

ER 8-3-3

系统性红斑狼疮口腔溃疡

ER 8-3-4

系统性红斑狼疮甲周红斑

ER 8-3-5

系统性红斑狼疮非特异性皮疹

表 8-3-1　系统性红斑狼疮常见皮疹

类型	临床表现
特异性皮疹	急性皮疹：如蝶形红斑
	亚急性皮疹：如亚急性皮肤性红斑狼疮（SCSLE）
	慢性皮疹：如盘状红斑、狼疮性脂膜炎、黏膜狼疮、肿胀性狼疮等
非特异性皮疹	光过敏、脱发、甲周红斑、网状青斑、雷诺现象等

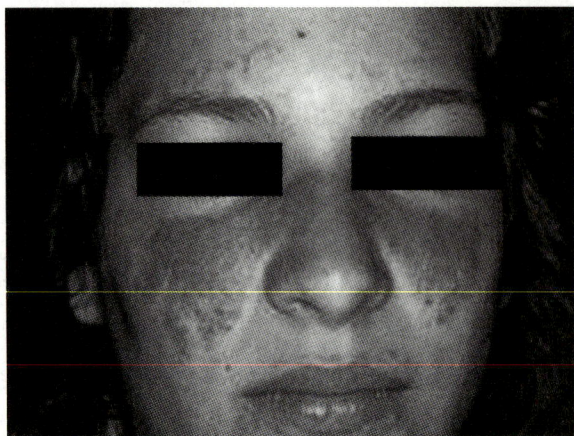
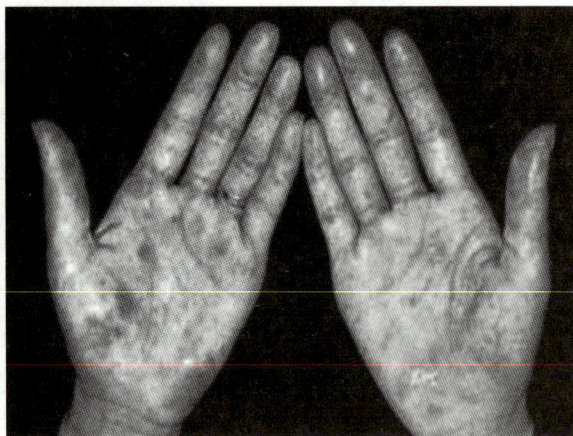

蝶形红斑　　　　　　　　　　　　　　　　掌部红斑

图 8-3-1　系统性红斑狼疮特异性皮疹

（三）浆膜炎

半数以上患者在急性发作期出现多发性浆膜炎,包括双侧中小量胸腔积液,中小量心包积液。

（四）肌肉关节

关节痛是常见的症状之一,出现在指、腕、膝关节。常出现对称性多关节疼痛、肿胀,关节 X 线多无关节、骨破坏。可以出现肌痛和肌无力,5%~10% 出现肌炎。有小部分患者在病程中出现股骨头坏死,目前尚不能肯定是由于本病所致还是属于糖皮质激素的不良反应。

（五）肾脏

狼疮肾炎（lupus nephritis,LN）是 SLE 最常见和严重的临床表现。临床上在 SLE 患者病程中肾脏受累发生率为 27.9%~70%,肾活检受累几乎为 100%。中国 SLE 患者以肾脏受累为首发表现的仅为 25.8%。肾脏受累的主要表现为蛋白尿、血尿、管型尿、水肿、高血压,乃至肾衰竭。有平滑肌受累者可出现输尿管扩张和肾积水。应做肾组织活检明确病理分型。

（六）循环系统

患者常出现心包炎,可为纤维蛋白性心包炎或渗出性心包炎,但心脏压塞少见。约 10% 患者有心肌损害,表现为胸闷气促、心前区不适、心律失常,严重者可发生心力衰竭导致死亡。SLE 可出现疣状心内膜炎,脱落引起栓塞,或并发感染性心内膜炎。SLE 可累及冠状动脉,表现为心绞痛和心电图 ST-T 改变,甚至出现急性心肌梗死。长期使用糖皮质激素也可加速动脉粥样硬化。

（七）呼吸系统

狼疮肺炎表现为发热、干咳、气促,胸部 X 线可见片状浸润阴影,多见于双下肺,有时与肺部继发感染很难鉴别。胸腔积液发生率约 35%,多为中小量、双侧性。发生肺间质性病变时,主要是急性和亚急性的磨玻璃样改变和慢性纤维化,表现为活动后气促、干咳、低氧血症,肺功能检查常显示弥散功能下降。约 2% 的患者合并弥漫性肺泡出血（DAH）,病情凶险,病死率高达 50% 以上。临床表现主要为咳嗽、咯血、呼吸困难、低氧血症,胸片显示弥漫性肺浸润,血红蛋白下降及血细胞比容减低常是特征性的表现。在肺泡灌洗液或肺活检标本肺泡腔中发现大量充满含铁血黄素的巨噬细胞,对于 DAH 的诊断具有重要意义。10%~20% SLE 存在肺动脉高压,其发病机制包括肺血管炎、肺小血管舒缩功能异常、肺栓塞和广泛肺间质病变。

（八）神经系统

在神经系统,又称神经精神狼疮（neuropsychiatric lupus,NP-SLE）或狼疮脑病。轻者仅有偏头痛、性格改变、记忆力减退或轻度认知障碍;重者可表现为脑血管意外、昏迷、癫痫持续状态等。少数患者出现脊髓损伤,表现为截瘫、大小便失禁等。有 NP-SLE 表现的均为病情活动者。中枢神经受累者腰椎穿刺检查示部分患者颅内压升高,脑脊液蛋白增高,白细胞计数增高,少数病例葡萄糖减少。影像学检查有助于诊断 NP-SLE。

（九）消化系统

约 30% 的患者有食欲缺乏、呕吐、腹痛、腹泻等,其中部分患者消化系统症状为首发,若不警惕,易误诊。约 40% 患者血清转氨酶升高,肝不一定肿大,一般不出现黄疸。少数可并发急腹症,如胰腺炎、肠坏死、肠梗阻,多与 SLE 活动性有关。消化系统症状与肠壁和肠系膜的血管炎有关。

（十）血液系统

活动性 SLE 常见血红蛋白下降、白细胞和/或血小板减少。其中 10% 属于 Coombs 试验阳性的溶血性贫血。约 20% 患者有无痛性轻或中度淋巴结肿大,以颈部和腋下多见。淋巴结病理检查多为淋巴组织反应性增生,少数为坏死性淋巴结炎。约 15% 患者有脾大。

（十一）抗磷脂综合征

抗磷脂综合征(antiphospholipid syndrome,APS)可出现在 SLE 的活动期,其临床表现为动脉和/或静脉血栓形成、血小板减少、习惯性自发性流产,SLE 患者血清出现抗磷脂抗体不一定是 APS,APS 出现在 SLE 为继发性 APS。

（十二）干燥综合征

约 30% 的 SLE 并发继发性干燥综合征,有唾液腺和泪腺功能不全。

（十三）眼

约 15% 患者有眼底变化,如视网膜渗出、视网膜出血、视神经乳头水肿等。其原因是视网膜血管炎及视神经受损,两者均影响视力,重者可致盲。早期治疗,多数可逆转。

【实验室检查】

（一）一般检查

血、尿常规的异常表示血液系统和肾受损。血沉增快提示疾病活动。

（二）自身抗体

SLE 患者血清中可出现多种自身抗体,自身抗体是 SLE 诊断的血清标记性指标、疾病活动性的指标及判断可能出现的临床亚型。患者血清中可以查到多种自身抗体依次为抗核抗体谱、抗磷脂抗体和抗组织细胞抗体。

1. **抗核抗体谱**　出现在 SLE 的有:抗核抗体(ANA)、抗双链 DNA(dsDNA)抗体、抗 ENA(可提取核抗原)抗体谱。

(1)**抗核抗体(ANA)**:是目前最佳的筛选试验指标,但特异性低,不能作为 SLE 与其他结缔组织病的鉴别标志。

(2)**抗 dsDNA 抗体**:是诊断 SLE 的标记性抗体之一,多出现在 SLE 的活动期,其滴度与疾病活动性密切相关,尤其与肾脏损伤有一定关系。稳定期患者该抗体滴度增高,提示复发风险较高。

(3)**抗 ENA 抗体谱**:是一组临床意义各不相同的抗体,包括:抗 Sm 抗体、抗 RNP 抗体、抗 SSA(Ro)抗体、抗 SSB(La)抗体、抗 rRNP 抗体。其意义分别是:

1)抗 Sm 抗体:诊断 SLE 的标记性抗体之一。特异性 99%,但敏感性仅 25%,有助于早期和不典型患者的诊断或回顾性诊断,它与病情活动性不相关。

2)抗 RNP 抗体:阳性率 40%,对 SLE 诊断特异性不高,与 SLE 的雷诺现象和肺动脉高压相关。

3)抗 SSA(Ro)抗体:往往出现在 SCLE、SLE 合并干燥综合征时有诊断意义。有抗 SSA(Ro)抗体的母亲所产婴儿易患新生儿红斑狼疮综合征。

4)抗 SSB(La)抗体;其临床意义与抗 SSA 抗体相同,但阳性率低于抗 SSA(Ro)抗体。

5)抗 rRNP 抗体:该抗体阳性提示 SLE 的活动,同时往往提示有 NP-SLE 或其他重要内脏的损害。

ER 8-3-6

系统性红斑狼疮全身临床表现

2.抗磷脂抗体 包括抗心磷脂抗体、狼疮抗凝物、抗 β_2-GPI 抗体、梅毒血清试验假阳性等针对自身不同磷脂成分的自身抗体。是否合并有继发性 APS 需结合其特异的临床表现。

3.抗组织细胞抗体 Coombs 试验检测抗红细胞膜抗体。抗血小板相关抗体导致血小板减少，抗神经元抗体多见于 NP-SLE。

4.其他 有少数患者的血清出现 RF 和 ANCA。

（三）补体

目前常用的有总补体（CH50）、C3 和 C4 的检测。补体低下，尤其是 C3 低下常提示 SLE 的活动。C4 低下除表示 SLE 活动性外，还可能是 SLE 易感性（C4 缺乏）的表现。

（四）肾活检

对狼疮肾炎的诊断、治疗和预后均有价值，尤其对指导狼疮肾炎治疗有重要意义。

（五）超声心动图

对心包积液、心肌、心瓣膜病变、肺动脉高压等均有较高敏感性（图 8-3-2），有助于早期诊断。

（六）X 线及 CT 影像学检查

有助于早期发现脏器损害。如头颅 MRI、CT 对患者脑部的梗死性或出血性病灶的发现和治疗提供帮助；高分辨率 CT 有助于发现早期肺间质性病变（图 8-3-3）。

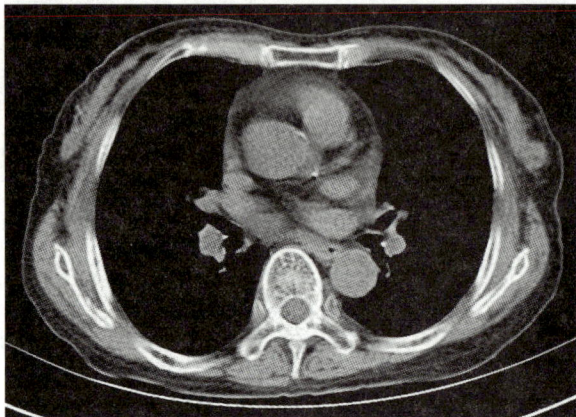

图 8-3-2　系统性红斑狼疮患者心包积液

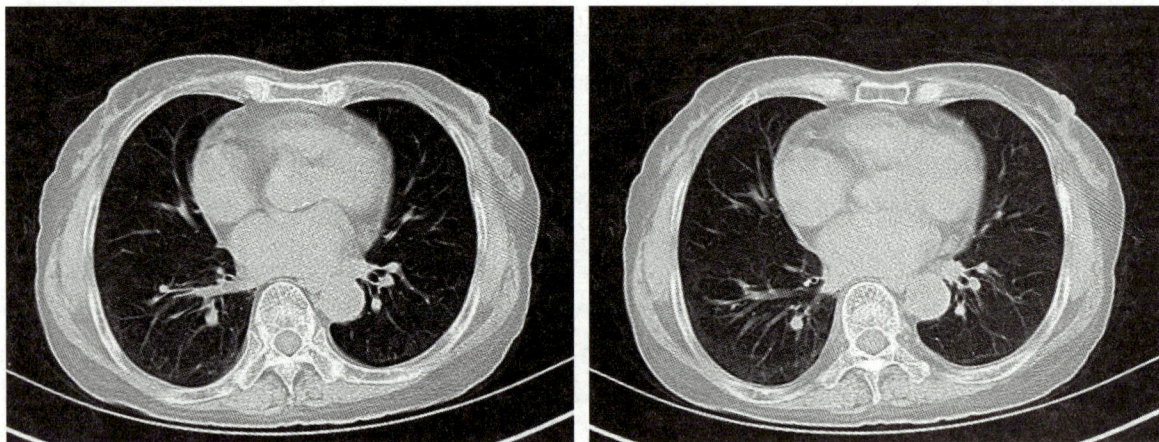

图 8-3-3　系统性红斑狼疮患者左侧肺部胸膜下纤维灶

【诊断和鉴别诊断】

SLE 国际协作组织在美国风湿病学会 1997 年推荐的 SLE 分类标准基础上，于 2012 年发表了新的分类标准。该分类标准包括 11 项临床标准和 6 项免疫学标准。

（一）临床标准

1.急性或亚急性皮肤型狼疮

2.慢性皮肤型狼疮

3.口鼻部溃疡

4.脱发

5.关节炎

6. **浆膜炎** 胸膜炎和心包炎。

7. **肾脏病变** 尿蛋白定量（24 小时）>0.5g 或有红细胞管型。

8. **神经病变** 癫痫、精神病、多发性单神经炎、脊髓炎、外周或脑神经病变、急性精神错乱状态。

9. **溶血性贫血**

10. **白细胞减少** 至少一次白细胞减少（$<4\times10^9/L$）或淋巴细胞减少（$<1\times10^9/L$）。

11. **血小板减少** 至少一次血小板减少（$<100\times10^9/L$）。

（二）免疫学标准

1. **抗核抗体阳性**

2. **抗 dsDNA 抗体阳性** ELISA 方法需 2 次阳性。

3. **抗 Sm 抗体阳性**

4. **抗磷脂抗体阳性** 狼疮抗凝物阳性，或梅毒血清学试验假阳性，或中高水平阳性的抗心磷脂抗体，或抗 β_2-GPI 抗体阳性。

5. **补体降低** C3、C4 或 CH50 降低。

6. **直接抗人球蛋白试验（Coombs 试验）阳性（无溶血性贫血）**

满足以上 4 项或 4 项以上者，且至少包括 1 项临床标准和 1 项免疫学标准；或肾活检证实狼疮肾炎，同时 ANA 阳性或抗 dsDNA 抗体阳性，可诊断 SLE。该标准的敏感性达到 97%，特异性为 84%。

SLE 应与下述疾病鉴别：RA、各种皮炎、癫痫病、精神病、特发性血小板减少性紫癜和原发性肾小球肾炎等，也需和其他结缔组织病作鉴别。有些药物如肼屈嗪等长期服用可引起类似 SLE 表现（药物性狼疮），但极少有神经系统表现和肾炎，且抗 dsDNA 抗体、抗 Sm 抗体阴性，血清补体常正常，可资鉴别。

（三）病情的判断

诊断明确后要判定患者的病情，以便采取相应的治疗。病情的判断根据以下三个方面。

1. **疾病的活动性或急性发作** 评估现有多种标准，包括 SLEDAI、SLAM、SIS、BILAG 等，其中较为简明实用的为 SLEDAI。内容如下：抽搐（8 分）、精神异常（8 分）、脑器质性症状（8 分）、视觉异常（8 分）、脑神经受累（8 分）、狼疮性头痛（8 分）、脑血管意外（8 分）、血管炎（8 分）、关节炎（4 分）、肌炎（4 分）、管型尿（4 分）、血尿（4 分）、蛋白尿（4 分）、脓尿（4 分）、新出现皮疹（2 分）、脱发（2 分）、发热（1 分）、血小板减少（1 分）、白细胞减少（1 分）。根据患者前 10 天内是否出现上述症状而定分，凡总分在 10 分或 10 分以上者考虑疾病活动。

系统性红斑狼疮疾病活动度评分

2. **病情的严重性** 依据受累器官的部位和程度。狼疮危象是指急性重症 SLE，包括急进性狼疮肾炎、严重的中枢神经系统损害、严重的溶血性贫血、血小板减少性紫癜、粒细胞缺乏症、严重心脏损害、严重狼疮性肺炎、严重狼疮性肝炎和严重的血管炎。

3. **并发症** 有肺部或其他部位感染、高血压、糖尿病等，并发症使病情加重。

【治疗】

SLE 目前虽不能根治，但合理治疗后可以缓解病情，尤其是早期患者。治疗原则是活动且病情重者给予强有力的药物控制，病情缓解后则接受维持性治疗。现将本病的药物叙述如下。

（一）一般治疗

非药物性治疗尤为重要，避免使用可能诱发狼疮的食物和药物，如蘑菇、芹菜等食物和避孕药等；避免强阳光曝晒和紫外线照射；缓解期可作防疫注射，但尽可能不用活疫苗。注意休息，必要时进行心理治疗。

系统性红斑狼疮的饮食禁忌

1. 避免食用引起光过敏的食物,常见的有香菜、芹菜、蘑菇、香菇、莴苣、韭菜、豆英、小白菜、紫云英、灰菜、芥菜、萝卜叶、马齿苋、苋菜、荠菜、菠菜、油菜、茴香、芥末、红豆等蔬菜,还有光敏性水果:芒果、菠萝、柠檬、柑橘、无花果等。该类食物可以诱发或加重 SLE 患者光过敏,使患者面部红斑皮损增加,应尽量避免或少吃。若需食用,可以采取适当的防晒措施,以免发生光敏反应,或尽量避免白天食用,由于食物代谢比较快,若晚上食用,经过一晚上的代谢,可减少光过敏反应的发生。

2. 不能过量食用羊肉、狗肉、马肉、鹿肉、驴肉,以上为温热食品,SLE 患者表现为阴虚内热现象者,食后能使患者内热症状加重,诱发狼疮,可以吃猪肉、牛肉、鸡肉、鱼肉。

3. 尽量不吃可能诱发过敏的海鲜产品,如鱼、虾、贝、蟹、黄泥螺等。

4. 避免过于辛辣、油腻、煎炸的食物。

5. 注意避免使用含雌激素的药品和食物,紫河车(胎盘)、脐带、蜂王浆、蛤蟆油,某些女性避孕药及豆类食物均含有雌激素,而雌激素正是 SLE 发病的重要因素之一。

(二)药物治疗

1. 糖皮质激素 根据 SLEDAI 评分决定治疗方案,一般选用泼尼松或甲泼尼龙,只有鞘内注射时用地塞米松。在诱导缓解期,可先试用泼尼松 0.5~1mg/(kg·d),晨起顿服,病情稳定后 2 周或疗程 6 周后,开始以每 1~2 周减 10% 的速度减量,减至 <0.5mg/(kg·d)后,减药速度按病情适当调慢;如果病情允许,维持治疗的激素剂量泼尼松尽量每天小于 10mg。长期使用激素会出现以下不良反应,如向心性肥胖、高血压、高血糖、感染、骨质疏松及股骨头无菌性坏死等,应密切监测。

激素冲击疗法:用于狼疮危象患者,如急进性肾衰竭、NP-SLE 的癫痫发作或明显精神症状、严重溶血性贫血等,即甲泼尼龙 500~1 000mg,溶于 5% 葡萄糖 250ml 中,缓慢静脉滴注每天 1 次,连用 3~5 天为 1 疗程,接着使用如上所述的大剂量泼尼松,如病情需要,1~2 周后可重复使用,该疗法能较快控制 SLE 暴发,达到诱导缓解的目的。

2. 免疫抑制剂 活动程度较严重的 SLE,联合使用大剂量激素和免疫抑制剂,后者常用的是环磷酰胺(CTX)或硫唑嘌呤,羟氯喹作为 SLE 常规加用的药物,免疫抑制剂有利于更好地控制 SLE 活动,减少 SLE 暴发,以及减少激素的用量。狼疮肾炎用激素联合 CTX 治疗,会显著减少肾衰竭的发生。

(1)**环磷酰胺**:CTX 冲击疗法,每次剂量 0.5~1.0g/m²,加入 0.9% 氯化钠溶液 250ml 内静脉缓慢滴注,时间要超过 1 小时。除病情危重每 2 周冲击 1 次外,通常每 4 周冲击 1 次,冲击 8 次后,如病情明显好转(如尿蛋白转阴),则改为每 3 个月冲击一次,至活动静止后至少 1 年可停止冲击。CTX 口服剂量为每天 1~2mg/kg,分 2 次服。CTX 不良反应有骨髓抑制、胃肠道反应、脱发、肝损害等,应定期监测,当血白细胞 $<3×10^9$/L 时应暂停使用。

(2)**硫唑嘌呤**:适用于中等度严重病例,脏器功能恶化缓慢者。硫唑嘌呤不良反应主要是骨髓抑制、肝损害、胃肠道反应等,剂量为每天 50~100mg,每天 1 次。

(3)**环孢素**:每天 5mg/kg,分 2 次口服,服用 3 个月。以后每个月减少 1mg/kg,至 3mg/kg 作维持治疗。其不良反应主要为肾、肝损害,使用期间应严密监测。用 CTX 的病例,由于血白细胞减少而暂不能使用者,可用本药暂时代替。

(4)**吗替麦考酚酯**(mycophenolatemofetil,MMF):其活性代谢物为吗替麦考酚酯。剂量为每天 1.5~2g,分 2 次口服。该药对白细胞、肝肾功能影响小。

(5)**抗疟药**:羟氯喹每次 0.1~0.2g,每天 2 次。氯喹每次 0.25g,每天 1 次,对皮疹、关节痛轻型患者有效。该药对血常规、肝肾功能的影响很小,长时间服用后可能对视力有一定影响,氯喹可造成心肌损害。

(6) **雷公藤总苷**:每次 20mg,每天 3 次。对本病有一定疗效。不良反应主要是对性腺的毒性,可发生停经、精子减少,还有肝损害、胃肠道反应、白细胞减少等。

3. 静脉注射大剂量免疫球蛋白 适用于某些病情严重和/或并发全身性严重感染者,对重症血小板减少性紫癜有效,一般每天 0.3~0.5g/kg,静脉滴注,连续 3~5 天为一个疗程。

4. 生物制剂 目前治疗 SLE 的生物制剂分为以下几类:①改变细胞因子活化和调节;②抑制 T 细胞活化并诱导 T 细胞耐受,阻断 T-B 细胞的相互作用;③作用于 B 细胞以减少 B 细胞产生抗体;④抑制补体活化。目前用于临床和临床试验治疗 SLE 的药物主要有抗 CD20 单抗(利妥昔单抗,rituximab)和细胞毒性 T 淋巴细胞相关蛋白 4(CTLA-4,如阿巴西普,abatacept)。生物制剂的应用为 SLE 治疗尤其是难治性复发患者开辟了一条新途径。然而,目前报道或研究多为小样本量,其在 SLE 治疗中的确切作用还需大规模、长期随访研究。

5. 根据病情选择治疗方案

(1) **轻型**:以皮损和/或关节痛为主,可选用羟氯喹(或氯喹),辅以非甾体抗炎药。治疗无效应尽早服用激素,每天剂量为泼尼松 0.5mg/kg。

(2) **一般型**:有发热、皮损、关节痛及浆膜炎,并有轻度蛋白尿,宜用泼尼松,每天剂量为 0.5~1mg/kg。

(3) **狼疮肾炎**:①轻度肾脏损害:尿蛋白轻微(<1g/d),病理表现为 I 型或 II 型者仅给予对症治疗,无须特殊处理,但要注意控制肾外狼疮病变活动。②局灶增生性 LN:可继续给予对症治疗或小剂量糖皮质激素和/或 CTX,以控制 LN 活动和阻止病情进展。③膜性 LN:表现为肾病综合征者需使用大剂量糖皮质激素联合免疫抑制剂治疗。④弥漫增殖性和严重局灶增殖性 LN:对处于急性期、病情明显活动的患者,应先给予诱导疗法,待病情稳定,疾病活动得到控制后转入维持治疗。

(4) **NP-SLE**:鞘内注射地塞米松 10mg 及甲氨蝶呤 10mg,每周 1 次,也可选用甲泼尼龙冲击疗法联合 CTX 冲击治疗。有抽搐者同时给予抗癫痫药、降颅内压等对症治疗。

(5) **溶血性贫血和/或血小板减少**:予甲泼尼龙冲击和泼尼松每天 1mg/kg,根据病情加用 IVIG。

(6) **抗磷脂综合征**:给予抗血小板药及华法林。

(7) **缓解期**:病情控制后,尚需接受长期维持治疗。应使用不良反应最少的药物和最小有效剂量,以达到抑制疾病复发的目的,如每天晨服泼尼松 5~10mg。

(三)血浆置换

通过清除血浆中的循环免疫复合物、游离的抗体、免疫球蛋白及补体成分,使血浆中抗体滴度减低,并改善单核吞噬细胞系统的吞噬功能,对于危重或经多种治疗无效的患者能迅速缓解病情。

(四)人造血干细胞移植

这是通过异体或自体的造血干细胞植入受体内而获得造血和重建免疫功能的医疗手段。人造血干细胞移植可以使传统免疫抑制剂治疗无效的患者病情得以缓解,但移植后复发是自体干细胞移植的突出问题,其远期疗效尚待长期随访评估。

知识拓展

系统性红斑狼疮与妊娠

病情处于缓解期达半年以上者、没有中枢神经系统、肾脏或其他脏器严重损害、口服泼尼松剂量低于 15mg。非缓解期的 SLE 患者容易出现流产、早产和死胎,发生率约 30%,故应避孕。妊娠可诱发 SLE 活动,特别在妊娠早期和产后 6 个月内。大多数免疫抑制剂在妊娠前 3 个月至妊娠期应用均可能影响胎儿的生长发育,故必须停用半年以上方能妊娠。应用免疫抑制剂及大剂量激素者产后避免哺乳。但目前认为羟氯喹和硫唑嘌呤、钙调蛋白酶抑制剂(如环孢素、他克莫司)对妊娠影响相对较小,尤其是羟氯喹可全程使用。激素通过胎盘时被灭活(但是地塞米松和倍他米松例外),孕晚期应用对胎儿影响小,妊娠时及产后可按病情需要给予激素治疗。有习惯性流产病史或抗磷脂抗体阳性者,妊娠时应服阿司匹林,或根据病情应用低分子量肝素治疗。

【预后】

急性期患者的死亡原因主要是 SLE 的多脏器严重损害和感染,尤其是伴有严重神经精神性狼疮和急进性狼疮肾炎者;SLE 远期死亡的主要原因是慢性肾功能不全和药物(尤其是长期使用大剂量激素)的不良反应、冠状动脉粥样硬化性心脏病等。

此病属于慢性病,病程长,反复发作,花费高,给患者带来严重的心理压力,出现焦虑、恐惧等不良情绪。随着现代医疗水平的日益发展,长期规律用药可以使病情逐渐改善,应鼓励患者多表达,多倾诉,有利于释放压力,排除忧愁,树立乐观的情绪,增强康复的信心,家属应给予患者支持和鼓励,来自家庭和社会的关爱,可以让患者心情愉快,树立战胜疾病的信心。

本章小结

SLE 是以多器官组织损害为特点的自身免疫性疾病,临床表现轻重缓急不一,多见皮肤、关节、肾脏、呼吸、循环、消化、血液、神经系统损害和浆膜炎等,多种自身抗体阳性和补体下降。诊断应关注动态、多系统性损害和结合免疫学异常指标,并排除其他弥漫性结缔组织病等。一经确诊,应根据病情选择使用糖皮质激素和免疫抑制剂等,以改善预后。

病例讨论

患者,女,17 岁,因"面部皮疹半年、双下肢水肿 1 个月余,头痛、间断失明 2 天、发热 1 天"收入院。于半年前无明显诱因出现颜面部对称性红色点片状皮疹,日晒后加重,无瘙痒,伴乏力、雷诺现象。于 1 个月前出现双下肢水肿,尿量略减少,尿有少许泡沫,无肉眼血尿。2 天前突发头痛,以右侧额部为甚,伴恶心、呕吐,为非喷射性,呕吐物为胃内容物,无咖啡渣样物,抽搐 2 次,持续 1~2 分钟缓解,双眼逐渐出现间断失明。入院前 1 天出现发热,最高体温达 39.7℃,无明显畏寒、寒战、咳嗽、咳痰等。无药物、食物及其他过敏史。查体:T 37.0℃,P 76 次/min,R 17 次/min,BP 133/90mmHg。谵妄,查体不合作,满月脸,面部蝶形红斑,颈稍抵抗。双肺呼吸音粗,未闻及干湿啰音,HR 76 次/min,律齐,未闻及杂音。双下肢轻度凹陷性水肿,生理反射存在,病理征未引出。双下肢肌力 4 级,双上肢肌力正常,四肢肌张力正常。实验室检查:WBC $13.47×10^9/L$,N 0.8;尿蛋白定量 3.2g/24h;ESR 97.0mm/h;CRP 53.22mg/L;白蛋白 12.4g/L;CK 263.0U/L,CK-MB 35U/L,LDH 239U/L;ANA(+),抗 SS-A(Ro)(+),抗 Sm(+),抗 U_1-RNP(+);抗心磷脂抗体(-);pANCA(-),cANCA(-)。

(郑秀花)

思考题

1. 系统性红斑狼疮为什么会发生多系统损害?
2. 神经精神狼疮如何与中枢神经系统感染性疾病鉴别?
3. 简述系统性红斑狼疮生物制剂治疗的前景。

ER 8-3-8

练习题

神经系统疾病

第一章 | 总 论

学习目标

1. 掌握：上、下运动神经元性瘫痪的鉴别要点；意识障碍的临床分类；肌张力异常的表现及临床意义；反射、共济运动的检查方法；病理反射、脑膜刺激征的检查方法和临床意义；腰椎穿刺适应证、禁忌证及并发症。

2. 熟悉：神经系统疾病的病因学分类；感觉和运动的解剖生理；感觉与运动障碍的类型及定位诊断；失语的分类；12 对脑神经的检查要点；感觉系统的检查方法；脑脊液检查的内容及临床意义；颅脑 CT、脑电图、颈部超声检查的临床意义和应用；神经系统疾病的诊断原则。

3. 了解：数字减影血管造影、磁共振成像、肌电图、放射性核素检查的临床意义和应用。

4. 学会对患者进行规范的神经系统查体；学会运用所学知识对神经系统疾病患者进行初步诊断、正确选择辅助检查方法，能把神经系统的定位及定性诊断原则应用于后续神经系统章节的学习中。

5. 具备尊重患者的人格和尊严，预防为主的思想。

案例导入

患者，男，56 岁。3 天前出现右侧肢体无力。查体：言语不清，右侧面部痛觉减退，右侧鼻唇沟变浅，示齿口角偏向左侧，伸舌右偏，右侧肢体肌力 2 级，肌张力较左侧高，右侧肢体痛觉减退，右侧巴宾斯基征（＋）。

请思考：

该患者病变部位可能在哪里？为什么？

神经系统是人体最精细、结构和功能最复杂的系统，按解剖结构分为中枢神经系统（脑、脊髓）和周围神经系统（脑神经、脊神经）。神经系统疾病是神经系统和骨骼肌由于感染、肿瘤、血管病变、外伤、中毒、免疫障碍、变性、遗传、先天发育异常、营养缺陷、代谢障碍等引起的疾病，其对患者的功能、生活、工作往往造成很大的影响，作为将要服务基层的医学生，掌握神经系统疾病的基本理论、常见疾病的预防和诊疗方法、急危重症的转诊识别和转诊，是非常重要的。

第一节　神经系统疾病的病因学分类与特性

神经系统疾病病因复杂、种类繁多，根据病因学分类，将神经系统几类主要疾病的临床特点列述如下：

（一）血管性疾病

起病急骤，发病后短时间内（数秒、数分钟、数小时或数日）症状达高峰。多见于中、老年人，既往常有高血压、糖尿病、心脏病、动脉粥样硬化、高脂血症等病史。神经系统症状常有头痛、呕吐、意识障碍、肢体瘫痪和失语等。CT、磁共振成像（magnetic resonance imaging，MRI）、磁共振血管成像（magnetic resonance angiography，MRA）、数字减影血管造影（digital subtraction angiography，DSA）检查有助于确定诊断。主要疾病有短暂性脑缺血发作、脑梗死、脑出血、蛛网膜下腔出血等。

（二）感染性疾病

多呈急性或亚急性起病，常于发病数日至数周内发展到高峰，常伴有畏寒、发热、外周血白细胞增加或血沉增快等全身感染的征象。神经系统症状表现多样，可出现脑、脑膜和脊髓损害。有针对性地进行血液和脑脊液的微生物学、免疫学等有关检查，或进一步找到病原学证据如病毒、细菌、寄生虫和螺旋体等。主要疾病有急性化脓性脑膜炎、流行性乙型脑炎、单纯疱疹病毒脑炎、结核性脑膜炎、新型隐球菌脑膜炎、脑囊虫病等。

（三）神经变性疾病

起病隐匿，进展缓慢，常呈进行性加重，多选择性损害特定的解剖结构和特定的神经元，如肌萎缩侧索硬化主要累及上、下运动神经元。主要疾病有运动神经元病、阿尔茨海默病、多系统萎缩等。

（四）外伤

多有外伤史，常呈急性起病，神经系统症状和体征的出现与外伤有密切关系，X线、CT检查有助于诊断。主要疾病有脑挫裂伤、硬膜外血肿、硬膜下血肿、脑内血肿、外伤性蛛网膜下腔出血、脊髓挫裂伤、周围神经损伤等。

（五）肿瘤

大多数起病缓慢，病情呈进行性加重，常有头痛、呕吐、视盘水肿等颅内高压症状，还可以引起局灶性定位症状和体征。CT和MRI是重要的检查手段。主要疾病有胶质瘤、脑膜瘤、转移瘤、垂体瘤、颅咽管瘤、脊髓肿瘤等。

（六）自身免疫性疾病

常呈急性或亚急性起病，病灶分布较弥散，多为单相病程或表现有缓解与复发的倾向，MRI、脑脊液检查和诱发电位检查有助于诊断。常见疾病有多发性硬化、急性播散性脑脊髓炎、脑白质营养不良、吉兰-巴雷综合征等。

（七）代谢和营养障碍性疾病

常有引起代谢及营养障碍的病因，如患有糖类、脂肪、蛋白质、氨基酸和重金属代谢障碍性疾病，或者胃肠切除术后、长期经静脉补充营养、饥饿、偏食、呕吐、腹泻和酗酒等。通常发病缓慢，病程较长，常有其他脏器如肝、脾、视网膜、血液和皮肤受损的证据。如糖尿病引起的多发性周围神经病、维生素 B_{12} 缺乏导致的脊髓亚急性联合变性等。

（八）中毒

有与毒物接触史或滥用药物及长期服药史。除急性中毒外，通常起病缓慢，可表现为急性或慢性脑病、周围神经病、帕金森病、共济失调等症状和体征，常有其他脏器受损的证据。环境、体内的毒物或药物理化检测有助于诊断。

（九）遗传性疾病

多在儿童和青春期起病，具有家族性和终生性特点，呈慢性或隐匿起病、进行性发展，许多疾病的病因和发病机制尚未阐明，基因分析有助于诊断。主要疾病有遗传性共济失调、遗传性痉挛性截瘫、神经皮肤综合征、腓骨肌萎缩症、肝豆状核变性等。

（十）先天性发育异常

表现为神经系统发育缺陷、智能障碍、运动障碍、发育迟滞等，注意询问相关病史和进行相关辅助检查有助于诊断。常见疾病有颅裂和脊柱裂、小脑扁桃体下疝畸形、扁平颅底、寰椎与枢椎畸形、腰骶椎融合等。

(十一) 系统性疾病伴发的神经系统损害

脑与各系统、器官联系非常密切。当人体各器官发生病变时,可能引起急性、亚急性或慢性起病的脑损害,神经系统症状表现多样,演变过程与系统疾病有密切关系。许多内分泌、血液、心血管、呼吸、消化、泌尿、结缔组织系统疾病和恶性肿瘤等都可并发神经系统损害,如慢性气管炎、肺气肿、肺心病并发的肺性脑病,肝硬化并发的肝性脑病等。

第二节　常见神经系统功能障碍

神经系统疾病的临床表现主要涉及感觉、运动、反射、自主神经以及高级神经活动等方面的功能障碍。本节主要概述感觉和运动障碍及其解剖生理基础,而其他方面的功能障碍将主要融合在本章第三节"神经系统疾病的诊断"中概述。

【感觉障碍】

感觉(sensory)包括特殊感觉(嗅觉、视觉、味觉、听觉)和一般感觉两大类。一般感觉又分为浅感觉、深感觉和复合感觉。本部分仅涉及躯干和四肢的一般感觉,而特殊感觉的内容将穿插在本章第三节"神经系统疾病的诊断"中描述。

(一) 解剖生理特点

每一脊神经后根或脊髓节段支配的皮肤区域,称为皮节。此种节段性支配在躯干的皮节分布区比四肢更明显。一些典型的节段分布特别有助于临床定位诊断,如胸骨角平面为 T_2、乳头平面为 T_4、剑突平面为 T_6、T_6 与 T_{10} 连线 1/2 处为 T_8、脐水平面为 T_{10}、腹股沟平面为 T_{12} 及 L_1 等。应注意脊髓的感觉分布呈节段性分布,与周围神经在体表呈条块状的分布不同。

(二) 感觉障碍的分类

1. 抑制性症状　感觉径路破坏时功能受到抑制,出现感觉(痛觉、温度觉、触觉和深感觉)减退或缺失,包括感觉缺失(同一部位各种感觉均缺失)和分离性感觉障碍(同一部位某种感觉缺失而其他感觉保存)。

2. 刺激性症状　感觉径路受到刺激或兴奋性增高时出现刺激性症状,可分为以下几种:

(1) **感觉过敏**:在正常人中不引起不适感觉或仅有轻微感觉的刺激,而在患者中却引起非常强烈甚至难以忍受的感觉。常见于浅感觉障碍。

(2) **感觉过度**:一般发生在感觉障碍的基础上,表现为:①往往在刺激开始后不能立即感知,必须经历一段时间才出现。②刺激必须达到一定的强度才能感觉到。③患者所感到的刺激具有暴发性,呈现一种剧烈的、定位不明确的、难以形容的不愉快感。④刺激有扩散的趋势,单点的刺激患者可感到是多点刺激并向四周扩散。⑤当刺激停止后在一定时间内患者仍有刺激存在的感觉,即出现"后作用",一般为强烈难受的感觉,常见于烧灼性神经痛、带状疱疹疼痛、丘脑的血管性病变。

(3) **感觉倒错**:指对刺激产生的错误感觉,如冷的刺激产生热的感觉,触觉刺激或其他刺激误认为痛觉等。常见于顶叶病变或癔症。

(4) **感觉异常**:指在没有任何外界刺激的情况下,患者感到某些部位有麻木、瘙痒、重压、针刺、冷热、肿胀和蚁行感,而客观检查无感觉障碍。常见于周围神经或自主神经病变。

(5) **疼痛**:是感觉纤维受刺激时的躯体感受,为机体的防御机制。临床上常见的疼痛可有局部疼痛、放射性疼痛、扩散性疼痛、牵涉性疼痛、幻肢痛和灼烧性神经痛等。

(三) 感觉障碍的定位诊断

根据感觉障碍的分布范围作出疾病不同部位的定位诊断。常见的感觉障碍类型有以下几种(图 9-1-1):

1. 末梢型　表现为肢体远端对称性各种感觉(痛觉、温觉、触觉等)障碍,呈手套-袜套样分布,

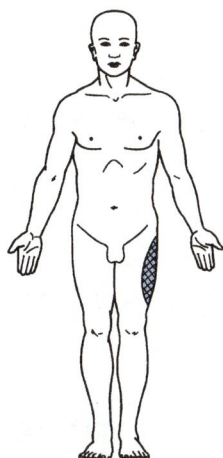

神经干型感觉障碍
(见于股外侧皮神经炎)

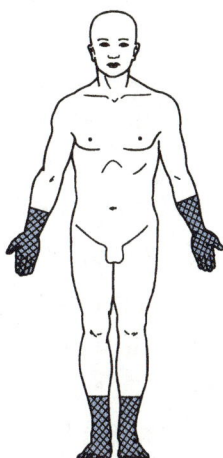

末梢型感觉障碍
(见于多发性神经炎)

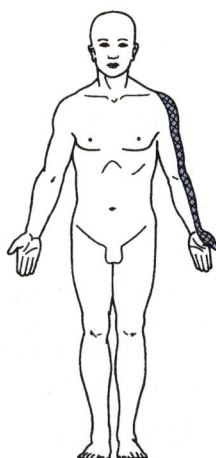

后根型感觉障碍
(见于C₅和C₆后根损害)

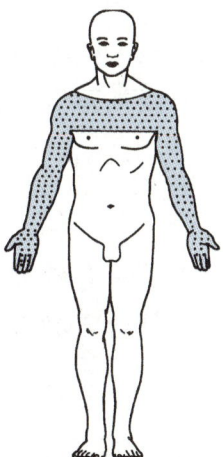

髓内型-双侧节段型感觉障碍
(多见于脊髓空洞症)

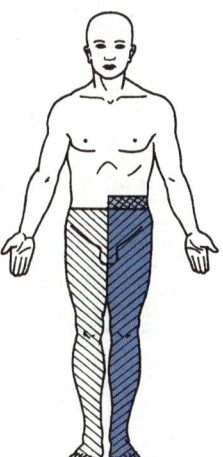

髓内型-脊髓半切型感觉障碍
(见于脊髓半切综合征)

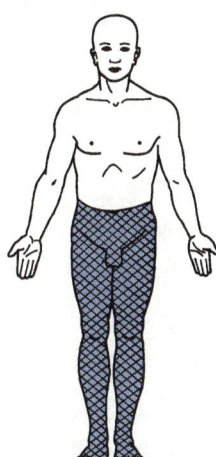

髓内型-脊髓横贯型感觉障碍
(见于脊髓横贯性损伤)

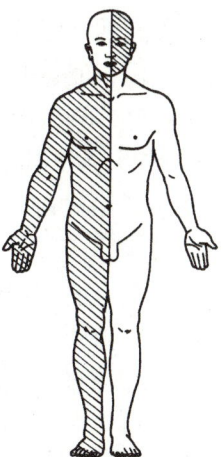

交叉型感觉障碍
(多见于延髓背外侧综合征)

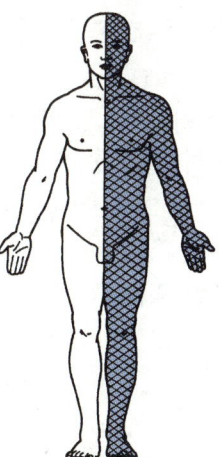

偏身型感觉障碍
(见于内囊病变)

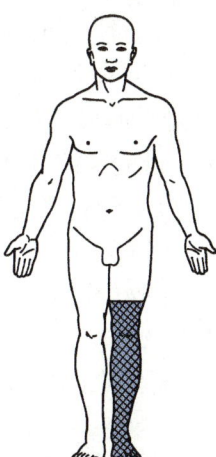

癔症型感觉障碍
(见于癔症)

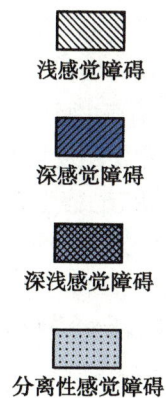

浅感觉障碍

深感觉障碍

深浅感觉障碍

分离性感觉障碍

图 9-1-1　各种类型感觉障碍分布

远端重于近端,为周围神经末梢受损所致,见于多发性神经病等。

2. 神经干型 周围神经某一支神经干受损,其支配区域内各种感觉呈条或块状障碍。如桡神经麻痹、腓总神经麻痹等。

3. 节段型

(1) **后根型**:一侧脊神经根或后根神经节病变,出现单侧节段性完全性感觉障碍,可伴有神经根痛,如腰椎间盘突出症和髓外肿瘤等。

(2) **后角型**:见于一侧后角病变,表现为单侧节段性分离性感觉障碍,出现病变侧痛、温度觉丧失,而触觉和深感觉存在,见于脊髓空洞症和脊髓内肿瘤等。

(3) **前连合型**:脊髓中央部病变使前连合受损引起,表现为支配节段双侧对称性痛觉、温度觉障碍,而触觉、深感觉保留。见于脊髓空洞症和髓内肿瘤的早期。

4. 脊髓传导束型 脊髓感觉传导束损害导致损害平面以下的感觉障碍。

(1) **脊髓横贯性损害**:出现病变平面以下各种感觉(温、痛、触、深感觉)均缺失或减弱,伴有截瘫或四肢瘫,大、小便功能障碍等,见于脊髓炎和脊髓肿瘤等。

(2) **脊髓半离断型**:又称脊髓半切综合征(Brown-Sequard syndrome),脊髓半侧损伤时,表现为同侧病变平面以下深感觉障碍及上运动神经元瘫痪,对侧痛、温觉缺失。

(3) **后索型**:薄束、楔束损害,表现受损平面以下深感觉和精细触觉障碍,出现感觉性共济失调。

(4) **侧索型**:脊髓丘脑侧束受损,出现对侧病变平面以下痛觉、温度觉障碍,而触觉、深感觉保留。

5. 脑干型 脑干损害产生交叉性感觉障碍,表现为病变同侧面部、对侧偏身痛温觉减退或缺失。见于炎症、脑血管病和肿瘤等。

6. 丘脑及内囊型 丘脑及内囊等处病变均可导致对侧偏身感觉减退或缺失,常伴有肢体瘫痪或面舌瘫等。丘脑受损产生对侧偏身各种感觉减退或缺失,常伴有自发性疼痛和感觉过度;内囊受损常伴对侧偏身感觉障碍。见于脑血管病。

7. 皮质型 大脑皮质感觉区病变仅累及部分区域时,常表现为对侧上肢或下肢感觉缺失,并有复合感觉障碍。皮质感觉区刺激性病灶可引起局部性感觉性癫痫发作。

【运动障碍】
(一)运动系统解剖生理

1. 上运动神经元 上运动神经元又称锥体系统,包括大脑皮质中央前回运动区的大锥体细胞及其下行轴突形成的皮质脊髓束和皮质延髓束,后两者合称锥体束。皮质脊髓束的大部分纤维在延髓锥体交叉处交叉至对侧,形成皮质脊髓侧束,小部分纤维不交叉而直接下行,形成皮质脊髓前束,终止于脊髓前角。皮质延髓束终止于各脑神经运动核,除面神经核下部、舌下神经核外,其他脑神经核均受双侧皮质延髓束支配。上运动神经元的功能是发放和传递随意运动冲动至下运动神经元,并控制和支配其活动。

2. 下运动神经元 是指脑干运动神经核、脊髓前角运动神经细胞和它们所发出的周围神经(即神经轴突)。其接受锥体束、锥体外系统和小脑系统的各种冲动,是运动冲动到达骨骼肌的唯一途径。下运动神经元将各方面传来的冲动组合起来,经前根、神经丛和周围神经传递至运动终板,引起肌肉收缩。

3. 锥体外系统 广义的锥体外系统是指锥体系统以外的所有躯体运动系统,包括大脑皮质、纹状体、丘脑、丘脑底核、中脑顶盖、红核、黑质、桥核、前庭核、小脑、脑干的某些网状核以及它们之间的联络纤维等,共同组成了多条复杂的神经环路。狭义的锥体外系主要指纹状体系统。锥体外系统的功能是调节肌张力、协调肌肉运动、维持和调整体态姿势、负责半自动刻板动作和反射性运动。

4. 小脑 小脑是协调随意运动的重要结构,主要功能是调节肌张力、控制姿势和步态、维持躯体平衡和协调随意运动。

(二)运动障碍的定位诊断

运动功能障碍表现为瘫痪,是指个体随意运动功能的减低或丧失,可分为神经源性、神经肌肉接头性和肌源性等。按照运动传导通路的不同部位受损,将瘫痪分为上运动神经元性和下运动神经元性瘫痪。

1. 上运动神经元损害 损伤后可产生上运动神经元性瘫痪,也称痉挛性瘫痪或中枢性瘫痪。根据上运动神经元各部位病变时瘫痪的特点,分为单瘫、偏瘫、交叉性瘫痪和截瘫等(图 9-1-2),定位诊断如下:

(1)**皮质**:多表现为对侧一个上肢、下肢或面部的中枢性瘫痪,称单瘫。当病变为刺激性时,对侧肢体相应部位出现局限性抽搐(常为阵挛性)。

(2)**内囊**:此处病变易使一侧锥体束全部受损而引起对侧比较完全的中枢性面、舌瘫和肢体瘫痪,常合并对侧偏身感觉障碍和偏盲。

(3)**脑干**:脑干病变引起交叉性瘫痪,即同侧脑神经下运动神经元性瘫痪和对侧肢体上运动神经元性瘫痪。

(4)**脊髓**:脊髓横贯性损害可出现四肢瘫或截瘫;脊髓半横贯损害可出现脊髓半切综合征。

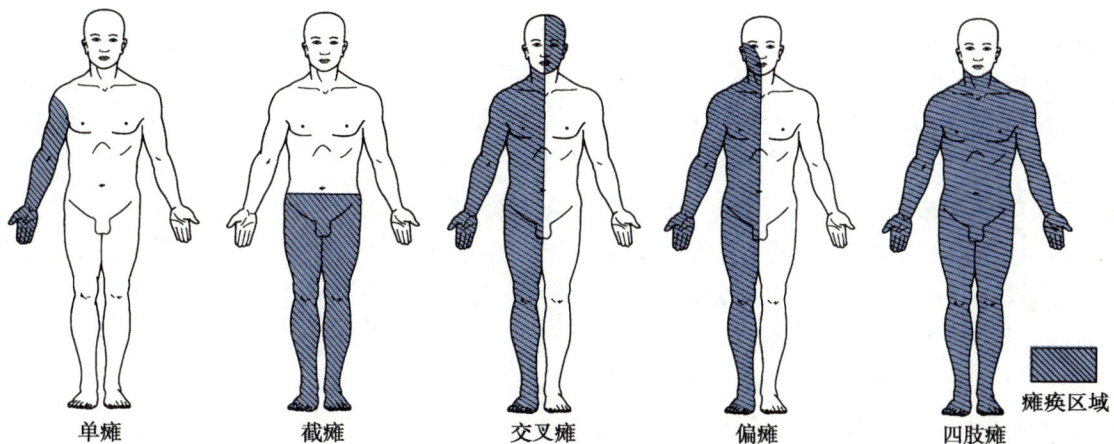

单瘫　　　　截瘫　　　　交叉瘫　　　　偏瘫　　　　四肢瘫

瘫痪区域

图 9-1-2　瘫痪的几种常见形式

2. 下运动神经元损害 下运动神经元通路任何部位损伤可导致下运动神经元性瘫痪,或称弛缓性瘫痪或周围性瘫痪。上、下运动神经元性瘫痪的鉴别要点如表 9-1-1 所示。

表 9-1-1　上、下运动神经元性瘫痪的鉴别要点

临床特点	上运动神经元性瘫痪	下运动神经元性瘫痪
瘫痪范围	较广(如偏瘫、单瘫和截瘫等)	局限,以肌群为主
肌张力	增高,呈痉挛性瘫痪	减低,呈弛缓性瘫痪
腱反射	亢进	减弱或消失
病理反射	阳性	阴性
肌萎缩	无,可有轻度失用性萎缩	显著,且早期出现
肌电图	神经传导速度正常,无失神经电位	传导速度异常,有失神经电位

3. 锥体外系损害 锥体外系受损后主要出现肌张力改变和不自主运动两大类症状。主要表现为:①苍白球、黑质损害:出现肌张力增高、运动减少综合征。②新纹状体即尾状核、壳核损害:出现

肌张力减低运动增多综合征。③丘脑底核病变可产生偏侧投掷运动。

4. 小脑系统损害 小脑损害后最重要的症状是共济失调,主要表现为走路时步态不稳,左右摇摆,意向性震颤,可伴肌张力减低、眼球震颤、言语缓慢或呈爆发式语言等。小脑各部位损害主要表现如下:①小脑蚓部损害:出现躯干及双下肢的共济失调,患者站立不稳,行走时两脚分开较宽,步态蹒跚,状如醉汉,上肢共济失调不明显,常无眼球震颤。②小脑半球损害:出现行走时步态不稳,易向患侧歪斜或倾倒,同侧上、下肢共济运动不协调,如指鼻试验及跟-膝-胫试验不准,辨距不良,轮替运动差,反跳现象阳性,有意向性震颤,眼球向病灶侧注视时有粗大震颤。

第三节 神经系统疾病的诊断

神经系统疾病的诊断原则和基本要求包括两方面,即定位诊断(病变部位诊断)和定性诊断(病因诊断)。前者是确定病变部位,后者则是确定病变性质。神经系统疾病的临床诊断更强调定位的内容,通常以病变部位作为划分疾病的主线,再以定性的方式串联各种疾病。诊断的过程和临床思维可以按以下 3 个步骤进行:①收集可靠、全面的临床资料,包括详尽的病史采集、仔细的体格检查以及恰当的辅助检查。②进行周密的逻辑分析,作出定位诊断。③提出可能的病因,作出定性诊断。

【收集临床资料】

（一）病史采集

在神经系统疾病的诊断中最为重要,准确而完整的病史是进行正确临床诊断的必要前提和重要依据。

病史采集一定要遵循系统完整、客观真实、重点突出的原则。要重点询问头痛、感觉异常、眩晕、瘫痪、抽搐、视力障碍、睡眠障碍、言语障碍、意识和精神异常等常见的神经系统症状,详细了解这些症状的发生情况(发生时间、起病急缓、可能原因或诱因)、发病方式(发作性、间歇性或周期性)、特点(性质、部位、范围和程度)、伴随症状、进展和演变、诊治情况(疾病中检查发现、曾经诊断、具体治疗方法及其疗效)等。既往史的询问要特别注意与神经系统疾病有关的病史,如心脑血管疾病、高血压病、糖尿病、脑炎、结核病、风湿病、肿瘤、血液病、甲状腺功能障碍、中毒、产伤等。

（二）体格检查

神经系统体格检查是临床医生的基本技能之一,检查所获得的体征为疾病的诊断提供重要的临床依据,熟练地掌握神经系统体格检查方法非常重要。只有通过严格规范的训练,医学生才能掌握基本检查技能和方法,具备诊治疾病的能力。

1. 一般检查 包括全身状况、头颈部、胸腹部、躯干和四肢等有无异常。

2. 意识障碍 广泛的大脑皮质或脑干上行网状激活系统损害可导致不同程度觉醒水平的障碍,而意识内容变化主要由大脑皮质病变造成。以觉醒度改变为主的意识障碍主要包括嗜睡(somnolence)、昏睡(sopor)、昏迷(coma)(按严重程度可分为轻度昏迷、中度昏迷和深度昏迷);以意识内容改变为主的意识障碍主要包括意识模糊(confusion)、谵妄(delirium)等;特殊意识障碍主要包括去皮质综合征(decorticate syndrome)、无动性缄默症(akinetic mutism)等。

3. 精神状态及语言功能

（1）精神状态:注意患者的仪表、动作举止和谈吐思维等有无异常,观察有无人格改变、行为异常、精神症状(错觉、幻觉、妄想等)和情绪改变等。根据记忆力、计算力、定向力等综合判断认知功能。

（2）语言障碍:由于大脑病变引起语言表达或理解等能力受损或丧失称为失语症(aphasia)。常见的失语症包括运动性失语(Broca 失语)、感觉性失语(Wernicke 失语)、混合性失语(完全性失语)、命名性失语、失写症、失读症。

4. 脑神经

（1）**嗅神经**（Ⅰ）：可用有挥发性而无刺激性的液体如香水、薄荷水、松节油、醋等分别试验两侧鼻孔，令其说出是何气味并作出比较。

ER 9-1-3

嗅神经检查

（2）**视神经**（Ⅱ）：主要检查视力、视野和眼底。视力检查一般采用近视力表，视野检查是检查双眼向前方固视不动时所能看到的空间范围，眼底检查常用检眼镜检查视盘、视网膜及血管等情况。

（3）**动眼、滑车和展神经**（Ⅲ、Ⅳ、Ⅵ）：共同支配眼球运动，可同时检查。首先观察睑裂大小和眼球位置有无异常，然后嘱患者的眼球随检查者手指分别向各方向移动，检查有无眼外肌麻痹、复视和眼球震颤，同时注意观察瞳孔的大小、形状、位置是否对称，并检查瞳孔的直接、间接对光反射和调节反射。

（4）**三叉神经**（Ⅴ）：检查面部感觉、双侧咀嚼肌肌力、角膜反射和下颌反射等。

（5）**面神经**（Ⅶ）：主要检查面部表情肌和舌前 2/3 味觉。先观察两侧额纹、睑裂、鼻唇沟和口角是否对称，再嘱患者做皱眉、闭眼、鼓腮、示齿和吹口哨动作，观察能否正常完成及左右是否对称。

（6）**前庭蜗神经**（Ⅷ）：①听力检查：常用耳语、表声或音叉进行。音叉试验包括 Rinne 试验和 Weber 试验。②前庭功能检查：首先观察有无眩晕、呕吐、眼球震颤、平衡障碍等，也可通过诱发试验检查，常用诱发试验有冷热水试验和旋转试验。前庭神经损害主要产生眩晕、眼球震颤及平衡障碍。

（7）**舌咽神经、迷走神经**（Ⅸ、Ⅹ）：观察患者说话有无鼻音、声音嘶哑，询问有无饮水呛咳、吞咽困难等。检查悬雍垂是否居中，双侧软腭抬举是否一致，咽反射及舌后 1/3 味觉是否正常。此外，常用眼心反射（正常人压眼球后脉搏可减少）和颈动脉窦反射（压一侧颈总动脉分叉处引起心动过缓、血压降低）来判定迷走神经功能。

知识拓展

延髓麻痹

延髓麻痹又称延髓性麻痹。根据病损的部位不同将延髓麻痹分为真性延髓麻痹和假性延髓麻痹两类：①真性延髓麻痹是指病变位于延髓的脑神经运动核（疑核、舌下神经核）或由它们发出的舌咽、迷走、舌下神经的病变所引起。②假性延髓麻痹是指由于双侧大脑皮质或双侧皮质脑干束受累所引起。两者在临床上都有吞咽、发音等功能障碍，但前者表现有舌肌萎缩和肌纤维颤动，咽反射减弱或消失；后者舌肌无萎缩，咽反射存在，而下颌反射亢进，常有双侧病理征阳性，且可出现吮吸反射、强哭强笑等症状。

（8）**副神经**（Ⅺ）：嘱患者分别作转颈和耸肩动作，检查者施加阻力测试胸锁乳突肌和斜方肌的肌力（图 9-1-3）。

（9）**舌下神经**（Ⅻ）：嘱患者张口，观察舌在口腔内的位置，再嘱伸舌，观察有无偏斜、舌肌萎缩、舌肌颤动等。核上性麻痹时，伸舌向病灶对侧偏斜；核下性麻痹时，伸舌向病灶侧偏斜。

5. 运动系统 检查包括肌容积、肌张力、肌力、共济运动、不自主运动、姿势及步态等。

（1）**肌容积**（muscle bulk）：观察和比较双侧对称部位的肌肉体积和外形，有无肌萎缩及假性肥大。肌萎缩主要见于下运动神经元损害及肌肉疾病，假性肌肥大常见于进行性肌营养不良症。

（2）**肌张力**（muscle tone）：指肌肉松弛状态的紧张度和被动运动时检查者所遇到的阻力。肌张力减低主要见于下运动神经元损害、小脑病变、某些肌源性病变以及脑和脊髓病变的休克期等。

肌张力增高见于锥体系和锥体外系病变。锥体系损害表现为上肢屈肌和下肢伸肌肌张力明显增高，被动运动开始时阻力大，终了时阻力小，称为痉挛性肌张力增高或折刀样肌张力增高。锥体外系损害表现为上、下肢伸肌和屈肌张力均增高，各方向被动运动时阻力均匀，称为铅管样肌张力增高（不伴肢体震颤）或齿轮样肌张力增高（伴肢体震颤）（图 9-1-4）。

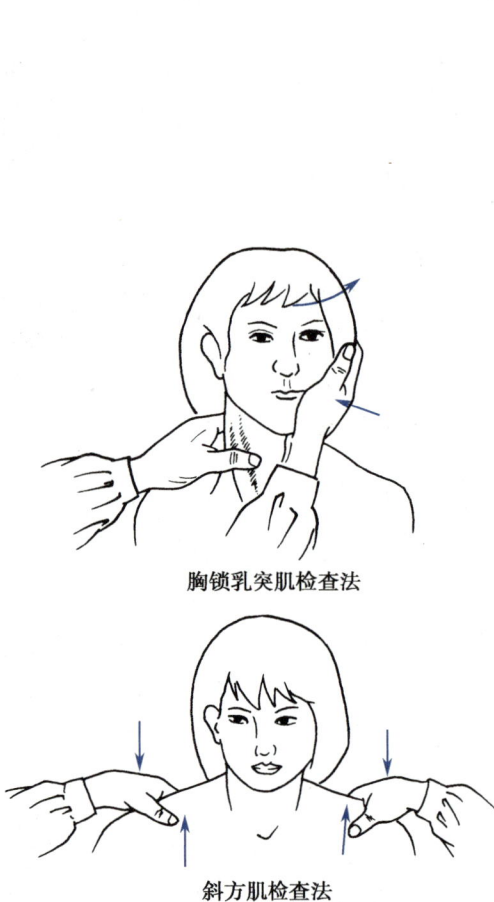

ER 9-1-4

肌张力检查

胸锁乳突肌检查法

斜方肌检查法

图 9-1-3　副神经检查方法

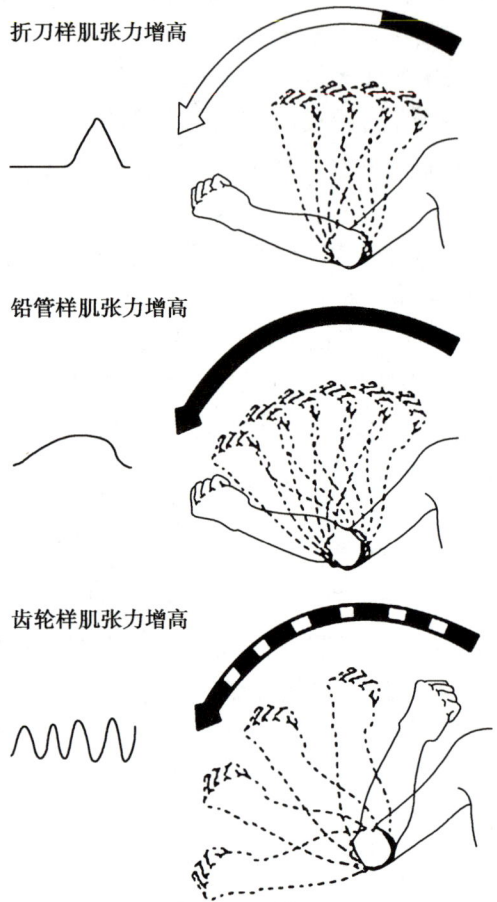

折刀样肌张力增高

铅管样肌张力增高

齿轮样肌张力增高

图 9-1-4　肌张力增高的常见形式

（3）**肌力**（muscle strength）：指肌肉的收缩力。一般以关节为中心检查肌群的伸、屈、外展、内收、旋前、旋后等功能，适用于上运动神经元病变及周围神经损害引起的瘫痪。检查时嘱患者依次做有关肌肉收缩运动，检查者施予阻力抵抗或让患者用力维持某一姿势时，检查者用力改变其姿势，以判定其肌力。肌力记录采用六级（0~5 级）记录法（表 9-1-2）。

表 9-1-2　肌力的六级记录法

0 级	完全瘫痪，肌肉无收缩
1 级	肌肉可收缩，但不能产生动作
2 级	肢体能在床面上移动，但不能抵抗自身重力，即不能抬起
3 级	肢体能抵抗重力离开床面，但不能抵抗阻力
4 级	肢体能做抗阻力动作，但不完全
5 级	正常肌力

随意运动丧失称为完全性瘫痪，随意运动减弱为不完全性瘫痪。对轻度瘫痪患者采用上述方

法不能确定时,可进行上肢或下肢轻瘫试验,嘱患者同时抬举两上肢或两下肢,若一侧肢体在一定时间内逐渐下垂而低于另一侧,表明该侧有轻瘫。还有分指试验、指环试验、小指征、外旋征、足跟抵臀试验等。

(4)**共济运动**:正常运动是在小脑、前庭、视觉、深感觉的调节下,依赖主动肌、协同肌、拮抗肌、固定肌的精确配合完成,协调功能障碍称为共济失调。一般首先观察患者日常活动,如吃饭、系纽扣、取物、书写、说话、站立及步态等是否协调,有无动作性震颤和语言顿挫等,然后检查以下试验:

1)指鼻试验:患者将一侧上肢伸直,用示指触及自己鼻尖,先睁眼后闭眼,两手交替进行。小脑性共济失调者可见动作迟缓、意向性震颤、指鼻不准、辨距不良等。感觉性共济失调者闭眼时指鼻出现困难。

2)轮替试验:嘱患者做快速、重复的翻转手掌动作,或一侧手用手掌、手背连续交替拍打另一手掌,或用足趾反复快速叩击地面等。小脑性共济失调者动作笨拙、节律慢而不协调。

3)跟-膝-胫试验:检查时嘱患者仰卧,伸直抬高一侧下肢,然后屈膝将足跟放在另一下肢的膝盖上,再沿胫骨前缘向下滑动。小脑损坏时出现辨距不良和意向性震颤;感觉性共济失调闭眼时足跟难寻膝盖。

4)龙贝格征(Romberg sign):又称闭目难立征。嘱患者双足并拢站立,两臂向前平伸,闭目后摇摆欲倒者为阳性,提示深感觉障碍或感觉性共济失调。小脑性共济失调者睁、闭眼均站立不稳,闭眼更明显。

(5)**不自主运动**:注意观察患者是否有不能控制的异常运动,如震颤、舞蹈样动作、手足徐动、肌束颤动、肌阵挛等,并了解其出现的部位、范围、程度与规律等,与情绪、动作、寒冷、饮酒等的关系,注意询问既往史和家族史。

(6)**姿势及步态**:首先观察患者卧位、坐位、站立和行走时有无姿势和步态的异常。常见的步态异常有痉挛性偏瘫步态、痉挛性截瘫步态、慌张步态、跨阈步态、摇摆步态和共济失调步态等。

6. 感觉系统 感觉系统检查必须在患者意识清晰、合作的情况下进行。检查时患者宜闭目,一般自感觉缺失部位查向正常部位,自肢体远端查向近端,注意左右、上下、远近端对比,必要时重复检查。包括:

(1)**浅感觉**:包括痛觉、温度觉和触觉。分别用大头针、装温热水及冷水的玻璃试管、棉签等进行检查。

(2)**深感觉**:包括①运动觉:轻捏患者的手指或足趾两侧,上下移动5°左右,让其辨别移动的方向。②位置觉:将患者肢体摆放成某一姿势,请其描述或用对侧肢体模仿。③振动觉:用振动的音叉柄置于骨隆起部,如内外踝、胫骨、髂前上棘、桡尺骨茎突、锁骨等处,询问有无振动感和持续时间,并两侧对比。

(3)**复合感觉(皮质感觉)**:包括①定位觉:用棉签或手指轻触患者皮肤,让其指出受触部位。②两点辨别觉:用分开一定距离的钝双脚规同时触刺皮肤,让患者感觉为两点时再缩小间距,直到感觉为一点为止,注意两侧或上下比较。③图形觉:患者闭目,用手指或笔杆在患者皮肤上画几何图形或写简单数字,如△、O、1、2、3等,让其识别。④实体觉:嘱被检者用单手触摸物品(钥匙、钢笔、硬币等),并说出物品大小、形态和名称。

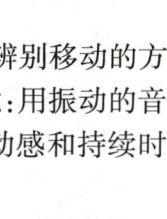

7. 反射 检查内容包括浅反射、深反射(表9-1-3)和病理反射(表9-1-4)等。检查时患者应保持安静和松弛,注意左右对比检查,将肢体摆放适当,叩击或擦划的部位和力度一致,观察反射改变

的程度及两侧是否对称。深反射可按消失（-）、减弱（+）、正常（++）、活跃（+++）、亢进（++++）来记录和描述。

表 9-1-3 常用的深、浅反射检查

反射名称	检查方法	反应	肌肉	传导神经	脊髓节段
深反射					
肱二头肌腱反射	患者肘部半屈，叩击检查者置于肱二头肌肌腱上的手指	肘关节屈曲	肱二头肌	肌皮神经	颈 5~6
肱三头肌腱反射	患者肘部半屈，直接叩击鹰嘴上方的肱三头肌肌腱	伸肘	肱三头肌	桡神经	颈 6~7
桡骨膜反射	患者肘部半屈，直接叩击桡骨茎突	屈肘、前臂旋前	肱桡肌等	桡神经	颈 5~8
膝反射	膝屈曲，叩击髌骨下方股四头肌肌腱	小腿伸展	股四头肌	股神经	腰 2~4
踝反射	半屈膝，足背与小腿呈垂直，叩击跟腱	足跖屈	腓肠肌、比目鱼肌	胫神经	骶 1~2
浅反射					
腹壁反射（上、中、下）	由外向内划腹上部、中部、下部	皮肤相应腹壁肌肉收缩	依次为：腹横肌、腹斜肌、腹直肌	肋间神经	胸 7~8，胸 9~10，胸 11~12
提睾反射	由上向下轻划大腿上部内侧	睾丸上提	提睾肌	闭孔神经传入，生殖股神经传出	腰 1~2
跖反射	划足底外侧自后向前	足趾跖屈	腓肠肌	胫神经	骶 1~2
肛门反射	轻划肛门附近外括约肌	收缩肛门	括约肌	肛尾神经	骶 4~5

表 9-1-4 常用的病理反射检查

反射名称	检查方法	阳性反应
巴宾斯基征（Babinski sign）	划足底外侧，自后向前至小趾根部转向内侧	趾背屈，其余四趾呈扇形分开
查多克征（Chaddock sign）	划足背外侧，自后向前至小趾根部	同上
奥本海姆征（Oppenheim sign）	用拇指、示指沿胫前自上向下用力推压	同上
戈登征（Gordon sign）	用手挤压腓肠肌	同上

8. 脑膜刺激征 检查内容包括颈强直、凯尔尼格征（Kernig sign）和布鲁津斯基征（Brudzinski sign）。脑膜刺激征阳性见于脑膜炎、蛛网膜下腔出血、颅内压增高等。

9. 自主神经功能 观察皮肤色泽、质地、温度、有无水肿、溃疡等，毛发指甲有无改变，有无泌汗异常和性功能障碍，有无内脏和括约肌功能障碍（腹胀、便秘、尿频、尿急、排尿困难、尿潴留、尿失禁等）。还可通过眼心反射试验、竖毛试验、立卧位试验、发汗试验、皮肤划痕试验来了解自主神经功能。

（三）实验室及其他检查

实验室等辅助检查大大提高了神经系统疾病诊断的准确性，对疾病的临床诊断和鉴别诊断具有十分重要的意义。随着技术的进步和发展，检查的手段越来越多，目前临床比较常用的辅助检查包括：脑脊液、神经影像学、神经电生理学、血管超声、放射性核素、病理、基因诊断等检查。本章主要介绍临床比较常用的检查技术及其临床应用。

1. 脑脊液（cerebrospinal fluid，CSF）检查

（1）**腰椎穿刺**：腰椎穿刺（lumbar puncture）是神经系统疾病诊断应用非常普遍的辅助检查，对于疾病的诊断有重要价值,应正确掌握其适应证、禁忌证和并发症。

1)适应证:①中枢神经系统感染、出血、脱髓鞘、脑膜癌等疾病的诊断和鉴别诊断。②明确颅内压力高低以及脊髓腔、横窦通畅情况。③脊髓或脑池造影检查。④鞘内注入药物治疗。⑤注入液体或放出脑脊液以调整颅内压平衡或协助治疗。⑥动态观察 CSF 变化有助判断病情、预后及指导治疗。

2)禁忌证:①颅内压明显升高或已有脑疝迹象者。②怀疑颅后窝有肿瘤等占位性病变者。③穿刺部位有感染或外伤。④有明显出血倾向或病情危重不宜搬动者。⑤脊髓压迫症的脊髓功能已处于即将丧失的临界状态者。

3)操作:患者通常左侧卧位,屈颈抱膝,尽量使脊柱前屈,拉开椎间隙。通常选择第3、4腰椎间隙穿刺进针。术后平卧 4~6 小时。

4)并发症:包括:①低颅内压综合征,最为常见。②脑疝形成。③神经根痛。④其他,如感染、出血等,较为少见。

ER 9-1-11

腰椎穿刺术

(2)压力测定

1)常规压力测定:侧卧位的正常压力为 80~180mmH$_2$O。

2)临床意义:压力>200mmH$_2$O 提示颅内压增高,常见于颅内占位性病变、脑外伤、颅内感染、蛛网膜下腔出血、静脉窦血栓形成和良性颅内压增高等;压力<80mmH$_2$O 提示颅内压降低,主要见于低颅内压综合征、脱水、休克、脊髓蛛网膜下腔梗阻和脑脊液漏等。

(3)脑脊液检查

1)常规检查:①性状:正常 CSF 是无色透明液体。如 CSF 为均匀血性或粉红色可见于蛛网膜下腔出血;云雾状或米汤样,常见于各种化脓性脑膜炎;CSF 放置后有纤维蛋白膜形成,见于结核性脑膜炎;CSF 呈黄色,离体后不久自动凝固呈胶冻样,称为弗鲁安综合征(Froin syndrome),常见于椎管梗阻。②细胞数:正常 CSF 白细胞数为(0~5)×10^6/L。白细胞增多见于中枢神经系统感染。涂片检查如发现致病的细菌、真菌及脱落的瘤细胞等,有助于病原体的诊断。

2)生化检查:①蛋白质:正常人 CSF 蛋白质含量为 0.15~0.45g/L。CSF 蛋白增高见于椎管梗阻、化脓性脑膜炎、结核性脑膜炎、脑肿瘤、蛛网膜下腔出血、吉兰-巴雷综合征等;蛋白质降低见于腰椎穿刺或硬膜损伤引起 CSF 丢失、身体极度虚弱和营养不良者。②糖:成人 CSF 糖含量为血糖的 50%~70%,正常值为 2.5~4.4mmol/L。糖含量明显减少见于化脓性脑膜炎,轻至中度减少见于结核性或真菌性脑膜炎以及脑膜癌。糖含量增加见于糖尿病。③氯化物:正常 CSF 含氯化物 120~130mmol/L。氯化物含量减低常见于细菌性、真菌性脑膜炎以及全身性疾病引起的电解质紊乱,尤以结核性脑膜炎最为明显。

3)特殊检查:①细胞学检查:通常采用离心法收集 CSF 细胞,经染色后镜检,可进行细胞分类并可发现肿瘤细胞、细菌和真菌等。②免疫球蛋白(Ig):CSF-Ig 增高见于中枢神经系统炎症反应、多发性硬化、中枢神经系统血管炎等。③寡克隆区带(oligoclonal band,OB):CSF 的 OB 测定是检测鞘内 Ig 合成的重要方法。一般临床上检测 IgG 型 OB,是诊断多发性硬化的重要辅助指标。④病原学检查:脑脊液检查是诊断中枢神经系统感染最为重要的手段,根据需要可进行病毒学、新型隐球菌、结核分枝杆菌、寄生虫抗体等检测。

2. 神经系统影像学检查

(1)头颅 X 线平片和脊柱 X 线平片

1)头颅 X 线平片:包括正位和侧位、颅底、内耳道、视神经孔、舌下神经孔及蝶鞍像等。头颅平片主要观察颅骨的厚度、密度及各部位结构,颅底的孔和裂,蝶鞍及颅内钙化斑等。

2)脊柱 X 线平片:包括前后位、侧位和斜位。可观察脊柱的生理弯曲,椎体有无发育异常,骨质有无破坏、骨折、脱位、变形和骨质增生等,以及椎弓根的形态、椎间孔和椎间隙的改变,椎板和棘突有无破坏和脊柱裂,椎旁有无软组织阴影等。

（2）**数字减影血管造影（DSA）**:该检查是应用电子计算机技术和血管造影技术,将骨骼、脑组织等影像减影除去,仅保留充盈造影剂的血管图像。适应证:颅内外和脊髓血管病变,如动脉瘤、血管畸形、颅内静脉系统血栓形成;蛛网膜下腔出血、自发性脑内或椎管内血肿病因检查;观察颅内占位性病变或脊髓肿瘤与邻近血管的关系及某些肿瘤的特性等。禁忌证:碘过敏者,有明显出血倾向者,严重心、肝或肾功能不全者,脑干功能衰竭或脑疝期,严重高血压或动脉粥样硬化者等。

（3）**电子计算机断层扫描（CT）**:CT诊断的原理是利用各种组织对X线的不同吸收系数,通过电子计算机处理,可清晰显示不同平面的脑实质、脑室和脑池的形态和位置等图像。目前常规CT检查主要用于颅内血肿、脑外伤、脑出血、蛛网膜下腔出血、脑梗死、脑肿瘤、脑积水、脑萎缩、脑炎症性疾病及脑寄生虫病(如脑囊虫病)等疾病的诊断。有些病变可通过CT增强扫描、薄层扫描、螺旋扫描、CT血管成像或CT灌注成像,提高诊断的阳性率。

（4）**磁共振成像（MRI）**:MRI是利用人体内氢质子在主磁场和射频场中被激发产生的共振信号经计算机放大、图像处理和重建后,得到磁共振成像。MRI主要用于脑血管病、脱髓鞘疾病、脑白质病变、脑肿瘤、脑萎缩、颅脑先天性发育畸形、颅脑外伤、颅内感染及脑变性疾病等的诊断和鉴别诊断。MRI对脊髓病变如脊髓肿瘤、脊髓空洞症、椎间盘突出症、脊柱转移瘤和脓肿等的诊断更为优越。但体内有金属植入物者不能使用MRI检查。对于急性颅脑损伤、颅骨骨折、钙化病灶、出血性病变急性期等的诊断MRI不如CT。

3. 神经电生理检查

（1）**脑电图（electroencephalography, EEG）**:EEG是通过测定自发的有节律的生物电活动以了解脑功能状态。EEG检查主要用于癫痫的诊断、分类和定位,是癫痫诊断和分类最客观的手段;对脑部器质性病变或功能性病变、弥漫性病变或局限性损害、脑炎、中毒和代谢性脑病等均有辅助诊断价值。

（2）**诱发电位（evoked potential, EP）**:EP是神经系统在感受体内外各种刺激时所产生的生物电活动。目前能对躯体感觉、听觉和视觉等感觉通路及运动通路、认知功能进行检测。

1）**躯体感觉诱发电位（somatosensory evoked potential, SEP）**:用于各种躯体感觉通路受损的诊断和客观评价,主要应用于吉兰-巴雷综合征、颈椎病、多发性硬化、亚急性联合变性等,也用于脑死亡判断、脊髓手术监护等。

2）**脑干听觉诱发电位（brainstem auditory evoked potential, BAEP）**:BAEP是由声刺激引起的神经冲动在脑干听觉传导通路上的电活动,能客观敏感地反映中枢神经系统的功能,主要用于客观评价听力、脑桥小脑角肿瘤、多发性硬化、脑死亡的诊断、手术监护等。

3）**视觉诱发电位（visual evoked potential, VEP）**:VEP是对视神经进行光刺激时,经头皮记录的枕叶皮质诱发的电活动。主要用于视通路病变的诊断和客观评价,特别是对视神经脊髓炎、多发性硬化患者可提供早期视神经损害的客观依据。

(3)**肌电图(electromyogram,EMG)和神经传导速度(nerve conduction velocity,NCV)**:EMG是指记录肌肉在安静状态和不同程度随意收缩状态下各种电生理特性的技术。肌电图包括常规肌电图、运动单位计数、单纤维肌电图等,广义的神经传导速度包括运动神经传导速度、感觉神经传导速度、F波、H反射以及重复神经电刺激等。EMG适应证为脊髓前角细胞及其以下的病变,主要用于周围神经、神经肌肉接头和肌肉病变的诊断。常规EMG主要用于神经源性损害和肌源性损害的诊断及鉴别诊断,对运动神经元病的诊断有重要价值。神经传导速度主要用于各种周围神经病的诊断和鉴别诊断,能发现亚临床病灶、区分轴索损害或髓鞘脱失,结合EMG可鉴别前角细胞、神经根、周围神经和肌源性损害。重复神经电刺激主要检测神经肌肉接头的功能,用于重症肌无力的诊断和Lambert-Eaton肌无力综合征的鉴别。

4. 头颈部血管超声检查

(1)**颈动脉超声检查**:包括二维显像、彩色多普勒血流显像及多普勒血流动力学分析等检测技术,可客观检测和评价颈部动脉的结构、功能状态或血流动力学的改变。对头颈部血管病变的诊断有重要意义,主要用于颈动脉粥样硬化、锁骨下动脉盗血综合征、先天性颈内动脉肌纤维发育不全、颈内动脉瘤、大动脉炎等。

(2)**经颅多普勒超声(transcranial doppler,TCD)检查**:TCD是利用颅骨较薄处为检查声窗,应用多普勒频移效应研究脑底大动脉血流动力学的一种无创性检查技术。临床上主要用于下列疾病的辅助诊断:①颅内外动脉狭窄或闭塞;②脑血管畸形和脑动脉瘤;③脑血管痉挛;④锁骨下动脉盗血综合征;⑤脑动脉血流中微栓子的监测;⑥颅内压增高等。

5. 放射性核素检查

(1)**单光子发射计算机体层摄影(single photon emission computed tomography,SPECT)**:显示局部脑血流量的变化和分布,可辅助短暂性脑缺血发作、癫痫、痴呆、锥体外系疾病等的诊断。

(2)**正电子发射断层成像(positron emission tomography,PET)**:显示脑局部葡萄糖代谢、氧摄取、脑受体分布与数量、脑血流分布等脑代谢和功能的断层图像。可用于脑肿瘤分级、肿瘤组织与放射性坏死组织的鉴别、癫痫病灶的定位、各种痴呆的鉴别以及帕金森病与帕金森综合征的诊断与鉴别诊断等。

(3)**脊髓腔和脑池显像**:将放射性药物注入脊髓蛛网膜下腔,显示脊髓蛛网膜下腔的影像,称为核素脊髓蛛网膜下腔显像;将放射性药物注入脊髓蛛网膜下腔,通过脑脊液的生理循环显示脑池影像,称为核素脑池显像。主要用于显示交通性脑积水、梗阻性脑积水、CSF漏、脑贯通畸形、蛛网膜囊肿及脊髓压迫症所致的椎管阻塞等的诊断与鉴别诊断。

6. 脑、神经和肌肉活组织检查 脑、神经和肌肉活组织检查的主要目的是明确病因,并且通过病理检查的结果进一步解释临床和神经电生理的改变,得出特异性的诊断。但活组织检查也有一定的局限性,如受取材部位和大小的限制,散在病变的病理结果可以是阴性的。因此,阴性结果不能排除诊断。

7. 基因诊断技术 基因诊断是用分子生物学和分子遗传学方法检测基因结构及其表达功能,进一步判定直接或间接致病基因存在的病因检查技术。目前基因诊断主要用于遗传性疾病,同时也应用于感染性疾病(如病毒性脑炎)和肿瘤等。常用的基因诊断方法和技术包括核酸分子杂交技术、聚合酶链反应扩增技术、DNA测序、基因芯片、mRNA差异显示技术等。

【定位诊断】

定位诊断主要是根据疾病表现的神经系统症状和体征,再结合神经解剖、神经生理和神经病理等方面的知识,对疾病损害的部位作出诊断,并决定是否采用其他辅助检查手段以明确病变所在。

定位诊断要求明确两方面的内容,即病损水平和病变范围(分为局灶性、多灶性、弥漫性和系统性)。神经系统各部位病损的临床特点如下:

(一)肌肉病变

肌肉是运动的效应器,病变可位于肌肉或神经肌肉接头处,最常见的症状是肌无力,另外还有病态性疲劳、肌痛与触痛、肌肉萎缩、肌肉假性肥大及肌强直等,无明显的感觉障碍。

(二)周围神经病变

周围神经多为混合神经,受损后通常出现相应支配区的感觉、运动、反射和自主神经功能障碍。

(三)脊髓病变

脊髓横贯性病变常出现病灶以下运动、感觉及括约肌三大功能障碍,呈完全性或不完全性截瘫或四肢瘫、传导束型感觉障碍和尿便功能障碍。可根据感觉障碍的最高平面、运动障碍、深浅反射的改变和自主神经功能的障碍,大致确定脊髓损害的范围。一侧脊髓损害可出现脊髓半切综合征,表现为病变平面以下对侧痛、温觉减退或丧失,同侧上运动神经元性瘫痪和深感觉减退或丧失。

(四)脑干病变

一侧脑干损害大都出现交叉性瘫痪,表现为病变同侧周围性脑神经麻痹和对侧肢体中枢性偏瘫,或病变同侧面部及对侧偏身痛温觉减退的交叉性感觉障碍,其病变的具体部位根据受损脑神经平面而作出判断。脑干两侧或弥漫性损害时常引起双侧多数脑神经和双侧长束受损症状。

(五)内囊病变

一侧内囊完全性损害引起对侧偏瘫、偏身感觉障碍及偏盲。

(六)间脑病变

丘脑病变,可产生丘脑综合征,表现为对侧的感觉缺失和/或刺激症状,对侧不自主运动,并可有情感与记忆障碍;下丘脑病变可出现中枢性尿崩症、体温调节障碍、摄食异常、睡眠觉醒障碍、性功能障碍、自主神经功能障碍等;上丘脑病变常表现为瞳孔对光反射消失、眼球垂直同向运动障碍、小脑性共济失调和神经性耳聋等。

(七)基底神经节病变

新纹状体(尾状核和壳核)病变可出现肌张力减低-运动过多综合征;旧纹状体(苍白球)和黑质病变可出现肌张力增高-运动减少综合征。

(八)小脑病变

小脑损害常有共济失调、眼球震颤、构音障碍和肌张力减低等。小脑上蚓部病变主要引起躯干的共济失调,小脑半球病变引起同侧肢体的共济失调。

(九)大脑半球病变

临床主要表现有意识、精神和认知障碍,偏身感觉障碍、偏瘫、偏盲、失语、癫痫发作等。各脑叶病变亦有各自不同的特点,如额叶损害主要表现为随意运动障碍、局限性癫痫、运动性失语、认知功能障碍等症状;顶叶损害主要表现为皮质型感觉障碍、失读、失用等;颞叶损害主要表现为精神症状、感觉性失语、精神运动性癫痫等;枕叶损害主要表现为视野受损、皮质盲等。岛叶病变多引起内脏运动和感觉障碍;边缘叶损害常导致情绪和记忆障碍、行为异常、幻觉等精神障碍和内脏活动障碍等。

【定性诊断】

定性诊断的目的是确定疾病的性质,通常是在定位诊断的基础上,结合年龄、性别、病史特点、体检所见及相关辅助检查结果,进行综合分析。病史中要特别重视起病形式和病程特点,一般而言,急性发病,迅速达到病程的高峰,多见于血管病变、急性炎症、外伤及中毒等;发病缓慢且进行性加重,则应考虑肿瘤或变性疾病;疾病呈间歇性发作形式,则多为癫痫、偏头痛或周期性瘫痪等。临床症状根据其发病机制可分为4类:

（一）缺损症状

指神经组织受损使正常神经功能减弱或缺失,如内囊病变导致对侧肢体偏瘫、偏身感觉缺失、偏盲或失语等。

（二）刺激症状

神经结构受激惹后产生的过度兴奋表现,如大脑皮质运动区刺激性病变引起部分性运动发作等。

（三）释放症状

指中枢神经系统受损使其对低级中枢的控制功能减弱,从而使低级中枢的功能表现出来。锥体外系疾病时出现不自主运动(舞蹈样动作、手足徐动症),上运动神经元损害出现锥体束征(肌张力增高、腱反射亢进和病理征阳性)等,均属该类症状。

（四）断联休克症状

指中枢神经系统局部的急性严重病变,引起在功能上与受损部位有密切联系的远隔部位神经功能暂时性障碍。包括内囊大出血时突然昏迷、脑休克时出现的肢体弛缓性瘫痪、急性脊髓炎急性期脊髓休克时出现的弛缓性瘫痪。休克期过后,逐渐出现缺失症状或释放症状。

本章小结

神经系统疾病的病因主要有血管性疾病、感染性疾病、神经变性疾病等。上、下运动神经元瘫痪的鉴别有助于疾病的定位诊断,锥体外系损害主要表现为肌张力和不自主运动表现,小脑系统损害主要表现为共济失调。神经系统体检包括意识、精神状态及语言功能、脑神经、肌张力、肌力、不自主运动、共济运动、姿势和步态、感觉、反射、脑膜刺激征及自主神经功能的检查,辅助检查主要有脑脊液、头颅 CT、磁共振、超声、脑电图、肌电图等检查。通过病史采集和神经系统查体,结合辅助检查结果,可对疾病作出相应的定位和定性诊断。

（潘 敏）

思考题

1. 如何鉴别上、下运动神经元性瘫痪?
2. 简述肌力的临床分级。
3. 腰椎穿刺的适应证、禁忌证和并发症是什么?

ER 9-1-12

练习题

第二章 | 周围神经疾病

ER 9-2-1
ER 9-2-2
教学课件　思维导图

学习目标

1. 掌握：三叉神经痛、特发性面神经麻痹和急性炎症性脱髓鞘性多发性神经病的临床表现、诊断、鉴别诊断及治疗措施。
2. 熟悉：周围神经疾病的概念、诱因、病因、辅助检查、预防及预后。
3. 了解：周围神经疾病的发病机制及病理。
4. 学会对周围神经疾病患者进行诊断，并制定初步的治疗方案。
5. 具备尊重患者、沟通与协作的精神，真正践行"以患者为中心"的医学宗旨。

第一节　概　述

周围神经疾病（peripheral neuropathy）是指由感染、外伤、中毒、机械压迫、肿瘤、缺血和代谢障碍等各种病因引起的周围运动、感觉和自主神经结构与功能障碍的疾病总称。

【解剖与生理】

（一）解剖

周围神经（peripheral nerve）是指除嗅、视神经以外的脑神经和脊神经、自主神经及其神经节。周围神经从功能上分为感觉传入神经和运动传出神经两部分。前者由脊神经后根、后根神经节和脑神经的感觉神经节构成，后者由脊髓前角及侧角发出的脊神经前根或脑干运动神经核发出的脑神经组成。

（二）生理

1. 神经纤维是周围神经的基本结构和组成单位，可分为有髓鞘和无髓鞘纤维两种。

（1）**有髓鞘纤维**：其轴突周围由施万细胞（Schwann cell）的质膜（鞘膜）呈节段性包裹形成髓鞘，其间有郎飞结（Ranvier node）。郎飞结仅有施万鞘膜，当神经纤维受损后，施万鞘膜对神经的再生起着重要作用。髓鞘起保护轴索及绝缘作用，还使神经冲动在郎飞结间呈跳跃性传递，有利于神经冲动的快速传导。当有髓鞘纤维发生髓鞘变性后，施万细胞增殖导致郎飞结数目增加，使传导速度减慢。

（2）**无髓鞘纤维**：其直径很细，由数个轴突包裹在一个施万细胞内，无髓鞘环绕和郎飞结，而神经冲动沿着神经纤维表面连续依次传导，因此无髓鞘纤维传导速度远比有髓鞘纤维要慢。

在周围神经系统中，脑神经和脊神经的运动与深感觉纤维多属于有髓鞘神经纤维，而痛温觉和自主神经多属于无髓鞘神经纤维。

2. 周围神经有神经束膜及神经外膜保护，该膜滋养动脉发出丰富交通支供给营养。神经束膜和神经内膜毛细血管内皮紧密连接，使血管中的大分子不能渗出毛细血管，构成血-神经屏障，但在神经根和神经节处无此屏障，这可能是某些免疫性或中毒性疾病易侵犯这些部位的原因。

3. 脊神经和脑神经通过蛛网膜下腔时浸浴在脑脊液中，由于缺乏结构完整的神经外膜，易受到脑脊液内各种物质的影响。周围神经再生能力很强，但再生速度极为缓慢。无论何种原因引起周围神经损害,只要保持神经元完好,均有可能再生而修复。

【病理】

周围神经有以下 4 种病理改变(图 9-2-1)。

1. 沃勒变性(Wallerian degeneration) 周围神经纤维轴突损伤断裂,受损远端轴突及髓鞘变性、碎裂、被巨噬细胞或施万细胞吞噬,而受损近端仅波及 1~2 个郎飞结。

2. 轴突变性(axonal degeneration) 为细胞体蛋白质合成障碍,远端轴突得不到必需营养,出现由远端向近端发展的轴突变性、解体和脱失,称逆死性神经病(dying-back neuropathy)。

3. 神经元变性(neuronal degeneration) 是神经元胞体变性坏死继发轴突及髓鞘在短时间内变性、解体,称神经元病。

4. 节段性脱髓鞘(segmental demyelination) 周围神经纤维发生局限性髓鞘破坏,施万细胞增殖吞噬,而轴突基本正常。病变呈斑点状,有些髓鞘受破坏,有些则正常,故称节段性脱髓鞘。

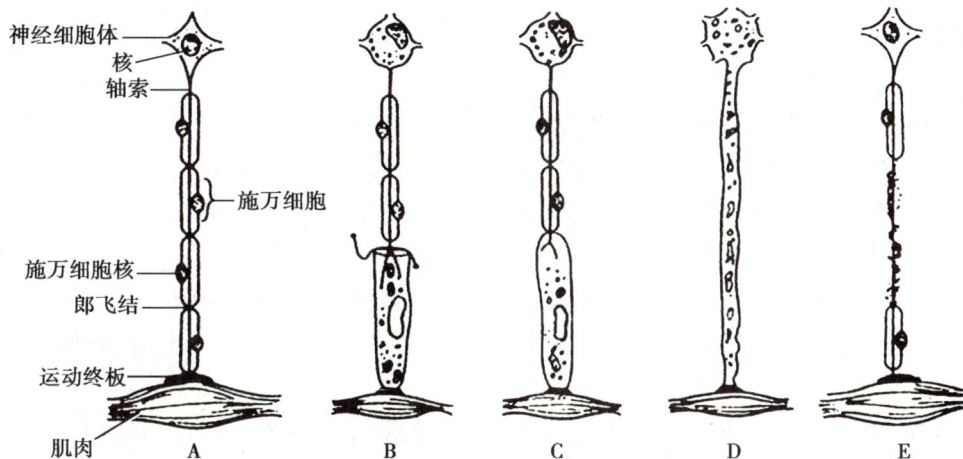

图 9-2-1 周围神经疾病的基本病理过程示意图

A. 正常;B. 沃勒变性(损伤远端轴突及髓鞘变性);C. 轴突变性(轴突变性及脱髓鞘自远端向近端发展);D. 神经元变性(轴突及髓鞘均变性);E. 节段性脱髓鞘(轴突可无损害)。

【分类】

周围神经疾病病因复杂,可能与营养代谢、药物及中毒、血管炎、肿瘤、遗传、外伤或机械压迫等原因相关。以上病因选择性地损伤周围神经的不同部位,导致相应的临床表现。由于疾病病因、受累范围及病程不同,周围神经疾病的分类标准尚未统一。主要有以下几种分类方法:

(一)按照症状分类

分为感觉性、运动性、混合性、自主神经性等。

(二)按照病变解剖部位分类

分为神经根病、神经丛病和神经干病。

(三)按照临床病程分类

分为急性、亚急性、慢性、复发性和进行性神经病等。

(四)按照累及的神经分布形式分类

分为单神经病、多发性单神经病和对称性多发性神经病。

1. 单神经病或多发性单神经病 只有一根周围神经受损为单神经病,而两根以上周围神经受损为多发性单神经病,通常是不对称的。运动、感觉、反射及自主神经功能障碍的区域取决于每根受累周围神经的解剖分布。

2. 对称性多发性神经病 感觉、运动及自主神经纤维同时受损。临床特征为四肢远端呈对称性"手套"和"袜套"样感觉减退或消失,肌力减退,伴有不同程度的肌萎缩;受损部位腱反射迟钝或消失,并伴有泌汗异常、皮肤和指甲营养改变等。

【临床表现】

（一）感觉障碍

表现为感觉缺失、感觉过度、感觉异常、疼痛、感觉性共济失调等。

（二）运动障碍

为下运动神经元性瘫痪,表现为肌张力降低、肌肉萎缩、腱反射减低或消失、病理征阴性、肌束颤动、痛性痉挛等。

（三）自主神经功能障碍

表现为多汗或无汗、竖毛障碍、皮温降低、皮肤苍白或发绀、无泪、性功能障碍、膀胱直肠功能障碍、直立性低血压等。

（四）其他症状

震颤、手足及脊柱畸形等。

【诊断及鉴别诊断】

神经系统疾病诊断依赖于病史、体格检查和必要的辅助检查。神经传导速度和肌电图检查对周围神经疾病的诊断很有价值。神经传导速度测定可发现尚未出现症状和体征的早期周围神经病,并成为判断预后和疗效的客观指标。肌电图检查除诊断和鉴别诊断肌源性与神经源性肌损害外,还可发现亚临床病灶和容易被忽略的病变;与神经传导速度结合能补充临床上的定位诊断。周围神经活体组织检查一般应用于临床诊断困难者。其他实验室检查应根据具体情况做有针对性的检查。

【治疗】

首先需明确诊断并进行病因治疗;其次,对症治疗如应用止痛药物及促进神经功能恢复的维生素 B 族药物等。物理因子治疗和运动治疗有助于预防肌肉挛缩和关节畸形,为恢复期的重要措施。

第二节　三叉神经痛

案例导入

患者,女,45 岁。2 年前冬季用冷水洗头后,出现左侧耳部及下颌区短暂刀割样、针刺样剧烈疼痛,持续 1~2 分钟缓解,而后时有发作。近 2 个月疼痛次数明显增加,触摸面颊可诱发发作,并伴有面部肌肉抽搐。服用多种止痛药物及多项治疗措施未获良好效果。查体:未见异常。

请思考:

1. 患者目前的诊断最可能是什么?

2. 应进一步完善哪些辅助检查?

3. 应与哪些疾病相鉴别?

4. 根据患者病情,给出相应的治疗方案。

三叉神经痛（trigeminal neuralgia）是原发性三叉神经痛的简称,表现为三叉神经分布区内短暂的反复发作性剧痛,又称特发性三叉神经痛。

【病因和发病机制】

（一）病因

原发性三叉神经痛病因尚未明确。周围学说认为病变位于半月神经节到脑桥间部分,是由于多种原因引起的压迫所致;中枢学说认为三叉神经痛是一种感觉性癫痫样发作,异常放电部位可能来自三叉神经脊束核和脑干。目前认为三叉神经后根在脑桥被异行扭曲的血管压迫,局部产生脱髓鞘变化而导致疼痛发作。继发性三叉神经痛多有明确病因,如颅底肿瘤、脑干梗死、多发性硬化等,因三叉神经的感觉根或髓内感觉核受侵犯而引起疼痛,多伴有邻近结构损害和三叉神经本身功能丧失。

(二) 发病机制

发病机制迄今仍在探讨之中。可能是由于多种致病因素引起三叉神经半月神经节感觉根和运动支发生脱髓鞘改变,脱失髓鞘的轴突与相邻纤维间发生"短路"。因此,轻微的触觉刺激即可通过"短路"传入中枢,而中枢的传出冲动亦可通过"短路"成为传入冲动,如此达到一定的"总和",从而激发半月神经节内的神经元产生短暂剧痛。经过一定的间歇期后重复上述过程,引起反复发作。

【病理】

曾经认为无特殊病理改变,而近年来开展三叉神经感觉根切断术活检发现三叉神经节细胞消失、炎症细胞浸润、细胞质中出现空泡,轴突增生、肥厚或消失,髓鞘增厚、瓦解或神经纤维节段性脱髓鞘。电镜下可见郎飞结附近轴索内集结大量线粒体,后者可能与神经组织受机械性压迫有关。

【临床表现】

成年及老年发病,40岁以上患者多见,女性高于男性。多为一侧面部骤然发生的反复发作性短暂剧痛,每次持续仅数秒至1~2分钟,常突然发作突然停止,间歇期正常。疼痛呈刀割样、电击样、针刺样或撕裂样剧痛,常固定于三叉神经某一分支区,以上颌支(第2支)或下颌支(第3支)多见。疼痛以面颊、口角、鼻翼、舌部等处最敏感,轻触、轻叩即可诱发,称为"触发点"或"扳机点",以致患者情绪低落、精神抑郁,面色憔悴,面部及口腔不洁。

严重患者可因疼痛出现同侧反射性面肌抽搐,口角牵向患侧,称痛性抽搐(tic douloureux)。可伴随流泪、流涕、面部潮红、结膜充血等。发作严重时患者不敢做刷牙、洗脸、咀嚼等动作,不愿意说话,常用双手握紧拳头或用力按压痛部,以减轻疼痛。

发作呈周期性,可自行缓解,缓解期如常人。病程初期发作次数较少,间歇期长,以后发作次数进行性增加,发作时间延长,间歇期缩短,很少自愈。神经系统检查一般无阳性体征。

【辅助检查】

(一) 神经电生理检查

通过电刺激三叉神经分支并观察眼轮匝肌及咀嚼肌的表面电活动,判断三叉神经的传入及脑干三叉神经中枢路径的功能,主要用于排除继发性三叉神经痛。

(二) 影像学检查

头颅MRI检查可排除器质性病变所致继发性三叉神经痛,如颅底肿瘤、多发性硬化、脑血管畸形等。

【诊断和鉴别诊断】

(一) 诊断要点

1. 疼痛部位、性质及"扳机点"等特征。
2. 神经系统检查无阳性体征。

(二) 鉴别诊断

1. **继发性三叉神经痛** 常伴有其他脑神经及脑干受损和神经系统阳性体征,表现为持续性疼痛及脑神经麻痹,如患侧面部感觉减退、角膜反射消失等。

2. **牙痛** 牙龈持续性钝痛,进食冷、热食物疼痛加剧,牙齿局部检查和X线摄片有助于鉴别。

3. 舌咽神经痛 疼痛局限于舌根、扁桃体、咽及外耳道深部,吞咽、讲话、呵欠和咳嗽常可诱发,舌根和扁桃体可有疼痛触发点,且局部喷涂丁卡因可暂时止痛。

【治疗】

迅速有效地止痛是治疗的关键,首选药物治疗,无效或失效时可选择神经阻滞疗法或手术治疗。反复发作疼痛会导致患者有精神紧张、焦虑不安的情绪,要关爱患者,给予心理安抚和康复指导。

(一)药物治疗

1. 卡马西平(carbamazepine) 为首选治疗药物,首次剂量 0.1g 口服,每天 2 次,以后每天增加 0.1g,直到疼痛消失,但最大剂量不超过每天 1g;以后逐渐减量,有效维持量为每天 0.6~0.8g。若出现眩晕、共济失调、肝功能损害、精神症状、皮疹、白细胞减少等不良反应需停药。孕妇忌用。

2. 苯妥英钠(phenytoin sodium) 初始剂量 0.1g 口服,每天 3 次,如无效可增加剂量,最大剂量一般不超过每天 0.6g。不良反应有牙龈增生及共济失调等。

3. 加巴喷丁(gabapentin) 初始剂量 0.1g 口服,每天 3 次,可根据临床疗效酌情逐渐加量,最大量不超过每天 1.8g。常见不良反应有嗜睡、眩晕、步态不稳,可逐渐耐受。孕妇忌用。

4. 普瑞巴林(pregabalin) 初始剂量每次为 75mg,每天 2 次或每次 50mg,每天 3 次。可在 1 周内根据疗效及耐受性增加至每次 150mg,每天 2 次。74% 患者疼痛好转。如 2 周后疼痛不缓解,可加量为 200mg,每天 3 次。最常见不良反应有头晕、嗜睡、共济失调,且呈剂量依赖性,如需停药,应逐渐减量。肾功能异常者慎用。

5. 氯硝西泮(clonazepam) 初始每天 1mg 口服,逐渐增至每天 4~8mg,有一定疗效。

6. 巴氯芬(baclofen) 5~10mg 口服,每天 3 次。

7. 大剂量维生素 B_12 每次 1 000~3 000μg,肌内注射,每周 2~3 次,4~8 周为一疗程。多数可缓解症状,但机制不清。

(二)神经阻滞疗法

适用于药物治疗无效者。可用无水乙醇或甘油封闭三叉神经分支或半月神经节,使之发生坏死,阻断神经传导,可使局部感觉缺失而获得止痛效果。此疗法简易安全,但疗效不持久。

(三)半月神经节射频热凝疗法

适用于长期用药无效和不能耐受者。射频电极针插入半月神经节,产生热效应和热电凝,可选择性破坏痛觉纤维,不损害触觉纤维,达到止痛作用。

(四)伽马刀(γ刀)治疗

能有效缓解疼痛发作,有条件者可采用此疗法。

(五)手术治疗

适用于药物和神经阻滞治疗无效者。对血管压迫所致三叉神经痛效果较好,可行三叉神经感觉根部分切除术或三叉神经微血管减压术等。

第三节 特发性面神经麻痹

> **案例导入**
>
> 患者,女,50 岁。4 天前无明显诱因下出现右耳后疼痛,每分钟发作数次,当天晚上疼痛消失。4 小时前出现右眼不能完全闭合,漱口右口角流水,同时家属发现其口角歪斜,遂来就诊。患者 1 周前有"上呼吸道感染史"。查体:右侧额纹消失,右侧不能皱额、蹙眉,右侧睑裂变大、闭合不全、贝尔征(+)。右侧鼻唇沟变浅、口角下垂,示齿口角左偏,右侧舌前 2/3 味觉减退。

特发性面神经麻痹(idiopathic facial palsy)是指原因不明的、一侧茎乳孔内面神经的急性非特异性炎症导致的周围性面瘫,又称贝尔麻痹(Bell palsy)或面神经炎。

【病因和发病机制】

病因未明确,一般认为病毒感染(如带状疱疹病毒)、受凉或自主神经功能不稳定等因素可引起面神经营养血管痉挛,使面神经在狭窄骨质面神经管内因缺血、水肿而受压出现面肌瘫痪。多数人认为亦属一种自身免疫反应。

【病理】

面神经炎早期病理改变主要为面神经水肿和髓鞘肿胀、脱失,晚期可有不同程度的轴突变性,以茎乳孔和面神经管内部分尤为明显。

【临床表现】

(一)一般表现

可发生于任何年龄,多见于 20~40 岁,男性多于女性。发病与季节无关。通常为一侧,双侧者少见。病前常有受凉史,呈急性起病,主要表现为患侧面部表情肌完全性瘫痪,出现患侧鼻唇沟变浅、口角下垂、额纹消失,食物滞留齿颊间隙并漏水,睑裂变大、闭合不全。可在半小时或 1~2 天达高峰。部分患者起病前 1~2 天有患侧耳后持续性疼痛和乳突部压痛。体格检查时,可见患侧闭眼时眼球向外上方转动,露出白色巩膜,称为贝尔征(Bell sign);病侧不能皱额、蹙眉、闭目、露齿、鼓气和吹口哨。

面神经分支及分布

(二)特殊表现

除表情肌瘫痪外,因面神经损害部位不同可出现其他临床表现。

1. 膝状神经节前病变 因鼓索神经受累,可有同侧舌前 2/3 味觉障碍;镫骨肌支近端受损,出现听觉过敏,过度回响。

2. 膝状神经节病变 除上述症状外,尚有患侧耳郭和外耳道感觉迟钝、外耳道和鼓膜出现疱疹,称亨特综合征(Hunt syndrome),系带状疱疹病毒感染所致。

3. 茎乳孔附近病变 则出现上述典型的周围性面瘫体征和乳突部疼痛。

面神经各节段示意图

【诊断和鉴别诊断】

(一)诊断要点

1. 急性起病。

2. 单侧周围性面瘫。

3. 因面神经损害部位不同,可伴有味觉、听觉障碍及外耳道感觉减退等相应症状。

4. 排除颅内器质性病变。

(二)鉴别诊断

1. 吉兰-巴雷综合征 急性起病,四肢对称性下运动神经元性瘫痪,常伴有双侧周围性面瘫及脑脊液典型的蛋白-细胞分离现象。

2. 神经莱姆病(Lyme disease) 伯氏螺旋体感染所致的面瘫,多经蜱叮咬传播,伴发热、慢性游走性红斑或关节炎史。常可累及其他脑神经。应用病毒分离及血清学试验可证实。

3. 耳源性面神经麻痹 由中耳炎、迷路炎、乳突炎等所致,常有明确的原发病史和特殊症状,如外耳道溢脓、乳突疼痛等。

4. 糖尿病性神经病变 常伴其他脑神经麻痹,以动眼神经、展神经及面神经麻痹多见,也可单独发生。

5. 颅后窝病变 颅后窝肿瘤、颅底脑膜炎等所致的面神经麻痹,起病较慢,尚有原发病及其他脑神经受损的特殊表现。

【治疗】

（一）急性期治疗

1. 药物治疗

(1)糖皮质激素:应尽早使用,可用地塞米松每天 10~20mg,静脉滴注,每天 1 次,疗程 7~10 天;轻者可清晨一次顿服泼尼松 20~30mg,连用 1 周后渐停用。

(2)B 族维生素:维生素 B_1 100mg,维生素 B_{12} 500μg,肌内注射,每天 1 次,促进神经髓鞘恢复。

(3)外耳道有疱疹者,糖皮质激素联合阿昔洛韦(acyclovir)0.2g,口服,每天 5 次,连服 7~10 天。

2. 物理疗法 急性期可在茎乳突附近给予热敷,或红外线照射、超短波透热等疗法,有利于改善局部血液循环,减轻神经水肿。

3. 其他治疗 由于患者长期不能闭眼,瞬目使角膜暴露、干燥,易致感染。可采用戴眼罩、涂眼药膏、滴眼药水等方法,保护暴露角膜,以防感染和结膜炎的发生。

（二）恢复期治疗

1. 康复治疗 指导患者进行面肌被动和主动锻炼,中药、针灸、碘离子透入疗法等,针灸宜在发病 1 周后进行。

2. 手术治疗 面神经减压术对部分患者有效。长期不愈者可考虑整容手术,面-舌下神经或面-副神经吻合术等,但疗效不肯定。

【预防】

天气寒冷时外出、乘车、旅游时宜戴口罩,防止面部及耳根部受凉。

【预后】

部分性面瘫患者,通常病后 1~2 周开始恢复,1~2 个月内基本痊愈。完全性面瘫患者需 2~8 个月甚至 1 年时间恢复,常遗留后遗症。一周内味觉恢复,提示预后良好。年轻患者预后好而老年患者伴有乳突疼痛或合并糖尿病、高血压、心肌梗死等预后较差。

第四节 多发性神经病

多发性神经病(polyneuropathy)又称多发性神经炎、末梢神经病,是指不同病因引起四肢远端末梢神经损害。临床表现为四肢远端对称性运动、感觉及自主神经功能障碍。

【病因和发病机制】

（一）病因

病因众多,常见药物和化学品、重金属、酒精中毒,代谢障碍性疾病、副肿瘤综合征等。

1. 感染 麻风、流行性感冒、猩红热、腮腺炎、白喉、菌痢等。

2. 化学因素

(1)药物:呋喃类药物、磺胺类、异烟肼、苯妥英钠等。

(2)化学品:二硫化碳、二硝基苯、三氯乙烯、有机磷农药、有机氯杀虫剂等。

(3)重金属:铅、砷、汞、铜等。

3. 营养障碍 营养不良、B 族维生素(硫胺、烟酸、吡哆醇、维生素 B_{12})缺乏、慢性酒精中毒、妊娠、慢性胃肠道疾病及手术后。

4. 代谢及内分泌障碍 糖尿病、尿毒症、血卟啉病、痛风、淀粉样变性、甲状腺功能减退等。

5. 感染后或变态反应 吉兰-巴雷综合征、血清注射或疫苗接种后神经病等。

6. 结缔组织疾病 系统性红斑狼疮、结节性多动脉炎、类风湿关节炎、干燥综合征等。

7. 遗传性疾病 遗传性共济失调性周围神经病（Refsum disease）、遗传性感觉性神经根神经病、进行性肥大性多发性神经病、腓骨肌萎缩症等。

8. 其他 原因不明、癌性远端轴突病、癌性感觉神经元病、慢性进行性或复发性多发性神经病等。

（二）发生机制

根据病因不同,发病机制各异,不具特异性。

【病理】

主要为周围神经轴索变性、节段性髓鞘脱失及神经元变性等。周围神经轴索变性是最常见的病理改变,自远端逐渐向近端发展,表现为逆死性神经病。节段性脱髓鞘损害一般不累及轴索,常见于吉兰-巴雷综合征、铅中毒等。

【临床表现】

多为亚急性或慢性病程,一般均有周围神经的感觉、运动和自主神经功能障碍,感觉障碍更为突出。

（一）共同症状

1. 感觉障碍 受累肢体远端早期可出现针刺、蚁行、烧灼、触痛和感觉过度等刺激性症状;随着病情进展,逐渐出现呈手套-袜套样分布的对称性深浅感觉减退或缺失。

2. 运动障碍 肢体表现为下运动神经元性瘫痪,肢体远端对称性无力、肌张力低下、腱反射减弱或消失,可伴肌萎缩、肌束震颤等。肌萎缩上肢以骨间肌、蚓状肌、大小鱼际肌明显,下肢以胫前肌、腓骨肌显著,可出现垂腕、垂足,晚期肌肉挛缩明显可出现畸形。

3. 自主神经障碍 受累肢体末端皮肤对称性菲薄、发凉、苍白或发绀、指(趾)甲松脆、多汗或无汗,高血压以及直立性低血压等。

上述症状通常同时出现,由远端向近端扩展,呈四肢对称性分布。

（二）不同病因的特殊症状

1. 砷中毒性多发性神经病 常群体发病,以感觉及自主神经功能障碍为主,运动障碍较轻。

2. 中毒性多发性神经病 呋喃类及异烟肼最常见,以疼痛、对称性远端感觉或自主神经功能障碍为主。

3. 有机磷中毒性多发性神经病 以四肢对称性运动障碍明显,感觉障碍以深感觉显著。

4. 糖尿病性多发性神经病 自主神经障碍为主,感觉障碍重于运动障碍。

5. 麻风性多发性神经病 起病缓慢,肢体营养障碍显著,可发生大疱,溃烂和指、趾骨坏死。周围神经活检可发现麻风杆菌。

【实验室和其他检查】

应针对不同病因进行相关检查。脑脊液检查在不同疾病有所不同,部分疾病可有脑脊液蛋白含量升高。肌电图为神经源性损害,神经传导速度可有不同程度的减低。神经活检可见周围神经节段性髓鞘脱失或轴突变性。

【诊断和鉴别诊断】

（一）诊断要点

1. 四肢远端手套-袜套样分布的对称性感觉障碍,末端明显的弛缓性瘫痪及自主神经功能障碍。

2. 依据病史、病程、特殊症状及神经传导速度和神经组织活检等相应检查综合分析确定病因。

3. 神经传导速度测定可有助于诊断早期亚临床病例,而纯感觉和纯运动性轴突变性多发性神经病提示神经元病。

（二）鉴别诊断

1. 周期性瘫痪　反复发作性四肢近端无力，无感觉及自主神经功能障碍，补钾后常有显效。

2. 急性脊髓炎　截瘫或四肢瘫痪，大小便障碍，传导束性感觉障碍以及锥体束征，MRI 可见脊髓病灶。

3. 急性脊髓灰质炎　肢体呈不对称性节段性弛缓性瘫痪，无感觉障碍，脑脊液细胞及蛋白均增高。

4. 亚急性联合变性　以深感觉障碍为主，有锥体束征，腱反射亢进。

【治疗】

（一）一般治疗

急性期应卧床休息，适当增加营养，定时翻身，主动或被动锻炼，维持肢体于功能位，防止肢体挛缩或关节畸形。恢复期可采用针灸、按摩、理疗及穴位注射等。整个治疗过程中加强心理治疗和康复训练指导。

（二）药物治疗

1. 糖皮质激素　泼尼松 30mg 口服，每天 1 次。严重者可用地塞米松 10~15mg，静脉滴注，每天 1 次，连用 7~10 天。

2. 神经营养剂　维生素 B_1 100mg 及维生素 B_{12} 500μg，肌内注射，每天 1 次。

3. 止痛药物　苯妥英钠 0.1g 口服，每天 3 次；卡马西平 0.1g 口服，每天 3 次。

（三）病因治疗

根据不同病因，选择不同疗法。砷中毒应立即脱离中毒环境，用二硫丙醇肌内注射；铅中毒可用二巯丁二钠或依地酸钙钠静脉滴注；异烟肼中毒除立即停药外，可用较大剂量维生素 B_6 治疗；糖尿病所致者应调整控制糖尿病的药物用量，严格控制病情进展；尿毒症性可采用血液透析和肾移植；麻风性可使用砜类药物；因营养缺乏及代谢障碍或感染所致者，应积极治疗原发疾病。

【预防】

加强职业病的防治措施。注意各种药物的副作用，防止医源性损伤。

【预后】

本病预后取决于病因及治疗措施，大多数病例预后尚属良好，部分病例留有肢体挛缩畸形等后遗症。

第五节　急性炎症性脱髓鞘性多发性神经病

案例导入

患者，男，14 岁。2 周前晨起感四肢乏力、肢端麻木，走路绊脚摔跤。3 天前患者肢体无力症状加重，上楼梯、解衣扣都有困难，1 天前被迫卧床，伴呼吸轻度费力。患者半个月前有"发热、上呼吸道感染史"。查体：呼吸轻度费力，呼吸幅度较表浅，双眼闭合不全，双侧额纹消失，鼻唇沟浅，示齿不露齿，伸舌居中，四肢肌力 2 级，肌张力减低，腱反射减弱，四肢远端感觉减退，双下肢病理征阴性。

请思考：

1. 患者目前最可能的诊断是什么？

2. 为进一步明确诊断，首先应做的检查有哪些？

3. 针对患者的治疗，你认为最重要的是什么？

急性炎症性脱髓鞘性多发性神经病(acute inflammatory demyelinating polyneuropathy,AIDP),又称吉兰-巴雷综合征(Guillain-Barré syndrome,GBS),是一种自身免疫介导性周围神经病,主要损害多数脊神经和周围神经,也可累及脑神经。临床特征为急性、对称性、弛缓性四肢瘫痪及脑脊液蛋白-细胞分离现象。

【病因和发病机制】

(一)病因

确切病因未明,目前研究表明可能与空肠弯曲菌感染最密切,还可能与巨细胞病毒、EB病毒、水痘-带状疱疹病毒、肺炎支原体、乙型肝炎病毒、HIV感染相关。GBS发病前多有非特异性病毒感染或疫苗接种史,以腹泻为前驱症状的患者空肠弯曲菌感染率高达85%。故本病可能是多种原因引起的迟发性过敏性自身免疫性疾病。

(二)发病机制

GBS发病的分子模拟机制学说认为,由于病原体(病毒、细菌)的某些组分与周围神经髓鞘中的某些组分结构相似,机体免疫系统发生了错误的识别,产生自身免疫性细胞和自身抗体,并对正常周围神经组分进行免疫攻击,致使周围神经脱髓鞘或沃勒变性。

【病理】

病变主要位于运动及感觉神经根、神经节、脊神经和脑神经。病理改变为受累神经纤维水肿、充血、局部血管周围及神经内膜淋巴细胞和单核巨噬细胞浸润、神经纤维节段性脱髓鞘和沃勒变性。恢复期施万细胞增殖、髓鞘再生、炎症消退。

【临床表现】

以儿童和青壮年多见,任何年龄、任何季节均可发病。起病急骤,病情多在2周左右达到高峰,病前1~3周常有上呼吸道、胃肠道感染史或疫苗接种史。

(一)运动障碍

首发症状多为四肢远端对称性弛缓性肌无力,很快加重并向近端发展,或自近端向远端加重,常由双下肢开始逐渐累及躯干肌、脑神经,严重者可累及肋间肌和膈肌导致呼吸麻痹,出现呼吸困难、咳嗽无力、痰液阻塞。瘫痪呈弛缓性,四肢腱反射减弱或消失,病理反射阴性,后期肢体远端肌萎缩。

(二)感觉障碍

一般比运动障碍轻,可表现为肢体异常感觉如麻木感、灼烧感、刺痛或不适感,也可表现为手套-袜套样感觉障碍或无感觉障碍。少数患者可有肌肉压痛,尤以腓肠肌压痛较常见。

(三)脑神经麻痹

脑神经受累以双侧周围性面瘫最常见,其次是舌咽、迷走神经损害所致的延髓麻痹,表现为吞咽困难、声音嘶哑、咳嗽反射消失等。动眼神经、展神经、三叉神经、舌下神经损害较少见,部分患者以脑神经损害为首发症状。

(四)自主神经功能障碍

以心脏损害最常见、最严重,表现为心动过速、直立性低血压等。其他表现有出汗增多、皮肤潮红、手足肿胀、营养障碍及暂时性尿潴留等。

(五)并发症

有肺部感染、肺不张、急性呼吸衰竭、深静脉血栓、压疮、心肌炎及心力衰竭,其中累及呼吸肌的呼吸麻痹导致死亡最为常见。

(六)多为单相病程,病程中可有短暂波动

(七)分类

依据临床表现的不同特点将其分为以下亚型:

1. 经典型 吉兰-巴雷综合征（GBS）。

2. 急性运动轴索性神经病（AMAN） 为纯运动型，预后差。

3. 急性运动感觉轴索性神经病（AMSAN） 类似 AMAN，同时有感觉障碍和自主神经功能障碍，预后差。

4. Miller-Fisher 综合征（MFS） 表现为眼外肌麻痹、共济失调和腱反射减退三联征。

5. 急性泛自主神经病（APN）和急性感觉性神经病（ASN） 均少见，前者以自主神经、后者以感觉神经受累为主。

【实验室和其他检查】

（一）脑脊液

脑脊液内蛋白增高而细胞数正常或接近正常，称为蛋白-细胞分离现象，此为本病重要特征之一。蛋白增高常在病后第 2 周开始，第 3 周最明显；糖和氯化物正常。

（二）电生理检测

电生理改变程度与疾病严重程度相关，在病程不同阶段电生理改变特点也会各有不同。发病早期可能仅有 F 波或 H 反射延迟及消失，提示神经近端或神经根损害。因严重脱髓鞘病变致使神经传导速度减慢及动作电位波幅异常。

（三）周围神经活检

此项检查适用于临床诊断困难的患者。

【诊断和鉴别诊断】

（一）诊断标准

1. 病前 1~3 周常有前驱感染史，呈急性起病，进行性加重，多在 2 周左右达高峰。

2. 对称性肢体和脑神经支配肌肉无力，重症者可有呼吸肌无力，四肢腱反射减弱或消失。

3. 可伴轻度感觉异常和自主神经功能障碍。

4. 脑脊液出现蛋白-细胞分离现象。

5. 电生理检查提示远端运动神经传导潜伏期延长、传导速度减慢、F 波异常、传导阻滞、异常波形离散等。

（二）鉴别诊断

如果出现以下表现，则一般不支持 GBS 的诊断：①显著、持久的不对称性肢体无力。②以膀胱或直肠功能障碍为首发症状或持久的膀胱和直肠功能障碍。③脑脊液单核细胞数超过 50×10^6/L。④脑脊液出现分叶核白细胞。⑤存在明确的感觉平面。需要鉴别的疾病如下：

1. 慢性炎症性脱髓鞘性多发性神经病（chronic inflammatory demyelinating polyneuropathy，CIDP） 又称慢性吉兰-巴雷综合征。其主要特点是：①慢性进展性或慢性复发性病程，历时 2 个月以上。②起病缓慢并逐步进展，常无前驱感染史。③临床症状与 AIDP 相似，即运动与感觉障碍并存，但呼吸肌及延髓肌受累较少。④神经活检炎症反应不明显，脱髓鞘与髓鞘重新形成，出现"洋葱球"改变。⑤激素疗效肯定。

2. 急性脊髓灰质炎 起病时多有发热，肢体瘫痪为节段性、不对称，常局限于一侧下肢，无感觉障碍及脑神经受累。脑脊液蛋白和细胞均增高。

3. 急性脊髓炎 表现为截瘫或四肢瘫，有传导束型感觉障碍、锥体束征和括约肌功能障碍，脑神经不受累。

4. 全身型重症肌无力 起病缓慢，受累骨骼肌病态疲劳，症状波动，呈晨轻暮重，肌疲劳试验和新斯的明试验阳性，脑脊液检查正常。

5. 低钾型周期性瘫痪 有反复发作史，迅速出现四肢弛缓性瘫痪，呼吸肌和脑神经不受累，无感觉障碍。发作时有低钾血症及相应的心电图改变，补钾治疗有效。

【治疗】

（一）辅助呼吸

本病最大的危险是呼吸肌麻痹,应尽早发现,给予及时有效治疗,是减少病死率的关键。当患者出现发绀、咳嗽无力、排痰困难、肺活量下降至正常的 25%~30%、血氧饱和度和血氧分压降低时,应立即进行气管插管或气管切开,必要时使用呼吸机辅助通气。术后应加强气管切开护理,定时翻身、拍背、雾化吸入及吸痰,保持呼吸道通畅,预防感染。

（二）病因治疗

1. **免疫球蛋白静脉滴注**(intravenous immunoglobulin, IVIG) 急性期患者,有条件应尽早使用。成人按每天 0.4g/kg 计算,静脉滴注,连用 5 天。对免疫球蛋白过敏或先天性 IgA 缺乏者禁用。可缩短疗程,预防呼吸肌麻痹。IVIG 在发病后两周内使用最佳。

2. **血浆置换**(plasma exchange, PE) 直接清除血浆中致病因子,改善症状,减少并发症,用于重症或呼吸肌麻痹患者。禁忌证包括严重感染、心律失常、心功能不全和凝血功能障碍等。GBS 发病 7 天内使用疗效最佳,但在发病后 30 天内治疗仍然有效。

上述两种疗法应作为一线治疗,因联合应用并不增加疗效,故推荐单一使用。尽管两种治疗费用昂贵,但对重症患者缩短疗程,预防呼吸肌麻痹,减少病死率至关重要。

3. **糖皮质激素** 目前国内外指南均不推荐糖皮质激素用于 GBS 治疗。但对于无条件行 IVIG 和 PE 治疗或发病早期重症患者可试用甲泼尼龙 500mg/d,静脉滴注,连用 5~7 天后逐渐减量,或地塞米松 10~15mg,静脉滴注,每天 1 次,7~10 天为一疗程。

（三）对症治疗

延髓麻痹者有吞咽困难和饮水呛咳,应尽早给予鼻饲营养,以保证每天足够热量、维生素,防止电解质紊乱,预防吸入性肺炎。合并消化道出血或胃肠麻痹者,则给予静脉营养支持;有心律失常者应进行持续心电监护及相关药物处理;尿潴留者可下腹加压按摩,无效时须导尿;便秘可给予缓泻剂和润肠剂;高血压可用小剂量 β 受体拮抗剂;低血压可补充胶体液或调整患者体位。GBS 发病急,病情进展快,恢复期较长,患者常会产生恐惧、沮丧、焦虑、怀疑、忧郁、依赖等一系列心理活动,针对病程和心理状态,做好患者的心理指导,是配合治疗的关键。

（四）防治并发症

1. 加强受压部位皮肤护理,定期翻身拍背,预防坠积性肺炎及压疮,还可用抗生素预防和控制坠积性肺炎、尿路感染。

2. 穿弹力长袜预防深静脉血栓及肺栓塞。

3. 加强肢体主动或被动运动,保持肢体功能位,预防失用性肌萎缩和关节挛缩。

（五）康复治疗

综合康复治疗能够有效地提高 GBS 患者的活动能力,减少残疾率。因此,病情稳定后,早期进行正规的神经功能康复锻炼,可采用针灸、按摩、理疗及主动或被动运动等,以利于瘫痪肢体功能恢复。

知识拓展

血浆置换

血浆置换是一种常用的血液净化方法,其基本原理是把患者血液引出体外,将其分离成血浆和血细胞成分(红细胞、白细胞、血小板),然后弃去含有抗体、抗原、免疫复合物等致病物质的血浆,而把血细胞及与废弃血浆等量的置换液(正常人体血浆或血浆代用品)一起回输体内,不仅能非特异性地迅速清除血浆中某些致病物质,同时又补充了体内所缺乏的白蛋白、凝血因子等必需物质,从而达到缓解和治疗疾病的目的。可应用于血液高黏滞综合征、血栓性血小板减少性紫癜、重症肌无力危象、某些肾病、吉兰-巴雷综合征、难治性进行性红斑狼疮等多种疾病的治疗,尤其是常规药物治疗无效的危重病例,常可获得明显疗效。

【预后】

本病有自限性,预后较好。约 2/3 患者 3 周后开始恢复,6~12 个月基本痊愈;约 1/3 患者留有不同程度后遗症;极少数复发。病死率约为 5%,主要死因是呼吸肌麻痹、肺部感染、低血压、严重心律失常等并发症。60 岁以上、病情迅速进展、需要辅助呼吸以及运动神经波幅降低是预后不良的危险因素。

本章小结

三叉神经痛主要表现为一侧面部反复发作性短暂电击样剧痛,有触发点或扳机点和痛性抽搐,神经系统检查无阳性体征,卡马西平是首选药物治疗。特发性面神经麻痹发病前常有病毒感染史,起病急,表现为一侧周围性面瘫伴不同部位面神经损害的表现,无肢体瘫痪,急性期可应用激素和营养神经等药物治疗及其他疗法。多发性神经病主要表现为四肢远端对称性感觉障碍、下运动神经元瘫痪和自主神经功能障碍。吉兰-巴雷综合征发病前 1~3 周常有感染史,表现为急性、四肢对称性、进行性弛缓性瘫痪及脑脊液蛋白-细胞分离,周围神经电生理检查提示神经近端或神经根损害,预防和及时治疗呼吸肌麻痹是减少病死率的关键。

病例讨论

患者,男,32 岁,农民。因进行性四肢无力 8 天,加重伴呼吸困难 2 天入院。查体:体温 37.8℃,血压 150/95mmHg,呼吸表浅,面部轻度发绀,呼吸道分泌物多,双侧周围性面瘫,饮水呛咳,咳嗽无力,四肢肌力 1~2 级,肌张力低,腱反射消失,四肢远端肘、膝关节以下痛觉减退,深感觉正常,病理征阴性,脑膜刺激征阴性。辅助检查:血糖 5.2mmol/L,血 K^+ 4.8mmol/L,心电图为窦性心动过速。

(潘 敏)

思考题

1. 三叉神经痛的特点是什么?治疗药物有哪些?
2. 特发性面神经麻痹的临床特点有哪些?
3. 急性炎症性脱髓鞘性多发性神经病的诊断标准有哪些?

ER 9-2-8

练习题

第三章 | 脊髓疾病

学习目标

1. 掌握：脊髓横贯性损害的定位诊断；急性脊髓炎和脊髓压迫症的病因、临床表现、诊断与鉴别诊断及治疗原则。

2. 熟悉：脊髓的应用解剖、生理及不同部位损害的临床特征。

3. 了解：急性脊髓炎和脊髓压迫症的发病机制、病理和辅助检查；急性脊髓炎并发症的防治和护理。

4. 学会根据急性起病、病前有感染史或接种史及迅速出现的脊髓横贯性损害的表现，结合脑脊液检查，对典型急性脊髓炎作出明确诊断。会综合运用所学知识对相关人群进行大健康教育。

5. 具备同情心和同理心，发扬"医者仁心"精神，树立预防为主的健康理念，善于应用中医中药，重视心理健康，切实有效开展健康中国行动，倡导文明健康生活方式。

第一节　概　述

脊髓（spinal cord）由神经细胞的灰质和上、下行传导束的白质组成，是中枢神经系统重要组成部分。主要功能有传导功能、反射功能和躯体神经营养功能。脊髓呈前后微扁的圆柱体，位于椎管内，为脑干向下延伸的部分。

【脊髓解剖】

（一）外部结构

脊髓上端与延髓相接，与枕骨大孔相平；下端形成脊髓圆锥，与第1腰椎体下缘或第2腰椎上缘相平，其中儿童位置较低，新生儿脊髓下缘可达第2、3腰椎之间。脊髓有两处膨大即颈膨大和腰膨大。颈膨大由 C_5~T_2 脊髓组成，其神经负责上肢感觉及运动。腰膨大由 L_1~S_2 脊髓组成，其神经负责下肢感觉及运动。腰膨大向下变细形成脊髓圆锥，圆锥下端伸出终丝，终止于第一尾椎的骨膜。圆锥以下的腰骶尾神经根形成马尾。脊髓自上而下共发出31对脊神经，分别为颈段8对、胸段12对、腰段5对、骶段5对和尾段1对。

成人脊髓长度仅为脊柱长度的2/3，所以成人脊髓各节段的位置高于相应的椎骨位置（图9-3-1）。下颈髓和上胸髓高出1个对应椎骨，中胸髓高出对应胸椎2个椎骨，下胸髓高出对应胸椎3个椎骨，腰髓位于 T_{10}~T_{12} 椎骨水平，骶髓位于 T_{12}~L_1 椎骨水平。因此准确判断脊髓病变节段与椎骨位置的对应关系，对确定脊髓病变的部位和临床治疗有重要的实用价值。

脊髓表面自内向外分别被软脊膜、蛛网膜和硬脊膜3层包围。软脊膜与蛛网膜之间为蛛网膜下腔，上联脑的蛛网膜下腔，下端在腰部扩大，其间充满脑脊液并浸泡马尾，为腰椎穿刺的常见部位；蛛网膜与硬脊膜之间为硬膜下腔，无特殊结构；硬脊膜外面与脊椎骨膜之间的间隙为硬膜外腔，含有脂肪组织、静脉丛和脊神经根，硬膜外麻醉即将药物注入此腔，以阻滞脊神经根内的神经传导（图9-3-2）。

（二）内部结构

脊髓是由神经元的胞体、突起、神经胶质以及血管等组成。脊髓横切面上可见由灰质和白质组成（图9-3-3）。

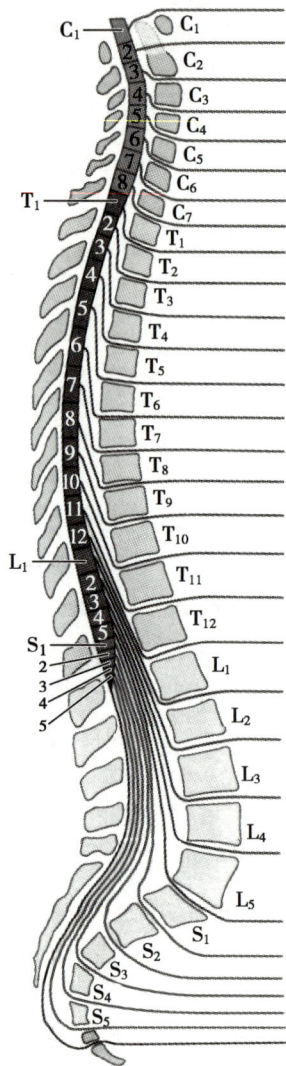

图 9-3-1　脊髓节段与椎体的对应关系

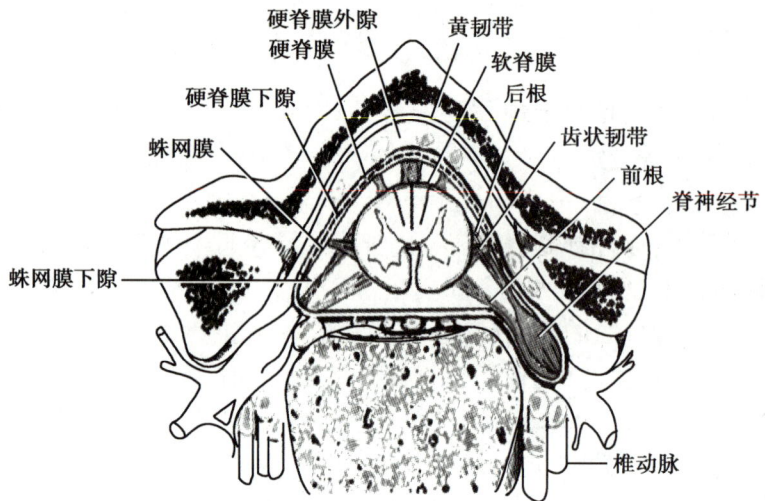

图 9-3-2　椎管的内外结构

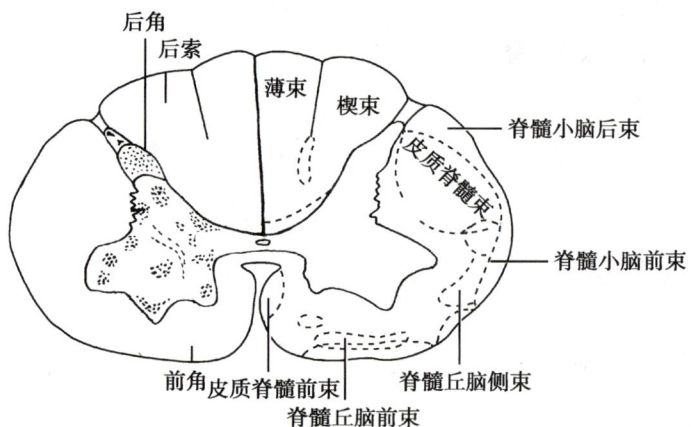

图 9-3-3　脊髓的内部结构

1. **灰质**　灰质分为前角、后角、侧角及灰质前、后联合。呈蝴蝶形或"H"形，排列在脊髓中央，其中心有中央管。主要由神经细胞核团组成。

（1）**前角**：属下运动神经元，含有运动神经细胞，发出纤维组成前根，支配相应骨骼肌。

（2）**后角**：与浅感觉的传导有关，含痛温觉及部分触觉的第Ⅱ级感觉神经细胞。

（3）**侧角**：为脊髓的交感神经中枢，仅见于 $C_8 \sim L_2$、$S_2 \sim S_4$、$C_8 \sim L_2$，其内主要为交感神经细胞，发出纤维支配和调节血管、内脏与腺体的功能；$S_2 \sim S_4$ 的侧角为脊髓的副交感神经中枢，发出纤维支配膀胱、直肠和性腺的活动。

2. **白质**　主要由上行、下行传导束构成。其中上行纤维束（感觉传导束）主要由薄束、楔束（深感觉）、脊髓丘脑束（浅感觉）、脊髓小脑束（运动与姿势的协调）等组成；下行纤维束（运动传导束）主要由皮质脊髓束（随意运动）、红核脊髓束（肌张力）、前庭脊髓束、网状脊髓束和顶盖脊髓束等组成。在白质内，上行和下行的神经纤维有序排列，存在于特定的区域，完成节段内和节段间的反射活动。

（三）血液供应

1. 脊髓动脉 主要有 3 个来源。

（1）**脊髓前动脉**：起源于两侧椎动脉颅内段,沿脊髓前正中裂下行,供应脊髓横切面的前 2/3 区域。

（2）**脊髓后动脉**：起源于同侧椎动脉颅内段,沿脊髓左右后外侧沟下行,供应脊髓横切面的后 1/3 区域。

（3）**根动脉**：起源于颈升动脉、肋间动脉、腰动脉和骶动脉等节段性动脉的脊髓支,分为根前动脉与根后动脉,分别与脊髓前动脉和脊髓后动脉吻合,构成围绕脊髓的冠状动脉环,丰富脊髓血供。但 T_4 和 L_1 两个节段由于吻合不够充分,易发生缺血。

2. 脊髓静脉 脊髓静脉回流主要经根前静脉与根后静脉引流至椎内静脉丛,后者向上与延髓静脉相通。椎静脉丛因压力低,没有静脉瓣,其血流方向不定,常随胸、腹腔压力变化(如咳嗽、排便、举重等)而改变,因此成为感染及恶性肿瘤转移入脊髓和颅脑的潜在通路。

知识拓展

脊髓血管病

脊髓血管病是脊髓血管阻塞或破裂出血导致脊髓神经组织发生运动、感觉等功能障碍的一组疾病。其发病率远低于脑血管病,但因脊髓内结构紧密,较小血管损害就可出现明显症状。临床上分为脊髓缺血、脊髓出血和脊髓血管畸形。缺血性脊髓血管病包括脊髓短暂性缺血发作、脊髓梗死、脊髓血管栓塞。出血性脊髓血管病包括脊髓的硬膜下和硬膜外出血。脊髓血管畸形以动静脉畸形(arteriovenous malformation,AVM)多见。临床中要树立预防为主的意识,加强健康教育,早发现、早诊断、早治疗。

【脊髓损害表现及定位诊断】

（一）脊髓选择性损害

1. 前角损害 发生同侧节段性下运动神经元性瘫痪,无感觉障碍。见于脊髓灰质炎(小儿麻痹症)、运动神经元病(进行性脊肌萎缩症)等。

2. 后角损害 发生同侧节段性分离性感觉障碍,即皮肤痛温觉减退或消失而精细触觉及深感觉仍保留。见于脊髓空洞症。

3. 中央管附近损害 出现双侧对称性节段性痛温觉障碍(分离性感觉障碍)。见于脊髓空洞症、髓内肿瘤、脊髓血肿等。

4. 侧角损害 发生同侧节段性自主神经功能障碍,表现为血管舒缩、发汗、竖毛反应障碍和皮肤、指甲营养障碍等。见于脊髓空洞症、髓内肿瘤等。

（二）传导束损害

1. 后索损害 出现病灶侧损害平面以下同侧躯干及肢体深感觉、精细触觉缺失或减退和感觉性共济失调。薄束损害以下肢症状为主,楔束损害以上肢症状为主。见于脊髓压迫症、亚急性联合变性、脊柱结核和糖尿病等。

2. 脊髓丘脑束损害 一侧损害时出现损害平面以下对侧皮肤痛温觉减退或缺失,触觉及深感觉保留。

3. 皮质脊髓束损害 出现病灶侧损害平面以下的上运动神经元性瘫痪。

（三）脊髓半侧损害

又称布朗-塞卡综合征(Brown-Séquard syndrome)或脊髓半切综合征。表现为损害平面以下同侧肢体上运动神经元性瘫痪、深感觉障碍及血管舒缩功能障碍,对侧肢体痛温觉障碍。见于脊髓外伤和髓外肿瘤等。

(四)脊髓横贯性损害

表现为病变平面以下双侧运动障碍、大小便障碍、自主神经功能障碍及各种感觉减退或丧失。当脊髓急性横贯性损害时,则出现脊髓休克(spinal shock)现象,即腱反射消失、肌张力降低、病理征阴性和尿潴留的周围性瘫痪。脊髓休克一般持续3~4周,以后逐渐进入高反射期,转变为中枢性瘫痪,表现为腱反射亢进、肌张力增高、病理征阳性和反射性排尿等。其中节段性症状(如腱反射消失、节段性肌萎缩、根痛及节段性感觉障碍等)对病变的定位诊断具有重要价值。

不同脊髓平面损害可产生不同临床症状,脊髓主要节段损害的临床特点如下:

1. **高颈段(C$_1$~C$_4$)** 四肢呈上运动神经元性瘫痪,二便障碍,感觉缺失或减退,四肢躯干常无汗。可有颈枕部根痛,胸锁乳突肌和斜方肌瘫痪萎缩。C$_3$~C$_5$ 段损害将造成膈肌瘫痪,出现呼吸困难。若病变波及颅后窝,则出现眩晕、眼球震颤、共济失调、饮水呛咳、发音及吞咽困难等,严重者因高热及呼吸衰竭而死亡。

2. **颈膨大(C$_5$~T$_2$)** 双上肢呈下运动神经元性瘫痪,双下肢呈上运动神经元性瘫痪,肩或上肢根痛和节段性感觉障碍,尿便障碍,上肢腱反射减弱或消失,C$_8$~T$_1$ 侧角受损出现霍纳(Horner)征。

3. **胸髓(T$_3$~T$_{12}$)** 胸髓是脊髓中最长而血供较差、最易受损的部位。双下肢呈上运动神经元性瘫痪,损伤平面以下各种感觉缺失,胸、腹部根痛、束带感,腹壁反射消失有定位价值。若病变位于T$_{10}$~T$_{11}$,下半部腹直肌无力,上半部腹直肌正常。当仰卧抬头时,可见脐孔被上半部腹直肌牵拉而向上移动,称比弗征(Beevor sign)。

4. **腰膨大(L$_1$~S$_2$)** 双下肢呈下运动神经元性瘫痪,腹股沟区根痛或坐骨神经痛,下肢腱反射和踝反射减弱或消失,双下肢及会阴部感觉缺失,尿便障碍及阳痿。

5. **脊髓圆锥(S$_3$~S$_5$)和尾节** 无肢体瘫痪及根痛,会阴部及肛门周围即鞍区皮肤感觉缺失,肛门反射消失和性功能障碍及真性尿失禁。

6. **马尾(L$_2$ 至尾节神经根)** 其病变与脊髓圆锥病变的表现相似,但症状和体征可为单侧或不对称,根痛多见且严重,位于会阴部、股部或小腿;下肢可有不对称下运动神经元性瘫痪,尿便障碍常不明显或出现较晚。这些可与圆锥病变相鉴别。

【脊髓疾病定性诊断】

各种脊髓疾病所引起的脊髓损害常具有特殊的好发部位,因此,确定了病变在脊髓横断面上的位置及其所在解剖层次以后,再通过临床的特殊检查及实验室检查,就可以大体上推断出病变的性质,便可确立病因诊断。

(一)从病变所在脊髓横断面上的位置来判断

1. **前角及前根** 脊髓灰质炎、流行性乙型脑脊髓炎、脊髓前动脉综合征等。

2. **脊髓中央灰质及前角** 脊髓空洞症、脊髓血肿、髓内肿瘤等。

3. **脊髓半切** 髓外肿瘤、脊髓损伤、脊柱结核等。

4. **脊髓横切** 脊髓外伤、脊髓压迫症晚期、横贯性脊髓炎、硬脊膜外脓肿、转移癌、结核等。

5. **侧索及前角** 肌萎缩侧索硬化、后纵韧带骨化、颈椎病等。

(二)从病变所在的解剖层次上来判断

1. **髓内病变** 脊髓炎、脊髓血管病、血管畸形、脊髓空洞症、室管膜瘤、代谢和维生素缺乏导致的脊髓病变。

2. **髓外硬脊膜内病变** 神经鞘瘤、脊膜瘤等。

3. **硬脊膜外病变** 脊索瘤、转移癌、脂肪血管瘤、脓肿等。

第二节　急性脊髓炎

案例导入

患者,女,29岁。患者7天前出现全身不适、酸痛。次日感觉双下肢麻木,对疼痛反应差,尚能行走。入院前3天出现双下肢活动不灵,下腹部以下痛觉消失,同时伴有排尿困难。查体:体温38.7℃,意识清醒,表情痛苦,脑神经检查未见异常。四肢弛缓性瘫痪,肌张力下降,腱反射消失,未引出病理反射。颈3节段以下痛觉消失。双下肢深感觉消失。脊髓MRI可见颈段髓内多发斑点状或片状长T_1及长T_2信号。

请思考:

1. 患者目前的诊断可能是什么?
2. 应进一步完善哪些检查?
3. 根据临床症状和体征,结合影像学检查判断该疾病病变定位诊断。
4. 治疗措施有哪些?

急性脊髓炎(acute myelitis)又称急性非特异性脊髓炎,也称急性横贯性脊髓炎,是指一组原因不明的急性横贯性白质脱髓鞘或坏死导致脊髓炎性病变。它是临床上最常见的一种脊髓炎,以病损平面以下肢体瘫痪、传导束型感觉障碍和尿便障碍为特征。

【病因和发病机制】

病因未明,多数患者有前驱症状。患者在出现脊髓症状前1~4周常有上呼吸道感染、发热、腹泻等病毒感染症状,但其脊髓和脑脊液中未检出病毒抗体和病毒,推测本病可能是病毒感染或疫苗接种后所诱发的一种自身免疫性反应,并非直接感染所致,为非感染性炎症性脊髓炎。

【病理】

本病以T_3~T_5节段受累最常见,其原因为该处的血液供应不丰富,易于受累;其次为颈段和腰段,其他节段也可见。肉眼可见受累节段脊髓肿胀,软脊膜充血。横切面上灰白质界限不清。镜下可见软脊膜和脊髓内血管扩张、充血,血管周围淋巴细胞和浆细胞浸润;灰质内神经细胞肿胀、消失;白质中髓鞘脱失、轴突变性、大量吞噬细胞和神经胶质细胞增生。脊髓严重损害时可软化形成空腔。

【临床表现】

本病好发于青壮年,无性别差异,病前1~2周常有上呼吸道感染或疫苗接种史,劳累、外伤及受凉等为诱因。任何年龄和季节均可发病。

(一) 运动障碍

早期常为脊髓休克现象,即病变平面以下四肢瘫或双下肢呈弛缓性瘫痪。腱反射消失,肌张力低下,病理征阴性及尿潴留。一般休克期为3~4周。多数患者在休克期后,部分肌力恢复,屈肌和伸肌张力逐渐增高,腱反射增强,病理征阳性,尿潴留转为反射性排尿。脊髓严重损伤时,常使屈肌张力增高,此时轻微刺激可引起双下肢屈曲痉挛,伴有竖毛、出汗及大小便排出等症状,称总体反射(mass-reflex)。

(二) 感觉障碍

损害平面以下各种感觉均消失,在感觉消失区上缘常有感觉过敏带或束带感。在病情恢复期,感觉障碍平面逐渐下降,但远比运动障碍恢复差,且时间更长。

(三) 自主神经功能障碍

早期表现为尿便潴留,由于骶髓排尿排便中枢及其反射弧功能受抑制,膀胱对充盈尿液无感觉,呈无张力性神经源性膀胱,因膀胱充盈过度,可出现充盈性尿失禁;休克期后,脊髓反射性排尿功能恢复,出现反射性神经源性膀胱,因膀胱容量缩小,当膀胱内有少量尿液即可刺激逼尿肌收缩和引起不自主排尿,出现充溢性尿失禁;随着病变的恢复,逐渐出现随意性排尿能力。此外,病变平面以下出现泌汗异常、皮肤水肿、脱屑和指(趾)甲松脆等;病变水平以上可有发作性的出汗过度、皮肤潮红、反射性心动过缓等,称自主神经反射异常(autonomic dysreflexia)。

(四)其他

少数患者起病急骤,损害平面于发病后1~2天内甚至数小时内上升至高颈髓,出现四肢瘫痪、吞咽困难、构音障碍、呼吸肌麻痹而死亡,临床上称上升性脊髓炎。

【实验室和其他检查】

急性期白细胞计数正常或偏高。脑脊液压颈试验通畅,脑脊液压力正常,一般无椎管阻塞,细胞数及蛋白含量正常或轻度增高(以淋巴细胞为主)。脊髓MRI表现为急性期受累节段脊髓水肿、增粗,病变节段髓内多发片状或较弥散的T_2高信号,可有融合,强度不均。

【诊断和鉴别诊断】

(一)诊断要点

1. 发病前常有上呼吸道感染或疫苗接种史。
2. 急性起病,迅速出现脊髓横贯性损害的症状和体征。
3. 脑脊液压力正常,无椎管阻塞,细胞数及蛋白正常或轻度增高。
4. 脊髓MRI可见髓内多发斑片状或较弥散的T_2高信号。

(二)鉴别诊断

1. 急性硬脊膜外脓肿 有身体其他部位化脓感染史,出现明显的发热和全身中毒症状,病灶相应区脊柱剧烈疼痛及叩痛。外周血白细胞计数增高,脑脊液细胞增高、蛋白质含量显著增高,椎管梗阻。CT、MRI有助于诊断。

2. 视神经脊髓炎 是免疫介导的主要累及视神经和脊髓的原发性中枢神经系统炎性脱髓鞘病。临床除表现为横贯性脊髓炎外,还出现视力下降等视神经炎表现或视觉诱发电位异常,可出现在脊髓症状之前、同时或之后。病情常有缓解及复发,且可相继出现其他多灶性损害的症状和体征。

3. 急性脊髓压迫症 脊柱结核常有全身结核中毒症状,X线摄片可见椎体破坏、椎间隙狭窄、椎旁寒性脓肿等。转移性肿瘤常有原发性肿瘤病灶,根痛剧烈,X线摄片可见椎体破坏,椎管阻塞,脑脊液蛋白质含量增高。

4. 急性炎症性脱髓鞘性多发性神经病 急性起病,有上呼吸道感染或腹泻史。肢体呈弛缓性瘫痪,末梢型感觉障碍并且较轻。可伴脑神经损害,括约肌功能障碍少见,即使出现一般也在急性期数天至1周内恢复。脑脊液呈现典型的蛋白-细胞分离现象。

5. 亚急性坏死性脊髓炎 多见于50岁以上男性,是脊髓血供障碍造成的进行性脊髓损伤,可能是一种脊髓血栓性静脉炎,缓慢进行性加重的双下肢无力、腱反射亢进、锥体束征阳性,常伴有肌萎缩。病变平面以下感觉减退。病情进一步发展,症状逐渐加重而出现完全性截瘫、尿便障碍、肌萎缩明显、肌张力降低、反射减弱或缺失。脑脊液蛋白增高,细胞数多正常。脊髓碘油造影可见其脊髓表面有扩张血管,脊髓血管造影可明确诊断。

【治疗】

急性脊髓炎应早期诊断、早期治疗、早期康复训练,医务工作者要设身处地致力于减轻脊髓损害、防治并发症、促进功能恢复以及心理健康的综合治疗。

(一)药物治疗

1. 激素治疗 急性期可用大剂量甲泼尼龙短期冲击疗法,500~1 000mg,静脉滴注,每天1次,连用3~5天。地塞米松10~20mg,静脉滴注,每天1次,连用2周,以后改为泼尼松40~60mg口服,每天1次,一般1个月后逐渐减量。用激素期间应注意患者身体和心理的双重影响。如补钾补钙、保护胃黏膜、防止感染和激素副作用。

2. 免疫球蛋白 成人用量 0.4g/（kg·d），静脉滴注，每天 1 次，连用 5 天为一疗程。

3. 营养神经药物 B 族维生素、血管扩张剂、神经营养药等。

4. 抗生素 及时治疗呼吸系统和泌尿系统感染。可根据病原学检查和药敏试验结果选用抗生素，以防病情加重。

（二）呼吸障碍治疗

轻度呼吸障碍患者可用祛痰药物超声雾化。重度呼吸障碍患者，应每 2~3 小时翻身 1 次，及时清除呼吸道分泌物，保持通畅；呼吸肌麻痹者应尽早使用机械通气，如气管插管、气管切开、人工呼吸机等。

（三）防治并发症

良好的护理可减少并发症发生率，促进肢体功能恢复。注意保暖，保持皮肤干燥清洁，经常按摩瘫痪肢体，防止压疮和皮肤感染。按时翻身叩背、勤换体位，鼓励咳痰，防治坠积性肺炎。尿便失禁者应勤换尿布，尿潴留者应无菌导尿，留置导尿管要定期放尿，预防尿路感染。

（四）康复治疗

应早期进行康复训练，加强肢体锻炼，从而促进肌力恢复，防止肢体痉挛及关节挛缩。中医中药在此方面有许多有效措施，如按摩、针灸、理疗等。

【预后】

预后取决于病变程度、范围和并发症的情况。累及脊髓节段长且弥散者，完全性瘫痪 6 个月后肌电图仍为失神经改变，预后较差。若无严重并发症，通常 3~6 个月可恢复到生活自理、扶杖行走或独立行走。部分病例可遗留后遗症或死于并发症。急性上升性脊髓炎和高颈段脊髓炎预后差，可在短期内死于呼吸循环衰竭。

第三节　脊髓压迫症

案例导入

患者，女，38 岁。3 个月前开始出现双下肢无力，行走困难，症状逐渐加重。入院前 1 周，右下肢完全瘫痪，左下肢只能在床面上活动，双上肢开始出现无力，同时伴有排尿困难。查体：左侧瞳孔直径 4mm，右侧瞳孔直径 2mm，对光反射灵敏；双眼球各方向运动正常，无眼球震颤。其他脑神经未查出异常。双上肢轻瘫，肌肉无萎缩；左下肢不全性瘫痪，右下肢完全性瘫痪。双下肢肌张力增强。双侧 C_4~S_5 痛觉减退，双下肢深感觉减退。肱二头肌反射（++），Hoffmann 征（+），膝反射、踝反射（+++），巴宾斯基征（+），踝阵挛（+）。辅助检查：腰椎穿刺显示脑脊液压力 130~150mmH$_2$O；白细胞 $6×10^6$/L，蛋白 0.1g/L，糖 40mg/dl，氯化物 600mg/dl。脊髓造影显示在 C_6 层面椎管完全梗阻，梗阻端呈锯齿状。

请思考：

1. 患者目前的诊断可能是什么？

2. 可能的病因属于哪一类？

3. 应进一步完善哪些检查？

4. 治疗原则有哪些？

脊髓压迫症（compressive myelopathy）是由于椎骨或椎管内占位性病变所引起的脊髓受压的一组病症。病变呈进行性发展，最终导致不同程度的脊髓半切综合征、脊髓横贯性损害和椎管梗阻，脊神经根和血管也会不同程度受累。

【病因和发病机制】

（一）病因

1.肿瘤 最常见,占 1/3 以上。起源于脊髓组织的肿瘤如神经鞘膜瘤、室管膜瘤和椎管内或脊柱转移性肿瘤、白血病等。

2.炎症 脊柱结核、硬脊膜外脓肿、脊髓蛛网膜炎等。

3.脊柱外伤 外伤性椎体骨折、脱位、椎管内血肿形成等。

4.先天性疾病 颅底凹陷症、颈椎融合畸形、脊髓血管畸形等。

5.血液疾病 血小板减少症等存在凝血机制障碍的患者,腰椎穿刺后可致硬膜外血肿致使脊髓受压。

6.其他 脊髓出血、椎间盘突出、黄韧带肥厚等。

（二）发病机制

1.急性压迫 脊髓受压迅速,静脉受压回流受阻,可导致脊髓组织水肿、缺血,出现急性脊髓横贯性损伤,预后较差。

2.慢性压迫 因发展缓慢,能充分代偿,因此脊髓水肿不明显,受压程度不重,常出现缓慢进行性脊髓横贯性损害,预后较好。

【病理】

可见脊髓软化、水肿,受压处凹陷变形。脊髓内神经细胞和神经纤维发生变性、坏死、断裂及脱髓鞘。神经根破坏,蛛网膜粘连。脊髓表面静脉受压淤血,蛋白渗出,导致脑脊液蛋白含量增高。

【临床表现】

（一）急性脊髓压迫症

急性发病,进展迅速,在短期内脊髓功能完全丧失,出现急性脊髓横贯性损害,多伴有脊髓休克。

（二）慢性脊髓压迫症

进展缓慢,临床较为常见,症状演变通常分为 3 期:

1.早期根痛期 病变后根受刺激引起其分布区自发性、反射性疼痛,局限于该神经根所支配的皮节,称根痛。疼痛如电击、烧灼、刀割或撕裂样,咳嗽、排便或用力等增加腹压时疼痛加剧,检查可发现感觉过敏带。随着病情发展,后根破坏而根痛减轻,出现相应节段感觉减退或消失。脊髓腹侧病变使前根受压,出现相应节段肌萎缩、肌束颤动及腱反射减弱或消失。根性症状对判断脊髓病变位置有很大价值。

2.脊髓部分受压期 病变继续进展,脊髓一侧受压,出现脊髓半切综合征。其次节段脊髓前、后角受损,可出现同侧相应节段性运动、感觉及自主神经功能障碍。

3.脊髓完全受压期 脊髓双侧受压,导致脊髓横贯性损害,表现损害平面以下双侧运动、各种感觉、括约肌功能障碍及皮肤、指(趾)甲营养障碍。

上述症状演变分期,以髓外肿瘤,尤其是髓外硬膜下良性肿瘤最为典型,但 3 期表现并非完全孤立,常互相重叠。髓内、髓外病变的鉴别见表 9-3-1。

表 9-3-1 髓内、髓外硬膜内和硬膜外病变的鉴别

	髓内病变	髓外硬膜内病变	髓外硬膜外病变
早期症状	多为双侧	自一侧进展为双侧	多从一侧开始
根性痛	少见,部位不明确	常有,剧烈,部位明确	早期可有
感觉障碍	分离性	传导束性,开始为一侧	多为双侧传导束性
痛温觉障碍	自上向下发展,头侧重	自上向下发展,尾侧重	双侧自下向上发展

	髓内病变	髓外硬膜内病变	髓外硬膜外病变
脊髓半切综合征	少见	多见	可有
锥体束征	不明显	早期出现,多自一侧开始	较早出现,多为双侧
括约肌功能障碍	早期出现	晚期出现	较晚期出现
阶段性肌无力和萎缩	早期出现,广泛明显	少见,局限	少见
棘突压痛、叩痛	无	较常见	常见
椎管梗阻	晚期出现,不明显	早期出现,明显	较早期出现,明显
脑脊液蛋白增高	不明显	明显	较明显
脊柱 X 线平片改变	无	可有	明显
脊髓造影充盈缺损	脊髓梭形膨大	杯口状	锯齿状
MRI 检查	脊髓梭形膨大	髓外肿块及脊髓移位	硬膜外肿块及脊髓移位

【实验室和其他检查】

(一)脑脊液检查

对判定脊髓受压程度很有价值。

1.脑脊液蛋白质增高 通常椎管梗阻越完全,时间越长,梗阻平面越低,蛋白含量越高;当蛋白含量超过 10g/L 时,黄色脑脊液流出后自动凝结,称弗鲁安综合征(Froin syndrome)。

2.压颈试验 提示椎管有完全或不完全脊髓蛛网膜下腔梗阻。

(二)脊柱 X 线平片

可发现脊柱骨折、错位、脱位、结核、骨质破坏及椎管狭窄,椎间距增宽、椎间孔扩大、椎体后缘凹陷等。

(三)CT 和 MRI

可显示脊髓受压,MRI 能清晰显示椎管内病变部位、性质、边界及病变与脊髓的关系。

(四)脊髓造影

可显示椎管梗阻界面,因此对诊断帮助极大,椎管完全梗阻时,上行造影只显示压迫性病变下界,下行造影可显示病变上界。

【诊断和鉴别诊断】

(一)诊断

1.确定脊髓是否受压 根据早期根痛、椎管梗阻、脊髓半切损害、脊髓横贯性损害症状和体征的演变,结合脑脊液蛋白增高情况来确定。

2.确定脊髓损害平面 根据早期节段性症状及脊髓各节段损害特点,结合脊髓造影及MRI检查。

3.确定脊髓损害平面内的层次 综合各方面资料确定是髓内、髓外硬膜内或髓外硬膜外病变,将有助于判断预后和进一步治疗。

4.确定脊髓压迫病变性质 主要根据病史、病变发展过程、症状特点、辅助检查进行定性诊断。

(二)鉴别诊断

1.急性脊髓炎 起病急,进展快,病前有感染,无椎管阻塞,脑脊液蛋白正常。早期出现脊髓横贯性损害症状和体征。

2.脊髓空洞症 多无根痛,脑脊液检查多无异常。表现为特征性的节段性分离性感觉障碍、病变节段支配区肌无力、肌萎缩及皮肤关节营养障碍等,MRI 显示脊髓内长条形空洞。

3.脊髓蛛网膜炎 感觉障碍呈斑块状分布,症状呈波动性。脊髓造影见造影剂流动缓慢、分散或呈不规则的点滴状分布。常继发于椎管狭窄、椎间盘病变、非特异性炎症、结核性脑脊髓炎、多次椎管内注射药物等。

【治疗】

手术治疗是其唯一有效的方法,包括切除椎管内占位性病变及开放椎管和硬脊膜囊等。应尽快祛除病因,解除脊髓受压。术后应加强护理,防治压疮、尿路感染和呼吸道感染等并发症,尽早应用中医中药有效措施,如按摩、针灸、理疗及功能训练等措施。同时注意人文关怀及心理治疗。

【预后】

本病预后与病变部位、性质、受压程度及治疗时机均有关。通常脊髓功能损害小,受压时间短、其预后较好;良性肿瘤、髓外病变预后好,反之预后则差。

本章小结

急性脊髓炎的急性期常见脊髓横贯性损害,表现为损害平面以下双侧运动障碍、大小便障碍、各种感觉减退或丧失及自主神经功能障碍。急性脊髓炎发病前常有上呼吸道感染或疫苗接种史,运动障碍早期呈脊髓休克的周围性瘫痪,休克期后转为中枢性瘫痪。脊髓 MRI 显示髓内多发斑点状或片状 T_2 高信号。急性期治疗可用大剂量甲泼尼龙短程冲击疗法,合理应用中医中药,同时注意防治并发症,结合心理健康教育,通常 3~6 个月可恢复到生活自理。

脊髓压迫症的常见原因是肿瘤,受压脊髓内神经细胞和神经纤维发生变性、坏死、断裂及脱髓鞘,临床表现为完全或不完全脊髓损害和椎管阻塞。手术治疗尽早解除脊髓受压是唯一有效方法。

病例讨论

患者,男,30 岁。5 个月前无诱因缓慢出现左胸电击样疼痛,夜间加重。3 个月前左下肢进行性无力,近 1 个月右下肢无力,排尿困难。查体:双上肢正常,左下肢肌力 3 级、右下肢肌力 4 级,肌张力增高,腱反射亢进,双侧巴宾斯基征(+),胸 4 以下感觉减退。辅助检查:胸片、脊柱平片未见异常,脑脊液蛋白 1.25g/L,糖、氯化物及细胞数正常。

(易 敏)

思考题

1. 脊髓半侧损害和脊髓横贯性损害的临床特点有哪些?
2. 脊髓休克期的临床表现有哪些?
3. 急性脊髓炎的常见临床表现、诊断和治疗有哪些?

ER 9-3-3

练习题

第四章 ｜ 脑 疾 病

1. 掌握：急性脑血管疾病的临床表现、实验室和其他检查、诊断、鉴别诊断和治疗；癫痫的临床表现、实验室和其他检查、诊断、鉴别诊断和治疗；帕金森病的临床表现、实验室和其他检查、诊断、鉴别诊断和治疗；偏头痛的临床表现、诊断、鉴别诊断和治疗。

2. 熟悉：脑的解剖结构与功能、脑的血液供应；急性脑血管疾病的病因、发病机制、分类、并发症和预防；癫痫的病因、发病机制和预防；帕金森病的病理和病理生理。

3. 了解：急性脑血管疾病的流行病学；帕金森病的病因和发病机制；偏头痛的病因和分类。

4. 学会合理选择急性脑血管疾病的实验室和其他检查项目，具备诊断急性脑血管疾病并制定防治方案的能力；学会运用所学知识对癫痫进行诊断并制定治疗方案；学会诊断帕金森病并制定治疗方案；学会诊断偏头痛并制定治疗方案。

5. 具备医者仁心、救死扶伤、全心全意为人民服务的精神。

第一节　概　述

脑是调控各系统、器官功能的最高调节中枢,参与学习、记忆、思维、语言、意识等人类高级神经活动。引起脑疾病的病因很多,由于脑的各部分解剖和生理功能不同,发生病损后其临床特点也各不相同,因此了解不同部位的解剖结构和功能,有助于理解其损伤后所出现的临床表现,对疾病的定位、定性诊断有很大帮助。

【脑的解剖结构和功能】

脑是由端脑、间脑、脑干和小脑4部分构成。

（一）端脑

由左右大脑半球组成。大脑半球由大脑皮质、髓质、基底核和侧脑室构成。每个半球分为额叶、顶叶、颞叶、枕叶、岛叶和边缘叶(扣带回、海马回、钩回)。两侧大脑半球的功能各有侧重,左侧大脑半球与语言、意识、数学、逻辑分析等密切相关,因此左侧大脑半球称优势半球;右侧大脑半球则主要感知非语言信息、音乐、图形和时空概念。

（二）间脑

位于大脑半球和中脑之间。间脑分为背侧丘脑、后丘脑、上丘脑、底丘脑和下丘脑5部分。背侧丘脑是各种感觉(除嗅觉外)传导的皮质下中枢和中继站,下丘脑主要是调节内脏活动和内分泌活动的皮质下中枢,而底丘脑核属于锥体外系的一部分。虽然间脑的体积不到中枢神经系统2%,但其结构和功能却十分复杂,是仅次于端脑的中枢高级部位。两侧间脑之间有一矢状位的窄腔,称第三脑室。

（三）小脑

位于颅后窝,由两个小脑半球和小脑蚓部构成。小脑通过传入和传出纤维与脊髓、脑干、大脑有密切联系,具有协调运动和维持平衡的功能。

(四)脑干

位于颅后窝前部,由中脑、脑桥和延髓组成。脑干上接间脑、下续脊髓,背面与小脑相连,延髓、脑桥和小脑之间围成的室腔为第四脑室。脑干发出第Ⅲ~第Ⅻ对脑神经,上、下行传导束均从脑干通过,脑干内还有重要的网状结构,是基本的生命中枢。

【脑的血液供应】

脑的血液由两个动脉系统供应,即颈内动脉系统和椎-基底动脉系统。

(一)颈内动脉系统

由颈总动脉分出,穿行颈动脉管至海绵窦入颅,依次分出眼动脉、后交通动脉、脉络膜前动脉、大脑前动脉和大脑中动脉,主要供应大脑半球前 2/3 和部分间脑的血液。

(二)椎-基底动脉系统

两侧椎动脉由锁骨下动脉发出,经枕骨大孔入颅,在脑桥和延髓交界处的腹侧面左右椎动脉汇合成一条基底动脉。椎动脉主要分支有脊髓前动脉、脊髓后动脉和小脑下后动脉等。基底动脉主要分支有小脑下前动脉、迷路动脉、脑桥动脉、小脑上动脉和大脑后动脉(图 9-4-1)。椎-基底动脉系统供应大脑半球后1/3 及部分间脑、脑干和小脑的血液(图 9-4-2、图 9-4-3)。

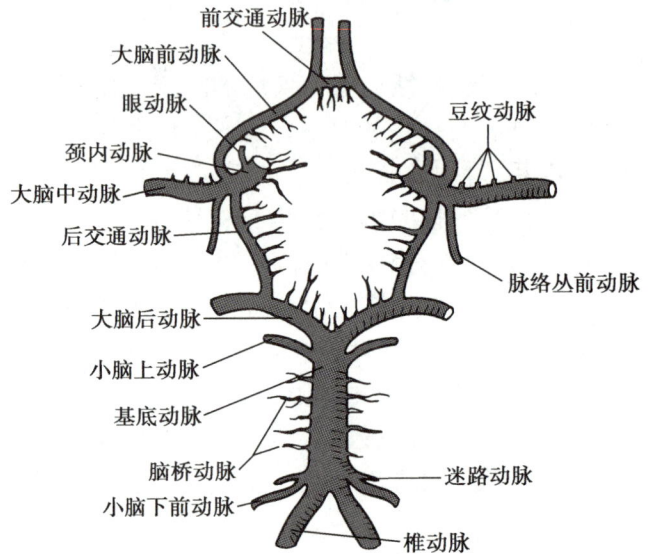

图 9-4-1　Wills 环的组成和分支

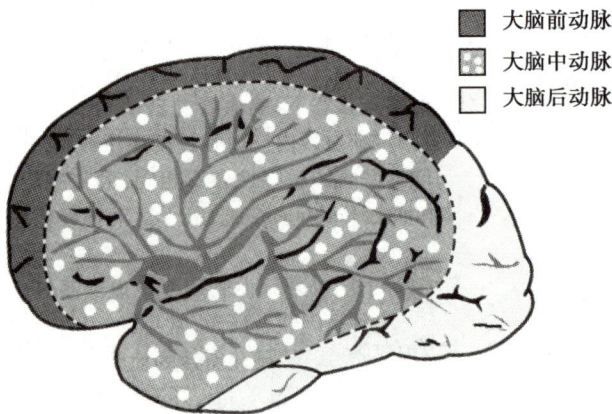

图 9-4-2　大脑半球外侧面血液供应分布

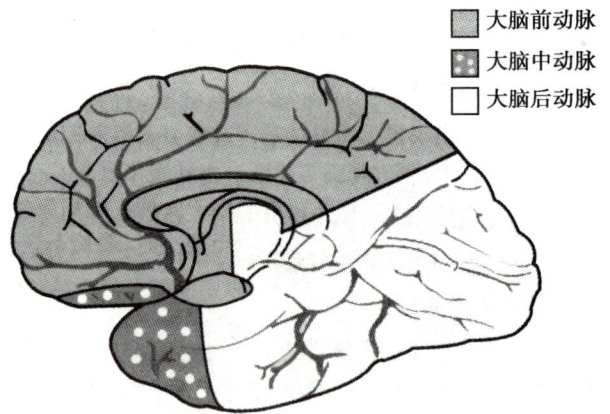

图 9-4-3　大脑半球内侧面血液供应分布

颈内动脉和椎-基底动脉之间可通过大脑动脉环(Willis 环)相交通。该环由两侧大脑前动脉起始段、两侧颈内动脉末端、两侧大脑后动脉借前、后交通动脉连通形成(图 9-4-1)。正常情况下动脉环两侧的血液不相混合,当某一供血动脉狭窄或闭塞时,可一定程度通过大脑动脉环使血液重新分配和代偿,以维持脑的血液供应。后交通动脉和颈内动脉交界处、前交通动脉和大脑前动脉的连接处是动脉瘤的多发部位。

【脑血液循环调节和病理生理】

正常成人的脑重 1 500g,占体重的 2%~3%,流经脑组织的血液为 800~1 000ml/min,占心排血量的 20%,表明脑血液供应非常丰富,代谢极为旺盛。脑组织耗氧量占全身耗氧量的 20%~30%,能量来源主要依赖于糖的有氧代谢,脑组织中几乎无葡萄糖和氧的储备。因此,脑组织对缺血、缺氧性损害十分敏感,当脑供血中断,2分钟内脑电活动停止,5分钟后脑组织出现不可逆性损伤。

在正常情况下,脑血流量(cerebral blood flow,CBF)具有自动调节作用。CBF与脑灌注压成正比,与脑血管阻力成反比。在缺血缺氧的病理状态下,脑血管的自动调节机制紊乱,血管扩张或反应异常,脑水肿和颅内压的升高,会出现缺血区内充血和过度灌注或脑内盗血现象。脑皮质血流量远高于脑白质,不同的脑组织对缺血缺氧的敏感性亦不相同,大脑皮质、海马神经元对缺血、缺氧性损害最敏感,其次为纹状体和小脑浦肯野(Purkinje)细胞,脑干运动神经核对缺氧的耐受性较高。

第二节　急性脑血管疾病

脑血管疾病(cerebrovascular disease,CVD)是脑血管病变导致脑功能障碍的一类疾病总称,表现为局限性或弥漫性脑功能障碍。

脑血管疾病是危害人类身体健康和生命的主要疾病之一,给患者、家庭和社会带来沉重的负担和痛苦。脑卒中是目前导致人类死亡的第二大病因和成人残障的主要原因。我国脑血管疾病的发病呈现北高南低、东高西低的地理分布特征。脑卒中的发病具有明显的季节性,寒冷季节发病率高,尤其是出血性卒中发病的季节性更为明显。脑卒中的发病率和病死率男性显著高于女性,男女之比为(1.1~1.5)∶1。随着人民生活方式的改变及人口的老龄化,脑卒中的发病年龄有提前趋势,但高发年龄逐渐向后推迟。此外,脑血管疾病的发病情况与社会经济状况、职业及种族等有关。

【脑血管病的分类】

脑血管疾病有多种分类方法。根据发病缓急可分为慢性和急性两类。慢性脑血管病起病隐袭,缓慢进展,如血管性痴呆等。临床上以急性脑血管疾病最多见,又称为脑卒中(stroke)。根据脑的病理性质改变,急性脑血管病可分为缺血性脑血管病和出血性脑血管病。前者包括短暂性脑缺血发作和脑梗死(脑血栓形成、脑栓塞、腔隙性脑梗死等),后者包括脑出血和蛛网膜下腔出血等。

【脑血管病的病因】

1. 血管壁病变　以高血压性动脉硬化和动脉粥样硬化所致的血管损害最常见,其次为结核、梅毒、结缔组织疾病和钩端螺旋体等多种原因所致的动脉炎,还有先天性血管病(如动脉瘤、血管畸形和先天性狭窄)、各种原因(药物、毒物、恶性肿瘤、外伤、颅脑手术、插入导管、穿刺等)所致的血管损伤等。

2. 心脏病和血流动力学改变　如各种心脏疾患导致的心功能障碍(如心力衰竭、心房颤动、传导阻滞、心瓣膜病、心肌病及心律失常等)、高血压、低血压或血压的急骤波动等。

3. 血液成分和血流动力学改变　各种原因所致的高黏血症、凝血机制或纤维蛋白溶解功能异常以及血细胞和血小板异常等。

4. 其他　脑血管受压(颈椎病、肿瘤等)、外伤、颅外栓子(空气、脂肪、癌细胞和寄生虫等)等。部分脑血管病的病因不明。

【脑血管病的危险因素】

流行病学调查发现,许多因素与脑卒中的发生及发展有密切关系。对这些危险因素的识别和干预,是预防和治疗的重要基础,也是降低其发病率和病死率的关键。脑血管病的危险因素分为可干预和不可干预两大类。前者包括高血压、糖尿病、心脏病、血脂异常、吸烟、酗酒等;后者包括年龄、性别、种族和遗传因素等。

【脑血管病的预防】

对脑血管病的危险因素进行早期干预,可以有效降低脑血管病的发病率。脑卒中的预防包括一级预防、二级预防和三级预防。

（一）脑血管病的一级预防（预防发病）

指发病前的预防，即在社区人群中早期识别具有卒中危险因素而尚无卒中发作的特定人群，开展综合预防措施（健康教育及控制危险因素），从而达到使脑血管病不发生或推迟发病年龄的目的。为预防脑血管病的发生倡导居民养成健康生活方式，引导脑血管病高危人群形成科学的饮食习惯，根据体育健身活动指南开展科学运动。

1. 防治高血压　措施包括控制体重、膳食限盐、减少膳食脂肪、增加及保持适当的体力活动、戒烟、限酒以及长期坚持抗高血压药物治疗。一般将血压控制在 140/90mmHg 以下。高血压合并糖尿病或肾病的患者，血压应控制至 130/80mmHg 以下。

2. 防治糖尿病　通过饮食治疗、服用降血糖药或使用胰岛素，将血糖控制在接近正常水平（<7mmol/L）。

3. 防治血脂异常　以控制饮食和体育锻炼为主，辅以药物治疗。包括：减少饱和脂肪酸和胆固醇的摄入、选择能加强降低低密度脂蛋白（LDL）效果的食物，如植物甾醇（2g/d）和可溶性黏性纤维（10~25g/d）、戒烟、减轻体重、增加有规律的体力活动等。他汀类药物的主要作用是降低 LDL，对缺血性脑卒中有显著疗效。高密度脂蛋白（HDL）降低者可用烟酸或吉非贝齐。

4. 防治心脏病　对非瓣膜病性房颤患者，可使用华法林抗凝治疗、口服阿司匹林每天 50~300mg 或其他抗血小板聚集药物；有心脏瓣膜病变（如机械瓣膜植入者）的房颤者，也应口服华法林抗凝治疗；冠心病高危患者可服用小剂量阿司匹林每天 50~150mg，或其他抗血小板聚集药物。

5. 其他　根据其他情况采取相应措施，进行干预和处理。如无症状性颈动脉狭窄者，如颈动脉狭窄>70%，可进行预防性颈动脉内膜剥脱术或颈动脉支架成形术；镰状细胞贫血者给予间断输血治疗；叶酸、维生素 B_{12}、维生素 B_6 对高同型半胱氨酸血症有一定的预防作用。

（二）脑血管病的二级预防（预防复发）

对已发生卒中的患者应早期诊断和治疗，以达到预防或降低复发的目的。包括：病因预防、抗血小板聚集治疗、抗凝治疗和干预短暂性脑缺血发作等。

（三）脑血管病的三级预防（预防并发症）

对于已发生过卒中的患者应尽早开展康复治疗，以达到预防并发症的目的。包括：药物治疗、康复训练、言语康复等。

短暂性脑缺血发作

> **案例导入**
>
> 患者，男，58 岁。因反复发生右侧手臂和腿部无力入院。两周来共发生过 3 次，每次发作持续约 15 分钟后自行缓解。既往有心房颤动病史。查体：神经系统无异常体征。脑 CT 检查无异常。
>
> **请思考：**
> 1. 患者最可能的诊断是什么？
> 2. 怎样预防？

短暂性脑缺血发作（transient ischemic attack，TIA）是指脑或视网膜局灶性缺血所致的、未发生急性梗死的短暂性神经功能缺损发作。TIA 的临床症状一般多在数分钟至数小时内恢复，不遗留神经功能缺损症状和体征，且没有急性脑梗死的影像学证据。

【病因和发病机制】

（一）病因

TIA 的病因很多，动脉粥样硬化是最重要的原因，其他有动脉狭窄、心脏病、血液成分的改变及血流动力学改变等。

（二）发病机制

1. 血流动力学改变　是在各种原因（如动脉硬化和动脉炎等）所致的颈内动脉系统或椎-基底动脉系统的动脉严重狭窄基础上，血压的急剧波动和下降导致原来靠侧支循环维持血液供应的脑区发生的一过性缺血。血流动力型 TIA 的临床症状比较刻板，发作频率通常密集，每次发作持续时间短暂，一般不超过 10 分钟。

2. 微栓塞　主要来源于动脉粥样硬化的不稳定斑块或附壁血栓的破碎脱落、瓣膜性或非瓣膜性心源性栓子及胆固醇结晶等。微栓子阻塞小动脉常导致其供血区域脑组织缺血，当栓子破碎移向远端或自发溶解时，血流恢复，症状缓解。微栓塞型 TIA 的临床症状多变，发作频率通常稀疏，每次发作持续时间一般较长。

【临床表现】

（一）一般特点

包括：①好发于中老年人（50~70 岁），男性多于女性，多伴有高血压、动脉粥样硬化、糖尿病或高血脂等脑血管病危险因素。②发病突然，局部脑或视网膜功能障碍历时短暂，最长时间不超过 24 小时，不留后遗症状。③常反复发作，每次发作的表现多相似。

（二）颈内动脉系统 TIA

临床表现与受累血管分布有关。大脑中动脉供血区的 TIA 可出现缺血对侧肢体的单瘫、轻偏瘫、面瘫和舌瘫，可伴有偏身感觉障碍和对侧同向偏盲，优势半球受损常出现失语和失用，非优势半球受损可出现空间定向障碍。大脑前动脉供血区缺血可出现人格和情感障碍、对侧下肢无力等。颈内动脉的眼支供血区缺血表现眼前灰暗感、云雾状或视物模糊，甚至为单眼一过性黑矇、失明。颈内动脉主干供血区缺血可表现为眼动脉交叉瘫（患侧单眼一过性黑矇、失明和/或对侧偏瘫及感觉障碍），Horner 交叉瘫（患侧 Horner 征、对侧偏瘫）。

（三）椎-基底动脉系统 TIA

以眩晕、平衡障碍、共济失调、眼球运动异常和复视等症状最为常见，可有单侧或双侧面部、口周麻木，单独出现或伴有对侧肢体瘫痪、感觉障碍。椎-基底动脉系统 TIA 还可出现几种特殊表现的临床综合征：①跌倒发作（drop attack）：常表现为迅速转头或仰头时双下肢突然无力而跌倒，不伴意识丧失，可立即自行站起，系脑干下部网状结构缺血所致。②短暂性全面遗忘症（transient global amnesia，TGA）：发作时表现为短时间记忆丧失，对时间、地点定向障碍，持续数分钟至数十分钟，但说话、书写和计算能力保持完整，系边缘系统受累所致。

【实验室和其他检查】

CT 或 MRI 检查大多正常，部分病例可见脑内小片状缺血灶。数字减影血管造影（DSA）、磁共振血管造影（MRA）或 CT 血管造影（CTA）可见血管狭窄、动脉粥样硬化斑块。经颅多普勒超声（TCD）可用于评估颅内血流状况。血脂、血糖、血流动力学测定、心电图、颈椎 X 线片检查有助于病因的确定。

【诊断和鉴别诊断】

（一）诊断

TIA 发作持续时间短，多数患者就诊时已无症状和体征，诊断主要靠病史。诊断要点为：①起病年龄大多在 50 岁以上，常有高血压、糖尿病等脑血管疾病危险因素。②发病突然、持续时间短暂，可反复发作。③神经功能障碍，仅局限于某血管分布范围。④症状体征在 24 小时内完全恢复，间歇期无任何神经系统阳性体征。⑤CT、MRI 检查显示脑部无明确病灶有助于诊断。

（二）鉴别诊断

1. 癫痫部分性发作　特别是单纯部分性发作，一般表现为局部肢体抽搐，多起自一侧口角，然后扩展到面部或一侧肢体，或者表现为肢体麻木感和针刺感等，一般持续时间更短，可有脑电图异常。癫痫部分性发作大多由脑部局灶性病变引起,头部 CT 和 MRI 可能发现病灶。

2. 阿-斯综合征(Adams-Stokes syndrome） 系心源性晕厥。因严重的心律失常引起阵发性脑供血不足,出现头晕、晕倒和意识障碍,发作时血压偏低,神经体征不明显。动态心电图监测和超声心动图检查有异常发现。

3. 梅尼埃病(Ménière's disease） 常表现为反复发作性眩晕伴恶心、呕吐,但一般发病年龄较轻(<50 岁),发病时间多超过 24 小时,伴耳鸣,多次发作后逐渐出现听力减退,发作时除眼震外,中枢神经系统检查正常。

4. 偏头痛 以肢体运动障碍为先兆的先兆性偏头痛及家族性偏瘫型偏头痛,在头痛发作前表现有短暂的(5~60 分钟)偏瘫,同时可有偏身感觉障碍和/或语言障碍。但偏头痛患者多为青少年,先兆后有剧烈的头痛,头痛性质符合偏头痛的诊断标准,且多有家族史,尤其家族性偏瘫型偏头痛患者有明确的家族史,发作时间可超过 24 小时。

【治疗】

治疗目的是消除病因、预防复发、防止发生完全性卒中、保护脑功能。

(一)病因治疗

尽可能查找病因,控制相关危险因素,如控制血压、控制血糖、控制血脂、治疗心律失常或心肌病变、纠正血液成分异常等。

(二)药物治疗

1. 抗血小板聚集药物 可通过减少微栓子的形成,减少 TIA 复发,临床上适用于非心源性栓塞的 TIA 或缺血性卒中的患者。①阿司匹林(aspirin):每天 75~150mg,晚餐后顿服,主要不良反应为胃肠道反应。亦可小剂量阿司匹林(每天 25mg)与双嘧达莫(dipyridamole)每次 200mg 联合应用,每天 2 次。②氯吡格雷(clopidogrel):每天 75mg,不良反应较阿司匹林明显减少,高危人群或对阿司匹林不能耐受者可选用。氯吡格雷与阿司匹林合用可增加出血的风险,因此一般不联合使用。

2. 抗凝药物 抗凝治疗不作为常规治疗。临床上主要适用于有房颤、频繁发作的 TIA。主要药物包括肝素、低分子量肝素和华法林。

3. 其他 对有高纤维蛋白原血症的患者,可用降纤酶治疗。对有抗血小板聚集药禁忌证的老年 TIA 患者,可用具有活血化瘀、通经活络作用的中药制剂,如川芎、丹参、三七、红花等药物。

(三)手术治疗

对颅外颈动脉、颅外椎动脉及颅内动脉明显狭窄(超过 70%)的 TIA 患者,经药物治疗效果不佳或病情恶化趋势者,可考虑施行球囊/支架血管成形术、颈动脉内膜切除术、颅内、颅外动脉旁路移植术等。

【预后】

未经治疗的 TIA 患者约 1/3 发展为脑梗死,1/3 反复发作,1/3 自行缓解。

脑 梗 死

案例导入

患者,男,82 岁。右侧肢体活动不灵 1 天伴神志不清 4 小时入院。患者 1 天前发现右侧肢体活动不灵,4 小时前突发神志不清,家人遂送入院诊治。入院前未作任何治疗。既往有心房颤动病史多年。查体:T 36.4℃,P 105 次/min,R 17 次/min,BP 190/130mmHg,房颤律,浅昏迷状态,双瞳孔等大等圆,直径约 3mm,光反射迟钝,双眼球向左凝视,右侧肢体坠落试验(+),颈稍抵抗,右侧病理征(+)。头颅 CT 显示左侧大脑半球大面积低密度影。ECG:心房颤动,ST-T 改变。

请思考:
1. 患者最可能的诊断和诊断依据是什么?
2. 为明确诊断需进一步完善哪些检查?
3. 应与哪些疾病相鉴别?
4. 处理原则是什么?

脑梗死(cerebral infarction)又称缺血性脑卒中,是指各种脑血管病变所致脑部血液供应障碍,导致局部脑组织缺血缺氧性坏死,出现相应神经功能缺损的一类临床综合征。脑梗死是脑血管病中最常见的类型,约占70%,通常分为脑血栓形成、脑栓塞和腔隙性脑梗死。

【脑血栓形成】

脑血栓形成(cerebral thrombosis)是脑梗死最常见的类型,约占60%。指在各种原因引起的血管壁病变的基础上,脑动脉管腔狭窄、闭塞或血栓形成,造成脑局部急性血流减少或中断,使脑组织缺血缺氧性坏死,出现相应的神经系统症状和体征。

(一)病因和发病机制

最常见的病因是脑动脉粥样硬化,其次是高血压、糖尿病和血脂异常。其他少见的病因有各种动脉炎、先天性动脉狭窄、真性红细胞增多症、血高凝状态、烟雾病等。脑动脉粥样硬化斑块溃疡,造成管壁粗糙,管腔狭窄,在血液黏滞性增高、血流缓慢、血压下降和心功能不全时,可促使血小板、纤维素等血液中有形成分黏附、沉积形成血栓。

(二)病理

脑梗死在颈内动脉系统发生率约为80%,椎-基底动脉系统约为20%,好发的血管依次为颈内动脉、大脑中动脉、大脑后动脉、大脑前动脉及椎-基底动脉。闭塞的血管内可见动脉粥样硬化、血栓形成或栓子、血管炎等改变。

脑缺血性病变的病理分期包括:①超早期(1~6小时):病变区脑组织常无明显改变。②急性期(6~24小时):缺血区脑组织神经细胞、星形胶质细胞和血管内皮细胞呈明显缺血性改变。③坏死期(24~48小时):大量神经细胞消失,胶质细胞破坏,中性粒细胞、单核细胞、巨噬细胞浸润。④软化期(3天~3周):病变区液化变软。⑤恢复期(3~4周):液化坏死的脑组织被吞噬、清除,胶质细胞、毛细血管增生,小病灶形成胶质瘢痕,大病灶形成卒中囊,此期可持续数个月至2年。上述病理改变称为白色梗死,如梗死区继发出血称为红色梗死(出血性梗死)。

急性梗死病灶由中央坏死区及周围的缺血半暗带(ischemic penumbra)组成。后者由于存在侧支循环,尚有大量存活的神经细胞,如能在短时间内(3~6小时内)恢复其血流,该区的脑组织损伤是可逆的,是临床实施超早期急性溶栓的病理学基础。

(三)临床表现

多见于60~70岁以上患有动脉粥样硬化的老年人,常伴有高血压、糖尿病等脑血管疾病危险因素,部分患者有TIA史。常在安静或睡眠中发病,起病急。一般意识清醒,当大面积脑梗死或基底动脉闭塞时,可出现意识障碍,甚至危及生命。下面介绍不同血管闭塞所致脑梗死的临床表现。

1.颈内动脉系统脑梗死

(1)**颈内动脉闭塞的表现:**可出现大脑中动脉和/或大脑前动脉缺血症状。颈内动脉缺血可出现单眼一过性黑矇,偶见永久性失明或Horner征。

(2)**大脑中动脉闭塞的表现:**大脑中动脉病变最多见。

1)主干闭塞:出现对侧偏瘫、偏身感觉障碍和偏盲(即三偏综合征),伴头、眼向病灶侧凝视,可有失语。因内囊受损,上、下肢损害程度无明显差异。

2)皮质支的上分支闭塞:病灶对侧面部、上下肢瘫痪和偏身感觉障碍,面部及上肢重于下肢,足部不受累,头、眼向病灶侧凝视,可有 Broca 失语(优势半球损害)或体象障碍(非优势半球损害)。

3)皮质支的下分支闭塞:对侧同向性上 1/4 视野缺损,可有 Wernicke 失语(优势半球受损),无偏瘫。

4)深穿支闭塞:对侧均等性轻偏瘫,对侧偏身感觉障碍和偏盲等。

(3)大脑前动脉闭塞的表现:多出现对侧下肢为主的偏瘫和感觉缺失,可同时伴大小便功能障碍。

2. 椎-基底动脉系统脑梗死

(1)**大脑后动脉闭塞的表现**:多出现对侧视野的同向偏盲,而黄斑区视力保存(黄斑视力的枕叶皮质由大脑中动脉和大脑后动脉双重供血)。可出现眼球运动障碍,如动眼神经麻痹、垂直性凝视麻痹等。如损坏优势半球枕叶,则出现特征性的视觉缺失。双侧大脑后动脉闭塞可引起皮质盲和记忆障碍。

(2)**基底动脉闭塞的表现**:因往往累及多组分支动脉,故临床表现不一致。①基底动脉主干闭塞:引起脑干广泛性梗死,出现眩晕、呕吐、四肢瘫痪,针尖样瞳孔(累及两侧脑桥)、延髓麻痹、昏迷、中枢性高热达 41~42℃,常迅速死亡。②双侧脑桥动脉闭塞:引起脑桥基底部梗死,出现闭锁综合征,又称去传出状态。表现为双侧中枢性瘫痪(双侧皮质脊髓束和支配三叉神经以下的皮质脑干束受损),只能以眼球上下运动示意(动眼神经与滑车神经功能保留),眼球水平运动障碍,不能讲话,双侧面瘫,构音及吞咽运动均障碍,不能转颈耸肩,四肢全瘫,可有双侧病理反射,但因大脑半球和脑干被盖部网状激活系统无损害,患者意识清醒,语言理解无障碍。③基底动脉分支闭塞:出现与梗死部位相应的交叉性瘫痪,构成不同的综合征,如基底动脉短旋支闭塞引起的脑桥腹外侧综合征(Millard-Gubler syndrome)。表现为病灶侧眼球不能外展(展神经麻痹)及周围性面神经麻痹(面神经核损害);对侧中枢性偏瘫(锥体束损害);对侧偏身感觉障碍(内侧丘系和脊髓丘脑束损害)。④迷路动脉闭塞:出现同侧突发性聋、耳鸣、眩晕等。

(3)**椎动脉闭塞的表现**:若两侧椎动脉的粗细差别不大,当一侧闭塞时,通过对侧椎动脉的代偿作用,可以无明显的症状。约 10% 的患者一侧椎动脉细小,脑干仅由另一侧椎动脉供血,此时供血动脉闭塞引起的病变范围等同于基底动脉或双侧椎动脉阻塞后的梗死区域,症状较为严重。若小脑下后动脉或椎动脉供应延髓外侧的分支动脉闭塞引起延髓背外侧综合征(Wallenberg syndrome),表现为眩晕、恶心、呕吐和眼球震颤(前庭神经核受损);声音嘶哑、吞咽困难及饮水呛咳(疑核及舌咽、迷走神经受损);病灶侧小脑性共济失调(绳状体或小脑损伤);交叉性感觉障碍,即病灶同侧面部痛、温觉减退或消失(三叉神经脊束核受损),病灶对侧偏身痛、温觉减退或消失(对侧交叉的脊髓丘脑束受损);病灶同侧 Horner 征(交感神经下行纤维损伤)。

3. 特殊类型的脑梗死 常见以下几种类型:

(1)**大面积脑梗死**:通常由颈内动脉主干、大脑中动脉主干闭塞或皮质支完全闭塞所致,表现为病灶对侧完全性偏瘫、偏身感觉障碍及向病灶对侧凝视麻痹。

(2)**分水岭脑梗死**(cerebral watershed infarction,CWSI):是由脑内相邻血管供血区交界处或分水岭区局部缺血导致,又称边缘带(border zone)脑梗死。血流动力学变化造成的低血压是引起本病最常见的原因,如各种心脏疾患、抗高血压药使用不当、严重呕吐、腹泻、脱水、剧烈咳嗽、心搏骤停、大量饮酒等。通常症状较轻,纠正病因后病情可有效控制。分水岭脑梗死的类型有:皮质前型、皮质后型和皮质下型。

(3)**出血性梗死**:常见于大面积脑梗死后。是由于脑梗死灶内动脉血管壁损伤、坏死,如果血管腔内血栓溶解或其侧支循环开放等原因使已损伤的血管血流得到恢复,则血液会从破损的血管壁漏出,导致出血性脑梗死。

(4)**多发性脑梗死**:是指两个或两个以上不同供血系统脑血管闭塞引起的梗死,一般由反复多次发生脑梗死所致。

（四）实验室和其他检查

1. 实验室检查 除血、尿等常规检查外，应查血糖、血脂、血流动力学等。

2. 神经影像学检查 可直观脑梗死的范围、部位、血管分布、有无出血、病灶的新旧等。①CT：发病 24~48 小时后梗死区可出现低密度灶。早期检查可排除脑出血，因此发病后应尽快进行 CT 检查。②MRI：可清晰显示早期缺血性梗死，脑干、小脑梗死，静脉窦血栓形成等。梗死灶 T_1 呈低信号、T_2 呈高信号，MRI 弥散加权成像（DWI）和灌注加权成像（PWI）可在发病后数分钟内显示缺血病变。③DSA：可显示血管狭窄、闭塞或血管畸形等，为血管内治疗提供依据。④MRA 和 CTA：可显示血管病变，并且无创，有条件时亦可选择应用。

3. TCD 可检测脑底动脉血流、颅内动脉狭窄闭塞，但目前不能替代 DSA。

（五）诊断和鉴别诊断

1. 诊断要点 包括：①发病多为中老年人，多伴有动脉硬化及高血压病史，部分可有 TIA 发作病史。②常在安静状态下或睡眠中发病。③多在半小时或 3 天内达到高峰。④有相应脑动脉供血区神经功能障碍的症状和体征，一般无明显意识障碍。⑤CT 检查在 24~48 小时后出现低密度梗死灶或 MRI 检查在早期显示缺血病灶。

2. 鉴别诊断

（1）脑血栓形成与脑栓塞、脑出血等脑血管病之间的鉴别见表 9-4-1。

表 9-4-1　急性脑血管疾病的鉴别诊断

	脑血栓形成	脑栓塞	脑出血	蛛网膜下腔出血
好发年龄	60 岁以上	青壮年	50~60 岁较多	40~60 岁较多
主要病因	动脉粥样硬化	风湿性心脏病	高血压及动脉粥样硬化	动脉瘤、血管畸形
TIA 史	常有	可有	多无	无
起病状态	常在安静、睡眠时	不定	多在活动时	多在情绪激动、用力时
起病形式	较急（以时、日计算）	最急（以秒计算）	急（以分、小时计算）	急骤发病（以分计算）
昏迷	无	少有	深而持久	少、轻而短暂
头痛	无	无	清醒时有	剧烈
呕吐	少量	少	常有	明显
血压	正常或偏高	正常	显著增高	正常或增高
瞳孔	正常	正常	患侧大	患侧大或正常
偏瘫	有	有	有	多无
脑膜刺激征	无	无	多有	显著
脑脊液	正常	正常	血性、压力升高	均匀血性、压力升高
头颅 CT	低密度影	低密度影	高密度影	可见高密度影

（2）**颅内占位性病变**：某些硬膜下血肿、颅内肿瘤、脑脓肿等表现可与脑血栓形成相似，但多有颅内高压症状，硬膜下血肿多有外伤史，肿瘤一般呈慢性病程，脓肿多有感染史。CT、MRI 检查有助于鉴别。

（六）治疗

主要原则是改善脑循环，防止血栓进展，挽救缺血半暗带，减少梗死范围，减轻脑水肿，防治并发症，预防复发等。注意综合治疗与个体化治疗相结合，强调早期康复治疗和加强护理。

1. 对症治疗 包括维持生命功能、处理并发症等，如体温升高应积极明确发热原因。①吸氧和通气支持。②梗死后 24 小时内应常规给予心电监测。③调整血压：脑梗死急性期血压升高一般不使用降血压药物，以免减少脑血流灌注量而加重梗死。如血压>220/120mmHg 或平均动脉压>130mmHg,应积极降压,但要谨慎、适度。首选容易静脉滴注和对脑血管影响较小的药物,如拉贝洛尔、尼卡地平,避免使用硝苯地平等引起血压急剧下降的药物。血压过低对脑梗死不利,若有低血压要查明原因,必要时适当补液或使用升压药。④控制血糖:梗死后血糖升高可以是原有的糖尿病表现或应激反应。血糖超过10mmol/L时给予胰岛素治疗,血糖值控制在7.7~10mmol/L之间。⑤防治脑水肿:常用20%甘露醇125~250ml静脉滴注;心肾功能不全者,也可用呋塞米20~40mg静脉推注;可同时使用10%甘油果糖250~500ml静脉缓滴,每天1~2次,连续3~5天;还可用七叶皂苷钠和白蛋白辅助治疗。⑥补液及营养支持,纠正水电解质紊乱,积极防治感染(压疮、肺部和尿路感染等)、上消化道出血、深静脉血栓形成(deep venous thrombosis,DVT)、肺栓塞、痫性发作等其他并发症。

2. 改善脑血流循环治疗

(1)**溶栓治疗**:时间就是大脑,为提高患者的救治率,我国提出在全国范围内建立卒中绿色通道,缩短了患者从发病到治疗的时间,提高了患者的生存率和生活质量。超早期溶栓治疗可恢复梗死区血流灌注,是抢救缺血半暗带的有效方法。溶栓治疗的时机是影响疗效的关键。脑梗死发病6小时内可给予静脉溶栓治疗,但患者须经过严格的筛选,以降低出血风险。

常用的溶栓药有:①组织型纤溶酶原激活剂(recombinant tissue-type plasminogen activator,rt-PA):发病3小时内或3~4.5小时可用,一次用量0.9mg/kg,最大剂量<90mg,10%的剂量先予静脉推注,其余剂量在60分钟内持续静脉滴注;②尿激酶(urokinase,UK):在没有条件使用rt-PA,且发病6小时内可用,常用100万~150万U加入生理盐水100~200ml,持续静脉滴注30分钟。用药期间及用药24小时内应严密监测、控制血压,必要时CT复查。

可能的并发症有:①梗死灶继发出血或身体其他部位出血。②致命性再灌注损伤和脑水肿。③溶栓后再闭塞。

(2)**抗血小板聚集治疗**:未行溶栓治疗的卒中患者应尽早开始口服阿司匹林治疗,初始剂量为每天325mg,维持量为每天100~300mg。采用溶栓的患者应在24小时后服用,以免增加出血风险。一般认为氯吡格雷抗血小板聚集效果优于阿司匹林,口服每天75mg。

(3)**抗凝治疗**:目的在于防止血栓扩展和新血栓形成,长期卧床合并高凝状态或心房颤动时可采用。常用药物有华法林、肝素及低分子量肝素等。

(4)**降纤治疗**:高纤维蛋白血症者是降纤治疗的适应证。常用药物有降纤酶、巴曲酶和安克洛酶等。

3. 血管内介入治疗 血管成形术、血管内支架置入术和机械碎栓、取栓等可在临床试用。

4. 外科治疗 对于有或无症状、单侧重度颈动脉狭窄>70%,或经药物治疗无效者可以选择颈动脉内膜切除术(CEA)。大面积脑梗死,颅内高压可行去骨瓣减压术。小脑梗死压迫脑干,可行抽吸梗死组织和颅后窝减压术。

5. 脑保护治疗 常用药物种类包括:①钙通道阻滞剂,如尼莫地平、氟桂利嗪;②自由基清除剂,如依达拉奉;③细胞膜稳定剂,如胞磷胆碱、神经节苷脂;④兴奋性氨基酸拮抗剂和镁剂等可在临床试用。

6. 中医治疗 一般采用活血化瘀、通经活络的治疗原则。丹参、川芎、红花、地龙、黄芪、桂枝等可在临床试用。

7. 康复治疗 患者病情稳定后应尽早进行康复治疗,遵循个体化原则,制订科学的康复治疗计划,可采用按摩、针灸、物理治疗及功能训练等。其目的是降低致残率、增进神经功能恢复、提高生活质量。

(七)预后

急性期病死率为5%~15%,致残率达50%以上。轻者预后较好,意识障碍较重并有脑干损害或严重肺部感染者预后较差,存活者中均留有不同程度的后遗症。

脑 栓 塞

案例导入

患者,男,38 岁。突发右侧肢体活动不灵半小时入院。既往有风湿性心脏病病史。查体:神清,不完全运动性失语,房颤律,二尖瓣区可闻及双期杂音,右侧偏瘫,上肢重于下肢,右偏身感觉减退。

请思考:

1. 该患者最可能的诊断是什么?
2. 发病的原因是什么?

脑栓塞(cerebral embolism)是指各种栓子随血液进入脑动脉,使血管腔急性闭塞或严重狭窄,导致局部脑组织缺血、缺氧性坏死,而迅速出现相应神经功能缺损的一组临床综合征,占脑卒中的15%~20%。

(一)病因和发病机制

脑栓塞根据栓子来源不同,可分为:①心源性:是本病最常见的原因。心房颤动是心源性脑栓塞最主要的原因,其中非瓣膜性心房颤动占 70%。风湿性心脏瓣膜病、亚急性细菌性心内膜炎、心肌梗死、心房黏液瘤、二尖瓣脱垂、先天性心脏病、心脏导管检查、心脏手术后等均可形成附壁血栓。②非心源性:如主动脉弓及其他大血管粥样硬化斑块的脱落,少见的有肺部感染引起的脓栓塞、骨折所致的脂肪栓塞、癌栓塞、空气栓塞等。③来源不明:少数病例查不到栓子来源。

(二)病理和病理生理

脑栓塞多发生在颈内动脉系统,特别是左侧大脑中动脉最多见,而椎-基底动脉少见。脑栓塞病理改变和脑血栓形成相似,但脑栓塞区的急性梗死面积大,脑水肿明显,甚至发生脑疝;血流恢复后易发生渗漏性出血,因此出血性梗死发生率高。因为栓子性质不同,可发生动脉炎、脑脓肿;还可能造成其他组织器官的栓塞,如肺、脾、肾、肠系膜等。

(三)临床表现

1. 一般特点 任何年龄均可发病,但以青壮年为多。多在活动中突然发病,常无前驱症状,局限性神经缺失症状多在数秒至数分钟内发展到高峰,是所有脑血管病中发病最快者,多属完全性卒中。半数患者起病时有短暂的程度不等的意识障碍,当大血管及椎-基底动脉栓塞时,昏迷发生快且重。发生癫痫发作较其他脑血管病常见,一般为局限性抽搐,如为全身性大发作,常提示梗死范围较大。有些患者可同时并发肺栓塞、肾栓塞、肠系膜栓塞和皮肤栓塞等疾病表现。大多数患者有原发病的病史和临床表现。

2. 血管闭塞的临床表现 详见脑血栓形成。与脑血栓形成相比,脑栓塞易发生多发性梗死,容易复发和出血。

(四)实验室和其他检查

主要包括:①神经影像学:CT 检查可明确梗死的部位及范围,一般于 24~48 小时后可见低密度梗死区,如在低密度区中有高密度影提示为出血性梗死。MRI 检查在病灶区呈长 T_1 长 T_2 信号。②心电图:心电图应列为常规检查,必要时可做超声心动图进一步确定心脏情况。③脑血管检查:疑有主动脉弓大血管或颈部血管病变时,可行血管造影和颈动脉超声检查。④其他:胸部 X 线检查、血常规和血培养等。

(五)诊断和鉴别诊断

根据骤然起病,数秒至数分钟到达高峰,出现偏瘫等局灶性神经功能障碍,既往有栓子来源的基础疾病表现或病史,如心脏病、动脉粥样硬化、严重骨折等,基本可作出临床诊断。如合并其他脏器的栓塞更支持诊断。CT、MRI检查可确定脑栓塞的部位、数量及是否伴发出血,有助于明确诊断。应注意与脑出血及血栓性脑梗死的鉴别(表9-4-1),抽搐发作者应与其他原因所致的癫痫鉴别。

(六) 治疗

1. 脑栓塞的治疗 急性期和恢复期的治疗原则与脑血栓形成的治疗基本相同。为了防止新的血栓形成和被栓塞血管发生逆行血栓,进而降低复发率与病死率,主张抗凝及抗血小板聚集治疗,但合并出血性梗死时应停用,防止出血加重,并及时调整血压,防治脑水肿。

2. 原发病的治疗 原发病的防治随疾病不同而异,其目的在于去除栓子来源,有利于病情控制和防止复发。

(七) 预后

急性期病死率为5%~15%,多死于严重脑水肿、脑疝、肺部感染及心力衰竭。半数患者可复发,复发者病死率更高、预后差。

腔隙性脑梗死

(一) 概述

腔隙性脑梗死(lacunar infarction,LI)是指长期高血压导致大脑半球或脑干深部的小穿通动脉病变,管腔闭塞,导致缺血性微梗死,坏死液化的脑组织被吞噬细胞清除而形成腔隙。占脑梗死的20%~30%。病变血管多为细小的深穿支,故梗死好发于壳核、丘脑、尾状核、内囊和脑桥等区域。一般梗死灶直径0.2~20mm,多为3~4mm。部分病灶位于脑的相对静区,无明显的神经症状,故称为静息性梗死或无症状性梗死。由于CT及MRI的应用,本病才得以确诊并被重视。

(二) 临床表现

多见于中老年人,常有高血压病史和/或TIA病史,突然起病,出现偏瘫等局灶神经症状,但症状轻微或无症状,体征单一,恢复较完全。诊断多依赖CT或MRI检查。临床症状取决于梗死部位,常见类型:①纯运动性轻偏瘫,最常见;②纯感觉性卒中;③构音障碍手笨拙综合征;④共济失调性轻偏瘫;⑤感觉运动性卒中。

本病反复发作可引起多发性腔隙性脑梗死,形成多个囊腔,称腔隙状态(lacunar state),由于累及双侧皮质脊髓束和皮质脑干束,常出现假性延髓麻痹、血管性痴呆和帕金森综合征等表现。

(三) 治疗

腔隙性脑梗死病情一般较轻,预后较好。治疗与脑血栓形成类似。主要控制脑血管病的危险因素,尤其要积极控制高血压,治疗的目的更多侧重于预防复发。可使用抗血小板聚集剂和钙通道阻滞剂。

脑 出 血

> **案例导入**
>
> 患者,男,69岁。突发左侧肢体不能活动3小时。有高血压病史20余年。查体:BP 220/115mmHg。神清,言语流利,回答切题,左侧肢体肌力1级,肌张力低,左巴宾斯基征可疑。
>
> **请思考:**
>
> 1. 患者最可能的诊断是什么?
>
> 2. 为明确诊断需进一步完善哪些检查?
>
> 3. 应与哪些疾病相鉴别?
>
> 4. 治疗原则是什么?

脑出血（intracerebral hemorrhage，ICH）是指原发性非外伤性脑实质内出血，也称自发性脑出血，占急性脑血管病的 10%~20%。年发病率为（60~80）/10 万人，急性期病死率高达 30%~40%，是急性脑血管病中病死率最高的。

【病因和发病机制】

1. 病因 最常见病因是高血压性脑细小动脉硬化，其他病因包括脑淀粉样血管病变、抗栓治疗（溶栓、抗凝或抗血小板聚集治疗等）、脑动静脉畸形、脑动脉瘤、烟雾病、血液病（如白血病、再生障碍性贫血、血小板减少性紫癜或血友病等）或肝脏疾病导致的出凝血功能障碍等。

2. 发病机制 高血压脑出血的主要发病机制是脑内细小动脉在长期高血压作用下发生慢性病变破裂所致。颅内动脉具有中层肌细胞和外层结缔组织少及外弹力层缺失的特点。长期高血压可使脑细小动脉发生玻璃样变性、纤维素样坏死，甚至形成微动脉瘤或夹层动脉瘤，在此基础上血压骤然升高时易导致血管破裂出血。豆纹动脉和旁正中动脉等深穿支动脉，自脑底部的动脉直角发出，承受压力较高的血流冲击，易导致血管破裂出血，故又称出血动脉。非高血压性脑出血，由于其病因不同，故发病机制各异。

【病理】

高血压性脑出血主要发生在基底核的壳核及内囊区，约占 ICH 的 70%，脑叶、脑干及小脑齿状核出血各占约 10%。壳核出血常侵入内囊，如出血量大也可破入侧脑室，使血液充满脑室系统和蛛网膜下腔；丘脑出血常破入第三脑室或侧脑室，向外也可损伤内囊；脑桥或小脑出血则可直接破入蛛网膜下腔或第四脑室。

高血压性脑出血受累血管依次为大脑中动脉深穿支豆纹动脉、基底动脉脑桥支、大脑后动脉丘脑支、小脑上动脉分支等。

病理改变为血肿周围的脑组织受压，水肿明显，血肿较大时引起颅内压增高，重者形成脑疝。脑疝是各类脑出血最常见的直接致死原因。血肿小的可逐渐溶解、吸收，形成胶质瘢痕，大者形成囊腔，称卒中囊。

【临床表现】

好发年龄在 50~60 岁，冬春季发病较多，男性略多见，多有高血压史。通常在体力活动或情绪激动时突然发生，少数可有头晕、头痛、肢体麻木等前驱症状。临床症状常在数分钟至半小时内达高峰，常有头痛、呕吐、意识障碍、肢体瘫痪、失语、大小便失禁、脑膜刺激征等表现。常伴血压明显升高，部分有癫痫发作。临床表现主要取决于出血的量和出血部位，常见部位出血的表现如下。

（一）基底核区出血

1. 壳核出血 最常见，占 ICH 病例的 50%~60%，系豆纹动脉尤其是其外侧支破裂所致，可分为局限型（血肿仅局限于壳核内）和扩延型。常有病灶对侧偏瘫、偏身感觉缺失和同向性偏盲，还可出现双眼球向病灶对侧同向凝视不能，优势半球受累可有失语。

2. 丘脑出血 占 ICH 病例的 10%~15%，系丘脑膝状体动脉和丘脑穿通动脉破裂所致，可分为局限型（血肿仅局限于丘脑）和扩延型。常有对侧偏瘫、偏身感觉障碍，通常感觉障碍重于运动障碍。深浅感觉均受累，而深感觉障碍更明显。可有特征性眼征，如上视不能或凝视鼻尖、眼球偏斜或分离性斜视、眼球会聚障碍和无反应性小瞳孔等。小量丘脑出血致丘脑中间腹侧核受累可出现运动性震颤和帕金森综合征样表现；累及丘脑底核或纹状体可呈偏身舞蹈-投掷样运动；优势侧丘脑出血可出现丘脑性失语、精神障碍、认知障碍和人格改变等。

3. 尾状核头出血 较少见，多由高血压动脉硬化和血管畸形破裂所致，一般出血量不大，多经侧脑室前角破入脑室。常有头痛、呕吐、颈强直、精神症状，神经系统功能缺损症状并不多见，故临床酷似蛛网膜下腔出血。

（二）脑叶出血

脑叶出血占脑出血的 5%~10%，常由脑淀粉样血管病、血液病、脑血管畸形或脑动脉瘤破裂等所致。发病年龄较轻，主要表现为头痛、呕吐等颅内压增高症状及各脑叶局灶损害的症状和体征，如单瘫、失语、偏盲、抽搐、精神症状或智力障碍等。顶叶出血时偏身感觉障碍较重，而偏瘫较轻；颞叶出血主要表现对侧面、舌和上肢为主的瘫痪和对侧上象限盲；枕叶出血可有对侧偏盲和黄斑回避现象；额叶出血主要表现为运动性失语、对侧偏瘫和精神障碍等。

（三）脑干出血

脑干出血约占脑出血的 10%，绝大多数为脑桥出血，由基底动脉的脑桥支破裂导致。小量出血可无意识障碍，表现为交叉性瘫痪和共济失调性偏瘫，两眼凝视瘫痪肢体侧或核间性眼肌麻痹。大量出血（血肿>5ml）则迅速出现昏迷、四肢瘫痪、双侧病理征阳性，可表现为针尖样瞳孔、中枢性高热、中枢性呼吸障碍、去大脑强直发作等，多在半小时至 48 小时内死亡。

（四）小脑出血

小脑出血约占脑出血的 10%。多由小脑上动脉分支破裂所致。起病突然，常有头痛、呕吐，眩晕和共济失调等，可伴有枕部疼痛。出血量较少者，主要表现为小脑受损症状，如患侧共济失调、眼震和小脑语言等，多无瘫痪；出血量较多者，尤其是小脑蚓部出血，病情迅速进展，发病时或病后 12~24 小时内出现昏迷及脑干受压征象，双侧瞳孔缩小至针尖样、呼吸不规则等。暴发型则常突然昏迷，在数小时内迅速死亡。

（五）脑室出血

脑室出血占脑出血的 3%~5%，分为原发性和继发性脑室出血。原发性脑室出血多由脉络丛血管或室管膜下动脉破裂出血所致。多数病例出血量少，仅出现头痛、呕吐、脑膜刺激征，酷似蛛网膜下腔出血，预后良好。大量脑室出血，起病急骤，迅速出现昏迷、针尖样瞳孔，眼球分离性斜视或眼球浮动、四肢弛缓性瘫痪，有阵发性强直性痉挛或去大脑强直发作，中枢性高热，预后极差。继发性脑室出血是指脑实质出血破入脑室。临床较为多见，除上述表现外，还有脑出血自身的临床表现。

【并发症】

有消化道出血、肺部感染、心肌梗死、心律失常、泌尿系统感染、压疮等。

【实验室和其他检查】

（一）影像学检查

1. CT 是临床诊断脑出血的首选检查。可清楚显示出血的部位、出血量和占位效应等相关情况。新鲜血肿呈高密度影，边界清楚。

2. MRI 对急性期脑出血的诊断价值不如 CT，但对检出脑干和小脑的出血灶及显示血肿的演变过程优于 CT。

3. DSA 怀疑脑血管畸形、烟雾病（Moyamoya disease）、血管炎等疾病，而且又需要血管介入治疗或外科手术时可进行此项检查。

（二）实验室检查

应进行血、尿、便常规及肝功能、肾功能、凝血功能等检查。

（三）脑脊液检查

一般不行此检查，以免诱发脑疝。

【诊断和鉴别诊断】

（一）诊断要点

包括：①常见于 50 岁以上，多有高血压病史，活动中或激动时突然发病。②迅速出现局灶神经体征和头痛、呕吐等颅内高压症状，常伴意识障碍。③头颅 CT 检查发现呈高密度影的血肿。

（二）鉴别诊断

1. 与引起昏迷的其他疾病鉴别　对发病突然、迅速昏迷、局灶体征不明显的患者，应与引起昏迷的全身性疾病鉴别，如中毒（CO中毒、酒精中毒、镇静催眠药中毒等）和某些系统性疾病（低血糖、肝性昏迷、肺性脑病、尿毒症等）。应仔细询问病史和认真查体，并进行相关的实验室检查，头颅CT能排除脑出血。

2. 脑血管疾病之间的鉴别　见表9-4-1。

3. 与外伤性颅内血肿，特别是硬膜下血肿鉴别　这类出血以颅内压增高的症状为主，但多有头部外伤史，头颅CT检查有助于确诊。

【治疗】

（一）急性期治疗

1. 内科治疗　治疗原则是保持安静，防止继续出血；积极抗脑水肿，降低颅内压；调整血压，改善循环；加强护理，防治并发症等。

（1）**一般处理**：宜就近治疗，尽量避免搬运，以免加重出血；安静卧床休息2~4周，避免情绪激动；保持呼吸道通畅，常规吸氧，及时吸痰，必要时行气管插管或气管切开；严密观察呼吸、血压、脉搏、神志和瞳孔变化；维持营养及水电解质平衡，发病后3天神志不清者需鼻饲保持营养；调整血糖，维持血糖在6~9mmol/L；做好皮肤、泌尿道护理，尿潴留者应予导尿，昏迷者应定时翻身，防治压疮发生。

（2）**调整血压**：血压的监测和处理是治疗的关键，血压过高易再出血，过低会导致脑灌注压降低。当收缩压>200mmHg或平均动脉压>150mmHg时，要用静脉持续抗高血压药物积极降压；当收缩压>180mmHg或平均动脉压>130mmHg时，可用间断或持续静脉抗高血压药物来降低血压；如果没有颅内压增高的证据，降压目标为160/90mmHg或平均动脉压110mmHg。降低幅度不宜过大，速度不宜太快。

（3）**降低颅内压**：脑出血后脑水肿可使颅内压增高，甚至导致脑疝形成，降低颅内压是急性期治疗的重要环节。常用20%甘露醇125~250ml，快速静脉滴注，每6~8小时1次；可与呋塞米合用，20~40mg，静脉注射，每天2~4次；或用甘油果糖溶液500ml，静脉滴注，3~6小时滴完。

（4）**止血药物的应用**：止血药无肯定疗效，但如有消化道出血或凝血障碍时，可选用氨基己酸、氨甲苯酸等药物。

（5）**亚低温治疗**：是脑出血的辅助治疗措施，可在临床中尝试。

（6）**并发症的防治**：感染、中枢性高热、应激性溃疡、痫性发作、深静脉血栓和卒中后抑郁等并发症应给予积极处理。

2. 外科治疗　目的是尽快清除血肿、降低颅内压、挽救生命。一般不常规采用。常用的手术方法有小骨窗血肿清除术、去骨瓣减压术、钻孔血肿抽吸术及脑室穿刺引流术等。

通常下列情况需要考虑手术治疗：

（1）基底核区中等量以上出血（壳核出血>30ml，丘脑出血>15ml）。

（2）小脑出血>10ml或直径>3cm，或合并明显脑积水。

（3）重症脑室出血（脑室铸型）。

（4）合并脑血管畸形、动脉瘤等血管病变。

（二）康复治疗

主要是促进瘫痪肢体和失语的恢复。因最初3个月内神经功能恢复最快，所以康复治疗应尽早进行。

【预后】

病死率高，约为40%，脑水肿、颅内压增高和脑疝形成是致死的主要原因。脑干、丘脑和大量脑室出血预后较差。70%的存活患者遗留不同程度的残疾。

蛛网膜下腔出血

案例导入

患者,男,53 岁。剧烈头痛、恶心、呕吐、眩晕、下肢疼痛 2 小时入院。查体:神清,脑膜刺激征阳性,双侧腓肠肌压痛(+),脑脊液检查为压力升高,均匀血性。

请思考:
1. 该患者最可能的诊断是什么?
2. 做哪一项辅助检查可明确诊断?

颅内血管破裂,血液流入蛛网膜下腔,称为蛛网膜下腔出血(subarachnoid hemorrhage,SAH)。可分为原发性和继发性两种类型。原发性蛛网膜下腔出血是指脑底部或脑表面血管破裂后,血液流入蛛网膜下腔引起相应临床症状的一种脑卒中,占急性脑血管病的 5%~10%。继发性蛛网膜下腔出血指脑实质内出血、脑室出血、硬膜外或硬膜下血管破裂血液流入蛛网膜下腔者。本节仅叙述原发性蛛网膜下腔出血。

【病因和发病机制】

(一)病因

1. 颅内动脉瘤 是蛛网膜下腔出血的最常见病因,约占 85%,其中囊性动脉瘤占绝大多数,也可见梭形动脉瘤、夹层动脉瘤及感染所致的动脉瘤等。

2. 脑血管畸形 约占蛛网膜下腔出血病因的 10%,其中动静脉畸形(arteriovenous malformation)约占血管畸形的 80%。

3. 其他病因 有烟雾病(占儿童 SAH 的 20%)、抗凝治疗后、妊娠、颅内静脉血栓、动脉炎、肿瘤破坏血管、血液病、脑梗死后等;约 10% 病例病因未明。

(二)发病机制

动脉瘤是由动脉壁先天性肌层缺陷(先天性动脉瘤)、获得性内弹力层变性(高血压、动脉粥样硬化)或两者联合作用的结果,在一定条件下发生破裂出血。脑动静脉畸形是胚胎期发育异常形成的畸形血管团,血管壁极薄弱,激动或不明显的诱因即可引起破裂。动脉炎或颅内炎症、肿瘤或转移癌可间接或直接侵蚀血管导致出血。

【病理】

先天性动脉瘤好发在脑底动脉分叉处,约 80% 集中在颈内动脉与后交通动脉、大脑前动脉与前交通动脉分叉处,约 20% 在椎-基底动脉分叉处,单发居多。动脉瘤随年龄增长,破裂的概率增加,其体积大小与破裂密切相关,直径>10mm 极易出血。脑血管畸形常见于大脑中动脉和大脑前动脉分布区。血液进入蛛网膜下腔后,主要沉积在脑底池和脊髓池中。外溢的血液可引起脑膜刺激征和弥漫性颅内压增高。

【临床表现】

各年龄组均可发病,但以中青年发病为多。发病突然(数秒或数分钟内发生),多数患者病前有情绪激动、用力、排便、咳嗽等诱因。临床表现差异很大,轻者可能没有明显的症状和体征,重者突然昏迷并很快死亡。

(一)主要症状

1. 剧烈头痛 最常见。突然剧烈头痛,呈胀痛或爆裂样,常持续难以缓解,可放射至枕或颈后部,伴恶心、呕吐、面色苍白、全身冷汗。病后 2 周头痛多逐渐减轻,若再次加重常提示再出血可能。

2. 意识障碍 可有不同程度意识障碍,以一过性意识障碍为多。少数重症患者昏迷深,可出现去大脑强直,甚至呼吸、心跳停止而死亡。

3. 精神障碍 约 1/4 患者(特别是老年患者)在急性期有烦躁、谵妄、欣快、幻觉等症状,多在 2~3 周内消失。

(二)主要体征

1. 脑膜刺激征 发病后半小时出现,表现为颈强直、Kernig 征和 Brudzinski 征阳性,一般 3~4 周后消失。

2. 眼底体征 20% 患者眼底出现视网膜前的玻璃体下片状出血,可强烈提示 SAH 的可能,部分出现视盘水肿。

3. 局灶性神经体征 动脉瘤性 SAH 体征少见,但后交通动脉瘤破裂可引起患侧动眼神经麻痹。AVM 可出现局灶性如偏瘫、视野缺损和失语等体征。

【并发症】

1. 再出血 病情稳定的情况下,突然再次出现剧烈头痛、呕吐、抽搐发作、昏迷等,脑膜刺激征明显加重,复查脑脊液呈新鲜血性。常发生于动脉瘤患者病后 1~2 周,病死率约增加 50%,是 SAH 主要的急性并发症和导致死亡的主要原因。

2. 脑血管痉挛 早期痉挛在出血后立即出现,但持续时间短,多在半小时或 24 小时内缓解。迟发性脑血管痉挛通常发生在出血后 1~2 周,主要表现为意识障碍、局限(灶)性神经体征如偏瘫等继发脑梗死表现,也是导致 SAH 患者的死亡和致残的重要原因。

3. 急性和亚急性脑积水 起病 1 周内部分患者可发生急性脑积水,轻者出现嗜睡、思维迟缓、展神经麻痹、眼球上视受限等体征,严重者颅内压明显增高,甚至形成脑疝。亚急性脑积水发生在起病数周后,表现为精神症状、痴呆、步态障碍和尿失禁等。

4. 其他 还可出现癫痫发作、心电图异常、低钠血症、消化道出血等。

【实验室和其他检查】

(一)神经影像学

1. CT 是诊断 SAH 的首选方法,对出血早期敏感性高。CT 显示为蛛网膜下腔内高密度出血征象,并且可提供出血部位、范围、鉴别诊断依据、并发症及演变情况等。

2. MRI 可检出脑干小动静脉畸形。

3. DSA 诊断明确后需行全脑 DSA 检查,可确定有无动脉瘤及血管畸形等血管病变。CTA 或 MRA 亦可用于急性期不能耐受 DSA 检查的患者。多选择在发病 3 天内或 3~4 周以后,以避开并发症发生的高峰期,但在病情允许的情况下,应尽早行 DSA。

(二)脑脊液检查

CT 不能明确诊断时,可行腰椎穿刺和 CSF 检查,最好在发病 12 小时后采取,因为此时脑脊液开始变黄,可与穿刺误伤区别。要注意腰椎穿刺有诱发脑疝发生的风险。CSF 压力增高、呈均匀一致血性,是 SAH 诊断的重要依据。

(三)TCD

对监测脑血管功能状态,特别是脑血管痉挛有重要价值。

【诊断和鉴别诊断】

1. 诊断 突然发生的持续性剧烈头痛、呕吐、脑膜刺激征阳性,伴或不伴意识障碍,检查无局灶性神经系统体征,应高度怀疑蛛网膜下腔出血。同时 CT 证实脑池和蛛网膜下腔高密度征象或腰穿检查示压力增高和血性脑脊液等可临床确诊。

2. 鉴别诊断

(1)颅内感染:细菌性、真菌性、结核性和病毒性脑膜炎等均可有头痛、呕吐及脑膜刺激征,故应注意与 SAH 鉴别。SAH 后发生化学性脑膜炎时,CSF 白细胞增多,易与感染混淆,但后者发热在先。

SAH 脑脊液黄变和淋巴细胞增多时，易与结核性脑膜炎混淆，但后者 CSF 糖、氯降低，头部 CT 正常。

（2）**偏头痛**：可有剧烈头痛、呕吐，甚至少数伴有轻偏瘫，但病情可反复发作，脑膜刺激征阴性，能很快恢复，头颅 CT 检查正常，易于鉴别。

（3）**脑出血**：如表 9-4-1 所示。

【治疗】

急性期治疗原则是降低颅内压、防治再出血等并发症、寻找出血原因、治疗原发病、防止复发。

（一）一般治疗

1. 绝对卧床休息 4~6 周。尽量避免一切可引起颅内压增高的诱因，可针对性应用通便、镇咳、镇静和止痛药物等，保持大便通畅。慎用吗啡等可能影响呼吸功能的药物和可能影响凝血功能的非甾体消炎镇痛药物如阿司匹林等。痫性发作应予短期抗癫痫药物治疗。

2. 密切监护，保持生命征稳定，维持水电解质平衡。加强营养支持和护理。如平均动脉压 >125mmHg 或收缩压>180mmHg，可在血压监测下静脉持续输注短效安全的抗高血压药，如尼卡地平、拉贝洛尔和艾司洛尔等。一般将收缩压控制在 160mmHg 以下。

（二）降低颅内压

临床上常用 20% 甘露醇、呋塞米和白蛋白等脱水降颅内压治疗。适当限制液体入量、防止低钠血症也有利于降低颅内压。颅内高压征明显或有脑疝形成可能时，可行脑室引流减压，以挽救患者生命。

（三）止血药物的应用

抗纤溶药通过抑制纤溶酶原的形成，推迟血块的溶解和防止再出血，但应注意可能引起脑缺血性病变。临床上尚未确定为常规治疗方法，一般要与尼莫地平联合应用。常用药物有：氨基己酸、氨甲苯酸等。

（四）防治脑血管痉挛

SAH 后早期使用尼莫地平（nimodipine）能有效预防迟发性脑血管痉挛，常口服 40~60mg，每天 4~6 次，或静脉注射每天 10~20mg，静脉滴注 1mg/h，连用 21 天。应注意其低血压的不良反应。

（五）防治脑积水

病情轻者可给予口服乙酰唑胺 0.25g，每天 3 次，严重者可酌情选用甘露醇、呋塞米等药物，必要时行脑室穿刺外引流或脑脊液分流术。

（六）血管内介入或手术治疗

属病因治疗，是有效防止再出血的最佳方法。

【预后】

SAH 的预后与病因、出血部位、出血量、是否及时治疗等有关。急性期动脉瘤破裂的病死率为 30%。存活者中 50% 会遗留认知功能障碍、正常颅内压脑积水等，未经手术治疗者 20% 死于再出血。AVM 性 SAH 预后较好，90% 患者可以恢复，再出血的可能较小。

第三节　癫　痫

案例导入

患者，男，38 岁。反复发作四肢抽搐伴意识丧失 2 年余。入院前 8 小时四肢抽搐频繁发作，每次 15~25 分钟，伴尿失禁及舌咬伤；发作间期意识不清。既往粪便曾有白色节片。头颅 CT 可见多发性钙化灶。

癫痫(epilepsy)是多种原因导致的脑部神经元高度同步化异常放电所致的临床综合征,临床表现具有发作性、短暂性、重复性和刻板性的特点。根据异常放电神经元的位置不同及异常放电波及的范围差异,患者的发作形式不一,可表现为感觉、运动、意识、精神、行为、自主神经功能障碍或兼有之。临床上每次发作或每种发作的过程称为痫性发作(seizure),一个患者可有一种或数种形式的痫性发作。在癫痫发作中,一组具有相似症状和体征特性所组成的特定癫痫现象统称为癫痫综合征。癫痫是一种常见病,发病率为(50~70)/10万,患病率约为5‰。

【病因和发病机制】

(一)病因

癫痫不是一种独立的疾病,引起癫痫的病因非常复杂。根据病因不同,癫痫可分为三大类:

1. 特发性癫痫 病因不明,未发现脑内有器质性或功能性病变。与遗传因素密切相关,部分已证实由离子通道或神经递质受体通道基因突变所致。常在特殊年龄段起病,具有特征性临床及脑电图表现,一般预后良好,如良性家族性新生儿惊厥、青少年肌阵挛性癫痫等。

2. 症状性癫痫 由各种明确的中枢神经系统结构损伤或功能异常所致,如:脑外伤、脑血管病、脑肿瘤、中枢神经系统感染、寄生虫、遗传代谢性疾病、皮质发育障碍、神经系统变性疾病、药物和毒物等。

3. 隐源性癫痫 临床表现提示为症状性癫痫,但目前未能发现明确病因。其占全部癫痫患者的60%~70%。

(二)影响发作的因素

1. 遗传 可影响癫痫的易患性,有报告单卵双胎儿童失神和全面性强直-阵挛发作一致率为100%。外伤、感染、中毒后引发的癫痫可能也与遗传有关。

2. 年龄 年龄对癫痫的发病率、发作类型、病因和预后均有影响。癫痫的初发年龄60%~80%在20岁以前。成年期多为部分性发作或继发性全面性发作。病因方面,婴儿期首次发作者多为脑器质性特别是围生前期疾病,其后至20岁以前开始发作者常为原发性,青年至成年发作者多为颅脑外伤所致,中年期后颅脑肿瘤为多,老年以脑血管病占首位。

3. 觉醒与睡眠周期 部分全面性强直-阵挛发作患者在晨醒后及傍晚时发作称觉醒癫痫;有的在入睡后和觉醒前发作称睡眠癫痫;觉醒及睡眠时均有发作者称不定期癫痫。后者多为症状性癫痫。婴儿痉挛常在入睡前和睡醒后发作,失神发作多为清醒期发作。

4. 内分泌改变 性腺功能改变对癫痫有一定影响。全面性强直-阵挛发作及部分性发作常在月经初潮期发病,有的在经前或经期发作频率增加或程度加剧,仅在经前期或经期内发作者称为经期性癫痫。妊娠可使癫痫发作次数增加,症状加重,或仅在妊娠期发作者称为妊娠癫痫。

5. 诱发因素 常见的诱发因素有疲劳、饥饿、过饱、饮酒、睡眠不足、情感冲动、便秘、一过性代谢紊乱、过度换气、饮水过量、闪光刺激、发热以及突然停服或过快更换抗癫痫药物等。

(三)发病机制

癫痫发病机制非常复杂,尚未完全阐明。目前认为神经兴奋性增高和过度同步化是痫样放电的基础。若痫性放电局限于某一脑区,临床上表现为单纯部分性发作;若传至丘脑和中脑网状结构,便出现意识丧失;若扩散至双侧大脑皮质,可引起全面性强直-阵挛发作;若放电传播至丘脑网状结构即被抑制,则出现失神发作;若痫性活动在边缘系统内传播,可引起复杂部分性发作。抑制性神经递质、兴奋性神经递质、离子通道与交换、神经可塑性重建等的病理生理变化涉及脑神经元异常的过度性同步放电的产生、传播和终止等，共同导致癫痫的发病。

【分类】

目前应用最广泛的是国际抗癫痫联盟（ILAE）1981年提出的癫痫发作分类（表9-4-2），癫痫发作分类主要依据发作时的临床表现和脑电图特征进行分类。

表 9-4-2　国际抗癫痫联盟（ILAE，1981）癫痫发作分类

一、部分性发作

（一）单纯部分性发作（无意识障碍）

  1. 运动性发作　局灶性发作、旋转性发作、Jackson 发作、姿势性发作、发音性发作

  2. 感觉性发作　躯体感觉或特殊感觉（视觉、听觉、嗅觉、味觉）

  3. 自主神经性发作　心慌、烦渴、排尿感等

  4. 精神症状性发作　言语障碍、认知障碍、情感障碍、记忆障碍、错觉、结构性幻觉

（二）复杂部分性发作（有意识障碍）

  先有单纯部分性发作后出现意识障碍、自动症

  发作开始即有意识障碍、自动症

（三）部分性发作继发全面性发作

  1. 单纯部分性发作继发全面性发作

  2. 复杂部分性发作继发全面性发作

  3. 单纯部分性发作继发复杂部分性发作，再继发全面性发作

二、全面性发作

（一）强直性发作

（二）阵挛性发作

（三）强直-阵挛性发作

（四）失神发作

  1. 典型失神发作

  2. 不典型失神发作

（五）肌阵挛发作

（六）失张力发作

三、不能分类的癫痫发作

1989 年和 2001 年国际抗癫痫联盟根据癫痫的病因、发病机制、临床表现、治疗效果、预后等因素综合考虑，提出癫痫和癫痫综合征的分类。该分类比较复杂，较常见的癫痫综合征有青少年肌阵挛性癫痫、伴中央颞区棘波的儿童良性癫痫、婴儿痉挛症（West syndrome）、进行性肌阵挛性癫痫等，本章不作详细介绍。

【临床表现】

不同类型的癫痫具有不同的临床发作特征，但所有癫痫发作都有以下共同特征：①发作性，是指症状突然发生、迅速恢复，间歇期正常；②短暂性，是指每次发作持续数秒、数分或数十分钟；③重复性，是指第一次发作后，经过不同间隔时间会有第二次或更多次的发作；④刻板性，是指每次发作的临床表现几乎一致。

（一）部分性发作

部分性发作（partial seizure）是指源于大脑半球局部神经元的异常放电，包括单纯部分性、复杂部分性、部分性发作继发全面性发作三类，前者为局限性发放，无意识障碍，后两者放电从局部扩展到双侧脑部，出现意识障碍。

1. 单纯部分性发作　发作时程短,一般不超过 1 分钟,发作起始与结束均较突然,无意识障碍。可分为以下四型:

(1)**部分运动性发作**:表现为身体某一局部发生不自主抽动,多见于一侧眼睑、口角、手或足趾,也可波及一侧面部或肢体,病灶多在中央前回及附近,常见以下几种发作形式:①Jackson 发作:异常运动从局部开始,沿大脑皮质运动区移动,临床表现抽搐自手指-腕部-前臂-肘-肩-口角-面部逐渐发展,称为 Jackson 发作;严重部分运动性发作患者发作后可留下短暂性(半小时至 36 小时内消除)肢体瘫痪,称为 Todd 麻痹。②旋转性发作:表现为双眼突然向一侧偏斜,继之头部不自主同向转动,伴有身体的扭转,但很少超过 180°,部分患者过度旋转可引起跌倒,出现继发性全面性发作。③姿势性发作:表现为发作性一侧上肢外展、肘部屈曲、头向同侧扭转、眼睛注视着同侧。④发音性发作:表现为不自主重复发作前的单音或单词,偶可有语言抑制。

(2)**部分感觉性发作**:躯体感觉性发作常表现为一侧肢体麻木感和针刺感,多发生在口角、舌、手指或足趾,病灶多在中央后回躯体感觉区;特殊感觉性发作可表现为视觉性(如闪光或黑蒙等)、听觉性、嗅觉性和味觉性;眩晕性发作表现为坠落感、飘动感或水平/垂直运动感等。

(3)**自主神经性发作**:出现苍白、面部及全身潮红、多汗、立毛、瞳孔散大、呕吐、腹痛、肠鸣、烦渴和欲排尿感等。病灶多位于岛叶、丘脑及周围(边缘系统),易扩散出现意识障碍,成为复杂部分性发作的一部分。

(4)**精神性发作**:可表现为各种类型的记忆障碍(如似曾相识、似不相识、强迫思维、快速回顾往事)、情感障碍(无名恐惧、忧郁、欣快、愤怒)、错觉(视物变形、变大、变小,声音变强或变弱)、复杂幻觉等。病灶位于边缘系统。精神性发作虽可单独出现,但常为复杂部分性发作的先兆,也可继发全面性强直-阵挛发作。

2. 复杂部分性发作　占成人癫痫发作的 50% 以上,也称为精神运动性发作,病灶多在颞叶,故又称为颞叶癫痫,发作的主要特征是有意识障碍和遗忘。临床主要表现为意识模糊,对外界刺激无反应;或在意识模糊的基础上,出现自动症(automatism),即具有一定协调性和适应性的无意识活动,如反复地咂嘴、噘嘴、舔舌、咀嚼或吞咽、搓手、抚面、起立徘徊、脱衣、解扣、摸索衣裳,自言自语,甚至奔跑、游走、外出远行、乘坐车船等。发作一般持续数分钟,少数甚至可长达半小时至数日,事后对其行为不能记忆。

3. 部分性发作继发全面性发作　先出现部分性发作,随后出现全身性发作。

(二)全面性发作

全面性发作(generalized seizure)最初的症状学和脑电图提示发作起源于双侧大脑皮质,多在发作初期就有意识丧失。

1. 全面性强直-阵挛发作(generalized tonic-clonic seizure,GTCS)　以意识丧失、双侧强直发作后出现阵挛为主要特征。早期出现意识丧失、跌倒,随后的发作分为三期:

(1)**强直期**:表现为全身骨骼肌持续性收缩。眼肌收缩出现眼睑上牵、眼球上翻或凝视;咀嚼肌收缩出现张口,随后猛烈闭合,可咬伤舌尖;喉肌和呼吸肌强直性收缩致患者尖叫一声,呼吸停止;颈部和躯干肌肉的强直性收缩致颈和躯干先屈曲,后反张;上肢由上举后旋转为内收旋前,下肢先屈曲后猛烈伸直,持续 10~20 秒后进入阵挛期。

(2)**阵挛期**:肌肉交替性收缩与松弛,呈一张一弛交替性抽动,阵挛频率逐渐变慢,松弛时间逐渐延长,本期可持续 30~60 秒或更长。在一次剧烈阵挛后,发作停止,进入发作后期。以上两期均可发生舌咬伤,并伴呼吸停止、血压升高、心率加快、瞳孔散大、对光反射消失、唾液和其他分泌物增多;巴宾斯基征可为阳性。

(3)**发作后期**:此期可有短暂阵挛,引起牙关紧闭和舌咬伤。随后全身肌肉松弛,出现大小便失禁。此时呼吸首先恢复,随后瞳孔、血压、心率渐恢复正常,意识逐渐清醒,历时 5~10 分钟。醒后常感头痛、全身酸痛和疲乏、嗜睡,部分患者有意识模糊,此时强行约束患者可发生伤人和自伤。

2. **失神发作(absence seizure)** 突然发生和迅速终止的意识丧失是失神发作的特征。失神发作分典型失神发作和不典型失神发作。

(1)**典型失神发作**:儿童期起病,青春期前停止发作。特征性表现是突然短暂的(5~10秒)意识丧失和正在进行的动作中断,双眼茫然凝视,呼之不应、手中物体落地,部分患者可机械重复原有的简单动作,一般不会跌倒,每次发作持续数秒钟,每天可发作数次至数百次。发作后立即清醒,无明显不适,可继续先前的活动。醒后不能回忆。发作时 EEG 呈双侧对称 3Hz 棘-慢综合波(图9-4-4)。

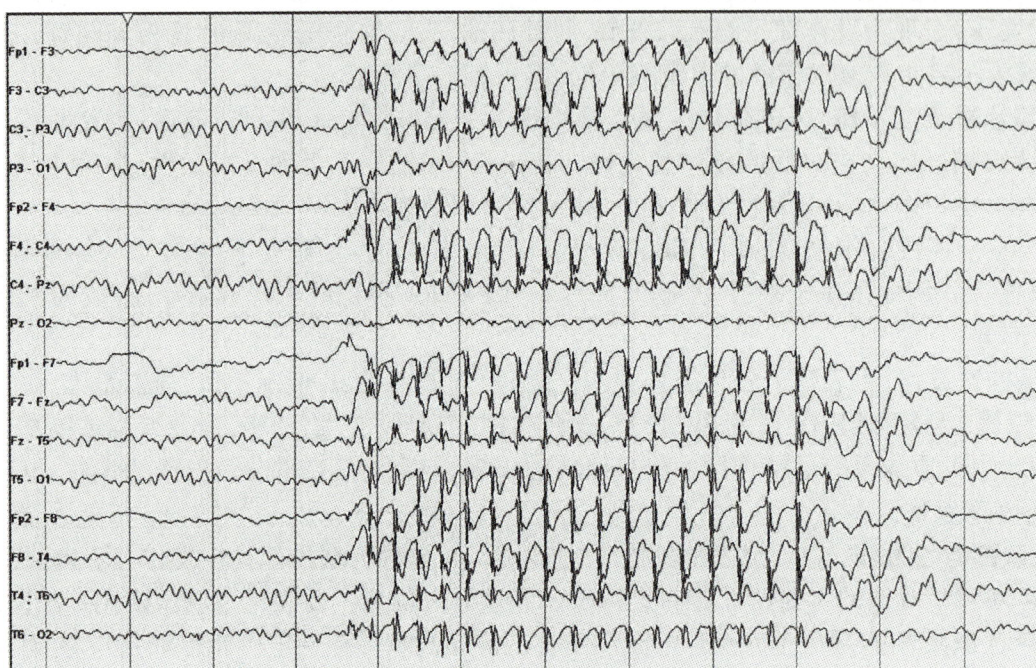

图 9-4-4　典型失神发作的脑电图表现
发作时 EEG 各导联呈双侧对称 3Hz 棘-慢综合波。

(2)**不典型失神**:起始和终止均较典型失神缓慢,除意识丧失外,常伴肌张力降低,偶有肌阵挛。EEG 显示较慢的(2.0~2.5Hz)不规则棘-慢波或尖-慢波,背景活动异常。多见于有弥漫性脑损害患者,预后较差。

3. **强直性发作** 表现类似全面性强直-阵挛发作强直期的全身骨骼肌持续性收缩,常伴有面色苍白等明显的自主神经症状。

4. **阵挛性发作** 表现与全面性强直-阵挛发作中的阵挛期相似,之前无强直期。

5. **肌阵挛发作** 表现为快速、短暂、触电样肌肉收缩,可遍及全身,也可限于某个肌群或某个肢体,常成簇发生,声、光等刺激可诱发。

6. **失张力发作** 表现为突然全身肌张力丧失,可致患者跌倒。局部发作可引起患者头或肢体下垂。

(三)癫痫持续状态

癫痫持续状态(status epilepticus)或称癫痫状态,是指反复癫痫发作,发作期间意识未完全恢复,或一次癫痫发作持续30分钟以上未能自行停止。任何发作类型均可出现癫痫状态,在 EEG 上表现为特征性的持续痫样放电活动。其中全面性强直-阵挛发作持续状态在临床最为常见和危险,是神经科常见急症之一,常伴有高热、循环衰竭、脱水、酸中毒,如不及时治疗,继而发生心、肝、肺、肾等多脏器衰竭及永久性脑损害,致残率和病死率相当高。

【实验室和其他检查】

1. **脑电图（EEG）** EEG是诊断癫痫最重要的辅助检查方法,有助于明确癫痫的诊断、分型和确定特殊综合征。常规脑电图能检测到约50%患者的痫样放电,采用过度换气、闪光刺激、睡眠或剥夺睡眠等诱发技术能提高异常波的检出率。24小时长程EEG监测和视频脑电图使发现痫样放电的可能性大为提高,也有助于鉴别晕厥、短暂性脑缺血发作、猝倒、癔症等类似痫性发作的疾病。但部分癫痫患者的脑电图检查始终正常,而部分正常人中偶尔可记录到痫样放电,因此不能单纯依据脑电活动的改变来确定是否为癫痫。

2. **神经影像学检查** CT、MRI可作为排除颅内器质性病变的常规检查,可确定有无脑结构异常,明确癫痫的病因,MRI更为敏感。功能影像学检查如SPECT、PET等能从不同角度反映脑局部代谢变化,有助于痫性病灶的定位。

3. **其他** 对中枢神经系统感染性疾病,特别是脑囊虫病,脑脊液常规、生化、免疫学和分子生物学检查对明确癫痫的病因有重要意义。血糖、血钙、血镁、肝功能和肾功能等检查以及心理测验等对某些癫痫的诊断和治疗也有重要意义。

知识拓展

脑 电 图

脑电图是通过电极记录下来的脑细胞群的自发性、节律性电活动。EEG是癫痫诊断和治疗中最重要的一项检查工具,在癫痫的诊治中始终是其他检测方法所不可替代的。目前头皮EEG监测的种类主要有视频脑电图、动态脑电图及常规脑电图3种类型。EEG在癫痫诊断中的作用主要包括以下几点:确定发作性事件是否为癫痫发作;确定癫痫发作类型;确定可能的癫痫综合征;有助于发现癫痫的诱发因素。EEG在癫痫治疗中的作用主要有:评估单次无诱因的癫痫发作后再次发作的风险性;评估何种类型的抗癫痫药可能最有效;评估有无外科手术适应证,确定发作起源部位;寻找认知功能受损的原因;判断临床行为变化是否为非惊厥性持续状态;评估抗癫痫药撤药后复发的风险性等。

【诊断与鉴别诊断】

（一）诊断

癫痫诊断程序包括三步:第一步确定是否为癫痫,第二步判断癫痫的类型,第三步确定癫痫的病因。诊断癫痫的主要依据是癫痫发作的临床表现特征(发作性、短暂性、重复性和刻板性)、癫痫发作的临床表现形式以及脑电图检查发现有痫样放电。

详尽和完整的病史对明确癫痫发作的特征与临床表现形式至关重要,因而在癫痫的诊断、分型和鉴别诊断中都具有非常重要的意义。应详尽询问患者及其亲属或目击发作者,明确病情发作和发展的详细过程、有关的既往史和家族史。还必须进行详尽的全身及神经系统查体。

（二）鉴别诊断

1. **假性发作** 又称癔症样发作,是由心理因素而非脑电紊乱引起的脑部功能异常。假性发作临床表现与癫痫相似,癫痫患者发作时常出现的感觉、运动、情感症状在假性发作中都能见到,难以区分。发作时脑电图上无相应的痫样放电和抗癫痫药治疗无效是与癫痫鉴别的关键。但应注意,10%假性发作的患者可同时存在真正的癫痫发作,10%~20%癫痫患者伴有假性发作。

2. **晕厥** 为弥漫性脑部短暂性缺血、缺氧所致意识瞬时丧失和跌倒。部分患者可出现肢体强直或阵挛,需与失神发作、癫痫全面性发作等鉴别。以下支持晕厥的诊断:①多有明显的诱因,如焦虑、疼痛、见血、严寒、情绪激动、持久站立、咳嗽、憋气、排尿、排便等;②发作时常伴脸色苍白、眼前发黑、出冷汗;③跌倒的发生和恢复均较慢,有明显的发作后状态;④心源性、脑源性、神经源性和低血糖性晕厥,常伴有相应原发疾病的症状和体征;⑤脑电图检查多无痫样放电。

3.偏头痛 鉴别要点:①偏头痛以偏侧或双侧剧烈头痛为主要症状,而癫痫头痛较轻,多在发作前后出现;②癫痫脑电图为阵发性棘波或棘-慢复合波等痫样放电,而偏头痛主要为局灶性慢波;③两者均可有视幻觉,但复杂视幻觉以癫痫多见;④癫痫发作的意识障碍发生突然、终止迅速,程度重,基底动脉型偏头痛的意识障碍发生缓慢,程度较轻。

4.短暂性脑缺血发作(TIA) TIA多见于老年人,常有动脉硬化、冠心病、高血压、糖尿病等病史,持续时间从数分钟到半小时,一般表现为神经功能的缺失症状(运动和感觉功能缺失),脑电图上无痫样放电。

【治疗】

癫痫的治疗主要包括病因治疗和控制发作。对复杂的、难治的或疗效差的患者,应建议到更专业的专家处或癫痫中心进行诊断和治疗。

(一)病因治疗

有明确病因者应首先进行病因治疗,如脑肿瘤需行手术切除,中枢神经系统感染需行抗感染治疗等。

(二)控制发作

1.抗癫痫药物治疗 目前控制发作以药物治疗为主,药物治疗应达到3个目的:控制发作或最大限度地减少发作次数;长期治疗无明显不良反应;使患者保持或恢复其原有的生理、心理和社会功能状态。发作间期的药物治疗应遵循以下基本原则:

(1)**确定是否用药**:对多数患者而言,一旦癫痫诊断明确,就应该尽早选择合适的药物治疗以控制发作。一般说来,半年内发作两次或两次以上者,一明确诊断,就应用药;但发作稀疏,如一年或几年发作一次者,可根据患者及家属意愿,酌情选择用或不用抗癫痫药物;对单次发作者,如有脑电图痫样放电、癫痫家族史、明确的病因、从事驾驶等危险职业、患者及家属强烈要求等,应选择用抗癫痫药物治疗。

(2)**正确选择药物**:抗癫痫药物的选择最主要的依据是癫痫发作的类型,同时还要考虑患者的年龄、性别及药物的效果、毒性、价格和来源等进行个体化治疗。可参考表9-4-3选用抗癫痫药物,选药不当不仅治疗无效,还可能加重癫痫发作。

表9-4-3 癫痫发作类型与抗癫痫药物的选择

发作类型	首选一线药物	二、三线药物
部分性发作	卡马西平	奥卡西平、加巴喷丁、拉莫三嗪、丙戊酸钠、苯妥英钠、苯巴比妥、氯硝西泮、氨己烯酸、托吡酯
全面性强直-阵挛发作	丙戊酸钠	卡马西平、拉莫三嗪、奥卡西平、苯妥英钠、苯巴比妥、加巴喷丁、托吡酯
强直性发作	卡马西平	奥卡西平、丙戊酸钠、苯妥英钠、苯巴比妥、托吡酯、加巴喷丁、拉莫三嗪
肌阵挛性发作	丙戊酸钠	乙琥胺、氯硝西泮
失神发作	丙戊酸钠或乙琥胺	拉莫三嗪、氯硝西泮

(3)**尽可能单药治疗**:70%~80%的患者单一抗癫痫药治疗即可获得满意效果。单药治疗不仅有利于患者服药和观察疗效,还可减少药物间的相互作用、药物毒副作用和患者的经济负担。

(4)**必要时联合用药**:合理的联合用药治疗力求精简,一般很少合用3种以上的抗癫痫药物,选药时应避免使用两种化学结构相同或作用机制相似或毒副作用相似的药物,同时根据药物之间的相互作用调整剂量,一般应进行血药浓度监测。

下列情况可考虑联合用药:①单药治疗无效、不能满意控制或确诊为难治性癫痫的患者;②有多种发作类型;③针对患者的特殊情况,如月经性癫痫可在月经前后加用乙酰唑胺;④针对药物的不良反应,如加用丙戊酸钠治疗苯妥英钠引起的失神发作。

(5)合理的药物用法:①规则用药:口服药物均自剂量的低限开始,1~2 周后无效再逐渐加量,直至满意控制。②坚持按时服药和长期用药:达到治疗效果后应坚持长期服用,不能漏服,以免发作。③换药和停药原则:一种药物治疗无效时可换用另一种抗癫痫药物,必须在 5~7 天内递减要撤换的药物,同时递增新用的第二种药物,突然停药可诱发癫痫持续状态。停药应缓慢进行,病程越长、剂量越大或联合用药时,减量越需缓慢。从开始减量到完全停药一般不应少于 3 个月。④坚持门诊随访观察:有利于了解药物效果和可能的不良反应、病情进展和预后、调整诊疗计划等。⑤个体化用药:应根据发作的时间特点调整每天给药时间,有影响发作的因素,如发热、疲劳、睡眠不足、月经期等时可酌情加量。有条件者应通过血药浓度监测来调整剂量。传统和新型抗癫痫药物的剂量及不良反应如表 9-4-4 所示。

表 9-4-4　抗癫痫药物的剂量及不良反应

药物	成人剂量/(mg·d⁻¹)		儿童剂量/(mg·kg⁻¹·d⁻¹)	不良反应
	首剂	维持		
苯妥英钠(PHT)	200	300~500	4~12	胃肠道症状、牙龈增生、面部粗糙、小脑征、精神症状、周围神经病、巨幼细胞贫血;皮疹、肝毒性
卡马西平(CBZ)	200	600~1 200	10~20	头晕、视物模糊、恶心、困倦、低钠血症、皮疹、骨髓和肝损害
苯巴比妥(PB)	30	60~90	2~5	疲劳、抑郁、嗜睡、行为与认知异常、皮疹、肝损害
扑米酮(PMD)	60	750~1 500	10~25	同苯巴比妥
丙戊酸钠(VPA)	200	600~1 800	10~40	胃肠道症状、体重增加、震颤、脱发、嗜睡、踝肿胀、肝功能异常;骨髓和肝损害、胰腺炎
乙琥胺(ESX)	500	750~1 500	10~40	胃肠道症状、嗜睡、小脑征、精神症状;皮疹
加巴喷丁(GBP)	300	900~1 800	25~40	胃肠道症状、嗜睡、头晕、体重增加、步态不稳、动作增多
拉莫三嗪(LTG)	25	100~300	5~15	嗜睡、头晕、恶心、易激惹;皮疹、骨髓和肝损害
非尔氨酯(FBM)	400	1 800~3 600	15~30	头痛、头晕、失眠、体重降低、胃肠道症状;骨髓和肝损害
氨己烯酸(VGB)	500	2 000~3 000		头痛、嗜睡、体重增加、视野缺损、精神障碍
托吡酯(TPM)	25	75~200	3~6	头痛、头晕、嗜睡、肾结石、认知或精神障碍、胃肠道症状、体重减轻
奥卡西平(OXC)	300	600~1 200	20~30	困倦、复视、嗜睡、共济失调、体重增加、低钠血症;皮疹

(6)严格用药时程和停药指征:一般认为全面性强直-阵挛发作和单纯部分性发作在完全控制 2~5 年后,失神发作在完全控制 1~2 年后,其他类型至少完全控制 3 年后方可以考虑逐渐停药,而复杂部分性发作大多需长期服药。

2. 其他治疗方法　非药物辅助治疗的方法主要有外科手术治疗、迷走神经刺激术等。可作为综合治疗的一部分,根据具体情况选用。

3. 癫痫持续状态的治疗　重点包括:保证生命体征平稳、迅速控制发作、预防和控制各种并发症、针对病因治疗,支持和对症治疗等。发作控制后应给予维持治疗。

控制发作可选用下列药物和方法:①首选地西泮:地西泮 10~20mg,静脉注射,每分钟不超过 2mg,如果无效,半小时可重复 1 次;如有效,再将地西泮 60~100mg,加入 5% 葡萄糖生理盐水 500ml 中,12 小时内缓慢静脉滴注。儿童首次剂量为 0.25~0.5mg/kg,一般不超过 10mg。②地西泮加苯妥英钠:按上述方法如地西泮静脉注射有效后,将苯妥英钠 0.3~0.6g 加入生理盐水 500ml 内静脉滴注,速度不超过 50mg/min。③苯妥英钠:部分患者也可按上述方法单独静脉应用苯妥英钠。④10% 水合氯醛:20~30ml 加等量植物油,保留灌肠。⑤副醛:10~20ml 加等量植物油,保留灌肠。

发作控制后,可给予苯巴比妥钠 0.1~0.2g 肌内注射,8~12 小时 1 次维持。同时鼻饲抗癫痫药,达稳态浓度后逐渐停用苯巴比妥。儿童用药参考儿科学。

用上述方法无效者,发作超过 1 小时则称为难治性癫痫持续状态,此时往往需行气管插管,机械通气来保证生命体征稳定,发作控制的标准疗法是:异戊巴比妥 0.25~0.5g 溶于注射用水 10ml 中静脉缓慢注射,每分钟不超过 100mg。也可选用异戊巴比妥、咪达唑仑、丙泊酚、利多卡因或硫喷妥钠等药物控制发作。

【预防】

1. 加强围生期保健工作 避免影响胎儿宫内发育的因素,防止产伤、缺氧等。对新生儿的抽搐和高热惊厥要及时控制,甚至服用抗癫痫药。

2. 及时预防治疗引起癫痫的原发病 如颅内各种感染、脑寄生虫病、颅脑外伤等。

3. 加强宣传 解除患者精神负担,增强信心,配合治疗。对于癫痫来说,最可靠的预防就是按时、按量地服用抗癫痫药物。若发作已完全控制,减药时要逐渐减量,不可骤停。如在停药或减药过程中出现复发,应在医生指导下立即恢复原治疗剂量。避免癫痫发作诱因是预防癫痫复发的重要环节之一,如饮酒、吸烟、疲劳、精神压抑、暴饮暴食、感染性疾病、受惊、发热、睡眠不足、近亲结婚及有害的声、光刺激等。

4. 有癫痫家族遗传史的原发性癫痫者,在症状控制后可允许结婚,但不宜生育。癫痫患者在选择婚配对象时,应避免与有癫痫家族史者结婚生育。

5. 发作时预防跌伤或撞伤(包括软组织挫伤、骨折、脑外伤等)、意外伤害(从事高空作业、驾驶、水边等工作时,突然癫痫发作导致意外)等。

【预后】

未经治疗的癫痫患者,5 年自发缓解率达 25% 以上,最终缓解率为 39%。约 80% 患者用目前抗癫痫药物能完全控制发作,正规减量后,50% 以上患者终身不再发病。

第四节 帕金森病

<table>
<tr><td>**案例导入**</td></tr>
</table>

患者,男,65 岁。5 年前无明显诱因出现右上肢疼痛及轻微震颤,静止时明显,2 年后右下肢也出现震颤,伴有右髋关节疼痛、动作迟缓。近 1 年患者左侧上、下肢也相继出现震颤,情绪紧张时加剧,入睡后消失,行走困难,步距小而蹒跚,生活不能自理。查体:慌张步态,头部与躯干前倾姿态,面具脸,吐字不清,流涎。四肢肌力正常,双手呈搓丸样动作,肌张力增高。辅助检查:CT 扫描示脑室对称性轻度扩大。

请思考:

1. 患者最可能的诊断是什么?

2. 为明确诊断应进一步做哪些检查?

3. 治疗的基本原则是什么?

帕金森病(Parkinson disease,PD)又称震颤麻痹(paralysis agitans),是一种好发于中老年人的进行性神经系统变性疾病。

【病因和发病机制】

本病的病因迄今未明,普遍认为,PD 并非单一因素所致。目前研究主要集中在以下三方面:

1. 年龄老化 帕金森病主要发生于中老年人,40 岁以前发病者很少,提示年龄老化与发病有关。

2. 环境因素 动物实验发现 1-甲基-4-苯基-1,2,3,6-四氢吡啶(MPTP),可选择性破坏黑质多巴胺神经元,产生酷似帕金森病的症状、病理改变及治疗反应。MPTP 被多巴胺能神经末梢选择性摄入神经元内,导致巴胺能神经元变性、坏死。故认为环境中 MPTP 类似物(工业或农业毒素)可能是帕金森病的病因之一。

3. 遗传因素 帕金森病在一些家族中呈聚集现象。目前至少发现 23 个单基因与家族性帕金森病连锁的基因位点。

【病理和病理生理】

1. 病理 主要为黑质致密带中含色素的多巴胺能神经元变性、缺失,临床症状出现时可达 50% 以上。另一特征是残余神经元胞质中出现嗜酸性包涵体,称 Lewy 小体。类似改变有蓝斑、中缝核、迷走神经背核,但程度较轻。

2. 病理生理 多巴胺(DA)和乙酰胆碱(ACh)功能相互拮抗又相互协调,并保持动态平衡来维持以基底节为核心的神经环路的正常功能活动。脑内 DA 递质通路主要为黑质纹状体系,黑质致密部 DA 能神经元自血液摄入左旋酪氨酸,在酪氨酸羟化酶作用下形成左旋多巴,再经多巴胺脱羧酶转化成 DA,通过黑质纹状体环路,作用于壳核、尾状核突触后神经元实施对运动功能的调节,代谢形成高香草酸。由于 PD 患者黑质 DA 能神经元变性丢失,DA 含量显著降低,造成 ACh 系统功能相对亢进,导致肌张力增高、动作迟缓等症状的发生。

【临床表现】

多在 60 岁后发病,男性略多于女性,起病隐匿,缓慢进展,逐渐加剧。

1. 静止性震颤 常为首发症状,多始于一侧上肢远端,静止位时出现或明显,随意运动时减轻或停止,紧张或激动时加剧,入睡后消失。典型表现是拇指与示指呈"搓丸样"动作,频率为 4~6Hz。令患者一侧肢体运动如握拳或松拳,可使另一侧肢体震颤更明显,该试验有助于发现早期轻微震颤。少数患者可不出现震颤,部分患者可合并轻度姿势性震颤。

2. 肌强直 被动运动关节时阻力增高,且呈一致性,类似弯曲软铅管的感觉,故称"铅管样强直";在有静止性震颤的患者中可感到在均匀的阻力中出现断续停顿,如同转动齿轮感,称为"齿轮样强直"。颈部、躯干、四肢肌强直可使患者出现特殊的屈曲体姿,表现为头部前倾,躯干俯屈,肘关节屈曲,腕关节伸直,前臂内收,髋及膝关节略微弯曲。

3. 运动迟缓 随意运动减少,动作缓慢、笨拙。早期以手指精细动作如解或扣纽扣、系鞋带等动作缓慢,逐渐发展成全面性随意运动减少、迟钝,晚期因合并肌张力增高,导致起床、翻身均有困难。体检见面容呆板,双眼凝视,瞬目减少,酷似"面具脸";口、咽、腭肌运动徐缓时,表现语速变慢,语音低调;书写字体越写越小,呈现"小字征";做快速重复性动作如拇、示指对指时表现运动速度缓慢和幅度减小。

4. 姿势步态异常 在疾病早期,表现为走路时患侧上肢摆臂幅度减小或消失,下肢拖曳。随病情进展,步伐逐渐变小变慢,启动、转弯时步态障碍尤为明显,自坐位、卧位起立时困难。有时行走中全身僵住,不能动弹,称为"冻结"现象。有时迈步后,以极小的步伐越走越快,不能及时止步,称为前冲步态或慌张步态。

5. 其他症状 自主神经功能紊乱、睡眠障碍、情绪障碍、认知功能减退。

【实验室和其他检查】

1. 生化检测 采用高效液相色谱(HPLC)可检测到脑脊液和尿中高香草酸(HVA)含量降低。

2. 影像学检查 采用 PET 或 SPECT 与特定的放射性核素检测,早期即可发现脑内多巴胺转运体(DAT)功能显像显著降低。

3. 基因检测技术　应用 PCR、DNA 印迹技术、DNA 序列分析等在家族性 PD 患者可能会发现基因突变。

【诊断和鉴别诊断】

(一) 诊断要点

包括：①常见于 60 岁以上老年人，起病隐匿，缓慢进展。②具有典型的静止性震颤、肌强直、运动迟缓和姿势步态异常。③结合相关的辅助检查。

(二) 鉴别诊断

1. 特发性震颤　发病年龄早，多为姿势性或运动性震颤，饮酒或服用普萘洛尔后症状减轻，无肌强直和运动迟缓。

2. 继发性帕金森综合征　有较明确的病因，如感染、外伤等。有相应病因所致的原发性脑损害的临床表现及影像学证据。

【治疗】

包括药物治疗、手术治疗、康复治疗、心理治疗等。目的是减轻症状、提高生存质量，但不能阻止病情的发展，更无法治愈。

(一) 药物治疗

1. 左旋多巴及其复方制剂

(1) 药理机制：通过提高脑内多巴胺水平，使 DA-ACh 系统达到相对平衡。常用的复方制剂有：①标准剂：美多巴（madopar）和心宁美（sinemet），应根据临床表现选用不同的剂型，标准片开始剂量为 62.5~125mg，每天 3~4 次，餐前 1 小时或餐后 1 个半小时服药；②控释剂：如息宁控释片（sinemet CR），优点是有效血药浓度稳定，作用时间长，服药次数减少，适用于伴症状波动或早期轻症患者；③水溶剂：弥散型美多巴，优点是吸收迅速，起效快，适用于吞咽障碍或置鼻饲管的患者及晨僵的患者。

(2) 不良反应：主要包括外周和中枢两类。

1）外周不良反应：表现为恶心、呕吐、便秘等消化道症状。

2）中枢不良反应：①运动障碍：又称异动症，与纹状体受体的超敏感有关，可表现类似舞蹈症及手足徐动症。②症状波动：包括剂末现象（指每次用药的有效作用时间缩短，症状随血液药物浓度发生波动）和"开-关"现象（指症状在突然缓解与加重之间波动，与血药浓度无关）。③精神症状：表现欣快、躁狂、抑郁、焦虑、错觉、幻觉等，故精神病患者禁用。

2. 抗胆碱能药物　通过对 ACh 的抑制使多巴胺的效应相对增高而达到缓解症状的目的，对震颤和强直有效。常用苯海索（benzhexol，安坦）1~2mg，每天 3 次。不良反应有口干、便秘等。

3. 金刚烷胺（amantadine）　促进突触前多巴胺在神经末梢的释放，还有一定的抗 ACh 作用，对各类症状有一定疗效。常用量为 50~100mg，每天 2~3 次，末次给药应在下午 4 时前。不良反应有心神不宁、失眠、意识模糊、踝部水肿等。

4. 多巴胺能受体激动剂　目前大多推崇非麦角类 DR 激动剂，包括普拉克索、罗匹尼罗、吡贝地尔、罗替戈汀和阿扑吗啡。

5. 单胺氧化酶 B 抑制剂　能阻止 DA 的降解，增加脑内 DA 的含量。常用司来吉兰（丙炔苯丙胺，deprenyl）2.5~5mg，每天 2 次。不良反应有头晕、困倦、恶心、体重减轻等。

(二) 外科治疗

早期药物治疗有效，而长期治疗疗效明显减退，同时出现异动症者可考虑手术治疗。手术方法主要有神经核毁损术和脑深部电刺激术。

脑深部电刺激

脑深部电刺激(deep brain stimulation,DBS)的临床应用始于1948年,最初用于治疗抑郁症和焦虑症。直到70年代,DBS才被用于治疗运动障碍性疾病。1987年,Benabid开创了DBS治疗PD的新纪元,他发现对丘脑腹中间核(VIM)进行长期高频电刺激能有效控制震颤,但由于其疗效过于局限性(对上肢震颤有效,对其他症状如运动迟缓、肌强直等效果不佳),逐渐被其他靶点所取代。1998年Limousin等研究证明了双侧丘脑底核(STN)DBS治疗的安全性和有效性,并且能减少晚期PD患者的多巴胺能用药剂量。2003年STN和内侧苍白球(GPi)DBS被批准用于治疗PD。在近10年的临床应用中,DBS的疗效得到了进一步的肯定,越来越多的患者从中获益。

【预后】

本病目前无法治愈,若不经治疗,通常病后10年左右,可因严重肌强直、全身僵硬至不能起床,最终因各种并发症死亡。

第五节　偏 头 痛

案例导入

患者,女,40岁。反复发作右颞侧搏动样头痛,伴恶心、呕吐、怕光,每次持续1~2天。发作前有视物变形和亮点。有头痛发作史20年。查体无异常。

请思考:

1. 该患者最可能的诊断是什么?
2. 需与哪些疾病相鉴别?
3. 怎样处理?

偏头痛(migraine)是一种反复发作、多发生在偏侧的搏动性原发性头痛,常伴有恶心、呕吐。患病率为5%~10%。

【病因与发病机制】

尚不完全清楚。遗传、饮食、内分泌及精神因素等与偏头痛的发病有一定关系。约60%患者有偏头痛家族史;半数以上在青春期发病,女性较多,月经前期或经期发作增加,妊娠期或绝经期后发作减少;情绪紧张、饥饿、睡眠不足、噪声、强光、气候变化及摄取奶酪、红酒、巧克力等常可诱发。

发病机制尚不明确,主要有血管学说、神经学说和三叉神经-血管学说。

【分类】

国际头痛协会(2018年)制定的国际头痛分类ICHD-3版将偏头痛分为6个亚型19类,其中以无先兆偏头痛和有先兆偏头痛最为常见,两者约占偏头痛的90%。

【临床表现】

多在青春期发病,女性多于男性,半数病例有家族史。发作性搏动性头痛、自发缓解、间歇期正常是偏头痛主要的临床特征,发作时常伴有恶心、呕吐,声、光刺激或日常活动均可加重头痛,一般持续4~72小时。头痛发作频率常数次不等。

(一)无先兆偏头痛

曾用名普通型偏头痛,是最常见的偏头痛类型,约占80%。临床表现为反复发作的一侧或双侧额颞部疼痛,呈搏动性,常伴有恶心、呕吐、畏光、畏声、全身不适、头皮触痛等症状,可持续 1~3 天。发作较为频繁,可严重影响患者的工作和生活。

(二)有先兆偏头痛

1. 典型先兆偏头痛 为最常见的先兆偏头痛类型,约占 10%,多有家族史。临床特点是每次头痛发作前有先兆,表现为短暂而可逆的视觉、感觉、言语、运动等的缺损或刺激症状。最常见为视觉先兆,如闪光、暗点、视野缺损、视物变形和物体颜色改变等,少数有肢体感觉异常、失语、轻瘫等,先兆一般在 5~20 分钟内逐渐形成,持续数分钟至 1 小时不等。多在先兆同时或消失后 60 分钟内出现搏动性头痛,表现为一侧或双侧额颞部或眶后搏动性疼痛,部分为钻痛或胀痛,可扩展为全头痛,常伴有面色苍白、恶心、呕吐、鼻塞、出汗等,日常活动时症状加重,休息、睡眠后减轻,常持续 4~72 小时。少数持续 72 小时以上不缓解者,称偏头痛持续状态。

2. 偏瘫型偏头痛 临床少见,有家族史者称为家族性偏瘫型偏头痛,否则为散发性偏瘫型偏头痛。临床特点是先兆表现为偏瘫,合并有失语、视觉或感觉障碍,随后出现头痛。

3. 有脑干先兆偏头痛 曾用名基底型偏头痛,先兆症状源自脑干,表现为眩晕、复视、构音障碍、共济失调、意识障碍等,随后出现头痛,伴恶心、呕吐等。

【诊断和鉴别诊断】

(一)诊断

根据偏头痛发作的临床表现、家族史和神经系统检查正常,通常可作出临床诊断。头颅 CT、CTA、MRI、MRA 等检查应排除颅内动脉瘤、脑血管疾病、颅内占位性病变等颅内器质性疾病。

(二)鉴别诊断

1. 丛集性头痛 是较少见的一侧眼眶周围发作性剧烈疼痛,持续 15 分钟~3 小时,发作从隔天 1 次到每天 8 次。本病具有反复密集发作的特点,但始终为单侧头痛,并常伴有同侧结膜充血、流泪、流涕、前额和面部出汗及 Horner 征等。

2. 紧张型头痛 是双侧枕部或全头部紧缩性或压迫性头痛,常为持续性,很少伴有恶心、呕吐,部分病例也可表现为阵发性、搏动性头痛。多见于青、中年女性,情绪障碍或心理因素可加重头痛症状。

3. 颅内占位病变 表现为进行性颅内压增高,持续性头痛及局灶神经体征。CT 和 MRI 有助于诊断。

4. 蛛网膜下腔出血 最常见的症状是突然剧烈头痛,伴恶心、呕吐、面色苍白、全身冷汗。半数患者可有不同程度的一过性意识障碍,部分患者出现抽搐、头晕、眩晕、颈背或下肢疼痛等,体检脑膜刺激征明显,头颅 CT 或脑脊液检查有助于明确诊断。

【治疗】

治疗的目的是减轻或终止头痛发作,缓解伴发症状,预防头痛复发。分为发作期治疗和预防性治疗。

(一)发作期治疗

包括选用非特异性治疗药物如非甾体抗炎药以及特异性治疗药物如曲普坦类药物。

1. 轻至中度头痛 可选用非甾体抗炎药如对乙酰氨基酚 0.25~0.5g,每天 3 次;阿司匹林 0.2g 口服,每天 3 次;萘普生 0.1~0.2g 口服,每天 3 次;布洛芬 0.2~0.6g 口服,每天 3 次。

2. 重度头痛 首选曲普坦类如舒马曲普坦(sumatriptan)25~100mg 口服,或 6mg 皮下注射;佐米曲普坦 2.5~5.0mg 口服或鼻喷雾剂给药。

(二)预防性治疗

1. 预防发作 保持健康的生活方式,应避免精神紧张、饥饿、睡眠不足、喧闹、强光及摄取奶酪、巧克力等诱发因素。

2. 预防性治疗　适用于频繁发作,每月大于等于 3 次以上严重影响正常生活和工作。可酌情选择以下药物:①β 受体拮抗剂:普萘洛尔每次 10~60mg,每天 2 次(以脉搏不低于 60 次/min 为限)。②钙通道阻滞药:氟桂利嗪 10mg,每晚 1 次。③抗癫痫药物:托吡酯 25~50mg,每天 2 次,或丙戊酸钠每次 400~600mg,每天 2 次。④抗抑郁药:阿米替林 25mg,睡前服;或氟西汀(fluoxetine)20mg,每天 1 次。

本章小结

　　急性脑血管病临床分为缺血性和出血性两大类,前者包括短暂性脑缺血发作(TIA)和脑梗死(脑血栓形成、脑栓塞、腔隙性脑梗死等),后者包括脑出血和蛛网膜下腔出血等。TIA 每次发病持续时间通常是数秒钟、数分钟或数小时,一般在 24 小时内完全恢复正常,可以反复发作,部分患者可能为脑梗死发生的前兆。应积极治疗,主要措施有:祛除危险因素、抗血小板药物、抗凝、扩血管等。脑血栓形成发病年龄多为中老年人,多伴有动脉硬化及高血压病史,部分可有 TIA 发作病史;常在安静状态下或睡眠中发病;多在半小时或 3 天内达到高峰;有相应脑动脉供血区神经功能障碍的症状和体征,一般无明显意识障碍;CT 检查在 24~48 小时后出现低密度梗死灶,或 MRI 检查在早期显示缺血病灶。脑栓塞的主要栓子来源于心脏,心房颤动是心源性脑栓塞最主要的原因,多发生在颈内动脉系统,特别是左侧大脑中动脉最多见,以青壮年为多,多在活动中突然发病,常无前驱症状,局限性神经缺失症状多在数秒至数分钟内发展到高峰,是所有脑血管病中发病最快者,多属完全性卒中,CT 检查梗死部位呈低密度区,急性期和恢复期的治疗原则与脑血栓形成的治疗基本相同。脑出血多在动态下发病,约 70% 发生基底核内囊区(壳核及丘脑),临床症状常在数分钟至半小时内达高峰,常有头痛、呕吐、意识障碍、肢体瘫痪、失语、大小便失禁、脑膜刺激征等表现,CT 检查出血部位呈高密度区,急性期治疗的目的是挽救患者的生命,预防各种并发症,降低颅内压最常用药物是甘露醇。蛛网膜下腔出血的主要原因是颅内动脉瘤和动静脉畸形等。主要表现为剧烈头痛、脑膜刺激征和脑脊液均匀血性,头颅 CT 可明确诊断,治疗包括:一般治疗、防治脑水肿、止血剂的应用、防止脑血管痉挛和对症治疗等。

　　癫痫系多种原因引起脑部神经元异常放电所致的发作性运动、感觉、意识、精神、自主神经功能异常的一种疾病。根据受累神经元的部位不同可将癫痫分为部分性发作和全面性发作,其中部分性发作又分为单纯部分性发作和复杂部分性发作,全面性发作又分为全面性强直-阵挛发作和失神发作等。其临床共有特征为:发作性、短暂性、重复性、刻板性。脑电图是癫痫诊断的首选检查。治疗要根据不同的发作类型选药。

　　帕金森病主要病变在黑质及纹状体。发病原因主要是年龄老化、毒性环境、遗传因素等,常见的四大临床特征:静止性震颤、肌强直、运动迟缓和姿势步态异常。药物治疗包括:左旋多巴、抗胆碱能药物、多巴胺受体激动剂等。

　　偏头痛是临床最常见的原发性头痛,临床以发作性、搏动样偏侧头痛为主要表现,无先兆偏头痛占 80%,发作期治疗包括选用非特异性治疗药物如非甾体抗炎药,以及特异性治疗药物如曲普坦类药物。

病例讨论(一)

　　患者,男,51 岁。因头痛 2 天、左侧肢体活动不灵 1 天就诊。患者于入院前 2 天工作疲劳后出现右颞部持续胀痛,当时未予诊治,入院前一天夜间起床上厕所时感觉左侧肢体活动不灵,不能站立,伴恶心、呕吐。无意识障碍、头晕和肢体抽搐。

既往史:糖尿病病史 10 年。

体格体检:T 36.9℃,P 60 次/min,R 18 次/min,BP 105/70mmHg,心肺检查未见异常。

神经系统检查:神清,言语含糊,两眼向右侧凝视,左鼻唇沟浅,伸舌左偏,两眼闭合好,皱额好,左侧肢体肌张力下降,左侧肢体肌力 0 级,左侧巴宾斯基征(+),左偏身针刺觉减退。视野检查不合作。

辅助检查:

头颅 CT:右侧大脑颞顶区大面积低密度灶。

头颅 MRI:右侧大脑颞顶区部 T_1W 低信号,T_2W 高信号,中线结构明显左移,右侧脑室明显受压变形。

双侧颈动脉超声:双侧颈动脉供血未见异常。

EEG:界限性异常 EEG。

病例讨论(二)

患者,女,78 岁。因头痛伴左侧肢体无力 4 小时就诊,患者于 4 小时前突然觉得头痛,同时发现左侧肢体无力,左上肢不能持物,左下肢不能行走,恶心伴呕吐胃内容物数次。无意识丧失,无四肢抽搐,无大小便失禁,即送医院急诊。

既往史:有高血压史十余年,平时不规则服药,未监测血压。

体格检查:神清,BP 185/95mmHg,HR 80 次/min,律齐,ECG 示窦性心律。对答切题,双眼向右凝视,双瞳孔等大等圆,对光反射存在,左鼻唇沟浅,伸舌略偏左。左侧肢体肌张力增高,左侧腱反射略亢进,左侧肌力 3 级,右侧肢体肌张力正常,肌力 5 级。左侧巴宾斯基征(+),右侧病理征(-)。

辅助检查:头颅 CT 显示右侧颞叶高密度影。

(孙 彦)

思考题

1. 简述脑血栓形成、脑栓塞和脑出血的鉴别要点。
2. 简述癫痫的分类。
3. 简述帕金森病的诊断要点。

ER 9-4-3

练习题

第五章 | 神经肌肉接头与肌肉疾病

教学课件　　　思维导图

学习目标

1. 掌握：重症肌无力临床表现、诊断、治疗原则和重症肌无力危象处理原则；周期性瘫痪的治疗原则。

2. 熟悉：神经肌肉接头疾病的病理生理；多发性肌炎的临床表现、辅助检查、诊断和治疗原则。

3. 了解：重症肌无力的常见病因及发病机制。

4. 学会对重症肌无力患者进行诊断并在危象时选择合理的抢救；能够坚持预防为主的治疗原则，加强疾病的健康教育管理。

5. 具备尊重生命，患者利益优先的共情意识，践行人文关怀和健康中国战略的能力。

第一节　概　述

神经肌肉接头疾病是一组神经肌肉接头处传递功能障碍所引起的疾病，以重症肌无力最常见。肌肉疾病是指骨骼肌本身病变引起的疾病，主要包括周期性瘫痪和多发性肌炎等。

骨骼肌由数以千计的纵向排列的肌纤维聚集组成，是运动系统的效应器官。一根肌纤维即是一个肌细胞，包括肌膜、肌核和肌质。肌膜除具有普通细胞膜的功能外，其终板与神经末梢构成神经肌肉接头，完成神经肌肉间的兴奋传递。肌质内含有肌原纤维、纵管、线粒体、核糖体、溶酶体等细胞器。肌原纤维呈整齐排列的纵行细丝状，在光镜下为明暗相间条纹。明亮区较窄，由肌动蛋白组成的细肌丝排列，称为明带（I带）；暗区较宽，由肌球蛋白组成的粗肌丝排列，称为暗带（A带）；在明带中段有一致密Z线，细肌丝一端固定在Z线上，另一端伸向暗带，粗肌丝在不同水平向细肌丝发出横桥，横桥的滑动使两侧的细肌丝向暗带移动，细肌丝缩短，引起肌肉收缩。

骨骼肌受运动神经支配。一个运动神经元及其支配的肌纤维合称为一个运动单位。一个运动神经元的轴突与所支配的肌纤维形成突触（又称神经肌肉接头）。突触由突触前膜、突触间隙、突触后膜组成。突触前膜为神经轴突末梢失去髓鞘的结构，内含许多储存乙酰胆碱（ACh）的囊泡；突触间隙内有胆碱酯酶；突触后膜上有许多皱褶凹陷，在皱褶隆起部含有大量的乙酰胆碱受体（AChR）。当神经冲动抵达突触前膜时，引起钙离子内流，囊泡将ACh释放入突触间隙，其中1/3 ACh被胆碱酯酶破坏，1/3 ACh被突触前膜重新摄取，余下1/3 ACh与突触后膜上的AChR结合，引起终板膜出现较缓慢的去极化，产生终板电位，通过电紧张性扩布，使邻近的细胞膜去极化而引发动作电位，沿肌膜扩散，产生肌肉收缩（图9-5-1）。

在神经肌肉接头传递和肌肉产生运动的各环节发生障碍时均可引起该组疾病的发生。如突触前膜病变时ACh合成和释放障碍，如Lambert-Eaton肌无力综合征、肉毒蛇毒中毒等；突触后膜AChR病变，如重症肌无力；突触间隙病变时乙酰胆碱酯酶活性降低或受抑制，使突触后膜过度去极化，如有机磷中毒；肌肉本身的病变有肌营养不良症、多发性肌炎、线粒体肌病、糖原沉积症等。本

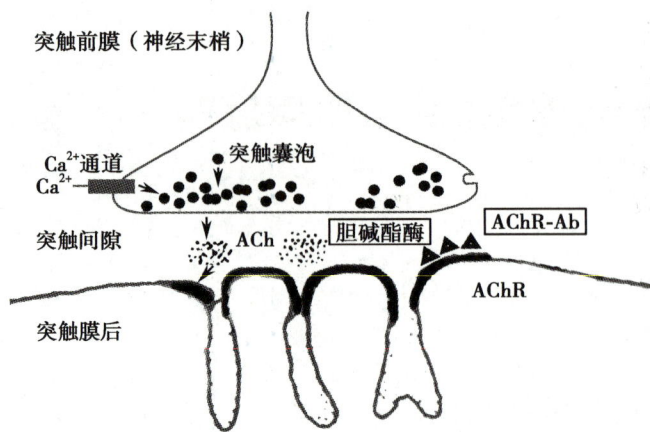

图 9-5-1　神经肌肉接头的突触结构

章着重叙述重症肌无力、周期性瘫痪及多发性肌炎。

第二节　重症肌无力

案例导入

患者,男,30 岁。主诉"复视伴全身无力 2 个月"。患者 2 个月前感冒后出现发热、咳嗽,随后出现复视、四肢乏力和酸痛,难以正常工作,休息和晨起症状稍好转。查体:双侧上睑下垂,左眼外展差,四肢肌力 3 级,肌张力适中,感觉对称存在,病理征未引出。肌电图示:尺神经重复电刺激后,动作电位波幅递减 25%。

请思考:

1. 患者目前的诊断可能是什么?
2. 临床分型属于哪一种?
3. 可能引发疾病的病因是什么?
4. 为明确诊断需进一步完善哪些试验?
5. 药物治疗的原则是什么?

重症肌无力(myasthenia gravis,MG)是由于神经肌肉接头突触后膜上乙酰胆碱受体(AChR)受损,引起的一种神经肌肉接头传递障碍的慢性获得性自身免疫性疾病。临床主要表现为横纹肌易疲劳,波动性肌无力,不能随意运动,活动后加重,休息和应用胆碱酯酶抑制剂治疗后症状减轻。常累及眼外肌、咀嚼肌、吞咽肌和呼吸肌,严重者可出现延髓性麻痹。受累肌肉的分布因人因时而异,而并非某一神经受损时出现的麻痹表现。

【病因和发病机制】

大部分研究证实 MG 是由于神经肌肉接头突触后膜 AChR 被自身抗体攻击而引起的自身免疫性疾病。Patrick 和 Lindstrom 将从电鳗鱼放电器官提取并纯化的 AChR 加上弗氏完全佐剂免疫家兔,成功地制成了 MG 的动物模型,即实验性自身免疫性重症肌无力(experimental autoimmune myasthenia gravis,EAMG)。另外,科学家在实验动物的血清中测到 AChRAb,为 MG 的免疫学说提供了有力的证据。

实验和临床研究表明,80% 以上的 MG 患者伴有胸腺异常,胸腺中肌样细胞膜表面亦具有AChR。当病毒或其他非特异性因子感染胸腺时,胸腺内肌样细胞上的 AChR 易脱落,与免疫器官接触而产生 AChRAb,然后继发地攻击神经肌肉接头处的 AChR,发生免疫应答造成大量的 AChR 破坏,导致突触后膜传递障碍,产生肌无力。

有部分学者认为与遗传因素有关。MG 的发病与遗传因素目前正受到人们的重视,MG 有一定的家族再发性。早在 1898 年 Oppenheim 首先报告家族性 MG 以来,又有许多家族性 MG 病例报告,说明遗传因素在 MG 的发病机制中有一定的作用,MG 有一定的遗传易感性,但至今尚未发现该病肯定的遗传方式。

还有少部分学者认为与内分泌因素有关。临床观察发现 MG 患者与内分泌功能紊乱有一定关系,女性患者常在月经期加重、闭经和妊娠时症状减轻,分娩或产后则症状又加重;经研究认为女性激素卵泡素能促进 ACh 的合成,孕二酮类女性激素对某些 MG 患者有效;在 MG 患者中有 2.1%~18% 合并甲状腺功能亢进,甲状腺功能亢进时血清中胆碱酯酶显著增高,肌无力症状加重。

综上所述,MG 是一种多因素的疾病,自身免疫反应在发病中起主要作用,除抗 AChR 抗体外,可能尚有其他非直接作用于 AChR 的抗体参与致病,如遗传及内分泌等因素可能是致病的重要因素。

【病理】

MG 是一种自身免疫性疾病,其病理改变是全身性,重点是骨骼肌、神经肌肉接头处与胸腺。肉眼观察:早期肌肉无明显改变,晚期有肌肉萎缩肌容积缩小。镜下可见肌纤维凝固、坏死、肿胀,肌横纹及肌纤维消失,吞噬细胞浸润,肌纤维间和小血管周围可见淋巴细胞浸润,称为淋巴漏;突触间隙加宽,突触后膜皱褶稀少、变浅,神经终末膨大部缩小;约有 80%MG 患者有胸腺增生,镜下见淋巴滤泡增生、发生中心增多,有 10%~20% 患者伴胸腺瘤。胸腺瘤病理形态中常有淋巴细胞型、上皮细胞型和混合型,后两种类型常伴有重症肌无力。

【临床表现】

(一) 一般特点

各组年龄均可发病,其中 40 岁以前以女性患者常见;40 岁以后以男性患者居多且多伴发胸腺瘤。发病诱因多为感染、疲劳、妊娠、分娩以及精神创伤等。

(二) 肌无力特点

首发症状多为一侧或双侧眼外肌麻痹,有 70%~90% 患者表现眼睑下垂,可为一侧或双侧,或左右交替出现,但瞳孔括约肌不受累。眼睑运动受限,或有复视、斜视;面肌受累则表现苦笑脸,眼睑闭合不严,吹口哨困难,鼓腮不能;咽喉肌受累可见悬雍垂偏斜、软腭弓下垂;咀嚼肌及延髓肌受累时出现咀嚼无力、吞咽困难、饮水呛咳、声音嘶哑或带鼻音;颈肌及四肢肌受累时表现为颈软、抬头困难、抬臂、梳头、上下楼梯困难等,腱反射通常正常,感觉无异常。

重要临床特征为受累骨骼肌病态疲劳,表现为活动后肌无力加剧,休息后减轻和晨轻暮重。全身骨骼肌均可受累,但多以脑神经支配的肌肉最先受累,平滑肌和膀胱括约肌通常较少受累。

(三) 肌无力危象

若患者急骤发生延髓支配肌肉和呼吸肌严重无力以致不能维持换气功能时称为肌无力危象。根据病因,危象可分三类:

1. 肌无力危象 由疾病发展和抗胆碱酯酶药物不足所引起。表现为咳嗽困难、吞咽困难、呼吸窘迫至停止的严重状况。体检可见瞳孔扩大、周身汗出、腹胀,注射新斯的明后症状好转。

2. 反拗危象 由感染、中毒、电解质紊乱等引起,应用抗胆碱酯酶类药物变化不明显。对新斯的明试验无反应。

3. 胆碱能危象 因抗胆碱酯酶药过量所致。除肌无力共同特点外,患者瞳孔缩小、浑身出汗、肌肉跳动、肠鸣音亢进,肌内注射新斯的明后症状加重等特征。

以上 3 种危象中肌无力危象最常见,其次为反拗危象,真正的胆碱能危象甚为罕见。

（四）临床分型

临床多采用改良 Osserman 分型法进行分型。

1. 成人肌无力分为五型：

Ⅰ. 眼肌型（15%~20%）：病变限于眼外肌。出现上睑下垂、复视。此型多为良性病程，对肾上腺皮质激素反应佳，预后较好。

ⅡA. 轻度全身型（30%）：从眼外肌开始逐渐波及四肢，但无明显延髓肌肉受累，预后一般较好。

ⅡB. 中度全身型（25%）：四肢肌群受累明显，常伴眼外肌麻痹，还有较明显的延髓肌麻痹症状，如说话含糊不清、吞咽困难、饮水呛咳、呼吸肌受累不明显，对药物治疗反应一般。

Ⅲ. 急性重症型（15%）：发病急，常在首次症状出现数周至数个月内发展至延髓肌、肢带肌、躯干肌和呼吸肌严重无力，出现 MG 危象，病死率高。

Ⅳ. 迟发重症型（10%）：病程达 2 年以上，由Ⅰ、ⅡA、ⅡB 型发展而来，症状同Ⅲ型，常合并胸腺瘤，预后较差。

Ⅴ. 肌萎缩型：为肌无力伴肌萎缩。

2. 儿童肌无力分为三型

（1）**新生儿肌无力**：指出生后的第 1 天即出现肌无力，表现为吸吮困难、哭声低沉。

（2）**先天性肌无力**：指出生或生后短期内出现婴儿肌无力，并持续存在眼外肌麻痹。

（3）**少年型重症肌无力**：指 14~18 岁起病的 MG，单纯眼睑下垂或斜视、复视等多见，吞咽困难或全身肌无力较儿童肌无力多见，亦有仅表现为脊髓肌无力。

【辅助检查】

1. 疲劳试验（Jolly test） 受累肌肉重复连续收缩后出现肌无力或瘫痪，休息后缓解或恢复者则为阳性。如使患者连续眨眼或两臂平举后出现不能睁眼或两臂不能抬起则为疲劳试验阳性。

2. 药物试验 包括：①依酚氯铵（腾喜龙）试验：先静脉注射 2mg，若无不良反应，再静脉注射 8mg，1 分钟内症状迅速好转者为阳性；②新斯的明试验：肌内注射 0.5~1mg，10~30 分钟后症状好转者为阳性。

3. 肌电图重复神经电刺激 应用 3Hz 或 5Hz 重复电刺激周围神经，若动作电位幅度下降 10% 以上者为阳性。

4. 血清 AChRAb 测定 血清 AChRAb 检出率为 85%~90%。但抗体滴定度与临床症状的严重程度常不一致。

5. 其他检查 胸部 CT 常发现胸腺瘤或胸腺增生。

【诊断和鉴别诊断】

（一）诊断要点

包括：①受累骨骼肌病态疲劳、症状波动、晨轻暮重。②疲劳试验及抗胆碱酯酶药物试验阳性。③重复神经电刺激其动作电位幅度下降 10% 以上。④血清 ACh 受体抗体滴度增高。

（二）鉴别诊断

1. Lambert-Eaton 综合征 又称肌无力综合征，病变部位在神经末梢突触前膜的 Ca^{2+} 通道和 ACh 释放区。男性居多，有 2/3 伴恶性肿瘤（如支气管肺癌），常休息后肌力减退短暂用力后增强，持续收缩后又呈病态疲劳，脑神经支配肌常不受累。重复电刺激低频使动作电位下降，高频使动作电位升高。

2. 吉兰-巴雷综合征 病前有上呼吸道或胃肠道感染史，无波动性四肢肌无力，可出现感觉障碍，新斯的明试验阴性，脑脊液呈蛋白-细胞分离现象。

3. 多发性肌炎 无波动性四肢肌无力，以近端为重，常有肌痛、压痛。肌电图为肌源性改变，血清肌酶明显增高，肌肉活检可确诊。

【治疗】

（一）抗胆碱酯酶药物

应从小剂量开始，酌情调整剂量。常用溴新斯的明（neostigmine bromide）每次 15~30mg，每天 3~4 次；溴吡斯的明（pyridostigmine bromide）每次 60~120mg，每天 3~4 次；安贝氯铵（ambenonium）每次 5~10mg，每天 3~4 次。亦可加用麻黄碱、氯化钾，以加强抗胆碱酯酶药的疗效。若发生毒蕈碱样反应如流涎、呕吐、腹痛等，可用阿托品 0.5~1mg，肌内注射对抗。

（二）糖皮质激素

适用于各种类型的 MG 患者。给药方法：①冲击疗法：适用于危重患者，已用气管插管或呼吸机者。甲泼尼龙 1 000mg 静脉滴注，每天 1 次，连用 3~5 天；或地塞米松 10~20mg 静脉滴注，每天 1 次，连用 7~10 天，然后改为泼尼松 60mg，每晨顿服，口服维持 2~3 周后逐渐减量。②小剂量递增法：从小剂量开始，隔日每晨顿服泼尼松 20mg，每周递增 10mg，逐步增加至隔日 60~80mg 或症状明显改善，稳定 8~12 周，然后逐渐减量，每个月减 5mg，至隔日 15~30mg 维持。病情无变化再逐渐减量至完全停药。长期应用者应注意骨质疏松、股骨头坏死等并发症。

（三）免疫抑制剂

适用糖皮质激素治疗效果不佳或不能耐受的患者，可选用硫唑嘌呤 50~100mg 口服，每天 2 次。

（四）血浆置换法

能减少 ACh 受体抗体，改善症状，但疗效维持短，需重复，且费用昂贵。

（五）胸腺切除

适用于全身型 MG，合并胸腺增生的年轻女性患者术后疗效较好。合并胸腺瘤患者术后效果稍差。术后仍需激素或免疫抑制剂治疗。

（六）危象的处理

一旦发生危象，应立即气管切开，呼吸机辅助呼吸，以保持呼吸道通畅。术后应加强护理，积极控制感染，防止肺部感染。

1. 肌无力危象　最常见，应立即使用新斯的明 0.25~1.0mg 静脉注射，使症状缓解，必要时可重复注射，同时可予大剂量糖皮质激素。

2. 反拗危象　应用抗胆碱酯酶药物后可暂时减轻，继之又加重的临界状态。给予停药，予静脉输液维持，改用其他疗法。

3. 胆碱能危象　应立即停药，输液促进排泄，每小时静脉注射阿托品 2mg，症状改善后重新调整剂量或改用其他疗法。

第三节　周期性瘫痪

案例导入

患者，男，24 岁。主诉"晨起四肢无力，无尿便障碍"。昨日连续大运动量活动。患者曾发生过 3 次类似症状，但均在大量饮酒或饱餐后发生。查体：脑神经未见异常。双上肢肌力 4 级，双下肢肌力 3 级。四肢腱反射消失，未引出病理反射。深、浅感觉未见异常。辅助检查：血钾 3.0mmol/L。心电图示：S-T 段压低，出现 U 波。

请思考：

1. 患者目前的诊断可能是什么？

2. 需与哪些疾病进行鉴别诊断？

3. 有效快速的治疗方案是什么？

周期性瘫痪（periodic paralysis）又称周期性麻痹，是指反复发作性的骨骼肌弛缓性瘫痪为主要表现的一组肌病。按发作时血清钾含量的变化可分为低钾型、正钾型和高钾型三种。低钾型最常见，本节重点讲述。按病因可分为原发性和继发性两类。原发性系指发病机制尚不明了和具有遗传性者；继发性则是继发于其他疾病引起的血钾改变而致病者。

【病因和发病机制】

低血钾型周期性瘫痪在我国大多数为散发，欧美国家以遗传性或家族性多见。目前认为此病是常染色体显性遗传性骨骼肌钙通道疾病，基因位于 1q31~32，与二氢吡啶受体基因相连，可能由基因突变致病。低血钾型周期性瘫痪的发作与细胞内外 K^+ 的转运密切相关。常发生在饱餐、饮酒、疲劳后，此时肝和肌细胞合成糖原增加，带入大量的 K^+，使细胞外的血清 K^+ 浓度降低。细胞内外离子浓度梯度发生异常，导致膜电位增加，细胞去极化过度、应激性降低，产生肌无力。

【病理】

肌肉活检可见肌原纤维被空泡分隔，空泡内含透明液体及少数糖原颗粒。电镜下可见肌质网膨大呈空泡状，钾含量降低，钠含量和水分增加。

【临床表现】

任何年龄均可发病，以 20~40 岁青壮年居多，男性多于女性。其诱发因素有饱餐、酗酒、寒冷、剧烈运动、过度疲劳、情绪激动、应用肾上腺皮质激素等。部分病例发作前有肢体酸胀、麻木、烦渴、出汗等前驱症状。

多在夜间入睡后发作，也有在午睡时发病，醒时发现四肢弛缓性瘫痪、麻木、酸痛、无力。严重者可有呼吸肌麻痹，出现呼吸困难。

瘫痪常由双下肢开始，延及双上肢，双侧对称，以近端双下肢为重。有时颈肌无力，抬头困难。肢体瘫痪程度不等，可由轻瘫至全瘫。肌无力一般于数小时内达高峰，持续 6~24 小时，偶可长达 1 周以上。检查时发现肌张力降低，腱反射降低或消失。本病无感觉障碍，无锥体束征，脑神经支配肌肉一般不受累及。部分患者出现少尿或尿潴留。

常反复发作，不留后遗症，多随年龄增长而发作次数逐渐减少。发作一般持续数小时至数天，通常在 1 周内完全恢复。发作频率因人而异，多者可每天发作，少者终身仅发作 1 次，伴有甲状腺功能亢进者发作较频。病程长和发作频繁者，在发作后可有持久性的肢体力弱。

心脏听诊可发现心音低钝、心动过速、心律失常等。重症者可有血压下降，严重心律失常，治疗不及时可能发生心搏骤停或因呼吸肌麻痹而死亡。

【辅助检查】

1. 血清 K^+ 测定　在发作期<3.5mmol/L，最低可达 1~2mmol/L。

2. 心电图　可见 P-R 间期和 Q-T 间期延长，QRS 波增宽，ST 段降低，T 波低平和出现 U 波等低血钾表现。

【诊断和鉴别诊断】

（一）诊断要点

包括：①多为青壮年，在饱餐、剧烈运动等诱因下急性发作。②四肢弛缓性瘫痪，不伴意识、感觉及括约肌功能障碍。③血清 K^+<3.5mmol/L 及相应心电图改变。④补钾治疗后病情迅速好转。

（二）鉴别诊断

1. 高血钾型周期性瘫痪　本病一般在 10 岁以前发病，白天运动后发作频率较高，肌无力症状持续时间较短，发作时血钾增高，心电图呈高血钾改变，可自行缓解，或降血钾治疗后好转。

2. 正常血钾型周期性瘫痪　少见，10 岁前发病，常在夜间发作，肌无力持续的时间较长，无肌强直表现。血钾正常，补钾后症状加重，服钠后症状减轻。

3. 重症肌无力　亚急性起病，可累及四肢及脑神经支配肌肉，症状呈波动性，晨轻暮重，病态疲劳。疲劳试验及新斯的明试验阳性。血清钾正常,重复神经电刺激波幅递减,抗乙酰胆碱受体抗体阳性可鉴别。

4. 吉兰-巴雷综合征　本病呈四肢弛缓性瘫痪,可有周围性感觉障碍和脑神经损害,脑脊液呈蛋白-细胞分离,肌电图为神经源性损害。

5. 继发性低血钾　如甲亢、原发性醛固酮增多症、肾小管性酸中毒、失钾性肾炎、腹泻、药源性低钾麻痹(噻嗪类利尿剂、皮质类固醇等)等均可引起低血钾,结合原发病的症状和体征可鉴别。

知识拓展

高血钾型周期性瘫痪

　　高血钾型周期性瘫痪较少见,基本限于北欧国家。诱发因素常为饥饿、寒冷、激烈运动和钾的过量摄入等。此病为常染色体显性遗传,发病多在 10 岁以下儿童,男女发病率无差异。发作时 K^+ 逸出细胞外,而 Na^+ 代偿性地进入细胞内,产生高钾血症,尿钾偏高及膜去极化。该病通常在白天发病,程度轻且伴有肌肉疼痛性痉挛。持续时间短,多不超过 1 小时,加强运动可使肌肉无力或瘫痪好转。部分病例伴有手、舌肌强直发作。发作时血清钾高于正常水平,对可疑病症可口服钾盐,使血钾浓度达到 7mmol/L 左右而诱发瘫痪可诊断。此病应与醛固酮缺乏症、肾功能不全、肾上腺皮质功能低下和药物性高钾血症引起的瘫痪相鉴别。

【治疗】

　　发作时可给予 10% 氯化钾 20~40ml 口服,隔 2~4 小时可重复给药,每天总量为 10g~15g,病情好转后逐渐减量。一般不静脉给药,对重症患者可用 10% 氯化钾 10~15ml 加入 500ml 生理盐水或林格液中静脉滴注,注意同时监测血钾及心电图,以免发生高钾血症造成危险。

【预防】

　　培养科学健康的生活习惯是预防的关键,杜绝暴饮暴食,剧烈运动、过度疲劳等诱因。宜少食多餐、低盐、低糖饮食。对发作频繁者,可选用碳酸酐酶抑制剂乙酰唑胺 250mg 口服,每天 1~4 次,或螺内酯(安体舒通)200mg 口服,每天 2 次。对合并甲亢者,应及时治疗甲亢,预防发作。

第四节　多发性肌炎

案例导入

　　患者,女,62 岁。主诉"上楼梯费力,上肢举高不能,呈进行性加重 10 天"。近 2 个月出现上述症状,出现饮水呛咳、吞咽困难。查体:眼眶周围、双侧面颊有淡红色斑疹,手指末梢皮肤关节处有红斑,抬头动作无力,四肢近端肌群肌力 3 级,压痛(+),四肢远端肌力 5 级,肌张力适中,腱反射存在。肌电图显示:四肢表现为纤颤电位和正相尖波,提示肌源性损害。

请思考:

1. 患者目前的诊断可能是什么?
2. 为明确诊断需进一步完善哪些检查?
3. 应与何种疾病进行鉴别?
4. 治疗原则有哪些?
5. 估计患者的预后如何?

多发性肌炎(polymyositis,PM)是一组多种病因引起的弥漫性骨骼肌炎症性疾病,主要表现为对称性四肢近端肌无力伴压痛,血清肌酶增高。如同时累及皮肤则称为皮肌炎(dermatomyositis,DM)。

【病因和发病机制】

目前病因及发病机制不清楚。本病可能与自身免疫异常和遗传有关,实验证明多发性肌炎由细胞毒性 T 淋巴细胞(主要是 CD8$^+$)和 NK 细胞介导的细胞免疫为主,B 淋巴细胞很少。皮肌炎则多继发于体液免疫异常,主要累及肌肉小血管,B 淋巴细胞显著增多。

【病理】

主要为骨骼肌的炎性改变,骨骼肌纤维溶解断裂,肌束萎缩,肌纤维间炎症细胞浸润(以单核细胞和淋巴细胞为主),小动脉、小静脉和毛细血管的闭塞等。

【临床表现】

任何年龄均可发病,以青中年多见,女性略多于男性。亚急性起病,病前可有低热或感染等前驱症状。多发性肌炎首发症状常为四肢近端肌无力,可对称或不对称,表现为上楼、起蹲困难,双臂举高不能。咽喉肌、颈肌受累时可出现吞咽困难、构音障碍及抬头费力症状。常伴有肌肉疼痛及压痛,常无感觉障碍。少数可累及呼吸肌,而眼外肌一般不受侵犯。

皮肌炎者常在肌肉损害前后出现皮肤损害,表现为眼睑红肿、双侧面颊及前额出现蝶形水肿性紫色斑疹等。后期出现脱屑、色素沉着及皮肤变硬等症状。

多发性肌炎和皮肌炎可伴发其他结缔组织疾病,如系统性红斑狼疮、类风湿关节炎、硬皮病等。10%~20% 的患者可伴恶性肿瘤。

【辅助检查】

1. 生化检查 急性期白细胞数增多,血沉增快,血清肌酶活性(LDH、CPK 等)明显增高。24 小时尿肌酸增高,部分患者类风湿因子及抗核抗体阳性。

2. 肌电图 可见自发性纤颤电位和正相尖波,呈肌源性损害表现。

3. 肌肉活检 可见肌纤维变性、坏死、再生及炎症细胞浸润等改变。

【诊断和鉴别诊断】

(一)诊断要点

包括:①四肢近端肌无力伴压痛而无感觉障碍;②血清肌酶活性增高;③肌电图多为肌源性损害;④肌肉活检呈炎症性改变。

(二)鉴别诊断

1. 肌营养不良症(肢带型) 起病隐袭,四肢近端肌无力,血清肌酶活性增高,但肌肉无压痛,肌肉活检提示脂肪变性而无明显炎症细胞浸润。

2. 重症肌无力 可表现全身肌无力,眼外肌常受累,症状呈晨轻暮重波动性改变,血清肌酶不高,新斯的明药物试验阳性。

【治疗】

急性期患者应卧床休息,适当体疗,保持肌肉运动功能和防止肌肉痉挛等。

1. 糖皮质激素 首选药物,常用地塞米松每天 10~20mg 或泼尼松每天 30~60mg,也可用大剂量甲泼尼龙每天 500~1 000mg 冲击治疗,3~5 天后逐步减至维持量,疗程应根据病情及血清肌酶指标来确定,一般继续服用 2~3 年。

2. 免疫抑制剂 对激素无效者选用,如甲氨蝶呤、环磷酰胺、硫唑嘌呤等。

3. 中药治疗 雷公藤糖浆或昆明山海棠片,每次 4 片,每天 3~4 次。

4. 支持对症治疗 注意营养,补充维生素。加强肢体被动活动,以防关节挛缩及失用性肌萎缩。

【预后】

20% 患者可完全恢复,另有 20% 患者得到长期缓解,其恢复程度与发病速度、病情及病程有关。

患者如合并其他结缔组织病或恶性肿瘤则预后差,病死率高。

本章小结

重症肌无力是由于神经肌肉接头的突触后膜上乙酰胆碱受体被自身抗体破坏所致的一种自身免疫性疾病。临床特征为受累骨骼肌病态疲劳,表现为活动后肌无力加剧,休息时减轻以及晨轻暮重的特点。通过疲劳试验及抗胆碱酯酶药物试验有助于诊断。治疗包括:抗胆碱酯酶药物、糖皮质激素、免疫抑制剂和外科胸腺切除术等。如出现肌无力危象时应立即切开气管,呼吸机辅助呼吸,同时防止肺部感染。

低血钾型周期性瘫痪多见于青壮年患者,在诱因促使下,突发四肢弛缓性瘫痪,不伴意识、感觉及括约肌功能障碍,血清K⁺低于正常,通过补钾治疗后病情可迅速好转。多发性肌炎是骨骼肌炎症性疾病,主要表现为对称性四肢近端肌无力伴压痛,血清肌酶增高,肌电图呈肌源性损害,糖皮质激素治疗效果好。多发性肌炎病变仅局限于骨骼肌,如同时累及皮肤则称为皮肌炎。

病例讨论

患者,男,42岁。主诉"双眼上睑下垂,复视,四肢乏力1个月,加重1天"。1个月前无明显诱因出现上睑下垂,视物成双,逐渐四肢乏力,进食费力,饮水呛咳,吞咽困难,声音嘶哑,下午和劳累后加重,早晨和休息后减轻,昨天出现呼吸费力,胸闷不适,无咳嗽、咳痰,体温不高,无头痛、头晕及恶心、呕吐,无耳鸣及听力下降,无意识障碍及大小便失禁,无肢体抽搐,在院外未诊治。患者自患病以来精神差,饮食、睡眠差,大小便正常。查体:BP 120/80mmHg,神志清,精神差,言语清晰,高级智能正常,双眼上睑下垂,两侧瞳孔等大等圆,直径3mm,对光反应灵敏,双眼球各方向转动灵活,双侧咬肌有力,双侧额纹对称,口角无歪斜,伸舌居中,双软腭颈软活动度差,转颈耸肩有力。颈软,双上肢肌力均4级,双下肢肌力4级,肌张力均略低。深浅感觉正常,双侧巴宾斯基征(−),龙贝格征(−),脑膜刺激征(−)。

(易 敏)

思考题

1. 简述重症肌无力的概念及临床特征。
2. 简述周期性瘫痪的概念及其分型。

ER 9-5-3

练习题

第十篇

精神障碍

第一章 │ 总 论

ER 10-1-1 教学课件　　ER 10-1-2 思维导图

学习目标

1. 掌握：精神障碍的概念，常见精神症状的特点。
2. 熟悉：精神障碍的常见病因、精神障碍的分类和诊断思路。
3. 了解：精神障碍的检查内容。
4. 学会判断异常精神症状。
5. 具备尊重、理解精神障碍患者的职业精神。

精神活动是人脑的功能，是人脑在反映客观事物的过程中所进行的一系列复杂的功能活动。客观事物是不停地变化、运动着的，反映客观事物的精神活动也在不断地变化和运动。精神活动包括认知活动（由感觉、知觉、注意、记忆和思维等组成）、情感活动及意志活动。这些活动过程相互联系，紧密协调，维持着精神活动的统一与完整。

精神健康（mental health）可以理解为成功履行精神功能的一种状态，这种状态能产生建设性活动、维持良好的人际关系、调整自己以适应环境。精神健康是个人安康、良好的人际交往、健康的社会关系所不可缺少的一部分。

精神障碍（mental disorder）是一类具有诊断意义的精神方面的问题，特征为认知、情感、行为等方面的改变，可伴有痛苦体验和/或功能损害。精神病性障碍（psychotic disorder）是特指具有幻觉、妄想或明显的精神运动兴奋或抑制等"精神病性症状"的精神障碍。精神健康与精神障碍并非对立的两极，而是一个连续谱（continuum）。

精神病学（psychiatry）是临床医学的一个分支，是主要研究精神障碍的病因、发病机制、临床表现、发展规律以及治疗和预防的一门学科。由于社会、经济的发展，以及对精神卫生需求的增加，当前精神病学的服务对象与研究对象已有明显的变化，重点从传统的重性精神障碍，如精神分裂症，逐渐延伸向轻性精神障碍，如焦虑障碍、适应障碍、强迫症；同时，服务模式也从封闭式管理转向开放式或半开放式管理。《"健康中国2030"规划纲要》提出："加强心理健康服务体系建设和规范化管理。加大全民心理健康科普宣传力度，提升心理健康素养。加强对抑郁症、焦虑症等常见精神障碍和心理行为问题的干预，加大对重点人群心理问题早期发现和及时干预力度。加强严重精神障碍患者报告登记和救治救助管理。全面推进精神障碍社区康复服务。提高突发事件心理危机的干预能力和水平。到2030年，常见精神障碍防治和心理行为问题识别干预水平显著提高。"由于新的精神药物的出现、对康复及复发预防的重视，精神障碍患者的预后已大为改观。

第一节　精神障碍的病因

目前很多精神障碍的病因及发病机制尚不明确，也无敏感的、特异的体征和实验室异常指标。

但精神障碍与其他躯体疾病一样,均是生物、心理、社会(文化)因素相互作用的结果。

【精神障碍的生物学因素】

(一)遗传与环境因素

基因是影响人类和动物正常与异常行为的主要因素之一。目前绝大多数被称为复杂疾病的精神障碍都不能用单基因遗传来解释,一般认为,这些疾病是由多个基因,甚至微效基因的相互作用,加上环境因素的参与导致的。如精神分裂症、心境障碍、智力发育障碍等具有明显遗传倾向。

(二)神经发育异常

神经发育学说认为,神经发育障碍患者的大脑从一开始就未能有正常的发育。很多证据表明,精神分裂症、儿童注意缺陷多动障碍、孤独症可能为一个疾病谱,都与神经发育异常有关。

(三)感染

感染因素能影响中枢神经系统,甚至产生精神障碍。比如神经梅毒可导致神经系统的退行性变,表现为痴呆、精神病性症状及麻痹。人类免疫缺陷病毒(HIV)也能进入脑内,产生进行性的认知行为损害。

【精神障碍的心理、社会因素】

(一)应激

生活事件常常是导致个体产生应激反应的应激源。其中恋爱婚姻与家庭问题、学校与工作场所中的人际关系常是应激源的主要来源。社会生活中的一些共同问题,如灾难、洪水、地震、交通事故等以及个人的某种特殊遭遇等则是应激源的另一重要来源。与应激密切相关的精神障碍主要有创伤后应激障碍、适应障碍等。

(二)人格特征

人格是个体在日常生活中所表现出的总的情绪和行为特征,此特征相对稳定并可预测。性格是在气质(一个人出生时固有的、独特的、稳定的心理特性)的基础上,由个体活动与社会环境相互作用而形成的。病前性格特征与精神疾病的发生有着密切关系,有些人的性格自幼就明显偏离正常、适应不良,我们称为人格障碍。有些人格障碍与精神障碍关系十分密切,如具有表演型人格的人容易罹患分离性障碍,具有强迫型人格的人容易罹患强迫症等。

第二节　精神障碍的分类

【精神障碍分类的原则】

在精神医学实践工作中,只有少部分精神障碍病例的病因、病理改变相对明确,大部分病例则病因不明。较为常用的精神障碍两大分类系统,世界卫生组织(World Health Organization,WHO)的国际疾病分类第 11 版(ICD-11)与美国的精神障碍诊断与统计手册第 5 版(DSM-5),主要按照症状学分类原则,兼顾可能的病因学、病理生理特征进行分类。

【常用的精神障碍分类系统】

(一)WHO 疾病及有关保健问题的国际分类(ICD 系统)

ICD 是 WHO 编写的《疾病及有关保健问题的国际分类》(International Statistical Classification of Diseases and Related Health Problems)英文名称的缩写,简称国际疾病分类。1900 年,WHO 发布了国际疾病分类第一次修订本(ICD-1),而后每 10 年左右进行一次修订。1990 年世界卫生大会审议通过 ICD-10,并于 1993 年正式生效。

随着医学科学的迅速发展,ICD-10 中的部分内容已经不再适用。为了使疾病分类更好地反映医学科学和医学实践的发展,2019 年 5 月 ICD-11 经世界卫生大会审议通过。2022 年 2 月 11 日,WHO 官方网站宣布 ICD-11 正式生效。

（二）美国精神障碍诊断与统计手册（DSM 系统）

美国精神医学学会于 1952 年出版了《精神障碍诊断与统计手册》（Diagnostic and Statistical Manual of Mental Disorders, DSM）。第 1 版被称为 DSM-Ⅰ，是在 ICD-6 的基础上进行编写的。1980 年出版的 DSM-Ⅲ，对前两版有较大的修订，并对每个诊断都给出了一个明确的诊断标准，提出了以临床轴为主的多轴诊断概念，促进了临床医生对患者进行躯体状况、个性特征、社会文化背景等全面的考虑。目前最新版本为 2013 年出版的 DSM-5。

第三节 精神障碍的常见症状

精神症状是异常精神活动的表现，它涉及人们精神活动的各个方面，并通过人的外显行为如仪表动作、言谈举止、神态表情以及书写内容等表现出来。

精神症状往往具有以下共同特点：症状的出现不受患者意志的控制；症状一旦出现，难以通过注意力转移等方法令其消失；症状的内容与周围客观环境不相称；症状往往会给患者带来不同程度的痛苦和社会功能损害。

许多精神障碍至今病因未明，尚缺乏有效的诊断性生物学指标，精神障碍的诊断主要通过病史采集和精神检查发现有关精神症状，然后进行综合分析和判断而得出。因此，精神障碍的症状学是精神疾病诊断的重要基础。为了便于对精神症状的描述，通常按照精神活动的各个心理过程分别进行介绍。

【感知觉障碍】

感知觉包括感觉和知觉两个心理过程。感觉是大脑对客观刺激作用于感觉器官所产生对事物个别属性的反映，如形状、颜色、大小、重量和气味等。知觉是在感觉基础上，大脑对事物的各种不同属性进行整合，并结合以往经验形成的整体印象。正常情况下，人们的感觉和知觉是与外界客观事物相一致的。

（一）感觉障碍

1. 感觉过敏 是对刺激的感受性增高，感觉阈值降低，表现为对外界一般强度的刺激产生强烈的感觉体验，如感到阳光特别刺眼、轻柔的音乐特别刺耳等。多见于神经系统疾病，精神科多见于分离性障碍、躯体痛苦障碍等。

2. 感觉减退 对刺激的感受性降低，感觉阈值增高，患者对强烈的刺激感觉轻微或完全不能感知。多见于神经系统疾病，精神科多见于抑郁发作、木僵状态、意识障碍和分离性障碍等。

3. 内感性不适 躯体内部产生的各种不舒适或难以忍受的异样感觉，如咽喉部堵塞感、胃肠扭转感、腹部气流上涌感等，可继发疑病观念。多见于躯体痛苦障碍、精神分裂症和抑郁发作等。

（二）知觉障碍

1. 错觉 指对客观事物歪曲的知觉。正常人在光线暗淡、恐惧、紧张和期待等心理状态下可产生错觉，经验证后可以认识纠正。病理性错觉常在意识障碍时出现，多表现为错视和错听，并常带有恐怖色彩，如患者把输液管看成一条正在吸血的蛇等。多见于谵妄状态。

2. 幻觉 指没有现实刺激作用于感觉器官时出现的知觉体验，是一种虚幻的知觉。幻觉是精神科临床上常见且重要的精神病性症状之一。

（1）根据其所涉及的感官分为幻听、幻视、幻嗅、幻味、幻触、内脏幻觉。

1）幻听：是一种虚幻的听觉，即患者听到了并不存在的声音。幻听是精神科临床最常见的幻觉，患者听到声音可以是单调的，也可以是复杂的；可以是言语性的，如评论、赞扬、辱骂、斥责或命令等，也可以是非言语性的，如机器轰鸣声、流水声、鸟叫声等。其中，言语性幻听最常见，幻听的声音可以直接与患者对话，也可以是以患者作为第三者听到他人的对话。幻听的内容通常与患者有关且多对患者不利,如对患者的言行评头论足、议论患者的人品、命令患者做一些危险的事情等。因此,患者常为之苦恼和不安,并可产生自言自语、对空谩骂、拒饮拒食或伤人毁物等行为。

幻听可见于多种精神障碍,其中评论性幻听、议论性幻听和命令性幻听是精神分裂症的典型症状。

2)幻视:即患者看到了并不存在的事物,幻视的内容可以是单调的光、色或者片段的形象,也可以是复杂的人物、景象、场面等。意识清晰状态下出现的幻视多见于精神分裂症,意识障碍时的幻视多见于谵妄状态。谵妄状态时的幻视常常形象生动鲜明,且多具有恐怖性质。

3)幻嗅:患者闻到环境中并不存在的某种难闻的气味。如腐败的尸体气味、浓烈刺鼻的药味等,往往引起患者不愉快的情绪体验,常继发被害妄想,可见于精神分裂症。单一出现的幻嗅,需考虑颞叶癫痫或颞叶器质性损害。

4)幻味:患者尝到食物或水中并不存在的某种特殊的怪味道,因而常常拒饮拒食。常继发被害妄想,多见于精神分裂症。

5)幻触:在没有任何刺激时,患者感到皮肤或黏膜上有某种异常的感觉。如虫爬感、针刺感等,也可有性接触感。可见于精神分裂症。

6)内脏幻觉:是患者身体内部某一部位或某一脏器虚幻的知觉体验。如感到骨头里的虫爬感、血管的拉扯感、肠道的扭转感、肺叶的被挤压感等。内脏幻觉常与疑病妄想等伴随出现,多见于精神分裂症和抑郁发作。

(2)按幻觉体验的来源分为真性幻觉和假性幻觉。

1)真性幻觉:是来自外部客观空间,通过感觉器官而获得的幻觉。其特点为幻觉内容就像感知外界真实事物一样生动形象,故患者常常述说是亲耳听到或亲眼看到的。

2)假性幻觉:是存在于自己的主观空间内,不通过感觉器官而获得的幻觉。其特点为幻觉内容往往比较模糊、不清晰和不完整,故患者常常描述为没有通过耳朵或眼睛,大脑内就隐约出现了某种声音或影像。

3. 感知综合障碍 指患者对客观事物的整体属性能够正确感知,但对某些个别属性如大小、形状、颜色、距离、空间位置等产生错误的感知。常见感知综合障碍包括:

(1)**视物变形症**:患者看到周围的人或物体的形状、大小、体积等方面发生了变化。比如视物显大症、视物显小症。

(2)**自身感知综合障碍**:指患者感到自己身体的某一部分在大小、形状等方面发生了变化。如感到自己的手臂变得特别长,有的患者则感到自己的面部发生了扭曲。

(3)**空间感知综合障碍**:指患者对周围事物的距离、空间位置等感知错误,如候车时汽车已驶进站台,而患者仍感觉汽车离自己很远。

(4)**时间感知综合障碍**:患者对时间的快慢出现不正确的感知体验。如感到时间凝固了;或者感到时间在飞逝,似乎身处于"时空隧道"之中。

(5)**非真实感**:指患者感到周围事物和环境变得不真实,犹如隔了一层窗纱。

【**思维障碍**】

思维是人脑对客观事物间接概括的反映,是人类认识活动的最高形式。思维是通过言语或文字来表达的。正常人的思维要具有逻辑性、连贯性、目的性和可实践性。思维障碍主要包括思维形式障碍和思维内容障碍。

(一)**思维形式障碍**

1. 思维奔逸 思维联想速度加快、数量增多和转换加速。患者表现为特别健谈,说话滔滔不绝,口若悬河,感到脑子特别灵活。患者说话的语速快,语量多,主题极易随环境而发生改变(随境转移),也可有音韵联想(音联),或字意联想(意联)。多见于躁狂发作。

2. 思维迟缓　思维联想速度减慢、数量减少和转换困难。表现为语量少,语速慢、语音低和反应迟缓。患者感到脑子就像生锈了的机器一样,反应变慢了,思考问题困难。多见于抑郁发作。

3. 思维贫乏　联想概念与词汇贫乏。患者感到脑子空空荡荡,没有什么思想。表现为寡言少语,谈话时言语内容空洞单调或词穷句短,回答问题简单,严重者对什么问题都回答"不知道"。多见于精神分裂症、痴呆及智力发育障碍等。

4. 思维散漫、思维破裂、语词杂拌　指思维的连贯性障碍,即联想概念之间缺乏必要的联系。思维散漫表现为在交谈时,患者联想松弛,内容散漫,缺乏主题,话题转换缺乏必要的联系;说话东拉西扯,东一句,西一句,以致别人弄不懂患者要阐述的是什么主题思想;对问话的回答不切题,交流困难;多见于精神分裂症及智力发育障碍。思维破裂表现为患者的言语或书写内容有结构完整的句子,但各句含意互不相关,变成了语句堆积,整段内容令人不能理解。严重时,言语支离破碎,句子结构不完整,成了一些不相干字、词的堆积,称为语词杂拌,多见于精神分裂症。

5. 思维不连贯　表现与语词杂拌类似,但产生背景不同,它是在意识障碍背景下出现的言语支离破碎和杂乱无章状态。多见于谵妄状态。

6. 思维中断　指思维联想过程突然发生中断。表现为患者在无意识障碍、又无外界干扰时,言语突然停顿,片刻之后又重新开始,但所谈主题已经转换。多见于精神分裂症。

7. 思维被夺、思维插入　属于思维联想障碍。前者表现为患者感到自己思想被某种外力突然抽走,而后者则表现为患者感到有某种不属于自己的思想被强行塞入自己的脑中。两者均不受个人意志所支配,多见于精神分裂症。

8. 强制性思维　是思维联想的自主性障碍。表现为患者感到脑内涌现大量无现实意义、不属于自己的联想,是被外力强加的。这些联想常常突然出现,突然消失,内容多变。多见于精神分裂症。

9. 病理性赘述　指思维联想活动迂回曲折,联想枝节过多。表现为患者对某种事物做不必要的过分详尽的描述,言语啰唆,但最终能够回答出有关问题。如果要求患者简明扼要,患者无法做到。见于癫痫、痴呆等。

10. 思维化声　患者思考时,同时感到自己的思想在脑子里变成了言语声,自己和他人均能听到。多见于精神分裂症。

11. 语词新作　患者自创一些符号、图形、文字或语言并赋予特殊的意义,他人无法理解。如"狒"代表狼心狗肺,"%"代表离婚。多见于精神分裂症。

12. 病理性象征性思维　正常人可以有象征性思维,如玫瑰象征爱情、鸽子象征和平等,但正常人的象征性思维是以传统和习惯为基础的,与文化背景相符,人们之间彼此能够理解。病理性象征性思维是指患者以无关的具体概念代替某一抽象概念,不经患者本人解释,他人无法理解。如患者经常反穿衣服,表示自己"表里合一、心地坦白",多见于精神分裂症。

13. 逻辑倒错性思维　以推理缺乏逻辑性为特点,表现为患者推理过程缺乏前提依据,或因果倒置,令人感到不可理解,离奇古怪。如一患者说:"因为电脑感染了病毒,所以我要死了"。多见于精神分裂症。

14. 强迫思维　指在患者脑中反复出现的某一概念或相同内容的思维,明知不合理和没有必要,但又无法摆脱,常伴有痛苦体验。比如强迫回忆(反复回忆某件事情)、强迫性穷思竭虑(反复思考毫无意义的问题)、强迫怀疑(总是怀疑自己的言行是否正确)等。强迫思维常伴有强迫行为。多见于强迫症,也可见于精神分裂症。

15. 思维扩散和思维被广播　患者体验到自己的思想一出现,即为尽人皆知,感到自己的思想与人共享,毫无隐私而言,为思维扩散。如果认为自己的思想是通过广播而扩散出去则为思维被广播。上述症状亦为诊断精神分裂症的重要症状。

(二) 思维内容障碍

思维内容障碍主要表现为妄想,它是在病态推理和判断基础上形成的一种病理性的歪曲的信念。根据妄想的内容不同,常见的有:

1. 被害妄想　患者坚信自己被某些人或某组织进行迫害,如投毒、跟踪、监视、诽谤等。患者受妄想的影响可出现拒食、逃跑、报警、自伤、伤人等行为。主要见于精神分裂症和其他妄想性障碍。

2. 关系妄想　患者认为周围环境中所发生的与自己无关的事情与自己有关。如认为周围人的谈话是在议论自己,别人的咳嗽是针对自己的,甚至认为电视上播出的和报纸上登载的内容也与自己有关。多见于精神分裂症和其他妄想性障碍。

3. 夸大妄想　患者认为自己拥有非凡的才能、智慧、财富、权力、地位等,如称自己是著名的科学家、发明家、明星、富翁、单位领导等。可见于躁狂发作、精神分裂症和痴呆等。

4. 罪恶妄想　又称自罪妄想。患者毫无根据地坚信自己犯了严重的错误或罪行,应受严厉惩罚。多见于抑郁发作,也可见于精神分裂症。

5. 疑病妄想　患者毫无根据地坚信自己患了某种严重的躯体疾病或不治之症,因而到处求医,各种详细的检查和反复的医学验证也不能纠正。多见于抑郁发作、精神分裂症及躯体不适障碍等。

6. 钟情妄想　患者坚信自己被某异性或许多异性钟情,对方的一言一行都是对自己爱的表达。有时患者会对这种"爱的表达"作出相应的反应而去追求对方,即使遭到对方的严词拒绝,患者仍毫不置疑,而认为对方是在考验自己对爱情的忠诚。多见于精神分裂症。

7. 嫉妒妄想　患者无中生有地坚信自己的配偶对自己不忠诚,可表现为患者跟踪监视配偶,检查配偶的衣服、手机、信件等。多见于精神分裂症、痴呆等。

8. 非血统妄想　患者毫无依据地坚信自己的父母不是亲生的,虽经反复解释和证实,仍坚信不疑。患者有时认为自己是被抱养或被寄养的,但又说不清从何时、为什么与现在的父母生活在一起。多见于精神分裂症。

9. 物理影响妄想　又称被控制感。患者感到自己的思想、情感和意志行为受到某种外界力量的控制而身不由己。如患者经常描述被红外线、电磁波、超声波或某种特殊的先进仪器控制。多见于精神分裂症。

10. 内心被揭露感　又称被洞悉感。患者感到内心所想的事情虽然没有说出,也没有用文字书写出来,但被别人都知道了。至于他们通过什么方式知道的,患者则不能描述。多见于精神分裂症。

【注意障碍】

注意是指个体的精神活动集中地指向于一定对象的过程。注意可分为主动注意和被动注意两类。主动注意又称为有意注意,是自觉的、有目的的注意;被动注意又称无意注意,是外界刺激所激发、没有目的的注意。

常见注意障碍包括:

1. 注意增强　为主动注意的兴奋性增高,表现为过分关注某些事物。如有疑病妄想的患者对身体的各种细微变化十分敏感,过分地注意自己的健康状态。多见于精神分裂症、躯体不适障碍等。

2. 注意减退　为主动及被动注意的兴奋性减弱和注意稳定性降低,表现为注意力难以唤起和维持。多见于抑郁发作、精神分裂症等。

3. 注意涣散　为被动注意兴奋性增强和注意稳定性降低,表现为注意力不集中,容易受到外界的干扰而分心。多见于注意缺陷多动障碍、焦虑障碍、精神分裂症等。

4. 注意狭窄　为注意广度和范围的显著缩小,表现为当注意集中于某一事物时,不能再注意与之有关的其他事物。多见于意识障碍、智力障碍等。

5. 注意转移　为注意转换性增强和稳定性降低,表现为主动注意不能持久,很容易受外界环境的影响而使注意对象不断转换。多见于躁狂发作等。

【记忆障碍】

记忆是既往事物经验在大脑中的重现。记忆是在感知觉和思维基础上建立起来的精神活动,包括识记、保持、再认或回忆三个基本过程。

临床上常见的记忆障碍如下:

1. 记忆增强　是病理性的记忆力增强,表现为患者对病前已经遗忘且不重要的事都能重新回忆起来,甚至包括事件的细节。多见于躁狂发作和精神分裂症等。

2. 记忆减退　是记忆各个基本过程功能的普遍减退。轻者表现为近记忆力的减弱,如记不住刚见过人的名字、别人刚告诉的电话号码等。严重时远记忆力也减退,如难以回忆个人的经历等。多见于痴呆,也可见于正常老年人。

3. 遗忘　是记忆痕迹在大脑中的丧失,表现为对既往感知过的事物不能回忆。根据是否能够恢复,遗忘可分为暂时性遗忘和永久性遗忘。按照遗忘与疾病的时间关系,可以分为顺行性遗忘、逆行性遗忘、界限性遗忘、进行性遗忘。

4. 虚构　指在遗忘的基础上,患者以想象的、未曾亲身经历的事件来填补记忆的缺损。由于虚构患者有严重的记忆障碍,因而虚构的内容自己也不能再记住,所以其叙述的内容常常变化,且容易受暗示的影响。多见于各种原因引起的痴呆及酒精使用所致障碍。

5. 错构　指在遗忘的基础上,患者对过去经历过的事件,在发生的地点、情节,特别是在时间上出现错误的回忆,并坚信不疑。多见于各种原因引起的痴呆和酒精使用所致障碍。

【智能障碍】

智能障碍可分为智力发育障碍和痴呆两大类型:

1. 智力发育障碍　是指先天或发育成熟以前(18 岁以前),由于各种原因影响智能发育所造成的智能低下和社会适应困难。随着年龄增长,患者的智力水平可能有所提高,但仍明显低于正常同龄人。影响智能发育的原因包括遗传、感染、中毒、缺氧、脑外伤、内分泌异常等。

2. 痴呆　指智力发育成熟以后,由于各种原因损害原有智能所造成的智力低下状态。痴呆的发生往往具有脑器质性病变基础,如脑外伤、颅脑感染、脑缺氧、脑血管病变等。临床主要表现为记忆力、计算力、理解力、判断力下降,工作和学习能力下降,后天获得的知识与技能丧失等,严重时甚至生活不能自理。

【定向障碍】

定向力指一个人对时间、地点、人物以及自身状态的认识能力。定向障碍是指对环境或自身状况认识能力的丧失或认识错误。定向障碍多见于意识障碍时,它是意识障碍的一个重要标志,但有定向障碍者并不一定存在意识障碍。

【情感障碍】

1. 情感高涨　是正性情感活动的明显增强。表现为不同程度的、与周围环境不相称的病态喜悦,患者自我感觉良好,整日喜笑颜开,谈话时语音高昂,眉飞色舞,表情丰富。由于其高涨的情感与精神活动的其他方面比较协调,且与周围环境保持一定联系,故具有较强感染性,易引起周围人的共鸣。多见于躁狂发作。

2. 欣快　是在智能障碍基础上出现的与周围环境不协调的愉快体验。表现为患者自得其乐,似乎十分幸福。但由于智能障碍的影响,表情比较单调刻板。多见于痴呆。

3. 情感低落　是负性情感活动的明显增强。表现为忧愁、苦闷、唉声叹气、暗自落泪等,严重时可因悲观绝望而出现自杀企图及行为。多见于抑郁发作。

4. 情感淡漠　是指对外界刺激缺乏相应的情感反应,缺乏内心体验。表现为面部表情呆板,对周围发生的事物漠不关心,即使对与自身有密切利害关系的事情也如此。多见于晚期精神分裂症。

5. 焦虑　是指在缺乏相应的客观刺激情况下出现的内心不安状态。表现为患者顾虑重重、紧张恐惧、坐立不安,常伴有心悸、出汗、手抖、尿频等自主神经功能紊乱症状。多见于焦虑障碍。

6. 恐惧　是指面临某种事物或处境时出现的紧张不安反应。恐惧可见于正常人,病态的恐惧是指与现实威胁不相符的恐惧反应,表现为过分害怕,提心吊胆,且常伴有明显的自主神经功能紊乱症状,如心悸、气急、出汗、四肢发抖,甚至大小便失禁等。恐惧往往伴有回避行为。多见于恐惧症。

7. 易激惹　是情感活动的激惹性增高,表现为极易因一般小事而引起强烈的不愉快情感反应,如暴怒发作。多见于人格障碍、躁狂发作等。

8. 情感不稳　是情感活动的稳定性障碍,表现为患者的情感反应极易发生变化,从一个极端波动至另一极端,显得喜怒无常,变化莫测。多见于神经认知障碍。

9. 情感倒错　指情感表现与其内心体验或处境明显不相协调,甚至截然相反。如某精神分裂症患者在描述自己被人跟踪、投毒等妄想性体验时,却表现出愉快的表情;听到亲人去世时,却放声高歌。多见于精神分裂症。

10. 情感矛盾　指患者在同一时间对同一人或事物产生两种截然不同的情感反应,但患者并不感到这两种情感的矛盾和对立,没有痛苦和不安。多见于精神分裂症。

【意志障碍】

意志是指人们自觉地确定目标,并根据目标调节支配自身的行动,克服困难,实现预定目标的心理过程。意志与认知活动、情感活动及行为紧密联系又相互影响。

意志障碍主要表现为:

1. 意志增强　指意志活动增多。表现为在病态情感或妄想的支配下,患者持续地坚持某些行为,具有极大的顽固性。例如有被害妄想的患者反复报警或向有关部门求助等。多见于精神分裂症、躁狂发作等。

2. 意志减退　指意志活动的减少。表现为动机不足,缺乏积极主动性及进取心,对周围一切事物缺乏兴趣,不愿活动,工作学习感到非常吃力,严重时整日呆坐或卧床不起,日常生活也懒于料理。多见于抑郁发作和精神分裂症。

3. 意志缺乏　指意志活动缺乏。表现为对任何活动都缺乏动机、要求,生活处于被动状态,处处需要别人督促和管理。严重时行为孤僻、退缩,甚至没有饮水、进食的要求,且常伴有情感淡漠和思维贫乏。多见于精神分裂症、智力发育障碍和痴呆。

4. 矛盾意向　表现为对同一事物,同时出现两种完全相反的意向,但患者并不感到这两种意向的矛盾和对立,没有痛苦和不安。多见于精神分裂症。

【动作行为障碍】

动作是指简单的随意和不随意运动,如挥手、点头等。行为是一系列动作的有机组合,是为达到一定目的而进行的复杂的随意运动。两者既有区别,又有联系,往往被同时联合使用,称为动作行为。人们的动作行为受到动机和目的的制约,并与认知、情感和意志活动保持协调一致。

常见动作行为障碍包括:

1. 精神运动性兴奋　指患者的动作行为及言语活动明显增多。

(1)**协调性精神运动性兴奋**:表现为患者增多的动作行为及言语与思维、情感、意志等精神活动协调一致,并与环境保持较密切联系。患者的整个精神活动比较协调,行为具有目的,可以被周围人理解。多见于躁狂发作。

(2)**不协调性精神运动性兴奋**:表现为患者增多的动作行为及言语与思维、情感、意志等精神活动不协调,脱离周围现实环境,动作行为杂乱无章,缺乏动机及目的,使人难以理解。多见于精神分裂症、谵妄状态。

2. 精神运动性抑制 指动作行为和言语活动显著减少。

(1) **木僵**：指动作行为和言语活动被完全抑制。表现为患者不语、不动、不饮、不食，肌张力增高，面部表情固定，对刺激缺乏反应，经常保持一种固定姿势，甚至大小便潴留。可见于精神分裂症、严重抑郁发作、应激相关障碍、严重药物反应等。

(2) **蜡样屈曲**：在木僵的基础上，患者出现肢体任人摆布，即使是极不舒服的姿势也能较长时间维持不动，形似蜡塑一般，故称为蜡样屈曲。如果患者平躺时将其枕头取走，患者仍能够长时间保持头部抬高的姿势不变，称为"空气枕头"。可见于精神分裂症。

(3) **缄默症**：是言语活动的明显抑制。表现为患者缄默不语，不回答任何问题，有时仅以手示意或者用书写交流。多见于分离性障碍及精神分裂症。

(4) **违拗症**：指患者对于他人的要求加以抗拒。可分为主动违拗和被动违拗，前者表现为不但拒绝执行他人要求，而且还作出与要求截然相反的行为；后者则表现为对他人的各种要求一概拒绝执行。可见于精神分裂症。

3. 模仿动作 指患者无目的地模仿别人的动作，如医生动一下头发，患者也跟着动一下自己的头发。常与模仿言语同时存在。多见于精神分裂症。

4. 刻板动作 指患者机械刻板地反复重复某一单调的动作，常与刻板言语同时出现。多见于精神分裂症、孤独症谱系障碍等。

5. 作态 指患者作出古怪的、幼稚做作的动作、姿势、步态与表情，如做怪相、扮鬼脸等。多见于精神分裂症。

6. 强迫动作 指患者明知没有必要，却难以克制地去重复做某种动作行为，如果不重复，患者往往焦虑不安，如强迫性洗涤、强迫性检查等。强迫动作多与强迫思维有关。常见于强迫症。

【意识障碍】

意识是指个体对周围环境、自身状态感知的清晰程度及认识反应能力。意识障碍的相关内容详见第九篇"神经系统疾病"。

【自知力缺乏】

自知力又称领悟力或内省力，是指患者对自己精神状态的认识和判断能力。

不同精神疾病自知力的损害程度是不同的，如焦虑障碍患者的自知力一般保持完整，即患者能够认识到自己的异常精神活动，并为此感到痛苦而积极寻求医疗帮助；精神分裂症等重性精神障碍患者的自知力一般是缺乏的，即患者不能认识到自己的病态表现，否认存在精神方面的问题，认为自己的幻觉、妄想等精神病理症状都是客观现实，故往往拒绝就医、治疗。

自知力缺乏是重性精神障碍的重要标志，临床上往往将有无自知力及自知力恢复的程度作为判定病情轻重和疾病好转程度的重要指标。自知力完全恢复是精神疾病康复的重要指标之一。

第四节 精神障碍的检查与诊断

精神科的检查与诊断有两点是比较独特的：一是精神检查的发现很多都是主观报告的，比如患者情绪低落的体验；二是医生在依据检查形成症状学判断时也有一定主观色彩。由于缺乏可靠的客观诊断指标，精神科临床诊断的确定，在很大程度上依赖完整、真实的病史和全面、有效的精神检查。

【精神障碍的检查】

（一）精神检查

对精神障碍患者进行精神状况检查，英文是 interview，中文可翻译作晤谈、面谈检查。与其他临床学科不同,精神科医生与患者见面交谈,不仅要收集信息以便明确诊断,同时也意味着治疗的开始。精神检查主要包括以下内容。

1. 外表与行为 包括体格、体质状况、发型、装束、衣饰、活动的量和性质等。评估患者的发育与营养状态,观察患者穿着以及面部表情变化、有无行为的增多或减少,了解患者与周围环境的接触情况、自理能力。

2. 言谈与思维

(1) **言谈的速度和量**:可以反映有无思维奔逸、思维迟缓、思维贫乏、思维中断等。

(2) **言谈的形式与逻辑**:可以反映思维逻辑结构如何,有无思维松弛、思维破裂、象征性思维、逻辑倒错或词语新作、病理性赘述等。

(3) **言谈内容**:可以反映是否存在妄想、超价观念、强迫观念等异常思维内容。了解妄想的种类、内容、性质、出现时间、是原发还是继发、发展趋势、涉及范围、是否系统化、内容荒谬还是接近现实,与其他精神症状的关系等。

3. 情绪状态 情感活动可从客观观察与主观询问两个方面来评估。客观表现可以根据患者的面部表情、姿态、动作、语音、语调、自主神经反应(如呼吸、脉搏、出汗等)来判定。主观的体验可以通过交谈,设法了解患者的内心世界。可根据情感反应的强度、持续时间和性质,确定占优势的情感是什么,包括情感高涨、情感低落、焦虑、恐惧、情感淡漠等;情感的诱发是否正常,如易激惹;情感是否易于起伏变动,有无情感脆弱;有无与环境不适切的情感如情感倒错。如果发现患者存在抑郁情绪,一定要询问患者是否有自杀观念,以便进行紧急风险干预。

4. 认知功能

(1) **感知觉**:有无错觉或幻觉,错幻觉的种类、内容、出现时间和频率、与其他精神症状的关系。

(2) **定向力**:包括自我定向,如姓名、年龄、职业,以及对时间(特别是时段的估计)、地点、人物及周围环境的定向能力。

(3) **注意**:评定是否存在注意减退或注意涣散,有无注意集中方面的困难。

(4) **记忆**:评估即刻记忆、近记忆和远记忆的完好程度,是否存在遗忘、错构、虚构等症状。

(5) **智能**:根据患者的文化教育水平适当提问。包括一般常识、专业知识、计算力、理解力、分析综合能力及抽象概括能力。必要时可进行专门的智能测查。

(6) **意识状态**:根据定向力、注意力及其他精神状况,判断是否存在意识障碍及意识障碍的程度。

5. 自知力 可以就个别症状询问患者,了解患者对自己精神状况的认识程度,由此推断患者的自知力,并进而推断患者在今后诊疗过程中的合作程度。

(二) 病史采集

1. 病史资料的来源 主要来源于患者和知情者。但患者自述的病史往往不够全面,或者是因为患者缺乏对疾病的认识而隐瞒事实,或者因为患者紧张拘束遗漏了重要事件,或者患者根本就不合作、缄默不语。因此,向知情者(包括与患者共同生活的亲属,如配偶、父母、子女;与之共同学习和工作的同学、同事;与之关系密切的朋友、邻里;既往曾为患者诊疗过的医务人员)了解情况常常是必要的。

2. 病史资料的内容 包括一般资料、主诉、现病史、既往史、个人史、家族史等。

3. 病史资料采集注意事项 应尽量客观、全面和准确。必要时收集患者的日记、信件、图画等材料以了解病情。对病史资料医护人员应保密,切勿作为闲谈资料,这也是医德的重要内容。

(三) 体格检查及辅助检查

许多躯体疾病会伴发精神症状,精神疾病患者也会发生躯体疾病。因此,无论是在门诊还是在急诊,都应对患者进行全面的检查。

体格检查内容包括血压、脉搏、呼吸、体温等生命体征,还包括自主神经功能紊乱症状、躯体外伤瘢痕(特别要注意自伤自杀的痕迹)、甲状腺相关体征、水肿征象等。神经系统检查也是非常重要的一部分,对于老年人和怀疑神经系统病变的患者,要仔细全面地检查,必要时请神经科会诊。

辅助检查包括常规筛查、毒理学检查、血药浓度监测、脑电图、头颅 CT 及 MRI 等。

(四)标准化量表

标准化量表的开发主要是用于评估某组精神症状的严重程度,而非诊断精神障碍。常用的精神科评定量表有韦氏成人智力量表、明尼苏达多相个性调查表、阳性与阴性症状量表、汉密尔顿抑郁量表、汉密尔顿焦虑量表、简明精神病评定量表、药物副反应量表等。

【精神障碍的诊断】

精神障碍的诊断主要遵循"症状—综合征—诊断"的过程式思维方法。具体的过程为:首先确定精神症状,再根据症状组合确定综合征,然后对精神症状或综合征的动态发展趋势,结合发病过程、病程、病前性格、社会功能等相关资料进行综合分析,提出各种可能的假设诊断,经过鉴别诊断,最终作出疾病分类学诊断。在实际工作中要避免先入为主地认定某个诊断,然后寻找症状和其他信息来证明这个诊断的做法。精神障碍的诊断必须遵循实践、认识、再实践、再认识的原则,临床诊断确定以后,应继续观察和随访,通过实践检验诊断的正确性。

本章小结

精神病学是涉及社会、心理、生物学的复杂的学科。

常用精神障碍分类系统包括疾病及有关保健问题的国际分类(ICD 系统)和美国精神障碍诊断与统计手册(DSM 系统)。ICD-11 和 DSM-5 主要按照症状学分类原则,兼顾可能的病因学、病理生理特征对精神障碍进行分类。

常见的精神症状包括感知觉障碍、思维障碍、注意障碍、记忆障碍、智能障碍、定向障碍、情感障碍、意志障碍、动作行为障碍、意识障碍、自知力缺乏等。

发现与识别症状、体征即临床检查,根据检查结果作出疾病学推断,就是诊断过程。

(徐云璐)

思考题

1. 如何从生物、心理、社会的角度理解精神障碍?
2. 感知觉障碍、思维障碍的主要类型有哪些?
3. 病史采集、精神检查应包括哪些内容?

ER 10-1-3

练习题

第二章 | 神经认知障碍

> ### 学习目标
>
> 1. 掌握：阿尔茨海默病、脑血管疾病所致痴呆的临床特点和两者的鉴别。
> 2. 熟悉：谵妄的特点和处理原则。
> 3. 了解：神经认知障碍的概念。
> 4. 学会对谵妄和痴呆状态快速有效识别。
> 5. 具备关爱痴呆患者、耐心对待痴呆患者的职业精神。

> ### 案例导入
>
> 患者，女，72 岁。2 年前开始出现记忆力减退，初时表现为记不住客人的名字，记不住看过的新闻等。记忆力下降逐渐明显，重复购买相同的食品，烧水忘了关火以致将水壶烧干，并发展到遗失贵重物品如钱包和存折等。2 个月前上街，因找不到回家的路走失，后被家人找回。患者过去注意仪表，病后却懒于洗澡换衣，最近连吃饭也要家人督促。
>
> **请思考：**
> 患者有哪些症状？可能的病因是什么？

神经认知障碍（neurocognitive disorders，NCDs）是一组获得性而非发育性的神经认知原发性缺陷，表现为先前已达到的认知功能水平的下降。神经认知功能特指与大脑功能直接相关的基于神经的认知技能和能力，包括但不限于注意、记忆、语言、感知技能、处理速度和执行功能。常见的神经认知障碍包括谵妄、遗忘障碍、痴呆等。

第一节　谵　妄

谵妄（delirium）是以注意障碍、定向障碍和意识障碍为特征，在短时间内产生且症状呈现波动变化的一组综合征。因通常起病较急且具有可逆性，也被称为急性脑病综合征。

【病因】

谵妄的病因包括药物（尤其是镇静催眠药物、抗胆碱能药物）使用、外科手术、麻醉、严重的疼痛、感染、急性疾病或者突然加重的慢性疾病等。

【临床表现】

谵妄以注意障碍、定向障碍和意识障碍为临床特征性表现。注意障碍主要表现为聚焦、维持以及转换注意力的能力下降。定向障碍和意识障碍则表现为意识水平下降，对环境甚至自身定向能力减弱。谵妄常进展较快，其严重程度一天中会有波动，在傍晚和夜晚加重。

此外，谵妄通常伴随着其他认知损伤，如记忆障碍、言语紊乱、感知觉障碍、情绪行为障碍以及睡眠-觉醒周期的改变等。感知觉障碍尤其常见，包括感觉过敏、错觉和幻觉。患者可因错觉和幻觉产生继发性妄想、冲动行为。情绪波动常见,包括焦虑、抑郁、恐惧、易激惹等。睡眠-觉醒周期不规律,可表现为日间困顿而夜间激越。

【诊断要点】

可根据典型的临床症状作出诊断:即急性起病,注意障碍、意识障碍、定向障碍、伴波动性认知功能损害等。明确诊断后还需要根据病史、体格检查及实验室检查来明确谵妄的病因,如躯体的疾病、电解质紊乱、感染、酒精或其他物质依赖等。

【治疗】

首先需要纠正谵妄病因,即针对原发脑器质性疾病或躯体疾病进行积极治疗。还需营造良好的治疗环境。特别需要注意监测与预防并发症,做好水电解质平衡,补充营养等支持治疗。必要时给予精神药物治疗。为避免药物加深意识障碍,应尽量给予小剂量的短期治疗。

第二节　遗忘障碍

遗忘障碍(amnestic disorder)是一组以与个人年龄和一般智力水平不匹配的记忆障碍为核心特征的综合征,主要表现为获得记忆、学习新信息或回忆以前学习信息的严重缺陷,但无意识障碍及广泛性认知功能损害,近记忆通常比远记忆更受影响。

遗忘障碍由大脑受损引起,主要原因有神经系统疾病和长期使用特定物质或药物等。ICD-11中遗忘障碍包括酒精所致的遗忘障碍、镇静催眠或抗焦虑药使用所致遗忘障碍、其他特定的精神活性物质(包括治疗药物)使用所致遗忘障碍、挥发性吸入剂所致的遗忘障碍等。目前尚无能确切有效逆转遗忘障碍的治疗方法,临床上主要根据病因及临床表现,进行病因治疗及对症处理。

第三节　痴　呆

痴呆(dementia)是一组较严重的、持续的认知障碍。临床上以 2 个或多个认知领域的功能出现显著损害为主要特征,表现为相对个体之前的功能水平的下降,记忆损害常见。因起病缓慢,病程较长,故又称为慢性脑病综合征。

引起痴呆的病因很多,包括中枢神经系统变性疾病、脑血管病、颅内占位性病变、颅内感染、颅脑外伤、代谢性疾病、中毒性脑病、营养缺乏性脑病等。本节主要介绍阿尔茨海默病所致痴呆、脑血管疾病所致痴呆。

【阿尔茨海默病所致痴呆】

阿尔茨海默病(Alzheimer disease,AD)是一种常见的神经系统变性疾病。多起病于老年人,患病率随着年龄的增长而升高。临床特征为隐匿起病,进行性智能衰退,多伴有人格改变。

(一)病因和发病机制

阿尔茨海默病的病因及发病机制尚未明确,可能与以下因素有关:

1. **遗传因素**　部分患者有明确的家族史,研究显示有多个基因与阿尔茨海默病的发病有关。

2. **β-淀粉样蛋白代谢异常**　目前认为 β-淀粉样蛋白的生成和清除失衡是神经元变性和痴呆发生的始动因素。

3. **神经递质**　阿尔茨海默病患者大脑中存在广泛的神经递质异常,包括乙酰胆碱、单胺、氨基酸类及神经肽等。其中乙酰胆碱的缺乏与认知功能障碍密切相关。

4. **病理改变**　患者的大体病理呈弥漫性脑萎缩,可有脑沟增宽和脑室扩大。镜下病理以老年斑、神经元纤维缠结和神经元减少为主要特征。

(二)临床表现

阿尔茨海默病通常起病隐匿,主要表现为持续性的、不可逆的智能衰退。病程呈进行性,一般经历 8~10 年,罕见自发缓解或自愈,最后发展为严重痴呆,常因压疮、骨折、肺炎、营养不良等继发躯体疾病或器官衰竭而死亡。

1. 生活功能改变　发病早期主要表现为近记忆力下降,对患者的一般生活功能影响不大,但是从事高智力活动的患者会出现工作能力和效率下降。随着疾病的进展,工作能力的损害更加突出,同时个人生活能力受损的表现也越发明显。在疾病晚期,患者在包括个人卫生、吃饭、穿衣和洗漱等各个方面都需要完全由他人照顾。

2. 精神和行为症状　即使在疾病早期,患者也会出现精神和行为的改变,如患者变得主动性缺乏、活动减少、孤独、自私、对周围环境兴趣减少、对周围人较为冷淡,甚至对亲人也漠不关心,情绪不稳、易激惹。认知功能的进一步损害会使精神行为症状恶化,可出现片段的幻觉、妄想(多以被偷窃和嫉妒为主),无目的漫游或外走;睡眠节律紊乱,部分患者会出现昼夜颠倒情况;可表现为本能活动亢进,如脱抑制、过度进食;有时可出现激越甚至攻击行为。

3. 认知损害　阿尔茨海默病的神经认知损害以遗忘为先导,随后会累及几乎所有的认知领域,包括计算、定向、视空间、执行功能、理解概括等,也会出现失语、失认、失用。

(三)诊断和鉴别诊断

阿尔茨海默病诊断要点为:①起病隐匿,进行性加重,出现工作及日常生活功能的损害。②以遗忘为主的认知损害,伴有非遗忘领域如语言、视空间、执行等功能进行性损害。③出现人格、精神活动和行为的异常改变。在诊断前需排除其他原因引起的神经认知障碍,才能诊断为阿尔茨海默病。

在鉴别诊断方面,应注意与脑血管疾病所致痴呆、额颞叶痴呆、路易体病所致痴呆、克-雅病等相鉴别。此外,要注意与抑郁发作导致的假性痴呆鉴别。

(四)治疗

阿尔茨海默病的治疗包括药物治疗与非药物治疗。目前尚无法逆转或阻止阿尔茨海默病的病情进展,但早期在支持、对症治疗策略基础上进行针对病因的干预治疗,可延缓患者日常生活质量减退。

药物治疗主要包括胆碱酯酶抑制剂(AChEI)和 N-甲基-D-天冬氨酸(NMDA)受体拮抗剂两大类。胆碱酯酶抑制剂可改善患者的认知功能、日常生活能力,如多奈哌齐(donepezil);NMDA 受体拮抗剂如美金刚(memantine),被推荐用于中、重度阿尔茨海默病。

患者有精神行为症状难以控制,如幻觉、妄想、兴奋冲动、抑郁、激越、焦虑等,可给少量抗精神病药、抗抑郁药或抗焦虑药,小剂量起始,根据治疗反应以及不良反应缓慢增量,尽量使用最小有效剂量,症状控制后逐渐减量至停药。

非药物治疗强调对患者日常生活的护理,给予患者更多耐心和关爱,鼓励患者自己料理生活,提供职业训练,参加适当活动以减缓精神衰退的发展,做好压疮、感染、骨折的预防。

【脑血管疾病所致痴呆】

脑血管疾病所致痴呆(dementia due to cerebrovascular disease),也称血管性痴呆(vascular dementia,VaD),是发病率仅次于阿尔茨海默病的常见痴呆。其发病与年龄有关,男性多于女性。导致血管性痴呆的危险因素尚不清楚,但通常认为与卒中的危险因素类似,如高血压、冠状动脉疾病、房颤、糖尿病、高血脂、吸烟、高龄、既往卒中史等。

(一)临床表现

与阿尔茨海默病比较,血管性痴呆的起病相对较急,病程可呈阶梯式恶化且波动较大。血管性痴呆常出现夜间精神异常,少数患者可出现人格改变,可伴发抑郁、情绪不稳和情感失控等症状。

患者有卒中或短暂性脑缺血发作的病史,有局灶性神经系统症状和体征。血管性痴呆的认知功能缺损通常较局限,记忆缺损不显著。CT及MRI可见多发性梗死灶。

(二) 诊断和鉴别诊断

血管性痴呆的诊断需要明确患者存在认知损害,且脑血管疾病与认知损害之间存在关联,神经认知损害的类型取决于卒中发生的脑区。其次还应进行脑血管疾病病因诊断。

血管性痴呆需要与阿尔茨海默病鉴别。Hachinski缺血指数量表(Hachinski ischemic scale,HIS)有助于血管性痴呆和阿尔茨海默病的鉴别,HIS ≥7则血管性痴呆可能性大,HIS ≤ 4则阿尔茨海默病可能性大,4<HIS<7则可能为混合性病因。要结合具体临床表现、辅助检查结果综合考虑,不能仅仅依据量表结果进行诊断。

(三) 预防与治疗

对脑血管疾病危险因素的预防和治疗可减少血管性痴呆的发病。目前还没有特效药治疗血管性痴呆,可给予改善认知药物治疗和认知训练等非药物治疗。此外,对伴发精神症状和行为障碍者应给予相应的对症治疗。

本章小结

神经认知障碍是一组以获得性认知缺陷为主要临床表现的精神障碍。

谵妄、遗忘障碍、痴呆是神经认知障碍常见的临床类型。

阿尔茨海默病与脑血管疾病是最常见的与神经认知障碍有关的脑部疾病,应注意两者所致痴呆的鉴别。

神经认知障碍的治疗原则为:有效的生活管理及护理、病因治疗、支持治疗、对症处理精神症状。

病例讨论

患者,男,66岁。患者从3年前起记性明显减退,说过的话过一会儿就忘记了,经常找不到自己刚刚收起的东西,同时出现食欲缺乏、体重下降,总说"吃不下饭"。此后患者渐渐变得不爱说话,对家庭其他成员不怎么关注,平常自己感兴趣的事情也不做。半年前家属发现患者记性较前更差,有时在小区散步找不到自己的家,日常用品丢三落四,想不起亲人的名字,有时怀疑家人偷拿了自己的东西。

体格检查:未见明显异常。

精神检查:神志清楚,接触被动,无主动言语,记忆力明显减退,不能说出早餐的内容及自己家的地址。计算力下降,问其"100-7",回答"93",之后再减不能算出;推理能力差,情感平淡。

辅助检查:头颅CT示脑萎缩。

(徐云璐)

思考题

1. 阿尔茨海默病所致痴呆和脑血管疾病所致痴呆病程上有何不同?
2. 谵妄的临床特点有哪些?哪些原因可以导致谵妄发生?

ER 10-2-3

练习题

第三章 | 物质使用所致障碍

ER 10-3-1 教学课件　　ER 10-3-2 思维导图

学习目标

1. 掌握：精神活性物质、依赖、戒断综合征的概念，酒精使用所致障碍的临床表现及治疗。
2. 熟悉：阿片类物质使用所致障碍的临床表现及治疗。
3. 了解：精神活性物质的主要种类。
4. 学会对酒精及阿片类物质使用所致障碍进行快速有效识别及处理。
5. 具备客观辩证看待精神活性物质的职业素质。

案例导入

　　患者，男，40 岁。长期大量饮酒 10 余年，4 天前其家人强制其断酒后出现言语紊乱，骂人，自语自笑，双手震颤，步态不稳，伴有大汗淋漓。入院后精神检查：接触被动，表情呆滞，交谈不合作，答非所问，大声喊叫，双手不停抓捏，自语自笑，对空说话。注意力涣散，情感反应不协调，意志活动减退，行为紊乱，无自知力。

请思考：
1. 患者突然出现精神症状的原因是什么？
2. 如何治疗？

第一节　概　述

　　物质使用所致障碍（disorders due to substance use）包括由精神活性物质的单次或反复性使用所造成的精神障碍。

【基本概念】

　　1. 精神活性物质（psychoactive substance）　指能够影响人类情绪、行为、改变意识状态，并有致依赖作用的一类化学物质，人们使用这些物质的目的在于取得或保持某些特殊的心理、生理状态。

　　2. 依赖（dependence）　是一组认知、行为和生理症状群，使用者尽管明白使用精神活性物质会带来问题，但还在继续使用。依赖可分为躯体依赖和精神依赖。躯体依赖也称生理依赖，它是由于反复用药所造成的一种躯体适应状态，以致需要精神活性物质持续存在于体内才能维持其正常功能，若中断或突然减少剂量就会产生戒断综合征。精神依赖又称心理依赖，使用精神活性物质可产生一种愉快满足或欣快的感觉，使用者为寻求这种感觉而反复使用，表现出渴求状态。

　　3. 有害性使用（harmful use）　对物质的使用造成使用者自身的躯体损害和精神健康损害，或对他人的健康造成了损害。

　　4. 耐受性（tolerance）　反复使用精神活性物质后，使用者必须增加剂量方能获得既往效果，或使用原来剂量达不到既往效果。

5. 戒断综合征（withdrawal syndrome） 对某物质产生依赖或长期、大量使用该物质的个体，在停止或减少使用该物质后，出现的一组显著的临床症状、行为或生理学特征。不同物质所致的戒断症状因其药理特性不同而不同，症状的严重程度和持续时间也因物质的种类及先前的用量和使用模式而异。

【精神活性物质的分类】

主要根据精神活性物质的药理特性，将之分为以下种类：

1. 中枢神经系统抑制剂 能抑制中枢神经系统，如巴比妥类、苯二氮䓬类、酒精等。

2. 中枢神经系统兴奋剂 能兴奋中枢神经系统，如咖啡因、苯丙胺类物质、可卡因等。

3. 大麻 是古老的致幻剂，主要成分为四氢大麻酚与大麻二酚。

4. 致幻剂 能改变意识状态或感知觉，如麦角酸二乙酰胺、仙人掌毒素等。

5. 阿片类 包括天然、人工合成或半合成的阿片类物质，如海洛因、吗啡、阿片、美沙酮、二氢埃托啡、哌替啶、丁丙诺啡等。

6. 挥发性溶剂 如丙酮、汽油、甲苯等。

7. 烟草 致依赖活性成分为尼古丁（烟碱）。

第二节　酒精使用所致障碍

酒精是最常使用的精神活性物质之一，其在体内主要作为中枢神经系统抑制剂发挥药理作用，除能导致酒精中毒，还具有依赖性，能导致部分人出现酒精依赖，在减少酒精使用或停用后可出现戒断症状。

【临床表现】

（一）急性酒精中毒

急性酒精中毒指短时间摄入大量酒精后出现的中枢神经系统功能紊乱状态。临床特征可包括：注意力受损、行为不当或攻击行为、心境及情感不稳、判断力受损、运动协调受损、步态不稳、细微眼球震颤和言语含糊不清，中毒严重者可出现昏睡或昏迷。当酒精血液浓度超过 250mg/dl 时可导致呼吸抑制、心律不齐及死亡。

（二）酒精依赖

酒精依赖是指当饮酒的时间和量达到一定程度后，饮酒者无法控制自己的饮酒行为，并出现如下特征性症状：

1. 对饮酒渴求，强迫饮酒，无法控制。

2. 固定的饮酒模式，有晨饮、发作性狂饮（每间隔一段时间就狂饮一次至酩酊大醉）、定时饮酒。

3. 饮酒优先于生活中的其他方面，不顾事业、家庭和社交活动。

4. 耐受性增加和出现戒断症状。

（三）酒精戒断

1. 单纯性戒断反应 长期大量饮酒后停止或减少饮酒量，在数小时后出现手、舌或眼睑震颤，并有恶心或呕吐、失眠、头痛、焦虑、情绪不稳和自主神经功能亢进，如心跳加快、出汗、血压增高等，少数患者可有短暂性幻觉或错觉。停饮后 48~72 小时左右达到高峰，之后逐渐减轻，4~5 天后基本消失。

2. 震颤谵妄 长期大量饮酒者突然断酒，可大约在 48 小时后出现震颤谵妄，72~96 小时达高峰，是最严重和威胁生命的酒精戒断形式。表现为粗大震颤、发热、意识障碍、幻觉妄想和激越，幻视多为恐怖性场面。可以发展为高热和呼吸循环衰竭，甚至死亡。

3. 癫痫样发作 多在停饮后 6~48 小时左右出现，多为大发作。

（四）记忆及智能障碍

1. Wernicke 脑病和 Korsakoff 综合征　由于维生素 B_1 缺乏所致。Wernicke 脑病典型症状为眼球运动异常、眼球震颤、眼肌麻痹、共济失调，常伴有明显的意识和记忆障碍，可发展为不可逆性痴呆。Korsakoff 综合征可继发于 Wernicke 脑病，主要表现为记忆障碍（以近事记忆障碍为主）、虚构、定向障碍三大特征。

2. 酒精性痴呆　指在长期、大量饮酒后出现的持续性智力减退，表现为短期、长期记忆障碍，抽象思维及理解判断障碍，人格改变，部分患者有皮质功能受损表现，如失语、失认、失用等。酒精性痴呆一般不可逆。

（五）酒精所致其他精神障碍

包括酒精所致精神病性障碍、心境障碍、焦虑障碍、睡眠障碍等，可发生在酒精依赖期间或停饮之后，也常与其他精神疾病共病。

【治疗】

（一）急性酒精中毒的治疗

轻度无须特殊治疗，保持安静环境，注意保暖，多饮水等。严重者催吐、洗胃，注意生命体征的维持，加强代谢，注意水电解质紊乱等。可使用纳洛酮。

（二）戒断症状的治疗

1. 单纯戒断症状　由于酒精与苯二氮䓬类药理作用相似，在临床上常用此类药物来缓解酒精的戒断症状，首剂要足量。以地西泮为例，剂量一般为每次 10mg 口服，每天 3~4 次。用药时间不宜太长，以免发生药物依赖。其他苯二氮䓬类药物可以与地西泮进行等量换算。

2. 震颤谵妄　发生谵妄者，多有兴奋不安，需要有安静的环境，最好有专人看护。药物以苯二氮䓬类为首选，必要时可静脉滴注。推荐使用长效苯二氮䓬类药物。注意补液、纠正水电解质酸碱平衡紊乱、补充 B 族维生素和叶酸、防治低血糖及预防感染。可选用氟哌啶醇肌内注射或第二代抗精神病药控制精神症状。

3. 酒精性癫痫　使用苯二氮䓬类药物或抗癫痫药。

（三）Wernicke 脑病和 Korsakoff 综合征的治疗

关键是要在急性期使用大剂量维生素 B_1 以预防遗忘、痴呆的发生。目前对应用维生素 B_1 的最佳剂量、剂型、治疗时间或日用量仍无一致定论。

（四）戒酒治疗

这是治疗是否成功的关键，增强患者戒断动机的各种措施应该贯穿整个治疗中。建议患者住院治疗以杜绝酒的来源，给予患者心理支持，注意肯定患者取得的进步，帮助患者建立改变的信心。可考虑厌恶疗法，或酒增敏药戒酒硫进行巩固治疗，使用戒酒硫应特别警告患者不要在服药期间饮酒。另外可用抗酒渴求药如纳曲酮进行治疗以降低复发率，同时对共病的其他精神障碍进行治疗。

第三节　阿片类物质使用所致障碍

阿片类物质主要指天然的或合成的、对机体产生类似吗啡效应的一类物质。其药理作用包括：镇痛与镇静、抑制呼吸、镇咳、收缩瞳孔、催吐、抑制胃肠蠕动、致欣快等。

大多数阿片类物质的代谢较为迅速，平均代谢时间是 4~5 小时，故依赖者必须定期给药，否则会出现戒断症状。

【临床表现】

（一）阿片类物质急性中毒

阿片类物质急性中毒是由于过量使用阿片类物质所致的一种临床急症。轻度表现为出现欣快感、脉搏增快、头痛、头晕。中度表现为出现恶心、呕吐,失去时间和空间感觉,肢体无力、呼吸深慢,瞳孔缩小。重度的典型表现为昏迷、呼吸极慢甚至抑制、针尖样瞳孔,称为三联征;以及有皮肤湿冷、脉搏细速、腱反射消失等表现。

(二) 阿片类物质依赖

阿片类物质依赖综合征是一组认知、行为和生理症状群,具有以下表现及特点:

1. 对阿片类物质具有强烈的渴求以及相关行为失控。

2. 使用剂量越来越大,产生耐受性。

3. 减少或者停止使用会出现戒断症状,再次使用同类物质可缓解。

(三) 阿片类物质戒断

由于所使用阿片类物质的剂量、对中枢神经系统作用的程度、使用时间的长短、使用途径、停药的速度等不同,戒断症状强烈程度也不一致。短效药物,如吗啡、海洛因一般在停药后 4~12 小时出现,高峰期在 48~72 小时,持续 4~10 天。长效药物,如美沙酮戒断症状出现在 1~3 天,性质与短效药物相似,症状持续数周。

典型的戒断症状可分为两大类:①客观体征,如血压升高、脉搏增快、体温升高、瞳孔扩大、流涕、震颤、腹泻、呕吐、失眠等。②主观症状,如恶心、肌肉骨骼疼痛、腹痛、不安、食欲差、疲乏、喷嚏、发冷、发热、渴求药物等。

【治疗】

(一) 急性中毒的治疗

治疗措施包括常规监测生命体征,维持呼吸道通畅,吸氧,静脉补液维持水电解质平衡等。尽早、及时、足量、足疗程给予阿片受体拮抗剂纳洛酮是治疗的关键,必要时重复使用。对症处理合并的躯体疾病。

(二) 戒断症状的治疗

通过躯体治疗减轻戒断症状,预防由于突然停药可能引起的躯体健康问题。

1. 替代治疗 利用与阿片类物质有相似作用的药物来替代,以减轻戒断症状的严重程度,使患者能较好地耐受。然后在一定的时间(如 14~21 天)内将替代药物逐渐减少,最后停用。目前常用的替代药物有美沙酮和丁丙诺啡,使用剂量视患者的情况而定,原则是只减不加、先快后慢、限时减完。

2. 非替代治疗 使用可乐定、洛非西定、中药等非阿片类药物缓解戒断反应,帮助依赖者安全度过急性戒断期。临床上仅适用于轻中度阿片类物质依赖者,也可以在替代治疗完成后进行非替代治疗。

(三) 维持治疗

1. 阿片类阻滞剂 通过阻滞阿片类的欣快作用,使条件反射消退。临床常用纳洛酮和纳曲酮,后者口服有效。

2. 美沙酮维持治疗 用美沙酮替代海洛因,补充海洛因依赖者体内内源性阿片肽的不足。美沙酮作用时间较长,为 24 小时左右,可每天服药 1 次。

3. 社会心理治疗 包括认知行为治疗、团体治疗和家庭治疗,通过帮助患者应对急性或慢性渴求,增加自控能力,促进康复。

本章小结

精神活性物质是指能够影响人类情绪、行为、改变意识状态,并有致依赖作用的一类化学物质。人们使用这些物质的目的在于取得或保持某些特殊的心理、生理状态。

酒精使用所致障碍临床表现可包括急性酒精中毒、酒精依赖、戒断反应、记忆及智力障碍、其他精神障碍。治疗上需要给予患者心理支持，积极治疗原发疾病和并发症，加强营养，补充机体所需物质。

阿片类物质是指天然的或合成的、对机体产生类似吗啡效应的一类物质。其典型戒断症状包括血压升高、脉搏增快等客观体征和恶心、肌肉疼痛等主观症状。

病例讨论

患者，男，58岁，2天前因肺炎入院治疗。1天前患者逐渐表现焦虑、坐立不安、大汗。体格检查：体温38℃，血压160/97mmHg，脉搏110次/min，呼吸16次/min，意识清，大汗、面色潮红，双上肢可见粗大震颤。实验室检查：AST、ALT轻度升高。回顾病史发现患者有长期、大量的饮酒史，每天饮白酒500g左右，既往无高血压、心脏病等病史。患者最后一次饮酒是在入院前1天。

（徐云璐）

思考题

1. 常见精神活性物质有哪些种类？
2. 阿片类物质有何种戒断反应？
3. 酒精使用所致障碍有哪些临床表现？如何处理？

ER 10-3-3

练习题

第四章 ｜ 精神分裂症

教学课件

思维导图

学习目标

1. 掌握：精神分裂症的主要临床表现，抗精神病药物治疗原则。
2. 熟悉：精神分裂症的诊断标准、鉴别诊断。
3. 了解：精神分裂症的病因、发病机制、临床分型。
4. 学会对精神分裂症患者进行快速识别及处理。
5. 具备尊重、友善对待精神分裂症患者的职业素质。

案例导入

患者，男，42岁。半年前的一个深夜，患者发现对面楼里有灯光照到自己的房间，此后渐渐发现街坊邻里常常"话里有话"，开始怀疑自己的房间被人录音、摄像。3个月前，患者听到脑子里有声音同自己讲话，声称他目前不是个好人，令患者不胜其烦。入院前半个月，患者感到有人使用仪器"照射"他，使他头痛不已，多次跟家人说自己"受人迫害"。

请思考：
1. 该患者有哪些精神症状？
2. 最可能的诊断是什么？

精神分裂症（schizophrenia）是一组病因未明的重性精神疾病，具有感知、思维、情感、认知和行为方面的异常，并导致明显的职业和社会功能损害。多起病于青壮年，疾病对患者的影响通常严重而持续，病程迁延，有慢性化倾向和衰退的可能，反复发作或不断恶化者可出现人格改变、社会功能下降，临床上呈现为不同程度的残疾状态。

精神分裂症是我国及全世界重点防治的精神疾病，其治疗率低、依从性差、复发率高、住院率高与致残率高是导致患者家庭贫困和因病返贫的主要原因。此外，在疾病症状期有可能出现危害财产及人身安全的异常行为，给社会安全带来不良影响。如何有效改善精神分裂症患者的不良预后是治疗精神分裂症的重中之重。

【病因和发病机制】

目前精神分裂症的确切病因和影响因素还不十分明确，发病机制仍不清楚，可能是多因素综合作用的结果。

（一）遗传因素

国内外有关精神分裂症的家系调查，发现精神分裂症患者亲属中的患病率明显高于群体患病率，且亲缘关系越近，患病风险越大。分子遗传学研究已发现多个与本病相关的基因，但遗传模式仍不清楚。

（二）神经发育障碍

神经发育障碍观点认为，精神分裂症患者的脑内神经元及神经通路在发育和成熟过程中发生紊乱,大脑神经环路出现异常改变。其即刻效应并不显著,但随着进入青春期或成年早期,在外界环境因素的不良刺激下,导致了精神分裂症症状的出现。

(三)神经生化改变

1. 多巴胺(DA)假说 该假说认为中脑多巴胺通路的过度激活与阳性精神病性症状有关。抗精神病药物通过拮抗多巴胺 D_2 受体对幻觉、妄想等精神症状有效。

2. 谷氨酸假说 中枢谷氨酸功能不足可能是精神分裂症的病因之一。谷氨酸是皮质神经元重要的兴奋性递质,抗精神病药物的作用机制之一就是增加中枢谷氨酸功能。

3. 5-羟色胺(5-HT)假说 该假说认为 5-HT 功能过度是精神分裂症阳性和阴性症状产生的原因之一。第二代抗精神病药如利培酮、奥氮平对 $5-HT_{2A}$ 受体有很强的拮抗作用,$5-HT_{2A}$ 受体可能与情感、行为控制及调节 DA 释放有关。

(四)社会心理因素

尽管不少研究表明精神分裂症的发生与社会心理因素有关,但至今为止,尚未发现能决定是否发生精神分裂症的社会心理因素。目前认为,心理、社会因素可以促发精神分裂症的发生,但常难以左右其最终的病程和结局。

【临床表现】

精神分裂症症状与体征复杂多样,症状和体征会随着病程的演变而变化,不同个体、处于疾病的不同阶段其临床表现可有很大差异。在与患者交流中应注意语气平和,不要对患者的精神症状强行驳斥,亦不要以歧视的态度对待患者。

(一)前驱期症状

前驱期症状是指在明显的精神症状出现前,患者所表现的一些非特异性症状。最常见的前驱期症状可以概括为以下几方面:

1. 情绪改变 抑郁、焦虑、情绪波动、易激惹等。

2. 认知改变 出现一些古怪或异常的观念和想法等。

3. 对自身和外界的感知改变。

4. 行为改变 如社交退缩或丧失兴趣,多疑敏感,职业功能水平下降。

5. 躯体症状 睡眠和食欲改变、虚弱感、头痛、背痛、消化道症状等。

6. 部分青少年患者会突然出现强迫症状为首发症状。

由于处于前驱期的患者在其他方面基本保持正常,且常常对这些症状有较为合理化的解释,故常不为家人重视。

(二)显症期症状

1. 阳性症状 阳性症状是指异常心理过程的出现,普遍公认的阳性症状包括幻觉、妄想及言语和行为的紊乱(瓦解症状)。

(1)**幻觉**:以幻听最常见。幻听可以是非言语性的,也可以是言语性的,如听到有人在喊自己的名字,或听到某人或某些人的交谈秽语或议论。一般来说在意识清晰状态下出现持续的评论性、争论性或命令性幻听常指向精神分裂症。幻视亦常见。

精神分裂症的幻觉体验可以非常具体、生动,也可以蒙眬模糊,但多会给患者的思维、行动带来显著的影响,患者会在幻觉的支配下作出违背本性、不合常理的举动。

(2)**妄想**:绝大多数时候,妄想的荒谬性显而易见,但患者却坚信不疑。最多见的妄想是被害妄想与关系妄想。其次物理影响妄想、嫉妒妄想、夸大妄想、非血统妄想临床亦多见。在疾病的初期,部分患者对自己的某些明显不合常理的想法也许还会将信将疑,但随着疾病的进展,患者逐渐与病态的信念融为一体,并受妄想的影响而作出某些反常的言行。另外,妄想的内容可与患者的生活经历、教育程度与文化背景有一定的联系。一般来讲,在意识清晰的基础上持续出现某些离奇古怪或令人难以置信的妄想常提示精神分裂症的可能。

（3）**瓦解症状群**：包括思维形式和思维过程障碍、行为异常以及不适当的情感。

1）思维形式和思维过程障碍：有多种表现形式，包括病理性赘述、思维散漫离题、思维破裂及语词杂拌、语词新作、模仿言语、重复言语、刻板言语、缄默症、思维中断、思维插入、强制性思维、思维被夺、逻辑倒错性思维、病理性象征性思维等。这些症状的具体描述见本书症状学部分。精神分裂症患者言语或者书写的文字往往忽视常规的修辞、逻辑法则，在叙事的流畅性和完整性方面令人费解。

2）行为异常：可以表现为单调重复、杂乱无章或缺乏目的性的行为，也可以表现为仪式化的行为（作态），但旁人无法理解。有的患者表现扮鬼脸、发出幼稚的傻笑或声调，有的患者表现为意向倒错。部分患者可有紧张症表现，如紧张性木僵表现为运动抑制，轻者动作缓慢、少语少动（亚木僵），重者终日卧床，不语不动，肌张力高，有时出现蜡样屈曲，可出现被动服从、主动性违拗、模仿动作和模仿言语；紧张性兴奋者表现为突然发生不可理解的冲动行为，言语内容单调刻板，行为无目的性。

3）不适当的情感：患者的情感表达与外界环境和内心体验不协调。常表现为情感的反应过度或不适当，比如为一点小事极端暴怒、高兴或焦虑，或情感倒错，或表现持续的独自发笑，或表现幻想性质的狂喜狂悲等。

2. 阴性症状　阴性症状是指正常心理功能的缺失，涉及情感、社交及认知方面的缺陷。意志减退和快感缺乏是最常见的阴性症状。

（1）**意志减退**：患者从事有目的性的活动的意愿和动机减退或丧失。轻者表现为安于现状，无所事事，对前途无打算、无追求、不关心，个人卫生懒于料理。重者终日卧床少动，孤僻离群，行为被动，个人生活不能自理，甚至本能欲望也缺乏。

（2）**快感缺乏**：表现为持续存在的、不能从日常活动中发现和获得愉快感，尤其是对即将参与的活动缺乏期待快感。

（3）**情感迟钝**：表现为不能理解和识别别人的情感表露或不能正确地表达自己的情感。患者在情感的反应性、面部表情、眼神接触、体态语言、语音语调、亲情交流等方面均存在缺陷。

（4）**社交退缩**：包括对社会关系的冷淡和对社交兴趣的减退或缺乏。表现为少与家人、亲友交往，性兴趣下降，难以体会到亲情与友爱，不主动参与社交活动。

（5）**言语贫乏**：言语的产生减少或缺乏。表现为言语交流减少，回答问题时内容空洞、简单，严重者几乎没有自发言语。

3. 焦虑、抑郁症状　部分精神分裂症患者在疾病过程中会体验到明显的抑郁和焦虑情绪，尤以疾病的早期和缓解后期多见。精神分裂症患者的抑郁、焦虑症状可能属于疾病的一部分，也可能是继发于疾病的影响、药物不良反应和患者对精神病态的认识和担心。

4. 激越症状　主要表现为以下两种情况。

（1）**攻击暴力**：部分患者可表现激越，冲动控制能力减退及社交敏感性降低，严重者可出现冲动攻击与暴力行为。

（2）**自杀**：部分精神分裂症患者在其疾病过程中会出现自杀企图。自杀行为多在疾病早期，或在入院或出院不久时发生。

5. 定向力、记忆和智能　精神分裂症患者对时间、空间和人物一般能进行正确的定向，意识通常清晰，一般的记忆和智能没有明显障碍。慢性衰退患者由于缺乏社会交流和难以接受新知识，可有智能减退。作为一个群体，精神分裂症患者表现出一系列较高级的认知功能缺陷，包括注意、执行功能、工作记忆、情节记忆、抽象概括和创造力等方面。

6. 自知力　精神分裂症患者在疾病发作期常缺乏自知力。自知力是影响治疗依从性的重要因素，自知力评估有利于治疗策略的制定。

【临床分型】

精神分裂症通常依据主要的临床症状区分为不同亚型,各型的区分并非绝对的。ICD-10 中包含精神分裂症各亚型的分型编码,ICD-11 中已不再使用这些临床分型,但了解精神分裂症传统的临床分型仍有其临床意义。

1. 偏执型　临床上最为常见。其临床表现以相对稳定的妄想为主,往往伴有幻觉(特别是幻听),较少出现显著的人格改变和衰退。

2. 紧张型　本型患者目前少见。患者常表现紧张性兴奋和紧张性木僵交替出现,亦可单独发生,以木僵多见。

3. 青春型　多发病于青春期,起病较急。临床主要表现为:言语增多,内容荒诞离奇,思维散漫甚至破裂;情感喜怒无常,表情做作,好扮鬼脸;行为幼稚、常有兴奋性冲动。患者的本能活动(性欲、食欲)亢进,也可有意向倒错。

4. 单纯型　起病缓慢,以阴性症状为主,幻觉和妄想不明显。逐渐出现日益加重的孤僻退缩、情感淡漠、懒散、丧失兴趣、社交活动贫乏、生活毫无目的。

【诊断和鉴别诊断】

(一)ICD-11 精神分裂症诊断核心特征

至少具备下列症状中的 2 项,且症状在 1 个月或 1 个月以上的大部分时间内持续存在,其中至少有 1 项症状符合 1~4 中的一项:

1. 持续的妄想　如夸大妄想、关系妄想、被害妄想。

2. 持续的幻觉　可以出现任何形式的幻觉,但最常见的是听幻觉。

3. 思维紊乱(思维形式障碍)　如词不达意及联想松弛、言语不连贯、语词新作。严重时患者的言语过于不连贯以至于无法被理解。

4. 被动体验、被影响或被控制体验　如个体体验到其感觉、动机、行为或思想不是由自己产生的、为被他人强加的或被抽走或思维被广播。

5. 阴性症状　如情感平淡、思维贫乏或言语贫乏、意志缺乏、社交缺乏或兴趣缺失。

6. 明显的行为紊乱　可以出现在任何有目的的活动中。如个体表现出怪异的或无目的行为或不可预知、不恰当的情绪反应干扰的行为。

7. 精神运动性症状　如紧张症性不安或激越、作态、蜡样屈曲、违拗、缄默或木僵。

这些症状并非由其他医疗状况(如脑肿瘤)引起,也不是物质或药物作用于中枢神经系统的效应所致(包括戒断反应)。

(二)鉴别诊断

1. 继发性精神病性障碍　患者的精神病性症状是继发于脑器质性疾病、躯体疾病或精神活性物质使用等。详细的病史采集、体格检查和实验室检查可有阳性发现。

2. 心境障碍　部分心境障碍患者可能出现幻觉、妄想等精神病性症状,其精神病性症状常常与患者的心境状态协调,受情绪状态影响。而精神分裂症患者其知情意通常不协调。

3. 焦虑障碍与强迫症　焦虑障碍与强迫症患者多数有较好的自知力,了解自己的病情变化和处境,求治心切,情感反应强烈。精神分裂症患者也可出现焦虑、强迫症状,但内容常离奇、荒谬、多变和不可理解,摆脱的愿望不强烈,痛苦体验不深刻。

【治疗和康复】

不论是首次发作还是复发的精神分裂症患者,抗精神病药物治疗应作为首选的治疗措施。健康教育、工娱治疗、心理社会干预等措施应贯穿治疗的全过程,即目前倡导的全病程治疗。

(一)抗精神病药物治疗

1. 抗精神病药物种类　可分为第一代抗精神病药与第二代抗精神病药。目前临床上以第二代抗精神病药为主,常用药物参见本篇第十三章第一节"药物治疗"部分。

2. 抗精神病药物用药原则　应系统而规范,强调早期、适量、足疗程、单一用药、个体化用药的原则。大多数情况下推荐口服治疗,对某些兴奋、激越患者可选择短期内非口服给药方式治疗。对绝大多数患者应选择单一用药,应从小剂量开始逐渐加至有效推荐剂量,剂量增加速度视药物特性及患者特质而定。

3. 药物治疗程序　急性期治疗一般 6~12 周,其主要目的是尽快控制症状,大多数患者在治疗 6 周左右可以达到症状缓解,多次发作的患者也应力争在 12 周内达到症状缓解。巩固期治疗至少 6 个月,主要目的是防止疾病复燃,协助患者恢复病前社会功能。维持期治疗疗程视患者个体情况而定,目的是防止疾病复发,进一步改善社会功能的整合和提高生活质量,多次复发患者应长期维持治疗。

4. 合并用药　如患者持续出现焦虑、抑郁和冲动等症状,可合用相应的药物对症处理。如患者经合适的抗精神病药物,甚至包括了氯氮平治疗,但仍表现持续的阳性精神病性症状,可合用辅助药物(增效药物)或电休克疗法(ECT),或联合使用不同种类的抗精神病药物。辅助药物包括苯二氮䓬类、心境稳定剂、抗抑郁药等。抗精神病药物的合用只有在单一用药(包括氯氮平)疗效不佳后才考虑。

5. 安全监测与不良反应的处理　在开始抗精神病药物治疗前均应常规检查血压、心率、体重指数,血常规,肝、肾、心功能,血糖、血脂、血电解质等,并在服药期间要定期复查对比,发现问题及时分析处理。常见药物不良反应及处理参见本篇第十三章第一节"药物治疗"。

(二)电休克疗法和改良电休克治疗

电休克疗法(electroconvulsive therapy,ECT)是以一定量的电流通过大脑,引起痉挛发作,从而达到治疗目的的一种方法。目前,国内医院已推广采用改良电休克治疗(modified electroconvulsive therapy,MECT)。该方法在通电前给予麻醉剂和肌肉松弛剂,使得通电后不发生抽搐,更为安全,也易被患者和家属接受。

药物治疗效果不佳或有木僵违拗、强烈自伤自杀行为、极度兴奋躁动、攻击行为的患者,急性治疗期可单用或合用电休克疗法。

(三)心理与社会干预

精神分裂症患者仅通过药物缓解精神症状是远远不够的,只有恢复原有的工作或学习能力并重建恰当稳定的人际关系时,才算达到全面的社会康复。这就要求对患者进行心理与社会干预。

1. 行为干预(社会技能训练)　基于学习理论,运用各种方式训练患者的各种技能,提高其社会适应能力。

2. 家庭干预　主要是心理健康教育、行为问题的解决、家庭支持及危机处理措施等。心理教育目的在于提高患者和监护人对疾病的理解,使家庭成员学习对待患者的正确态度;家庭危机干预可以指导患者及其家庭成员如何应对应激,减轻患者压力。

3. 社区治疗　积极的社区治疗是由精神科医师、护士、社会工作者和职业治疗师等组成的多学科团队,提供治疗、康复和支持性活动,以促进患者最终回归社会。

【预后】

精神分裂症患者的病程和起病多变,有些患者症状周期性地加剧和缓解,部分患者症状逐渐恶化,小部分患者症状可完全缓解。精神分裂症患者的阳性症状随着时间推移往往逐渐减少,而阴性症状通常持续存在,且与较差的预后密切相关。起病年龄较早的精神分裂症患者通常预后较差,而起病年龄较晚者的情感和社会功能维持得更好。给予患者良好的家庭社会支持,及时、系统治疗,维持服药依从性等有助于改善本病的预后。

精神分裂症的早期干预

研究表明,首次发作时患者处于精神病期的长短、临床疗效与远期预后关系密切。处于精神病状态的患者,脑中多巴胺、5-羟色胺和谷氨酸系统亢进,会对大脑神经元产生毒性作用,最终导致神经元功能的丧失甚至细胞的凋亡。神经元的功能衰退或丢失,是慢性病患者社会功能丧失和精神功能缺损的主要原因。因此,目前非常看重对首次发作的精神分裂症患者的治疗。

精神分裂症的早期干预一般指在患者出现精神病性症状后立即予以干预。在药物治疗方面,应强调低起始剂量,缓慢加量的原则,在此阶段的患者对药物的作用均较敏感。多数研究者建议,应选用第二代抗精神病药物。

本章小结

精神分裂症是一组病因未明的重性精神疾病,具有感知、思维、情感、认知和行为方面的异常,并导致明显的职业和社会功能损害。其发病是遗传、神经发育、神经生化、社会心理多种因素综合作用的结果。

精神分裂症的临床表现主要包括前驱期症状和显症期症状。显症期症状包括阳性症状、阴性症状、焦虑抑郁症状、激越症状、自知力缺乏等。

精神分裂症的治疗以药物治疗为主,药物治疗的原则是:早期、适量、足疗程、单一用药、个体化用药。物理治疗、心理与社会干预也有效。

病例讨论

患者,女,29岁。半年前,患者无明显原因逐渐变得孤僻,很少出门,下班回家不做家务,常独坐发呆又否认有心事,睡眠差。近3个月更为异常,长时间发呆,有时突然冒出"看你们究竟要怎样?"等话。1个月前患者拒绝上班,经常自言自语,有时大笑或者对空骂人。近2天通宵不眠,情绪激动,频繁自语、冷笑、对空谩骂,拒绝进食,说食物里有异味。既往体健,无烟、酒嗜好及其他精神活性物质使用史。家族史阴性。

体格检查:未见明显异常。

精神检查:患者衣着欠整,意识清晰,定向力完整。接触被动,目光警惕。存在幻听,称经常听到耳边有声音议论她,多是难听和威胁的话,但又看不到人。存在关系、被害妄想,自述半年前开始发现同事的眼神在"议论"她,还用监视器跟踪她,窃听她的手机通话;电视、报纸、网络上都有影射她的文章;不敢吃饭,觉得饭里被人下了毒药。情绪不稳,无自知力。

(徐云璐)

思考题

1. 哪些精神症状对诊断精神分裂症较有特异性?
2. 精神分裂症的病因涉及哪些方面?
3. 在诊断精神分裂症时,应注意与哪些精神障碍相鉴别?
4. 精神分裂症药物治疗的基本原则是什么?

ER 10-4-3

练习题

第五章 | 心境障碍

学习目标

1. 掌握：抑郁发作、躁狂发作的临床表现，抑郁障碍和双相障碍治疗常用药物和治疗原则。
2. 熟悉：抑郁障碍和双相障碍的诊断和鉴别诊断。
3. 了解：心境障碍的病因、发病机制。
4. 学会对抑郁障碍及双相障碍患者进行快速识别及处理。
5. 具备爱伤意识和客观对待心境障碍患者的职业素质。

案例导入

患者，男，30岁。患者3年前无明显诱因出现心情差，自卑，认为自己处处不如别人，自觉乏力，不愿出门，每天唉声叹气，干什么都没有兴趣。在家休息半年左右患者病情好转，心情如常。1个月前，患者渐出现说话多，精力旺盛，睡眠减少，半夜不睡觉找家人聊天，称自己要做大生意，将来可以赚大钱，要给家人买别墅、买汽车。白天活动多，到处找人聚餐，乱花钱、随意挥霍。

请思考：
1. 患者病史中存在哪些精神症状？
2. 患者目前处于什么状态？
3. 该患者最可能的诊断是什么？

心境障碍（mood disorder）是以显著而持久的情感或心境改变为主要特征的一组疾病。ICD-11中心境障碍包括抑郁障碍、双相障碍等疾病。

抑郁障碍（depressive disorder）是指由多种原因引起的以显著和持久的抑郁症状群为主要临床特征的一类心境障碍，核心症状是与处境不相称的心境低落和兴趣丧失。在上述症状的基础上，伴有不同程度的认知和行为改变，部分患者存在自伤、自杀行为。

双相障碍（bipolar disorder，BPD）也称双相情感障碍，是包括躁狂发作、混合发作、轻躁狂发作或相关症状在内的一类发作性心境障碍。典型特征是在病程中，上述发作类型与抑郁发作或抑郁症状交替出现。每次发作症状往往持续一段时间，对患者的日常生活和社会功能等产生不良影响。

知识拓展

心境障碍的分类

ICD-11仍然把双相障碍与抑郁障碍归入心境障碍大类。近年来的研究显示，抑郁障碍与双相障碍在临床表现、治疗、预后等方面存在明显的差异，遗传、影像等多方面的研究也提示这两类疾病具有明确的生物学异质性。在新版的DSM-5中，这两类疾病归入独立的疾病单元，被分开为抑郁障碍和双相障碍两个独立的章节。

【病因和发病机制】

心境障碍的病因及发病机制复杂,目前尚未完全阐明,其可能是生物因素、心理因素及社会环境因素等共同作用的结果。

(一)遗传因素

心境障碍患者一级亲属的患病率远高于其他亲属和一般人群,同卵双生子的同病率明显高于异卵双生子,由此可说明遗传因素占有重要地位。

(二)神经生化改变

1. 5-羟色胺(5-HT)假说 该假说认为 5-HT 功能活动降低可能与抑郁发作有关,5-HT 功能活动增高可能与躁狂发作有关。阻滞 5-HT 回收的药物(如选择性 5-HT 再摄取抑制剂)、抑制 5-HT 降解的药物(如单胺氧化酶抑制剂)均具有抗抑郁作用。

2. 去甲肾上腺素(NE)假说 该假说认为 NE 功能活动降低可能与抑郁发作有关,NE 功能活动增高可能与躁狂发作有关。阻滞 NE 回收的药物(如选择性 NE 再摄取抑制剂等)具有抗抑郁作用。

3. 多巴胺(DA)假说 该假说认为 DA 功能活动降低可能与抑郁发作有关,DA 功能活动增高可能与躁狂发作有关。阻滞 DA 回收的药物(安非他酮)具有抗抑郁作用,能阻断 DA 受体的抗精神病药物可以治疗躁狂发作。

(三)神经内分泌功能异常

许多研究发现,心境障碍患者有下丘脑-垂体-肾上腺轴、下丘脑-垂体-甲状腺轴、下丘脑-垂体-生长激素轴的功能异常。

(四)社会心理因素

应激性生活事件与心境障碍,尤其与抑郁发作的关系较为密切。如果多个严重不良的生活事件同时存在,则可能协同影响心境障碍的发生。

【临床表现】

抑郁障碍的临床表现主要是抑郁发作,双相障碍典型临床表现可有抑郁发作、躁狂发作、轻躁狂发作和混合发作。

(一)抑郁发作

抑郁发作以情感低落、思维迟缓、意志活动减退为主,即"三低"症状;发作至少持续 2 周,并且不同程度地损害社会功能或者给患者造成痛苦或不良后果。在与患者交流时,应尽可能理解其内心感受,鼓励患者表达并耐心倾听。

1. 情感低落、兴趣减退、快感缺失 主要表现为显著而持久的情绪低落,抑郁悲观。患者终日忧心忡忡、郁郁寡欢、愁眉苦脸、长吁短叹,甚至悲观绝望。典型的病例其抑郁心境具有晨重夜轻节律的特点。患者对各种过去喜爱的活动或事物丧失兴趣或兴趣下降,做任何事都提不起劲,即使勉强去做,也体会不到以前愉快的感觉。在情感低落的影响下,患者自我评价低,自感一切都不如人,将所有的过错归咎于自己,严重时可出现罪恶妄想。部分患者在躯体不适的基础上产生疑病观念,怀疑自己身患绝症等;还可能出现关系、被害妄想等。也有患者出现幻觉,以听幻觉较常见。

2. 思维迟缓 表现为思维联想速度减慢,患者自我感觉脑子反应迟钝,常见临床主诉为"脑子像是生了锈一样"或是"像涂了一层糨糊一样"。决断能力降低,变得优柔寡断、犹豫不决。临床上可见患者主动言语减少,语速明显减慢,语音变低,严重者甚至无法正常与他人交流。

3. 意志活动减退 患者意志活动呈显著持久的抑制。临床表现行为缓慢,生活被动、疏懒,不想做事,不愿和周围人接触交往,常独坐一旁,或整日卧床;严重时连吃、喝、个人卫生都不顾,甚至发展为不语、不动、不食,可达木僵状态,称为"抑郁性木僵",但仔细精神检查,患者仍流露痛苦抑郁情绪。伴有焦虑的患者,可有坐立不安、手指抓握、搓手顿足或踱来踱去等症状。

4. 自杀观念和行为 严重抑郁发作的患者常伴有消极自杀的观念或行为。这是抑郁障碍最危险的症状,应提高警惕。

5. 躯体症状 很常见,主要有睡眠障碍、食欲缺乏、体重下降、乏力、性欲减退、身体任何部位的疼痛、闭经等。躯体不适主诉可涉及各脏器。自主神经功能失调的症状也较常见。睡眠障碍特征性表现为早醒,一般比平时早醒 2~3 小时,醒后不能再入睡,这对抑郁发作诊断具有特征性意义。有的患者表现为入睡困难,睡眠不深;少数患者表现为睡眠过多、食欲增强、体重增加。

(二)躁狂发作

躁狂发作典型临床症状是情感高涨、思维奔逸和活动增多,即"三高"症状,可伴有夸大观念或妄想、冲动行为等。典型发作应至少持续 1 周,并有不同程度的社会功能损害。

1. 情感高涨 患者主观体验特别愉快,自我感觉良好,整天兴高采烈,得意扬扬;甚至感到天空格外晴朗,周围事物的色彩格外绚丽,自己亦感到无比快乐和幸福。患者这种高涨的心境具有一定的感染力,常博得周围人的共鸣。有的患者尽管情感高涨,但情绪不稳,时而欢乐愉悦,时而激动暴怒。部分患者临床上是以愤怒、易激惹、敌意为特征,甚至可出现破坏及攻击行为,但常常很快转怒为喜或赔礼道歉。注意与患者交谈时态度应和蔼。

患者情感高涨时,自我评价过高,可出现夸大观念,但内容并不荒谬。有时也可出现关系妄想、被害妄想等,多继发于情感高涨,且一般持续时间不长。

2. 思维奔逸 表现为联想过程明显加快,自觉思维非常敏捷,思维内容丰富多变,头脑中的概念接踵而至,有时感到言语跟不上思维的速度。常有言语增多、滔滔不绝,即使口干舌燥、声音嘶哑,仍要讲个不停,但讲话的内容较肤浅,且凌乱不切实际,常给人以信口开河之感。由于患者注意力随境转移,思维活动常受周围环境变化的影响致使话题突然改变,有的患者可出现音联和意联。

3. 活动增多、意志增强 表现精力旺盛,兴趣广泛,动作敏捷,想多做事、做大事,活动明显增多,但做任何事常常是有始无终,一事无成。对自己的行为缺乏正确判断,常常随心所欲,不考虑后果,如任意挥霍钱财。注重打扮装饰,但并不得体;乱开玩笑,行为轻浮。病情严重时,自我控制能力下降,举止粗鲁,甚至有冲动毁物行为。

4. 躯体症状 患者睡眠明显减少,终日奔波但无困倦感,是躁狂发作特征之一。由于患者自我感觉良好,精力充沛,常有交感神经亢进的症状如面色红润、两眼有神、瞳孔轻度扩大、心率加快。因患者极度兴奋,体力过度消耗,容易引起失水,体重减轻等。

5. 其他症状 患者的主动被动注意力均增强,主要表现为随境转移。部分患者有记忆力的增强,但对记忆的时间常失去正确的分界,以致与过去的记忆混为一谈而不连贯。多数患者在疾病的早期即丧失自知力。在发作极为严重时,患者呈极度的兴奋躁动状态,可有短暂、片段的幻听;也可出现意识障碍,有错觉、幻觉及思维不连贯等症状。

(三)轻躁狂发作

轻躁狂发作的症状本质上与躁狂发作相似,但症状的严重程度不足以导致个人、家庭、社交、学习、职业或其他重要领域的功能严重受损,也不需要加强治疗(如住院)以防止伤害自身或他人,并且不伴有妄想或幻觉。

(四)混合发作

躁狂症状和抑郁症状可在一次发作中同时出现,如抑郁心境伴有易激惹、思维奔逸或思维云集、言语增多、精神运动性激越,躁狂心境伴有心情烦躁、无价值感、无望感和自杀意念。抑郁症状和躁狂症状也可快速转换,因日而异,甚至因时而异。如果在目前的疾病发作中,两类症状在大部分时间里都很突出,则应归为混合性发作。

【诊断和鉴别诊断】

(一)抑郁障碍的诊断

1. 单次发作抑郁障碍 出现 1 次抑郁发作或有 1 次抑郁发作史,且不存在躁狂发作、混合发作或轻躁狂发作史。

2. 复发性抑郁障碍 存在至少 2 次抑郁发作史,可包括当前发作,两次发作之间有数月无明显的心境异常,且不存在躁狂发作、混合发作或轻躁狂发作史。

(二) 双相障碍的诊断

双相障碍多数为发作性病程,根据病程特点可分为双相障碍Ⅰ型和双相障碍Ⅱ型,发作间歇期精神状态可恢复病前水平。患者病史中应存在至少 1 次躁狂发作、轻躁狂发作或混合发作,部分患者病史中可无抑郁发作。临床上,我们把仅有躁狂发作,或者可能是由于服用抗抑郁药诱发的躁狂发作也归类于双相障碍。

1. 双相障碍Ⅰ型 其典型病程特征为反复出现的抑郁发作、躁狂发作或混合发作,病史中至少有 1 次躁狂发作或混合发作史。

2. 双相障碍Ⅱ型 其典型病程特征为复发性抑郁发作和轻躁狂发作,病史中至少分别有 1 次明确轻躁狂发作史和 1 次明确抑郁发作史。

(三) 鉴别诊断

1. 继发性心境障碍 此类患者一般有明确的器质性疾病、某些药物或精神活性物质使用史且时间上与情感症状关系密切。原发疾病好转,或在有关药物停用后,情感症状相应好转或消失。

2. 精神分裂症 精神分裂症患者可出现情感症状,其情感症状并非原发症状,患者的思维、情感和意志行为等精神活动是不协调的,病程多迁延而非间歇性。

3. 创伤后应激障碍 创伤后应激障碍患者常伴有抑郁症状,本病在起病前有严重的、灾难性的、对生命有威胁的创伤性事件,情感改变多为焦虑、痛苦、易激惹,波动性大。患者的抑郁症状不是主要临床相,也无晨重夜轻的节律改变;睡眠障碍多为入睡困难,创伤有关的噩梦、梦魇多见,与抑郁发作以早醒为特征表现不同。

【治疗】

(一) 抑郁障碍的治疗

抗抑郁药是当前治疗各种抑郁障碍的主要药物,能有效解除抑郁心境及伴随的焦虑、紧张和躯体症状。常用的抗抑郁药见本篇第十三章第一节"药物治疗"。此外,还可进行心理治疗和物理治疗。

1. 治疗原则

(1)**全病程治疗**:为急性期、巩固期和维持期治疗。急性期治疗以控制症状为主,尽量达到临床痊愈,为 6~12 周。巩固期治疗以防止病情复燃为主,此期间患者病情不稳定,应保持与急性期治疗一致的治疗方案,维持原药物种类、剂量和服用方法,为 4~9 个月。维持期治疗可以有效地降低抑郁症的复燃、复发率,一般认为至少 2~3 年,对于多次反复发作或是残留症状明显者建议长期维持治疗。

(2)**个体化合理用药**:选择抗抑郁药物时应遵循个体化原则,需结合患者的年龄、性别、伴随疾病、既往治疗史等因素,从安全性、有效性、经济性、适当性等角度为患者选择合适的抗抑郁药物及剂量。

(3)**单一用药和联合用药**:抗抑郁药应尽可能单一使用。当换药无效时,可以考虑联合用药。可选择 2 种作用机制不同的抗抑郁药联合使用,其他联用方式包括合并第二代抗精神病药、附加锂盐等。伴有精神病性症状时,可使用抗抑郁药和抗精神病药物联合用药。

(4)**停药**:对复发风险很低的患者,维持期治疗结束后可在数周内逐渐停药,如果存在残留症状,最好不停药。停药期间建议随访,密切观察停药反应或复发迹象,必要时尽快恢复原有药物的有效剂量。停用抗抑郁药期间应关注可能出现的撤药反应。

(5)**建立治疗联盟**:应与患者家属建立密切的合作关系,最大限度调动患者的社会支持系统,形成广泛的治疗联盟,提高患者的治疗依从性。

2.电休克疗法(ECT)和改良电休克治疗(MECT) 目前多采用 MECT,在急性期治疗中用于症状严重或伴精神病性症状的患者,有助于迅速缓解其自杀相关症状。

3.心理治疗 对有明显心理社会因素作用的抑郁障碍患者,在药物治疗的同时常须合并心理治疗。支持性心理治疗可帮助患者正确认识和对待自身疾病,引导患者觉察自己的情绪,并鼓励患者表达。也可适当选择认知行为治疗、系统式家庭治疗等治疗方法。心理治疗对轻中度抑郁障碍的疗效与抗抑郁药疗效相仿,但严重或内源性抑郁障碍往往不能单独使用心理治疗,须在药物治疗的基础上联合使用。

(二)双相障碍的治疗

1. 治疗原则

(1)**综合治疗**:应采取药物治疗、物理治疗、心理治疗(包括家庭治疗)和危机干预等措施的综合运用,其目的在于提高疗效、改善依从性、预防复发和自杀,改善社会功能和更好地提高患者的生活质量。

(2)**个体化治疗**:个体对精神药物治疗的反应存在很大差异,制订治疗方案时需要考虑患者性别、年龄、主要症状、躯体情况、是否合并使用药物、首发或复发、既往治疗史等多方面因素,选择合适的药物。

(3)**长期治疗**:双相障碍几乎终生以循环方式反复发作,其发作的频率远较抑郁障碍高,故应遵循长期治疗的原则。治疗可分为三个阶段,即急性期、巩固期和维持期。

(4)**心境稳定剂为基础治疗**:不论双相障碍为何种临床类型,都必须以心境稳定剂为主要治疗药物。常用的心境稳定剂见本篇第十三章第一节"药物治疗"。轻至中度的双相抑郁应避免使用抗抑郁药物,而单用心境稳定剂;重度或持续的双相抑郁患者在使用抗抑郁药物至症状缓解后应尽快撤用抗抑郁药物。

(5)**联合用药治疗**:根据病情需要可及时联合用药。药物联用方式有两种或多种心境稳定剂联合使用,心境稳定剂与苯二氮䓬类药物、抗精神病药物、抗抑郁药物联合使用。

2.电休克疗法(ECT)和改良电休克治疗(MECT) 对急性重症躁狂发作、极度兴奋躁动、锂盐治疗无效或不能耐受的患者有一定治疗效果,起效迅速,可单独应用或合并药物治疗。

【预后】

抑郁障碍的缓解率和复发率差异较大,大多数患者终生经历平均 4 次抑郁发作,而大约有半数患者在头 5 年内复发。随着抑郁发作次数的增加,复发的风险升高。患者经过抗抑郁治疗,大部分患者的抑郁症状可缓解或显著减轻,部分患者在发作间期仍持续存在抑郁症状,即部分缓解。故抑郁障碍患者需要进行维持治疗,预防复发。

双相障碍具有高患病率、高复发率、高致残率、高自杀率、高共病率、低龄化和慢性化等特点。大多数双相障碍患者可有多次复发。维持期治疗采取心境稳定剂联合心理治疗,并加强社会支持,对预防复发有重要作用。

本章小结

心境障碍是以显著而持久的情感或心境改变为主要特征的一组疾病,发病与多因素有关。

抑郁发作以情感低落、思维迟缓、意志活动减退为主,即"三低"症状;躁狂发作典型临床症状是情感高涨、思维奔逸和活动增多,即"三高"症状。此外双相障碍患者还可存在混合发作。

抑郁障碍的治疗以抗抑郁药为主,双相障碍的治疗以心境稳定剂为主。抑郁障碍和双相障碍都需要全病程治疗,预防复发。

患者,男,21岁。半年前与同寝室同学因小事争吵,随后出现沉默寡言,愁眉苦脸,言语明显减少,自觉反应迟钝、浑身乏力,不愿上课,不愿参加平时爱好的体育运动,经常待在寝室;睡眠不佳,经常早醒,上述表现持续约半月后逐渐缓解。1周前患者无明显诱因兴奋话多,经常在同学面前吹牛,夸自己能力强,将来要开上市公司、当老总等,经常请同学吃饭,出手大方;晚上仅睡3~4小时,半夜起床大声朗读,影响同学休息,同学劝止时,患者冲动发脾气。既往体健,无烟、酒嗜好及其他精神活性物质使用史。家族史阴性。

体格检查:未见明显异常。

精神检查:患者意识清,语量较多,语音高,语速较快,思维奔逸,存在夸大观念。情感高涨,情绪易激惹,意志活动增强,无自知力。

（徐云璐）

思考题

1. 抑郁发作有什么临床表现?
2. 双相障碍有怎样的病程特点?
3. 抑郁障碍与双相障碍抑郁发作的治疗有何不同?

ER 10-5-3

练习题

第六章 | 焦虑及恐惧相关障碍

教学课件　思维导图

学习目标

1. 掌握：广泛性焦虑障碍、惊恐障碍的诊断和治疗原则。
2. 熟悉：广泛性焦虑障碍、惊恐障碍的临床表现。
3. 了解：场所恐惧症的临床表现及治疗方法。
4. 学会对焦虑及恐惧相关障碍进行诊断，并选择合理的治疗方案。
5. 具备爱伤意识和友善对待焦虑及恐惧相关障碍患者的职业素质。

案例导入

患者，男，56岁。患者于6个月前无明显诱因逐渐出现情绪不稳定，表现急躁、坐立不安、心神不宁，总感到有什么事情要发生，整日忧心忡忡。同时伴有心悸、气短，手心出汗，胃肠道不适。多次去医院就诊，行心电图、心脏彩超、胃肠镜、胸部CT等检查，均未见异常。但患者自觉症状明显，不能正常工作，感觉自己心里很着急，不知道怎么才好，有时出去跑一大圈，也不能缓解，因此和妻子经常因为鸡毛蒜皮的事情发生争吵。

请思考：

1. 该患者目前的诊断可能是什么？
2. 如何治疗？

第一节　广泛性焦虑障碍

广泛性焦虑障碍（generalized anxiety disorder，GAD）是以广泛且持续的焦虑和担忧为基本特征，伴有运动性紧张和自主神经活动亢进表现的一种慢性焦虑障碍。患者往往能够认识到这些担忧是过度和不恰当的，但不能控制，因难以忍受而感到痛苦，常常因自主神经症状就诊于综合性医院，经历不必要的检查和治疗。

【病因和发病机制】

焦虑性人格特征和童年经历通常被认为是广泛性焦虑障碍的素质因素，本病常与生活应激事件相关，特别是有威胁性事件。神经生化方面，主要涉及 γ-氨基丁酸（GABA）、5-羟色胺（5-HT）、去甲肾上腺素（NE）水平异常。

【临床表现】

广泛性焦虑障碍起病缓慢，尽管部分患者可自行缓解，但多表现为反复发作，症状迁延，病程漫长者社会功能下降。

1. 精神性焦虑　精神上的过度担心是焦虑症状的核心。表现为对未来可能发生的、难以预料的某种危险或不幸事件经常担心。有的患者不能明确意识到担心的对象或内容，而只是一种提心吊胆、惶恐不安的强烈内心体验,称为自由浮动性焦虑。有的患者担心的也许是现实生活中可能将会发生的事情,但其担心、焦虑和烦恼的程度与现实很不相称,称为预期焦虑。警觉性增高可表现为对外界刺激敏感,易于出现惊跳反应;注意力难以集中,易受干扰;难以入睡、睡中易惊醒;易激惹等。

2. 躯体性焦虑 表现为运动性不安与肌肉紧张。运动性不安可表现搓手顿足、不能静坐、不停地来回走动、无目的小动作增多。肌肉紧张,严重时有肌肉酸痛,多见于胸部、颈部及肩背部肌肉,紧张性头痛也很常见,有的患者可出现肢体的震颤,甚至语音发颤。

3. 自主神经功能紊乱 表现为心动过速、胸闷气短、头晕头痛、皮肤潮红、出汗或苍白、口干、吞咽梗阻感、胃部不适、恶心、腹痛、腹胀、便秘或腹泻、尿频等症状。有的患者可出现月经紊乱、性欲缺乏等症状。

4. 其他症状 常合并疲劳、抑郁、强迫、恐惧、惊恐发作及人格解体等症状,但这些症状不是疾病的主要临床相。

【诊断及鉴别诊断】

(一) 诊断要点

1. 显著的焦虑症状,不限于任何特定周围环境的广泛焦虑,或对日常生活的诸多方面将发生不好的事情表现出过度的担忧。

2. 伴有肌肉紧张,交感神经活动亢进,主观体验到紧张、坐立不安,注意力集中困难,易激惹,睡眠障碍等。

3. 症状并非短暂出现,而是持续至少数月,且大部分时间都存在。

4. 持续的焦虑症状使患者感到明显痛苦,或导致其社会功能严重损害。

(二) 鉴别诊断

1. 躯体疾病相关焦虑 临床上对初诊、年龄大、无心理应激因素、病前个性素质良好的患者,要高度警惕焦虑是否继发于躯体疾病。

2. 精神障碍相关焦虑 精神分裂症患者也会出现明显的焦虑,只要发现有精神病性症状,就不考虑广泛性焦虑障碍的诊断。广泛性焦虑障碍与抑郁障碍有许多症状重叠,需分别评估抑郁和焦虑的严重程度和病程,且优先考虑抑郁障碍的诊断。

3. 药源性焦虑 许多药物在长期应用、过量或中毒、戒断时可致典型的焦虑症状。根据服药史可鉴别。

【治疗】

药物治疗和心理治疗的综合应用是获得最佳治疗效果的方法。

1. 药物治疗 SSRIs 和 SNRIs 对广泛性焦虑障碍有效,且药物不良反应少,患者接受性好,如帕罗西汀、文拉法辛等,目前已在临床上广泛使用。苯二氮䓬类药物起效快,治疗初期可以短期联合使用,以快速控制焦虑症状,注意适时停用,避免依赖。丁螺环酮是 5-HT$_{1A}$ 受体的部分激动剂,因无依赖性常用于广泛性焦虑障碍的治疗,但起效较慢。

2. 心理治疗 引导患者对焦虑体验有正确的认识,改变不良认知并进行认知重建,避免进一步加重焦虑。给予松弛训练、呼吸控制训练,鼓励患者进行适当的体育锻炼,并坚持正常生活工作。让患者家属了解疾病的相关知识,并给予理解及支持。

ER 10-6-3

广泛性焦虑障碍

第二节　惊恐障碍

惊恐障碍(panic disorder,PD)又称急性焦虑障碍,是指反复出现不可预期的惊恐发作的一种焦虑障碍。惊恐发作的临床特点是反复突然出现强烈的害怕、恐惧或不适，可有濒死感或失控感；发作时伴有明显的心血管和呼吸系统症状，如心悸、呼吸困难、窒息感等。

【病因和发病机制】

惊恐障碍可能与遗传有关，但目前遗传机制不清。神经生物学方面，与惊恐障碍相关的神经递质有5-羟色胺、多巴胺、去甲肾上腺素、γ-氨基丁酸等。患者常有童年创伤性事件、病前不良生活事件及人格因素。

【临床表现】

惊恐障碍的特点是莫名突发惊恐，随即缓解，间歇期有预期焦虑，部分患者有回避行为。

1. 惊恐发作 患者在无特殊的恐惧性处境时，突然感到一种突如其来的紧张、害怕、恐惧感，此时患者伴有濒死感、失控感、大难临头感；患者肌肉紧张，坐立不安，全身发抖或全身无力；常常有严重的自主神经功能紊乱症状，如出汗、胸闷、呼吸困难或过度换气、心动过速、心律不齐、头痛、头晕、四肢麻木和感觉异常等，部分患者可有人格或现实解体。惊恐发作起病急骤，终止迅速，通常持续20~30分钟，很少超过1小时，但不久可突然再发。发作期间始终意识清醒。

2. 预期焦虑 患者在发作后的间歇期仍心有余悸，担心再发和/或担心发作的后果，不过此时焦虑的体验不再突出，而代之以虚弱无力，需数小时到数天才能恢复。

3. 回避行为 部分患者对再次发作有持续性的焦虑和关注，害怕发作产生不幸后果，回避工作或学习场所等。部分患者置身于某些场所或处境时，可能会诱发惊恐发作，发展为广场恐怖症。

【诊断与鉴别诊断】

(一) 诊断要点

1. 惊恐发作时除了强烈的恐惧或焦虑外，伴有明显的自主神经症状如心悸、胸痛、恶心、腹部不适、头昏、出汗、发冷或潮热等，以及非真实感（人格解体或现实解体）、濒死感、失控感等。

2. 部分惊恐发作不限于任何特定的刺激或环境，具有不可预测性。

3. 惊恐发作后，患者持续（如数周）担忧或担心再次发作，或担心其可被感知的负面意义，或采取某些行为避免再次发作（如仅在有可信的人陪伴时才肯出门）。

4. 导致社会功能严重损害。

(二) 鉴别诊断

1. 心血管疾病 对于胸闷、胸痛、呼吸不畅、恐惧的患者首先需进行心电图和心肌酶学检查，以排除心血管疾病。二尖瓣脱垂也可通过相应的辅助检查予以排除。

2. 其他疾病 部分躯体疾病、药物使用应详细询问相关病史并及时进行相应实验室和功能检查予以鉴别。社交焦虑障碍和特定的恐惧障碍均可出现惊恐发作，此时不能诊断惊恐障碍。惊恐可继发于抑郁障碍，如果同时符合抑郁障碍的诊断标准，不应把惊恐障碍作为主要诊断。

【治疗】

1. 药物治疗

(1) **抗抑郁药**: SNRIs和SSRIs类抗抑郁药是治疗惊恐障碍最常用的药物，包括文拉法辛、氟西汀等。

(2) **抗焦虑药**: 常用的抗焦虑药物包括苯二氮䓬类和5-HT$_{1A}$受体部分激动剂。苯二氮䓬类抗焦虑作用起效快，常在发作初期合并使用。5-HT$_{1A}$受体部分激动剂通常起效较慢。常用的苯二氮䓬类药物有劳拉西泮、阿普唑仑等。常用的5-HT$_{1A}$受体部分激动剂有丁螺环酮和坦度螺酮。

(3) **其他辅助用药**: β受体拮抗剂如普萘洛尔等。

2. 认知行为治疗 是目前惊恐障碍的一线心理治疗，常用的治疗技术包括针对疾病的心理教育、错误信念的认知矫正、躯体不适症状的内感性暴露及呼吸控制技术等。

第三节　场所恐惧症

场所恐惧症（agoraphobia）是一种焦虑恐惧障碍，患者对多种场景（如乘坐公共交通、人多时或空旷场所等）出现明显的不合理的恐惧或焦虑反应，因担心自己难以脱离或得不到及时救助而采取主动回避这些场景的行为。发作时往往伴有显著的自主神经症状。患者虽然知道恐惧是过分的或不合理的，但仍然回避所害怕的场所和处境，使个体的工作、学习和其他社会功能受限。

【病因和发病机制】

场所恐惧症的遗传度据报道高达 61%。发病与儿童时期的负性和应激事件等明显相关。患者常有依赖性较强、内向、害羞、焦虑、敏感、倾向于回避问题等性格特点。

【临床表现】

场所恐惧症主要表现为患者害怕处于被困、窘迫或无助的情境，患者在这些自认为难以逃离、无法获助的环境中恐惧不安。这些情境包括乘坐公共交通工具、置身于人群、独自离家、在商场、剧院或排队，患者因而回避这些情境，甚至可能完全不能离家。患者常常有预期焦虑，持续地恐惧下一次发作的可能情境和后果。患者恐惧的程度可以是焦虑不安，此时称为场所恐惧症不伴惊恐发作，而恐惧达到惊恐发作时称为场所恐惧症伴惊恐发作。一个患者信赖的亲友陪伴可以明显减轻焦虑的程度。

【诊断与鉴别诊断】

（一）诊断要点

1. 置身于多种难以逃离或难以获得帮助的情境时，产生或预期产生明显且过度的恐惧或焦虑。

2. 个体对这些情境感到持续的恐惧或焦虑，因为害怕其导致特定的不良后果，如惊恐发作、惊恐症状或其他失能（如跌倒）或令人尴尬的躯体症状（如失禁）。

3. 患者主动回避以上情境，只有特定情况下（如有人陪伴）才会进入，否则就会承受强烈的恐惧或焦虑。

4. 症状并非短暂出现，即症状持续一段时间（如至少数月）。

（二）鉴别诊断

1. **正常焦虑**　正常人对某些事物或场合也会有恐惧心理，关键看这种恐惧的合理性、发生的频率、恐惧的程度、是否伴有自主神经症状、是否明显影响社会功能、是否有回避行为等。

2. **广泛性焦虑障碍**　场所恐惧症的焦虑由特定的情境引起，呈境遇性和发作性；而广泛性焦虑障碍的焦虑常没有明确的对象，常持续存在。

3. **强迫症**　强迫症的恐惧源于自己内心的某些思想或观念，怕的是失去自我控制，并非对外界事物恐惧。

【治疗】

1. **心理治疗**　认知行为治疗，是临床指南中推荐的一线心理治疗。对恐惧情境的系统脱敏疗法或暴露疗法对恐惧症效果良好。对伴有惊恐发作的场所恐惧症的患者在进行暴露的同时，需要使用基于认知心理生理模型的惊恐控制治疗技术。

2. **药物治疗**　苯二氮䓬类药物疗效迅速，对紧急情境下的强烈惊恐或焦虑很有效。阿普唑仑、劳拉西泮等均是最常用的苯二氮䓬类药物。对于伴有惊恐发作症状的场所恐惧症者使用药物治疗主要包括抗焦虑药和抗抑郁药。

恐惧、焦虑的作用

每个人都经历过恐惧与焦虑。恐惧是对已知的、外在的、明确的威胁的回应，而焦虑是一种弥漫性、不愉快、模糊的紧张感，是对未知的、内在的、模糊的威胁的一种回应。

恐惧、焦虑是一种警示信号，作为内部和外部威胁的提醒，帮助生物体应对当前或将要出现的危险状况。焦虑与恐惧有着类似的神经生物学机制，是当生物体面临将要出现危险、伤害、痛苦、无助、潜在惩罚时的一种正常、适应性的反应，促使机体采取必要的措施来防止或减轻威胁的后果。但如果在没有危险或者应激源的情况下出现，或者反应过度，且影响正常的社会功能，则可能构成精神卫生问题。

本章小结

广泛性焦虑障碍是以广泛且持续的焦虑和担忧为基本特征，伴有运动性紧张和自主神经活动亢进表现的一种慢性焦虑障碍。患者往往能够认识到这些担忧是过度和不恰当的，但不能控制，因难以忍受而感到痛苦，常常因自主神经症状就诊于综合性医院，经历不必要的检查和治疗。

惊恐障碍是指反复出现不可预期的惊恐发作的一种焦虑障碍。惊恐发作的临床特点是反复突然出现强烈的害怕、恐惧或不适，可有濒死感或失控感。

场所恐惧症是对多种情境出现明显的不合理的恐惧或焦虑反应，因担心自己难以脱离或得不到及时救助而采取主动回避这些情境的行为。

病例讨论

患者，女，19岁，高中补习生。患者6个月前进入高三补习班后开始出现睡眠差，紧张，心慌胸闷。上课易开小差，注意力无法集中，经常担心"考不上大学怎么办"，特别是考试时，"怕比其他人考得差"的念头总在头脑里不断闪现。学习成绩明显下降，经常敲自己的头，掐自己的手，想让自己平静下来好好读书，但难以做到。在苦恼不堪的情形下来院就诊。

（肖彩芳）

思考题

1. 试述广泛性焦虑障碍的临床表现及诊断要点。
2. 简述惊恐障碍的治疗原则。

ER 10-6-4

练习题

第七章 | 强 迫 症

ER 10-7-1 教学课件　ER 10-7-2 思维导图

学习目标

1. 掌握:强迫症的临床表现。
2. 熟悉:强迫症的诊断要点及治疗方法。
3. 了解:强迫症的病因和发病机制。
4. 学会对强迫症进行诊断,并选择合理的治疗方案。
5. 具备爱伤意识和友善对待强迫症患者的职业素质。

案例导入

患者,女,55岁。三年前因父亲患癌症在医院陪床,内心焦躁不安,觉得医院很脏,担心自己被细菌、病毒污染,传染上疾病。不敢坐医院的座椅,当不可避免接触医院的物品后内心不安,必须尽快反复洗手。回家后,在家不能清理厕所,不能倒垃圾,都由丈夫来料理,且要求丈夫必须洗手,在家里不能来回走动,以免把家给污染了,为此经常与丈夫拌嘴。患者知道自己这样的想法和行为是不合理的,但自己又不能控制,为此苦恼,来医院求治。

请思考:

该患者目前考虑诊断什么?

强迫症(obsessive-compulsive disorder,OCD)是一种以反复出现的强迫观念、强迫行为等为主要临床表现的精神疾病。多数患者认为这些观念和行为没有必要或不正常,违反了自己的意愿,但无法摆脱,为此感到焦虑和痛苦。其症状复杂多样,病程迁延,易慢性化,致残率较高,对社会功能有严重影响。

【病因和发病机制】

(一)遗传因素

患者的家系遗传、双生子遗传和基因关联研究均一致认为强迫症同遗传关系密切,具有明显的家族聚集性。

(二)神经生化因素

主要涉及中枢神经系统的5-HT、DA、谷氨酸和GABA能神经元的功能异常及相关神经递质,各种神经递质的失衡状态可能是强迫症的重要原因。一般认为强迫症的发生与脑内5-HT功能异常的联系最为密切,其最早和最有说服力的证据来自氯米帕明治疗强迫症的有效性。

(三)心理社会因素

精神分析理论认为强迫症的人格特点是过分追求完美、犹豫不决、敏感、人际关系欠佳、情绪不稳。行为主义理论认为强迫症是一种对特定情境的习惯性反应。强迫行为和强迫性仪式动作被认为是减轻焦虑的手段,这种动作仅能暂时减轻焦虑,从而导致仪式行为重复发生。

【临床表现】

强迫症的基本症状包括强迫观念和强迫行为,严重程度差异很大。

(一) 强迫观念

1. 强迫思维　强迫思维是以刻板形式反复进入患者头脑中的观念、表象或冲动思维,它们几乎总是令人痛苦的,内容常常为暴力、猥亵或毫无意义。患者往往试图抵抗,但不成功。虽然这些思维并非自愿且令人反感,但患者认为它是属于自己的。

2. 强迫怀疑　患者对自己所做过的事情的可靠性表示怀疑,需要反复检查、核对。如门窗是否关好,钱物是否点清等,而患者自己能意识到事情已做好,只是不放心而已。

3. 强迫性穷思竭虑　患者对一些常见的事情、概念或现象反复思考,刨根究底,自知毫无现实意义,但不能自控。如反复思考"究竟是先有鸡还是先有蛋""人为什么要吃饭而不吃草"。

4. 强迫对立观念　患者脑中出现一个观念或看到一句话,便不由自主地联想起另一个观念或词句,且性质对立。如想起"水",马上就联想到"火"。

5. 强迫联想　当患者看到、听到或想到某事物时,就不由自主地联想到一些令人不愉快或不祥的情境。如见到打火机,就联想到炸药爆炸的恐怖情景,见到有人抽烟就想到火灾。

6. 强迫回忆　不由自主地反复呈现出经历过的事情,无法摆脱,感到苦恼。

7. 强迫意向　患者体会到一种强烈的内在冲动要去做某种违背自己意愿的事情,但实际上不会转变为行动。患者知道这种冲动是非理性的、荒谬的,故努力克制,但内心冲动无法摆脱。如站在高处就想往下跳,走在路上就想撞向行驶的汽车等。

(二) 强迫行为

1. 强迫检查　多为减轻强迫怀疑引起的焦虑而采取的措施。常表现为反复检查门窗、煤气是否关好,电插头是否拔掉,账目是否搞错等,严重者检查数十遍还不放心。

2. 强迫洗涤　多源于怕受污染这一强迫观念而表现反复洗手、洗衣物、消毒家具等。自知没有必要,但控制不住。这种洗涤往往要遵循一定的程序。

3. 强迫询问　患者常常不相信自己,为了消除疑虑或穷思竭虑给自己带来的焦虑,常反复询问他人(尤其是家人),以获得解释与保证。

4. 强迫计数　患者整日沉浸于无意义的计数动作中,即使对偶然碰到的电话号码、汽车牌号等都要反复默记,或反复不断地数窗格、楼梯、楼层,浪费了大量时间而不能自控。

5. 强迫性仪式动作　是一些反复出现的、刻板的、过分的程序或仪式动作。如患者出门一定要先左脚迈出家门,如果没有这样做,则一定要退回来再迈一次。强迫性仪式动作可占去患者一天中的数小时,还可伴有明显的犹豫不决和行事迟缓。

(三) 回避行为

回避可能是强迫症最突出的症状,患者回避触发强迫观念和行为的各种情景,在疾病严重时回避可能成为最受关注的症状,而在治疗过程中,随着回避行为的减少,强迫行为可能会增加。

(四) 焦虑或抑郁症状

焦虑常继发于强迫思维和/或强迫动作;强迫症状加重时也常出现抑郁,抑郁症状的严重程度一般与强迫症状严重程度相关。

【诊断与鉴别诊断】

(一) 诊断要点

1. 存在持续的强迫观念、强迫行为,或两者皆有。

2. 强迫症状须占据一定时间(如每天出现 1 小时以上)。

3. 引起患者明显的痛苦,或导致社会功能严重损害。

(二) 鉴别诊断

本病需与精神分裂症、抑郁障碍所致的强迫症状鉴别。另外还需注意与疑病症、物质所致强迫性障碍等疾病相鉴别。

【治疗】

1. 心理治疗　目前强迫症的主要心理治疗方法有行为疗法、精神分析疗法、认知疗法、合理情绪疗法、森田疗法和支持性心理治疗等。目的是使患者对自己的个性特点和所患疾病有正确客观的认识,对现实状况有正确客观的判断,学习合理的应激处理方法,增强自信,减轻不安全感,同时鼓励患者积极从事有益的文体活动,使其逐渐从强迫的境地中解脱出来。

2. 药物治疗　药物治疗是强迫症的最主要治疗方法之一。具有抗强迫作用的药物有 SSRIs,如氟西汀、氟伏沙明;三环类抗抑郁药物,如氯米帕明等。其中,SSRIs 是目前的一线治疗药物。由于强迫症呈慢性病程,容易复发,因而其治疗原则是全病程治疗。一般建议急性期治疗 10~12 周,急性期治疗效果显著者,可进入为期 1~2 年的巩固期和维持期治疗。完成维持期治疗的患者,经系统评估后可考虑逐渐减药。

本章小结

强迫症是一种以反复出现的强迫观念、强迫行为等为主要临床表现的精神疾病。患者认为这些观念和行为没有必要或不正常,违反了自己的意愿,但无法摆脱而感到焦虑和痛苦。目前强迫症的治疗主要是药物治疗和心理治疗。

病例讨论

患者,男,25 岁。患者 2 年前开始莫名担心到处都是狂犬病毒,看到一只狗都会被吓得浑身发抖,几乎每天在家都要洗几个小时澡。患者天天想着去打狂犬病疫苗,打了狂犬病疫苗才觉得心里有安全感;平时上网总是去查有关狂犬病的知识,去书店也是去看有关狂犬病的书。他觉得自己活着很累,为自己悲哀,但又控制不住。

(肖彩芳)

思考题

1. 简述强迫症的临床表现。
2. 试述强迫症的诊断要点及治疗原则。
3. 如何鉴别精神分裂症的强迫症状与强迫症的强迫症状?

ER 10-7-3

练习题

第八章 | 应激相关障碍

教学课件

思维导图

ER 10-8-1

ER 10-8-2

学习目标

1. 掌握：创伤后应激障碍的临床表现。
2. 熟悉：应激相关障碍的病因和发病机制。
3. 了解：急性应激反应和适应障碍的诊断和治疗原则。
4. 学会对应激相关障碍进行诊断，对患者家属进行健康宣教。
5. 具备同理心，理解应激相关障碍患者的痛苦。

案例导入

患者，女，44 岁。8 年前，患者丈夫出差在外突遇意外而亡。在出差前，患者与丈夫曾为一件小事而吵架，丈夫一气之下说出了"我再也不回来了"的气话。丈夫过世后，患者悲痛欲绝，常常自责，认为是自己的过错导致丈夫再也无法回到这个家。自此以后无法继续上班，很少外出，生活非常被动，对自己的孩子也无法很好地照顾。常常呆坐一边，自言自语，不断地回顾当时夫妻吵架的情景，却很少回忆丈夫去世时的场景。患者述自从丈夫去世以后，几乎每天晚上做噩梦，梦见丈夫和自己吵架的情景。经常惊醒，害怕睡觉。

请思考：
1. 该患者起病的原因是什么？
2. 最可能的诊断是什么？

应激相关障碍是一类与精神创伤或精神应激有明显因果关系的精神障碍，其发生时序、症状内容、病程与预后等均与应激因素密切相关。

第一节 病因和发病机制

【应激源】

应激源（stressor）是作用于个体并使其产生应激反应的刺激物，为应激相关障碍的必备条件。本章所涉及的应激源多为突发、较为重大、持续性的负性事件，如突发灾害、家庭成员患病或死亡、严重的交通事故、目睹发生在他人身上的创伤性事件、对工作与学习环境的不适应、人际关系困难、迁居等。只有其强度和主观体验超出个体的耐受能力时，应激源才能成为应激相关障碍的致病因素。

【易感因素】

遭遇应激源（主要精神创伤或精神应激）后是否出现应激相关障碍以及障碍的表现形式和严重程度，除了与应激源的性质、强度和持续时间有关外，更重要的是与个体的一些易感因素有关。按照精神创伤性事件发生前后，易患因素包括：创伤前变量、围创伤期变量和创伤后变量。创伤前变量研究比较肯定的有：焦虑或抑郁个人史和/或家族史，既往创伤史如童年期受忽略、被遗弃、平均水平以下的智商、神经质等。围创伤期变量主要包括创伤性事件发生后个体精神和躯体反应情况,个体认知和社会支持程度等。除了某些创伤前变量及围创伤期变量如人格特质、社会支持等持续存在而成为创伤后变量外,创伤后变量还包括事后干预的及时性和有效性、创伤性事件后遭受的其他负性生活事件等。

【生物学因素】

大脑通过调节神经递质、受体、信号转导以及基因表达等,产生神经可塑性变化,通过电、化学活动对应激源产生应激反应。下丘脑-垂体-肾上腺轴(HPA 轴)是机体重要的控制和调节系统。当个体面对不可控制的状况而出现无助感时,HPA 轴会被激活。急性应激时 HPA 轴改变有利于机体产生适应性反应,而长期慢性刺激会造成 HPA 轴功能失调导致应激相关障碍的发生。炎症系统也参与了应激过程,急性应激时炎症系统的激活会释放大量的细胞因子,持续或反复的应激可引起炎症系统不可逆地激活,细胞因子水平长期处于升高状态,最终对机体造成损伤。

ER 10-8-3

应激相关障碍的病因和发病机制

第二节　急性应激反应

急性应激反应(acute stress reaction)是指在遭受到急剧、严重的精神创伤性事件后所产生的一过性的应激反应。患者遭受创伤后立即发病,一般在数天内或威胁状况消除后开始消退。症状往往历时短暂,病程不超过 1 个月,预后良好,可完全缓解。在新版 ICD-11 中不再将其列为一类疾病,而将其归类于"影响健康状态或与保健机构接触的因素"。

【病因】

引起急性应激反应的事件包括:①直接经历的创伤性事件,包括被威胁或实际对个体的暴力攻击;经历自然或人为灾害,如地震、飞机失事等;经历严重的事故,如重大交通事故、工业事故等。②目睹发生在他人身上的创伤性事件,事件必须是暴力或事故性的。③获悉亲密的家庭成员或亲密的朋友身上发生了创伤性事件。④反复经历或极端接触于创伤性事件的细节中。

【临床表现】

急性应激反应的症状变异性较大,典型表现为"茫然"状态、意识范围缩窄、意识清晰度下降、注意狭窄、定向错误、对周围的事物理解困难。也可在意识清晰状态下,反复出现闯入性回忆创伤性事件的情境,任何与创伤体验有关的情境均可诱发,患者因此回避各种与创伤有关的人或事。严重时出现分离性木僵或激越性活动增加(如逃跑反应)。常出现自主神经症状(心动过速、出汗、脸红等)。症状多在遭受创伤性事件后数分钟内出现,多在数天内消失,对于发作过程部分或完全遗忘。有些患者在病情严重阶段可出现片段的幻觉、妄想、严重的焦虑抑郁,可达到精神病性障碍的程度。

【诊断】

患者有严重的精神创伤事件,在数分钟至数小时发病。主要有闯入性创伤再体验、刻意回避提示物、过度警觉、分离症状等表现。社会功能严重受损,满足症状标准至少持续 3 天至 1 个月内。如果经历创伤事件 1 个月后症状还存在,则符合创伤后应激障碍的诊断。

【干预与治疗】

急性应激反应发生后,最主要的处理方法是进行危机干预和心理治疗。创伤性事件发生时是危机干预的最佳时机,大多遵循以下原则:提供脱离精神创伤性事件的环境,在客观危险消除和主观恐惧减轻后允许情绪宣泄;加强社会支持;帮助个体对创伤的强烈情绪反应正常化。心理治疗是缓解症状的首选方法,对于一些严重的症状可适当使用药物治疗。

第三节　创伤后应激障碍

创伤后应激障碍(post-traumatic stress disorder,PTSD)是指个体经历、目睹或遭遇到一个或多个涉及自身或他人的实际死亡,或受到死亡的威胁、严重受伤,或躯体完整性受到威胁后,所导致的个体延迟出现和持续存在的一类精神障碍。几乎所有经历这类事件的人都会感到巨大的痛苦,常引起个体极度恐惧、害怕、无助感。事件本身的严重程度是产生 PTSD 的先决条件。

【临床表现】

1. 当下再体验创伤性事件,创伤事件并不是被回忆起,而是被体验为此时此刻再次发生。这种症状通常以下形式出现:生动的闯入性记忆或影像;闪回,可从轻度到重度不等;反复出现的与创伤性事件相关主题的梦或梦魇。再体验通常伴随着强烈的或压倒性的情绪,例如害怕、极度恐慌和强烈的躯体感觉。当下的再体验可卷入与经历创伤事件时同样强度的压倒性的或被浸没的情感反应,而患者并不自知,这种情况可见于对创伤事件提示物的反应。

2. 刻意回避可能引起再体验创伤事件的提示物,其表现形式可以是主动对相关想法和记忆的内在回避,也可以是对引起创伤事件联想的人群、对话、活动或情景的外在回避。在极端的情况下,个体为回避创伤提示物,可能会改变其环境,例如搬到别的城市或换工作。

3. 持续感受到过高的现实威胁,如过度警觉,或对刺激表现出增强的惊跳反应。过度警觉的个体时刻准备保护自己免于危险,并且在特定情境或更广泛的情境下也会感觉自己或亲近的人处于即刻的威胁之下。为了保证安全,他们可能会采用新的行为方式,例如不背对着门坐、在汽车后视镜中反复查看。

4. 认知和心境的负性改变,患者对任何事情都兴趣索然,持续地不能体验到正性情绪。对他人和周围环境产生显著的非真实感,感到自己与外界疏远、隔离。情感范围狭窄,常有罪恶感。对创伤性事件的原因或结果出现认知歪曲,对自己、他人或世界出现放大的负性信念和预期,失去对人和事物的信任感和安全感,难以与他人建立亲密的关系。

【诊断与鉴别诊断】

诊断要点包括:

1. 经历极具威胁性或恐怖性的事件或情境后。

2. 以反复生动的闯入性记忆、闪回或梦魇的形式重新再体验当前的创伤性事件。通常伴随着强烈情绪反应,特别是紧张恐惧,以及强烈的躯体不适。

3. 刻意回避可能引起再体验创伤事件的提示物,包括避免相关的活动、情境或人物。

4. 过度警觉,可出现入睡困难或睡眠不深、易激惹、注意集中困难、过分地担惊受怕。

5. 症状在创伤后数日至半年内出现,持续至少数周,并导致社会功能严重损害。

创伤后应激障碍需要与心境障碍、其他应激障碍、焦虑及恐惧相关障碍等鉴别。

【治疗】

1. **心理治疗**　对于 PTSD 初期,主要采用危机干预的原则和技术,侧重提供支持,帮助患者接受所面临的不幸与自身的反应,鼓励患者面对事件,表达和宣泄相关的负性情绪。及时治疗对良好的预后具有重要意义。除了特殊的心理治疗技术外,为患者争取最大的社会和心理支持是非常重要的。常用的治疗包括认知行为治疗、团体心理治疗、眼动脱敏和再加工等。

2. **药物治疗**　抗抑郁药物是治疗各个时期 PTSD 最常见的选择,并且能够取得比较好的效果。SSRIs 类抗抑郁药的疗效和安全性好,不良反应轻,被推荐为 PTSD 的一线用药,如氟西汀等。近来的研究发现,新型非苯二氮䓬类抗焦虑药,如丁螺环酮等能改善 PTSD 的核心症状、认知障碍。其他药物还包括抗精神病药、β 受体拮抗剂等。

第四节　适应障碍

适应障碍(adjustment disorder)是指在明显的生活改变或环境变化时产生的短期的和轻度的烦

恼状态和情绪失调,常有一定程度的行为变化等,但并不出现精神病性症状。常见的生活事件有居丧、离婚、失业或变换岗位、迁居、转学、患重病、退休等。

【临床表现】

临床表现多种多样,包括轻度的情绪低落、无望沮丧、悲伤、哭泣等,感到不能应对当前的生活或无从计划未来,可伴有睡眠障碍、食欲变化和体重减轻,或有激越行为;焦虑紧张,担心害怕,可有神经过敏、心悸气短、胃肠不适等躯体症状。青少年可表现为品行障碍,儿童主要表现为尿床、吸吮手指等退行性行为。

【诊断与鉴别诊断】

个体对一种可识别的心理社会应激源或多种应激源表现出适应不良的反应,通常出现于应激事件发生后的 1 个月内。对应激源的反应表现为对应激源或应激后果的先占观念,包括过度担忧、反复出现有关应激源的痛苦念头或持续的思维反刍。一旦应激源及其后果终止,症状在 6 个月内消除。适应障碍需要与抑郁障碍和人格障碍鉴别。

【治疗】

以心理治疗为主,使患者认识和理解应激源背后的含义,即消除或减少潜在的应激源,改变对应激事件的态度和认识,培养应对和解决问题的技能,增强适应能力和自我管理压力的能力,消除或缓解症状,帮助患者早日恢复到病前的功能水平,防止病程恶化或慢性化。支持性心理治疗、家庭治疗、人际关系治疗、认知行为疗法等都可酌情选用。

必要时可采用药物对症治疗。对情绪异常较为明显的患者,可根据具体情况采用抗焦虑药物和抗抑郁药物等,以低剂量、短疗程为宜。在药物治疗的同时,心理治疗应该继续进行。

本章小结

应激相关障碍是一组与精神创伤或精神应激有明显因果关系的精神障碍。

急性应激反应患者在受刺激后立即(数分钟或数小时内)迅速发病,表现为强烈恐惧体验的精神运动性兴奋,行为有一定的盲目性,或精神运动性抑制,甚至木僵,如果应激源消除后,恢复完全。

创伤后应激障碍多数患者在创伤性事件后的数天至半年内发病,临床表现有闯入性创伤再体验、持续回避提示物、过度警觉、认知和心境的负性改变等,病程至少持续 1 个月,并导致社会功能严重损害。

病例讨论

患者,男,30 岁。患者 2 个月前开车回家途中遭遇严重车祸,妻子和 3 岁的儿子在车祸中不幸离世。1 个月前逐渐出现情绪紧张,恐惧感明显,不敢再开车,害怕听到汽车的声音,甚至连门都不敢出。夜间睡眠欠佳,经常做噩梦梦到妻子和儿子撞车的场景,常常因此惊醒。认为都是自己害了妻儿,每天抽烟喝酒,注意力不集中,容易发脾气,也不愿与人接触。

(肖彩芳)

思考题

1. 简述应激相关障碍的发病原因。
2. 试述急性应激反应的临床特点。
3. 简述创伤后应激障碍的诊断及治疗原则。

ER 10-8-4

练习题

第九章 | 分离性障碍

学习目标

1. 掌握：分离性神经症状障碍的临床表现。
2. 熟悉：分离性神经症状障碍的诊断及治疗。
3. 了解：分离性遗忘症、分离性身份障碍的临床特点。
4. 学会对分离性障碍进行快速识别，进行安抚和正确引导。
5. 具备客观对待疾病的职业精神，不以猎奇心理看待分离性障碍患者。

案例导入

患者，女，30岁。2年前患者行输卵管结扎术，术中听到医生讲了一句什么已"夹断"了，术后患者感下肢麻木，不能动弹。回家后卧床数周，自觉左腿仍然沉重，右腿逐渐恢复。经当地医院针灸、理疗，半年后可下地扶杖行走，右腿基本如常。某日听医生讲："半年不走，好腿也会瘫。"遂行走日感吃力，终又双腿不能动弹，卧床至今。意识清楚，合作，求医迫切。双下肢肌肉轻度萎缩，左侧较明显。双侧膝反射（＋）、双侧踝反射（＋），未引出病理征。骨盆X线未见异常。

请思考：

1. 该患者目前诊断可能是什么？
2. 该患者应进一步完善哪些检查？
3. 如何治疗？

在正常情况下，人们的意识、知觉、记忆、身份是一个有机的统一体。分离性障碍则是一类复杂的心理-生理紊乱过程，患者非自主地、间断地丧失部分或全部心理-生理功能的整合能力，在感知觉、记忆、情感、行为、自我（身份）意识及环境意识等方面失整合，即所谓的分离状态。这种状态可能是部分的或完全的，持续时间从几分钟至数年不等。

对重大应激性生活事件的经历和反应是引发本病的重要因素。童年期的创伤性经历可能是成年后发生分离性障碍的重要原因之一。暗示性高、情感丰富，但肤浅易变、爱幻想、人际关系中以自我中心、行为表演夸张等个性特征是分离性障碍发生的重要人格基础。

第一节　分离性神经症状障碍

分离性神经症状障碍（dissociative neurological symptom disorder）既往称为分离性运动和感觉障碍，是"转换"障碍的主要症状群，其最重要的临床特征是临床症状类似神经系统损伤，但查无实据。应激或内心冲突、人际冲突容易激发分离性神经症状，但并非所有患者都有明显的、现实的心理应激或创伤，一部分慢性疼痛、外伤患者也可出现上述症状。因此，ICD-11不再强调个体心理社会因素与症状的因果关系。

【临床表现】

主要临床表现是形式各异的运动和感觉障碍,但客观的神经系统检查和实验室检查不能发现导致这些运动和感觉障碍的器质性基础。症状严重常常导致患者的家庭、社会、教育、职业或其他重要功能受损。

1. 抽搐和痉挛 是一种类似于癫痫发作的状态,常于情绪激动或受到暗示时突然发病,症状包括突然倒地、痉挛,跌倒一般会避开危险,但没有昏迷、大小便失禁、唇舌咬伤、发绀等癫痫发作的其他临床特征和相应的脑电图改变。

2. 肢体瘫痪 可表现单个肌群、单侧肢体瘫痪、截瘫或偏瘫,伴有肌张力增高或降低。肌张力增高者常固定于某种姿势,被动活动时出现明显抵抗。慢性病患者可有肢体挛缩或呈现失用性肌萎缩。检查不能发现相应的神经系统损害证据。

3. 运动和步态异常 可为震颤、肌阵挛、舞蹈病样运动、肌张力障碍、运动不能等。也可表现为类似共济失调步态、怪异步态、没有帮助不能站稳等症状。但患者几乎不会跌倒或跌伤,有的患者在没有注意别人是否关注自己时、逃离危险环境时可正常行走。

4. 吞咽症状 患者可表现为喉咽部异物感、梗阻感,或喉部肌肉挛缩感,导致患者感到吞咽困难。

5. 失声症 患者因感到自己无法言语而表现缄默;或想说话,但发出的声音让别人听不懂,构音不清;或只能用耳语或嘶哑的声音交谈,甚至无法发声。检查神经系统和发音器官无器质性病变。

6. 感觉改变 可表现为躯体感觉的增加、减弱,或与既往的触觉、痛觉体验不一致,或本体感觉异常。

7. 视觉和听觉症状 可表现为弱视、失明、管窥、视野缩小、单眼复视、视物变形或幻视,以及听力突然丧失。

8. 意识改变 表现为恍惚、昏睡和其他意识改变状态。

9. 认知症状 可表现为在记忆、言语及其他认知领域的认知功能下降或改变。有的患者出现对简单的问题不能回答,给人"痴呆"感,但他们有时对复杂的问题有正常的认知能力。有的患者可表现为对提问的"近似回答",即患者总是给出接近正确答案的回答,好像其在故意回避正确答案。

【诊断】

患者正常的整合运动、感觉或认知功能出现非自主的扰乱或中断,持续至少数小时。临床诊查的结果与已知的神经系统疾病或其他医疗状况不相符,如步态障碍者可以跑步,失明者行走时可绕开障碍等。症状不是物质或中枢神经系统用药的效应,亦不是催眠或睡眠前后的梦样状态下出现的或某种睡眠-觉醒障碍所致的。

【治疗】

早期积极治疗对防止症状反复发作和疾病慢性化十分重要。在制订诊疗计划及初步开始实施治疗时,要建立和维持良好的医患关系,体现对患者积极的和一视同仁的关心,但不能过度,以免促成患者"继发获益"。心理治疗主要是让患者改变认知,要让患者认识到其所面临的心理社会因素与疾病的关系,同时促进患者发展成熟的应对方式。暗示治疗对患者的分离性神经症状有较好的疗效,包括觉醒时暗示(也称直接暗示)和催眠暗示两种。目前没有治疗分离性神经症状障碍的特异性药物,对患者伴随的其他症状如失眠、抑郁、焦虑等,可用精神药物给予对症治疗。

ER 10-9-3

分离性障碍

第二节　分离性遗忘症

分离性遗忘症（dissociative amnesia）的主要特征是患者不能回忆重要的个人信息，通常是创伤性的或应激性的事件，遗忘内容广泛，甚至包括个体身份。分离性遗忘症无法用正常的遗忘来解释，且不是由精神活性物质或神经系统及其他疾病的直接生理作用导致的。

【临床表现】

急性分离性遗忘症的患者常常经历了心理社会因素相关的巨大打击，患者体验了无法忍受的羞辱、内疚、愤怒、失望和绝望。患者可能表现为无法回忆特定时间段相关事件或全部事件，甚至表现为无法回忆起一生的全部事情，或无法回忆某一系统性信息，如与家人或某人相关的所有信息。

临床中将分离性遗忘症按照是否伴有分离性漫游分为两类，伴分离性漫游的患者除具有分离性遗忘症的特征外，还出现个体丢失了对身份的感觉，突然离开家、工作或重要他人，开始一段较长时期的出走（数日或数周）。

【诊断】

患者无法回忆起重要的自传体记忆，通常是关于最近的创伤或应激事件的记忆，这种记忆缺陷与平常的遗忘不相符。不是某种物质或药物作用于中枢神经系统的效应，也不是某种中枢神经系统疾病或其他医疗状况或脑外伤导致的。不能被其他精神障碍更好地解释。导致社会功能的显著损害。

【治疗】

本病主要给予心理治疗。认知疗法可能对经历创伤障碍的个体有独特的优势，识别创伤基础上的认知扭曲可能为失忆患者提供进入自己记忆的可能。催眠可以控制、调节症状的强度，便于控制唤回的分离性记忆，同时在催眠中唤起患者既往的资源，给患者提供心理支持和自我强化，最终促进分离性记忆整合到现实中。

第三节　分离性身份障碍

分离性身份障碍（dissociative identity disorder）既往被称为多重人格障碍，患者身上存在两种或两种以上不同的身份或人格，每一种都表现出一种独特的自我体验，有独特的与自身、他人和世界的关系模式。在患者日常生活中，至少有两种分离的身份能够发挥作用，并反复对个人的意识和心理进行控制，所有其他的分离性症状都可出现在患者身上，如遗忘、神游、人格解体、现实解体等。

【临床表现】

1. **记忆的分离**　患者有一段时间记忆缺失，这种缺失不是遗忘，因为当患者进入到另一种身份时可能回忆起在其他身份中缺失的记忆片段；由于这种缺失不完整，进入一种身份时可能会受到另一身份相关片段记忆的干扰，患者为此感到非常困惑。

2. **分离性身份的改变**　患者常常在不同的时间体验不同的精神活动，有两种或两种以上相对独立的人格特征及行为，不同时间的不同人格特征彼此独立，没有联系，常交替出现。

3. **其他症状**　患者常常伴有抑郁心境，大多数分离性身份障碍的患者符合抑郁发作的诊断标准。患者常常有频繁、快速的情绪波动，但常由创伤后和分离症状所引起。有些患者可能出现PTSD相关的症状如焦虑、睡眠障碍、烦躁不安等症状。

【诊断】

患者出现身份的中断，表现为出现两种或更多独立的人格状态。对于自我、身体和环境，每种人格状态均有自己的体验、感知、计划以及讲述的模式。至少有两种独立的人格状态反复地操控个体的意识与他人及环境互动的功能。人格状态的改变常伴有感觉、知觉、情感、认知、记忆、运动控制和行为的转换。通常会出现遗忘症的发作,但不同于正常的忘记。

分离性身份障碍需要与诈病相鉴别。诈病者常常夸大、撒谎,利用症状来解释反社会行为;而分离性身份障碍患者通常会感到困惑、矛盾、羞愧,并因其症状和创伤史而苦恼。

【治疗】

心理治疗是对分离性身份障碍的主要治疗方法,包括精神分析、认知行为治疗、催眠治疗、家庭治疗等;恰当的家庭治疗和系统理论有助于那些主观将自我体验与家庭、同伴关系复杂化的患者。抗抑郁药物有减轻抑郁和稳定情绪的作用。SSRIs、SNRIs 类药物、三环类和单胺氧化酶抑制剂等抗抑郁药、β 受体拮抗剂、抗惊厥药和苯二氮䓬类药物都可以减少分离性身份障碍患者过度警觉和焦虑症状。

本章小结

分离性障碍是一类复杂的心理-生理紊乱过程,在重大应激性生活事件的经历和反应等因素影响下患者处于分离状态,持续时间从几分钟至数年不等。

分离性神经症状障碍主要临床表现是形式各异的运动和感觉障碍,但客观的神经系统检查和实验室检查不能发现导致这些运动和感觉障碍的器质性基础。

分离性障碍主要给予心理治疗,目的是让患者改变认知,要让患者认识到其所面临的心理社会因素与疾病的关系,同时促进患者发展成熟的应对方式。

病例讨论

患者,女,58 岁,平时和丈夫关系很好。半年前其丈夫因脑梗死而瘫痪在床,患者目睹了发病过程。之后患者在照顾丈夫时,感到右侧头痛,怀疑自己大脑也有了梗死,随之感觉右侧胳膊不能抬起,甚至有时出现右腿也无法正常行走,经家人开导后症状能够缓解,恢复正常。这种情况反复出现数次,患者曾到多家医院就诊,行常规头颅 CT、MRI 等检查均未见异常。

(肖彩芳)

思考题

1. 试述分离性神经症状障碍的诊断及治疗原则。
2. 简述分离性遗忘症的临床特点。

ER 10-9-4

练习题

第十章 | 躯体痛苦障碍

教学课件

思维导图

学习目标

1. 掌握：躯体痛苦障碍的临床表现。
2. 熟悉：躯体痛苦障碍的诊断和治疗原则。
3. 了解：躯体痛苦障碍的病因。
4. 学会对躯体痛苦障碍进行诊断，并选择合理的治疗方案。
5. 具备同理心，耐心细致对待躯体痛苦障碍患者的职业素质。

案例导入

患者，女，48岁。患者平素性格内向、工作认真。5年前因琐事与同事发生矛盾，逐渐感到头痛、眩晕、恶心、食后上腹有饱胀感、乏力、周身不适，有游走不定的灼烧感、腰痛、四肢疼痛、胸闷、心悸，尤其怕冷，夏天还穿毛衣。先后辗转于多家大医院各个科室就诊，进行过多次实验室化验和心电图、胃镜、B超、X线等检查，均无异常发现，服用多种药物对症治疗，但症状时轻时重，一直未治愈。患者常为疾病不能康复而紧张不安，与家人关系紧张，并仍不断四处就医。近2年无法坚持工作。

请思考：
该患者目前考虑诊断什么？

躯体痛苦障碍是以持续存在躯体症状为特征的精神障碍。这些躯体症状给患者造成了痛苦，使患者过度关注，产生反复就医行为，并引起多领域的功能损害。经多方检查，不能肯定这些主诉的器质性基础，或者患者对疾病的关注程度明显超过躯体疾病本身的性质及其进展的程度。

【病因和发病机制】

本组障碍的确切病因尚不明。目前研究结果显示躯体痛苦障碍相关发病因素涉及心理、社会因素及生物学等方面。躯体痛苦障碍可有家族聚集性，其家族聚集性可以受到遗传、环境因素共同的影响。儿童期的患病经历、创伤，长期与慢性疾病患者共同生活，生活中存在的现实冲突等因素，可能是易患因素。患者多具有敏感、多疑、固执、过度关注躯体痛苦的症状和自身的健康状况的性格特点。

【临床表现】

（一）躯体痛苦障碍患者的共同临床特点

1. 所述症状复杂、多样，但未能找到明确的器质性依据，临床表现为症状多变、反复出现。
2. 反复检查和治疗，疗效不好，患者常常拒绝接受精神障碍的诊断及治疗。
3. 获得的诊断名称含糊、多样，各种模棱两可的诊断或者假阳性的实验室检查结果会增加患者的疾病感，强化反复求医行为，增加疾病负担。
4. 患者病前常有应激相关问题，病后的应激又加重了疾病感。

（二）躯体痛苦障碍的常见临床表现

主要表现为受自主神经支配的器官系统的各种症状主诉。通常有两个特点：一是以自主神经兴奋的客观体征为基础，如心悸、出汗、脸红、震颤；二是非特异性症状，如部位不定的疼痛、灼烧感、沉重感、紧束感、肿胀感等。但任何一种类型症状都无法找到有关器官和系统存在器质性病变的证据。

【诊断与鉴别诊断】

（一）诊断要点

患者存在痛苦的躯体症状，通常涉及多个躯体症状，这些症状可能随时间而变化。躯体症状（不一定是相同症状）在一段时间（如至少3个月）的大部分时间均存在。患者对症状过度关注，坚信症状会带来健康影响或严重后果，到处反复就医。恰当的医学检查及医生的保证均不能缓解对躯体症状的过度关注。症状及相关的痛苦和专注导致其社会功能严重损害。

（二）鉴别诊断

需要与疑病症、抑郁障碍、精神分裂症等鉴别。

【治疗】

治疗开始时，要重视医患关系的建立，要以耐心、同情、接纳的态度对待患者的痛苦和诉述，理解他们躯体体验的真实性。心理治疗目的在于让患者逐渐了解所患疾病性质，改变其错误的观念，解除或减轻精神因素的影响，使患者对自己的身体情况与健康状态有一个相对正确的评估，逐渐建立对躯体痛苦的合理性解释。目前常用的心理治疗方法有认知疗法、认知行为治疗、精神分析、支持性心理治疗等，不同的心理治疗方法各有千秋，临床上均可选用。目前对躯体痛苦障碍进行药物治疗应权衡利弊。药物治疗主要是针对患者的抑郁、焦虑等情绪症状，选择抗抑郁或抗焦虑治疗。另外，对有偏执倾向、确实难以治疗的患者可以慎重使用小剂量非典型抗精神病药物，以提高疗效。

知识拓展

ICD-11 躯体痛苦障碍与 DSM-5 的躯体症状及相关障碍的比较

躯体痛苦障碍是 ICD-11 提出的新疾病名称，与 DSM-5 的躯体症状及相关障碍部分相当，主要涵盖"医学无法解释的躯体症状"，或者"查无实据"的功能性躯体疾病等，但两种分类也有区别。

在 ICD-11 中，躯体痛苦障碍按照严重程度分为轻、中、重度躯体痛苦障碍，涉及各个系统。在 DSM-5 中躯体症状及相关障碍包括疾病焦虑障碍（illness anxiety disorder），即既往的疑病症、转换障碍、影响其他躯体疾病的心理因素、做作性障碍等。但 ICD-11 将疑病症放入强迫及相关障碍，将转换障碍归到分离性障碍。

本章小结

躯体痛苦障碍是以持续存在躯体症状为特征的精神障碍。这些躯体症状给患者造成了痛苦，患者反复就医，恰当的医学检查及医生的保证均不能缓解对躯体症状的过度关注。社会功能严重损害。目前躯体痛苦障碍的治疗主要是心理治疗，辅以药物治疗。

病例讨论

患者，女，55岁。患者儿子1年前离婚，之后患者反复出现胸口隐痛，刚开始休息一下就能恢

复,后来连脖子、肩膀甚至肚子也逐渐出现了疼痛,且晚上入睡困难,白天疲乏无力。在当地医院做了全面检查未见异常结果,但患者症状仍反复出现,后续伴有心慌、胸闷、腹痛,甚至感觉比之前更严重了。反复前往各家医院就诊,医师告知其检查结果无问题,患者表示怀疑,要求家人带其到大医院去诊治。

(肖彩芳)

思考题

1. 简述躯体痛苦障碍的临床特点及诊断要点。
2. 躯体痛苦障碍治疗时应注意哪些问题?

ER 10-10-3

练习题

第十一章 | 智力发育障碍

ER 10-11-1
教学课件

ER 10-11-2
思维导图

学习目标

1. 掌握：智力发育障碍的临床表现。
2. 熟悉：智力发育障碍的诊断。
3. 了解：智力发育障碍的病因和治疗。
4. 学会对智力发育障碍患者进行识别，并选择合理的治疗方案。
5. 具备同理心，耐心细致对待智力发育障碍患者的职业素质。

案例导入

患儿，女，8岁，小学二年级学生，因学习成绩差就诊。患者7岁入学，老师发现患者上课时能安静听课，但反应速度慢，记忆力差，经常不能独自完成课堂作业，需要老师辅导，学习成绩各学期均不及格。在学校尊敬老师，与同学能和睦相处，在家性格温顺，能做整理被子、扫地等简单家务。患者母孕期正常，分娩时脐带绕颈。2岁以后开始学步，2岁半开始学喊"爸爸，妈妈"。4岁时进幼儿园，但自我照顾能力比其他同龄儿童差。过去无重大疾病史。父母非近亲结婚。无精神和神经疾病家族史。躯体检查无阳性体征。

请思考：

1. 患儿目前的诊断可能是什么？
2. 应进一步完善哪些检查？

智力发育障碍（disorders of intellectual development）又称智力障碍，或智力残疾（intellectual disability），是发生于发育阶段，即中枢神经系统发育成熟（18岁）之前，以智力发育迟缓和社会适应能力低下、未能达到相应年龄水平为主要临床表现的一种神经发育障碍。

【病因】

1. 遗传因素

（1）**染色体异常**：常见的有唐氏综合征，为G组第21对染色体三体型，先天性睾丸发育不全为男性X染色体数目增多，先天性卵巢发育不全为女性缺少1条X染色体；染色体结构异常最常见的为脆性X综合征。

（2）**基因异常**：DNA分子结构异常使机体代谢所需酶的活性不足或缺乏，导致遗传代谢性疾病，有智力障碍临床表现。其中苯丙酮尿症、半乳糖血症等常见。

（3）**先天性颅脑畸形**：如家族性小脑畸形、先天性脑积水、神经管闭合不全等疾病都可能导致智力障碍。

2. 围生期有害因素

（1）**感染**：母孕期各种病毒、细菌、螺旋体、寄生虫等感染，如巨细胞病毒、风疹病毒、流感病毒、肝炎病毒、HIV、弓形虫、梅毒螺旋体等。

（2）**药物**：很多药物可导致智力障碍，特别是作用于中枢神经系统、内分泌和代谢系统的药物，以及抗肿瘤和水杨酸类药物。

（3）**毒物**：环境、食物和水被有害物质污染，如铅、汞等。

（4）**放射线和电磁波。**

（5）**妊娠期疾病和并发症**：孕妇患各种疾病，如糖尿病、严重贫血、肾脏病、甲状腺疾病等，先兆流产、妊娠高血压、先兆子痫、多胎妊娠等。

（6）**分娩期并发症**：前置胎盘、胎盘早期剥离、胎儿宫内窘迫、脐带绕颈、产程过长、产伤、早产等使胎儿颅脑损伤或缺氧。

（7）母亲妊娠年龄偏大、营养不良、抽烟、饮酒，遭受强烈或长期的心理应激产生持续的情绪抑郁、焦虑等都可能与智力障碍有关。

（8）**新生儿疾病**：未成熟儿、低出生体重儿、母婴血型不合所致核黄疸、新生儿肝炎、新生儿败血症、胎儿颅缝早闭等。

3. 出生后不良因素

（1）**脑损伤**：脑炎、脑膜炎等中枢神经系统感染，颅内出血，颅脑外伤，脑缺氧（溺水、窒息、癫痫、一氧化碳中毒、长时间呼吸困难），甲状腺功能减退，重度营养不良等。

（2）**听觉或视觉障碍**：儿童接受环境中的听觉和视觉刺激少，影响智力发育。

（3）**家庭和社会环境**：贫困与社会隔离等因素使儿童缺乏接受文化教育或人际交往机会，影响智力发育。

【临床表现】

主要表现为不同程度的智力低下和社会适应困难，WHO 根据智商（intelligence quotient，IQ）将智力障碍分为以下 4 个等级。

1. 轻度 占该病的 85% 以上，智商在 50~69 之间，成年后智力水平相当于 9~12 岁正常儿童。患者在学习和理解复杂的语言概念及学习技能方面表现出困难。在幼儿期即可表现出语言发育延迟、理解和分析能力差、抽象思维发展落后，最终难以或只能勉强完成小学学业。大部分患者日常生活能自理。

2. 中度 约占该病的 10%，智商在 35~49 之间，成年后智力水平相当于 6~9 岁正常儿童。患者从幼年开始智力和运动发育均明显较正常儿童迟缓，发音含糊不清，词汇贫乏以致不能完整表达意思，不能适应普通小学的学习。生活技能差，经训练后能学会一些简单的生活技能，在监护下可做简单重复的劳动。

3. 重度 占该病的 3%~4%，智商在 20~34 之间，成年后智力水平相当于 3~6 岁正常儿童。语言发育水平低，有的基本不会说话，有的重复单调无目的的动作行为，生活能力差；长期反复训练可学会部分简单的生活技能，如自行进食、如厕等，但成年后生活不能自理、不会任何活动，终身需要人照顾。躯体检查多有异常，多伴有各种畸形。

4. 极重度 占该病的 1%~2%，智商在 20 以下，成年后智力水平约为正常 3 岁以下儿童。智力水平极低，语言功能丧失，运动功能损害显著，甚至终身不能行走，难以从教育训练中获益，生活能力极低，大多完全依靠他人生存。往往具有严重遗传代谢性疾病、严重的中枢神经系统畸形，大多数患者因生存能力薄弱及患严重疾病而早年夭折。

其他表现包括：①躯体疾病的症状和体征：先天性卵巢发育不全、先天性睾丸发育不全患者有第二性征发育障碍的症状和体征；结节性硬化患者有皮脂腺瘤、白斑、甲周纤维瘤和颗粒状斑等皮损。②精神症状：如注意缺陷、情绪易激动、冲动行为、刻板行为或强迫行为、自伤行为、幻觉等。

【诊断】

智力发育障碍的诊断必须具备下述 3 个条件,缺一不可:

1. 智力明显低于同龄人的平均水平,智力测试时智商低于人群均值两个标准差,一般智商在 70 以下。

2. 社会适应能力不足,表现在个人生活能力和履行社会职责有明显缺陷。

3. 起病于 18 岁以前。

如只有智商低于 70 但社会适应能力正常者不能诊断;18 岁以后的任何原因所致的智力倒退都不能诊断为智力发育障碍,而应称为痴呆。

【预防与治疗】

智力发育障碍一旦发生难以逆转,因此重在预防。例如,对碘缺乏患甲状腺功能减退症的地区,可推广碘化食盐进行预防。预防措施还有:产前遗传性疾病监测和遗传咨询,围生期保健和积极治疗围生期并发症,产前先天性疾病的诊断,新生儿遗传代谢性疾病筛查,高危儿童的健康筛查,预防和尽早治疗中枢神经系统疾病。此外,加强全社会的健康教育和科普宣传,提倡非近亲结婚、科学健康的生活方式等,都是预防智力低下的重要方法。

智力发育障碍的治疗原则是以教育和康复训练为主,辅以心理治疗,仅少数需要药物对伴随的精神症状进行对症治疗。

1. 教育和康复训练　主要涉及劳动技能和社会适应能力两方面。年龄越小,开始训练越早,效果越好。

2. 心理治疗　行为治疗能够使患者建立和巩固正常的行为模式,减少攻击行为或自伤行为。心理教育和家庭治疗使患者父母了解疾病的相关知识,减轻焦虑情绪,有助于实施对患者的教育和康复训练。

3. 病因治疗　适用于病因明确者,例如,苯丙酮尿症采用饮食疗法,先天性甲状腺功能减退给予甲状腺激素替代治疗,对先天性脑积水、神经管闭合不全等颅脑畸形可考虑相应外科治疗。随着医学技术的进步,对一些单基因遗传性疾病可能开展基因治疗。

4. 对症治疗　对于明显注意缺陷和活动过度者可用中枢兴奋剂如哌甲酯等药物治疗,对伴有精神运动性兴奋、攻击行为、自伤或自残等行为者可选用抗精神病药物。

本章小结

智力发育障碍是个体在 18 岁以前的发育阶段,由于遗传因素、围生期有害因素、出生后不良因素等引起的,主要表现为智力发育迟缓和社会适应能力低下。

智力发育障碍的诊断必须具备下述 3 个条件。缺一不可:①智力明显低于同龄人的平均水平,智力测试时智商低于人群均值两个标准差,一般智商在 70 以下。②社会适应能力不足,表现在个人生活能力和履行社会职责有明显缺陷。③起病于 18 岁以前。

治疗是以教育训练为主,药物治疗为辅。

病例讨论

患者,男,9 岁。自幼智力发育明显比同龄人缓慢,2 岁才开始学说话,反应迟钝,记忆力差,目前仅能掌握日常词汇,认识少量字,计算能力仅达到个位数加减法的水平,考试不及格。性格温顺,在学校遵守纪律,日常生活能自理。体格检查及神经系统检查无异常。身高体重正常,否认重大躯体疾病。家族史阴性。

体格检查：容貌正常，体格发育与年龄相符。生命体征平稳。神经系统查体未见异常。

辅助检查：血生化、脑电图、头颅 MRI 检查无特殊。智商测试 55 分。

（肖彩芳）

思考题

1. 试述智力发育障碍的诊断依据。
2. 请鉴别轻度、中度、重度智力障碍患者的临床表现。

ER 10-11-3

练习题

第十二章 | 失眠障碍

教学课件

思维导图

ER 10-12-1   ER 10-12-2

学习目标

1. 掌握:失眠障碍的临床表现和治疗。
2. 熟悉:失眠障碍的临床评估和诊断要点。
3. 了解:失眠障碍的病因和发病机制。
4. 学会识别失眠障碍并给予初步处理。
5. 具备关爱理解失眠障碍患者的职业精神,倡导健康睡眠。

案例导入

患者,女,50岁。1个多月前无明显诱因出现入睡困难,需要2~3小时才能睡着,严重时整夜不眠。睡眠浅,易醒,醒后不易再次入睡,多梦。因不满意睡眠而心烦、急躁。次日精神差、乏力,注意力不集中,记忆力差,明显影响家务及田间劳动。

请思考:

1. 患者有哪些症状?
2. 诊断为什么疾病?

睡眠与觉醒的平衡调节是脑的基本功能之一,睡眠问题也是日常就医行为中最常见的主诉之一。目前国际上有三个主要的睡眠障碍分类系统,睡眠障碍国际分类(International Classification of Sleep Disorders,ICSD)是睡眠专科医师使用的主要分类方法。DSM-5和ICD-11也对睡眠疾病进行了分类,在ICD-11中,"睡眠-觉醒障碍"独立成章,排列在"精神、行为与神经发育障碍"和"神经系统疾病"之间。

失眠障碍(insomnia disorders)是睡眠-觉醒障碍中较常见的一类疾病,患者尽管有适宜的睡眠机会和环境,依然对于睡眠时间和/或睡眠质量感到不满足,并引起相关的日间功能损害。失眠障碍可单独诊断,也可与精神障碍、躯体疾病或物质滥用共病,不仅会降低患者生活质量,影响个人的工作、事业发展,还可能引发一系列躯体和精神问题。

【病因和发病机制】

1. 遗传因素 睡眠时长和睡眠节律等睡眠-觉醒特征是被许多基因调控和可遗传的。候选基因研究指出,多个基因可能和失眠的发生相关。

2. 过度觉醒假说 失眠障碍患者可能处于高觉醒状态,并且不单是夜间睡眠时的过度觉醒,而是24小时存在生理性过度觉醒。

3. 3P假说 3P假说是解释从正常睡眠到慢性失眠进程的认知行为假说。3P是指失眠的易感因素(predisposing factor)、促发因素(precipitating factor)和维持因素(perpetuating factor)。易感因素包括年龄、性别、遗传及性格特征等,使个体对失眠易感;促发因素包括生活事件及应激等,引起失眠的急性发生;维持因素包括应对短期失眠所导致的不良睡眠行为(如延长卧床时间)和由短期失眠所导致的焦虑和抑郁症状等,使失眠得以持续。假定三个因素累积超过了发病所需要的阈值将会导致失眠的发生和维持。

4. 刺激控制假说　该假说认为,促进睡眠的因素不足或阻碍睡眠的因素增多即可导致失眠。失眠的刺激控制治疗就是要将阻碍睡眠的刺激与睡眠分离,并重新建立促进睡眠的刺激与睡眠之间的条件反射。

5. 认知模式　慢性失眠患者往往存在与失眠相关的不良认知模式,如容易出现与睡眠障碍相关的过度担心和不愉快的侵入性思维。这种过度担心可能会发展成为睡眠相关的焦虑,引起与失眠相关的警觉度增加。失眠的认知疗法在于重塑这些适应不良的认知过程。

【临床表现】
（一）失眠症状

1. 入睡困难　在适当的睡眠机会和环境条件下,不能较快理想入睡。入睡时间的临床意义有年龄差异,儿童和青少年入睡时间大于20分钟有临床意义,中老年人入睡时间大于30分钟有临床意义。

2. 睡眠维持困难　包括睡眠不实、睡眠表浅、夜间醒后难以再次入睡、早醒、睡眠不足等。早醒通常指比预期的起床时间至少提早30分钟,且与发病前正常睡眠模式相比总睡眠时间下降。

在失眠症状中,以入睡困难最多见,其次是睡眠表浅和早醒等睡眠维持困难,两种情况可单独存在,但通常并存,并且两者可以相互转变。

（二）觉醒期症状

失眠往往引起日间功能损害,常表现为疲劳或全身不适感,日间思睡,焦虑不安,注意力不集中或记忆力下降,有社交、家务、职业或学习能力损害等。对失眠的恐惧和对失眠所致后果的过分担心常常引起焦虑不安,使失眠者常常陷入一种恶性循环。日间活动的不足也会反过来影响睡眠,导致失眠的严重化和慢性化。

【临床评估】

1. 睡眠日记　睡眠日记是一种主观睡眠的评估方法,以24小时为单元,从当日早8点至第二日早8点,记录每小时的活动和睡眠情况,连续记录两周。可评估患者睡眠质量和睡眠-觉醒节律。

2. 量表评估　常用的量表包括失眠严重程度指数(insomnia severity index,ISI)、匹兹堡睡眠质量指数(Pittsburgh sleep quality index,PSQI)、清晨型与夜晚型睡眠量表、睡眠信念与态度量表、艾普沃斯嗜睡量表等。

3. 多导睡眠监测(polysomnography,PSG)　PSG是评估睡眠病理生理和睡眠结构的客观检查,并可排除、鉴别其他潜在的睡眠障碍。慢性失眠患者的PSG结果一般表现为睡眠潜伏期延长、睡眠效率下降、客观睡眠时间缩短、频繁的睡眠转期、非快速眼动睡眠(non-rapid eye movement sleep,NREM sleep)1期比例增加和慢波睡眠比例下降等。

4. 体动记录检查　体动记录检查是评估睡眠-觉醒节律、确定睡眠形式的有效方法。体动记录检查可通过数值和图表的形式反映醒-睡模式,估算睡眠潜伏时间、总睡眠时间、清醒次数、睡眠效率等。

5. 多次小睡睡眠潜伏时间试验(multiple sleep latency test,MSLT)　MSLT是通过患者白天小睡4~5次来判断其白天嗜睡程度的一种检查方法。平均MSLT潜伏期越短,表示日间嗜睡程度越明显;平均MSLT潜伏期越长,表示警觉程度/生理性觉醒程度越高。慢性失眠患者的平均MSLT潜伏期较正常睡眠者显著延长,提示慢性失眠患者处于过度警觉或者过度觉醒状态。

【诊断和鉴别诊断】
（一）诊断

根据睡眠障碍国际分类,慢性失眠障碍(chronic insomnia disorder,CID)的诊断要点包括:①存在入睡困难、睡眠维持困难或早醒症状;②日间疲劳、嗜睡,社会功能受损;③上述症状每周至少出现 3 次,持续至少 3 个月。如果症状出现频率或病程不满足上述标准可称为短期失眠障碍(short-term insomnia disorder,STID)。

(二)鉴别诊断

失眠可以作为独立疾病存在(失眠障碍),也可以与其他疾病共同存在(共病性失眠障碍)或是其他疾病的症状之一。许多精神障碍、躯体疾病、精神活性物质或药物的使用均可伴有明显的失眠症状,需要进行系统的病史询问、体格检查、失眠相关临床检查以明确失眠的病因和共病障碍。因此,在作出失眠障碍的诊断前,须注意与焦虑、抑郁等精神障碍的鉴别以及排除其他常见睡眠障碍,如睡眠相关呼吸障碍、不宁腿综合征、睡眠-觉醒昼夜节律障碍、睡眠不足综合征等。

【治疗】

失眠障碍具有慢性、复发性或持续性倾向,一旦发生,应积极治疗。早期干预可有效防止短期失眠向慢性化发展。失眠障碍的治疗原则包括:增加有效睡眠时间和改善睡眠质量,改善失眠相关性日间功能损害,减少或消除短期失眠障碍向慢性失眠障碍转化风险,减少与失眠相关的躯体疾病或与精神障碍的共病风险。失眠障碍的治疗方法包括非药物治疗与药物治疗两大类。

(一)非药物治疗

1. 失眠认知行为治疗(cognitive behavioral therapy for insomnia,CBTI) 主要纠正失眠的维持因素中的不良行为和信念,是失眠障碍的一线治疗方案。失眠认知行为治疗主要包括睡眠限制、刺激控制、认知疗法、放松训练和睡眠卫生教育等方法。对于慢性失眠患者,失眠认知行为治疗与药物疗法的短期疗效相当,但长期来看失眠认知行为治疗疗效优于药物治疗。常用的睡眠健康指导有:避免频繁打盹,午睡不超过半小时并在下午 1 点半前完成午睡;避免长时间卧床,只有感到瞌睡时才上床,在床上不进行非睡眠相关活动;保持规律的就寝和起床时间;下午或晚间避免饮用茶、咖啡等兴奋性物质;临近就寝时避免烟酒及饱餐,避免从事兴奋性活动及妨碍睡眠的精神活动;睡前 3 小时避免剧烈的锻炼;睡眠中醒来不看钟表;调整卧室环境等。

2. 物理治疗 主要包括光照治疗、重复经颅磁刺激治疗、经颅直流电刺激治疗、生物反馈疗法等。

(二)药物治疗

药物治疗原则为:在病因治疗、认知行为治疗和睡眠健康教育的基础上,个体化、按需、间断、适量给药。连续给药一般不超过 4 周,如需继续用药,应每个月定期评估。应注意合理撤药,特殊人群谨慎给药。

1. 苯二氮䓬类药物 苯二氮䓬类药物主要通过非选择性与 γ-氨基丁酸-苯二氮䓬类受体结合而发挥作用,可缩短入睡潜伏期、提高睡眠效率,但会改变睡眠结构。常用药物有地西泮、艾司唑仑、劳拉西泮、氯硝西泮等。长期或高剂量服用可能会产生耐受、依赖等不良反应,突然停药可能会出现戒断症状、反跳性失眠等。

2. 非苯二氮䓬类药物 新型非苯二氮䓬类药物主要通过选择性与 γ-氨基丁酸-苯二氮䓬类受体复合物特异性结合发挥改善睡眠作用。常用药物有佐匹克隆、右佐匹克隆、扎来普隆、唑吡坦等。此类药物对睡眠结构影响较小,同时其不良反应相对较轻。

3. 具有镇静作用的抗抑郁药 目前多数药物未获批治疗失眠的适应证,但临床上常用于失眠合并有焦虑、抑郁情绪的患者,可根据患者的个体化病情酌情使用。常用药物有米氮平、曲唑酮、多塞平等。

4. 褪黑素受体激动剂 代表药阿戈美拉汀,也常用于失眠的治疗。

本章小结

失眠障碍是睡眠-觉醒障碍中较常见的一类疾病,患者尽管有适宜的睡眠机会和环境,依然对于睡眠时间和/或睡眠质量感到不满足,并引起相关的日间功能损害。

引起或促发失眠障碍的因素众多。失眠障碍主要表现为入睡困难、睡眠维持障碍和日间功能损害。对失眠障碍的诊断需要结合病史、体格检查、失眠相关临床检查综合判断。

失眠障碍的治疗包括失眠认知行为治疗、物理治疗、药物治疗等方面,综合治疗通常是最常用的治疗方案。

病例讨论

患者,女,28岁。2个月前患者与男友吵架后渐出现入睡困难,有时躺在床上数小时不能入睡;间断睡眠,经常夜里醒来。此后患者逐渐害怕入夜,总担心不能获得充足的睡眠。白天因睡眠不足感觉疲乏、困倦,注意力不集中,工作能力下降。既往无躯体疾病史,否认物质滥用史,无吸烟、饮酒嗜好。体格检查未见明显异常。精神检查:存在轻度焦虑、抑郁情绪。患者目前与男友关系融洽。

(徐云璐)

思考题

1. 失眠障碍的临床表现包括哪些症状?
2. 常用的治疗失眠障碍的药物有哪些?

ER 10-12-3

练习题

第十三章 | 精神障碍的治疗

学习目标

1. 掌握:常用精神药物的临床应用。
2. 熟悉:精神障碍的主要治疗方法。
3. 了解:心理治疗的分类和主要流派。
4. 学会合理运用精神障碍的治疗方法,改善患者病情。
5. 具备严谨认真态度,保障患者安全和治疗效果的职业素质。

案例导入

　　患者,男,21岁。半年前与室友发生矛盾,随后表现为闷闷不乐,不愿说话,夜晚睡眠差,早晨精神差,上课经常迟到。随后病情逐渐加重,怀疑寝室同学故意针对自己,在背后说自己的坏话,联合起来设圈套算计自己,要把自己赶出寝室,无论走到哪里耳边都有同学骂自己的声音,和同学关系异常紧张。1个月前,其父亲到学校了解情况,患者与其父亲大吵一架,称父亲不是亲生的,是同学派过来跟踪他的,随即逃跑。

请思考:

1. 患者目前可能的诊断是什么?
2. 应如何治疗?

　　精神障碍的治疗包括药物治疗和非药物治疗,后者包括物理治疗和心理治疗。药物治疗是指通过应用精神药物来改变病态行为、思维或心境的一种治疗手段。物理治疗主要包括电休克疗法、经颅磁刺激治疗等。

第一节　药物治疗

【抗精神病药物】
(一)分类

1. 第一代抗精神病药　又称神经阻滞药(neuroleptics)、传统抗精神病药、典型抗精神病药,或称多巴胺受体拮抗剂。其主要药理作用为阻断中枢多巴胺 D_2 受体,治疗中可产生锥体外系不良反应和催乳素水平升高。代表药为氯丙嗪、氟哌啶醇等。

2. 第二代抗精神病药　又称非传统抗精神病药、非典型抗精神病药、新型抗精神病药物等。第二代药物在治疗时,通常较少或不产生锥体外系症状和催乳素水平升高。按药理作用分为四类:①5-羟色胺和多巴胺受体拮抗剂(serotonin-dopamine antagonists,SDAs),如利培酮、齐拉西酮。②多受体作用药(multi-acting receptor targeted agents,MARTAs),如氯氮平。③选择性多巴胺 D_2/D_3 受体拮抗剂,如氨磺必利。④多巴胺受体部分激动剂,如阿立哌唑。

（二）常见药物不良反应及处理

1. 锥体外系反应 急性肌张力障碍可给予肌内注射东莨菪碱或异丙嗪缓解，或加服抗胆碱能药如盐酸苯海索，也可根据病情考虑减药、换药。静坐不能可给予苯二氮䓬类药和 β 受体拮抗剂处理，或减药、换药。类帕金森病可服用抗胆碱能药物盐酸苯海索治疗。迟发性运动障碍多见于持续用药几年后，用药时间越长，发生率越高，关键在于预防。

2. 过度镇静 可将每天剂量的大部分在睡前服用，避免或减轻白天的过度镇静。

3. 直立性低血压 多见于低效价药物快速加量或剂量偏大时，此时应让患者平卧，头低位，监测血压。

4. 流涎 以氯氮平最多见，建议患者侧卧位，以便于口涎流出，防止吸入气管，必要时减量或换药。

5. 催乳素水平升高 可根据病情减药、换药或联合低剂量阿立哌唑。

6. 代谢综合征 包括体重增加、高血糖、高血脂和高血压。以氯氮平和奥氮平多见。不少体重增加的患者食欲增加，建议患者适当节制饮食，酌情增加活动。

7. 心电图改变 需密切关注心电图 Q-T 间期的变化并及时发现和纠正低钾血症。

8. 恶性综合征 是一种少见的、严重的不良反应，表现为意识波动、肌肉强直、高热和自主神经功能不稳定。应尽量避免联合大剂量抗精神病药治疗，一旦出现立即停用抗精神病药物，给予支持性治疗。

【抗抑郁药物】

（一）新型抗抑郁药物

1. 选择性 5-羟色胺再摄取抑制剂（SSRIs）

（1）氟西汀（fluoxetine）：适用于各种抑郁障碍、强迫症和神经性贪食等患者。半衰期最长，适宜的治疗剂量是每天 20~40mg。

（2）帕罗西汀（paroxetine）：对伴焦虑的抑郁障碍以及惊恐障碍较适合。初始剂量为 20mg，根据情况每次加 10mg，间隔时间应不少于 1 周。

（3）舍曲林（sertraline）：适用于各种抑郁障碍和强迫症患者。用药早期易产生焦虑或激活惊恐。抗抑郁的开始剂量为每天 50~100mg，可酌情加量。

（4）氟伏沙明（fluvoxamine）：适用于各种抑郁障碍和强迫症患者，包括儿童青少年患者。有一定的睡眠改善作用，性功能障碍发生较少。日剂量大于 100mg 时，可分次服用。

（5）西酞普兰（citalopram）**和**艾司西酞普兰（escitalopram）：适用于各种抑郁症或伴惊恐的抑郁障碍。常用剂量西酞普兰每天 20mg，艾司西酞普兰每天 10mg。

2. 5-羟色胺和去甲肾上腺素再摄取抑制剂（SNRIs） 代表药文拉法辛（venlafaxine）。该药具有剂量依赖性单胺药理学特征，中至高剂量用于严重抑郁和难治性抑郁患者，低剂量时与 SSRIs 没有多大差别，可用于非典型抑郁。

3. 去甲肾上腺素能和特异性 5-羟色胺能抗抑郁药 代表药米安色林（mianserine）和米氮平（mirtazapine）。此类药物除抗抑郁作用外，还有较强的镇静和抗焦虑作用。有体重增加、过度镇静不良反应。米安色林有引起粒细胞减少的报道，应监测血象。

4. 去甲肾上腺素和多巴胺再摄取抑制剂 代表药安非他酮（bupropion）。适用于双相抑郁、迟滞性抑郁、睡眠过多、用于认知缓慢或假性痴呆及 5-HT 能药物无效或不能耐受者，还可用于注意缺陷障碍、戒烟、兴奋剂的戒断和渴求。常见的不良反应有坐立不安、失眠、头痛、恶心和出汗。大剂量有诱发癫痫的报道。

5. 选择性去甲肾上腺素再摄取抑制剂 代表药瑞波西汀（reboxetine），对使用 SSRIs 治疗无效者可选用。主要不良反应为口干、便秘、多汗、失眠、勃起困难、排尿困难、不安或直立性低血压等。

6. 5-羟色胺阻滞和再摄取抑制剂 代表药曲唑酮（trazodone），药理作用既阻滞 5-HT 受体又选择性地抑制 5-HT 再摄取。适用伴有焦虑、激越、睡眠以及性功能障碍的抑郁患者。

7. 褪黑素受体激动剂 代表药阿戈美拉汀（agomelatine），为褪黑素能 M_1 和 M_2 受体的激动剂以及 5-HT_{2c} 受体的阻滞剂，是全新机制的新一代抗抑郁药。适用于成人抑郁障碍或严重抑郁的患者。起效较快，能改善睡眠质量和日间功能。

（二）传统抗抑郁药

代表药物有三环类抗抑郁药（TCAs）和在此基础上开发出来的杂环或四环类抗抑郁药，以及单胺氧化酶抑制剂（MAOIs）。因不良反应问题较多，故目前临床较少应用。

【心境稳定剂】

心境稳定剂（mood stabilizers）又称抗躁狂药物（antimanic drugs），是治疗躁狂以及预防双相情感障碍的躁狂或抑郁发作，且不会诱发躁狂或抑郁发作的一类药物。

1. 碳酸锂（lithium carbonate） 为最常用心境稳定剂。主要适应证是躁狂发作和双相障碍，有效剂量范围为 750~1 500mg/d。不良反应与血锂浓度相关。早期的不良反应可见无力、疲乏、嗜睡、胃肠不适、手指细震颤等。手指粗大震颤提示血药浓度已接近中毒水平。一旦出现毒性反应须立即停用锂盐，大量给予生理盐水或高渗钠盐加速锂的排泄，或进行人工血液透析，一般无后遗症。

2. 丙戊酸盐 常用的有丙戊酸钠和丙戊酸镁。对混合型躁狂、快速循环型双相障碍以及锂盐治疗无效者可能疗效更好，可与锂盐合用治疗难治性患者。常见不良反应为胃肠道刺激症状。

3. 卡马西平 对治疗急性躁狂和预防躁狂发作均有效。因具有抗胆碱能作用，治疗期间可出现视物模糊、口干、便秘等不良反应，皮疹较多见。

【抗焦虑药物】

1. 苯二氮䓬类药物 作用于 γ-氨基丁酸（GABA）受体、苯二氮䓬受体和氯离子通道的复合物。通过增强 GABA 的活性，进一步开放氯离子通道，氯离子大量进入细胞内，引起神经细胞超极化，从而起到中枢抑制作用。具体表现为四类药理作用：①抗焦虑作用，可以减轻或消除神经症患者的焦虑不安、紧张、恐惧情绪等；②镇静催眠作用，对睡眠的各期都有不同程度的影响；③抗惊厥作用，可以抑制脑部不同部位的癫痫病灶放电向外围扩散；④骨骼肌松弛作用，系抑制脊髓和脊髓上的运动反射所致。

2. 5-HT_{1A} 受体部分激动剂 丁螺环酮（buspirone）和坦度螺酮（tandospirone）是非苯二氮䓬类抗焦虑药物。主要适用于广泛性焦虑障碍，还可用于伴有焦虑症状的强迫症、酒精依赖、冲动攻击行为以及抑郁障碍。通常剂量下没有明显的镇静、催眠、肌肉松弛作用，也无依赖性报道。与其他镇静药物、酒精没有相互作用。不会影响患者机械操作和车辆驾驶。

【认知改善药】

1. 精神兴奋药 主要通过加强多巴胺系统的功能而提高中枢神经系统功能。临床上主要用于治疗儿童注意缺陷多动障碍、发作性睡病等。药物滥用会导致精神障碍，如幻觉、妄想、欣快感等；长期应用会引起药物依赖和成瘾。目前主要的精神兴奋药包括苯丙胺（amphetamine）、哌甲酯（methylphenidate）、托莫西汀（atomoxetine）等。

2. 促进认知药 主要作用机制有增强酶的活性、改善脑组织代谢、加强神经递质的合成、恢复大脑代谢功能及信息传递，或改善脑血流供应及脑细胞对氧、葡萄糖等的利用，从而减少致病因子对大脑的损害，使受损脑组织的功能得以恢复或保持。常用的促进认知药有多奈哌齐（donepezil）、利斯的明（rivastigmine）、美金刚（memantine）等。

第二节　非药物治疗

【物理治疗】
（一）改良电休克治疗

电休克疗法（electroconvulsive therapy，ECT）是以一定量的电流通过大脑，引起痉挛发作，从而达到治疗目的的一种方法。改良电休克治疗（modified electro-convulsive therapy，MECT）是通电前给予麻醉剂和肌肉松弛剂，使得通电后不发生抽搐，避免发生骨折、关节脱位等并发症，更安全，也易被患者和家属接受。

1. 适应证 包括：①严重抑郁，有强烈自伤、自杀企图及行为者，以及明显自责自罪者。②极度兴奋躁动、冲动伤人者。③拒食、违拗和紧张性木僵者。④精神药物治疗无效或对药物治疗不能耐受者。

2. 禁忌证 包括：①脑器质性疾病：颅内占位性病变、脑血管疾病、中枢神经系统炎症和外伤。②心血管疾病：冠心病、心肌梗死、高血压、心律失常、主动脉瘤及心功能不全者。③骨关节疾病，尤其新近发生者。④出血或不稳定的动脉瘤畸形。⑤有视网膜脱落潜在危险的疾病：如青光眼。⑥急性的全身感染、发热。⑦严重的呼吸系统疾病，严重的肝、肾疾病。⑧老年人、儿童及孕妇。改良电休克治疗的禁忌证较传统电休克疗法少，如老年人或孕妇患者可以应用。

（二）经颅磁刺激治疗

经颅磁刺激（transcranial magnetic stimulation，TMS）是一种非侵入性的脑刺激，由磁场产生诱发电流，引起脑皮质靶点神经元去极化。美国、加拿大等国家已批准经颅磁刺激用于治疗抑郁障碍，也有在精神分裂症和焦虑障碍中开展的研究。重复经颅磁刺激的频率从 1~20Hz 不等，低频刺激（≤1Hz）降低神经元的兴奋性，高频刺激（10~20Hz）提高神经元的兴奋性。与 ECT 不同，重复经颅磁刺激不需麻醉，一般不诱发癫痫，不引起定向障碍和认知损害。重复经颅磁刺激治疗过程中，患者保持清醒，除头痛和头皮痛外，没有其他的不良反应，因此门诊患者可以在治疗结束后立即投入工作。过高的刺激强度会带来痉挛发作的风险。每次治疗通常持续 30 分钟，每周治疗 5 天，每个疗程 2~4 周。

【心理治疗】

心理治疗（psychotherapy）是一种以助人、治病为目的的专业性人际互动（interaction）过程。治疗师通过言语和非言语的方式影响患者或其他求助者，引起心理和躯体功能的积极变化，达到减轻痛苦、健全人格、适应社会、治疗疾病、促进康复的目的。

科学的心理治疗应该具备如下几个要素：①由具有社会认可身份、受过专业训练的人员实施。②在专门的医疗和心理卫生机构、场所实施。③以助人、促进健康为目的，不损害患者身心健康和社会的利益。④遵守技术规范和伦理原则，并符合法律的要求。⑤掌握适应证和禁忌证，不滥用、误用。⑥对治疗过程及其后果能够记录、控制、查验，能及时发现和处理副作用，能进行合理解释，不使用超自然理论。

（一）心理治疗的分类

1. 按治疗对象分类 包括：①个体治疗；②夫妻治疗或婚姻治疗；③家庭治疗；④团体治疗。

2. 按心理治疗理论流派分类 心理治疗技术是对应着关于疾病病因的理论假设而产生的。但精神障碍的心理病因学还没有形成普遍认同的理论，迄今为止，心理治疗已有 300 多种流派，大多数可以纳入精神分析、行为主义、人本主义、系统论这四大主干体系。

3. 心理治疗其他的分类方法 ①根据语言使用情况可分为言语性技术和非言语性技术，后者包括音乐治疗、绘画及雕塑治疗、心理剧、家庭塑像。②根据干预的强度、深度、紧急程度，分为一般支持性治疗、深层治疗、危机干预等。

（二）主要心理治疗流派

1. 精神分析治疗及心理动力性治疗 经典精神分析治疗（psychoanalytic therapy）是在 19 世纪 90 年代由弗洛伊德（Sigmund Freud）创立的，其特征是对于人的潜意识和人格发展，提出了心理动力学（psychodynamics）学说。

经典的精神分析因耗时太多而不再流行。40 多年以来，以精神分析理论为基础的各种短程治疗（brief therapy）较为普遍，基本思想仍基于心理动力学理论，统称为心理动力性心理治疗。与经典学说不同,现代动力性心理治疗认为:过去的经历实际上是不可能真正得到修复的,心理治疗的目的首先是改变此类人格障碍中与当前紧迫问题相关的那些部分;与此同时,通过处理不良心理体验,使患者正确认识自己生活设计中的缺陷,重树希望,重建有效的人际关系。

2. 行为治疗及认知行为治疗 行为治疗以条件反射学说为理论基础。主要包括巴甫洛夫(I. P. Pavlov)的经典条件反射学说、斯金纳(B. F. Skinner)的操作性条件反射学说,以及班杜拉(A. Bandura)的社会学习学说。该流派认为焦虑、恐惧、抑郁等病态并非潜意识冲突的结果,而是一系列"习得"的错误行为方式——环境中反复出现的刺激,包括人自己的行为所造成的结果,通过奖赏或惩罚的体验,分别"强化"或"弱化"某一种行为,其中包括可能使人不能适应环境的行为。

新近的行为治疗已不再是机械、非人性化的操作,不仅对外显行为感兴趣,而且注意认知因素与行为之间的互动关系,增加了对内在心理过程的干预,故称认知行为治疗(cognitive behavioral therapy)。

3. 人本主义治疗 代表性先驱人物是罗杰斯(C. Rogers),是以人本主义心理学为基础的一类治疗方法,重视人的自我实现理想、需要层次,重视人的情感体验与潜能,提倡治疗师应该具有高度的同理心(empathy),以平等、温暖、关切、真诚和开放的态度对待咨询者或患者。心理治疗的目标是扩大、增加体验,增强自由意志,提高自我确定、选择和满足的能力,促进非理性的体验能力,如敏感性、情感表达、自发性、创造性及真诚性等方面的成长。为达到这些目标,治疗干预显得自然而然,治疗师有高度的情感投入。由于以上特点,人本主义理论和技术已经成为一般心理治疗的基础,而且也被其他流派广泛采纳。

ER 10-13-3

心理治疗

本章小结

精神障碍的治疗包括药物治疗和非药物治疗。

药物治疗是指通过应用精神药物来改变病态行为、思维或心境的一种治疗手段。

非药物治疗包括物理治疗和心理治疗:物理治疗主要包括电休克疗法、经颅磁刺激治疗等;心理治疗是一种以助人为目的的专业性人际互动过程,治疗师通过言语和非言语的方式影响患者或其他求助者,引起心理和躯体功能的积极变化,达到治疗疾病、促进康复的目的。

病例讨论

患者,男,20岁,大学生。患者1年前无明显原因变得内向、不合群,不喜欢与人说话,不参加集体活动。情绪低落,整天都提不起精神,感觉生活没有意思,变得很懒散,经常不愿洗澡,躺在床上发呆;常常自责,觉得活得很累,对父母的关心不愿回应,有想从楼顶跳下去的想法。饮食差,睡眠不佳。发病前性格温顺,对人和蔼,孝顺懂事,成绩优异,深受大家喜爱。

(肖彩芳)

思考题

1. 精神障碍如何处理?
2. 简述精神障碍的心理治疗。

ER 10-13-4

练习题

1 型糖尿病 type 1 diabetes mellitus,T1DM 542
2 型糖尿病 type 2 diabetes mellitus,T2DM 542
a-L-岩藻糖苷酶 fucosidase,AFU 332
Graves 眼病 Graves ophthalmopathy,GO 512
Graves 眼病临床活动状态 clinical activity score,CAS
512
H$_2$ 受体拮抗剂 H$_2$ receptor antagonist,H$_2$RA 271
IgA 肾病 IgA nephropathy 385
ST 段抬高型心肌梗死 ST egment elevation myocardial
infarction,STEMI 190,201
T$_3$ 型甲状腺毒症 T$_3$ thyrotoxicosis 514
α-糖苷酶抑制剂 α-glucosidase inhibitor,AGI 552
γ-谷氨酰转移酶 γ-Glutamyltransferase,GGT 317

A

阿尔茨海默病 Alzheimer disease,AD 696
阿利西尤单抗 alirocumab 191
阿托伐他汀 atorvastatin 191
阿昔莫司 acipimox 191
胺碘酮 amiodarone 524

B

巴雷特食管 Barrett's esophagus,BE 267
白介素-1 interleukin,IL-1 189
白血病 leukemia 444
苯二氮䓬 benzodiazepine,BZ 323
苯溴马隆 benzbromarone 565
苯扎贝特 bezafibrate 191
壁细胞抗体 parietal cell antibody,PCA 276
别嘌醇 allopurinol 565
丙氨酸氨基转移酶 alanine aminotransferase,ALT 317
丙磺舒 probenecid 565
丙硫氧嘧啶 propylthiouracil,PTU 518
病毒性肺炎 viral pneumonia 59
不饱和脂肪酸 unsaturated fatty acid 192
不成熟前体细胞异常定位 abnormal localization of
immature precursor,ALIP 458
不稳定型心绞痛 unstable angina,UA 190,198

C

餐后不适综合征 postprandial distress syndrome,PDS 300
产后甲状腺炎 postpartum thyroiditis,PPT 531
肠结核 intestinal tuberculosis 305
肠易激综合征 irritable bowel syndrome,IBS 301
超广谱 β-内酰胺酶 ESBLs 56
成年型甲减 adult hypothyroidism 523
成人隐匿性自身免疫性糖尿病 latent autoimmune diabetes
in adults,LADA 544
成纤维细胞生长因子 fibroblast growth factor,FGF 189
痴呆 dementia 696
持续皮下输注胰岛素 continuous subcutaneous insulin
infusion,CSII 554
持续血糖监测系统 continuous glucose monitor system,
CGMS 550
重组组织型纤溶酶原激活剂 recombinant tissue type
plasminogen activator,rt-PA 208
创伤后应激障碍 post-traumatic stress disorder,PTSD 725
促甲状腺激素受体的抗体 thyrotropin receptor antibodies,
TRAb 510
猝死 sudden death 213

D

呆小病 cretinism 523
单纯性甲状腺肿 simple goiter 505
单光子发射计算机断层成像 single photone mission
computed tomography-CT,SPECT-CT 333
胆酸螯合树脂 bile acid sequestering resin 191
淡漠型甲亢 apathetic hyperthyroidism 513
蛋白质能量消耗 protein energy wasting,PEW 405
低密度脂蛋白胆固醇 low density lipoprotein-cholesterol,
LDL-C 188
地方性甲状腺肿 endemic goiter 505
地方性克汀病 endemic cretinism 523
电休克疗法 electroconvulsive therapy,ECT 708
动脉自旋标记 arterial spin labeling,ASL 326
动物命名测试 animal naming test,ANT 326
短期失眠障碍 short-term insomnia disorder,STID 741

多瓣膜病　multivalvular heart disease　231

多导睡眠图　polysomnography，PSG　104

多发性骨髓瘤　multiple myeloma，MM　468

多耐药　multidrug-resistant，MDR　48

E

二碘甲状腺原氨酸　diiodothyronine，T_2　524

二尖瓣关闭不全　mitral insufficiency or mitral regurgitation，MI 或 MR　223

二尖瓣狭窄　mitral stenosis　220

二肽基肽酶Ⅳ抑制剂　dipeptidyl peptidase-Ⅳ inhibitor，DPP-4i　552

F

反流性食管炎　reflux esophagitis，RE　267

反式三碘甲状腺原氨酸　reverse triiodothyronine，rT_3　524

非 ST 段抬高型急性冠脉综合征　non-ST-segment elevation acute coronary syndrome，NSTEACS　198

非 ST 段抬高型心肌梗死　non-ST-segment elevation myocardial infarction，NSTEMI　190，198

非布司他　febuxostat　565

非霍奇金淋巴瘤　non-Hodgkin lymphoma，NHL　462

非糜烂性反流病　nonerosive reflux disease，NERD　267

非诺贝特　fenofibrate　191

非甾体抗炎药　non-steroidal anti-inflammatory drug，NSAID　273

非增殖期视网膜病变　non proliferative diabetic retinopathy，NPDR　545

肥厚型心肌病　hypertrophic cardiomyopathy，HCM　244

肺淀粉样变　pulmonary amyloidosis　86

肺动脉高压　pulmonary hypertension，PH　92

肺梗死　pulmonary infarction，PI　95

肺结核　pulmonary tuberculosis　66

肺朗格汉斯细胞组织细胞增生症　pulmonary Langerhans cell histiocytosis，PLCH　86

肺淋巴管平滑肌瘤病　pulmonary lymphangioleiomyomatosis，PLAM　86

肺脓肿　lung abscess　61

肺泡蛋白沉积症　pulmonary alveolar proteinosis，PAP　86

肺泡微石症　alveolar microlithiasis　86

肺栓塞　pulmonary embolism，PE　95

肺血栓栓塞症　pulmonary thromboembolism，PTE　95

肺炎　pneumonia　48

肺炎链球菌　*Streptococcus pneumoniae*，SP　52

肺炎支原体　*Mycoplasma pneumoniae*，MP　58

肺炎支原体肺炎　Mycoplasmal pneumoniae pneumonia　58

分离性神经症状障碍　dissociative neurological symptom disorder　728

风湿热　rheumatic fever，RF　218

氟伐他汀　fluvastatin　191

腹膜透析　peritoneal dialysis，PD　407

G

改良电休克治疗　modified electroconvulsive therapy，MECT　708

甘油三酯　triglyceride，TG　188

肝动脉栓塞　transcatheter arterial embolization，TAE　334

肝肺综合征　hepatopulmonary syndrome　316

肝静脉阻塞综合征　Budd-Chiari syndrome　337

肝内胆管癌　intrahepatic cholangiocarcinoma，ICC　330

肝肾综合征　hepatorenal syndrome　316

肝细胞癌　hepatocellular carcinoma，HCC　330

肝性昏迷　hepatic coma　322

肝性脑病　hepatic encephalopathy，HE　322

肝性脑病心理学评分　psychometric hepatic encephalopathy score，PHES　325

肝硬化　hepatic cirrhosis　312

感染性心内膜炎　infective endocarditis，IE　233

高密度脂蛋白胆固醇　high density lipoprotein-cholesterol，HDL-C　188

高尿酸血症　hyperuricemia，HUA　560，566

高渗性高血糖状态　hyperosmolar hyperglycemic state，HHS　558

格列奈类　glinides　551

梗死相关动脉　infarct related artery，IRA　207

功能性胃肠病　functional gastrointestinal disorders，FGIDs　298

功能性消化不良　functional dyspepsia，FD　298

谷丙转氨酶　ALT　59

骨髓增生异常综合征　myelodysplastic syndrome，MDS　457

骨折风险预测工具　fracture risk assessment tool，FRAX　568

骨质疏松症　osteoporosis，OP　567

骨转换生化标志物　bone turnover markers，BTMs　569

冠心病　coronary heart disease，CHD　187

冠状动脉旁路移植手术　coronary artery bypass graft，CABG　198

冠状动脉粥样硬化性心脏病　coronary atherosclerotic heart disease，CHD　187

广泛性焦虑障碍　generalized anxiety disorder，GAD　716

国际骨质疏松基金会　International Osteoporosis Foundation，IOF　568

过敏性紫癜　allergic purpura　479

过氧化物酶体增殖物激活受体 γ　peroxisome proliferator activated receptor-γ，PPARγ　552

H

呼吸衰竭　respiratory failure　107

环丙贝特　ciprofibrate　191

环形铁粒幼细胞性难治性贫血　RA with ringed sideroblasts, RAS　459

环氧合酶　cyclooxygenase, COX　192, 281

磺脲类　sulfonylurea, SU　551

霍奇金淋巴瘤　Hodgkin lymphoma, HL　462

J

基础胃酸分泌量　basal acid output, BAO　281

激素　hormone　492

吉非贝齐　gemfibrozil　191

极低密度脂蛋白胆固醇　very low density lipoprotein-cholesterol, VLDL-C　188

急进性肾小球肾炎　rapidly progressive glomerulonephritis, RPGN　368, 373

急性冠脉综合征　acute coronary syndrome, ACS　190

急性呼吸窘迫综合征　acute respiratory distress syndrome, ARDS　8, 114

急性间质性肾炎　acute interstitial nephritis　394

急性肾损伤　acute kidney injury, AKI　408

急性肾小管坏死　acute tubular necrosis, ATN　409

急性肾小球肾炎　acute glomerulonephritis, AGN　368, 370

急性胃炎　acute gastritis　273

急性胰腺炎　acute pancreatitis, AP　342

寂静性甲状腺炎　silent thyroiditis　531

家族性非溶血性黄疸　Gilbert syndrome　438

甲巯咪唑　methimazole, MMI　518

甲状腺刺激抗体　thyroid stimulating antibody, TSAb　510

甲状腺毒症　thyrotoxicosis　509

甲状腺功能减退症　hypothyroidism　523

甲状腺功能亢进性心脏病　thyrotoxic heart disease　513

甲状腺功能亢进症　hyperthyroidism　510

甲状腺功能正常的 Graves 眼病　euthyroid Graves ophthalmopathy, EGO　512

甲状腺功能正常的病态综合征　euthyroid sick syndrome, ESS　526

甲状腺功能正常的甲状腺炎　euthyroid thyroiditis, ET　531

甲状腺过氧化物酶抗体　thyroid peroxidase antibody, TPOAb　515

甲状腺刺激阻断抗体　thyroid stimulating blocking antibody, TSBAb　510

甲状腺球蛋白抗体　thyroglobulin antibody, TGAb　515

甲状腺生长刺激免疫球蛋白　thyroid growth immunoglobulin, TGI　510

甲状腺素　thyroxine, T_4　524

甲状腺素结合球蛋白　thyroxine-binding globulin, TBG　514

甲状腺危象　thyroid crisis　513

甲状腺相关性眼病　thyroid-associated orbitopathy, TAO　512

甲状腺肿　nontoxic goiter　505

钾离子竞争性酸阻断剂　potassium-competitive acid blockers, P-CAB　271

间质性肺疾病　interstitial lung disease, ILD　85

碱性磷酸酶　alkaline phosphatase, ALP　317

胶囊内镜　capsule endoscopy　295

结核分枝杆菌　*Mycobacterium tuberculosis*　67

结核性腹膜炎　tuberculous peritonitis　308

结节性甲状腺肿　nodular goiter　505

戒断综合征　withdrawal syndrome　700

经鼻持续气道内正压通气　continuous positive airway pressure, CPAP　105

经颈静脉肝内门体分流术　transjugular intrahepatic portosystemic shunt, TIPS　319

经口无切口胃底折叠术　transoral incisionless fundoplication, TIF　271

经皮穿刺瘤内注射无水乙醇　percutaneous ethanol injection, PEI　334

经皮冠状动脉介入术　percutaneous coronary intervention, PCI　198

经自然腔道内镜手术　natural orifice transluminal endoscopic surgery, NOTES　266

精神病学　psychiatry　684

精神分裂症　schizophrenia　704

精神活性物质　psychoactive substance　699

精神障碍　mental disorder　684

静脉肾盂造影　intravenous pyelography, IVP　362

静脉血栓栓塞症　venous thromboembolism, VTE　95

酒精性心肌病　alcoholic cardiomyopathy　246

军团菌肺炎　legionnaires pneumonia　56

K

卡比马唑　carbimazole　518

抗甲状腺药物　antithyroid drug, ATD　517

抗磷脂综合征　antiphospholipid syndrome, APS　595

抗中性粒细胞胞质抗体　antineutrophil cytoplasmic antibody, ANCA　518

考来替泊　colestipol　191

考来烯胺　cholestyramine　191

可重复性成套神经心理状态测验　repeatable battery for the assessment of neuropsychological status, RBANS　325

克罗恩病　Crohn disease, CD　293

空腹血糖　fasting blood glucose, FPG　548

空腹血糖调节受损　impaired fasting glucose, IFG　543

控制抑制试验　inhibitory control test, ICT　326

口服葡萄糖耐量试验　oral glucose tolerance test, OGTT　547

快速动眼时相　rapid eye movement, REM　104

溃疡性结肠炎　ulcerative colitis, UC　288

扩张型心肌病　dilated cardiomyopathy, DCM　242

L

朗汉斯巨细胞　Langhans giant cell　67
链激酶　streptokinase,SK　208
临床甲减　overt hypothyroidism　524
临界视觉闪烁频率　critical flicker frequency,CFF　325
淋巴瘤　lymphoma　462
洛伐他汀　lovastatin　190

M

慢性冠脉疾病　chronic coronary artery disease,CAD　190
慢性间质性肾炎　chronic interstitial nephritis　396
慢性粒-单核细胞白血病　chronic myelomonocytic leukemia, CMML　459
慢性粒细胞白血病　chronic myelogenous leukemia,CML　453
慢性肾上腺皮质功能减退症　chronic adrenocortical hypofunction　535
慢性肾衰竭　chronic renal failure,CRF　399
慢性肾小球肾炎　chronic glomerulonephritis,CGN　368, 375
慢性肾脏病　chronic kidney disease,CKD　399,411,545
慢性失眠障碍　chronic insomnia disorder,CID　740
慢性嗜酸性粒细胞性肺炎　chronic eosinophilic pneumonia, CEP　86
慢性胃炎　chronic gastritis　275
慢性心力衰竭　chronic heart failure,CHF　131
慢性阻塞性肺疾病　chronic obstructive pulmonary diseases, COPD　10
弥漫性实质性肺疾病　diffuse parenchymal lung disease, DPLD　85
弥散性血管内凝血　disseminated intravascular coagulation, DIC　485
目标范围内时间　time in range,TIR　547

N

钠-葡萄糖共转运蛋白-2 抑制剂　sodium-glucose cotransporter 2 inhibitor,SGLT2i　553
耐甲氧西林金黄色葡萄球菌　methicillin resistant Staphylococcus aureus,MRSA　50
耐受性　tolerance　699
难治性贫血　refractory anemia,RA　459
难治性贫血伴原始细胞增多　RA with excess blasts,RAEB　459
难治性贫血伴原始细胞增多向白血病转变型　RAEB in transformation,RAEB-t　459
内分泌系统　endocrine system　492
内因子　intrinsic factor,IF　429
内因子抗体　intrinsic factor antibody,IFA　276

黏液水肿性昏迷

黏液水肿性昏迷　myxedema coma　523
黏液性水肿　myxedema　523
尿白蛋白排泄率　urinary albumin excretion rate,UAER　545
尿白蛋白与尿肌酐比值　urinary albumin to creatinine ratio, UACR　545
尿道炎　urethritis　359
尿激酶　urokinase　208
尿路感染　urinary tract infection　359

P

膀胱炎　cystitis　359
匹伐他汀　pitavastatin　191
贫血　anemia　422
平均肺动脉压　mPAP　94
平均弥散度　mean diffusivity,MD　326
葡萄球菌肺炎　staphylococcal pneumonia　54
葡萄糖激酶　glucokinase,GK　553
普伐他汀　pravastatin　190
普通胰岛素　regular insulin,RI　554

Q

强迫症　obsessive-compulsive disorder,OCD　721
桥本甲亢　Hashitoxicosis　531
桥本甲状腺炎　Hashimoto thyroiditis,HT　531
青年人中的成年发病型糖尿病　maturity onset diabetes of the young,MODY　544
轻微肝性脑病　minimal hepatic encephalopathy,MHE　324
轻症急性胰腺炎　mild acute pancreatitis,MAP　344
秋水仙碱　colchicine　565
醛缩酶 A　aldolase-A,ALD-A　332
缺铁性贫血　iron deficiency anemia,IDA　424
缺血性心肌病　ischemic cardiomyopathy　212
缺血性心脏病　ischemic heart disease,IHD　187

R

溶血性贫血　hemolytic anemia,HA　435
乳果糖　lactulose　327
乳梨醇　lactitol　327
瑞舒伐他汀　rosuvastatin　191

S

噻唑烷二酮类　thiazolidinediones,TZDs　552
三发性甲减　tertiary hypothyroidism　524
上腹痛综合征　epigastric pain syndrome,EPS　300
上消化道出血　upper gastrointestinal hemorrhage　336
社区获得性肺炎　community acquired pneumonia,CAP　48,49
射频消融术　radiofrequency ablation,RFA　334
深静脉血栓形成　deep venous thrombosis,DVT　95

神经认知障碍　neurocognitive disorders，NCDs　695

肾病综合征　nephrotic syndrome　368,378

肾素-血管紧张素-醛固酮系统　renin-angiotensin-aldosterone system，RAAS　188

肾小球滤过率　estimated glomerular filtration rate，eGFR　545

肾小球滤过率　glomerular filtration rate，GFR　399

肾盂肾炎　pyelonephritis　359

失眠障碍　insomnia disorders　739

十二指肠溃疡　duodenal ulcer，DU　280

食管下括约肌　lower esophageal sphincter，LES　267

世界卫生组织　World Health Organization，WHO　568

首次医疗接触　first medical contact，FMC　207

数字符号试验　digit symbol test，DST　325

数字减影血管造影　digital subtraction angiography，DSA　333

数字连接试验　number connection test，NCT　325

双胍类　biguanide　551

双水平气道正压通气　bi-level positive airway pressure，BiPAP　105

双相障碍　bipolar disorder，BPD　710

睡眠呼吸暂停低通气综合征　sleep apnea hypopnea syndrome，SAHS　102

T

糖化血红蛋白　glycosylated hemoglobin A1，HbA1　547

糖耐量减低　impaired glucose tolerance，IGT　543

糖尿病　diabetes mellitus，DM　541

糖尿病肾脏病　diabetic kidney disease，DKD　545

糖尿病视网膜病变　diabetic retinopathy，DR　545

糖尿病酮症酸中毒　diabetic ketoacidosis，DKA　556

特发性肺含铁血黄素沉着症　idiopathic pulmonary hemosiderosis　86

特发性肺纤维化　idiopathic pulmonary fibrosis，IPF　88

特发性间质性肺炎　idiopathic interstitial pneumonia，IIP　86

天冬氨酸氨基转移酶　aspartate aminotransferase，AST　317

痛风　gout　560,566

痛风石　tophus　561

W

完全缓解　complete remission，CR　450

危险因素　risk factor　187

危重急性胰腺炎　critical acute pancreatitis，CAP　344

围生期心肌病　peripartum cardiomyopathy　247

萎缩性甲状腺炎　atrophic thyroiditis，AT　531

胃溃疡　gastric ulcer，GU　280

胃食管反流病　gastroesophageal reflux disease，GERD　267

胃炎　gastritis　273

无痛性甲状腺炎　painless thyroiditis　531

无症状性血尿和/或蛋白尿　asymptomatic hematuria and/or proteinuria　368,387

X

西蒙病　Simmond disease　499

希恩综合征　Sheehan syndrome　499

腺垂体功能减退症　hypopituitarism　499

消化性溃疡　peptic ulcer，PU　280

心境障碍　mood disorder　710

心力衰竭　heart failure，HF　130

心律失常　cardiac arrhythmia　146

心脏瓣膜病　valvular heart disease，VHD　218

辛伐他汀　simvastatin　190

胸腔积液　pleural effusion　76

溴新斯的明　neostigmine bromide　677

血管性痴呆　vascular dementia，VaD　697

血浆 D-二聚体　D-dimer　97

血清肌酐　serum creatinine，Scr　410

血小板源生长因子　platelet derived growth factor，PDGF　189

血液透析　hemodialysis，HD　406

Y

亚急性甲状腺炎　subacute thyroiditis，SAT　529

亚临床甲减　subclinical hypothyroidism　524

亚临床甲亢　subclinical hyperthyroidism　514

亚洲人骨质疏松症自我筛查工具　osteoporosis self-assessment tool for Asians，OSTA　568

烟酸　nicotinic acid　191

炎症性肠病　inflammatory bowel disease，IBD　288

药物洗脱支架　drug eluting stent，DES　198

医院获得性肺炎　hospital acquired pneumonia，HAP　48,50

依赖　dependence　699

依洛尤单抗　evolocumab　191

一过性 LES 松弛　transit LES relaxation，TLESR　268

胰岛素抵抗　insulin resistance，IR　543

遗忘障碍　amnestic disorder　696

异常凝血酶原　abnormal prothrombin　332

抑郁障碍　depressive disorder　710

营养性巨幼细胞贫血　nutritional megaloblastic anemia　429

幽门螺杆菌　*Helicobacter pylori*，H.pylori 或 Hp　260

有害性使用　harmful use　699

右束支传导阻滞　right bundle branch block，RBBB　203

右心导管检查　right heart catheterization，RHC　94

幼年型甲减　juvenile hypothyroidism　523

原发免疫性血小板减少症　primary immune thrombocytopenia，ITP　482

原发性肝癌 primary carcinoma of the liver 330

原发性高血压 essential hypertension,EH 174

原发性甲减 primary hypothyroidism 523

原发性慢性肾上腺皮质功能减退症 primary chronic adrenocortical hypofunction 535

Z

再生障碍性贫血 aplastic anemia,AA 431

载脂蛋白 A apoprotein A,ApoA 188

载脂蛋白 B apoprotein B,ApoB 188

造血干细胞移植 hematopoietic stem cell transplantation, HSCT 421

增殖期视网膜病变 proliferative diabetic retinopathy,PDR 545

谵妄 delirium 695

正电子发射计算机断层成像 positron emission tomography-CT,PET-CT 333

正电子发射计算机断层磁共振成像 positron emission tomography-MRI,PET-MRI 333

质子泵抑制剂 proton pump inhibitor,PPI 271

中度重症急性胰腺炎 moderately SAP,MSAP 344

中枢性甲减 central hypothyroidism 524

肿瘤坏死因子-a tumor necrosis factor,TNF-a 189

重症急性胰腺炎 severe acute pancreatitis,SAP 344

主动脉瓣关闭不全 aortic incompetence 229

主动脉瓣狭窄 aortic stenosis,AS 225

自发性细菌性腹膜炎 spontaneous bacterial peritonitis,SBP 316

自身免疫性多内分泌腺体综合征 autoimmune polyendocrine syndrome,APS 536

自身免疫性甲状腺病 autoimmune thyroid diseases,AITD 510

自身免疫性甲状腺炎 autoimmune thyroiditis,AIT 531

自体造血干细胞移植 autologous hematopoietic stem cell transplantation,ASCT 471

自我血糖监测 self-monitoring of blood glucose,SMBG 550

总胆固醇 total cholesterol,TC 188

最大胃酸分泌量 maximal acid output,MAO 281

左束支传导阻滞 left bundle branch block,LBBB 203

［1］白人驹,徐克.医学影像学［M］.9版.北京:人民卫生出版社,2024.

［2］王吉耀,葛均波,邹和建.实用内科学［M］.16版.北京:人民卫生出版社,2022.

［3］陈家伦,宁光.临床内分泌学［M］.2版.上海:上海科学技术出版社,2022.

［4］陈荣昌,钟南山,刘又宁.呼吸病学［M］.3版.北京:人民卫生出版社,2022.

［5］葛均波,徐永健,王辰.内科学［M］.9版.北京:人民卫生出版社,2018.

［6］国家卫生健康委员会.中国卫生健康统计年鉴2022［M］.北京:中国协和医科大学出版社,2022.

［7］国家心血管病中心.中国心血管健康与疾病报告2022［M］.北京:中国协和医科大学出版社,2022.

［8］韩清华,孙建勋.内科学［M］.8版.北京:人民卫生出版社,2018.

［9］陆林,李涛.精神病学［M］.9版.北京:人民卫生出版社,2024.

［10］贾建平,陈生弟.神经病学［M］.8版.北京:人民卫生出版社,2018.

［11］廖二元,袁凌青.内分泌代谢病学［M］.4版.北京:人民卫生出版社,2019.

［12］刘鸣,崔丽英,谢鹏.神经内科学［M］.3版.北京:人民卫生出版社,2021.

［13］陆林.沈渔邨精神病学［M］.6版.北京:人民卫生出版社,2018.

［14］美国精神医学学会.精神障碍诊断与统计手册［M］.5版.北京:北京大学出版社,2014.

［15］世界卫生组织.ICD-11精神、行为与神经发育障碍临床描述与诊断指南［M］.王振,黄晶晶,译.北京:人民卫生出版社,2023.

［16］王海燕,赵明辉.肾脏病学［M］.4版.北京:人民卫生出版社,2021.

［17］房静远,杜奕奇,刘文忠,等.中国慢性胃炎共识意见(2017年,上海)［J］.胃肠病学,2017,22(11):670-687.

［18］刘明波,何新叶,杨晓红,等.《中国心血管健康与疾病报告2023》要点解读［J］.中国心血管杂志,2024,29(4):305-324.

［19］国家卫生计生委合理用药专家委员会,中国药师协会.心力衰竭合理用药指南(第2版).中国医学前沿杂志(电子版),2019,11(07):1-78.

［20］国家心血管病中心,国家基本公共卫生服务项目基层高血压管理办公室,国家基层高血压管理专家委员会.国家基层高血压防治管理指南2020版［J］.中国循环杂志,2021,36(3):209-220.

［21］国家心血管病中心心肌病专科联盟,中国医疗保健国际交流促进会心血管病精准医学分会."中国成人肥厚型心肌病诊断与治疗指南2023"专家组［J］.中国循环杂志,2023,38(1):1-33.

［22］卢彦娜,田天,唐群中,等.缩窄性心包炎诊治现状及进展［J］.中华老年多器官疾病杂志,2019,18(7):557-560.

［23］施小明,段广才,陈晨,等.我国大气细颗粒物污染的急性健康风险及防治建议［J］.中华医学杂志,2022,102(18):1341-1350.

［24］孙恕,易松.2023年《中国高血压防治指南》更新临床实践［J］.心电与循环,2023,42(3):203-206.

［25］吴静,时立新.《糖尿病神经病变诊治专家共识(2021年版)》要点说明［J］.中华糖尿病杂志,2021,13(6):540-557.

［26］心肌病抗凝治疗中国专家共识专家组,中国医疗保健国际交流促进会精准心血管病分会.心肌病抗凝治疗中国专家共识［J］.中国循环杂志,2021,36(12):1148-1157.

［27］亚太心脏病学会（APSC）专家组.经导管缘对缘技术（MitraClip）治疗二尖瓣反流——亚太心脏病学会（APSC）专家共识［J］.中国循环杂志,2022,37(1):4-11.

［28］杨慧敏,李志军.风湿热的诊断与治疗［J］.中华全科医学,2020,18:1801-1802.

［29］《孕产期甲状腺疾病防治管理指南》编撰委员会,中华医学会内分泌学分会,中华预防医学会妇女保健分会.孕产期甲状腺疾病防治管理指南［J］.中华内分泌代谢杂志,2022,38(7):539-551.

［30］中国高血压防治指南修订委员会,高血压联盟(中国),中国医疗保健国际交流促进会高血压病学分会,等.中国高血压防治指南（2024年修订版）［J］.中国高血压杂志(中英文),2024,32(7):603-700.

［31］中国抗癌协会血液肿瘤专业委员会,中华医学会血液学分会白血病淋巴瘤学组.中国成人急性淋巴细胞白血病诊断与治疗指南（2021年版）［J］.中华血液学杂志,2021,42(9):705-716.

［32］中国老年医学学会高血压分会,北京高血压防治协会,国家老年疾病临床医学研究中心(中国人民解放军总医院,首都医科大学宣武医院).中国老年高血压管理指南2023［J］.中国高血压杂志,2023,31(6):508-538.

［33］中国血脂管理指南修订联合专家委员会.中国血脂管理指南（2023年）［J］.中华心血管病杂志,2023,51(3):221-255.

［34］中国医疗保健国际交流促进会心血管病学分会.2022高血压合并冠心病中国专家共识［J］.中华医学杂志,2022,102(10):717-728.

［35］中国医师协会血液科医师分会,中华医学会血液学分会.中国多发性骨髓瘤诊治指南（2022年修订）［J］.中华内科杂志,2022,61(5):480-487.

［36］中华医学会,中华医学会杂志社,中华医学会全科医学分会,等.甲状腺功能减退症基层诊疗指南（2019年）［J］.中华全科医师杂志,2019,18(11):1022-1028.

［37］中华医学会骨质疏松和骨矿盐疾病分会.原发性骨质疏松症诊疗指南（2022）［J］.中华骨质疏松和骨矿盐疾病杂志,2022,15(6):573-611.

［38］中华医学会呼吸病学分会.中国成人社区获得性肺炎诊断和治疗指南（2016版）.中华结核和呼吸杂志,2016,39(4):1-27.

［39］中华医学会呼吸病学分会慢性阻塞性肺疾病学组.慢性阻塞性肺疾病诊治指南（2021年修订版）［J］.中华结核和呼吸杂志,2021,44(3):170-205.

［40］中华医学会内分泌学分会,中国医师协会内分泌代谢科医师分会,中华医学会核医学分会,等.中国甲状腺功能亢进症和其他原因所致甲状腺毒症诊治指南［J］.中华内分泌代谢杂志,2022,38(8):700-748.

［41］中华医学会内分泌学分会.中国高尿酸血症与痛风诊疗指南（2019）［J］.中华内分泌代谢杂志,2020,36(1):1-13.

［42］中华医学会糖尿病学分会.中国糖尿病防治指南（2024版）［J］.中华糖尿病杂志,2025,17(1):16-139.

［43］中华医学会糖尿病学分会.中国高血糖危象诊断与治疗指南（2012）［J］.中华糖尿病杂志,2013,5(8):449-461.

［44］中华医学会消化病学分会幽门螺杆菌学组,周丽雅.2022中国幽门螺杆菌感染治疗指南［J］.胃肠病学,2022,27(3):150-162.

［45］中华医学会心血管病学分会,中华心血管病杂志编辑委员会.急性ST段抬高型心肌梗死诊断和治疗指南（2019）［J］.中华心血管病杂志,2019,47(10):766-783.

［46］中华医学会心血管病学分会,中华心血管病杂志编辑委员会.急性ST段抬高型心肌梗死溶栓治疗的合理用药指南(第2版)［J］.中华心血管病杂志,2019,47(10):766-783.

［47］中华医学会心血管病学分会,中华心血管病杂志编辑委员会.硝酸酯类在心血管疾病中规范化应用的专家共识［J］.中华全科医师杂志,2012,11(10):725-728.

［48］中华医学会心血管病学分会基础研究学组,中华医学会心血管病学分会介入心脏病学组,中华医学会心血管病学分会女性心脏健康学组,等.冠状动脉微血管疾病诊断和治疗的中国专家共识［J］.中国循环

杂志,2017,32(5):421-430.

［49］中华医学会胸心血管外科分会瓣膜病外科学组.感染性心内膜炎外科治疗中国专家共识［J］.中华胸心血管外科杂志,2022,38(3):146-155.

［50］中华医学会胸心血管外科分会瓣膜病外科学组.心脏瓣膜外科人工瓣膜选择中国专家共识［J］.中华胸心血管外科杂志.2022.38(3):138-145

［51］中华医学会血液学分会,中国医师协会血液科医师分会.中国急性早幼粒细胞白血病诊疗指南(2018年版)［J］.中华血液学杂志,2018,39(3):179-183.

［52］中华医学会血液学分会.骨髓增生异常综合征中国诊断与治疗指南(2019年版)［J］.中华血液学杂志,2019,40(2):89-97.

［53］中华医学会血液学分会白血病淋巴瘤学组.中国成人急性髓系白血病(非急性早幼粒细胞白血病)诊疗指南(2021年版)［J］.中华血液学杂志,2021,42(8):617-623.

［54］中华医学会血液学分会白血病淋巴瘤学组.中国复发难治性急性髓系白血病诊疗指南(2021年版)［J］.中华血液学杂志,2021,42(8):624-627.

［55］中华医学会血液学分会红细胞疾病(贫血)学组.铁缺乏症和缺铁性贫血诊治和预防的多学科专家共识(2022年版)［J］.中华医学杂志,2022,102(41):3246-3256.

［56］中华医学会血液学分会红细胞疾病(贫血)学组.再生障碍性贫血诊断与治疗中国指南(2022年版)［J］.中华血液学杂志,2022,43(11):881-888.

［57］中华医学会血液学分会红细胞疾病(贫血)学组.中性粒细胞减少症诊治中国专家共识［J］.中华医学杂志,2022,102(40):3167-3173.

［58］中华医学会血液学分会血栓与止血学组.弥散性血管内凝血诊断中国专家共识(2017年版)［J］.中华血液学杂志,2017,38(5).

［59］中华医学会血液学分会血栓与止血学组.成人原发免疫性血小板减少症诊断与治疗中国指南(2020年版)［J］.中华血液学杂志,2020,41(8):617-623.

［60］中华医学会眼科学分会眼整形眼眶病学组,中华医学会内分泌学分会甲状腺学组.中国甲状腺相关眼病诊断和治疗指南(2022年)［J］.中华眼科杂志,2022,58(9):646-668.

［61］中华中医药学会心血管病分会.国际中医临床实践指南·病毒性心肌炎［J］.中国实验方剂学杂志,2020,26(18):91-97.

［62］DAVID O A,GEORGES H,MAIRESSE G B,et al. Management of asymptomatic arrhythmias:a European Heart Rhythm Association(EHRA)consensus document,endorsed by the Heart Failure Association(HFA),Heart Rhythm Society(HRS),Asia Pacific Heart Rhythm Society(APHRS),Cardiac Arrhythmia Society of Southern Africa(CASSA),and Latin America Heart Rhythm Society(LAHRS)［J］. European Society of Cardiology,2019,21(6),844-845.

［63］HEIDENREICH P A,BOZKURT B,AGUILAR D,et al. 2022 AHA/ACC/HFSA guideline for the management of heart failure:a report of the American College of Cardiology/American Heart Association Joint Committee on Clinical Practice Guidelines ［J］. J Am Coll Cardiol 2022,145(18):e1033.

［64］JANUARY C T,WANN L S,CALKINS H,et al. 2019 AHA/ACC/HRS focused update of the 2014 AHA/ACC/HRS guideline for the management of patients with atrial fibrillation ［J］. Journal of the American College of Cardiology,2019,74(1):104-132.

［65］KONSTANTINIDES S V. Diagnosis of pulmonary embolism:progress after many years ［J］. Lancet,2017,390(10091):210-211.

10校